AF824892

Das Kostenfestsetzungsverfahren

und

Die Deutsche Gebührenordnung für Rechtsanwälte

nebst den landesgesetzlichen Vorschriften in
Preußen, Bayern, Sachsen, Württemberg, Baden und Hessen

erläutert von

Willenbücher,
weiland Geh. Justizrat, Oberlandesgerichtsrat a. D.

Dreizehnte Auflage
in Gemeinschaftsarbeiten
von

F. Junge und **K. Breuer**
Landgerichtsdirektor in Berlin — Landgerichtsrat in Berlin

sowie

Dr. J. A. Graf Westarp
Rechtsanwalt und Notar in Berlin

Dr. J. von der Heyde
Rechtsanwalt in Berlin

Dr. W. Petersen
Rechtsanwalt in Berlin

Berlin und München 1940

J. Schweitzer Verlag

Druck von Dr. F. P. Datterer & Cie., Freising-München.

Vorwort zur 12. Auflage.

Willenbüchers Kostenfestsetzungsverfahren ist in 11. Auflage, bearbeitet von Herrn Oberlandesgerichtsrat W. Fischer, Stettin, und Herrn Rechtsanwalt beim Reichsgericht Dr. W. Kraemer, Leipzig, zuletzt im Jahre 1931 erschienen. Die Verlagshandlung hat uns die Aufgabe gestellt, die 12. Auflage zu bearbeiten.

Landgerichtsdirektor Junge und Landgerichtsrat Breuer haben gemeinschaftlich den Abdruck des GKG, AAGes und der GOfZuS besorgt und den Abschnitt II (Kostenfestsetzungsverfahren) und die §§ 10 bis 12 RAGebO. (Streitwert) bearbeitet, wobei Abschnitt II A XIV (Armenanwaltskosten) völlig neu dargestellt worden ist.

Die deutsche GebOfRA und die Landesgebührenordnungen sind in Gemeinschaftsarbeit von den Rechtsanwälten Notar Dr. Graf Westarp und Dr. von der Heyde sowie von Dr. Petersen bearbeitet worden.

Hierbei wurde besonders unter Fortlassung veralteter und überholter Entscheidungen die Rechtsprechung bis auf den neuesten Stand berücksichtigt. Dabei ergab sich, daß teilweise die in der früheren Auflage des Buches vertretenen Auffassungen zu verschiedenen Streitfragen eine Abänderung erfahren mußten.

Aufgenommen wurde an Stelle außer Kraft getretener Gesetze der Gesetzestext der RKO vom 25. Nov. 1935.

Berlin, im Oktober 1937.

Die Herausgeber.

Vorwort zur 13. Auflage.

Die Verteilung der Bearbeitung ist grundsätzlich die gleiche wie bei der 12. Auflage geblieben. Für den zum Wehrdienst einberufenen Rechtsanwalt Dr. von der Heyde hat jedoch Assessor v. Beringe, Berlin, einen Teil der Bearbeitung übernommen.

Großdeutschland ist seit der Herausgabe der 12. Auflage entstanden; das deutsche Rechtsgebiet hat sich erweitert. Es erschien aber noch nicht an der Zeit, im Rahmen dieses Buches die Erweiterung (abgesehen von einzelnen Hinweisen) zu berücksichtigen. Das muß einer späteren Auflage vorbehalten bleiben, wenn die Übergangszeiten für diese Gebiete überwunden sind und der Krieg beendet ist.

Neu aufgenommen wurden an Gesetzestexten das Gesetz über die Beiordnung von Patentanwälten in Armensachen vom 5. 2. 1938. Berücksichtigt sind die VO. vom 1. 9. 1939 und vom 4. 10. 1939.

Weitere Textwiedergaben würden den Rahmen dieses Werkes sprengen. Die Kostentabellen liegen wieder als besonderes Heft bei. Die Bearbeitung wurde im Spätfrühjahr 1940 abgeschlossen.

Berlin, im Herbst 1940.

Die Herausgeber.

Inhaltsübersicht.

I. Gesetzestexte ohne Anmerkungen.

II. Das Kostenfestsetzungsverfahren.

A. In bürgerlichen Rechtsstreitigkeiten.

B. Das Kostenfestsetzungsverfahren in Strafsachen.

III. Gebührenordnung für Rechtsanwälte.

IV. Preuß. Landesgebührenordnung f. Rechtsanw. u. Gerichtsvollzieher.

V. Anhang.

VI. Bayern.

VII. Sachsen.

VIII. Württemberg.

IX. Baden.

X. Hessen.

Anlage: Tabellen zur Berechnung der Rechtsanwalts-, Gerichts- und Armenanwaltsgebühren.

Abkürzungen.

Die bekannten Kommentare sind nach den Namen ihrer Verfasser zitiert.

A = Anmerkung.
AG = Amtsgericht; Ausführungsgesetz.
AKZ (AK) = Zeitschr. d. Anwaltskammer im Oberlandesgerichtsbezirk (Breslau usw.).
AnwBl = Anwaltsblatt, Nachrichten für die Mitglieder des Deutschen Anwaltvereins.
AnwK = Anwaltskammer.
ArbRSamml = Arbeitsrechts-Sammlung.
ArchZivPr = Archiv für zivilistische Praxis.
AV = Allgemeine Verfügung.
BadRPrax = Badische Rechtspraxis. Annalen der Großh. Badischen Gerichte.
BadZt = Zeitschrift der Badischen Anwaltskammer.
BayObLG = Oberstes Landesgericht in Bayern. (Sammlung von Entscheidungen.)
BayZ = Zeitschrift für Rechtspflege in Bayern.
BBl = Büro-Blatt für gerichtliche Beamte = (jetzt) Justizverwaltungsblatt.
Begr = Begründung.
BraunschwZ = Zeitschrift für Rechtspflege im Herzogtum Braunschweig.
BuschZ = Zeitschrift für den deutschen Zivilprozeß, begründet von Busch, s. auch ZZP.
DanzJZ = Danziger-Juristen-Zeitung.
DAutoR = Deutsches Autorecht.
DAV = Deutscher Anwaltverein.
DDJ = NSBZ Der Deutsche Justizbeamte.
DGemeinWirtschR = Deutsches Gemein- und Wirtschaftsrecht.
DJ = Deutsche Justiz.
DJZ = Deutsche Juristen-Zeitung.
DNotV = Zeitschrift des Deutschen Notarvereins.
DR = Deutsches Recht, Wochenausgabe (früher: Juristische Wochenschrift).
DRM = Deutsche Rechtspflege, Monatsausgabe (früher: Deutsche Rechtspflege).
DRpflRspr = Deutsche Rechtspflege Rechtsprechungsbeilage (jetzt Deutsches Recht, Monatsausgabe).
DRZ = Deutsche Richterzeitung.
DStrafr = Deutsches Strafrecht.
DStrafrZ (DStrZ) = Deutsche Strafrechtszeitung.
DRW = Deutsches Recht, Wochenausgabe.
DRM = Deutsches Recht, Monatsausgabe.
EG = Einführungsgesetz.
EGH = Ehrengerichtshof. Entscheidungen d. E. f. Deutsche Rechtsanwälte. Herausgegeben vom Schriftführeramte d. Deutschen Anwaltvereins.
Fenner-Mecke = Archiv für zivilrechtl. Entsch. des Reichsger. Von Fenner u. Mecke.
FGG = Reichsges. üb. d. Angelegenh. der freiw. Gerichtsbarkeit.
GBO = Grundbuchordnung.
GewRschutz = Gewerblicher Rechtsschutz und Urheberrecht.
GKG = Deutsches Gerichtskostengesetz.
Goltd = Archiv für Strafrecht und Strafprozeß. Begründet durch Goltdammer.
Gruch = Beiträge zur Erläuterung des Deutschen Rechts. Begr. von Gruchot.
GS = Preußische Gesetzsammlung.
GVG = Gerichtsverfassungsgesetz.
HansGZ = Hanseatische Gerichts-Zeitung.
HansRGZ = Hanseatische Rechts- und Gerichts-Zeitschrift.
HGB = Handelsgesetzbuch.
HRR = HöchstRR = Höchstrichterliche Rechtsprechung.

JFGErg = Entscheidung des KG in Miet-, Pachtschutz-, Kosten- und Strafsachen, s. auch KGJErg.
JGG = Jugendgerichtsgesetz.
JMBl = Justizministerialblatt f. Preußen.
JMVf = Verfügung des Preuß. Justizministers.
JRdsch = Juristische Rundschau.
JRfPrV = Juristische Rundschau f. Privatversicherung.
JVBl. = Justizverwaltungsblatt (früher Büroblatt für gerichtliche Beamte).
JW = Juristische Wochenschrift (jetzt: Deutsches Recht, Wochenausgabe).
KG = Kammergericht.
KGBl = Blätter für Rechtspflege im Bezirk des Kammergerichts. Org. f. d. Veröffentlichungen der Anwaltsk. zu Berlin.
KGJ = Jahrb. f. Entscheidgn. d. Kammergerichts in Sachen d. freiwillig. Gerichtsbarkeit.
KGJErg = JFGErg.
KO = Konkursordnung.
LArbG = Landesarbeitsgericht.
LZ = Leipziger Zeitschrift für Deutsches Recht.
MEA = Mieteinigungsamt.
MecklZ = Mecklenburgische Zeitschrift f. Rechtspflege u. Rechtswissenschaft.
MdRRAK = Mitteilungen der Reichs-Rechtsanwaltskammer.
MittDPatAnw = Mitteilung des Verbandes Deutscher Patentanwälte.
MuW = Markenschutz und Wettbewerb.
ObLG oder OLG = Oberstes Landesgericht.
OldZ = Zeitschrift für Verwaltung und Rechtspfl. im Großherzogtum Oldenburg.
OTr = Vormaliges Preuß. Obertribunal.
OVG = Preuß. Oberverwaltungsgericht.
PrGebO = Landesgebührenordnung f. Rechtsanwälte u. Gerichtsvollzieher.
Pl = Plenarentscheidung.
Prot = Protokolle.
RAG = Reichsarbeitsgericht.
RAGebO = Gebührenordnung für Rechtsanwälte.
RAnz = Reichsanzeiger.
RdRN = Recht des Reichsnährstandes.
RRAO = Rechtsanwaltsordnung.
Recht (R) = Das Recht. Herausgeg. von Soergel.
RFH = Reichsfinanzhof, Sammlung der Entscheidungen des Reichsfinanzhofes.
RG = Reichsgericht. Entscheidungen des RG in Zivilsachen. Herausgeg. von den Mitgliedern des Gerichtshofes.
RGR = Rechtsprechung des Reichsgerichts in Strafsachen. Herausgeg. von den Mitgliedern der Reichsanwaltschaft. (Erscheint nicht mehr.)
RGSt = Entscheidungen des Reichsgerichts in Strafsachen. Herausgeg. von den Mitgliedern des Gerichtshofes und der Reichsanwaltschaft.
RheinArch = Archiv für das Zivil- und Kriminalrecht. Köln.
ROHG = Entscheidungen des Reichsoberhandelsgerichts.
Rsp = Die Rechtsprechung der Oberlandesgerichte.
RspArbS = Rechtsprechung in Arbeitssachen, Grundsätzliche Entscheidungen des Reichsarbeitsgerichts, der Landesarbeitsgerichte und der Arbeitsgerichte.
Rundschau = Rundschau, Sammlung von Entscheidungen a. d. Bez. d. OLG Frankfurt a. M.
RTK = Reichstagskommission.
Sächs. Ann = Annalen des OLG Dresden.
SächsA = Sächs. Archiv f. dtschs. bürg. Recht, Archiv f. Rechtspfl. i. Sachsen, Thüringen-Anhalt.
SchlHolstAnz = Schleswig-Holsteinische Anzeigen.
SeuffA = Seufferts Archiv für die Entscheidungen der obersten Gerichtshöfe in den deutschen Staaten.
SeuffBl = Seufferts Blätter f. Rechtsanwendung.
StAZ = Zeitschrift für Standesamtswesen.
StPO = Strafprozeßordnung für das Deutsche Reich.

ThürBl = Blätter für Rechtspflege in Thüringen und Anhalt.
VZS = Vereinigte Zivilsenate.
Warn = Die Rechtsprechung des Reichsgerichts auf dem Gebiete des Zivilrechts. Von Warneyer.
WO = Wechselordnung.
WürttJ = Jahrbücher der württembergischen Rechtspflege.
WürttZ = Zeitschrift für die freiwillige Gerichtsbarkeit.
ZAkDR = Zeitschrift der Akademie für Deutsches Recht.
ZDJ = Zeitschrift für deutsche Justizsekretäre. Org. d. Bundes deutscher Justizsekretäre.
ZdJA = Zeitschrift deutscher Justizamtmänner.
ZPO = Deutsche Zivilprozeßordnung.
ZVG = Reichsgesetz über die Zwangsversteigerung und die Zwangsverwaltung.
ZZP = Zeitschrift für deutschen Zivilprozeß usw. Begründet von Busch.

I.

Gesetzestext ohne Anmerkungen

A. Gebührenordnung für Rechtsanwälte

Vom 7. Juli 1879 in der Fassung der Bekanntmachung vom 5. Juli 1927 (RGBl I S. 162) mit späteren Änderungen.

Erster Abschnitt.

Allgemeine Bestimmungen.

§ 1. Die Vergütung für die Berufstätigkeit des Rechtsanwalts in einem Verfahren vor den ordentlichen Gerichten, auf welches die Zivilprozeßordnung, die Strafprozeßordnung, die Konkursordnung oder das Gesetz über den Vergleich zur Abwendung des Konkurses Anwendung findet, sowie für die beratende Berufstätigkeit des Rechtsanwalts welche den Beginn oder die Fortsetzung eines solchen Verfahrens betrifft, bestimmt sich nach den Vorschriften dieses Gesetzes.

§ 2. Für die Ausführung eines Auftrags, dessen gemeinschaftliche Erledigung mehreren Rechtsanwälten übertragen ist, steht jedem derselben die volle Vergütung zu.

§ 3. Bei Ausführung von Aufträgen mehrerer Auftraggeber durch dieselbe Tätigkeit haftet jeder Auftraggeber dem Rechtsanwalte für denjenigen Betrag an Gebühren und Auslagen, welcher bei abgesonderter Ausführung seines Auftrags erwachsen sein würde. Die Mitverhaftung der anderen Auftraggeber kann dem Rechtsanwalte gegenüber nicht geltend gemacht werden.

§ 4. Für die Tätigkeit als Beistand stehen dem Rechtsanwalte die gleichen Gebühren zu wie für die Vertretung.

§ 5. Für Unterzeichnung eines Schriftsatzes erhält der Rechtsanwalt die gleichen Gebühren wie für Anfertigung desselben.

§ 6. Für Anfertigung und Übersendung von Rechnungen über Gebühren und Auslagen und für Zahlungsaufforderungen wegen derselben kann der Rechtsanwalt eine Gebühr nicht beanspruchen.

§ 7. Bei dem Betrieb eigener Angelegenheiten kann der Rechtsanwalt von dem zur Erstattung der Kosten des Verfahrens verpflichteten Gegner Gebühren und Auslagen bis zu dem Betrage fordern, in welchem er Gebühren und Auslagen eines bevollmächtigten Rechtsanwalts erstattet verlangen könnte.

§ 8. Der niedrigste Betrag einer jeden nach den Vorschriften der Abschnitte zwei bis vier zu berechnenden Gebühr wird auf eine Reichsmark bestimmt.

Nicht durch 5 teilbare Reichspfennigbeträge sind auf den nächsthöheren durch 5 teilbaren Betrag aufzurunden.

Zweiter Abschnitt.

Gebühren in bürgerlichen Rechtsstreitigkeiten.

§ 9. In bürgerlichen Rechtsstreitigkeiten werden die Gebühren nach dem Werte des Streitgegenstandes erhoben.

Der Gebührensatz beträgt bei Gegenständen im Werte

bis 20 Reichsmark einschließlich	2 Reichsmark,
von mehr als 20 bis 60 Reichsmark einschließlich	4 Reichsmark,

von mehr als 60 bis 100 Reichsmark einschließlich . . . . . . 6 Reichsmark,
von mehr als 100 bis 150 Reichsmark einschließlich . . . . . 8 Reichsmark,
von mehr als 150 bis 200 Reichsmark einschließlich . . . . . 10 Reichsmark.

Bei Gegenständen mit höherem Streitwert beträgt die volle Gebühr von dem Werte
bis zu 500 Reichsmark einschließlich . . . . 5 vom Hundert,
von dem Mehrbetrage bis zu 1000 Reichsmark einschließlich . 4 vom Hundert,
von dem Mehrbetrage bis zu 3000 Reichsmark einschließlich . 3 vom Hundert,
von dem Mehrbetrage bis zu 6000 Reichsmark einschließlich . 2 vom Hundert,
von dem Mehrbetrage bis zu 10000 Reichsmark einschließlich 1 vom Hundert,
von dem Mehrbetrage bis zu 100000 Reichsmark einschließlich ½ vom Hundert,
von dem Mehrbetrage bis zu 1000000 Reichsmark einschließlich ¼ vom Hundert,
von dem Mehrbetrage bis zu 5000000 Reichsmark einschließlich ⅕ vom Hundert,
von dem Mehrbetrage . . . . $^1/_{10}$ vom Hundert.

Dabei ist der Wert auf die nächsthöheren 100 Reichsmark, bei Gegenständen mit einem Streitwert von mehr als 20000 Reichsmark auf die nächsthöheren 1000 Reichsmark aufzurunden.

§ 10. Auf die Wertberechnung finden die Vorschriften der §§ 9 bis 15 des Gerichtskostengesetzes Anwendung.

§ 11. Die für die Berechnung der Gerichtsgebühren maßgebende Festsetzung des Wertes ist für die Berechnung der Gebühren der Rechtsanwälte maßgebend.

§ 12. Gegen den im § 18 der Gebühren des Gerichtskostengesetzes bezeichneten Beschluß steht dem Rechtsanwalte die Beschwerde nach Maßgabe des § 567 Abs. 3 und der §§ 568 bis 575 der Zivilprozeßordnung zu.

§ 13. Die Sätze des § 9 stehen dem als Prozeßbevollmächtigten bestellten Rechtsanwalte zu:

1. für den Geschäftsbetrieb, einschließlich der Information (Prozeßgebühr);
2. für die mündliche Verhandlung (Verhandlungsgebühr);
3. für die Mitwirkung bei einem zur Beilegung des Rechtsstreits abgeschlossenen Vergleiche (Vergleichsgebühr).

Die Sätze des § 9 stehen demselben zu fünf Zehnteilen zu:

4. für die Vertretung *in dem Termine zur Leistung des durch ein Urteil auferlegten Eides sowie*[1]) in einem Beweisaufnahmeverfahren, wenn die Beweisaufnahme nicht bloß in Vorlegung der in den Händen des Beweisführers oder des Gegners befindlichen Urkunden besteht (Beweisgebühr).

§ 14. (Fass. v. 30. 11. 27.) Soweit der Auftrag vor Beginn des zur mündlichen Verhandlung bestimmten Termins (Zivilprozeßordnung § 220) erledigt ist, ohne daß der Rechtsanwalt die Klage eingereicht hat oder einen Schriftsatz hat zustellen lassen, steht ihm die Prozeßgebühr nur zu fünf Zehnteilen zu.

In einem Verfahren, für welches eine mündliche Verhandlung durch das Gesetz nicht vorgeschrieben ist, findet die gleiche Ermäßigung statt, soweit der Auftrag erledigt ist, bevor der Antrag an das Gericht eingereicht, der mündliche Antrag gestellt oder der Auftrag an den Gerichtsvollzieher oder die diesen Auftrag vermittelnde Geschäftsstelle erteilt ist.

§ 15. Die Verhandlungsgebühr steht dem Rechtsanwalte nicht zu, welcher zur mündlichen Verhandlung geladen hat, ohne daß dieselbe durch das Gesetz vorgeschrieben oder durch das Gericht oder den Vorsitzenden angeordnet war.

§ 16. Für eine nicht streitige Verhandlung steht dem Rechtsanwalte die Verhandlungsgebühr nur zu fünf Zehnteilen zu. Diese Minderung tritt nicht ein, wenn die Entscheidung nach Lage der Akten (Zivilprozeßordnung § 331a) beantragt wird sowie in Rechtsstreitigkeiten der im § 21 des Gerichtskostengesetzes bezeichneten Art, sofern der Kläger verhandelt. Sie tritt ferner nicht ein, wenn der Berufungskläger oder der Revisionskläger ein Versäumnisurteil beantragt.

§ 17. Insoweit sich in den Fällen des § 13 Nr. 4 die Vertretung auf die weitere mündliche Verhandlung erstreckt, erhöht sich die dem Rechtsanwalt zustehende Verhandlungsgebühr um fünf Zehnteile und, wenn die weitere mündliche Verhandlung eine nicht kontradiktorische ist, um die Hälfte dieses Betrags.

---

[1]) Gegenstandslos durch die Änderung der §§ 445ff. ZPO

§§ 18 *bis* **20** *fortgefallen.*

§ 21 *ist gegenstandslos geworden durch den Wegfall der §§ 456 bis 477 ZPO. gemäß Art. 9 Nr. 1 des Gesetzes zur Änderung des Verfahrens in bürgerlichen Rechtsstreitigkeiten vom 27. X. 1933 (RGBl. I S. 780 f).*

§ 22. Der Rechtsanwalt erhält die Prozeßgebühr und die Verhandlungsgebühr nur zu fünf Zehnteilen, wenn seine Tätigkeit Anträge auf Sicherung des Beweises (Zivilprozeßordnung §§ 485 bis 494) oder eine gerichtliche Entscheidung über die Ernennung oder Ablehnung eines Schiedsrichters, das Erlöschen eines Schiedsvertrags oder die Anordnung der von Schiedsrichtern für erforderlich erachteten richterlichen Handlungen (Zivilprozeßordnung § 1045) betrifft. Für die Vertretung bei der Beweisaufnahme erhält der Rechtsanwalt die Beweisgebühr (§ 13 Nr. 4).

§ 23. Drei Zehnteile der in den §§ 13 bis 17 bestimmten Gebühren erhält der Rechtsanwalt, wenn seine Tätigkeit betrifft:

1. die Zulässigkeit einer Nebenintervention (Zivilprozeßordnung § 71);
2. die vorläufige Einstellung, Beschränkung oder Aufhebung einer Zwangsvollstreckung (Zivilprozeßordnung §§ 707, 719, 769, 771 Abs. 3, §§ 785, 786, 805 Abs. 4, § 810 Abs. 2);
3. die Festsetzung der vom Gegner zu erstattenden Prozeßkosten oder die Abänderung der Kostenfestsetzung (Zivilprozeßordnung § 107);
4. die Bestimmung einer Frist zur Rückgabe und die Anordnung der Rückgabe einen Sicherheit in den Fällen des § 109 Abs. 1, 2 der Zivilprozeßordnung;
5. die Prozeß- oder Sachleitung, einschließlich der Bestimmung oder Änderung von Terminen und Fristen;
6. die Bewilligung oder Entziehung des Armenrechts sowie die Verpflichtung zur Nachzahlung von Kosten (Zivilprozeßordnung § 126);
7. die Zuständigkeit *des obersten Landesgerichts (§ 7 des Einführungsgesetzes zur Zivilprozeßordnung) oder* der Kammern für Handelssachen (Gerichtsverfassungsgesetz §§ 97 bis 101), die Bestimmung des zuständigen Gerichts (Zivilprozeßordnung § 36), die Übernahme eines Entmündigungsverfahrens (Zivilprozeßordnung § 650 Abs. 3. § 651 Abs. 2), die Bestimmung eines Gerichtsvollziehers (Zivilprozeßordnung § 827 Abs. 1, § 854 Abs. 1) oder eines Sequesters (Zivilprozeßordnung §§ 848, 855);
8. die Ablehnung eines Richters, eines Urkundsbeamten der Geschäftsstelle oder eines Sachverständigen (Zivilprozeßordnung §§ 42 bis 49, 406);
9. die Verpflichtung eines Urkundsbeamten der Geschäftsstelle, gesetzlichen Vertreters, Rechtsanwalts oder anderen Bevollmächtigten sowie eines Gerichtsvollziehers zur Tragung der durch ihr Verschulden veranlaßten Kosten (Zivilprozeßordnung § 102);
10. Erinnerungen gegen den Kostenfestsetzungsbeschluß (Zivilprozeßordnung § 104 Abs. 3);
11. die Verpflichtung eines Rechtsanwaltes zur Zurückgabe einer vom Gegner ihm mitgeteilten Urkunde (Zivilprozeßordnung § 135);
12. die Verpflichtung zur Abgabe eines Zeugnisses oder Gutachtens (Zivilprozeßordnung §§ 386 bis 389, 408);
13. die Zwangsmaßregeln gegen einen Zeugen oder Sachverständigen sowie die Verurteilung derselben zu Kosten und Strafe (Zivilprozeßordnung §§ 380, 381, 390, 409, 411);
14. die Bestellung eines Vertreters einer nicht prozeßfähigen oder unbekannten Partei für ein von dem Eigentümer aufgegebenes Grundstück oder für einen Erben, der die Erbschaft noch nicht angenommen hat (Zivilprozeßordnung §§ 57, 58, 494, 668, 679, 686, 779, 787);
15. die Berichtigung eines Urteils oder eines Tatbestandes (Zivilprozeßordnung §§ 319, 320);
16. die Vollstreckbarkeit der durch Rechtsmittelanträge nicht angefochtenen Teile eines Urteils (Zivilprozeßordnung §§ 534, 560);

17. die Zulassung einer Zustellung oder eines Aktes der Zwangsvollstreckung zur Nachtzeit oder an einem Sonntag oder allgemeinen Feiertage (Zivilprozeßordnung §§ 188, 761);
18. die Zwangsvollstreckung.

§ 24. Zwei Zehnteile der in den §§ 13 bis 17 bestimmten Gebühren erhält der Rechtsanwalt, wenn seine Tätigkeit Anträge oder Gesuche betrifft:

1. auf Erteilung der Vollstreckungsklausel oder auf Zurücknahme der Vollstreckungsklausel, sofern diese Anträge nicht im Wege der Klage gestellt werden (Zivilprozeßordnung §§ 724 bis 730, 732, 738, 742, 744, 745 Abs. 2, §§ 749, 795, 796 Abs. 1, § 797 Abs. 1, 3, §§ 797a, 929) oder auf Erteilung einer weiteren vollstreckbaren Ausfertigung (Zivilprozeßordnung § 733);
2. auf Anordnung der Rückgabe einer Sicherheit im Falle des § 715 der Zivilprozeßordnung sowie auf Erteilung des Zeugnisses der Rechtskraft oder auf Erteilung des Zeugnisses, daß innerhalb der Notfrist ein Rechtsmittelschriftsatz nicht eingereicht sei (Zivilprozeßordnung § 706).

§ 25. Jede der im § 13 benannten Gebühren kann der Rechtsanwalt in jeder Instanz rücksichtlich eines jeden Teiles des Streitgegenstandes nur einmal beanspruchen.

§ 26. Für die Bestimmung des Umfanges einer Instanz im Sinne des § 25 finden die Vorschriften des § 27 Abs. 1 des Gerichtskostengesetzes entsprechende Anwendung.

§ 27. Im Falle der Zurückverweisung einer Sache an das Gericht unterer Instanz (Zivilprozeßordnung §§ 538, 539, 565, 566a) wird das weitere Verfahren vor diesem Gerichte für die Gebühren der Rechtsanwälte, mit Ausnahme der Prozeßgebühr, als neue Instanz behandelt. Die Beschränkung hinsichtlich der Prozeßgebühr gilt jedoch nicht im Falle der Zurückweisung an das Oberlandesgericht gemäß § 566a Abs. 5 der Zivilprozeßordnung. Die Vorschrift im Satz 1 gilt entsprechend im Falle der Zurücknahme oder Verwerfung des gegen ein Versäumnisurteil eingelegten Einspruchs für das Verfahren über den Einspruch.

Im Falle der Zulassung des Einspruchs steht dem Rechtsanwalte des Gegners der den Einspruch einlegenden Partei die Gebühr für die mündliche Verhandlung, auf welche das Versäumnisurteil erlassen ist, besonders zu.

§ 28. Das Verfahren über einen Antrag auf Anordnung, Abänderung oder Aufhebung eines Arrestes oder einer einstweiligen Verfügung gilt, auch wenn es mit dem Verfahren über die Hauptsache verbunden ist, für die Berechnung der Gebühren des Rechtsanwalts als besonderer Rechtsstreit. Das gleiche gilt für das ordentliche Verfahren, welches nach der Abstandnahme vom Urkunden- oder Wechselprozesse sowie nach dem mit Vorbehalt in demselben erlassenen Urteil anhängig bleibt (Zivilprozeßordnung §§ 596, 600). Der Rechtsanwalt muß sich jedoch die Prozeßgebühr des Urkunden- oder Wechselprozesses auf die gleiche Gebühr des ordentlichen Verfahrens anrechnen.

Das Verfahren über einen Antrag auf Abänderung oder Aufhebung eines Arrestes oder einer einstweiligen Verfügung bildet mit dem Verfahren über den Antrag auf Anordnung des Arrestes oder der einstweiligen Verfügung eine Instanz.

§ 28 a[1]. Die Verfahren über Anträge nach §§ 627, 627 b der Zivilprozeßordnung gelten für die Berechnung der Gebühren des Rechtsanwalts als besonderer Rechtsstreit. Jedoch erhält der Rechtsanwalt für mehrere Verfahren der im § 627 der Zivilprozeßordnung bezeichneten Art die Gebühren in jedem Rechtszug nur einmal. Das Gleiche gilt für Verfahren nach § 627 b Abs. 1 und Abs. 4 der Zivilprozeßordnung.

§ 29. Die im § 13 benannten Gebühren umfassen die gesamte Tätigkeit des Rechtsanwalts von dem Auftrage bis zur Beendigung der Instanz.

Zu der Instanz gehören insbesondere:

1. das Verfahren behufs Festsetzung des Wertes des Streitgegenstandes;
2. Zwischenstreite mit Nebenintervenienten sowie mit Zeugen oder Sachverständigen;
3. das Verfahren zur Sicherung des Beweises (Zivilprozeßordnung §§ 485 bis 494), wenn die Hauptsache anhängig ist;
4. das Verfahren über einen Antrag auf vorläufige Einstellung, Beschränkung oder Aufhebung einer Zwangsvollstreckung (Zivilprozeßordnung §§ 707, 719, 769, 771

---

[1]) Die 2. DVO zum EheG v. 28. 9. 38 hat den § 28a eingefügt.

Abs. 3, §§ 785, 786, 805 Abs. 4, § 810 Abs. 2), soweit das Verfahren mit dem Verfahren über die Hauptsache verbunden ist;

5. das Verfahren über einen Antrag auf Änderung einer Entscheidung des beauftragten oder ersuchten Richters oder des Urkundsbeamten der Geschäftsstelle (Zivilprozeßordnung § 576);
6. das Verfahren über die im § 23 Nr. 5 bis 9, 11 bis 17 bezeichneten Streitpunkte und Anträge;
7. die Zustellung und Empfangnahme der Entscheidungen und die Mitteilung derselben an den Auftraggeber;
8. die Übersendung der Handakten an den Bevollmächtigten einer anderen Instanz.

§ 30. Die Gebühren werden besonders erhoben für die Tätigkeit bei Streitigkeiten und Anträgen, welche betreffen:

1. die Sicherung des Beweises (Zivilprozeßordnung §§ 485 bis 494), wenn die Hauptsache noch nicht anhängig ist;
2. das Verfahren über einen Antrag auf vorläufige Einstellung, Beschränkung oder Aufhebung einer Zwangsvollstreckung (Zivilprozeßordnung §§ 769, 771 Abs. 3, §§ 785, 786, 805 Abs. 4, § 810 Abs. 2), sofern das Verfahren von dem Verfahren über die Hauptsache getrennt ist;
3. die im § 23 Nr. 3, 4 bezeichneten Angelegenheiten.

Wird die vorläufige Einstellung, Beschränkung oder Aufhebung der Zwangsvollstreckung bei dem Vollstreckungsgericht und bei dem Prozeßgericht beantragt, so wird die Prozeßgebühr nur einmal erhoben.

Die Festsetzung der Kosten mit Einschluß der Erinnerungen gegen den Kostenfestsetzungsbeschluß und die Abänderung der Kostenfestsetzung (§ 23 Nr. 3 und 10) bilden eine Instanz. Das gleiche gilt von dem Verfahren über die im § 23 Nr. 4 bezeichneten Anträge.

§ 31. In der Zwangsvollstreckung bildet eine jede Vollstreckungsmaßregel zusammen mit den durch dieselbe vorbereiteten weiteren Vollstreckungshandlungen bis zu der durch die Maßregel zu erlangenden Befriedigung des Gläubigers eine Instanz.

Die landesgesetzlichen Bestimmungen in betreff der Gebühren für eine den Vorschriften der Zivilprozeßordnung nicht unterliegende Zwangsvollstreckung bleiben unberührt.

§ 32. Das Verfahren über einen Antrag auf Erteilung einer weiteren vollstreckbaren Ausfertigung (Zivilprozeßordnung § 733), das Verfahren zur Abnahme des Offenbarungseides (Zivilprozeßordnung §§ 900, 901) und die Ausführung der Zwangsvollstreckung in ein gepfändetes Vermögensrecht durch Verwaltung (Zivilprozeßordnung § 857 Abs. 4) bilden besondere Instanzen der Zwangsvollstreckung.

§ 33. Die Vollstreckung der Entscheidung, durch welche der Schuldner nach Maßgabe des § 887 Abs. 2 der Zivilprozeßordnung zur Vorauszahlung der Kosten verurteilt wird, scheidet aus der Zwangsvollstreckung zur Erwirkung der Handlung als besonderes Verfahren aus.

Soll die Zwangsvollstreckung auf Unterlassung oder Duldung einer Handlung durch Strafen ausgeführt werden (Zivilprozeßordnung § 890 Abs. 1), so bildet eine jede Verurteilung zu einer Strafe nach Maßgabe der Vorschriften des § 29 den Schluß der Instanz. Die Erwirkung der einer Verurteilung vorausgehenden Strafandrohung (Zivilprozeßordnung § 890 Abs. 2) gehört zur Instanz der Hauptsache; dem Rechtsanwalte, welcher diese Instanz nicht geführt hat, steht die im § 23 bestimmte Gebühr zu.

§ 34. Bei Ausführung der Zwangsvollstreckung auf Vornahme einer Handlung durch Geldstrafen oder Haft (Zivilprozeßordnung § 888) bildet das gesamte Verfahren eine Instanz.

§ 35. Für die einmalige Erwirkung des Zeugnisses der Rechtskraft (Zivilprozeßordnung § 706) oder der Vollstreckungsklausel (Zivilprozeßordnung §§ 724 bis 730, 738, 742, 744, 745 Abs. 2, §§ 749, 795, 796 Abs. 1, § 797 Abs. 1, 2, §§ 797a, 929) steht weder dem Rechtsanwalte der Instanz, in welcher dieselben zu erteilen, noch dem Rechtsanwalte, welcher mit dem Betriebe der Zwangsvollstreckung beauftragt ist, und für die

Aufhebung einer Vollstreckungsmaßregel weder dem Rechtsanwalte, welcher deren Vornahme veranlaßt hat, noch dem Rechtsanwalte, welcher mit dem Betriebe der weiteren Zwangsvollstreckung beauftragt ist, eine Gebühr zu.

§ 36. Die Vorschriften der §§ 31 bis 35 finden bei Vollziehung eines Arrestbefehls oder einer einstweiligen Verfügung (Zivilprozeßordnung §§ 928 bis 934, 936) entsprechende Anwendung.

Die Instanz dauert bis zur Aufhebung des Arrestes oder der einstweiligen Verfügung oder bis zum Anfange der Zwangsvollstreckung aus dem in der Hauptsache erlassenen Urteile.

§ 37. Für die Mitwirkung bei einem der Klage vorausgehenden Sühneverfahren (Zivilprozeßordnung §§ 609, 610) erhält der Rechtsanwalt drei Zehnteile der Sätze des § 9.

§ 38. Im Mahnverfahren erhält der Rechtanwalt:

1. die Sätze des § 9 für die Erwirkung des Zahlungsbefehls einschließlich der Mitteilung des Widerspruchs an den Auftraggeber;
2. zwei Zehnteile der Sätze des § 9 für die Erhebung des Widerspruchs;
3. fünf Zehnteile der Sätze des § 9 für die Erwirkung des Vollstreckungsbefehls.

Die Gebühren in Nr. 1 und 2 werden sowohl auf die in einem nachfolgenden Güteverfahren zustehende Gebühr wie auf die in einem nachfolgenden Rechtsstreit zustehende Prozeßgebühr angerechnet.

§ 38a. Im Güteverfahren erhält der Rechtsanwalt die Sätze des § 9. Auf die in dem nachfolgenden Rechtsstreit zustehende Prozeßgebühr wird die Gebühr voll angerechnet.

Die gleiche Gebühr erhält der Rechtsanwalt für die Mitwirkung bei einem im Güteverfahren abgeschlossenen Vergleiche.

§ 39. Für die Vertretung im Verteilungsverfahren (Zivilprozeßordnung § 858 Abs. 6, §§ 872 bis 877, 882) stehen dem Rechtsanwalte fünf und, falls der Auftrag vor dem Termine zur Ausführung der Verteilung erledigt wird, drei Zehnteile der Sätze des § 9 zu.

Der Wert des Streitgegenstandes wird durch den Betrag der Forderung, und, wenn der zu verteilende Geldbetrag geringer ist, durch diesen Betrag bestimmt.

§ 40. Im Aufgebotsverfahren (Zivilprozeßordnung §§ 946 bis 956, 959 bis 972, 977 bis 1024) stehen dem Rechtsanwalt, als Vertreter des Antragstellers (Zivilprozeßordnung § 947), drei Zehnteile der Sätze des § 9 zu:

1. für den Betrieb des Verfahrens einschließlich der Information;
2. für den Antrag auf Erlaß des Aufgebots;
3. für den Antrag auf Anordnung der Zahlungssperre, sofern derselbe vor dem Antrag auf Erlaß des Aufgebots gestellt wird;
4. für die Wahrnehmung des Aufgebotstermins.

Als Vertreter einer anderen Person erhält der Rechtsanwalt diese Gebühr nur einmal.

§ 40a. (Fass. v. 25. 7. 30.) Im Verfahren über Anträge auf Vollstreckbarerklärung eines Schiedsspruchs oder eines schiedsrichterlichen Vergleichs (Zivilprozeßordnung §§ 1042, 1044a) erhält der Rechtsanwalt die in den §§ 13 bis 17 bestimmten Gebühren.

§ 41. Drei Zehnteile der in den §§ 13 bis 17 bestimmten Gebühren erhält der Rechtsanwalt:

1. in der Beschwerdeinstanz;
2. wenn seine Tätigkeit sich auf ein Verfahren beschränkt, welches die Änderung einer Entscheidung des beauftragten oder ersuchten Richters oder des Urkundsbeamten der Geschäftsstelle (Zivilprozeßordnung § 576) betrifft.

§ 42. Der zum Prozeßbevollmächtigten bestellte Rechtsanwalt, welcher auf Verlangen der Partei die Vertretung in der mündlichen Verhandlung einem anderen Rechtsanwalt übertragen hat, erhält neben den ihm zustehenden Gebühren fünf Zehnteile der Verhandlungsgebühr. Diese Gebühr wird auf eine ihm zustehende Verhandlungsgebühr angerechnet.

§ 43. Dem Rechtsanwalte, welchem von der Partei oder auf deren Verlangen von dem Prozeßbevollmächtigten nur die Vertretung in der mündlichen Verhandlung oder die Ausführung der Parteirechte in derselben übertragen ist, steht neben der Verhandlungsgebühr die Prozeßgebühr zu fünf Zehnteilen zu. Letztere Gebühr steht ihm auch dann zu, wenn der Auftrag vor der mündlichen Verhandlung erledigt wird. Erstreckt sich die Vertretung auf eine mit der mündlichen Verhandlung verbundene Beweisaufnahme (§ 13 Nr. 4), so erhält der Rechtsanwalt außerdem die Beweisgebühr.

§ 44. Dem Rechtsanwalte, welcher lediglich den Verkehr der Partei mit dem Prozeßbevollmächtigten führt, steht eine Gebühr in Höhe der Prozeßgebühr zu.

Die mit der Übersendung der Akten an den Rechtsanwalt der höheren Instanz verbundenen gutachtlichen Äußerungen dienen nicht zur Begründung dieser Gebühr, wenn nicht zu denselben Auftrag erteilt war.

§ 45. Der Rechtsanwalt, dessen Tätigkeit sich auf die Vertretung in einem *nur zur Leistung des durch ein Urteil auferlegten Eides oder* nur zur Beweisaufnahme bestimmten Termine beschränkt, erhält neben der dem Prozeßbevollmächtigten im gleichen Falle zustehenden Beweisgebühr eine Gebühr in Höhe von fünf Zehnteilen der Prozeßgebühr. Letztere Gebühr steht ihm auch dann zu, wenn der Auftrag vor dem Termin erledigt wird.

Die Wahrnehmung eines weiteren Termins zur Fortsetzung der Verhandlung begründet nicht eine Erhöhung der Gebühr.

§ 46. Beschränkt sich die Tätigkeit des Rechtsanwalts auf die Anfertigung eines Schriftsatzes, so erhält er eine Gebühr in Höhe von fünf Zehnteilen der Prozeßgebühr.

§ 47. Für einen erteilten Rat erhält der nicht zum Prozeßbevollmächtigten bestellte Rechtsanwalt eine Gebühr in Höhe von drei Zehnteilen der Prozeßgebühr.

Eine Gebühr in Höhe von fünf Zehnteilen der Prozeßgebühr steht dem mit Einlegung der Berufung oder der Revision beauftragten Rechtsanwalte zu, wenn derselbe von der Einlegung abrät und der Auftraggeber seinen Auftrag zurücknimmt.

§ 48. Der nicht zum Prozeßbevollmächtigten bestellte Rechtsanwalt erhält höchstens die für den Prozeßbevollmächtigten bestimmte Gebühr, falls die ihm aufgetragenen Handlungen in den Kreis derjenigen Tätigkeit fallen, für welche die dem Prozeßbevollmächtigten zustehende Gebühr bestimmt ist.

§ 49. Wird ein Rechtsanwalt, nachdem er in einer Rechtssache tätig gewesen, zum Prozeßbevollmächtigten bestellt, so erhält er für die ihm vorher aufgetragenen Handlungen, soweit für dieselben die dem Prozeßbevollmächtigten zustehende Gebühr bestimmt ist, und als Prozeßbevollmächtigter zusammen nicht mehr an Gebühren, als ihm zustehen würde, wenn er vorher zum Prozeßbevollmächtigten bestellt worden wäre.

§ 50. Wird der einem Rechtsanwalt erteilte Auftrag vor Beendigung der Instanz aufgehoben, so stehen dem Rechtsanwalte die Gebühren in gleicher Weise zu, als wenn die Instanz zur Zeit der Aufhebung des Auftrags durch Zurücknahme der gestellten Anträge erledigt wäre, unbeschadet der aus einem Verschulden sich ergebenden zivilrechtlichen Folgen.

§ 51. Bei Vertretung mehrerer Streitgenossen, einschließlich der Nebenintervenienten, stehen dem Rechtsanwalte die Gebühren nur einmal zu. Bei nachträglichem Beitritt von Streitgenossen erhöht sich durch jeden Beitritt die Prozeßgebühr um zwei Zehnteile. Die Erhöhung wird nach dem Betrage berechnet, bei welchem die Vollmachtgeber gemeinschaftlich beteiligt sind; mehrere Erhöhungen dürfen den einfachen Betrag der Prozeßgebühr nicht übersteigen.

§ 52. Die Gebührensätze erhöhen sich in der Berufungs- und in der Revisionsinstanz um drei Zehnteile.

Dritter Abschnitt.

Gebühren im Konkursverfahren und im Vergleichsverfahren zur Abwendung des Konkurses.

§ 53. Auf die Gebühren im Konkursverfahren und im Vergleichsverfahren zur Abwendung des Konkurses finden die Vorschriften der §§ 9, 11, 12 entsprechende Anwendung.

§ 54. Im Verfahren über einen Antrag auf Eröffnung des Konkursverfahrens (Konkursordnung §§ 104 bis 106) erhält der Rechtsanwalt zwei Zehnteile oder, wenn er einen Gläubiger vertritt, fünf Zehnteile der Sätze des § 9.

§ 55. Für die Vertretung im Konkursverfahren erhält der Rechtsanwalt sechs Zehnteile, wenn jedoch die Vertretung vor dem allgemeinen Prüfungstermine (Konkursordnung § 138) sich erledigt oder erst nach demselben beginnt, vier Zehnteile der Sätze des § 9.

§ 56. Der Rechtsanwalt erhält die Sätze des § 9 besonders:
1. für die Tätigkeit bei Prüfung der Forderungen;
2. für die Tätigkeit in dem Zwangsvergleichsverfahren;
3. für die Tätigkeit in dem Verteilungsverfahren.

§ 57. Beschränkt sich die Tätigkeit des Rechtsanwalts auf die Anmeldung einer Konkursforderung, so erhält derselbe zwei Zehnteile der Sätze des § 9.

§ 58. Für die Vertretung:
1. in der Beschwerdeinstanz,
2. in dem Verfahren über Anträge auf Anordnung von Sicherheitsmaßregeln im Falle des § 197 Abs. 2 der Konkursordnung

erhält der Rechtsanwalt besonders die im zweiten Abschnitt (§§ 23, 41) bestimmten Gebühren.

§ 59. Die Gebühren der §§ 54 bis 56 sowie des § 58 im Falle der Beschwerde gegen den Beschluß über Eröffnung des Konkursverfahrens (Konkursordnung § 109) oder den Beschluß über Bestätigung eines Zwangsvergleichs (Konkursordnung §§ 189, 230 Abs. 2, § 236) werden, wenn der Auftrag von dem Gemeinschuldner erteilt ist, nach dem Betrage der Aktivmasse (Gerichtskostengesetz § 43) berechnet.

Ist der Auftrag von einem Konkursgläubiger erteilt, so werden die Gebühren der §§ 54, 55, 57 und die Gebühr im Falle der Beschwerde gegen den Beschluß über Eröffnung des Konkursverfahrens nach dem Nennwert der Forderung, die Gebühren des § 56 und die Gebühr im Falle der Beschwerde gegen den Beschluß über die Bestätigung eines Zwangsvergleichs nach dem Werte der Forderung des Gläubigers unter entsprechender Anwendung des § 148 der Konkursordnung berechnet.

§ 60. In einem wieder aufgenommenen Konkursverfahren erhält der Rechtsanwalt die Gebühren nach den Bestimmungen der §§ 55 bis 59 besonders.

§ 61[1]). Insoweit dem Rechtsanwalte Gebühren für die Vornahme einzelner Handlungen im Konkursverfahren zustehen, darf der Gesamtbetrag derselben die im § 55 bestimmte Gebühr nicht übersteigen.

Wird der Rechtsanwalt, nachdem er einzelne Handlungen im Konkursverfahren vorgenommen hat, mit der Vertretung im Konkursverfahren beauftragt, so erhält er zusammen nicht mehr an Gebühren, als ihm zustehen würde, wenn er vorher mit der Vertretung im Konkursverfahren beauftragt worden wäre.

§ 61a. Der Rechtsanwalt erhält für die Tätigkeit im Vergleichsverfahren zur Abwendung des Konkurses die Sätze des § 9. Die Gebühr verringert sich um die Hälfte, wenn sich die Vertretung vor dem Vergleichstermin erledigt.

Für die Vertretung in der Beschwerdeinstanz erhält der Rechtsanwalt den Satz des § 41 Nr. 1.

Die Gebühren werden bei der Vertretung des Schuldners nach dem Betrage der Aktiven (§ 48b des Gerichtskostengesetzes) und bei der Vertretung eines Gläubigers nach dem Werte der Forderung unter entsprechender Anwendung des § 148 der Konkursordnung berechnet.

§ 62. Die Gebühren werden für jeden Auftrag gesondert, ohne Rücksicht auf andere Aufträge, berechnet.

Vierter Abschnitt.

Gebühren in Strafsachen.

§ 63. In Strafsachen erhält der Rechtsanwalt als Verteidiger in der Hauptverhandlung erster Instanz vor *dem Reichsgerichte, dem Oberlandesgericht oder* dem Schwurgericht 80 Reichsmark, im übrigen 40 Reichsmark.

§ 64. Erstreckt sich die Verhandlung auf mehrere Tage, so erhöhen sich die im § 63 bestimmten Gebühren für jeden weiteren Tag der Verteidigung um den vollen Betrag.

Im Verfahren auf erhobene Privatklage findet diese Bestimmung nicht Anwendung.

---

[1]) Eingefügt durch § 100 der VerglO vom 26. II. 1935.

§ 65. Findet in den auf Privatklage verhandelten Sachen eine Beweisaufnahme statt, so erhöht sich die im § 63 bestimmte Gebühr um ein Viertel.

§ 66. In der Berufungsinstanz sowie in der Revisionsinstanz stehen dem Rechtsanwalte die in den §§ 63 bis 65 bestimmten Sätze zu. Die Stufe bestimmt sich nach der Ordnung des Gerichts, welches in erster Instanz erkannt hat.

§ 67. Für die Verteidigung im Vorverfahren erhält der Rechtsanwalt in den zur Zuständigkeit *des Reichsgerichts*, des Oberlandesgerichts oder des Schwurgerichts gehörigen Sachen 40 Reichsmark, im übrigen 20 Reichsmark.

Abs. 2 gegenstandslos geworden.

§ 68. Fünf Zehnteile der im § 63 bestimmten Sätze stehen dem Rechtsanwalte zu für Anfertigung:

1. einer Schrift zur Rechtfertigung einer Berufung;
2. einer Schrift zur Begründung einer Revision;
3. eines Antrags auf Wiederaufnahme des Verfahrens;
4. eines Gnadengesuchs.

Die Stufe bestimmt sich nach der Ordnung des Gerichts, welches in erster Instanz erkannt hat.

§ 69. Für Einlegung eines Rechtsmittels sowie für Anfertigung anderer als der im § 68 bezeichneten Anträge, Gesuche und Erklärungen erhält der Rechtsanwalt je 2 Reichsmark.

§ 70. Die in den §§ 63 bis 66 sowie die im § 67 bestimmten Gebühren umfassen die Anfertigung der zu derselben Instanz oder zu dem Vorverfahren gehörigen Anträge, Gesuche und Erklärungen sowie die Einlegung von Rechtsmitteln gegen Entscheidungen oder Verfügungen derselben Instanz oder des Vorverfahrens.

§ 71. Auf die Gebühr für Rechtfertigung der Berufung (§ 68 Nr. 1) und auf die Gebühr für Begründung der Revision (§ 68 Nr. 2) wird die Gebühr für Einlegung des Rechtsmittels (§ 69) angerechnet.

§ 72. Im Falle der Verteidigung mehrerer Beschuldigter durch einen gemeinschaftlichen Verteidiger erhöhen sich die Gebühren um fünf Zehnteile.

§ 73. In Ansehung der Gebühren für Vertretung eines Privatklägers, eines Nebenklägers oder einer Verwaltungsbehörde (Strafprozeßordnung § 424) kommen die Bestimmungen über die Gebühren für die Verteidigung zur entsprechenden Anwendung.

Die Anfertigung einer Privatklage begründet für den Rechtsanwalt die im § 67 bestimmte Gebühr.

§ 74. Für Anfertigung eines Antrags auf gerichtliche Entscheidung im Falle des § 172 der Strafprozeßordnung erhält der Rechtsanwalt die im § 67 bestimmten Sätze.

§ 75. Nach Maßgabe der Vorschriften des zweiten Abschnitts (§ 23) stehen dem Rechtsanwalte Gebühren besonders zu für die Vertretung:

1. in dem Verfahren behufs Festsetzung der zu erstattenden Kosten (Strafprozeßordnung § 464 Abs. 2);
2. in der Zwangsvollstreckung aus Entscheidungen, welche über eine Buße oder über Erstattung von Kosten ergangen sind (Strafprozeßordnung §§ 463, 464).

4a. Abschnitt.

Gebühren für Beistandsleistung im zwischenstaatlichen Rechtshilfeverkehr.

§ 75a. (Fass. v. 23. 12. 29.) Der Rechtsanwalt erhält für die Beistandsleistung nach §§ 32, 33 oder 38 Abs. 2 des deutschen Auslieferungsgesetzes 40 Mark.

Für die Beistandsleistung bei einer mündlichen Verhandlung erhält er 80 Mark. Erstreckt sich die Verhandlung auf mehrere Tage, so erhöht sich die Gebühr für jeden weiteren Tag um fünf Zehnteile.

§ 75b. (Fass. v. 23. 12. 29.) Die im § 75a festgesetzten Gebühren umfassen die Anfertigung der Anträge, Gesuche und Erklärungen an alle beteiligten Behörden.

§ 75c. (Fass. v. 23. 12. 29.) Ist ein Rechtsanwalt gemeinschaftlicher Rechtsbeistand für mehrere Verfolgte, so erhöhen sich die Gebühren um fünf Zehnteile.

Fünfter Abschnitt.

Auslagen.

§ 76. Der Rechtsanwalt hat Anspruch auf Erstattung der bei der Ausführung des Auftrags entstandenen Post-, Telegraphen- und Fernsprechgebühren.

Schreibgebühren stehen dem Rechtsanwalte nur zu:

1. für die auf besonderes Verlangen gefertigten Abschriften;
2. für eine von ihm gefertigte beglaubigte Abschrift der Klageschrift, falls diese zur Herstellung einer Ausfertigung des Urteils (§ 317 Abs. 4 der Zivilprozeßordnung) benutzt wird;
3. für ein Schreibwerk, soweit es außerhalb des Rahmens einer gebührenpflichtigen Tätigkeit entsteht.

Soweit dem Rechtsanwalte Schreibgebühren zustehen, bemißt sich ihre Höhe nach dem für die gerichtlichen Schreibgebühren geltenden Satze.

§ 77. Für Verpackung von Briefen und Akten dürfen Auslagen nicht berechnet werden.

§ 78. Bei Geschäftsreisen erhält der Rechtsanwalt Tage- und Übernachtungsgelder sowie Fahrkosten nach den für die Reichsbeamten der Stufe III (§ 6 Abs. 1 des Gesetzes über Reisekostenvergütungen der Beamten vom 15. 12. 1933, Reichsgesetzbl. I S. 1067 in der Fassung vom 24. 6. 1935, Reichsgesetzbl. I S. 67) geltenden Sätzen sowie Abwesenheitsgelder in Höhe von 10 Reichsmark für den Tag.

Beansprucht die Geschäftsreise nicht mehr als vier Stunden, so ermäßigen sich das Tagegeld und das Abwesenheitsgeld je um die Hälfte.

Nebenkosten, insbesondere beim Zu- und Abgang zur Eisenbahn, sind in angemessenen Grenzen zu erstatten.

§ 79. Die Fahrkosten werden für die Hin- und Rückreise besonders berechnet.

Hat ein Rechtsanwalt Geschäfte an verschiedenen Orten unmittelbar nacheinander ausgerichtet, so ist der von Ort zu Ort zurückgelegte Weg ungeteilt der Berechnung der Fahrkosten zugrunde zu legen.

Ist eine Reise zur Ausführung mehrerer Geschäfte unternommen, so ist die dadurch erzielte Ersparnis an Reisekosten und Abwesenheitsgeldern gleichmäßig nach der Zahl der Geschäfte auf diese zu verteilen.

§ 80. Für Geschäfte am Wohnorte stehen dem Rechtsanwalte weder Tagegelder noch Fahrkosten zu; dasselbe gilt von Geschäften außerhalb des Wohnorts in geringerer Entfernung als zwei Kilometer von demselben.

War der Rechtsanwalt durch außergewöhnliche Umstände genötigt, sich eines Fuhrwerks zu bedienen, oder waren sonstige notwendige Unkosten, wie Brücken- oder Fährgeld, aufzuwenden, so sind die Auslagen zu erstatten.

Für einzelne Ortschaften kann durch den Reichsminister der Justiz bestimmt werden, daß den Rechtsanwälten bei den nicht an der Gerichtsstelle vorzunehmenden Geschäften die verauslagten Fahrkosten zu erstatten sind.

§ 81. Bei Berechnung der Entfernungen wird jedes angefangene Kilometer für ein volles Kilometer gerechnet.

§ 82. Der Rechtsanwalt, welcher seinen Wohnsitz verlegt, kann bei Fortführung eines ihm vorher erteilten Auftrags Reisekosten und Abwesenheitsgelder nur insoweit verlangen, als sie ihm auch bei Beibehaltung seines Wohnsitzes zugestanden haben würden.

§ 83. Hat ein Rechtsanwalt seinen Wohnsitz an einem Orte, an welchem sich kein Gericht befindet, so kann der Reichsminister der Justiz bestimmen, daß ihm Reisekosten und Abwesenheitsgelder nur insoweit zustehen, als er solche auch verlangen könnte, wenn er seinen Wohnsitz an dem Orte des Amtsgerichts, in dessen Bezirk er wohnt, genommen hätte.

Sechster Abschnitt.

Einforderung von Gebühren und Auslagen.

§ 84. Der Rechtsanwalt kann von seinem Auftraggeber angemessenen Vorschuß fordern.

§ 85. Dem Auftraggeber gegenüber werden die Gebühren des Rechtsanwalts fällig, sobald über die Verpflichtung, dieselben zu tragen, eine Entscheidung ergangen ist, sowie bei Beendigung der Instanz oder bei Erledigung des Auftrags.

§ 86. Die Einforderung der Gebühren und Auslagen ist nur zulässig, wenn vorher oder gleichzeitig eine von dem Rechtsanwalt unterschriebene Berechnung derselben mit Angabe des Wertes des Streitgegenstandes, sofern der Wert maßgebend, und unter Bezeichnung der zur Anwendung kommenden Bestimmungen dieses Gesetzes mitgeteilt wird. Die Auslagen des Rechtsanwalts sind nur auf Verlangen im einzelnen aufzustellen und zu belegen.

Die Mitteilung dieser Berechnung kann auch nach erfolgter Zahlung verlangt werden, solange nicht die Handakten zurückgenommen sind oder die Verpflichtung des Rechtsanwalts zur Aufbewahrung derselben erloschen ist (Rechtsanwaltsordnung § 36).

Siebenter Abschnitt.

Schlußbestimmungen.

§ 87. Für Erhebung und Ablieferung von Geldern erhält der Rechtsanwalt von der auf volle 10 Reichsmark aufgerundeten Summe:

bis zu 1000 Reichsmark einschließlich . . . . 1 vom Hundert,
von dem Mehrbetrage bis zu 10000 Reichsmark einschließlich ½ vom Hundert,
von dem Mehrbetrage . . . . ¼ vom Hundert.

Für Erhebung und Ablieferung von Wertpapieren erhält der Rechtsanwalt nach Maßgabe des Wertes die gleichen Gebühren.

Die Gebühr für Erhebung und Ablieferung von Geldern kann von diesen bei der Ablieferung entnommen werden.

§ 88. Für die Ausarbeitung eines Gutachtens mit juristischer Begründung hat der Rechtsanwalt angemessene Vergütung zu beanspruchen. Über die Höhe der Vergütung wird im Prozeßwege, nach eingeholtem Gutachten des Vorstandes[1]) der Anwaltskammer, entschieden.

§ 89. Ist für das dem Rechtsanwalt übertragene Geschäft der Betrag der Gebühr in diesem Gesetze nicht bestimmt, so erhält er eine unter entsprechender Anwendung der Bestimmungen dieses Gesetzes zu bemessende Gebühr.

§ 90. Insofern in diesem Gesetze für die begonnene oder vorbereitete Ausführung eines vor der vollständigen Ausführung erledigten Auftrags eine Gebühr nicht vorgesehen ist, erhält der Rechtsanwalt eine nach Maßgabe des § 89 zu bemessende Gebühr.

§ 91. Die Vorschriften dieses Gesetzes finden entsprechende Anwendung:

1. im schiedsrichterlichen Verfahren;
2. im Verfahren wegen Nichtigkeitserklärung oder Zurücknahme eines Patents;
3. im Disziplinarverfahren nach Maßgabe des Reichsbeamtengesetzes vom 18. Mai 1907 (Reichsgesetzbl. S. 245)[2]);
4. im ehrengerichtlichen Verfahren gegen Rechtsanwälte;
5. bei der Untersuchung von Seeunfällen.

Für die Berechnung der Gebühren des im schiedsrichterlichen Verfahren als Prozeßbevollmächtigten bestellten Rechtsanwalts gilt das gerichtliche Verfahren im Falle des § 1036 der Zivilprozeßordnung als zum schiedsrichterlichen Verfahren gehörig.

Das Verfahren vor der Disziplinarkammer, vor dem Ehrengericht und vor dem Seeamt steht im Sinne des § 63 dem Verfahren vor dem Schöffengerichte gleich.

§ 92. Fällt eine dem Rechtsanwalt aufgetragene Tätigkeit, für welche ihm nach Vorschrift dieses Gesetzes eine Vergütung zusteht, zugleich in den Kreis derjenigen Angelegenheiten, in welchen die den Rechtsanwälten zustehende Vergütung durch landesgesetzliche Vorschrift geregelt ist, so kommt, soweit die Anwendung beider Vorschriften zu einer zweifachen Vergütung derselben Tätigkeit führen würde, nur eine derselben, und zwar die dem Rechtsanwalt günstigere, zur Anwendung.

§ 93. Sofern der Rechtsanwalt nicht einer Partei zur Wahrnehmung ihrer Rechte beigeordnet oder als Verteidiger bestellt ist, kann der Betrag der Vergütung durch Vertrag abweichend von den Vorschriften dieses Gesetzes festgesetzt werden. Die Festsetzung durch Bezugnahme auf das Ermessen eines Dritten ist ausgeschlossen.

---

[1]) Jetzt Präsidenten.

[2]) Jetzt „im Dienststrafverfahren nach Maßgabe der Reichsdienststrafordnung" vom 26. 1. 37 (RGBl I 71).

Ist die vereinbarte Vergütung unter Berücksichtigung aller Umstände übermäßig hoch, so kann sie im Rechtsstreit nach eingeholtem Gutachten des Vorstandes[1]) der Anwaltskammer bis auf den in diesem Gesetze bestimmten Betrag herabgesetzt werden.

§ 94. Für das Verhältnis des Auftraggebers oder des Rechtsanwalts zu dem Erstattungspflichtigen kommt die vertragsmäßige Festsetzung der Vergütung (§ 93) nicht in Betracht.

B. Gerichtskostengesetz vom 5. Juli 1927 (RGBl S. 152) [1])

Erster Abschnitt.

Allgemeine Bestimmungen.

§ 1. In den vor die ordentlichen Gerichte gehörigen Rechtssachen, auf welche die Zivilprozeßordnung, die Strafprozeßordnung, die Konkursordnung oder das Gesetz über den Vergleich zur Abwendung des Konkurses Anwendung findet, werden Gebühren und Auslagen der Gerichte nur nach Maßgabe dieses Gesetzes erhoben[2]).

§ 2. Eine Erhebung von Stempeln und anderen Abgaben neben den Gebühren findet nicht statt.

Urkunden, von denen im Verfahren Gebrauch gemacht wird, sind nur insoweit einem Stempel oder einer anderen Abgabe unterworfen, als sie es ohne diesen Gebrauch sein würden.

Urkunden, welche im Verfahren errichtet werden, bleiben, soweit ihr Inhalt über den Gegenstand des Verfahrens hinausgeht, den allgemeinen Vorschriften über Erhebung von Stempeln oder anderen Abgaben unterworfen.

§ 3. In einem weiteren Umfang, als die Prozeßordnungen und dieses Gesetz es gestatten, darf die Tätigkeit der Gerichte von der Sicherstellung oder Zahlung der Gebühren oder Auslagen nicht abhängig gemacht werden.

§ 4. (VO v. 30. 11. 27 — RGBl I 334.) Über Erinnerungen des Zahlungspflichtigen oder der Staatskasse gegen den Ansatz von Gebühren oder Auslagen entscheidet das Gericht der Instanz gebührenfrei. Die Entscheidung kann von dem Gerichte, welches dieselbe getroffen hat, sowie von dem Gerichte der höheren Instanz von Amts wegen geändert werden.

Gegen die Entscheidung findet Beschwerde nach Maßgabe des § 567 Abs. 3 und der §§ 568 bis 575 der Zivilprozeßordnung, in Strafsachen nach Maßgabe der §§ 304 bis 310 der Strafprozeßordnung statt[3]).

Die Einlegung von Erinnerungen oder Beschwerden kann durch Erklärung zum Protokoll der Geschäftsstelle oder schriftlich ohne Mitwirkung eines Anwalts erfolgen.

§ 5. Eine Nachforderung von Gerichtskosten wegen irrigen Ansatzes ist nur zulässig, wenn der berichtigte Ansatz vor Ablauf des nächsten Kalenderjahrs nach rechtskräftiger oder endgültiger Erledigung des Verfahrens dem Zahlungspflichtigen eröffnet ist.

§ 6. Gebühren und Auslagen, die bei richtiger Behandlung der Sache nicht entstanden wären, sind niederzuschlagen. Das gleiche gilt von Auslagen, die durch eine von

---

[1]) Die Änderungen sind bei den Paragraphen vermerkt. In den sudetendeutschen Gebieten gilt das GKG nach Maßgabe der VO v. 30. 11. 38 (RGBl I 1684) und der AV dRJM v. 3. 12. 38 DJ 1935; v. 19. 1. 39 DJ 183; v. 5. 5. 39 DJ 795; v. 23. 11. 39 DJ. 1799; im Protektorat Böhmen und Mähren in Strafsachen der deutschen Gerichte, § 17 VO v. 14. 7. 39 (RGBl I 1262); AVdRJM v. 17. 7. 39 DJ 1208; in Danzig § 5 VO v. 23. 12. 39 (RGBl 1940 I 9).

[2]) Über Gebühren und Auslagen in Justizverwaltungsangelegenheiten vgl. VO über Kosten im Bereich der Justizverwaltung (JVKostO) v. 14. 2. 40 (RGBl I 357).

[3]) Hierzu Kriegs-VO v. 4. 10. 39 (RGBl I 1994) § 6:

Beschwerden (Rekurse), die sich gegen die nachstehend aufgeführten Entscheidungen richten, sind nur zulässig, wenn der Wert des Beschwerdegegenstandes zweihundert Reichsmark übersteigt:

1. Entscheidungen des Gerichts über den Ansatz von Gerichtskosten und die Festsetzung des zugrunde zu legenden Werts;
2. pp.

Amts wegen veranlaßte Verlegung eines Termins oder Vertagung einer Verhandlung oder durch eine für begründet befundene Beschwerde entstanden sind. Für abweisende Bescheide sowie im Falle der Zurücknahme eines Antrags kann Gebühren- und Auslagenfreiheit gewährt werden, wenn der Antrag auf nicht anzurechnender Unkenntnis der Verhältnisse oder auf Unwissenheit beruht.

Über die Ausübung der im Abs. 1 vorgesehenen Befugnisse entscheidet das Gericht. Solange nicht das Gericht entschieden hat, können die gleichen Anordnungen im Verwaltungswege getroffen werden. Eine im Verwaltungswege getroffene Anordnung kann nur im Verwaltungswege geändert werden.

§ 6a (Art. 1 VO v. 27. 3. 36 (RGBl I 319). Ansprüche auf Zahlung von Kosten verjähren in vier Jahren nach Ablauf des Kalenderjahrs, in dem das Verfahren durch rechtskräftige Entscheidung über die Kosten, durch Vergleich oder in sonstiger Weise beendet ist.

Ansprüche auf Rückerstattung von Kosten verjähren in vier Jahren nach Ablauf des Kalenderjahrs, in dem der Anspruch entstanden ist. Die Verjährung beginnt jedoch nicht vor dem im Absatz 1 bezeichneten Zeitpunkt.

Auf die Verjährung finden die Vorschriften des Bürgerlichen Gesetzbuchs Anwendung. Im Fall des Absatzes 1 wird die Verjährung auch durch die Aufforderung zur Zahlung und durch eine dem Schuldner mitgeteilte Stundung unterbrochen; bei unbekanntem Aufenthalt des Zahlungspflichtigen genügt die Zustellung durch Aufgabe zur Post unter der letzten bekannten Anschrift des Kostenschuldners. Eine Unterbrechung der Verjährung tritt bei Kostenbeträgen unter 20 RM. nicht ein.

§ 7. Der Mindestbetrag einer Gebühr ist (0,50) — *jetzt 2, im Verfahren vor dem Arbeitsgericht 1* — Reichsmark[1]).

Pfennigbeträge sind auf volle 10 Reichspfennig aufzurunden.

Zweiter Abschnitt.

Gebühren in bürgerlichen Rechtsstreitigkeiten.

§ 8. In bürgerlichen Rechtsstreitigkeiten werden die Gebühren nach dem Werte des Streitgegenstandes erhoben.

Die volle Gebühr beträgt bei Gegenständen im Werte
bis *(zu 20 Reichsmark einschließlich* . . . . *1 Reichsmark,*
von mehr als 20 bis) zu 60 Reichsmark einschließlich . . . 2 Reichsmark[2]).

Bei Gegenständen mit höherem Streitwert beträgt die volle Gebühr von dem Werte
bis zu 1000 Reichsmark einschließlich . . . . 3 vom Hundert,
von dem Mehrbetrage bis zu 2000 Reichsmark einschließlich 2 vom Hundert,
von dem Mehrbetrage bis zu 10000 Reichsmark einschließlich 1 vom Hundert,
von dem Mehrbetrage . . . . $\frac{1}{2}$ vom Hundert.

Dabei ist der Wert auf die nächsthöheren 100 Reichsmark, bei Gegenständen mit einem Streitwert von mehr als 20000 Reichsmark auf die nächsthöheren 1000 Reichsmark aufzurunden.

§ 9. Für die Wertberechnung sind die Vorschriften der Zivilprozeßordnung §§ 3 bis 9 und der Konkursordnung § 148 mit den nachstehenden Bestimmungen maßgebend.

Ist der Wert des Streitgegenstandes bei dem Erlasse des Urteils oder der ander-

---

[1]) Hierzu: NotVO v. 1. 12. 30 (RGBl I 517) 9. Teil § 6 Satz 1: Der im § 7 des Gerichtskostengesetzes (RGBl 1927 I S. 152) bestimmte Mindestbetrag einer Gebühr wird auf eine Reichsmark erhöht.

NotVO v. 6. 10. 31 (RGBl I 537) 6. Teil, Kap. 1, § 13 Abs. 1: Der im § 7 des Gerichtskostengesetzes bestimmte Mindestbetrag einer Gebühr wird für das Verfahren vor den ordentlichen Gerichten auf 2 Reichsmark erhöht. Ist im Mahn- oder Güteverfahren die Mindestgebühr erhoben, so wird für das nachfolgende Streitverfahren die Prozeßgebühr insoweit nicht erhoben, als sie zusammen mit der für das Mahn- oder Güteverfahren angesetzten Gebühr eine volle Gebühr übersteigt.

AVdRJM v. 19. 1. 39 DJ 183 § 1 über die Kosten des arbeitsgerichtlichen Verfahrens in den sudetendeutschen Gebieten.

[2]) S. Anm. zu § 7.

weitigen Beendigung der Instanz höher als im Zeitpunkt der Erhebung der Klage oder der Einlegung des Rechtsmittels, so ist den in der Instanz entstandenen Gebühren der höhere Wert zugrunde zu legen. In der Zwangsvollstreckung ist für die Wertberechnung der Zeitpunkt der die Zwangsvollstreckung einleitenden Prozeßhandlung entscheidend.

§ 10. Ges. v. 20. 7. 33 (RGBl I 521) Art. 2, v. 29. 3. 35 (RGBl I 456) Art. 1 und v. 7. 4. 37 (RGBl I 443), VO v. 28. 9. 38 (RGBl I 1323). Ist das Bestehen oder die Dauer eines Miet- oder Pachtverhältnisses streitig, so ist der Betrag des auf die streitige Zeit entfallenden Zinses und, wenn der einjährige Zins geringer ist, dieser Betrag für die Wertberechnung maßgebend. Geht der Anspruch auf Räumung eines vermieteten oder verpachteten Grundstücks, Gebäudes oder Gebäudeteiles, so ist ohne Rücksicht darauf, ob über das Bestehen des Miet- oder Pachtverhältnisses Streit besteht, der vierteljährliche Zins maßgebend, sofern sich nicht nach der Vorschrift des Satzes 1 ein geringerer Streitwert ergibt.

Bei Ansprüchen auf Erfüllung einer auf gesetzlicher Vorschrift beruhenden Unterhaltspflicht wird der Wert des Rechtes auf die wiederkehrenden Leistungen, falls nicht der Gesamtbetrag der geforderten Leistungen geringer ist, auf den Betrag des einjährigen Bezuges berechnet.

Bei Ansprüchen auf Entrichtung einer Geldrente, die nach den §§ 843, 844 des Bürgerlichen Gesetzbuchs (Reichsgesetzbl 1896 S. 195), den §§ 3, 3a, 7 des Gesetzes, betreffend die Verbindlichkeit zum Schadensersatze für die bei dem Betriebe von Eisenbahnen, Bergwerken usw. herbeigeführten Tötungen und Körperverletzungen (Reichsgesetzbl 1871 S. 207, 1896 S. 616), den §§ 10, 11, 13 des Gesetzes über den Verkehr mit Kraftfahrzeugen (Reichsgesetzbl 1909 S. 437) oder den §§ 21, 22, 24 des Luftverkehrsgesetzes *(Reichsgesetzbl 1922 I S. 681)* — jetzt Reichsgesetzbl 1936 I S. 653 erhoben werden, wird der Wert des Rechtes auf die wiederkehrenden Leistungen, falls nicht der Gesamtbetrag der geforderten Leistungen geringer ist, auf den fünffachen Betrag des einjährigen Bezugs berechnet. Das gleiche gilt für die Berechnung des Wertes bei Geltendmachung der Ansprüche auf wiederkehrende Leistungen aus dem Beamten- und Arbeitsverhältnis.

Ist in einem Verfahren nach § 627 der Zivilprozeßordnung die Unterhaltspflicht der Ehegatten zu regeln, so wird der Wert des Rechts auf Unterhalt nach dem dreimonatigen Bezug berechnet. Im Verfahren nach § 627b der Zivilprozeßordnung ist der Betrag des sechsmonatigen Bezugs maßgebend.

§ 11. (Fass. v. 20. 12. 28, RGBl I 411). Bei nichtvermögensrechtlichen Streitigkeiten beträgt der Wert des Streitgegenstandes regelmäßig 2000 Reichsmark. Er kann nach Lage des Falles auf einen höheren Betrag, jedoch nicht über eine Million Reichsmark, oder, mit Ausnahme von Ehesachen (§ 606 der Zivilprozeßordnung), auf einen niedrigeren Betrag, jedoch nicht unter 500 Reichsmark, angenommen werden.

Ist mit einem nichtvermögensrechtlichen Anspruch ein aus ihm hergeleiteter vermögensrechtlicher verbunden, so ist nur ein Anspruch, und zwar der höhere, maßgebend.

§ 12. Im Falle des § 254 der Zivilprozeßordnung ist für die Wertberechnung nur einer der verbundenen Ansprüche, und zwar der höhere, maßgebend.

§ 13. Soweit Klage und Widerklage, welche nicht in getrennten Prozessen verhandelt werden, denselben Streitgegenstand betreffen, sind die Gebühren nach dem einfachen Werte dieses Gegenstandes zu berechnen. Soweit beide Klagen nicht denselben Streitgegenstand betreffen, sind die Gegenstände zusammenzurechnen.

Das gleiche gilt für wechselseitig eingelegte Rechtsmittel, welche nicht in getrennten Prozessen verhandelt werden.

§ 14. Für Akte, welche einen Teil des Streitgegenstandes betreffen, sind die Gebühren nur nach dem Werte dieses Teiles zu berechnen.

Sind von einzelnen Wertsteilen in derselben Instanz für gleiche Akte Gebühren zu berechnen, so darf nicht mehr erhoben werden, als wenn die Gebühr von dem Gesamtbetrage der Wertsteile zu berechnen wäre; treten für die Akte verschiedene Gebührensätze ein, so ist der höchste Satz maßgebend.

§ 15. Für Akte, welche Früchte, Nutzungen, Zinsen oder Kosten als Nebenforderungen ohne den Hauptanspruch betreffen, ist der Wert der Nebenforderungen insoweit maßgebend, als er den Wert des Hauptanspruchs nicht übersteigt.

Für Akte der Zwangsvollstreckung wegen einer Geldforderung werden die einzuziehenden Zinsen mitberechnet.

Für Akte, welche die Kosten des Rechtsstreits ohne den Hauptanspruch betreffen, ist der Betrag der Kosten maßgebend.

§ 16. (Fass. v. 30. 11. 27 — RGBl I 334.) Bei jedem Antrag ist der Wert des Streitgegenstandes, sofern derselbe nicht in einer bestimmten Geldsumme besteht oder aus früheren Anträgen erhellt, und auf Erfordern auch der Wert eines Teiles desselben schriftlich oder zu Protokoll der Geschäftsstelle anzugeben.

Die Angabe kann jederzeit berichtigt werden.

§ 17. Die zum Zwecke der Entscheidung über die Zuständigkeit des Prozeßgerichts oder die Zulässigkeit des Rechtsmittels erfolgte Festsetzung des Wertes ist, unbeschadet der Vorschriften der §§ 10, 13, für die Berechnung der Gebühren maßgebend.

§ 18. Soweit eine Entscheidung gemäß § 17 nicht stattfindet, setzt das Prozeßgericht den Wert durch Beschluß fest, falls dies eine Partei beantragt oder das Gericht für angemessen erachtet. Auf den Antrag findet § 4 Abs. 3 entsprechende Anwendung. Bei der Zwangsvollstreckung tritt an die Stelle des Prozeßgerichts das Vollstreckungsgericht. Die Festsetzung kann von dem Gerichte, das sie getroffen hat, sowie von dem Gerichte der höheren Instanz im Laufe des Verfahrens auch von Amts wegen geändert werden.

Gegen den Beschluß findet Beschwerde nach Maßgabe des § 567 Abs. 3 und der §§ 568 bis 576 der Zivilprozeßordnung sowie des § 4 Abs. 3 dieses Gesetzes statt[1]).

§ 19. Wird eine Abschätzung durch Sachverständige erforderlich, so ist in dem Beschlusse, durch welchen der Wert festgesetzt wird (§ 18), über die Kosten der Abschätzung zu entscheiden. Dieselben können ganz oder teilweise der Partei zur Last gelegt werden, welche durch Unterlassung der ihr obliegenden Wertangabe oder durch unrichtige Wertangabe, unbegründetes Bestreiten der Wertangabe oder unbegründete Beschwerde die Abschätzung veranlaßt hat.

§ 20. Im Prozeßverfahren wird die volle Gebühr (§ 8) erhoben:
1. für das Verfahren im allgemeinen (Prozeßgebühr),
2. für die Anordnung einer Beweisaufnahme (Beweisgebühr),
3. für ein auf Grund streitiger Verhandlung ergehendes End- oder Zwischenurteil (Urteilsgebühr).

§ 21. Die Urteilsgebühr wird auch für Urteile erhoben, die nach Lage der Akten erlassen werden (Zivilprozeßordnung §§ 251a, 331a), sowie für Urteile, die in Ehesachen, in Rechtsstreitigkeiten, welche die Feststellung des Rechtsverhältnisses zwischen Eltern und Kindern zum Gegenstande haben, in den vor die Landgerichte gehörigen Entmündigungssachen *und in dem Verfahren über die gegen eine Todeserklärung erhobene Anfechtungsklage*[2]) auf Grund nicht streitiger Verhandlung ergehen, sofern der Kläger verhandelt hat.

§ 22. Die Zwischenurteile gemäß §§ 135 und 387 der Zivilprozeßordnung gelten nicht als Urteile im Sinne des § 20 Nr. 3.

§ 23. Wird ein Rechtsstreit durch einen vor Gericht abgeschlossenen oder dem Gerichte mitgeteilten Vergleich erledigt, so fällt eine bereits entstandene Beweisgebühr fort.

§ 24. Für eine auf Grund des § 272b der Zivilprozeßordnung getroffene Anordnung des Gerichts wird die Beweisgebühr nur dann erhoben, wenn auf Grund der Anordnung vor der mündlichen Verhandlung eine Beweisaufnahme stattgefunden hat.

§ 25. Jede der im § 20 bezeichneten Gebühren wird in jeder Instanz rücksichtlich eines jeden Teiles des Streitgegenstandes nur einmal erhoben.

Ist ein Urteil unter Vorbehalt der Entscheidung über die Aufrechnung (Zivilprozeßordnung § 302) oder im Urkunden- oder Wechselprozeß unter Vorbehalt der Rechte des Beklagten (Zivilprozeßordnung § 599) erlassen worden, so wird durch die Gebühr für diese Entscheidung eine weitere Urteilsgebühr in derselben Instanz nicht ausgeschlossen.

---

[1]) Vgl. hierzu Anm. 2 zu § 4 GKG.

[2]) Jetzt gilt § 118a KostO (eingeführt durch § 50 des Ges. über die Verschollenheit, die Todeserklärung und die Feststellung der Todeszeit v. 4. 7. 39 (RGBl I 1186). Bei Kriegsverschollenheit werden für die Todeserklärung und die Feststellung der Todeszeit (Beweisführung des Todes) Gerichtsgebühren nicht erhoben, vgl. § 3 VO v. 4. 10. 39 (RGBl I 1994).

Für Zwischenurteile gemäß § 71 der Zivilprozeßordnung wird die Urteilsgebühr besonders erhoben.

§ 26. Wird die Ergänzung eines Urteils beantragt (Zivilprozeßordnung § 321), so findet, soweit der Antrag nicht zurückgewiesen wird, die Bestimmung des § 14 Anwendung; soweit der Antrag zurückgewiesen wird, wird die volle Gebühr (§ 8) erhoben.

§ 27. Wird ein Rechtsstreit an ein anderes Gericht verwiesen, so bildet das weitere Verfahren vor dem anderen Gerichte mit dem bisherigen Verfahren im Sinne des § 25 Abs. 1 eine Instanz.

Wird eine Sache zur anderweitigen Verhandlung an das Gericht der unteren Instanz zurückverwiesen, so bildet das weitere Verfahren mit dem früheren Verfahren vor diesem Gericht im Sinne des § 25 Abs. 1 eine Instanz.

§ 28. In der Berufungsinstanz erhöhen sich die im § 20 bestimmten Gebühren um die Hälfte, in der Revisionsinstanz auf das Doppelte.

§ 29. Die Prozeßgebühr wird nicht erhoben, wenn die Klage vor Bestimmung des Termins zur mündlichen Verhandlung zurückgenommen wird.

Sie ermäßigt sich auf ein Viertel der Gebühr, wenn die Klage nach diesem Zeitpunkt, jedoch vor Stellung eines Sachantrags in der mündlichen Verhandlung zurückgenommen wird.

§ 30. Wird die Berufung oder die Revision durch Beschluß als unzulässig verworfen, so ermäßigt sich die Prozeßgebühr für die Rechtsmittelinstanz auf die Hälfte der im § 8 bestimmten Gebühr. Das gleiche gilt, wenn das Rechtsmittel vor Bestimmung des Termins zur mündlichen Verhandlung zurückgenommen wird.

§ 30a. (Fass. v. 25. 7. 30 — RGBl I 361.) Für die Niederlegung eines Schiedsspruchs oder eines schiedsrichterlichen Vergleichs auf der Geschäftsstelle (Zivilprozeßordnung §§ 1039, 1044a) wird ein Viertel der Gebühr (§ 8), höchstens jedoch ein Betrag von 300 Reichsmark erhoben.

Im Verfahren über Anträge auf Vollstreckbarerklärung eines Schiedsspruchs oder eines schiedsrichterlichen Vergleichs (Zivilprozeßordnung §§ 1042, 1044a) werden die in § 20 bestimmten Gebühren erhoben. Auf die Prozeßgebühr ist die im Abs. 1 bestimmte Gebühr anzurechnen. Die Gebühr wird nicht erhoben, wenn der Antrag vor Anhörung des Gegners oder vor Bestimmung eines Termins zur mündlichen Verhandlung zurückgenommen wird.

§ 31.[1]) Für das Mahnverfahren wird die Hälfte der Gebühr (§ 8) erhoben. Die Gebühr wird nicht erhoben, wenn der Antrag auf Erlaß des Zahlungsbefehls vor dessen Erlaß zurückgenommen wird.

Wird im Falle der Erhebung des Widerspruchs die Bestimmung eines Termins zur mündlichen Verhandlung beantragt oder gegen einen Vollstreckungsbefehl Einspruch eingelegt, so wird die Prozeßgebühr (§ 20 Nr. 1) nur zur Hälfte erhoben. Das gleiche gilt, wenn in einem im Urkunden- oder Wechselmahnverfahren ergangenen Vollstreckungsbefehle dem Beklagten die Ausführung seiner Rechte vorbehalten war. Wird der Antrag oder der Einspruch vor Bestimmung des Termins zurückgenommen, so wird die Prozeßgebühr nicht erhoben.

§ 31a. Für das Güteverfahren wird die Hälfte der Gebühr (§ 8) erhoben. § 29 findet entsprechende Anwendung.

Das Verfahren bleibt gebührenfrei, wenn ein Mahnverfahren vorausgegangen ist.

Für das dem Güteverfahren nachfolgende Prozeßverfahren wird, unbeschadet der Vorschriften im § 29, die Prozeßgebühr (§ 20 Nr. 1) nur zur Hälfte erhoben.

§ 32. Die Hälfte der Gebühr (§ 8) wird erhoben für das Verfahren über Anträge auf Anordnung eines Arrestes oder einer einstweiligen Verfügung. Die Gebühr erhöht sich auf die volle Gebühr, wenn durch Urteil entschieden wird (Zivilprozeßordnung § 922 Abs. 1, §§ 925, 936). Die Gebühr wird nicht erhoben, wenn der Antrag vor Anordnung des Arrestes oder der einstweiligen Verfügung, vor Zurückweisung des Antrags oder vor Anordnung einer vorgängigen Sicherheitsleistung oder vor Anordnung der mündlichen Verhandlung zurückgenommen wird.

Die im Abs. 1 bestimmten Gebühren werden auch erhoben für das Verfahren über Anträge auf Abänderung oder Aufhebung eines Arrestes oder einer einstweiligen Verfügung gemäß § 926 Abs. 2, §§ 927, 936 der Zivilprozeßordnung. Die Gebühr wird nicht erhoben,

---

[1]) S. dazu Anm. zu § 7.

wenn der Antrag vor Bestimmung des Termins zur mündlichen Verhandlung zurückgenommen wird.

Im Falle des § 942 der Zivilprozeßordnung gilt das Verfahren vor dem Amtsgericht und dem Gerichte der Hauptsache als ein Rechtsstreit.

In der Berufungsinstanz erhöhen sich die Gebühren um die Hälfte.

§ 33. Die Hälfte der Gebühr (§ 8) wird erhoben:

1. für das Verfahren über Anträge auf Sicherung des Beweises;
2. für das Verfahren über Anträge auf Entmündigung oder auf Wiederaufhebung einer Entmündigung, soweit die Amtsgerichte zuständig sind;
3. für das Verteilungsverfahren;
4. für das Verfahren der Zwangsvollstreckung zur Erwirkung von Handlungen und Unterlassungen gemäß §§ 887, 888, 890 der Zivilprozeßordnung;
5. für das Verfahren über Anträge auf Abnahme des Offenbarungseides einschließlich der Anträge auf Erzwingung des Eidesleistung[1]);
6. für das Aufgebotsverfahren[2]) sowie für das Verfahren über Anträge auf Anordnung der Zahlungssperre gemäß § 1020 der Zivilprozeßordnung;
7. für das Verfahren bei Ernennung oder Ablehnung eines Schiedsrichters, bei Erlöschen eines Schiedsvertrags oder bei Anordnung der von den Schiedsrichtern für erforderlich erachteten richterlichen Handlungen.

Die Gebühr wird nicht erhoben, wenn der das Verfahren einleitende Antrag vor einer gerichtlichen Verfügung zurückgenommen wird.

§ 33a (VO v. 28. 9. 38 — RGBl I 1323). Die Hälfte der Gebühr (§ 8) wird erhoben für das Verfahren

1. über Anträge auf Anordnungen nach § 627 der Zivilprozeßordnung,
2. über Anträge auf Anordnungen nach § 627b Abs. 1 der Zivilprozeßordnung.

---

[1]) Dazu NotVO v. 14. 6. 32 (RGBl I 285) 1. Teil, Kap. II, Art. 2: Für die Einsicht des Schuldnerverzeichnisses (§ 915 der Zivilprozeßordnung, § 107 der Konkursordnung) wird eine Gebühr von 0,50 Reichsmark und für die Erteilung einer schriftlichen Auskunft über das Bestehen oder Nichtbestehen einer Eintragung eine solche von 1 Reichsmark erhoben. Die Einsicht und die Erteilung der Auskunft können von der Zahlung der Gebühr abhängig gemacht werden.

Ferner VO v. 11. 5. 38 (RGBl I 520): 1. Auf den Antrag auf Abnahme des Offenbarungseides (§§ 807, 900 der Zivilprozeßordnung) hat das Vollstreckungsgericht vor der Terminsbestimmung von Amts wegen festzustellen, ob nach den bei ihm geführten Listen innerhalb der letzten fünf Jahre der Schuldner den Offenbarungseid geleistet oder die Versicherung nach § 19d der Zwangsvollstreckungsverordnung v. 26. 5. 33 (RGBl I 302) abgegeben hat oder gegen ihn die Haft zur Erzwingung der Eidesleistung angeordnet ist.

2. Von einer Eintragung ist dem Gläubiger Nachricht zu geben. Erledigt sich damit der Antrag durch Zurückweisung oder Zurücknahme oder dadurch, daß er von vornherein nur bedingt gestellt war, so wird nur die Auskunftsgebühr von einer Reichsmark (Verordnung des Reichspräsidenten über Maßnahmen auf dem Gebiete der Rechtspflege und Verwaltung v. 14. 6. 32 — RGBl I 285 — Erster Teil, Kapitel II Artikel 2) erhoben. Betreibt der Gläubiger das Verfahren trotz der Eintragung weiter, so wird neben der Gebühr nach § 33 Nr. 5 des Gerichtskostengesetzes für die Benachrichtigung die Auskunftsgebühr nicht erhoben.

3. Findet sich in den Listen keine Eintragung über den Schuldner, so nimmt das Verfahren seinen Fortgang, ohne daß der Gläubiger benachrichtigt wird; eine Auskunftsgebühr entsteht nicht.

[2]) Mit Ausnahme des A. zum Zwecke der Todeserklärung, vgl. § 50 des in Note 1 zu § 21 genannten Ges.

In den sudetendeutschen Gebieten wird für das Verfahren der Todeserklärung und der Beweisführung des Todes die in § 33 GKG bestimmte Gebühr erhoben. Die allgemeinen Vorschriften des GKG finden Anwendung. § 2 AVdRJM v. 19. 1. 39 DJ 183. Dasselbe gilt für das Aufgebotsverfahren zur Ausschließung der Pfandrechte unbekannter Schiffsgläubiger im Reichsgau Sudetenland, Art. VIII Abs. 2 VO v. 11. 12. 39 (RGBl I 2394).

Für das Verfahren nach § 627b Abs. 3 der Zivilprozeßordnung wird eine Gebühr nicht erhoben.

Die im Abs. 1 bestimmten Gebühren werden nicht erhoben, wenn der Antrag vor Anordnung der mündlichen Verhandlung oder, falls ohne mündliche Verhandlung entschieden wird, vor Erlaß der Entscheidung über den Antrag zurückgenommen wird.

§ 34. Ein Viertel der Gebühr (§ 8) wird erhoben:

1. für das Verfahren über Anträge auf vorläufige Einstellung, Beschränkung oder Aufhebung der Zwangsvollstreckung gemäß §§ 707, 719, 769, 771 Abs. 3, §§ 785, 786, 805 Abs. 4, § 810 Abs. 2 der Zivilprozeßordnung;
2. für das Verfahren über Anträge auf gerichtliche Handlungen der Zwangsvollstreckung gemäß §§ 791, 822, 823, 825, 829 Abs. 1, §§ 835, 839, 844, 846 bis 848, 857, 858, 885 Abs. 4, §§ 886, 930 Abs. 3, § 934 der Zivilprozeßordnung;
3. für das Verfahren über Anträge auf Erteilung der Vollstreckungsklausel bei Vergleichen, die vor einer Gütestelle der im § 495a Abs. 1 Nr. 1 der Zivilprozeßordnung bezeichneten Art geschlossen sind (§ 797a der Zivilprozeßordnung).

Die Gebühr wird nicht erhoben, wenn der das Verfahren einleitende Antrag vor einer gerichtlichen Verfügung zurückgenommen wird.

§ 35 (VO v. 28. 9. 38 — RGBl I 1323). Jedes Verfahren der in den §§ 32, 33, 33a, 34 bezeichneten Art gilt für die Gebührenerhebung als besonderer Rechtsstreit.

Jedoch wird für mehrere Verfahren der im § 33a Abs. 1 Nr. 1 bezeichneten Art die Gebühr in jedem Rechtszug nur einmal erhoben. Das gleiche gilt bei Verfahren der im § 34 Nr. 2 bezeichneten Art, sofern sie denselben Gegenstand betreffen.

§ 36. Wird in einem Rechtsstreit ein Vergleich vor Gericht geschlossen, so wird ein Viertel der Gebühr (§ 8) erhoben, insoweit der Wert des Vergleichsgegenstandes den Wert des Streitgegenstandes übersteigt.

§ 37. Für das durch die Geschäftsstelle an die Post gerichtete Ersuchen um Bewirkung einer Zustellung (Zivilprozeßordnung § 196) ist die einem Gerichtsvollzieher für den gleichen Akt zustehende Gebühr als Gerichtsgebühr zu erheben, sofern nicht die Zustellung von Amts wegen bewirkt wird.

§ 38 (VO v. 28. 9. 38 — RGBl I 1323). Für das Verfahren über Beschwerden nach § 71 Abs. 2, § 99 Abs. 3 § 627 Abs. 4 der Zivilprozeßordnung wird die volle Gebühr (§ 8) erhoben. Das gleiche gilt für Beschwerden über die Zurückweisung eines Antrags auf Anordnung eines Arrestes oder einer einstweiligen Verfügung.

Im übrigen wird für das Verfahren in der Beschwerdeinstanz die im Abs. 1 bestimmte Gebühr nur erhoben, soweit die Beschwerde als unzulässig verworfen oder zurückgewiesen wird.

§ 39. Ist außer dem Falle des § 335 der Zivilprozeßordnung durch Verschulden einer Partei oder eines Parteivertreters die Vertagung einer mündlichen Verhandlung oder die Anberaumung eines neuen Termins zur mündlichen Verhandlung veranlaßt, oder ist durch nachträgliches Vorbringen von Angriffs- oder Verteidigungsmitteln, Beweismitteln oder Beweiseinreden, welches zeitiger erfolgen konnte, die Erledigung des Rechtsstreits verzögert worden, so kann das Gericht der Partei von Amts wegen eine besondere Gebühr in Höhe der vollen Gebühr (§ 8) auferlegen. Die Gebühr kann bis zu einem Viertel ermäßigt werden.

Gegen den Beschluß findet Beschwerde nach Maßgabe des § 567 Abs. 3 und der §§ 568 bis 575 der Zivilprozeßordnung sowie des § 4 Abs. 3 dieses Gesetzes statt.

Dritter Abschnitt.

Gebühren im Konkursverfahren und im Vergleichsverfahren zur Abwendung des Konkurses.

§ 40. Auf die Gebühren im Konkursverfahren und im Vergleichsverfahren zur Abwendung des Konkurses finden die Vorschriften des § 8 über die Wertklassen und den Gebührensatz, sowie der §§ 16, 18, 19 dieses Gesetzes und des § 3 der Zivilprozeßordnung über die Wertfestsetzung entsprechende Anwendung.

§ 41. Für das Verfahren über den Antrag auf Eröffnung des Konkurses wird die Hälfte der Gebühr (§ 8) erhoben.

§ 42. Für die Durchführung des Konkursverfahrens wird die dreifache Gebühr (§ 8) erhoben.

Sie ermäßigt sich auf die einfache Gebühr, wenn das Verfahren vor dem Ablauf der Anmeldefrist, und auf die zweifache Gebühr, wenn das Verfahren nach diesem Zeitpunkt gemäß §§ 202, 204 der Konkursordnung eingestellt wird.

Ist das Verfahren auf Antrag des Gemeinschuldners eröffnet worden, so kommt die im § 41 bestimmte Gebühr zur Anrechnung.

§ 43. Die in den §§ 41, 42 bestimmten Gebühren werden nach dem Betrage der Aktivmasse erhoben. Massekosten, mit Ausnahme der gerichtlichen Kosten des gemeinschaftlichen Verfahrens und der Gebühren des Konkursverwalters und des Gläubigerausschusses, sowie Masseschulden werden abgesetzt. Gegenstände, welche zur abgesonderten Befriedigung dienen, werden nur in Höhe des für diese nicht erforderlichen Betrags angesetzt.

Ist die Aktivmasse höher als die Schuldenmasse, so wird die Gebühr nach dem Betrage der letzteren erhoben.

Für die Berechnung der Masse ist die Zeit der Beendigung des Verfahrens maßgebend.

Ist der Antrag auf Eröffnung des Konkursverfahrens von einem Gläubiger gestellt, so wird die im § 41 bestimmte Gebühr nach dem Betrage seiner Forderung, sofern jedoch der Betrag der Aktivmasse geringer ist, nach diesem erhoben.

§ 44. Für die Anberaumung eines besonderen Prüfungstermins (Konkursordnung § 142) wird nach dem Betrage der einzelnen Forderungen zu deren Prüfung der Termin bestimmt ist, die halbe Gebühr (§ 8) erhoben. Auf die Wertberechnung findet die Vorschrift des § 148 der Konkursordnung entsprechende Anwendung.

§ 45. Für die auf Betreiben des Konkursverwalters erfolgende Zwangsverwaltung oder Zwangsversteigerung eines zur Konkursmasse gehörigen Gegenstandes (Konkursordnung §§ 126, 127) wird die Gebühr nach den Vorschriften über die Gebührenerhebung für Zwangsvollstreckungen besonders erhoben.

§ 46. Für das Verfahren zur Abnahme des Offenbarungseides gemäß § 125 der Konkursordnung, einschließlich des Verfahrens über Anträge auf Erzwingung der Eidesleistung (Zivilprozeßordnung § 901), werden besondere Gebühren nicht erhoben.

§ 47. Für das Verfahren in der Beschwerdeinstanz gilt, wenn sich die Beschwerde gegen den Beschluß über Eröffnung des Konkursverfahrens (Konkursordnung § 109) richtet, § 38 Abs. 1, im übrigen § 38 Abs. 2 entsprechend.

Bei der Beschwerde des Gemeinschuldners gegen den Beschluß über Eröffnung des Konkursverfahrens (Konkursordnung § 109) oder den Beschluß über Bestätigung des Zwangsvergleichs (Konkursordnung §§ 189, 230 Abs. 2, § 236) gelten die Vorschriften des § 43 Abs. 1 bis 3. Bei der Beschwerde eines sonstigen Antragstellers gegen die Abweisung des Eröffnungsantrags gilt § 43 Abs. 4. Bei der Beschwerde eines Konkursgläubigers gegen den Beschluß über die Bestätigung des Zwangsvergleichs bestimmt sich der Wert nach dem Betrage der Forderung unter Berücksichtigung des Verhältnisses der Teilungs- zur Schuldenmasse.

§ 48. Auf die Wiederaufnahme des Konkursverfahrens (Konkursordnung § 198) finden die Vorschriften der §§ 41 bis 47 mit der Maßgabe entsprechende Anwendung, daß für die Durchführung des wiederaufgenommenen Verfahrens die volle Gebühr (§ 8) erhoben wird.

Wird vor der Wiederaufnahme die Anordnung von Sicherheitsmaßregeln beantragt (Konkursordnung § 197 Abs. 2), so wird die Gebühr in Gemäßheit des § 34 nach dem Werte des Gegenstandes, durch welchen die Sicherung erfolgen soll, besonders erhoben.

Die Gebühr für die Anordnung einer Sicherheitsmaßregel wird im Falle der Wiederaufnahme auf die im ersten Absatz bezeichnete Gebühr angerechnet.

§ 48a. (§ 129 VerglO v. 26. 2. 35 — RGBl I 321). Für das Vergleichsverfahren zur Abwendung des Konkurses wird die volle Gebühr (§ 8) erhoben. Die Gebühr ermäßigt sich auf die Hälfte, wenn das Verfahren sich ohne Anberaumung eines Vergleichstermins erledigt.

Wird das Vergleichsverfahren in das Konkursverfahren übergeleitet (§ 102 der Vergleichsordnung), so wird die im Vergleichsverfahren gemäß Abs. 1 entstandene Gebühr auf die im § 42 bestimmte Gebühr angerechnet. Wird bei Beendigung des Vergleichsverfahrens die Eröffnung des Konkursverfahrens abgelehnt, so wird die Gebühr des § 41 nicht erhoben.

Für das Verfahren zur Abnahme des im § 69 Abs. 2 der Vergleichsordnung vorgesehenen Eides wird eine Gebühr nicht erhoben.

§ 48b. (§ 129 VerglO v. 26. 2. 35 — RGBl I 321). Die im § 48a Abs. 1 bestimmten Gebühren werden nach dem Werte der Aktiven (§ 5 der Vergleichsordnung) zur Zeit der Stellung des Antrags auf Eröffnung des Vergleichsverfahrens erhoben. Gegenstände, welche zur abgesonderten Befriedigung dienen, werden nur in Höhe des für diese nicht erforderlichen Betrages angesetzt.

Übersteigt der Wert der Aktiven den Gesamtbetrag der Forderungen der am Verfahren beteiligten Gläubiger, so ist der Gesamtbetrag der Forderungen maßgebend.

§ 48c. Für das Verfahren in der Beschwerdeinstanz findet § 38 Abs. 2 mit der Maßgabe entsprechende Anwendung, daß nur die halbe Gebühr erhoben wird.

Vierter Abschnitt.

Gebühren in Strafsachen.

§ 49. In Strafsachen gibt die rechtskräftig erkannte Strafe den Maßstab für die Höhe der Gerichtsgebühren aller Instanzen.

Ist auf Geldstrafe und für den Fall, daß sie nicht beigetrieben werden kann, auf Freiheitsstrafe erkannt, so bestimmt sich die Gebühr nach der Höhe der ersteren. Ist in Anwendung des § 27b des Strafgesetzbuchs (Reichsgesetzbl. 1924 I S. 44) auf Geldstrafe an Stelle der verwirkten Freiheitsstrafe erkannt, so bestimmt sich die Gebühr nach der Geldstrafe.

Ist neben einer Freiheitsstrafe auf Geldstrafe erkannt, so wird die Gebühr von jeder Strafe besonders berechnet.

Ist auf Einziehung, Verfallserklärung oder Unbrauchbarmachung erkannt, so ist der Wert der Gegenstände, auf die sich die Entscheidung bezieht, im Sinne dieser Vorschrift als Geldstrafe anzusehen. Besteht der Gegenstand nicht in einem Geldbetrage, so setzt das Gericht den Wert fest. Der Wert ist nach dem Zeitpunkt der Verurteilung zu bestimmen.

§ 50. Im Falle des § 79 des Strafgesetzbuchs bestimmt sich die Gebühr für das neue Verfahren durch den Betrag, um welchen die Gesamtstrafe die früher erkannte Strafe übersteigt.

Im Falle des § 460 der Strafprozeßordnung ist eine besondere Gebühr nicht zu erheben.

§ 51. Betrifft eine Strafsache mehrere Angeschuldigte, so ist die Gebühr von jedem Verurteilten besonders nach Maßgabe der gegen ihn erkannten Strafe zu erheben.

§ 52. (Ges v. 24. 11. 33 — RGBl I 1000 — Art. 7.) Für das Verfahren in erster Instanz werden erhoben:

im Falle einer Freiheitsstrafe bis zu einer Woche einschließlich .	5 Reichsmark,
von mehr als einer Woche bis zu zwei Wochen einschließlich . .	10 Reichsmark,
von mehr als zwei Wochen bis zu einem Monat einschließlich .	20 Reichsmark,
von mehr als einem Monat bis zu sechs Monaten einschließlich	50 Reichsmark,
von mehr als sechs Monaten bis zu einem Jahre einschließlich	80 Reichsmark,
von mehr als einem Jahre bis zu zwei Jahren einschließlich . .	100 Reichsmark,
von mehr als zwei Jahren bis zu fünf Jahren einschließlich . .	200 Reichsmark,
im Falle einer schwereren Strafe	300 Reichsmark.

Ist auf eine Geldstrafe erkannt, so werden 10 vom Hundert des Betrags der erkannten Strafe, mindestens 5 Reichsmark, erhoben; die Gebühr darf jedoch die Summe von 10000 Reichsmark und den Betrag der erkannten Strafe nicht übersteigen.

Ist der zur Kostentragung verurteilte Beschuldigte für straffrei erklärt, so beträgt die Gebühr 5 Reichsmark, und ist ausschließlich auf Verlust der bürgerlichen Ehrenrechte überhaupt oder einzelner bürgerlicher Ehrenrechte erkannt, so beträgt die Gebühr 75 Reichsmark. Ist eine Maßregel der Sicherung und Besserung neben einem Freispruch oder selbständig angeordnet worden, so beträgt die Gebühr gleichfalls 75 Reichsmark.

§ 53. In dem Verfahren bei amtsrichterlichen Strafbefehlen wird die Hälfte der Sätze des § 52 erhoben. Im Falle einer Geldstrafe wird mindestens ein Betrag von 2,50 Reichsmark erhoben; die Gebühr darf jedoch den Betrag der erkannten Strafe nicht übersteigen.

Hat gemäß § 411 Abs. 1 der Strafprozeßordnung eine Hauptverhandlung stattgefunden oder wird der gegen den Strafbefehl erhobene Einspruch wegen Ausbleibens des Angeklagten in der Hauptverhandlung durch Urteil verworfen (Strafprozeßordnung § 412), so erhöht sich die Gebühr auf die vollen Sätze des § 52.

§ 54. Im Falle des § 212 der Strafprozeßordnung wird die Hälfte der Sätze des § 52 erhoben. Die Vorschrift im § 52 Abs. 1 Satz 2 gilt entsprechend.

§ 55. Die Sätze des § 52 werden für die Berufungsinstanz sowie für die Revisionsinstanz erhoben, wenn in der Instanz eine Hauptverhandlung stattgefunden hat.

Wird das Rechtsmittel vor Beginn der Hauptverhandlung zurückgenommen oder durch Beschluß verworfen (Strafprozeßordnung §§ 319, 322, 346, 349), so wird ein Viertel der Gebühr erhoben.

Wird das Rechtsmittel nach Beginn der Hauptverhandlung zurückgenommen, oder wird die Berufung wegen Ausbleibens des Angeklagten in der Hauptverhandlung verworfen (Strafprozeßordnung § 329), so wird die Hälfte der Gebühr erhoben.

§ 56. Wird ein Antrag auf Wiederaufnahme des Verfahrens als unzulässig oder unbegründet verworfen oder abgelehnt, so wird die Hälfte der im § 52 bestimmten Gebühr erhoben.

Wird die Wiederaufnahme des Verfahrens angeordnet (Strafprozeßordnung § 370), so wird, wenn das frühere Urteil aufrechterhalten wird, die volle im § 52 bestimmte Gebühr erhoben. Führt die Wiederaufnahme zu einer Aufhebung des früheren Urteils, so gilt für die Gebührenerhebung das neue Verfahren mit dem früheren Verfahren zusammen als eine Instanz.

§ 57. Werden in den Fällen der §§ 174 und 175 der Strafprozeßordnung nach Maßgabe der §§ 177 und 472 derselben dem Antragsteller die Kosten auferlegt, so beträgt die Gebühr:

wenn es sich um eine Übertretung handelt, ...	10 Reichsmark,
wenn es sich um ein Vergehen handelt, ...	20 Reichsmark,
wenn es sich um ein Verbrechen handelt, ...	40 Reichsmark.

Das gleiche gilt im Falle des § 469 der Strafprozeßordnung.

Im Falle des § 176 Abs. 2 der Strafprozeßordnung ist die Hälfte der vorstehenden Sätze zu erheben.

§ 58. Wird das Verfahren nach Eröffnung des Hauptverfahrens infolge Zurücknahme des Antrags, durch den es bedingt war, eingestellt, so wird die im § 57 Abs. 1 bestimmte Gebühr erhoben. Das Gericht kann sie bis zu einem Viertel ermäßigen oder beschließen, daß von der Erhebung einer Gebühr abgesehen werde.

§ 59. Für das Verfahren auf erhobene Privatklage gelten, sofern der Beschuldigte zu einer Strafe verurteilt wird, unbeschadet der Vorschriften des § 60 Abs. 2 und des § 63 die §§ 49 bis 52, 55, 56.

§ 60. Wird in dem Verfahren auf erhobene Privatklage der Beschuldigte freigesprochen oder für straffrei erklärt, so wird für das Verfahren in jeder Instanz eine Gebühr von 30 Reichsmark erhoben.

Die im Abs. 1 bestimmte Gebühr kommt für die Berufungsinstanz sowie für die Revisionsinstanz auch dann zur Erhebung, wenn das von dem Privatkläger eingelegte Rechtsmittel auf Grund einer Hauptverhandlung verworfen wird. Wird das Rechtsmittel vor Beginn der Hauptverhandlung zurückgenommen oder durch Beschluß verworfen (Strafprozeßordnung §§ 319, 322, 346, 349, 384), so wird eine Gebühr von 8 Reichsmark erhoben. Wird das Rechtsmittel nach Beginn der Hauptverhandlung zurückgenommen oder die Berufung gemäß § 391 Abs. 3 der Strafprozeßordnung verworfen, so wird eine Gebühr von 15 Reichsmark erhoben.

§ 61. Wird die Privatklage zurückgewiesen oder erledigt sich das Verfahren vor Beginn der Hauptverhandlung durch Zurücknahme der Klage oder Einstellung, so wird eine Gebühr von 8 Reichsmark erhoben. Tritt die Erledigung erst nach Beginn der Hauptverhandlung ein, so beträgt die Gebühr 15 Reichsmark.

Tritt die Erledigung in der Berufungs- oder Revisionsinstanz ein, so kommen für diese Instanz die im Abs. 1 bestimmte Gebühr und für jede der voraufgegangenen Instanzen eine Gebühr von 15 Reichsmark zur Erhebung.

§ 62. Die in den §§ 60, 61 bestimmten Gebühren werden für das Verfahren auf erhobene Widerklage nur erhoben, wenn es nach Zurücknahme der Privatklage oder Einstellung des Verfahrens über die Privatklage selbständig fortgesetzt wird. Das gleiche gilt, wenn ausschließlich gegen die auf die Widerklage ergangene Entscheidung von dem Widerkläger Berufung oder Revision eingelegt ist.

§ 63. Wird die Wiederaufnahme eines Privatklageverfahrens von dem Privatkläger beantragt, so wird, wenn der Antrag als unzulässig oder unbegründet verworfen wird, eine Gebühr von 15 Reichsmark erhoben.

Wird die Wiederaufnahme des Verfahrens auf Antrag des Privatklägers angeordnet, so findet, sofern auf eine höhere Strafe erkannt wird, die Vorschrift des § 56 Abs. 2 Satz 2 Anwendung, andernfalls wird eine Gebühr von 30 Reichsmark erhoben.

§ 64. Sind in einem Privatklageverfahren mehrere Personen als Beschuldigte beteiligt, so werden hinsichtlich einer jeden die in den §§ 60 bis 63 bestimmten Gebühren besonders, jedoch für jede Instanz höchstens der dreifache Betrag der im § 60 Abs. 1 bestimmten Gebühr erhoben.

§ 65. Die von der Verwaltungsbehörde erhobene Klage (Strafprozeßordnung § 424) ist nicht als Privatklage im Sinne dieses Gesetzes zu erachten.

§ 66. Werden dem Nebenkläger Kosten auferlegt, so sind die Sätze zu erheben, welche nach Maßgabe der §§ 60, 61, 63, 64 zu erheben sein würden, wenn er als Privatkläger das Rechtsmittel eingelegt oder die Wiederaufnahme des Verfahrens beantragt hätte.

§ 67. Für das Verfahren in den Fällen der §§ 430 bis 432 der Strafprozeßordnung beträgt die Gebühr in jeder Instanz 30 Reichsmark.

§ 68. Die in den §§ 60 bis 63, 67 bestimmten Gebühren kann das Gericht bis auf 2 Reichsmark herabsetzen oder bis auf das Zwanzigfache erhöhen.

§ 69. Für die Zurückweisung einer Beschwerde wird, sofern sie sich gegen eine Entscheidung der im § 56 Abs. 1 oder im § 63 Abs. 1 bezeichneten Art richtet, die dort bestimmte Gebühr, im übrigen eine Gebühr von (1) — jetzt 2 — Reichsmark erhoben[1]).

Die Gebühr wird von dem Beschuldigten nur erhoben, wenn er rechtskräftig zu einer Strafe verurteilt ist.

§ 70. Für das Verfahren zur Vollstreckung einer über eine Vermögensstrafe, eine Buße oder über Erstattung von Kosten ergangenen Entscheidung (Strafprozeßordnung §§ 463, 464) werden Gebühren nach Maßgabe der Vorschriften des zweiten Abschnittes besonders erhoben.

Fünfter Abschnitt.

Auslagen.

§ 71. (VO v. 27. 3. 36 — RGBl I 319.) Schreibgebühren werden für solche Ausfertigungen und Abschriften erhoben, die nur auf Antrag erteilt werden, oder die angefertigt werden, weil die Partei es unterläßt, einem von Amts wegen zuzustellenden Schriftsatz die erforderliche Zahl von Abschriften beizufügen, sowie für Ausfertigungen und Abschriften aller Art in den Fällen der persönlichen oder sachlichen Gebührenfreiheit.

Die Schreibgebühren bleiben jedoch außer Ansatz bei Erteilung von

1. Ausfertigungen von Urteilen, die unter Weglassung des Tatbestandes und der Entscheidungsgründe erfolgen, sowie solchen, die gemäß § 317 Abs. 4 der Zivilprozeßordnung unter Benutzung einer dem Gerichte vorgelegten beglaubigten Abschrift der Klage oder des Zahlungsbefehls gefertigt werden;
2. Ausfertigungen vor Gericht abgeschlossener Vergleiche.

Der Abs. 2 kommt bei Erteilung einer zweiten oder weiteren von derselben Partei beantragten Ausfertigung oder Abschrift nicht zur Anwendung.

Die Schreibgebühr beträgt für die Seite, die 28 Zeilen von durchschnittlich 15 Silben enthält, 25 Reichspfennig, auch wenn die Herstellung auf mechanischem Wege stattgefunden hat. Jede angefangene Seite wird als voll gerechnet. Für Schriftstücke, die in fremder Sprache abgefaßt sind, für Schriftstücke in tabellarischer Form sowie für Verzeichnisse, Listen, Rechnungen, Handzeichnungen und dergleichen kann die Schreibgebühr im Verwaltungsweg anderweit bestimmt werden.

§ 72. (Ges v. 29. 3. 35 — RGBl I 456 —, VO v. 37. 3. 36 — RGBl I 319 —, VO v. 11. 3. 37 — RGBl I 298.) An baren Auslagen werden ferner erhoben:

---

[1]) Vgl. Anm. zu § 7.

1. Postgebühren:
   a) für die Übersendung der auf Antrag erteilten Ausfertigungen und Abschriften,
   b) für Ladungen von Zeugen und Sachverständigen,
   c) für die Übersendung der Kostenrechnung;
2. Telegraphengebühren und die im Fernverkehre zu entrichtenden Fernsprechgebühren;
3. die durch Einrückung einer Bekanntmachung in öffentliche Blätter entstehenden Kosten;
4. die an Zeugen und Sachverständige zu zahlenden Gebühren;
5. die bei Geschäften außerhalb der Gerichtsstelle den Gerichtsbeamten und den nicht beamteten Beisitzern zustehenden Tagegelder und Reisekosten sowie die Kosten für die Bereitstellung von Geschäftsräumen;
6. die an andere Behörden oder Beamte oder an Rechtsanwälte für deren Tätigkeit zu zahlenden Beträge;
7. die Kosten einer Beförderung von Personen sowie die Beträge, die mittellosen Parteien, deren Vernehmung oder deren persönliches Erscheinen angeordnet ist, sowie mittellosen Beschuldigten für die Reise zum Terminsort und für die Rückreise gewährt werden;
8. die Kosten einer Beförderung von Tieren und Sachen sowie der Verwahrung von Sachen und der Verwahrung und Fütterung von Tieren;
9. die Haftkosten nach Maßgabe der für die Strafhaft geltenden Vorschriften.

§ 72a. (VO v. 27. 3. 36 — RGBl I 319.) Sind die im § 72 Abs. 1 Nr. 5 bezeichneten Aufwendungen durch mehrere Geschäfte veranlaßt, die sich auf verschiedene Rechtssachen beziehen, so werden die Aufwendungen auf die mehreren Geschäfte unter Berücksichtigung der Entfernungen und der auf die einzelnen Geschäfte verwendeten Zeit angemessen verteilt. Jeder Zahlungspflichtige haftet jedoch gegenüber der *(Staats-)* Reichskasse ohne Rücksicht auf diese Verteilung für die Auslagen, die bei gesonderter Erledigung des Geschäfts entstanden wären.

§ 73. (VO v. 17. 6. 33 — RGBl I 394). Für die von Amts wegen bewirkten Zustellungen werden unbeschadet der Vorschrift im § 72 Nr. 1b nur diejenigen baren Auslagen erhoben, welche durch die Zustellung im Ausland oder bei der öffentlichen Zustellung durch Bekanntmachung in öffentlichen Blättern entstehen.

Wird ein Zeuge oder Sachverständiger ohne Inanspruchnahme der Post geladen, so wird als Auslage der Betrag der Postgebühren erhoben, die entstanden sein würden, wenn die Ladung unter Inanspruchnahme der Post erfolgt wäre.

Sechster Abschnitt.

Kostenzahlung und Kostenvorschuß.

§ 74. In bürgerlichen Rechtsstreitigkeiten, im Vergleichsverfahren zur Abwendung des Konkurses und im Konkursverfahren wird die Gebühr mit Stellung des Antrags fällig, durch den das Verfahren bedingt ist; soweit die Gebühr eine Entscheidung oder sonstige gerichtliche Handlung voraussetzt, wird sie mit dieser fällig.

Der Termin zur mündlichen Verhandlung soll auf Grund der Klage erst nach Zahlung der erforderten Prozeßgebühr bestimmt werden. Das gleiche gilt im Mahnverfahren bei dem Antrag des Gläubigers auf Bestimmung eines Termins zur mündlichen Verhandlung nach Erhebung des Widerspruchs oder nach Erlaß eines Vollstreckungsbefehls unter Vorbehalt der Ausführung der Rechte des Beklagten. Im Falle der Erweiterung des Klageantrags soll vor Zahlung der erforderten Prozeßgebühr keine gerichtliche Handlung vorgenommen werden.

Der Zahlungsbefehl soll erst nach Zahlung der im § 31 Abs. 1 bestimmten Gebühr erlassen werden.

Die Vorschriften der Abs. 2, 3 finden keine Anwendung, soweit dem Kläger das Armenrecht bewilligt ist oder wenn ihm Gebührenfreiheit zusteht, ferner wenn glaubhaft gemacht wird, daß ihm die alsbaldige Zahlung der Gebühr mit Rücksicht auf seine Vermögenslage Schwierigkeiten bereiten würde. Das gleiche gilt, wenn glaubhaft gemacht wird, daß eine Verzögerung dem Kläger einen nicht oder nur schwer zu ersetzenden

Schaden bringen würde; zur Glaubhaftmachung genügt in diesem Falle die Erklärung des zum Prozeßbevollmächtigten bestellten Rechtsanwalts[1]).

§ 74a. Der Termin zur Güteverhandlung soll, sofern nicht dem Antragsteller Gebührenfreiheit zusteht oder die Voraussetzungen für die Bewilligung des Armenrechts vorliegen, erst nach Zahlung der erforderten Gebühr bestimmt werden, es sei denn, daß glaubhaft gemacht wird, daß dem Antragsteller die alsbaldige Zahlung der Gebühr mit Rücksicht auf seine Vermögenslage Schwierigkeiten bereiten würde. § 74 Abs. 2 Satz 2 gilt entsprechend[1]).

Der Eintritt in das Streitverfahren oder die Anberaumung eines Termins hierzu ist erst nach Zahlung der erforderten Prozeßgebühr zulässig. Dies gilt nicht, wenn der Antrag auf Eintritt in das Streitverfahren oder auf Anberaumung eines Termins hierzu von dem Antragsgegner gestellt ist[1]).

§ 74b. (Fass. v. 25. 7. 30 — RGBl I 361.) Die im § 30a Abs. 1 bestimmte Gebühr wird mit der Niederlegung des Schiedsspruchs oder des schiedsrichterlichen Vergleichs fällig.

§ 75. Im übrigen werden die Gebühren sowie die Auslagen fällig, sobald eine unbedingte Entscheidung über die Kosten ergangen ist oder das Verfahren oder die Instanz durch Vergleich, Zurücknahme oder anderweitige Erledigung beendigt ist.

In Strafsachen werden die Gebühren und Auslagen, die dem verurteilten Beschuldigten zur Last fallen, erst mit der Rechtskraft des Urteils fällig.

§ 76. Die Schreibgebühren sowie die Postgebühren für die Übersendung auf Antrag erteilter Ausfertigungen und Abschriften werden sofort nach Aushändigung oder Absendung der Schriftstücke fällig.

Die Anfertigung kann von der vorherigen Zahlung eines die Kosten deckenden Betrags abhängig gemacht werden[1]).

§ 77. In bürgerlichen Rechtsstreitigkeiten ist Schuldner der Gebühren und Auslagen derjenige, der das Verfahren der Instanz beantragt hat.

In den Fällen des § 30a Abs. 1 ist Schuldner der Gebühren derjenige, auf dessen Betreiben das schiedsrichterliche Verfahren eingeleitet worden ist.

§ 78. Im Konkursverfahren ist Schuldner der in den §§ 41, 48 Abs. 2 bestimmten Gebühren sowie im Falle der Abweisung oder Zurücknahme des Antrags auf Eröffnung oder Wiederaufnahme des Verfahrens auch der in dem Verfahren entstandenen Auslagen der Antragsteller, im übrigen der Gemeinschuldner.

§ 78a. Im Vergleichsverfahren zur Abwendung des Konkurses ist Schuldner der Gebühren und Auslagen der Vergleichsschuldner.

§ 79. (VO v. 27. 3. 36 — RGBl I 319.) Kostenschuldner ist ferner

1. derjenige, dem durch eine gerichtliche Entscheidung die Kosten des Verfahrens auferlegt sind;
2. derjenige, der sie durch eine vor Gericht abgegebene oder dem Gericht mitgeteilte Erklärung übernommen hat;
3. derjenige, der nach den Vorschriften des bürgerlichen Rechts für die Kostenschuld eines anderen kraft Gesetzes haftet;
4. der Vollstreckungsschuldner für die notwendigen Kosten der Zwangsvollstreckung.

§ 79a. Der Beschuldigte, der den Antrag auf gerichtliche Entscheidung gegen eine polizeiliche Strafverfügung oder einen Strafbescheid einer Verwaltungsbehörde zurücknimmt, ist Schuldner der entstandenen Auslagen.

§ 80. Schuldner der Schreibgebühren sowie der Postgebühren für die Übersendung auf Antrag erteilter Ausfertigungen und Abschriften ist der Antragsteller oder die Partei, die es unterlassen hat, einem von Amts wegen zuzustellenden Schriftsatz die erforderliche Zahl von Abschriften beizufügen.

[1]) Ferner bestimmt § 5 Kriegs-VO v. 4. 10. 39 (RGBl I 1994): In Verfahren der streitigen und der freiwilligen (außerstreitigen) Gerichtsbarkeit soll die Vornahme einer gerichtlichen Handlung von der Vorauszahlung der Kosten nicht abhängig gemacht werden, wenn der Zahlungspflichtige dartut, daß er infolge der besonderen Verhältnisse, die sich aus der gegenwärtigen politischen Lage ergeben, zur Vorauszahlung der Kosten nicht imstande ist. Die Vorschriften des § 519 Abs. 6 und des § 554 Abs. 7 der Reichszivilprozeßordnung bleiben unberührt.

§ 81. Die durch gerichtliche Entscheidung begründete Verpflichtung zur Zahlung von Gebühren und Auslagen erlischt, soweit die Entscheidung aufgehoben oder abgeändert wird.

Bereits gezahlte Beträge werden, soweit der Kostensatz bestehen bleibt, nicht zurückgezahlt.

§ 82. Mehrere Kostenschuldner haften als Gesamtschuldner.

Soweit einer Partei die Kosten durch gerichtliche Entscheidung auferlegt oder von ihr durch eine vor dem Gericht abgegebene oder ihm mitgeteilte Erklärung übernommen sind, soll die Haftung der anderen Partei nur geltend gemacht werden, wenn eine Zwangsvollstreckung in das bewegliche Vermögen der ersteren erfolglos geblieben ist oder aussichtslos erscheint.

§ 83. In Strafsachen hat der Privatkläger oder derjenige, der als Privatkläger oder Nebenkläger eine Berufung oder eine Revision einlegt oder eine Wiederaufnahme des Verfahrens beantragt, einen Gebührenvorschuß in Höhe der halben im § 60 Abs. 1 bestimmten Gebühr für die Instanz zu zahlen. Der § 64 findet entsprechende Anwendung. Der Widerkläger ist zur Zahlung eines Gebührenvorschusses nicht verpflichtet.

Der gleiche Gebührenvorschuß ist im Falle des § 67 zu zahlen.

Sofern nicht dem Privatkläger das Armenrecht bewilligt ist oder Gebührenfreiheit zusteht, soll auf Grund der erhobenen Privatklage vor Zahlung des Gebührenvorschusses keine gerichtliche Handlung vorgenommen werden, es sei denn, daß glaubhaft gemacht wird, daß die Verzögerung dem Privatkläger einen nicht oder nur schwer zu ersetzenden Nachteil bringen würde[1]).

§ 84. (NotVO v. 6. 10. 31 — RGBl I 537 — 6. Teil Kap. I § 12.) Bei jedem Antrag auf Vornahme einer Handlung, mit der bare Auslagen verbunden sind, hat der Antragsteller einen zu ihrer Deckung ausreichenden Vorschuß zu zahlen. Das Gericht *(kann)* — jetzt: soll — die Vornahme der Handlung von der vorherigen Zahlung des Vorschusses abhängig machen[2]).

Diese Vorschußpflicht besteht in Strafsachen nur für den Privatkläger, den Widerkläger sowie für den Nebenkläger, der Berufung oder Revision eingelegt hat[2]).

§ 85. (Ges. v. 27. 10. 33 — RGBl. I 780.) Angehörige fremder Staaten, die als Kläger auftreten, haben unbeschadet der Verpflichtung zur Zahlung der Prozeßgebühr in erster Instanz sowie in der Berufsinstanz einen Vorschuß in Höhe der doppelten Gebühr, in der Revisionsinstanz einen solchen in Höhe der einfachen Gebühr zu leisten. Das gleiche gilt für Staatenlose, die ihren Wohnsitz nicht im Inlande haben.

---

[1]) An Stelle des Abs. 3 gilt jetzt, ohne daß das GKG. formell geändert worden wäre, NotVO v. 14. 6. 32 (RGBl I 285) 1. Teil Kap. I Art. 10:

(1) Zur Zahlung des Gebührenvorschusses nach § 83 Abs. 1 des Gerichtskostengesetzes soll, sofern nicht dem Privatkläger das Armenrecht bewilligt ist oder Gebührenfreiheit zusteht, vom Gericht eine Frist bestimmt werden; hierbei soll auf die nach Abs. 3 eintretenden Folgen hingewiesen werden.

(2) Vor Zahlung des Vorschusses soll keine gerichtliche Handlung vorgenommen werden, es sei denn, daß glaubhaft gemacht wird, daß die Verzögerung dem Privatkläger einen nicht oder nur schwer zu ersetzenden Nachteil bringen würde.

(3) Nach fruchtlosem Ablauf der nach Abs. 1 gestellten Frist ist die Privatklage zurückzuweisen, die Berufung, die Revision oder der Antrag auf Wiederaufnahme des Verfahrens zu verwerfen. Der Beschluß kann mit sofortiger Beschwerde angefochten werden. Der Beschluß ist von dem Gericht, das ihn erlassen hat, von Amts wegen aufzuheben, wenn sich herausstellt, daß die Zahlung innerhalb der gesetzten Frist eingegangen ist.

(4) Die Bestimmungen der Abs. 1 bis 3 finden auf den Nebenkläger und das von ihm betriebene Verfahren entsprechende Anwendung.

Vgl. aber die in Anm. 1 zu §§ 74, 74a wiedergegebene Vorschrift.

[2]) Vgl. aber die in Anm. 1 zu §§ 74, 74a wiedergegebene Vorschrift.

Diese Verpflichtung tritt nicht ein:
1. wenn in dem Staate, dem der Kläger angehört, ein Deutscher im gleichen Falle in bezug auf Vorauszahlung oder Sicherstellung der Gerichtskosten einem Inländer gleichgestellt ist;
2. bei Klagen im Urkunden- und Wechselprozesse;
3. bei Widerklagen;
4. bei Klagen, die infolge einer öffentlichen Aufforderung erhoben werden;
5. bei Klagen aus Rechten, die im Grundbuch eingetragen sind;
6. wenn dem Kläger das Armenrecht bewilligt ist.

Die Verpflichtung besteht auch dann, wenn die Voraussetzungen der Vorschußpflicht erst im Laufe des Rechtsstreits eintreten.

Unter den gleichen Voraussetzungen hat ein Angehöriger eines fremden Staates oder ein Staatenloser der im Abs. 1 Satz 2 bezeichneten Art, der als Privatkläger auftritt oder als Nebenkläger Berufung oder Revision einlegt, den doppelten Gebührenvorschuß (§ 83) zu zahlen.

Vor Zahlung des gemäß Abs. 1, 3, 4 zu erhebenden Vorschusses soll der Vorschußpflichtige zur Verhandlung nicht zugelassen werden, sofern nicht glaubhaft gemacht wird, daß ihm die Verzögerung einen nicht zu ersetzenden Nachteil bringen würde.

§ 86. Die Verpflichtung zur Zahlung der vorzuschießenden Beträge bleibt bestehen, auch wenn die Kosten des Verfahrens einem anderen auferlegt oder von einem anderen übernommen sind. Die Vorschrift des § 82 Abs. 2 findet entsprechende Anwendung.

§ 87. Besteht eine Partei aus mehreren Personen, so haften sie in Ermangelung einer gerichtlichen Entscheidung über die Kostenverteilung als Gesamtschuldner.

§ 88. (Ges v. 24. 11. 33 — RGBl I 1000 — Art. 7, VO v. 27. 3. 36 — RGBl I 319 — Art. 1 Ziff. 6). Durch die §§ 74 bis 87 wird eine nach den Vorschriften der Zivilprozeßordnung § 100 Abs. 4, der Konkursordnung §§ 57 bis 60, 142 oder der Strafprozeßordnung § 466, § 471 Abs. 4, § 472 begründete Verpflichtung zur Zahlung entstandener Gebühren und Auslagen nicht berührt.

§ 89. (VO v. 27. 3. 36 — RGBl I 319 — Art. 1 Ziff. 7, VO v. 11. 3. 37 — RGBl I 298.) Gerichtskosten können durch Verwendung von Marken entrichtet werden.

Siebenter Abschnitt.

Schlußbestimmungen.

§ 90. (VO v. 27. 3. 36 — RGBl I 319 — Art. 1 Ziff. 8.) Von der Zahlung der Gebühren sind befreit:

Das Reich und die Länder, die Nationalsozialistische Deutsche Arbeiterpartei samt ihren Gliederungen sowie die nach den Haushaltsplänen des Reichs und der Länder für Rechnung des Reichs oder eines Landes verwalteten öffentlichen Anstalten und Kassen.

Die reichsrechtlichen Vorschriften, durch die für bestimmte Angelegenheiten oder bestimmte Personengruppen Gebührenfreiheit gewährt wird, bleiben unberührt.

Soweit demjenigen, welchem die Gebührenfreiheit zusteht, Kosten des Verfahrens auferlegt oder von ihm übernommen werden, sind Gebühren überhaupt nicht zu erheben und erhobene zurückzuzahlen.

§ 91. Die Behörden haben einander zum Zwecke der Einziehung von Gebühren und Auslagen nach näherer Bestimmung der von der Reichsregierung[1]) zu erlassenden Anweisung Beistand zu leisten.

§ 92. (VO v. 27. 3. 36 — RGBl I 319 — Art. 1 Ziff. 9.) Die Vorschriften dieses Gesetzes gelten entsprechend

a) *für das Verfahren vor den Elbschiffahrtgerichten[2])*,

b) für das gerichtliche Verfahren in Forst- und Feldrügesachen.

---

[1]) Fortgefallen: „mit Zustimmung des Reichsrats".
[2]) Gegenstandslos geworden infolge Bek v. 23. 11. 36 (RGBl II 361).

C. Gesetz, betreffend die Erstattung von Rechtsanwaltsgebühren in Armensachen und Änderung des Gerichtskostengesetzes [1])

vom 20. Dezember 1928 (RGBl I S. 411).

Artikel I

§ 1. In bürgerlichen Rechtsstreitigkeiten werden im Falle der Bewilligung des Armenrechts dem für die arme Partei bestellten Rechtsanwalte die Gebühren und Auslagen nach Maßgabe der Gebührenordnung für Rechtsanwälte mit folgenden Beschränkungen ersetzt:

An die Stelle der vollen Gebühr (§ 9 der Gebührenordnung für Rechtsanwälte) treten bei einem Werte des Streitgegenstandes[1])

von mehr als 400 bis 600 Reichsmark einschließlich 20 Reichsmark,
von mehr als 600 bis 800 Reichsmark einschließlich 25 Reichsmark,
von mehr als 800 bis 1000 Reichsmark einschließlich 30 Reichsmark,
von mehr als 1000 bis 1500 Reichsmark einschließlich 40 Reichsmark,
von mehr als 1500 bis 2000 Reichsmark einschließlich 50 Reichsmark,
von mehr als 2000 Reichsmark 60 Reichsmark.

Die Reisekosten werden nicht vergütet, wenn die betreffende Reise nicht erforderlich war.

§ 85 der Gebührenordnung der Rechtsanwälte findet entsprechende Anwendung. Der Ersatzanspruch wird auch fällig, wenn das Verfahren länger als drei Monate ruht.

§ 2. § 1 gilt im Verfahren auf erhobene Privatklage sowie bei der Nebenklage entsprechend.

§ 3. Vorschüsse und Zahlungen, die der Rechtsanwalt von seinem Auftraggeber oder einem Dritten vor oder nach der Beiordnung erhalten hat, sind zunächst auf diejenigen Vergütungen anzurechnen, für die ein Ersatzanspruch gegen die Staatskasse nicht besteht.

§ 4. Das Gesuch um Festsetzung des zu erstattenden Betrags ist bei der Geschäftsstelle des Gerichts der Instanz anzubringen. Die Festsetzung erfolgt durch den Urkundsbeamten der Geschäftsstelle. § 104 Abs. 2 ZPO und § 4 des Gerichtskostengesetzes finden entsprechende Anwendung, letzterer mit der Maßgabe, daß die Erinnerung auch dem Rechtsanwalte zusteht[2]).

§ 5. Soweit dem Rechtsanwalte wegen seiner Gebühren und Auslagen ein Anspruch gegen die Partei oder einen ersatzpflichtigen Gegner zusteht, geht der Anspruch mit der Erstattung auf die Staatskasse über. Auf die Geltendmachung des Anspruchs finden die Vorschriften über die Erhebung von Gerichtskosten entsprechende Anwendung.

§ 6. Der § 11 Abs. 1 des Gerichtskostengesetzes in der Fassung der Bekanntmachung vom 5. Juli 1927 (RGBl I S. 152) erhält folgende Fassung:

Bei nichtvermögensrechtlichen Streitigkeiten beträgt der Wert des Streitgegenstandes regelmäßig 2000 Reichsmark. Er kann nach Lage des Falles auf einen höheren Betrag, jedoch nicht über eine Million Reichsmark, oder, mit Ausnahme von Ehesachen (§ 606 ZPO), auf einen niedrigeren Betrag, jedoch nicht unter 500 Reichsmark, angenommen werden.

---

[1]) Vgl. nachstehendes Ges. unter D und die Kostentabelle im Anhang. Geltung in Danzig gemäß § 5 VO v. 23. 12. 39 (RGBl 1940 I 9).

[2]) Hierzu vgl. § 7 Abs. 2 Kriegs-VO v. 4. 10. 39 (RGBl I 1994): Gegen Entscheidungen des Gerichts über die Festsetzung von Armenanwaltskosten ist die Beschwerde nur statthaft, wenn sie das Gericht wegen der grundsätzlichen Bedeutung der zur Entscheidung stehenden Rechtsfrage zuläßt.

Artikel II

Die Vorschriften des Artikel I treten mit dem 1. April 1929 in Kraft; gleichzeitig tritt das Gesetz über die Erstattung von Rechtsanwaltsgebühren in Armensachen vom 6. Februar 1923 (RGBl I S. 103) außer Kraft.

Die Vorschriften des Artikel I finden auf die vor ihrem Inkrafttreten anhängig gewordenen Rechtssachen Anwendung, soweit nicht die Instanz vor diesem Zeitpunkt beendet war.

Artikel III

In dem weiteren Gesetz über die Erstattung der Rechtsanwaltsgebühren in Armensachen vom 14. Juli 1928 (RGBl I S. 197) treten im Artikel II Abs. 2 an Stelle der Worte „31. Dezember 1928" die Worte „31. März 1929".

Artikel IV

Dieses Gesetz tritt mit dem Tage nach seiner Verkündung in Kraft.

D. Weiteres Gesetz über die Erstattung von Rechtsanwaltsgebühren in Armensachen

vom 13. Dezember 1935 (RGBl I 1469) in der Fassung der VO v. 28. 9. 38 (RGBl I 1323).

Artikel I

Für die Gebühren, die dem im Armenrecht beigeordneten Rechtsanwalt nach dem Gesetz vom 20. Dezember 1928 (Reichsgesetzbl I S. 411) zu erstatten sind, gilt folgendes:

Die Gebühren verringern sich — statt um bisher 20 vom Hundert — um 25 vom Hundert und, wenn der Wert des Streitgegenstandes 800 Reichsmark übersteigt — statt um bisher 25 vom Hundert — um 30 vom Hundert.

In Ehesachen (§ 606 der Zivilprozeßordnung) tritt an die Stelle der vollen Gebühr (§ 9 der Gebührenordnung für Rechtsanwälte) unabhängig vom Streitwert der feste Betrag von 24 Reichsmark; in Verfahren über Anträge nach §§ 627, 627b der Zivilprozeßordnung ist der Höchstbetrag einer Gebühr 24 Reichsmark.

Artikel II

(1) Dieses Gesetz tritt mit dem 1. April 1936 in Kraft. Gleichzeitig treten die Vorschriften der Notverordnung vom 1. Dezember 1930, Neunter Teil § 7 (Reichsgesetzbl I S. 517, 604), und der Dritten Notverordnung vom 6. Oktober 1931, Sechster Teil Kapitel I § 17 (Reichsgesetzbl I S. 537, 565) außer Kraft.

(2) Der Erstattungsanspruch bestimmt sich nach den bisherigen Vorschriften, wenn der Rechtsanwalt vor dem Inkrafttreten dieses Gesetzes der Partei beigeordnet war.

E. Gesetz über die Beiordnung von Patentanwälten in Armensachen

vom 5. Februar 1938 (RGBl I 116).

§ 1. (1) Wird in einer Patentstreitsache (§ 51 des Patentgesetzes vom 5. Mai 1936 — Reichsgesetzbl II S. 117), in einer Gebrauchsmusterstreitsache (§ 19 des Gebrauchsmustergesetzes vom 5. Mai 1936 — Reichsgesetzbl II S. 130) oder in einer Warenzeichenstreitsache (§ 32 des Warenzeichengesetzes vom 5. Mai 1936 — Reichsgesetzbl II S. 134) einer Partei das Armenrecht bewilligt, so kann ihr auf Antrag zu ihrer Beratung und zur Unterstützung des Rechtsanwalts ein Patentanwalt beigeordnet werden, wenn und soweit es zur sachgemäßen Rechtsverfolgung oder Rechtsverteidigung erforderlich erscheint.

(2) Die Vorschriften des § 115 Abs. 2, § 118 Abs. 1, § 119 Abs. 1, der §§ 121, 124, 125 Abs. 1, §§ 126, 127 der Zivilprozeßordnung gelten entsprechend.

§ 2. Auf die Erstattung der Gebühren und Auslagen des beigeordneten Patentanwalts finden die Vorschriften des Gesetzes, betreffend die Erstattung von Rechtsanwaltsgebühren in Armensachen, vom 20. Dezember 1928 (Reichsgesetzbl I S. 411) und des weiteren Gesetzes über die Erstattung von Rechtsanwaltsgebühren in Armensachen vom 13. Dezember 1935 (Reichsgesetzbl I S. 1469) sinngemäß Anwendung mit folgenden Maßgaben:

1. Der Patentanwalt erhält eine volle Gebühr und, wenn er eine mündliche Verhandlung oder einen Beweistermin wahrgenommen hat, insgesamt zwei volle Gebühren im Sinne der genannten Vorschriften.

2. Der dem Patentanwalt insgesamt zu ersetzende Gebührenbetrag darf den Betrag einer Gebühr nach § 9 der Gebührenordnung für Rechtsanwälte nicht übersteigen.

3. Reisekosten für die Wahrnehmung einer mündlichen Verhandlung oder eines Beweistermins werden nur ersetzt, wenn das Prozeßgericht vor dem Termin die Teilnahme des Patentanwalts für geboten erklärt hat.

F. Gebührenordnung für Zeugen und Sachverständige

vom 21. Dezember 1925 (RGBl I S. 471)[1]).

§ 1. In den vor die ordentlichen Gerichte gehörigen Rechtssachen, auf welche die Zivilprozeßordnung, die Strafprozeßordnung oder die Konkursordnung Anwendung findet, erhalten die Zeugen und Sachverständigen Gebühren nach Maßgabe der folgenden Bestimmungen.

§ 2. Der Zeuge erhält eine Entschädigung für die erforderliche Zeitversäumnis im Betrage von 20 Reichspfennig bis zu 1,50 Reichsmark für jede angefangene Stunde.

Die Entschädigung ist unter Berücksichtigung des von dem Zeugen versäumten Erwerbes zu bemessen und für jeden Tag auf nicht mehr als zehn Stunden zu gewähren. Ob eine Erwerbsversäumnis stattgefunden hat, ist nach freiem Ermessen unter Berücksichtigung der Lebensverhältnisse und der regelmäßigen Erwerbstätigkeit des Zeugen zu beurteilen. Bis zu der im Abs. 1 bestimmten Höchstgrenze ist der volle Verdienstausfall zu ersetzen.

Personen, welche durch einfache Handarbeit, Handwerksarbeit oder geringeren Gewerbebetrieb ihren Unterhalt suchen oder sich in gleichen Verhältnissen mit solchen Personen befinden, erhalten die nach dem geringsten Satze zu bemessende Entschädigung auch dann, wenn die Versäumnis eines Erwerbes nicht stattgefunden hat.

§ 3. Der Sachverständige erhält für seine Leistung eine Vergütung nach Maßgabe der erforderlichen Zeitversäumnis im Betrage bis zu 3 Reichsmark für jede angefangene Stunde. Ist die Leistung besonders schwierig, so darf der Betrag bis zu 6 Reichsmark für jede angefangene Stunde erhöht werden.

Die Vergütung ist unter Berücksichtigung der Erwerbsverhältnisse des Sachverständigen zu bemessen.

Außerdem sind dem Sachverständigen die auf die Vorbereitung des Gutachtens verwendeten Kosten sowie die für eine Untersuchung verbrauchten Stoffe und Werkzeuge zu vergüten.

---

[1]) Gilt vom 1. 3. 39 in den sudetendeutschen Gebieten, und zwar auch für Außerstreitsachen, VO v. 16. 1. 39 (RGBl I 38) § 1 IV 2 (früher galt § 8 Abs. 3 VO v. 2. 12. 38 (RGBl I 1758).

Vom 1. 4. 39 gelten in Sachen, für die nach den bisherigen Vorschriften der Oberste Gerichtshof in Wien zuständig war, und jetzt das Reichsgericht zuständig ist, für die Entschädigung der Zeugen, Sachverständigen und Dolmetscher die für den Ort der Vernehmung oder der Zuziehung maßgeblichen Vorschriften, § 24 Ziff. 2 VO v. 28. 2. 39 (RGBl I 358, 448).

Für Danzig vgl. § 7 VO v. 23. 12. 39 (RGBl 1940 I 9).

§ 4. *Besteht für die aufgetragene Leistung ein üblicher Preis, so ist dem Sachverständigen auf Verlangen dieser und für die außerdem stattfindende Teilnahme an Terminen die im § 3 Abs. 1 Satz 1 und Abs. 2 geregelte Vergütung zu gewähren.*

Beschränkt sich die Tätigkeit des Sachverständigen auf die Teilnahme an Terminen, so erhält er lediglich die im § 3 bestimmte Vergütung[1]*).*

§ 5. Haben in bürgerlichen Rechtsstreitigkeiten die Parteien sich dem Gerichte gegenüber mit einer bestimmten Vergütung für die Leistung des Sachverständigen einverstanden erklärt, so ist diese Vergütung zu gewähren, sofern ein zu ihrer Deckung ausreichender Betrag an die Staatskasse gezahlt ist.

§ 6. Als versäumt gilt für den Zeugen oder Sachverständigen auch die Zeit, während welcher er seine gewöhnliche Beschäftigung nicht wieder aufnehmen kann.

§ 7. Mußte der Zeuge oder Sachverständige außerhalb seines Aufenthaltsorts einen Weg bis zur Entfernung von mehr als zwei Kilometer zurücklegen, so ist ihm außer den nach §§ 2 bis 6 zu bestimmenden Beträgen eine Entschädigung für die Reise und für den durch die Abwesenheit von dem Aufenthaltsorte verursachten Aufwand nach Maßgabe der folgenden Bestimmungen zu gewähren.

§ 8. Soweit nach den persönlichen Verhältnissen des Zeugen oder Sachverständigen oder nach äußeren Umständen die Benutzung von Transportmitteln für angemessen zu erachten ist, sind als Reiseentschädigung die nach billigem Ermessen in dem einzelnen Falle erforderlichen Kosten zu gewähren. In anderen Fällen beträgt die Reiseentschädigung für jedes angefangene Kilometer des Hinwegs und des Rückwegs 10 Reichspfennig.

§ 9. Die Entschädigung für den durch Abwesenheit von dem Aufenthaltsorte verursachten Aufwand ist nach den persönlichen Verhältnissen des Zeugen oder Sachverständigen zu bemessen, soll jedoch den Satz, der den Reichsbeamten der Stufe II (§ 6 Abs. 1 des Gesetzes über Reisekostenvergütung der Beamten vom 15. 12. 1933, Reichsgesetzbl. I S. 1067)[2]) als Tagegeld zusteht, nicht überschreiten. Die Vorschriften des genannten Gesetzes, nach denen bei Reisen, die an demselben Kalendertag angetreten und beendet werden, sich das Tagegeld vermindert oder ein Tagegeld nicht gewährt wird, gelten entsprechend. War der Zeuge oder Sachverständige genötigt, außerhalb seines Aufenthaltsorts ein Nachtquartier zu nehmen, so erhält er den angemessenen Betrag, der glaubhaft gemacht ist.

§ 10. Mußte der Zeuge oder Sachverständige innerhalb seines Aufenthaltsorts einen Weg bis zu einer Entfernung von mehr als zwei Kilometer zurücklegen, so ist ihm für den ganzen zurückgelegten Weg eine Reiseentschädigung nach den Vorschriften des § 8 zu gewähren.

§ 11. Konnte der Zeuge oder Sachverständige den erforderlichen Weg ohne Benutzung von Transportmitteln nicht zurücklegen, so sind die nach billigem Ermessen erforderlichen Kosten auch außer den in den §§ 7, 10 bestimmten Fällen zu gewähren.

§ 12. Abgaben für die erforderliche Benutzung eines Weges sind in jedem Falle zu erstatten.

§ 13. Bedarf der Zeuge wegen jugendlichen Alters oder wegen Gebrechen eines Begleiters, so sind die Entschädigungen für beide zu gewähren.

§ 14. Notwendige bare Auslagen, soweit sie nicht den durch den Aufenthalt außerhalb der Wohnung verursachten Aufwand betreffen, können dem Zeugen oder Sachverständigen nach billigem Ermessen erstattet werden. Dies gilt namentlich von den Kosten für eine notwendige Vertretung.

§ 15. Die dem Zeugen oder Sachverständigen zu zahlende Gesamtvergütung wird auf volle 5 Reichspfennig aufgerundet.

§ 16. Soweit für gewisse Arten von Sachverständigen besondere Taxvorschriften bestehen, welche an dem Orte des Gerichts, vor welches die Ladung erfolgt, und an dem Aufenthaltsorte des Sachverständigen gelten, kommen lediglich diese Vorschriften in Anwendung. Gelten solche Taxvorschriften nur an einem dieser Orte oder gelten an

---

[1]) Hierzu vgl. NotVO v. 6. 10. 31 (RGBl I 537) 6. Teil Kap. I § 15: § 4 der Gebührenordnung für Zeugen und Sachverständige ist bis auf weiteres nicht mehr anzuwenden.

[2]) Das volle Tagegeld der II. Stufe beträgt 9 RM.

demselben verschiedene Taxvorschriften, so kann der Sachverständige die Anwendung der ihm günstigeren Bestimmungen verlangen.

In den Fällen des Abs. 1 kann der Sachverständige, wenn er nicht öffentlicher Beamter ist, an Stelle der Gesamtvergütung nach den Taxvorschriften die Berechnung der Gesamtvergütung nach den Vorschriften dieses Gesetzes beanspruchen.

Dolmetscher erhalten Entschädigung als Sachverständige nach den Vorschriften dieses Gesetzes, sofern nicht ihre Leistungen zu den Pflichten eines von ihnen versehenen Amtes gehören.

§ 17. Öffentliche Beamte erhalten Tagegelder und Reisekosten nach Maßgabe der für Dienstreisen geltenden Vorschriften, falls sie zugezogen werden:

1. als Zeugen über Umstände, von denen sie in Ausübung ihres Amtes Kenntnis erhalten haben;
2. als Sachverständige, wenn sie aus Veranlassung ihres Amtes zugezogen werden und die Ausübung der Wissenschaft, der Kunst oder des Gewerbes, deren Kenntnis Voraussetzung der Begutachtung ist, zu den Pflichten des von ihnen versehenen Amtes gehört.

Soweit allgemeine Vorschriften für Dienstreisen nicht erlassen sind, kann die oberste Verwaltungsbehörde über die Gewährung der den öffentlichen Beamten in den Fällen des Abs. 1 den Gerichten gegenüber zustehenden Tagegelder und Reisekosten besondere Vorschriften erlassen.

Werden nach den Vorschriften dieses Paragraphen Tagegelder und Reisekosten gewährt, so findet eine weitere Vergütung an den Zeugen oder Sachverständigen nicht statt.

Die vorstehenden Bestimmungen finden auf Personen des Soldatenstandes entsprechende Anwendung.

Auf Beamte der Gemeinden (Gemeindeverbände) finden die allgemeinen Vorschriften für Dienstreisen insoweit keine Anwendung, als die oberste Verwaltungsbehörde Bestimmungen über die Höhe der ihnen den Gerichten gegenüber zustehenden Tagegelder und Reisekosten erlassen hat.

Die oberste Verwaltungsbehörde kann die ihr durch Abs. 2 und Abs. 5 gegebene Befugnis zum Erlasse der bezeichneten Bestimmungen auf andere Behörden übertragen.

§ 18. *Ist ein Sachverständiger für die Erstattung von Gutachten im allgemeinen beeidigt, so können die Gebühren für die bei bestimmten Gerichten vorkommenden Geschäfte durch Übereinkommen bestimmt werden*[1]*.*

§ 19. Die Gebühren der Zeugen und Sachverständigen werden nur auf Verlangen derselben gewährt. Der Anspruch erlischt, wenn das Verlangen binnen drei Monaten nach Beendigung der Zuziehung oder Abgabe des Gutachtens bei dem zuständigen Gerichte nicht angebracht wird.

§ 20. Die einem Zeugen oder Sachverständigen zu gewährenden Beträge werden durch gerichtlichen Beschluß festgesetzt, wenn der Zeuge oder Sachverständige oder die Staatskasse eine richterliche Festsetzung beantragt oder das Gericht sie für angemessen hält. Der Ansatz kann von Amts wegen berichtigt werden, wenn die Beträge aus der Staatskasse gezahlt und dieser nicht erstattet sind. Für die Festsetzung und Berichtigung ist das Gericht oder der Richter zuständig, vor welchem die Verhandlung stattgefunden hat, und für die Berichtigung auch das Gericht der höheren Instanz.

Gegen die richterliche Entscheidung findet Beschwerde nach Maßgabe des § 567 Abs. 3, der §§ 568 bis 575 der Zivilprozeßordnung sowie des § 4 Abs. 3 des Gerichtskostengesetzes, in Strafsachen nach Maßgabe der §§ 304—310 der Strafprozeßordnung statt[2].

---

[1]) Ist mit Fortfall der allgemeinen Beeidigung von Sachverständigen (§ 20 VO v. 20. 3. 35 — RGBl I 403) gegenstandslos geworden.

[2]) Vgl. aber Kriegs-VO v. 4. 10. 39 (RGBl I 1994):

§ 6: Beschwerden (Rekurse), die sich gegen die nachstehend aufgeführten Entscheidungen richten, sind nur zulässig, wenn der Wert des Beschwerdegegenstandes zweihundert Reichsmark übersteigt:

..... 3. Entscheidungen des Gerichts über die Festsetzung von Sachverständigengebühren.

§ 7 Abs. 1: Entscheidungen des Gerichts ... über die Festsetzung von Zeugengebühren ... können mit der Beschwerde nicht angefochten werden.

§ 21. Im Falle einer wesentlichen Änderung der wirtschaftlichen Verhältnisse kann die Reichsregierung *mit Zustimmung des Reichsrats*[1]) die Gebühren für Zeugen und Sachverständige anderweitig festsetzen.

G. Reichskostenordnung

vom 25. November 1935 (RGBl I 1371).

Erster Teil: Gerichtskosten.

Erster Abschnitt.

Allgemeine Bestimmungen[2]).

§ 1. In den Angelegenheiten der freiwilligen Gerichtsbarkeit und der Zwangsvollstreckung in das unbewegliche Vermögen werden, soweit nicht reichsrechtlich ein anderes bestimmt ist, Kosten (Gebühren und Auslagen) nur nach Maßgabe dieser Verordnung erhoben.

§ 2. Zur Zahlung der Kosten ist verpflichtet:
1. bei Geschäften, die nur auf Antrag vorzunehmen sind, jeder, der die Tätigkeit des Gerichts veranlaßt, bei der Beurkundung von Rechtsgeschäften insbesondere jeder Teil, dessen Erklärung beurkundet ist;
2. bei Geschäften, die von Amts wegen vorgenommen werden, derjenige, dessen Interesse wahrgenommen wird.

§ 3. Kostenschuldner ist ferner:
1. derjenige, dem durch eine gerichtliche Entscheidung die Kosten auferlegt sind;
2. derjenige, der sie durch eine vor Gericht abgegebene oder dem Gericht mitgeteilte Erklärung übernommen hat;
3. derjenige, der nach den Vorschriften des bürgerlichen Rechts für die Kostenschuld eines anderen kraft Gesetzes haftet;
4. der Vollstreckungsschuldner für die notwendigen Kosten der Zwangsvollstreckung.

§ 4. (1) Mehrere Kostenschuldner haften als Gesamtschuldner. Sind an einer Beurkundung mehrere beteiligt und betreffen ihre Erklärungen verschiedene Gegenstände, so beschränkt sich die Haftung des einzelnen auf den Betrag, der entstanden wäre, wenn die übrigen Erklärungen nicht beurkundet worden wären.

(2) Sind durch besondere Anträge eines Beteiligten Mehrkosten entstanden, so fallen diese ihm allein zur Last.

§ 5. Für die Kosten, die durch die Eröffnung einer Verfügung von Todes wegen, die Sicherung eines Nachlasses, die Errichtung eines Nachlaßinventars, eine Nachlaßpflegschaft, eine Nachlaßverwaltung oder eine Pflegschaft für einen Nacherben entstehen, haften nur die Erben, und zwar nach den Vorschriften des Bürgerlichen Gesetzbuchs über Nachlaßverbindlichkeiten. Das gleiche gilt für die Kosten, die durch die Entgegennahme von Erklärungen über die Annahme, Ablehnung oder Kündigung des Amtes als Testamentsvollstrecker entstehen.

§ 6. Gebühren werden mit der Beendigung des gebührenpflichtigen Geschäfts, Auslagen sofort nach ihrer Entstehung fällig.

§ 7. (1) Bei Geschäften, die auf Antrag vorzunehmen sind, hat der zur Zahlung der Kosten Verpflichtete einen zur Deckung der Kosten hinreichenden Vorschuß zu zahlen. Bei Verrichtungen von Amts wegen kann ein Vorschuß nur zur Deckung der Auslagen erhoben werden. Auf die Verpflichtung zur Zahlung des Vorschusses finden die allgemeinen Bestimmungen über die Zahlungspflicht Anwendung.

(2) Bei Geschäften, die auf Antrag vorzunehmen sind, soll die Vornahme des Geschäfts davon abhängig gemacht werden, daß der Vorschuß gezahlt oder sichergestellt wird.

---

[1]) Vgl. Ges. v. 14. 2. 34 (RGBl I 89).

[2]) DVO zu den Kostengesetzen: AVdRJM v. 13. 3. 37 (DJ 37, 433), v. 23. 11. 37 (DJ 37, 1834), 25. 4. u. 30. 5. 38 (DJ 38, 656, 884) u. v. 9. 1. 39 (DJ 39, 94).

Dies gilt nicht, wenn dem Antragsteller das Armenrecht bewilligt ist oder wenn ihm Gebührenfreiheit zusteht; es gilt ferner nicht, wenn glaubhaft gemacht ist, daß eine etwaige Verzögerung einem Beteiligten einen nicht oder nur schwer zu ersetzenden Schaden bringen würde, oder wenn aus einem anderen Grunde das Verlangen nach vorheriger Zahlung oder Sicherstellung der Kosten nicht angebracht erscheint, insbesondere wenn die Berichtigung des Grundbuchs oder die Eintragung eines Widerspruchs beantragt wird.

(3) Über Erinnerungen gegen Anordnungen gemäß Abs. 2 wird im Aufsichtsweg entschieden.

§ 8. Vorschüsse werden nur insoweit zurückgezahlt, als sie den Gesamtbetrag der für das Geschäft bis zu dessen Beendigung entstandenen Kosten übersteigen.

§ 9. (1) Ausfertigungen, Abschriften sowie zurückzugebende Urkunden, die aus Anlaß des Geschäfts eingereicht sind, können zurückbehalten werden, bis die in der Angelegenheit erwachsenen Kosten bezahlt sind.

(2) Über Erinnerungen gegen Anordnungen gemäß Abs. 1 wird im Aufsichtsweg entschieden.

§ 10. (1) Von der Zahlung der Gebühren sind befreit:

Das Reich und die Länder, die Nationalsozialistische Deutsche Arbeiterpartei samt ihren Gliederungen sowie die nach den Haushaltsplänen des Reichs und der Länder für Rechnung des Reichs oder eines Landes verwalteten öffentlichen Anstalten und Kassen.

(2) Die reichsrechtlichen Vorschriften, durch die für bestimmte Angelegenheiten oder bestimmte Personengruppen Gebührenfreiheit gewährt wird, bleiben unberührt. Im übrigen wird durch besondere Verordnung bestimmt werden, inwieweit für gewisse Angelegenheiten oder gewisse Personen Gebührenfreiheit zu gewähren ist. Bis zum Erlaß dieser Verordnung bleiben die einschlägigen landesrechtlichen Vorschriften in Kraft[1]).

§ 11. (1) Die persönliche Gebührenfreiheit steht der Inanspruchnahme für die Gebühren nicht entgegen, wenn die Haftung auf der Vorschrift des § 3 Nr. 3 (Haftung nach bürgerlichem Recht) beruht, oder wenn der Kostenschuldner als Erbe nach § 5 oder als Anteilsberechtigter nach § 108 Abs. 6 für die Kosten haftet.

(2) Die Gebührenfreiheit entbindet, soweit nicht ein anderes bestimmt ist, nicht von der Verpflichtung zur Zahlung der Auslagen[1]).

§ 12. Wenn einzelnen von mehreren Gesamtschuldnern Gebührenfreiheit zusteht, so vermindert sich der Gesamtbetrag der Gebühren um den Betrag, den die befreiten Beteiligten an die Nichtbefreiten auf Grund gesetzlicher Vorschrift zu erstatten hätten.

§ 13. (1) Die Kosten werden bei dem Gericht angesetzt, bei dem die Angelegenheit anhängig ist oder zuletzt anhängig war, auch wenn die Kosten bei einem ersuchten Gericht entstanden sind oder die Angelegenheiten bei einem anderen Gericht abhängig war. Die Kosten eines Rechtsmittelverfahrens werden bei dem mit dem Rechtsmittel befaßten Gericht angesetzt.

(2) Über Einwendungen und Erinnerungen des Kostenschuldners und der Reichskasse gegen den Kostenansatz entscheidet das Gericht, bei dem die Kosten angesetzt sind. Die Entscheidung ergeht gebührenfrei. Die Entscheidung kann von dem Gericht, das sie getroffen hat, sowie von dem Gericht des höheren Rechtszugs von Amts wegen geändert werden.

(3) Gegen die Entscheidung findet die Beschwerde nach den Vorschriften der Zivilprozeßordnung statt, sofern der Beschwerdegegenstand 50[2]) Reichsmark übersteigt. Die weitere Beschwerde ist nur statthaft, wenn das Beschwerdegericht sie wegen der grundsätzlichen Bedeutung der zur Entscheidung stehenden Frage zuläßt; die Vorschriften des § 568 Abs. 2 und 3 der Zivilprozeßordnung finden keine Anwendung. Die weitere Beschwerde kann nur darauf gestützt werden, daß die Entscheidung auf einer Verletzung des Gesetzes beruht; die Vorschriften der §§ 550 und 551 der Zivilprozeßordnung gelten entsprechend.

(4) Erinnerungen oder Beschwerden können in allen Fällen zur Niederschrift der Geschäftsstelle oder schriftlich ohne Mitwirkung eines Rechtsanwalts eingelegt werden. Die Kosten für die Beschwerde bestimmen sich nach den §§ 123, 138 bis 142.

---

[1]) Vgl. AVdRJM v. 22. 3. 35 (DJ 35, 551), 25. 1. 36 (DJ 36, 167), 25. 5. u. 9. 9. 38 (DJ 38, 847, 1488).

[2]) Jetzt „200", vgl. § 6 Nr. 1 der 2. DVO zur VereinfVO (RGBl I 1995).

(5) Der Kostenansatz kann auch im Verwaltungswege berichtigt werden, solange nicht eine gerichtliche Entscheidung getroffen ist.

§ 14. Kosten können wegen unrichtigen Ansatzes nur nachgefordert werden, wenn der berichtigte Ansatz vor Ablauf des nächsten Kalenderjahres nach endgültiger Erledigung der Angelegenheit dem Zahlungspflichtigen mitgeteilt ist. Ist innerhalb dieser Frist dem Zahlungspflichtigen davon Mitteilung gemacht, daß ein Wertermittlungsverfahren eingeleitet ist, so ist die Angelegenheit erst mit der Beendigung dieses Verfahrens endgültig erledigt.

§ 15. (1) Gebühren und Auslagen, die bei richtiger Behandlung der Sache nicht entstanden wären, werden nicht erhoben. Das gleiche gilt von Auslagen, die durch eine von Amts wegen veranlaßte Verlegung eines Termins oder Vertagung einer Verhandlung oder durch eine für begründet befundene Beschwerde entstanden sind. Bei Abweisung oder Zurücknahme eines Antrags kann Gebühren- und Auslagenfreiheit gewährt werden, wenn der Antrag auf nicht anzurechnender Unkenntnis der Verhältnisse oder auf Unwissenheit beruht.

(2) Die Entscheidung trifft das Gericht. Solange nicht das Gericht entschieden hat, können Anordnungen nach Abs. 1 im Verwaltungswege getroffen werden. Eine im Verwaltungswege getroffene Anordnung kann nur im Verwaltungswege geändert werden.

§ 16. (1) Ansprüche auf Zahlung von Kosten verjähren in vier Jahren nach Ablauf des Kalenderjahrs, in dem der Anspruch fällig geworden ist.

(2) Ansprüche auf Rückerstattung von Kosten verjähren in vier Jahren nach Ablauf des Kalenderjahrs, in dem der Anspruch entstanden ist.

(3) Auf die Verjährung finden die Vorschriften des Bürgerlichen Gesetzbuchs Anwendung. Im Fall des Absatzes 1 wird die Verjährung auch durch die Aufforderung zur Zahlung und durch eine dem Schuldner mitgeteilte Stundung unterbrochen; bei unbekanntem Aufenthalt des Zahlungspflichtigen genügt die Zustellung durch Aufgabe zur Post unter der letzten bekannten Anschrift des Kostenschuldners. Eine Unterbrechung der Verjährung tritt bei Kostenbeträgen unter 20 Reichsmark nicht ein.

§ 17. (1) Die Gebühren werden nach dem Wert berechnet, den der Gegenstand des Geschäfts zur Zeit der Fälligkeit hat (Geschäftswert).

(2) Maßgebend ist der Hauptgegenstand des Geschäfts. Früchte, Nutzungen, Zinsen, Vertragsstrafen und Kosten werden nur berücksichtigt, wenn sie Gegenstand eines besonderen Geschäfts sind.

(3) Verbindlichkeiten, die auf dem Gegenstand lasten, werden bei Ermittlung des Geschäftswerts nicht abgezogen; dies gilt auch dann, wenn Gegenstand des Geschäfts ein Nachlaß oder eine sonstige Vermögensmasse ist.

(4) Bei der Berechnung des Geschäftswerts ist eine Goldmark einer Reichsmark gleichzusetzen.

§ 18. (1) Bei der Bewertung von Grundbesitz ist regelmäßig der letzte Einheitswert maßgebend, der zur Zeit der Fälligkeit der Gebühr festgestellt ist. Das Gericht hat jedoch auf der Grundlage des Einheitswerts den Wert selbständig nach freiem Ermessen zu ermitteln, wenn der Gegenstand des gebührenpflichtigen Geschäfts vom Gegenstand der Einheitsbewertung wesentlich abweicht oder wenn der Wert infolge bestimmter Umstände, die nach dem Feststellungszeitpunkt des Einheitswerts eingetreten sind, sich wesentlich verändert hat.

(2) Im übrigen ist der Wert einer Sache der gemeine Wert. Er wird durch den Preis bestimmt, der im gewöhnlichen Geschäftsverkehr nach der Beschaffenheit der Sache unter Berücksichtigung aller den Preis beeinflussenden Umstände bei einer Veräußerung zu erzielen wäre; ungewöhnliche oder nur persönliche Verhältnisse bleiben außer Betracht.

§ 19. (1) Beim Kauf von Sachen ist der Kaufpreis maßgebend; der Wert der vorbehaltenen Nutzungen und der vom Käufer übernommenen oder ihm sonst infolge der Veräußerung obliegenden Leistungen wird hinzugerechnet. Ist der Kaufpreis niedriger als der Wert der Sache (§ 18), so ist dieser maßgebend; beim Kauf eines Grundstücks bleibt eine für Rechnung des Erwerbers vorgenommene Bebauung bei der Ermittlung des Wertes außer Betracht.

(2) Als Wert eines Vorkaufs- oder Wiederkaufsrechts ist in der Regel der halbe Wert der Sache anzunehmen.

§ 20. Der Wert einer Grunddienstbarkeit bestimmt sich nach dem Wert, den sie für das herrschende Grundstück hat; ist der Betrag, um den sich der Wert des dienenden Grundstücks durch die Dienstbarkeit mindert, größer, so ist dieser höhere Betrag maßgebend.

§ 21. (1) Der Wert eines Pfandrechts oder der sonstigen Sicherstellung einer Forderung durch Bürgschaft, Sicherungsübereignung oder dgl. bestimmt sich nach dem Betrag der Forderung und, wenn der als Pfand oder zur Sicherung dienende Gegenstand einen geringeren Wert hat, nach diesem.

(2) Als Wert einer Hypothek oder Grundschuld gilt der Nennbetrag der Schuld, als Wert einer Rentenschuld der Nennbetrag der Ablösungssumme; ist der Wert des Grundstücks geringer, so ist dieser maßgebend. Für Eintragungen im Grundbuch gelten die besonderen Vorschriften des § 56 Abs. 4.

(3) Bei Einräumung des Vorrangs oder des gleichen Rangs ist der Wert des vortretenden Rechts, höchstens jedoch der Wert des zurücktretenden Rechts maßgebend. Die Vormerkung gemäß § 1179 des Bürgerlichen Gesetzbuchs zugunsten eines nach- oder gleichstehenden Berechtigten steht der Vorrangseinräumung gleich.

§ 22. (1) Der Wert des Rechts auf wiederkehrende oder dauernde Nutzungen oder Leistungen wird unter Zugrundelegung des einjährigen Bezugswerts nach Maßgabe folgender Vorschriften berechnet:

a) Der Wert von Nutzungen oder Leistungen, die auf bestimmte Zeit beschränkt sind, ist die Summe der einzelnen Jahreswerte, höchstens jedoch das Fünfundzwanzigfache des Jahreswerts; ist die Dauer des Rechts außerdem durch das Leben einer oder mehrerer Personen bedingt, so darf der nach Abs. 2 zu berechnende Wert nicht überschritten werden;

b) Bezugsrechte von unbeschränkter Dauer sind mit dem Fünfundzwanzigfachen, Nutzungen oder Leistungen von unbestimmter Dauer — vorbehaltlich der Bestimmungen im Abs. 2 — mit dem Zwölfeinhalbfachen des Jahreswerts zu bewerten.

(2) Ist die Nutzung oder Leistung auf die Lebensdauer einer Person beschränkt, so gilt als Geschäftswert bei einem Lebensalter

von 15 Jahren oder weniger	der 22fache Betrag,
über 15 Jahren bis zu 25 Jahren	der 21fache Betrag,
über 25 Jahren bis zu 35 Jahren	der 20fache Betrag,
über 35 Jahren bis zu 45 Jahren	der 18fache Betrag,
über 45 Jahren bis zu 55 Jahren	der 15fache Betrag,
über 55 Jahren bis zu 65 Jahren	der 11fache Betrag,
über 65 Jahren bis zu 75 Jahren	der 7½fache Betrag,
über 75 Jahren bis zu 80 Jahren	der 5fache Betrag,
über 80 Jahren	der 3fache Betrag

der einjährigen Nutzung oder Leistung. Hängt die Dauer der Nutzung oder Leistung von der Lebensdauer mehrere Personen ab, so entscheidet, je nachdem ob das Recht mit dem Tode des zuerst oder des zuletzt Sterbenden erlischt, das Lebensalter des Ältesten oder des Jüngsten.

(3) Der Geschäftswert ist höchstens das Fünffache des einjährigen Bezugs, wenn das Recht dem Ehegatten oder einem früheren Ehegatten des Verpflichteten oder einer Person zusteht, die mit dem Verpflichteten in gerader Linie verwandt, verschwägert oder durch Annahme an Kindes Statt verbunden oder in der Seitenlinie bis zum dritten Grade verwandt oder bis zum zweiten Grade verschwägert ist, auch wenn die die Schwägerschaft begründende Ehe nicht mehr besteht.

(4) Der Geschäftswert des einem unehelichen Kinde gegen seinen Erzeuger zustehenden Unterhaltsrechts bestimmt sich nach dem Betrag des einjährigen Bezugs. Ist dieser Betrag in den einzelnen Jahren verschieden, so kommt der höchste Betrag zum Ansatz.

(5) Der einjährige Wert von Nutzungen wird zu 4 vom Hundert des Werts des Gegenstands, der die Nutzungen gewährt, angenommen, sofern nicht ein anderer Wert festgestellt werden kann.

(6) Für die Berechnung des Geschäftswerts ist der Beginn des Bezugsrechts maßgebend. Bildet das Recht später den Gegenstand eines gebührenpflichtigen Geschäfts, so ist der spätere Zeitpunkt maßgebend. Steht im Zeitpunkt des Geschäfts der Beginn des Bezugsrechts noch nicht fest oder ist das Recht in anderer Weise bedingt, so ist der Geschäftswert nach den Umständen des Falles niedriger anzusetzen.

§ 23. (1) Der Wert eines Miet- oder Pachtrechts bemißt sich nach dem Wert aller Leistungen des Mieters oder Pächters während der ganzen Vertragszeit. Bei Miet- oder Pachtrechten von unbestimmter Vertragsdauer ist der Wert dreier Jahre maßgebend; ist jedoch die Auflösung des Vertrags erst nach einem längeren Zeitraum zulässig, so ist dieser maßgebend. In keinem Fall darf der Wert den fünfundzwanzigfachen Betrag der einjährigen Leistung übersteigen.

(2) Der Wert eines Dienstvertrags bemißt sich nach dem Wert aller Bezüge des zur Dienstleistung Verpflichteten während der ganzen Vertragszeit, höchstens jedoch nach dem dreifachen Jahresbetrag der Bezüge.

§ 24. (1) Soweit in einer vermögensrechtlichen Angelegenheit der Wert sich aus den Vorschriften dieser Verordnung nicht ergibt und auch sonst nicht feststeht, ist er nach freiem Ermessen zu bestimmen; insbesondere ist bei Änderungen bestehender Rechte, sofern die Änderung nicht einen bestimmten Geldwert hat, sowie bei Verfügungsbeschränkungen der Wert nach freiem Ermessen festzusetzen.

(2) In Ermangelung genügender tatsächlicher Anhaltspunkte für eine Schätzung ist der Wert regelmäßig auf 3000 Reichsmark, ausnahmsweise niedriger oder höher, jedoch nicht unter 200 Reichsmark und nicht über eine Million Reichsmark anzunehmen.

(3) In nichtvermögensrechtlichen Angelegenheiten ist der Wert nach Abs. 2 zu bestimmen.

§ 25. (1) Das Gericht setzt den Geschäftswert durch Beschluß gebührenfrei fest, wenn ein Zahlungspflichtiger oder die Reichskasse dies beantragt oder es sonst angemessen erscheint. Die Festsetzung kann von dem Gericht, das sie getroffen hat, sowie von dem Gericht des höheren Rechtszugs auch von Amts wegen geändert werden.

(2) Das Gericht kann eine Beweisaufnahme, insbesondere die Begutachtung durch Sachverständige auf Antrag oder von Amts wegen anordnen. Die Kosten können ganz oder teilweise einem Beteiligten auferlegt werden, der durch Unterlassung der Wertangabe, durch unrichtige Angabe, unbegründetes Bestreiten oder unbegründete Beschwerde die Abschätzung veranlaßt hat.

(3) Gegen den Beschluß findet Beschwerde nach Maßgabe des § 13 Abs. 3 und 4 statt.

§ 26. (1) Die volle Gebühr beträgt bei einem Geschäftswert

1.	bis zu 50 Reichsmark einschließlich						2	Reichsmark,
2.	von mehr als	50	bis	100	Reichsmark	einschließlich	3	„ ,
3.	„ „ „	100	„	200	„	„	4	„ ,
4.	„ „	200	„	300	„	„	5	„ ,
5.	„ „ „	300	„	500	„	„	6	„ ,
6.	„ „ „	500	„	1000	„	„	8	„ ,
7.	„ „ „	1000	„	1500	„	„	10	„ ,
8.	„ „ „	1500	„	2000	„	„	12	„ ,
9.	„ „ „	2000	„	2500	„	„	14	„ ,
10.	„ „ „	2500	„	3000	„	„	16	„ ,
11.	„ „ „	3000	„	3500	„	„	18	„ ,
12.	„ „ „	3500	„	4000	„	„	20	„ ,
13.	„ „ „	4000	„	5000	„	„	22	„ ,
14.	„ „ „	5000	„	6000	„	„	24	„ ,
15.	„ „ „	6000	„	7000	„	„	26	„ ,
16.	„ „ „	7000	„	8000	„	„	28	„ ,
17.	„ „ „	8000	„	9000	„	„	30	„ ,
18.	„ „ „	9000	„	10000	„	„	32	„ ,
19.	„ „ „	10000	„	12000	„	„	36	„ ,
20.	„ „ „	12000	„	14000	„	„	40	„ ,
21.	„ „ „	14000	„	16000	„	„	44	„ ,
22.	„ „ „	16000	„	18000	„	„	48	„ ,
23.	„ „ „	18000	„	20000	„	„	52	„ ,
24.	„ „ „	20000	„	22000	„	„	56	„ ,
25.	„ „ „	22000	„	24000	„	„	60	„ ,
26.	„ „ „	24000	„	26000	„	„	64	„ ,
27.	„ „ „	26000	„	28000	„	„	68	„ ,
28.	„ „ „	28000	„	30000	„	„	72	„ ,
29.	„ „ „	30000	„	35000	„	„	80	„ ,

30.	von mehr als	35000	bis	40000	Reichsmark	einschließlich	. . .	88	Reichsmark,
31.	„ „ „	40000	„	50000	„	„	. . .	100	„ ,
32.	„ „ „	50000	„	60000	„	„	. . .	112	„ ,
33.	„ „ „	60000	„	70000	„	„	. . .	124	„ ,
34.	„ „ „	70000	„	80000	„	„	. . .	136	„ ,
35.	„ „ „	80000	„	90000	„	„	. . .	148	„ ,
36.	„ „ „	90000	„	100000	„	„	. . .	160	„ .

(2) Die weiteren Wertklassen steigen um je 10000 Reichsmark und die Gebühren um je 12 Reichsmark.

(3) Der Mindestbetrag einer Gebühr ist 2 Reichsmark. Pfennigbeträge sind auf volle 10 Reichspfennig aufzurunden.

§ 27. Die für ein Geschäft bestimmte Gebühr umfaßt die gesamte auf das Geschäft verwendete Tätigkeit des Gerichts, einschließlich der Nebengeschäfte.

§ 28. (1) Gerichtskosten können durch Verwendung von Marken entrichtet werden.

(2) *Die Gerichtskosten werden im Wege des Verwaltungszwangs eingezogen. Für das Verfahren bleiben bis zu einer reichsrechtlichen Regelung des Verwaltungszwangs die landesrechtlichen Vorschriften maßgebend; jedoch ist, soweit es sich um natürliche Personen handelt, die Zwangsversteigerung von Gegenständen des unbeweglichen Vermögens wegen einer Kostenforderung weder gegen den ursprünglichen Schuldner noch gegen seinen Ehegatten oder seine Abkömmlinge oder gegen den Ehegatten eines Abkömmlings zulässig*[1]*).*

Zweiter Abschnitt.

Gebühren in Angelegenheiten der freiwilligen Gerichtsbarkeit.

§ 29. (1) Für die Beurkundung einseitiger Erklärungen wird die volle Gebühr erhoben; unerheblich ist, ob die Erklärung von einer oder mehreren Personen abgegeben wird.

(2) Für die Beurkundung von Verträgen wird das Doppelte der vollen Gebühr erhoben.

§ 30. Für die Beurkundung eines Antrags zum Abschluß eines Vertrags wird das Eineinhalbfache der vollen Gebühr erhoben.

§ 31. (1) Die Hälfte der vollen Gebühr wird erhoben:

1. für jede besondere Beurkundung von Zustimmungserklärungen einzelner Teilnehmer zu einer bereits anderweit beurkundeten Erklärung;
2. für die Beurkundung der Annahme eines anderweit beurkundeten Vertragsantrags;
3. für die Beurkundung der Wiederaufhebung eines noch von keiner Seite erfüllten Vertrags;
4. für die Beurkundung einer Vollmacht oder des Widerrufs einer Vollmacht;
5. für die Beurkundung
   a) des Antrags auf Eintragung oder Löschung im Grundbuch, im Schiffsregister, im Register für Pfandrechte an Schiffsbauwerken und im Kabelbuch sowie einer Eintragungs- oder Löschungsbewilligung,
   b) der Zustimmung nach § 27 der Grundbuchordnung, nach § 105 des Gesetzes über die Angelegenheiten der freiwilligen Gerichtsbarkeit, nach § 3 des Gesetzes über die Bestellung von Pfandrechten an im Bau befindlichen Schiffen vom 4. Juli 1926 (Reichsgesetzbl I S. 367) und nach § 22 Abs. 1 des Kabelpfandgesetzes vom 31. März 1925 (Reichsgesetzbl I S. 37);
6. für die Beurkundung der Auflassung sowie der Einigung über die Bestellung oder Übertragung eines Erbbaurechts oder der Abtretung von Geschäftsanteilen einer Gesellschaft mit beschränkter Haftung, wenn das zugrunde liegende Rechtsgeschäft bereits beurkundet ist;
7. für die Beurkundung der Anmeldung zum Handelsregister und ähnlichen Registern sowie für die Aufnahme einer besonderen Verhandlung über die Zeichnung einer Firma oder Unterschrift.

---

[1]) *Abs. 2 ist gemäß § 19 Abs. 2 Z. 1 der Justizbeitreibungsordnung vom 11. März 1937 (RGBl I S. 298) in Fortfall gekommen.*

(2) Ein Viertel der vollen Gebühr wird erhoben für die Beurkundung von Erklärungen, die dem Nachlaßgericht gegenüber abzugeben sind (§ 104 Abs. 1); die Wertvorschrift des § 104 Abs. 2 gilt entsprechend.

(3) Ein Viertel der vollen Gebühr wird ferner erhoben für die Beurkundung von Zustimmungserklärungen zur Ehelichkeitserklärung oder zur Annahme an Kindes Statt.

§ 32. (1) Der Geschäftswert bestimmt sich nach dem Wert des Rechtsverhältnisses, auf das sich die beurkundete Erklärung bezieht. Handelt es sich um Veränderungen eines Rechtsverhältnisses, so darf der Wert des von der Veränderung betroffenen Rechtsverhältnisses nicht überschritten werden, und zwar auch dann nicht, wenn es sich um mehrere Veränderungen desselben Rechtsverhältnisses handelt.

(2) Bei Verträgen, die den Austausch von Leistungen zum Gegenstand haben, ist nur der Wert der Leistungen des einen Teils und, wenn der Wert der Leistungen verschieden ist, der höhere maßgebend.

(3) Bei Eheverträgen bestimmt sich der Geschäftswert nach dem zusammengerechneten Wert der gegenwärtigen Vermögen beider Ehegatten und, wenn der Ehevertrag nur das Vermögen eines Ehegatten betrifft, nach diesem. Bei Ermittlung des Vermögens werden die Schulden abgezogen. Betrifft der Ehevertrag nur bestimmte Gegenstände, so ist deren Wert maßgebend.

(4) Bei der Beurkundung von Satzungen ist der Wert höchstens auf 10 Millionen Reichsmark anzunehmen.

§ 33. Bei zustimmenden Erklärungen einzelner Mitberechtigter bestimmt sich der Geschäftswert nach dem Anteil an dem Gegenstand des Geschäfts. Bei Gesamthandverhältnissen ist der Anteil entsprechend der Beteiligung an dem Gesamthandvermögen zu bemessen.

§ 34. (1) Bei Vollmachten zum Abschluß eines bestimmten Rechtsgeschäfts ist der für dieses maßgebende Wert zugrunde zu legen.

(2) Der Wert einer allgemeinen Vollmacht ist nach freiem Ermessen zu bestimmen; dabei ist der Umfang der erteilten Ermächtigung und das Vermögen des Vollmachtgebers angemessen zu berücksichtigen.

(3) Bei der von einem Mitberechtigten ausgestellten Vollmacht bestimmt sich der Wert nach dem Anteil des Mitberechtigten. § 33 Satz 2 gilt entsprechend.

(4) In allen Fällen ist der Wert mit höchstens einer Million Reichsmark anzunehmen.

(5) Auf den Widerruf einer Vollmacht finden die vorstehenden Vorschriften entsprechende Anwendung.

§ 35. Bei Anmeldungen zum Handelsregister und ähnlichen Registern bestimmt sich der Geschäftswert, sofern nicht ein bestimmter Geldbetrag in das Register einzutragen ist, nach § 24 Abs. 2; er beträgt in keinem Fall, auch wenn mehrere Anmeldungen in derselben Verhandlung beurkundet werden, mehr als eine Million Reichsmark.

§ 36. Für die Beurkundung von Ergänzungen und Änderungen einer beurkundeten Erklärung wird derselbe Gebührensatz wie für die ursprüngliche Beurkundung erhoben, jedoch nicht mehr als die volle Gebühr.

§ 37. Für die Anerkennung des Inhalts einer schriftlich abgegebenen Erklärung (§ 176 Abs. 2 des Gesetzes über die Angelegenheiten der freiwilligen Gerichtsbarkeit), einschließlich der Beurkundung ergänzender oder ändernder Erklärungen, wird dieselbe Gebühr wie für die Beurkundung der Erklärung erhoben.

§ 38. (1) Werden in einer Verhandlung mehrere Erklärungen beurkundet, die denselben Gegenstand haben (z. B. der Kauf und die Auflassung, die Schulderklärung und die zur Hypothekbestellung erforderlichen Erklärungen), so wird die Gebühr nur einmal von dem Wert dieses Gegenstandes nach dem höchsten in Betracht kommenden Gebührensatz berechnet. Dies gilt auch dann, wenn von mehreren Erklärungen die einen den ganzen Gegenstand, die anderen nur einen Teil davon betreffen (z. B. das Schuldversprechen und die Bürgschaft für einen Teil der Schuld); unterliegen in diesem Fall für einen Teil der Schuld); unterliegen in diesem Fall die Erklärungen verschiedenen Gebührensätzen (z. B. die nachträgliche Auflassung — § 31 Abs. 1 Nr. 6 — und die einseitige Erklärung über die Abtretung eines Teils der Kaufpreisforderung), so werden die Gebühren gesondert berechnet, wenn dies für den Kostenschuldner günstiger ist.

(2) Haben die in einer Verhandlung beurkundeten Erklärungen einen verschiedenen Gegenstand, so gilt folgendes:

a) Unterliegen alle Erklärungen dem gleichen Gebührensatz, so wird dieser nur einmal nach dem zusammengerechneten Werten berechnet.

b) Sind verschiedene Gebührensätze anzuwenden, so wird jede Gebühr für sich berechnet; soweit mehrere Erklärungen dem gleichen Gebührensatz unterliegen, werden die Werte zusammengerechnet; insgesamt darf in diesem Fall nicht mehr erhoben werden, als bei Zugrundelegung des höchsten der angewendeten Gebührensätze zum Gesamtwert zu erheben sein würde.

(3) Treffen Erklärungen, die sich auf eine Rangänderung beziehen, mit anderen Erklärungen in einer Urkunde zusammen, so gilt als Gegenstand der Rangänderung das vortretende oder das zurücktretende Recht, je nachdem es für den Kostenschuldner nach den vorstehenden Vorschriften günstiger ist. Die Vormerkung gemäß § 1179 des Bürgerlichen Gesetzbuches zugunsten eines nach- oder gleichstehenden Berechtigten steht der Rangänderung gleich.

§ 39. (1) Für die Beglaubigung von Unterschriften oder Handzeichen wird ein Viertel der vollen Gebühr, höchstens jedoch ein Betrag von 200 Reichsmark, erhoben. Der Wert ist ebenso zu bestimmen, wie wenn die Erklärung, unter der die Unterschrift beglaubigt wird, beurkundet würde.

(2) Für die nach dem Reichsschuldbuchgesetz und nach den Staatsschuldbuchgesetzen erforderlichen Unterschriftbeglaubigungen wird nur die Mindestgebühr erhoben.

§ 40. (1) Für die Beurkundung eines Testaments wird die volle Gebühr, für die Beurkundung eines Erbvertrags das Doppelte der vollen Gebühr erhoben.

(2) Für die Beurkundung des Widerrufs einer letztwilligen Verfügung, der Aufhebung oder Anfechtung eines Erbvertrags sowie des Rücktritts von einem Erbvertrag wird die Hälfte der vollen Gebühr erhoben; ist die Anfechtung dem Nachlaßgericht gegenüber zu erklären, so gilt § 31 Abs. 2. Wird gleichzeitig eine neue Verfügung von Todes wegen beurkundet, so wird die Gebühr für den Widerruf oder die Aufhebung nur insoweit erhoben, als der Geschäftswert der neu errichteten Verfügung hinter dem der widerrufenen oder aufgehobenen Verfügung zurückbleibt.

(3) Wird ein Erbvertrag gleichzeitig mit einem Ehevertrag beurkundet, so gilt § 38.

(4) Wird über den ganzen Nachlaß oder einen Bruchteil davon verfügt, so ist der Gebührenberechnung der Wert des nach Abzug der Verbindlichkeiten verbleibenden Bruchteils des reinen Vermögens zugrunde zu legen. Vermächtnisse, Pflichtteilsrechte und Auflagen werden nicht abgezogen.

(5) Der Berechnung der Gebühren sind in der Regel die Angaben des Verfügenden über den Geschäftswert zugrunde zu legen. Eine Nachforderung des deshalb zuwenig angesetzten Betrags wird durch § 14 nicht ausgeschlossen; die Verjährung des Anspruchs (§ 16) beginnt in diesem Fall erst mit dem Ablauf des Jahres, in dem die Verfügung eröffnet oder zurückgegeben ist.

§ 41. (1) Für die Beurkundung der Beschlüsse von Generalversammlungen, Aufsichtsräten und sonstigen Organen von Aktiengesellschaften, anderen Vereinigungen und Stiftungen wird das Doppelte der vollen Gebühr erhoben.

(2) Bei Beschlüssen, deren Gegenstand einen bestimmten Geldwert nicht hat, ist der Geschäftswert auf 20000 Reichsmark, ausnahmsweise höher oder niedriger, jedoch nicht über eine Million Reichsmark und nicht unter 1000 Reichsmark anzunehmen. Werden in derselben Verhandlung mehrere Beschlüsse dieser Art beurkundet, so werden sie für die Gebührenberechnung als eine Einheit angesehen.

(3) Werden in Verbindung mit Beschlüssen der im Abs. 2 bezeichneten Art Beschlüsse beurkundet, deren Gegenstand einen bestimmten Geldwert hat, so sind die für diese Beschlüsse anzusetzenden Werte und der gemäß Abs. 2 anzusetzende Wert zusammenzurechnen.

(4) Die Gebühr beträgt in keinem Fall mehr als 5000 Reichsmark.

§ 42. (1) Das Doppelte der vollen Gebühr wird erhoben für die Beurkundung des Hergangs bei Verlosungen, bei der Auslosung oder Vernichtung von Wertpapieren sowie bei Wahlversammlungen.

(2) Für das Einzählen von Losen wird neben der im Abs. 1 bestimmten Gebühr eine weitere Gebühr in Höhe der Hälfte der vollen Gebühr erhoben.

(3) Der Geschäftswert bestimmt sich, soweit nicht ein bestimmter Geldwert feststeht, nach § 41 Abs. 2; er beträgt in allen Fällen höchstens eine Million Reichsmark.

(4) Wird die Auslosung und Vernichtung in einer Verhandlung beurkundet, so wird die Gebühr nur einmal erhoben.

§ 43. (1) Die volle Gebühr wird erhoben für die Abnahme von Eiden und Versicherungen an Eides Statt, für die Vernehmung von Zeugen und Sachverständigen sowie für die Mitwirkung bei Augenscheinseinnahmen, sofern diese Geschäfte nicht Teil eines anderen Verfahrens sind.

(2) Bei einer eidesstattlichen Versicherung zur Erlangung eines Erbscheins oder eines Zeugnisses der in den §§ 101 und 103 bezeichneten Art ermäßigt sich die Gebühr auf die Hälfte der vollen Gebühr; der Wert bestimmt sich nach den Vorschriften der §§ 99, 101 und 103. Wird mit der eidesstattlichen Versicherung zugleich der Antrag auf Erteilung des Erbscheins oder des Zeugnisses beurkundet, so wird dafür eine besondere Gebühr nicht erhoben. Treten im Erbscheinsverfahren weitere Erben einer anderweit beurkundeten eidesstattlichen Versicherung bei, so bestimmt sich die Gebühr nach dem Wert ihres Anteils an dem Nachlaß.

§ 44. Die volle Gebühr wird erhoben:

1. für die Erteilung von Bescheinigungen über Tatsachen oder Verhältnisse, die urkundlich nachgewiesen oder offenkundig sind;
2. für die Mitwirkung bei Abmarkungen;
3. für die Aufnahme von Protesten und ähnlichen Urkunden;
4. für die Aufnahme von Schätzungen;
5. für die Aufnahme von Verklarungen sowie Beweisaufnahmen nach dem Binnenschiffahrtsgesetz und dem Flößereigesetz; die Mindestgebühr beträgt 10 Reichsmark. Für die nachträgliche Ergänzung der Verklarung wird die Hälfte der vollen Gebühr erhoben; die Mindestgebühr beträgt 5 Reichsmark.

§ 45. (1) Für die Aufnahme von Wechsel- und Scheckprotesten wird die Hälfte der vollen Gebühr erhoben.

(2) Daneben wird für jeden Weg, der zur Erledigung des Protestes zurückzulegen ist, eine Wegegebühr von 2 Reichsmark erhoben. Die dem Protestbeamten zustehenden Reisekosten werden auf die Wegegebühr angerechnet. Die Wegegebühr wird auch dann erhoben, wenn der Auftrag zur Protesterhebung nach Antritt des Weges seine Erledigung gefunden hat.

(3) Die Protestgebühr ist auch dann zu zahlen, wenn ohne Aufnahme des Protestes an den Protestbeamten gezahlt oder die Zahlung ihm nachgewiesen wird.

(4) Enthält der Wechsel Notadressen, so ist für die Aufnahme eines jeden Protestes wegen Verweigerung der Ehrenannahme oder wegen unterbliebener Ehrenzahlung ein Viertel der vollen Gebühr zu erheben.

(5) Für das Zeugnis über die Protesterhebung (Artikel 90 Abs. 2 des Wechselgesetzes und Artikel 59 Abs. 2 des Scheckgesetzes) werden eine Gebühr von 2 Reichsmark und die durch die Abschriften erwachsenen Schreibgebühren erhoben.

§ 46. (1) Für die Aufnahme von Vermögensverzeichnissen sowie für Siegelungen und Entsiegelungen wird nach dem Wert der verzeichneten oder versiegelten Gegenstände die Hälfte der vollen Gebühr erhoben. Das gleiche gilt für die Mitwirkung als Urkundsperson bei der Aufnahme von Vermögensverzeichnissen. Nimmt das Geschäft einen Zeitaufwand von mehr als zwei Stunden in Anspruch, so erhöht sich die Gebühr für jede weitere angefangene Stunde um 3 Reichsmark.

(2) Für die Siegelung, einschließlich der Entsiegelung und der Aufnahme eines Vermögensverzeichnisses, wird die Gebühr nur einmal nach dem Gesamtzeitaufwand erhoben.

§ 47. (1) Bei freiwilligen Versteigerungen zum Zwecke der Veräußerung oder Verpachtung von Grundstücken und sonstigen Gegenständen, die der Zwangsvollstreckung in das unbewegliche Vermögen unterliegen, werden erhoben:

1. für das Verfahren im allgemeinen die Hälfte der vollen Gebühr;
2. für die Aufnahme einer gerichtlichen Schätzung die Hälfte der vollen Gebühr;
3. für die Abhaltung des Versteigerungstermins die volle Gebühr;
4. für die Beurkundung des Zuschlags die volle Gebühr.

(2) Die im Abs. 1 Nr. 1 bestimmte Gebühr wird mit dem Eingang des Antrags fällig und ist auch dann zu erheben, wenn die Versteigerung einer Ortsbehörde übertragen wird.

(3) Der Versteigerungstermin gilt als abgehalten, wenn zur Abgabe von Geboten aufgefordert ist.

(4) Werden mehrere Grundstücke zum Zwecke der Veräußerung in demselben Verfahren versteigert, so werden die Gebühren von dem zusammengerechneten Wert der mehreren Grundstücke berechnet. Die Gebühr für die Beurkundung des Zuschlags wird jedoch für jeden Ersteher nach dem zusammengerechneten Betrag seiner Gebote erhoben; ist der zusammengerechnete Wert der ihm zugeschlagenen Grundstücke höher, so ist dieser maßgebend.

(5) Werden in dem Verfahren mehrere Versteigerungstermine abgehalten, so werden für jeden Termin die Gebühren besonders erhoben.

(6) Schuldner der Kosten für die Beurkundung des Zuschlags ist, vorbehaltlich der Vorschrift im § 3 Nr. 3, nur der Ersteher. Hinsichtlich der übrigen Kosten gelten die allgemeinen Vorschriften über die Zahlungspflicht.

(7) Tritt der Meistbietende die Rechte aus dem Meistgebot oder der Veräußerer den Anspruch gegen den Ersteher ab, oder erklärt der Meistbietende, für einen Dritten geboten zu haben, oder tritt ein Dritter diesen Erklärungen bei, so bleibt die Beurkundung gebührenfrei, wenn sie in der Niederschrift über die Versteigerung geschieht. Das gleiche gilt, wenn nach Maßgabe der Versteigerungsbedingungen für den Anspruch gegen den Ersteher die Bürgschaft übernommen oder eine sonstige Sicherheit bestellt und dies in der Niederschrift über die Versteigerung beurkundet wird.

§ 48. (1) Für die Versteigerung von beweglichen Sachen, von Früchten auf dem Halm oder von Holz auf dem Stamm sowie von Forderungen oder sonstigen Rechten wird das Dreifache der vollen Gebühr nach dem zusammengerechneten Wert der Gegenstände erhoben.

(2) Soweit sich das Verfahren erledigt, bevor zur Abgabe von Geboten aufgefordert worden ist, ermäßigt sich die Gebühr auf ein Viertel der vollen Gebühr.

(3) Die Kosten sind aus dem Erlös vorweg zu entnehmen.

§ 49. (1) Für die Beglaubigung von Abschriften wird, soweit nicht § 124 Anwendung findet, eine Gebühr von 20 Reichspfennig für jede angefangene Seite erhoben; ist die Schrift nicht in deutscher Sprache abgefaßt, so erhöht sich die Gebühr auf 30 Reichspfennig.

(2) Werden die Abschriften durch das Gericht hergestellt, so kommen die Schreibgebühren hinzu.

§ 50. Für die Sicherstellung der Zeit, zu der eine Privaturkunde ausgestellt ist, einschließlich der über die Vorlegung ausgestellten Bescheinigung, wird eine Gebühr von 2 bis 20 Reichsmark erhoben.

§ 51. Unterbleibt die beantragte Beurkundung infolge Zurücknahme des Antrags oder aus ähnlichen Gründen, nachdem das Gericht mit den Beteiligten darüber verhandelt hat, so wird die Hälfte der vollen Gebühr, jedoch nicht mehr als die für die beantragte Beurkundung bestimmte Gebühr erhoben; die Gebühr darf 25 Reichsmark nicht übersteigen.

§ 52. (1) Wird ein Geschäft auf Verlangen des Antragstellers oder mit Rücksicht auf die Art des Geschäfts außerhalb der Gerichtsstelle vorgenommen, so wird eine Zusatzgebühr in Höhe der Hälfte der vollen Gebühr erhoben, die jedoch den Betrag von 50 Reichsmark und die für das Geschäft selbst zu erhebende Gebühr nicht übersteigen darf. Werden mehrere Erklärungen in einer Verhandlung beurkundet, so wird die Gebühr nur einmal erhoben, und zwar, soweit die beurkundeten Erklärungen verschiedene Gegenstände betreffen, nach deren zusammengerechneten Wert.

(2) Haben die Gerichtspersonen den Weg zu dem Ort des Geschäfts angetreten, so wird die Zusatzgebühr auch dann erhoben, wenn das Geschäft aus einem in der Person der Beteiligten liegenden Grunde nicht ausgeführt wird.

(3) Die Vorschriften dieses Paragraphen gelten nicht für Geschäfte der im § 44 Nr. 2 und 4 sowie in den §§ 45, 46 und 48 bezeichneten Art; im Fall des § 47 wird die Zusatzgebühr nur erhoben, wenn der Versteigerungstermin außerhalb der Gerichtsstelle abgehalten wird.

§ 53. (1) Gibt ein Beteiligter die zu beurkundende Erklärung in einer fremden Sprache ab, so wird für die Beurkundung eine Zusatzgebühr in Höhe der Hälfte der für die Beurkundung erwachsenden Gebühr bis zum Höchstbetrag von 50 Reichsmark erhoben.

(2) Schuldner der Zusatzgebühr sowie der durch die Zuziehung eines Dolmetschers entstandenen Auslagen ist der Beteiligte, der die Verhandlung in der fremden Sprache veranlaßt hat.

§ 54. (1) Für die Eintragung eines Eigentümers oder von Miteigentümern wird die volle Gebühr erhoben.

(2) Die Gebühr ermäßigt sich auf die Hälfte bei Eintragung des Ehegatten oder von Abkömmlingen des eingetragenen Eigentümers, einschließlich der an Kindes Statt angenommenen Personen, auch wenn die Genannten infolge der Auseinandersetzung des Gesamtguts einer Gütergemeinschaft oder eines Nachlasses oder wenn sie nachträglich als Miteigentümer von Grundstücken eingetragen werden, die zu einer Gütergemeinschaft gehören; bei der Eintragung infolge einer Erbauseinandersetzung oder der Auseinandersetzung einer Gütergemeinschaft macht es keinen Unterschied, ob inzwischen die Erben oder diejenigen, die die Gütergemeinschaft fortgesetzt haben, im Grundbuch eingetragen worden sind oder nicht.

(3) Werden Gebühren auf Grund der Absätze 1 und 2 nebeneinander erhoben, so wird zunächst die volle Gebühr nach dem Gesamtwert berechnet; die so berechnete Gebühr mindert sich um die Hälfte des Anteils der Personen, deren Eintragung nach Abs. 2 nur die halbe Gebühr erfordert.

(4) Werden auf Grund eines gleichzeitig gestellten Antrags derselbe Eigentümer oder dieselben Miteigentümer bei mehreren Grundstücken eingetragen, über die das Grundbuch bei demselben Grundbuchamt geführt wird, so werden die Gebühren nur einmal nach dem zusammengerechneten Wert erhoben.

§ 55. (1) Geht ein Grundstück, das für mehrere zur gesamten Hand eingetragen ist, auf einen oder mehrere der Mitberechtigten oder auf eine aus denselben Personen bestehende andere Gesamthandgemeinschaft über, so wird die Gebühr so berechnet, als ob die Beteiligten nach Bruchteilen berechtigt wären; die Anteile der Erwerber bleiben unberücksichtigt. Geht ein Grundstück von einem oder mehreren eingetragenen Eigentümern, die in einer Gesamthandgemeinschaft stehen, auf diese Gemeinschaft über, so wird die Gebühr so berechnet, als ob es sich um eine Gemeinschaft nach Bruchteilen handele; die Anteile der Veräußerer bleiben unberücksichtigt. Treten sonst Änderungen in der Person der an der gesamten Hand Berechtigten ein, so wird der Anteil des ausscheidenden oder neu eintretenden Mitberechtigten zugrunde gelegt.

(2) Die Anteile sind entsprechend der Beteiligung an dem Gesamthandvermögen zu bemessen. Mindestens sind die Gebühren nach dem kleinsten Anteil zu berechnen.

(3) Die Vorschriften der Absätze 1 und 2 gelten nicht für offene Handelsgesellschaften und Kommanditgesellschaften.

§ 56. (1) Für die Eintragung einer Hypothek, Grundschuld oder Rentenschuld, einer Dienstbarkeit, eines Vorkaufsrechts, einer Reallast, eines Erbbaurechts oder eines ähnlichen Rechts an einem Grundstück wird die volle Gebühr erhoben.

(2) Werden Belastungen auf Grund von Gutsüberlassungsverträgen oder von Erb- oder Gesamtgutsauseinandersetzungen zugleich mit der Eintragung des neuen Eigentümers eingetragen, so wird die im Abs. 1 bestimmte Gebühr nur zur Hälfte erhoben.

(3) Als gebührenfreies Nebengeschäft der Eintragung des Rechts (§ 27) gilt insbesondere die gleichzeitig beantragte Eintragung der Unterwerfung unter die sofortige Zwangsvollstreckung, eines Rangvorbehalts oder des Ausschlusses der Brieferteilung Wird gleichzeitig mit dem Antrag auf Eintragung des Rechts beantragt, eine Löschungsvormerkung gemäß § 1179 des Bürgerlichen Gesetzbuchs zugunsten des Berechtigten einzutragen, so wird für diese Eintragung eine weitere Gebühr nicht erhoben.

(4) Der Wert einer Hypothek oder Grundschuld bestimmt sich nach dem Nennbetrag der Schuld, der Wert einer Rentenschuld nach dem Nennbetrag der Ablösungssumme, soweit nicht in den folgenden Vorschriften dieses Abschnitts ein anderes bestimmt ist.

§ 57. (1) Werden ein oder mehrere Grundstücke mit mehreren Rechten der im § 56 bezeichneten Art belastet, so wird die Gebühr für die Eintragung jedes Rechts besonders erhoben. Wird gemäß § 50 der Grundbuchordnung bei einer Hypothek, Grundschuld oder Rentenschuld, die in Teilbeträgen mehrerern Berechtigten zusteht, lediglich der Gesamtbetrag des Rechts eingetragen, so gilt dies als Belastung mit nur einem Recht.

(2) Werden mehrere Grundstücke mit einem und demselben Recht belastet, so wird die Gebühr nur einmal erhoben, wenn die Eintragung auf Grund eines gleichzeitig gestellten Antrags erfolgt und das Grundbuch über die Grundstücke bei demselben Grundbuchamt geführt wird. Als Belastung mit einem und demselben Recht gilt auch die Belastung mehrerer Grundstücke mit einem Nießbrauch, mit einer beschränkten persönlichen Dienstbarkeit oder mit einem Altenteil.

(3) Wird gleichzeitig die Belastung mehrerer Grundstücke mit einem und demselben

Recht beantragt und wird das Grundbuch über die Grundstücke bei verschiedenen Grundbuchämtern geführt, so wird für die Eintragung auf dem Grundstück, das den höchsten Wert hat, die im § 56 Abs. 1 oder 2 bestimmte Gebühr in voller Höhe erhoben; für jede weitere Eintragung wird die Hälfte der im § 56 Abs. 1 oder 2 bestimmten Gebühr angesetzt, und zwar nach dem Wert des Grundstücks, wenn er geringer ist als der Wert des Rechts. Dabei wird der Wert mehrerer Grundstücke, über die das Grundbuch bei demselben Grundbuchamt geführt wird, zusammengerechnet. Gleichzeitig sind die Anträge gestellt, wenn sie bei einem Grundbuchamt gemeinsam eingereicht sind, bei gesonderter Antragstellung, wenn sie innerhalb eines Monats bei den beteiligten Grundbuchämtern eingehen.

(4) Soweit der Antrag nicht gleichzeitig gestellt ist, wird für jede Eintragung die Hälfte der im § 56 Abs. 1 oder 2 bestimmten Gebühr erhoben, und zwar nach dem Wert des Grundstücks, wenn er geringer ist als der Wert des Rechts. Dabei wird der Wert mehrerer Grundstücke, über die das Grundbuch bei demselben Grundbuchamt geführt wird, zusammengerechnet.

§ 58. (1) Für die Eintragung von Veränderungen eines Rechts wird die Hälfte der vollen Gebühr erhoben. Als Veränderung eines Rechts gilt auch die Löschungsvormerkung (§ 1179 des Bürgerlichen Gesetzbuchs), soweit sie nicht gemäß § 56 Abs. 3 Satz 2 gebührenfrei einzutragen ist.

(2) Bezieht sich eine Veränderung auf mehrere Rechte, so wird die im Abs. 1 bestimmte Gebühr für jedes Recht besonders erhoben, auch wenn es nur der Eintragung eines einheitlichen Vermerks bedarf.

(3) Beziehen sich mehrere Veränderungen, deren Eintragung gleichzeitig beantragt ist, auf ein und dasselbe Recht, so wird, gleichviel ob es der Eintragung eines oder mehrerer Vermerke bedarf, die Gebühr nur einmal nach dem zusammengerechneten Wert der Veränderungen erhoben.

(4) Der Wert des veränderten Rechts darf, auch wenn es sich um mehrere Veränderungen desselben Rechts handelt, nicht überschritten werden. Handelt es sich um den Übergang eines Rechts, so finden die Vorschriften des § 55 entsprechende Anwendung.

(5) Änderungen des Ranges eingetragener Rechte sind nur als Veränderungen des zurücktretenden Rechts, Löschungsvormerkungen zugunsten eines nach- oder gleichstehenden Gläubigers (§ 1179 des Bürgerlichen Gesetzbuchs) nur als Veränderungen des Rechts zu behandeln, auf dessen Löschung der vorgemerkte Anspruch gerichtet ist; für die Wertberechnung bleibt die Vorschrift des § 21 Abs. 3 unberührt.

(6) Betreffen die Veränderungen Rechte, mit denen mehrere Grundstücke gemeinsam belastet sind, so gelten die Vorschriften des § 57 Abs. 2 und 3 entsprechend.

§ 59. (1) Für die Eintragung einer Verfügungsbeschränkung, insbesondere einer Nacherbfolge, einer Testamentsvollstreckung oder einer Belastung des Anteils gemäß § 1010 des Bürgerlichen Gesetzbuchs, wird, soweit nicht die Eintragung nach § 63 gebührenfrei vorzunehmen ist, die Hälfte der vollen Gebühr erhoben.

(2) Bezieht sich eine Verfügungsbeschränkung auf mehrere Rechte, so wird die im Abs. 1 bestimmte Gebühr für jedes Recht besonders erhoben, auch wenn es nur der Eintragung eines Vermerks bedarf.

(3) Beziehen sich mehrere Verfügungsbeschränkungen, deren Eintragung gleichzeitig beantragt ist, auf ein und dasselbe Recht, so wird die Gebühr, gleichviel ob es eines oder mehrerer Vermerke bedarf, nur einmal nach dem zusammengerechneten Wert erhoben.

(4) Der Wert des betroffenen Rechts bedarf, auch wenn es sich um mehrere Verfügungsbeschränkungen hinsichtlich desselben Rechts handelt, nicht überschritten werden.

(5) Betreffen die beantragten Eintragungen Rechte, mit denen mehrere Grundstücke gemeinsam belastet sind, so gelten die Vorschriften des § 57 Abs. 2 und 3 entsprechend.

§ 60. (1) Für die Eintragung einer Vormerkung wird die Hälfte der Gebühr erhoben, die für die endgültige Eintragung zu erheben sein würde, mindestens jedoch ein Viertel der vollen Gebühr. Für die Eintragung einer Vormerkung, durch die der Anspruch auf Eintragung einer Veränderung oder der Aufhebung eines Rechts am Grundstück gesichert werden soll, wird die gleiche Gebühr erhoben, die für die gesicherte Eintragung zu erheben sein würde; die Vorschriften über die Eintragung einer Löschungsvormerkung (§ 58) bleiben unberührt.

(2) Für die Eintragung eines Widerspruchs wird die Hälfte der Gebühr erhoben, die für die Grundbuchberichtigung zu erheben sein würde, zu deren Sicherung der Widerspruch eingetragen wird; mindestens wird jedoch ein Viertel der vollen Gebühr erhoben.

§ 61. (1) Für alle Eintragungen, die unter keine der vorstehenden Vorschriften fallen und auch nicht als Nebengeschäfte gebührenfrei sind, wird ein Viertel der vollen Gebühr erhoben. Dies gilt insbesondere

1. für die Eintragung des Verzichts auf das Eigentum am Grundstück;
2. für die Eintragung des Ausschlusses der Erteilung eines Briefs sowie für die Eintragung der Aufhebung dieses Ausschlusses;
3. für den Vermerk von Rechten, die dem jeweiligen Eigentümer zustehen, einschließlich des Vermerks hierüber auf dem Grundbuchblatt des belasteten Grundstücks;
4. für die Eintragung der ohne Eigentumsübergang stattfindenden Teilungen, Vereinigungen und Zuschreibungen von Grundstücken;
5. für die Anlegung eines Grundbuchblatts für ein noch nicht im Grundbuch eingetragenes oder aus dem Grundbuch ausgeschiedenes Grundstück sowie für die nachträgliche Ausscheidung eines Grundstücks aus dem Grundbuch.

(2) Der Wert bestimmt sich nach § 24 Abs. 2.

§ 62. Für jede Löschung wird die Hälfte der für die Eintragung bestimmten Gebühr erhoben; für die Eintragung der Entlassung aus der Mithaft wird die Hälfte der Gebühr erhoben, die für die Eintragung der Einbeziehung in die Mithaft zu erheben sein würde. Mindestens wird ein Viertel der vollen Gebühr erhoben.

§ 63. (1) Gebühren werden nicht erhoben:

1. für die Umschreibung unübersichtlicher Grundbuchblätter und für die Neufassung einzelner Teile eines Grundbuchblatts;
2. für Eintragungen und Löschungen, die gemäß § 18 Abs. 2 oder § 53 der Grundbuchordnung von Amts wegen erfolgen;
3. für Eintragungen und Löschungen, die vorgenommen werden, um Übereinstimmung zwischen dem Grundbuch und den nach § 2 Abs. 2 der Grundbuchordnung maßgebenden amtlichen Verzeichnissen zu erhalten;
4. für die Eintragung der Vereinigung mehrerer Grundstücke zu einem Grundstück, einschließlich der Aufnahme des erforderlichen Antrags durch das Grundbuchamt, sofern die das amtliche Verzeichnis (§ 2 Abs. 2 der Grundbuchordnung) führende Behörde bescheinigt, daß die Grundstücke örtlich und wirtschaftlich ein einheitliches Grundstück darstellen;
5. für die Zusammenschreibung mehrerer Grundstücke auf einem Grundbuchblatt (§ 4 der Grundbuchordnung);
6. für die Beseitigung von Doppelbuchungen, einschließlich des vorangegangenen Verfahrens vor dem Grundbuchamt.

(2) Gebührenfrei sind ferner, soweit nicht ein anderes bestimmt ist, Eintragungen und Löschungen, die auf Ersuchen oder Anordnung eines Gerichts, insbesondere des Vergleichs-, Konkurs- oder Vollstreckungsgerichts, erfolgen; ausgenommen sind die Eintragung des Erstehers als Eigentümer, die Eintragung der Sicherungshypothek für die Forderung gegen den Ersteher und Eintragungen auf Grund einer einstweiligen Verfügung (§ 941 der Zivilprozeßordnung).

(3) Für Zwischenverfügungen des Grundbuchamts (§ 18 Abs. 1 der Grundbuchordnung) werden besondere Gebühren nicht erhoben.

§ 64. (1) Für die Löschung gegenstandsloser Eintragungen (§ 84 der Grundbuchordnung) sowie für das voraufgegangene Verfahren vor dem Grundbuchamt, einschließlich der Beurkundung der Erklärungen der Beteiligten, werden Gebühren nicht erhoben. Das Grundbuchamt kann die Gebühr für die Löschung einem Beteiligten auferlegen, wenn dies nach den Umständen angemessen erscheint.

(2) Für Eintragungen und Löschungen zur Beseitigung unklarer oder unübersichtlicher Rangverhältnisse (§ 102 Abs. 2, § 111 der Grundbuchordnung) werden Gebühren nicht erhoben; gebührenfrei ist auch das vorangegangene Verfahren vor dem Grundbuchamt, einschließlich der Beurkundung von Erklärungen der Beteiligten. Die Auslagen werden von demjenigen erhoben, dem das Grundbuchamt sie gemäß § 114 der Grundbuchordnung auferlegt hat.

§ 65. (1) Für die Erteilung eines Hypotheken-, Grundschuld- oder Rentenschuldbriefs, eines Teilbriefs oder eines neuen Briefes wird ein Viertel der vollen Gebühr erhoben. Für die Eintragung des Erteilungsvermerks in das Grundbuch wird daneben keine Gebühr erhoben.

(2) Für die Erteilung eines Gesamtbriefs wird die im Abs. 1 bestimmte Gebühr nur einmal erhoben, wenn die mehreren Grundstücke bei demselben Grundbuchamt eingetragen sind. Sind die belasteten Grundstücke bei verschiedenen Grundbuchämtern eingetragen, so werden für die gemäß § 59 Abs. 2 der Grundbuchordnung zu erteilenden besonderen Briefe die Gebühren besonders erhoben, und zwar nach dem Wert, nach dem sich die Gebühren für die Eintragung des Rechts bestimmen; ist das Recht schon eingetragen, so ist der Wert maßgebend, nach dem die Eintragungsgebühr zu erheben wäre, falls das Recht im Zeitpunkt der Brieferteilung eingetragen würde. Wird im Fall des Eintritts in die Mithaft die Mitbelastung lediglich auf dem bisherigen Brief vermerkt (§ 63 der Grundbuchordnung), so wird hierfür neben der Eintragungsgebühr eine besondere Gebühr nicht erhoben.

(3) Bei Erteilung eines gemeinschaftlichen Briefes (§ 66 der Grundbuchordnung) werden die Werte der einzelnen Hypotheken zusammengerechnet.

§ 66. (1) Für die Ergänzung des Grundbuchauszugs auf dem Brief sowie für sonstige Vermerke auf dem Brief wird, sofern es sich nicht um eine gebührenfreie Nebentätigkeit handelt, eine Gebühr von 2 bis 20 Reichsmark erhoben.

(2) Für alle Vermerke auf dem Brief, auch soweit sie gebührenfrei vorzunehmen sind, werden Schreibgebühren erhoben.

§ 67. Für die Erteilung beglaubigter Abschriften aus dem Grundbuch wird eine Gebühr von 2 bis 20 Reichsmark erhoben; daneben werden die durch die Abschriften erwachsenen Schreibgebühren erhoben. Gebührenfrei ist die Erteilung der beglaubigten Abschriften und der Auskunft gemäß § 19 Abs. 2 des Gesetzes über die Zwangsversteigerung und die Zwangsverwaltung.

§ 68. Für die Einsicht des Grundbuchs werden Gebühren nicht erhoben.

§ 69. Für die Aufnahme von Anträgen auf Eintragungen und Löschungen werden Gebühren nach Maßgabe des Beurkundungsabschnitts besonders erhoben, soweit sie in der Form des § 29 der Grundbuchordnung gestellt werden müssen. Im übrigen ist die Aufnahme und Entgegennahme von Anträgen gebührenfrei.

§ 70. (1) Die für Grundstücke geltenden Vorschriften finden auf Erbbaurechte sowie auf das Bergwerkseigentum und sonstige Berechtigungen, die den für Grundstücke geltenden Vorschriften unterliegen, entsprechende Anwendung.

(2) Wird ein Bergwerk mit unbeweglichen Anteilen der Gewerken in Ausführung eines nach den maßgebenden bergrechtlichen Vorschriften gefaßten Beschlusses auf die Gewerkschaft eingetragen, so wird für die Eintragung, einschließlich der vorläufigen Vermerke, der Anlegung des Gewerkenbuchs und der Ausfertigung und Aufbewahrung der Kuxscheine, die volle Gebühr erhoben. Die gleiche Gebühr wird für die Umschreibung eines Kuxes in dem Gewerkenbuch auf einen anderen Berechtigten erhoben. Für die Eintragung von Pfandrechten auf Kuxscheinen und die Eintragung von Veränderungen und Löschungen werden dieselben Gebühren erhoben wie bei entsprechenden Eintragungen und Löschungen im Grundbuch. Für die Erteilung beglaubigter Abschriften aus dem Gewerkenbuch und dessen Einsicht gelten die Vorschriften der §§ 67, 68 entsprechend.

§ 71. (1) Die für Grundstücke geltenden Vorschriften finden auf Bahneinheiten entsprechende Anwendung.

(2) Die Gebühr für die Anlegung und die Schließung des Bahngrundbuchs bestimmt sich nach § 61; das gleiche gilt für den Vermerk über das Erlöschen der Genehmigung, einschließlich der erforderlichen öffentlichen Bekanntmachung des Vermerks.

(3) Wird infolge Veräußerung der Bahn der Eigentumswechsel auf dem Grundbuchblatt des Bahngrundstücks eingetragen, so werden dafür Gebühren nicht erhoben.

(4) Die Kosten der Anlegung des Bahngrundbuchs sowie der Vermerke über die Zugehörigkeit eines Grundstücks zur Bahneinheit trägt der Bahneigentümer. Die Kosten fallen jedoch, wenn ein Gläubiger durch den Antrag auf Eintragung einer vollstreckbaren Forderung die Anlegung des Bahngrundbuchs veranlaßt hat, diesem Gläubiger, und wenn das Bahngrundbuch aus Anlaß eines Zwangsversteigerungsverfahrens auf Ersuchen des Vollstreckungsgerichts angelegt ist, dem Ersteher zur Last.

§ 72. Für Eintragungen in das Handelsregister werden erhoben:

1. bei Einzelkaufleuten
   a) für die erste Eintragung der Firma .... 10 bis 200 RM,
   b) für jede spätere Eintragung .... 5 bis 100 RM,
   c) für die Löschung der Gesamteintragung .... 3 bis 50 RM.
2. bei offenen Handelsgesellschaften, Kommanditgesellschaften, Versicherungsvereinen auf Gegenseitigkeit und bei juristischen Personen, die Inhaber von Handelsgewerben sind,
   a) für die erste Eintragung der Firma .... 10 bis 300 RM,
   b) für jede spätere Eintragung .... 5 bis 150 RM,
   c) für die Löschung der Gesamteintragung .... 3 bis 75 RM.
3[1]. bei Aktiengesellschaften, Kommanditgesellschaften auf Aktien und Gesellschaften mit beschränkter Haftung
   a) für die Eintragung der Gesellschaft sowie für die Eintragung eines Beschlusses über die Erhöhung des Gesellschaftskapitals die volle Gebühr, mindestens aber 50 Reichsmark, für die Eintragung eines Beschlusses über die Herabsetzung des Gesellschaftskapitals die Hälfte der vollen Gebühr, mindestens aber 25 Reichsmark; die Gebühr wird nach dem Betrage des Gesellschaftskapitals, bei Erhöhungen oder Herabsetzungen nach deren Betrag berechnet,
   b) für die spätere Eintragung .... 20 bis 1000 RM,
   c) für die Löschung der Gesamteintragung .... 10 bis 500 RM.
4. für die Eintragung einer Prokura oder deren Änderung
   a) bei den in Nrn. 1 und 2 genannten Personen und Personenvereinigungen .... 5 bis 200 RM,
   b) bei den unter Nr. 3 genannten Gesellschaften .... 10 bis 300 RM.

Für die Eintragung des Erlöschens einer Prokura werden erhoben:
   im Fall a .... 3 bis 100 RM,
   im Fall b .... 5 bis 150 RM.

§ 73. (1) Für Eintragungen in das Handelsregister einer Zweigniederlassung werden die Gebühren nach § 72 erhoben. Im Fall des § 72 Nr. 3a ist der Wert unter Berücksichtigung der Bedeutung und des Betriebskapitals der Zweigniederlassung nach freiem Ermessen zu bestimmen.

(2) Die Vermerke über die Eintragung oder Aufhebung einer Zweigniederlassung im Register der Hauptniederlassung werden gebührenfrei eingetragen.

§ 74. (1) Werden auf Grund derselben Anmeldung mehrere Eintragungen bezüglich derselben Firma oder derselben Gesellschaft in das Handelsregister eines Gerichts vorgenommen, so wird, soweit Rahmengebühren zur Anwendung kommen, nur eine Gebühr innerhalb des anzuwendenden Rahmens, bei verschiedenen Rahmen innerhalb des höchsten Rahmens erhoben. Für Eintragungen der im § 72 Nr. 3a bezeichneten Art werden die Gebühren nach den dort bestimmten Sätzen stets besonders erhoben. Die Gebühr für Eintragungen, die sich auf Prokuren beziehen, wird neben der Gebühr für die sonstigen Eintragungen besonders erhoben.

(2) Wird eine Firma gelöscht und gleichzeitig anderweit neu eingetragen, so werden für die Löschung und die neue Eintragung die Gebühren besonders erhoben.

§ 75. (1) Für Eintragungen in das Vereinsregister werden erhoben:

1. für die erste Eintragung des Vereins das Doppelte der vollen Gebühr;
2. für alle späteren Eintragungen die volle Gebühr;
3. für Löschung der Gesamteintragung die Hälfte der vollen Gebühr.

(2) Werden auf Grund derselben Anmeldung mehrere Eintragungen der im Abs. 1 Nr. 2 bezeichneten Art vorgenommen, so wird die Gebühr nur einmal erhoben.

(3) Der Wert bestimmt sich nach § 24 Abs. 2.

(4) Die Vorschriften des Abs. 1 Nrn. 2, 3 und der Absätze 2, 3 gelten entsprechend für das sächsische Genossenschaftsregister (Artikel 166 des Einführungsgesetzes zum Bürgerlichen Gesetzbuch).

---

[1]) Vgl. § 35 der Ersten DVO zum AktienG v. 29. 9. 37 (RGBl I 1026).

§ 76. Für Eintragungen in das Güterrechtsregister wird die volle Gebühr erhoben. Der Wert bestimmt sich bei Eintragungen auf Grund von Eheverträgen nach § 32 Abs. 3, im übrigen nach § 24 Abs. 2.

§ 77. (1) Für die Eintragung des Schiffes in das Schiffsregister sowie für die Eintragung von Veränderungen wird ein Viertel der vollen Gebühr erhoben, ohne Unterschied, ob dabei das Schiff auf ein neues Blatt einzutragen ist oder nicht. Der Wert bestimmt sich bei der Eintragung des Schiffes oder eines neuen Eigentümers nach dem Wert des Schiffes, bei sonstigen Veränderungen nach § 24 Abs. 2. Bei Verlegung des Heimathafens wird nur eine Gebühr nach dem im § 24 Abs. 2 bestimmten Wert erhoben.

(2) Für die Löschung eines Schiffes im Schiffsregister wird eine Gebühr nicht erhoben.

(3) Für die Eintragung und Löschung eines Schiffspfandrechts sowie der ein eingetragenes Pfandrecht betreffenden Veränderungen, Vormerkungen, Widersprüche und Verfügungsbeschränkungen gelten die für die entsprechenden Eintragungen im Grundbuch gegebenen Vorschriften sinngemäß mit der Maßgabe, daß nur die Hälfte der dort bestimmten Sätze, mindestens jedoch ein Viertel der vollen Gebühr zu erheben ist.

(4) Für die Erteilung des Schiffszertifikats oder des Schiffsbriefs sowie für den Vermerk von Veränderungen auf dem Zertifikat oder Brief wird eine Gebühr von 2 bis 20 Reichsmark erhoben. Für Vermerke auf dem Zertifikat oder Brief werden Schreibgebühren erhoben.

(5) Für Eintragungen in das Kabelbuch gelten die vorstehenden Vorschriften entsprechend.

§ 78. (1) Für die Eintragung und Löschung der Verpfändung eines im Bau befindlichen Schiffes, einschließlich der im § 2 des Gesetzes vom 4. Juli 1926 (Reichsgesetzbl I S. 367) unter Nrn. 1—5 genannten Eintragungen, sowie für die Eintragung der ein eingetragenes Pfandrecht betreffenden Veränderungen werden dieselben Gebühren wie nach § 77 Abs. 3 erhoben.

(2) Veränderungen von Eintragungen der im § 2 Nrn. 1 bis 5 des genannten Gesetzes bezeichneten Art sowie die Löschung des Schiffsbauwerks werden gebührenfrei eingetragen; das gleiche gilt von der Übertragung der eingetragenen Pfandrechte in das Schiffsregister.

§ 79. Für die Aufnahme von Anmeldungen zum Handels-, Vereins- und Güterrechtsregister werden Gebühren nach Maßgabe des Beurkundungsabschnitts besonders erhoben. Das gleiche gilt in Schiffs- und Kabelpfandsachen für die Aufnahme von Anträgen, die in der Form des § 107 des Reichsgesetzes über die Angelegenheiten der freiwilligen Gerichtsbarkeit gestellt werden müssen. Im übrigen ist die Aufnahme und Entgegennahme von Anträgen und Anmeldungen gebührenfrei.

§ 80. Gebühren werden nicht erhoben:

1. für die aus Anlaß eines Vergleichs- oder Konkursverfahrens von Amts wegen vorzunehmenden Eintragungen sowie für Eintragungen und Löschungen, die auf Ersuchen oder Anordnung eines Gerichts, insbesondere des Vollstreckungsgerichts erfolgen; ausgenommen sind die Eintragung des Erstehers als Eigentümer eines Schiffes, die Eintragung des Schiffspfandrechts für die Forderung gegen den Ersteher sowie Eintragungen auf Grund einer einstweiligen Verfügung (§ 941 der Zivilprozeßordnung);
2. für Entscheidungen über Anträge und Beschwerden der im § 126 des Gesetzes über die Angelegenheiten der freiwilligen Gerichtsbarkeit bezeichneten Art.

§ 81. (1) Für die Zurückweisung des Widerspruchs gegen eine angedrohte Löschung im Falle des § 141 des Gesetzes über die Angelegenheiten der freiwilligen Gerichtsbarkeit wird die für die Löschung bestimmte Gebühr besonders erhoben. Das gleiche gilt für die Verwerfung oder Zurückweisung der Beschwerde gegen die Zurückweisung des Widerspruchs.

(2) Für Löschungen nach den §§ 142 bis 144, 159 und 161 des Gesetzes über die Angelegenheiten der freiwilligen Gerichtsbarkeit und nach den §§ 2, 3 des Gesetzes vom 9. Oktober 1934 (Reichsgesetzbl I S. 914) werden keine Gebühren erhoben. Im übrigen gilt Abs. 1 entsprechend.

§ 82. (1) Für die Erteilung beglaubigter Abschriften aus den in diesem Abschnitt genannten Registern oder aus dem Genossenschaftsregister wird eine Gebühr von 2 bis 20 Reichsmark erhoben; daneben werden die durch die Abschriften erwachsenen Schreibgebühren erhoben.

(2) Das gleiche gilt für die Bescheinigungen aus den genannten Registern.

(3) Bescheinigungen nach § 66 Abs. 2 des Bürgerlichen Gesetzbuchs sind gebührenfrei.

(4) § 67 Satz 2 gilt entsprechend.

§ 83. Für die Einsicht der in diesem Abschnitt genannten Register und des Genossenschaftsregisters werden Gebühren nicht erhoben.

§ 84. Für die Tätigkeit des Vormundschaftsgerichts werden nur die in den §§ 85 bis 92 bestimmten Gebühren erhoben; im übrigen ist die Tätigkeit des Vormundschaftsgerichts gebührenfrei.

§ 85. (1) Bei Vormundschaften wird für jedes Jahr eine Gebühr in Höhe von 50 Reichspfennig von jeden angefangenen 1000 Reichsmark des nach Abzug der Verbindlichkeiten verbleibenden Mündelvermögens erhoben. Die Gebühr wird erstmalig bei Einleitung der Vormundschaft und später zu Beginn jedes Kalenderjahrs fällig; für das bei der Einleitung der Vormundschaft laufende und das folgende Kalenderjahr wird nur eine Jahresgebühr erhoben; das bei Beendigung der Vormundschaft laufende Jahr wird voll gerechnet.

(2) Erstreckt sich eine Vormundschaft auf mehrere Mündel, so werden die Gebühren für jedes Mündel besonders erhoben.

(3) Geht eine vorläufige Vormundschaft in eine endgültige über oder wird eine Vormundschaft von einem anderen Gericht übernommen, so bildet das Verfahren eine Einheit.

§ 86. (1) Bei Pflegschaften oder Beistandschaften für einzelne Rechtshandlungen wird die volle Gebühr nach dem Wert des Gegenstands erhoben, auf den sich die Rechtshandlung bezieht. Ist der Fürsorgebedürftige an dem Gegenstand der Rechtshandlung nur mitberechtigt, so ist der Wert seines Anteils maßgebend; bei Gesamthandverhältnissen ist der Anteil entsprechend der Beteiligung an dem Gesamthandvermögen zu bemessen. Bei einer Pflegschaft oder Beistandschaft für mehrere Fürsorgebedürftige wird die Gebühr nach dem zusammengerechneten Wert einheitlich erhoben. Die Gebühr wird mit der Anordnung fällig. Sie wird nicht erhoben, wenn für den Fürsorgebedürftigen eine Vormundschaft oder eine Dauerpflegschaft (Abs. 2) besteht oder gleichzeitig anzuordnen ist.

(2) Bei sonstigen Pflegschaften oder Beistandschaften (Dauerpflegschaften) mit Ausnahme der Nachlaßpflegschaft (§ 98) bestimmen sich die Gebühren nach § 85[1]).

§ 87. (1) Die volle Gebühr wird erhoben:

1. für Entscheidungen über den Unterhalt eines Kindes nach § 1612 des Bürgerlichen Gesetzbuchs;
2. für die Tätigkeit des Vormundschaftsgerichts im Fall der Wiederverheiratung des Vaters oder der Mutter;
3. für die in den §§ 1639 Abs. 1, 1640 Abs. 2, 1642 Abs. 2, 1653, 1666 bis 1668, 1670 und 1760 Abs. 2 des Bürgerlichen Gesetzbuchs vorgesehenen vormundschaftsgerichtlichen Entscheidungen und Anordnungen;
4. für die Übertragung der Ausübung der elterlichen Gewalt an die Mutter (§ 1685 Abs. 2 des Bürgerlichen Gesetzbuchs);
5. für die Ersetzung der Einwilligung der Mutter zur Ehelichkeitserklärung[2]);
6. für die Ersetzung der Einwilligung des gesetzlichen Vertreters oder des Sorgeberechtigten zur Eingehung der Ehe oder der Genehmigung des gesetzlichen Vertreters zu einer ohne seine Einwilligung geschlossenen Ehe; für die Ersetzung der Einwilligung oder Genehmigung eines Vormunds oder Pflegers wird eine Gebühr nicht erhoben[2]).

(2) Der Geschäftswert bestimmt sich nach § 24 Abs. 2. Bezieht sich die Entscheidung oder Anordnung des Vormundschaftsgerichts auf mehrere Fürsorgebedürftige, so wird nur eine Gebühr erhoben.

(3) In den Fällen des Absatzes 1 Nrn. 2 bis 5 ist nur der Vater oder die Mutter, in den Fällen des Abs. 1 Nr. 6 der gesetzliche Vertreter oder der Sorgeberechtigte zahlungspflichtig[2]).

§ 88. (1) Die volle Gebühr wird erhoben:

1. für die nach § 1643 des Bürgerlichen Gesetzbuchs erforderliche Genehmigung zu einem Rechtsgeschäft;
2. für die in den §§ 81, 82 und 97 des Ehegesetzes vom 6. Juli 1938 (Reichsgesetzbl I S. 807) vorgesehenen vormundschaftsgerichtlichen Anordnungen[2]);
3. für Verfügungen nach § 112, § 1630 Abs. 2, § 1631 Abs. 2, §§ 1645, 1665, 1677, 2282 Abs. 2, § 2290 Abs. 3, §§ 2347, 2351 des Bürgerlichen Gesetzbuchs;

---

[1]) Vgl. VO zur Erg. der Kostenordnung v. 4. 8. 38 (RGBl I 996).

[2]) Die DVO zum EheG v. 27. 7. 38 hat die §§ 87ff. geändert.

4. für sonstige Fürsorgetätigkeiten des Vormundschaftsgerichts für ein unter elterlicher Gewalt stehendes Kind.

Die Gebühr wird nicht erhoben, wenn für den Fürsorgebedürftigen eine Vormundschaft oder Dauerpflegschaft besteht, oder wenn die Verrichtungen des Vormundschaftsgerichts in den Rahmen einer Einzelpflegschaft (§ 86 Abs. 1) fallen.

(2) Im Fall des Absatzes 1 Nr. 1 bestimmt sich der Geschäftswert nach dem Wert des Gegenstands, auf den sich das Rechtsgeschäft bezieht; ist der Fürsorgebedürftige an dem Gegenstand des Rechtsgeschäfts nur mitberechtigt, so ist der Wert seines Anteils maßgebend; bei Gesamthandverhältnissen ist der Anteil entsprechend der Beteiligung an dem Gesamthandvermögen zu bemessen. In den Fällen des Absatzes 1 Nrn. 1 bis 4 bestimmt sich der Wert nach § 24 Abs. 2.

(3) Die Vorschrift des § 87 Abs. 2 Satz 2 gilt entsprechend.

§ 89. Betrifft die Tätigkeit des Vormundschaftsgerichts eine minderjährige, geisteskranke, geistesschwache oder gebrechliche Person, so gilt folgendes:

Die in den §§ 85, 86 und 88 bestimmten Gebühren sowie die Schreib- und Rechnungsgebühren bleiben außer Ansatz, wenn das reine Vermögen des Fürsorgebedürftigen nicht mehr als 5000 Reichsmark beträgt; bei Vormundschaften und Dauerpflegschaften (§ 85 und § 86 Abs. 2) werden überdies die Gebühren nur von dem 5000 Reichsmark übersteigenden Betrag des reinen Vermögens berechnet.

§ 90. (1) Die volle Gebühr wird erhoben:

1. für Entscheidungen, welche die persönlichen Rechtsbeziehungen der Ehegatten zueinander oder das eheliche Güterrecht betreffen, insbesondere in den Fällen der §§ 1357, 1358, 1379, 1402, 1447 und 1451 des Bürgerlichen Gesetzbuchs;
2. für die Ersetzung der Zustimmung anteilsberechtigter Abkömmlinge zu Rechtsgeschäften des überlebenden Ehegatten im Fall der fortgesetzten Gütergemeinschaft;
3. für sonstige Verfügungen des Vormundschaftsgerichts, die sich nicht auf Mündel, Pflegebefohlene oder unter elterlicher Gewalt stehende Kinder beziehen.

(2) Der Geschäftswert bestimmt sich nach § 24 Abs. 2.

§ 91. (1) Die volle Gebühr wird erhoben

a) für die Bestätigung des Vertrags, durch den jemand an Kindes Statt angenommen oder das durch die Annahme begründete Rechtsverhältnis wieder aufgehoben wird;
b) für die Aufhebung des durch die Annahme begründeten Rechtsverhältnisses im Wege gerichtlicher Entscheidung (§ 12 des Gesetzes über die Änderung und Ergänzung familienrechtlicher Vorschriften vom 12. April 1938, Reichsgesetzbl I S. 380).

(2) Der Geschäftswert bestimmt sich nach § 24 Abs. 2.

(3) Die höhere Verwaltungsbehörde ist in keinem Falle zur Zahlung von Kosten verpflichtet. Bei einem Verfahren, das auf einem Antrag oder einer Beschwerde der höheren Verwaltungsbehörde beruht, kann das Gericht den anderen am Verfahren Beteiligten die Kosten ganz oder teilweise auferlegen.

(4) Im Verfahren über die Bestätigung eines Annahmevertrags werden Gebühren nicht erhoben, wenn das reine Vermögen des Kindes nicht mehr als 5000 Reichsmark beträgt[1]).

§ 92. Die volle Gebühr wird erhoben für die Volljährigkeitserklärung. Der Geschäftswert bestimmt sich nach § 24 Abs. 2; dabei ist das Reinvermögen des für volljährig zu Erklärenden angemessen zu berücksichtigen.

§ 93. (1) Für die amtliche Verwahrung einer Verfügung von Todes wegen wird bei der Annahme ein Viertel der vollen Gebühr erhoben.

(2) Dieselbe Gebühr wird für die Rückgabe einer Verfügung von Todes wegen erhoben.

§ 94. Für die Eröffnung einer Verfügung von Todes wegen wird die Hälfte der vollen Gebühr erhoben.

§ 95. (1) In den Fällen der §§ 93 und 94 finden die Wertvorschriften des § 40 Abs. 4 entsprechende Anwendung.

---

[1]) Diese Fassung hat der § 91 durch die VO v. 23. 4. 38 erhalten (RGBl I 417).

(2) Werden mehrere Verfügungen von Todes wegen desselben Erblassers bei demselben Gericht gleichzeitig eröffnet, so ist nur eine Gebühr nach dem zusammengerechneten Wert zu erheben; soweit mehrfach über den ganzen Nachlaß oder über denselben Bruchteil verfügt ist, kommt der Wert nur einmal in Betracht.

(3) Die Gebühr nach § 94 wird von dem Nachlaßgericht erhoben, auch wenn die Eröffnung bei einem anderen Gericht stattgefunden hat.

(4) Für die Nachforderung und die Verjährung der Gebühr des § 93 gelten die Vorschriften des § 40 Abs. 5 entsprechend.

§ 96. (1) Bei der Sicherung eines Nachlasses durch Siegelung oder auf andere Weise wird für das ganze Verfahren, einschließlich der erforderlichen Anordnungen wegen Aufbewahrung und Auslieferung des Nachlasses, die volle Gebühr erhoben. Die Gebühr wird mit der Anordnung fällig.

(2) Neben der Gebühr werden die Gebühren für die Siegelung, Entsiegelung oder Aufnahme des Vermögensverzeichnisses (§ 46) besonders erhoben.

§ 97. Für die Ermittlung von Erben wird auch dann, wenn sie nach landesgesetzlichen Vorschriften von Amts wegen stattfindet, keine Gebühr erhoben.

§ 98. (1) Für eine Nachlaßverwaltung, eine Gesamtgutsverwaltung, eine sonstige Nachlaßpflegschaft oder eine Pflegschaft für einen abwesenden Beteiligten nach § 88 des Gesetzes über die Angelegenheiten der freiwilligen Gerichtsbarkeit wird die volle Gebühr erhoben. Sie wird mit der Anordnung fällig. Maßgebend ist der Wert des von der Verwaltung oder Pflegschaft betroffenen Vermögens.

(2) Auf die Gebühr wird eine nach § 96 entstandene Gebühr angerechnet, wenn die Nachlaßpflegschaft zur Sicherung des Nachlasses eingeleitet wird.

(3) Wird der Antrag auf Anordnung einer Nachlaß- oder Gesamtgutsverwaltung abgelehnt oder vor Erlaß einer Entscheidung zurückgenommen, so wird ein Viertel der vollen Gebühr von dem Antragsteller erhoben; ist der Antrag von einem Gläubiger gestellt, so bestimmt sich der Geschäftswert nach der Forderung, jedoch nach dem Wert der Masse (Abs. 1 Satz 3), wenn dieser geringer ist.

§ 99. (1) Für die Erteilung eines Erbscheins, einschließlich des vorangegangenen Verfahrens, wird die volle Gebühr erhoben. Für die Beurkundung der eidesstattlichen Versicherung wird daneben die Gebühr des § 43 besonders erhoben; sie wird beim Nachlaßgericht angesetzt, auch wenn die Erklärung von einem anderen Gericht aufgenommen ist.

(2) Maßgebend ist der Wert des nach Abzug der Nachlaßverbindlichkeiten verbleibenden reinen Nachlasses im Zeitpunkt des Erbfalls. Wird der Erbschein nur über das Erbrecht eines Miterben erteilt, so bestimmt sich der Wert nach dessen Erbteil. Bei Erteilung eines beschränkten Erbscheins (§ 2369 des Bürgerlichen Gesetzbuchs) ist der Wert der im Inland befindlichen Gegenstände maßgebend.

§ 100. Für die Einziehung oder Kraftloserklärung eines Erbscheins wird die Hälfte der vollen Gebühr erhoben. § 99 Abs. 2 gilt entsprechend. Die Gebühr bleibt außer Ansatz, wenn in demselben Verfahren ein neuer Erbschein erteilt wird.

§ 101. (1) Die Vorschriften über den Erbschein gelten entsprechend

1. für das Zeugnis über die Fortsetzung der Gütergemeinschaft nach § 1507 des Bürgerlichen Gesetzbuchs; an Stelle des Nachlasses tritt der halbe Wert des Gesamtguts der fortgesetzten Gütergemeinschaft;
2. für das erste Zeugnis über die Ernennung eines Testamentsvollstreckers; für jedes weitere Zeugnis wird ein Viertel der vollen Gebühr erhoben. Der Wert bestimmt sich nach § 24 Abs. 2.

(2) Abs. 1 findet auf Zeugnisse für Samtgutsverwalter, auf Beisitzerbescheinigungen und ähnliche Zeugnisse des Nachlaßgerichts sinngemäße Anwendung.

§ 102. (1) Für das Verfahren zur Feststellung des Erbrechts des Fiskus oder der an seine Stelle tretenden Körperschaft, Stiftung oder Anstalt des öffentlichen Rechts wird dieselbe Gebühr wie für die Erteilung eines Erbscheins erhoben.

(2) Wird auf Grund der Feststellung ein Erbschein erteilt, so wird hierfür eine besondere Gebühr nicht erhoben.

§ 103. (1) Ein Viertel der vollen Gebühr bis zum Höchstbetrage von 10 Reichsmark wird erhoben:

1. für die Zeugnisse gemäß §§ 36 und 37 der Grundbuchordnung;

2. für die nach den Gesetzen über das Reichsschuldbuch oder das Staatsschuldbuch eines Landes erforderlichen Bescheinigungen, daß ein Rechtsnachfolger von Todes wegen, ein die Gütergemeinschaft fortsetzender Ehegatte oder ein Testamentsvollstrecker über die Buchforderung verfügen kann.

(2) Maßgebend ist im Fall des Absatzes 1 Nr. 1 der Wert des Grundstücks oder des Rechts, im Fall des Absatzes 1 Nr. 2 der Betrag der Forderung.

(3) Für die in dem Verfahren abgegebene eidesstattliche Versicherung wird die Gebühr des § 43 besonders erhoben.

§ 104. (1) Ein Viertel der vollen Gebühr wird für die Entgegennahme folgender Erklärungen erhoben:

1. Anfechtung der Ehe im Fall des § 1342 des Bürgerlichen Gesetzbuchs;
2. Ablehnung der fortgesetzten Gütergemeinschaft (§ 1484 des Bürgerlichen Gesetzbuchs), Verzicht eines anteilsberechtigten Abkömmlings (§ 1491 daselbst) oder Aufhebung der fortgesetzten Gütergemeinschaft (§ 1492 daselbst);
3. Anfechtung der Ehelichkeit eines Kindes in den Fällen der §§ 1597, 1599 des Bürgerlichen Gesetzbuchs;
4. Ausschlagung der Erbschaft, Anfechtung der Annahme oder Ausschlagung der Erbschaft oder Anfechtung der Versäumung der Ausschlagungsfrist (§§ 1945, 1955, 1956, § 2308 Abs. 1 des Bürgerlichen Gesetzbuchs);
5. Anmeldung von Forderungen im Fall des § 2061 des Bürgerlichen Gesetzbuchs;
6. Anfechtung eines Testaments oder Erbvertrags (§ 2081, § 2281 Abs. 2 des Bürgerlichen Gesetzbuchs);
7. Anzeige des Vorerben oder des Nacherben über den Eintritt der Nacherbfolge (§ 2146 des Bürgerlichen Gesetzbuchs);
8. Bestimmung der Person des Testamentsvollstreckers oder Ernennung von Mitvollstreckern (§ 2198 Abs. 1 Satz 2 und § 2199 Abs. 3 des Bürgerlichen Gesetzbuchs), Annahme oder Ablehnung des Amtes des Testamentsvollstreckers (§ 2202 daselbst) sowie Kündigung dieses Amtes (§ 2226 daselbst);
9. Anzeige des Verkäufers oder Käufers einer Erbschaft über deren Verkauf (§ 2384 des Bürgerlichen Gesetzbuchs).

(2) Bei der Berechnung der Gebühren wird, wenn eine vermögensrechtliche Angelegenheit vorliegt, der Wert der Vermögensmasse nach Abzug der Schulden zugrunde gelegt; im übrigen ist der Wert nach § 24 Abs. 2 zu bestimmen. Im Fall des Absatzes 1 Nr. 5 wird die Gebühr einheitlich nach dem Gesamtbetrag der angemeldeten Forderungen erhoben; Schuldner der Gebühr ist der Miterbe, der die Aufforderung erlassen hat. Wird im Fall des Absatzes 1 Nr. 4 die Erbschaft von mehreren neben- oder nacheinander berufenen Personen gleichzeitig durch Erklärung vor dem Nachlaßgericht oder durch Einreichung einer Urkunde ausgeschlagen, so wird die Gebühr nur einmal nach dem Wert der ausgeschlagenen Erbschaft erhoben.

(3) Für die Aufnahme der Anmeldungen und Erklärungen werden Gebühren nach § 31 Abs. 2 besonders erhoben, soweit sie in öffentlich beglaubigter Form abzugeben oder gerichtlich oder notariell zu beurkunden sind; im übrigen ist die Aufnahme der Anmeldungen und Erklärungen gebührenfrei.

§ 105. Die Hälfte der vollen Gebühr wird erhoben für die Ernennung oder Entlassung von Testamentsvollstreckern und für sonstige anläßlich einer Testamentsvollstreckung zu treffenden Anordnungen. Der Wert bestimmt sich nach § 24 Abs. 2.

§ 106. Die Hälfte der vollen Gebühr wird erhoben:

1. für die Entgegennahme eines Nachlaßinventars, für die Bestimmung einer Inventarfrist und für die Verlängerung der Inventarfrist, einschließlich der Anordnung wegen Aufnahme des Inventars durch einen Notar oder einen sonstigen zuständigen Beamten; maßgebend ist der Wert des Nachlasses nach Abzug der Schulden;
2. für die Fristbestimmungen nach den §§ 2151, 2153 bis 2155, 2192, 2193 des Bürgerlichen Gesetzbuchs.

§ 107. Die in den §§ 104 bis 106 aufgeführten Verrichtungen bleiben gebührenfrei, wenn sie im Zusammenhang mit einem andern nach den Vorschriften dieses Unterabschnitts gebührenpflichtigen Verfahren stehen.

§ 108. (1) Für die gerichtliche Vermittlung der Auseinandersetzung eines Nachlasses oder des Gesamtguts einer Gütergemeinschaft, einschließlich des vorangegangenen Verfahrens, wird das Vierfache der vollen Gebühr erhoben. Die Gebühr ermäßigt sich

1. auf das Doppelte der vollen Gebühr, wenn das Verfahren ohne Bestätigung der Auseinandersetzung abgeschlossen wird,
2. auf die Hälfte der vollen Gebühr, wenn sich das Verfahren vor Eintritt in die Verhandlung durch Zurücknahme oder auf andere Weise erledigt.

Die Vorschriften des § 53 gelten entsprechend.

(2) Wird mit einem Dritten vor dem Teilungsgericht zum Zweck der Auseinandersetzung ein Vertrag geschlossen, so wird von dem Dritten die Hälfte der nach dem Beurkundungsabschnitt zu berechnenden Gebühr erhoben.

(3) Für die Beurkundung einer vertragsmäßigen Auseinandersetzung, für die Aufnahme von Vermögensverzeichnissen und Schätzungen sowie für Versteigerungen werden die Gebühren nach Maßgabe des Beurkundungsabschnitts besonders erhoben.

(4) Wird die Vermittlung der Auseinandersetzung einem Notar übertragen, so wird je die Hälfte der vollen Gebühr erhoben:

1. für das gerichtliche Verfahren, einschließlich der Anordnung von Beweisaufnahmen,
2. für die Bestätigung der Auseinandersetzung.

(5) Die Gebühr bestimmt sich nach dem Wert der den Gegenstand der Auseinandersetzung bildenden Vermögensmasse. Dabei werden die Werte mehrerer Massen, die in demselben Verfahren auseinandergesetzt werden, zusammengerechnet. Trifft die Auseinandersetzung des Gesamtguts einer Gütergemeinschaft mit der Auseinandersetzung des Nachlasses eines Ehegatten zusammen, so wird die Gebühr einheitlich nach dem zusammengerechneten Wert des Gesamtguts und des übrigen Nachlasses erhoben.

(6) Für die Kosten des Verfahrens (Abs. 1 und 4) haften die Anteilsberechtigten als Gesamtschuldner.

§ 109. (1) Für die Genehmigung einer Familienstiftung wird die volle Gebühr erhoben.

(2) Für die Aufsicht über Stiftungen oder deren Verwaltung wird für jedes angefangene Kalenderjahr die volle Gebühr erhoben. Die Gebühr wird zu Beginn jedes Zeitabschnitts im voraus fällig. Sie kann in einfach liegenden Fällen nach Ermessen des Gerichts bis auf ein Viertel der vollen Gebühr ermäßigt werden.

(3) Die Gebühr bestimmt sich nach dem Wert des Stiftungsvermögens nach Abzug der Schulden.

§ 110. (1) In einem Ordnungsstrafverfahren nach den §§ 132 bis 139, 159 des Gesetzes über die Angelegenheiten der freiwilligen Gerichtsbarkeit wird in jedem Rechtszug das Dreifache der vollen Gebühr erhoben:

1. für die Festsetzung der Ordnungsstrafe;
2. für die Verwerfung des Einspruchs.

(2) Die Gebühr wird nach dem festgesetzten oder angedrohten Betrag der Ordnungsstrafe berechnet; sie darf den Betrag der Ordnungsstrafe nicht übersteigen.

(3) Jede Wiederholung der Ordnungsstrafe gilt als ein besonderes Verfahren.

(4) Für die Androhung von Strafen werden Gebühren nicht erhoben.

(5) Die Vorschriften der Absätze 1 bis 4 gelten in anderen Fällen der Festsetzung von Ordnungsstrafen entsprechend. Sie gelten auch für die Festsetzung von Ordnungsstrafen gegen Vormünder (Pfleger, Beistände). Sie gelten nicht für die Festsetzung von Ordnungsstrafen gegen Zeugen und Sachverständige.

§ 111. Die volle Gebühr wird erhoben:

1. für die Ernennung und Beeidigung von Sachverständigen zur Feststellung des Zustands oder Wertes von Sachen; wird gerichtlich Beweis erhoben, so werden daneben die Gebühren nach § 43 Abs. 1 und § 44 Nr. 4 erhoben;
2. für die Bestellung eines Verwahrers nach den §§ 432, 1217, 1281, 2039 des Bürgerlichen Gesetzbuchs, einschließlich der Entscheidung über seine Vergütung;
3. für Anordnungen des Gerichts über den Verkauf oder die Hinterlegung von Pfändern und anderen Gegenständen.

§ 112. Soweit nicht in dieser Verordnung oder in sonstigen reichsrechtlichen Vorschriften ein anderes bestimmt ist, wird das Doppelte der vollen Gebühr erhoben für die

Erledigung der im Bürgerlichen Gesetzbuch in dem Titel „Juristische Personen", im Handelsgesetzbuch, im Genossenschaftsgesetz oder im Gesetz, betreffend die Gesellschaften mit beschränkter Haftung, den Gerichten zugewiesenen Angelegenheiten (Ernennung und Abberufung von Vorstandsmitgliedern und Liquidatoren, Ernennung von Revisoren, Ermächtigung zur Berufung einer Generalversammlung oder zur Einsicht von Büchern) sowie für Entscheidungen und Anordnungen ähnlicher Art.

§ 113. (1) Die Hälfte der vollen Gebühr wird erhoben:

1. für die Bestellung eines Vertreters des Grundstückseigentümers nach § 1141 Abs. 2 des Bürgerlichen Gesetzbuchs;
2. für die Bewilligung der öffentlichen Zustellung einer Willenserklärung nach § 132 Abs. 2 des Bürgerlichen Gesetzbuchs;
3. für die Bewilligung der Kraftloserklärung von Vollmachten nach § 176 Abs. 2 des Bürgerlichen Gesetzbuchs.

§ 114. (1) Für die Bestellung eines Dispacheurs, einschließlich der Bestimmung seiner Vergütung, und für die Entscheidung über seine Verpflichtung zu der von ihm abgelehnten Aufmachung der Dispache wird insgesamt die volle Gebühr erhoben. Maßgebend für die Gebühr ist der Betrag des Havereischadens und, wenn der Wert des Geretteten an Schiff, Fracht und Ladung geringer ist, dieser geringere Wert.

(2) Für die Verhandlung über die Dispache, einschließlich der Bestätigung, wird ebenfalls die volle Gebühr erhoben. Maßgebend ist die Summe der Anteile, die die an der Verhandlung Beteiligten an dem Schaden zu tragen haben. Wird die Dispache bestätigt, so haften die an dem Verfahren Beteiligten für die Kosten als Gesamtschuldner.

§ 115. (1) Für die Verhandlung in dem Termin zur Abnahme eines Offenbarungseids nach den §§ 259, 260, 2006, 2028 Abs. 2, § 2057 des Bürgerlichen Gesetzbuchs und nach § 83 Abs. 2 des Gesetzes über die Angelegenheiten der freiwilligen Gerichtsbarkeit wird die volle Gebühr erhoben, auch wenn die Eidesleistung unterbleibt.

(2) Erledigt sich das Verfahren vor Eintritt in die Verhandlung infolge Zurücknahme des Antrags oder in anderer Weise, so ermäßigt sich die Gebühr entsprechend den Vorschriften im § 122.

§ 116. (1) Soweit bei der Enteignung, bei der Beschädigung von Grundstücken durch Bergbau oder in ähnlichen Fällen ein Verteilungsverfahren vorgesehen ist, wird dafür das Doppelte der vollen Gebühr nach dem zu verteilenden Gesamtbetrag erhoben.

(2) Wird der Antrag auf Eröffnung des Verfahrens zurückgewiesen oder wird der Antrag vor Eröffnung des Verfahrens zurückgenommen, so bemißt sich die nach § 122 zu erhebende Gebühr nach dem zu verteilenden Gesamtbetrag und, wenn ein Berechtigter den Antrag gestellt hat, nach dem von ihm beanspruchten Betrag, falls er geringer ist als der Gesamtbetrag.

§ 117. (1) Für die Niederlegung eines Verpfändungsvertrags nach dem Gesetz, betreffend die Ermöglichung der Kapitalkreditbeschaffung für landwirtschaftliche Pächter, vom 9. Juli 1926/18. März 1933 (Reichsgesetzbl. 1926 I S. 399, 1933 I S. 121), einschließlich der Erteilung einer Bescheinigung über die erfolgte Niederlegung, wird die Hälfte der vollen Gebühr erhoben.

(2) Ein Viertel der vollen Gebühr wird erhoben:

1. für die Entgegennahme der Anzeige über die Abtretung der pfandgesicherten Forderung;
2. für die Herausgabe des Verpfändungsvertrags.

(3) Für die Erteilung einer beglaubigten Abschrift des Verpfändungsvertrags sowie einer Bescheinigung an den Pächter, daß ein Verpfändungsvertrag bei dem Amtsgericht nicht niedergelegt ist, werden 2 bis 20 Reichsmark erhoben. Für Abschriften werden daneben die erwachsenen Schreibgebühren angesetzt.

(4) Für die Niederlegung einer Vereinbarung des Pächters und des Pfandgläubigers, durch die die Erstreckung des Pfandrechts auf die nach seiner Entstehung vom Pächter erworbenen Inventarstücke ausgeschlossen wird, sowie für die Gestattung der Einsicht in die bei dem Amtsgericht niedergelegten Verpfändungsverträge werden Gebühren nicht erhoben.

§ 118. (1) Auf die Familienregister sowie auf die bei den Gerichten aufbewahrten Standesregister und Kirchenbücher finden die Vorschriften des § 16 des Personenstandsgesetzes entsprechende Anwendung.

(2) Im übrigen werden in Personenstandsangelegenheiten für die Zurückweisung von Anträgen auf eine gerichtliche Anordnung sowie für die Verwerfung oder Zurückweisung einer Beschwerde gegen eine gerichtliche Entscheidung die in den §§ 122 und 123 bestimmten Gebühren erhoben.

§ 119. Die Gebühren für die Erledigung ausländischer Rechtshilfeersuchen werden durch besondere Verordnung bestimmt. Bis zu deren Erlaß bleiben die bisherigen Vorschriften maßgebend.

§ 120. Ist für ein in landesrechtlichen Vorschriften vorgesehenes Geschäft der freiwilligen Gerichtsbarkeit weder in dieser Verordnung noch sonst reichsrechtlich eine Gebühr bestimmt, so wird dafür die Hälfte der vollen Gebühr erhoben.

§ 121. Gesuche und Anträge werden, soweit nicht ein anderes bestimmt ist, gebührenfrei aufgenommen.

§ 122. (1) Wird in Fällen, in denen das Gericht nur auf Antrag tätig wird, ein Antrag zurückgewiesen, so wird, soweit nicht ein anderes bestimmt ist, die Hälfte der vollen Gebühr höchstens jedoch ein Betrag von 50 Reichsmark erhoben.

(2) Wird ein Antrag zurückgenommen, bevor über ihn eine Entscheidung ergangen ist oder die beantragte Handlung stattgefunden hat, so wird, soweit nicht ein anderes bestimmt ist, ein Viertel der vollen Gebühr, höchstens jedoch ein Betrag von 25 Reichsmark erhoben.

(3) Der für die beantragte Verhandlung oder Entscheidung bestimmte Gebührensatz darf nicht überschritten werden.

(4) Im Fall einer teilweisen Zurückweisung oder Zurücknahme ist die Gebühr nach dem Werte des zurückgewiesenen oder zurückgenommenen Teils, jedoch nur insoweit zu erheben, als die Gebühr für die Erledigung des ganzen Antrags die Gebühr für die teilweise Erledigung übersteigt.

§ 123. (1) Für das Verfahren über Beschwerden wird, soweit nicht ein anderes bestimmt ist, erhoben:

1. in den Fällen der Verwerfung oder Zurückweisung die Hälfte der vollen Gebühr;
2. in den Fällen der Zurücknahme ein Viertel der vollen Gebühr; betrifft die Zurücknahme ein Viertel der vollen Gebühr; betrifft die Zurücknahme nur einen Teil des Beschwerdegegenstands, so ist die Gebühr nur insoweit zu erheben, als sich die Beschwerdegebühr erhöht haben würde, wenn die Entscheidung auf den zurückgekommenen Teil erstreckt worden wäre.

Im übrigen ist das Beschwerdeverfahren gebührenfrei.

(2) Der Wert bestimmt sich in allen Fällen nach § 24 Abs. 2.

(3) Richtet sich die Beschwerde gegen eine Entscheidung des Vormundschaftsgerichts und ist sie von dem unter elterlicher Gewalt stehenden Kinde, dem Mündel oder dem Pflegebefohlenen oder im Interesse dieser Person eingelegt, so ist sie in jedem Fall gebührenfrei.

(4) Soweit in den Fällen, wo Angelegenheiten der in diesem Abschnitt bezeichneten Art von anderen Behörden oder Stellen, insbesondere von Notaren, erledigt werden, eine Anrufung des Gerichts vorgesehen ist, steht diese hinsichtlich der Gebühren einer Beschwerde gleich. Dies gilt nicht bei Anträgen auf Änderung von Entscheidungen des ersuchten oder beauftragten Richters oder des Urkundsbeamten der Geschäftsstelle.

§ 124. Soweit nicht ein anderes bestimmt ist, wird bei der Erteilung beglaubigter Abschriften der vom Gericht erlassenen Entscheidungen sowie der von ihm aufgenommenen oder in Urschrift in seiner dauernden Verwahrung befindlichen Urkunden neben Schreibgebühren eine Beglaubigungsgebühr nicht erhoben.

§ 125. Für die Erteilung vollstreckbarer Ausfertigungen von gerichtlichen oder notariellen Urkunden wird die Hälfte der vollen Gebühr erhoben, wenn der Eintritt einer Tatsache oder einer Rechtsnachfolge zu prüfen ist (§§ 726 bis 929 der Zivilprozeßordnung) oder es sich um die Erteilung einer weiteren vollstreckbaren Ausfertigung handelt. Das gleiche gilt im Fall der Erteilung vollstreckbarer Ausfertigungen einer bestätigten Auseinandersetzung sowie in ähnlichen Fällen.

§ 126. Für die Vornahme von gerichtlichen Vollstreckungshandlungen in Angelegenheiten der freiwilligen Gerichtsbarkeit werden, soweit nicht ein anderes bestimmt ist, die für solche Handlungen im Gerichtskostengesetz vorgesehenen Gebühren erhoben.

§ 127. Für die Erteilung von Rechtskraftzeugnissen und für die gerichtliche Festsetzung der einem Beteiligten zu erstattenden Kosten werden Gebühren nicht erhoben.

3. Abschnitt.

Gebühren im Verfahren der Zwangsversteigerung und Zwangsverwaltung von Gegenständen des unbeweglichen Vermögens und in ähnlichen Verfahren.

§ 128. (1) Für die Entscheidung über den Antrag auf Anordnung der Zwangsversteigerung oder Zwangsverwaltung eines Grundstücks und die Entscheidung über den Beitritt wird die volle Gebühr erhoben.

(2) Ist der Antrag von einem Gläubiger gestellt, so bestimmt sich der Wert nach dem Betrag der Forderung nebst den miteinziehenden Zinsen und Kosten, in den sonstigen Fällen nach dem halben Wert des Gegenstands des Verfahrens.

(3) Wird der Antrag vor Erlaß der Entscheidung zurückgenommen, so wird ein Viertel der vollen Gebühr erhoben. Bei teilweiser Zurücknahme ist die Gebühr nach dem Wert des zurückgenommenen Teils zu erheben, jedoch nur insoweit, als die Gebühr für die Erledigung des ganzen Antrags die Gebühr für die teilweise Erledigung übersteigt.

§ 129. (1) Bei der Zwangsversteigerung werden außer der Gebühr des § 128 erhoben:

1. für das Verfahren im allgemeinen die volle Gebühr;
2. für die Abhaltung des Versteigerungstermins die volle Gebühr; die Gebühr wird nur einmal erhoben, auch wenn mehrere Termine stattfinden;
3. für die Erteilung des Zuschlags das Doppelte der vollen Gebühr;
4. für das Verteilungsverfahren das Doppelte der vollen Gebühr; in den Fällen der §§ 143, 144 des Gesetzes über die Zwangsversteigerung und die Zwangsverwaltung nur die volle Gebühr.

(2) Der Versteigerungstermin gilt als abgehalten, wenn zur Abgabe von Geboten aufgefordert worden ist.

(3) Die Gebühren des Absatzes 1 Nrn. 1, 2 und 3 sind von dem nach § 4 Abs. 7 der Verordnung über Maßnahmen auf dem Gebiete der Zwangsvollstreckung vom 26. Mai 1933 (Reichsgesetzbl. I S. 302) im Versteigerungstermin bekanntgegebenen Wert zu berechnen; ist es zu einer Bekanntgabe des Wertes nicht gekommen, so ist der Wert des Grundstücks (§ 18) maßgebend. Im Fall der Zwangsversteigerung zur Aufhebung einer Gemeinschaft bleibt jedoch bei der Berechnung der Gebühr für die Erteilung des Zuschlags der Anteil des Erstehers an dem Gegenstand des Verfahrens außer Betracht; bei Gesamthandeigentum ist jeder Mitberechtigte wie ein Miteigentümer nach dem Verhältnis seines Anteils anzusehen.

(4) Die Gebühr für das Verteilungsverfahren bestimmt sich nach dem Gebot, für das der Zuschlag erteilt ist, einschließlich des Wertes der nach den Versteigerungsbedingungen bestehen bleibenden Rechte. Der Erlös aus einer gesonderten Versteigerung oder sonstigen Verwertung (§ 65 des Gesetzes über die Zwangsversteigerung und die Zwangsverwaltung) wird hinzugerechnet.

§ 130 Betrifft das Verfahren mehrere Gegenstände, so werden die im § 129 bestimmten Gebühren einheitlich nach dem Gesamtwert erhoben. Bei Zuschlägen an verschiedene Ersteher werden die Gebühren für die Erteilung des Zuschlags (§ 129 Abs. 1 Nr. 3) jedoch von jedem Ersteher besonders erhoben.

§ 131. (1) Schuldner der Gebühr für die Erteilung des Zuschlags (§ 129 Abs. 1 Nr. 3) ist, vorbehaltlich der Vorschrift im § 3 Nr. 3, nur der Ersteher. Im Fall der Abtretung der Rechte aus dem Meistgebot oder der Erklärung, für einen Dritten geboten zu haben (§ 81 des Gesetzes über die Zwangsversteigerung und die Zwangsverwaltung), haften der Ersteher und der Meistbietende als Gesamtschuldner. Hinsichtlich der übrigen Gebühren des § 129 bewendet es, soweit sie nicht aus der Masse entnommen werden können, bei den allgemeinen Vorschriften über die Zahlungspflicht.

(2) Die Gebühr für die Eintragung des Erstehers als Eigentümer wird nur von diesem erhoben; für die Gebühren, die durch die Eintragung der Sicherungshypothek für Forderungen gegen den Ersteher erwachsen, haftet neben den Gläubigern auch der Ersteher.

§ 132. (1) Die Gebühren des § 129 Abs. 1 Nrn. 1, 2 und 4 werden im Verteilungstermin und, wenn das Verfahren vorher aufgehoben wird, mit der Aufhebung fällig.

(2) Die Gebühr des § 129 Abs. 1 Nr. 3 wird mit der Verkündung des Zuschlags und, wenn der Zuschlag vom Beschwerdegericht erteilt wird, mit der Zustellung des Beschlusses an den Ersteher fällig. Wird der Zuschlagsbeschluß aufgehoben, so wird die Gebühr nicht erhoben oder, wenn sie bezahlt ist, erstattet.

§ 133. Spätestens bei Bestimmung des Versteigerungstermins ist ein Vorschuß in Höhe der doppelten Verfahrensgebühr (§ 129 Abs. 1 Nr. 1) zu erheben. Weder die Anordnung der Zwangsversteigerung noch die Fortsetzung des Verfahrens kann von der Zahlung eines Vorschusses abhängig gemacht werden.

§ 134. (1) Für das Verfahren der Zwangsverwaltung wird außer der Gebühr des § 128 für jedes angefangene Jahr das Doppelte der vollen Gebühr erhoben. Das erste Jahr beginnt mit dem Tag der Beschlagnahme.

(2) Maßgebend ist der Gesamtwert der Einkünfte, abzüglich der laufenden Beträge der öffentlichen Lasten und der dem Zwangsverwalter (der Aufsichtsperson) zustehenden Vergütung. Die Mindestgebühr beträgt 10 Reichsmark.

(3) Die Gebühren werden mit der Aufhebung des Verfahrens und, wenn es länger als ein Jahr dauert, am Ende eines jeden Jahres fällig.

(4) Der Antragsteller hat alljährlich einen angemessenen Gebührenvorschuß zu zahlen. Weder die Anordnung der Zwangsverwaltung noch die Fortsetzung des Verfahrens kann von der Zahlung eines Vorschusses abhängig gemacht werden.

§ 135. (1) Für das Verfahren über Beschwerden wird erhoben:

1. in den Fällen der Verwerfung oder Zurückweisung die volle Gebühr;
2. in den Fällen der Zurücknahme die Hälfte der vollen Gebühr; betrifft die Zurücknahme nur einen Teil des Beschwerdegegenstands, so ist die Gebühr nur insoweit zu erheben, als sich die Beschwerdegebühr erhöht haben würde, wenn die Entscheidung auf den zurückgenommenen Teil erstreckt worden wäre.

Im übrigen ist das Beschwerdeverfahren gebührenfrei.

(2) Der Wert bestimmt sich nach § 24 Abs. 2.

(3) Soweit in den Fällen, wo Zwangsversteigerungen und Zwangsverwaltungen von anderen Behörden oder Stellen, insbesondere Notaren, erledigt werden, eine Anrufung des Gerichts vorgesehen ist, steht diese hinsichtlich der Gebühren einer Beschwerde gleich.

§ 136. Die Vorschriften dieses Abschnitts gelten entsprechend für die Zwangsversteigerung von Schiffen sowie für die Zwangsversteigerung oder die Zwangsverwaltung der Rechte, die den Vorschriften über die Zwangsvollstreckung in das unbewegliche Vermögen unterliegen, einschließlich der unbeweglichen Kuxe.

§ 137. (1) Für die Entscheidung über den Antrag auf Eröffnung der Zwangsliquidation einer Bahneinheit wird dieselbe Gebühr wie nach § 128 erhoben.

(2) Für das Verfahren selbst wird das Dreifache und, wenn das Verfahren eingestellt wird, das Doppelte der vollen Gebühr erhoben. Die Gebühr bestimmt sich nach dem Gesamtwert der Bestandteile der Bahneinheit.

(3) Für das Beschwerdeverfahren gilt § 135 entsprechend.

Vierter Abschnitt.

Auslagen.

§ 138. (1) Schreibgebühren werden, soweit nicht ein anderes bestimmt ist, erhoben:

1. für Ausfertigungen und Abschriften, die auf Antrag erteilt werden; bei Beurkundungen von Verträgen sind zwei Ausfertigungen oder Abschriften schreibgebührenfrei, bei sonstigen Beurkundungen ist eine Ausfertigung oder Abschrift schreibgebührenfrei;
2. für Ausfertigungen und Abschriften, die angefertigt werden müssen, weil zu den Akten gegebene Urkunden, von denen eine Abschrift zurückbehalten werden muß, zurückgefordert werden; in diesem Fall wird die bei den Akten zurückbehaltene Abschrift gebührenfrei begaubigt;

3. für Ausfertigungen und Abschriften jeder Art in den Fällen der persönlichen und sachlichen Gebührenfreiheit (§ 10).

(2) Die Schreibgebühr beträgt für die Seite, die 28 Zeilen von durchschnittlich 15 Silben enthält, 25 Reichspfennig, auch wenn die Herstellung auf mechanischem Wege stattgefunden hat. Jede angefangene Seite wird als voll gerechnet. Für Schriftstücke, die in fremder Sprache abgefaßt sind, für Schriftstücke in tabellarischer Form sowie für Verzeichnisse, Listen, Rechnungen, Zeichnungen und dergleichen kann die Schreibgebühr im Verwaltungsweg anderweit bestimmt werden. Aufwendungen für die besondere Ausstattung einer Urkunde (Verwendung besonderen Papiers und dgl.) sind in jedem Fall zu erheben.

§ 139. (1) An baren Auslagen werden ferner erhoben:

1. Postgebühren:
   a) für die Übersendung auf Antrag erteilter Ausfertigungen und Abschriften;
   b) für Ladungen von Zeugen und Sachverständigen,
   c) für die Übersendung der Kostenrechnung;
2. Telegraphengebühren und die im Fernverkehr zu entrichtenden Fernsprechgebühren;
3. Kosten, die durch öffentliche Bekanntmachung entstehen;
4. Zeugen- und Sachverständigengebühren sowie die an Urkundszeugen gezahlten Vergütungen;
5. die bei Geschäften außerhalb der Gerichtsstelle den Gerichtspersonen auf Grund gesetzlicher Vorschriften gewährten Vergütungen (Reisekostenvergütung, Auslagenersatz) und die Kosten für Bereitstellung von Räumen;
6. die an andere Behörden oder Beamte oder an Rechtsanwälte für deren Tätigkeit zu zahlenden Beträge;
7. Rechnungsgebühren (§ 142);
8. die Kosten einer Beförderung von Personen sowie Beträge, die mittellosen Personen für die Reise zum Ort der Vernehmung oder Verhandlung und für die Rückreise gewährt werden;
9. die Kosten der Beförderung von Tieren und Sachen, der Verwahrung von Sachen, der Bewachung von Schiffen sowie der Verwahrung und Fütterung von Tieren;
10. die Haftkosten nach Maßgabe der für die Strafhaft geltenden Vorschriften.

(2) *Ist an Beamte, an Rechtsanwälte, an Zeugen oder Sachverständige oder an mittellose Personen mehr als der endgültig festgesetzte Betrag, der als bare Auslage zu erheben ist, gezahlt, so ist der zuviel gezahlte Betrag nach den Vorschriften über die Beitreibung von Gerichtskosten einzuziehen*[1]).

§ 140. (1) Für die von Amts wegen bewirkten Zustellungen werden unbeschadet der Vorschrift des § 139 Abs. 1 Nr. 1b nur diejenigen baren Auslagen erhoben, die durch die Zustellung im Ausland oder bei der öffentlichen Zustellung durch Bekanntmachung in öffentlichen Blättern entstehen.

(2) Wird ein Zeuge oder Sachverständiger ohne Inanspruchnahme der Post geladen, so wird als Auslage der Betrag der Postgebühren erhoben, der entstanden sein würde, wenn unter Inanspruchnahme der Post geladen worden wäre.

§ 141. Sind die im § 139 Abs. 1 Nr. 5 bezeichneten Aufwendungen durch mehrere Geschäfte veranlaßt, so werden sie auf die mehreren Geschäfte unter Berücksichtigung der Entfernungen und der auf die einzelnen Geschäfte verwendeten Zeit angemessen verteilt. Jeder Zahlungspflichtige haftet jedoch gegenüber der Staatskasse ohne Rücksicht auf diese Verteilung für die Auslagen, die bei gesonderter Erledigung des Geschäfts entstanden wären.

§ 142. (1) Für Rechnungsarbeiten, die durch einen dazu besonders bestellten Beamten oder Angestellten vorgenommen werden, ist eine Stundengebühr zu erheben, die unter

[1]) *Abs. 2 ist gemäß § 19 Abs. 2 Z. 1 der Justizbeitreibungsordnung vom 11. III. 1937 (RGBl I S. 298) in Fortfall gekommen.*

Berücksichtigung des Wertes des Gegenstands auf 1 bis 2,50 Reichsmark bemessen und nach der Zahl der für die Arbeit erforderlichen Stunden berechnet wird. Die letzte Stunde wird voll gerechnet, auch wenn sie nur angefangen war.

(2) In Vormundschafts- und Pflegschaftssachen werden unbeschadet der Vorschrift des § 89 für die Prüfung eingereichter Rechnungen Rechnungsgebühren nur erhoben, wenn die nachgewiesenen Einnahmen mehr als 1000 Reichsmark für das Jahr betragen.

(3) Die Rechnungsgebühren werden von dem Gericht festgesetzt. Beschwerden werden im Aufsichtsweg erledigt.

H. Landesgebührenordnung für Rechtsanwälte und Gerichtsvollzieher

v. 28. 10. 22 (GS 410) in der Fassung der VO v. 18. 12. 23 (GS 556), 2. 7. 26 (GS 192).

Erster Abschnitt.

Gebühren der Rechtsanwälte.

Art. 1. Die Vergütung für die Berufstätigkeit der Rechtsanwälte bestimmt sich, soweit sie nicht reichsgesetzlich geregelt ist, ausschließlich nach den nachstehenden Vorschriften.

Art. 2. (1) Die Deutsche Gebührenordnung für Rechtsanwälte findet entsprechende Anwendung auf die Berufstätigkeit des Rechtsanwalts:

1. in den vor besondere Gerichte gehörigen Rechtssachen, auf welche die ZPO oder die StPO Anwendung findet;
2. in den nach dem Gesetze, betreffend den Forstdiebstahl, v. 15. 4. 78 (GS 222) in der Fassung des Ges. v. 14. 12. 20 (GS 1921 S. 103) zu behandelnden Strafsachen;
3. im Verwaltungsstreitverfahren;
4. im Verfahren vor dem Bundesamte für das Heimatwesen;
5. in dem Rechtsmittelverfahren, betreffend die Veranlagung von Staatssteuern;
6. im Verwaltungsstrafverfahren;
7. *im Disziplinarverfahren.*

(2) Im Sinne der Gebührenordnung steht das Verwaltungsstrafverfahren dem Vorverfahren, das Verfahren vor der entscheidenden Disziplinarbehörde dem Verfahren vor der Strafkammer gleich.

Art. 3. (Fass. v. 18. 12. 23; 2. 7. 26.) Volle Gebühr im Sinne dieses Gesetzes ist die im *§ 32 des Preußischen Gerichtskostengesetzes* bestimmte Gebühr. Der Mindestbetrag einer Gebühr beträgt 2 Reichsmark. Pfennigbeträge, welche nicht ohne Bruch durch zehn teilbar sind, sind auf volle 10 Reichspfennige aufzurunden.

Art. 4. (1) Für die Vertretung eines Beteiligten im Verfahren der Zwangsversteigerung erhält der Rechtsanwalt die volle Gebühr:

1. für die Vertretung bis zur Einleitung des Verteilungsverfahrens;
2. für die Vertretung im Verteilungsverfahren.

(2) Die gleiche Gebühr erhält er außerdem für die Wahrnehmung der Versteigerungstermine.

(3) Die Gebühr für die Vertretung im Verteilungsverfahren steht dem Rechtsanwalt auch dann zu, wenn unter seiner Mitwirkung eine außergerichtliche Verteilung stattfindet.

(4) Die Gebühren für die Vertretung des Gläubigers oder eines anderen Berechtigten (§ 9 Abs. 1, 2 des Gesetzes über die Zwangsversteigerung und die Zwangsverwaltung) bestimmen sich nach dem Werte des Rechtes, wenn jedoch der Wert des Gegenstandes der Zwangsversteigerung oder des Verteilungsverfahrens geringer ist, nach diesem. Im Falle der Vertretung eines anderen Beteiligten bestimmen sich die Gebühren nach dem Werte des Gegenstandes der Zwangsversteigerung oder des Verteilungsverfahrens oder des Anteils des Vertretenen an diesem Gegenstande. Auf die Berechnung des Wertes des Gegenstandes der Zwangsversteigerung oder des Verteilungsverfahrens finden die in Ansehnung der Gerichtskosten geltenden Vorschriften Anwendung.

(5) Beschränkt sich die Tätigkeit des Rechtsanwalts auf die Vertretung des Gläubigers in dem Verfahren bis zum Versteigerungstermine, so ist für die Gebührenberechnung an Stelle des Wertes des Rechtes der Wert des Anspruchs, wegen dessen die Zwangsversteigerung beantragt ist, maßgebend, sofern nicht die Wahrnehmung eines anderen Termins stattgefunden hat.

Art. **5.** (1) Für die Vertretung des Gläubigers, des Schuldners oder des Konkursverwalters im Verfahren der Zwangsverwaltung, einschließlich des Verteilungsverfahrens, erhält der Rechtsanwalt jährlich acht Zehnteile der vollen Gebühr nach dem Werte der jährlichen Einkünfte. Auf die Berechnung dieser Gebühr finden die in Ansehung der Gerichtskosten geltenden Vorschriften entsprechende Anwendung.

(2) Der Vertreter des Antragstellers erhält außerdem die volle Gebühr nach dem Werte der jährlichen Einkünfte; ist ein Gläubiger der Antragsteller und ist der Betrag der beizutreibenden Forderung und der miteinzuziehenden Zinsen geringer als der Wert der jährlichen Einkünfte, so ist dieser Betrag für die Gebührenberechnung maßgebend.

(3) Beschränkt sich die Tätigkeit des Rechtsanwalts auf die Vertretung in dem Verfahren wegen Anordnung der Zwangsverwaltung, so erhält er nur die im Abs. 2 bestimmte Gebühr.

Art. **6.** Auf die Vergütung der Berufstätigkeit eines Rechtsanwalts in einem Verteilungsverfahren außerhalb der Fälle der Zwangsversteigerung oder der Zwangsverwaltung finden die Vorschriften des Art. 4 entsprechende Anwendung. Das gleiche gilt für ein Verteilungsverfahren im Falle der Zwangsverwaltung, wenn der Rechtsanwalt einen anderen Beteiligten als den Gläubiger, den Schuldner oder den Konkursverwalter vertritt; für die Berechnung des Wertes wiederkehrender Leistungen ist der Wert der Leistungen eines Jahres, für die Berechnung des Wertes des Gegenstandes des Verteilungsverfahrens ist der Wert der Einkünfte eines Jahres maßgebend.

Art. **7.** (1) Für die Vertretung eines Beteiligten im Verfahren der Zwangsliquidation einer Bahneinheit erhält der Rechtsanwalt die volle Gebühr. Der Vertreter des Antragstellers erhält außerdem die volle Gebühr für die Vertretung in der Versammlung der Bahnpfandgläubiger.

(2) Auf die Wertberechnung finden die Vorschriften des Art. 4 Abs. 4 entsprechende Anwendung.

Art. **8.** (1) Für Anträge, Erklärungen und Beschwerden bei Behörden erhält der Rechtsanwalt acht Zehnteile der vollen Gebühr. Für bloße Benachrichtigungen, Beschleunigungsversuche, kurze Anzeigen und Schreiben ähnlicher Art kann diese Gebühr nur gefordert werden, falls nicht dem Rechtsanwalt in der gleichen Angelegenheit eine andere Gebühr zusteht.

(2) Hat der Rechtsanwalt die einem Antrag oder einer Erklärung zugrunde liegende Urkunde entworfen, so steht ihm für den Antrag oder die Erklärung die Gebühr des Abs. 1 nicht zu; er erhält die im *§ 10 Abs. 2 der Gebührenordnung für Notare* bestimmte Gebühr, wenn ein das Sach- und Rechtsverhältnis entwickelnder Vortrag erforderlich ist und dessen Einreichung von der Partei verlangt wird.

Art. **9.** (1) Für Schreiben an Privatpersonen erhält der Rechtsanwalt fünf Zehnteile der vollen Gebühr. Für Schreiben, die rechtliche Ausführungen oder sachliche Auseinandersetzungen nicht enthalten, kann diese Gebühr nur gefordert werden, falls nicht dem Rechtsanwalt in der gleichen Angelegenheit eine andere Gebühr zusteht. Für die der Einleitung eines Prozesses vorausgehenden Mahnungen, Kündigungen oder Schreiben ähnlicher Art kann eine Gebühr nicht gefordert werden, wenn dem Rechtsanwalte die Prozeßgebühr zusteht. Stellt sich indessen die Prozeßgebühr niedriger als die vorstehend bestimmte Gebühr, so erhält der Rechtsanwalt außerdem den Betrag, um welchen diese Gebühr die Prozeßgebühr übersteigt.

(2) Auf Schreiben an den Auftraggeber, die eine Raterteilung oder ein Gutachten enthalten, finden die für diese Geschäfte in den Art. 11, 16 gegebenen Gebührenvorschriften Anwendung. Für andere Schreiben an den Auftraggeber kann eine Gebühr auch dann nicht gefordert werden, wenn sie rechtliche Ausführungen oder sachliche Auseinandersetzungen enthalten; steht jedoch dem Rechtsanwalt in der gleichen Angelegenheit eine andere Gebühr nicht zu, so ist die im Abs. 1 Satz 1 bestimmte Gebühr zu erheben.

Art. **10.** Für die Wahrnehmung eines Termins erhält der Rechtsanwalt die volle Gebühr. Werden in derselben Angelegenheit mehrere Termine wahrgenommen, so beträgt die Gebühr für den zweiten und für jeden weiteren Termin acht Zehnteile der vollen Gebühr. Der Gesamtbetrag der Gebühren in derselben Angelegenheit darf in einer Instanz das Dreifache der vollen Gebühr nicht übersteigen.

Art. **11.** Fünf Zehnteile der vollen Gebühr erhält der Rechtsanwalt, falls nicht eine der in den Art. 8—10 bestimmten Gebühren anzusetzen ist, für die Erteilung eines Rates sowie für eine Besprechung.

Art. **12.** Der Gesamtbetrag der in einer Angelegenheit nach den Art. 8, 9, 11 anzusetzenden Gebühren darf in einer Instanz das Dreifache der vollen Gebühr nicht übersteigen.

Art. **13.** (1) Auf die Anfertigung des Entwurfs eines Rechtsgeschäfts und die Vermittlung einer Auseinandersetzung sowie auf den Empfang, die Verwahrung und die Auszahlung von Geldern und Wertpapieren in Angelegenheiten, die nicht zur streitigen Rechtspflege gehören, finden die für die Gebühren der Notare geltenden Vorschriften entsprechende Anwendung. Die Herstellung des Schreibwerkes und die Auslagen an Postgebühren werden nach den für die Notare geltenden Vorschriften vergütet.

(2) Der Betrag der Vergütung für die Anfertigung eines Entwurfs kann nur insoweit abweichend durch Vertrag bestimmt werden, als dies nach *§ 26 der Gebührenordnung für Notare* zulässig ist.

(3) Die *§§ 21—25 der Gebührenordnung für Notare* finden auf Rechtsanwälte keine Anwendung.

Art. **14.** Ist für das dem Rechtsanwalt übertragene Geschäft eine Gebühr nicht bestimmt, so erhält er eine unter entsprechender Anwendung der Vorschriften der Deutschen Gebührenordnung und dieses Gesetzes zu bemessende Gebühr. Das gleiche gilt, soweit für die begonnene oder vorbereitete Ausführung eines vor der vollständigen Ausführung erledigten Auftrags eine Gebühr nicht vorgesehen ist.

Art. **15.** (1) Dem Rechtsanwalt stehen Schreibgebühren zu:

1. für die auf besonderes Verlangen gefertigten Abschriften;
2. für Schreibwerk, das außerhalb des Rahmens einer gebührenpflichtigen Tätigkeit entsteht.

(2) Für die Höhe der Schreibgebühren sowie für die Erstattung der Postgebühren ist *§ 29 der Gebührenordnung für Notare* maßgebend. Soweit die Vorschriften der Deutschen Gebührenordnung maßgebend sind, erhält der Rechtsanwalt neben den Gebühren die dort vorgesehenen Pauschsätze.

Art. **16.** (1) Die Vorschriften der §§ 2—6, 10—12, 77—86, 88, 93, 94 der Deutschen Gebührenordnung finden, soweit nicht ein anderes bestimmt ist, in den Fällen der Art. 4 bis 14 entsprechende Anwendung.

(2) In den Fällen der Art. 4—7 finden auch die Vorschriften der §§ 7, 25, 26, 29—32, 35, 36, 48—51 der Deutschen Gebührenordnung entsprechende Anwendung. Steht dem Rechtsanwalt in derselben Instanz eine Gebühr für den Antrag auf Eintragung einer Sicherungshypothek zu, so wird diese auf die im Art. 4 Abs. 1 Nr. 1, im Art. 5 Abs. 2 und im Art. 7 Abs. 1 Satz 1 bestimmten Gebühren angerechnet.

Art. **17.** Allgemeine Vorschriften über die Vergütung für eine Tätigkeit, welche die Zulassung zur Rechtsanwaltschaft nicht voraussetzt, sind auch für die Rechtsanwälte maßgebend.

II.

Das Kostenfestsetzungsverfahren

A. In bürgerlichen Rechtsstreitigkeiten

I. Begriff und Gebiet des Kostenfestsetzungsverfahrens.

In den letzten Jahren ist der Grundsatz, daß der im Prozeß Unterliegende die Kosten des Gegners zu tragen hat, angegriffen worden. So schlägt Hartwig DGemeinWirtschR 37, 58 vor, daß jeder, der in einen Prozeß verwickelt wird, seine Kosten selbst trägt. Und Groos ZAkDR 38, 594 will dem Richter die Befugnis geben, die Kosten in jedem Fall angemessen zu verteilen und zwar auch so, daß der Obsiegende zu ihnen beizutragen hat. Gegen solche Vorschläge wenden sich Schneider Deutsches Recht 37, 424 und die Besprechung der 12. Aufl. in der Deutschen Rechtszeitung 38, 79. Eine Stellungnahme zu dieser rechtspolitischen Frage liegt nicht im Rahmen der folgenden Ausführungen. Vgl. auch § 3 VO v. 7. 10. 1939 (RGBl I 2004).

Das Kostenfestsetzungsverfahren in bürgerlichen Rechtsstreitigkeiten ist ein Verfahren, durch das die von der einen Partei der anderen Partei zu erstattenden Kosten ihrem Betrage nach festgesetzt werden, vgl. RG 13, 360; BayOLG, Rsp 29, 186. Dagegen wird im Kostenfestsetzungsverfahren nicht darüber entschieden, welche Kosten eine Partei an die Staatskasse oder an den Gerichtsvollzieher zu entrichten hat, und auch nicht darüber, was eine Partei ihrem eigenen Anwalt an Gebühren und Auslagen verschuldet (RG JW 96, 146[5]).

Die Frage nach der rechtlichen Natur des Kostenanspruchs beantwortet sich dahin: Der Anspruch des Anwalts gegen seine Auftraggeber ist ein Dienstlohnanspruch aus dem (durch die RAO u. RAGO) besonders geregelten Geschäftsbesorgungsverhältnisse (BGB § 675); er kann auch auf Grund der Bestimmungen über auftraglose Geschäftsführung begründet sein, OLG Dresden, JW 25, 1799[4]; mangels abweichender Sondervorschriften gelten die allgemeinen Regeln des BGB. Über den Erstattungsanspruch des Armenanwalts gegen die Reichskasse s. unten Abschnitt XIV.

Der Kostenerstattungsanspruch zwischen den Parteien entsteht mit Rechtshängigkeit, ist aber aufschiebend bedingt durch den Erlaß eines die Gegenseite in die Kosten verurteilenden Urteils, verwandelt sich mit dessen Erlaß in einen auflösend bedingten Anspruch und wird mit der Rechtskraft des Urteils zu einem unbedingten; so RG 145, 13 = JW 34, 2467[7], wo die Vollstreckungsgegenklage aus diesen Erwägungen gemäß § 767

Abs. 2 ZPO als unbegründet abgewiesen wird. Diese Rechtsprechung wird aber nicht von allen RGSenaten und der herrsch. M. geteilt: RG JW 36, 3078[55]. Die letzte Entscheidung führt mit Recht aus, daß, solange das Urteil noch nicht erlassen ist, gegen den etwaigen Kostenerstattungsanspruch, den das Urteil vielleicht gewährt, nicht aufgerechnet werden kann. Vielmehr ist die Vollstreckungsgegenklage anzustrengen. § 767 Abs. 2 ZPO kann auf Ansprüche aus Kostenfestsetzungsbeschlüssen keine Anwendung finden. Weder im Rechtsstreit noch im Kostenfestsetzungsverfahren besteht die Möglichkeit der Aufrechnung gegen den Anspruch auf Kostenerstattung. Für die Geltendmachung der Aufrechnung ist daher die Vollstreckungsgegenklage nach § 767 ZPO gegeben, OLG Celle JW 36, 3078[55]; OLG Naumburg JW 37, 51[39]; OLG Braunschweig JW 37, 823[19]; RArbG JW 37, 2614[61]; Jonas JW 37, 2709[33]; OLG Stettin HRR 38 Nr. 31. Es ist nicht erforderlich, daß die Einwendungen sofort nach Zustellung des Kostenfestsetzungsbeschlusses geltend gemacht werden, OLG Karlsruhe JW 33, 2162[10]; OLG Kiel SchlHA 39, 43.

Ist eine Vollstreckungsgegenklage mit der Begründung abgewiesen, daß der Kläger schon vor Erlaß des Kostenfestsetzungsbeschlusses habe aufrechnen können, so will LG Rudolstadt JW 36, 895[44] gegenüber einer Vollstreckung aus dem Kostenfestsetzungsbeschluß das Vollstreckungsmißbrauchgesetz vom 13. 12. 1934 (RGBl. I 1234) anwenden. Dem steht entgegen, daß die Anwendung dieses Gesetzes nicht lediglich darauf gestützt werden kann, daß die Verurteilung zu Unrecht erfolgt ist (vgl. RG JW 35, 2072[46]).

Der Gläubiger kann Verzugszinsen von den festgesetzten Kosten fordern, falls der Schuldner die rechtskräftig festgesetzte Kostenschuld trotz Mahnung nicht erfüllt (BGB § 228). Der Satz, daß Verzugszinsen von Zinsen nicht zu entrichten sind (BGB § 288), läßt sich nicht auf alle Nebenforderungen schlechthin ausdehnen. Er steht einer Verzinsung des Kostenerstattungsanspruchs nicht entgegen. Der Kostenerstattungsanspruch verjährt (entsprechend § 218 BGB) in 30 Jahren, OLG Dresden JW 38, 3161[13]; RG DR 40, 338[26]; über die Verwirkung von Kostenerstattungsansprüchen vgl. OLG Dresden aaO; RG JW 38, 2488[27]; 39, 170[31], 647[43]; *aM* OLG Jena DRM 39, 181[34]; OLG Dresden HRR 39 Nr. 456.

I. Der Anwalt kann den Anspruch auf Gebühren und Auslagen gegen seinen Auftraggeber nur im gewöhnlichen Rechtsweg, also durch Klage oder Mahnverfahren, geltend machen, RG JW 96, 146[5].

1. „Für Klagen der Prozeßbevollmächtigten, der Beistände, der Zustellungsbevollmächtigten und der Gerichtsvollzieher wegen Gebühren und Auslagen ist das Gericht des Hauptprozesses zuständig", ZPO § 34. Der neben dem allgemeinen Gerichtsstande des § 13 ZPO wahlweise gegebene Gerichtsstand des § 34 ZPO ist sowohl für Klagen als auch für Zahlungsbefehle (§ 689 Abs. 2 ZPO) gegeben; er gilt aber nur für die im § 34 ZPO bezeichneten Personen oder ihre Rechtsnachfolger. Prozeßbevollmächtigte im Sinne des § 34 ZPO sind alle die Personen, die auf Grund einer ihnen erteilten Vollmacht für die

Partei und in deren Namen die mit der Prozeßführung verbundene Geschäftsbesorgung übernehmen, insbesondere auch der für einzelne Prozeßhandlungen (z. B. Wahrnehmung von Beweisterminen) vom Prozeßbevollmächtigten bestellte Unterbevollmächtigte und der Verkehrsanwalt, RG 58, 109. Die Vorschrift findet nicht nur Anwendung auf Klagen der bezeichneten Personen gegen ihre Auftraggeber, die im Hauptprozesse Partei oder Nebenpartei waren, sondern auch auf Klagen gegen Dritte (Rsp 7, 273; 27, 71, z. B. gegen den Bürgen der Prozeßpartei und andere Auftraggeber), auch auf die Klage des Untervertreters gegen den Prozeßbevollmächtigten; *aM* (für die Klage des Rechtsanwalts gegen den Auftraggeber, der nicht Prozeßpartei ist) OLG Hamburg Rsp 5, 88; nicht aber für Klagen der Parteien gegen ihre Prozeßbevollmächtigten, z. B. wegen zu viel gezahlter Gebühren oder wegen Schadenersatzes (Regreßprozesse), auch nicht für Klagen gegen den in die Kosten des Rechtsstreits verurteilten Gegner der Partei.

2. Unter dem zuständigen Gerichte des Hauptprozesses ist stets das Gericht erster Instanz zu verstehen, bei dem der Hauptprozeß anhängig war, d. h. der Prozeß, in dem die Gebühren und Auslagen entstanden. In welcher Instanz sie entstanden, macht keinen Unterschied. Ebensowenig kommt es darauf an, ob der Prozeß bei Erhebung der Gebührenklage noch in der höheren Instanz anhängig oder bereits erledigt ist. Auch der Betrag der Kosten ist ohne Einfluß auf die sachliche Zuständigkeit. Dies gilt ebenso für die im Wiederaufnahmeverfahren entstandenen Kosten, selbst wenn gemäß § 584 ZPO die Wiederaufnahmeklage bei der höheren Instanz angestellt wurde, RG 29, 414; JW 92, 298[2]. Die Zuständigkeit bezieht sich aber nur auf das erstinstanzliche Gericht als solches, und nicht auf die Abteilung (Kammer) des Gerichts, vor der der Hauptprozeß verhandelt worden ist, RG 45, 345 (für den gleichliegenden Fall des § 767 ZPO); Jonas § 34, III. Die Kammern für Handelssachen sind zwar nicht grundsätzlich ausgeschlossen, können aber mit Rücksicht auf den Gegenstand des Klageanspruchs nicht mit dem Gebührenprozeß befaßt werden; der Rechtsstreit wäre also auf Antrag des Beklagten, solange eine Verhandlung zur Hauptsache nicht stattgefunden hat, auch von Amts wegen an die Zivilkammer zu verweisen, § 97 GVG. Neben dem Gerichtsstand des § 34 ZPO kann auch der des § 29 ZPO in Betracht kommen, vgl. (für Not.-Geb.) KG JW 27, 1324[7]. Für Gebührenklagen des RA aus arbeitsgerichtlichen Streitigkeiten gilt § 34 ZPO nicht. Zuständig ist das ordentliche Gericht, LArbG. Berlin BerlAnwBl 29, 247, JW 31, 2528[1].

3. Unter „Hauptprozeß" kann nach der Sprache der Reichsjustizgesetze nur ein Zivilprozeß (einschließlich des Zwangsvollstreckungsverfahrens, des Mahnverfahrens, Aufgebotsverfahrens usw., Jonas § 34, III) verstanden werden. Die Liegenschaftsvollstreckung ist nur ein Unterfall der prozessualen Zwangsvollstreckung. Aber auch der Konkurs ist als eine Abart des Prozesses aufzufassen. Es besteht kein Anlaß, den Gerichtsstand des Zusammenhanges nicht auch auf den Konkurs auszudehnen.

Nicht anzuwenden ist dagegen § 34 ZPO auf Gebühren und Auslagen in Strafsachen (insbesondere auch bei Privatklagen und Nebenklagen), OLG Hamburg, Rsp 23, 85.

II. Um dem Gegner gegenüber eine Festsetzung der der obsiegenden Partei zu erstattenden Prozeßkosten herbeizuführen, dient das Kostenfestsetzungsverfahren. Dieses bildet den einzigen Weg, um die Festsetzung jener Kosten zu erlangen. Eine Klage gegen die unterlegene Partei auf Erstattung von Prozeßkosten ist unstatthaft. Allerdings gibt es außer dem prozessualen auch einen materiellrechtlichen Kostenanspruch, der namentlich durch unerlaubte Handlung oder durch Verzug in der Erfüllung der Vertragspflichten hervorgerufen werden kann (vgl. hierzu Thelen ZAkDR 38, 704, der mit Recht verlangt, daß im Verzugsfalle die Kostensumme, zu deren Erstattung der Beklagte verurteilt werden soll, ziffernmäßig anzugeben ist). Aber dieser Anspruch hat praktische Bedeutung nur für solche Fälle, in denen es an einem vollstreckbaren Titel fehlt (wo es z. B. überhaupt nicht zur Einreichung einer Klage kommt, weil sich der Streit durch die Bemühungen des beauftragten Rechtsanwalts in Güte erledigt; ferner kann der Anfechtungsgegner von dem Anfechtenden die zur außergerichtlichen notwendigen Abwehr einer unberechtigten Vertragsanfechtung aufgewendeten Kosten aus positiver Vertragsverletzung gemäß § 276 BGB einklagen, OLG Naumburg JW 38, 3111[15]). Liegt dagegen ein solcher Titel vor, so kann nach § 103 ZPO der Anspruch auf Erstattung der Kosten nur auf Grund des Titels und in dem durch §§ 103—107 ZPO geregelten Verfahren geltend gemacht werden. Ein in einem besonderen Prozeß erhobener Kostenanspruch darf niemals einem rechtskräftigen Titel widersprechen, RG 130, 217 = JW 31, 311[11]; 38, 1662[19]; DR 39, 1796[9]; LG Göttingen JW 35, 3497[77]; *aM* OLG Darmstadt JW 31, 2379[9], 2520[1]. Die im Prozeß erwachsenen Prozeßkosten können nicht im Rechtsstreit als Haupt- oder Nebenforderung (§ 4 ZPO) miteingeklagt werden (RG 145, 296 = JW 35, 190[2]). Vorprozessuale Kosten können miteingeklagt werden (RG 66, 186; RG Warn. 26 Nr. 19), und zwar auch dann, wenn sie in einem vorhergehenden Kostenfestsetzungsverfahren rechtskräftig abgesetzt worden sind, RG DR 39, 1796[9]. Erst während des Rechtsstreits erwachsene, nicht zu den Prozeßkosten selbst zählende Kosten können in Erweiterung des Klageantrags geltend gemacht werden, RG 150, 37 = JW 36, 1767[8]. Streitig ist die Frage, ob das Prozeßgericht berufen ist, über die Höhe der Kosten zu entscheiden, wenn die kostenpflichtige Partei behauptet, alle erstattungsfähigen Kosten bezahlt zu haben und damit den Antrag auf Erlassung eines Kostenurteils bekämpft. Bejahend OLG Darmstadt JW 35, 1719[56] (mit Nachweisen), verneinend OLG Stuttgart JW 34, 500[10]. Der ersten Entscheidung dürfte aus praktischen Gründen beizupflichten sein. Mit dem prozessualen Kostenerstattungsanspruch kann erst nach Erwirkung eines vollstreckbaren, die Kostenpflicht des Gegners aussprechenden Urteils aufgerechnet werden, OLG Hamburg JW 34, 1982[4]. Die Wirkung der Aufrechnung bleibt aber von dem Fortbestand der zur Aufrechnung gestellten Forderung abhängig; durch Aufhebung des Urteils fällt die Kostenforderung (die auflösend bedingt war) weg und damit auch die Wirkung der Aufrechnung, OLG Hamm JW 34, 1057[4]. Nach Gaedeke (ebenda) wird die Aufrechnung mit der Kostenforderung schon mit Einstellung der Zwangsvollstreckung aus dem Urteil unwirksam. Mit dem Kostenerstattungsanspruch kann vor der Kostenfestsetzung dann nicht aufgerechnet werden, wenn die Kosten nach Quoten verteilt sind, weil noch nicht feststeht, wer aus der Kostenausgleichung als Gläubiger hervorgehen wird, Gaedeke JW 34, 1057[4]. Gegen einen eingeklagten Sachanspruch kann mit einem Kostenanspruch erst aufgerechnet werden, wenn er gemäß §§ 103ff. ZPO festgesetzt worden ist, Jonas JW 37, 2710[3]. Die arme Partei kann den Kostenerstattungsanspruch zur Aufrechnung benutzen, wenn der Armenanwalt zustimmt; sie braucht die Zustimmung dem Gegner nicht mit der Aufrechnungserklärung mitzuteilen, KG DR 40, 120[22]. Mit der Kostenforderung aus einem Kostenfestsetzungsbeschluß kann nicht aufgerechnet werden, wenn er nur gegen Sicherheitsleistung vollstreckbar, die Sicherheit aber nicht geleistet ist, LG Berlin JW 34, 376[1].

Besonderheiten gelten für die Kosten des Mahnverfahrens und der Zwangsvollstreckung (s. unten Abschnitt XIII).

Im übrigen ist das Kostenfestsetzungsverfahren in den §§ 103 bis 107 ZPO (in der Fassung der Bekanntmachung vom 8. 11. 1933 — RGBl. I 821) geregelt:

§ 103. Der Anspruch auf Erstattung der Prozeßkosten kann nur auf Grund eines zur Zwangsvollstreckung geeigneten Titels geltend gemacht werden.

Das Gesuch um Festsetzung des zu erstattenden Betrags ist bei der Geschäftsstelle des Gerichts erster Instanz anzubringen. Die Kostenberechnung, die zur Mitteilung an den Gegner bestimmte Abschrift derselben und die zur Rechtfertigung der einzelnen Ansätze dienenden Belege sind beizufügen.

§ 104. Die Entscheidung über das Festsetzungsgesuch erfolgt durch den Urkundsbeamten der Geschäftsstelle. Die Entscheidung ist, sofern dem Gesuch ganz oder teilweise entsprochen wird, dem Gegner des Antragstellers unter Beifügung einer Abschrift der Kostenrechnung von Amts wegen zuzustellen. Dem Antragsteller ist die Entscheidung nur dann von Amts wegen zuzustellen, wenn der Antrag ganz oder teilweise zurückgewiesen wird; im übrigen erfolgt die Mitteilung formlos.

Zur Berücksichtigung eines Ansatzes genügt, daß dieser glaubhaft gemacht ist. Hinsichtlich der einem Rechtsanwalt erwachsenen Auslagen an Post-, Telegraphen- und Fernsprechgebühren genügt die Versicherung des Rechtsanwalts, daß diese Auslagen entstanden sind.

Über Erinnerungen gegen den Festsetzungsbeschluß entscheidet das Gericht, dessen Geschäftsstelle den Beschluß erlassen hat. Die Erinnerungen sind binnen einer Notfrist von zwei Wochen, welche mit der Zustellung des Beschlusses beginnt, zu erheben. Die Entscheidung kann ohne vorgängige mündliche Verhandlung erfolgen. Das Gericht kann vor der Entscheidung anordnen, daß die Vollstreckung des Festsetzungsbeschlusses auszusetzen sei. Gegen die Entscheidung des Gerichts findet sofortige Beschwerde statt.

§ 105. Der Festsetzungsbeschluß kann auf das Urteil und die Ausfertigungen gesetzt werden, sofern bei der Anbringung des Gesuchs eine Ausfertigung des Urteils noch nicht erteilt ist und eine Verzögerung der Ausfertigung nicht eintritt. Eine besondere Ausfertigung und Zustellung des Festsetzungsbeschlusses findet in diesem Falle nicht statt. Den Parteien ist der festgesetzte Betrag mitzuteilen, dem Gegner des Antragstellers unter Beifügung der Abschrift der Kostenberechnung. Die Verbindung des Festsetzungsbeschlusses mit dem Urteil soll unterbleiben, sofern dem Festsetzungsgesuch auch nur teilweise nicht entsprochen wird.

Der Anbringung eines Festsetzungsgesuchs bedarf es nicht, wenn die Partei vor der Verkündung des Urteils die Berechnung ihrer Kosten eingereicht hat; in diesem Falle ist die dem Gegner mitzuteilende Abschrift der Kostenberechnung von Amts wegen anzufertigen.

§ 106. Sind die Prozeßkosten ganz oder teilweise nach Quoten verteilt, so hat in den in erster Instanz vor einem Landgerichte verhandelten Sachen die Partei den Gegner vor Anbringung des Festsetzungsgesuchs aufzufordern, die Berechnung seiner Kosten binnen einer einwöchigen Frist bei der Geschäftsstelle einzureichen. In den in erster Instanz vor einem Amtsgerichte verhandelten Sachen ist die Aufforderung nach Anbringung eines Festsetzungsgesuchs von der Geschäftsstelle zu erlassen. Die Vorschriften des § 105 finden keine Anwendung.

Nach fruchtlosem Ablaufe der einwöchigen Frist erfolgt die Entscheidung ohne Rücksicht auf die Kosten des Gegners, unbeschadet des Rechts des letzteren, den Anspruch auf Erstattung nachträglich geltend zu machen. Der Gegner haftet für die Mehrkosten, welche durch das nachträgliche Verfahren entstehen.

§ 107. Ergeht nach der Kostenfestsetzung eine Entscheidung, durch welche der Wert des Streitgegenstandes festgesetzt wird, so ist, falls diese Entscheidung von der Wertberechnung abweicht, welche der Kostenfestsetzung zugrunde liegt, auf Antrag die Kostenfestsetzung entsprechend abzuändern. Über den Antrag entscheidet der Urkundsbeamte der Geschäftsstelle des Gerichts erster Instanz.

Der Antrag ist binnen der Frist von einem Monat bei der Geschäftstelle anzubringen. Die Frist beginnt mit der Zustellung und, wenn es einer solchen nicht bedarf, mit der Verkündung des den Wert des Streitgegenstandes festsetzenden Beschlusses.

Die Vorschriften des § 104 Abs. 3 finden Anwendung.

II. Das Kostenfestsetzungsgesuch.

1. Seine Voraussetzungen.

ZPO § 103 Abs. 1. „Der Anspruch auf Erstattung der Prozeßkosten kann nur auf Grund eines zur Zwangsvollstreckung geeigneten Titels geltend gemacht werden". Die bloße Erklärung einer Partei in der mündlichen Verhandlung, daß sie die Kosten übernehme, genügt nicht, RG 20, 414. Ebensowenig die Anerkennung eines Anspruchs oder die Zurücknahme einer Klage oder eines Rechtsmittels ohne richterliche Entscheidung. Ist ein Kostenfestsetzungsbeschluß erlassen worden, ohne daß ein vollstreckbarer Schuldtitel vorlag, so ist auf Erinnerung der Beschluß aufzuheben, es sei denn, daß inzwischen ein vollstreckbarer Schuldtitel beigebracht wird, ohne daß ein weiteres kostenpflichtiges Verfahren stattgefunden hätte, Becker DJZ 14, 933. Der Schuldtitel ist für das Kostenfestsetzungsverfahren bindend. Sind z. B. dem Beklagten alle Kosten des Rechtsstreits auferlegt worden, so darf im Festsetzungsverfahren dem Kläger der Anspruch auf Erstattung der Beweisgebühr nicht deshalb versagt werden, weil die Beweisaufnahme durch Fahrlässigkeit des Klägers verschuldet sei, RG JW 95, 263[6]. Wegen der Erstattungsfähigkeit der Kosten mehrerer Teilklagen s. unten Abschnitt IV 11.

Schuldtitel sind:

I. Rechtskräftige oder für vorläufig vollstreckbar erklärte Urteile (ZPO § 704). Dadurch, daß die Urteile ihrem Inhalte nach in der Hauptsache überhaupt nicht (abweisende oder Feststellungsurteile) oder erst in Zukunft vollstreckt werden können (nach §§ 257—259 ZPO), wird die Festsetzung der Kosten nicht ausgeschlossen. So Kostenfestsetzung aus dem die Zahlung stundenden gerichtlichen Vergleich vor Fälligkeit der Zahlungen (doch mit Zusatz, daß vor Fälligkeit nicht vollstreckbar), KG KGBl 32, 32. Unerheblich ist, ob es sich um Vollurteile oder Teilurteile handelt. Auch Vorbehaltsurteile (§§ 302, 599 ZPO) und Zwischenurteile im Verhältnisse der Parteien zueinander (§§ 275, 303 ZPO) oder gegenüber Dritten (s. unten 5, g) bilden, wenn in ihnen eine Kostenentscheidung getroffen ist, einen geeigneten Titel. Dasselbe gilt von durch Urteil erlassenen oder bestätigten Arrestbefehlen und einstweiligen Verfügungen, OLG Frankfurt, JW 25, 1898[7]; OLG Dresden JW 30, 3333[14]. Wegen der durch Beschluß angeordneten Arreste und einstw. Verf. s. unten II 3.

1. Rechtskräftige Urteile.

a) Von den auf Grund streitiger Verhandlung ergangenen Urteilen sind mit der Verkündung rechtskräftig: die Urteile des Reichsgerichts und die in der Berufungsinstanz gegen Amtsgerichtsurteile ergangenen Urteile der Oberlandesgerichte; nicht dagegen die Urteile der Oberlandesgerichte in vermögensrechtlichen Streitigkeiten (§ 708 Nr. 7 ZPO); auch die Urteile der Amtsgerichte, wenn der Streitgegenstand die Berufungssumme (§ 511a ZPO) nicht erreicht, werden nicht mit der Verkündung rechtskräftig; LG Krefeld JW 22, 1467, wegen der Schiedsurteile vgl. unten 5 h.

b) Alle übrigen Urteile dieser Art werden erst mit dem Ablaufe der Rechtsmittelfrist rechtskräftig, ZPO § 705. Dem Ablaufe der Frist steht der nach Verkündung des Urteils ausgesprochene Verzicht auf das Rechtsmittel gleich; doch muß der Verzicht, wenn nicht vollständig nach dem Antrage der einen Partei erkannt worden war, und in Ehesachen von beiden Parteien ausgesprochen werden. Die Zurücknahme eines Rechtsmittels bewirkt die Rechtskraft nur dann, wenn zu dieser Zeit die Rechtsmittelfrist bereits abgelaufen war; vgl. Jonas § 705 III 3, 4. Geht die Rechtskraft aus den Gerichtsakten hervor, z. B. durch den Vermerk, daß ein Rechtskraftzeugnis erteilt worden sei, so genügt dies. Ist die Rechtskraft nicht aktenkundig, so hat sie der Antragsteller zu beweisen und zu diesem Zwecke die Ausfertigung des Urteils mit der Zustellungsurkunde und die Bescheinigung des UrkB des für das Rechtsmittel zuständigen Gerichts, daß innerhalb der Notfrist eine Rechtsmittelschrift *nicht eingereicht* sei, vorzulegen, ZPO § 706 Abs. 2. Wegen der Zulässigkeit der Sprungrevision und der Entbehrlichkeit eines Notfristzeugnisses auch des UrkB des Reichsgerichts vgl. §§ 566a, 706 Abs. 2 Satz 2 ZPO. Auf Grund eines noch nicht rechtskräftigen Urteils kann die Festsetzung nicht mit der Begründung beantragt werden, daß die Gegenpartei durch schlüssige Handlungen auf das Rechtsmittel verzichtet habe, OLG Stuttgart WürttZ 15, 349. Zulässig ist aber die Festsetzung der Kosten aus einem Urteil über den Kostenpunkt nach § 99 Abs. 3 ZPO, da dieses nach § 794

Nr. 3 einen vollstreckbaren Titel bildet, KG KGBl 06, 87. Dasselbe hat für eine Entscheidung aus §§ 89, 102 ZPO zu gelten, KG Rsp 13, 52.

c) Die Rechtskraft der Versäumnisurteile wird gehemmt durch den Einspruch oder, sofern dieser nicht zulässig ist (ZPO §§ 345, 238 Abs. 2), durch Berufung und Revision, soweit sie statthaft sind, ZPO §§ 513, 542, 566. Ist der Einspruch gegen ein Versäumnisurteil zulässig, so tritt die Rechtskraft mit dem Ablaufe der Einspruchsfrist ein, ZPO § 705. Für den Verzicht auf die Zurücknahme des Einspruchs gilt das über die Rechtsmittel Gesagte.

2. Vorläufig vollstreckbare Urteile. Ob sie von Amts wegen oder auf Antrag für vorläufig vollstreckbar erklärt worden sind, macht keinen Unterschied, ZPO §§ 708ff. Ist die vorläufige Vollstreckbarkeit ohne Einschränkung angeordnet, so bezieht sie sich auf den vollen Inhalt des Urteils, also auch auf die Kostenentscheidung. Gerade für diese erlangt sie Bedeutung, wenn das Urteil in der Hauptsache einen zur Zwangsvollstreckung geeigneten Inhalt nicht hat, da auf Grund dieses Titels sofort die Kostenfestsetzung nachgesucht werden darf. Zulässig wird die Kostenfestsetzung nämlich bei vorläufig vollstreckbaren Urteilen — auch Versäumnisurteilen — mit der Verkündung. Auch nach Einlegung eines Rechtsmittels oder des Einspruchs bleibt die Kostenfestsetzung zulässig, solange das Urteil wegen der Kosten einen zur Zwangsvollstreckung geeigneten Titel bildet. Auf Grund eines mit Vollstreckungsklausel versehenen vorläufig vollstreckbaren Endurteils kann vor Erledigung des Rechtsmittels gegen ein vorausgegangenes Vorbehaltsurteil Kostenfestsetzung begehrt werden, OLG. Bamberg SeuffA 70, 116. Das Urteil hört auf, ein geeigneter Teil zu sein, sobald ein Urteil verkündet worden ist, das die Kostenentscheidung oder ihre vorläufige Vollstreckbarkeit aufhebt (§§ 717, 718 ZPO). Die Kostenfestsetzung auf Grund eines vorläufig vollstreckbaren Urteils wird gegenstandslos, wenn das Urteil geändert wird; dasselbe gilt von den in dem früheren Kostenfestsetzungsverfahren ergangenen Entscheidungen KG JW 34, 3146[2]; 36, 3073. Ein vollstreckbarer Schuldtitel wird durch eine spätere Wiedereinsetzung in den vorigen Stand gegen den Ablauf der Rechtsmittelfrist nicht berührt, KG JW 32, 114[1]. Aus einem durch Urteil erlassenen Arrest ist die Kostenfestsetzung entsprechend § 929 Abs. 2 ZPO nur zulässig, wenn nachgewiesen wird, daß der Arrest innerhalb der Vollziehungsfrist zugestellt und vollzogen worden ist. Jedoch braucht die Kostenfestsetzung nicht innerhalb der Vollziehungsfrist beantragt zu werden, KG JW 24, 983[15]; *aM* OLG Stettin HRR 36 Nr. 621. Dagegen hindert eine Einstellung der Zwangsvollstreckung aus §§ 707, 719 ZPO die Festsetzung nicht, da die Festsetzung keine Vollstreckungsmaßregel bildet; *aM* KG JW 34, 2866[3], JVBl 35, 43. Wegen der Vollstreckung aus einem unter diesen Umständen bereits ergangenen Festsetzungsbeschluß s. unten Abschnitt X Ziff. 4. Die Einstellung der Zwangsvollstreckung aus §§ 767, 769 ZPO betrifft nur den Hauptanspruch, nicht die Kostenentscheidung, so daß eine solche Einstellung die Festsetzung nicht hindert, RG 75, 200. Dasselbe gilt für die Einstellung aus §§ 771, 769 ZPO (weil diese sich nur auf die einzelne

Vollstreckungsmaßregel bezieht) und die Aufhebung des vollzogenen Arrestes nach § 934 ZPO, weil der Arrest als solcher fortbesteht, OLG München Rsp 27, 188. Hat aus dem wirkungslos gewordenen Festsetzungsbeschlusse die Zwangsvollstr. bereits stattgefunden, so ist in dem neuen Urteile die Partei, die die Kosten infolge des Beschlusses gezahlt erhalten hat, auf Antrag zu deren Erstattung zu verurteilen, ZPO § 717. Im Kostenfests.Beschlusse selbst kann aber die Rückerstattung der auf Grund eines für vorläufig vollstreckbar erklärten Urteils gezahlten Kostenbeträge (ZPO § 717 Abs. 2) nicht aufgegeben werden. Die zuweilen abweichend gedeutete Entscheidung des KG JW 33, 2018[12] steht in Wahrheit dem nicht entgegen.

Ist das Urteil nur gegen Sicherheitsleistung vorläufig vollstreckbar (ZPO §§ 710, 713), so kann die Kostenfestsetzung stattfinden, bevor die Sicherheit geleistet worden ist. In dem Festsetzungsbeschluß ist aber dessen Vollstreckbarkeit ebenfalls von der im Urteil angeordneten Sicherheitsleistung abhängig zu machen, KG JW 34, 2866[3]. Jedoch darf die im Urteil angeordnete Sicherheitsleistung im Kostenfestsetzungsverfahren nicht erweitert werden, OLG Kiel DRpfl Rsp 38 Nr. 205.

Ist das Urteil in der Hauptsache gegen Hinterlegung in Höhe der beizutreibenden Summe für vorläufig vollstreckbar erklärt worden, so ist die Vollstreckbarkeit des Kostenfests.Beschlusses auch nur von einer Sicherheitsleistung in Höhe des festgesetzten, demnächst beizutreibenden Kostenbetrags abhängig zu machen und dies in dem Beschlusse zum Ausdrucke zu bringen, RG JW 91, 310[16]. Das gilt nicht, wenn das Urteil nur gegen Hinterlegung einer festbestimmten Summe für vorläufig vollstreckbar erklärt worden ist. Dann hängt die Beitreibung der Kosten von der Hinterlegung der ganzen, nach der Hauptleistung bezifferten Sicherheitssumme ab, ZDJ 13, 129, OLG Köln ZDJ 13, 135; *aM* OLG Naumburg, ZZP 15, 401.

Durch Sicherheitsleistung des Schuldners wird die Festsetzung nicht ausgeschlossen. Ist aber dem Schuldner gestattet, durch Sicherheitsleistung oder Hinterlegung die Vollstreckung abzuwenden (ZPO § 713 Abs. 2), so gilt dies auch für die Vollstreckung aus dem Festsetzungsbeschluß, in den ebenfalls der Vorbehalt aufzunehmen ist, LG Dresden JW 34, 1196[2]. Ein Kostenfestsetzungsbeschluß, der auf Grund eines nach § 10 AnfG erlassenen, bedingt vollstreckbaren Urteils ergangen ist, darf zwar vor Eintritt der Bedingung nicht vollstreckt werden; festgesetzt werden aber können die Kosten schon vor Eintritt der Bedingung. In diesem Falle ist im Festsetzungsbeschlusse zu bemerken, daß die Vollstreckung des Urteils und deshalb auch die Vollstreckung des Beschlusses von dem Eintritte der im § 10 bezeichneten Bedingung abhängt.

3. Auf Grund von Urteilen, die weder rechtskräftig noch für vorläufig vollstreckbar erklärt worden sind, kann ein Kostenfests.Beschluß nicht erlassen werden; anders wenn (versehentlich) eine vollstreckbare Ausfertigung des Urteils vom UrkB erteilt worden ist, Jonas § 103 IV, 2; *aM* OLG Naumburg, ZZP 15, 516. Auch ein Urteil, durch das eine einstweilige Verfügung angeordnet (OLG Dresden SächsRpflA 13, 443) oder aufrechterhalten wird (OLG Hamm Rsp 37, 189), ist ein zur Kostenfestsetzung geeigneter Titel.

4. In den beiden Fällen zu 1 und 2 bedarf es, wie sich schon aus § 105 ZPO ergibt, zur Erlassung des Kostenfestf.Beschlusses weder der Vollstreckungsklausel noch der Zustellung des Urteils, da diese Erfordernisse nur für die Zwangsvollstr. vorgeschrieben sind, ZPO §§ 724, 750, 312 Abs. 2; RG Warn 12 Nr. 188. Ausnahme s. unten Abschnitt 2 Ziff. 3.

5. Das Urteil stellt nur dann einen für die Kostenerstattung geeigneten Titel dar, wenn in ihm über den Kostenpunkt entschieden worden ist.

a) Ist zuwider § 308 Abs. 2 ZPO in dem Urteil über den Kostenpunkt nicht erkannt worden, so kann dieser Mangel nicht im Kostenfestf.Verfahren geheilt werden. Es muß vielmehr zunächst die Ergänzung des Urteils herbeigeführt werden, ZPO § 321. Die Prozeßkosten dürfen nicht durch besonderen Nachtragsprozeß gegen den Gegner geltend gemacht werden, da der Kostenerstattungsanspruch nach §§ 91, 308 ZPO im untrennbaren Zusammenhange mit der Hauptsache steht. Vgl. oben Abschnitt I Ziff. II.

b) Ist die Hauptsache vor Einreichung der Klage erledigt worden, z. B. durch Befriedigung des Gläubigers, so kann der Anspruch auf Erstattung der aufgewendeten Kosten nur durch eine besondere, aus dem Verzug oder als Schadenersatzforderung zu begründende Klage geltend gemacht werden. Streitig ist, wie der Gläubiger Ersatz seiner Kosten erlangen kann, wenn der Schuldner nach Einreichung der Klage bei Gericht, aber vor deren Zustellung, dem Klageanspruche Genüge leistet. Es wird teils eine neue Klage auf Erstattung der Kosten als erforderlich erachtet: OLG Hamburg ZZP 30, 131, Rsp 35, 38, OLG Karlsruhe BadRPrax 03, 67, OLG Naumburg SeuffA 46 Nr. 55, teils wird mit Recht die Fortsetzung des Verfahrens wegen des Kostenpunkts für zulässig erachtet: RG JW 29, 96[1], OLG Hamburg SeuffA 44, 91, OLG Jena ThüringerBl 45, 267, OLG Dresden Rsp 35, 39 Anm. 1; vgl. auch KG Rsp 33, 33.

Mit RG 54, 37, JW 03, 235[5] ist davon auszugehen, daß, wer in der Hauptsache unterliegt, die Rechtsfolge zu tragen hat, daß ihn die Kosten des Rechtsstreits treffen. Die Hauptsache muß aber stets rechtshängig geworden sein. Fehlt es daran, so kann der Kläger die Erstattung der ihm erwachsenen Kosten aus dem Gesichtspunkte des Schadenersatzes wegen Verschuldens mit einer selbständigen Klage begehren, OLG Naumburg JW 38, 3111[15]. Wird der Gläubiger vor Klagezustellung nur teilweise befriedigt, und lediglich der Rest weiterverfolgt, so umfaßt die Kostenentscheidung des Restprozesses nur die Prozeßgebühr wegen des Restes; *aM* OLG Stuttgart Rsp 11, 169, Naumburg Recht 11 Nr. 790.

c) Ein Schuldtitel wird durch die bloße Zurücknahme der Klage ebensowenig ersetzt, als durch das außergerichtliche Anerkenntnis des Klageanspruchs, RG 20, 417. Der Beklagte erlangt erst durch ein Urteil, das die Kostenpflicht des Klägers ausspricht, einen vollstreckbaren und zur Festsetzung der Kosten geeigneten Schuldtitel, ZPO § 271 Abs. 3. Auch bei Mängeln der Zustellung der Klageschrift entsteht ein Prozeßrechtsverhältnis;

wird in einem solchen Falle die Klage nicht zurückgenommen, so muß ein Prozeßurteil ergehen; wird aber die Klage zurückgenommen, so ist eine Entscheidung über die Kostenfolge nach § 271 ZPO zu erlassen, OLG München JW 38, 2560[13].

d) Ist ein Nebenintervenient am Rechtsstreite beteiligt, so sind die Prozeßkosten von den durch die Nebenintervention verursachten Kosten zu unterscheiden. Zu den letzten Kosten gehören nicht die Kosten eines Zwischenstreits des Intervenienten mit einer oder beiden Parteien, über die im Zwischenurteil besonders zu entscheiden ist, sondern nur die Kosten der zugelassenen Nebenintervention in dem Hauptstreit (OLG Hamburg Rsp 23, 124). Für diese bleibt das Rechtsverhältnis zwischen der unterstützten Partei und dem Intervenienten in dem Prozeß außer Betracht. Als Beteiligte bei diesen Kosten sind nur der Intervenient und der Gegner der unterstützten Partei anzusehen. Dem Nebenintervenienten steht also gegen die von ihm unterstützte Partei ein im Kostenfestsetzungsverfahren zu verfolgender Kostenerstattungsanspruch auch dann nicht zu, wenn die unterstützte Partei die Kosten des Rechtsstreits übernommen hat, LG Berlin JVBl 33, 8. Der Nebenintervenient kann eine Entscheidung über die Kosten der Nebenintervention herbeiführen, selbst wenn der Rechtsstreit durch Vergleich der Hauptparteien erledigt worden ist, RG JW 38, 820[43]. Vergleichen sich die Hauptparteien ohne Hinzuziehung des Nebenintervenienten dahin, daß die Gerichtskosten geteilt, die außergerichtlichen Kosten gegeneinander aufgehoben werden, so muß der Nebenintervenient seine außergerichtlichen Kosten in voller Höhe selbst tragen, OLG Hamburg HansRGZ 39 B 335. Nur durch die Entscheidung im Urteil erlangen die Beteiligten einen Titel zur Kostenerstattung, so daß die Kosten der Nebenintervention, wenn das Urteil nur von den Kosten des Rechtsstreits spricht, hieraus nicht festgesetzt werden können; es sei denn, daß die Gründe erkennen lassen, daß auch über die Kosten der Nebenintervention durch die Urteilsformel entschieden werden sollte, RG 22, 421; SeuffA 54, 94. Für das Kostenfestf.Verfahren ist das ergangene Urteil selbst dann maßgebend, wenn es materiell unrichtig sein sollte, RG JW 05, 149[33].

Für einen Nebenintervenienten, der nach § 69 ZPO als Streitgenosse gilt, sind die Vorschriften des § 100 ZPO maßgebend, § 101 Abs. 2 ZPO, s. unten Abschnitt V.

e) Wird auf die Anfechtungsklage des Entmündigten der Entmündigungsbeschluß aufgehoben und der Beklagte in die „Kosten des Rechtsstreits" verurteilt, so muß die Kostenentscheidung des landgerichtlichen Urteils auch auf die Kosten des amtsgerichtlichen Verfahrens bezogen werden. Denn das amtsgerichtliche Entmündigungsverfahren und der landgerichtliche Anfechtungsprozeß sind ein untrennbares Ganzes, OLG Kassel ZZP 15, 419; dabei ist § 91 Abs. 2 ZPO — unbedingte Erstattung der Kosten eines Rechtsanwalts — anzuwenden, KG JW 38, 1541[35], und die Festsetzung der im Entmündigungsverfahren entstandenen Kosten hat dann in den Prozeßakten der Anfechtungsklage zu erfolgen. Ob sonst im amtsgerichtlichen Entmündigungsverfahren ein der gerichtlichen Festsetzung zugänglicher Erstattungsanspruch besteht, dessen Betrag festzusetzen wäre, ist streitig, aber zu bejahen, vgl. OLG Dresden Rsp 25, 141; 40, 398; LG Wuppertal JW 36, 3349 [64]; LG Berlin JW 38, 1540 [34]; *aM* LG Plauen JVBl 37, 201; LG Memmingen JVBl 38, 237.

f) Entscheidungen aus § 102 ZPO. Urkundsbeamte der Geschäftsstelle, gesetzliche Vertreter, Rechtsanwälte und andere Bevollmächtigte sowie Gerichtsvollzieher können in die gerichtlichen und außergerichtlichen Kosten verurteilt werden, die sie durch grobes Verschulden veranlaßt haben. Zuständig ist das Prozeßgericht der Instanz, in der der Prozeß schwebt, im Beschwerdeverfahren das Beschwerdegericht, und im Vollstreckungsverfahren das Vollstreckungsgericht. Dagegen kann eine solche Entscheidung nicht vom Urkundsbeamten im Kostenfestsetzungsverfahren getroffen werden (s. unten Abschnitt XI 2 d). Das Gericht handelt von Amts wegen. Etwaige Parteianträge gelten nur als Anregung für diese Amtstätigkeit. Der Schuldige muß vor der Entscheidung schriftlich oder mündlich gehört werden. Die Entscheidung ergeht durch Beschluß, der dem Verurteilten von Amts wegen zuzustellen ist und gegen den ihm die sofortige Beschwerde zusteht. Die Verurteilung erfolgt nach RG JW 26, 1668 [1] ZZP 51, 58 neben der Kostenentscheidung gegen die Partei aus § 97 ZPO; anders die Übung des Kostensenats des KG und der Kostenkammer des LG Berlin, wonach die Kosten einer mangels Erreichens der Beschwerdesumme unzulässigen Kostenbeschwerde lediglich dem Bevollmächtigten auferlegt werden, vgl. KG JW 35, 1040 [5]; Breuer JW 36, 2778. Wird die Verurteilung abgelehnt, so steht der Partei, die sie etwa beantragt hat, ein Rechtsmittel nicht zu, da sie ein Recht auf die Verurteilung nicht hat. Die verurteilende Entscheidung enthält einen vollstreckbaren Titel, der einen Kostenerstattungsantrag zuläßt, ZPO § 794 Nr. 3. Ebenso kann die Festsetzung auf Grund einer Entscheidung aus § 89 ZPO (Handeln ohne Vollmacht) erfolgen.

g) Zwischenurteile, mögen sie zwischen den Parteien oder gegenüber Dritten ergangen sein, lassen die Kostenfestsetzung zu, wenn sie eine Kostenentscheidung enthalten. Eine solche soll allerdings im ersten Falle (Zwischenstreit unter den Parteien selbst) nicht getroffen werden, RG 40, 371, JW 02, 182 [6], Gruch 28, 1131; 29, 1065. Wird die Nebenintervention zurückgewiesen (§ 71 ZPO), so sind die hierbei entstandenen Kosten dem Intervenienten aufzuerlegen. Bei deren Festsetzung sind §§ 23 Ziff. 1, 29 Ziff. 2 RAGO, § 25 Abs. 3 GKG zu beachten. Wird die Entscheidung erst im Endurteile getroffen, so findet die Festsetzung aus diesem statt. Bei Zulassung der Intervention greift § 101 ZPO Platz. Die Kosten eines Zwischenstreits (§ 387 ZPO), über die keine besondere Entscheidung ergangen ist, hat die unterliegende Partei des Hauptprozesses als Kosten des Rechtsstreits zu tragen, OLG Kiel Rsp 17, 106; ebenso die Kosten einer Beschwerde, über deren Kosten nicht selbständig entschieden worden war, OLG Hamburg Rsp 17, 126.

h) Schiedsurteile gemäß §§ 18—20 der Verordnung zur Entlastung der Gerichte (in der Fassung vom 13. 5. 1924, RGBl I 552, sowie des § 10 Abs. 2, 6. Teil, Kap. I NotVO v. 6. 10. 1931, RGBl I 537) stehen nach

§ 18 Abs. 2 aaO. einem im ordentlichen Verfahren ergangenen rechtskräftigen Urteil gleich. Sie sind deshalb eine geeignete Grundlage für das Kostenfestsetzungsverfahren, gleichgültig in welcher Instanz sie erlassen worden sind. Wegen des Falles, daß das Amtsgericht den Streitwert auf 100 Reichsmark festgesetzt und ein Schiedsurteil erlassen hat und Beschwerde auf Erhöhung des Streitwerts erhoben wird, s. Voswinkel ZZP 59, 235; Breuer JW 36, 2121.

II. Schuldtitel aus § 794 Nr. 1—3 ZPO, nämlich:

1. Prozeßvergleiche; dies sind Vergleiche, die nach Zustellung einer Klage oder eines Zahlungsbefehls zwischen den Parteien oder zwischen einer Partei und einem Dritten (z. B. einem Bürgen) zur Beilegung des Rechtsstreits seinem ganzen Umfange nach oder in betreff eines Teiles des Streitgegenstandes vor einem deutschen Gericht abgeschlossen werden. Auch Vergleiche in Arrest- oder einstweiligen Verfügungssachen sind jedenfalls dann, wenn sie nach Anhängigwerden der Hauptsache geschlossen werden, als gerichtliche Vergleiche i. S. des § 794 Nr. 1 ZPO anzusehen, RG Warn 23/24 Nr. 117. Nicht zu billigen ist OLG Hamburg JW 26, 2468, wonach ein im Verfahren der einstweiligen Verfügung geschlossener gerichtlicher Vergleich kein vollstreckbarer Titel sein soll, wenn damals die Klage in der Hauptsache noch nicht anhängig war. Auch die Kosten, die nach einem Prozeßvergleiche von einem Streitgenossen dem anderen zu ersetzen sind, können festgesetzt werden, OLG Jena ZZP 28, 317. „Deutsches Gericht" im Sinne des § 794 Nr. 1 ist nicht nur das Prozeßgericht oder der Einzelrichter, der beauftragte oder ersuchte Richter, sondern jedes deutsche Gericht (RG 21, 348f.), einschließlich des Vollstreckungsgerichts, JW 34, 2448, und der deutschen Konsuln und Konsulargerichte, RGes v. 7. 4. 1900 § 46, vgl. Bek v. 29. 7. 1922 PrJMBl 289.

Zum Abschluß vor Gericht gehört, daß der Vergleich zu gerichtlichem Protokoll erklärt oder inhaltlich anerkannt worden ist, ZPO §§ 160 Nr. 1, 415. Die im Protokoll festgelegten Erklärungen des Klägers, er nehme die Klage zurück, und des Beklagten, er übernehme die Kosten, genügen zur Annahme eines Vergleichs; abweichend OLG Dresden Rsp 29, 203, anscheinend mit Rücksicht auf den besonders gelagerten Fall.

Solange der Vergleich bedingt oder befristet ist, z. B. noch von der Genehmigung eines Dritten oder vom Nachweis einer Vollmacht abhängt, übt er noch keine Wirkung aus und bildet daher auch keinen Titel für die Festsetzung. Wegen der Kostenfestsetzung aus Stundungsvergleichen s. oben Ziff. I. Enthält ein gerichtlicher Vergleich keine Bestimmung über die Kosten, so gelten sie als gegeneinander aufgehoben, ZPO § 98. Die Gerichtskosten fallen nach § 92 ZPO dann jeder Partei zur Hälfte zur Last und jede Partei hat ihre eigenen außergerichtlichen Kosten selbst zu tragen. Die Partei, die auf Grund ihrer der Gerichtskasse gegenüber bestehenden Zahlungspflicht mehr als die Hälfte gezahlt hat, kann den Mehrbetrag festsetzen lassen.

2. Vergleiche, die im Güteverfahren (§§ 495a ff. ZPO) vor dem Amtsgericht oder einer ihm nach § 495a Ziff. 1 gleichgestellten Gütestelle abgeschlossen worden sind, sowie Vergleiche zu richterlichem Protokoll gemäß § 118a ZPO, OLG Darmstadt JW 34, 3222[3], vgl. unten Abschnitt IV Ziff. II A 8. Über die Vollstreckbarkeit der vor den NS-Rechtsbetreuungsstellen in Österreich abgeschlossenen Vergleiche vgl. VO v. 5. 1. 1939 (RGBl I 23), desgl. im Reichsgau Sudetenland vgl. VO v. 5. 9. 1939 (RGBl I 1674).

Außergerichtliche Vergleiche, wenn sie nicht unter die Vorschrift des § 794 ZPO fallen, sind keine zur Kostenfestsetzung geeigneten Titel, OLG Augsburg, BayZ 14, 234.

Wegen des Falles, daß der Vergleich keine Bestimmung über die Kosten enthält, gilt dasselbe wie oben zu 1 gesagt.

3. Entscheidungen, gegen die das Rechtsmittel der Beschwerde stattfindet, sofern sie einen Beteiligten in Kosten verurteilen. Hierher gehören insbesondere die Entscheidungen aus ZPO §§ 89, 99 Abs. 3, 102, 135 Abs. 2, 380, 390, 406, 409, 619 Abs. 3, 888, 889 (RG 25, 387, OLG Karlsruhe BadRPrax 16, 101, OLG Darmstadt JW 18, 234[3]) und Beschlüsse, durch die nach Rücknahme des Güteantrages die Kosten des Güteverfahrens (unter entsprechender Anwendung des § 271 ZPO) dem Antragsteller auferlegt werden. Eine durch Beschluß angeordnete einstweilige Verfügung ist kein vollstreckbarer Schuldtitel im Sinne des § 103 ZPO zur Festsetzung der Kosten der Anordnung KG Rsp 39, 45; KGBl 20, 41; ZZP 53[168]; JW 29, 1678[22]; OLG Dresden Rsp 25, 225; KG JW 24, 983[15]; *aM* KG JW 28, 748[29]; 29, 2729[2]; 30, 3338[21]; OLG Hamm ZZP 45, 218, zur Kostenfestsetzung muß in dem Beschluß eine Kostenentscheidung erfolgt sein, KG KGBl 13, 77; OLG München Rsp 21, 94; 29, 104; OLG Breslau JW 22, 1337[9]; KG JW 24, 415[8]; LG I Berlin JW 23, 860[2]. Ist in dem einen Arrest oder eine einstweilige Verf. anordnenden Beschlusse eine Kostenentscheidung ergangen, so bildet der Beschluß eine geeignete Grundlage für das Kostenfestsetzungsgesuch, KG JW 24, 415[8]; OLG Hamburg JW 26, 852[5]; OLG München JW 29, 2626[16]; HRR 30, 89, auch KG JW 28, 2153[4]. Ferner ist der Arrest (die einstweilige Verfügung) ein zur Kostenfestsetzung geeigneter Titel für die Kosten der Vollstreckung des Arrests und zwar auch ohne Kostenentscheidung im Titel, KG JW 28, 2153[4]; KG KGBl 31, 31; LG Berlin JW 36, 2009[97]. In jedem Falle muß der Arrest innerhalb der Vollziehungsfrist, § 929 Abs. 2 ZPO, zugestellt und vollzogen sein, s. oben I Ziff. 2. Eine Festsetzung in dem Verfahren nach § 4 GKG (Erinnerung und Beschwerde gegen den Gerichtskostenansatz) erscheint unzulässig, weil keine Kostenentscheidung ergeht, abgesehen vom Falle der erfolglosen Beschwerde, KG Rsp 21, 126. Dasselbe gilt im Verfahren nach § 4 Satz 3 AAGes. Der einen Konkurseröffnungsantrag kostenpflichtig zurückweisende Beschluß ist kein vollstreckbarer Schuldtitel zur Festsetzung der dem Schuldner erwachsenen außergerichtlichen Kosten OLG Jena, LZ 14, 842.

Der nach § 1042 ZPO zu erlassende Beschluß auf Vollstreckbarkeitserklärung eines Schiedsspruches hat auch über die Kosten des Verfahrens vor dem ordentlichen Gerichte zu entscheiden und ist ein zur Festsetzung dieser Kosten geeigneter Schuldtitel. Hat das Schiedsgericht die im schiedsrichterlichen Verfahren entstandenen Kosten weder im Schiedsspruch, noch durch Nachtragsentscheidung festgesetzt, so können sie auf Grund des Schiedsspruches vom ordentlichen Gericht nicht festgesetzt werden, RG 59, 150; OLG Hamburg Rsp 15, 95; Rsp 19, 17; OLG Kiel Rsp 21, 121; OLG Braunschweig Rsp 25, 242; SeuffA 69, 46; *aM* KG JW 32, 3635[3]; OLG Kiel Rsp 11, 191; vielmehr muß, falls eine Entscheidung des Schiedsgerichts über die Höhe der Kosten nicht erwirkt werden kann, Klage vor dem ordentlichen Gerichte erhoben werden, RG 19, 407.

Wegen der Kostenfestsetzungsbeschlüsse und Vollstreckungsbefehle s. XI und XIII, A. Urkunden aus § 794 Nr. 5 ZPO geben keinen Anlaß zur Kostenfestsetzung, da sie schon an sich auf einen bestimmten Betrag lauten müssen, OLG München, Rsp 15, 9 Nr. 1.

III. Alle Titel, aus denen nach Reichs- oder Landesrecht die Zwangsvollstreckung nach den Regeln der ZPO stattfindet.

Der Vorbehalt des § 801 ZPO bezieht sich auf bestehende wie auf künftige Landesgesetze (Mot. 421) und läßt für die Vollstreckung aus solchen Titeln selbst abweichende landesgesetzliche Vorschriften zu, gleichviel, ob es sich um die Vorbereitung oder um die Durchführung der Vollstreckung handelt. Rechtswirksamkeit haben derartige Landesgesetze nur in dem betreffenden Lande selbst, abgesehen von der den Ländern nach GVG §§ 157ff. untereinander obliegenden Rechtshilfe. Aus Schuldtiteln aber, die nach Landesrecht im Gebiet eines deutschen Landes nach den Vorschriften der ZPO vollstreckbar sind, kann auch im übrigen Reichsgebiet vollstreckt werden, VO v. 15. 4. 1937 (RGBl I 466); die Kostenfestsetzung auf Grund solcher Schuldtitel wirkt daher für das gesamte Reichsgebiet. In dem Verfahren wegen Nichtigkeitserklärung oder Zurücknahme eines Patentes ist die ergangene Entscheidung der Schuldtitel. §§ 40, 42 des Patentges. v. 5. 5. 1936. Die Kostenfestsetzung erfolgt nach den Vorschriften der ZPO. Auf Antrag des Gläubigers hat das Patentamt das für den Schuldner zuständige Amtsgericht zu ersuchen, den Kostenfests.Beschluß des Patentamts mit der Vollstreckungsklausel zu versehen. Das Amtsgericht muß diesem Ersuchen entsprechen. RG 64, 179[1]). Vgl. unten Anm. C zu § 91 RAGO. In ähnlicher Weise hat das Amtsgericht die Kostenentscheidungen und Kostenfestsetzungen ausländischer Gerichte durch Beschluß für vollstreckbar zu erklären, Art. 18, 19 des Haager Abkommens über den Zivilprozeß v. 17. 7. 1905; § 5 des dazu erlassenen AusfGes v. 5. 4. 1909; Art. 3 des deutsch-österreichischen Rechtshilfevertrags (Ges v. 6. 3. 1924, RGBl II 55); AVdRJM v. 6. 4. 1938 DJ 532; deutsch-schweizerisches VollstrAbk v. 2. 11. 1929 (RGBl 1930 II 1065); deutsch-italienisches VollstrAbk v. 9. 3. 1936 (RGBl 1937 II 145) — Anwendung in Österreich Bek. v. 23. 8. 1938 (RGBl II 426); vgl. Jonas Anhang zu § 723

[1]) Die Vollstreckungsklausel für Kostenfestsetzungsbeschlüsse des Reichsgerichts als Berufungsgericht im Patentstreitverfahren wird von der Geschäftsstelle des Patentsenats des Reichsgerichts erteilt; RG MuW 30, 489.

Anm. III, Jonas DJ 37, 888; Art. 16, 17 des deutsch-griechischen Rechtshilfeabkommens (VO v. 31. 5. 1939, RGBl II 847, Bek. v. 28. 6. 1939, RGBl. II 848).

2. Die Parteien.

1. Auf die Prozeßparteien ist die Kostenfestsetzung nicht beschränkt. Wie in Zwischenstreiten mit dritten Personen Kostenentscheidungen ergehen, die einen zur Festsetzung geeigneten Titel bilden, und nach §§ 89, 102 ZPO Dritte zur Kostenerstattung verpflichtet sein können, so findet auch die Festsetzung diesen Dritten gegenüber statt. Sie ist auch sonst gegenüber dritten Personen zulässig, z. B. wenn ein Vergleich mehrere Prozesse erledigt, OLG München Rsp 23, 128 (vgl. aber unten Abschnitt III Ziff. 2) oder gegenüber einem Zeugen, der an dem Prozeßvergleiche der Hauptparteien teilgenommen und dabei Kosten des Rechtsstreits übernommen hat, LG Plauen ZZP 24, 258; OLG Jena, ZZP 26, 533; *aM* OLG Hamburg SeuffA 54, 642.

2. Berechtigt zu dem Gesuch um Kostenfestsetzung ist nach § 103 ZPO lediglich die obsiegende Partei. Dem Kostenschuldner steht ein Antragsrecht nicht zu, obschon auch für ihn die Kostenfestsetzung wesentliche Bedeutung haben kann, z. B. wenn die Erben der in die Prozeßkosten verurteilten Partei zum Zwecke der Nachlaßteilung den Betrag der Kostenschuld ihres Erblassers wissen wollen. Und wenn auch im Falle der Kostenteilung nach Quoten (§ 106 ZPO) ausdrücklich jeder Partei, auch dem schließlichen Kostenschuldner, das Antragsrecht beigelegt ist, so muß doch hier das Antragsrecht des Kostenschuldners verneint werden, weil für ihn keine Möglichkeit besteht, die obliegende Partei zu veranlassen, ihren Kostenanspruch zu verfolgen. Dies gilt auch dann, wenn der Kostenschuldner behauptet, dem obsiegenden Teile zuviel gezahlt zu haben, OLG München, Rsp 20, 310. Solche Einwendungen sind mit der Vollstreckungsgegenklage aus § 767 ZPO geltend zu machen.

3. Das Antragsrecht steht dem in dem Titel genannten Gläubiger zu. Dritte, die zur Vollstreckung aus dem Titel befugt sind, z. B. Rechtsnachfolger, können die Festsetzung erst betreiben, nachdem ihnen die Vollstreckungsklausel erteilt worden ist, da hier die Vollstreckungsklausel den Titel für sie überhaupt erst vollstreckbar macht, §§ 727ff. ZPO. Wer sich den Kostenerstattungsanspruch aus dem Urteile hat pfänden und überweisen lassen, soll nach KG Rsp 13, 113 mit Rücksicht auf § 265 ZPO die Festsetzung nicht für sich begehren können. Danach würde aber der Pfändung und Überweisung der Rechte aus dem Festsetzungsbeschlusse nichts im Wege stehen. Drittschuldner ist die Partei oder der Dritte, denen in dem Titel die Kosten auferlegt worden sind, oder der, gegen den der Titel gemäß der Vollstreckungsklausel vollstreckbar ist. Nach KG JW 34, 495[1]; 35, 1041[6] ist zu dem Antrag auf Kostenfestsetzung ausschließlich die in dem Kostentitel bezeichnete Partei befugt; weder eine Abtretung noch eine Pfändung und Überweisung des Erstattungsanspruchs ist in dem Festsetzungsverfahren zu beachten, bevor nicht eine Umschreibung des Vollstreckungstitels selbst auf den Zessionar oder den Pfandgläubiger stattgefunden hat. Dagegen Jonas JW 35, 1641[21]. Die Pfändung des Kostenerstattungsanspruchs durch ein unzuständiges Gericht soll nach OLG Stettin JW 32, 1587[25] unwirksam sein.

Ist eine Partei vor Stellung des Kostenfestsetzungsantrags, aber nach Rechtskraft des Urteils oder, wenn es sich um ein vorläufig vollstreckbares Urteil handelt, nach dessen Verkündung gestorben, so bedarf es zur Kostenfestsetzung nicht der Aufnahme des Verfahrens, vielmehr ist das Festsetzungsgesuch unter Nachweis der Rechtsnachfolge von den Erben oder gegen die Erben einzureichen. Eine Vollstreckungsklausel für oder gegen die Erben ist in diesem Falle zur Kostenfestsetzung nicht erforderlich. Denn zur Festsetzung der Kosten bedarf es zwar der Vollstreckbarkeit, aber keiner Vollstreckungsklausel. Über die Folge des Todes des erstinstanzlichen Prozeßbevollmächtigten vor Zustellung des Kostenfestsetzungsbeschlusses s. unten Abschnitt IX.

4. Der Ehemann, der in dem Rechtsstreit als Beistand der Ehefrau neben ihr auftritt oder als Beistand geladen wurde, kann unter Umständen als Partei angesehen werden (RG Gruch 39, 112 und 1120) und darf dann die Kostenfestsetzung beantragen. In der Regel aber bedeutet der Zusatz „im Beistande des Ehemanns" nicht, daß er Partei sein soll, sondern nur, daß der Prozeß mit seiner Zustimmung geführt wird, RG 60, 85ff.; JW 03 (Beil.) 147[320]; Gruch 50, 1090ff. Das Recht des Ehemanns, die ihm in Prozessen gegen die Ehefrau erwachsenen Kosten ihr gegenüber festsetzen zu lassen, wird durch die Vorschriften des bürgerlichen Rechtes, nach denen gewisse der Ehefrau erwachsene Kosten von ihm zu tragen sind (BGB § 1387), nicht ausgeschlossen, RG JW 97, 207[9]; *aM* OLG Braunschweig SeuffA 54, 93. Auch die von ihm erforderten Gerichtskosten kann der Ehemann von der unterlegenen Frau erstattet verlangen, KG; OLG Hamburg Rsp 20, 309; 29, 55. Wegen der Vorschüsse an die Frau s. unten Abschnitt IV Ziff. II B 2. Der Konkursverwalter darf die vom Gegner zu erstattenden Kosten auch nach der Beendigung des Konkursverfahrens festsetzen lassen, OLG Köln RheinArch 94 I 174; BayOLG JW 18, 103[1]. Über Kostenentscheidung und Kostenfestsetzung bei Unterliegen des in den Prozeß eingetretenen Konkursverwalters vgl. Gaedeke JW 39, 733. Die im Urteil ausgesprochene Beschränkung der Haftung der Erben braucht in den Kostenfestsetzungsbeschluß nicht aufgenommen zu werden, wenn sämtliche Kosten in der Person der Erben entstanden sind, OLG Jena ZDJ 11, 209, da für die Prozeßkosten die Erben dann unbeschränkt haften, RG ZDJ 12, 34; Recht 11 Nr. 3923; KG Rsp 20, 301; OLG Braunschweig ZDJ 10, 189.

5. Die Bewilligung des Armenrechts hat auf die Verpflichtung zur Erstattung der dem Gegner erwachsenen Kosten keinen Einfluß, ZPO § 117. Der Gegner ist also nicht gehindert, gegen die arme Partei die Kostenfestsetzung nachzusuchen, OLG Karlsruhe Rsp 39, 47. Andererseits kann auch die arme Partei von dem unterlegenen Gegner Erstattung der Kosten verlangen, ohne daß sie die Zahlung von Kosten, insbesondere von Anwaltsgebühren, nachzuweisen braucht, OLG Stettin JW 32, 674[28]; KG JW 35, 1102[1]. Jonas § 104 A I, 3 verlangt mit Recht Nachweis der Zahlung der Gerichtskosten, für die der Gegner der Gerichtskasse haftet, da dieser sonst der Gefahr der doppelten Zahlung ausgesetzt würde. Soweit die Anwaltskosten aus der Reichskasse erstattet worden sind, kann die Partei nicht mehr ihre Erstattung vom Gegner verlangen, da ihre Inanspruchnahme durch den RA insoweit nicht mehr stattfinden kann und ihr Erstattungsanspruch auf die Reichskasse übergegangen ist.

6. a) Eine Ausnahme von der Regel, wonach der Prozeßbevollmächtigte nur namens der von ihm vertretenen Partei den Kostenfestsetzungsantrag stellen darf, besteht für den gemäß ZPO § 115, RAO § 39, der armen Partei beigeordneten RA. Dieser (als Prozeßbevollmächtigter, Hauptbevollmächtigter, Unterbevollmächtigter, Beweisanwalt oder Verkehrsanwalt bestellte) Rechtsanwalt ist nach ZPO § 124 berechtigt, seine ihm zustehende Gebühren- und Auslagenforderung von dem in die Prozeßkosten verurteilten, also der armen Partei erstattungspflichtigen Gegner als eigenen Anspruch beizutreiben.

ZPO § 124. Die für die arme Partei bestellten Gerichtsvollzieher und Rechtsanwälte sind berechtigt, ihre Gebühren und Auslagen von dem in die Prozeßkosten verurteilten Gegner beizutreiben.

Eine Einrede aus der Person der armen Partei ist nur insoweit zulässig, als die Aufrechnung von Kosten verlangt wird, welche nach der in demselben Rechtsstreit über die Kosten erlassenen Entscheidung von der armen Partei zu erstatten sind.

Wenn auch § 124 ZPO von dem „verurteilten" Gegner spricht, so findet er doch auch bei anderen zur Kostenfestsetzung geeigneten Titeln, z. B. Vergleichen, OLG Zweibrücken, Recht 06, 1142, Anwendung. Darüber, ob § 124 ZPO eine gesetzliche Zession des Kostenerstattungsanspruchs der armen Partei an ihren RA begründet oder dem RA ein selbständiges Recht auf Kostenerstattung neben dem Rechte der Partei selbst verleiht oder ihm ein pfandähnliches Recht gewährt, besteht Streit; vgl. über die Streitfrage OLG Kiel Rsp 29, 64; OLG Darmstadt Rsp 35, 48; OLG Jena ZZP 31, 334; OLG Breslau JW 31, 2382[19]; KG JW 32, 254. Das RG vertritt die zweite Meinung, Gruch 45, 652. Auszugehen ist davon: Erstattungsberechtigt ist nach dem Titel die Partei; der RA steht wegen seiner Gebühren und Auslagen nur mit der armen Partei in Rechtsbeziehungen, der er aber seine Dienste vorläufig unentgeltlich zu leisten hat. Damit er nun beim Obsiegen der armen Partei die Möglichkeit hat, unmittelbar die Vergütung zu erhalten, die ihm als Wahlanwalt der Partei zustehen würde, ist die Vorschrift des § 124 ZPO aufgenommen worden. Danach hat er das Recht, gegen den Gegner selbständig seine Gebührenforderung beizutreiben. Dieses Recht hat jedoch seinen Ursprung in dem Erstattungsanspruch der armen Partei. Die Folge davon ist, daß sein Recht nicht weiter geht als das der armen Partei und in seinem Bestande abhängig ist von dem Fortbestehen des Erstattungstitels der armen Partei. Andrerseits genießt es aber auch dessen Vorteile, so daß es auch das Pfandrecht der Partei, das dieser z. B. an einer

Prozeßkostensicherheit (§ 110 ZPO) zusteht, mit umfaßt, RG 126, 180; SchweizBundesG JW 35 3000[113]. Ferner kann der Armenanwalt seine Gebühren und Auslagen gemäß § 124 ZPO auch von einem kostenpflichtigen, ebenfalls armen Gegner beitreiben; denn nach § 117 ZPO hat die Bewilligung des Armenrechts auf die Verpflichtung zur Erstattung der Kosten keinen Einfluß, die der obsiegenden Partei erwachsen sind, und dies gilt sinngemäß auch für das Beitreibungsrecht des Armenanwalts der obsiegenden Partei. Das Recht aus § 124 ZPO wird nicht dadurch berührt, daß bei Erlaß der vollstreckbaren, den Gegner in die Kosten verurteilenden Entscheidung der armen Partei das Armenrecht und dem Armenanwalt die Vollmacht entzogen war; *aM* OLG Dresden JW 33, 552[50]. Das Armenrecht des Berufungsklägers erstreckt sich ohne weiteres auf die Verteidigung gegen selbständige Berufung oder Anschlußberufung der anderen Partei. Ist aber eine ausdrückliche Ablehnung des vom Berufungskläger nachgesuchten Armenrechts für die Verteidigung gegen die Berufung der Gegenseite erfolgt, so besteht kein Beitreibungsrecht aus § 124 ZPO, KG JW 35, 796[10]. Das Recht aus § 124 ZPO geht auf die Erben des RA über, OLG Darmstadt JW 17, 54[4].

b) Es kann also die arme Partei die Kostenfestsetzung betreiben, oder der RA kann dies in ihrem Namen tun, ohne daß der Nachweis von Zahlungen der armen Partei erforderlich ist (s. oben Nr. 5), oder der RA kann die Kostenfestsetzung im eigenen Namen betreiben. In diesem Falle kann er dann auch im Kostenfestsetzungsverfahren im eigenen Namen Rechtsmittel einlegen. Die auf den Namen der armen Partei festgesetzten Kosten hat der Gerichtsvollzieher gebührenfrei beizutreiben, LG Hagen JW 37, 1656[23]; LG Berlin JW 37, 3053[50]. Läßt der Armenanwalt die Kosten aber auf seinen Namen festsetzen, muß er für die Gerichtsvollzieherkosten aufkommen, Schumacher JW 36, 3516.

KG JW 37, 566[36] stellt Grundsätze zusammen, die nachstehend im wesentlichen wiedergegeben und durch Angabe der Entscheidungen anderer Gerichte ergänzt werden:

1. Das Recht der armen Partei, die Festsetzung im eigenen Namen zu betreiben, wird durch das Beitreibungsrecht des Armenanwalts aus § 124 ZPO nicht berührt (KG JW 35, 797[16]; *aM* OLG Hamm HRR 36 Nr. 564: nur mit Genehmigung des Armenanwalts). Die Pfändung des Erstattungsanspruchs der armen Partei durch ihren Gläubiger ist dem Armenanwalt gegenüber wirksam, KG JW 38, 3259[42]; *aM* OLG Stettin JW 32, 1587[25].

2. Ein Antrag des Armenanwalts aus § 124 ZPO liegt nur vor, wenn der Armenanwalt ausdrücklich im eigenen Namen den Festsetzungsantrag stellt. Andernfalls gilt er als im Namen der Partei gestellt (KG JW 35, 797[16]; vgl. auch OLG Stuttgart JW 34, 1195[34]; OLG Jena JW 34, 2498[18]).

3. Die arme Partei und der Armenanwalt können unabhängig voneinander (aber nicht nebeneinander) die Festsetzung der Kosten betreiben (KG JW 35, 797[16]).

4. Ist vom Armenanwalt die Festsetzung auf den Namen der armen Partei erfolgt, muß er Zahlung und Aufrechnung gegen sich gelten lassen (RG JW 34, 2497[15]).

5. Der Erstattungsschuldner kann mit der von Amts wegen erfolgten Zustellung des zu 4 beantragten Kostenfestsetzungsbeschlusses die Kostenforderung tilgen (KG JW 36, 56[25]).

6. Der Armenanwalt kann mit dem Antrage aus § 124 ZPO jede solche Verfügung der Parteien hindern (RG JW 34, 239[2]).

7. Gegen den Willen des Armenanwalts kann zwar die arme Partei die Kostenfestsetzung betreiben, jedoch das Recht des Armenanwalts aus § 124 ZPO nicht beeinträchtigen (KG JW 30, 183[32]). Die arme Partei kann den Kostenerstattungsanspruch zur Aufrechnung benutzen, falls der Armenanwalt zustimmt, KG DR 40, 120[22].

8. Der Armenanwalt kann den auf den Namen der armen Partei erwirkten Kostenfestsetzungsbeschluß auf seinen Namen umschreiben lassen, wenn keine Verwirrung daraus zu besorgen ist (KG JW 33, 2344[5]; 36, 56[25]; 38, 3261[43]; ObG Danzig DanzJZ 38, 12) auch im Wege der Erinnerung und sofortigen Beschwerde, KG JVBl 33, 170; *aM* OLG Düsseldorf JVBl 34, 23.

9. Keine Umschreibung, wenn inzwischen Zahlung oder Aufrechnung erfolgt (RG JW 34, 239[2]; vgl. auch LG Schweinfurt JW 31, 1854[10]; OLG Jena JW 34, 2498[18]; OLG Düsseldorf JW 34, 2713[5]; OLG Naumburg JW 36, 135[45]; OLG Braunschweig JW 36, 3077[54]; nach OLG Breslau JW 31, 2382[19]; 34, 3009[13] ist jedoch die Umschreibung zulässig, und die Einrede der Zahlung oder Aufrechnung mit der Vollstreckungsgegenklage geltend zu machen). Der Kostenpflichtige ist vor der Umschreibung zu hören; eine von ihm darauf erklärte Aufrechnung ist unbeachtlich, KG JW 39, 648[45]; OLG Dresden HRR 39 Nr. 1257.

10. Festsetzung nach § 124 ZPO kann auch nach zuvoriger rechtskräftiger Festsetzung auf den Namen der Partei erfolgen, wenn der Kostenfestsetzungsbeschluß unter Verzicht auf die Rechte aus demselben zurückgegeben wird, und der Erstattungsschuldner die Forderung noch nicht getilgt hat (KG JW 36, 3586). Abzulehnen ist OLG Breslau HRR 39 Nr. 112, wonach, wenn die Kosten zunächst für die Partei rechtskräftig festgesetzt sind und dann erneut für den Armenanwalt der Partei festgesetzt werden, ein Kostenansatz, der bereits in dem ersten rechtskräftigen Beschluß berücksichtigt war, nicht mehr durch Erinnerung gegen den späteren Beschluß bemängelt werden kann.

11. Keine „Berichtigung" des auf den Namen der armen Partei erwirkten Kostenfestsetzungsbeschlusses auf den Namen des Armenanwalts (KG JW 36, 889[36]). Berichtigung nur, wenn Versehen des Urkundsbeamten (RG JW 34, 239[2], 2083[3]; OLG Dresden JW 35, 806[46]; SächsA 39, 166).

Der Armenanwalt zweiter Instanz verliert das Recht der Kostenfestsetzung auf seinen Namen, wenn der Rechtsanwalt erster Instanz, der von ihm mit der Kostenfestsetzung „für ihn" beauftragt war, nicht ausdrücklich Kostenfestsetzung auf den Namen des Anwalts zweiter Instanz beantragt hat, und der Kostenfestsetzungsbeschluß infolgedessen auf den Namen der armen Partei erlassen ist, und der Gegner an diese gezahlt hat, OLG Düsseldorf JW 35, 551[8]. Der Armenanwalt kann seine Rechte aus § 124 ZPO durch passives Verhalten verlieren, OLG Köln JW 36, 1307[39].

Nach der Pfändung des Kostenerstattungsanspruchs ist eine Umschreibung der Vollstreckungsklausel auf den Armenanwalt nicht zulässig, KG JW 38, 3259[42]; *aM* OLG Stettin JW 32, 1587[25].

c) Hat der Armenanwalt die Kosten für sich festsetzen lassen, kann nicht eine nochmalige Festsetzung seiner Kosten erfolgen, wenn sie die arme Partei oder der RA für sie beantragt; denn der AA, der allein materiell an der Festsetzung dieser Kosten beteiligt ist, hat seinen vollstreckbaren Titel bereits erlangt. Wird dagegen die Festsetzung zunächst von der Partei oder vom AA für sie betrieben, so hat der AA die Möglichkeit, den Titel oder die Vollstreckungsklausel auf sich umschreiben zu lassen (s. zu b). Dadurch, daß er die Festsetzung für die Partei betrieben hat, verliert er dieses Recht nicht, da er hiermit nicht auf seine Rechte aus § 124 ZPO verzichtet hat, KG JW 32, 254.

Hat die arme Partei vor der Beiordnung des AA selbst noch andere Kosten und Auslagen gehabt, so wird ihr Festsetzungsanspruch in deren Höhe von § 124 ZPO nicht berührt. Der Armenanwalt kann keine Festsetzung aus § 124 ZPO hinsichtlich der Kosten anderer von der Partei zugezogener Anwälte betreiben, OLG Kiel JWBl 36, 287.

Die auf den Namen des Armenanwalts ausgestellte vollstreckbare Ausfertigung des Kostenfestsetzungsbeschlusses darf nachträglich auf den Namen der armen Partei umgeschrieben werden, KG JW 32, 3647[25].

Nach Übergang des Erstattungsanspruchs des Armenanwalts auf die Reichskasse kann weder die arme Partei noch der Armenanwalt gegen den Willen der Reichskasse die Kostenfestsetzung betreiben, KG JW 35, 1044[15]. Wegen des Zusammentreffens mehrerer AA oder eines AA und eines Wahlanwalts s. unten zu Nr. 8.

d) Solange über die Kostentragung nicht endgültig durch rechtskräftiges Urteil oder Vergleich entschieden ist, bleibt das Beitreibungsrecht des AA davon abhängig, wie die Kostentragung endgültig geregelt werden wird. Die arme Partei kann aber über die Ansprüche aus § 124 ZPO auch vor deren endgültiger Entstehung nicht frei verfügen — etwa durch Abtretung an dritte Personen —, sondern nur durch prozessuale Mittel — Vergleich, Prozeßverzicht u. a. — die Entstehung beeinflussen, OLG Köln JW 36, 1307[39]; KG JW 36, 2165[53]. Das Beitreibungsrecht des Armenanwalts kann ihm nach Rechtskraft des Urteils nicht mehr durch einen Vergleich der Parteien über die Kosten genommen werden, KG JW 34, 1798[3]. Fällt der Titel weg, so hat der AA die auf Grund eines vorläufig vollstreckbaren Urteils bereits gezahlten Kosten nach § 717 Abs. 2 ZPO zu erstatten. Der Armenanwalt, der nach Obsiegen des Arrestklägers seine

Kosten nach § 124 ZPO gegen den Arrestbeklagten hat festsetzen lassen und von ihm bezahlt erhalten hat, kann, wenn nach Unterliegen seiner Partei im Hauptprozeß und Aufhebung des Arrests im Aufhebungsverfahren die Kosten des Aufhebungsverfahrens nach § 93 ZPO dem Arrestbeklagten auferlegt worden sind, weil der Arrestkläger zur Stellung des Aufhebungsantrages keinen Anlaß gegeben hatte, nicht nochmals Festsetzung seiner Kosten nach § 124 ZPO deshalb verlangen, weil der Arrestbeklagte nach § 945 ZPO Rückzahlung der auf Grund der früheren Festsetzung gezahlten Kosten verlangen könnte, solange eine Rückzahlung nicht erfolgt ist, OLG Dresden DR 39, 888[20] = HRR 39 Nr. 529. Wenn aber der Armenanwalt die Kosten namens der Partei festsetzen läßt und vom Gegner beitreibt, so kann er, wenn die Kostenentscheidung aufgehoben wird, vom Reich seine Armenanwaltsgebühren fordern; er kann gegenüber dem Rückforderungsanspruch der Partei mit einer Gegenforderung (aus früherer Anwaltstätigkeit) aufrechnen und ist persönlich zur Rückerstattung der vom Prozeßgegner bezahlten Kosten an diesen nicht verpflichtet, OLG Düsseldorf JW 31, 2047[24]; LG Leipzig JW 35, 1728[77]; *aM* zum letzten Punkt OLG Hamburg JW 32, 672[25]; OLG Frankfurt JW 28, 752[40].

e) Einreden aus der Person der armen Partei läßt § 124 Abs. 2 ZPO nur insoweit zu, als die Aufrechnung von Kosten verlangt wird, die nach der Kostenentscheidung von der armen Partei zu erstatten sind. Dies bedeutet, daß, wenn nach der Kostenentscheidung des Titels die arme Partei dem Gegner Kosten zu erstatten hat, dies dem Festsetzungsantrag des Armenanw. entgegengehalten werden darf. Schon hieraus folgt, daß bei einer Festsetzung aus § 124 ZPO das Verfahren des § 106 ZPO nicht auszuschließen ist. Die Aufrechnungseinrede aus § 124 Abs. 2 ZPO kann nur im Kostenfestsetzungsverfahren, nicht durch Vollstreckungsgegenklage aus § 767 ZPO geltend gemacht werden, KG JW 36, 3587[53]; *aM* LG Leipzig JW 38, 1192[51]. Dagegen sind andere Einreden aus der Person der armen Partei dem Gegner versagt. Hierunter fallen die Einreden des Gegners gegen die arme Partei, z. B. daß die Erstattungsforderung durch Zahlung oder Aufrechnung erloschen sei. Solche Einreden sind nicht im Kostenfestsetzungsverfahren, sondern nur auf Vollstreckungsgegenklage aus § 767 ZPO zu prüfen. Betreibt der Anwalt der obsiegenden Partei gemäß § 124 ZPO die Kostenfestsetzung gegen den unterlegenen Ehemann, so können Prozeßkostenvorschüsse, die dieser an den Anwalt seiner Frau geleistet hat, dem Erstattungsantrag nicht entgegengehalten werden. Dem Anwalt der Ehefrau kann aber ein Anspruch auf Erstattung erstinstanzlicher Gerichtskosten (infolge Aufhebung der Kosten gegeneinander) entgegengehalten werden, OLG Naumburg JW 36, 3327[30]. Auch vergleichsweise übernommene Kostenteile sind bei der Kostenfestsetzung des Armenanwalts zu berücksichtigen und können dem Armenanwalt gemäß § 124 Abs. 2 ZPO entgegengehalten werden, KG JW 36, 3587[53]. Der Beitreibungsanspruch des Armenanwalts aus § 124 ZPO verjährt in 30 Jahren, KG JW 38, 2488[27] = JVBl 39, 79 (Hemmung der Verjährung während der Dauer der Armenrechtsbewilligung); die Einrede der Verjährung ist durch Vollstreckungsgegenklage aus § 767 ZPO geltend zu machen, OLG Kiel JW 36, 2808[32]; Bach JW 38, 2489 Nr. 3. Eine Verwirkung des Beitreibungsanspruchs ist, wenn überhaupt, nur ausnahmsweise denkbar, KG und Bach JW 38, 2488 ff.

Der Armenanwalt ist berechtigt, eine ihm auf seine Kostenforderung aus der Reichskasse geleistete Zahlung zunächst auf den Teil seiner Kosten anzurechnen, für die die Gegenpartei nicht haftet. Der ihm danach verbleibende Erstattungsanspruch geht dem auf die Reichskasse übergegangenen Erstattungsanspruch auch dann vor, wenn die Reichskasse wegen ihres Anspruchs die Gegenpartei schon in Anspruch genommen hat, OLG Dresden JW 33, 550[48]; OLG Naumburg JW 33, 2347[11].

Ein der armen Partei im Urteil auferlegter oder von ihr im Vergleich übernommener fester Kostenbetrag mindert zwar den Kostenerstattungsanspruch der armen Partei und ihres Armenanwalts aus § 124 ZPO; jedoch ist die Endsumme festzusetzen bis zur Höhe des Unterschieds zwischen den gesetzlichen und den aus der Reichskasse erstatteten Gebühren, Schneider JW 34, 1252 (gegen KG JW 34, 1252[3]); KG JW 36, 2166[54]. Beispiel: Kosten hat Beklagter übernommen, mit Ausnahme von 120 RM, die Kläger zu tragen hat.

Gesetzliche Gebühren des Armenanwalts des Klägers	340 RM,
Kläger muß tragen	120 „ ,
verbleiben	220 RM.
Der Armenanwalt des Klägers hat auf seine Gebühren von	340 „
aus der Reichskasse erhalten	160 „ ,
also sind ungedeckt	180 RM.
Demnach sind von dem Rest von	220 „
festzusetzen	180 „
und der Reichskasse stehen nach § 5 AAGes gegen (den armen Kläger und) Beklagten zu	40 „ ,
sowie gegen den armen Kläger	120 „ ,
	160 RM.

Siegt der vom Armenanwalt vertretene Streitgenosse ob, so kann der Armenanwalt vom Gegner Erstattung der vollen Gebühren gemäß § 124 ZPO fordern, OLG Hamburg JW 33, 553; *aM* KG Rsp 13, 120; JW 38, 1193[52]; OLG Dresden DR 39, 1462[30].

Der Erstattungsanspruch besteht insoweit nicht mehr, als er durch Zahlung der Reichskasse auf diese übergegangen ist. Da das Recht des zugeordneten RA nicht weiter geht, als ein Kostenerstattungsanspruch der armen Partei besteht, kann der RA nur die Festsetzung der nach § 91 ZPO erstattungsfähigen Kosten verlangen, RG 15, 395. Das Verfahren und die Rechtsbehelfe sind dieselben wie in § 104 ZPO.

7. Nach § 5 des Ges v. 20. 12. 28 (RGBl. I 411) geht der Anspruch des RA, soweit ihm wegen seiner Gebühren und Auslagen ein Anspruch gegen die von ihm vertretene Partei oder einen ersatzpflichtigen Gegner zusteht, mit der Erstattung seiner Gebühren aus der Reichskasse in Höhe des erstatteten Betrags auf diese über. Die Höhe des aus der Reichskasse zu erstattenden Betrags ergibt sich aus § 1 des Ges. Das Verfahren ist in der AV v. 7. 10. 35 (DJ 35, 1474 = JW 35, 3024) geordnet. Dem RA steht die Wahl offen, ob er zunächst die Erstattung seiner Gebühren aus der Reichskasse beantragen oder, sofern er die obsiegende Partei vertreten hat, die Festsetzung für die arme Partei nach § 103 ZPO oder für sich selbst nach § 124 ZPO gegen den erstattungspflichtigen Gegner betreiben will. Das Gesuch um Festsetzung des aus der Reichskasse zu erstattenden Betrags ist an die Geschäftsstelle des Gerichts der Instanz, das Gesuch aus den §§ 103, 124 ZPO an die Geschäftsstelle des Gerichts erster Instanz zu richten. Über die Festsetzung der aus der Reichskasse zu erstattenden Armenanwaltsgebühren und die Rechtsmittel s. unten XIV.

8. a) Sind der armen Partei mehrere Armenanwälte nacheinander beigeordnet worden, so hat jeder von ihnen den Erstattungsanspruch gegen die Reichskasse, und jeder von ihnen hat die Befugnisse aus § 124 ZPO; KG JW 30, 179[29]. Der Festsetzungsanspruch aus § 124 ZPO ist also nicht dadurch bedingt, daß die Bestellung zum AA noch fortdauert. Ein Wechsel in der Person des Armenanwalts berührt weder den Anspruch des ersten Armenanwalts gegen die Reichskasse noch sein Recht aus § 124 ZPO, KG JW 35, 798[21]. Jedoch kann der Armenanwalt, der den Wechsel in der Person des Armenanwalts verschuldet, dadurch sein Beitreibungsrecht aus § 124 ZPO insoweit verlieren, als es für seinen Nachfolger erwächst, KG JW 35, 1799[37]; OLG Naumburg JW 35, 1803[39]. Betreibt im Falle eines Anwaltswechsels der später bestellte Armenanwalt aus § 124 ZPO die Kostenfestsetzung seiner Gebühren und Auslagen gegen den unterlegenen Gegner, so ist die Frage nach der Notwendigkeit des Anwaltswechsels auch dann zu prüfen, wenn die Gebühren und Auslagen des erstbestellten Anwalts noch nicht zur Festsetzung angemeldet sind, KG JW 35, 2587[43]. Hat die Gegenpartei nach § 91 ZPO nur die Kosten eines Anwalts zu erstatten, so schließt die Festsetzung der Gebühren und Auslagen zugunsten eines Armenanwalts nach § 124 ZPO die Festsetzung der gleichen Gebühren auf den Namen des anderen Armenanwalts aus; dieser ist auch nicht berechtigt, gegen den auf den Namen des ersten AA erlassenen Kostenfestsetzungsbeschluß ein Rechtsmittel einzulegen, OLG Dresden JW 38, 1911[59].

b) War die Partei außer durch den AA noch durch einen Wahlanwalt vertreten, so gilt auch hier der Grundsatz, daß der Gegner die Kosten mehrerer RAe nur insoweit zu erstatten hat, als sie zur zweckentsprechenden Rechtsverfolgung notwendig waren.

9. Der für die arme Partei bestellte Gerichtsvollzieher kann wegen seiner Gebühren und Auslagen, solange ihm die Reichskasse nichts erstattet hat, gegen den erstattungspflichtigen Gegner die Kostenfestsetzung gemäß § 124 ZPO betreiben, LG Berlin JW 38, 2770[52]; *aM* Jonas ZPO § 124 V.

10. Der § 124 ZPO gilt entsprechend für den einer armen Partei zu ihrer Beratung und zur Unterstützung des Rechtsanwalts beigeordneten Patentanwalt, § 1 Abs. 2 Ges. v. 5. 2. 38 (RGBl I 116; oben unter I E abgedruckt).

11. Ferner gilt § 124 ZPO für den im Armenrecht beigeordneten jüdischen Konsulenten, vgl. §§ 12, 14 der 5. VOzRBürgerG v. 27. 9. 38 (RGBl I 1403); abgedruckt unten Abschnitt IV 2. Einzelfälle 16d).

3. Form und Inhalt des Gesuchs.

Das Kostenfestsetzungsverfahren kann auf zwei verschiedenen Wegen in Gang gesetzt werden.

1. Die obsiegende Partei reicht ein Gesuch an den UrkB des Prozeßgerichts erster Instanz ein, in dem die sie „Festsetzung der Kosten" beantragt, § 103 ZPO. Eine besondere Form für das Gesuch ist nicht vorgeschrieben. Daher kann es, ebenso wie jedes andere an den UrkB zu richtende Gesuch, nicht nur schriftlich angebracht, sondern auch vor ihm zu Protokoll erklärt werden, Begr 26. Es ist niemals, auch nicht im Anwaltsprozesse, dem Anwaltszwang unterworfen, ZPO § 78 Abs. 2. Wegen der sich daraus für den Fall der Unterbrechung des Verfahrens durch den Tod des Prozeßbevollmächtigten ergebenden Folge s. Abschnitt VII Ziff. 6 g. Dasselbe gilt für die Erklärungen der Parteien, mögen sie schriftlich oder in der etwa angeordneten mündlichen Verhandlung vor dem UrkB erfolgen. Dies ergibt sich ohne weiteres aus § 78 Abs. 2 ZPO, da diese Prozeßhandlungen vor dem UrkB vorgenommen werden. Die Prüfung der Vollmacht von Amts wegen (§ 88 Abs. 2 ZPO) hat auch in den Kostenfestsetzungsverfahren zu erfolgen, die sich an einen Anwaltsprozeß anschließen. Ist dort der im Kostenfestsetzungsverfahren auftretende Rechtsanwalt aber auch im Prozeßverfahren als Bevollmächtigter der Partei aufgetreten, dann ergibt sich die Bevollmächtigung aus dem vorangegangenen Prozeßverfahren. Rügt jedoch der Gegner (gemäß § 88 Abs. 1 ZPO) den Mangel der Vollmacht, dann ist in jedem Falle die Vollmacht gemäß § 80 Abs. 1 ZPO nachzuweisen; ein Nachweis, daß der Rechtsanwalt innerhalb der Erinnerungsfrist bereits schriftliche Vollmacht hatte, ist nicht erforderlich, KG JW 34, 495[1].

Dem Gesuche sind beizufügen:

a) der Schuldtitel, falls er nicht in den Prozeßakten enthalten ist; vorgängige Zustellung des Titels gemäß §§ 724, 750 ist nicht erforderlich;

b) die Kostenberechnung; sie muß die einzelnen Ansätze erkennen lassen. Der Antrag, die ausweislich der Gerichtsakten berechneten Gerichtskosten festzusetzen, soll nach OLG Rostock Recht 07, 895 nicht genügen; in der Praxis wird aus Zweckmäßigkeitsgründen allgemein der Antrag, die aus den Gerichtsakten ersichtlichen Gerichtskosten bei der Kostenfestsetzung hinzuzurechnen, für ausreichend gehalten;

c) die zur Rechtfertigung der einzelnen Ansätze dienenden Belege (s. unten Ziff. 3); die Vorschrift des § 86 Abs. 1 Satz 2 RAGO, wonach die Auslagen des Anwalts nur auf Verlangen im einzelnen aufzustellen und zu belegen sind, gilt nur für das Verhältnis zwischen dem Anwalt und seiner Partei. Im Kostenfestsetzungsverfahren müssen also die Auslagen und die nach § 76 Abs. 2 RAGO besonders in Rechnung gestellten Schreibgebühren belegt werden; für die Auslagen eines RA an Post-, Telegraphen- und Fernsprechgebühren genügt aber die Versicherung des RA, daß diese Auslagen entstanden sind, § 104 Abs. 2 Satz 2 ZPO. Die Versicherung muß ausdrücklich abgegeben werden, die Einsetzung des verlangten Betrages in die dem Festsetzungsgesuch beigefügte Kostenrechnung genügt nicht, LG München JW 25, 843[9]. Die Entstehung der Postauslagen kann nur von dem Anwalt versichert werden, dem sie entstanden sind; der prozeßbevollmächtigte Anwalt kann nicht die Entstehung der Postauslagen des Verkehrsanwalts versichern, KG JW 39, 434[37]; LG Berlin JVBl 37, 364.

d) je eine Abschrift der Kostenberechnung für jeden Gegner. Fehlende Abschriften werden vom UrkB hergestellt, dafür sind die Schreibgebühren nach § 71 GKG zu entrichten. Die Kostenberechnung und ihre Abschriften brauchen weder unterzeichnet noch mit einem Datum versehen zu werden, KG Rsp 15, 95; KGBl 04, 72; 08, 5; OLG Oldenburg Recht 07, 770. Abschriften des Gesuchs und der Belege sind entbehrlich.

2. Nach § 105 Abs. 2 ZPO bedarf es der Anbringung eines ausdrücklichen Festsetzungsgesuchs nicht, wenn die Partei vor der Verkündung des Urteils die Berechnung ihrer Kosten eingereicht hat. Die Berechnung kann im Termin oder außerhalb des Termins, also noch während der Beratung oder bis zur Verkündung des Urteils in einem Verkündungstermine beim UrkB eingereicht werden. Dies ist in amts- und in landgerichtlichen Rechtsstreiten zulässig, aber nur im Verfahren erster Instanz möglich, weil nur der erstinstanzliche UrkB zur Kostenfestsetzung zuständig ist. Eine Abschrift der Kostenberechnung braucht nicht beigefügt zu werden; sie ist von Amts wegen, und zwar nach § 71 KGG gebührenfrei anzufertigen (Begr 56). Die Belege müssen auch in diesem Falle beigefügt werden.

Das mit der Einreichung der Kostenberechnung stillschweigend gestellte Gesuch wird also angebracht, bevor noch die Entscheidung ergangen ist, die die Kostenerstattungspflicht ausspricht. Dieses vorgreifende Gesuch, das natürlich auch ausdrücklich gestellt werden kann, ist erforderlich, um einen Beschluß in der Form des § 105 Abs. 1 ZPO herbeizuführen. Fehlen die Voraussetzungen zur Erlassung eines solchen Beschlusses, so ergeht ein besonderer Kostenfestsetzungsbeschluß, gleichviel in welcher der beiden Arten das Gesuch gestellt ist. War die Kostenberechnung vor der Erlassung des Urteils eingereicht, und fällt darauf die Kostenentscheidung zuungunsten des Einreichenden aus, so wird das Gesuch damit gegenstandslos. Dasselbe gilt, wenn die Kosten in dem ergehenden Urteile nach Quoten verteilt werden, da alsdann der § 105 ZPO nach § 106 Abs. 1 Satz 3 ZPO keine

Anwendung findet. Es muß also in diesem Falle, selbst in amtsgerichtlichen Sachen, noch ein besonderes Gesuch gestellt werden.

Einer Anwendung des § 105 Abs. 2 ZPO auf andere Schuldtitel als Urteile, z. B. Vergleiche, steht nichts im Wege.

3. Zur Berücksichtigung eines Ansatzes genügt, daß er glaubhaft gemacht ist, ZPO § 104 Abs. 2. Die Glaubhaftmachung kann erfolgen durch alle Beweismittel, aber nur soweit die Beweisaufnahme sofort stattfinden kann; Versicherung an Eides Statt ist zulässig, ZPO. § 294. Es ist Sache der Partei, jeden Kostenansatz gleich von Anfang an hinreichend glaubhaft zu machen, anderenfalls ihr Begehren verfahrensrechtlich nicht schlüssig ist; einen Anspruch darauf, vom Gericht darüber erst belehrt zu werden, hat die Partei nicht, RG JW 39, 170[31]; DR 40, 49[47].

Die falsche Bezeichnung eines an sich mit Recht geforderten Gebührenbetrags ist unschädlich.

Da im Kostenfestsetzungsverfahren der Regel nach die Entscheidung ohne mündliche Verhandlung erfolgt, wird sich die Sache praktisch dahin gestalten, daß als Mittel der Glaubhaftmachung Urkunden beigebracht werden, z. B. die Handakten, Gerichtskostenrechnungen, Gebührenrechnungen der Vertreter. Auch die Bezugnahme auf Auskunft der am Orte befindlichen Gerichtskasse muß als genügende Glaubhaftmachung angesehen werden, und es ist Sache des UrkB, diese Auskunft einzuholen. Bezieht sich der die Festsetzung beantragende Rechtsanwalt auf die von ihm überreichten Handakten, so ist es seine Sache, die Handakten dem Gericht mit Blattzahlen versehen einzureichen und die Blätter zu bezeichnen, die als Belege für die einzelnen Ansätze dienen sollen. Beim Zeugen- und Sachverständigenbeweis ist die beurkundete Aussage der Auskunftspersonen, soweit sie sich im Wege der Sicherung des Beweises (ZPO § 485) oder zum Protokoll eines UrkB oder eines Notars beschaffen läßt, beizubringen. Es kann aber auch die schriftliche Versicherung der Auskunftspersonen für ausreichend erachtet werden, RGSt (Pl.) 19, 414, vgl. §§ 377 Abs. 3, 411 ZPO.

Findet mündliche Verhandlung statt, so müssen in dieser die Urkunden vorgelegt und die Auskunftspersonen zur Stelle gebracht werden, Mot 214; RG 10, 322; 14, 438.

Auf jeden in getrennten Prozessen ergangenen Kostenfestsetzungsantrag muß auch ein besonderer Kostenfestsetzungsbeschluß erlassen werden. Eine Verbindung von mehreren Prozessen im Sinne des § 147 ZPO ist im Kostenfestsetzungsverfahren, also nachdem die Urteile bereits erlassen worden sind, nicht mehr zulässig.

4. Zeitpunkt der Einreichung.

Eine bestimmte Frist für die Einreichung des Gesuchs um Kostenfestsetzung ist, abgesehen von den Bestimmungen des § 105 Abs. 2 ZPO für das stillschweigende Gesuch, nicht vorgeschrieben. Sie kann beantragt werden, sobald ihre materielle Voraussetzung, ein vollstreckbarer Schuldtitel, vorhanden, und bleibt zulässig, solange dieser Titel nicht aufgehoben worden ist.

Es sollen alle aus demselben Schuldtitel hervorgehenden Kosten gleichzeitig und auf einmal zur Erstattung berechnet werden, soweit dies möglich ist (Mot 119). Die Kosten einer im Widerspruch damit unnötig beantragten neuen Festsetzung fallen dem Antragsteller insoweit zur Last, als sie die Kosten der einmaligen Festsetzung übersteigen. Da für die Kostenfestsetzung besondere Gerichtskosten nicht entstehen, hat das nur für die Anwaltskosten des Festsetzungsgesuches Bedeutung. Hierbei kommen im wesentlichen die Kostenfestsetzungsgebühren aus § 23 Ziff. 3 RAGebO (nebst Porto für Einreichung der Kostenfestsetzungsanträge und Umsatzsteuer) in Betracht. Bei diesen Kosten handelt es sich um vorbereitende Kosten der Zwangsvollstreckung (KG JW 33, 2018[10]), die nicht nach § 91 Abs. 2 ZPO ohne weiteres, sondern gemäß § 788 Abs. 1 ZPO nur dann zu erstatten sind, wenn ihre Aufwendung notwendig war (vgl. auch KG JW 33, 542[30]; 34, 372[2]). Und das ist zu verneinen, wenn die Kostenfestsetzung statt in mehreren Gesuchen in einem Antrage hätte verlangt werden können. Es wird von der Lage des Einzelfalles abhängen, wie lange die obsiegende Partei mit dem Festsetzungsantrage warten muß, insbesondere ob sie solange warten muß, bis sie von sämtlichen Kosten Kenntnis erhalten und die Belege darüber im Besitze hat. Den Entscheidungen, die allgemein als angemessene Wartezeit in Versäumnissachen die Zeit von zwei Wochen ansehen, LG Potsdam, KGBl 05, 111 oder bei Wechselsachen auch eine kürzere Frist genügen lassen, KG KGBl 07, 45, ist schon deshalb nicht beizutreten, weil die Befolgung vorstehender Grundsätze bei dem Verfahren des § 105 ZPO dazu führen würde, daß die beantragende Partei stets mit den Kosten der nachträglichen Festsetzung belastet würde, wenn man nicht die Festsetzung der von ihr noch zu erfordernden Gerichtskosten zulassen würde (s. darüber unten Abschnitt IV Ziff. I A).

Ein wiederholtes Festsetzungsverfahren ist also unabhängig von der Kostenfrage zulässig, sei es, daß in der Kostenrechnung einzelne Posten übergangen, sei es, daß neue Kosten nachträglich entstanden sind, KG JW 29, 877[24]. Gegenstand der Festsetzung sind die einzelnen Gebühren; daher können nachträglich die vorher nicht erhobenen Forderungen geltend gemacht werden. Als solche sind nicht nur die überhaupt nicht in das Gesuch aufgenommenen Gebühren, sondern auch die vorher nicht geforderten Mehrbeträge anzusehen, KG Rsp 3, 127. Schlösse man die letztgenannten Nachforderungen aus (OLG Naumburg ZZP 24, 260; OLG Hamburg, KG Rsp 5, 469), so könnten sie, da sie durch Rechtsmittel mangels Beschwernis nicht geltend gemacht werden können (RG 35, 428), gar nicht erstattet verlangt werden. Ein rechtskräftig abgelehntes Gesuch kann nicht wiederholt werden; *aM* OLG München Rsp 33, 65 (zulässig, den Antrag auf Festsetzung von Kosten zu wiederholen, die mangels Zahlungsnachweises abgesetzt worden waren).

III. Zuständigkeit.

1. Zuständig für die Festsetzung der Kosten aller Instanzen ist der UrkB des Gerichts erster Instanz, ZPO § 103 Abs. 2. Wenn dieses ein Landgericht ist, setzt sie der UrkB der Kammer fest, die über den Rechtsstreit entschieden hat. Hat die Kammer für Handelssachen entschieden, so ist deren UrkB auch für die Festsetzung der Kosten zuständig. Die Festsetzung durch den UrkB einer anderen Kammer ist aber nicht Entscheidung durch eine unzuständige Gerichtsstelle, da die Vorschriften über die Zuständigkeit sich lediglich auf die Gerichte selbst, nicht auf deren Abteilungen beziehen. Deshalb darf der Kostenfestf.Beschluß nicht schon darum aufgehoben werden, weil er von dem UrkB einer unzuständigen Kammer des an sich zuständigen Gerichts oder einer nach der Geschäftsverteilung nicht zuständigen Abteilung des an sich zuständigen Amtsgerichts erlassen worden ist, RG 47, 380; SeuffA 44, 343. Im Falle der §§ 276, 499d, 506, 697, 700 ZPO hat der UrkB des Gerichts, an das der Rechtsstreit verwiesen worden ist, auch die vorher entstandenen Kosten festzusetzen.

2. Der UrkB des Gerichts erster Instanz ist auch zuständig für die Festsetzung der Kosten eines Arrestes oder einer einstweiligen Verfügung, die das Berufungsgericht erlassen hat (RG Gruch 43, 1247; KG Rsp 17, 124), sowie der Kosten einer Wiederaufnahmeklage, die vor dem Berufungsgericht erhoben wurde, OLG Breslau Recht 04, 169; 07, 515; OLG Hamburg Rsp 17, 125. Im Falle des § 942 ZPO gilt als Gericht 1. Instanz das Gericht, das über die Rechtmäßigkeit der einstweiligen Verfügung entscheidet. Kommt es zu einer solchen Entscheidung nicht, so ist der UrkB des Amtsgerichts für die Kostenfestsetzung zuständig, sofern die einstweilige Verfügung eine Kostenentscheidung enthält, OLG München Rsp 29, 54. Wird in einem gerichtlichen Vergleiche der vor einem anderen Gerichte schwebende Rechtsstreit miterledigt, so sind die Kosten des miterledigten Rechtsstreits durch den UrkB des Gerichts festzusetzen, vor dem der miterledigte Rechtsstreit anhängig war, OLG München Rsp 17, 124; KG KGBl 15, 78 (KG JW 38, 3056[38] läßt jedoch die Festsetzung sowohl im Arrestprozeß wie im Hauptprozeß zu, wenn im Arrestprozeß ein Vergleich, daß die Kostenentscheidung der Hauptsache folgen soll, und später im Hauptprozeß ein Vergleich geschlossen worden ist). Die Vergleichsgebühren sind aber (nur einmal nach dem etwa erhöhten Vergleichswert) von dem UrkB des Gerichts festzusetzen, vor dem der Vergleich geschlossen worden ist (vgl. auch Abschnitt IV 2 A 12). Bei einer Vollstreckung aus der Konkurstabelle hat der UrkB des Gerichts die Kosten festzusetzen, das als Prozeßgericht erster Instanz nach §§ 164 Abs. 3, 146 Abs. 2 KO zu entscheiden hätte, OLG Celle Rsp 17, 200; *aM* KG Rsp 13, 193. Ebenso ist der UrkB nach § 103 Abs. 2 ZPO zuständig, die Kosten festzusetzen aus einem nach § 380 ZPO vom ersuchten Richter erlassenen Beschluß, OLG München Rsp 29, 117. Über die Vollstreckungskosten s. unten Abschnitt XIII B.

IV. Gegenstand des Kostenerstattungsverfahrens.

1. Allgemeine Grundsätze der Erstattungspflicht.

ZPO § 91. Die unterliegende Partei hat die Kosten des Rechtsstreits zu tragen, insbesondere die dem Gegner erwachsenen Kosten zu erstatten, soweit dieselben zur zweckentsprechenden Rechtsverfolgung oder Rechtsverteidigung notwendig waren. Die Kostenerstattung umfaßt auch die Entschädigung des Gegners für die durch notwendige Reisen oder durch die notwendige Wahrnehmung von Terminen entstandene Zeitversäumnis; die für die Entschädigung von Zeugen geltenden Vorschriften finden entsprechende Anwendung.

Die Gebühren und Auslagen des Rechtsanwalts der obsiegenden Partei sind in allen Prozessen zu erstatten, Reisekosten eines auswärtigen Rechtsanwalts jedoch nur insoweit, als die Zuziehung zur zweckentsprechenden Rechtsverfolgung oder Rechtsverteidigung notwendig war. Die Kosten mehrerer Rechtsanwälte sind nur insoweit zu erstatten, als sie die Kosten eines Rechtsanwalts nicht übersteigen, oder als in der Person des Rechtsanwalts ein Wechsel eintreten mußte.

Zu den Kosten des Rechtsstreits im Sinne der Abs. 1, 2 gehören auch die Kosten eines vorangegangenen Güteverfahrens; dies gilt nicht, wenn zwischen der Beendigung des Güteverfahrens und der Klageerhebung mehr als ein Jahr verstrichen ist.

Abs. 3 findet entsprechende Anwendung auf die Gebühren, die durch ein Güteverfahren vor einer Gütestelle der im § 495a Abs. 1 Nr. 1 bezeichneten Art entstanden sind.

1. Dadurch, daß die Novelle vom 1. Juni 1909 die Worte „nach freiem Ermessen des Gerichts" in Abs. 1 und 2 gestrichen hat, ist keine sachliche Änderung in den Grundsätzen des § 91 ZPO herbeigeführt worden, sondern es hat lediglich außer Zweifel gestellt werden sollen, daß nicht mehr das Ermessen des Gerichts, sondern das des UrkB, der die Kosten festsetzt, maßgebend sein soll, Begr 25.

2. In dem Kostenfestsetzungsverfahren nach §§ 103 ff. ZPO kann auf Grund des § 91 ZPO nur die Erstattung von Kosten des Rechtsstreits verlangt werden, und zwar können dies sowohl gerichtliche Kosten als auch außergerichtliche Kosten sein. Es hat daher der UrkB in jedem Falle zunächst zu prüfen, ob die entstandenen Kosten die Eigenschaft von Kosten des Rechtsstreits haben oder nicht. Was man im einzelnen darunter zu zählen hat, ist vielfach streitig (s. unten II, A und B). Durch Satz 2 § 91 ZPO ist aber gesetzlich festgelegt, daß die Zeitversäumnis einer Partei, die durch notwendige Reisen und durch die notwendige Wahrnehmung von Terminen entstanden ist, zu den Kosten des Rechtsstreits zu zählen ist; gleichzeitig hat das Gesetz einen Maßstab für die Entschädigung hierfür aufgestellt, indem es auf die für die Entschädigung der Zeugen geltenden Vorschriften verweist. Alle diese Kosten sind jedoch nur dann vom unterlegenen Gegner zu erstatten, wenn ihre Aufwendung zur zweckentsprechenden Rechtsverfolgung oder Rechtsverteidigung notwendig war. Dieses Erfordernis gilt auch für die Prozeßhandlungen, die ein Rechtsanwalt für die Partei vorgenommen hat. Nur bestimmt § 91 Abs. 2 ZPO, daß die Gebühren und Auslagen, die durch die Zuziehung eines Rechtsanwalts entstanden sind, in allen Prozessen zu erstatten sind, mag seine Zuziehung vom Gesetze vorgeschrieben sein oder nicht. Die Reisekosten

eines auswärtigen Anwalts sind jedoch nur unter der Beschränkung erstattungsfähig, daß seine Zuziehung zur zweckentsprechenden Rechtsverfolgung oder Rechtsverteidigung notwendig war, und die Kosten mehrerer Anwälte sind nur in dem Umfange und unter der Voraussetzung des Satz 2 Abs. 2 § 91 ZPO zu erstatten. Auch umfaßt die Erstattungsfähigkeit gemäß § 94 GebO nur die gesetzlichen Gebühren und Auslagen, nicht vereinbarte Vergütungen.

Die aus Anlaß der Heranziehung der Rechtsanwälte zur Gewerbesteuer vereinbarten Gebührenzuschläge sind nicht erstattungsfähig, OLG Königsberg JW 31, 1123[52]; LG I Berlin JW 31, 2450. Das beruht auf § 94 RAGebO. Dagegen ist die Umsatzsteuer erstattungsfähig, die der Anwalt für die ihm zustehenden Gebühren und Auslagen zu entrichten hat. Sie beträgt nach § 7 UmsStG v. 16. 10. 34 (RGBl I 942) zwei vom Hundert des Entgelts. Nach § 10 Abs. 1 S. 2 UmsStG und § 59 der Durchf.-Bestimm. v. 23. 12. 38 (RGBl I 1935) kann der Rechtsanwalt die Umsatzsteuer seiner Partei gesondert berechnen, weil er als Entgelt gesetzlich bemessene Gebühren ansetzt. Sie gehört also zu den von der Partei ihrem Anwalt nach dem Gesetz zu zahlenden Kosten, und diese kann die obsiegende Partei nach § 91 Abs. 1 ZPO vom Gegner erstattet verlangen, Popitz, DJZ 20, 811; OLG Hamburg JW 20, 450[14]; KG Rsp 40, 464; LG Dresden JW 20, 455[3]; LG München JW 20, 457[6]; LG II Berlin KGBl 20, 69. Umsatzsteuerfrei sind: Die für die Partei verauslagten Gerichts-, Vollstreckungs- und Zustellungskosten, sowie die Urkundensteuer (durchlaufende Posten § 5 Abs. 3 UmsStG) OLG Augsburg JW 23, 840[2]; RFH RStBl 34, 526; Kapp JW 38, 359. Der Umsatzsteuer unterliegen die Auslagen des Anwalts wie Porto-, Telegraphen-, Fernsprech-, Schreib- und Reisekosten, OLG Augsburg JW 23, 840[2]; OLG Düsseldorf JW 24, 1187[20]; KG JW 30, 202[78]; Freise JW 37, 386; Kapp JW. 38, 358; *aM* für die Reisekosten OLG Augsburg Rsp 40, 466. Die Umsatzsteuer ist kein Teil des Entgelts und bleibt daher bei der Berechnung der Steuer außer Betracht, § 60 S. 4 DurchfBestimm. Sie ist bis auf Pfennigbeträge zu berechnen und auf volle Pfennigbeträge nicht aufzurunden, sondern abzurunden; *aM* PrOVG JW 38, 992[56], das die Umsatzsteuer nach § 1 Ziff. 1 AbrundungsVO v. 31. 10. 23 (RGBl I 1049), 21. 12. 23 (RGBl I 1238) auf den nächsten durch fünf teilbaren Betrag nach unten abrundet.

Die Erstattungsfähigkeit der Umsatzsteuer erstreckt sich nicht auf die von einem preuß. Verwaltungsrechtsrat zu entrichtende Umsatzsteuer, RFH 26, 234; RStBl 30, 570; DJZ 30, 1126. Die Umsatzsteuer des Patentanwalts ist dagegen erstattungsfähig, KG JW 38, 53[32]. Wegen der Erstattungsfähigkeit der von dem ArmAnw zu entrichtenden Umsatzsteuer s. unten Abschnitt XIV Ziff. 6.

Ist eine Vergütung gemäß § 93 RAGebO vereinbart worden, so ist die daraus zu entrichtende Umsatzsteuer in der Höhe erstattungspflichtig, in der sie aus den erstattungspflichtigen Beträgen erwachsen wäre.

Der Grundsatz, daß der Unterlegene die vollen Prozeßkosten zu erstatten hat, ist für Patentstreitsachen durchbrochen durch § 53 PatG v. 5. 5. 36 (RGBl II 117). Vgl. § 10 RAGebO Anm. 24.

I. Kosten des Rechtsstreites.

A. Die Gerichtskosten bestehen in Gebühren und Auslagen, §§ 1ff., 71—73 GKG. Für letztere werden gemäß § 84 GKG Vorschüsse erfordert; Die Schreibgebühren werden sofort nach Anfertigung der Schriftstücke fällig, und deren Anfertigung kann sogar von vorgängiger Zahlung abhängig gemacht werden, § 76 GKG. Vgl. aber Anm. 1 zu § 76 GKG.

Die Vorschußpflicht bleibt bestehen, wenn auch die Kosten des Verfahrens dem Gegner der vorschußpflichtigen Partei auferlegt oder von diesem übernommen werden, § 86 GKG. Es können also auch nach der Erlassung des Urteils und nach dem Abschluß eines Vergleichs die vorzuschießenden Beträge von der vorschußpflichtigen Partei erfordert werden, obwohl nach dem Urteil und nach dem Vergleiche nicht sie, sondern der Gegner die Kosten zu tragen hat.

Der Glaubhaftmachung, daß die Gerichtskosten, deren Ersatz verlangt wird, bereits gezahlt seien, bedarf es der Regel nach nicht, RG Gruch 45, 653; KG bei Meyer JVBl 37, 363. Dagegen kann die Erstattung der Gerichtskosten, für die der Gegner selbst haftbar ist, von ihm nur verlangt werden, wenn deren Zahlung nachgewiesen wird. Denn der Gegner müßte doppelt zahlen, wenn der obsiegende Teil diese Kosten nicht bezahlt, aber sie gleichwohl von ihm beitreibt, RG SeuffA 47, 457; Gruch 45, 652. Bei Anwendung dieser Grundsätze und den oben II 4 erörterten Kostenfolgen eines wiederholten Festsetzungsantrages ist das erleichterte Verfahren des § 105 ZPO nur denkbar, wenn man die Möglichkeit zuläßt, auch schon die Gerichtskosten in die Berechnung der zu erstattenden Kosten des Gläubigers mit aufzunehmen (oben II 4). Das Verfahren, von dem Nachweise der Zahlung abzusehen und die Kosten zur Leistung Zug um Zug gegen Aushändigung der Quittung der Gerichtskasse oder unter der Bedingung festzusetzen, daß die Zahlung dem Gerichtsvollzieher noch nachgewiesen wird, ist mit der Kostenentscheidung und §§ 726 Abs. 1 und 2, 730, 756 ZPO nicht vereinbar. Nicht ohne Bedenken ist aber auch der andere Ausweg, daß der UrkB die noch nicht gezahlten Gerichtskosten mit der Maßgabe festsetzt, daß sie der Schuldner unmittelbar an die Gerichtskasse zu zahlen hat, OLG Jena HRR 32, 1979. Der Gerichtsvollzieher hätte alsdann die mit der übrigen Summe beigetriebenen unbezahlten Gerichtskosten nicht an den Gläubiger, sondern sogleich an die Gerichtskasse abzuführen (s. jedoch ZPO § 887, RG 18, 435). Es handelt sich hierbei nicht um eine Beitreibung der Gerichtskosten vom Kostenschuldner, sondern um die Verpflichtung des Schuldners, den Gläubiger durch Befriedigung eines Dritten, nämlich der Gerichtskasse, zu befreien. Festgesetzt werden also hierbei nicht bereits aufgewendete und zu erstattende Kosten, vielmehr würde durch die Festsetzung die Verpflichtung des Schuldners zu einer Handlung, Befreiung des Gläubigers von einer Verbindlichkeit gegenüber der Gerichtskasse, begründet.

Eine Partei, der das Armenrecht bewilligt worden ist, kann nicht Ersatz von Gerichtsgebühren verlangen, von deren Berichtigung sie nach § 115 ZPO befreit ist, BayOLG 13, 583. Gerichtskosten kann der Gegner der armen Partei trotz der Armenrechtsbewilligung gegen die arme Partei in der Kostenfestsetzung geltend machen, jedoch nur, soweit er solche zu Recht an die Gerichtskasse gezahlt hat, KG JW 35, 439[1]. Der Ehemann kann gemäß § 117 ZPO auch die Festsetzung der Armenanwaltskosten der unterlegenen Ehefrau verlangen, die er an die Reichskasse als Zweitschuldner gezahlt hat, OLG Naumburg JW 37, 2793[39].

Sind die Gerichtskosten **verteilt** worden, so kann jede Partei die Erstattung der von ihr verauslagten Beträge nur soweit verlangen, als sie nicht auf den ihr zur Last fallenden Kostenanteil verrechnet worden sind, was durch Einsicht der gerichtlichen Kostenrechnung festzustellen ist. Diese ergibt auch, ob die gezahlten Beträge verwendet oder ganz oder teilweise zurückgezahlt worden sind. Die zurückgezahlten Beträge müssen von den gezahlten abgesetzt werden.

Der in die Prozeßkosten verurteilte **Fiskus** braucht dem Gegner die von diesem im voraus gezahlten Gerichtskosten nicht zu erstatten, sonst würde dem Fiskus die ihm nach § 90 GKG zustehende Gebührenfreiheit verkümmert. Die Rückzahlung solcher Kosten kann der obsiegende Gegner nur von der Gerichtskasse verlangen, § 90 Abs. 3 GKG. Dagegen hat der Fiskus die vom Gegner gezahlten Gerichtskosten, die von der Gerichtskasse zur Deckung der baren **Auslagen** verwendet worden sind, zu erstatten; denn die Gebührenfreiheit bezieht sich nicht auf Auslagen (KG Rsp 37, 222). Diese Grundsätze finden allgemein dann Anwendung, wenn einer Partei, die gesetzlich auf **Gebührenfreiheit** Anspruch hat, die Kosten des Rechtsstreits auferlegt worden sind.

Zu den in einem Vergleich übernommenen Gerichtskosten gehören nicht die Auslagen für Ausfertigungen und Abschriften des Vergleichs, OLG Hamburg Rsp 25, 76; *aM* OLG Hamburg Rsp 23, 114.

B. **Außergerichtliche Kosten.** Hierher gehören insbesondere die Zustellungskosten, die Reise- und Aufwandskosten für Wahrnehmung gerichtlicher Termine und hauptsächlich die Gebühren und Auslagen des Rechtsanwalts der obsiegenden Partei.

Die **Zahlung** dieser Kosten ist **nicht** Voraussetzung des Erstattungsanspruchs. Dies ist die herrschende Ansicht, RG Gruch 45, 652; OLG Stettin JW 32, 674[28]; OLG Jena JW 35, 3055[33]; KG JW 35, 1044[15], 1102[1]. Abweichend davon verlangt KG JW 37, 2218[33] für Auslagen (z. B. Kosten von Privatgutachten) die Glaubhaftmachung der Zahlung.

1. Nur die **wirklichen Kosten**, d. h. Aufwendungen aus dem Vermögen der Partei zum Zwecke der Prozeßführung sind erstattungsfähig. Das gleiche gilt von den dem Ehemann der Partei, der für sie den Rechtsstreit instruiert hat, entstandenen Auslagen für Porto und Schreibmaterial, OLG Kiel JW 35, 3491[70]. Auch die Kosten einer hinter der Partei stehenden Versicherung sind erstattungspflichtig, sofern die Versicherung den Rechtsstreit für die Partei zu führen hat, und die Kosten von der Partei selbst vernünftigerweise hätten aufgewandt werden dürfen, KG JW 35, 2069[43]; 36, 3330[33]; LG Elbing JW 38, 1336[43]; OLG Hamburg HansRGZ 38 B 372; Schumacher RdRN 39, 65; zu weit geht OLG Breslau JW 39, 569[31]. Schadenersatzansprüche, die über die zur Prozeßführung gemachten Aufwendungen hinaus gehen, z. B. Lagergeld und Futterkosten (OLG Bamberg, KG Rsp 5, 167; 9, 119), sind von der Erstattung ausgeschlossen (Mot z. ZPO 112), können vielmehr nur durch besondere Klage verfolgt werden und unterliegen den allgemeinen Grundsätzen über Schadenersatz, erfordern also stets den Nachweis eines Verschuldens des unterliegenden Teiles, vgl. RFH StuW 1928, 1370 Nr. 787. Die unterliegende Partei hat dem Gegner auch die Entschädigung für Zeitversäumnis zu gewähren (ZPO § 91 Abs. 1 Satz 2), jedoch mit der Einschränkung, daß nur die Zeitversäumnis für notwendige Reisen und für die notwendige Wahrnehmung von Terminen vergütet wird (RG 150, 37 = JW 36, 1767[8]) und die für die Entschädigung von Zeugen geltenden Vorschriften der GebO für Zeugen und Sachverständige vom 21. 12. 25 (RGBl I S. 471) (s. oben Abschnitt I Gesetzestexte), Anwendung finden. Einen höheren Betrag darf die Partei nicht beanspruchen. OLG Hamm JW 30, 1517[19]. Innerhalb dieser Grenze steht der Partei der Anspruch auf Entschädigung nur insoweit zu, als durch die Zeitversäumnis ein Schaden überhaupt entstanden ist. Dies wäre zu verneinen, wenn die Partei dieselbe notwendige Reise zu derselben Zeit auch aus außerhalb des Rechtsstreits liegenden Gründen gemacht hätte. Es darf aber ohne besonderen Nachweis davon ausgegangen werden, daß der Schaden den Betrag der Zeugengebühr erreicht, OLG Stuttgart, WürttJ 15, 165. Daher ist es Sache des Gegners, glaubhaft zu machen, daß der Gläubiger die Reise ohnehin unternommen hätte. Hat die Partei sich in ihrem Erwerbsgeschäfte vertreten lassen, um einen Termin wahrzunehmen, so ist die dem Vertreter gezahlte Entschädigung erstattungspflichtig. Voraussetzung ist, daß die Reise oder die Wahrnehmung des Termins notwendig war. Diese Notwendigkeit ist in jedem Falle zu prüfen. Die Ausschlußfrist des § 19 der GebO f. Z. u. S. gilt nicht für Versäumniskosten der Partei, OLG Dresden Rsp 23, 285. Reisekosten zur Information und zum Termin am RG sind in der Regel nicht erstattungsfähig, KG JW 36, 1690[26]. Dagegen sind die Kosten der Reise der Partei zum Verhandlungstermin im Verfahren der einstweiligen Verfügung zu erstatten, LG Freiburg i. Br. JW 36, 3347[62]. Erreichen die Kosten der Wahrnehmung eines Beweistermins durch einen Vertreter der Partei nicht die Kosten eines Rechtsanwalts, dann sind Reise- und Aufenthaltskosten nach OLG Köln JW 33, 2228[17] festzusetzen. Dem ist aber entgegenzuhalten, daß regelmäßig die Annahme eines Vertreters mit Rücksicht darauf, daß Anwälte (oder Prozeßagenten) zur Verfügung stehen, nicht als notwendig angesehen werden kann. Deshalb hält LG Berlin regelmäßig (so v. 11. 10. 35 — 227. T. 10916. 35) in Berlin die Kosten eines Laienvertreters mit Rücksicht auf die große Zahl der in Berlin tätigen Rechtsanwälte und Prozeßagenten nicht für erstattungspflichtig. Die Zeitversäumniskosten, die einer

Partei dadurch entstehen, daß ein Angestellter für sie einen Termin wahrnimmt, sind ebenfalls nicht erstattungspflichtig, LG Berlin ZZP 54, 68; JW 31, 2450 B; OLG Düsseldorf DRZ Rsp 35 Nr. 451; aber OLG Stuttgart JW 35, 811[54] setzt Fahrauslagen und Zehrungsaufwand fest, und LArbG Frankfurt JW 38, 2309[52] hält Reisekosten des Angestellten einer Partei für erstattungsfähig mit der Begründung, daß eine auswärtige Partei nicht genötigt sei, sich durch die DAF am Sitze des Prozeßgerichts vertreten zu lassen.

2. Nur tatsächlich entstandene Kosten sind zu erstatten, diese aber selbst dann, wenn sie der Erblasser aufgewendet hatte und nur einer von mehreren Erben den Rechtsstreit aufgenommen und obgesiegt hatte, KG Rsp 39, 38. Dagegen gibt es keinen Anspruch auf Befreiung von den aus Anlaß des Prozesses eingegangenen Verbindlichkeiten, OLG Celle Rsp 11, 63; 13, 95. Im Festsetzungsverfahren ist nicht von fingierten, sondern von wirklichen Hergängen auszugehen. Kosten, die nur hätten entstehen können, eignen sich zur Erstattung überhaupt nicht. Unrichtig OLG Dresden Rsp 25, 66, weil die dort festgesetzten Kosten dem obsiegenden Teile gar nicht entstanden waren. Dieser Grundsatz steht aber der Festsetzung tatsächlich entstandener Kosten in der Höhe nicht entgegen, in der Reisekosten erstattungsfähig wären, falls sie entstanden wären, OLG Kassel JW 28, 2797[20]. Kosten, die nur in der Zahlung von einer an die andere Kasse des Fiskus bestehen, sind nicht zu erstatten.

Zinsen von gerichtlichen oder außergerichtlichen Kosten für die Zeit vor der Festsetzung können nicht berechnet werden, OLG Dresden Rsp 23, 163; OLG Stettin HRR 31, 1951. Über die nach der Festsetzung laufenden Zinsen s. oben Abschnitt I vor Ziff. I.

II. Die Kosten müssen durch den Rechtsstreit entstanden, also **wirkliche Prozeßkosten** sein. Prozeßkosten sind nur die unmittelbaren Aufwendungen zur Führung des einzelnen Rechtsstreits, RG 150, 37 = JW 36, 1767[8]. Es besteht aber kein rechtliches Hindernis, unter den Begriff der Prozeßkosten im § 91 ZPO auch solche Kosten fallen zu lassen, die lediglich durch Hilfsmaßnahmen zur sachgemäßen Vorbereitung des anzustrengenden oder zur siegreichen Durchführung des bereits schwebenden Prozesses entstehen. Mit einer Verweisung der obsiegenden Partei auf einen besonderen Prozeß zwecks Geltendmachung ihres Erstattungsanspruchs würde weder der Allgemeinheit noch den Parteien gedient, KG JW 35, 3483[56].

A. Zu den Prozeßkosten gehören:

1. die Kosten der Informationserteilung (vgl. unten Einzelfälle Ziff. 8);

2. die Kosten für die Bestimmung des zuständigen Gerichts, ZPO §§ 36, 37;

3. die Kosten des Beweissicherungsverfahrens, denn dieses Verfahren ist eine vorausgenommene Beweisaufnahme, ZPO §§ 485ff. Sie können auf Grund der Kostenentscheidung (oder der Kostenübernahme im Vergleich) des Hauptprozesses festgesetzt werden, RG 66, 198; OLG Celle, Karlsruhe Rsp 37, 132; 39, 44; KG JW 39, 652[50]; jedoch nur im Rahmen der Kostenentscheidung bzw. Kostenübernahme und nach Maßgabe des

Streitwerts des Hauptprozesses, OLG Naumburg ZZP 19, 292. Nach OLG Dresden, Celle Rsp 9, 57; 37, 132 gilt dies sogar, wenn das Beweisergebnis in dem Prozesse nicht benutzt worden ist, nach OLG Celle Rsp 29, 33 auch, wenn die Kosten im Verfahren gegen den Zedenten entstanden waren. Wird das Ergebnis des Beweissicherungsverfahrens vom Gegner und dem Gericht zur Begründung der Einwendungen des Gegners verwandt, dann sind die Kosten des Beweissicherungsverfahrens nicht erstattungspflichtig; anders liegt es aber, wenn das Prozeßgericht seine allgemeine Kostenentscheidung dahin erläutert, daß sie sich auch auf die Beweissicherungskosten erstreckt. Kommt es nicht zur Entscheidung im Hauptprozesse, so kann die Erstattung der Beweissicherungskosten nur im Klagewege beansprucht werden, RG 66, 198; OLG Karlsruhe Rsp 15, 79; ebenso wenn der Beweissicherungsantrag vor seiner Erledigung zurückgenommen wird, LG I Berlin KGBl 18, 20;

4. die Kosten eines dem Prozesse voraufgehenden Mahnverfahrens, in dem rechtzeitig Widerspruch erhoben war, auch wenn das Mahnverfahren in dem Prozeßverfahren nicht erwähnt wird (ZPO § 698), OLG Frankfurt HRR 31 Nr. 1380. Wenn nur wegen eines Teiles des im Zahlungsbefehl enthaltenen Betrags Widerspruch erhoben worden und ein Urteil ergangen ist, gehören nicht die gesamten Kosten des Mahnverfahrens zu den Kosten des Rechtsstreits, KG ZZP 15, 519. Streitig sind die Fragen, ob dem Anwalt für den Antrag auf Erteilung des Vollstreckungsbefehls eine Gebühr zusteht, wenn der Vollstreckungsbefehl infolge Widerspruchs des Schuldners nicht erteilt werden konnte, und, bejahendenfalls, in welchen Fällen sie vom Gegner zu erstatten ist. Nach LG Berlin (vgl. JW 32, 2184[6]; Müller JVBl 34, 4); ebenso Schönfeldt, JVBl 39, 267) steht dem Rechtsanwalt die Gebühr nur dann zu, wenn der Vollstreckungsbefehl erlassen worden ist. Die herrschende Meinung läßt aber hierfür die Stellung des Antrages nach Ablauf der Widerspruchsfrist genügen, so KG JW 34, 1181[10]. Nach OLG Kiel JW 31, 1122[50], 1847[59]; OLG Hamm JW 31, 2522[12]; LG Stettin JW 32, 2185[11]; OLG Kiel JW 32, 2907[37]; ObG Danzig JW 33, 1088[1] ist die Gebühr im Regelfalle nur erstattungsfähig, wenn der Anwalt sich vor Antragseinreichung bei Gericht nach einem Widerspruch erkundigt und verneinende Auskunft erhalten hat. Andere Gerichte lehnen eine solche Erkundigungspflicht ab und halten die Kosten für den Antrag auf Erlaß des Vollstreckungsbefehls auch bei rechtzeitig erhobenem Widerspruch für erstattungspflichtig, OLG Hamm JW 31, 1113[23]; KG JW 31, 1832[21]; OLG Königsberg JW 31, 2046[21]; OLG Naumburg JW 31, 2381[15]; OLG Dresden SächsA 36, 120; OLG Kiel JW 38, 826[48]. Nach OLG Hamburg JW 37, 1082[37] ist die Gebühr für den vergeblichen Antrag auf Erlaß des Vollstreckungsbefehls auf eine später erwachsende Prozeßgebühr ebenso anzurechnen wie die Gebühr für den Antrag auf Erlaß des Zahlungsbefehls. Das läuft im Ergebnis auf die Rsp des LG Berlin hinaus.

5. a) in Prozessen über Klagen nach §§ 767, 771 ZPO die Kosten für einstweilige Anordnungen (§§ 769, 771 Abs. 3 ZPO); dies gilt auch für

Anordnungen des Vollstreckungsgerichts zum mindesten dann, wenn das Prozeßgericht bei der Entscheidung über die Kosten von dem Einstellungsverfahren Kenntnis hatte, RG 50, 356; KG KGBl 09, 15. OLG Dresden Rsp 9, 58 hält sogar die Kenntnis für unnötig;

b) die Kosten einer Einstellung nach §§ 707, 719 ZPO, KG DR 39, 456[25]; dadurch, daß diese Kosten nach § 717 Abs. 2 ZPO erstattet verlangt werden können, wird ihre Festsetzung nicht unzulässig. Die Gründe des RG für die Erstattungsfähigkeit der Kosten zu a (RG 50, 358), daß die Anordnung und der Prozeß in nahen Beziehungen zueinander stehen und die Einstellung zur zweckentsprechenden Rechtsverfolgung notwendig zu erachten ist, treffen auch hier zu; *aM* LG Dresden ZDJ 11, 185;

c) die Kosten für das Verfahren aus § 109 ZPO; der Obsiegende braucht also keine Klage wegen dieser Kosten anzustrengen. Jedoch bildet schon der im Verfahren aus § 109 ZPO ergehende Beschluß für die Kosten dieses Verfahrens den zur Festsetzung geeigneten Titel, § 109 Abs. 4, § 794 Ziff. 3, § 103 Abs. 1 ZPO; daher ist es nicht erforderlich, auf die Kostenentscheidung des Urteils zurückzugehen, und der Unterliegende kann, wenn er den Beschluß aus § 109 ZPO erwirkt, die Kostenfestsetzung auf Grund dieses Beschlusses betreiben, ohne eine Klage wegen der Kosten des Verfahrens aus § 109 ZPO erheben zu müssen.

6. die dem Streitverkünder erwachsenen Kosten einer rechtlich gebotenen Streitverkündung, OLG Königsberg Rsp 17, 105 und der dadurch veranlaßten Nebenintervention. Dagegen ist der Dritte, dem der Streit verkündet wurde, nicht befugt, eine Festsetzung der ihm dadurch entstandenen Kosten zu beantragen, da über diese im Urteile nicht zu entscheiden ist, RG Gruch 43, 212; SeuffA 54, 94;

7. Prozeßvollmachten sind nach § 27 Abs. 6 Ziff. 1 UrkStG v. 5. 5. 36 (RGBl I 407) von der Besteuerung ausgenommen, und zwar auch dann, wenn die Vollmacht zur Empfangnahme des Streitgegenstandes und zur Verfügung über ihn ermächtigt, RFH JW 37, 2930[41, 42]. Enthält die Vollmacht weitergehende Befugnisse, so kann die Erstattung der dadurch veranlaßten Urkundensteuer, die gemäß § 27 Abs. 1 Ziff. 3 DurchfBestimm. v. 6. 5. 36 (RGBl I 424) vom UrkB festgesetzt (vgl. dazu AVdRJM v. 13. 2. 39 DJ 347 und für die sudetendeutschen Gebiete AVdRJM v. 18. 1. 39 DJ 224, für die Ostmark AVdRJM v. 10. 6. 39 DJ 1082) und nach § 45 DurchfBestimm. auf Einspruch (§ 229 RAbgO) vom Finanzamt geprüft wird (vgl. hierüber Janberg JW 38, 726, 845), nicht verlangt werden, weil sie nicht zu den Kosten des Rechtsstreits gehört. Dagegen wird die Urkundensteuer zu erstatten sein, die nach RFH JW 38, 2498[39] für den Mandatsvertrag des Rechtsanwalts erhoben wird.

8. Nach § 118a ZPO findet eine Erstattung der dem Gegner (und der armen Partei, OLG Kassel DRpflRsp 36 Nr. 194; *aM* Lindemann JW 35, 3020 Ziff. II 1; dagegen Münzel DRpfl 36, 241) durch die Anhörung im Armenrechtsverfahren (und im Armenrechtsbeschwerdeverfahren, OLG Düsseldorf JW 35, 2850[53]) erwachsenen Kosten (auch der Anwaltskosten, KG JW 35, 2586[42]) nicht statt, ganz gleich ob dem Armenrechtsgesuch stattgegeben wird oder nicht. Dieser für die Kostenentscheidung und die Kostenerstattung aufgestellte Grundsatz gilt aber nur, wenn ein Rechtsstreit noch nicht anhängig war, das Armenrechtsverfahren also ein „Vorverfahren“ war, Bach JW 36, 2172. Anders liegt folgender Fall: Die Partei, die im ersten Rechtszuge erfolgreich gewesen ist, darf sich gegenüber einem Armenrechtsgesuch der Gegenpartei anwaltlicher Hilfe bedienen und kann die dadurch entstehenden Kosten vom unterlegenen Gegner erstattet verlangen, OLG Naumburg JW 36, 2171[62]; *aM* KG JW 37, 2240[75]; 38, 55[36] (das Anwaltswechsel regelmäßig nicht für notwendig hält); OLG Düsseldorf JW 38, 537[36]. Ferner können die Parteien im Vergleich aus § 118a ZPO die Erstattungsfähigkeit der Kosten auch des Armenrechtsverfahrens trotz der die Erstattungsfähigkeit ausschließenden Vorschrift des Abs. 4 vereinbaren, KG JW 37, 2795[42]. OLG Hamm JVBl 39, 287 hält die Vorschrift des § 118a Abs. 4 ZPO, daß eine Erstattung der dem Gegner durch die Anhörung erwachsenen Kosten nicht stattfindet, überhaupt nur dann für anwendbar, wenn das Armenrechtsverfahren ohne Überleitung in ein Prozeßverfahren zum Abschluß kommt; die allgemeine Regel des § 91 ZPO findet nach dieser Entscheidung Anwendung, wenn dem Armenrechtsverfahren der ordentliche Rechtsstreit nachgefolgt ist.

9. die Kosten des nach § 608 ZPO für eine Scheidungsklage oder eine Klage auf Herstellung des ehelichen Lebens vorgeschriebenen Sühneversuchs. Da jetzt für den Sühneversuch das Landgericht des Ehestreits zuständig ist, werden regelmäßig die Kosten eines zugezogenen Rechtsanwalts, aber nach § 91 Abs. 2 ZPO nicht die Mehrkosten erstattungspflichtig sein, die dadurch entstehen, daß eine Partei sich im nachfolgenden Ehestreit eines anderen Anwalts als beim Sühneversuch bedient.

Auch die Kosten des Verfahrens aus § 627 ZPO werden von der Kostenentscheidung des Urteils des Ehestreits umfaßt, OLG München DJ 38, 1883; DR 39, 1189[48]; KG DJ 40, 73; LG Düsseldorf DJ 39, 711; Staud DJ 38, 1412; 39, 1254; Fechner JW 38, 2113, 2709; *aM* Bergenroth ebenda; Gaedeke JW 39, 675 VI; OLG Dresden JW 39, 708[19]; Roquette DR 39, 1121. Im Falle des § 627b ZPO wird dagegen eine besondere Kostenentscheidung erforderlich sein, Gaedeke JW 38, 2315; 39, 675 VII.

Ferner gehören nach ausdrücklicher Vorschrift des § 91 Abs. 3 und 4 ZPO zu den Kosten des Rechtsstreits

a) die Kosten eines im letzten Jahr vor der Klageerhebung beendigten Güteverfahrens vor dem Amtsgericht;

b) die durch ein im letzten Jahr vor der Klageerhebung beendetes Güteverfahren vor einer durch die Landesjustizverwaltung eingerichteten oder anerkannten Gütestelle entstandenen Gebühren, nicht also die sonstigen, durch ein solches Verfahren entstandenen Kosten, insbesondere Anwaltskosten, vgl. Jonas VI 4 § 91 ZPO;

10. die Kosten des Verfahrens vor dem Gerichtshofe zur Entscheidung von Kompetenzkonflikten, OLG Braunschweig, Rostock Recht 04, 169,

Rsp 6, 385; OLG Dresden SächsA 37, 67; die Kosten des Verfahrens zur Herbeiführung der erforderlichen Vorentscheidung des Bezirksausschusses bei Ansprüchen auf Grund des PreußKommBeamtG, OLG Kiel HRR 30 Nr. 1651;

11. die Kosten der Urteilszustellung und der Erwirkung des Rechtskraftzeugnisses, auch wenn schon vorher Hauptsumme, Zinsen und Kosten bezahlt worden sind, ohne daß der Schuldner auf die Einlegung des Rechtsmittels verzichtete. Dadurch, daß nach § 788 ZPO die Kosten der Ausfertigung und der Zustellung des Urteils als Kosten der Zwangsvollstreckung gelten sollen, hören sie nicht auf, Kosten des Rechtsstreits zu sein, da diese Bestimmung nur mit Rücksicht auf das Verfahren nach § 105 ZPO getroffen worden ist, Begr 46;

12. Die durch Hineinziehung neuer Ansprüche in den Prozeßvergleich begründete Erhöhung der Vergleichsgebühr wird von der Kostenregelung des Vergleichs ergriffen und ist im Kostenfestsetzungsverfahren zu berücksichtigen, KG JW 32, 670[17]. Daß nur die notwendigen Kosten zu erstatten sind, gilt auch dann, wenn eine Partei die Kosten in einem Vergleich übernommen hat, OLG Zweibrücken JW 37, 1434[42]. Der Beitritt eines Dritten zu einem gerichtlichen Vergleich in einem anderen Rechtsstreit kann einen außergerichtlichen Vergleich in einem eigenen Rechtsstreit bilden, KG JW 38, 1198[58]. Wird ein außergerichtlicher Vergleich nach einem Versäumnisurteil geschlossen, dann kann die Vergleichsgebühr nicht auf Grund des Versäumnisurteils festgesetzt werden, KG JW 35, 1043[11]; *aM* Kubisch JW 35, 1507[26]. Ein Urteil ist kein geeigneter Titel zur Festsetzung der Kosten eines in demselben Rechtsstreit geschlossenen außergerichtlichen Vergleichs, OLG Kassel JW 36, 521[26]; *aM* OLG Kiel JW 34, 3015[23].

13. die Kosten eines Zwischenstreits oder einer während des Rechtsstreits anhängigen Beschwerde, soweit über die Kosten keine besondere Entscheidung ergangen ist, OLG Kiel, Hamburg Rsp 17, 106, 126; KG BerlAnwBl 29, 249[9].

14. Im Kostenfestsetzungsverfahren ist auch die $^{5}/_{10}$-Gebühr zu berücksichtigen, die gemäß § 14 RAGebO dem Anwalt des Beklagten erwachsen ist, der nach Erhebung der Klage im Auftrag des Beklagten dessen Standpunkt in einem Schreiben an den Kläger dargelegt hat, ohne Prozeßvollmacht zu haben, OLG Stuttgart JW 35, 812[55] (nicht unbedenklich).

15. Die Kosten einer nur angekündigten, aber nicht erhobenen Widerklage gehören nicht zu den Kosten des Rechtsstreits. Denn nach §§ 281, 496 Abs. 1 und 4 ZPO tritt die Rechtshängigkeit der Widerklage erst mit dem Zeitpunkt ein, in welchem sie in der mündlichen Verhandlung geltend gemacht oder zugestellt wird (und zwar im Amtsgerichtsprozesse von Amts wegen, Zustellung von Anwalt zu Anwalt genügt nicht). Ein materiellrechtlicher Anspruch auf Erstattung der außergerichtlichen Kosten einer angekündigten Widerklage läßt sich nicht aus entsprechender Anwendung der §§ 91ff. ZPO herleiten. Er entsteht nur als Schadensersatzanspruch wegen Verzuges oder im Falle der Veranlassung der Ankündigung durch Aufstellung einer unberechtigten Forderung, sofern in der Berühmung ein Angriff auf ein absolutes Recht oder ein sonstiges geschütztes Rechtsgut vorliegt, OLG Königsberg JW 32, 1160[18]. Für die Anschlußrechtsmittel gelten die §§ 522a, 556 ZPO.

16. Die Kosten des Beschwerdeverfahrens sind insoweit erstattungsfähig, als sie dem Gegner in der Beschwerdeentscheidung auferlegt worden sind. Enthält die Beschwerdeentscheidung eine Kostenentscheidung nicht, so umfaßt die Kostenentscheidung im Endurteil die Kosten eines im Laufe des Verfahrens anhängig gewordenen Beschwerdeverfahrens im Rahmen des § 91 ZPO, OLG Hamburg Rsp 17, 126.

17. a) Nach § 3 des Ges. v. 20. 7. 33 (RGBl I 521) gehören zu den Kosten des Rechtsstreits auch die Kosten, die durch Bestellung eines Vertreters für einen Mieter oder Pächter entstanden sind, der keinen ständigen inländischen Aufenthaltsort hat. Die Festsetzung der Vertreterkosten in Anlehnung an die amtliche Gebührenregelung für Rechtsbeistände ist in derartigen Fällen angemessen.

b) Zu den Kosten des Rechtsstreits, die im Kostenfestsetzungsverfahren zu berücksichtigen sind, gehört ferner der Vergütungsanspruch des Prozeßpflegers aus § 57 ZPO gegen die beklagte Partei, RG JW 39, 566[29] (dieser Entscheidung kann jedoch insoweit nicht zugestimmt werden, als sie bei der Ermittlung der Höhe derartiger Kosten über den Rahmen des § 7 RAGebO hinausgeht); ferner des Prozeßvertreters aus Art 2 KriegsVO v. 1. 9. 39 (RGBl I 1656), Gaedeke DR 39, 1805, 4.

B. Als Prozeßkosten sind nicht anzusehen, also von der Erstattungspflicht ausgeschlossen:

1. Alle Kosten, die — abgesehen von der Informationserteilung (s. unten Einzelfälle Nr. 8) — außerhalb des Rechtsstreits liegende Handlungen betreffen, z. B. die Kosten der über den Klageanspruch errichteten Abtretungsurkunde, OLG Hamburg SeuffA 73, 205, Rsp 37, 97.

2. Der auf Grund des bürgerlichen Rechtes von dem Ehemanne der Ehefrau zu gewährende Kostenvorschuß. OLG Rostock, Hamburg, Breslau Rsp 17, 126ff., OLG Kiel HRR 30, 1731; *aM* RG JW 35, 1252[3]; 38, 2288[27]; DR 39, 1587[16]; OLG Düsseldorf JVBl 39, 298, dagegen sind erstattungsfähig die vom Ehemann auf Grund seiner Gesamthaft gegenüber der Gerichtskasse gezahlten Gerichtskosten, OLG Celle LZ 15, 962.

3. Die Kosten für Arreste und einstweilige Verfügungen. Das Verfahren, das einen Arrest oder eine einstweilige Verfügung betrifft, bleibt neben dem Hauptprozeß ein selbständiger Rechtsstreit. Ergeht darin eine Entscheidung durch Urteil, so hat sich dieses auch über die Kosten auszusprechen, und auf Grund dieses Urteils kann der obsiegende Teil einen Festsetzungsbeschluß erwirken. Wird dem Antrage durch Beschluß stattgegeben, ohne daß dieser über die Kosten entscheidet, so hat der Gläubiger die Kosten vorzuschießen und kann die Erstattung von dem Gegner nur dadurch erzielen, daß er eine Entscheidung über die Kosten herbeiführt, sei es bei der Verhandlung über einen Widerspruch, sei es durch Klage oder Klageerweiterung im Hauptprozesse, sei es durch eine besondere Klage.

Das gilt aber nur für die Kosten der Anordnung des Arrests (der einstw. Verf.). Dagegen bildet der Arrestbefehl zur Festsetzung der Kosten der Vollziehung einen geeigneten Titel, weil dies keiner Kostenentscheidung bedarf, sondern aus § 788 ZPO folgt. Die Kostenfestsetzung aus dem Arrestbefehl ist entsprechend § 929 Abs. 2 ZPO nur zulässig, wenn nachgewiesen wird, daß der Arrestbefehl innerhalb der Vollziehungsfrist zugestellt und vollzogen worden ist; dagegen braucht die Kostenfestsetzung nicht innerhalb der Vollziehungsfrist beantragt zu werden. Auf Grund der im Hauptprozeß ergangenen Kostenentscheidung dürfen die Kosten nur dann festgesetzt werden, wenn darin die Kosten des Arrestes oder der einstweiligen Verfügung ausdrücklich erwähnt worden sind. Mindestens muß aus den Umständen erhellen, daß der Richter in der Hauptsache über jene Kosten mit hat erkennen wollen, obgleich er dies nicht besonders zum Ausdrucke gebracht hat. Anderenfalls bildet das Urteil keinen vollstreckbaren Titel für Erstattung dieser Kosten, KG JW 30, 3340[22]. Vergleichen sich die Parteien, so sind die Kosten eines vorangegangenen Arrestverfahrens nicht ohne weiteres in den Kosten des Rechtsstreits einbegriffen, OLG Hamburg Rsp 29, 222; 39, 39.

Nach OLG Hamm JW 35, 2912[42]; KG JW 37, 2233[63] (*aM* allerdings OLG Königsberg JW 28, 1320) kann, wenn eine einstweilige Verfügung durch Urteil erlassen, später aber gemäß § 927 ZPO wieder aufgehoben worden ist, jede Partei unbeschadet des § 28 RAGebO ihre Anwaltskosten aus dem für sie siegreichen Urteil festsetzen lassen. Die erste Kostenentscheidung steht der zweiten nicht deshalb im Wege, weil der Anwalt der im Aufhebungsverfahren obsiegenden Partei die Gebühren schon im Anordnungsverfahren verdient hat, in welchem seine Partei unterlegen ist.

4. Die Kosten für ein vorangegangenes schiedsrichterliches Verfahren auch in den Fällen, in denen vor Gericht über die Zulässigkeit der Zwangsvollstreckung aus einem Schiedsspruche gestritten wird, RG JW 94, 543[5].

5. Die Kosten für ein Verfahren, das dem Verfahren vor dem ordentlichen Richter voraufzugehen hat, das aber nicht einen Teil des gerichtlichen Verfahrens selbst bildet, sondern nur eine außergerichtliche Vorinstanz darstellt; z. B. die Kosten eines Verfahrens vor dem Strandamt über den Anspruch auf Berge- oder Hilfslohn, wenn gegen den Bescheid der Rechtsweg beschritten worden ist (§ 39 StrandOrd), OLG Hamburg Rsp 15, 80; oder die Kosten der Verklarung (HGB § 522), OLG Hamburg Rsp 7, 281. Hinsichtlich des Verfahrens vor dem Mieteinigungsamt s. RG 126, 99. Danach kann die Frage der Kostenerstattung vor dem ordentl. Gerichte nicht wieder aufgerollt werden, wenn das MEA in einer rechtskräftig gewordenen Entscheidung von seiner ihm in § 15 der VerfAnordn beigelegten Befugnis keinen Gebrauch gemacht hat.

6. Die Kosten der Zwangsvollstreckung, über die § 788 ZPO besondere Bestimmung trifft, können nur im weiteren Sinne als Kosten des Rechtsstreits gelten. Über ihre Festsetzung s. unten Abschnitt XIII B.

7. Die auf Grund eines vorläufig vollstreckbaren Urteils festgesetzten und beigetriebenen Kosten können bei Abänderung des Urteils in höherer Instanz nicht im Kostenfestsetzungsverfahren zurückerstattet verlangt werden. Das hat gemäß § 717 Abs. 2 ZPO zu geschehen, RG 49, 411; Jonas § 717 II, 4 ZPO; LG Berlin JVBl 36, 275. Das gilt auch, wenn die zunächst unterlegene Partei ihre im Urteil ausgesprochene Kostenpflicht durch freiwillige Zahlung, ohne Kostenfestsetzungsbeschluß dem Gegner gegenüber erfüllt hat, KG JW 36, 2413[35].

8. Wird ein vorläufig vollstreckbares Urteil (oder eine einstweilige Verfügung) auf Herausgabe einer Sache vollstreckt, aber in der höheren Instanz aufgehoben, und werden die Kosten des Verfahrens dem Kläger auferlegt, dann können die Kosten, die dem Beklagten durch Zurückholung der Sache entstanden sind, nicht im Kostenfestsetzungsverfahren berücksichtigt werden; denn hierbei handelt es sich nicht um Kosten des Rechtsstreits.

III. Die Kosten müssen **zur zweckentsprechenden Rechtsverfolgung** (für den Kläger) oder **Rechtsverteidigung** (für den Beklagten) notwendig gewesen sein.

1. Der Begriff „zweckentsprechend" ist rein sachlich, vom Standpunkte des richtig erkannten geltenden Rechtes aus aufzufassen. Deshalb besteht bei Zweifel über eine Rechtsfrage kein Grund, die Aufwendung doppelter Kosten als zur zweckentsprechenden Rechtsverfolgung oder Rechtsverteidigung notwendig gelten zu lassen (RG 32, 387; der dort entschiedene besondere Fall, doppelte Zustellung der Rechtsmittelschrift, ist inzwischen durch Gesetzesänderung gegenstandslos geworden).

Kosten, die durch ungeeignete Prozeßführung veranlaßt worden, sind nicht zu erstatten. So z. B. die Mehrkosten, die durch Gestellung eines Zeugen behufs Glaubhaftmachung statt durch Beibringung einer eidesstattlichen Versicherung dieses Zeugen verursacht worden sind, RG Recht 05, 253. Auch sonst sind regelmäßig die Beträge, die eine Partei an einen Zeugen gezahlt hat, nicht erstattungspflichtig, weil nach § 1 GOfZuS der Zeuge Gebühren aus der Reichskasse erhält, und diese die Gebühren dann von der erstattungspflichtigen Partei durch Gerichtskostenrechnung erfordern kann; *aM* OLG Stuttgart DR 39, 1830[19] sowie KG JW 38, 133[27], wonach die Partei, wenn sie den gestellten und vernommenen Zeugen entschädigt hat, Erstattung bis zur Höhe der Sätze der GOfZuS verlangen kann. Hat das Gericht aber einer Partei anheimgestellt, einen im Ausland wohnenden Zeugen zu stellen, so sind die durch Gestellung des Zeugen entstandenen Kosten sicher dann erstattungspflichtig, wenn der Zeuge ausführlich vernommen worden ist, und das Urteil in erster Linie auf seiner Aussage beruht; vgl. auch Gaedeke DJ 39, 1309. Daraus, daß eine Partei auf die Durchführung eines Beweisverfahrens nachträglich verzichtet hat, folgt noch nicht, daß das Verfahren nicht zweckentsprechend war.

2. Darüber, ob der Fall der Notwendigkeit vorliegt, hat der UrkB bei der Kostenfestsetzung (§§ 103, 104 ZPO) nach freiem Ermessen zu befinden. Zu beurteilen ist die Notwendigkeit einer Handlung nach der Zeit ihrer Vornahme. War sie durch Beweisbeschluß angeordnet, so sind die durch dessen Ausführung entstandenen Auslagen zu erstatten, OLG Hamburg Rsp 20, 310. Die Zulässigkeit der Verwendung von Kostenmarken zwingt nicht zu ihrer Verwendung, LG I Berlin KGBl 11, 49. Jede Partei hat die Verpflichtung, die Kosten ihrer Prozeßführung so niedrig zu halten, wie sich das mit einer ihre Rechte wahrenden Prozeßführung verträgt, OLG Hamburg DRpfl Rsp 36 Nr. 341. Sie kann daher in Fällen, in denen nach der RAGebO erwachsene Gebühren für irgendeine Tätigkeit durch anderweit bereits im Prozeß erwachsene Gebühren abgegolten werden, nicht die Mehrkosten erstattet verlangen, die bei Annahme eines anderen Anwalts statt des Prozeßbevollmächtigten entstehen, KG JW 38, 465[26].

3. Beschränkt ist das Ermessen nach § 91 Abs. 2 ZPO wegen der Gebühren und Auslagen des RA der obsiegenden Partei. Die durch die Zuziehung eines Anwalts entstandenen Kosten gelten als zur zweckentsprechenden Rechtsverfolgung oder Rechtsverteidigung notwendig, und zwar nicht nur im Anwalts-, sondern auch im Parteiprozeß. Sie sind immer zu erstatten (anders in Arbeitsgerichtssachen Volkmar JW 35, 1135; Friese JW 38, 2653), gleichviel ob der Anwalt als Bevollmächtigter oder Beistand auftritt, und ohne Rücksicht darauf, ob die Handlung auch von der Partei selbst hätte vorgenommen werden können, oder ob die Partei mit der Bestellung eines Anwalts noch hätte warten können (Gaedeke gegen OLG Düsseldorf JW 38,1269[38], OLG Dresden MdRRAK 40, 28[11]). Die unterlegene Partei hat eine halbe Prozeßgebühr des erst nach Schluß der mündlichen Verhandlung bestellten Rechtsanwalts zu erstatten, dessen Tätigkeit sich auf die Zustellung des Urteils beschränkt, KG JW 33, 250; OLG Düsseldorf JW 35, 3240; OLG Kiel JW 37, 2800, aber die volle Prozeßgebühr, wenn der Rechtsanwalt erst nach der mündlichen Verhandlung, aber vor Urteilszustellung tätig geworden ist, OLG Dresden JW 39, 311[42]. Hat der Kläger zunächst einem Rechtsanwalt Auftrag zur Einklagung eines höheren Betrages erteilt, vor Zustellung der Klage aber den Anspruch herabgesetzt, weil ihm das Armenrecht nur für einen geringeren Betrag bewilligt worden war, so ist die Prozeßgebühr nur nach dem Streitwert des herabgesetzten Anspruchs erstattungspflichtig, OLG Dresden JW 39, 311[42]. Auf einen bedingten Verzicht des Rechtsanwalts auf seine Gebühren kann sich der zur Tragung der Kosten verurteilte Gegner nicht berufen, OLG Königsberg JW 34, 2499[24]. Die Gebühren und Auslagen des Anwalts der obsiegenden Partei sind auch dann zu erstatten, wenn er im Prozeß dienstlich versichert hat, daß er Gebührenansprüche gegen seine Partei nicht erheben werde und auch von ihr irgendwelche Zahlung für den vorliegenden Rechtsstreit nicht erhalten habe, KG JW 36, 2170[60]. Ein (teilweiser) Verzicht des Prozeßbevollmächtigten auf Gebühren gegen seine eigene Partei ist regelmäßig nur als Verzicht unter der Bedingung des Unterliegens der eigenen Partei anzusehen, KG JW 38, 3056[36]. In § 91 Abs. 2 ZPO, wonach die Kosten eines Anwalts immer zu erstatten sind, ist aber nur der Rechtsanwalt gemeint, der in der Instanz auftreten kann, nicht z. B. der erstinstanzliche Rechtsanwalt, der — beim Berufungsgericht nicht zugelassen — auftragsgemäß die Verwerfung der Berufung als unzulässig beantragt. Die hierdurch nach § 46 RAGebO entstandene Gebühr ist regelmäßig nach § 91 Abs. 1 ZPO nicht zu erstatten, OLG Darmstadt JW 35, 2298[48]. Jedoch ist die Gebühr des erstinstanzlichen Anwalts, der die schriftliche Einwilligung zur Sprungrevision abgibt, auch erstattungsfähig, wenn die Sprungrevision nicht eingelegt wird, OLG Düsseldorf JW 38, 2296[32]. Für Vertreter des RA gilt § 91 Abs. 2 ZPO auch, wenn der Vertreter ein anderer Anwalt oder ein nach § 29 der RAO bestellter Vertreter ist. Für andere Vertreter gilt (vgl. auch unten Anm. 2b zu § 1 RAGebO) folgendes:

a) Durch die Tätigkeit eines Anwaltsassessors (vor einem Amtsgericht oder einem Kollegialgericht) entstehen die gesetzlichen Gebühren. Denn dem Anwaltsassessor stehen nach § 13 RAO die anwaltlichen Befugnisse des Rechtsanwalts zu, dem er überwiesen ist.

b) Das gleiche gilt, wenn ein Probeassessor vor einem Amtsgericht auftritt, oder vor einem Kollegialgericht unter Beistand des Rechtsanwalts die Ausführung der Parteirechte übernimmt (§§ 6, 8, 29 Abs. 3 RAO.)

Das ist wohl einhellige Meinung; vgl. LG Hamburg MdRRAK 37, 19; LG Güstrow, OLG Dresden MdRRAK 37, 65/67; OLG Düsseldorf JW 37, 1650[16]; KG JW 37, 2247[83]; Witte JW 37, 1382. Wird ein Termin durch einen Assessor wahrgenommen, dessen Antrag auf Übernahme in den Probedienst noch schwebt, so erhält der Rechtsanwalt die gesetzlichen Gebühren, sofern im Zeitpunkt der Kostenfestsetzung feststeht, daß die Übernahme erfolgt ist. Dagegen stehen dem Rechtsanwalt in solchen Fällen bei auswärtigen Terminen keine Tage- und Abwesenheitsgelder zu, OLG Köln JW 37, 1419[15].

c) Dagegen fehlt es an einer gesetzlichen Regelung, hat sich bisher auch eine einheitliche Rechtsprechung nicht gebildet, ob und welche Gebühren und Auslagen der Rechtsanwalt berechnen kann, wenn er sich durch einen anderen Assessor, einen Referendar, insbesondere einen ihm zur Ausbildung überwiesenen Referendar (sog. Stationsreferendar) oder seinen Bürovorsteher (oder einen Büroangestellten) hat vertreten lassen.

Das KG JW 34, 913[2] verneint diese Frage und hält nur die Auslagen des Rechtsanwalts, die ihm infolge Wahrnehmung eines Termins durch einen Referendar entstanden sind, für erstattungspflichtig, wenn der Rechtsanwalt verhindert war; ebenso OLG Marienwerder HRR 39 Nr. 1195. Auch das LG Berlin hat (30. 3. 37 — 227. T. 2828. 37) daran festgehalten, daß dem Rechtsanwalt keine Verhandlungsgebühr zusteht, wenn er sich durch einen Assessor, Referendar oder seinen Bürovorsteher hat vertreten lassen.

Andere Gerichte (OLG Stuttgart JW 33, 1542[16]; LG Dresden JW 34, 2355[6]; LG Plauen JW 35, 2919[59]; LG Hamburg MdRRAK 37, 19; LG Güstrow, OLG Dresden MdRRAK 37, 65/67) nehmen dagegen an, daß die vollen Gebühren in einem nicht dem Anwaltszwang unterliegenden Rechtsstreit für den Anwalt durch einen Referendar verdient werden können, ebenso Witte JW 37, 1382 a. E.; Jonas ZPO § 91 IX 1.

Vgl. über die Streitfrage Hawlitzky JW 34, 877; Gaedeke JW 34, 878; Henze JW 35, 1676; Graf Westarp JW 38, 1705.

Daß durch die Tätigkeit eines Bürovorstehers oder Büroangestellten keine Anwaltsgebühren entstehen können, dürfte wohl keinem Zweifel unterliegen.

Die Notwendigkeit der vom Anwalte vorgenommenen Prozeßhandlungen und der dafür in Ansatz gebrachten Kosten und Auslagen ist im KostenfestsVerfahren trotz § 91 Abs. 2 ZPO immer zu prüfen, denn der RA darf seinem Auftraggeber nur notwendige Kosten und Auslagen berechnen. Es dürfen also auch nur Kosten und Auslagen dieser Art zur Erstattung festgesetzt werden, da die kostenpflichtige Partei nur solche Kosten und Auslagen zu erstatten hat, die die obsiegende Partei zu tragen verpflichtet ist, RG (Pl) 51, 13. Ob die Zuziehung eines Anwalts für das Gesuch um Bewilligung des Armenrechts notwendig war, ist nicht zu prüfen; § 91 Abs. 2 ZPO ist auch hier (entsprechend) anzuwenden, Jonas § 91 IX 1 ZPO; OLG Breslau JW 30, 150[28]; Bach JW 36, 2172 Ziff. 2; *aM* OLG Dresden HRR 38 Nr. 107, das Rechtsanwaltsgebühren für Einlegung einer erfolgreichen Armenrechtsbeschwerde nur dann für erstattungsfähig hält, wenn nach Lage des Falles die Zuziehung des Rechtsanwalts notwendig war. Vgl. auch oben II A 8.

Die unbedingte Erstattungspflicht der Anwaltskosten erstreckt sich nicht auf vereinbarte Zuschläge.

4. Reisekosten eines auswärtigen Anwalts sind nur insoweit zu erstatten, als seine Zuziehung zur zweckentsprechenden Rechtsverfolgung oder Rechtsverteidigung notwendig war. „Auswärtiger RA" ist nur der nicht am Sitze des Prozeßgerichts wohnende RA, der zur Vertretung der Partei Reisen nach dem Gerichtssitz unternimmt. Nicht also der Prozeßbevollmächtigte oder ein anderer RA, der Reisen zu auswärtigen Beweisterminen ausführt (s. hierüber unten zu 5a). Dem Ermessen ist aber durch § 20 Abs. 5, § 42 RAO, § 51 Abs. 4 PatG, § 19 Abs. 4 GebrMustG, § 32 Abs. 4 WZG im Anwaltsprozeß und bei der Bestellung eines Armenanwalts eine Schranke gezogen.

a) Wenn nämlich im Anwaltsprozeß eine Partei einen nicht am Orte des Prozeßgerichts wohnhaften RA zum Prozeßbevollmächtigten bestellt oder wenn ein solcher RA (im Anwalts- oder im Parteiprozeß) einer armen Partei beigeordnet wird, so sind die Mehrkosten des bestellten oder beigeordneten RA, die dadurch entstehen, daß er nicht am Orte des Prozeßgerichts seinen Wohnsitz hat, niemals zu erstatten. Beispiele: OLG Karlsruhe, Dresden Rsp 19, 251; HRR 30, 2029, LG Königsberg JW 32, 683[4]; OLG Kiel JW 35, 1725[67]; JVBl 36, 214. Reisekosten des (bei zwei Gerichten zugelassenen) Simultananwalts zum Prozeßgericht (bei dem er zugelassen ist, an dessen Sitz er aber nicht wohnt) sind aber insoweit erstattungsfähig, als durch die Bestellung des nicht am Sitze des Prozeßgerichts wohnenden Rechtsanwalts eigne Reisekosten der Partei zu einem am Sitz des Prozeßgerichts wohnenden Rechtsanwalt oder Kosten eines sonst notwendigen Verkehrsanwalts oder Reisekosten eines am Prozeßgericht wohnenden Rechtsanwalts zum Beweistermin erspart worden sind, OLG Hamm JW 31, 1834[25]; OLG Augsburg JW 32, 2166[5]; OLG Kiel MdRRAK 37, 163[108]; KG JW 38, 60[45]; OLG Dresden JW 38, 1268[37]; OLG Naumburg JW 38, 2764[42]; 39, 308[37]; OLG Frankfurt GewR.-schutz 39, 608; OLG Breslau HRR 39 Nr. 1121. Wird eine Partei nach § 11 VereinfachVO v. 1. 9. 39 (RGBl I 1658) in einem Berufungsverfahren vor dem OLG durch einen beim Landgericht zugelassenen Rechtsanwalt vertreten, so hat sie Anspruch auf Erstattung der hierdurch entstehenden Reisekosten und Tagegelder des Rechtsanwalts, jedoch insgesamt nur bis zum Betrag der halben Prozeßgebühr, wie sie der bei der Beauftragung mit der Terminswahrnehmung beim OLG zugelassene Rechtsanwalt neben der Prozeßgebühr des Prozeßbevollmächtigten erhalten würde (vgl. § 43 RAGebO), AVdRJM v. 30. 12. 39 DJ 40, 27 = MdRRAK 40, 3 = DR 40, 187; vgl. hierzu Gaedeke DR 40, 184. Ist infolge der behördlich angeordneten Räumung oder Freimachung von gefährdeten Teilen des deutschen Reichsgebietes oder infolge anderer auf den Auswirkungen des Krieges beruhender unabwendbarer Ereignisse ein Rechtsanwalt gezwungen, seine Kanzlei zu verlegen, oder ist aus den angeführten Gründen der Sitz seines Zulassungsgerichts verlegt worden, und entstehen dem Rechtsanwalt infolgedessen für die Reise zum Sitz des Gerichts höhere Reisekosten als bisher, so ist der Mehrbetrag an Reisekosten und Tagegeldern von der Gegenpartei zu erstatten, § 3 VO v. 22. 1. 40 (RGBl I 223). Wäre bei Bestellung eines am Sitze des Landgerichts wohnhaften Rechtsanwalts die Zuziehung eines Verkehrsanwalts erforderlich gewesen, so kann der obsiegenden Partei die Erstattung der Verkehrsanwaltskosten nicht deshalb versagt werden, weil sie einen am benachbarten Amtsgericht ansässigen Simultananwalt zum Prozeßbevollmächtigten bestellt hat, OLG Köln JRdsch 34, 1320. Ist ein bei einem auswärtigen Gerichte zugelassener RA einem beim Prozeßgerichte zugelassenen RA gemäß § 29 RAO zum Vertreter bestellt worden, so sind die Reisekosten erstattungsfähig, wenn die Zuziehung des RA zur zweckentsprechenden Rechtsverfolgung oder -verteidigung erforderlich war, OLG München, Karlsruhe Rsp 35, 40, 41 Nr. 1; OLG Augsburg JW 17, 736[1]; *aM* OLG Dresden JW 16, 869[6].

b) Im Parteiprozeß und im Privatklageverfahren (soweit es sich nicht um die Reisekosten des Armenanwalts handelt) ist nach der herrschenden Ansicht zu prüfen nicht nur, ob die Zuziehung gerade des auswärtigen RA, sondern auch, ob die Zuziehung eines RA überhaupt notwendig war, und nur wenn beide Fragen bejaht werden, können Reisekosten zugebilligt werden, OLG Hamburg, SeuffA 52, 350; OLG Jena, ThürBl 39, 39, 326; 40, 241; 45, 30; Jonas § 91 IX 2 ZPO. Dagegen will OLG. Dresden SächsAnn 10, 162; 19, 187 die Prüfung der Frage, ob die Zuziehung eines RA überhaupt geboten war, mit Recht ausschließen. Liegt die Notwendigkeit einer Vertretung der Partei überhaupt vor, so muß auch die Bevollmächtigung eines RA als notwendig angenommen werden, ohne daß der Partei zugemutet werden darf, sich eines nicht rechtsgelehrten billigeren Vertreters zu bedienen, OLG Jena SeuffA 49, 219; LG Kassel JW 03, 96[1].

5. Die Kosten mehrerer RAe sind nach § 91 Abs. 2 ZPO nur insoweit zu erstatten, als sie die Kosten eines RA nicht übersteigen oder als in der Person des RA ein Wechsel eintreten mußte.

a) Hat die obsiegende Partei mehrere RAe nebeneinander zu Vertretern bestellt (ZPO § 84, RAO § 33), so kann sie doch nur die Kosten eines RA erstattet verlangen. Dies trifft auch zu, wenn zwei Beklagte zwei Anwälte gemeinschaftlich bevollmächtigen, OLG Hamburg Rsp 15, 84 (hier hatte nicht etwa jeder Streitgenosse für sich einen RA bestellt, sondern beide zusammen zuerst den Anwalt A. und später noch auf dessen Wunsch auch den Anwalt B.). Die Gebühren des zweiten RA, dem der Prozeßbevollmächtigte gemäß § 33 RAO die Vertretung oder die Ausführung der Parteirechte in der mündlichen Verhandlung übertragen hat (RAGebO § 43), sind demnach regelmäßig nicht zu erstatten. Eine Ausnahme gilt, wenn der RA zeitweilig rechtlich verhindert war, z. B. als Zeuge vernommen wurde, OLG München Rsp 17, 312. Erkrankung oder Überlastung des einen RA rechtfertigt die Zuziehung eines zweiten RA nicht, OLG Naumburg, Braunschweig Rsp 17, 110; 25, 69; wohl aber genügt Stellung unter Pflegschaft aus § 1910 BGB, OLG München Rsp 40, 358. Die Kosten eines zweiten RA, der neben dem ersten zugezogen ist, sind indessen soweit erstattungsfähig, als durch diese Zuziehung höhere oder gleich hohe Kosten des ersten RA oder der Partei erspart werden.

„Die Gebühren und Auslagen eines für Vertretung einer Partei in einem auswärtigen Beweisaufnahmetermine substituierten RA sind insoweit, als sie die Reisekosten und Tagegelder des Prozeßbevollmächtigten nicht übersteigen, in jedem Falle — gleichviel ob die Beweisaufnahme einfach oder schwierig ist — von dem in die Prozeßkosten verurteilten Gegner zu erstatten", RG (Pl.) 51, 11; BadVerwGerichtshof JW 30, 216[3]. Die Partei hat ein Recht darauf, auch bei auswärtigen Beweisterminen durch einen Rechtsanwalt vertreten zu sein. Entweder kann der Prozeßbevollmächtigte in Begleitung der Partei oder ohne sie zum auswärtigen Beweistermin reisen, oder es kann ein am Sitz des auswärtigen Gerichts wohnender Rechtsanwalt mit der Wahrnehmung der Rechte der Partei im Beweistermin beauftragt werden. Die Partei muß aber prüfen, welche dieser Maßnahmen ausreicht, um ihre Rechte bei der Beweisaufnahme zu wahren, und welche Maßnahme mit den geringsten Kosten verbunden ist; *aM* KG JW 37, 2247[83], das aber JW 38, 965[26] bei Wahrnehmung von Beweisterminen im Ausland regelmäßig nur die Kosten eines Unterbevollmächtigten, nicht die Reisekosten des Prozeßbevollmächtigten für erstattungspflichtig hält. Im allgemeinen sind die Vertretungskosten in Höhe der Reisekosten des Prozeßbevollmächtigten erstattungspflichtig, bei seiner Verhinderung aber in voller Höhe aus § 45 RA.-GebO, OLG Karlsruhe JW 35, 2074[50]; OLG Naumburg JW 36, 346[45]. Sind die Kosten eines auswärtigen Rechtsanwalts höher als die Reisekosten des Prozeßbevollmächtigten, dann sind die Mehrkosten nicht erstattungspflichtig, wenn die Entfernung vom Sitz des Prozeßbevollmächtigten zum auswärtigen Beweistermin nicht übermäßig groß war, und es sich um einen Prozeß mit hohem Streitwert handelt, OLG Darmstadt JW 33, 2712[6]. Im Verhältnis zum erstattungspflichtigen Gegner ist eine Vereinbarung der erstattungsberechtigten Partei mit ihrem Prozeßbevollmächtigten, daß dieser für die Wahrnehmung auswärtiger Beweistermine die höheren Gebühren erhalten solle, die einem für die Beweisaufnahme besonders ausgewählten Rechtsanwalt am Ort der Beweisaufnahme zustehen würden, unbeachtlich. Dem unterlegenen Gegner können nur die gesetzliche Beweisgebühr und die Reisekosten des Prozeßbevollmächtigten zum Termin berechnet werden, OLG Breslau JW 35, 1717[54]; OLG Naumburg JW 36, 947[42]. Hat der Prozeßbevollmächtigte einen auswärtigen Beweistermin wahrgenommen, so sind nur seine Reisekosten, nicht ein vereinbartes Sonderhonorar erstattungspflichtig, auch wenn die Kosten eines auswärtigen Vertreters höher gewesen wären, KG JW 36, 3071[41]. OLG Dresden DJ 36, 978 hält mit Recht die Mehrkosten eines Unterbevollmächtigten nur dann für erstattungsfähig, wenn dem Prozeßbevollmächtigten die persönliche Wahrnehmung des auswärtigen Beweistermins nicht zuzumuten war. Ob dies zutrifft, kann nur nach Lage des Einzelfalls entschieden werden. Eine Regel, daß einem großstädtischen Anwalt die persönliche Wahrnehmung auswärtiger Termine nicht zugemutet werden könne (wie sie KG JW 30, 194[56]; 32, 1162[23] aufstellt), ist nicht anzuerkennen. Unter Beweistermin im Sinne des § 45 RAGebO ist nur ein solcher vor dem Richter, nicht vor dem Sachverständigen zu verstehen, OLG Darmstadt JW 33, 2712[6]. Die Einschränkung des OLG Naumburg Rsp 23, 106 bei Terminen zur Beeidigung eines Sachverständigen ist unbegründet. Nimmt der nicht am Sitze des Prozeßgerichts wohnhafte Prozeßbevollmächtigte einen an seinem Wohnsitze stattfindenden Beweistermin wahr, so ist die ihm erwachsende Beweisgebühr auch neben der Beweisgebühr des für die mündliche Verhandlung bestellten Anwalts erstattungsfähig, *aM* OLG Hamburg Rsp 33, 194.

Auch die durch die Entsendung des Bürovorstehers entstandenen Kosten sind zu erstatten, soweit die Aufwendungen für die Reise nachgewiesen sind, OLG Breslau, Naumburg Rsp 15, 82 f.; 17, 108, und seine Mitwirkung neben der Partei notwendig ist, OLG Jena Rsp 31, 68 Nr. 1. Nachzuweisen sind auch die Kosten eines ausländischen RA bei einer Beweisaufnahme im Auslande, OLG Hamburg Rsp 23, 105. Sie sind nach der ausländischen Gebührenordnung zu berechnen und zu erstatten, insoweit, als sie die Kosten nicht übersteigen, die bei Wahrnehmung des Termins durch einen deutschen Rechtsanwalt entstanden wären, OLG Dresden HRR 38 Nr. 1655; sind die Reisekosten des Prozeßbevollmächtigten höher, dann sind nur die Kosten des ausländischen Unterbevollmächtigten zu erstatten, KG JW 38, 965[26].

Der Grundsatz, daß die Ersatzpflicht nur die Kosten eines Anwalts umfaßt, der am Sitze des Prozeßgerichts wohnt, gilt auch dann, wenn die Partei einen dort wohnhaften und außerdem einen anderwärts wohnhaften, aber auch am Prozeßgerichte zugelassenen RA bevollmächtigt hat, OLG Jena SeuffA 65, 38, oder wenn der nicht am Sitze des Prozeßgerichts wohnhafte Prozeßbevollmächtigte die Termine durch einen am Sitze des Prozeßgerichts wohnhaften RA wahrnehmen läßt, OLG München JW 29, 1755[6].

Die Kosten eines Verkehrsanwalts (Korrespondenzanwalts) sind nicht nach § 91 Abs. 2 ZPO zu prüfen. Denn nach dieser Vorschrift sind die Kosten mehrerer Rechtsanwälte nur insoweit zu erstatten, als sie die Kosten eines Rechtsanwalts nicht übersteigen, oder in der Person des Rechtsanwalts ein Wechsel eintreten mußte. Um einen Anwaltswechsel handelt es sich bei der Bestellung eines Verkehrsanwalts nicht. Denn der Verkehrsanwalt und der Prozeßbevollmächtigte werden nicht nacheinander, sondern nebeneinander tätig. Würde also § 91 Abs. 2 ZPO angewandt, dann würden die Kosten eines Verkehrsanwalts niemals erstattungspflichtig sein, weil die Kosten mehrerer Rechtsanwälte nur insoweit zu erstatten sind, als sie die Kosten eines Rechtsanwalts (hier des Prozeßbevollmächtigten) nicht übersteigen. Allgemein wird aber angenommen, daß die Kosten eines Verkehrsanwalts neben den vollen Gebühren des Prozeßbevollmächtigten zu erstatten sind, wenn die Partei in Berücksichtigung ihrer Persönlichkeit und der Natur des Rechtsstreits nicht imstande ist, dem RA die zur richtigen Einleitung und Durchführung des Rechtsstreits erforderliche Information brieflich zu erteilen, KG JW 27, 528[6], 1497[6]; 29, 135[34], [35]; HRR 29, 554; OLG Augsburg JW 28, 1146[3]; OLG Breslau JW 28, 1153[13]; OLG Darmstadt JW 28, 1154[17]; KG, OLG Kiel JW 29, 1687[43]; OLG München HRR 29, 2051; SeuffA 80, 153; OLG Hamm JVBl 33, 112, 113; KG JRfPrV 39, 108. Die Rechtsgrundlage hierfür bildet § 91 Abs. 1 ZPO, wonach auch die Kosten eines Verkehrsanwalts zu erstatten sind, wenn seine Annahme notwendig war; unklar KG JW 33, 542[29]. Für die Erstattungspflicht der Verkehrsgebühr kann auch die Art der Führung des Rechtsstreits durch den Gegner von Bedeutung sein, KG JW 33, 542[28]. Ist die Notwendigkeit eines Verkehrsanwalts anzuerkennen, dann umfaßt sie die gesamte — angriffs- oder verteidigungsweise — Rechtswahrung hinsichtlich sämtlicher geltend gemachten Ansprüche, KG JW 39, 362[34]. Wenn auch die Tätigkeit der Rechtsanwälte in der NS-Rechtsbetreuung ehrenamtlich ist, so ist hierdurch die Gebührenfestsetzung im Verhältnis zu dem unterlegenen Gegner nicht ausgeschlossen. Die Kosten, die durch Inanspruchnahme der NS-Rechtsbetreuung zwecks Unterrichtung des auswärtigen prozeßbevollmächtigten Rechtsanwalts entstanden sind, können nach Lage des Falles erstattungsfähig sein, AG Frankfurt a. O. JW 35, 232[2]. Die Verkehrsgebühr ist regelmäßig nicht erstattungsfähig, wenn der Verkehrsanwalt am selben Ort wie der Prozeßbevollmächtigte wohnt; jedoch sind Ausnahmen in ganz besonderen Fällen möglich, KG JW 37, 2005[36]. Jedenfalls wird der Umstand, daß bei dem Rechtsstreite im Bezirke des Prozeßgerichts nicht geltendes Recht zur Anwendung kommen muß, die Zuziehung eines mit diesem Rechte vertrauten Verkehrsanwalts rechtfertigen. Wären durch Reisen der

Partei zum Zwecke mündlicher Information des Prozeßbevollmächtigten geringere Kosten entstanden, so ist die Verkehrsgebühr nur in Höhe dieses Betrags erstattungsfähig, OLG Bamberg JW 15, 1273. Wer die Gebühren eines Verkehrsanwalts erstattet verlangt, muß also die besonderen Verhältnisse darlegen, die die unmittelbare Information des Prozeßbevollmächtigten hinderten. Daß es der Partei nur bequemer oder zweckmäßiger erschien, sich der Vermittlung eines RA zu bedienen, rechtfertigt eine Erstattungspflicht des Gegners nicht. Für Landbevölkerung sind die Kosten des Verkehrsanwalts meist erstattungsfähig, OLG Dresden HRR 38 Nr. 121. Bei verwickeltem Sachverhalt steht auch der schriftgewandten Partei das Recht zu, wenigstens einmal mit einem Anwalt an ihrem Wohnsitz Rücksprache zu nehmen, OLG Breslau JW 21, 278[1]. Ähnlich auch OLG Köln JW 28, 755[47]; KG JW 29, 135[34]. Mangelnde Sprachkenntnisse eines in Deutschland tätigen Ausländers lassen die Annahme eines Verkehrsanwalts noch nicht als notwendig erscheinen, OLG Köln DRZ Rsp 31 Nr. 500. Regelmäßig kann die Zuziehung eines Verkehrsanwalts im zweiten Rechtszuge (vor dem Landgericht) nicht als notwendig angesehen werden, wenn der Verkehrsanwalt die Partei, die in beiden Instanzen gesiegt hat, im ersten Rechtszuge (vor dem Amtsgericht) als Hauptbevollmächtigter vertreten hat, und der Prozeßbevollmächtigte zweiter Instanz im ersten Rechtszuge als Unterbevollmächtigter tätig geworden ist. Neben den Kosten des Anwalts, der als Pfleger einen Prozeß führt, können die Kosten eines auswärtigen Anwalts, der den Schriftverkehr des auswärts wohnenden Mündels mit dem Pfleger führt, gemäß § 91 Abs. 1 ZPO, §§ 44, 89 RAGebO erstattungspflichtig sein. Die Verkehrsgebühr eines Rechtsanwalts, der weder am Wohnorte der Partei, noch am Sitz des Prozeßgerichts, sondern an einem dritten Ort ansässig ist, ist in der Regel nicht erstattungsfähig, KG und OLG Düsseldorf JVBl. 36, 135; *aM* OLG Hamburg JW 30, 128[11].

Neben der Prozeßgebühr kann der Rechtsanwalt nicht als Mehrkosten (§ 276 Abs. 3 ZPO) eine Verkehrsgebühr dafür verlangen, daß er zunächst als Verkehrsanwalt tätig war, bevor der Rechtsstreit an das Gericht verwiesen wurde, bei dem er zugelassen ist, OLG Stuttgart JW 33, 1542[14].

Ob eine dem Verkehrsanwalt im Verhältnis zu seiner Partei zustehende Vergleichsgebühr erstattungsfähig ist, hängt davon ab, ob die Zuziehung zweier Anwälte erforderlich war. Die Gebühr ist nicht zu erstatten, wenn die Partei den Vergleich hätte durch ihren Prozeßbevollmächtigten allein abschließen können, OLG Düsseldorf JW 34, 3011[17]. Dagegen sind OLG Rostock JW 35, 1050[32]; OLG Dresden JW 38, 2239[53]; OLG Darmstadt DR 39, 672[45] der Ansicht, daß man, wenn man die Notwendigkeit des Verkehrsanwalts anerkenne, ihn auch regelmäßig beim Vergleichsschluß nicht umgehen könne; vgl. auch OLG Jena JW 31, 1121[49]; OLG Kiel JW 32, 2907[39]; KG JW 33, 542[39]. Über die Erstattung der Vergleichsgebühr des Verkehrsanwalts, falls eine Partei im Vergleich die Vergleichsgebühr unter der Voraussetzung übernommen hat, daß er darauf neben der Verkehrsgebühr Anspruch habe, vgl. OLG

Dresden JW 37, 838[42], oder falls eine Partei die Kosten des Rechtsstreits „einschließlich der gesetzlichen Kosten des Verkehrsanwalts" übernommen hat, vgl. OLG Düsseldorf JW 35, 1722[61].

Ist ein RA Partei, so kann er für seinen Briefwechsel mit seinem Prozeßbevollmächtigten nicht die Gebühr des § 44 RAGebO erstattet verlangen, da er keines Vermittlers bedurft hätte, OLG Stettin JW 30, 1518[24].

Die Gebühren eines ausländischen Anwalts sind zu erstatten, wenn seine Zuziehung zur zweckentsprechenden Rechtsverfolgung oder Verteidigung, z. B. zur Ermittelung des in Betracht kommenden ausländischen Rechtes notwendig war, OLG Kassel JW 24, 718[12]; OLG München ZZP 52, 308; KG JW 29, 1599[1]; OLG Hamburg HRR 30, 913. Übersteigen die für den ausländischen Verkehrsanwalt berechneten Gebühren die Sätze der RAGebO, so bedarf es des Nachweises, daß ihm diese Gebühren wirklich zustehen, OLG Königsberg HRR 32, 199; sie sind aber, soweit seine Tätigkeit notwendig war, zu erstatten, OLG München SeuffBl 76, 674; ZZP 52, 308; *aM* KG JW 28, 121[3]. Die Verkehrsgebühr eines deutschen Rechtsanwalts in Tientsin ist im dreifachen Betrage des § 9 RAGebO anzunehmen, KG JW 33, 1075[5].

Nach § 44 Abs. 2 RAGebO kann der Rechtsanwalt eine Verkehrsgebühr berechnen, wenn die Partei ihn beauftragt hat, mit der Übersendung der Akten an den Rechtsanwalt der höheren Instanz gutachtliche Äußerungen zu verbinden. Diese Gebühr ist regelmäßig nicht zu erstatten, da die gutachtlichen Äußerungen meist nicht notwendig sind. Zwar muß der Auftraggeber die Gebühr an den Rechtsanwalt zahlen; daraus folgt aber nicht ohne weiteres, daß der unterlegene Gegner die Gebühr auch erstatten muß; *aM* Bach JW 38, 846.

In der Revisionsinstanz ist eine Information über Tatsachen regelmäßig ausgeschlossen. Der RA beim Revisionsgericht ist schon auf Grund des Urteils und der Handakten in der Lage, sachgemäße Anträge zu stellen und zu begründen. Findet es eine Partei für angemessen, den RA beim Revisionsgerichte durch eine Information rechtlichen Inhalts zu unterstützen, so muß sie dies auf ihre eigenen Kosten tun; OLG Kiel JW 32, 674[27]; OLG Dresden JW 39, 710[25]. Was für die Verkehrsgebühr in der Revisionsinstanz gilt, muß auch für die Gebühr des § 46 gelten. Diese Gebühr ist, wenn sie einem beim Revisionsgericht nicht zugelassenen RA erwachsen ist, nicht erstattungsfähig. Beide Gebühren sind aber erstattungspflichtig, wenn es erst der Bemühung des RA der Berufungsinstanz gelang, den RA der Revisionsinstanz zur Einlegung der Revision zu bewegen, OLG Hamburg JW 33, 1077[10]. Nur ausnahmsweise kann eine Information über Tatsachen erforderlich sein, soweit nämlich das Revisionsgericht neue Tatsachen zu berücksichtigen hat (ZPO § 554 Abs. 3 Nr. 2b und Abs. 4), z. B. wenn es sich um die Revisionssumme oder um die ordnungsmäßige Zustellung des angefochtenen Urteils handelt. Die Informationserteilung an den Rechtsanwalt beim Reichsgericht kann auch dann die Erstattungspflicht für die Verkehrsgebühr begründen, wenn es sich um ein schwieriges Rechtsgebiet handelt, und der Revisionsanwalt mit den Tatfragen vertraut sein muß, OLG Hamburg JW 32, 118[12a]; OLG Frankfurt JW 32, 2907[35]; ferner ausnahmsweise dann, wenn das RG der Partei die Klarstellung in tatbestandlicher Hinsicht anheimgibt, die für die Beurteilung der Entsch. des Berufungsgerichts von wahrscheinlich ausschlaggebender Bedeutung sein muß, KG DR 39, 890[22].

Wird (im Amtsgerichtsprozeß) ein auswärtiger hauptbevollmächtigter Rechtsanwalt und ein beim Prozeßgericht auftretender unterbevollmächtigter Rechtsanwalt bestellt, so berechnen sich ihre Gebühren nach §§ 42, 43 RAGebO. Auch hier sind dann nicht mehrere Rechtsanwälte nacheinander bestellt worden. Hauptbevollmächtigter und Unterbevollmächtigter werden vielmehr (ähnlich wie Verkehrsanwalt und Prozeßbevollmächtigter) nebeneinander tätig. Daher sind auch hier die Mehrkosten, die über die Kosten eines Anwalts hinaus entstehen, nicht gemäß § 91 Abs. 2 ZPO, sondern nach § 91 Abs. 1 ZPO auf ihre Notwendigkeit zu prüfen: Die Kosten des Hauptbevollmächtigten und des Unterbevollmächtigten sind nur bis zur Höhe der Gebühren erstattungspflichtig, die entstanden wären, wenn sich die Partei eines Verkehrsanwalts (§ 44 RAGebO) und eines Prozeßbevollmächtigten (§§ 13ff. RAGebO) bedient hätte, weil auf diesem billigeren Weg derselbe Zweck erreicht würde, LG Berlin ständ. Rsp, so v. 24. 5. 35 (227. T. 6141. 35).

Über die Erstattung auswärtiger Anwälte im Verfahren vor dem Reichsarbeitsgericht vgl. ArbG Flensburg JW 38, 3264[49].

b) Werden mehrere RAe nacheinander bestellt, so sind die Kosten der mehreren Anwälte insoweit erstattungsfähig, als sie die Kosten eines Anwalts nicht übersteigen; darüber hinaus nur insoweit, als der Wechsel notwendig war, ZPO § 91 Abs. 2. Die obsiegende Partei kann die Kosten eines Rechtsanwalts stets vom unterlegenen Gegner erstattet verlangen. Solange sie also nur die Kosten eines (von mehreren) Anwälten anmeldet, erhebt sich gar nicht erst die Frage nach der Notwendigkeit des Anwaltswechsels, KG JW 35, 2587[43].

Von einem Anwaltswechsel kann nicht gesprochen werden, wenn von Anfang an mehrere — regelmäßig im Sozietätsverhältnis stehende — Anwälte zugleich Prozeßvollmacht erhalten haben, KG JW 33, 538[16]. Kein Anwaltswechsel liegt vor, wenn der Prozeßbevollmächtigte einen Sozius aufnimmt, dann aus dem Anwaltsstand ausscheidet oder stirbt und nunmehr der Sozius den Prozeß weiterführt, OLG Jena JW 34, 2173[7]; KG JW 37, 2217[32]; hier entstehen nur die Gebühren eines Anwalts. Hierbei wird aber vorausgesetzt, daß die Sozien bei demselben Gericht zugelassen sind; dagegen liegt ein notwendiger Anwaltswechsel vor, wenn der beim LG zugelassene Rechtsanwalt stirbt, und sein beim OLG zugelassener Sozius (nach Zulassung beim LG) den Prozeß weiterführt, KG DR 39, 1183[38].

§ 91 Abs. 2 Satz 2 ZPO stellt in dem Begriff „mußte" ein doppeltes Erfordernis auf: objektive Notwendigkeit des Wechsels, weil der erste

Anwalt nicht mehr weiter tätig werden will oder kann, in subjektiver Hinsicht das Fehlen eines Verschuldens, das diese Notwendigkeit verursacht hat, daß der Wechsel also vermeidbar gewesen wäre. Dabei ist nicht der bürgerlich-rechtliche Begriff des Verschuldens zugrunde zu legen. Es genügt jedes vertretbare Handeln in Beziehung auf den Prozeß, sei es der Partei selbst, sei es ihres Anwalts. Freiwillige Aufgabe der Zulassung ist von dem Anwalt und damit seiner Partei zu vertreten; daher sind in einem solchen Falle nur die Kosten eines Anwalts erstattungspflichtig. Aufgabe des Anwaltsberufs z. B. wegen Krankheit und dadurch bedingter Unmöglichkeit weiterer Berufsausübung liegt dagegen außerhalb des freien Willens des Anwalts und ist nicht vermeidbar, KG JW 34, 2170[1]; 35, 1040[4], 2293[39]; OLG Kiel JW 33, 547[41]; OLG Jena JW 34, 2173[7]; OLG Naumburg JW 35, 1803[39]; OLG Düsseldorf JVBl 36, 275; *aM* OLG Dresden JW 35, 141[7]. Kein notwendiger Anwaltswechsel, wenn der Prozeßbevollmächtigte im eigenen wirtschaftlichen Interesse die Zulassung (überhaupt oder bei dem bisherigen Gericht) aufgibt, so z. B. um die Praxis des bisherigen Sozius zu übernehmen, KG JW 38, 391[26]; OLG Darmstadt HRR 39 Nr. 234.

Um notwendigen Anwaltswechsel handelt es sich beim Tode des Prozeßbevollmächtigten, auch durch Selbstmord, KG JW 30, 3337[20]; 34, 914[5], 3145[1]; OLG Naumburg JW 34, 1742[14]; OLG Königsberg JVBl 39, 39. Stirbt der in eigener Sache aufgetretene Rechtsanwalt, dann sind seine Gebühren und Auslagen gemäß § 7 RAGebO und die Kosten des Rechtsanwalts zu erstatten, der den Prozeß für die Erben weiterführt, KG JW 35, 1703[29]. Notwendiger Wechsel im Falle der Kriegsbehinderung, OLG Karlsruhe Rsp 37, 98; KG JW 15, 665; *aM* OLG Breslau JW 16, 1292[4].

Ein notwendiger Anwaltswechsel liegt nicht vor, wenn entweder die Partei durch ihr Verhalten, durch unangemessenes Auftreten gegenüber dem Anwalt, durch unzumutbare Forderungen diesem die Weitervertretung unmöglich macht, oder der Anwalt der Partei durch nicht sachgemäße Wahrnehmung ihrer Interessen berechtigten Anlaß gegeben hat, das Mandat aufzukündigen, KG JW 36, 2814[45]. Ein notwendiger Anwaltswechsel liegt auch nicht vor, wenn der erste Anwalt den Wechsel verschuldet hat. Die Partei muß dartun, daß der Anwaltwechsel weder durch ihr eigenes noch durch des Anwalts Verschulden veranlaßt ist, OLG Köln JW 36, 951[45]; OLG Düsseldorf JW 36, 1306[34]. Wenn das Vertrauensverhältnis zwischen Partei und Anwalt so erschüttert worden ist, daß beiden die Fortsetzung des Anwaltsvertrages nicht zuzumuten ist, muß ein Anwaltswechsel ausnahmsweise als notwendig angesehen werden, ohne daß ein Verschulden der Partei oder ihres Anwalts vorliegt, KG JW 37, 3042[35]. Legt eine Partei nach 9 Jahren gegen ein Versäumnisurteil einen unzulässigen Einspruch ein, so hat sie diejenigen Mehrkosten zu tragen, die dadurch entstehen, daß der Gegner an Stelle seines früheren Prozeßbevollmächtigten einen anderen Rechtsanwalt beauftragt, OLG Dresden JW 38, 1268[36]. Haben sich mehrere Beklagte zunächst durch einen gemeinsamen Rechtsanwalt vertreten lassen, und wechselt einer von ihnen nachträglich den Rechtsanwalt, ohne daß widerstreitende Interessen hierzu zwingen, so sind die hierdurch entstehenden Mehrkosten nicht erstattungspflichtig, OLG Düsseldorf MdRRAK 38, 206. Die Partei hat eine unbegründete Mandatsniederlegung durch ihren Anwalt zu vertreten. Die in einem solchen Falle durch einen Anwaltswechsel entstandenen Mehrkosten sind auch nicht gegen Abtretung der etwaigen Ansprüche gegen den ersten Anwalt erstattungsfähig, KG JW 35, 1703[30]. Die Kosten eines Anwalts, der sein Mandat niederlegt und seine Zulassung zur Rechtsanwaltschaft aufgibt, um einem Disziplinarverfahren zu entgehen, und dadurch die Zuziehung eines anderen Rechtsanwalts notwendig macht, sind nicht erstattungspflichtig, OLG Darmstadt JW 35, 3488[65]; OLG Dresden HRR 39 Nr. 1057. Dagegen ist den Entscheidungen des OLG Düsseldorf JW 31, 3576[25] (kündigt die Partei, weil ihr Rechtsanwalt wegen Untreue verurteilt worden ist, so sind die Kosten mit der Maßgabe festzusetzen, daß die Partei ihre Ersatzansprüche gegen den ersten Rechtsanwalt abzutreten hat) und des OLG Naumburg JW 35, 1727[73] (wird eine Partei infolge Verhaftung ihres Rechtsanwalts gezwungen, einen anderen Rechtsanwalt zu beauftragen, so liegt ein notwendiger Anwaltswechsel vor) nicht beizustimmen. Eine Festsetzung „Zug um Zug gegen Abtretung von etwaigen Ansprüchen gegen den ersten Anwalt" läßt sich nicht rechtfertigen, weil die Kostenfestsetzung nur der ziffernmäßigen Ergänzung, nicht der Änderung der Kostenentscheidung dient. Ist für einen Rechtsanwalt, gegen den ein Vertretungsverbot besteht, ein Stellvertreter nach § 98 RAO bestellt worden, und ist dadurch ein Anwaltswechsel notwendig geworden, daß während des Rechtsstreits die Bestellung des Stellvertreters widerrufen worden ist, so sind nur die Kosten eines Anwalts zu erstatten; *aM* OLG Dresden JW 38, 2764[43]; dasselbe gilt, wenn schon bei Übernahme des Auftrages festgestanden hat, daß der Rechtsanwalt, gegen den ein Vertretungsverbot besteht, in kurzer Zeit seine Zulassung aufgeben wird, OLG Dresden JW 39, 310[39].

Der Wechsel in der Person des Armenanwalts ist für die Frage der Kostenerstattung unter den Parteien wie jeder andere Anwaltswechsel zu beurteilen, KG JW 35, 798[22]. Eine Partei, die genötigt ist, den Rechtsstreit im Armenrecht zu führen, vor Beiordnung eines Armenanwalts aber einen Wahlanwalt bestellt, hat es selbst zu vertreten, wenn das Gericht ihr einen anderen Anwalt beiordnet, und dadurch ein Anwaltswechsel notwendig wird. Diese Gefahr hat die arme Partei zu tragen und kann nicht auf die erstattungspflichtige Gegenpartei abgewälzt werden, KG JW 34, 1678[2]; 35, 2588[44]; OLG Frankfurt JW 32, 2897[13]; OLG Hamm JW 34, 3014[21]; *aM* OLG Kiel JW 32, 2177[34]; OLG Düsseldorf JW 33, 1734[7].

Wird der Wechsel des RA durch Verweisung des Rechtsstreits an ein anderes Gericht notwendig, so kommt es darauf an, auf welchem Grunde die Verweisung beruhte. Beantragt der Kläger eine Verweisung nach § 276 ZPO, so hat er nach § 276 Abs. 3 S. 2 ZPO stets die entstandenen Mehrkosten zu tragen, also auch dem unterlegenen Beklagten die Kosten eines zweiten RA zu erstatten. Sind entgegen § 276 Abs. 3 S. 2 ZPO alle Kosten dem Beklagten auferlegt worden, so setzen OLG Köln Rsp 37, 132; JW 19, 254[2]; OLG Karlsruhe JW 31, 1847[57]; OLG Bamberg JBBl 34, 312, Aschoff DJ 38, 1390 die Mehrkosten des Klägers ab, während OLG Kiel Rsp 37, 150; OLG Frankfurt JW 28, 1523[28]; KG JW 33, 2018[11]; JBBl 33, 249; Jonas ZPO § 276 VIII 1 eine Nachprüfung der Kostenentscheidung bei der Kostenfestsetzung mit Recht ablehnen. Ist die Auferlegung der Mehrkosten auf den Kläger entgegen § 276 Abs. 3 S. 2 ZPO unterblieben, so kann die Kostenentscheidung gemäß § 321 ZPO ergänzt werden, LG Detmold JW 34, 709[4]; RG HRR 35 Nr. 43. Auf diese Weise kann das Prozeßgericht sein Versehen beheben. Die dem Beklagten in einem vor einem unzuständigen Gericht erhobenen Rechtsstreit durch Beauftragung eines Anwalts erwachsenen Kosten sind als Mehrkosten i. S. des § 276 Abs. 3 ZPO auch dann von dem Kläger zu erstatten, wenn der Beklagte vor dem zuständigen Gericht sich nicht durch einen Rechtsanwalt vertreten läßt, OLG Jena JW 34, 2085[6]. Über die Erstattung von Anwaltskosten, wenn der Rechtsstreit an das Arbeitsgericht verwiesen worden ist vgl. ArbG Hindenburg JW 37, 1192, 1191 und JBBl 37, 217. Die durch Klageerhebung vor dem unzuständigen Landgericht einem Beklagten entstandenen Anwaltskosten sind auch dann nach § 276 Abs. 3 ZPO erstattungsfähig, wenn sich der Beklagte nach Verweisung des Rechtsstreits an das Arbeitsgericht vor diesem durch den gleichen Anwalt hat vertreten lassen, LArbG Stuttgart ArbRSamml. Bd. 33, 212. Im Falle des § 506 ZPO kann jede Partei die Verweisung beantragen; es braucht aber keine Partei bei der Auswahl ihres Anwalts damit zu rechnen, daß der Gegner diesen Antrag stellen oder durch das Verhalten des Gegners ein Anlaß zur Stellung des Antrags gegeben wird, KG DR 39, 182[26]. Nur wenn dieselbe Partei die Verweisung veranlaßt und beantragt und erst hierzu einen RA bestellt, muß sie zur Vermeidung von Mehrkosten den bei dem Landgericht zugelassenen RA bevollmächtigen, KG JW 34, 1919[3]; DR 39, 369[43]. Kein notwendiger Anwaltswechsel bei Einklagung eines Teilanspruchs vor dem Amtsgericht und Verweisung an das Landgericht, wenn der Kläger damit rechnen mußte, daß der Beklagte die Sache vor das Landgericht bringen würde, KG JW 34, 1919[1]; OLG Dresden JW 39, 647[42]. Sonst ist jede Partei in der Auswahl ihres RA unbeschränkt. Es hat also z. B. der unterlegene Kläger dem Beklagten die Kosten des Amtsgerichtsanwalts selbst dann zu erstatten, wenn der Beklagte durch den RA zunächst Klageabweisung beantragt hat und erst im Laufe des Rechtsstreits die Widerklage erhoben worden ist. Nur in Ausnahmefällen wird sich die nachträgliche Erhebung der Widerklage als Mißbrauch bezeichnen lassen; RG 44, 427; KG Rsp 15, 85; 19, 71. Wegen Teilklagen siehe auch unten Einzelfälle Ziff. 11.

Beim Mahnverfahren kann ebenfalls jede Partei die Verweisung beantragen (§§ 697, 700 ZPO), und zwar kann über den nach § 697 Abs. 2

ZPO gestellten Antrag ohne mündliche Verhandlung entschieden werden. Über die Frage, wie ein Anwaltswechsel zu beurteilen ist, der infolge Erhebung des Widerspruchs gegen den Zahlungsbefehl, sowie Verhandlung vor dem auswärtigen Amtsgericht oder Verweisung an das Landgericht stattgefunden hat, bestehen vier Meinungen:

Die herrschende Meinung nimmt an, daß sich der Gläubiger regelmäßig zur Erwirkung des Zahlungsbefehls des Anwalts seines Wohnortes bedienen kann, ohne Rücksicht darauf, ob etwa infolge späterer Verweisung an das Landgericht ein Wechsel in der Person seines Prozeßbevollmächtigten eintreten muß. Anders, wenn der Gläubiger nicht damit rechnen konnte, daß die Sache vor dem Amtsgericht ihre Erledigung finden würde, KG JW 35, 872[1]; 37, 259[63]; 38, 465[26], 2298[34]; OLG Naumburg JW 31, 2381[15]; OLG Düsseldorf JW 35, 3055[29]; OLG Kiel JW 33, 2346[9]; DRZ Rsp 33 Nr. 742; OLG Dresden JW 35, 1720[59]. Nach OLG Dresden SächsA 38, 25 sind die durch Anwaltswechsel nach vorausgegangenem Mahnverfahren entstandenen Mehrkosten aber dann erstattungsfähig, wenn der vom Schuldner gegen den Zahlungsbefehl eingelegte Widerspruch offenbar mutwillig ist. Dagegen ist OLG München HRR 39 Nr. 639 der Meinung, daß ein Gläubiger damit rechnen muß, daß ein Schuldner aus wirtschaftlichen Gründen, nämlich um Zeit zu gewinnen, Widerspruch einlegt. Kein notwendiger Anwaltswechsel des Beklagten, wenn Beklagter im Mahnverfahren mit Verweisung rechnen konnte, KG JW 36, 200[23]; OLG Darmstadt MdRRAK 40, 26[8].

Eine andere Ansicht hält die Kosten beider Anwälte stets für erstattungspflichtig, LG Schneidemühl JW 31, 1144[11]; OLG Karlsruhe JW 33, 2601[6].

Nach einer dritten Meinung sind grundsätzlich nur die Kosten eines Anwalts zu erstatten, OLG Stuttgart JW 31, 1115[31]; OLG Hamburg JW 36, 1141[21]; 37, 573[43]; OLG Naumburg JW 36, 1692[29].

Es dürfte aber folgendes zu erwägen sein: Wird der Rechtsanwalt, der den Zahlungsbefehl erwirkt (oder dagegen Widerspruch eingelegt) hat, Verkehrsanwalt (oder bleibt er im Amtsgerichtsprozeß Hauptbevollmächtigter), während der nunmehr bestellte, beim Prozeßgericht zugelassene Rechtsanwalt Prozeßbevollmächtigter (oder Unterbevollmächtigter beim Amtsgericht) wird, dann sind die Kosten beider Anwälte gemäß § 91 Abs. **1** ZPO zu prüfen. Denn die Anwälte sind nebeneinander bestellt. Wird aber der erste Anwalt nicht mehr tätig, sondern nimmt lediglich noch der zweite Anwalt als Prozeßbevollmächtigter die Rechte der Partei wahr, dann ist § 91 Abs. **2** ZPO anzuwenden. Dann kommt es darauf an, ob die Partei in der Lage war, die Beauftragung von zwei Anwälten statt nur eines Anwalts zu vermeiden. Die Beantwortung der Frage, ob die Kosten von zwei Anwälten erstattungspflichtig sind, kann nicht davon abhängig sein, ob zunächst ein Zahlungsbefehl erwirkt oder unmittelbar Klage erhoben worden ist. Daß in dem zweiten Falle die Notwendigkeit des Anwaltswechsels zu prüfen ist, wird allgemein angenommen. Eine solche Prüfung muß aber auch vorgenommen werden, wenn zunächst ein Zahlungsbefehl erwirkt worden ist. Denn die Prüfung der Notwendigkeit eines Anwaltswechsels muß sich stets nach der Sach- und Rechtslage und danach richten, ob die Partei gewandt oder ungewandt war, LG Berlin JW 37, 3321[28].

Die Kosten zweier RAe sind nicht zu erstatten, wenn gegen einen Arrestbefehl, den ein beim Prozeßgerichte nicht zugelassener RA erwirkt hatte, Widerspruch erhoben und deshalb ein zweiter Anwalt bestellt wird, OLG Königsberg DJZ 26, 1790; OLG Dresden SächsA 37, 65; KG JW 38, 965[27] (das aber Ausnahmen für zulässig erachtet); *aM* OLG Düsseldorf JW 30, 3347[36] oder wenn ein beim Landgericht nicht zugelassener RA den Arrest beantragt und das Gericht mündliche Verhandlung anordnet, KG JW 34, 3002[3]; *aM* OLG Köln JW 37, 568[39]. In den Fällen des § 942 ZPO sind jedoch bei Anwaltswechsel die Kosten beider Anwälte in der Regel erstattungspflichtig, KG JW 39, 49[31].

Auch im Falle der Zurückverweisung eines Rechtsstreites aus der höheren in die niedere Instanz ist grundsätzlich die Gebühr, die durch Bestellung eines anderen Anwalts für das zweite Verfahren der unteren Instanz entsteht, nicht erstattungsfähig, OLG München JW 17, 981[8].

2. Einzelfälle der Erstattungspflicht.

1. Führt die Partei einen Amtsgerichtsprozeß persönlich, so sind ihre Kosten regelmäßig nur bis zur Höhe der Gebühren und Auslagen erstattungspflichtig, die entstanden wären, wenn die Partei sich eines Rechtsanwalts (erforderlichenfalls mehrerer Rechtsanwälte) bedient hätte, LG Berlin ständ. Rsp, so v. 17. 1. 36 (227. T. 318. 36). Wenn eine Partei, die durch einen RA vertreten wird, persönlich Termine wahrnimmt, so hat sie einen unbedingten Anspruch auf Ersatz ihrer Reise- und Aufenthaltskosten dann, wenn ihr Erscheinen gesetzlich geboten war — wie bei Parteivernehmungen —, oder vom Gericht angeordnet worden ist, KG DR 39, 325[12], z. B. zur Aufklärung des Sachverhalts oder zum Zwecke des Sühneversuchs, ZPO §§ 141, 296. Die Partei ist auch berechtigt, einem Beweistermine beizuwohnen, falls sie sich durch ihren RA nicht vertreten läßt. Sie kann die Erstattung der dadurch entstandenen Auslagen vom Gegner fordern, ohne Rücksicht darauf, ob das Beweisverfahren ein einfaches oder ein verwickeltes Sachverhältnis betraf, ZPO § 357; im allgemeinen aber nur insoweit, als sie nicht die Kosten einer Vertretung durch einen Rechtsanwalt übersteigen, OLG Düsseldorf JW 32, 120[18], nur unter Umständen darüber hinaus, OLG Darmstadt JW 18, 234[3].

In allen übrigen Fällen wird, wenn die Partei durch einen RA vertreten ist, die Notwendigkeit ihres persönlichen Erscheinens neben dem RA besonderer Rechtfertigung bedürfen. Das KG DR 39, 325[12] hat die Reisekosten der Partei in einem Falle für erstattungspflichtig erklärt, in dem der Anwalt keine ausreichende Information erhalten und die (nicht durch einen Verkehrsanwalt beratene) Partei aufgefordert hat, zum Termin zu erscheinen. Nicht erstattungsfähig sind die Reisekosten der Partei zu einem Termine, der vertagt worden ist und auf dessen Vertagung die Partei rechnen mußte. Erstattungspflichtig sind die Kosten der Partei für Wahrnehmung eines Beweistermins, auch wenn dem Zeugen auferlegt ist, seine Angaben schriftlich zu übergeben. OLG Karlsruhe DRZ Rsp 34 Nr. 525. Benutzt eine Partei für Fahrten zu auswärtigen Terminen einen Kraftwagen, der ihr zum unentgeltlichen Gebrauch von dritter Seite zur Verfügung gestellt worden ist, so kann sie keine Fahrtkosten — wie etwa 3. Kl. Bahnfahrt — berechnen, OLG Hamburg HansRGZ 37 B 151.

Reisen der Partei zur Parteivernehmung oder zur Vereidigung können dann als unnötig erachtet werden, wenn rechtzeitige Anzeige der Abwesenheit vom Gerichtsort oder eines Wohnungswechsels die Anordnung der Parteivernehmung oder Eidesleistung vor einem ersuchten Richter (ZPO §§ 375, 451, 479) zur Folge gehabt haben würde.

2. Ob § 91 Abs. 1 Satz 2 ZPO über seinen Wortlaut hinaus auf andere Zeitversäumnisse der Partei und auf andere Personen Anwendung findet, hängt von den Umständen des Falles ab. So können Informationsreisen der Partei zum Prozeßbevollmächtigten erster oder zweiter Instanz gerechtfertigt sein, OLG Hamm JW 23, 1047[17]. Nicht dagegen in der Revisionsinstanz, oder wenn die Partei einen Verkehrsanwalt hat, oder bei besonders einfacher Sachlage, oder wenn die Reisekosten außer Verhältnis zum Streitwert stehen, RG JW 37, 3247[41]; DR 39, 1193[57]; OLG Naumburg JVBl 38, 175. Jedoch kann diesen Entscheidungen insoweit nicht beigetreten werden, als sie die Kosten einer Informationsreise auch dann zubilligen, wenn die Partei zu schriftlicher Unterrichtung ihres Anwalts gewandt genug ist. Im übrigen werden die Kosten der Informationsreise häufig nur bis zur Höhe der Kosten festzusetzen sein, die bei Annahme eines Verkehrsanwalts entstanden wären; denn in der Regel wird eine Information durch einen Verkehrsanwalt ausreichen. Andere Reisekosten der Partei sind als erstattungsfähig angesehen worden, wenn die Reise z. B. zur Ermittelung von Zeugen notwendig war, RG SeuffA 49, 460. Um eine solche Reise handelt es sich aber nur, wenn eine Partei ihren Wohnort verlassen und sich in eine andere Ortschaft begeben muß, nicht aber, wenn sie einen Anwalt ihres Wohnorts aufsucht; dies gilt auch für Berlin, wobei „Großberlin" als ein Ort gerechnet wird.

Dagegen ist eine Versäumnisentschädigung der Partei für mündliche oder schriftliche Information des Anwalts oder eines Sachverständigen versagt worden von den OLG Karlsruhe, Hamburg, Rostock Rsp 13, 99; 17, 104; 23, 102; 31, 24; RG JW 38, 1910[57]; und nur mit Einschränkungen zugebilligt worden vom OLG Braunschweig Recht 04, 254; Rsp 13, 98; OLG Karlsruhe Recht 06, 805. Vgl. ferner oben I B 1. Für das persönlich hergestellte Schreibwerk der Partei ist ihr nicht zu erstatten, selbst wenn sie es durch Hilfskräfte fertigen läßt, LG Berlin JW 31, 2450 C; RG JW 34, 3075[1]. Das gilt regelmäßig auch für die Herstellung von Photokopien, RG JW 38, 1910[57], sowie für das Schreibwerk eines Vormundes oder Pflegers, da er dies in Erfüllung einer staatsbürgerlichen Pflicht fertigt.

3. Für die Erstattung von Fuhrkosten bei Benutzung des eigenen Fuhrwerkes sind mindestens die für die Fahrt wirklich erwachsenen Kosten (Fütterungskosten für die Pferde usw.) zu berücksichtigen, LG Kassel ZZP 15, 398. Daneben kann ein Abnutzungsbetrag für das Fahrzeug und der Erwerbsverlust in Betracht kommen, der der Partei dadurch erwachsen ist, daß sie das Fuhrwerk nicht im Betriebe verwenden konnte.

4. Sind in demselben Termine mehrere Sachen einer Partei verhandelt worden, so kann die Partei die Unkosten für Wahrnehmung des Termins einmal beitreiben. Die Gegner in den verschiedenen Sachen können dieselben oder verschiedene Personen sein. Sie haften der obsiegenden Partei ein jeder auf das Ganze soweit, als in der einen Sache dieselben Kosten entstanden sind als in der anderen Sache. Denn die Kostenentscheidung erklärt jeden der Gegner oder den Gegner in jeder einzelnen Sache als erstattungspflichtig für den ganzen Betrag dieser gemeinschaftlichen Kosten, und die obsiegende Partei kann diese Kosten nur einmal im ganzen erstattet verlangen. Die Verpflichtungen der mehreren Schuldner oder des Schuldners aus mehreren Prozessen sind selbständige, deren Gegenstände nur zufällig sich decken. Sie bilden ein sog. unechtes Gesamtschuldverhältnis (vgl. über diesen Begriff RG 67, 130; 79, 290). Daraus folgt, daß der Gläubiger den ganzen Betrag in jedem Rechtsstreite zur Festsetzung einstellen darf und sein Anspruch erst durch Tilgung in dem einen oder dem anderen Rechtsstreite für alle erlischt. Die Partei kann also, wenn sie nur in einem der mehreren Prozesse obgesiegt hat, die ganzen gemeinschaftlichen Kosten von dem Gegner dieses Prozesses erstattet verlangen; denn es sind ja Kosten, die auch für diese Sache allein entstanden wären, RPatA JW 21, 493; Richter JW 35, 2253.

5. Ersatzansprüche, die einem Streitgenossen gegenüber dem anderen zustehen, können nicht den Gegenstand der Kostenfestsetzung bilden, da sie von der Entscheidung im Urteil ausgeschlossen sind.

6. Die Gerichtssprache in den vor deutschen Gerichten verhandelten Rechtsstreiten ist die deutsche. Daher kann eine des Deutschen nicht kundige Partei die Kosten für Übersetzung der Entscheidungen und Schriftsätze in die ihr geläufige Sprache nicht erstattet verlangen, OLG Hamburg SeuffA 47, 91; Rsp 29, 34; *aM* Rsp 25, 67; KG JW 33, 2469[3]. Auch dann sind Übersetzungskosten nicht zu erstatten, wenn der im Auslande des Rechtsschutzes Bedürftige, um sich mit seinem Sachwalter zu verständigen, seine in heimischer Sprache abgefaßten Schriften in die dem Sachwalter geläufige übersetzen läßt, oder wenn für den Sachwalter selbst die Briefe seines Auftraggebers übersetzt worden sind. Dagegen sind die Übersetzungskosten erstattungsfähig, wenn fremdsprachliche Urkunden zur Verwertung im Prozesse mit der Übersetzung eines verpflichteten Dolmetschers versehen werden müssen, OLG Dresden SeuffA 25, 435; s. auch OLG Hamburg Rsp 11, 51f. Gleiches gilt für Übertragung stenographischer Schriftstücke. Der RA darf für den Schriftwechsel in einer fremden Sprache eine besondere Gebühr nicht beanspruchen. Andrerseits sind die Kosten der Zuziehung eines der fremden Sprache mächtigen RA zur Erstattung festgesetzt worden vom OLG Hamburg Rsp 29, 34; KG JW 33, 2469[3].

7. Die Kosten einer **Zustellung** durch den Gerichtsvollzieher sind auch dann erstattungsfähig, wenn sie von Anwalt zu Anwalt erfolgen konnte, RG 40, 410. Diese Art der Zustellung hängt nicht nur von dem Willen des Zustellenden, sondern auch von dem des empfangenden Anwalts ab, da dieser die Empfangsbescheinigung verweigern kann (über die Standespflicht des Anwalts, die Zustellung entgegenzunehmen s. Entsch. des EGH 1, 136). Die Mehrkosten der Zustellung durch den Gerichtsvollzieher sind mindestens dann erstattungspflichtig, wenn sich die Anwaltsbüros nicht am gleichen Wohnort befinden, KG DR 39, 877[10]. Die Kosten **doppelter Zustellung**, z. B. an den Beklagten selbst und daneben nochmals an ihn als Vertreter eines Mitbeklagten oder an den RA und an die von ihm vertretene Partei, sind nicht zu ersetzen, da die zweite Zustellung zur zweckentsprechenden Rechtsverfolgung nicht notwendig ist, RG 32, 387; OLG Celle Rsp 13, 97; KG KGBl 06, 44; *aM* ebenda 15.

8. **Informationskosten.** Die Ansicht, daß Auslagen, die einer Partei zur Vorbereitung des Rechtsstreits erwachsen sind, schon deshalb nicht erstattungsfähig seien, weil sie nicht im Laufe des Rechtsstreits erwachsen sind, wird allgemein abgelehnt, so vom OLG Naumburg JW 38, 1185[41]. Die Kosten der Vorbereitung eines Rechtsstreits sind aber Rechtsstreitkosten nur, wenn sie in bezug auf einen bestimmten Prozeß aufgewandt sind. Das ist nicht der Fall, wenn ohne Auftrag einer Partei ein Dritter im mutmaßlichen Interesse der Partei, weil ein späterer Rechtsstreit dieser Partei möglich ist, für sie tätig wird, um Beweismittel sicherzustellen und den Sachverhalt zu klären, KG JW 34, 1179[3]. Die von der Versicherungsgesellschaft der Partei zur Vorbereitung des Rechtsstreits gemachten Aufwendungen sind nur zu erstatten, wenn die Partei auf Grund des Versicherungsvertrages zum Ersatz der Aufwendungen der Versicherung gegenüber verpflichtet ist, LG Darmstadt MdRRAK 36 Nr. 165; *aM* OLG Stuttgart ebenda Nr. 182 S. 210. Zu erstatten sind ferner die Kosten, die durch Beschaffung eines Erbscheins zwecks Nachweises der Aktivlegitimation entstanden sind. Hat eine Partei **vor** dem Rechtsstreit ein Privatgutachten eingeholt, so gehören die dadurch entstandenen Kosten regelmäßig nicht zu den nach § 91 ZPO erstattungsfähigen Kosten, KG JW 36, 2817[49]; LG Berlin JVBl 36, 166. Nur ausnahmsweise können solche Kosten festgesetzt werden, OLG Düsseldorf JW 34, 3011[17], z. B. wenn der Sachverständige die zur Begründung des Anspruchs erforderliche Grundlage beschaffen sollte, OLG Dresden JW 37, 247[33], und eine ausreichende Grundlage nur durch einen Sachverständigen beschafft werden konnte. Die Kosten von Privatgutachten, die **während** des Rechtsstreits eingeholt werden, sind im ordentlichen Verfahren im allgemeinen nicht erstattungspflichtig, OLG München HRR 39 Nr. 76, wohl aber regelmäßig im Arrestprozeß und im Straffestsetzungsverfahren nach § 890 ZPO, KG JW 35, 2652[42]; 38, 2485[22]; OLG Kiel DRpfl Rsp 37 Nr. 569;

OLG Kiel DAutoR 37, 315; OLG Hamm JVBl 38, 95. Die während des ordentlichen Verfahrens eingeholten Gutachten sind als notwendig anzusehen, wenn es sich in dem Prozeß um schwierige technische Fragen handelt, OLG Darmstadt JW 34, 1183[14]; KG DR 39, 890[22], das Gutachten für die Berufungsbegründung erforderlich war, KG DR 39, 1185[41], das Gericht der Partei aufgegeben hat, das Gutachten zu den Gerichtsakten einzureichen, oder durch das Privatgutachten das Gutachten eines gerichtlichen Sachverständigen erschüttert und die Einholung eines für die Partei günstigen Obergutachtens erreicht worden ist; KG JVBl 34, 101; JW 38, 390[25]; OLG Breslau JW 39, 569[31], ferner wenn eine Partei dadurch, daß der Gegner Privatgutachten beibringt, genötigt wird, ebenfalls Privatgutachten zu beschaffen; jedoch dürfen Privatgutachten nicht wie Schriftsätze „gewechselt" werden, KG JW 38, 2484[20], [21]; die Kosten der Privatgutachten sind nur bis zur Höhe der Kosten eines gerichtlichen Sachverständigen erstattungspflichtig, LG Berlin JVBl 36, 166; *aM* KG DR 39, 890[22]. Der Nachweis, daß die erstattungsberechtigte Partei die Kosten an den Sachverständigen bereits gezahlt hat, kann nicht verlangt werden; *aM* KG JW 37, 2218[33]; vgl. auch Schumacher DAutoR 37, 363. Die Praxis hat ferner als erstattungsfähig erklärt: die Kosten eines vor Anstellung der Klage zu ihrer Begründung eingeholten ärztlichen Zeugnisses, LG I Berlin KGBl 20, 59; die Kosten für Handzeichnungen, Pläne, Karten, wenn sie die Örtlichkeit veranschaulichen oder geeignet sind, die richterliche Prüfung zu erleichtern, und die Verhandlung zu vereinfachen, OLG Hamburg DJZ 03, 36; die Kosten eines am Unfallsort zur Feststellung zugezogenen Sachverständigen, OLG Kiel HRR 35, 1333; die Kosten der Gestellung auswärtiger Zeugen (Schiffsleute aus Amsterdam nach Hamburg, infolgedessen Stillegung eines Schiffes für 3 Tage) vor dem Prozeßgericht, OLG Hamburg HRR 34, 1398; Gaedeke DJ 39, 1309; ausnahmsweise die Kosten der Gestellung von Zeugen anstelle Beibringung von eidesstattlichen Versicherungen, KG JW 38, 2233[44]; die Kosten eines Handelsregisterauszugs der Wechselschuldnerin, eines Gutachtens auch dann, wenn die Partei selbst sachverständig ist, da die sachverständige Partei nicht Gutachter in eigener Sache sein kann, RG JW 05, 372[14]; OLG Hamburg DJZ 08, 371; Auslagen für eine notwendige Ortsbesichtigung durch den RA vor der Klageerhebung OLG Hamburg, München Rsp 31, 23, 249; für Lichtbilder OLG München BayZ 14, 52; die Kosten für Einsicht des Grundbuchs OLG Hamburg Rsp 15, 256, die Kosten einer Reise zur Vorbereitung des Rechtsstreits, um bestimmte Akten an Ort und Stelle einzusehen, OLG Dresden, HRR 39 Nr. 1048. Nach § 51 Abs. 5 PatG, § 19 Abs. 5 GebrMustG, § 32 Abs. 5 WZG sind von den Kosten, die durch die Mitwirkung eines Patentanwalts in Patent-, Gebrauchsmuster- oder Warenzeichenstreitsachen entstehen, die Gebühren bis zum Betrage einer Gebühr nach § 9 RAGebO und außerdem die notwendigen Auslagen des Patentanwalts zu erstatten. Entsprechendes gilt in Geschmacksmusterprozessen, KG JW 37, 2219[34]; OLG Darmstadt JW 39, 311[43]. In diesen vier Fällen ist also die Notwendigkeit der Annahme eines Patentanwalts nicht zu prüfen. Ist der Patentanwalt in mehreren Rechtszügen tätig geworden, so sind die Patentanwaltsgebühren in Höhe einer Rechtsanwaltsgebühr für jeden Rechtszug erstattungspflichtig, Kühnemann DJ 38, 1922; *aM* KG ebenda. Reisekosten eines nicht am Sitz des Prozeßgerichts wohnenden Patentanwalts sind nur erstattungsfähig, wenn die Zuziehung des auswärtigen Patentanwalts zur zweckentsprechenden Rechtsverfolgung notwendig war, OLG Düsseldorf JW 38, 118[12] = JVBl 38, 73; KG JW 38, 3125[32] (das auch die Kosten der Herstellung und Vorführung von Modellen behandelt). Die Kosten der Reise des Patentanwalts zum prozeßbevollmächtigten Rechtsanwalt zwecks persönlicher Erörterung technischer Schwierigkeiten sind in Höhe der Reisekosten eines Rechtsanwalts erstattungspflichtig; auch die amtlichen Akteneinsichtsgebühren sind erstattungspflichtig; nicht erstattungsfähig sind die Kosten eines Nichtpatentanwalts, LG Frankfurt a. M. MittDPatAnw 38, 90. Dagegen sind die Kosten der Zuziehung von Patentingenieuren gemäß § 91 ZPO zu beurteilen, KG JW 38, 2288[26], das DR 40, 203[17] auch die Kosten einer Patentabteilung einer Aktiengesellschaft, zu deren Konzern die obsiegende Partei gehört, für erstattungspflichtig hält. Neben den Kosten des Patentanwalts können auch noch die Kosten eines Verkehrsanwalts erstattungsfähig sein, KG JVBl 32, 114. Die Kosten der Beratung durch einen Verband in einer Warenzeichensache sind höchstens bis zum Betrag einer Prozeßgebühr erstattungsfähig, OLG Dresden HRR 37 Nr. 587. In anderen Fällen ist die Notwendigkeit der Zuziehung eines Patentanwalts (oder technischen Beraters) neben einem Rechtsanwalt vom KG JVBl 33, 281; OLG Düsseldorf JW 36, 1140[20]; OLG Hamburg JW 37, 49[36] bejaht, vom OLG Hamm JW 32, 3637[6] verneint worden. Die Erstattung von Kosten, die der obsiegenden Partei durch Einholung von Rechtsgutachten erwachsen sind, ist nicht grundsätzlich ausgeschlossen, es ist jedoch die Notwendigkeit solcher Gutachten zu prüfen, RG 13, 314; KG JW 23, 85[5]; OLG Hamm JW 28, 2159[13]; vgl. auch RFH 25, 54; DJZ 29, 1131. Abw. versagen die Erstattung: OLG Hamburg Rsp 31, 25; OLG Stuttgart JW 30, 730[18]. Die Notwendigkeit kann in der Regel nicht vorausgesetzt werden, insbesondere braucht ein Anwalt, der selbst Partei, nicht einen anderen Anwalt zur Erstattung eines Rechtsgutachtens, OLG Bamberg JVBl 32, 116. Die Kosten englischer Affidavits sind als erstattungsfähig anzusehen, OLG Hamburg Rsp 6, 58. Über die Erstattungsfähigkeit der für die Inanspruchnahme eines Detektivs aufgewendeten Kosten vgl. KG JW 35, 3485[56]; 38, 2287[25]; DR 39, 181[25]; 40, 49[47]; *aM* OLG Naumburg JW 32, 1161[20]. Zu erstatten sind auch die Kosten, die durch die Ermittlungen von Zeugen im Ehescheidungsprozeß aufgewandt werden, sofern die Glaubwürdigkeit von Zeugen zu erschüttern, insbesondere die Glaubwürdigkeit von durch die Gegenpartei aufgeführten Belastungszeugen für die Entscheidung von wesentlicher Bedeutung ist, KG JW 38, 2287; DR 40, 49[47]. Der Erstattungsschuldner kann solche Kosten, die er durch seine Maßnahmen beim Gegner veranlaßt hat, nicht bemängeln, auch wenn sie sonst nicht erstattungsfähig wären, KG JW 39, 49.

Es werden nicht als Kosten des Rechtsstreits angesehen und sind daher nicht zu erstatten: die Kosten für Vergleichsverhandlungen zur Vermeidung des Prozesses, für Beschaffung der Abtretungsurkunden über den Klageanspruch, OLG Hamburg Rsp 37, 97; OLG Rostock MecklZ 14, 294; Ausgaben für Diktataufnahmen zum Zwecke der Informationserteilung, LG Potsdam MdRRAK 36, 91; Kosten für Einholung von Auskünften über den Gegner, OLG Hamburg HansRGZ 34 B 634 (OLG Dresden SächsA 38, 165 hält aber die Kosten einer Auskunftei für Ermittlung der genauen Anschrift des Beklagten für erstattungsfähig, wenn die Ermittlung nicht auf einfacherem und billigerem Wege erfolgen konnte); Anwaltskosten für Vertretung in einem Vorverfahren vor Organen (Vorstand und Kuratorium) des Beklagten, KG HRR 32, 1161; die Kosten für Gutachten, die den Entschluß zur Prozeßführung vorbereiten sollten (OLG Hamburg Rsp 25, 67; HRR 30, 256; JW 30, 750[18]), Zinsen für Beschaffung der Prozeßführungskosten (OLG Rostock Rsp 31, 23); Verluste aus Verkäufen zur Aufbringung des zur Prozeßführung erforderlichen Geldes (aber gegebenenfalls Schadensersatzforderung, die als Nebenforderung miteingeklagt werden kann, RG v. 20. 12. 35 (II 173. 34). Auch die Kosten für die Anschaffung wissenschaftlicher Bücher durch den RA sind nicht erstattungsfähig, OLG Kiel JVBl 36, 166, wohl aber Kosten der Büchermiete.

9. Mahnbriefe, Kündigungen und Aufforderungsschreiben, mögen sie von der Partei selbst oder von ihrem RA ausgehen, sollen oft nicht schon den Rechtsstreit einleiten, sondern erst die Grundlage für ein gerichtliches Verfahren schaffen und nebenbei den Zweck verfolgen, ein förmliches Prozeßverfahren überhaupt zu erübrigen; sie liegen dann außerhalb des Rechtsstreits. Ihre Anfertigung gehört in dem Falle weder zum Prozeßbetriebe noch zur beratenden Berufstätigkeit des RA. Dasselbe gilt für die Freigabeaufforderung, die einer Widerspruchsklage aus § 771 ZPO vorausgeht. Hierfür spricht, daß z. B. auch in den §§ 1118, 1210 BGB die Kosten der Kündigung den Kosten der Rechtsverfolgung gegenübergestellt werden. Erläßt aber der RA die Schreiben im Hinblick auf den anzustrengenden Prozeß, so fällt seine Tätigkeit unter § 1 RAGO. Die etwa entstehenden Kosten werden jedoch dadurch nicht Kosten des Rechtsstreits. Sie müßten daher in beiden Fällen von der Berücksichtigung im Festsetzungsverfahren ausgeschlossen sein. Gleichwohl wird ihre Festsetzung in der Praxis zugelassen.

Als Unkosten, die unter Anwendung dieser Grundsätze zu erstatten wären, kommen in Betracht die eigenen Auslagen der Partei und die Gebühr nebst Portoauslagen für den RA. Da die Schreiben nicht zum Prozeßbetriebe gehören, wird ihre Anfertigung auch nicht durch die Prozeßgebühr abgegolten, KG Rsp 17, 223.

In Preußen kann indessen nach Art. 9 der PrRAGebO für die der Einleitung eines Prozesses vorausgehenden Mahnungen, Kündigungen oder Schreiben ähnlicher Art eine Gebühr nicht gefordert werden, wenn dem RA die Prozeßgebühr zusteht. Erledigt sich aber die Sache nach den bezeichneten Schreiben, ohne daß ein gerichtliches Verfahren nachfolgt, so ist der

RA nach Art 9 PrRAGebO für den Entwurf der Schreiben zu entschädigen. In dem Falle, daß seine Tätigkeit unter § 1 RAGebO fällt, ist der RA, wenn man ihn nicht schon als Prozeßbevollmächtigten anzusehen hat, durch dessen Prozeßgebühr auch die Mahnschreiben abgegolten würden (OLG Braunschweig Rsp 20, 240), nach § 89 entsprechend dem § 14 zu entschädigen; *aM* OLG Köln JW 24, 216[17] (für Zubilligung der vollen Prozeßgebühr).

Die Notwendigkeit, einen RA zuzuziehen, ist für die besonders entstandenen Kosten, da § 91 ZPO hier nicht gilt, frei zu prüfen.

Die Erstattungsfähigkeit der für Mahnschreiben entstandenen Anwaltskosten wird bejaht vom OLG Rostock Rsp 15, 77, verneint vom OLG Karlsruhe Rsp 3, 167.

10. Eine Gebühr des Anwalts für die Abfassung eidesstattlicher Versicherungen, die von der Partei selbst oder von Dritten unterzeichnet werden sollen, ist im Verhältnis zum Gegner nicht erstattungsfähig. Daß im Verhältnisse des Anwalts zum Auftraggeber für die Abfassung solcher Versicherungen eine besondere Gebühr zu gewähren sei, wird auch verneint, OLG Dresden JW 33, 544[35].

11. Eine Partei, die mehrere Ansprüche hat, ist regelmäßig nicht verpflichtet, sie alle in einer Klage geltend zu machen. Es ist sogar dem Kläger unverwehrt, einen vor das Landgericht gehörenden Anspruch in Teilbeträgen vor dem AG einzuklagen, um schnell ein vollstreckbares Urteil zu erwirken, RG SeuffA 47, 337; KG Rsp 19, 71; *aM* OLG Hamburg Rsp 31, 22; 37, 98; LG Köln JW 32, 2923[6]. Jedenfalls ist, wenn in dem Rechtsstreit über einen Teilbetrag dem Beklagten die Kosten des Rechtsstreits auferlegt worden sind, bei der Kostenfestsetzung jede Nachprüfung darüber ausgeschlossen, ob der Kläger die mehreren Teilbeträge hätte zusammen einklagen können, und ob die durch die Einklagung in mehreren besonderen Rechtsstreiten entstandenen Kosten erstattungsfähig sind oder nicht, ZZP 28, 375; OLG Dresden Rsp 25, 127; *aM* OLG Celle, Marienwerder, Hamburg Rsp 19, 69; 25, 68; 31, 22, 26, Stuttgart WürttZ 13, 336. Dasselbe gilt, wenn mehrere Teilprozesse verbunden werden und im einheitlichen Verfahren eine Kostenentscheidung ergeht, KG DR 39, 877[10]. Allerdings kann sich der RA, der gewohnheitsmäßig oder aus Eigennutz vor das Landgericht gehörende Ansprüche in Teilbeträgen vor dem AG einklagt, disziplinarisch verantwortlich machen, EGH 8, 113; 13, 70; 14, 155; 16, 287.

Auch Mehrkosten, die dadurch entstehen, daß statt des Mahnverfahrens der ordentliche Prozeß gewählt worden ist, sind stets zu erstatten.

12. Die Kosten für die Beglaubigung der Prozeßvollmacht (ZPO § 80) hat die unterliegende Partei zu erstatten, wenn das Gericht die Beglaubigung auf Antrag des Gegners angeordnet hat.

13. Auch die Kosten des Rechtsanwalts für die Erwirkung der Devisengenehmigung sind erstattungspflichtig, OLG Karlsruhe JW 33, 1077[11]; 36, 2577[61]; HRR 38 Nr. 328; OLG Dresden JW 35, 1720[59]; OLG München JW 34, 708[14]; HRR 39 Nr. 301; OLG Naumburg JW 35, 3172[21]; OLG Darmstadt JW 35, 3316[32]; *aM* KG JW 36, 1547[22]; 2576[60];

OLG Hamburg JW 37, 49[37]; OLG Kiel JVBl 37, 231. (Das KG bejaht JW 36, 199[22] ausnahmsweise für den Fall, daß das Prozeßgericht anheimgegeben hat, die Devisengenehmigung beizubringen.)

Die Gebühr des Rechtsanwalts für die Erwirkung der Devisengenehmigung bemißt sich nach der LandesGO bzw. den an ihre Stelle tretenden Reichsvorschriften und wird nicht durch die Prozeßgebühr abgegolten.

14. Die Unkosten für die Beschaffung einer Prozeßsicherheit bei vorläufig vollstreckbarem Urteil gehören nicht zu den Prozeßkosten. Ihre Erstattung ist im Klagewege zu fordern und wird mit Recht gefordert, wenn Verzug des Gegners ihre Aufwendung veranlaßt hat, RG 145, 296 = JW 35, 190[2]; OLG Stuttgart JW 30, 178[21]; HRR 30, 350; 32, 1598. Im Kostenfestsetzungsverfahren können insbesondere nicht berechnet werden die Zinsen für ein aufzunehmendes Darlehen (OLG Dresden JVBl 38, 111; *aM* OLG Breslau HRR 32 Nr. 676) im Gegensatz zu einem Zinsverlust, der durch Abhebung vom Bankkonto des Sicherheitsleistenden entsteht. Dieser Zinsverlust ist erstattungsfähig, KG JW 34, 1738[5]; 3075[1]; *aM* OLG Stuttgart HRR 32, 1163, 1598; JW 32, 2905[28].

Aufwendungen für eine Bankbürgschaft gehören nicht zu den unmittelbaren Vollstreckungskosten und können nötigenfalls nur in einem besonderen Verfahren erstattet verlangt werden, RG 145, 296 = JW 35, 190[2]; OLG Düsseldorf JW 31, 1111[19]; 34, 1740[11]; OLG Naumburg JW 31, 1848[61]; 35, 3173[22]; OLG Dresden DRZ 33 Nr. 669; JVBl. 38, 111; OLG München JW 32, 1161[19]; *aM* OLG Darmstadt JW 31, 2379[9], 2520[10]; OLG Köln JW 34, 1741[13]; OLG Hamburg JW 28, 453[41]; OLG Braunschweig JW 29, 145[58]; OLG Nürnberg JW 29, 1755[7]; Stuttgart HRR 33, 1245. Dagegen rechnet KG JW 34, 1738[5], 3075[1] die Kosten einer Bankbürgschaft zu den notwendigen Rechtsstreitkosten, wenn das Gericht nach § 108 ZPO diese Art Sicherheitsleistung ausdrücklich zugelassen hat.

15. Die dem Prozeßbevollmächtigten des Gläubigers nach § 87 RAGebO zustehende Gelderhebungsgebühr ist im Festsetzungsverfahren nur so weit zu berücksichtigen, als sie zu den Kosten des Rechtsstreits gehört und bei der Erhebung und Ablieferung die Mitwirkung eines RA notwendig war.

a) Eine Gebühr aus § 87 RAGebO entsteht nach der herrsch. M. für den Prozeßbevollmächtigten regelmäßig nicht, wenn er

Gelder oder Wertpapiere, die er von seinem Auftraggeber empfangen hat, zwecks Abwendung der Vollstreckung für diesen hinterlegt;

den Antrag auf Auszahlung des im Rechtsstreit hinterlegten Betrages stellt, OLG Dresden JVBl 38, 263.

Diese Tätigkeit wird durch die Prozeßgebühr abgegolten. Neben der Prozeßgebühr kann aber eine Gebühr aus § 24 Ziff. 2 RAGebO mit $^2/_{10}$ für den Antrag auf Anordnung der Rückgabe der Sicherheit gemäß § 715 ZPO entstehen.

b) Die Hebegebühr entsteht, wenn

von anderer Seite die Tätigkeit des Rechtsanwalts für die Zwecke der Partei in Anspruch genommen wird, vorausgesetzt daß ein Auftrag der Partei vorliegt;

oder die Auftraggeberin ihren Sitz im Ausland hat und die Hinterlegung nicht selbst betreiben kann, sondern sich des Prozeßbevollmächtigten bedient;

oder zwecks Abwendung der Vollstreckung an den Rechtsanwalt des Gläubigers gezahlt wird;

oder der Rechtsanwalt zum Zwecke der Durchführung der Vollstreckung aus dem Urteil tätig wird.

Die Hebegebühr gehört dann zu den Zwangsvollstreckungskosten, so daß (im Gegensatz zu § 91 Abs. 2 Satz 1 ZPO) gemäß § 788 ZPO die Notwendigkeit der Inanspruchnahme eines Rechtsanwalts durch den Gläubiger zu prüfen ist. Die Notwendigkeit ist regelmäßig zu bejahen, wenn die zur Zahlung verurteilte Partei aus eigenem Antriebe die Schuld an den Prozeßbevollmächtigten des Gläubigers entrichtet, KG JW 33, 542[30]; 34, 2499[23]; OLG Kiel JVBl 37, 231; OLG Naumburg JW 38, 1185[41]. Die Gebühr aus § 87 RAGebO ist nicht erstattungspflichtig, wenn der Anwalt Gelder hinterlegt, um die bürgende Bank sicherzustellen, KG JW 37, 1660[27]; anders wenn es sich um Abgabe grundbuchlicher Erklärungen handelt und Treuhändertätigkeit des Anwalts für den Austausch der beiderseitigen Leistungen zweckmäßig war, KG JVBl 35, 42.

Im Konkursverfahren ist die Erstattung der RA-Gebühren, die durch die Teilnahme an dem Verfahren erwachsen, überhaupt ausgeschlossen, KO § 63 Nr. 2. Wird aber der Konkursantrag des Gläubigers auf seine Kosten zurückgewiesen, so können die außergerichtlichen Kosten des Schuldners festgesetzt werden, LG Berlin JVBl 37, 276.

16. a) Treten Rechtswahrer, die weder Rechtsanwälte sind, noch den Rechtsanwälten (wie Vertreter im Sinne des § 29 RAO, Anwalts- und Probeassessoren) gleichstehen, als Prozeßbevollmächtigte oder Beistände auf, so kann die von ihnen vertretene Partei beim Obsiegen für diese Vertretung regelmäßig keine Kosten, insbesondere keine Anwaltsgebühren berechnen. Denn meist sind genügend Rechtsanwälte oder Prozeßagenten vorhanden, und nach § 1 RAGebO wird nur die Berufstätigkeit der Rechtsanwälte (und der ihnen gleichstehenden Vertreter) vergütet, LG Hamburg JW 31, 553[1]. Auch die Kosten eines vor einem ordentlichen Gericht auftretenden Verwaltungsrechtsrates sind nicht erstattungspflichtig, DRpfl 39, 24.

b) Dasselbe gilt, wenn sich die Partei eines Laienvertreters bedient, mag dies auch der Ehegatte, ein Verwandter, der Vormund oder Pfleger sein; s. aber oben I B 1. Zwar können die Parteien nach §§ 79, 90 ZPO den Amtsgerichtsprozeß durch jede prozeßfähige Person als Bevollmächtigten führen, oder mit jeder prozeßfähigen Person als Beistand erscheinen. Damit ist aber nicht die Frage entschieden, ob die dadurch entstehenden Kosten zu erstatten sind; dies ist nach § 91 Abs. 1 ZPO zu prüfen und in der Regel zu verneinen. So rechnet auch das KG JW 34, 2865[2] die Kosten eines Rechtsberaters, dessen sich eine Partei zur Fertigung des Armenrechtsgesuchs bedient hat, nur ausnahmsweise zu den erstattungsfähigen Rechtsstreitkosten; vgl. auch OLG Naumburg HRR 32, 200. Die Kosten einer Prozeßvertretung durch eine Treuhandgenossenschaft oder genossenschaftliche Treuhandstelle sind ebenfalls nicht erstattungspflichtig, LG Berlin JW 38, 2765[44]; *aM* LG Verden (Aller) JW 38, 2047[41].

c) Eine andere Stellung nehmen die Prozeßagenten und die Rechtsbeistände ein (vgl. Kornmann, Die Rechtsbeistände, Freiburger Diss. 1938; Heinken, Die Ordnung des gesamten Rechtsberatungswesens in Deutschland, Kieler Diss. 1939).

Prozeßagenten sind Personen, denen das mündliche Verhandeln vor Gericht durch Anordnung der Justizverwaltung gestattet ist (§ 157 Abs. 3 ZPO; AVdRJM v. 23. 3. 35 DJ 486).

Rechtsbeistände sind Personen, welche die Besorgung fremder Rechtsangelegenheiten geschäftsmäßig mit Erlaubnis der zuständigen Behörde betreiben (Ges. v. 13. 12. 35 RGBl I 1478 nebst 1. AusfVO v. 13. 12. 35 RGBl I 1481, 2. AusfVO v. 3. 4. 36 RGBl I 359, 3. AusfVO v. 25. 6. 36 RGBl I 514, 4. AusfVO v. 13. 4. 37 RGBl I 465, 5. AusfVO v. 29. 3. 38 RGBl I 359). Sie können vor Gericht, sofern sie nicht auch als Prozeßagenten zugelassen sind, nur im schriftlichen Verfahren (z. B. im Mahnverfahren, im Kostenfestsetzungsverfahren) tätig werden.

Die Erstattungsfähigkeit der Kosten eines Rechtsbeistands (im weiteren Sinne, also sowohl des Prozeßagenten als auch des Rechtsbeistands im engeren Sinne) ist durch AVdRJM v. 16. 9. 38 DJ 1513 dahin geregelt:

Die Gebühren und Auslagen des Rechtsanwalts sind nach § 91 Abs. 2 ZPO der obsiegenden Partei vom Gegner zu erstatten. Dieser Vorschrift liegt der Gedanke zugrunde, daß, wer sich im gerichtlichen Verfahren der Hilfe eines Rechtswahrers bedient, nicht Gefahr laufen soll, daß etwa im Kostenfestsetzungsverfahren die Notwendigkeit der Zuziehung des Rechtswahrers in Zweifel gezogen wird. Wenn die Vorschrift sich auf die Zuziehung eines Rechtsanwalts beschränkt, so ist dies offenbar deshalb geschehen, weil früher der Rechtsanwalt der einzige Rechtswahrer war. Nachdem durch das Rechtsberatungsmißbrauchgesetz vom 13. Dezember 1935 (Reichsgesetzblatt I 1478) frühere Mißstände beseitigt und die Zulassung von Rechtsbeiständen, einschließlich der Prozeßagenten, geregelt ist, würde es nicht mehr dem Sinne der gesetzlichen Regelung entsprechen, wenn man in der Frage der Erstattungsfähigkeit der Kosten eines Rechtsbeistands einen grundsätzlich ablehnenden Standpunkt einnehmen wollte. Darnach werden in der Regel die Kosten, die der obsiegenden Partei durch die Zuziehung eines Rechtsbeistands entstanden sind, in angemessenen Grenzen als erstattungsfähig anzusehen sein. Die übereinstimmende Auffassung der Justizverwaltung und der beteiligten Berufsgruppen geht dahin, daß als erstattungsfähig anzuerkennen ist (falls nicht eine geringere Vergütung vereinbart ist):

bei Gegenständen im Wert bis zu 300 RM
eine Vergütung in Höhe der dem Rechtsanwalt bei gleicher Tätigkeit zustehenden Gebühren und
bei Gegenständen mit höherem Wert
eine Vergütung in Höhe der halben Anwaltsgebühren (mindestens jedoch in Höhe der Anwaltsgebühren für einen Gegenstand im Werte von 300 RM).

Eine höhere Gebührenberechnung kann auch nicht ausnahmsweise etwa mit Rücksicht auf den besonderen Umfang, die besondere Schwierigkeit des Prozeßstoffs, die Dauer des Rechtsstreits und dergl. Platz greifen; die Berücksichtigung solcher Umstände ist der RAGebO, demgemäß also auch der Berechnung für Gebühren der Rechtsbeistände fremd, KG DR 39, 2174[22].

Auch die Kosten mehrerer Prozeßagenten, die als Verkehrsprozeßagenten und Prozeßbevollmächtigte bzw. Haupt- und Unterbevollmächtigte tätig werden, sind entsprechend den Ausführungen oben III 5 zu beurteilen. Wird aber (z. B. im Mahnverfahren infolge Erhebung des Widerspruchs durch den Schuldner) ein Wechsel in der Person des bevollmächtigten Rechtsbeistandes erforderlich, weil eine Verhandlung stattfindet, und tritt in der Verhandlung nunmehr für die Partei ein Rechtsanwalt oder Prozeßagent auf, dann hat der unterlegene Gegner nach § 91 Abs. 2 ZPO die Kosten nur bis zur Höhe der vollen Gebühren des Rechtsanwalts oder Prozeßagenten zu erstatten. Denn wer einen Rechtsbeistand beauftragt, nimmt damit die Gefahr auf sich, daß er gegebenenfalls einen anderen Vertreter bestellen muß; er muß deshalb etwaige Mehrkosten selbst tragen und kann sie nicht auf den Gegner abwälzen.

Bei der Annäherung, welche die Stellung der Rechtsbeistände an die der Anwälte erfahren hat, und der entsprechenden Anwendung des Vergütungssystems der RAGebO erscheint es gerechtfertigt, auch die Vorschrift des § 7 RAGebO über die Vergütung für die Vertretung in eigener Sache sinngemäß dem Rechtsbeistand zugute kommen zu lassen, so Jonas ZPO § 91 VIII 3; vgl. auch KG JW 37, 2244[79]. Aus dem gleichen Grunde sind Post-, Telegraphen- und Fernsprechgebühren festzusetzen und die entsprechende Anwendung des § 104 Abs. 2 S. 2 ZPO auf Prozeßagenten und Rechtsbeistände gerechtfertigt. Ferner ist auch die Umsatzsteuer der Prozeßagenten und Rechtsbeistände erstattungspflichtig, LG Berlin JW 39, 168[29]; AVdRJM v. 24. 4. 39 DJ 702. Schließlich werden Schreibgebühren in voller Höhe und Reisekosten des Prozeßagenten in Höhe von drei Vierteln der einem Rechtsanwalt gebührenden Beträge festzusetzen sein, Eisenbahnkosten jedoch nur 3. Kl.

Die Kosten von Hausbesitzer- oder Mietervertretern (§ 12 MSchG) sind nur zu erstatten, wenn es sich um zugelassene Prozeßagenten oder Rechtsbeistände handelt, AG Kiel JW 39, 371[49]; AG Düsseldorf JW 39, 647[41]; AG Karlsruhe-Durlach DR 39, 1182[37].

d) Für jüdische Konsulenten gelten folgende Bestimmungen der 5. VOzRBürgerG v. 27. 9. 38 (RGBl I 1403):

§ 12. Jüdische Konsulenten können im Armenrecht, als Notvertreter (entsprechend § 38 der Reichs-Rechtsanwaltsordnung) oder als Pflichtverteidiger beigeordnet werden. Soweit verfahrensrechtliche Vorschriften, insbesondere § 91 Abs. 2, § 104 Abs. 2, §§ 135, 198, 212a der Reichs-Zivilprozeßordnung für Rechtsanwälte Vereinfachungen und sonstige Besonderheiten vorsehen, gelten sie für jüdische Konsulenten sinngemäß.

§ 14. (1) Von ihren Auftraggebern erheben die jüdischen Konsulenten im eigenen Namen, jedoch für Rechnung einer vom Reichsminister der Justiz zu bestimmenden Ausgleichsstelle Gebühren und Auslagen nach Maßgabe der für Rechtsanwälte geltenden reichs- und landesrechtlichen Vorschriften. Von dem kostenpflichtigen Gegner des jüdischen Auftraggebers sind diese Beträge in gleicher Weise wie die Kosten eines Rechtsanwalts zu erstatten.

(2) Den jüdischen Konsulenten verbleibt als Vergütung für ihre Berufstätigkeit und als Entschädigung für Kanzleiunkosten — neben der Erstattung der notwendigen baren Aufwendungen für Reisen u. dgl. — ein Anteil an den aus ihrer Berufstätigkeit anfallenden Gebühren.

(3) Aus den der Ausgleichsstelle zufließenden Beträgen werden die nach § 5 dieser Verordnung zu leistenden Unterhaltszuschüsse gezahlt.

(4) Nähere Bestimmungen können durch allgemeine Verwaltungsanordnungen getroffen werden.

Dazu sind die AVen d. RJM v. 13. und 17. 10. 38 DJ 1665ff., v. 9. und 12. 12. 38 DJ 1974, 5. 9. 39 DJ 1463 ergangen. Für Patentsachen vgl. § 11 der 6. VOzRBürgerG v. 31. 10. 38 (RGBl I 1545).

Hat der Konsulent seinen Wohnsitz nicht am Orte des Gerichts, so werden der von ihm vertretenen Partei die hierdurch entstehenden Mehrkosten von der Gegenseite nicht erstattet, BekdRJM v. 19. 7. 39 DJ 1241 II 5; über die Konsulenten in der Ostmark und im Reichsgau Sudetenland aaO IV, V.

Wird der Wechsel eines Konsulenten notwendig, weil die Zulassung eines Konsulenten aus politischen Gründen aufhört, dann sind grundsätzlich die Kosten beider Konsulenten zu erstatten, KG DR 39, 2174[23].

17. Nach § 76 Abs. 2 RAGebO stehen dem RA Schreibgebühren, und zwar in Höhe von 25 Reichspfennigen (Ges. v. 27. 3. 36 RGBl I 319) für die Seite zu:

1. für die auf besonderes Verlangen gefertigten Abschriften;
2. für eine von ihm gefertigte beglaubigte Abschrift der Klageschrift, falls diese zu einer Ausfertigung des Urteils (§ 317 Abs. 4 ZPO) benutzt wird;
3. für ein Schreibwerk, soweit es außerhalb des Rahmens einer gebührenpflichtigen Tätigkeit entsteht.

Werden diese Gebühren erstattet verlangt, so ist, nachdem festgestellt worden ist, daß überhaupt eine besondere Gebühr zu entrichten war, zu prüfen, ob ihre Aufwendung notwendig war, KommBer 88.

Von seinen eigenen Schriftsätzen nebst Anlagen wird der RA, wenn es ihm erforderlich erscheint, seiner Partei und dem Zwischenanwalt Abschriften erteilen, die dann gebührenfrei sind. Abschriften, die von ihnen verlangt werden, ohne daß sie bei verständiger Würdigung der Sachlage notwendig sind, sind besonders zu vergüten; diese Vergütung ist aber nicht erstattungsfähig, KG JW 28, 2161[22]; 34, 913[3]; 35, 800[29]; OLG Breslau JW 35, 1717[54].

In der Regel sind die besonderen Schreibgebühren aus § 76 Abs. 2 Ziff. 1, von allen auf besonderes Verlangen gefertigten Abschriften zu a, b, c nicht erstattungsfähig, KommBer 88. Unter besonderen Umständen kann aber z. B. die Erteilung besonderer Abschriften im Falle des § 131 Abs. 3 ZPO zur zweckentsprechenden Rechtsverfolgung notwendig erscheinen. Dann sind die besonderen Schreibgebühren zu erstatten. Gegebenenfalls sind auch Schreibgebühren für Abschriften zu erstatten, die der Anwalt für sich und auf besonderes Verlangen auch für seine Partei hergestellt hat, OLG Zweibrücken JW 37, 1083[38]; KG JW 39, 711[27].

Ob sonst die Schreibgebühren für die auf Verlangen gefertigten Abschriften, die der Anwalt seinem Machtgeber zuschickt, erstattungsfähig sind, ist Tatfrage. Die Erstattungsfähigkeit wird dann anzunehmen sein, wenn die Mitteilung von Abschriften zur zuverlässigen Information erforderlich erscheint, OLG Naumburg JW 11, 419. In einfachen Sachen kann die Mitteilung des Inhalts eines Schriftsatzes genügen; es kann auch bei einfacher Sachlage für ausreichend erachtet werden, daß der RA seinem Mandanten das Schriftstück selbst, wenn seine einmalige Durchsicht für den Mandanten genügt, unter Beding der Rückgabe zusendet. Außerdem ist zu berücksichtigen, ob zwischen dem Eingang eines Schriftstücks und dem nächsten Verhandlungstermine genügende Zeit dazu vorhanden war, daß das Schriftstück in Urschrift von dem Anwalte seinem Mandanten übersandt und von diesem dem Anwalte zurückgereicht werden konnte, OLG Naumburg JW 11, 419; OLG Dresden ZDJ 13, 37. Falls hinter einer Partei eine Versicherungsgesellschaft steht, ist das für diese oder für die Partei bestimmte Schreibwerk in der Regel auch für den Prozeß zweckentsprechend, OLG Stuttgart: JW 32, 2563[16]. Das gleiche überall da anzunehmen, wo besondere Rechtsabteilungen bestehen, Gaedeke JW 36, 3285 VIII, ist bedenklich. Bei gegenseitiger Schriftsatzanfertigung unter Anwälten kann die obsiegende Partei die entsprechenden notwendigen Schreibgebühren erstattet verlangen, OLG Düsseldorf JW 30, 568[14]; AG Münster JW 36, 1486[65]; *aM* OLG Hamm JW 25, 1800[6]. Die Kosten für Photokopien (an Stelle von Abschriften von Urkunden, die der Klageschrift beizufügen waren) sind nicht erstattungsfähig, KG KGBl 32, 78.

Hat der Anwalt es unterlassen, einem von Amts wegen zuzustellenden Schriftsatze die erforderliche Anzahl von Abschriften beizufügen, so werden für die vom Gerichte gefertigten Abschriften Gebühren nach § 71 Abs. 1 GKG erhoben. Diese sind alsdann nicht zu erstatten, weil die Herstellung der Abschriften zum ordnungsmäßigen Geschäftsbetriebe des Anwalts gehört und daher nicht unter Abs. 2 § 76 RAGebO fällt.

Für die **Ausfertigungen**, die nur der UrkB herstellen kann, sind nach § 71 Abs. 1 GKG Schreibgebühren zu entrichten. Dies gilt nicht für sogenannte abgekürzte Ausfertigungen und die nach § 317 Abs. 4 ZPO hergestellten Ausfertigungen, § 71 Abs. 2 GKG, sowie für Ausfertigung des Vollstreckungsbefehls, AVdRJM v. 12. 4. 37 DJ 604 = JW 37, 1301. Trotzdem wird auch, wenn sich die obsiegende Partei von Urteilen Ausfertigungen mit Tatbestand und Gründen erteilen läßt (§ 317 Abs. 2 ZPO), die Schreibgebühr als erstattungsfähig anzusehen sein, sofern nicht ganz besondere Umstände die Auffassung rechtfertigen, daß eine solche Ausfertigung zur zweckentsprechenden Rechtsverfolgung nicht notwendig war.

Der UrkB und das Gericht haben zu prüfen, ob mehr als eine Ausfertigung zu erteilen ist, da § 299 ZPO kein unbedingtes Recht auf Abschriften und Ausfertigungen gibt, RG Gruch 34, 763. Notwendig ist in der Regel nur eine Ausfertigung des Urteils. Da nach § 170 ZPO die Zustellung durch Übergabe einer beglaubigten Abschrift erfolgt, bedarf der RA nur einer Ausfertigung, von der er sich die beglaubigten Abschriften herstellt, KG Rsp 27, 84. Ihre Herstellung ist gebührenfrei. Daher sind grundsätzlich die Kosten nur einer Ausfertigung der Partei in Rechnung zu stellen und vom Gegner zu erstatten, selbst dann, wenn der UrkB unnötigerweise eine zweite Ausfertigung erteilt haben sollte; Fraeb, Müller DJZ 10, 1406; 11, 1271. Diese Ausführungen treffen aber nicht zu für zur Zwangsvollstreckung geeignete und für vorläufig vollstreckbar erklärte Urteile. Hier ist vielmehr neben der einfachen zur Zustellung zu verwendenden Ausfertigung die vollstreckbare Ausfertigung zu erteilen, und die dafür erwachsenden Schreibgebühren des Gerichts sind erstattungsfähig. Wollte der Gläubiger die vollstreckbare Ausfertigung zur Zustellung benutzen, so liefe er Gefahr, daß der Gerichtsvollzieher sie gemäß § 757 ZPO nach Empfang der Leistung dem Schuldner vor der Rechtskraft des Urteils aushändigt. Damit verliert er die Möglichkeit, die Zustellung nachzuweisen, kann also kein Notfrist- oder Rechtskraftzeugnis erlangen.

Die Kosten einer einfachen und einer vollstreckbaren Ausfertigung werden für erstattungsfähig angesehen von den OLG München Rsp 22, 288, OLG Dresden Ann 34, 206, OLG Dresden Sächs. OLG 34, 94; *aM* KG OLG Dresden, Hamm Rsp 22, 288; 23, 278; 31, 246. Nur wenn die Partei ein Interesse an der Beschleunigung der Zustellung und Vollstreckung des Urteils hat, will OLG Dresden Rsp 31, 24 die Kosten einer zweiten Ausfertigung als erstattungsfähig ansehen; ähnlich OLG Karlsruhe Rsp 39, 40.

Unterläßt der RA die Einreichung einer Klageabschrift, so wird das Urteil nach der zweiten Form des Abs. 4 § 317 ZPO hergestellt und das Gericht fordert hierfür nach § 71 Abs. 1 GKG Schreibgebühren, die erstattungsfähig sind. Diese sind, da sie in der Regel nur für eine Seite entstehen, geringer als die für Anfertigung einer Abschrift einer vielleicht viele Seiten langen Klage. Deshalb sind bei abgekürzten Urteilen stets nur die Schreibgebühren des Formularurteils als erstattungsfähig festzusetzen. In jedem einzelnen Falle ist zu prüfen, ob die eine oder die andere Form der Urteilsausfertigung zur zweckentsprechenden Rechtsverfolgung notwendig war.

18. Nach § 76 Abs. 1 RAGebO hat der RA Anspruch auf Erstattung der bei Ausführung des Auftrags entstandenen Post-, Telegraphen- und Fernsprechgebühren. Damit ist nicht gesagt, daß allein die Tatsache der Verauslagung zur Begründung eines Ersatzanspruches an die Partei genügt, die Auslagen müssen zur sachgemäßen Ausführung des Auftrags erforderlich sein. In diesem Umfange sind sie nach § 91 Abs. 2 ZPO unbedingt erstattungsfähig und nach § 104 Abs. 2 Satz 2 ZPO im Kostenfestsetzungsverfahren zu berücksichtigen, wenn der RA versichert, daß diese Auslagen entstanden sind. Die von den bisherigen Auflagen (und LG Berlin JVBl 35, 329) vertretene Meinung, daß dann eine Nachprüfung der Notwendigkeit im Kostenfestsetzungsverfahren nicht erfolgen könne, läßt sich zwar nicht aufrecht erhalten. Mit KG JVBl 37, 363; JW 39, 434[37]; LG Hamburg JW 32, 2185[10]; Jonas § 104 ZPO II 2; Brüning JVBl 36, 206 ist davon auszugehen, daß die Versicherung des Anwalts über solche Auslagen nur die Entstehung deckt, nicht auch die Notwendigkeit dieser Kosten. Immerhin soll aber für derartige, meist nicht besonders hohe Auslagen kein besonderer Nachweis gefordert werden, sondern schon die Versicherung ihrer Entstehung genügen, also keine kleinliche Nachprüfung erfolgen, OLG Dresden JVBl 39, 174. Und wenn nach der Sachlage der geltend gemachte Auslagenaufwand ohnehin als erforderlich und demnach auch als tatsächlich aufgewandt erscheint, ist die Versicherung nicht notwendig, KG DR 40, 338[26]. Nach LArbG Berlin JW 36, 2181[78] sind die Kosten eines Telegrammwechsels zwischen Anwalt und Partei vor Vergleichsabschluß erstattungspflichtig, wenn mit Rücksicht auf die Kürze der zur Verfügung stehenden Zeit ein solcher geboten war. Die Entstehung der Postauslagen kann nur von dem Anwalt gemäß § 104 Abs. 2 ZPO versichert werden, dem sie entstanden sind, KG JW 39, 434[37]; auch wenn die Annahme eines Verkehrsanwalts nicht notwendig war, sind seine Postauslagen festzusetzen, weil gleichhohe auch entstanden wären, wenn die Partei selbst den Schriftwechsel mit dem Prozeßbevollmächtigten geführt hätte, LG Berlin, JVBl 37, 364. Künftige Postgebühren, die dadurch entstehen, daß der Anwalt nach Beitreibung der Kosten seiner Partei Beträge übersendet, sind mangels gesetzlicher Grundlage nicht zu erstatten.

V. Kostenerstattung im Falle der Streitgenossenschaft.

1. Kosten der von obsiegenden Streitgenossen bevollmächtigten Anwälte.

Der Regel nach stehen sowohl bei der einfachen als bei der notwendigen Streitgenossenschaft die „Streitgenossen dem Gegner dergestalt als einzelne gegenüber, daß die Handlungen des einen Streitgenossen dem anderen weder zum Vorteile noch zum Nachteile gereichen", ZPO § 61. Die Streitgenossen treten infolge des Prozesses in kein besonderes Verhältnis zueinander. Dadurch, daß sie gemeinschaftlich klagen oder verklagt werden, werden rechtliche Wirkungen unter ihnen nicht begründet. Materiell sind ihre Interessen unabhängig voneinander, so daß jeder Streitgenosse so beurteilt werden muß, als ob er allein mit seinem Gegner im Prozesse befangen wäre. Das Recht zur Betreibung des Prozesses steht jedem Streitgenossen zu, ZPO § 63. Jeder hat die Rechte einer selbständigen Partei, kann sich also einen eigenen Vertreter wählen, ZPO §§ 78, 79. Der UrkB hat daher nicht zu prüfen, ob die Vertretung jedes Streitgenossen durch einen besonderen RA zur zweckentsprechenden Rechtsverfolgung und Rechtsverteidigung notwendig war, RG 31, 417; Gruch 30, 725; 41, 1156; OLG Hamburg HansRGZ 37 B 149. Dasselbe Recht steht den Nebenintervenienten zu, RG 13, 433; 14, 497. Sind assoziierte Anwälte verklagt, kann jeder von ihnen die vollen Anwaltskosten erstattet verlangen, solange er nicht anderweit, sei es auch dem Sozius, Prozeßvollmacht erteilt hat; gegenseitige Vertretung schließt das Recht aus § 7 RAGebO noch nicht aus, KG JW 37, 2243[78]. Die im Prozesse wegen Anfechtung eines Generalversammlungsbeschlusses durch Vorstand und Aufsichtsrat vertretene Aktiengesellschaft ist eine Partei. Bestellen Vorstand und Aufsichtsrat verschiedene Anwälte, sind nur die Kosten eines Anwalts erstattungsfähig.

Haben mehrere Streitgenossen denselben RA bestellt, so kann der einzelne nur die Erstattung der ihm tatsächlich entstandenen Kosten verlangen. Die Höhe seiner Haftung gegenüber dem RA bestimmt sich nach § 3 RAGebO; mehr kann er jedenfalls vom Gegner nicht erstattet verlangen. Kraemer JW 26, 2597. Der Erstattungsanspruch besteht unabhängig von dem Nachweise der tatsächlichen Zahlung; noch weniger braucht dargetan zu werden, daß ein Rückgriff gegen die Streitgenossen keinen Erfolg verspricht, *aM* RG 31, 409; OLG Darmstadt Rsp 17, 121; Frankfurt Recht 15 Nr. 1366; OLG München JW 22, 1423[16]; LG Zwickau JW 28, 2167[9]. Ebensowenig kann der Gegner einwenden, der Erstattungsberechtigte sei zur Ausgleichung mit seinen Streitgenossen verpflichtet, da er diesen wieder den auf sie entfallenden Anteil erstatten müßte.

2. Haftbarkeit der zur Kostentragung verurteilten Streitgenossen.

1. Mehrere unterlegene Streitgenossen haften für die ihnen auferlegten Kosten dem obsiegenden Gegner nach Kopfteilen, ZPO § 100 Abs. 1. Ob die Streitgenossenschaft auf dem Willen der Parteien (ZPO §§ 59, 60) oder auf Gerichtsbeschluß (ZPO § 147) beruht, ist unerheblich. Auch gilt es gleich, ob die Verpflichtung zur Kostentragung in dem nämlichen Urteil oder in verschiedenen kontradiktorischen oder Versäumnisurteilen ausgesprochen worden ist, sofern nur die getrennten Urteile in demselben Prozeß ergangen sind. Für Nebenintervenienten, die nach § 69 ZPO als Streitgenossen der Hauptpartei gelten, sind dieselben Bestimmungen maßgebend, § 101 Abs. 2 ZPO.

Von dieser Regel sind drei Ausnahmen zugelassen:

a) Bei einer erheblich verschiedenen Beteiligung der Streitgenossen am Rechtsstreite kann die Beteiligung zum Maßstabe der Kostenentscheidung genommen werden, ZPO § 100 Abs. 2. Dies gilt insbesondere auch bei den nach § 147 ZPO verbundenen Prozessen. Eine verschiedene Beteiligung der Streitgenossen am Rechtsstreite liegt nicht vor, wenn Klage aus § 771 ZPO gegen mehrere Pfändungspfandgläubiger erhoben worden ist, die wegen verschieden hoher Forderungen gepfändet haben, KG Rsp 25, 79.

b) Für die Kosten, die durch besondere Rechtsbehelfe eines Streitgenossen veranlaßt sind, haften die übrigen Streitgenossen nicht mit, ZPO § 100 Abs. 3.

c) Werden mehrere Beklagte (oder Widerbeklagte) nach bürgerlichem Rechte in der Hauptsache als Gesamtschuldner (BGB §§ 421 ff.) verurteilt, so haften sie ohne weiteres auch für die Kostenerstattung als solche, ZPO § 100 Abs. 4.

Die Haftung nach Kopfteilen und die Gesamthaftung für die Kosten brauchen in der Kostenentscheidung des Urteils neben der Entscheidung in der Hauptsache nicht besonders ausgesprochen zu werden, selbst dann nicht, wenn diese die Gesamthaftung nicht ausdrücklich ausspricht; jedoch muß die Gesamthaftung wenigstens in den Gründen erkennbar gemacht sein, RG JW 33, 1896 [5]. Dagegen müssen die Ausnahmen zu a und b im Urteil ausdrücklich hervorgehoben werden. Die Ausnahme zu b ist aber gegenüber der Gesamthaftung nicht vorzubehalten, wenn ein Fall des Satzes 2 Abs. 4 § 100 ZPO vorliegt. Hier erstreckt sich dann die Gesamthaft nach den Vorschriften des bürgerlichen Rechtes auch auf die durch besondere Rechtsbehelfe veranlaßten Kosten, z. B. Haftung des Bürgen, des Mannes, des Vaters, OLG Rostock Rsp 22, 14.

Die Gesamthaftung besteht auch, wenn die Streitgenossen nicht in demselben Urteile verurteilt worden sind, bezieht sich dann aber nur auf die Kosten, die entstanden waren, solange die Streitgenossen zusammen den Rechtsstreit führten, OLG Braunschweig, Dresden Rsp 19, 80; 23, 164.

2. Liegt einer der Ausnahmefälle zu 1a, b, c nicht vor, so darf der obsiegende Teil von den ihm erwachsenen Kosten gegen jeden unterlegenen Streitgenossen nur einen Kopfteil, d. h. nur einen der Zahl der Streitgenossen entsprechenden Teil zur Erstattung geltend machen. Für einen nicht beizutreibenden Kopfteil haften die anderen Streitgenossen nicht.

3. Wenn nun auch der Kostenanteil eines jeden der zusammen in die Kostenlast verurteilten Streitgenossen aus dem Urteil oder aus der Anwendung des § 100 ZPO sich ergibt, so ist doch der Betrag des von jedem einzelnen Streitgenossen zu erstattenden Teiles der Kosten im Beschlusse ziffernmäßig anzugeben, um Zweifel bei der Zwangsvollstreckung auszuschließen. Beispiel: „Die von den Beklagten an den Kläger zu erstattenden Kosten werden auf x RM. festgesetzt. Davon haben zu zahlen: A a RM., B b RM.," OLG Naumburg KG Rsp 19, 79; 31, 29; Augsburg ZZP 18, 446; *aM* OLG Hamburg ZDJ 10, 134. Andererseits ist die in dem Urteil ausgesprochene Gesamthaftung auch im Kostenfestsetzungsbeschlusse wiederzugeben, RG JW 33, 1896 [5].

4. Die Vorschrift des § 100 ZPO bezieht sich nur auf die „Kostenerstattung", also nur auf das Verhältnis der unterliegenden Streitgenossen zum obsiegenden Gegner. Für die Auseinandersetzung der Streitgenossen untereinander ist im KostenfestsVerfahren kein Raum. Sie erfolgt nach den Vorschriften des bürgerlichen Rechtes über die Ausgleichung im Innenverhältnisse von mehreren Mitschuldnern (BGB § 426, RG 79, 288; JW 12, 240 [7]). Für das Verhältnis zur Staatskasse ist § 87 GKG maßgebend, wonach in dem Falle, daß eine Partei aus mehreren Personen besteht, diese in Ermangelung einer gerichtlichen Entscheidung über die Kostenverteilung als Gesamtschuldner haften.

3. Erstattungspflicht in dem Falle, daß von mehreren durch denselben Rechtsanwalt vertretenen (nicht notwendigen) Streitgenossen der eine obsiegt, während die anderen unterliegen.

1. Die Festsetzung der Kosten gegen den unterlegenen Streitgenossen muß gesondert von der Festsetzung der Kosten des obsiegenden Streitgenossen erfolgen, KG JW 37, 1662[28].

2. Der obsiegende Streitgenosse kann die Kosten, für die er dem Rechtsanwalt allein haftet, oder die ihm sonst allein entstanden sind, vom Gegner erstattet verlangen. Es besteht aber Streit darüber, ob der obsiegende Streitgenosse die übrigen Kosten dem unterlegenen Gegner voll in Rechnung stellen kann. Dabei ist zu unterscheiden zwischen den Anwaltskosten und den Gerichtskosten.

a) Nach der herrschenden Meinung kann der obsiegende Streitgenosse die Erstattung der vollen durch die gemeinsame Vertretung entstandenen Anwaltsgebühren nur verlangen, sofern er deren Zahlung glaubhaft macht, oder feststeht oder glaubhaft gemacht wird, daß der andere — unterlegene — Streitgenosse zahlungsunfähig ist. Sonst soll der obsiegende Streitgenosse nur den ihn treffenden Kopfteil geltend machen können. Die Frage, ob der obsiegende Streitgenosse einen Ausgleichsanspruch gegen die übrigen Streitgenossen hat, ist im Kostenfestsetzungsverfahren nicht zu berücksichtigen, solange nicht bereits ein Ausgleich stattgefunden hat. Die volle Erstattungspflicht darf nicht von der Abtretung eines etwaigen Ausgleichsanspruchs abhängig gemacht werden, KG JW 31, 1116[37]; 37, 246[32]; OLG Kiel JW 35, 2914[45]; OLG Breslau JW 31, 1845[55]; 33, 543[32]; OLG Naumburg JW 31, 1835[29]; SeuffA 33 Nr. 165; OLG Hamm JW 33, 539[20]; 36, 2004[90]; OLG Stuttgart JW 33, 1606[8]; OLG Kiel JVBl 37, 231; OLG Dresden DR 39, 1462[30]; SächsA 39, 206; MdRRAK 40, 27[10].

b) Nach OLG Naumburg JW 33, 2295[5]; OLG Darmstadt JW 34, 621[3]; OLG Celle DRpflRspr 37 Nr. 255 kann der obsiegende Streitgenosse die vollen Anwaltsgebühren nur erstattet verlangen, wenn er glaubhaft macht, daß er die ganzen Kosten bezahlt und von dem unterlegenen Streitgenossen keinen Ersatz erhalten kann. Und OLG Hamburg JW 33, 553[53] will, wenn einer von mehreren Streitgenossen das Armenrecht hat, den Gegner der durch einen gemeinsamen Rechtsanwalt vertretenen Streitgenossen nur in Höhe des Betrages für erstattungspflichtig halten, der auf den obsiegenden armen Streitgenossen dann entfällt, wenn die dem Armenanwalt zu zahlenden Gebühren unter die mehreren Streitgenossen nach Kopfteilen aufgeteilt werden.

c) Dagegen vertreten die Bearbeiter dieses Abschnitts die schon bisher in diesem Buch verfochtene Ansicht, daß der obsiegende Streitgenosse die vollen Anwaltskosten vom Gegner erstattet verlangen kann, ohne den Nachweis der Zahlung führen zu müssen:

Es ist anerkannten Rechts, daß das Kostenfestsetzungsverfahren keinen selbständigen Charakter hat, sondern nur dazu bestimmt ist, die Kostenentscheidung ziffernmäßig zu ergänzen. Daher kann im Kostenfestsetzungsverfahren nur geprüft werden, ob die berechneten Kosten erwachsen sind und unter die Kostenentscheidung sowie § 91 ZPO fallen. Nach der Kostenentscheidung soll hier der obsiegende Streitgenosse keinen Teil der Kosten tragen, sondern von seiner Kostenlast freigehalten werden. Daher kann er vom Gegner Erstattung seiner Kosten gemäß § 91 ZPO verlangen. Der gemeinsame Rechtsanwalt kann seinen gesamten Gebührenanspruch gemäß § 3 RAGebO gegenüber dem obsiegenden Streitgenossen geltend machen. Es kommt auch nicht darauf an, ob dieser die Gebühren an den Rechtsanwalt gezahlt hat, oder der unterlegene Streitgenosse zahlungsunfähig ist. Denn es genügt nach § 91 ZPO, daß der Gebührenanspruch des Rechtsanwalts bereits erwachsen ist. Die obsiegende Partei kann nach § 91 ZPO die ihr erwachsenen, nicht nur die schon aufgewandten Kosten erstattet verlangen.

Dem hat das KG JW 33, 1075[4] entgegengehalten, daß dann folgerichtig der obsiegende Streitgenosse die vollen gemeinsamen Anwaltskosten auch dann erstattet verlangen könnte, wenn er an den Anwalt nichts, wohl aber der unterlegene Streitgenosse alle Vertretungskosten gezahlt hat, dann aber nicht der Partei, der die Kosten wirklich entstanden seien, sondern einer mit Kosten tatsächlich nicht belasteten Partei gleichsam fingierte Kosten zu erstatten wären. Diese Erwägung schlägt nicht durch. Denn die Frage, ob der auf der Kostenentscheidung beruhende Kostenerstattungsanspruch durch Zahlung (durch einen Dritten) erloschen ist, kann nicht im Kostenfestsetzungsverfahren geprüft werden, wie denn auch allgemein anerkannt ist, daß der Einwand der Zahlung, Aufrechnung oder anderweiten Tilgung nicht im Kostenfestsetzungsverfahren zu erörtern ist, s. unten VI. Außerdem kann ein Zahlungsnachweis keinesfalls verlangt werden, wenn bei zwei Beklagten, von denen der eine Rechtsanwalt ist, die Kosten des beklagten Anwalts dem Kläger auferlegt worden sind; dann kann der Anwalt gemäß § 7 RAGebO volle Anwaltsgebühren vom Kläger ohne weiteres beanspruchen, auch wenn er den anderen — unterlegenen — Beklagten als Prozeßbevollmächtigter vertreten hat; *aM* KG JVBl. 32, 112.

Im übrigen können die Voraussetzungen der herrschenden Meinung (in Amtsgerichtsprozessen) umgangen werden, indem nur die (mitverklagte, aber nicht passiv legitimierte) Ehefrau Prozeßvollmacht erteilt, und der im Termin miterschienene Ehemann sich den Sachvortrag des Prozeßbevollmächtigten zu eigen macht. Das KG hat sich auch gezwungen gesehen, seine Rechtsprechung einzuschränken, indem es die Tatsache der Zahlung von Kosten genügen läßt, um für den obsiegenden Streitgenossen den Anspruch auf Erstattung zu begründen, ohne Rücksicht darauf, aus wessen Mitteln er Zahlung geleistet hat, JW 33 1734[5]; 38, 1186[42]. Damit hat es praktisch seine Rechtsprechung im wesentlichen entkräftet. Denn in den meisten Fällen handelt es sich um beklagte Eheleute; nach den letzten Entscheidungen genügt es, wenn der unterlegene Ehemann der obsiegenden Ehefrau das Geld zur Bezahlung der Anwaltsgebühren gibt. KG JW 38, 3311[25] versucht diese Auffassung zu widerlegen, ändert aber im Ergebnis die Kostenentscheidung, wonach der obsiegende Streitgenosse von seiner Kostenlast freigehalten werden soll, dahin ab, daß er regelmäßig nur einen Kopfteil soll erstattet verlangen können.

d) Anders verhält es sich mit den Gerichtskosten. Insoweit muß der obsiegende Streitgenosse (und insofern ist dem KG JW 35, 304[2] beizustimmen) glaubhaft machen, daß er die erstattet verlangten Gerichtskosten gezahlt hat. Das ist kein Widerspruch zu dem oben unter c entwickelten Grundsatz. Denn auch sonst muß (im Gegensatz zu den Anwaltsgebühren, s. oben IV 1 I A u. B) der Kostenberechtigte glaubhaft machen, daß er die Gerichtskosten gezahlt hat, wenn hierfür auch der Gegner ganz oder teilweise haftbar ist. Bei Streitgenossen kann auch nicht, wie KG JW 33, 1734[5] will, die Tatsache der Zahlung allein genügen, sondern es ist weiter zu prüfen, aus welchen Mitteln der obsiegende Streitgenosse die Gerichtskosten gezahlt hat.

3. a) Der Gegner kann seine Kosten vom unterlegenen Streitgenossen in voller Höhe, nicht nur den Kopfteil erstattet verlangen. Die herrsch. M. nimmt allerdings einen anderen Standpunkt auch hier ein, RG 41, 399; KG JW 31, 2044[17]; 38, 2766[45] (nach dieser Entsch. soll aber bei einer erheblichen Verschiedenheit der Beteiligung am Rechtsstreit diese Beteiligung zum Maßstab genommen werden); OLG Dresden JW 38, 3134[44]. Jedoch kann der Umstand, daß die Kosten zum Teil nicht nur gegenüber dem unterlegenen Streitgenossen, sondern auch gegenüber dem obsiegenden Streitgenossen entstanden sind, nicht die Stellung des unterlegenen Streitgenossen verbessern. Denn eine Kostenentscheidung, wonach der unterlegene Streitgenosse die im Verfahren gegen ihn entstandenen Kosten zu tragen hat, bildet keine rechtliche Grundlage dafür, die Kosten quotenmäßig zu verteilen und nur einen Bruchteil gegen den unterlegenen Streitgenossen festzusetzen. Eine derartige quotenmäßige Verteilung der Kosten ist in der Kostenentscheidung nicht angeordnet. Das Kostenfestsetzungsverfahren bildet nur eine ziffernmäßige Ergänzung der vorangegangenen Kostenentscheidung und kann deshalb nicht zu einer Änderung dieser Kostenentscheidung führen. Daher können die Kosten auch nicht aus Billigkeitsrücksichten nach Kopfteilen bemessen werden. Für die Annahme des KG DR 39, 325[13], daß das Prozeßgericht in solchen Fällen es dem Kostenfestsetzungsverfahren überlassen habe, den Maßstab der Beteiligung der Streitgenossen am Rechtsstreit zu errechnen, fehlt die rechtliche und tatsächliche Grundlage.

b) Der Gegner kann aber die dem obsiegenden Streitgenossen erstatteten Kosten des gemeinsamen Anwalts der Streitgenossen nicht bei der Kostenfestsetzung (Kostenausgleichung) gegen den unterlegenen Streitgenossen erstattet verlangen, OLG Naumburg DR 39, 326[14].

VI. Die gegen das Kostenfestsetzungsverfahren zulässigen Einreden.

Die Aufgabe des Kostenfestsetzungsbeschlusses besteht darin, den bisher nur dem Grunde nach feststehenden vollstreckbaren Erstattungsanspruch auch seinem Betrage nach festzustellen, OLG Marienwerder, Rsp 25, 79. Statthaft sind also nur Einreden gegen den Betrag. Der Einwand, daß der verurteilte Beklagte Gebührenfreiheit genieße und daher zur Erstattung der vom Kläger gezahlten Gerichtsgebühren nicht verpflichtet sei, betrifft den Betrag der Kostenschuld und gehört sonach in das Festsetzungsverfahren.

Die Geltendmachung anderer als den Betrag betreffender Einreden ist versagt. Sie würden den durch den Schuldtitel festgesetzten Anspruch selbst betreffen, also gemäß § 767 ZPO im Wege der Klage oder bei einem Verstoße gegen § 775 ZPO nach § 766 ZPO durch Anrufung des Vollstreckungsgerichts geltend zu machen sein, RG 13, 361; OLG Oldenburg, Dresden Rsp 6, 389, 390; OLG Frankfurt LZ 14, 1059; OLG Darmstadt HessRechtsp 13, 281; OLG München SeuffA 69, 251; 70,395 (*aM* OLG Hamburg SeuffA 76,31). Bei nur vorläufig vollstreckbarem Titel sind Einwendungen gegen den Erstattungsanspruch selbst im Einspruchs- oder Rechtsmittelverfahren geltend zu machen, soweit sie überhaupt zulässig sind.

Unzulässig sind hiernach die Einreden, daß die Kostenforderung durch Erlaß, Zahlung, OLG Frankfurt Rsp 29, 188; RG 62, 188; Aufrechnung, RG JW 36, 3078[55]; Jonas JW 37, 2709[33]; OLG Stuttgart HRR 30, 1650, oder auf andere Weise getilgt, OLG Hamburg Rsp 20, 338, daß sie verjährt, BayObLG Rsp 27, 51 Anm. 1; 29, 186; *aM* KG DR 40, 338[26], „verwirkt", OLG Jena DRM 39, 181[34]; *aM* OLG Dresden JW 38, 3161[13] = MdRRAK 39, 18; KG JW 39, 170[31], 647[43], oder daß ihre Fälligkeit durch Stundung hinausgeschoben sei, KG Rsp 17, 129. Dasselbe gilt von dem Einwande, daß noch vor Rechtskraft des Urteils ein Vergleich mit anderer Kostenverteilung geschlossen oder durch einen Zwangsvergleich die Kostenforderung herabgesetzt worden sei, OLG Braunschweig, Marienwerder Rsp 19, 81; 25, 79, oder nach rechtskräftiger Kostenentscheidung und Kostenfestsetzung ein Vergleich geschlossen sei, OLG Dresden JW 38, 1727[18], oder das Zwangsvergleichsverfahren während des Prozesses eröffnet worden sei, OLG Karlsruhe JW 34, 778[4], oder daß im Urteil nicht die richtigen Parteien aufgeführt seien. Die Zulässigkeit einer vom Vollstreckungsgericht getroffenen Maßnahme, deren Kosten erstattet verlangt werden, ist im Kostenfestsetzungsverfahren nicht zu prüfen, KG JW 38, 244[17] = DRpfl Rspr 37 Nr. 641. Ebenso ist es unzulässig, die Beschwerde auf die Behauptung, daß der RA durch die obsiegende Partei noch nicht befriedigt sei (*aM* KG DR 40, 338[26]), oder darauf zu gründen, daß die unterlegene Partei einen Arrest auf die Kostenforderung gelegt habe. Auch der Einwand, es sei mit dem Kläger verabredet, daß dieser die Klage zurücknehmen solle, enthält keinen zulässigen Angriff gegen den Erstattungsanspruch, vielmehr einen Angriff gegen das Urteil. Im Kostenfestsetzungsverfahren nicht zu prüfen ist ferner das Vorbringen des Beklagten, er habe sich mit dem Kläger geeinigt, daß dieser kein Urteil erwirken solle, OLG Naumburg JW 35, 2385[49]; der Einwand, daß der Gläubiger auf die Rechte aus dem Arrestbefehl verzichtet habe, oder daß der Kläger dieselben Kosten in einem besonderen Rechtsstreit eingeklagt habe und abgewiesen worden sei, sowie Einwendungen gegen die Zulässigkeit oder Notwendigkeit des Verlust- und Kostenurteils aus § 515 Abs. 3 ZPO, KG JW 38, 1186[42]. — OLG München JW 36, 3583[47] hält in dem Verfahren zur Erwirkung der Vollstreckbarkeitserklärung einer ausländischen Kostenentscheidung nach Artt. 18, 19 HaagZPrAbk in der BeschwInst. den Einwand der Aufrechnung gegen die Kostenforderung für zulässig; dagegen mit Recht die Anm. von Thees. Bedenklich KG JW 35, 2901[24], das Einreden gegen den Erstattungsanspruch ausnahmsweise im Kostenfestsetzungsverfahren zuläßt, wenn der Einredetatbestand unstreitig, und nur die Wirksamkeit auf den Kostenerstattungsanspruch in Zweifel gezogen ist, ferner KG JW 38, 2288[27], das Zahlungen, insbesondere Prozeßkostenvorschüsse des Ehemannes nach § 1387 BGB bei der Kostenfestsetzung berücksichtigt, und KG DR 40, 338[26], das die Einrede der Verjährung aus § 218 BGB sowie den Einwand zulassen will, daß die erstattungsberechtigte Partei gegen ihren Anwalt die Verjährungseinrede aus § 196 Ziff. 15 BGB erhoben habe. Auch Ansprüche auf Rückerstattung gezahlter Kosten können nicht im Festsetzungsverfahren geltend gemacht werden. Ferner kann im Kostenfestsetzungsverfahren nicht geprüft werden, welche Auskunft das Prozeßgericht vor Abschluß eines gerichtlichen Vergleichs über die voraussichtliche Höhe der Kosten gegeben hat.

Schließlich kann im Kostenfestsetzungsverfahren nicht die Höhe der Zeugen- und Sachverständigengebühren geprüft werden. Eine hierauf gerichtete Erinnerung und sofortige Beschwerde ist als Antrag auf Festsetzung der dem Zeugen oder Sachverständigen zustehenden Vergütung bzw. als Beschwerde (soweit zulässig, vgl. Anm. 3 zu § 20 GOfZuS) gegen einen aus § 20 GOfZuS bereits ergangenen Beschluß zu behandeln, LG Berlin BBl 31, 120; Müller DRZ 31, 417; OLG Dresden DRZ Rsp 32 Nr. 427; Breuer JW 36, 2779; OLG Stuttgart DR 39, 2184[39]. Insbesondere kann im Kostenfestsetzungsverfahren des Hauptprozesses nicht die Höhe der Sachverständigengebühren geprüft werden, die in einem Beweissicherungsverfahren vor einem anderen Gericht entstanden sind. Die Kostenfestsetzung ist auch nicht auszusprechen Zug um Zug gegen Abtretung der angeblichen Ansprüche der erstattungsberechtigten Partei gegen die Reichskasse auf Rückzahlung der etwa zu viel gezahlten Zeugen- oder Sachverständigengebühren. Vielmehr muß, wenn durch einen Beschluß aus § 20 GOfZuS die Zeugen- oder Sachverständigengebühren herabgesetzt werden, und die Reichskasse den zu viel gezahlten Betrag der obsiegenden Partei zurückerstattet, die unterlegene Partei insoweit gegen den Kostenfestsetzungsbeschluß die Vollstreckungsgegenklage aus § 767 ZPO (oder nach Vollstreckung des Kostenfestsetzungsbeschlusses die Klage aus ungerechtfertigter Bereicherung) erheben. Anders allerdings wohl noch die herrsch. M., die der Partei eine Beschwerde aus § 20 Abs. 2 GOfZuS nicht zugesteht und darum die Nachprüfung der Zeugen- und Sachverständigengebühren in das Kostenfestsetzungs- und das Kostenansatzverfahren verlegt, KG DR 39, 2183[36].

VII. Das Verfahren in erster Instanz.

1. Die Entscheidung über das Kostenfestsetzungsgesuch erfolgt durch den UrkB des Prozeßgerichts erster Instanz. Nach § 105 ZPO kann der Festsetzungsbeschluß des UrkB unter Umständen auf das Urteil und dessen Ausfertigungen gesetzt werden. Eines besonderen Gesuchs bedarf es nicht mehr, wenn die Partei vor der Urteilsverkündung ihre Kostenberechnung eingereicht hat.

2. Die Stellung des UrkB. Da der UrkB die Kosten selbständig festzusetzen hat, so hat er als Organ des Gerichts alle dabei erforderlichen Bestimmungen unter eigener Verantwortung zu treffen. Er hat, soweit das Gesetz einer freien Beurteilung Spielraum gewährt, nach seinem freien Ermessen darüber zu befinden, inwieweit die unterliegende Partei die dem Gegner erwachsenen Kosten zu erstatten hat. Hiermit übt der UrkB eine richterliche Tätigkeit aus. Wenn er auch noch nicht die Bürgschaften der richterlichen Unabhängigkeit genießt, so muß ihm doch insofern seine Unabhängigkeit gewahrt bleiben, als er nach seinem pflichtmäßigen Ermessen das Gesetz anzuwenden und auszulegen hat. An Anweisungen der Justizverwaltung oder des Richters ist er bei dieser Tätigkeit ebensowenig wie der Richter gebunden; denn er allein hat seine Entscheidung zu verantworten, und es muß ihm überlassen bleiben, ob er den Rat des Richters einholen und von ihm Gebrauch machen will. Dies gilt dagegen nicht für Anordnungen im Rechtsmittelverfahren, die wie überall zu befolgen sind.

Der UrkB kann den Antragsteller und den Gegner schriftlich oder mündlich hören. Wegen des Verfahrens in diesem Falle siehe unten 6 f. Setzt der UrkB eine Frist, z. B. zur Beibringung von Unterlagen oder zur Abgabe einer Erklärung, so finden darauf, da er in seiner richterlichen Eigenschaft handelt, die Vorschriften über richterliche Fristen Anwendung (§§ 221, 222, 223 Abs. 2, 224, 225 ZPO). Soweit nach § 104 Abs. 2 ZPO die Ansätze des Gesuchs glaubhaft zu machen sind, hat die Glaubhaftmachung (§ 294 ZPO) ihm gegenüber zu geschehen. Wird ein Beweis für erforderlich erachtet, weil die Glaubhaftmachung zur Berücksichtigung eines Ansatzes nicht „genügt“, so hat der UrkB die Anordnungen selbständig zu erlassen. Er kann also Parteien, Zeugen und Sachverständige hören und die Vorlegung von Akten und Urkunden anordnen. Dagegen ist er nicht befugt, die genannten Personen zu vereidigen und mit den Rechtsfolgen und Strafen der §§ 373 ff. ZPO zu laden, oder förmlichen Urkundenbeweis nach §§ 415 ff. ZPO zu erheben.

3. Das Verfahren ist, abgesehen von der Bestimmung des § 106 ZPO (s. unten Abschnitt VIII), vor den Amts- und Landgerichten einheitlich geregelt. Die Entscheidung über das Gesuch steht immer dem UrkB zu. Nur für die Art, in der dieser entscheidet, läßt das Gesetz neben dem Regelfalle, daß ein besonderer Beschluß ergeht, noch ein abgekürztes Verfahren nach § 105 ZPO zu, wonach unter gewissen Voraussetzungen der Beschluß sogleich auf das Urteil und dessen Ausfertigungen gesetzt werden kann.

4. Im Regelfalle wird das Verfahren durch ein Gesuch an den UrkB des Gerichts erster Instanz um Festsetzung der Kosten in Gang gesetzt. Der UrkB prüft zunächst, ob er für die von ihm verlangte Entscheidung zuständig ist; sodann, ob das Gesuch die Grundlage zu dem begehrten Verfahren bilden kann, ob es also in der gehörigen Form des § 103 Abs. 2 ZPO von einer dazu berechtigten Person auf Grundlage eines geeigneten Titels gestellt worden ist. Fehlt es an einer dieser Voraussetzungen, so kann der UrkB, sofern nach Lage der Sache anzunehmen ist, daß sich der bemerkte Mangel beheben läßt, durch eine Zwischenverfügung die Beseitigung des Anstandes aufgeben. Erscheint eine solche Verfügung nicht angezeigt, oder wird der Mangel von dem Antragsteller in der ihm gesetzten Frist nicht behoben, so ist das Gesuch durch Beschluß als unzulässig zurückzuweisen. Gegen diesen Beschluß hat der Gesuchsteller nach § 576 ZPO das Rechtsmittel der fristlosen Erinnerung an das Prozeßgericht, und gegen dessen abweisenden Beschluß die Beschwerde aus § 567 ZPO, OLG Darmstadt JW 33, 2599[3]; die nicht an eine Beschwerdesumme von mehr als 200 RM gebunden ist, LG Berlin JW 36, 2009[97]; LG Hamburg JW 37, 2246[82]; Breuer JW 36, 2779; *aM* OLG Kiel JW 34, 497[5]. Wird die Erinnerung für begründet erachtet, so kann das Prozeßgericht den UrkB anzuweisen, über das Gesuch sachlich zu befinden. Diese Entscheidung ist für den UrkB bindend. Das Prozeßgericht wird dann regelmäßig nicht selbst den Kostenfestsetzungsbeschluß erlassen, um nicht den Parteien eine Instanz zu nehmen.

5. Dieselben Grundsätze gelten, wenn kein ausdrückliches Kostenfestsetzungsgesuch vorliegt, sondern die Berechnung der Kosten nach § 105 Abs. 2 ZPO eingereicht worden ist. Nur hat sich dann die Prüfung auch darauf zu erstrecken, ob die Rechnung rechtzeitig vor der Verkündung des Urteils eingereicht worden ist. Gleichzeitig hat sich der UrkB darüber schlüssig zu machen, mag nun ein ausdrückliches oder ein gesetzlich vermutetes Gesuch ihm vorliegen, ob er einen besonderen Kostenfestsetzungsbeschluß erlassen oder ob er das Verfahren des § 105 Abs. 1 ZPO, sofern dessen Voraussetzungen gegeben sind, wählen will. Da das Gesetz dem UrkB nur die Befugnis erteilt, die Kostenfestsetzung nach § 105 ZPO vorzunehmen, so hängt es von dem Ermessen des UrkB ab, ob er das abgekürzte Verfahren einschlagen will. Die Partei hat kein Anrecht darauf, daß die Kosten in der Form des § 105 festgesetzt werden, wie sie andrerseits auch nicht die besondere Abfassung des Beschlusses verlangen kann. Einem Rechtsmittel, das lediglich bemängelt, daß der Beschluß nicht in der beantragten Form ergangen ist, würde demnach der Erfolg zu versagen sein. Die Ablehnung der Festsetzung überhaupt ist auch hier stets in einem besonderen Beschlusse vorzunehmen.

6. a) Die sachliche Prüfung hat sich darauf zu erstrecken, ob die Rechnung im Einklange mit dem Schuldtitel aufgestellt worden ist, und ob der Gesuchsteller die von ihm verlangten Beträge zu fordern berechtigt ist. Dagegen unterliegt die in dem Schuldtitel getroffene Entscheidung über die Kostenlast niemals der Nachprüfung im KostenfVerf, RG JW 05, 149[33]; OLG Darmstadt, Kiel Rsp 19, 97; 37, 150; KG JW 37, 248[35]; *aM* KG JW 38, 2288[27], wonach Entscheidungen des Prozeßgerichts im einstweiligen Verfügungsverfahren betr. Anordnung von Prozeßkostenvorschüssen des Ehemannes an die Ehefrau für das Kostenfestsetzungsverfahren nicht bindend sind. Allerdings ist es nicht ausgeschlossen, daß der UrkB der gefällten Kostenentscheidung z. B. aus den Urteilsgründen oder dem Akteninhalt eine bestimmte Auslegung gibt, sofern der Tenor eine verschiedene Deutung zuläßt. Die im gerichtlichen Vergleich getroffene Kostenabrede ist zur Kostenfestsetzung nicht geeignet, wenn sie in sich widerspruchsvoll ist. Ferner bildet die Kostenentscheidung, die Kosten zu $^5/_6$ einer Partei auferlegt und zu $^1/_6$ die Entscheidung dem Schlußurteil vorbehält, keine geeignete Grundlage zur Kostenfestsetzung, KG DR 39, 876[9].

Die im gerichtlichen Vergleich getroffene Ratenzahlungsabrede mit Verfallklausel gilt im Zweifel auch für die Kosten und ist in den Kostenfestsetzungsbeschluß aufzunehmen. Angriffe einer Partei gegen eine im gerichtlichen Vergleich enthaltene Abrede, wonach die Kosten nach Quoten verteilt werden, sind in einem besonderen Rechtsstreit geltend zu machen.

Nach III 10 der Richtlinien für die Devisenbewirtschaftung v. 22. 12. 38 (RGBl I 1851) bedarf die gerichtliche Festsetzung der Kosten keiner Devisengenehmigung. Dies gilt auch dann, wenn der Prozeßbevollmächtigte der obsiegenden Partei die beigetriebenen Kosten an seine Partei abführen muß, KG JW 37, 1435[45]. Der von Breuer JW 36, 2782 für das frühere Recht erörterte Grundsatz, daß der UrkB die Kostenerstattung von einer Devisengenehmigung abhängig machen müsse, ist (entgegen Bauer DRpfl 38, 328/329) durch die jetzige Rechtslage überholt.

b) Gegenstand der Entscheidung im Festsetzungsverfahren ist die Erstattungsfähigkeit der einzelnen im Festsetzungsgesuche enthaltenen Posten. Deshalb hat der mit der Kostenfestf. befaßte UrkB alle in der Kostenberechnung enthaltenen Ansätze zu prüfen und auf Grund dieser Prüfung zu bestimmen, ob und inwieweit der geltend gemachte Erstattungsanspruch begründet ist. Nach KG JW 37, 832[32]; OLG Hamm JVBl 35, 312 soll die gebührenrechtliche Beurteilung zwar in der Regel der verfahrensrechtlichen Beurteilung folgen, ohne indes schlechthin von ihr abhängig zu sein, und deshalb § 164 ZPO (Beweiskraft des Protokolls) regelmäßig in dem Kostenverfahren nicht gelten. Und KG JW 37, 2004 stellt den Grundsatz auf, daß das Sitzungsprotokoll ausgelegt werden kann dahin, daß die Reihenfolge der Prozeßhandlungen prozeßordnungsmäßig gewesen ist. Beides wohl anfechtbar. Das gilt auch von dem Grundsatz KG DR 39, 1658[21], daß die Feststellung im Sitzungsprotokoll oder Urteilstatbestand, daß die Beiakten nicht zwecks Beweises, sondern nur zur Klarstellung benutzt worden seien, für das Kostenfestsetzungsverfahren nicht binde. — Rechtlich unerheblich ist es, wenn die Entstehung eines Kostenanspruchs durch den Ausgang des Rechtsstreits bedingt ist. Wesentlich ist nur, daß im Zeitpunkt der Kostenfestsetzung die Bedingung eingetreten ist, KG JW 34, 1179³. Ist der Wert des Streitgegenstandes durch einen unangefochten gebliebenen Beschluß festgesetzt worden, so ist dieser Beschluß auch für die Kostenfests. maßgebend. In Ermangelung eines solchen Beschlusses hat der UrkBd den Wert des Streitgegenstandes bei der Kostenfests. nach §§ 3ff. ZPO, §§ 9ff. GKG zu ermitteln und in den Gründen des KostenfestsBeschlusses den von ihm angenommenen Wert des Streitgegenstandes anzugeben. Einen selbständigen Wertfestsetzungsbeschluß zu erlassen, ist er jedoch nicht befugt, da hierfür nach § 18 GKG das Gericht zuständig ist. Vgl. unten Anm. 3 §§ 11, 12 RAGebO. In zweifelhaften Fällen hat der UrkB daher einen Wertfestsetzungsbeschluß des Gerichts anzuregen. Da der Wert für jede Instanz gesondert festzusetzen ist, so muß er unter Umständen auch das höhere Gericht um Wertfests. angehen. Über die Mittel zur Abhilfe bei unrichtiger Wertannahme s. unten XII, 3.

Der KostenfestsBeschluß muß den Betrag, der von der einen Partei der anderen zu erstatten ist, ziffernmäßig festsetzen. Ein Beschluß, in dem dies nicht geschehen ist, kann als KostenfestsBeschluß nicht angesehen werden.

c) Bei der Prüfung des Betrags ist davon auszugehen, daß die Kostenfestsetzung auf Grund des vorliegenden Titels in einem besonderen Verfahren vor sich geht, das von dem Verfahren, in dem der Titel entstanden ist (Zivil-, Strafprozeß, Arbeitsgerichtsverfahren, Verfahren der freiw. Gerichtsbarkeit, Verwaltungsstreitverfahren), getrennt ist. Da das Verfahren die Festsetzung der von der einen Partei der anderen zu erstattenden Kosten zum Gegenstande hat, also lediglich vermögensrechtliche Ansprüche der einen Partei auf Zahlung einer Geldsumme durch die andere, können auf dieses Verfahren nur die Grundsätze angewendet werden, die für Verfahren gelten, in denen über Ansprüche dieser Art entschieden wird. Es wird also wie der Zivilprozeß grundsätzlich von dem Verhandlungsgrundsatz beherrscht. Dieser Grundsatz gilt freilich nur insoweit, als der Anspruch der Verfügung der Parteien nicht entzogen ist, und die rechtlich erheblichen Tatsachen nicht schon von Amts wegen der Beachtung und Feststellung bedürfen. Hieraus ergibt sich, daß die Anträge der Parteien den festzusetzenden Betrag begrenzen. Es kann also nicht mehr zugesprochen werden, als gefordert worden ist, auch wenn aktenmäßig ein höherer Betrag feststehen sollte, ZPO § 308 Abs. 1; RG 35, 427.

Weil der Verhandlungsgrundsatz gilt und nicht die ganze Forderung, sondern der einzelne Gebührenansatz festgesetzt wird (RG 27, 402), muß aus dem Gesuch ersichtlich sein, wie viel der Antragsteller beansprucht und woraus er die einzelnen Ansätze ableitet. Die ziffernmäßige Berechnung eines Ansatzes wird ihm dann erlassen werden können, und von Amts wegen nachzuholen sein, wenn die Grundlagen hierfür dem Gerichte vorliegen; z. B. sind Anträge der Partei, „ihre Reisekosten für die wahrgenommenen Termine nach den Sätzen des Zeugentarifs festzusetzen", für statthaft zu erachten.

Unzulässig ist es, daß der UrkB an Stelle eines unbegründeten Ansatzes von Amts wegen einen anderen setzt, der an sich begründet, aber nicht gefordert ist. Er kann aber offenbar irrtümliche Angaben ohne weiteres berichtigen, wenn die Absicht des Antragstellers klar ist. Eine abweichende Praxis beschränkt allerdings den Grundsatz, daß keiner Partei etwas zugesprochen werden darf, was nicht beantragt ist (ZPO § 308 Abs. 1), auf den Gesamtbetrag der verlangten Kosten. Innerhalb dieser Grenze wird daher oftmals an Stelle eines geforderten, aber nicht berechtigten Ansatzes der nicht geforderte, aber berechtigte zugebilligt, besonders im Falle der Beschwerde, KG JW 24, 418[13]; OLG Dresden JW 39, 648[44]. Jedoch ist hier die Rechtskraft nicht angefochtener Streichungen erster Instanz und bei Nachtragsanträgen die Rechtskraft des früheren Beschlusses zu beachten.

Über die Mitfestsetzung noch nicht erforderter Gerichtskosten. S. oben Abschnitt IV Ziff. I A.

d) Zweck des KostenfestsVerf. ist lediglich, in Ausführung des Urteils den Betrag der zu erstattenden Kosten festzusetzen. Dagegen soll in ihm nicht über den Grund des Erstattungsanspruchs und nicht über die Person des Berechtigten oder Verpflichteten entschieden werden. Hierfür ist lediglich der Vollstreckungstitel maßgebend. Es darf daher bei der Festsetzung nicht ausgesprochen werden, daß die Kosten an einen Vertreter der nach dem VollstrTitel berechtigten Partei zu zahlen sind. Ist die Verpflichtung des Mannes zur Duldung der Zwangsvollstreckung in das eingebrachte Gut der Frau (§ 739 ZPO) nicht im Kostentitel enthalten, so kann sie nicht im Kostenfestsetzungsverfahren erst ausgesprochen werden, KG v. 5. 7. 39 (20. W. 2765. 39). Der Kostenfestsetzungsbeschluß muß bei verschiedenen Beteiligten auf Gläubiger- oder Schuldnerseite die Ansprüche für und gegen jeden genau angeben. Eine Änderung der rechtskräftigen Festsetzung zwecks anderweiter Verteilung ist auch nicht im Wege der Nachberechnung zulässig, KG JW 34, 496[2]. Soll eine Rechtsnachfolge bei der Festsetzung berücksichtigt werden, so muß zunächst von dem VollstrTitel eine vollstreckbare Ausfertigung für oder gegen den Rechtsnachfolger beschafft und auf Grund dieser Ausfertigung das Gesuch um Kostenfestſ. für oder gegen den Rechtsnachfolger gestellt werden. Die Festsetzung findet dann, dem Vollstr.-Titel entsprechend, für oder gegen den Rechtsnachfolger statt; s. oben Abschnitt II 2 zu 3. Eine Ausnahme besteht im Falle des § 124 ZPO, wonach die für eine arme Partei bestellten Rechtsanwälte berechtigt sind, ihre Gebühren und Auslagen von dem in die Prozeßkosten verurteilten Gegner beizutreiben. Demgemäß ist dann in dem Festsetzungsbeschlusse nicht die in dem vollstreckbaren Titel bezeichnete Partei, sondern der RA selbst als Berechtigter anzugeben (s. oben II, 2 zu 6).

e) Sind Streitgenossen zur Haftung für die Kosten nach Kopfteilen ausdrücklich verurteilt worden, oder folgt diese Haftung aus § 100 Abs. 1 ZPO, so ist eine ziffernmäßige Feststellung des Betrags zu treffen, bis zu welchem jeder der Streitgenossen die Kosten zu erstatten hat, da es nicht Sache des Gerichtsvollziehers ist, diesen Betrag erst aus den außerhalb des KostenfestsBeschlusses liegenden Voraussetzungen des Beschlusses zu ermitteln. Wenn das Urteil die Kosten mehreren Streitgenossen nicht als Gesamtschuldnern auferlegt, der Kostenfestsetzungsbeschluß aber die gesamtschuldnerische Haftung ausspricht, erlangt dieser Ausspruch trotz Ablauf der Beschwerdefrist keine materielle Rechtskraft, OLG Darmstadt JW 31, 1110[18]. — Die Kostenregelung im Vergleich ist wie eine Urteilskostenentscheidung zu behandeln. Haben mehrere Beklagte sich als Gesamtschuldner verpflichtet, so ist die gesamtschuldnerische Haftung auch im Kostenfestsetzungsbeschluß auszusprechen, KG JW 33, 2224[7].

f) Die Entscheidung erfolgt durch einen vom UrkB zu unterzeichnenden Beschluß, in unbedenklichen Fällen ohne Anhörung des Gegners, auf Grund der Gerichtsakten und nötigenfalls der einzufordernden Handakten der Parteien. Der UrkB kann aber auch auf Grund der ihm eingeräumten richterlichen Befugnisse:

aa) den Gegner unter Mitteilung der Abschrift der Kostenberechnung zu einer schriftlichen Gegenerklärung binnen bestimmter Frist auffordern. Der Beschluß ergeht nach Lage der Akten, wenn eine Gegenerklärung nicht eingeht. Der Antragsteller kann zur Entgegnung aufgefordert werden;

bb) mündliche Verhandlung anordnen. Dies ist nur in verwickelten Sachen angebracht. Der Beschluß mit der Terminsbestimmung nebst Ladung wird den Parteien von Amts wegen zugestellt. Der Gedanke, das Verfahren zu vereinfachen, der den Bestimmungen der §§ 496, 497 ZPO zugrunde liegt und im Verfahren vor den Amtsgerichten den Parteibetrieb ausgeschaltet hat, gilt in gleichem Maße für das Verfahren vor dem UrkB, so daß es nicht gerechtfertigt erscheint, hier noch das Erfordernis des Parteibetriebs aufrechtzuerhalten. Für ein Versäumnisverfahren ist kein Raum. Auch ein Ruhen des Verfahrens im Falle der Säumnis beider Parteien tritt nicht ein. Die Entscheidung erfolgt stets auf Grund der Sachlage. Der die Entscheidung enthaltende Beschluß ist zu verkünden, ZPO § 329.

Der UrkB verhandelt, wie auch sonst, wenn er Erklärungen der Parteien zu Protokoll aufnimmt. Als Beamter hat er zwar immer die äußere Ordnung aufrechtzuhalten, aber nicht mit den sitzungspolizeilichen Befugnissen des GVG. Die Zuziehung eines Protokollführers ist nicht vorgeschrieben (vgl. § 163 Abs. 3 ZPO).

Anwaltszwang findet vor dem UrkB nicht statt (§ 78 Abs. 2 ZPO).

Wenn Kosten in ausländischer Währung entstanden sind, hat der Kostengläubiger die Wahl, die ihm in ausländischer Währung entstandenen Kosten nach dem Kurse am Tage der Verauslagung in Reichsmark umzurechnen oder Festsetzung in der Währung zu fordern, in der die Kosten entstanden sind. Für die Zahlung gilt dann § 244 BGB; §§ 14, 46 DevG

v. 12. 12. 38 (RGBl I 1733); III 10, 16 der Richtlinien für die Devisenbewirtschaftung v. 23. 12. 38 (RGBl I 1851). Kostenfestsetzungsbeschlüsse der ehemals saarländischen Gerichte, die auf französische Franken lauten und der Umwandlung in Reichsmark unterliegen, können auf Reichsmark berichtigt werden; notwendig ist dies nicht, Bauer DR 39, 854.

g) Wegen der Unterbrechung und Aussetzung des Kostenfestsetzungsverfahrens ist davon auszugehen, daß es ein zur ersten Instanz gehörendes selbständiges Nachverfahren bildet. Als ein Teil des Rechtsstreits wird es, wenn es während des Rechtsstreits anhängig ist, von der Unterbrechung und Aussetzung des Hauptverfahrens mitbetroffen. Dagegen nimmt RG JW 39, 648[45] an, daß die Aussetzung (Unterbrechung) des Verfahrens in zweiter Instanz nicht die Festsetzung aus dem erstinstanzlichen Urteil hindert. In allen andern Fällen unterliegt es als ein selbständiges Verfahren den Bestimmungen der §§ 239 ff. ZPO, RG JW 92, 204[2]; Gruch 44, 1169. Liegt der Fall der Unterbrechung oder Aussetzung vor, so ist die Entscheidung über einen vorher gestellten Festsetzungsantrag bis zur Beseitigung der Unterbrechung auszusetzen; dagegen wird das Verfahren nicht unterbrochen oder ausgesetzt, wenn die Partei schon vor der Einleitung des Festsetzungsverfahrens stirbt.

h) Nachträgliche Ergänzung eines unvollständigen Kostenfestsetzungs-Beschlusses nach dem Ergänzungsverfahren des § 321 ZPO ist unzulässig, da dieses nur für Urteile vorgesehen ist und § 329 ZPO diese Vorschrift auf Beschlüsse nicht ausdehnt, RG SeuffA 42, 106. Etwaige Unvollständigkeiten des Festsetzungsbeschlusses können also, wenn der UrkB von seiner Befugnis, den Beschluß zu ändern, keinen Gebrauch macht, nur im Rechtsmittelwege behoben werden, OLG Kassel ZZP 15, 87. Einer Berichtigung offenbarer Unrichtigkeiten nach § 319 ZPO steht indessen nichts im Wege; der berichtigte Beschluß ist von neuem zuzustellen und setzt die Rechtsmittelfrist wieder in Lauf, OLG Hamburg Rsp 35, 76; *aM* OLG Kiel Rsp 42, 54. Etwas weit geht OLG Düsseldorf JVBl 37, 377, wonach auch eine Berichtigung, die den Kostenfestsetzungsbeschluß ins Gegenteil verkehrt, zulässig ist.

7. Will der UrkB den Kostenfestsetzungsbeschluß in der abgekürzten Form des § 105 ZPO erlassen, so hat er zunächst, wie auch sonst, zu prüfen, ob die allgemeinen Voraussetzungen für den Beschluß, z. B. Zuständigkeit, Legitimation des Gesuchstellers, gegeben sind und ob bei einem stillschweigenden Gesuche nach § 105 Abs. 2 ZPO dieses rechtzeitig gestellt worden ist. Keinen Unterschied macht es, ob es sich um eine amts- oder landgerichtliche Sache handelt, nur muß der Rechtsstreit in erster Instanz anhängig sein, da ja nur der UrkB erster Instanz den Beschluß erlassen kann. Der Beschluß ist auf das Urteil zu setzen. Die Bestimmung des § 103 ZPO, daß ein zur Zwangsvollstreckung geeigneter Titel vorliegen muß, gilt auch hier (Begr 26). Das Urteil muß also entweder rechtskräftig oder vorläufig vollstreckbar oder aus einem sonstigen Grunde sofort vollstreckbar sein, und zwar muß die Rechtskraft, da der Beschluß schon vor der Erteilung der ersten Ausfertigung zu erlassen ist, in diesem Zeitpunkte bestehen. Da die Kostenfestsetzung auch zulässig ist aus Urteilen, die keinen zur Vollstreckung geeigneten Inhalt besitzen, kann der Beschluß auch auf solche Urteile gesetzt werden; *aM* LG Braunschweig ZZP 44, 269. Die Bestimmungen des Satzes 2 im § 105 ZPO und des § 795a ZPO, wonach keine besondere Ausfertigung des Beschlusses erteilt wird und der Beschluß keiner besonderen Vollstreckungsklausel bedarf, machen einen Beschluß in der Form des § 105 ZPO auch bei nicht zur Vollstreckung geeigneten Urteilen nicht unzulässig.

8. Als besondere Voraussetzungen des Beschlusses in der Form des § 105 ZPO sind noch zu beachten:

a) Bei der Anbringung des Gesuchs darf noch keine Ausfertigung des Urteils, weder eine einfache, noch eine vollstreckbare, erteilt worden sein. Diese Vorschrift im Zusammenhange mit § 103 Abs. 1 ZPO schränkt die Zulässigkeit des abgekürzten Verfahrens auf alle die Titel ein, die ohne Zustellung einer Ausfertigung bereits vollstreckbar sind, und sie bestätigt andrerseits die Ansicht, daß die Festsetzung aus solchen Titeln ohne vorherige Zustellung zulässig ist. Wie sich der UrkB mit Rücksicht darauf, daß nur die Erteilung vollstreckbarer Ausfertigungen auf der Urteilsschrift nach § 734 ZPO vermerkt wird, die Gewißheit davon verschafft, daß andere Ausfertigungen nicht erteilt worden sind, bleibt seinem Ermessen überlassen. Zweifellos rechtzeitig ist das Gesuch gestellt, wenn die Kostenberechnung vor der Verkündung des Urteils eingereicht worden war.

b) Ein Beschluß in der Form des § 105 ist ausgeschlossen, wenn die Prozeßkosten ganz oder zum Teil nach Quoten verteilt worden sind, § 106 Satz 3 ZPO. In diesem Falle würde die Aufforderung an den Gegner und das Abwarten der einwöchigen Frist eine Verzögerung für die Erlassung des Beschlusses mit sich bringen, die gerade vermieden werden soll.

Ein Beschluß, der entgegen den Vorschriften zu a und b gleichwohl auf das Urteil gesetzt wird, ist für unzulässig zu erachten. Daß er aber keine Wirkung äußern, insbesondere seine Zustellung die Erinnerungsfrist nicht in Lauf setzen soll, kann nicht angenommen werden.

c) Durch die Verbindung des Beschlusses mit dem Urteile darf keine Verzögerung in der Ausfertigung des Urteils eintreten. In allen Fällen, wo eine solche etwa wegen Beseitigung irgendwelcher Anstände mit Rücksicht auf die Beschleunigung des Verfahrens in §§ 313, 317, 496, 508 ZPO leicht eintreten kann, hat die Verbindung zu unterbleiben.

d) die Verbindung des Beschlusses mit dem Urteile soll unterbleiben, wenn dem Festsetzungsgesuch auch nur teilweise nicht entsprochen wird, § 105 Abs. 1 Satz 4 ZPO. Diese Bestimmung ist getroffen worden, weil sich in dem Rechtsmittelverfahren, zu dem es wahrscheinlich kommen würde, aus der Verbindung Weiterungen ergeben könnten. Hawlitzky JW 35, 2252 schlägt aber vor, daß, wenn der Klageantrag nach Einreichung der Kostenrechnung ermäßigt worden ist, der

UrkB die berechneten Kosten von Amts wegen bei der Festsetzung entsprechend ändert. Ein Verfahren, das nicht ohne Bedenken ist.

9. Der erlassene Beschluß wird auf die Urschrift des Urteils gesetzt. Mit jeder Ausfertigung des Urteils wird auch eine Ausfertigung dieses Beschlusses erteilt. Ergeht das Urteil in der abgekürzten Form des § 313 Abs. 3 ZPO, so wird der Beschluß auf dasselbe Schriftstück wie das Urteil gesetzt. Wird hierbei gemäß § 696 Abs. 4 ZPO der Zahlungsbefehl verwendet, so empfiehlt sich, um doppelte Beitreibung der bereits berechneten Kosten des Zahlungsbefehls zu vermeiden, die Bemerkung, inwieweit die festgesetzte Summe die bereits nebenstehend berechneten Kosten des Mahnverfahrens nochmals enthält. Seinem Inhalte nach hat der Beschluß die begehrte ziffernmäßige Kostenfestsetzung zu enthalten, ohne daß es einer besonderen Angabe des zugrundeliegenden Titels bedarf, da dieser sich schon aus dem räumlichen Zusammenhang ergibt. Eine besondere Ausfertigung und Zustellung des Beschlusses, der nunmehr als ein Teil des Urteils behandelt wird, findet nicht statt, § 105 Abs. 1 Satz 2 ZPO. Die Parteien erhalten also eine Ausfertigung des Beschlusses nur auf besonderen Antrag, und zwar zusammen mit einer Ausfertigung des Urteils, die sie im Parteibetriebe zuzustellen haben. Da aber in amtsgerichtlichen Sachen der UrkB das Versäumnisurteil mangels einer entgegenstehenden Erklärung ohne weiteres für die Partei zuzustellen hat (§ 508 ZPO), wird damit auch der auf das Urteil gesetzte Festsetzungsbeschluß wirksam zugestellt.

Damit die Parteien von der Tatsache, daß der Beschluß erlassen worden ist, alsbald Kenntnis erhalten, hat ihnen der UrkB den festgesetzten Betrag mitzuteilen, dem Gegner des Antragstellers unter Beifügung einer Abschrift der Kostenberechnung, § 105 Abs. 1 Satz 3 ZPO. Die Mitteilung kann formlos erfolgen, z. B. durch eine Postkarte oder einfache Zusendung der mit dem Vermerke versehenen Abschrift der Kostenberechnung oder der erbetenen Ausfertigung des mit dem Beschlusse verbundenen Urteils. Diese Mitteilung setzt jedoch nicht die Notfrist des § 104 Abs. 3 ZPO in Lauf, da hierzu eine förmliche Zustellung erforderlich ist. Die Unterlassung der Mitteilung kann nur durch Beschwerde im Dienstaufsichtswege gerügt werden.

VIII. Verfahren, wenn die Prozeßkosten nach Quoten verteilt worden sind.

1. Wenn die Prozeßkosten nach Quoten verteilt worden sind, ist das Verfahren nach § 106 ZPO verschieden, je nachdem die Kosten in einer Sache entstanden sind, die in erster Instanz vor einem Landgericht oder vor einem Amtsgerichte verhandelt worden ist. ZPO § 106:

„Sind die Prozeßkosten ganz oder teilweise nach Quoten verteilt, so hat in den in erster Instanz vor einem Landgerichte verhandelten Sachen die Partei den Gegner vor Anbringung des Festsetzungsgesuchs aufzufordern, die Berechnung seiner Kosten binnen einer einwöchigen Frist bei der Geschäftsstelle einzureichen. In den in erster Instanz vor einem Amtsgerichte verhandelten Sachen ist die Aufforderung nach Anbringung eines Festsetzungsgesuchs von der Geschäftsstelle zu erlassen. Die Vorschriften des § 105 finden keine Anwendung.

Nach fruchtlosem Ablaufe der einwöchigen Frist erfolgt die Entscheidung ohne Rücksicht auf die Kosten des Gegners, unbeschadet des Rechtes des letzteren, den Anspruch auf Erstattung nachträglich geltend zu machen. Der Gegner haftet für die Mehrkosten, welche durch das nachträgliche Verfahren entstehen."

Die Anwendbarkeit des § 106 ZPO ist auf den Fall beschränkt, daß in dem zur Festsetzung geeigneten Titel die Prozeßkosten ganz oder zum Teil nach Quoten verteilt worden sind. Das Verfahren des § 106 ZPO ist aber auch dann anzuwenden, wenn nur die Kosten einer Instanz nach Quoten verteilt worden sind, KG JW 35, 3645[21]; OLG Kiel JVBl 39, 189, und wenn der Armenanwalt nach § 124 ZPO die Festsetzung betreibt. Dagegen ist es ausgeschlossen hinsichtlich der Vollstreckungskosten, OLG Dresden Rsp 15, 96. Das Verfahren nach § 106 findet ferner keine Anwendung, wenn der unterlegene Teil die Kosten mit Ausnahme eines ziffernmäßig bestimmten Betrags zu tragen hat oder der Gegner einem von mehreren Streitgenossen alle Kosten oder einen Bruchteil der einem Streitgenossen entstandenen Kosten zu erstatten hat oder wenn die durch die Versäumnis veranlaßten Kosten (§ 344 ZPO) oder die gegen einen Streitgenossen entstandenen Kosten ausgeschieden sind. Auch dann versagt § 106, wenn die Kosten zeitlich geteilt worden sind (Kläger hat die seit — Datum — erwachsenen Kosten, der Beklagte dagegen die Kosten bis zu diesem Tage zu tragen), RG 19, 430; OLG Dresden SächsAnn 24, 463, oder wenn die Kosten des ersten Rechtszuges der einen, die des zweiten Rechtszuges der anderen Partei auferlegt worden sind, OLG Düsseldorf JVBl 38, 319. Endlich bedarf es keiner Aufforderung der Gegenpartei zur Einreichung ihrer Kostenrechnung, wenn die Kosten gegeneinander aufgehoben worden sind. Wenn eine Ausgleichung der Gerichtskosten stattzufinden hat, weil die eine Partei mehr Gerichtskosten bezahlt hat, als sie nach § 92 Abs. 1 Satz 2 ZPO treffen, so hat nur diese Partei einen Erstattungsanspruch, der ohne Einreichung einer Kostenberechnung der Gegenpartei feststellbar ist, OLG Karlsruhe, München Rsp 11, 174; 29, 56; *aM* OLG Dresden Rsp 29, 57; KG JW 28, 1519[11]. Da nach §§ 91, 92 ZPO über die Kosten des Prozesses als Ganzes entschieden werden soll, ist eine Entscheidung dahin, daß die Kosten der Klage der einen, die Kosten der Widerklage der anderen Partei auferlegt werden, unstatthaft; ebenso eine Verteilung der Kosten der Berufungsinstanz dahin, daß jeder Partei die durch ihr Rechtsmittel veranlaßten Kosten auferlegt werden, RG JW 33, 512[6]; 34, 691[8]. Ist eine solche Entscheidung aber ergangen, dann müssen die Kosten der Klage (Berufung) nach dem Wert der Klage und (getrennt hiervon) die Kosten der Widerklage (Anschlußberufung) nach dem Wert der Widerklage festgesetzt werden, LG Berlin JVBl 32, 81; vgl. auch OLG Naumburg JW 33, 535[13]; *aM* RG JW 91, 197[3] (vgl. auch SeuffA 47 Nr. 228), das nach dem Verhältnis der den Werten der Klage- und Widerklageanträge entsprechenden gesetzlichen Gebührensätzen teilt. Nach KG JW 39, 362[34] ist, wenn über die Kosten der Klage und Widerklage getrennt entschieden worden ist, in der Regel eine Kostenfestsetzung nach Bruchteilen vorzunehmen und diese sind nach dem Verhältnis der Streitwerte der Klage und Widerklage zu errechnen; nach derselben Entscheidung kann aber die Kostenentscheidung unter Umständen auch dahin ausgelegt werden, daß nur die Mehrkosten der Widerklage von einer Partei zu tragen sind. Alle diese Entscheidungen laufen im Ergebnis auf eine Änderung der Kostenentscheidung im Kostenfestsetzungsverfahren hinaus. — Über „Verwirkung" des Kostenerstattungsanspruchs bei Kostenausgleichung vgl. RG JW 39, 647[43].

Aus der Fassung des Gesetzes: die Partei „hat aufzufordern" folgt, daß der UrkB die Festsetzung erst vornehmen darf, wenn der Antragsteller nachweist, daß er den Gegner in der vorgeschriebenen Weise aufgefordert hat, dem Gegner diese Aufforderung zugestellt worden und seit der Zustellung die einwöchige Frist abgelaufen ist.

Die Aufforderung ergeht in landgerichtlichen Sachen durch die Partei, die die Kostenfestsetzung betreiben will. Sie ist wie das Festsetzungsgesuch vom Anwaltszwange befreit und geschieht durch Zustellung eines Schriftsatzes im Parteibetriebe. Mit dem Festsetzungsgesuche, das in diesem Falle nicht in der Form des § 105 Abs. 2 ZPO gestellt werden darf, ist das Aufforderungsschreiben nebst Zustellungsurkunde dem Gericht einzureichen. Wird der Nachweis der Aufforderung und des Fristablaufs nicht geführt, so ist das Festsetzungsgesuch als unzulässig abzuweisen. Dies gilt auch für ein Gesuch des Anwalts aus § 124 ZPO, OLG Celle Rsp 13, 114; *aM* OLG Stuttgart Rsp 15, 97.

In amtsgerichtlichen Sachen wird die Aufforderung vom UrkB erlassen, nachdem die Partei das Gesuch um Festsetzung der Kosten ausdrücklich, nicht nach § 105 Abs. 2 ZPO, gestellt hat. Diese Aufforderung wird von Amts wegen, und zwar an den Prozeßbevollmächtigten der ersten Instanz zugestellt.

Die Frist ist eine gesetzliche, keine Notfrist, kann also durch Vereinbarung der Parteien abgekürzt aber nicht verlängert werden (ZPO § 224) und beginnt mit der Zustellung. Geht die Kostenberechnung des Gegners nach Ablauf der Frist, aber vor Erlaß des Beschlusses ein, so ist sie hierbei nach § 231 Abs. 2 ZPO zu berücksichtigen. Ihre Berücksichtigung ist dagegen nicht geboten, wenn der Beschluß bereits erlassen worden war und nur noch die Ausfertigung fehlte, OLG Stettin Recht 06, 307.

Es ergeben sich danach folgende Möglichkeiten:

a) Die Kostenberechnungen beider Teile liegen vor (Ausgleichsverfahren). Der UrkB hat über jede Kostenrechnung zu entscheiden und gleichzeitig auf Grund dieser Entscheidungen darüber zu befinden, welchen Betrag nach den im Urteile festgestellten Quoten eine Partei ihrem Gegner zu erstatten hat, RG 33, 392. Die Beschlußformel spricht nur aus, daß der Überschuß aus den für beide Parteien festgesetzten Prozeßkosten einer Partei zu erstatten ist. Der Beschluß darf nicht in der Form des § 105 ZPO ergehen. Zu berücksichtigen sind nur die Kosten, die nicht von der einen oder von der anderen Partei allein zu tragen sind. Das Ziel des Ausgleichungsverfahrens muß sein, daß jede Partei sowohl von den gerichtlichen als auch von den außergerichtlichen Kosten den der Kostenentscheidung des Urteils entsprechenden Bruchteil zu tragen hat. Es wird erreicht, wenn die Ausgleichung für beide Kostenarten entweder getrennt oder gemeinsam vorgenommen wird. Hat die *Ausgleichung der Gerichtskosten getrennt* stattgefunden, so kann bei der Ausgleichung der außergerichtlichen Kosten jede Partei nur den von ihr gezahlten Gerichtskostenbetrag, der nicht auf den ihr zur Last fallenden Kostenanteil verrechnet worden ist, in Rechnung stellen, und zwar ist er nach ausgeführter Ausgleichsberechnung dem zu erstattenden Betrage voll hinzuzusetzen. *Auszuschließen von der Ausgleichung* sind auch die Kosten des *Festsetzungsverfahrens*, da für diese nicht die Kostenentscheidung des Urteils gilt, sondern § 788 ZPO, weil es sich um Kosten der Vorbereitung der Zwangsvollstreckung handelt.

b) Zwei Beispiele mögen die Berechnung veranschaulichen. Streitwert 200 RM, die Kosten sind zu $^{1}/_{3}$ dem Kläger, zu $^{2}/_{3}$ dem Beklagten auferlegt. Die Gerichtsgebühren betragen (§ 20 GKG) . $3 \times 6 =$ 18 RM
Der Beklagte hat einen auch verbrauchten Auslagenvorschuß (§ 84 GKG) von . . . . 12 RM
gezahlt, so daß die Gerichtskosten . . . . 30 RM
betragen.

An außergerichtlichen Kosten[1]) hat jede Partei (§ 13 Ziff. 1, 2, 4, § 17 RAGebO) . . . . $3 \times 10 =$ 30 RM
und 30 „
aufgewendet. zusammen 60 RM

Die *Ausgleichung der Gerichtskosten* geht so vor sich:

Von den Gesamtkosten von	30 RM
hat der Kläger $^{1}/_{3}$ mit	10 „
der Beklagte $^{2}/_{3}$ mit	20 „

zu tragen. Hat der Kläger z. B. auf die Gerichtsgebühren $2 \times 6 =$ 12 „ , d. h. 2 RM mehr gezahlt, als auf seinen Anteil entfällt, so können die 2 RM nicht auf seinen Anteil verrechnet werden.

Andererseits hat der Beklagte noch 20—12 = 8 RM zu den Gerichtskosten beizusteuern. Da aber der Kläger die zu viel gezahlten 2 RM von der Gerichtskasse nicht zurückerhält, ist diese nur noch in Höhe von 30—24 = 6 RM ungedeckt, die sie vom Beklagten erfordert. Dadurch, daß der Kläger die nicht verrechneten 2 RM bei der Ausgleichsberechnung über die außergerichtlichen Kosten seiner Erstattungsforderung hinzusetzen kann, erhält er, was ihm noch zukommt, und der Beklagte wird damit in Höhe von 6+2 RM = 8 RM belastet (Fall 1).

Die *Ausgleichung der außergerichtlichen Kosten* hat dann den Inhalt:

Von den Gesamtkosten von	60 RM
hat der Kläger $^{1}/_{3}$ mit	20 „
der Beklagte $^{2}/_{3}$ mit	40 „

[1]) Die Umsatzsteuer ist hier und bei den folgenden Beispielen außer Ansatz gelassen worden.

zu tragen. Daher hat der Beklagte dem Kläger 30 — 20 = 10 RM, d. h. den Unterschied zwischen dessen außergerichtlichen Kosten und dem auf ihn entfallenden Bruchteil zu erstatten.

Diesen 10 RM sind die nichtverrechneten Gerichtskosten von 2 RM hinzuzusetzen, so daß der Kläger im Ergebnis 12 RM erhält.

Hat der Kläger nur 6 RM auf die Gerichtsgebühren gezahlt, so hat Kläger noch 4 RM und der Beklagte 8 RM zu den Gerichtskosten beizusteuern, und von jedem von ihnen wird der von ihm geschuldete Betrag eingefordert, durch dessen Zahlung jede Partei ihren Gerichtskostenanteil begleicht. Es bleibt daher nichts in die Ausgleichung der außergerichtlichen Kosten zu übernehmen (Fall 2).

Wenn der Kläger nach §§ 77, 82 Abs. 2 GKG für die Beträge, die der Beklagte an die Gerichtskasse zu zahlen hat, noch in Anspruch genommen werden sollte, so hat er gegen den Beklagten den Erstattungsanspruch in voller Höhe, da es sich ja um Beträge handelt, die nach der Ausgleichung der Gegner allein zu tragen hatte.

Wird aus irgendeinem Grunde die getrennte Ausgleichung nicht vorgenommen, so lautet die *gemeinsame Ausgleichung*

im ersten Falle:

Kläger:	Gezahlte Gerichtskosten	12 RM	
	Außergerichtliche Kosten	30 RM	42 RM
Beklagter:	Auslagen an das Gericht	12 RM	
	Außergerichtliche Kosten	30 RM	42 RM
			84 RM;

im zweiten Falle:

Kläger:	Gezahlte Gerichtskosten	6 RM	
	Außergerichtliche Kosten	30 RM	36 RM
Beklagter:	Auslagen an das Gericht	12 RM	
	Außergerichtliche Kosten	30 RM	42 RM
			78 RM.

	Fall 1:	Fall 2:
Davon hat der Kläger $^1/_3$ mit	28 RM	26 RM
der Beklagte $^2/_3$ mit	56 RM	52 RM
zu tragen. Der Beklagte hat demnach die dem Kläger bereits entstandenen	42 RM	36 RM
	— 28 RM	— 26 RM
	14 RM	10 RM

zu erstatten.

Werden nun nachträglich die Gerichtskosten wie oben berechnet, so haben *im Falle 1* der Beklagte 6 RM, im Falle 2 der Kläger 4 RM und der Beklagte 8 RM zu zahlen. Da über diese Beträge eine Ausgleichung bisher nicht stattgefunden hat, so ist sie nachträglich vorzunehmen, d. h. *im Falle 1* hat der Kläger $^1/_3$ von 6 RM = 2 RM und der Beklagte $^2/_3$ = 4 RM, im

Falle 2 der Kläger $^1/_3$ von 12 RM = 4 RM und der Beklagte $^2/_3$ = 8 RM zu tragen.

c) Sind auf der einen oder beiden Seiten Armenanwälte beteiligt, so ist die Ausgleichung der Anwaltskosten genau so durchzuführen, wie unter Parteien ohne Armenrecht. Die beiderseitigen Anwaltskosten sind also nach dem tatsächlichen Streitwert des Rechtsstreits zu den vollen Sätzen der RAGebO zu berechnen, ohne Rücksicht auf etwaige Zahlungen aus der Reichskasse. Dann sind die Kosten entsprechend der Kostenverteilung im Urteil (oder Vergleich) auszugleichen. Danach ergibt sich eine Endsumme, welche eine Partei der anderen zu erstatten hat. Dieser zugunsten seiner Partei festgestellte Erstattungsbetrag gebührt dem Armenanwalt bis zur Höhe des Unterschiedes zwischen den ihm aus der Reichskasse erstatteten Armenanwaltsgebühren und den vollen Gebühren nach der RAGebO. Das gilt nicht nur, wenn der Armenanwalt sein Beitreibungsrecht aus § 124 ZPO verfolgt, sondern auch dann, wenn die Festsetzung vom Anwalt oder der Partei auf den Namen der armen Partei betrieben wird. Denn der Gegner soll nicht infolge des Armenrechts seiner Gegenpartei besser gestellt werden, und der Armenanwalt wird so nicht schlechter gestellt als ohne Armenrecht. Betragen also z. B. die Gebühren nach der RAGebO 267 RM, während aus der Reichskasse 139 RM erstattet worden sind, die festgestellte Endsumme der Kostenausgleichung aber nur 91 RM beträgt, dann steht diese Endsumme in voller Höhe dem Armenanwalt zu und kann daher entweder auf seinen Namen oder auf den Namen der armen Partei festgesetzt werden, OLG Dresden JW 33, 2345[8]; KG JW 35, 2292[34]; 36, 613[50]; OLG Naumburg JW 37, 2167[55]; *aM* OLG Düsseldorf JW 35, 2299[49]. Bei Beteiligung mehrerer Armenanwälte in verschiedenen Instanzen oder von Partei und Armenanwalt hat die Kostenausgleichung den Gesamtbetrag der Kosten aufzuführen. Jedem Kostengläubiger ist Ausfertigung in entsprechender Höhe zu erteilen, KG JW 38, 54[34].

Weiteres Beispiel:

Wenn die Kosten jeder Partei zur Hälfte auferlegt sind, und der Armenanwalt des Klägers an vollen Gebühren

nach der RAGebO berechnen kann	140 RM,
ihm aus der Reichskasse erstattet sind	80 RM,
bleiben	60 RM.
Der nicht durch einen Anwalt vertretene Beklagte hat zu tragen ½ von 140 = ...	70 RM.
Der Armenanwalt des Klägers kann gemäß § 124 ZPO (oder für den Kläger selbst) vom Beklagten den vollen Rest erstattet verlangen mit	60 RM.
In Höhe der von dem Beklagten dann noch zu tragenden kann sich die Reichskasse wegen der gezahlten Armenanwaltskosten nach § 5 AAGes an diesen, ebenso an den armen Kläger halten, in Höhe des Restes der Armenanwaltskosten von	10 RM 70 RM
aber nur an den armen Kläger.	80 RM.

Die nichtarme Partei kann noch die ihr erwachsenen Gerichtskosten zur Ausgleichung bringen. Hat auch die arme Partei vor Bewilligung des Armenrechts Gerichtskosten aufgewandt, dann sind diese ebenfalls auszugleichen. Haben also in dem Beispiel vor Bewilligung des Armenrechts der Kläger an Gerichtskosten . . . . 20 RM
der Beklagte an Gerichtskosten . . . . 10 RM
aufgewandt, so entfallen nach der Kostenteilung auf den Beklagten 15 RM, wovon er 10 RM schon gezahlt hat, so daß er dem Kläger noch 5 RM zu erstatten hat. Diese sind daher zu den oben errechneten 60 RM noch besonders hinzuzurechnen, wenn die Festsetzung auf den Namen des armen Klägers erfolgt ist.

Bei Verteilung der Kosten nach Quoten können die eigenen Auslagen der armen Partei nicht bei der Kostenausgleichung gemäß §§ 106, 124 ZPO berücksichtigt werden; sie sind vielmehr in einem gesonderten Festsetzungsverfahren aus §§ 104, 106 ZPO auf den Namen der armen Partei zu berücksichtigen, KG JW 37, 2799[45]; *aM* OLG Dresden JW 37, 2796[44] und Meyer JVBl 37, 352, der ausführt, daß es bei der Reihenfolge Armenanwalt, Reichskasse, arme Partei bleiben müsse.

Hat der Armenanwalt seine Kosten aus der Reichskasse noch nicht erhalten, so wird die Endsumme der Kostenausgleichung voll zur Erstattung durch den Gegner festgesetzt. Bei der nachträglichen Erstattung der Armenanwaltskosten aus der Reichskasse braucht dann nur auf dem Kostenfestsetzungsbeschluß entsprechend dem vorstehenden Beispiel vermerkt zu werden, um welchen Betrag sich die festgesetzten Kosten dadurch vermindern, daß ein Teil des Erstattungsanspruchs auf die Reichskasse infolge ihrer Zahlung übergegangen ist, also in dem letzten Fall: „Der festgesetzte Betrag von 70 RM mindert sich um 10 RM, da insoweit der Erstattungsanspruch auf die Reichskasse infolge ihrer Zahlung übergegangen ist."

d) Der Armenanwalt geht mit seinem Gebührenanspruch der Reichskasse solange vor, bis er über die ihm nach dem AAGes zustehenden Gebühren hinaus wegen seiner vollen Gebühren nach der RAGebO befriedigt ist, RG 126, 178, und zwar auch dann, wenn der Armenanwalt Festsetzung der vom Gegner zu erstattenden Kosten nicht im eigenen Namen, sondern im Namen der armen Partei betreibt, OLG Dresden JVBl 39, 199. Andererseits hindert die Bewilligung des Armenrechts für den Gegner die Einziehung des erstattungsfähigen Betrags nicht, da auch für die Erstattungsforderung der Reichskasse der § 117 ZPO gilt; OLG Karlsruhe JW 34, 2936[5]; OLG Dresden JW 35, 804[44]; OLG Hamm JW 35, 2913[43]; OLG Hamburg JW 37, 252[47]; OLG Zweibrücken JW 37, 1655[21]; *aM* KG JW 35, 1045[16]; 36, 342[36].

e) Sind mehrere Beklagte als Gesamtschuldner zu einem Teile der Kosten verurteilt worden und nimmt der Kläger die Beklagten gemeinschaftlich auf Erstattung in Anspruch, so können die Beklagten ihm auch gemeinschaftlich ihren Erstattungsanspruch entgegenhalten, KG Rsp 15, 259.

f) Die im Ausgleichungsverfahren über die einzelnen Berechnungen der Parteien getroffenen Entscheidungen gehen, sofern sie nicht gemäß

§ 104 ZPO angefochten werden, in Rechtskraft über. Die nicht angegriffene Entscheidung über die Kostenberechnung des Beschwerdeführers unterliegt daher nicht der Nachprüfung im Rechtsmittelverfahren, RG 33, 391. Der Beschluß erlangt auch dann die Rechtskraft, wenn er erlassen worden ist, ohne daß die Voraussetzungen des § 106 ZPO gegeben waren, eine Anfechtung aber unterblieben ist, RG JW 97, 50[5].

2. Die Kostenberechnung des aufgeforderten Gegners ist nicht eingegangen. Dann erfolgt die Festsetzung der Kosten des Antragstellers ohne Rücksicht auf die Kosten des Gegners, und zwar hat der Gegner von den Kosten des Antragstellers die Quote zu erstatten, zu deren Tragung er verurteilt ist. Dem Gegner bleibt das Recht vorbehalten, seinen Erstattungsanspruch nachträglich geltend zu machen, was jedoch eine Vollstreckung aus dem Beschlusse nicht hindert.

Die beiderseits festgesetzten Kostenbeträge stehen in dem Verhältnisse von Forderung und Gegenforderung. Jeder Festsetzungsbeschluß unterliegt selbständig der Anfechtung, bildet einen selbständigen Schuldtitel und ist für sich vollstreckbar. Eine Aufrechnung der beiderseitigen Forderungen kann nur durch Vollstreckungsgegenklage, nicht durch Einrede im KostenfestsVerfahren geltend gemacht werden, ZPO § 767.

3. Ist die Partei, die den Gegner in einer landgerichtlichen Sache zur Einreichung seiner Berechnung aufgefordert hat, bei Einreichung ihres eigenen Gesuches säumig, dann gilt gegen sie dasselbe, was im Falle zu 2 gegen den säumigen Gegner gilt; denn die einwöchige Frist läuft auch gegen die auffordernde Partei, ZPO § 221 Abs. 2, OLG Karlsruhe Rsp 1, 69.

4. Die Kosten des Ausgleichungsverfahrens hat die Partei zu tragen, die der anderen den durch die Ausgleichung ermittelten Betrag zu erstatten hat; s. Abschnitt XI Ziff. 2b, wegen des Streitwertes s. Abschnitt XI Ziff. 6. Nur in dem zu 2 erörterten Falle haftet der säumige Teil nach § 106 Abs. 2 Satz 2 ZPO für die Mehrkosten, obwohl er mit seinem Festsetzungsgesuch obsiegt. Diese sind ziffermäßig festzustellen. Gerichtskosten werden nicht erhoben, es kommen nur Barauslagen des Gerichts und außergerichtliche Kosten der Parteien in Frage; s. unten XI Ziff. 1.

IX. Zustellung der Kostenfestsetzungsbeschlüsse.

KostenfestsBeschlüsse, die auf Grund einer mündlichen Verhandlung ergehen, sind zu verkünden, ZPO § 329. Nicht verkündete Kostenfests.-Beschlüsse gelangen erst durch Zustellung zur rechtlichen Wirksamkeit und können, solange sie nicht zugestellt worden sind, nicht vollstreckt werden, ZPO §§ 750, 794 Ziff. 2, §§ 798, 329. Beide Arten von Beschlüssen, die verkündeten und die nicht verkündeten, sind dem Gegner des Antragstellers unter Beifügung einer Abschrift der Kostenrechnung von Amts wegen zuzustellen; dem Antragsteller ist die Entscheidung nur dann von Amts wegen zuzustellen, wenn der Antrag ganz oder teilweise zurückgewiesen wird, im übrigen erfolgt die Mitteilung formlos, § 104 Abs. 1

ZPO. Die Zustellung oder Mitteilung erfolgt an den Prozeßbevollmächtigten der ersten Instanz, auch wenn der Rechtsstreit in der Hauptsache in der höheren Instanz anhängig ist und dort die Parteien durch andere Prozeßbevollmächtigte vertreten sind; wenn ein Prozeßbevollmächtigter erster Instanz nicht vorhanden ist, so erfolgt die Zustellung an die Partei selbst, nicht an den Prozeßbevollmächtigten der höheren Instanz, § 176 ZPO. Die Zustellung kann außer an den für die 1. Instanz bestellten Prozeßbevollmächtigten auch an den nur für die Kostenfestsetzung Bevollmächtigten erfolgen, KG JW 34, 701[3]. Betreibt der Armenanwalt zweiter Instanz die Kostenfestsetzung gemäß § 124 ZPO, so hat die Zustellung des Kostenfestsetzungsbeschlusses an ihn, nicht an den erstinstanzlichen Prozeßbevollmächtigten zu erfolgen; dies gilt auch dann, wenn die Partei durch ihren Anwalt erster Instanz gleichfalls die Kostenfestsetzung betreibt, KG JW 38, 54[34]. Die Beschlüsse im Kostenfestsetzungsverfahren sind der Partei persönlich zuzustellen, wenn sie die Festsetzung betreibt, OLG Königsberg JW 31, 3577[29]. Auch in landgerichtlichen Sachen ist der ohne mündliche Verhandlung ergangene KostenfestsBeschluß dem infolge des Todes seines früheren Prozeßbevollmächtigten nicht mehr durch einen Anwalt vertretenen Gegner des Antragstellers persönlich zuzustellen. Denn infolge der Befreiung des Gesuchs vom Anwaltszwange muß auch die Entscheidung auf dieses Gesuch dem Antragsteller zugestellt werden dürfen, wenn kein Prozeßbevollmächtigter vorhanden ist. Eine Unterbrechung des Verfahrens tritt durch den Tod des Prozeßbevollmächtigten einer früheren Instanz nicht ein, der Bestellung eines neuen Prozeßbevollmächtigten für die erste Instanz nur zum Zwecke der Durchführung des Kostenfestsetzungsverfahrens bedarf es nicht, ebensowenig einer Aufnahme des Verfahrens, OLG München DJZ 15, 1139; SeuffA 69, 209. Wie die Zustellung des Beschlusses an den nicht vertretenen Antragsteller, muß auch die Zustellung an den Gegner unter derselben Voraussetzung für wirksam angesehen werden, KG Rsp 11, 61. Wird der Antrag auf Kostenfestsetzung zurückgewiesen, so genügt die Zustellung des Beschlusses an den Antragsteller, gegebenenfalls an seinen erstinstanzlichen Prozeßbevollmächtigten.

Wird der Kostenfestsetzungsbeschluß auf einen Rechtsnachfolger umgeschrieben, so ist eine Zustellung der Umschreibungsklausel von Amts wegen nicht erforderlich, weil sie gesetzlich nicht vorgeschrieben ist; wegen der Zustellung im Parteibetriebe vgl. unten X 1 Abs. 3.

Zuerst wird zweckmäßig eine Ausfertigung des Festsetzungsbeschlusses an den Schuldner, und zwar gegen Zustellungsurkunde zugestellt. Nach deren Eingang wird die zweite, für den Gläubiger bestimmte, bis dahin in der Geschäftsstelle zurückbehaltene Ausfertigung von dem UrkB mit folgendem Zeugnisse versehen:

„Vorstehende Ausfertigung wird dem (Gläubiger) zum Zwecke der Zwangsvollstreckung erteilt.

Dieser Schuldtitel ist an den (Schuldner) zugestellt am ...“

Die zweite Bescheinigung empfiehlt sich mit Rücksicht auf § 798 ZPO. Demnächst wird die zweite Ausfertigung dem Gläubiger formlos zugesandt, wenn ganz nach seinem Antrage entschieden und ihm auch keine Kosten auferlegt worden sind, andernfalls ihm zugestellt, weil ihm im letzten Falle die befristete Erinnerung zusteht.

Diese Zustellung des Festsetzungsbeschlusses von Amts wegen unterbleibt aber, wenn er nach § 105 Abs. 1 ZPO auf das Urteil gesetzt worden ist. Hier wird er erst mit dem Urteile dem Gegner im Parteibetriebe (s. auch § 508 ZPO) zugestellt, und diese Zustellung setzt dann die Notfrist für beide Parteien gleichzeitig in Lauf, § 221 Abs. 2 ZPO.

Für die von Amts wegen bewirkten Zustellungen werden weder Schreibgebühren für Ausfertigungen noch Zustellungsgebühren erhoben, sondern nur die Schreibgebühren der für den Gegner bestimmten Abschrift der Kostenberechnung, wenn die Einreichung dieser Abschrift unterblieben war, GKG § 71 Abs. 1. Ebensowenig darf der Gläubiger durch formlose Übersendung des Kostenfestsetzungsbeschlusses mit Portokosten belastet werden.

X. Der Kostenfestsetzungsbeschluß als Schuldtitel.

1. Der KostenfestsBeschluß bildet einen gesetzlichen Schuldtitel, auf Grund dessen der Gläubiger die Zwangsvollstreckung wegen des ihm zugesprochenen Betrags betreiben kann, ZPO § 794 Ziff. 2.

Ob der KostenfestsBeschluß rechtskräftig oder noch anfechtbar ist, begründet für seine Vollstreckbarkeit keinen Unterschied, da die Erinnerung und die sofortige Beschwerde keine aufschiebende Wirkung haben. Das Gericht kann jedoch eine Aussetzung der Vollstreckung nach Einlegung sowohl der Erinnerung als auch der Beschwerde anordnen, ZPO § 104 Abs. 3; § 572. Der UrkB ist zu derartigen Anordnungen nicht befugt.

Da der Beschluß also vor seiner Rechtskraft vollstreckbar ist, bedarf es nicht seiner vorherigen Zustellung, um ihn mit der Vollstreckungsklausel versehen zu können. Für deren Erteilung gelten die §§ 724ff. ZPO; daß eine vollstreckbare Ausfertigung erteilt worden ist, ist auf der Urschrift des Beschlusses zu vermerken, §§ 734, 795 ZPO. Um die Vollstreckung selbst vorzunehmen, ist zunächst der Beschluß (§ 750 ZPO) und im Falle einer Umschreibung der Vollstreckungsklausel auch diese unter Beobachtung der Vorschriften des Abs. 2 § 750 ZPO zuzustellen. Daß das Urteil bereits zugestellt ist, bildet keine Voraussetzung der Vollstreckung aus dem Festsetzungsbeschlusse.

Zeugnisse über die Rechtskraft von KostenfestsBeschlüssen sind daher der Regel nach entbehrlich, aber nicht grundsätzlich ausgeschlossen. Die für Urteile gegebenen Bestimmungen der §§ 705, 706 ZPO sind auf Beschlüsse entsprechend anzuwenden, RG 25, 387; *aM* KG ZZP 16, 157. Notwendig ist ein Rechtskraftzeugnis für einen KostenfestsBeschluß dann, wenn auf Grund dieses Beschlusses eine Zwangsvollstr. im Auslande vorgenommen werden soll. Ist aber der Kläger oder Intervenient zur Tragung der Prozeßkosten verurteilt worden, so gelten für dessen Anwendungsgebiet die Bestimmungen des Haager Abkommens Art. 18 und §§ 5ff. des dazu erlassenen AusfGes v. 5. 4. 09, KG Rsp 20, 97. Für den Rechtsverkehr mit dem Protektorat Böhmen und Mähren[1]) sowie dem slowakischen Staat gilt vorläufig noch der am 28. 6. 24 in Kraft getretene Vertrag v. 20. 1. 22 (RGBl 1923 II 57; 1924 II 133, 144; 1935 II 355) der eine dem Art. 18 des Haager Abkommens entsprechende Bestimmung nicht enthält. Dagegen enthält der (ebenfalls vorläufig noch anwendbare) am 14. 7. 24 in Kraft getretene Vertrag mit Deutsch-Österreich v. 21. 6. 23 (RGBl 1924 II 55, 91) und der (ebenfalls vorläufig noch anwendbare) am 1. 6. 26 in Kraft getretene Vertrag mit Polen v. 5. 3. 24 (RGBl 1925 II 139, 1926 II 237) in Art. 3 und 4 Bestimmungen, die dem Art. 18 des Haager Abkommens entsprechen.

2. Für einen Kostenfestsetzungsbeschluß, der nach § 105 ZPO mit dem Urteile verbunden ist, bestimmt § 795a ZPO ausdrücklich, daß er keiner besonderen Vollstreckungsklausel bedarf. Er ist Teil des Urteils geworden. Die vollstreckbare Ausfertigung des Urteils bildet auch die Grundlage für die Vollstreckung aus dem Beschlusse. Will oder kann der Gläubiger mangels eines geeigneten Inhalts aus dem Urteil in der Hauptsache nicht vollstrecken, so befähigt ihn doch die Vollstreckungsklausel zum Urteil, die mit Rücksicht auf den festgesetzten Kostenbetrag ihm nicht zu versagen ist, die Vollstreckung wegen der festgesetzten Kosten zu betreiben. Die Zustellung dieses mit dem Beschlusse verbundenen Urteils hat gegenüber der anderer Urteile keine Besonderheit. Anordnungen nach § 104 Abs. 3 Satz 4 ZPO können auch hier getroffen werden, während für das Urteil § 719 ZPO gilt.

3. Die Vollstreckung selbst darf nur beginnen, wenn der Kostenfestf.-Beschluß mindestens eine Woche vorher zugestellt worden ist, ZPO § 798. Die Vorschrift gilt für alle KostenfestfBeschlüsse, auch wenn sie im Ausgleichungsverfahren nach § 106 ZPO ergangen sind, nicht aber für die nach § 105 mit dem Urteile verbundenen Beschlüsse. Die Frist ist nach §§ 187, 188 des BGB zu berechnen, ZPO § 222 Abs. 1. Es müssen also nach dem Tage der Zustellung noch sieben volle Tage frei bleiben, und es darf die Vollstreckung erst am achten Tage nach der Zustellung, und wenn der Tag, an dem die Frist abläuft, ein Feiertag ist, erst am neunten Tage beginnen. Es genügt, daß die Quittung über eine hinterlegte Sicherheit erst bei der Vollstreckung zugestellt wird (§ 751 Abs. 2 ZPO). Eine vor Ablauf der Frist begonnene Vollstreckung ist rechtsunwirksam und gewährt kein gültiges Pfändungspfandrecht, KG KGJ 43, 251.

4. Wie die Vollstreckung aus jedem anderen Titel, so kann sie auch aus dem Festsetzungsbeschlusse, z. B. nach § 775 ZPO, eingestellt werden. Ist das Urteil nur gegen Sicherheitsleistung vollstreckbar oder enthält es den Vorbehalt aus § 713 ZPO zugunsten des Schuldners, so soll dies auch im Festsetzungsbeschluß ersichtlich gemacht werden; aus einem Beschlusse, der die Anordnung der Sicherheitsleistung nicht wiederholt, kann gleichwohl wirksam erst vollstreckt werden, nachdem die Sicherheit geleistet worden ist. Die Ansicht des OLG Frankfurt JW 25, 1898[8], daß die Zwangsvollstreckung aus einem auf Grund eines Arresturteils ergangenen Kostenfestsetzungsbeschluß nicht eingestellt werden könne, weil die Einstellung der

[1]) Geändert für das Protektorat AVDRJM 6. 3. 1940 DJ 326.

Vollstreckung aus dem Urteil unzulässig sei, wird vom OLG München JW 30, 3350[46] mit Recht abgelehnt.

Da der Beschluß von dem Urteil abhängt, auf dem er beruht, so ist, wenn der Schuldner die in dem Urteile nach § 713 vorbehaltene Sicherheitsleistung oder Hinterlegung bewirkt, auch die Vollstreckung aus dem Beschlusse einzustellen, KG Rsp 29, 161. Weiter ergibt sich hieraus, daß die Aufhebung der Kostenentscheidung im Urteil oder ihrer Vollstreckbarkeit sowie die Einstellung der Vollstreckung aus dem Urteile (§§ 707, 719 ZPO), unmittelbar auch die Vollstreckung aus dem Festsetzungsbeschlusse unzulässig machen, RG DRpfl Rspr 39 Nr. 221, und daß die Umschreibung des dem Festsetzungsbeschlusse zugrunde liegenden Titels auch die des Beschlusses nach sich zieht, OLG Hamburg Rsp 5, 61. Bereits getroffene Vollstreckungsmaßregeln bleiben aber bestehen, bis sie aufgehoben werden. Die Einstellung der Vollstreckung aus dem Urteile nach §§ 767, 769 ZPO soll nach RG 75, 200 nicht die Vollstreckung aus dem Festsetzungsbeschlusse berühren; *aM* mit Recht Gähler JW 37, 211.

§ 717 Abs. 2 ZPO, der nur für Urteile gilt, findet auf Beschlüsse keine Anwendung, insbesondere nicht auf KostenfestsBeschlüsse, da in diesem Verfahren eine bloße Berechnung, keine Verurteilung stattfindet, RG 49, 411; OLG Celle Rsp 15, 273; Jonas § 104 V 8 ZPO.

5. Hat der Schuldner nach der Fassung des Kostenfestsetzungsbeschlusses die zu erstattenden Kosten mehreren Gläubigern zusammen zu erstatten, so sind diese als Gesamtgläubiger anzusehen, § 428 BGB, OLG Breslau JW 30, 3345[31].

XI. Die Kosten des Kostenfestsetzungsverfahrens.

1. Durch das KostenfestsVerfahren entstehen wieder, mag auf Grund eines ausdrücklichen oder eines stillschweigenden Gesuchs ein besonderer oder ein mit dem Urteile verbundener Beschluß ergehen, besondere außergerichtliche Kosten, insbesondere die Gebühren und Auslagen des RA für das Festsetzungsgesuch (§§ 23 Ziff. 3, 76 RAGebO). Gerichtskosten entstehen durch das Festsetzungsverfahren nicht, § 1 GKG. Schreibgebühren können ebenfalls nicht mehr entstehen, abgesehen von den Schreibgebühren für die Anfertigung der nicht beigefügten Abschriften der Kostenrechnungen (§ 71[1] GKG), die dem Antragsteller aufzuerlegen sind. Kosten des Kostenfestsetzungsverfahrens sind schließlich etwaige, durch eine Beweisaufnahme verursachte Auslagen des Gerichts. Über die Kosten des Festsetzungsverfahrens ist in dem Festsetzungsbeschlusse selbst durch den UrkB zu entscheiden, KG Rsp 20, 393. Hierbei ist davon auszugehen, daß das KostenfVerf ein selbständiges Verfahren bleibt. Maßgebend für die Entscheidung ist daher nicht, in welchem Verhältnisse die Kosten den Parteien im Urteil auferlegt worden sind oder wer in einem Vergleiche die Kosten übernommen hat; es kommt vielmehr nur darauf an, welche Partei mit dem Erstattungsanspruche durchdringt. Die Bewilligung des Armenrechts wirkt aber auch in dem Kostenfestsetzungsverfahren fort, OLG Darmstadt, Rsp 22, 274;

OLG Celle JW 27, 859[13]; DRpflRspr 37 Nr. 338. Die Befreiung des Gegners von den Gerichtskosten nach § 120 ZPO gilt jedoch nicht, wenn gerade dieser Gegner die Festsetzung betreibt, OLG Hamburg Rsp 17, 130.

Die Entscheidung hat von Amts wegen zu erfolgen (ZPO § 308 Abs. 2) und muß gleichzeitig den Betrag feststellen, den die unterliegende Partei der obsiegenden zu erstatten hat.

2. Wer die Kosten des Festsetzungsverfahrens zu tragen hat, wird durch die in den §§ 91ff. der ZPO ausgesprochenen allgemeinen Grundsätze geregelt.

a) Das Festsetzungsgesuch wird zurückgewiesen. Dann trägt die Kosten der Antragsteller, ZPO § 91.

b) Die Festsetzung erfolgt nach dem Antrage. Dann hat der Gegner die Kosten zu tragen; soweit sie aber zur zweckentsprechenden Rechtsverfolgung oder Rechtsverteidigung nicht notwendig waren, sind sie dem Antragsteller aufzuerlegen. Dies wird insbesondere dann zu geschehen haben, wenn mehrere Festsetzungsanträge nacheinander gestellt werden, obwohl die Festsetzung aller Kosten auf einmal hätte beantragt werden können; vgl. II 4. Im Ausgleichungsverfahren nach § 106 ZPO hat die Partei die der anderen Kosten zu erstatten hat, sämtliche Festsetzungskosten zu tragen; s. VIII 4. Zu diesen gehören in erster Linie die außergerichtlichen Kosten; daher darf die KostenfestsGebühr nebst Auslagen des Anwalts nicht bei der Ausgleichungsberechnung mit eingestellt werden. Der Abs. 2 Satz 2 § 106 ZPO läßt jedoch entsprechend § 95 ZPO eine Ausnahme gegen die säumige Partei zu; ihr müssen die Mehrkosten des nachträglichen Verfahrens auferlegt werden.

c) Der berechnete Betrag wird herabgesetzt. Dann verteilen sich die Kosten nach dem Verhältnisse des abgewiesenen Betrags zu dem zugesprochenen, ZPO § 92, sofern nicht die Anwendung des Abs. 2 § 92 ZPO zulässig ist.

d) Zu einer Entscheidung nach § 102 ZPO ist der UrkB nicht befugt, da diese dem Gerichte vorbehalten ist; hat aber der UrkB eine solche Entscheidung getroffen, ist sie trotz § 102 Abs. 3 ZPO nach § 104 ZPO anzufechten.

3. Die Verbindlichkeit der unterliegenden Partei zur Erstattung der Kosten des Rechtsstreits wird begründet durch die mit der Entscheidung zur Hauptsache ausgesprochene Verurteilung zur Tragung der Prozeßkosten; nur die Geltendmachung des Erstattungsanspruchs ist von der vorgängigen Festsetzung abhängig. Es bedarf daher zur Begründung der Zahlungsverbindlichkeit nicht erst der vorgängigen außergerichtlichen Mitteilung der Kostenrechnung durch den obsiegenden Teil an den unterlegenen Gegner, sondern es ist dessen Sache, sich nach dem Betrage der Kosten, deren Erstattung ihm obliegt, zu erkundigen und Zahlung zu leisten; vgl. Jonas § 104 Nr. 31 ZPO auch über abw. M. Läßt er es auf das Kostenfests.-Verfahren ankommen, so hat er auch die Kosten dieses Verfahrens zu tragen.

4. Hat die unterliegende Partei vor der Geltendmachung des Erstattungsanspruchs der obsiegenden Partei den Ersatz der Kosten angeboten, so ist für die obsiegende Partei der Anlaß zur Stellung eines Kostenfestf.-Antrags fortgefallen. Sollte der Antrag dennoch gestellt werden, so würde er zur zweckentsprechenden Rechtsverfolgung nicht notwendig und deshalb der unterliegende Teil auch nicht zur Tragung der Kosten des Festsetzungsverfahrens verpflichtet sein. Der obsiegende Teil wird vielmehr in solchem Falle dem Gegner den zu erstattenden Betrag mitzuteilen und erst dann, wenn der Gegner nicht zahlt oder Einwendungen erhebt, den Festsetzungsantrag zu stellen haben. In dem darauf ergehenden Verfahren sind die Kosten der Partei aufzuerlegen, die durch ihr Verhalten zu dem Verfahren Anlaß gegeben hat. In diesem Sinne ist auch dem § 93 ZPO die Anwendbarkeit nicht zu versagen, RG 14, 320; KG KGBl 18, 38. Sache des Kostenschuldners ist es, im Wege der Einrede darzutun, daß er rechtzeitig die Erstattung der Kosten angeboten habe. Abgesehen von dem erwähnten Falle ist eine entsprechende Anwendung des § 93 ZPO unzulässig, sofortiges Anerkenntnis im Sinne des § 93 mangels mündlicher Verhandlung nicht denkbar.

5. Kostenpflichtig ist die Partei, nicht der RA, der namens ihrer gehandelt hat. Dem RA können die Kosten nur dann auferlegt werden, wenn er bei Stellung des KostenfestfAntrags erklärt hat, daß er den Antrag im eigenen Namen oder aus eigenem Rechte stelle (§ 124 Abs. 1 ZPO) sowie im Falle des § 102 ZPO.

6. Als Streitwert, nach dem die Kostenfestsetzungsgebühr aus § 23 Ziff. 3 RAGebO festzusetzen ist, kann nur der Betrag der für erstattungspflichtig erachteten (nicht der beanspruchten) Kosten angesehen werden. Bei der Kostenausgleichung des § 106 ZPO (Verteilung der Kosten nach Bruchteilen) ist die Gebühr von dem bei der Ausgleichung ermittelten Betrage, den die eine Partei der anderen zu erstatten hat, zu berechnen und festzusetzen, OLG Düsseldorf JW 35, 63[12]; OLG Celle DRpflRsp 37 Nr. 338.

7. Der Grundsatz der Pauschgebühr (§ 25 RAGebO) ist auf das KostenfestfVerfahren nicht anwendbar, da es nicht zur ersten Instanz gehört, §§ 25, 30 RAGebO. Es kann also nicht angenommen werden, daß die einmal erhobene Festsetzungsgebühr die ganze Tätigkeit des RA im KostenfestfVerfahren decke. Die KostenfestfGebühr wird verdient durch den Antrag des RA auf Kostenfestsetzung. Werden auf Grund desselben Schuldtitels mehrere Anträge nacheinander gestellt, ist jeder Antrag besonders zu vergüten. Für die Erstattungspflicht des Gegners ist zu prüfen, ob die mehreren Anträge zur zweckentsprechenden Rechtsverfolgung notwendig waren, z. B. OLG München Rsp 23, 129. Jedenfalls muß der Gegner die mehrfachen Anwaltsgebühren insoweit erstatten, als durch ein einmaliges, die ganzen Kosten umfassendes Festsetzungsgesuch eine höhere Wertstufe entstanden sein würde.

Der erst im KostenfestfVerfahren nach rechtskräftiger Entscheidung des Rechtsstreits auftretende RA erhält nur die Gebühr aus § 23 RAGebO, nicht daneben noch die Prozeßgebühr.

8. Die Kostenfestsetzungsgebühr des Rechtsanwalts ist, auch abgesehen von dem in Ziff. 7 behandelten Falle, gleichviel, ob das Gesuch nach § 103 ZPO gestellt oder ob nach § 105 Abs. 2 ZPO verfahren worden ist, so oft gerechtfertigt, als ein KostenfestsVerfahren zur zweckentsprechenden Rechtsverfolgung erforderlich ist, also allemal nach Abschluß des Verfahrens in einer Instanz. Sobald die Partei einen vollstreckbaren Titel für eine Instanz erlangt hat, kann sie auch die Kosten dieser Instanz festsetzen lassen. Sie braucht nicht mit dieser Festsetzung bis zur endgültigen Erledigung des Rechtsstreits zu warten.

XII. Rechtsmittel.

1. Arten.

Die Erinnerung geht an das Gericht und ist binnen einer Notfrist von zwei Wochen seit der Zustellung zu erheben. Gegen die Entscheidung des Gerichts findet die sofortige Beschwerde statt. Eine weitere Beschwerde findet nicht statt, §§ 568 Abs. 3, 567 Abs. 3 ZPO. Das gilt ferner bei der Absetzung von Kosten im Pfändungsbeschluß, sowie wenn das Landgericht die erste Beschwerde als unzulässig verworfen hat, KG HRR 38 Nr. 1499; OLG Darmstadt HRR 39 Nr. 238. Es gibt auch keine Beschwerde gegen einen Landgerichtsbeschluß, der das Armenrecht für eine sofortige Beschwerde im Kostenfestsetzungsverfahren verweigert, KG JW 36, 3073[46].

Daneben kommen noch die unbefristete Erinnerung und die einfache Beschwerde vor. Gleichgültig ist es, ob der Festsetzungsbeschluß gesondert oder in Verbindung mit dem Urteil erlassen worden ist, da auch im letzten Falle der Beschluß unabhängig von dem Urteile der selbständigen Anfechtung unterliegt.

A. Die unbefristete Erinnerung richtet sich gegen den Beschluß des UrkB, der eine Kostenfests. ohne sachliche Prüfung aus formellen Gründen, z. B. wegen Mangel des Titels, der Zuständigkeit, der Legitimation des Antragstellers abgelehnt hat, ZPO § 576. Sie wendet sich an das Gericht, dem der UrkB angehört. Unerheblich ist es, wenn sie als Beschwerde bezeichnet wird. Gegen den diese unbefristete Erinnerung zurückweisenden Beschluß des Gerichts findet die einfache Beschwerde nach § 567 ZPO statt, OLG Darmstadt JW 33, 2599[3], die nicht an eine Beschwerdesumme gebunden ist, LG Berlin JW 36, 2009[97]; Breuer JW 36, 2779; *aM* OLG Kiel JW 34, 497[5]. Sie soll bei dem Gericht eingelegt werden, von dem die angefochtene Entscheidung erlassen worden ist, kann aber in dringenden Fällen auch bei dem Beschwerdegericht erhoben werden, ZPO § 569 Abs. 1. Dringlich ist der Fall, wenn ein sofortiges Eingreifen des Beschwerdegerichts notwendig ist, um wesentliche Nachteile zu vermeiden. Nimmt das Beschwerdegericht Dringlichkeit nicht an, so steht es ihm frei, die Beschwerde zurückzugeben und dem Beschwerdeführer die Einreichung beim ersten Richter zu überlassen; das Beschwerdegericht kann aber auch selbst die Beschwerde an den ersten Richter unter

Hinweis auf § 571 ZPO abgeben. Es ist aber nicht gerechtfertigt, die in einem nicht dringenden Falle beim Beschwerdegericht unmittelbar eingereichte einfache Beschwerde aus diesem Grunde als unzulässig zu verwerfen. Diese Grundsätze finden auf die Erinnerung entsprechende Anwendung. Daraus folgt, daß der UrkB seinen Beschluß ändern darf. Wollte man die Befugnis, die Entscheidung auf die Erinnerung abzuändern, dem UrkB versagen, so würde insbesondere dann das Verfahren unnötig schwerfällig werden, wenn mit der Erinnerung den Anständen, die die Zurückweisung veranlaßt haben, abgeholfen worden ist.

Ergeht auf ein KostenfestsGesuch ein Beschluß, durch den von den Kosten mehrerer Instanzen die Kosten der einen Instanz nur mangels eines die Kostenerstattungspflicht begründenden Titels abgesetzt und im übrigen die Kosten festgesetzt werden, so kann dieser Beschluß hinsichtlich des ersten Teiles der Entscheidung nicht als ein Festsetzungsbeschluß, sondern nur als ein die Festsetzung ablehnender Beschluß angesehen werden, der nicht der befristeten, sondern der fristlosen Erinnerung und Beschwerde unterliegt, RG SeuffA 54, 94; Gruch 43, 212.

Wird die Erinnerung oder danach erst die Beschwerde vom Gerichte für begründet erachtet, so ist der das Festsetzungsgesuch zurückweisende Beschluß aufzuheben und die Sache an den UrkB mit der Anordnung zurückzuverweisen, nunmehr die einzelnen Ansätze sachlich zu prüfen. Andernfalls würde den Parteien der Instanzenzug verkürzt werden.

B. Die befristete Erinnerung ist gegen den Festsetzungsbeschluß selbst gegeben. Ein solcher liegt auch vor, wenn nach sachlicher Prüfung der Ansätze diese alle gestrichen worden sind, Breuer JW 36, 2779; KG JVBl 39, 199. Voraussetzung dieser Erinnerung ist, daß die sie erhebende Partei durch den Beschluß beschwert ist. Die Berücksichtigung eines im Gesuche nicht geltend gemachten Postens kann daher nur durch ein neues Gesuch erreicht werden, RG 35, 427; *aM* KG JW 35, 2901[25]. Für die befristete Erinnerung gelten folgende Besonderheiten:

Sie ist binnen einer Notfrist von zwei Wochen einzulegen, § 104 Abs. 3 ZPO. Der Lauf der Frist beginnt, wenn ein förmlicher Beschluß erging, für jede Partei besonders mit der Zustellung des KostenfestBeschlusses, sofern die Zustellung ordnungsmäßig, also nach § 104 ZPO von Amts wegen erfolgt ist. Ist der Beschluß ohne die ihm zugrunde liegende Kostenrechnung zugestellt worden, so beginnt die Frist erst mit der Zustellung der Rechnung zu laufen, OLG Kiel Rsp 37, 103; *aM* OLG Darmstadt Rsp 17, 129. Wird der Beschluß nachträglich durch Bezeichnung des Prozeßbevollm. einer Partei berichtigt, so läuft die Frist erst von der Zustellung an diesen, OLG Hamburg Rsp 35, 76. Die Mitteilung von dem Betrage des auf das Urteil gesetzten Beschlusses (§ 105 ZPO) setzt die Frist nicht in Lauf; hier ist die Zustellung im Parteibetrieb erforderlich, die dann für beide Parteien gleichzeitig wirkt. Die Frist endigt mit Ablauf des Tages der zweiten Woche, der durch seine Benennung dem Tage entspricht, an dem die Frist begonnen hat. Fällt das Ende der Frist auf einen Sonntag oder allgemeinen Feiertag, so endigt die Frist mit

Ablauf des nächstfolgenden Werktags, § 222 ZPO. Rechtzeitig eingegangen ist die Erinnerung, wenn sie innerhalb der Notfrist bei dem Gericht eingeht.

Eine Verlängerung der zweiwöchigen Notfrist findet nicht statt, wohl aber die Wiedereinsetzung in den vorigen Stand, §§ 233—238 ZPO. Ist eine Erinnerung als verspätet verworfen worden und wird dann Wiedereinsetzung beantragt, vorsorglich aber auch sofortige Beschwerde eingelegt, so muß zuerst über den Antrag auf Wiedereinsetzung entschieden werden, RG 42, 367.

Ebenso wie die Restitutionsbeschwerde, ZPO § 577 Abs. 2 Satz 3, wird man auch die Restitutionserinnerung zulassen müssen, wenn die Notfrist für die Erinnerung zwar verstrichen ist, aber die Voraussetzungen der Nichtigkeits- oder Restitutionsklage vorliegen. Die Erinnerung und zutreffendenfalls die Beschwerde ist dann gemäß § 586 ZPO binnen einer Notfrist von einem Monat und längstens binnen fünf Jahren seit der Rechtskraft anzubringen. Ist ein Rechtsmittel, wie gegen den Beschluß des OLG oder des LG als Beschwerdeinstanz, überhaupt nicht mehr zulässig, so kann auch § 577 Abs. 2 ZPO nicht dazu verhelfen, KG Rsp 17, 177. Ausgeschlossen ist diese Erweiterung der Beschwerdefrist in den Fällen des § 579 Nr. 1 und 3 ZPO dann, wenn der Nichtigkeitsgrund innerhalb der zweiwöchigen Frist geltend gemacht werden konnte, ZPO § 579 Abs. 2.

Da nur der Lauf der Notfrist von der Zustellung abhängt, kann die Erinnerung schon vor der Zustellung des angegriffenen Beschlusses eingelegt werden. Eine vor Erlassung der Entscheidung erhobene Beschwerde oder Erinnerung ist unwirksam, RG 25, 390; 46, 418; OLG München Rsp 23, 193. Die Beschwerde kann nicht zugleich mit der Erinnerung für den Fall eingelegt werden, daß der Erinnerung nicht stattgegeben wird. Eine bedingte Beschwerde ist nicht zulässig.

C. Bei der *sofortigen Beschwerde* genügt zur Wahrung der Notfrist die Einlegung bei dem Beschwerdegericht, auch wenn der Fall für dringlich nicht erachtet wird, ZPO § 577 Abs. 2 Satz 2.

Das Gericht erster Instanz darf nach Einlegung der sofortigen Beschwerde den KostenfestsBeschluß *nicht ändern.*

D. Dagegen hält OLG Stettin Rsp 33, 83 die Abänderung eines unanfechtbaren Beschlusses der Beschwerdeinstanz auf Vorstellung für zulässig, wenn der Beschluß sich auf eine unrichtige Voraussetzung gründete und ein dringlicher Grund für die Abänderung vorliegt; im Ergebnis ebenso OLG Kassel Rsp 37, 154. Trotzdem diese Entsch. weder gegen § 318 noch § 577 Abs. 3 ZPO verstoßen, erscheinen sie mit §§ 567 Abs. 3, 568 Abs. 3 ZPO schwer vereinbar, da eine „Vorstellung" im Grunde nichts anderes als eine Beschwerde ist. Die Praxis setzt sich aber allgemein über dieses Bedenken aus Zweckmäßigkeitsgründen hinweg.

E. Die *sofortige Beschwerde* aus § 104 Abs. 3 ZPO gegen die Entscheidung über eine Erinnerung gegen einen Kostenfestsetzungsbeschluß *ist nur zulässig, wenn der Wert des Beschwerdegegenstandes* den Betrag von *zweihundert Reichsmark übersteigt*, § 567 Abs. 2 Satz 2 ZPO, § 8 VO v. 1. 9. 39 (RGBl I 1658).

Über die Auswirkung des § 567 Abs. 2 Satz 2 ZPO und die Berechnung der Beschwerdesumme im einzelnen vgl. Breuer JW 36, 2778. Ein Beschwerdewert von mehr als 200 RM ist ferner erforderlich, wenn ein Streit um Vollstreckungskosten im Gewande eines Streits um einen Vollstrekkungsantrag erscheint, LG Dresden JW 36, 3086[72]; LG Bremen Hans. RGZ 37 B 319; LG Berlin JVBl 38, 348. Greift aber eine Vollstreckungsbeschwerde aus § 793 ZPO neben der Vollstreckungshandlung auch Vollstreckungskosten an, so ist die Beschwerde auch wegen dieser Kosten nicht von einer Beschwerdesumme abhängig, LG Dresden JW 39, 181[43]. Die Beschwerdesumme ist ferner nicht erforderlich, wenn nicht der Ansatz der Vollstreckungskosten, sondern streitig ist, ob sie das Pfändungsvorrecht des § 850 Abs. 3 ZPO genießen, sowie im Falle der sofortigen Beschwerde aus § 3 des Ges. v. 20. 7. 33 (RGBl I 521) betr. Festsetzung der Vergütung eines Vertreters des Mieters oder Pächters, der keinen inländischen Aufenthaltsort hat. Dagegen bedarf es eines Beschwerdewerts von mehr als 200 RM bei Beschwerden gegen Umschreibung oder Berichtigung von Kostenfestsetzungsbeschlüssen, KG JW 37, 247[34]; 38, 3259[42], sowie gegen einen Beschluß, der die Wiedereinsetzung in den vorigen Stand gegen die Versäumung der Erinnerungsfrist ablehnt. Ist die Beschwerdesumme von mehr als 200 RM zur Zeit der Einlegung der Beschwerde erreicht, so bleibt die Beschwerde zulässig, auch wenn der mit der sofortigen Beschwerde bemängelte Wert, der den Kosten zweiter Instanz zugrunde gelegt worden ist, nach Einlegung der sofortigen Beschwerde vom Berufungsgericht durch Festsetzung des Streitwerts zweiter Instanz bestätigt wird. Die ursprünglich zulässige Beschwerde wird aber unzulässig, wenn im Laufe des Beschwerdeverfahrens der Umfang des Beschwerdegegenstandes (z. B. durch völlige oder teilweise Befriedigung) unter die Beschwerdesumme sinkt, RG JW 38, 2909[23]. Die Beschwerdesumme muß für die Kostenfestsetzungsbeschwerde auch erreicht sein, wenn das erste Gericht noch über eine andere Kostenerinnerung befunden hat, und in einer Beschwerdeschrift beide Kostenberechnungen angegriffen werden, KG DR 39, 1596[24].

F. Durch § 107 ZPO ist die Möglichkeit gegeben, auch einen **rechtskräftigen** KostenfestBeschluß auf Grund veränderter Umstände abzuändern.

Ergeht nach der Kostenfestsetzung eine Entscheidung, durch die der Wert des Streitgegenstandes abweichend festgesetzt wird, so ist auf Antrag die Kostenfestsetzung entsprechend zu ändern. Unerheblich ist hierbei, ob die Entscheidung vor oder nach Rechtskraft der Kostenfestsetzung ergeht, OLG München BayZ 13, 258, ob sie den der Kostenfestsetzung zugrunde gelegten Streitwert erhöht oder ermäßigt, ob bereits vor der Kostenfestsetzung eine förmliche Festsetzung des Streitwertes stattgefunden hatte oder nicht, Mot 90. Erforderlich ist nur, daß ein formeller Wertfestsetzungsbeschluß ergeht (§ 18 GKG). Wird die Entscheidung getroffen, bevor die Kostenfestsetzung in Rechtskraft übergegangen ist, so hat die Partei zwischen den Rechtsmitteln des § 104 Abs. 3 ZPO und dem Antrag aus § 107 ZPO die Wahl, wenn sie durch den alten Beschluß infolge der anderweiten Wertfestsetzung beschwert ist. Außer in dem Verfahren nach § 107 ZPO kann eine Änderung der Kostenfestsetzung (wegen anderer Streitwertfestsetzung) durch eine sofortige Beschwerde aus § 104 Abs. 3 ZPO erstrebt werden, die neben einer gleichzeitig eingelegten Streitwertbeschwerde aus § 18 Abs. 2 GKG erhoben wird. Eine nach Rechtskraft unzulässigerweise eingelegte Beschwerde kann als Antrag nach § 107 ZPO behandelt werden, OLG Bamberg Rsp 3, 214.

Antragsberechtigt ist nur die Partei, nicht auch — vom Falle des § 124 ZPO abgesehen — der RA im eigenen Namen. Über den Antrag entscheidet in allen Fällen, also auch dann, wenn die Kostenfestsetzung auf Beschwerde in höherer Instanz erfolgt war, der UrkB der ersten Instanz. Der Antrag ist in der Form des Festsetzungsgesuchs zu stellen, also vom Anwaltszwange frei. Er muß innerhalb der Frist von einem Monate bei dem UrkB angebracht werden. Die Frist läuft von der Zustellung und, wenn es einer solchen nicht bedarf, von der Verkündung des den Wert des Streitgegenstandes festsetzenden Beschlusses, ohne Rücksicht darauf, ob gegen diese Entscheidung Vorstellungen erhoben werden oder Beschwerde eingelegt wird, KG DR 39, 1923[15]. Die Frist ist eine gesetzliche, aber keine Notfrist. Macht das Berufungsgericht von der Befugnis des § 18 GKG, von Amts wegen die Wertfestsetzung der ersten Instanz zu ändern, Gebrauch und setzt es den Streitwert für die erste und die zweite Instanz fest, so beginnt die Frist des § 107 Abs. 2 ZPO mit der Zustellung dieses Beschlusses an den zweitinstanzlichen Prozeßbevollmächtigten bzw. der Verkündung, KG JW 34, 1738[6]. Die Vorschrift des § 107 Abs. 2 ZPO bedeutet, daß nach Ablauf der Monatsfrist eine Änderung des Kostenfestsetzungsbeschlusses nicht mehr verlangt werden kann. Dagegen muß der Bestimmung des § 107 ZPO nicht entnommen werden, daß der Antrag auf Änderung des Kostenfestsetzungsbeschlusses nur erst nach Zustellung des Streitwertbeschlusses gestellt werden kann. Der Gesetzgeber will es nur vermeiden, daß die Frage der Kostenberechnung längere Zeit offenbleibt. Es ist also wohl das Ende, nicht aber der Beginn der Antragsbefugnis zeitlich begrenzt. Daher ist auch ein Antrag rechtswirksam, der einer Erinnerung gegen einen Kostenfestsetzungsbeschluß zu entnehmen ist, die vor Erlaß eines Streitwertbeschlusses erhoben wird und die Höhe des dem Kostenfestsetzungsbeschlusse zugrunde liegenden Streitwerts angreift.

Das Verfahren entspricht dem über das Festsetzungsgesuch. Die Entscheidung hat sich auf die Abänderung der Posten zu beschränken, die von der abweichenden Wertfestsetzung betroffen werden, und auch bei diesen nur auf den durch die Wertfestsetzung bedingten Betrag. Die nach § 107 ZPO getroffene Entscheidung unterliegt denselben Rechtsmitteln, wie der Kostenfestsetzungsbeschluß. Ein Beschwerdewert von mehr als 200 RM ist für die (einfache) Beschwerde nicht erforderlich, wenn der Antrag auf anderweite Festsetzung aus § 107 ZPO wegen Nichtwahrung der Frist abgelehnt worden ist.

Eine wiederholte Anwendung des § 107 ist nicht ausgeschlossen.

Für die Kosten gilt das Verfahren aus § 107 ZPO mit dem Kostenfestsetzungsverfahren als eine Instanz, so daß bei einer Werterhöhung nur die Mehrkosten in Ansatz gebracht werden können; §§ 23 Nr. 1, 30 Abs. 3 ARGebO.

2. Zuständigkeit.

Über die Erinnerung entscheidet das Gericht, dem der UrkB angehört; dies ist stets das Gericht der ersten Instanz, und zwar der Einzelrichter, wenn er selbst die Hauptentscheidung gefällt hat oder der den Prozeß beendigende Vergleich vor ihm geschlossen worden ist, OLG Dresden JW 33, 1669[9]; *aM* OLG Stettin ZZP 51, 479.

Die Beschwerde unterliegt der Entscheidung des im Instanzenzuge zunächst höheren Gerichts (ZPO § 568); es entscheiden also:

1. über den Beschluß des Amtsgerichts die Zivilkammern des Landgerichts, GVG § 71, und in Handelssachen die Kammern f. HS, GVG §§ 93ff.; jedoch hat das Oberlandesgericht zu entscheiden, wenn der Rechtsstreit inzwischen an das Landgericht verwiesen ist;
2. über den Beschluß des Landgerichts die Zivilsenate des Oberlandesgerichts, GVG § 119[2].

Die Kammern f. HS. sind auch Berufungs- und Beschwerdegerichte in Handelssachen, §§ 100, 104 GVG. Die Kostenfestsetzungsbeschwerde gehört vor die Kammer f. HS., wenn die Hauptsache vor ihr anhängig war oder ist, vgl. § 104 Abs. 2 GVG. Beschwerden, die vor die Zivilkammer gehören, sind von Amts wegen an diese zu verweisen. Aber auch die Zivilkammer hat, wenn sie mit der Kostenfestsetzungsbeschwerde in einer Handelssache befaßt wird, diese von Amts wegen an die Kammer f. HS. abzugeben. Gegen die Verweisung an die Zivilkammer oder an die Kammer für Handelssachen findet kein Rechtsmittel statt; die Verweisung ist für die andere Kammer bindend. Die Abgabe der Beschwerde von der einen an die andere Kammer ist jedoch unzulässig, wenn die mit der Beschwerde befaßte Kammer bereits eine Entscheidung in der Hauptsache erlassen hat oder die Hauptsache bei ihr anhängig ist.

3. Beschwerdegrund.

1. Materielle Voraussetzung für den Erfolg des Rechtsmittels ist, daß der Beschwerdeführer durch die angefochtene Entscheidung beschwert, d. h. in seinem Rechte beeinträchtigt ist. Ohne Beschwer ist das Rechtsmittel als unzulässig zu verwerfen. Beschwert sein können sowohl der Antragsteller als der Gegner, indem jenem nicht die Ansätze seines Gesuchs bewilligt worden sind oder dieser durch die zu hohe Festsetzung sich benachteiligt fühlt. Der Anlaß zu der Beschwer braucht also nicht in einem entgegenstehenden Antrage des Gegners zu liegen. Sind dem Antragsteller die geforderten Beträge voll bewilligt worden, kann er eine Erhöhung der irrtümlich zu niedrig angesetzten Forderungen nicht durch Rechtsmittel erlangen, RG 35, 428. Beschwerde kann nur insoweit erhoben werden, als bereits Erinnerung eingelegt war, KG JVBl 39, 199; weitergehende Angriffe in der Beschwerdeschrift sind als neue Erinnerung zu behandeln.

Keinen Beschwerdegrund bildet es, daß entgegen dem Verlangen eines Teiles ohne Anordnung einer mündlichen Verhandlung entschieden worden oder daß der Beschluß in der Form des § 105 ZPO ergangen oder nicht in dieser Form ergangen ist. Soweit eine Partei rügt, daß ihr der Kostenfestsetzungsbeschluß verspätet zugestellt worden sei, kann eine Entscheidung im Erinnerungs- und Beschwerdeverfahren nicht ergehen; die Verzögerung kann nur mit der Dienstaufsichtsbeschwerde gerügt werden.

2. Die Entscheidung über die Kosten des Kostenfestsetzungsverfahrens kann für sich allein durch Beschwerde nicht angefochten werden. Dies ergibt sich aus der allgemeinen Vorschrift des § 99 Abs. 1 ZPO, OLG Hamburg JW 34, 3223[4].

Dagegen ist die Erinnerung gegen die Entscheidung des UrkB in der Beschränkung auf den Kostenpunkt zulässig, da die Erinnerung nicht ein Rechtsmittel im Sinne des § 99 ZPO ist, OLG Hamburg Rsp 23, 117; LG Plauen JW 11, 415[128]; LG I Berlin KGBl 18, 28; JW 18, 459[1].

Durch Beschwerde unanfechtbar ist aber nur die im Kostenfestsetzungsbeschluß enthaltene Entscheidung darüber, wer die Kosten dieses Verfahrens tragen soll, nicht auch die damit verbundene Festsetzung des Betrages der gerichtlichen oder außergerichtlichen Kosten dieses Verfahrens. Der festgesetzte Betrag des Verfahrenskosten ist nach den allgemeinen Regeln, also bei den gerichtlichen Auslagen durch Erinnerung nach § 4 GKG, bei den außergerichtlichen Kosten durch Erinnerung nach ZPO § 104 Abs. 3 anfechtbar (vgl. KG JZP 12, 506). Die Bestimmungen des § 99 Abs. 2, 3 ZPO kommen für das KostenfestsVerfahren nicht in Betracht. Jedoch muß die nach § 567 Abs. 2 Satz 2 ZPO, § 8 VO v. 1. 9. 39 (RGBl I 1658) erforderliche Beschwerdesumme von mehr als 200 RM erreicht sein.

Hat der UrkB eine Entscheidung über die Kosten des KostenfVerf ganz unterlassen, so ist die Erinnerung zulässig. Die Ergänzung des Beschlusses auf dem Wege des nur für Urteile gegebenen § 321 ZPO ist ausgeschlossen. Sie wird schon durch die Erinnerung erreicht, da der UrkB seinen Beschluß ändern kann. Das Gericht kann eine unterlassene Entscheidung über die Kosten nachholen. Hat der UrkB die Befugnisse aus §§ 710, 713 ZPO aus dem Urteile nicht in den Festsetzungsbeschluß übertragen, ist dagegen die Erinnerung gegeben.

3. Der KostenfestsBeschluß schafft nur Recht zwischen den Parteien, die den Rechtsstreit geführt haben. Deshalb stehen die Rechtsmittel nur der verletzten Partei selbst und ihrem Bevollmächtigten in ihrem Namen zu, RG 9, 390; JW 93, 37[5], 563[25]; SeuffA 51, 214. Im eigenen Namen hat der RA das Beschwerderecht nur dann, wenn er für eine arme Partei bestellt worden ist und auf Grund des § 124 ZPO seine Gebühren und Auslagen zum Zwecke der Beitreibung von dem in die Prozeßkosten verurteilten Gegner festsetzen läßt, da er in diesem Falle selbst dem Gegner als Forderungsberechtigter gegenübersteht. Die Reichskasse hat im Verfahren aus § 124 ZPO kein Beschwerderecht, KG JW 35, 797[15].

4. a) Die Höhe des Streitwerts ist regelmäßig nicht im Erinnerungs- und Beschwerdeverfahren aus § 104 Abs. 3 ZPO, sondern im Streitwertbeschwerdeverfahren aus § 18 Abs. 2 GKG, § 12 RAGebO zu prüfen; *aM* KG JW 37, 246[32], 3040[31]; 38, 3056[38]. Das bedeutet, daß eine „Erinnerung", mit der geltend gemacht wird, die Kosten seien nach einem zu geringen oder zu hohen Streitwert festgesetzt, in der Regel als Antrag auf Festsetzung des Streitwerts (§ 18 Abs. 1 GKG), oder, falls ein Streitwertbeschluß bereits ergangen ist, als Beschwerde gegen den Streitwertbeschluß (aus § 18 Abs. 2 GKG oder § 12 RAGebO) zu behandeln ist. Daß die Höhe des Streitwerts regelmäßig nicht im Kostenfestsetzungsverfahren, sondern nur im Streitwertverfahren geprüft werden kann, zeigt sich besonders, wenn mit der Erinnerung (und sofortigen Beschwerde) geltend gemacht wird, der UrkB habe die Kosten z w e i t e r I n s t a n z nach einem falschen Wert festgesetzt. Denn der UrkB e r s t e r Instanz, das Gericht erster Instanz und das diesem übergeordnete Beschwerdegericht können nicht den Streitwert zweiter Instanz feststellen. Die Festsetzung des Streitwerts zweiter Instanz erfolgt vielmehr nur vom Gericht zweiter Instanz und wird gegebenenfalls (soweit zulässig) von dem Beschwerdegericht nachgeprüft, das dem Gericht zweiter Instanz übergeordnet ist. Demgemäß ist z. B. ein auf „Erinnerung" ergangener Beschluß des ersten Richters, der den Streitwert zweiter Instanz erörtert, auf eine nach § 567 Abs. 1 ZPO zulässige Beschwerde aufzuheben, und die „Erinnerung" als Antrag auf Festsetzung des Streitwerts zweiter Instanz dem Berufungsgericht vorzulegen.

b) Anders verhält es sich, wenn mit der Erinnerung und sofortigen Beschwerde geltend gemacht wird, der UrkB habe unter Verstoß gegen einen Streitwertbeschluß die Kosten nach einem anderen Streitwert festgesetzt; insoweit handelt es sich um eine Bemängelung, die im Kostenfestsetzungsverfahren zu prüfen ist.

Kann ausnahmsweise eine Streitwertfestsetzung nicht erfolgen, weil Gerichtsgebühren nicht erhoben werden dürfen, dann ist die Höhe des Streitwerts, nach dem sich die festzusetzenden außergerichtlichen Kosten richten, ausnahmsweise im Kostenfestsetzungsverfahren zu prüfen.

Geht ein gerichtlicher Vergleich über den Rahmen des Klageantrages hinaus, so gehört die Entscheidung der Frage, ob dem Anwalt eine erhöhte Prozeßgebühr zusteht, nicht in das Streitwertverfahren, sondern in das Kostenfestsetzungsverfahren, LG Berlin JVBl 39, 47.

c) Die Wertfestsetzung kann auch noch nach Erlassung des Endurteils aus Anlaß einer Kostenfestsetzungsbeschwerde von Amts wegen durch die höhere Instanz geändert werden, RG 44, 403. Ebenso kann nach Erlassung des Revisionsurteils infolge eines Antrags auf Wertfestsetzung für diese Instanz gemäß § 18 GKG zugleich die Wertfestsetzung der unteren Instanzen geändert werden, RG 71, 321, OLG Karlsruhe Rsp 31, 2. Da aber gegen einen WertfestsBeschluß des OLG, wie gegen dessen Beschlüsse überhaupt die Beschwerde unzulässig ist, kann das RG auch nicht mehr dann in die Lage kommen, außerhalb eines Revisionsverfahrens von Amts wegen die Festsetzung nach § 18 GKG zu ändern, weil die Sache auf anderem Wege als dem der Revision nicht mehr an das RG gelangt.

4. Einlegung der Rechtsmittel.

A. Form.

1. Über die Erinnerung kann ohne vorgängige mündliche Verhandlung entschieden werden (§ 104 Abs. 3 Satz 3 ZPO). Daraus ergibt sich, daß die Erinnerung schriftlich einzureichen oder, soweit es zulässig ist (unten 2), zu Protokoll des UrkB zu erklären ist. Telegraphische Übermittelung genügt, RG 44, 369; KG JW 25, 2342 [8]. Das Schriftstück braucht nur erkennen zu lassen, daß eine Entscheidung des Prozeßgerichts verlangt wird, KG Rsp 29, 200, und ist bei dem UrkB einzureichen, dessen Entscheidung angefochten wird. Es muß bis Mitternacht des letzten Tages der Notfrist eingegangen, und zwar dem zuständigen Beamten ausgehändigt worden sein, KG KGBl 13, 52; strenger OLG Stuttgart, Hamburg Rsp 17, 140; 25, 123. Durch Einwurf in den gerichtlichen Briefkasten, Niederlegung im Amtszimmer, Übergabe an einen nicht zuständigen Unterbeamten wird die Frist nicht gewahrt, RG 76, 127; JW 05, 52[26]; 10, 480[24]; 11, 547[28]; OLG Darmstadt, Hamburg Rsp 17, 138, 139; auch nicht durch Abgabe in der Privatwohnung des UrkB, KG, Hamburg Rsp 19, 125; 31, 35, 70; KGBl 13, 22, *aM* KG KGBl 13, 52, 91; Rsp 35, 50; DJZ 20, 661, wohl aber durch Eingang bei der gerichtlichen Briefannahmestelle, KG KGBl 04, 18; 10, 106, dies auch dann, wenn diese gemeinschaftlich für mehrere Gerichte bestellt ist, RG Recht 06, 66; KG Rsp 19, 125. Dagegen kann in dem Falle, daß das Gericht seine Sendungen von der Post abholen läßt, der Zeitpunkt der Ankunft auf der Post nicht für maßgebend erachtet werden; *aM* RG 69, 137. Eingeschriebene Sendungen werden daher regelmäßig später eingehen als gewöhnliche Sendungen, da die Empfangsscheine vor Aushändigung der Einschreibsendung durch den Vorstandsbeamten vollzogen werden müssen.

2. Ob die Erinnerung vom Anwaltszwange befreit ist, richtet sich danach, ob sie auch zum Protokolle des UrkB angebracht werden darf, § 78 Abs. 2 ZPO. In amtsgerichtlichen Sachen besteht nach § 78 ZPO ein Anwaltszwang überhaupt nicht. Daher kann in ihnen die Erinnerung schriftlich ohne Zuziehung eines RA eingelegt und mündlich zum Protokolle des UrkB erklärt werden. Aber auch in landgerichtlichen Sachen darf die Erinnerung zum Protokolle des UrkB erklärt werden, und sie ist deshalb auch bei Einreichung eines Schriftsatzes vom Anwaltszwange frei, KG Rsp 27, 52 Anm. 1, 104; 29, 200, ferner OLG Celle, Rostock Rsp 29, 26; 33, 102; *aM* OLG Naumburg Rsp 27, 52.

Ist das Rechtsmittel zum Protokoll eines dem zuständigen Gerichte nicht angehörenden UrkB erklärt, so wird die Frist nur gewahrt, wenn das Schriftstück innerhalb der Frist bei dem zuständigen Gericht eingegangen ist, RG 65, 345. Wird es von einem anderen Anwalt, als dem Prozeßbevollmächtigten eingelegt, so ist mindestens auf Rüge der Gegenpartei schriftliche Vollmacht beizubringen, KG JW 34, 495[1]. Geschieht dies nicht, muß die Beschwerde auf Kosten des machtlosen Vertreters als unzulässig verworfen werden.

3. Die unbefristete Erinnerung (oben 1 A), deren Zulässigkeit sich unmittelbar aus § 576 ZPO ergibt, kann ebenfalls zum Protokolle des UrkB erklärt werden und unterliegt bei schriftlicher Einlegung ebensowenig dem Anwaltszwange.

4. Über die Form der Beschwerde, mag sie befristet oder unbefristet sein, trifft § 569 Abs. 2 ZPO Bestimmung.

Wenn der Rechtsstreit bei einem Amtsgericht anhängig ist oder anhängig war, kann die Beschwerde außer durch Einreichung einer Beschwerdeschrift auch durch Erklärung zum Protokolle des UrkB eingelegt werden und unterliegt deshalb nicht dem Anwaltszwange, § 78 Abs. 2 ZPO.

In landgerichtlichen Sachen muß die Beschwerde von einem Anwalt ausgehen, obwohl für das KostenfestsGesuch und die Erinnerung gegen den Beschluß des UrkB kein Anwaltszwang besteht, ZPO § 78; RG 36, 363; OLG Nürnberg Rsp 40, 361; OLG Karlsruhe HRR 29, 840. Dies gilt auch für solche Sachen, die zuerst beim Amtsgericht angebracht und von diesem nach §§ 276, 506, 697, 700 ZPO an das Landgericht verwiesen worden sind, KG, Rostock Rsp 27, 104; 33, 102. Denn wenn auch jede solche Sache bei einem Amtsgericht anhängig war und unter den Wortlaut des § 569 Abs. 2 ZPO fallen würde, so ist doch der Sinn dieser Vorschrift dahin aufzufassen, daß nur dann der Anwaltszwang für die Beschwerdeeinlegung wegfällt, wenn der Beschluß, der zu der Beschwerde Anlaß gegeben hat, von einem Amtsgericht erlassen worden ist, daß aber das Gegenteil gilt, wenn jener Beschluß gegen eine Entscheidung des UrkB des Landgerichts vom Landgericht ergangen ist, RG 35, 384. Zur Vertretung der beschwerdeführenden Partei ist nur ein beim Prozeßgerichte zugelassener RA geeignet, § 78 ZPO. Prozeßgericht im Sinne des § 78 ist das Gericht, bei dem die Beschwerde eingelegt wird. Ihre Einlegung erfolgt bei dem Gericht, dessen Entscheidung angefochten wird, und ist im Falle der sofortigen Beschwerde auch bei dem Beschwerdegerichte zulässig, selbst dann, wenn der Fall für dringlich nicht erachtet wird, §§ 569 Abs. 1, 577 Abs. 2 ZPO. Je nachdem die Beschwerde hier oder dort eingelegt wird, ist ihre Unterzeichnung durch einen bei dem Oberlandesgerichte oder bei dem Landgerichte zugelassenen RA erforderlich, RG (Pl.) 1, 431; 7, 403; Gruch 26, 1146; 37, 396; KG JW 37, 2220[36]. Sind die Vorschriften über den Anwaltszwang nicht beobachtet worden, so ist die Beschwerde als unzulässig zu verwerfen, ZPO § 574; RG JW 99, 159[4]. Eine durch Namenzugstempel oder sonst auf mechanischem Wege hergestellte Unterschrift genügt nicht, RG (Gr. Sen.) JW 36, 1757[1]; die fehlende Unterschrift muß innerhalb der Beschwerdefrist nachgeholt werden. Vgl. jedoch RG JW 39, 145[3] (in

Strafsachen), wonach die Einreichung einer beglaubigten Abschrift des Strafantrages der vorgesetzten Behörde formgültig sein kann, und die entgegengesetzte alte Rsp aufgegeben wird. Gibt das OLG die durch einen beim LG zugelassenen RA eingelegte Beschwerde so zeitig an das LG zurück, daß sie noch in der Beschwerdefrist beim Landgericht eingeht, so wird der Mangel geheilt, RG JW 04, 117[18]. Die Vollmacht muß dem RA, wenn auch nur mündlich, vor Ablauf der Frist erteilt worden sein, ihr Nachweis kann später erfolgen, KG Rsp 39, 37; OLG Hamburg JW 32, 2898[15]. Telegraphische Übermittelung der Beschwerde ist nicht ausgeschlossen, da eine Zustellung nicht stattfindet, RG 44, 369; JW 21, 527[7]; Hamburg Rsp 40, 383; Jonas § 207 IV ZPO; *aM* OLG Hamburg HansGZ 17, 63. Die Beschwerdefrist gegen einen Beschluß des Landgerichts wird auch durch ein an das Landgericht gerichtetes, aber bei der Staatsanwaltschaft bei diesem Gericht eingegangenes Telegramm gewahrt, OLG Kiel JW 35, 3491[70]. Die fernmündliche Durchsage eines Telegramms an das Gericht wahrt nicht die Beschwerdefrist, OLG Königsberg JW 33, 2714[14]. Die Einlegung eines Rechtsmittels durch ein telefonisch aufgegebenes, dem Empfänger schriftlich mitgeteiltes Telegramm ist zulässig, auch wenn die Urschrift des Aufgabetelegramms nicht vorliegt, RG JW 33, 515[9].

B. Inhalt. Für den Inhalt der Erinnerung gilt dasselbe, wie für die Beschwerdeschrift. Das im folgenden über die Beschwerde Gesagte ist daher auf die Erinnerung entsprechend anzuwenden. Es genügt, wenn die Rechtsmittelschriften den angefochtenen Beschluß bezeichnen und die Erklärung, das Rechtsmittel einzulegen, enthalten. Alsdann gilt der ganze Inhalt des Beschlusses, soweit er dem Beschwerdeführer nachteilig ist, als angefochten. Der Beschwerdegrund braucht nicht bezeichnet und ein bestimmter Antrag braucht nicht gestellt zu werden, RG 152, 316 = JW 37, 233[17].

Neue Tatsachen und Beweise können sowohl in der Erinnerung als auch in der Beschwerde, der einfachen und der sofortigen, sowohl vom Beschwerdeführer als vom Gegner vorgebracht werden, ZPO § 570. Die neu vorgebrachten Tatsachen brauchen nicht erst nach der angefochtenen Entscheidung entstanden zu sein; ihr verspätetes Vorbringen kann nur auf die Entscheidung über den Kostenpunkt Einfluß üben, RG 42, 401. Ein mangels Belegs gestrichener Posten kann im Rechtsmittelverfahren festgesetzt werden, sofern der fehlende Beleg beigebracht wird. Doch treffen die Kosten den Beschwerdeführer, der den Beleg zu spät vorlegt. Ob ein Posten, der im KostenfestsVerfahren bisher überhaupt nicht geltend gemacht worden war, in der Rechtsmittelinstanz geltend gemacht werden kann, wird vom KG JW 35, 2901[25] bejaht; vgl. aber RG 35, 427. Und OLG Dresden JW 39, 648[44] billigt an Stelle einer gestrichenen Gebühr eine andere bisher nicht beanspruchte Gebühr zu (gestrichen war die Verkehrsgebühr aus § 44 RAGebO, neu gefordert die $^5/_{10}$ Prozeßgebühr aus § 45 RAGebO). Der Entscheidung des KG kann jedoch in solchen Fällen nicht gefolgt werden, in denen nicht wesensähnliche Posten, sondern andersartige Posten (z. B. statt einer Anwaltsgebühr ein Gerichtskostenvorschuß) in der Rechtsmittelinstanz geltend gemacht werden. Wird mit der Erinnerung gegen einen völlig dem früheren Gesuch entsprechenden Beschluß des UrkB ein neuer Posten geltend gemacht, so wird dieser Antrag als neues nachträgliches Kostenfestsetzungsgesuch zu behandeln sein. Es empfiehlt sich, die neuen Tatsachen und Beweise in die Rechtsmittelschrift selbst aufzunehmen, da, wenn bereits auf Grund dieser Schrift entschieden wird, für die an sich mögliche Nachbringung im Schriftenwechsel oder in der mündlichen Verhandlung kein Raum bleibt.

Einreden, die im Festsetzungsverfahren überhaupt versagt sind, können auch nicht in der Rechtsmittelinstanz geltend gemacht werden.

Solange nicht die Rechtsmittelfrist abgelaufen ist, ist die Wiederholung eines zurückgewiesenen oder eines als unzulässig verworfenen Rechtsmittels unter besserer Begründung zulässig, RG (GrSen) DJ 38, 1318 = JW 38, 2236[47]. Wird aber eine sofortige Beschwerde zurückgenommen, so kann sie auch innerhalb laufender Frist nicht von neuem erhoben werden, weil endgültiger Verlust des Rechtsmittels eingetreten ist, OLG Darmstadt JW 35, 3049[24]. Eine Anschließung an eine sofortige Beschwerde ist nicht zulässig, KG JW 35, 2293[36].

5. Verfahren.

I. a) Ist gegen die Entscheidung des UrkB die Erinnerung eingelegt worden, so hat er die angegriffene Entscheidung, ehe er sie dem Gericht vorlegt, nochmals von Amts wegen zu prüfen. In entsprechender Anwendung des § 571 ZPO ist der UrkB befugt, den Kostenfestsetzungsbeschluß abzuändern, wenn er die Erinnerung für begründet erachtet, OLG Hamm, Rsp 37, 103; OLG Braunschweig Rsp 43, 132 Note 2, selbst dann, wenn eine Entscheidung des Gerichts über einen anderen, von der Erinnerung nicht betroffenen Punkt schon ergangen ist, OLG Karlsruhe Rsp 43, 132 Note 2; *aM* OLG Hamm ZDJ 12, 139. Der abgeänderte Beschluß stellt sich als ein neuer Festsetzungsbeschluß dar, der wiederum von Amts wegen zuzustellen ist und von neuem die Notfrist für die Erinnerung in Lauf setzt, OLG Kiel JW 35, 3491[70]. Will der UrkB von seiner Befugnis zur Abänderung keinen Gebrauch machen, hat er die Erinnerung dem Gerichte vorzulegen.

War der Festsetzungsbeschluß nach § 105 Abs. 1 ZPO erlassen worden, so kann zwar, wenn Satz 4 daselbst beachtet worden ist, der Antragsteller keine Erinnerung erheben; wohl aber der Gegner, wenn er sich beschwert fühlt. Der auf die Erinnerung ergehende Beschluß muß nun als ein besonderer Kostenfestsetzungsbeschluß erlassen und daher auch von Amts wegen zugestellt werden. Daraus, daß Beschluß und Urteil selbständig anfechtbar, die Rechtsmittelfristen aber verschieden sind, folgt, daß beide nicht gleichzeitig in Rechtskraft überzugehen brauchen. Dies ist bei der Erteilung des Rechtskraftzeugnisses, das in der Regel nur für das Urteil begehrt wird, zu beachten; erforderlichenfalls ist eine entsprechende Einschränkung hinzuzufügen.

Das Verfahren vor dem UrkB infolge der Erinnerung entspricht dem Verfahren auf das Festsetzungsgesuch. Eine Anhörung des Gegners ist nicht vorgeschrieben, wird aber regelmäßig dann zu erfolgen haben, wenn die Erinnerung auf neue Tatsachen oder Beweise gestützt ist.

Wird der Erinnerung abgeholfen, so ist sie damit erledigt. Die geänderte Entscheidung kann aber unter Umständen dem Gegner Anlaß zur Erinnerung geben.

b) Erachtet der UrkB die Erinnerung für nicht begründet, so wird er bei Vorlegung an das Gericht zweckmäßigerweise bemerken, daß er zur Änderung der angefochtenen Entscheidung keinen Anlaß gefunden habe. Notwendig ist dies nicht. Ebensowenig braucht er zu begründen, weshalb er bei der angefochtenen Entscheidung verblieben ist.

Erachtet der UrkB die Erinnerung für teilweise begründet, so hat er ihr insoweit abzuhelfen und im übrigen eine Entscheidung des Gerichts herbeizuführen, vgl. RG Gruch 39, 1144; jedoch ist fraglich, ob die Erinnerung nicht durch teilweise Abhilfe verbraucht wird.

Die Erklärung des Gegners auf die Erinnerung kann in amts- und landgerichtlichen Sachen, da auch für diese die Einlegung der Erinnerung zum Protokolle zugelassen ist (oben 4A 2ff.), in entsprechender Anwendung des § 573 Abs. 2 ZPO schriftlich oder zum Protokolle des UrkB erfolgen und unterliegt demnach nicht dem Anwaltszwange. Wird jedoch mündliche Verhandlung angeordnet, so müssen sich die Parteien mit Rücksicht darauf, daß die Vorschriften der §§ 569, 573 ZPO nur auf die Einlegung des Rechtsmittels und die schriftlichen Gegenerklärungen entsprechend anzuwenden sind, vor dem Landgerichte durch daselbst zugelassene Anwälte vertreten lassen. Der § 78 Abs. 2 ZPO steht dem Anwaltszwange nicht entgegen, da die mündliche Verhandlung nicht vor dem UrkB, sondern vor dem über die Erinnerung beschließenden Prozeßgerichte stattfindet.

c) Das Gericht darf seinen der sofortigen Beschwerde unterliegenden Beschluß gemäß § 577 Abs. 3 ZPO nicht ändern, sondern hat ohne weiteres die Sache dem Beschwerdegerichte vorzulegen. Da die Beschwerde nur in den Sachen, die bei einem Amtsgerichte anhängig waren, vom Anwaltszwange befreit ist, gilt § 573 Abs. 2 Satz 2 ZPO. daher auch nur für diese Sachen, so daß in allen anderen Sachen die Erklärungen des Gegners durch einen RA zu erfolgen haben, OLG Düsseldorf MdRRAK 37, 39. In den Fällen, in denen Anwaltszwang besteht, kann die erforderte Erklärung sowohl durch einen beim Beschwerdegericht, als durch einen bei dem Gerichte, dessen Entscheidung angegriffen wird, zugelassenen RA abgegeben werden, § 573 Abs. 2 Satz 1 ZPO. Wird eine schriftliche Erklärung erfordert, so empfiehlt es sich, zugleich eine Frist zu bestimmen, nach deren Ablauf ohne weiteres entschieden werden kann. Im Falle mündlicher Verhandlung müssen die Parteien stets durch beim Beschwerdegericht zugelassene RAe vertreten sein.

d) Es ist nicht geboten, aber gestattet, daß das Gericht auf die Erinnerung oder die Beschwerde nicht schon auf Grund der Akten entscheidet, sondern mündliche Verhandlung oder schriftliche Anhörung der Beteiligten vor der Entscheidung anordnet, ZPO § 573. Mündliche Verhandlung wird nur ausnahmsweise, in besonders verwickelten oder zweifelhaften Fällen angeordnet werden. Geschieht dies, so hat das Gericht den diese anordnenden Beschluß mit der Terminsbestimmung und der Ladung den Parteien von Amts wegen zuzustellen (s. oben VII 6f bb). Da die mündliche Verhandlung aber freigestellt ist, bleibt ein Versäumnisverfahren ausgeschlossen. Auch Ruhen des Verfahrens tritt nicht ein, wenn beide Teile ausbleiben; vielmehr ist bei Säumnis einer Partei oder beider Parteien nach Lage der Akten zu entscheiden.

II. Die Prüfung des Rechtsmittels hat sich zunächst darauf zu erstrecken, ob das Rechtsmittel an sich statthaft und in der gesetzlichen Form und Frist eingelegt worden ist.

Mangelt es an einem dieser Erfordernisse, so ist das Rechtsmittel als unzulässig zu verwerfen, ZPO § 574. Gegen den die Beschwerde als unzulässig verwerfenden Beschluß findet keine weitere Beschwerde statt, § 567 Abs. 3, § 568 Abs. 3 ZPO. Mangels gesetzlicher Grundlage kann der Beschwerdeführer nicht vom Beschwerdegericht eine Stellungnahme in Form eines Vorbescheides vor endgültiger Beschlußfassung verlangen; zu einer Rechtsauskunft ist das Beschwerdegericht weder berechtigt noch verpflichtet.

Ist das Rechtsmittel zulässig, so ist in der Sache selbst zu entscheiden. Die Anträge der Parteien bilden den Rahmen, innerhalb dessen die Entscheidung sich zu halten hat. Auch im Rechtsmittelverfahren darf dem Beschwerdeführer nicht zugesprochen werden, was er nicht beantragt hat, RG 35, 427. Andererseits darf der Beschwerdeführer durch die Entscheidung nicht schlechter gestellt werden, als er vorher stand. Wenn das Beschwerdegericht dem Entscheidungsgrunde des angefochtenen Beschlusses nicht beitreten will, die Entscheidung aber aus einem anderen Grunde für zutreffend hält, ist sie aufrechtzuerhalten. Ergeht die Entscheidung ohne mündliche Verhandlung, so ist der gesamte Inhalt der Akten zu berücksichtigen. Nach RG 26, 379; Gruch 42, 1173; OLG Hamm JW 24, 990[31] ist die Prüfung nicht auf die angegriffenen Posten beschränkt, sondern hat festzustellen, ob der Beschwerdeführer durch den KostenfestsBeschluß im ganzen benachteiligt ist, und sich dabei auf alle einzelnen Posten der Kostenrechnung zu erstrecken, ohne Rücksicht darauf, welche Posten im einzelnen vom Beschwerdeführer bemängelt worden sind. Die Ausgleichung ist jedoch nicht zulässig mit rechtskräftig gestrichenen Ansätzen, OLG München Rsp 33, 65. Wenn die Partei die Erinnerung auf bestimmte Punkte beschränkt, so erwachsen die nicht mit der Erinnerung angefochtenen Teile der Entscheidung in Rechtskraft; daher können Posten, die mit der Erinnerung nicht angegriffen waren, nachträglich nicht in der Beschwerde bemängelt werden, KG JVBl 39, 199. Da das Rechtsmittel eine Beschwer voraussetzt, kann mit ihm nicht die Erhöhung von Gebühren verlangt werden, die zu dem geforderten Betrage voll bewilligt worden sind, RG 35, 428. Haben beide Parteien zur Kostenausgleichung Beweis- und weitere Verhandlungsgebühren in gleicher Höhe angemeldet, so kann nicht eine Partei den Ansatz dieser Gebühr des Gegners mit der Begründung anfechten, daß keine Beweisaufnahme stattgefunden habe, ohne gleichzeitig auf den Ansatz der gleichen Gebühr zu verzichten, OLG Dresden JBBl 38, 263.

Eine im Laufe des KostenfestsVerfahrens erfolgte neue Festsetzung des Streitwertes ist zu berücksichtigen.

Soweit das Rechtsmittel unbegründet ist, ist es zurückzuweisen. Soweit es als begründet erachtet wird, ist die Vorentscheidung zu ändern und anderweit zu entscheiden. Die in diesem Falle erforderlichen Anordnungen können vom Beschwerdegerichte dem ersten Richter übertragen oder von der Rechtsmittelinstanz selbst getroffen werden, ZPO § 575. Die Übertragung hat regelmäßig zu geschehen, wenn eine Sachentscheidung von der Vorinstanz abgelehnt worden war. Die Zurückverweisung empfiehlt sich, wenn noch eine tatsächliche Aufklärung durch die Vorinstanz angemessen erscheint oder an die Erledigung des Rechtsmittels sich noch ein weiteres Verfahren anschließt, RG 23, 370. An die rechtliche Beurteilung in der auf das Rechtsmittel ergangenen Entscheidung sind der UrkB oder der erste Richter gebunden, so daß eine neue Beschwer gegeben ist, wenn sie sich mit jener Beurteilung in Widerspruch setzen, RG Gruch 30, 1154. Bei Zurückverweisung ist die Entscheidung über die Kosten der Beschwerde der Vorinstanz mit zu überlassen. Zwar mag sich die Zurückverweisung vom Prozeßgericht an den UrkB mit der entsprechenden Anwendung des § 575 ZPO rechtfertigen lassen. Zweckmäßig ist es aber nicht, wenn das Prozeßgericht, das die Erinnerung ganz oder zum Teil für begründet erachtet, nur eine dahingehende Anordnung trifft und die weitere Anordnung dem UrkB überträgt. Ein solches Verfahren kann Unsicherheit und Verwirrung schaffen. Wenn der UrkB nunmehr in Ausführung des Beschlusses des Prozeßgerichts seinen Kostenfestsetzungsbeschluß ändert, dabei aber von dem Beschluß des Prozeßgerichts zum Teil abweicht, sind folgende Rechtsmittel gegeben:

a) Die Partei, die sich bei dem Beschluß des Prozeßgerichts nicht beruhigt, kann hiergegen sofortige Beschwerde einlegen; nicht etwa muß sie Erinnerung gegen den neuen Änderungsbeschluß des UrkB einlegen. Die sofortige Beschwerde, die an das dem Prozeßgericht übergeordnete Gericht geht, ergreift dann den Beschluß des Prozeßgerichts und damit auch den in Ausführung dieses Beschlusses ergangenen neuen Beschluß des UrkB, KG DR 39, 1185[41].

b) Die Partei, welche die Abweichung des UrkB vom Anweisungsbeschluß des Prozeßgerichts rügt, kann gegen den neuen Beschluß des UrkB Erinnerung einlegen, die an das Prozeßgericht geht.

Einfacher ist es, wenn das Prozeßgericht sogleich auch ziffernmäßig über die Erinnerung entscheidet, OLG Breslau HRR 35, 40. Dann gibt es nur die sofortige Beschwerde gegen seinen Beschluß und das Kostenfestsetzungsverfahren kommt schneller zum Abschluß. Bei rechnerischen Schwierigkeiten kann sich das Prozeßgericht der Hilfe des UrkB bedienen, und es ist praktischer, wenn der UrkB eine anderweite Berechnung schon vor Erlaß des bezifferten Beschlusses des Prozeßgerichts vornimmt, als wenn erst ein nur auf Anweisung an den UrkB lautender Beschluß des Prozeßgerichts und dann auch ein neuer rechnungsmäßiger Beschluß des UrkB ergeht. Ferner empfiehlt es sich, daß das Prozeßgericht, wenn es in Abweichung von dem Kostenfestsetzungsbeschluß weitere Beträge für erstattungspflichtig oder festgesetzte Beträge für nicht erstattungspflichtig erachtet, nur diese Beträge fest- bzw. absetzt und nicht unter Aufhebung des Kostenfestsetzungsbeschlusses die gesamten zu erstattenden Beträge festsetzt. Dann werden prozessuale Schwierigkeiten vermieden, wenn nunmehr auch die andere Partei gegen den Kostenfestsetzungsbeschluß Erinnerung auf Absetzung oder weitere Festsetzung einlegt.

Zweifelhaft ist, welche Bedeutung §§ 536, 537 ZPO haben und inwieweit sie für das Beschwerdeverfahren gelten. Grundsatz ist, daß der Beschwerdeführer durch die auf Grund der Erinnerung oder Beschwerde ergehende Entscheidung nicht schlechter gestellt werden darf, als durch die angefochtene Entscheidung, es sei denn, daß auch der Gegner die Entscheidung selbständig (Anschließung ist unzulässig, OLG Marienwerder, Dresden Rsp 27, 47; 40, 386; KG JW 35, 2293[36]) angefochten hat. Zulässig ist aber, die im Kostenfestsetzungsbeschlusse oder auf Erinnerung ergangene Entscheidung über die Kosten des Kostenfestsetzungsverfahrens von Amts wegen zu ändern. Eine sachliche Änderung bei einem Mangel in den Prozeßvoraussetzungen zu gestatten (Jonas § 536 II 1 ZPO), unterliegt schweren Bedenken. Die angefochtene Entscheidung im KostenfestsVerfahren über den Rahmen des § 536 ZPO hinaus zu ändern, erscheint selbst dann nicht zulässig, wenn die Vorinstanz von Amts wegen zu berücksichtigende Vorschriften außer acht gelassen hat. Ist im Ausgleichungsverfahren des § 106 ZPO der Gegner zur Einreichung seiner Kostenberechnung nicht aufgefordert worden, trifft § 539 ZPO zu. Da selbst einer sonst von Amts wegen zu beachtenden Unzuständigkeit in der Rechtsmittelinstanz die Berücksichtigung versagt wird (ZPO § 528, § 549 Abs. 2), entspricht es dem Geiste der ZPO, wenn man erstinstanzliche Verstöße gegen zwingende Vorschriften als geheilt behandelt, sofern die betroffene Partei dem nicht widerspricht. Im übrigen kann die Beschwerde nicht darauf gestützt werden, daß das Gericht erster Instanz seine örtliche Zuständigkeit mit Unrecht angenommen hat; denn § 512a ZPO ist im Beschwerdeverfahren entsprechend anzuwenden, KG JW 32, 183, 201; 38, 249[21]; LG Dresden DR 39, 587[13].

Wird auf die Erinnerung oder Beschwerde der KostenfestsBeschluß aufgehoben oder der Betrag herabgesetzt, so ist das Gericht zur Anordnung der Rückzahlung geleisteter Beträge nicht befugt. Die Anwendung des nur für Urteile gegebenen § 717 Abs. 2 ZPO ist ausgeschlossen, RG 49, 411, 50, 406; 51, 41; JW 97, 464[20]; 99, 533[5]; SeuffA 47, 366; Gruch 40, 1183; OLG Celle Rsp 15, 273. Die Kostenfestsetzung auf Grund eines vorläufig vollstreckbaren Urteils wird gegenstandslos, wenn das Urteil geändert wird; dasselbe gilt von den in dem früheren Kostenfestsetzungsverfahren ergangenen Entscheidungen, KG JW 34, 3146[2]; 36, 3073[47].

Die noch schwebende Erinnerung oder sofortige Beschwerde ist in solchen Fällen für gegenstandslos zu erklären, wenn sie nicht ausdrücklich aufrechterhalten wird, oder in Kenntnis des Umstandes, daß das Kostenfestsetzungsverfahren gegenstandslos geworden ist, eingelegt worden ist; dann ist sie als unzulässig zu verwerfen.

Die Entscheidung ergeht in allen Fällen in Form eines Beschlusses. Daß die Beschlüsse von allen Richtern, die bei der Entscheidung mitgewirkt haben, unterschrieben werden, ist gesetzlich nicht vorgeschrieben, da § 329 Abs. 2 ZPO weder § 313, noch § 315 anführt. Es genügt also die Unterschrift des Berichterstatters und des Vorsitzenden, RG 3, 440; KGJ 3, 8; OLG Breslau JW 25, 2343[12]. Auch eine Begründung des Beschlusses ist nicht vorgeschrieben, wird aber meist gegeben. Der auf die Erinnerung ergehende Beschluß ist, wenn er auf Grund mündlicher Verhandlung erlassen wird, zu verkünden, andernfalls von Amts wegen zuzustellen; beim Beschwerdebeschluß genügt formlose Mitteilung, § 329 Abs. 3, § 567 Abs. 3, § 568 Abs. 3 ZPO, wenn er keinen Vollstreckungstitel bildet. Die Notfrist läuft gemäß § 577 Abs. 2 ZPO stets erst von der Zustellung an. War also der Beschluß verkündet worden, so muß die Partei den Beschluß zustellen, um die Notfrist in Lauf zu setzen, wenn es sich um einen erstinstanzlichen Beschluß des Landgerichts handelt, während die im Erinnerungsverfahren ergehenden Beschlüsse des Amtsgerichts nach § 496 ZPO von Amts wegen zugestellt werden. Ein nicht verkündeter Beschluß kann geändert werden, solange er nicht vom zuständigen Beamten in den Ausgang gegeben, oder mündlich durch ein Mitglied des Beschwerdegerichts oder UrkB mitgeteilt worden ist; bis dahin sind schriftliche Erklärungen der Beteiligten, die bei Gericht eingehen, zu berücksichtigen, RG JW 37, 3045[39]; DR 39, 1334[35]; KG KGBl 22, 20.

6. Wirkung.

Durch die Einlegung der Rechtsmittel wird die Vollziehung der im KostenfestsVerfahren ergangenen Entscheidung nicht gehemmt. Dieser Grundsatz gilt allgemein, gleichviel, ob der Beschluß als besonderer oder gemäß § 105 ZPO in Verbindung mit dem Urteil erlassen worden ist, für die Erinnerung wie für die sofortige Beschwerde, und findet selbst dann Anwendung, wenn durch die Vollziehung der angefochtenen Entscheidung der Erfolg des Rechtsmittels vereitelt werden kann.

Es kann aber das Gericht vor der Entscheidung über die Erinnerung anordnen, daß die Vollstreckung aus dem Festsetzungsbeschluß auszusetzen sei, § 104 Abs. 3 Satz 4 ZPO. Weder die Einstellung, noch die Einstellung gegen Sicherheitsleistung noch die Ablehnung der Einstellung der Vollstreckung aus dem Kostenfestsetzungsbeschluß sind mit der Beschwerde anfechtbar, KG v. 25. 9. 30 (20. W. 9420. 30), v. 24. 5. 33 (20. W. 4873. 33), LG Berlin v. 19. 1. 33 (227. T. 424. 33), v. 3. 12. 35 (227. T. 14641. 35), v. 9. 7. 37 (227. T. 6661. 37). Denn der 5. Satz in § 104 Abs. 3 bezieht sich nicht auf den 4. Satz, sondern auf die Entscheidung über die Erinnerung

(3. Satz), und die einstweilige Anordnung ist keine (endgültige) Entscheidung im Sinne des § 567 Abs. 1 ZPO.

Wird Beschwerde eingelegt, so kann nach § 572 Abs. 2 und 3 ZPO diese Anordnung von dem Gerichte, dessen Entscheidung angefochten wird, und auch von dem Beschwerdegerichte getroffen werden. Dieses darf außer der Aussetzung der Vollziehung noch andere einstweilige Anordnungen erlassen, z. B. daß die Vollziehung gegen Sicherheitsleistung einzustellen oder nur gegen solche fortzusetzen sei. Die Anordnung wird am Platze sein, wenn gegen die angefochtene Entscheidung Bedenken vorliegen, die Entscheidung in der Beschwerdeinstanz aber nicht alsbald ergehen kann. Diese einstweiligen Maßnahmen können von Amts wegen getroffen werden und sind unanfechtbar, § 567 Abs. 3, § 568 Abs. 3 ZPO. Dem UrkB steht die Befugnis zu den Anordnungen aus § 104 Abs. 3 und § 572 ZPO **niemals** zu.

7. Zurücknahme und Verzicht.

Die **Zurücknahme** der Erinnerung und Beschwerde kann bis zur Entscheidung auf diese Rechtsmittel, d. h. solange erfolgen, als die Entscheidung nicht vom zuständigen Beamten in den Ausgang gegeben (vgl. oben Ziff. 5 a. E.), oder mündlich durch ein Mitglied des Beschwerdegerichts oder UrkB mitgeteilt worden ist. Daß der Beschluß bereits vom Richter (bzw. allen Richtern) unterschrieben ist, steht der Wirksamkeit der Rücknahme des Rechtsmittels nicht entgegen; der Beschluß ist in einem solchen Falle nicht abzusenden. Der Beschluß ist von Amts wegen aufzuheben, wenn zur Zeit seiner Absendung die Beschwerde zurückgenommen war, der Rücknahmeschriftsatz aber dem Gericht nicht vorgelegen hat. Die Rücknahme kann in jeder Form erfolgen, die in dem Betriebe des Rechtsmittelverfahrens überhaupt rechtswirksam ist. Gerichtskosten werden dann nicht erhoben. Denn die Erinnerung ist nach § 1 GKG gebührenfrei, und für die Beschwerde wird nach § 38 Abs. 2 GKG eine Gebühr nur erhoben, wenn die Beschwerde verworfen oder zurückgewiesen wird. Die Rücknahme zieht aber die Verpflichtung des Zurücknehmenden, die außergerichtlichen Kosten zu tragen, nach sich. Diese Verpflichtung ist entsprechend § 515 Abs. 3 ZPO auf Antrag durch Beschluß auszusprechen, OLG Karlsruhe JW 33, 1899[8]; OLG Düsseldorf JW 35, 872[4], wenn der Gegner die Zurückweisung beantragt hatte, ObG Danzig DanzJZ 38, 88.

Der **Verzicht** auf die Rechtsmittel ist bei entsprechender Anwendbarkeit des § 514 ZPO wirksam unabhängig davon, ob der Gegner die Verzichtleistung angenommen hat; Jonas § 567 IV 5 ZPO.

8. Die Kosten des Rechtsmittelverfahrens.

1. Da die Kostenfestsetzung in einem selbständigen Verfahren erfolgt, finden auf die Rechtsmittel die allgemeinen Grundsätze der §§ 91 ff. ZPO Anwendung. Für die Verhandlung und Entscheidung über die Erinnerung werden freilich keine Gerichtsgebühren erhoben, weil das Kostenfestsetzungsverfahren durch die Prozeßgebühr abgegolten wird. Dagegen kann der Anwalt gemäß § 23 Ziff. 10 RAGebO $^3/_{10}$ der in den §§ 13—17 bestimmten Gebühren berechnen, freilich nur, wenn er nicht auch den Antrag auf Kostenfestsetzung gestellt hat, § 30 Abs. 3 RAGebO. Es können demnach doch Kosten durch die Erinnerung entstehen, so daß eine Kostenentscheidung sich auch bei ihr nicht entbehren läßt, OLG Marienwerder Rsp 21, 396; OLG Karlsruhe BadRPrax 13, 86; gegebenenfalls nachträgliche Kostenentscheidung unter entsprechender Anwendung von §§ 319, 321 ZPO.

Für das Verfahren in der Beschwerdeinstanz werden nach § 38 Abs. 2 GKG Gerichtskosten, und zwar die volle Gebühr, nur erhoben, soweit die Beschwerde als unzulässig verworfen oder zurückgewiesen wird.

Hiernach bedarf es keiner Entscheidung wegen der gerichtlichen Beschwerdekosten. Jedoch wird die Kostenentscheidung regelmäßig getroffen. Für die Berechnung der Beschwerdegebühr aus § 38 GKG ist nicht der Streitwert z. Z. der Einlegung der Beschwerde, sondern z. Z. der Entscheidung maßgebend, KG JW 35, 550[4].

Eine Entscheidung wegen außergerichtlicher Kosten der Erinnerung und Beschwerde kann nur ergehen, wenn der Gegner der Erinnerung und Beschwerde widersprochen hat, ObG Danzig DanzJZ 38, 88.

Nach OLG Naumburg JW 35, 3648[25] sollen, wenn eine Partei die Kostenfestsetzung aus einem nur vorläufig vollstreckbaren Urteil betreibt, die Kosten einer von ihr im Kostenfestsetzungsverfahren eingelegten, durch Fortfall des bloß vorläufig vollstreckbaren Titels gegenstandslos gewordenen Beschwerde die Partei selbst dann treffen, wenn die Beschwerde bis zum Fortfall jenes Titels sachlich begründet gewesen ist. Dem kann nicht zugestimmt werden. Wird die sofortige Beschwerde für gegenstandslos erklärt, dann wird nach § 38 Abs. 2 GKG keine Gerichtsgebühr erhoben; höchstens können dann dem Beschwerdeführer die außergerichtlichen Kosten des Gegners auferlegt werden, wenn dieser der Beschwerde widersprochen hat, und die Beschwerde unbegründet gewesen ist. Wird dagegen die Beschwerde als unzulässig verworfen (s. oben 5 II b), dann fallen dem Beschwerdeführer die Gerichtskosten zur Last; die außergerichtlichen Kosten aber nur, wenn der Gegner widersprochen hatte.

Bei teilweiser Änderung bestimmt das Verhältnis des Unterliegens der Parteien den Maßstab für die Verteilung der Kostenlast, § 92 ZPO.

Die Kosten fallen der Partei und nur im Falle des § 124 ZPO dem RA zur Last. Freilich ist die Anwendung von § 102 ZPO nicht ausgeschlossen.

2. Die Kosten der Beschwerdeinstanz werden ebenso wie die der ersten Instanz durch den UrkB erster Instanz festgesetzt.

3. Der Wert des Streitgegenstandes wird nach den nämlichen Grundsätzen wie in erster Instanz berechnet. § 6 GKG findet auch auf die Beschwerde Anwendung; nicht unrichtige Sachentscheidung sondern nur grober Verfahrensverstoß begründet eine Niederschlagung der Kosten, KG JW 35, 550[4].

XIII. Die Kostenfestsetzung im Mahnverfahren und bei der Zwangsvollstreckung.

A. Mahnverfahren.

1. Gesuch um Erlassung des Zahlungsbefehls, ZPO §§ 688ff. Anwaltszwang besteht nicht. Hat aber der Gläubiger einen RA zugezogen, so sind die Anwaltsgebühren (RAGebO § 38) von dem Schuldner stets zu erstatten, auch wenn der Gläubiger das Gesuch um Erlaß des Zahlungsbefehls selbst hätte anfertigen können, § 91 Abs. 2 ZPO; OLG Dresden JW 22, 1532[3]; OLG Hamm JW 25, 2368[29]; LG Berlin JW 36, 2008[94]. In den Zahlungsbefehl sind zugleich die Kosten des Verfahrens ihrem Betrage nach aufzunehmen, ZPO § 692. Der Gläubiger hat die Anwaltskosten im Mahngesuche zu berechnen. Zu den Kosten gehört die vom Gläubiger im voraus zu zahlende Mahngebühr (§ 31 Abs. 1 GKG), sowie die ihm durch das Verfahren erwachsenden, im Mahngesuche zu berechnenden außergerichtl. Kosten, insbesondere die Anwaltsgebühren nach § 38 RAGebO und etwaige Auslagen. Für Zustellungen können Auslagen nur noch im Falle des § 73 GKG berechnet werden, da der Zahlungsbefehl von Amts wegen zugestellt wird, § 693 ZPO.

2. In den Vollstreckungsbefehl, der auf Antrag des Gläubigers nach Ablauf der Widerspruchsfrist auf den Zahlungsbefehl zu setzen ist, sofern nicht vor der Vollstreckbarkeitserklärung von dem Schuldner Widerspruch erhoben worden ist, sind die von dem Gläubiger zu berechnenden Kosten des bisherigen Verfahrens aufzunehmen und gelangen ohne weiteres mit zur Vollstreckung, ZPO § 699. Der Vollstreckungsbefehl ist demnach gleichzeitig Festsetzungsbeschluß. Die bereits in dem Zahlungsbefehle berechneten Kosten können nicht nochmals in den Vollstreckungsbefehl aufgenommen zu werden. Dagegen gehören in den Vollstreckungsbefehl die weiter entstandenen Anwaltskosten des Gläubigers sowie die Auslagen (§§ 38, 76 RAGebO). Besondere Gerichtskosten entstehen durch Erlaß des Vollstreckungsbefehls nicht, § 31 Abs. 1 GKG. Ob die bei Erlassung des Zahlungsbefehls übersehenen Kosten in den Vollstreckungsbefehl aufgenommen werden können, ist streitig, dürfte aber zu bejahen sein, weil § 699 Abs. 1 ZPO von den Kosten des bisherigen Verfahrens spricht.

Die Zustellungskosten des Vollstreckungsbefehls brauchen nicht mehr mit aufgenommen zu werden, da nach § 788 Abs. 2 ZPO die Zustellungskosten bei der Zwangsvollstreckung mit beigetrieben werden können. Der Vollstreckungsbefehl kann wegen etwa übersehener Kosten ergänzt werden.

Ein besonderes Kostenfestsetzungsverfahren ist im Mahnverfahren hiernach im allgemeinen entbehrlich. Zulässig ist es aber, da der Vollstreckungsbefehl einem vorläufig vollstreckbaren Urteile gleichsteht, ZPO § 700, zudem in § 794[4] ZPO ausdrücklich als Vollstreckungstitel aufgeführt worden ist und deshalb nach § 103 ZPO die Grundlage für ein Kostenfestsetzungsverfahren bilden kann, KG KGBl 17, 39; Breuer JW 36, 1935; *aM* LG Berlin JW 36, 2008[95], das aber JW 36, 2009[97] den Vollstreckungsbefehl für die Kosten der Zwangsvollstreckung als einen zur Kostenfestsetzung geeigneten Titel ansieht. Der § 104 Abs. 2 ZPO ist im Mahnverfahren entsprechend anzuwenden, LG Berlin JW 36, 2009[96]. Wenn es sich darum handelt, die Kosten des ordentlichen Rechtsstreits in Verbindung mit den Kosten eines vorangegangenen Mahnverfahrens festzusetzen, so gelten die allgemeinen Vorschriften; ebenso, wenn in der Zwangsvollstreckung eine besondere Kostenfestsetzung erforderlich wird. Die Kosten des Mahnverfahrens dürfen nicht aus dem Grunde abgesetzt werden, weil der Gläubiger den Widerspruch des Schuldners hätte voraussehen müssen; denn der Gläubiger hatte die freie Wahl zwischen Mahnverfahren und ordentlichem Rechtsstreit. Aus diesem Grunde kann der Gläubiger umgekehrt die Kosten des Rechtsstreits auch dann erstattet verlangen, wenn schon das Mahnverfahren zum Ziele geführt haben würde.

3. Der Zahlungsbefehl wird von dem Amtsgericht erlassen. (Über den Erlaß von Zahlungsbefehlen gegen im Lande Österreich wohnhafte Schuldner durch Gerichte im Altreich vgl. AVdRJM v. 19. 11. 38 DJ 1900). Ist nach Art. VI §1 II 2 des Gesetzes zur Entlastung der Gerichte v. 11. 3. 21 (RGBl 229) die Entscheidung über Gesuche um Erlaß eines Zahlungsbefehls dem UrkB (Rechtspfleger) übertragen, dann kann gegen seine Entscheidung gemäß § 576 Abs. 1 ZPO richterliche Entscheidung nachgesucht werden. Gegen die im Zahlungsbefehl enthaltene Kostenfestsetzung kann der Schuldner Widerspruch erheben, § 694 Abs. 1 ZPO. Die Widerspruchsfrist beträgt höchstens eine Woche, ist aber den Vorschriften über die Einlassungsfrist entsprechend zu bemessen, wenn diese weniger als eine Woche betragen würde. Ist ein Teil der vom Gläubiger beanspruchten Kosten in den Zahlungsbefehl nicht aufgenommen worden, so hat der Gläubiger gegen diesen unter Verletzung des § 691 Abs. 2 ZPO erlassenen Zahlungsbefehl keinen Rechtsbehelf, OLG Hamburg LZ 20, 902; LG Berlin JW 36, 2009[98 A]; *aM* OLG Celle Rsp 39, 66; LG Altona JW 35, 229[1]. Sobald der Gläubiger in dem etwa nachfolgenden Rechtsstreit einen vollstreckbaren Titel erlangt hat, dürfte aber einem Antrag auf besondere Festsetzung der nicht berücksichtigten Kosten nichts im Wege stehen.

Der Vollstreckungsbefehl ist vom UrkB zu erlassen (§ 699 ZPO), der hier auch die Kostenfestsetzung vornimmt. Will er den Vollstreckungsbefehl ganz oder zum Teil, z. B. wegen der Kosten, nicht erlassen, so hat er das Gesuch nach § 699 Abs. 2 ZPO dem Gericht zur Entscheidung vorzulegen. Hält das Gericht das Gesuch ganz oder teilweise für begründet, so hat es insoweit die Erlassung des Vollstreckungsbefehls durch den UrkB anzuordnen. Gegen den zurückweisenden Beschluß des Gerichts ist die sofortige Beschwerde gegeben. Ist dem Urkundsbeamten (Rechtspfleger) aber die Befugnis zur Zurückweisung eines Gesuchs, einen Zahlungsbefehl für vorläufig vollstreckbar zu erklären, gemäß Art. VI § 1 I EntlG v. 11. 3. 21 (RGBl 229) übertragen worden, dann findet gegen den ganz oder teilweise ablehnenden Beschluß des Rechtspflegers die „befristete Erinnerung" (§ 329 Abs. 3 ZPO) aus § 577 Abs. 4 ZPO statt. Will der Amtsrichter ihr nicht stattgeben, dann darf er keine Entscheidung treffen, sondern muß sie als sofortige Beschwerde dem Landgericht vorlegen, § 577 Abs. 4 ZPO, LG Berlin JW 36, 2009[98]; LG Berlin DRpfl 36 Nr. 206. Der § 577 Abs. 4 ZPO kann aber nicht Platz greifen, wenn der erste Richter teilweise stattgibt und teilweise ablehnt; in einem solchen Fall ist die Entscheidung des 1. Richters zuzustellen und abzuwarten, ob hiergegen eine sofortige Beschwerde eingelegt wird, LG Dresden JW 34, 1197[3]. Die sofortige Beschwerde aus § 699 Abs. 2 ZPO ist nicht an eine Beschwerdesumme gebunden, LG Berlin JW 36, 2009[98A]. Gegen den Vollstreckungsbefehl ist binnen einer Woche nach der Zustellung (§ 508 Abs. 2 ZPO) der Einspruch (auch lediglich wegen der Kosten) zulässig, durch den das Verfahren in die Lage vor Erlassung des Vollstreckungsbefehls zurückversetzt wird.

4. Nimmt der Schuldner den gegen den Zahlungsbefehl erhobenen Widerspruch im Güteverfahren zurück, dann wird das Güteverfahren in das Mahnverfahren zurückversetzt, und der Gläubiger kann den Vollstreckungsbefehl erwirken, und zwar auch wegen der Kosten des Güteverfahrens, LG Berlin JW 34, 3018[5]; 36, 2009[98A], 2010 B. Das gleiche gilt, wenn das Amtsgericht im Güteverfahren einen Beschluß erläßt, daß eine nach Erlaß des Zahlungsbefehls eingegangene Eingabe des Schuldners nicht als Widerspruch anzusehen sei. War aber bei Rücknahme des Widerspruchs das Verfahren in das Streitverfahren übergeleitet, dann bleibt kein Raum mehr für die Erteilung eines Vollstreckungsbefehls; der Kläger muß dann gegen den Beklagten eine Kostenentscheidung und die Festsetzung der Kosten gemäß §§ 103ff. ZPO erwirken, Breuer JW 36, 1935 a. E.; *aM* OLG Dresden HRR 39 Nr. 181, wonach, wenn der Widerspruch nach der Verweisung an das Landgericht, aber vor Anberaumung eines Verhandlungstermins zurückgenommen wird, die Akten an das Amtsgericht zurückzugeben sind, das Vollstreckungsbefehl zu erlassen und dabei auf Antrag die durch die Verweisung entstandenen Kosten zu berücksichtigen hat.

B. Zwangsvollstreckung.

§ 788 ZPO:

„Die Kosten der Zwangsvollstreckung fallen, soweit sie notwendig waren (§ 91), dem Schuldner zur Last; sie sind zugleich mit dem zur Zwangsvollstreckung stehenden Anspruche beizutreiben. Als Kosten der Zwangsvollstreckung gelten auch die Kosten der Ausfertigung und der Zustellung des Urteils.

Die Kosten der Zwangsvollstreckung sind dem Schuldner zu erstatten, wenn das Urteil, aus welchem dieselbe erfolgt ist, aufgehoben wird."

I. Für die Vollstreckungskosten ist ein besonderer Kostenfestf.Beschluß entbehrlich. Diese Kosten können vielmehr als Nebenforderung des zur Zwangsvollstreckung stehenden Anspruchs zugleich mit diesem auf Grund des Schuldtitels für die Hauptsache beigetrieben werden. Sie gehören nicht zu den Kosten des eigentlichen Rechtsstreits und sind nicht auf Grund der Kostenentscheidung des der Vollstreckung zugrunde liegenden Schuldtitels, sondern unmittelbar nach dem Gesetze (§ 788 ZPO) zu erstatten, RG, Gruch. 44, 202; Rsp 13, 193; JW 28, 2153[4]. Daher ist die im Urteile des Hauptprozesses gegebene Entscheidung über die Kosten des Rechtsstreits für die Kosten der Zwangsvollstreckung und ihre Verteilung bedeutungslos. Insbesondere hat die Haftung mehrerer Beklagter für die Prozeßkosten als Gesamtschuldner nicht die Gesamthaft für die Zwangsvollstr.Kosten zur Folge, OLG Hamburg, Rsp 5, 119; den einzelnen Schuldner treffen also nur die durch die Vollstreckung gegen ihn entstandenen Kosten, OLG Kiel, Rsp 16, 326; KG JW 33, 2224[7]; LG Berlin JVBl 36, 198[1]. Auch eine Verteilung der Kosten des Rechtsstreits gemäß § 92 ZPO, die im Schuldtitel erfolgt ist, gilt nicht für die Vollstreckungskosten, OLG Dresden Rsp 15, 96. Die Pfändungsvergünstigung des § 850 Abs. 3 ZPO erstreckt sich (nicht auf die Prozeßkosten und auch) nicht auf die Vollstreckungskosten, weil der Unterhaltsanspruch auf dem bürgerlichen Recht beruht, während die Pflicht zur Zahlung der Vollstreckungskosten sich aus §§ 788, 91 ZPO ergibt, Breuer DDJ 39, 539; anders die herrsch. M. vgl. Schumacher und Sieveking JW 38, 2794.

1. **Vollstreckungskosten** sind zunächst alle dem Gläubiger von der Erteilung der Vollstreckungsklausel an gerichtlich oder außergerichtlich zur Vorbereitung und Ausführung der Vollstreckung entstandenen gerichtlichen und außergerichtlichen Kosten, insbesondere die Kosten der Ausfertigung und der Zustellung des Urteils, vgl. OLG Stuttgart JW 30, 3352[49], also die Kosten der vollstreckbaren Ausfertigung (§ 71 Abs. 1 GKG, und § 76 Abs. 2 Nr. 2 RAGebO), die Gebühren und Auslagen des Gerichtsvollziehers und andere dem Gläubiger aus Anlaß der Zwangsvollstr. erwachsene außergerichtliche Kosten, z. B. Kosten für Ermittelung der Wohnung des Schuldners, LG II Berlin, KGBl 16, 26, eines Grundbuchauszuges zwecks Vorbereitung der Zwangsvollstr. in das unbewegliche Vermögen, OLG Karlsruhe JW 30, 729[14] nicht aber z. B. bei Auflösung einer offenen Handelsgesellschaft durch Urteil die Kosten der Bestellung des Liquidators, OLG Hamburg Rsp 35, 127, ferner nicht die Anwaltskosten zur Herbeiführung der Eintragung einer durch einstweilige Verfügung angeordneten Verfügungsbeschränkung in das Reichsschuldbuch, OLG Dresden HRR 38 Nr. 329. Die Kosten, die für die Rückgabe der gemäß § 713 ZPO zur Erwirkung der Vollstreckung geleisteten Sicherheit aufgewandt worden sind, gehören zu den Vollstreckungskosten, RG JW 93, 561[35]; ebenso die Kosten für die Zwangseintragung in das Grundbuch, KG KGBl 11, 94, und für die Vorbereitung von Handlungen, zu denen der Gläubiger nach §§ 928, 936 ZPO ermächtigt worden war, RG Gruch 30, 1168, weil § 788 ZPO auf die Vollziehung von Arresten und einstweiligen Verfügungen entsprechend anzuwenden ist, OLG Dresden Rsp 25, 227. Wenn der Anwalt des obsiegenden Klägers im Vergleichsverfahren zur Abwendung des Konkurses über das Vermögen des unterlegenen Beklagten auftritt, sind seine nach § 61a RAGebO zu berechnenden Gebühren

als notwendige Kosten der Zwangsvollstreckung anzusehen; der Wert hierfür ist auf die Vergleichsquote zu schätzen. Zu den Vollstreckungskosten gehören nicht die Kosten der Abholung von Sachen, zu deren Herausgabe der Schuldner verurteilt worden ist. Auch Aufwendungen, die nur mittelbar der Vollstreckung dienen, wie die Gegenleistung bei der Pfändung eines Anspruchs aus einem gegenseitigen Vertrag, fallen nicht unter § 788 ZPO. Im Falle des § 887 ZPO für vorbereitende Handlungen entstandene Kosten nur dann als Vollstreckungskosten anzusehen, wenn wenigstens ein Antrag beim Gericht gestellt worden ist (KG Rsp 25, 171), erscheint nicht gerechtfertigt. Die durch Vorauszahlung nicht gedeckten Kosten aus § 887 ZPO können festgesetzt werden, OLG Celle Rsp 20, 367; KG KGBl 14, 98; ebenso die Kosten der Löschung einer Eintragung, KG Rsp 14, 165. Nicht unter die Kosten der Zwangsvollstreckung fallen die Kosten eines Zwischenstreits im Zwangsvollstreckungsverfahren (ZPO §§ 767, 769, 771—773, 785—787, 805), RG Gruch 38 501. Über diese hat das Gericht im Urteil oder im Beschlusse zu entscheiden. Wird eine wertvolle unpfändbare Sache durch Hingabe eines billigeren Ersatzgegenstandes pfändbar gemacht (Austauschpfändung), so hat der Gläubiger (nicht der Schuldner) die Kosten zu tragen, die durch das Angebot des Ersatzgegenstandes entstehen (Kosten des Ersatzgegenstandes selbst und Beförderungskosten zur Durchführung des Angebots), AG Berlin JW 34, 2180; Grund DJ 37, 397; Ritter JW 37, 1673 VI; AG Schöneberg JW 37, 2231[55]; *aM* LG Dresden JW 36, 3142; Lange JRdsch 34, 117; Scheld DGemeinWirtschR 37, 302; Goose ZZP 61, 354. Die im Vollstreckungsschutzverfahren entstehenden Kosten sind nur festzusetzen, wenn eine Kostenentscheidung vorliegt, KG JW 35, 2069[44]. Nach LG Hamburg JW 37, 2246[82]; LG Kiel JW 38, 1920[79]; *aM* LG Dortmund JW 38, 2489[28] kann der Erlaß einer solchen Kostenentscheidung im Wege der sofortigen Beschwerde erzwungen werden. Die Kostenfestsetzungsgebühr gehört zu den Vorbereitungskosten der Zwangsvollstreckung, KG JW 33, 2018[10]. Die Kosten eines Detektivs, der die Vollstreckung auf Herausgabe eines Kindes vorbereitet hat, können erstattungsfähig sein, KG JW 38, 2844[39].

Die in der Zwangsvollstreckung entstehenden erstattungsfähigen Kosten können bei einer Festsetzung auf Grund des § 105 ZPO nicht mit festgesetzt werden. Dem Gläubiger steht es aber jetzt frei, sie bei der Zwangsvollstreckung mit beizutreiben. Dies gilt nicht nur bei Urteilen, gleichviel ob die Festsetzung nach § 105 ZPO stattgefunden hat oder nicht, sondern auch bei allen anderen Vollstreckungstiteln, z. B. Vergleichen. Die genannten Kosten hören aber andrerseits nicht auf, Kosten des Rechtsstreits zu sein, so daß sie auch nach §§ 103ff. ZPO festgesetzt werden dürfen; KG JW 28, 2153[4]; 35, 2069[44]; OLG Stuttgart JW 30, 3352[49].

Zwischen den Kosten der zur Zeit betriebenen und denen einer früheren Zwangsvollstr. wird nicht unterschieden. Es sind also bei einer Zwangsvollstr. auf Antrag außer den durch diese entstandenen Kosten auch die rückständigen Kosten einer früheren, aus demselben Schuldtitel vorgenommenen Zwangsvollstr. ohne gerichtliche Festsetzung mit einzuziehen, LG Dresden JW 39, 181[43].

§ 788 ZPO gilt für alle Vollstreckungsorgane, also sowohl für den Gerichtsvollzieher, als auch für das Vollstreckungsgericht. Er gilt für die Zwangsvollstr., gleichviel ob sie eine Geldforderung oder einen anderen Anspruch zum Gegenstande hat. Er bezieht sich endlich auf jede Art der Zwangsvollstr., auch auf die Liegenschaftsvollstreckung — wegen der Eintragung einer Sicherungshypothek im Vollstreckungswege, s. unten II — und die Pfändung und Überweisung von Forderungen sowie auf die Bestellung eines Sequesters, OLG Breslau Rsp 19, 155. Im Vollstreckungsschutzverfahren findet aber eine Erstattung der durch das Verfahren entstandenen außergerichtlichen Kosten (auch in der Beschwerdeinstanz) nicht statt, wenn es sich um die Zwangsvollstreckung in Grundstücke handelt; anders bei der Zwangsvollstreckung in das bewegliche Vermögen, AG Berlin JW 34, 2504[1]; 37, 2006[37]; Ibert DR 39, 1366; *aM* LG Berlin JW 35, 1050[1]. Die Kosten des Drittschuldners bei einer Erklärung aus § 840 ZPO hat diesem der Gläubiger zu ersetzen; diesem sind sie aber vom Schuldner zu erstatten; denn sie sind Kosten der Zwangsvollstr. Die Kosten des Verfahrens auf Abnahme des durch Urteil erkannten Offenbarungseides über eine Rechnungslegung, Auskunftserteilung u. dgl. hat nach § 261 Abs. 3 BGB derjenige zu tragen, welcher die Leistung des Eides verlangt, KG JW 32, 2167[7]; 34, 1982[3]; jedoch sind die durch eine Zwangsvollstreckung gemäß § 889 Abs. 2, § 888 ZPO entstehenden Kosten nach § 788 ZPO zu prüfen. § 788 ZPO gilt auch bei Geltendmachung der Rechte des RA und Gerichtsvollz. aus § 124 ZPO.

In den Fällen, in denen das Gericht Vollstreckungsorgan ist, hat nicht der UrkB, der nur in den Grenzen der §§ 103ff. ZPO über die Kostenfestsetzung zu entscheiden hat, sondern der Richter, und zwar der Vollstreckungsrichter, die Kosten nach ihrem Betrage festzustellen. Durch das Gesetz zur Entlastung der Gerichte v. 11. 3. 21 (RGBl 229) Art. VI Ziff. II 3 und 4 sind die Landesjustizverwaltungen ermächtigt worden, die Erledigung gewisser Geschäfte des Vollstreckungsgerichts, insbesondere die Beschlußfassung über die Pfändung und Überweisung von Geldforderungen den UrkB (Rechtspflegern) zu übertragen. Insoweit dies geschehen ist, ist damit auch die Zuständigkeit zur Feststellung der Vollstreckungskosten auf den Rechtspfleger übergegangen.

2. Über die **Notwendigkeit** der Kosten ist nach freiem Ermessen zu entscheiden. Die Kosten **eines** Vollstreckungsversuchs sind stets zu erstatten. Leitender Grundsatz ist, daß der Gläubiger nicht zwecklos die Vollstreckungsmaßregeln häufen darf, daß aber die durch Fehlschlagen einer Vollstreckungsmaßregel oder Fristbewilligung entstehenden Mehrkosten nicht ohne weiteres abgestrichen werden dürfen. Soweit die Kosten nicht dem Schuldner zur Last fallen, hat sie der Gläubiger selbst zu tragen, so insbesondere die Kosten einer unstatthaften oder unnötigen Vollstreckungsmaßregel, weil z. B. der Schuldner den Gläubiger schon befriedigt hat, RG 7, 376; 22, 169; KG SeuffA 37, 484 und ZZP 14,

329; OLG Jena SeuffA 42, 83; OLG Königsberg Rsp 20, 346; erstattungsfähige Kosten: OLG Braunschweig Rsp 23, 209. Die Notwendigkeit der aufgewendeten Vollstreckungskosten hat der Richter auch bei der Liegenschaftsvollstreckung zu prüfen, RG 22, 322; *aM* OLG Oldenburg DJZ 10, 375. Die Kosten der Wahrnehmung des Versteigerungstermins durch den Gläubiger sind notwendige Kosten im Sinne der §§ 788, 91 ZPO, OLG Naumburg JW 34, 2493[6]. Ein vollstreckbarer Schuldtitel wird durch eine spätere Wiedereinsetzung in den vorigen Stand gegen den Ablauf der Rechtsmittelfrist nicht berührt; die Vollstreckung aus ihm ist daher ordnungsmäßig, ihre Kosten sind notwendig und festsetzungsfähig, es sei denn, daß z. Z. der Vollstreckung die Einstellung der Zwangsvollstreckung infolge der Wiedereinsetzung angeordnet ist, KG JW 32, 114[1]. Die Einziehungskosten eines Inkassobüros sind neben den Rechtsanwalts- oder Rechtsbeistandskosten nicht erstattungsfähig, wenn es sich um dieselbe Vollstreckungsmaßregel handelt, LG Wuppertal JW 39, 310[41].

Auch bei der Festsetzung von Anwaltsgebühren für die Zwangsvollstreckung ist gemäß § 788 Abs. 1, § 91 Abs. 1 ZPO (im Gegensatz zu § 91 Abs. 2 ZPO) zu prüfen, ob die vom Anwalt zur Durchführung der Ansprüche seiner Partei ergriffenen Maßnahmen notwendig waren, KG JW 33, 542[30]. Regelmäßig kann der Gläubiger wegen des ganzen Anspruchs Vollstreckungsauftrag erteilen; in besonderen Fällen wird man ihm aber zumuten müssen, nur wegen eines Teilbetrags zu vollstrecken; in solchen Fällen kann bei der Kostenfestsetzung ein geringerer Streitwert zugrunde gelegt werden, KG JW 34, 372[2]. Keine Gebühr für Wiederholung desselben Vollstreckungsauftrages infolge äußerer Mängel, KG KGBl 34, 29. Die Kosten einer erfolglosen Gehaltspfändung, die auf einer unrichtigen Auskunft beruht, sind nicht erstattungspflichtig. Unter § 788 ZPO fallen aber die Kosten eines Schriftwechsels, mit dem die vollständige, gegebenenfalls aber ratenweise Einziehung der Forderung bezweckt war. Die Kosten von rechtlich belanglosen Pfändungsankündigungen (wegen eines Anspruchs auf Herausgabe von Kindern) sind nicht zu erstatten, OLG Kiel JW 38, 2848[42].

Die Zwangsvollstreckungsgebühr ist auch bei wiederholter Zwangsvollstr. erstattungsfähig, wenn die Vollstreckungsmaßregel zweckentsprechend war; dies ist zu verneinen, wenn nach fruchtloser Pfändung kein Anlaß vorlag, den Erwerb neuen Vermögens vorauszusetzen. Die Kosten mehrerer Vollstreckungsaufträge sind notwendig, wenn der Schuldner dauernd seinen Aufenthalt wechselt, ohne seine Anschrift dem Gläubiger zu hinterlassen. Ein ZwangsvollstrAkt, der infolge schuldhafter Säumnis des betreibenden Gläubigers wirkungslos bleibt, kann als zur zweckentsprechenden Rechtsverfolgung notwendig nicht erachtet werden. Deshalb können die Kosten eines vorläufigen Zahlungsverbots (§ 845 ZPO) regelmäßig nur dann als notwendig angesehen werden, wenn auf die Vorpfändung eine Zahlung erfolgt, oder die Vorpfändung durch rechtzeitige Erwirkung eines Pfändungsbeschlusses (§ 845 Abs. 2 ZPO) wirksam geblieben ist, OLG Celle Rsp 23, 102; KG JW 30,

192[53], oder der Schuldner nach Zustellung der Pfändungsankündigung die Vollstreckung durch Sicherheitsleistung abgewendet, und aus diesem Grunde sich die endgültige Forderungspfändung erübrigt hat, OLG Dresden DR 39, 889[21] = JVBl 39, 172; *aM* KG KGBl 31, 65. Sonst ist nach Lage des Falles zu prüfen, welche Gründe den Gläubiger bewogen haben, von weiteren Maßnahmen Abstand zu nehmen, und inwieweit schon die Vorpfändung für den Gläubiger Wert haben konnte und gehabt hat, KG DR 39, 1190[50]. Nicht erstattungsfähig sind auch die Kosten der Ladung zum Offenbarungseide, wenn dem Gläubiger bekannt ist, daß der Schuldner ihn innerhalb der letzten 5 Jahre schon geleistet hat, und nicht neuer Vermögenserwerb glaubhaft gemacht wird. Der Gläubiger, der Ableistung des Offenbarungseides fordert, ist aber nicht verpflichtet, in jedem Falle das Schuldnerverzeichnis einzusehen. Denn nach der VO v. 11. 5. 38 (RGBl I 520) hat das Vollstreckungsgericht auf den Antrag auf Abnahme des Offenbarungseides (§§ 807, 900 ZPO) vor der Terminsbestimmung von Amts wegen festzustellen, ob nach den bei ihm geführten Listen innerhalb der letzten fünf Jahre der Schuldner den Offenbarungseid geleistet oder die Versicherung nach § 19d der VO v. 26. 5. 33 (RGBl I 302) abgegeben hat oder gegen ihn die Haft zur Erzwingung der Eidesleistung angeordnet ist; von einer Eintragung ist dem Gläubiger Nachricht zu geben. Die Wahrnehmung des Offenbarungseidstermines durch den Prozeßbevollmächtigten des Gläubigers gehört in der Regel zur zweckentsprechenden Rechtsverfolgung. Die Kosten der dem Gläubiger im Urteil bewilligten Veröffentlichung des Urteils (unlaut. Wettbewerb) sind zu erstatten auch über den üblichen Betrag für eine amtliche Bekanntmachung hinaus, OLG München Rsp 23, 102.

Die Kosten der Löschung einer Sicherungshypothek, die auf Grund eines später im Widerspruchsverfahren aufgehobenen Arrestbefehls eingetragen worden war, gehören zu den dem Schuldner entstandenen Kosten des Arrestaufhebungsverfahrens und können auf Grund des den Arrest aufhebenden Urteils festgesetzt werden; *aM* KG JW 27, 838. Die Gebühren und Auslagen der Rechtsanwälte des Altreichs in Zwangsvollstreckungssachen vor ostmärkischen Gerichten sind erstattungsfähig und auf Grund des österreichischen Rechtsanwaltstarifes zu berechnen, AVdRJM v. 26. 1. 40 DJ 151 = DR 40, 314.

3. Das **Verfahren** vollzieht sich in der Weise, daß der Gerichtsvollzieher, der UrkB (Rechtspfleger) oder gegebenenfalls das Vollstreckungsgericht auf Grund der ihm vom Gläubiger zu unterbreitenden Unterlagen die Kosten dem Betrage und der Notwendigkeit nach prüft, nicht notwendig erscheinende Kosten von der Einziehung ausschließt, die notwendigen aber, deren Berechnung dem Schuldner mitzuteilen ist, zugleich mit dem Hauptanspruche zur Vollstreckung bringt. Jedoch sind Vergleichsgebühr, Hebegebühr und Entwurfsgebühr für eine Übereignungserklärung während der Zwangsvollstreckung nicht ohne gerichtliche Festsetzung vom Gerichtsvollzieher beizutreiben, wenn der Schuldner die Kosten bestreitet, AG Berlin JW 38, 536[35]. Der Gerichtsvollzieher hat

aber auch ohne Kostenfestsetzungsbeschluß die Kosten früherer Pfändungs- und Überweisungsbeschlüsse, der Rechtspfleger die Kosten früherer Gerichtsvollziehermaßnahmen mitzuberücksichtigen, LG Dresden JW 39, 181[43].

Der Ansatz der Vollstreckungskosten, mag er vom Gerichtsvollzieher oder vom UrkB (Rechtspfleger) oder vom Vollstreckungsgericht ausgehen, unterliegt in der Regel der Anfechtung durch die Erinnerung aus § 766 ZPO. Gegen die erstinstanzliche Entscheidung des Vollstreckungsgerichts findet darauf sofortige Beschwerde statt (§ 793), soweit diese nicht unmittelbar gegeben ist (LG Berlin DRpfl Rspr 36 Nr. 206) oder der Widerspruch nach ZVG einzutreten hat. Streitigkeiten zwischen den Parteien selbst sind nach §§ 766 oder 767 ZPO (RG 16, 317) zum Austrage zu bringen. Zu beachten bleibt, daß die Beschränkungen der §§ 99, 567, 568 ZPO auch für die Vollstreckungskosten Platz greifen, KG Rsp 15, 152; LG Dresden JW 36, 3086[72]; 39, 181[43]; LG Bremen HansRGZ 37 B 319; LG Berlin JVBl 38, 348. Lehnt also der Rechtspfleger einen Pfändungs- und Überweisungsbeschluß ab, so ist eine Beschwerde des Gläubigers nur wegen der Kosten nach § 99 Abs. 1, §§ 576, 577 Abs. 4 ZPO unzulässig; wird auf Erinnerung des Schuldners der Pfändungsbeschluß nur wegen der Kosten geändert, so ist sofortige Beschwerde nach § 99 Abs. 3, § 567 Abs. 2 S. 1 ZPO zulässig, LG Dresden JW 39, 708[20].

4. Ein besonderer Festsetzungsbeschluß ist in der Zwangsvollst.-Instanz zwar entbehrlich, aber dennoch zulässig. Die Vorschrift des § 788 ZPO ist zugunsten des Gläubigers gegeben und schließt dessen Befugnis, die ZwangsvollstrKosten festsetzen zu lassen, nicht aus; KG JW 28, 2153[4]; 35, 2069[44]; OLG Naumburg JW 38, 1185[41]. Voraussetzung ist nur, daß ein Schuldtitel vorliegt, und dieser kann auch ein Vollstreckungsbefehl sein, LG Berlin, JW 36, 2009[97]. Der Gläubiger kann an der besonderen Festsetzung ein Interesse haben, z. B. wenn der Schuldner die Richtigkeit und Notwendigkeit der Kosten bestreitet oder die eingeleitete Vollstreckung wegen Befriedigung des Gläubigers nicht ausgeführt wird. Der Nachweis eines besonderen Interesses ist nicht erforderlich; die Kostenfestsetzung ist nur dann zu versagen, wenn besondere Umstände dafür sprechen, daß ein Rechtsschutzinteresse nicht vorliegt, KG JW 35, 2069[44]. Bei der Festsetzung kann nur geprüft werden, ob die Vollstreckungskosten erwachsen sind und unter die §§ 788, 91 ZPO fallen; dagegen kann der Einwand, daß die Kosten bezahlt seien, im Kostenfestsetzungsverfahren nicht erhoben werden.

Zuständig zur Festsetzung der ZwangsvollstrKosten ist der UrkB des Prozeßgerichts erster Instanz, RG 44, 373; 85, 132; JW 14, 882[21]; SeuffA 70, 174; KG Rsp 15, 8; OLG München Rsp 26, 391; OLG Naumburg JW 30, 2805[15]; 38, 1185[41], bzw. des Gerichts, bei dem der Anspruch notarische Urkunde) hätte geltend gemacht werden müssen. Dies gilt auch bei Vollstreckungen ins unbewegliche Vermögen und aus der Konkurstabelle, wo alsdann der UrkB des nach §§ 164 Abs. 3, 146 Abs. 2 KO zuständigen Gerichts die Kosten festzusetzen hat, OLG Celle Rsp 17, 200. Wenn aber im Vollstreckungsverfahren ein besonderer Streit stattgefunden hat, und ein Urteil oder ein Beschluß ergangen ist, und damit ein neuer Schuldtitel für die Kosten geschaffen wurde, so hat der UrkB des Vollstreckungsgerichts die Kosten festzusetzen, KG Rsp 11, 100. Dies trifft z. B. zu für die Kosten des Erinnerungsverfahrens, die dem unterliegenden Gläubiger auferlegt worden sind.

Eine besondere Klage wegen der Kosten der Zwangsvollstreckung ist unzulässig.

5. Wird der Schuldtitel, aus dem die Vollstreckungskosten beigetrieben worden sind, hinterher ganz oder teilweise aufgehoben, so sind dem Schuldner die mitbeigetriebenen Vollstreckungskosten zu erstatten, ZPO § 788 Abs. 2. Die Erstattungspflicht ist in dem aufhebenden Urteil auszusprechen, vgl. § 717 Abs. 2, 3 ZPO. Hierher gehört nicht der Fall, wenn lediglich die vorläufige Vollstreckbarkeit eines Urteils beseitigt wird, ZPO § 718. Der Anspruch auf Erstattung der Kosten erstreckt sich auch auf die dem Schuldner selbst, z. B. für Einstellungsanträge erwachsenen notwendigen Kosten. Die Erstattungspflicht trifft den Gläubiger, nicht den Empfänger der Kosten, z. B. den Gerichtsvollzieher. Abs. 2 § 788 ZPO gilt auch von den Kosten eines wiederaufgehobenen Kostenfestsetzungsbeschlusses, KG JW 33, 2018[10]. Hat eine Partei aus einem Versäumnisurteil vollstreckt, und wird das Versäumnisurteil später nur zum Teil aufrechterhalten, dann ist gemäß § 788 ZPO die Vollstreckungsgebühr aus § 23 Ziff. 18 RAGebO nur nach dem Wert des aufrechterhaltenen Teils erstattungspflichtig; die Vollstreckungsauslagen sind nur im Verhältnis des Werts der Vollstreckung zu dem Wert des aufrechterhaltenen Teils des Versäumnisurteils erstattungspflichtig, LG Berlin JVBl 36, 198[2].

Zu beachten ist, daß nach Abs. 3 des § 717 ZPO die Erstattung dann nur im Rahmen der Bereicherung, nicht des Schadenersatzes erfolgt, wenn das aufgehobene Urteil das eines OLG war.

Die Kosten der Vollstreckung und die der Einstellung der Vollstreckung aus dem Versäumnisurteil gehören nicht zu den durch die Versäumnis veranlaßten Kosten (§ 344 ZPO), OLG Hamburg Rsp 17, 139. Versäumniskosten im Sinne des § 344 ZPO sind nur diejenigen Kosten, die der nicht säumigen Partei durch die Wahrnehmung des Termins entstanden sind, in dem der Gegner säumig geblieben ist, AG Hamburg JVBl 38, 151.

II. Zwangseintragung einer Sicherungshypothek. Die Eintragung ist ein Akt der Zwangsvollstreckung. Für die dem Schuldner zur Last fallenden Kosten der Eintragung haftet das Grundstück kraft Gesetzes, ZPO § 867 Abs. 1 Satz 3. Durch diese Bestimmung sollte die besondere Eintragung der Kosten vermieden werden, Prot. z. BGB 3, 699. Daher ist die Eintragung der Kosten nicht notwendig und kann deshalb abgelehnt werden, KGJ 35 A, 325. Das Grundbuchamt hat die Kosten weder zu prüfen noch festzusetzen, es ist vielmehr lediglich Sache des Gläubigers, sie im Falle der Zwangsversteigerung oder Zwangsverwaltung geltend zu machen. Kosten der Eintragung sind sowohl die gerichtlichen als die außergerichtlichen, insbesondere die RAGebühren für den Eintragungsantrag. Die etwa vom Gläubiger gemäß § 788 ZPO beantragte Eintragung früherer Vollstreckungskosten ist statthaft, kann aber nach § 1115 BGB nur erfolgen, wenn die Kosten zahlenmäßig feststehen. Es bedarf also der Festsetzung dieser Kosten nach §§ 103ff. ZPO, und diese Festsetzung ist Sache des UrkB erster Instanz, nicht des Grundbuchamts (vgl. oben I zu 4), KG Rsp 11, 101. Unbedenklich können auch die Kosten des Rechtsstreits, sobald sie vom UrkB festgesetzt worden sind, auf Grund des selbständigen Schuldtitels, des Festsetzungsbeschlusses, eingetragen werden. Freilich gilt hier ebenso wie bei der Hauptforderung die Beschränkung des § 866 Abs. 3 ZPO, daß die Sicherungshypothek nur für einen Betrag von mehr als 300 RM eingetragen werden darf. Die Zwangseintragung einer Sicherungshypothek aus einem Vollstreckungsbefehl darf ebenso wie aus jedem anderen Titel vorgenommen werden.

Bei der Zwangseintragung wird das Grundbuchamt nur in dieser seiner Eigenschaft, nicht als Vollstreckungsgericht in Anspruch genommen. Die Rechtsbehelfe gegen seine Entscheidung sind also nicht die des § 766 der ZPO, sondern es findet nur die Grundbuchbeschwerde des § 71 der GBO in der Fassung v. 5. 8. 35 (RGBl I 1073) statt, RG 48, 243.

III. Die Kostenfestsetzung ist kein Akt, sondern Vorbereitung der Zwangsvollstreckung. Die Kosten des Erstattungsverfahrens werden daher zugleich mit den zu erstattenden Kosten des Hauptverfahrens festgesetzt.

XIV. Festsetzung der dem Armenanwalt von der Reichskasse zu ersetzenden Gebühren und Auslagen.

1. Durch Art. II des Ges. v. 18. 12. 19 wurde die Erstattungspflicht der Staatskasse für die dem Armenanwalt erwachsenen Auslagen, die anderweit nicht beigetrieben werden konnten, eingeführt. An die Stelle dieses Gesetzes trat das Gesetz über die Erstattung von Rechtsanwaltsgebühren in Armensachen v. 6. 2. 23, das mit dem Zeitpunkt seines Inkrafttretens (15. 2. 23) den Art. II des Ges. v. 18. 12. 19 außer Kraft setzte und seine Bestimmungen auf alle vor seinem Inkrafttreten anhängig gewordenen Rechtssachen für anwendbar erklärte, soweit nicht die Instanz vor diesem Zeitpunkt beendet war. Das Ges. v. 6. 2. 23 wurde schon durch das Ges. v. 18. 8. 23 (RGBl I 813) dahin abgeändert, daß die Gebühren höchstens nach einem Streit- oder Beschwerdegegenstand von 200 Millionen Mark zu ersetzen seien. Es folgten mehrere, diese Höchstzahl abändernde Verordnungen. Seit 1. 1. 24 betrug der Höchststreitwert 2000 RM. Das Ges. v. 14. 7. 25 (RGBl I 136) führte eine besondere Staffel ein, die der Erstattung der Gebühren aus der Staatskasse zugrunde gelegt wird. Das ursprünglich befristete Gesetz lief am 30. 6. 28 ab, wurde aber durch Ges. v. 14. 7. 28 für die Zeit vom 21. 7. bis 31. 12. 28 wieder in Kraft gesetzt. Durch Ges. v. 20. 12. 28 (RGBl I 411) wurde die Geltungsdauer bis zum 31. 3. 29 erstreckt. Seit 1. 4. 29 gilt dieses unter I C abgedruckte Gesetz, das vor allem die besondere Staffel abänderte. Für das geltende Gesetz v. 20. 12. 28 (RGBl I 411) ergibt sich die Zahlungspflicht der Reichskasse erst aus §§ 3, 5; in dem grundlegenden § 1 ist die Person des „Ersatz"pflichtigen auffallenderweise nicht bezeichnet. Das Gesetz ist zunächst durch Notverordnungen und schließlich durch das Kürzungsgesetz v. 13. 12. 35 (RGBl I 1469), das am 1. 4. 36 in Kraft getreten ist, geändert worden; das Kürzungsgesetz gilt jetzt in der Fassung der VO v. 28. 9. 38 (RGBl I 1323).

2. Das Gesetz findet Anwendung auf bürgerliche Rechtsstreitigkeiten (§ 1) und entsprechende Anwendung im Verfahren auf erhobene Privatklage und bei der Nebenklage (§ 2).

Das Gesetz findet auch auf sämtliche Angelegenheiten der freiwilligen Gerichtsbarkeit Anwendung, auch im Entschuldungsverfahren; die Kürzungsvorschriften des Ges. v. 13. 12. 35 sind auf die nach der LandesGO (oder die an ihre Stelle tretenden reichsrechtlichen Vorschriften) anzuwenden, KG JW 36, 1793[30]; DRpfl Rspr 38 Nr. 647; ferner ist das AAGes anwendbar im Zwangsversteigerungsverfahren, OLG Köln HRR 32, 164; AG Berlin-Mitte KGBl 31, 85 (jedoch verneint KG JW 38, 2420[31] den Erstattungsanspruch des vom Vormundschaftsrichter für die Zwangsversteigerung beigeordneten Armenanwalts); in Arbeitsgerichtssachen, LArbG Nürnberg-Fürth JW 34, 2578[1]; Friese JW 38, 2653; *aM* LArbG Gleiwitz DRZ Rsp 34 Nr. 608, in Altenteilssachen, LG Guben JW 26, 2595[1]; im Berufungsverfahren nach der PachtSchO, OLG Stettin JW 34, 1985[8], in Erbgesundheitssachen, ErbgesObG Frankfurt a. M. JW 35, 54[1], Karlsruhe JW 35, 3480[7], Kiel JW 36, 1015[53], Erbhofsachen (Erbhofverfahrensordnung v. 21. 12. 36 RGBl I 1082 § 11, die das RFGG für anwendbar erklärt), LG Schneidemühl JVBl 34, 243, im Vergleichsverfahren, LG Krefeld JW 30, 3366[13]. Dagegen ist das AAGes **nicht** anwendbar auf die im Armenrecht ausgeübte Tätigkeit eines Notars in Angelegenheiten der freiwilligen Gerichtsbarkeit, KG DNotV 30, 105; JW 31, 2036[2] und im Verfahren vor dem MEA und der Beschwerdestelle (hier gilt § 46 MSchG). Über die Anwendung des AAGes auf Patentanwälte in Patent-, Gebrauchsmuster- und Warenzeichensachen vgl. Ges. über die Beiordnung von Patentanwälten in Armensachen v. 5. 2. 38 (RGBl I 116) oben unter I E abgedruckt.

3. Der Erstattungsanspruch des Armenanwalts gegen die Reichskasse hat drei Voraussetzungen:

der vom Anwalt vertretenen Partei muß das Armenrecht bewilligt sein;

der Anwalt muß der armen Partei beigeordnet sein;

er muß von der armen Partei einen Auftrag (Vollmacht) erhalten haben, oder als Geschäftsführer ohne Auftrag tätig geworden sein.

Die ersten beiden Voraussetzungen stellt § 1 AAGes auf; die letzte Voraussetzung ist von der Rechtsprechung entwickelt worden.

a) Der Armenrechts- und Beiordnungsbeschluß ist für das Kostenerstattungsverfahren nach § 4 AAGes bindend; allgemeine Meinung, so KG (ständig) JW 34, 1179[4]. Auch der Armenrechtsbeschluß des Einzelrichters ist bindend, KG JW 35, 1045[18]; OLG Stettin JW 35, 1727[74]. Nach KG JW 34, 620[2] soll aber die Auslegung des Armenrechtsbeschlusses durch das Prozeßgericht für die Kostenfestsetzung regelmäßig nicht binden. Ferner soll der UrkB nach KG JW 37, 1656[22] an Beiordnung eines Armenanwalts für Erwirkung der vormundschaftsgerichtlichen Genehmigung eines Prozeßvergleichs nicht gebunden sein. Diese beiden Entscheidungen sind bedenklich, gewähren sie doch der Kostenfestsetzung, die auf Grund der Anordnungen des Prozeßgerichts erfolgt, das Recht der Nachprüfung und Änderung der Anordnungen des Gerichts, ohne die eine Kostenfestsetzung nicht beginnen kann. Das gleiche gilt von KG JW 36, 3072[44], wonach eine einem Armenrechts- und Beiordnungsbeschluß beigefügte Bedingung als nicht gesetzt (weil unzulässig) anzusehen ist.

Für den **Umfang** der Armenrechtsbewilligung ist nur der entscheidende Teil des Beschlusses, nicht die Wertangabe im Kopf des Beschlusses maßgebend, KG JW 36, 2163[50]. Unklarheiten in der Entscheidung des Gerichts können nicht zu Lasten des Armenanwalts gehen, KG JW 36, 614[51]. Für den Umfang ist die dem Armenanwalt zugegangene Ausfertigung, nicht die Urschrift maßgebend, LG Berlin DRZ Rsp 34 Nr. 593; vgl. auch RG DRZ Rsp 34 Nr. 271; RG Warn 36, 377; *aM* OLG Kiel JW 30, 3492[12]; OLG Köln HRR 30, 1282; KG JW 35, 802[37]. Armenanwaltskosten sind auch dann aus der Reichskasse zu gewähren, wenn das Gericht lt. Sitzungsniederschrift „den anliegenden Armenrechtsbeschluß" verkündet hat, eine Protokollanlage sich zwar nicht bei den Gerichtsakten befindet, jedoch der Aktenzusammenhang ergibt, daß das Gericht einen Armenanwalt beigeordnet hat. Der Armenanwalt hat keinen Anspruch gegen die Reichskasse, wenn er eine von dem Armenrechtsbeschluß nicht erfaßte Tätigkeit entfaltet hat, OLG Naumburg JW 38, 1194[53]; JVBl 38, 229. Jedoch läßt die Überschreitung des Rahmens der Beiordnung durch den Armenanwalt den Gebührenanspruch gegen die Reichskasse für die innerhalb der Beiordnung liegende Tätigkeit unberührt, OLG Dresden JW 38, 3258[40].

Ob Armenrechtsbewilligung und Beiordnung mit **rückwirkender Kraft** erfolgen dürfen, war früher streitig; die Frage ist vom RG DJ 36, 1739 = JW 36, 3185[9] (vgl. aber RG DJ 38, 762 = JW 38, 1191[50]) bejaht worden. Damit ist die weitere, früher streitige Frage (vgl. KG JW 35, 797[14], 1701[24], 1704[32]; OLG Düsseldorf JW 35, 550[7]; OLG Naumburg JW 36, 952[48]) bejahend entschieden, ob der UrkB bei der Festsetzung der Armenanwaltskosten die Rückwirkungsanordnung beachten müsse. Die rückwirkende Kraft kann, wenn nicht ausdrücklich angeordnet, aus den Umständen des Falles entnommen werden, KG JW 36, 3586[51]; OLG Hamburg HansRGZ 39 B 232. Sonst hat der Armenrechtsbeschluß **keine rückwirkende Kraft**, LG I Berlin JW 29, 3190[2]; RG 126, 301; OLG München JW 33, 1083[29]; KG JW 34, 1252[2]; OLG Kiel JW 34, 2498[19]; *aM* OLG Karlsruhe JW 34, 622[4]. Der Umfang des Erstattungsanspruchs richtet sich daher nach dem Zeitpunkt der Beiordnung. Der Erstattungsanspruch besteht grundsätzlich nur in der Höhe, in der er entstanden wäre, wenn der Armenanwalt im Zeitpunkt seiner Beiordnung durch das Prozeßgericht Wahlanwalt der Partei geworden wäre, RG 111, 34; KG JW 35, 1045[19]; 38, 1840[48]. Für die Forderung gegen die Reichskasse ist entscheidend, ob und wie der Prozeßbevollmächtigte nach seiner Bestellung zum Armenanwalt tätig geworden ist, OLG Kiel JW 34, 570[7]. Die Reichskasse haftet nur für die Gebühren, die nach der Beiordnung durch die Tätigkeit des Armenanwalts neu bzw. von neuem entstanden sind, OLG Dresden MdRRAk 40, 27[9]. Stellt sich nach Klageerhebung heraus, daß der Bekl. schon vor der Beiordnung gestorben war, so kann der Armenanwalt die Prozeßgebühr aus der Reichskasse nicht ersetzt verlangen; *aM* OLG Celle DRpfl Rsp 37 Nr. 441. Nach dem Tode der armen Partei gibt es keine wirksame Armenrechtsbewilligung und Beiordnung mehr, selbst wenn der Rechtsanwalt bereits Vollmacht der Partei hatte, KG JW 33, 2159[6], ferner nicht nach Beendigung der Instanz, RG JVBl 38, 101, auch nicht in Form einer Ergänzung des Armenrechtsbeschlusses, OLG Naumburg BBl 31, 211. Das Armenrecht wirkt auf den Zeitpunkt der mündlichen Verhandlung zurück, wenn das Gericht in dieser zu erkennen gibt, daß Bedenken nicht bestehen, und die Bewilligung durch besonders zugestellten Beschluß vom selben Tage erfolgt, OLG Breslau JW 32, 672[24]. Ein im Verhandlungstermin nach Verhandlung ergangener Armenrechtsbeschluß umfaßt nicht die vorgehende Verhandlung, wenn das Prozeßgericht erklärt, daß für eine Beziehung der Armenrechtsbewilligung auf die vorangegangene Verhandlung kein Anlaß vorliege, KG JW 34, 1920[5]. Wird Armenrechtsbewilligung und Beiordnung erst mit dem Urteil oder bei Anberaumung eines Verkündungstermins verkündet, dann haftet die Reichskasse zwar für die Prozeßgebühr, nicht aber für andere Gebühren, wie z. B. die Verhandlungsgebühr; *aM* LG Frankfurt a. M. JW 32, 1174[9]; KG JW 36, 2571[55].

Eine ausdrückliche Bekanntgabe des Armenrechtsbeschlusses an die arme Partei oder ihren Armenanwalt ist nicht unbedingt erforderlich, OLG Breslau JW 32, 2914[57]. Der Beschluß wirkt schon vom Zeitpunkt der mündlichen Bekanntgabe, OLG Kiel JW 29, 2541[8]; KG KGBl 31, 136; OLG Köln JW 33, 1083[28]. Die formlose Verlautbarung des Armenrechts- und Beiordnungsbeschlusses, mit der er rechtlich entsteht, liegt unter Umständen darin, daß die mit Terminsbestimmung versehene Klageurschrift dem Anwalt ausgehändigt wird, KG JW 38, 697[41]. In der Regel wirkt der Armenrechtsbeschluß mit dem Zeitpunkt, in dem der Beamte der Geschäftsstelle die Beschlußausfertigung zur Post in den Ausgang gibt, KG JW 38, 2043[38], 3259[41]. Mündliche Mitteilung durch Berichterstatter oder UrkB genügt, OLG Naumburg DR 39, 1186[43].

Das früher für die Instanz bewilligte Armenrecht gilt auch nach Zurückverweisung weiter, OLG Kiel JW 32, 2916[62]. Ergeht aber eine gegenteilige Entscheidung des Prozeßgerichts, so ist sie maßgebend, KG JW 35, 3485[58]. Das Armenrecht gilt weiter, wenn das Verfahren zwar durch Vergleich abgeschlossen war, durch Anfechtung des Vergleichs aber fortgesetzt wird; wird aber das Armenrecht insoweit vom Prozeßgericht verweigert, so gilt das als Entziehung des Armenrechts; wird die Armenrechtsentziehung aufgehoben, so gilt die Unterbrechung des Armenrechts als nicht eingetreten, KG DR 40, 340[29].

Für Klageerweiterung und für Verteidigung gegen eine solche muß das Armenrecht besonders nachgesucht werden, OLG Breslau JW 32, 2171[17]; KG JW 35, 1045[17], weil das Prozeßgericht den Umfang des Armenrechts bestimmt. Das für die Verteidigung gegen eine Klage oder ein Rechtsmittel bewilligte Armenrecht umfaßt nicht die Widerklage oder ein Anschlußrechtsmittel, RG 41, 100; 44, 416; 57, 301. Beim Übergang von der Feststellungsklage zur Leistungsklage bedarf es mindestens insoweit, als der bezifferte Betrag den vom Gericht geschätzten Wert des Feststellungsantrages übersteigt, einer erneuten Armenrechtsbewilligung, OLG Düsseldorf JW 36, 1302[27]. Wird das Armenrecht für einen Zahlungsanspruch und einen allen weiteren Schaden umfassenden Feststellungsantrag bewilligt, so deckt das Armenrecht das gesamte Schadensersatzbegehren; daher bedarf es nicht einer neuen Armenrechtsbewilligung für Erhöhungen des Zahlungsantrages, KG DR 39, 1825[13]. Die Armenrechtsbewilligung im Urkundenprozeß wirkt auch für das ordentliche Verfahren, OLG Kiel JW 26, 2590[12]. Die Bewilligung des Armenrechts für die Klage umfaßt das Bestreiten der Zulässigkeit einer Nebenintervention, LG Hannover JVBl 37, 252, nicht aber die Verteidigung gegen eine Widerklage, ausgenommen Ehesachen KG JW 35, 797[13]. Das ursprünglich für den Ehescheidungsstreit bewilligte Armenrecht gilt nicht ohne weiteres für die im gleichen Verfahren geltend gemachte Aufhebungsklage; *aM* OLG Nürnberg JW 31, 1134[77]. Die Beiordnung im Ehestreit erstreckt sich nicht auf das Verfahren gemäß § 627 ZPO (in der Fassung v. 27. 7. 38 RGBl I 1923), OLG München DJ 38, 1883; OLG Köln DJ 39, 229; JW 39, 363[35]; OLG Düsseldorf DR 39, 332[21]; OLG Jena JW 39, 570[34]; DJ 39, 970; OLG Kiel DR 39, 1014[36]; OLG Naumburg DR 39, 1827[15]; KG DR 40, 341[30]; Meyer JVBl 39, 147; OLG Dresden DR 40, 374[13]; ferner nicht auf das Verfahren gemäß § 627b ZPO, KG DR 39, 331[20]; Janssen DR 39, 352; Meyer JVBl 39, 150, sowie nicht auf einen im Eheprozeß geschlossenen Unterhaltsvergleich für die Zeit nach Ehescheidung, KG DR 39, 1340[42], 1827[16]. Die Bewilligung des Armenrechts im Hauptprozeß umfaßt ferner nicht das Verfahren betr. Arrest und einstweilige Verfügung, KG JW 29, 133[30]; OLG Breslau JW 31, 2382[18]. Die Empfangnahme der Zustellung einer einstweiligen Verfügung löst für den nur im Hauptprozeß bestellten Armenanwalt keine besondere Gebühr aus, OLG Düsseldorf BBl 31, 10. Das Armenrecht für das Arrestanordnungsverfahren erstreckt sich nicht auf das Aufhebungsverfahren, KG JW 35, 801[32]. Armenrecht und Beiordnung für einstweilige Verfügungen, die beim Berufungsgericht als Gericht der Hauptsache beantragt werden, erstrecken sich ohne weiteres auch auf die Zwangsvollstreckung, KG JW 35, 796[12]. Die erstinstanzliche Beiordnung erstreckt sich im Zweifel auf die Zwangsvollstreckung, KG JW 35, 801[31]; 37, 2465[23]; OLG Zweibrücken JW 37, 832[30]; *aM* OLG Königsberg BBl 31, 212; OLG Darmstadt JW 33, 1083[31], und zwar nicht nur auf die Vornahme, sondern auch die Aufhebung von

Zwangsvollstreckungsmaßnahmen des Gegners, KG DR 39, 333[25]. Die Armenrechtsbewilligung und Beiordnung für die Zwangsvollstreckung decken auch die Abwehr von Beschwerden des Schuldners in der Zwangsvollstreckung, KG JW 35, 2901[26], nicht aber auch die Zwangsvollstreckungsbeschwerde, OLG Kiel BBl 31, 20, also nicht die drei möglichen Rechtszüge des Zwangsvollstreckungsverfahrens, LG Berlin JW 37, 2796[43], ferner nicht Widerspruchsprozesse, KG JW 38, 3134[43].

Armenrecht und Beiordnung für die Berufung umfassen auch den Antrag auf Vollstreckbarkeitserklärung aus § 534 ZPO, KG JW 35, 798[17]; OLG Dresden JW 36, 2157[43], ferner die Verteidigung gegen eine selbständige Berufung des Gegners, KG JW 35, 796[10], 1046[21], eine Anschlußberufung des Gegners, OLG Köln JW 31, 1134[75], KG JW 35, 796[10], 801[30]. Dagegen erstreckt sich eine Armenrechtsbewilligung zur Verteidigung gegen die Berufung nicht ohne weiteres auf den Antrag auf Erlaß eines Verlustigkeitsurteils hinsichtlich eines vor der Bewilligung zurückgenommenen Teils der Berufung, OLG Düsseldorf JW 37, 833[33]. Die Armenrechtsbewilligung für die Berufung gegen ein Zwischenurteil erstreckt sich nicht auf die Berufung gegen das zur Hauptsache ergangene Urteil, RG JW 25, 756[3].

Die Armenrechtsbewilligung und Beiordnung deckt nicht die Tätigkeit in der Beschwerdeinstanz, OLG Köln JBBl 32, 212; KG JW 35, 3315[31]; DR 39, 1468[37], wohl aber das Kostenfestsetzungsverfahren, wenn es vom Armenanwalt erster Instanz für die Partei (und nicht im eigenen Namen) betrieben wird, OLG Celle JW 27, 859[13], 2153[11], 3355[55], DRpfl Rsp 37 Nr. 338; KG JW 35, 3315; OLG Frankfurt JW 29, 881[33].

Für die Tätigkeit im Armenrechtsverfahren der höheren Instanz erhält der Armenanwalt der früheren Instanz aus der Reichskasse keine Gebühren, OLG Breslau JW 31, 1839[37]; KG JW 36, 1299[21]; 37, 3791[36]; 39, 438[44]; *aM* Kubisch JW 36, 2001[84].

b) In der Regel verschafft nur die ausdrückliche Beiordnung dem Armenanwalt einen Ersatzanspruch gegen die Reichskasse, KG JW 37, 1793[29]. Daher kann der Erstattungsanspruch nicht auf eine stillschweigende Beiordnung gestützt werden, OLG Königsberg BBl 31, 281; OLG Celle JBBl 35, 314; KG JW 38, 2770[51]; *aM* OLG Naumburg JW 37, 1077[29] und die 12. Aufl.

Nach § 39 Abs. 1 RAO kann einer Partei, welcher das Armenrecht bewilligt ist, auch soweit eine Vertretung durch Anwälte nicht geboten ist, zur vorläufig unentgeltlichen Wahrnehmung ihrer Rechte von dem Prozeßgericht ein Rechtsanwalt auf Antrag beigeordnet werden. Der beizuordnende Rechtsanwalt wird nach § 41 Abs. 1 RAO durch den Vorsitzenden des Gerichts aus der Zahl der bei diesem zugelassenen Rechtsanwälte ausgewählt. Befinden sich an einem Orte mehrere Amtsgerichte, so kann das Amtsgericht auch einen Rechtsanwalt beiordnen, der bei einem anderen Amtsgericht dieses Orts zugelassen ist. Sind bei einem Amtsgericht keine Rechtsanwälte zugelassen, oder die zugelassenen Rechtsanwälte an der Vertretung behindert, so kann ein Rechtsanwalt beigeordnet werden, der bei einem andern Gericht und, mangels eines solchen, bei einem benachbarten Amtsgericht oder dem übergeordneten Landgericht zugelassen ist. Soweit § 41 Abs. 1 RAO. Im Verfahren aus § 4 AAGes ist aber nicht zu prüfen, ob das Prozeßgericht gemäß § 41 Abs. 1 RAO verfahren ist; der Beiordnungsbeschluß bindet den UrkB, LG Heilbronn JW 28, 762[10]; LG I Berlin BBl 30, 74; JW 30, 209[5]; AG Lichtenberg JW 34, 2650[1]; *aM* LG II Berlin BBl 31, 158. Ein Prozeßagent oder Rechtsbeistand ist als Vertreter im Armenrecht nicht beizuordnen, LG Hagen JW 35, 3407[53]; jetzt AVdRJM v. 15. 12. 38 DJ 2011. Der trotzdem beigeordnete Prozeßagent oder Rechtsbeistand hat keinen Anspruch gegen die Reichskasse auf Erstattung seiner Gebühren und Auslagen, OLG Köln HRR 38 Nr. 1261 = JVBl 38, 230; LG Wuppertal JVBl 38, 231; vgl. auch AVdRJM v. 7. 10. 35 (DJ 35, 1474 = JW 35, 3024) VII 11 Abs. 3. Über die Erstattung von Auslagen gemäß § 116 ZPO an im Armenrecht beigeordnete Referendare vgl. AVdRJM v. 16. 5. 35 DJ 767 § 15 Abs. 4, Justizbeamte vgl. Bauer DDJ 39, 446 III, IV. Jüdische Konsulenten können im Armenrecht beigeordnet werden, § 12 der 5. VOzRBürgerG v. 27. 9. 38 (RGBl I 1403) abgedruckt oben Abschnitt IV 2. Einzelfälle 16d; sie haben dann gegen die Reichskasse einen Anspruch auf Erstattung von Armenanwaltsgebühren; BekdRJM v. 19. 7. 39 DJ 1241 II 6.

Nach § 39 Abs. 2 RAO ist die Beiordnung eines besonderen Anwalts zur Wahrnehmung einer auswärtigen Beweisaufnahme oder zur Vermittlung des Verkehrs mit dem Prozeßbevollmächtigten nur zulässig, wenn besondere Umstände dies erfordern. In solchen Fällen wird der Rechtsanwalt gemäß § 41 Abs. 2 RAO auf Ersuchen des Prozeßgerichts von dem Amtsgericht beigeordnet, in dessen Bezirk die Beweisaufnahme stattfinden soll oder die Partei wohnt. Der für die Beweisaufnahme beigeordnete Anwalt erhält gemäß § 45 RAGebO § 1 AAGes eine $^{10}/_{10}$-Gebühr, auch wenn er mehrere Termine wahrnimmt, KG JW 34, 2084[5]; 35, 792[4]. Der auswärtige Anwalt muß seinen Erstattungsanspruch beim Prozeßgericht geltend machen. Nicht zu billigen ist OLG Breslau HRR 39 Nr. 527, wonach die Beiordnung eines Armenanwalts für den Beweistermin durch den Rechtshilferichter ohne Ersuchen des Prozeßgerichts keinen Erstattungsanspruch gegen die Reichskasse begründen soll; denn auch die unzulässige Beiordnung bindet die Reichskasse, OLG Oldenburg DR 40, 124[28]. Der zur Wahrnehmung einer auswärtigen Beweisaufnahme beigeordnete Armenanwalt kann aber, wenn er im Anschluß an diese Beweisaufnahme bei einem Vergleich mitwirkt, die Vergleichsgebühr von der Reichskasse nicht beanspruchen, OLG Düsseldorf JW 38, 61[46].

Seitdem gemäß § 39 Abs. 2, § 41 Abs. 2 RAO die Beiordnung eines besonderen Anwalts zur Wahrnehmung einer auswärtigen Beweisaufnahme möglich ist, besteht nicht mehr der (vom KG JW 36, 3588ff.[54, 55]; OLG Naumburg JW 36, 2152[34], 2153[35], 2154[36]; OLG Düsseldorf JW 36 2571[56]; OLG Kiel JW 36, 2814[44]; OLG Köln HRR 37, 480; LG Güstrow JW 36, 2177[71] eingeschlagene) Weg, daß der prozeßbevollmächtigte Armenanwalt zur Wahrnehmung eines auswärtigen Beweistermins einen Unterbevollmächtigten bestellen und dessen Kosten als eigene Auslagen von der Reichskasse fordern kann, Jonas ZPO § 115 VII 1; JW 37, 201 I; LG Berlin JW 37, 1426[29]; OLG Kassel JW 37, 1651[18]; OLG Breslau MdRRAK 38, 184, 185; OLG Marienwerder HRR 39 Nr. 788; *aM* KG JW 37, 824[21]; OLG Kiel RDpfl Rsp 38 Nr. 63, 787; OLG Naumburg JW 38, 699[43]. Ebenso kann der prozeßbevollmächtigte Armenanwalt jetzt nicht mehr die durch Zuziehung eines Verkehrsanwalts entstandenen Kosten aus der Reichskasse erstattet verlangen, KG JW 38, 3061[48].

Keinen Erstattungsanspruch gegen die Reichskasse erwirbt der gemäß § 38 RAO beigeordnete Anwalt, KG BerlAnwBl 29, 250[16], wohl aber der zum Armenanwalt bestellte Pfleger einer Partei; OLG Breslau JW 29, 518[4]. Die Beiordnung ist nicht entbehrlich für einen Anwalt, der gesetzlicher Vertreter einer Partei ist; er hat keinen Anspruch auf Beiordnung, OLG Hamburg HansRGZ 35 B 306. Falls der Entmündigungsantrag auf Kosten der Reichskasse (§ 658 ZPO) zurückgewiesen wird, sind die Kosten eines Rechtsanwalts aus der Reichskasse zu erstatten, LG Wuppertal JW 36, 3349[64]; LG Berlin JW 38, 1540[34]; *aM* LG Plauen JVBl 37, 201; LG Memmingen JVBl 38, 237 und die 12. Aufl. Der nach § 668 ZPO — ohne Armenrechtsbewilligung — beigeordnete Rechtsanwalt erhält keine Vergütung aus der Reichskasse, OLG Hamm JW 31, 1129[67]; OLG Kiel JW 31, 1133[74]; OLG Hamburg JW 31, 1840[41]; OLG München HRR 37, 671; LG Altona JW 31, 1144[12]; *aM* OLG Karlsruhe HRR 32, 1514, ebenso der nach § 57 ZPO bestellte Vertreter, KG JVBl 31, 158; LG Berlin JW 38, 1840[49], und der gemäß Art. 2 KriegsVO v. 1. 9. 39 (RGBl I 1656) bestellte Vertreter, Gaedeke DR 39, 1805, 4.

c) Dem Armenanwalt erwächst auf Grund der Beiordnung allein kein Gebührenanspruch gegen die Reichskasse; es muß noch der Auftrag der Partei hinzutreten, oder der Anwalt als Geschäftsführer ohne Auftrag handeln, LG I Berlin JW 32, 1596[2]; KG JW 34, 1179[5]; 35, 1046[20], 1700[23]; OLG Naumburg JW 34, 3226[9]; OLG Stettin JW 34, 1194[33]; OLG Dresden HRR 38 Nr. 1144. Die Ansicht des OLG Celle DR 39, 330[18] = JVBl 39, 155, daß der Armenanwalt bei Geschäftsführung ohne Auftrag keinen Erstattungsanspruch gegen die Reichskasse erwerbe, steht also mit der herrsch. M. nicht in Einklang. Der beigeordnete Armenanwalt erhält bereits mit der Zustellung des Beiordnungsbeschlusses die Stellung eines Vertreters der armen Partei, wenn diese in einem Schreiben an das Gericht sich ausdrücklich mit jedem Anwalt, den das Gericht ihr beiordnet, einverstanden erklärt hat, OLG Kiel SchlHolstAnz 34, 278. Das Bestehen des Auftragsverhältnisses kann nicht nur durch Beibringung einer Vollmacht, sondern in jeder Weise dargetan werden, so z. B. sich aus der Durchführung des Prozesses im — stillschweigenden — Einverständnis der Partei ergeben, KG JW 35, 1046[23]. Auch schlüssige Handlungen der Partei reichen aus, z. B. die Übersendung der Handakten erster Instanz an den Rechtsanwalt zweiter Instanz, KG JW 36, 281[70], Erscheinen der Partei neben dem Anwalt im Termin. Das Auftragsverhältnis kann auch durch nachträgliche Genehmigung hergestellt werden. Regelmäßig genügt daher nachträgliche Ausstellung einer Prozeßvollmacht, KG JW 36, 614[52]; 39, 436[43]. Förderung des Prozesses ist kein Gesichtspunkt, unter welchem der ohne Vollmacht der Partei handelnde beigeordnete Armenanwalt für die Partei tätig werden und einen Ersatzanspruch gegen die Reichskasse erwerben kann; dafür kommen nur eilige Maßnahmen zur Abwendung von Nachteilen von der armen Partei in Frage; die auftragslose Geschäftsführung kann durch schlüssiges Verhalten trotz vorheriger Vollmachtsentziehung genehmigt werden, KG JW 37, 3050[46]. Wird ein Anwalt, der sich mit Untervollmacht eines auswärtigen Prozeßbevollmächtigten gemeldet hat, vom Amtsgericht beigeordnet, so steht ihm die Prozeßgebühr aus der Reichskasse nur in Höhe von $^5/_{10}$ gemäß § 43 RAGebO zu. Kein Erstattungsanspruch, wenn der Auftrag im Zeitpunkt der Armenrechtsbewilligung und Beiordnung schon erledigt war, KG JW 36, 2570[54].

4. Der Armenanwalt verliert regelmäßig durch freiwillige Aufgabe seiner Zulassung (z. B. wegen Berufung in den Staatsdienst) seinen Erstattungsanspruch gegen die Reichskasse, soweit dieselben Gebühren für den neu zu bestellenden Armenanwalt nochmals entstehen, KG JW 34, 2496[13]; 35, 2653[45]; OLG Hamm JW 35, 3399[36]; OLG Hamburg JW 36, 620[66]; *aM* OLG Köln JW 37, 561[30]; OLG Düsseldorf JW 36, 616[56]; OLG Königsberg JW 35, 1726[70]; OLG Dresden DR 39, 1723[20]. Vgl. über diese Streitfrage Eckert, Gaedeke, Weber JW 35, 2240ff. Dasselbe gilt im Falle eines Vertretungsverbots, OLG Kiel DRpflRspr 36 Nr. 708, ferner wenn der Armenanwalt wegen strafbarer Handlungen verhaftet wird, oder sein Mandat niederlegt, weil ihm durch ehrengerichtlichen Spruch die Zulassung entzogen ist, OLG Düsseldorf JW 37, 828[22], oder sich in der Anwaltsliste wegen eines gegen ihn eingeleiteten Strafverfahrens löschen läßt, OLG Königsberg JVBl 38, 284 (die Entscheidung über den Erstattungsanspruch ist auszusetzen, bis feststeht, in welchem Umfange dieselben Gebühren auch für den Nachfolger entstehen, KG JW 36, 739[25]; OLG Dresden JVBl 39, 199; SächsA 39, 204; die Festsetzung muß erfolgen, wenn die Instanz durch Urteil beendet ist, KG JW 38, 3060[47]), oder durch ein von ihm zu vertretendes Verhalten seine Entlassung als Armenanwalt verursacht, KG JW 35, 1799[37]; 38, 2486[25]; OLG Naumburg JW 36, 2158[44]; OLG Kiel JW 37, 1655[20]. Der ausscheidende Armenanwalt muß die Nachprüfung der Gründe für sein Ausscheiden ermöglichen; er kann sich nicht schlechthin auf seine Schweigepflicht berufen, KG JW 36, 2161[48]. Der Armenanwalt verliert den Ersatzanspruch, wenn er den Rückgriffsanspruch der Reichskasse schuldhaft vereitelt, indem er ohne Grund den Erstattungsanspruch aus § 124 ZPO nicht betreibt und verliert, KG JW 35, 2903[29]; 38, 2045[39]; OLG Naumburg JVBl 35, 247. Der Armenanwalt geht mit seinem Verzicht auf seine Gebühren gegenüber der erstattungspflichtigen Partei auch des Anspruchs gegen die Reichskasse verlustig, OLG Frankfurt JVBl 32, 75.

Der Armenanwalt verliert seinen Ersatzanspruch nicht, wenn er infolge des Verhaltens seiner Partei berechtigterweise den Auftrag kündigt und seine Entlassung als Armenanwalt erwirkt, KG JW 36, 342[34], oder wenn er den Anwaltsberuf aus gesundheitlichen Gründen aufgibt, KG JW 36, 342[35], oder aus zwingenden wirtschaftlichen Gründen, OLG Naumburg JW 38, 1470[22]. Die Reichskasse ist grundsätzlich nicht berechtigt, aus der bloßen Tatsache, daß der Armenanwalt schuldhaft gegen seine Pflichten verstoßen hat, die Zahlung der für ihn entstandenen Gebühren und Auslagen zu verweigern, KG JW 35, 789[1].

Es besteht auch kein Grundsatz, daß die Reichskasse nicht mit doppelten Armenanwaltskosten belastet werden dürfe. Vielmehr hat jeder beigeordnete Armenanwalt einen Ersatzanspruch, solange nicht besondere Versagungsgründe vorliegen, KG JW 35, 3572[53]; 37, 2237[67]. Mit dem Tode der armen Partei erlischt das Recht des Armenanwalts, als solcher noch aufzutreten, KG JVBl 34, 225; JW 37, 3051[47]; OLG Hamm JVBl 35, 342. Der Armenanwalt kann auch dann keinen Ersatz aus der Reichskasse beanspruchen, wenn er in Unkenntnis von dem Ableben der Partei tätig geworden ist, OLG Düsseldorf JW 38, 475[42]; *aM* KG DR 39, 584[9].

5. Im Verhältnis zwischen dem Armenanwalt und der Reichskasse gilt, soweit die Gebühren in Frage stehen, nicht dasselbe wie im Verhältnis zum erstattungspflichtigen Gegner. Die Reichskasse hat daher die Zweckmäßigkeit der gebührenpflichtigen Tätigkeit nicht zu prüfen, also auch nicht die Notwendigkeit des Anwaltswechsels, außer wo der Anwalt seinen Gebührenanspruch gegen seine Partei verloren hat, KG JW 35, 801[33]; 1705[34, 35]; 36, 615[54]; 37, 2237[67]; OLG Düsseldorf JW 38, 1191[49]. Jedoch muß sich der Armenanwalt, der durch unsachgemäße Antragstellung höhere Gebühren verursacht, gegenüber seinem Erstattungsanspruch von der Reichskasse dieselben Einwendungen entgegenhalten lassen, die ihm als Wahlanwalt gegenüber die Partei erheben könnte, OLG Kiel JW 32, 2916[62]; OLG Braunschweig HRR 35, 1684. Ferner kann der Armenanwalt keinen Gebührenersatz fordern, wenn seine Tätigkeit sich für die Partei durch sein Verschulden in einer bedeutungslosen Vorarbeit erschöpft und aus diesem Grunde zu einem Entgeltsanspruch gegen die Partei nicht geführt hat, OLG Frankfurt JW 32, 2172[18], ebenso wenn er die ihm obliegende Tätigkeit in einer Form erfüllt, die aus prozeßrechtlichen Gründen nicht den erstrebten Erfolg herbeiführen kann, OLG Düsseldorf JVBl 32, 215. Der Armenanwalt hat keinen Gebührenanspruch gegen die Reichskasse für eine völlig überflüssige und bedeutungslose Prozeßhandlung, OLG Köln JVBl 37, 340, sowie für einen unsachgemäßen Kostenvergleich, OLG Breslau JVBl 37, 341. Die Gebühr für die Erwirkung eines Verlustigkeitsurteils ist aber zu erstatten, OLG Breslau DR 39, 333[24], auch wenn beide Parteien arm sind, OLG Köln HRR 39 Nr. 54. Außerdem ist die Notwendigkeit von Zwangsvollstreckungsmaßnahmen zu prüfen, KG JW 34, 372[2]; JVBl 39, 188.

Bei Entstehung mehrerer selbständiger Prozesse aus einem einheitlichen Armenrechtsverfahren erhält der Armenanwalt in jedem Prozeß Gebühren; die Verbindung der Prozesse wirkt erst für die Zukunft, KG JW 35, 793[5]. Die Verbindung kann formlos und ohne mündliche Verhandlung angeordnet werden, KG JW 37, 2465[24], jedoch kann formlose Verbindung durch einheitlichen Armenrechtsbeschluß regelmäßig nur unter besonderen Umständen angenommen werden, KG JW 37, 2781[18], 2782[19]. Stirbt die arme Partei während des Rechtsstreits, und wird ihr Armenanwalt ihren Erben in derselben Instanz beigeordnet, dann erwachsen dem Armenanwalt die vor der zweiten Beiordnung bereits entstandenen Gebühren nicht von neuem, KG JW 31, 1837[34]; OLG Kiel HRR 31, 1956.

Der Armenanwalt kann sich durch seinen Sozius vertreten lassen, OLG Stuttgart JW 38, 1471[23]; nach OLG Köln JW 33, 1086[34] sind aus der Reichskasse auch die nach dem Tode des Armenanwalts durch die Tätigkeit des Sozius entstehenden Gebühren zu erstatten (bedenklich). Der Armenanwalt erwirbt nur durch eigene Tätigkeit einen Ersatzanspruch gegen die Reichskasse, nicht aber, wenn er die gesamte Vertretung einem Unterbevollmächtigten überträgt, OLG Frankfurt JW 36, 744[29]; KG JW 37, 559[28]. Der Armenanwalt hat für seine eigene Tätigkeit nach Zugang eines Vertretungsverbots keinen Erstattungsanspruch gegen die Reichskasse, KG JW 33, 1782[8], wohl aber für die Tätigkeit des gemäß § 98 RAO bestellten Vertreters, KG JW 36, 2814[43], sowie für die Tätigkeit eines Anwaltsassessors, OLG Düsseldorf JW 37, 1650[16] und eines Probeassessors, OLG Köln JW 37, 1419[15]; Witte JW 37, 1382; nach OLG Kiel BBl 31, 8 nicht dagegen für die Tätigkeit eines Referendars, der nicht zum Anwaltsvertreter bestellt ist; ebenso OLG Düsseldorf JW 33, 1426[19]; LG Trier MdRRAK 36, 158; *aM* LG Hamburg MdRRAK 37, 20; OLG Dresden ebenda 66.

a) Die Prozeßgebühr entsteht durch jede auf den Prozeß gerichtete Tätigkeit von neuem. Für den Erstattungsanspruch gegen die Reichskasse kommt es darauf an, ob der Armenanwalt eine solche Tätigkeit nach der Beiordnung entfaltet hat. Für die Erwirkung der Devisengenehmigung wird aus der Reichskasse nichts erstattet, KG JW 34, 2497[14]; OLG Naumburg JW 35, 3172[21]; OLG Köln HRR 35, 972; OLG Marienwerder JBBl 35, 175; OLG Celle DRZ Rspr 35 Nr. 94. Dem im Nachverfahren bestellten Armenanwalt steht die Prozeßgebühr aus der Reichskasse zu, soweit nicht Zahlung (der Prozeßgebühr des Urkundenprozesses) durch die Partei erfolgt ist, KG KGBl 32, 107.

Dem von einem unzuständigen Gericht beigeordneten Armenanwalt steht die Prozeßgebühr nur in Höhe von $^5/_{10}$ (§ 14 RAGebO) zu, OLG Breslau JW 31, 1838[36]; OLG Naumburg JW 36, 346[44].

Reicht der Rechtsanwalt die Klage als Anlage zum Armenrechtsgesuch ein, so ist für den Gebührenanspruch gegen die Reichskasse die Klage als erst nach Bestellung zum Armenanwalt eingereicht anzusehen; daher ist für eine Ermäßigung der vollen Prozeßgebühr nach § 14 RAGebO kein Raum, OLG Düsseldorf JW 36, 1306[36]; 37, 1424[26]; OLG Naumburg JW 34, 3227[10]; *aM* KG JW 33, 228[4]; 35, 791[2]; OLG Naumburg JW 35, 3059[39]; OLG Köln HRR 36, 150; OLG Düsseldorf JW 36, 2157[40]; OLG Kiel JW 36, 3321; OLG Zweibrücken JW 37, 1746[49]. Hiernach nimmt die herrschende Meinung einen anderen Standpunkt ein. Insbesondere erwächst nach KG JW 35, 800[27]; OLG Kiel JVBl 39, 171 die volle Prozeßgebühr erst durch Zustellung der Klage nach der Beiordnung; entsprechendes gilt für die Zustellung der Berufungsbegründung, OLG Köln DR 39, 1193[54]; irgendwelche Förderung des Rechtsstreits reicht nicht aus, KG JW 39, 573[38], das aber DR 39, 1724[21] seine Rsp einschränkt, und nach KG JW 33, 228[4]; 33, 2844[2] schließt die Zustellung der Klagerücknahme die Ermäßigung aus § 14 RAGebO nur aus, wenn die Klage zugestellt war; vgl. auch KG JW 32, 117[11]; 35, 791[2]; OLG Kiel JW 31, 1835[27]; OLG Naumburg JW 36, 2157[41]; OLG Karlsruhe JW 36, 2813[40]. Andererseits läßt die Mitteilung der Klagerücknahme an das Gericht auch bei nicht zugestellter Klage für den Armenanwalt den Anspruch auf $^5/_{10}$ Prozeßgebühr gegen die Reichskasse erwachsen, KG JW 38, 3259[41]. Als Schriftsatz im Sinne des § 14 RAGebO, dessen Zustellung die volle Prozeßgebühr verdienen läßt, gilt neben der Klagerücknahme die Berufungsrücknahme, OLG Hamm und München JVBl 38, 232; OLG Kiel DRpfl Rsp 38 Nr. 964.

Der Armenanwalt erhält eine $^5/_{10}$-Prozeßgebühr und eine Vergleichsgebühr, wenn er nach Beiordnung ohne Einreichung einer Klage bei Abschluß eines Vergleichs mitwirkt, KG JW 37, 1423[24]; Meyer JVBl 39, 69. Der nach Beweiserhebung im Armenrechtsverfahren bestellte Armenanwalt, der vor Berufungseinlegung beim Vergleich mitwirkt, kann von der Reichskasse beanspruchen eine $^5/_{10}$-Prozeßgebühr (§ 14 RAGebO), eine volle Vergleichsgebühr und (gegebenenfalls) Reisekosten, OLG Kiel JW 36, 2164[52]; OLG Karlsruhe BadRspr 36, 27. Nach KG JW 36, 3583[48]; 37, 254[52]; OLG Nürnberg JW 37, 1419[16]; OLG Dresden JW 38, 1474[28]; 39, 309[38]; OLG Düsseldorf JW 38, 1475[29]; OLG Breslau HRR 39 Nr. 1427 (mit anderer Berechnung) erwächst dem Armenanwalt, wenn das Armenrecht auf nicht rechtshängige, in einen Vergleich einzubeziehende Ansprüche ausgedehnt wird, eine entsprechende erhöhte $^5/_{10}$-Prozeßgebühr, berechnet nach dem Gebührenunterschied der bisherigen und der Prozeßgebühr nach dem jetzigen Gesamtstreitwert; *aM* OLG Naumburg JW 36, 2150[32, 33]; OLG Breslau MdRRAK 37, 14; OLG Kiel DRpfl Rspr 36 Nr. 562; OLG Hamburg HansRGZ 36 B 439, welche die Prozeßgebühr für die nicht rechtshängigen Ansprüche versagen. OLG Köln JW 37, 1080[34] billigt sogar die volle Prozeßgebühr zu und die halbe Prozeßgebühr im Falle des außergerichtlichen Vergleichs; dagegen KG JW 38, 901[58]. Das OLG Dresden JVBl 38, 159 gewährt zusammen nicht mehr als eine volle Prozeßgebühr nach den Armenanwaltssätzen, berechnet nach dem Vergleichswert. Nach OLG Naumburg JW 38, 2037[33] entsteht die halbe Prozeßgebühr, wenn der Vergleichstermin ausschließlich zur Vornahme eines Sühneversuchs angesetzt ist, die volle Prozeßgebühr aber, wenn der Vergleichstermin für den Fall des Scheiterns des Vergleichs auch zur Streitverhandlung angesetzt ist. Der Armenanwalt kann von der Reichskasse $^5/_{10}$ Prozeßgebühr, § 14 RAGebO, und $^{10}/_{10}$ Vergleichsgebühr, § 13 Ziff. 3 RAGebO (nicht nur $^3/_{10}$, § 23 Ziff. 6 RAGebO), für den Abschluß eines Vergleichs im Verfahren nach § 118a

ZPO verlangen, für den Armenrechtsbewilligung und Beiordnung erfolgt sind, OLG Köln JW 39, 368[42]; Meyer JVBl 39, 67 II; *aM* OLG Frankfurt DR 40, 339[27]. Darüber, daß sie erfolgen können vgl. Cochems JW 36, 2617; Münzel JW 36, 3286; OLG Stuttgart JW 38, 2259[12]; Meyer JVBl 39, 67 I; Gaedeke JW 38, 1093; ObG Danzig, DR 40, 254[17]; *aM* Gaedeke JW 36, 2620; Lindemann JW 36, 3288; KG JW 37, 563[34], 1423[24]; OLG Jena JW 37, 253[48]; OLG Köln JW 38, 1122[13].

Der Armenanwalt erhält nur eine Prozeßgebühr bei Häufung und späterer Abtrennung von Scheidungs- und Nichtigkeitsklage, KG JW 32, 2170[14], ferner bei gesonderter Klage gegen Ehefrau auf Zahlung und gegen Ehemann auf Duldung, OLG Breslau JVBl 34, 8. Bei Verbindung von Prozessen richtet sich die Prozeßgebühr des Armenanwalts danach, ob die Beiordnung vor oder nach der Verbindung erfolgt ist, OLG Marienwerder JVBl 33, 226. Hat der Armenanwalt die Prozeßgebühr bereits nach dem höchsten Wert von mehr als 2000 RM erhalten, so hat eine Erhöhung des Streitwerts nach Zurückverweisung des Rechtsstreits durch das Gericht höherer Instanz auf die Berechnung der Armenanwaltsgebühren keinen Einfluß mehr, KG JW 35, 802[40]. Bei Berufung gegen Grundurteil und späterer Berufung gegen Betragsurteil erhält der Armenanwalt des Berufungsbeklagten zwei Prozeßgebühren, und zwar nach dem Wert der ersten und der zweiten Berufung; werden die Berufungen verbunden, erhält der AA für die spätere Verhandlung die Verhandlungsgebühr nur nach einem — höheren — Streitwert, KG JW 38, 540[40].

Dem als Wahlanwalt tätig gewordenen Rechtsanwalt steht nach seiner Beiordnung, wenn das Verfahren ruht, und er keine weitere Tätigkeit entwickelt, gegen die Reichskasse nur $^{5}/_{10}$ der Prozeßgebühr zu, OLG Kiel JW 32, 1165[30].

Die gemeinschaftliche Anzeige beider Anwälte im Eheprozeß, daß die Parteien sich ausgesöhnt haben, ist ein Schriftsatz im Sinne des § 14 RAGebO, so daß die volle Prozeßgebühr entsteht, OLG Kiel JW 35, 808[49]; KG JW 38, 1199[61] (wonach aber vor Zustellung der Klage dadurch die Ermäßigung aus § 14 RAGebO nicht fortfällt). Nach OLG Kassel JW 31, 1834[26] verlangt § 14 RAGebO einen Schriftsatz, der einwandfrei ein gewisses Maß von Tätigkeit nachweist. Dem Rechtsanwalt, welcher der armen Partei für die Rücknahme der Klage beigeordnet worden ist, steht die volle Prozeßgebühr zu, OLG Köln JW 35, 1947[17]. Antrag im Sinne des 2. Absatzes des § 14 RAGebO ist nicht nur der erste, das Verfahren einleitende, sondern jeder im Laufe des Verfahrens gestellte Sachantrag, KG JW 34, 703[6]. Sind Armenrechtsbewilligung und Beiordnung für das Verfahren der einstweiligen Verfügung erfolgt, dann entsteht bereits für den Antrag auf Erlaß der einstweiligen Verfügung der Anspruch auf Erstattung der Prozeßgebühr, KG JW 36, 615[55].

Keine Erhöhung der Prozeßgebühr aus § 51 RAGebO für den Armenanwalt gegenüber der Reichskasse bei nachträglicher Beiordnung für Streitgenossen, wenn er vorher lediglich Wahlanwalt anderer Streitgenossen war, RG JW 37, 2371[9]; anders wenn er vorher schon Armenanwalt anderer Streitgenossen war, KG JW 34, 1181[11]; OLG Düsseldorf JW 35, 63[16]. Der zum Armenanwalt eines Streitgenossen bestellte Teilhaber einer Anwaltsgemeinschaft muß sich die von dem anderen Streitgenossen an die Anwaltsgemeinschaft gezahlten Beträge auf seine Anwaltskosten voll anrechnen lassen, OLG Naumburg JVBl 34, 281. Im Falle der unechten Streitgenossenschaft und der nur für einen Teil der klagenden Streitgenossen erfolgten Beiordnung eines Anwalts bestimmt sich die Haftung der Reichskasse nach dem Gesamtumfang der Beteiligung der armen Parteien, also nach der Summe der von diesen geltend gemachten Beträge, RG LZ 33 Sp. 1388 = SeuffA 32 Nr. 164. Sind miteinander verbundene Klagen gegen Streitgenossen getrennt und ist vor und nach der Trennung verhandelt worden, so kann der Armenanwalt die Prozeßgebühr und die Verhandlungsgebühr nur nach dem Gesamtstreitwert der Klagen berechnen, weil nur hierfür, nicht für die Einzelklagen das Armenrecht bewilligt worden ist; *aM* OLG Dresden DR 39, 1659[23].

Der Armenanwalt, dessen Tätigkeit sich auf Zustellung des Urteils beschränkt, erhält nur die halbe Prozeßgebühr aus § 14 RAGebO, OLG Düsseldorf JW 35, 3240[31]; OLG Celle DRpflRspr 36 Nr. 709. Nimmt der Berufungskläger seine Berufung vor Terminsbestimmung zurück, so steht dem Rechtsanwalt des Berufungsbeklagten, nach dessen Beiordnung als Armenanwalt kein Schriftsatz zu den Akten gelangt ist, nur die halbe Prozeßgebühr zu, OLG Kiel JW 36, 3321[22].

b) Der Rechtsanwalt, der nach Erlaß des Beweisbeschlusses als Armenanwalt beigeordnet worden ist, bei der Beweisaufnahme zugegen war und dann zum Schluß verhandelt hat, kann für die Verhandlung nur die Verhandlungsgebühr aus § 13 Ziff. 2 RAGebO, nicht auch die weitere Verhandlungsgebühr aus § 17 RAGebO beanspruchen, OLG Nürnberg JW 31, 227[4]; vgl. aber KG JVBl 39, 187. Dem vom Amtsgericht beigeordneten Armenanwalt wird keine Verhandlungsgebühr erstattet, wenn er lediglich durch seinen Bürovorsteher verhandeln läßt, LG Dortmund JW 31, 1853[9]. Über die Tätigkeit eines nicht zum amtlichen Vertreter bestellten Referendars vgl. oben vor a. Ist das Armenrecht nur für einen Teilanspruch bewilligt worden und erledigt sich der Gesamtanspruch vor dem ersten Verhandlungstermin und wird dann streitig wegen der gesamten Kosten des Verfahrens verhandelt, dann können der Verhandlungsgebühr des Armenanwalts als Streitwert die Kosten nur insoweit zugrunde gelegt werden, als sie durch den sich im Rahmen der Armenrechtsbewilligung haltenden Teilanspruch verursacht worden sind, OLG Celle JVBl 39, 200. Der vom Armenanwalt des Klägers im ersten Termin nach § 618 Abs. 2 ZPO gestellte Antrag löst keine Verhandlungsgebühr aus, sondern wird durch die Prozeßgebühr abgegolten, OLG Stettin, JVBl 38, 103.

c) Wenn in einem gerichtlichen Vergleich außer dem Klageanspruch noch weitergehende Ansprüche erledigt werden, für die das Armenrecht nicht bewilligt ist, dann ist dem Armenanwalt die Vergleichsgebühr nur nach dem Umfang der Beiordnung zu erstatten, LArbG Altona JW 31, 93[2]; KG JW 33, 2018[10]; OLG Frankfurt JWBl 33, 58; OLG Kiel JW 34, 177[5]; OLG Naumburg JW 34, 778[5]; OLG Düsseldorf JW 36, 1302[28]; OLG Kassel JW 37, 254[54]. Ferner besteht kein Erstattungsanspruch des Armenanwalts gegen die Reichskasse, soweit Ansprüche des Zedenten, für die das Armenrecht bisher nicht bewilligt ist, in einen vom Armenanwalt geschlossenen Vergleich einbezogen werden, OLG Düsseldorf BBl 31, 215; KG JW 36, 2568[49]. Wird aber das Armenrecht auch auf nicht rechtshängige, in einen Vergleich einzubeziehende Ansprüche ausgedehnt, dann erwächst der Reichskasse gegenüber die Vergleichsgebühr nach dem höheren Streitwert, KG JW 34, 2633[6]. Nach OLG Braunschweig HRR 37, 477; OLG Jena JW 38, 473[39]; OLG Zweibrücken JW 38, 473[40] soll, wenn in einen Vergleich auch Ansprüche einbezogen werden, für die dem Kläger das Armenrecht nicht bewilligt ist, u. U. das bewilligte Armenrecht und die Beiordnung des Armenrechts auch ohne ausdrücklichen Beschluß als auf den ganzen Vergleichsgegenstand ausgedehnt angesehen werden. Dagegen zutreffend OLG Hamburg JW 38, 3310[23], DJ 39, 711; KG JW 37, 2241[76]; 38, 396[30], das aber JW 38, 2420[32] eine Ausnahme macht.

Der in zwei unter denselben Parteien anhängigen Prozessen mit verschiedenem Streitgegenstand bestellte Armenanwalt, der beide Prozesse durch einen einheitlichen Vergleich erledigt, erhält die Vergleichsgebühr nur einmal, jedoch nach dem vollen Vergleichswert, KG JW 29, 129[20]; 34, 847[2]; 35, 2296[42]; *aM* OLG Kiel JW 31, 1132[73]; OLG Düsseldorf MdRRAK 36, 180: zwei Vergleichsgebühren. Nach KG a. a. O. ist von der Vergleichsgebühr zum mindesten der auf jeden Rechtsstreit anteilig entfallende Betrag in diesem festzusetzen, dagegen wenn in einem Rechtsstreit die Vergleichsgebühr bereits nach dem vollen Streitwert dieser Sache festgesetzt ist, in der anderen Sache nur der Unterschiedsbetrag zu der Gebühr nach dem Gesamtstreitwert festzusetzen. Richtig ist aber die Vergleichsgebühr nach dem Gesamtwert des Vergleichs in dem Rechtsstreit festzusetzen, in dem der Vergleich geschlossen worden ist. Die Vergleichsgebühr entsteht nur einmal nach dem höheren Wert, wenn der Vergleich zugleich die Hauptsache und die einen Teil desselben Streitgegenstandes umfassende einstweilige Verfügung erledigt, OLG Dresden DJ 36, 978; JW 38, 2039[34]; *aM* KG JW 38, 1608[39], das (unter Aufgabe der Entsch. JW 31, 2178[73]) die Vergleichsgebühr nach dem zusammengerechneten Streitwert beider Verfahren zubilligt. Sind die verglichenen Rechtsstreitigkeiten in verschiedenen Instanzen anhängig, so sind die Gebührensätze maßgebend, die für die Instanz gelten, in welcher der Vergleich geschlossen ist, OLG Dresden JW 38, 2039[34]. Bei Kostenvergleich kann die Vergleichsgebühr nur nach dem Wert der Kosten erstattet werden, wenn diese Gebühr niedriger ist als die feste Gebühr des Ges. v. 13. 12. 35, OLG Karlsruhe DRpfl. Rspr 39 Nr. 242. Bei Vergleich über den Eheprozeß und die endgültige Unterhaltsregelung für die Zeit nach der Scheidung sind die Vergleichsgebühren jeweils nach dem Vergleichswert und den

Gebührenvorschriften für das einzelne Verfahren zu berechnen und zusammenzurechnen; jedoch darf die Höchstgebühr von 42 (54.60) RM nicht überschritten werden, KG DR 39, 1928[19]. Der Armenanwalt des Beklagten kann in jedem der beiden Prozesse die Vergleichsgebühr von der Reichskasse erstattet verlangen, wenn zwei verschiedene Kläger gegen denselben Beklagten einen Prozeß führten und sich in einem außergerichtlichen Vergleich mit dem Beklagten vergleichen, KG JW 35, 802[35]; OLG Breslau MdRRAK 37, 68. Der Armenanwalt erhält aber nur eine Vergleichsgebühr beim Abschluß getrennter Vergleiche mit Streitgenossen, OLG Kiel DRpflRspr 37 Nr. 339. Schließt der Armenanwalt in einem Rechtsstreit mehrere Vergleiche ab, so erhält er aus der Reichskasse höchstens eine Vergleichsgebühr nach einem Wert von mehr als 2000 RM, OLG Celle JVBl 36, 163; KG JW 37, 253[50]; OLG Rostock JW 37, 254[51]; *aM* OLG Köln JW 35, 3492[71].

Die Vergleichsgebühr kann nach KG JW 35, 800[28] für den Armenanwalt auch dann entstehen, wenn er z. B. des Abschlusses des Vergleichs nicht mehr Prozeßbevollmächtigter war (bedenklich). Dagegen steht nach KG JW 32, 2169[13] einem Armenanwalt, der vor Entziehung des Armenrechts bei einem Vergleich mitgewirkt hat, die Vergleichsgebühr nicht zu, wenn der Vergleich erst nach der Entziehung des Armenrechts zustandekommt. Der Armenanwalt soll auch für einen wenige Tage nach Erlaß des Verweisungsbeschlusses geschlossenen Vergleich die Vergleichsgebühr aus der Reichskasse erhalten, OLG Düsseldorf JW 37, 1424[25]. Eine Vergleichsgebühr kann nur dann erstattet verlangt werden, wenn der Vergleich eine richterliche Entscheidung entbehrlich macht, OLG Breslau JW 33, 538[17]; *aM* OLG Düsseldorf JW 38, 1609[40]. Der Verkehrsanwalt kann eine Vergleichsgebühr nur dann aus der Reichskasse beanspruchen, wenn seine Tätigkeit für den Abschluß des Vergleichs ursächlich war, und diese Tätigkeit für das Zustandekommen des Vergleichs neben der des Prozeßbevollmächtigten zur zweckentsprechenden Rechtswahrung der Partei in Anspruch genommen werden mußte, OLG Celle JW 38, 2423[34].

Auch in Ehesachen kann für den Armenanwalt (zumindest gemäß § 89 RAGebO) der Anspruch auf Erstattung einer Vergleichsgebühr aus der Reichskasse erwachsen, OLG Naumburg JW 39, 709[24]; OLG Kassel JW 36, 2149[31]; OLG Frankfurt JW 36, 3326; OLG Köln JW 37, 1080[33]; OLG Braunschweig JW 37, 1420[17]; ObG Danzig DanzJZ 38, 14; OLG Oldenburg JW 38, 1198[59]; OLG Celle JW 38, 3229[18]; KG DR 39, 187[33], 1654[15]; 1926[18]; 40, 210[29]; Matthiessen DJ 38, 1916; *aM* OLG Dresden JW 36, 2148[29]; OLG Kiel JW 35, 3056[35]; OLG Hamburg JW 38, 3239[17]; DJ 39, 667; OLG München JVBl 36, 212; OLG Rostock JVBl 37, 201; OLG Marienwerder JVBl 37, 225; OLG Nürnberg JW 38, 1838[45]; OLG Düsseldorf DR 39, 1655[16]. Manche Gerichte billigen insoweit eine Vergleichsgebühr nach dem Kostenstreitwert zu, jedoch nicht mehr als 24 RM (bzw. 31.20 RM), OLG Breslau JW 31, 1833[22]; OLG Kiel JW 34, 1194[31]; OLG Düsseldorf JW 39, 370[45]; OLG Dresden JW 36, 2147[28]; OLG Stuttgart JW 37, 2794[40]. Über die Vergleichsgebühr des Armenanwalts, wenn sich die Parteien außer über die Kosten auch über andere aus der Scheidung entspringende Streitpunkte vergleichen vgl. OLG Düsseldorf JW 39, 370[46]; OLG Hamburg DJ 39, 667. Über die Gebühren des Armenanwalts im Falle eines im Verfahren nach § 627b ZPO geschlossenen Vergleichs vgl. KG DR 39, 669[41]; 1337[39]; OLG Köln DR 40, 201[15]. Keine Vergleichsgebühr für Zwischenvergleich zur Vereinfachung der Ehescheidung, KG DR 39, 190[34], sowie für Anfechtung der Ehelichkeit, KG JW 37, 834[36].

Der Armenanwalt hat gegen die Reichskasse einen Anspruch auf Erstattung einer Vergleichsgebühr für einen nach Zustellung des Urteils, aber vor Rechtsmitteleinlegung geschlossenen Vergleich, OLG Düsseldorf JW 36, 1302[29]; OLG Naumburg JW 36, 345[43]; KG JW 35, 800[28], nicht aber, wenn der Vergleich abgeschlossen wird nach Einlegung des Rechtsmittels, KG JW 33, 2924[7]; OLG Düsseldorf JW 37, 1657[24], oder nach Rechtskraft des Urteils, KG JW 36, 2811[37]. Der Armenanwalt unterer Instanz kann für die Mitwirkung an einem erst in der Rechtsmittelinstanz geschlossenen Vergleich keinen Gebührenanspruch gegen die Reichskasse erheben, KG JW 35, 798[20], es sei denn, daß nur Teilurteil in die Berufungsinstanz gelangt, und dann nur nach dem nicht in die Berufung gelangten Wert, OLG Köln HRR 34, 980. Dem Armenanwalt zweiter Instanz, der die arme Partei in der Berufung über den Grund des Anspruchs vertreten hat, und nach Beendigung der Berufungsinstanz durch Zurückverweisung an die erste Instanz zwecks Entscheidung über die Höhe des Anspruchs an einem Vergleich zur Beilegung des gesamten Rechtsstreits mitwirkt, erwächst keine Vergleichsgebühr aus der Reichskasse, KG JW 33, 2924[7]. Anders liegt es jedoch, wenn der Rechtsstreit noch in der Berufungsinstanz schwebt, mag auch durch ein Teilurteil über den Grund eines mehrerer geltend gemachter Ansprüche bereits in dieser Instanz eine Entscheidung ergangen sein. Der Vergleichsgebühr ist in diesem Falle nicht nur der Streitwert, wie er nach Erlaß des Teilurteils noch bestand, sondern der volle Streitwert zugrunde zu legen, KG JW 35, 439[3]. Sonst aber kann eine Vergleichsgebühr insoweit nicht berechnet werden, als in einen Vergleich ein bereits in demselben Verfahren durch Urteil erledigter Teilanspruch mit einbezogen wird, KG JW 38, 2771[53].

d) Die Beweisgebühr wird gegenüber der Reichskasse nicht fällig, wenn der Armenanwalt einer Partei erst beigeordnet wird, wenn die arme Partei nach Abschluß der Beweisaufnahme in den Rechtsstreit eintritt, die auf Grund des Vorbringens einer anderen Partei angeordnet war, *aM* OLG Düsseldorf MdRRAK 37, 18 und die 12. Aufl. Maßnahmen des Gerichts „in der Annahme des Einverständnisses der Parteien, falls nicht (binnen bestimmter Frist) widersprochen wird", lassen die Beweisgebühr des Anwalts noch nicht entstehen, KG JW 38, 3313[26].

e) Der Armenanwalt kann die Hebegebühr aus § 87 RAGebO nicht aus der Reichskasse erstattet verlangen, KG JW 35, 798[19], ferner keine Gebühr für Erinnerungen gegen den Ansatz von Gerichtskosten, OLG Nürnberg JW 32, 123[27]. Wohl aber kann er für die Tätigkeit im Vollstreckungsschutzverfahren betr. ein Grundstück eine besondere Vergütung verlangen, OLG Düsseldorf DR 39, 334[26].

f) Bei **Bruchteilsarmenrecht** werden die Armenanwaltsgebühren auf den Bruchteil der in § 1 AAGes für den ganzen Streitwert bestimmten Gebühr berechnet, RG 135, 179; OLG Stuttgart JW 31, 1135[80]; OLG Kiel JW 31, 1841[45]; OLG Stettin JW 31, 1843[50]; KG JW 32, 1164[28]; OLGe Marienwerder, Naumburg, Breslau, Frankfurt, Köln, Königsberg, Dresden, Jena JVBl 32, 259; OLG Hamm JVBl 33, 157; OLG Naumburg DR 39, 1924[16]; abweichend OLG Darmstadt JW 37, 3248[42]. Entsprechend sind im Zwangsversteigerungsverfahren dem Armenanwalt nur die Bruchteile der in Art. 4 PrLGebO vorgesehenen Sätze zu erstatten; dagegen will OLG Naumburg JW 37, 2792[37] die Sätze berechnet nach dem vollen Wert des dinglichen Rechts erstatten, falls die volle Gebühr unter der Höchstgebühr der Gebührenstaffel des AAGes bleibt. Bei Armenrechtsbewilligung mit der Maßgabe, daß die Partei x RM der Anwaltskosten selbst zu zahlen hat, sind die x RM nicht auf den von der Reichskasse dem Armenanwalt zu erstattenden Kostenanteil, sondern auf die von der Partei nach der RAGebO geschuldeten Kosten anzurechnen, OLG Köln HRR 32, 164.

g) In **Ehesachen** tritt nach dem Gesetz v. 13. 12. 35 an die Stelle der vollen Gebühr unabhängig vom Streitwert der feste Betrag von 24 RM. Das gilt auch bei Erwirkung des Verlustigkeitsurteils (§ 515 Abs. 3 ZPO), OLG Köln JW 37, 2238[68], aber nicht im Kostenstreit in Ehesachen; maßgebend sind in solchen Fällen (höchstens) der Kostenstreitwert und die allgemeinen Sätze, KG JW 35, 798[18]. Die Restitutionsklage und die Nichtigkeitsklage sind bei der Erstattung von Armenanwaltskosten als Ehesachen anzusehen, wenn sie eine Ehesache betreffen, KG JW 35, 3055[32]; 37, 1425[28]. Im Verfahren über Anträge nach §§ 627, 627b ZPO ist der Höchstbetrag einer Gebühr 24 RM. Das gilt aber nur für den ersten Rechtszug; im zweiten Rechtszuge treten die $^3/_{10}$ des § 52 RAGebO hinzu, OLG Königsberg JW 31, 1842[46]; KG JW 38, 396[31]; OLG Kiel JW 33, 1785[9]; OLG Naumburg JW 36, 2161[47]; *aM* KG JW 31, 1126[57]; OLG Breslau JW 32, 2915[59]. Unter den Begriff „Ehesachen" fallen nicht die Klagen auf Anfechtung der Ehelichkeit eines Kindes, LG Schneidemühl JW 38, 3135[45].

h) Das **Güteverfahren** vor dem Amtsgericht beginnt spätestens mit der Armenrechtsbewilligung, so daß der beigeordnete Anwalt für die seitdem entwickelte Tätigkeit nicht $^3/_{10}$ Gebühren gemäß § 23 Ziff. 6 RAGebO, sondern volle $^{10}/_{10}$ Gebühren gemäß § 38a RAGebO fordern kann.

6. Auch die **Auslagen** werden, wie § 1 AAGes bestimmt, nach Maßgabe der RAGebO aus der Reichskasse ersetzt. Daraus wird gefolgert, daß eine Erstattung lediglich im Rahmen der §§ 76ff. RAGebO erfolgen kann, Jonas JW 37, 201 I a; LG Berlin JW 37, 1426[29]. Die herrschende Meinung nimmt dagegen an, daß der Armenanwalt von der Reichskasse nicht nur die im 5. Abschnitt der RAGebO bezeichneten Auslagen, sondern nach § 670 BGB alle Aufwendungen erstattet verlangen kann, die er den Umständen nach für erforderlich halten darf, OLG Kiel JW 31, 1841[44]; 32,

1165[31]; KG JW 35, 801[33]; 37, 824[21], 1427[30]; OLG Dresden JW 37, 828[23]. Für **nicht** erstattungspflichtig werden aber angesehen: Die Kosten für die Miete eines Kommentars zu einem ausländischen Gesetz, OLG Dresden JW 37, 828[23], die Kosten der Beschaffung von Beweismitteln, auch der Anschriften von Zeugen, OLG Breslau JVBl 32, 213, Einholung einer Auskunft des Einwohnermeldeamts u. dgl., KG JW 34, 913[3], die Vollmachtsbeglaubigungskosten zur Ausführung eines Vergleichs, OLG Kiel JW 31, 1132[72], Auslagen, die der Armenanwalt vor seiner Beiordnung gehabt hat, KG JW 37, 250[41], Portoauslagen für Rücksendung der Gerichtsakten, KG JW 35, 1700[23], Auslagen, die der Armenanwalt im eigenen Interesse für die Durchführung seines Anspruchs gegen die Reichskasse aufwendet, KG JW 37, 558[26], Kosten von Fahrten innerhalb Berlins, KG JW 35, 802[79], Schreibgebühren, OLG Stettin JW 31, 1135[79]; OLG Kiel JW 31, 2383[21]; KG JW 34, 913[3]; 35, 800; OLG Königsberg JVBl 38, 133; *aM* OLG Düsseldorf JW 30, 568[14]; OLG Naumburg JW 36, 2160[46]; Gewerbesteuer, KG VBl 30, 300; OLG Frankfurt HRR 31, 713; LG Berlin JW 31, 2450 F, vom Anwalt verauslagte Kosten eines Gerichtsvollziehers, OLG Hamburg HansRGZ 38 B 217.

Ferner steht dem Armenanwalt kein Anspruch auf Vorschuß, auch nicht für notwendige Auslagen, gegen die Reichskasse zu, KG JW 35, 2512[63]. Zur Vermeidung von Härten (insbesondere bei größeren oder länger dauernden Reisen des Armenanwalts) ermächtigt die AVdRJM v. 8. 11. 39 DJ 1720 = DR 40, 17 die Vorstände der Gerichte, die Auszahlung von Vorschüssen auf Auslagen ausnahmsweise zu genehmigen, wenn der Rechtsanwalt dartut, daß er nicht in der Lage ist, die erforderlichen Ausgaben aus eigenen Mitteln vorzuschießen; dazu vgl. Gaedeke DR 40, 147. Der Armenanwalt des ersten Rechtszuges, der in dem vom Gegner betriebenen Armenrechtsverfahren der Berufungsinstanz die ihm vom Gericht zugestellten Schriftstücke an seine Partei weitergeleitet hat, kann für die hierdurch entstandenen Auslagen Ersatz aus der Reichskasse beanspruchen, soweit kein Anwalt zweiter Instanz bestellt ist, OLG Stettin JW 33, 1783[11]; OLG Düsseldorf JW 36, 617[57]; KG JW 37, 2791[36]; LG Freiberg MdRRAK 38, 65.

Dagegen werden dem Armenanwalt aus der Reichskasse zugebilligt: Photokopiekosten, KG JW 36, 948[43], Auslagen für Terminswahrnehmung durch einen Referendar, wenn der Armenanwalt verhindert war, KG JW 34, 913[2] und die Umsatzsteuer KG JW 31, 324[2]; OLG Hamburg JW 30, 3871[20]; OLG Jena JW 30, 3871[22]; OLG Naumburg VBl 31, 216; OLG Celle DRZ Rspr 32 Nr. 273; *aM* LG Berlin VBl 31, 293 (die herrsch. M. führt hier zu dem eigentümlichen und wohl nicht gewollten Ergebnis, daß der Staat mit der einen Hand die Umsatzsteuer vom Armenanwalt erhebt und mit der anderen sie ihm erstattet, LG Berlin JW 38, 2769[50]).

Außerdem sind der **armen Partei** die Reisekosten zu ihrer Parteivernehmung aus der Reichskasse zu erstatten, RG DJ 35, 33, und zwar vorschußweise und auch nachträglich, KG JW 37, 2240[74]. Über das Festsetzungsverfahren in solchen Fällen vgl. OLG Düsseldorf DR 39, 335[29].

Die Kosten eines vom Armenanwalt zugezogenen Dolmetschers sind dem Dolmetscher aus der Reichskasse zu erstatten, wenn ein entsprechender Beschluß des Prozeßgerichts ergangen ist, KG JW 35, 792[3]; 37, 560[29]; LG Berlin JW 37, 1091[49].

7. Nach § 1 Abs. 3 AAGes werden die Reisekosten (vgl. hierüber Henneberg und Gaedeke JW 36, 1743, Eckardt JW 36, 3085) nicht vergütet, wenn die betreffende Reise nicht erforderlich war. Es kommt also darauf an, ob die Reise erforderlich war, Jonas JW 37, 201; *aM* KG JW 36, 1792[27], [28], wonach die Reisekosten dem Armenanwalt nur dann nicht erstattet werden sollen, wenn die Reise überflüssig war, oder die Kosten im Mißverhältnis zum Streitwert stehen, so daß eine nicht arme Partei sich mit der Bestellung eines Unterbevollmächtigten begnügt hätte. Hat der Rechtsanwalt seinen Wohnsitz an mehreren Orten, so steht ihm für eine Terminswahrnehmung am zweiten Wohnort kein Anspruch auf Reisekosten zu, OLG Köln JVBl 37, 250.

Die Kosten der Reise zu einem auswärtigen Beweistermin sind zu erstatten, wenn dem Armenanwalt die Teilnahme an dem Termin notwendig erscheinen mußte, OLG Kassel JW 32, 673[26]; OLG Kiel JW 34, 3076[5]; OLG Düsseldorf JW 36, 3072[42], auch wenn er infolge einer unterwegs eingetretenen Autobusverspätung den Termin nicht mehr rechtzeitig wahrnehmen konnte, OLG Kiel SchlHA 39, 59 (über DZugzuschlag vgl. OLG Naumburg JW 36, 3322[25]; OLG Celle und Köln JVBl 37, 249). Dem Armenanwalt liegt grundsätzlich die Wahrnehmung auswärtiger Termine ob; er muß aber die Beiordnung eines am Vernehmungsort wohnenden Anwalts gemäß § 39 Abs. 2, § 41 Abs. 2 RAO (vgl. oben 3b) erwirken, wenn die Reisekosten verglichen mit den Kosten des Unterbevollmächtigten unverhältnismäßig hoch sind, OLG Düsseldorf JW 38, 826[49]. In einem Ehescheidungsprozeß sind dem Armenanwalt die Reisekosten zur Wahrnehmung eines auswärtigen Beweistermins zu erstatten, wenn eine Ehebruchszeugin vernommen werden soll, OLG Bamberg JW 32, 1163[26]. Reisekosten des Armenanwalts zum auswärtigen Beweistermin vor der Kammer sind regelmäßig erstattungspflichtig, OLG Oldenburg JW 36, 1304[31]. Das Prozeßgericht ist verpflichtet, zu der Frage, ob eine Reise des Armenanwalts zu einem auswärtigen Beweistermin erforderlich ist, Stellung zu nehmen; eine Stellungnahme kann durch Beschwerde erzwungen werden, KG JW 35, 2512[63]; *aM* OLG Stuttgart JW 36, 1304[32]. Nicht beizustimmen ist aber KG JW 35, 3646[22], wonach gegen eine dem Armenanwalt ungünstige Stellungnahme keine Beschwerde gegeben sein soll. Die vor der Reise vom Armenanwalt erwirkte Entscheidung des Prozeßgerichts über die Notwendigkeit der Reise ist für die Festsetzung der Armenanwaltskosten bindend (vgl. auch § 2 Ziff. 3 des Ges. über die Beiordnung von Patentanwälten in Armensachen v. 5. 2. 38 — RGBl I 116 — oben I E abgedruckt). Auch der UrkB kann vor der Festsetzung eine solche Entscheidung nachsuchen, die bindend ist. Wird die Beiordnung eines besonderen Armenanwalts nach § 39 Abs. 2 RAO abgelehnt, dann ist regelmäßig eine Reise des Hauptarmenanwalts als nicht erforderlich anzusehen,

Jonas JW 37, 202 II; OLG Dresden JW 38, 1195[55]; *aM* KG JW 36, 3588[54], [55]; 37, 824[21]; OLG Königsberg HRR 39 Nr. 457. Ein dem § 41 RAO zuwider für einen auswärtigen Beweistermin bestellter Armenanwalt kann nur die Gebühren erstattet verlangen, die einem ortsansässigen Rechtsanwalt entstanden wären, also keine Reisekosten, OLG Naumburg JW 36, 2810[35]. Läßt der Armenanwalt einen auswärtigen Beweistermin durch einen Referendar wahrnehmen, so steht ihm hierfür nur ein Anspruch auf Erstattung von Auslagen zu, OLG Düsseldorf JVBl 37, 278.

Auch die Kosten von Reisen des Armenanwalts zur Besichtigung des Unfallorts und zum Ortstermin können erstattungspflichtig sein, OLG Naumburg JW 36, 2145[25]; KG JW 38, 1195[54]; *aM* OLG Dresden HRR 38 Nr. 123; das Gleiche gilt bei der Teilnahme an der Ortsbesichtigung durch den Sachverständigen, OLG Naumburg JW 38, 700[44], oder am Erörterungstermin des Sachverständigen, OLG Düsseldorf Md. RRAK 38, 208. Bedenklich ist die Entscheidung des OLG Naumburg JW 36, 1303[30], wonach die Reisen des Armenanwalts zu seiner Partei dann nicht als durch die Prozeßgebühr abgegolten anzusehen sind, wenn eine Reise der Partei zu dem Armenanwalt, falls sie nicht daran verhindert gewesen wäre, im Sinne des § 91 ZPO als erstattungsfähig anzusehen wäre. Die Kosten einer informatorischen Reise zur Partei können erstattet werden, wenn deren völlig hilfloser Zustand für die Beurteilung der Sach- und Rechtslage von wesentlicher Bedeutung ist oder doch zu sein scheint, OLG Düsseldorf MdRRAK 38, 110, oder die Information erforderlich, die Partei aber reiseunfähig war, OLG Naumburg DR 39, 1192[53]. Auch die Kosten einer Reise zu außergerichtlichen Vergleichsverhandlungen können erstattungspflichtig sein, KG JW 37, 558[27]. Dem Rechtsanwalt steht Abwesenheitsgeld auch für den Sonntag zu, Huckemann JW 37, 792; OLG Naumburg JW 37, 829[25].

Dem zum Armenanwalt bestellten auswärtigen Simultananwalt sind Reisekosten bis zur Höhe des Betrages aus der Reichskasse zu erstatten, der einem beim Prozeßgericht ansässigen Armenanwalt erstattet werden müßte, OLG Karlsruhe JW 31, 1841[43]; OLG Köln JW 37, 3052[48]; OLG Kiel DRpflRspr 37 Nr. 439; KG JW 38, 60[45]; OLG Naumburg MdRRAK 38, 212; OLG Kassel MdRRAK 40, 30[16]; die Zusammenstellung bei Gelinsky-Meyer, Armenanwaltskosten 3 S. 185/187 ist überholt und gegenstandslos, Groenewold und Meyer JVBl 38, 164. Die von dem Simultananwalt verauslagten Postgebühren werden — auch soweit sie im Verkehr mit dem Gericht entstanden sind —, ohne besondere Begründung erstattet, sofern nicht die besondere Höhe der verlangten Postgebühren zu einer näheren Darlegung Anlaß gibt. AVdRJM v. 12. 2. 40. DJ. 245. Wird im Berufungsverfahren vor dem OLG ausnahmsweise ein beim LG zugelassener RA als Armenanwalt beigeordnet, so werden ihm Reisekosten und Tagegelder bis zum Betrag der halben Pozeßgebühr aus der Reichskasse vergütet, wie sie der bei der Beauftragung mit der Terminswahrnehmung beim OLG zugelassene RA neben der Prozeßgebühr des Prozeßbevollmächtigten erhalten würde (vgl. § 43

RAGebO), AVdRJM vom 30. 12. 39 DJ 40, 27 = DR 40, 187 = MdRRAK 40, 3; hierzu vgl. Gaedeke DR 40, 184. Ist infolge der behördlich angeordneten Räumung oder Freimachung von gefährdeten Teilen des deutschen Reichsgebiets oder infolge anderer auf den Auswirkungen des Kriegs beruhender unabwendbarer Ereignisse ein Rechtsanwalt gezwungen, seine Kanzlei zu verlegen, oder ist aus den angeführten Gründen der Sitz seines Zulassungsgerichts verlegt worden und entstehen dem Rechtsanwalt infolgedessen für die Reise zum Sitz des Gerichts höhere Reisekosten als bisher, so ist der Mehrbetrag an Reisekosten und Tagegeldern aus der Reichskasse zu vergüten, § 3 VO v. 22. 1. 40 (RGBl I 223). Für andere Kosten gilt § 20 Abs. 5 RAO: „Die Mehrkosten, welche bei der Vertretung einer Partei vor einem Kollegialgericht durch einen bei demselben zugelassenen Rechtsanwalt dadurch entstehen, daß der letztere seine Kanzlei nicht am Orte des Gerichts hat, ist die Gegenpartei zu erstatten nicht verpflichtet" und VO vom 30. 4. 36 (RGBl I 406): „Die nach § 20 Abs. 5 der Reichs-Rechtsanwaltsordnung nicht erstattungsfähigen Mehrkosten werden im landgerichtlichen Verfahren dem im Armenrecht beigeordneten auswärtigen Amtsgerichtsanwalt auch aus der Reichskasse nicht ersetzt." Für Patentsachen usw. vgl. § 51 Abs. 3, 4 PatG, § 19 Abs. 3, 4 GebrMustG, § 32 Abs. 3, 4 WZG; hierzu Kleeff und Gaedeke JW 38, 2724.

Der jüdische Konsulent ist zur Erhebung von Abwesenheitsgeldern nicht berechtigt; hat der Konsulent seinen Wohnsitz nicht am Orte des Gerichts, so werden ihm die hierdurch entstehenden Mehrkosten aus der Reichskasse nicht erstattet, BekdRJM v. 19. 7. 39 DJ 1241 II 1, 6.

8. Nach § 1 Abs. 4 AAGes, § 85 RAGebO wird der Ersatzanspruch des Armenanwalts gegen die Reichskasse fällig,

a) sobald über die Verpflichtung, die Gebühren des Rechtsanwalts zu tragen, eine Entscheidung ergangen ist,
b) bei Beendigung der Instanz,
c) bei Erledigung des Auftrags,
d) wenn das Verfahren länger als drei Monate ruht.

Zu a: Ein Teilurteil ohne Kostenentscheidung bewirkt keine Fälligkeit der Armenanwaltskosten, KG JW 35, 1046[22]. Ist über die Kosten z. T. bedingt z. T. unbedingt entschieden, so ist der Erstattungsanspruch fällig geworden, OLG Dresden LZ 33, 265. Ein Vergleich macht die Armenanwaltskosten nur fällig, wenn er rechtswirksam ist, KG DR 40, 343[33].

Zu b: Ein Grundurteil läßt die Armenanwaltskosten nicht fällig werden, OLG Breslau JW 31, 1120[45], 1128[64]; OLG Düsseldorf JW 37, 2238[69]; LG Berlin JWBl 34, 234; LG Kassel JW 35, 3324[45]; *aM* KG JW 35, 802[36], 2295[41] (jedoch nur für den Fall, daß es über den gesamten Streitgegenstand ergeht, KG JW 34, 1863[1]); OLG Dresden HRR 38 Nr. 1656. Der Erstattungsanspruch wird fällig, wenn das Verfahren gegen einen Streitgenossen durch (gerichtlichen oder außergerichtlichen) Vergleich beendet ist, KG JW 37, 831[27]. Ein gerichtlicher Vergleich, in dem das Ruhen des Widerspruchsverfahrens bis zur rechtskräftigen Entscheidung des Hauptprozesses vereinbart wird, soll nach OLG Kiel JW 36, 617[58] die Armenanwaltskosten fällig machen.

Zu c: Nicht beizustimmen ist auch OLG Königsberg JW 35, 1726[71], wonach bei Teilarmenrechtsbewilligung die Nichtzahlung eines Vorschusses für den anderen Teil den Rechtsanwalt zur Kündigung des Mandats und damit zur Berechnung seiner Armenanwaltskosten berechtigen soll. Der Erstattungsanspruch des Armenanwalts wird mit dem Tode der armen Partei fällig, KG JW 31, 1125[55]. Ist der Gegner gestorben, dann werden die Gebühren fällig, wenn die arme Partei wünscht, das Verfahren nicht weiter zu führen, KG DR 40, 342[32].

Zu d: Ruhen des Verfahrens liegt nicht nur bei einer entsprechenden Anordnung im Sinne der ZPO, sondern auch dann vor, wenn in der Sache tatsächlich nichts geschieht, KG JW 35, 2295[40]. Dem Ruhen steht die Unterbrechung nach § 239 ZPO gleich, OLG Düsseldorf JVBl 33, 14. Eine Prozeßunterbrechung durch Konkurs bewirkt nach OLG Köln HRR 35, 1561 selbst dann keine Fälligkeit, wenn es sich um eine gewöhnliche Konkursforderung handelt. Die durch dreimonatiges Ruhen bewirkte Fälligkeit der Armenanwaltskosten wird durch eine Fortführung des Prozesses nicht beseitigt, KG JW 35, 1701[25].

Falsch ist die Entscheidung des OLG Celle JW 31, 1839[38], daß der Armenanwalt seine Auslagen bereits vor Fälligkeit seiner Gebühren erstattet verlangen könne.

9. a) Der Erstattungsanspruch des Armenanwalts verjährt in zwei Jahren (§§ 201, 196 Ziff. 15 BGB, § 85 RAGebO), gerechnet vom Ende des Jahres, in welchem der Anspruch gemäß § 1 Abs. 4 AAGes fällig geworden ist, OLG Naumburg JW 34, 1927[16]; OLG Celle DRpflRspr 37 Nr. 340. Der Eintritt der Fälligkeit infolge dreimonatigen Ruhens setzt gegen den Armenanwalt die Verjährungsfrist in Lauf, KG JW 34, 1739[7]; 36, 1300[23]. Hat das Gericht den Beschluß verkündet, daß neuer Termin nach Rückkunft der Akten anberaumt werden soll, und hat der Berichterstatter mehrfach die Akten erfordert, dann ist hierdurch das Ruhen unterbrochen, KG JW 33, 2599[1]. Die Kostenerstattungsansprüche können bei einer Änderung der Rechtsprechung solange geltend gemacht werden, als sie nicht verjährt sind, OLG Kiel JW 36, 617[59]; vgl. auch OLG Naumburg MdRRAK 36, 62 über stillschweigenden Verzicht auf Beschwerde des Armenanwalts. Eine nach dem jetzigen Stand der Rechtsprechung dem Armenanwalt zustehende Gebühr muß in dem früheren Festsetzungsverfahren gefordert und abgesprochen worden sein, um ihre spätere Nachforderung gemäß KG JW 35, 2654 auszuschließen, OLG Naumburg JW 36, 3068[38]. Über erneute Entstehung verjährter Gebühren in derselben Instanz KG JW 35, 2295[40].

Die AVdRJM v. 7. 10. 35 (DJ 35, 1474 = JW 35, 3024) II 3, VI 10 weist darauf hin, daß der UrkB, wenn die Verjährungseinrede in Frage kommt, vor der Entscheidung über den Erstattungsantrag die Akten dem Bezirksrevisor, beim Oberlandesgericht dem Leiter des Rechnungsamts vorzulegen hat. Diese sind zur Geltendmachung der Verjährungseinrede zuständig und haben die Entscheidung des LGPräs (AGPräs) oder OLGPräs einzuholen. In Zweifelfällen ist an den RJM zu berichten.

b) Die Rückforderung und Beitreibung überhobener Armenanwaltskosten — z. B. weil der Streitwert nachträglich herabgesetzt worden ist, oder Gebühren auf Beschwerde der Reichskasse abgesetzt worden sind — erfolgt im Verwaltungszwangsverfahren nach der Justizbeitreibungsordnung v. 11. 3. 37 (RGBl I 298). In diesem Verfahren kann der Einwand, daß die Bereicherung weggefallen sei, nicht erhoben werden, Gaedeke JW 37, 913 V. Die Rückforderung ist also nicht Sache des UrkB, sondern der Gerichtskasse; durch eine im Zusammenhang mit der Gebührenfestsetzung erfolgende Aufforderung des UrkB zur Rückzahlung wird jedoch der Anwalt nicht beschwert, OLG Rostock MecklZ 55, 237. Die Reichskasse kann überhobene Armenanwaltskosten auch im Wege der Aufrechnung gegen andere Ansprüche des Armenanwalts aus dem AAGes tilgen, KG JVBl 33, 56.

Die Rückforderung von Armenanwaltsgebühren ist nur innerhalb der in § 5 GKG bestimmten Frist zulässig, OLG Kiel JW 32, 2910[48]; 33, 2229[22]; Breuer JW 36, 1270; *aM* KG JW 31, 3573 B; Gaedeke JW 33, 2662; 36, 1270; vgl. auch KG, OLG Dresden, Marienwerder JVBl 37, 309. Der Rechnungsbehörde ist eine angemessene Frist zur Nachprüfung der Kostenrechnung zuzubilligen, OLG Marienwerder HRR 38 Nr. 709.

10. Nach § 2 AAGes gilt der § 1 im Verfahren auf erhobene Privatklage sowie bei der Nebenklage (vgl. hierzu OLG Hamburg DRZRspr 33 Nr. 67) entsprechend.

11. Nach § 3 AAGes sind Vorschüsse und Zahlungen, die der Rechtsanwalt von seinem Auftraggeber oder einem Dritten vor oder nach der Beiordnung erhalten hat, zunächst auf diejenigen Vergütungen anzurechnen, für die ein Ersatzanspruch gegen die Reichskasse nicht besteht; vgl. auch OLG Hamm JVBl 34, 37. Diese Vorschrift gilt nur für solche Beträge, die der Armenanwalt auf seine Gebührenforderung erhält. Empfängt er von seiner Partei oder einem Dritten Gelder mit dem Auftrag, sie als Gebühren an den Verkehrsanwalt weiterzuleiten, so braucht er sich diese Beträge nicht auf den aus der Reichskasse zu erstattenden Teil anrechnen zu lassen, wenn er den Auftrag ausführt, OLG Naumburg JW 36, 950[44]. Zahlungen der Partei bei Bruchteilsarmenrecht auf den nicht vom Armenrecht gedeckten Gebührenanteil sind nicht auf den Armenrechtsbruchteil zu verrechnen und deshalb von der Reichskasse nicht anzurechnen, KG JW 35, 793[6]. Ein Vorschuß ist auf alle gesetzlichen Gebühren anzurechnen, nicht nur auf diejenigen, die nach der Beiordnung entstanden sind, KG JW 34, 1127[1]. Hat ein Wahlanwalt, der später zum Armenanwalt bestellt worden ist, mit der Partei die Zahlung eines Gewerbesteuerzuschlages vereinbart, so ist der gezahlte Vorschuß zunächst auf den Gewerbesteuerzuschlag zu verrechnen, OLG Köln JW 33, 2164[13]; KG JW 32, 254[1].

Nachträgliche Armenrechtsbewilligung macht gegenüber der Reichskasse die vorangegangene Sonderhonorarvereinbarung des Rechtsanwalts nicht unwirksam, OLG Kiel JW 31, 2383[22]; OLG Köln HRR 33, 1788. Nach der Armenrechtsbewilligung und Beiordnung ist aber die Vereinbarung eines Sonderhonorars nichtig, KG JW 31, 1101[1]; OLG Breslau JW 32, 2906[33]; vgl. auch RG JW 39, 411[18]. Werden trotz Bewilligung des Armenrechts von der armen Partei Honorarzahlungen an den Armenanwalt geleistet, dann darf er sie nur annehmen, wenn er die Partei darüber aufgeklärt hat, daß sie zur Zahlung dieser Beträge nicht verpflichtet ist, und die Partei erklärt hat, trotzdem Zahlung leisten zu wollen, EGH JW 35, 1035[3]. Ein Sonderhonorar ist auf die vom Reich geschuldeten Armenanwaltsgebühren — wie jede andere Zahlung — insoweit anzurechnen, als es den ungesicherten Teil der vollen gesetzlichen Gebühren des Armenanwalts übersteigt, KG JW 30, 182[31], 1518[25]; 34, 2866[4]; OLG Stettin JW 33, 533[55]; OLG Kiel JW 32, 122[25]. Über Anrechnung bei einem auf mehrere Prozesse gezahlten Sonderhonorar KG JW 34, 2866[4].

Umgekehrt folgt aus § 3, daß Zahlungen der Reichskasse an den Armenanwalt zuerst auf die Kosten anzurechnen sind, für die der unterlegene Gegner nicht haftet. Schuldet die Partei dem Armenanwalt aus anderen, nicht vom Armenrechte betroffenen Auftragsverhältnissen Gebühren, so sind Vorschüsse, die nicht auf eine bestimmte Sache geleistet worden sind, gemäß § 366 BGB in erster Linie auf die Gebührenansprüche zu verrechnen, die aus nicht vom Armenrechte betroffenen Auftragsverhältnissen herrühren, KG JW 23, 843[11b].

12. Nach § 4 AAGes ist das Gesuch um Festsetzung des zu erstattenden Betrages bei der Geschäftsstelle des Gerichts der Instanz anzubringen. Die Festsetzung erfolgt durch den Urkundsbeamten der Geschäftsstelle. § 104 Abs. 2 ZPO und § 4 GKG finden entsprechende Anwendung, letzterer mit der Maßgabe, daß die Erinnerung auch dem Rechtsanwalt zusteht.

Die Höhe des Streitwerts ist regelmäßig nicht in dem Berechnungsverfahren aus § 4 AAGes, sondern im Streitwertverfahren aus § 18 GKG, § 12 RAGebO zu entscheiden; *aM* KG JW 38, 2286[23]. Der aus dem Anwaltsberuf ausgeschiedene Armenanwalt kann das Verfahren aus § 4 AAGes betreiben; stirbt der Armenanwalt, können seine Erben das Verfahren betreiben, KG JW 37, 559[28]. Der Pfändungsgläubiger des Ersatzanspruchs des Armenanwalts gegen die Reichskasse kann an Stelle des Armenanwalts das Verfahren aus § 4 AAGes betreiben, KG JW 37, 1653[19]; *aM* OLG Hamm JVBl 35, 179. Die Reichskasse darf dem Armenanwalt die Erstattung seiner Kosten nicht mit der Begründung verweigern, er könne die Kosten von dem unterlegenen Gegner beitreiben, KG JW 34, 1056[1]. Der Erstattungsanspruch gegen die Reichskasse ist von dem Recht aus § 124 ZPO unabhängig. Die Geltendmachung des Rechts aus § 124 ZPO berührt den Erstattungsanspruch gegen die Reichskasse nur, soweit der Armenanwalt befriedigt worden ist, KG JW 33, 1782[9]. Hat der Armenanwalt den Betrag erhalten, der auf Grund einer Kostenausgleichung festgesetzt worden ist, so kann er bis zur Höhe des ihm noch verbleibenden Restgebührenanspruchs einen Erstattungsantrag gegen die Reichskasse stellen, KG JW 33, 2710[1]. Die rechtskräftige Festsetzung einer Gebühr im Kostenfestsetzungsverfahren aus §§ 103ff. ZPO bindet nicht für die Festsetzung der Armenanwaltskosten aus § 4 AAGes, OLG Stettin JW 33, 553[55].

Nach KG JW 36, 3589[55]; 37, 251[42] ist der UrkB an Weisungen und Stellungnahmen des Prozeßgerichts nicht gebunden. Wird der Rechtsstreit an ein anderes Gericht verwiesen, so obliegt die Festsetzung der Gebühren und Auslagen, die dem bei dem verweisenden Gericht bestellten Armenanwalt entstanden sind, und die Erteilung der Auszahlungsanordnung dem UrkB des Gerichts, an das der Rechtsstreit verwiesen ist, AVdRJM v. 7. 10. 35 (DJ 35, 1474 = JW 35, 3024), II 2 Abs. 3. Nach LArbG Duisburg ArbRSamml Bd. 32, 134 soll aber, wenn der Rechtsstreit vom LG an das ArbG verwiesen ist, über die einem im landgerichtlichen Verfahren einer Partei beigeordneten Armenanwalt aus der Reichskasse zu erstattenden Gebühren der UrkB des LG auch dann befinden, wenn der gleiche Anwalt die Partei auch vor dem ArbG vertreten hat. Nach II 4 der oben genannten AV v. 7. 10. 35 empfiehlt es sich, wenn der Kostenfestsetzungsbeschluß (§ 103 oder § 124 ZPO) erst nach Erstattung der Armenanwaltskosten aus der Reichskasse ergeht, in den Beschluß von vornherein nur den Betrag aufzunehmen, den die erstattungspflichtige Partei an den Prozeßgegner oder den Anwalt zu zahlen hat, nicht aber auch den Betrag, in dessen Höhe der Erstattungsanspruch auf die Reichskasse übergeht; bei Verteilung der Kosten nach Bruchteilen empfiehlt sich eine Erläuterung. Ist dagegen bereits ein Beschluß aus § 103 oder § 124 ZPO ergangen und ist der nunmehr zur Erstattung aus der Reichskasse geltend gemachte Betrag der Aakosten ganz oder zum Teil auf die im KostenfBeschl festgesetzten Kosten anzurechnen, so hat der UrkB die Ausfertigung des KostenfBeschl von dem Antragsteller zurückzufordern. Nach Feststellung und Anweisung der Aakosten hat er auf der Ausfertigung des KostenfBeschl zu vermerken, um welchen Betrag sich die im Beschluß festgesetzten Kosten mindern, und welchen Restbetrag die erstattungspflichtige Partei noch aus dem KostenfBeschl an den Prozeßgegner oder an den Anwalt zu erstatten hat; nötigenfalls ist eine erläuternde Berechnung beizufügen. Den gleichen Vermerk hat der UrkB auf die Urschrift des KostenfBeschl zu setzen; dort hat er außerdem zu bescheinigen, daß die Ausfertigung mit demselben versehen und an den Antragsteller zurückgesandt ist. Die Rücksendung erfolgt portofrei. Da die dem Gläubiger des KostenfVerf erteilte Ausfertigung vollstreckbar ist, ist davon auszugehen, daß der Gegner nur gegen Aushändigung dieser Ausfertigung zahlt und daher der Antragsteller sie nur solange besitzt, als er nicht vom Gegner Befriedigung erlangt hat. Würde der Gegner nun noch zur Zahlung bereit sein, würde er aus dem Vermerk auf der Ausfertigung ersehen, welchen Betrag der RA bereits aus der Reichskasse erhalten hat.

Legt der Antragsteller die Ausfertigung des Kostenfestsetzungsbeschlusses nicht vor und werden die Armenanwaltskosten festgesetzt und angewiesen, ohne daß das Ergebnis der Zwangsvollstreckung aus dem

Kostenfestsetzungsbeschluß abgewartet wird, so hat der Urkundsbeamte dem erstattungspflichtigen Gegner portofrei eine Nachricht zu geben, daß sich die festgesetzten Kosten um den aus der Reichskasse erstatteten Betrag an AAkosten mindern und daß daher der armen Partei oder ihrem Vertreter nur noch der Unterschiedsbetrag zwischen dem Erstattungsbetrage des Kostenfestsetzungsbeschlusses und den festgesetzten Armenanwaltskosten zusteht und daß der Gerichtsvollzieher im Falle der zwangsweisen Einziehung die Zwangsvollstreckung entsprechend beschränken werde, wenn ihm diese Mitteilung vorgelegt werde. Gleichzeitig wird der Gegner darauf hingewiesen, daß die Gerichtskasse den auf die Reichskasse übergegangenen Erstattungsanspruch geltend machen werde. Sollte der Gegner vor Eingang dieser Mitteilung den vollen Erstattungsbetrag gezahlt haben, so hat er nunmehr einen Ausweis darüber, welchen Betrag er von dem AA zurückzufordern hat. Für die Zukunft wird er aber vor einer Zuvielzahlung bewahrt.

Zahlt der Schuldner trotz der erhaltenen Mitteilung an den Gerichtsvollzieher den Erstattungsbetrag ohne Abzug der Armenanwaltskosten, so hat der Gerichtsvollzieher diese anzunehmen und an die Gerichtskasse abzuführen, wodurch sich eine spätere Erhebung, wie sie § 5 Satz 2 des Ges vorsieht, erübrigt. Zieht aber der Gerichtsvollzieher nur den Restbetrag ein, so hat er hiervon und von der daraus zu folgernden Zahlungsfähigkeit des Schuldners zu den Gerichtsakten Mitteilung zu machen.

Der Rechtsweg ist zulässig für eine Klage des Armenanwalts gegen das Reich, wenn die Zahlung der festgesetzten Armenanwaltskosten infolge — angeblich unberechtigter — Aufrechnung verweigert wird, LG Altona LZ 33 Sp. 1223.

Eine Gebühr für den Erstattungsantrag erwächst dem Anwalt nicht, da es sich nicht um die Festsetzung der vom Gegner zu erstattenden Prozeßkosten (§ 23[3] RAGebO) handelt, RG 103, 340; OLG Hamm JW 24, 990[31]; KG JW 25, 1021[9]; LG Bochum JW 25, 81[7]; ferner keine Gebühr des Armenanwalts für Erinnerung wegen Festsetzung seiner Kosten, KG JW 34, 704[7].

Gegen die Festsetzung des UrkB steht nach § 4 GKG in Verbindung mit § 4 AAGes der Reichskasse und dem Armenanwalt die fristlose Erinnerung zu. Weitere Beschwerde ist ausgeschlossen, OLG Breslau JW 31, 2382[17]; OLG Stuttgart JW 33, 1083[30], aber gehoben, wenn sie auf Nichtanwendung des AAGes gestützt wird, RGDNotV 28, 49. Sind Armenanwaltskosten in einer Sache der freiwilligen Gerichtsbarkeit festgesetzt worden, so ist die weitere Beschwerde nur statthaft, wenn der Beschwerdegegenstand 200 RM übersteigt, und das Beschwerdegericht die weitere Beschwerde wegen der grundsätzlichen Bedeutung der zur Entscheidung stehenden Frage gemäß § 13 Abs. 3 KostO zuläßt, KG JW 39, 439[45]; § 6 Ziff. 1 VO v. 4. 10. 39 (RGBl I 1994).

Im Erinnerungs- und im Beschwerdeverfahren kann der Festsetzungsbeschluß nicht von Amts wegen zuungunsten des Erinnerungs- oder Beschwerdeführers abgeändert werden, OLG Frankfurt a. M. ZZP 52, 104;

JW 27, 860[19]. Auch kann dem Armenanwalt in diesem Beschlusse nicht die Rückzahlung empfangener Beträge auferlegt werden, OLG Frankfurt a. M. ZZP 52, 104. Der Armenanwalt kann im Verfahren aus § 4 AAGes keine Aufrechnung geltend machen, KG DR 39, 1924[17]. Ob der UrkB von Amts wegen seinen Festsetzungsbeschluß ändern darf, ist streitig (vgl. Schmidt DRM 39, 306), dürfte aber zu verneinen sein. Richtet sich die Erinnerung des Armenanwalts wegen Rückforderung von Armenanwaltsgebühren durch die Gerichtskasse gegen die neue Kostenberechnung des UrkB, so hat gemäß § 4 AAGes darüber das Gericht der Instanz zu entscheiden; richtet sich dagegen die Erinnerung gegen die von der Gerichtskasse erlassene Aufforderung zur Rückzahlung des überhobenen Betrages, so ist gemäß § 6 Abs. 5 JustBeitrO der Vorstand des Gerichts, dem die Vollstreckungsbehörde angehört, zur Entscheidung über die Erinnerung zuständig, OLG Rostock MecklZ 55, 131.

Keinen Rechtsbehelf im Verfahren nach § 4 hat die Partei und der ersatzpflichtige Gegner, KG JW 35, 1702[27]; 36, 3325[27]. Ihnen gegenüber ist aber auch die Festsetzung nicht bindend.

Erwachsen dem ArmAnw nachträglich weitere Auslagen, so können auch sie zur Erstattung festgesetzt werden, OLG Celle, JW 30, 3354[54]. Verfahren, die durch Kostenerstattung und Kostenverrechnung längst erledigt sind, können nicht zu dem Zweck wieder aufgerollt werden, eine nach dem Stand der Rechtsprechung z. B. der Kostenfestsetzung ergangene Entscheidung der inzwischen geänderten Rechtsprechung anzupassen. Der Grundsatz der Rechtssicherheit steht dann dem formalen Recht, unbefristet Beschwerde einzulegen, entgegen, KG JW 31, 3574[19]; OLG Breslau MdRRAK 36, 33. Wenn aber bereits im Zeitpunkt der Festsetzung die maßgebende Rechtsprechung sich geändert hatte, nur der festsetzenden Stelle nicht bekannt war, kann den zur Nachprüfung dieser Festsetzung, gegebenenfalls im Erinnerungs- und Beschwerdeverfahren, berufenen Stellen das Recht zur Nachprüfung nicht verwehrt werden, damit diese so die Entscheidung über die Kostenfestsetzung in Einklang mit der schon zur Zeit der Festsetzung bestehenden Rechtsanschauung bringen können, KG JW 35, 2654[46]. Bei abgeschlossenem Kostenverfahren dürfen Armenanwaltskosten nicht mehr geändert werden, wenn eine so lange Zeit verstrichen ist, daß der Armenanwalt mit Änderung der Festsetzung nicht mehr zu rechnen braucht; ein halbes Jahr ist unter Umständen noch keine so lange Zeit, OLG Celle JW 33, 550[47]; dagegen ist nach KG JW 37, 1422[23] der Erinnerung der Reichskasse keine zeitliche Schranke gesetzt. Vgl. auch KG DR 39, 1191[52].

Die Beschwerde des Armenanwalts oder der Reichskasse gegen Festsetzung der Armenanwaltskosten setzt keine Beschwerdesumme voraus, KG JW 32, 3119[2]; OLG Dresden und Stettin JW 33, 230[6], [7]; OLG Köln und Hamburg JW 33, 1086[33], [34]; OLG München JW 33, 1087[35]; OLG Kiel JW 35, 808[49]; OLG Jena JWBl 37, 189; *aM* OLG Braunschweig JW 32, 3648[26]; OLG Königsberg JW 32, 3652; OLG Darmstadt JW 33, 1083[31]; OLG Dresden JW 33, 229[5], 1085[32];

OLG Hamburg JW 32, 2898[14]; OLG Karlsruhe JW 35, 2300[51]; OLG Hamm JW 37, 2793[38]. Die Beschwerde ist aber nur statthaft, wenn sie das Gericht wegen der grundsätzlichen Bedeutung der zur Entscheidung stehenden Rechtsfrage zuläßt, § 7 Abs. 2 VO v. 4. 10. 39 (RGBl I 1994). Die Zulassung der Beschwerde muß in der angefochtenen Entscheidung ausgesprochen werden; eine Nachholung ist unzulässig, Hornig DR 39, 1936; *aM* Gaedeke DR 39, 1933 III und KG DR 40, 749[27].

Die Zulassung liegt nicht in der Weitergabe der Akten an das Beschwerdegericht oder einer Stellungnahme, daß der Beschwerde nicht abgeholfen werde, KG DR 40, 201[14].

13. Eine Beschwerdesumme von mehr als (früher 50 RM jetzt) 200 RM ist erforderlich im Verfahren aus § 5 AAGes, OLG Stettin JW 34, 2350[9]; KG JW 35, 1702[28].

Der dem Armenanwalt wegen seiner Gebühren und Auslagen gegen die von ihm vertretene Partei oder gegen einen ihm ersatzpflichtigen Gegner zustehende Anspruch geht nach § 5 mit der Erstattung in Höhe des erstatteten Betrages auf die Reichskasse über. Ist der Anspruch des RA gegen die Partei oder den Gegner noch gar nicht entstanden — z. B. bei Zahlung seitens der Reichskasse vor Beendigung des Rechtsstreits —, so entsteht der Anspruch für die Reichskasse unmittelbar. In Höhe des auf die Reichskasse übergegangenen Betrages kann die obsiegende Partei die Erstattung der Kosten vom Gegner nur verlangen, wenn sie an die Reichskasse gezahlt hat, OLG Kiel JW 30, 3492[14]. Auf die Geltendmachung, nicht auch auf die Entstehung des Anspruchs finden die Vorschriften über die Erhebung von Gerichtskosten entsprechende Anwendung, OLG Breslau JW 30, 1092[30]. OLG Celle JW 30, 3346[34]. Kein Forderungsübergang auf die Reichskasse, wenn die arme Partei den zugeordneten Armenanwalt nicht in Anspruch genommen hat, OLG Köln HRR 33, 1789. Der Erstattungsanspruch besteht auch dann, wenn der erstattungspflichtige Gegner Gebührenfreiheit genießt, OLG Marienwerder JVBl 34, 246. Sind die Kosten des Rechtsstreits zwischen der armen Partei und dem Gegner nach Bruchteilen verteilt worden, so muß die Reichskasse, wenn sie den Gegner der armen Partei auf Grund des § 5 in Anspruch nehmen will, zunächst eine Berechnung der Kosten gemäß § 106 ZPO ermöglichen, OLG Kassel JW 30, 1095[37]; KG JW 36, 2162[49]. Bei einer Verteilung nach Quoten hat der UrkB, wenn eine Ausgleichung fehlt, eine der Kostenausgleichung gleichkommende Berechnung des zugunsten einer Partei sich ergebenden Saldos vorzunehmen, so gut ihm das nach den aktenmäßigen Unterlagen möglich ist, um auf diesem Wege zu errechnen, ob und wieweit er Armenanwaltskosten in den Gerichtskostenansatz aufzunehmen hat, KG JW 35, 549[2], 3645[21]. Zahlungen, die der Armenanwalt nach Erstattung seiner Armenanwaltskosten aus der Reichskasse vom erstattungspflichtigen Gegner gemäß § 124 ZPO erhalten hat, sind nachträglich auf den erstattungspflichtigen Betrag der Reichskasse anzurechnen und können eine Rückzahlungspflicht des Armenanwalts begründen, KG DR 39, 1924[17]. Nach OLG Naumburg JW 34, 1678[5]; OLG Dresden JVBl 38, 238; OLG Frankfurt und andere JVBl 39, 285/286 kann die Reichskasse im Gegensatz zum Armenanwalt den auf sie übergegangenen Erstattungsanspruch des Armenanwalts gegen den unterlegenen Gegner nur auf Grund eines rechtskräftigen Titels geltend machen. Sie darf nach OLG Königsberg JW 34, 50[7] auch nicht ohne Leistung der in dem noch nicht rechtskräftigen Urteil bestimmten Sicherheit die verauslagten Armenanwaltsgebühren von dem in die Kosten verurteilten Gegner einziehen. Und nach KG JW 35, 801[34] findet keine Einziehung der Armenanwaltskosten durch das Reich statt, solange zur Abwendung der Vollstreckung Sicherheit geleistet ist.

Der Verlust der Rechte des Armenanwalts aus § 124 ZPO kann sich auf die Rechte der Reichskasse auswirken, KG JW 35, 1102[1]. Nimmt der im Armenrecht klagende, im ersten Rechtszuge siegreiche Kläger im zweiten Rechtszuge die Klage zurück, dann kann die Reichskasse nicht vom Beklagten Erstattung der von ihr an den Armenanwalt des Klägers für die erste Instanz gezahlten Gebühren fordern, KG JW 31, 2379[7]. Sie darf den Übergang des dem Armenanwalt zustehenden Anspruchs nicht zu seinem Nachteil geltend machen, RG 126, 178; OLG Kassel, JW 30, 187[40]; OLG Köln JW 30, 664[32]; OLG Düsseldorf JW 30, 2076[38], auch wenn der Armenanwalt die Festsetzung der vom Gegner zu erstattenden Kosten im Namen der armen Partei betreibt, OLG Dresden HRR 39 Nr. 791, und muß von den ihr vom Beklagten zu erstattenden Kosten die Beträge freilassen, die der Armenanwalt des Klägers selbst vom Beklagten verlangen kann, OLG Kiel DRpflRspr 38 Nr. 206. Die Reichskasse darf den Übergang der Forderung des Armenanwalts gegen die Partei im Ausgleichsverfahren zu deren Ungunsten nicht eher geltend machen, als bis die Voraussetzungen des § 125 ZPO festgestellt worden sind, *aM* OLG Celle JW 27, 1325[9]. Eine arme Partei, die im Rechtsstreit mit dem Fiskus unterlegen ist, kann zur Erstattung der ihrem beigeordneten Armenanwalt von der Reichskasse gezahlten Gebühren erst nach Erwirkung eines Nachzahlungsbeschlusses herangezogen werden, OLG Kiel JW 34, 708[13]. Dagegen kann die Reichskasse wegen der dem Armenanwalt der obsiegenden Partei gezahlten Kosten bei der unterlegenen, ebenfalls armen Partei auch ohne Erwirkung eines Nachzahlungsbeschlusses Rückgriff nehmen: OLG Karlsruhe JW 34, 2936[5]; OLG Dresden JW 35, 804[44]; OLG Hamm JW 35, 2913[43]; OLG Hamburg JW 37, 252[47]; OLG Zweibrücken JW 37, 1655[21]; OLG Kassel JW 37, 2004[32]; OLG Kiel JVBl 37, 230; AG Lübben JW 36, 3351[66]; *aM* KG JW 35, 1045[16]; 36, 342[36]; OLG Köln DR 39, 1340[43]; LG Kottbus JW 38, 474[41]; vgl. auch die Zusammenstellung JVBl 39, 290. Keine Einforderung von Armenanwaltskosten durch die Reichskasse von der armen Partei, wenn die Nachzahlungsanordnung aus § 125 ZPO sich nur auf die Gerichtskosten bezieht, KG JW 37, 252[44]. Ist das nicht der Fall, dann betrifft die Nachzahlungsanordnung auch die dem Armenanwalt des Kostenschuldners erstatteten Gebühren und Auslagen; ist der Kläger nicht zur Erstattung der außergerichtlichen Kosten des Beklagten verpflichtet, so können auch nicht die an den Armenanwalt des Beklagten erstatteten Gebühren und Auslagen auf Grund eines Nachzahlungsbeschlusses vom Kläger gefordert werden, OLG Dresden JW 38, 1125[17]. Dem Gegner der armen Partei ist, wenn die Reichskasse ihn auf Grund des § 5 in Anspruch nimmt, Aufrechnung nur im Rahmen des § 124 Abs. 2 ZPO gegeben, RG SeuffA 32 Nr. 39; KG BuschsZ 52, 227; OLG Kiel SchlHolstAnz 35, 105; OLG Hamburg MdRRAK 36, 227. Die obsiegende Partei haftet für die Kosten des Armenanwalts auch dann nicht, wenn sie das Verfahren veranlaßt hatte, OLG Hamm JW 24, 1267[30]; OLG Celle JW 25, 381[11]; KG JW 25, 68[6], 2151[2]; OLG Breslau JW 26, 268[2]; LG Landsberg a. W. JW 24, 551[2]; LG I Berlin JW 24, 994[2]; LG Lüneburg JW 24, 996[7]; LG Breslau JW 25, 1549[5]; KG ZZP 49, 277; 50, 146; OLG Celle, 1. W 170/27.

Über den Fall, daß von zwei Beklagten, die durch einen Armenanwalt vertreten werden, der eine unterliegt, der andere obsiegt, s. OLG Königsberg JW 28, 1158[25]; OLG Köln HRR 31, 715. Der Rückgriff der Reichskasse kann sich immer nur gegen die vom Armenanwalt als solchem vertretene Partei richten, nicht auch gegen einen gleichzeitig von ihm als Wahlanwalt vertretenen Streitgenossen, OLG Celle JW 35, 61[7]; KG JW 35, 439[2]; OLG Düsseldorf JW 34, 1678[4]; Dresden SächsA 37, 271; *aM* OLG Köln HRR 35, 1260; vgl. aber AVdRJM v. 3. 5. 35 (DJ 35, 696) betr. Heranziehung des Streitgenossen gemäß § 426 BGB, §§ 3, 51 RAGebO und dazu OLG Düsseldorf MdRRAK 40, 29[13]. War mehreren Streitgenossen derselbe Armenanwalt beigeordnet, so gelten die aus der Reichskasse gezahlten Armenanwaltskosten nach OLG Kiel JVBl 35, 274 als für jeden Streitgenossen zu gleichem Anteil gezahlt.

Der Übergang des Erstattungsanspruches gegen den ersatzpflichtigen Gegner auf die Reichskasse hindert eine vergleichsweise Regelung dieses Anspruches zwischen den Prozeßparteien solange nicht, als das Urteil nicht rechtskräftig geworden ist; KG JW 31, 1125[56]; 34, 914[4], 1798[3], 2497[16], 2660[3]; 35, 799[25, 26]; 37, 2478[39]; OLG Dresden JW 31, 1839[39]; OLG Kiel JW 34, 3301[11]; OLG Köln JW 37, 2003[31]; *aM* OLG Hamburg HansRGZ 39 B 234. Jedoch sind Vergleiche unwirksam, die in dem Bewußtsein abgeschlossen sind, dadurch die Reichskasse um ihr Rückgriffsrecht wegen der Armenanwaltskosten zu bringen, KG JW 34, 2570[2]; 36, 3325[28]; OLG Naumburg JW 37, 1077[28]; OLG Kiel, Naumburg, Frankfurt JVBl 37, 361 ff. Ein Forderungsübergang auf die Reichskasse findet nicht statt, wenn der Gegner der armen Partei sich dieser gegenüber verpflichtet hat, ihr einen bezifferten Beitrag zu den von ihr persönlich zu zahlenden Kosten zu leisten, OLG Köln JW 37, 2239[71]. Hat der Armenanwalt oder seine Partei mit seiner Zustimmung Festsetzung der Kosten gegen die unterlegene Gegenpartei erwirkt und ist dieser Festsetzungsbeschluß rechtskräftig geworden, so muß die Reichskasse sich diesen Beschluß entgegenhalten lassen, auch wenn sie vor der Rechtskraft eine im Festsetzungsverfahren abgesetzte Gebühr erstattet hatte, OLG Hamm JW 30, 732[23].

B. Das Kostenfestsetzungsverfahren in Strafsachen.

XV. Anwendbarkeit.

Das Kostenfestsetzungsverfahren in Strafsachen hat seine gesetzliche Grundlage in dem § 464 Abs. 2 StPO:

„Die Höhe der Kosten und Auslagen, die ein Beteiligter einem anderen Beteiligten zu erstatten hat, wird auf Antrag eines Beteiligten durch den Urkundsbeamten der Geschäftsstelle festgesetzt. Auf das Verfahren und auf die Vollstreckung der Entscheidung finden die Vorschriften der Zivilprozeßordnung entsprechende Anwendung."

Das Verfahren findet dann statt, wenn es sich um die Erstattung von Kosten und Auslagen handelt, die ein Beteiligter zunächst aufgewendet hat und danach von einem andern Beteiligten ersetzt verlangt. Daher gilt § 464 Abs. 2 StPO nicht für den Anspruch der Reichskasse auf Bezahlung von Gebühren und Auslagen, d. h. für den sog. Kostenansatz. Die Erinnerung und Beschwerde des Kostenpflichtigen gegen den Kostenansatz wird in § 4 GKG geregelt (Kiesow JW 21, 377). Um eine Frage des Kostenansatzes handelt es sich auch, wenn Streit darüber besteht, auf welche Auslagen sich die Gesamthaft mehrerer Mitangeklagter nach § 466 StPO der Reichskasse gegenüber erstreckt, so daß das Verfahren aus § 464 Abs. 2 StPO nicht Platz greift.

Das Kostenfestsetzungsverfahren in Strafsachen hat ebenso wie das in bürgerlichen Rechtsstreitigkeiten zur Voraussetzung, daß eine Entscheidung darüber bereits vorliegt, von wem die Kosten des Verfahrens zu tragen sind; denn das Kostenfestsetzungsverfahren hat nur eine Entscheidung über die Höhe der zu erstattenden Kosten und Auslagen zu treffen. Wer die Beteiligten sind, die zur Stellung des Antrags auf Kostenfestsetzung berechtigt oder zur Erstattung der Kosten und Auslagen verpflichtet sind, ergibt sich aus der für die einzelnen Fälle durch den Gesetzgeber getroffenen Regelung. Die Kosten, die einem an einem Verkehrsunfall Beteiligten im Strafverfahren als Nebenkläger oder durch die Strafverteidigung entstanden sind, können nicht als Teil des durch den Verkehrsunfall entstandenen Schadens von dem anderen Beteiligten ersetzt verlangt werden, Körting JW 38, 3086.

1. Freisprechung des Angeklagten.

„Die dem (freigesprochenen oder außer Verfolgung gesetzten) Angeschuldigten erwachsenen notwendigen Auslagen können der Reichskasse auferlegt werden", StPO § 467 Abs. 2 und 3. Ges. z. Überleitung der Rpfl. auf das Reich v. 24. 1. 35 (RGBl I 68).

1. Eine Entscheidung, die nur die Kosten des Verfahrens der Reichskasse auferlegt, bildet keine genügende Grundlage zu einem Kostenfestsetzungsantrag auf Grund des § 467 Abs. 2 StPO. Die Belastung der Reichskasse mit den notwendigen Auslagen des Angekl. kann in einer Entscheidung erster Instanz oder auf Grund eines Rechtsmittels und auch im Wiederaufnahmeverfahren, selbst im Falle des § 371 StPO, ausgesprochen werden, RGSt 28, 149. Sie ist auch bei Einstellung des Verfahrens zulässig, RGSt 20, 118. Die Bestimmung gilt nicht nur zugunsten des Angeschuldigten, sondern auch zugunsten der Personen, die kraft eigenen Rechtes seiner Verurteilung entgegen- und für seine Freisprechung einzutreten befugt sind (§§ 298, 361 Abs. 2 StPO). Dagegen ist sie nicht für Einziehungsinteressenten anwendbar, RGSt 22, 353; 53, 127; RG JW 20, 53[1].

2. Ob das Gericht von der Befugnis des § 467 Abs. 2 StPO Gebrauch machen will, hat es nach Lage des einzelnen Falles auf Grund freien Ermessens zu entscheiden, RGSt 10, 34; 45, 63; KG JW 31, 2050[27]. Die Ablehnung des vom Angeklagten gestellten Antrags, nach § 467 Abs. 2 zu entscheiden, bedarf keiner weiteren Begründung, RG 16, 425; Goltd. 53, 70; andererseits ist sein Antrag nicht ganz zu übergehen, OLG Rostock HRR 28 Nr. 1545. Ist ihm nicht entsprochen worden, kann die Entscheidung nicht durch Beschwerde, sondern nur durch das Rechtsmittel zur Hauptsache angefochten werden. Mit der Revision kann nur geltend gemacht werden, daß die Ermessensentscheidung auf rechtsirrigen Erwägungen beruht, RG JW 30, 639[17]; s. auch Goltd. 44, 158, OLG Hamburg HRR 30 Nr. 366. Bei der Anwendung des § 467 Abs. 2 StPO soll aber nicht engherzig verfahren, sondern vom Standpunkte des Angeklagten aus geprüft werden, ob er berechtigterweise annehmen konnte, daß er des Beistandes eines Verteidigers bedürfen werde, AV des preuß. JustMin. v. 30. 12. 18, JMBl 1919 S. 4; diese Verf. ist durch die AV. v. 28. 7. 22, JMBl 310, in Erinnerung gebracht worden (über die Festsetzung der nach § 467 StPO der Reichskasse auferlegten notwendigen Auslagen des Beschuldigten vgl. Nr. 228a der „Richtlinien für das Strafverfahren" in der Fassung der AV v. 17. 4. 37 DJ 609). Das Gericht braucht sich nicht auf den allgemeinen Ausspruch, „daß die dem Angeschuldigten erwachsenen notwendigen Auslagen der Reichskasse auferlegt werden", zu beschränken, sondern kann aus den Auslagen einzelne Arten ausscheiden und auf diese die Erstattungspflicht der Reichskasse begrenzen, z. B. auf die Kosten der Verteidigung, RGSt 10, 33, über deren Umfang, OLG Darmstadt, DJZ 10, 320. Werden z. B. gestellte und erschienene Entlastungszeugen nicht vernommen, weil schon der Beweis der Unschuld geführt ist, so können die Kosten für diese Zeugen der Reichskasse zur Last gelegt werden, RG R 6, 57; RGSt 16, 212.

Die Entscheidung aus § 467 Abs. 2 StPO bezieht sich nur auf die bis dahin entstandenen Auslagen. Legt also die StA ein Rechtsmittel ein, das verworfen oder zurückgenommen wird, ohne daß eine neue Entscheidung und zwar nach § 473 Satz 2 StPO ergeht, so hat der Angeschuldigte für die neu entstandenen Auslagen keinen Erstattungsanspruch.

3. Durch den Ausspruch, daß die dem Angeschuldigten erwachsenen notwendigen Auslagen der Reichskasse auferlegt werden, erhält er einen Anspruch auf ihre Erstattung aus der Reichskasse. Dieser Ausspruch umfaßt nicht etwa nur die Fälle der notwendigen Verteidigung des § 32 VO v. 21. 2. 40 (RGBl I 405); §§ 7, 18 VO v. 13. 3. 40 (RGBl I 489),

RGSt 6, 429; BayObLG SeuffBl 71, 458. Die Kosten einer notwendigen Verteidigung sind zwar notwendige Auslagen im Sinne des § 467 Abs. 2, sind aber, wenn der Angekl. sich eines Wahlverteidigers bedient hat, auch im Falle der Freisprechung nur nach Ermessen des Gerichts der Reichskasse aufzuerlegen, RG R 5, 743. Die Frage, ob die Kosten der Zuziehung eines Wahlverteidigers als notwendige Auslagen anzusehen sind, schon dann zu bejahen, wenn die Zuziehung zweckmäßig war (Hellwig, Goltd 60, 27), dürfte auch bei Anwendung der erwähnten AV v. 30. 12. 18 zu weit gehen. Über den **Umfang** der notwendigen Auslagen und das **Verfahren** der Festsetzung, s. unten XVI, XVII.

4. In dem Verfahren nach dem Ges. v. 20. 5. 98 (RGBl 345) betr. die **Entschädigung der im Wiederaufnahmeverfahren freigesprochenen Personen** und nach dem Ges. v. 14. 7. 04 (RGBl 321) betr. die **Entschädigung für unschuldig erlittene Untersuchungshaft** (in den jetzt geltenden Fassungen) ist für ein Kostenerstattungsverfahren im Sinne des § 464 Abs. 2 StPO kein Raum. Wer auf Grund des die Entschädigungspflicht der Reichskasse aussprechenden Beschlusses einen Anspruch geltend macht, hat diesen Anspruch bei Vermeidung des Verlustes binnen drei (im zweiten Falle sechs) Monaten nach Zustellung des Beschlusses durch Antrag bei der StA desjenigen Landgerichts zu verfolgen, in dessen Bezirke das Urteil ergangen ist bzw. das Verfahren in erster Instanz anhängig war. Über den Antrag entscheidet der Reichsminister der Justiz. Gegen die Entscheidung ist die Berufung auf den Rechtsweg zulässig. Die Klage ist binnen einer Ausschlußfrist von drei Monaten nach Zustellung der Entscheidung gegen den Generalstaatsanwalt zu erheben, in dessen Bezirk das Landgericht liegt, das den Beschluß gefaßt hat. Ausschließlich zuständig zur Entscheidung sind die Zivilkammern der Landgerichte. In den zur Zuständigkeit des Volksgerichtshofs gehörigen Sachen tritt an die Stelle des StA des Landgerichts die StA bei dem Reichsgericht.

Die genannten Entschädigungsgesetze gelten vom 1. 3. 39 in den sudetendeutschen Gebieten, VO v. 16. 1. 39 (RGBl I 38) § 1 II 2, 3.

2. Wissentlich falsche Anzeige.

StPO § 469: „Ist ein, wenn auch nur außergerichtliches Verfahren durch eine wider besseres Wissen gemachte oder auf grober Fahrlässigkeit beruhende Anzeige veranlaßt worden, so kann das Gericht dem Anzeigenden, nachdem er gehört worden, die der Reichskasse und dem Beschuldigten erwachsenen Kosten auferlegen.

War noch kein Gericht mit der Sache befaßt, so erfolgt die Entscheidung auf den Antrag der Staatsanwaltschaft durch das Gericht, welches für die Eröffnung des Hauptverfahrens zuständig gewesen wäre.

Gegen die Entscheidung findet sofortige Beschwerde statt."

„**Gericht**" ist das mit der Sache befaßte Gericht, also auch das Berufungsgericht, OLG Darmstadt, Celle Goltd 44, 411; 54, 316; KG R 31 Nr. 1880. Solange nur einzelne amtsgerichtliche Untersuchungshandlungen vorliegen, ist noch kein Gericht mit der Sache befaßt; es kann also nur der StA einen Antrag stellen, OLG Kassel Goltd 37, 236. Über die Kostenpflicht entscheidet das Gericht durch Beschluß. Vorher hat es dem Anzeigenden Gelegenheit zu geben, sich über den Vorwurf, daß er die Anzeige wider besseres Wissen oder aus grober Fahrlässigkeit angebracht habe, zu erklären. Geht eine Erklärung nicht ein, so wird nach Lage der Akten entschieden. Gegen den Beschluß ist nur die sofortige Beschwerde gegeben, auch wenn der Beschluß mit dem über die Anklage gefällten Urteile verbunden ist, RGSt 7, 232, oder wenn nicht einmal in der Urteilsformel, sondern nur in den Gründen des Urteils über den Antrag des Angekl. entschieden ist, RGSt 54, 330. Sie steht zu: dem Anzeigenden, sofern Kosten auferlegt sind, der StA und dem Beschuldigten, und zwar diesem auch dann, wenn es das Gericht abgelehnt hat, die Kosten dem Anzeigenden aufzuerlegen. Die sofortige Beschwerde hat keine aufschiebende Wirkung, StPO § 307 Abs. 1.

Über die Höhe der dem Beschuldigten zu erstattenden Auslagen wird durch einen besonderen Beschluß aus § 464 Abs. 2 StPO entschieden.

3. Zurücknahme des Strafantrags.

StPO § 470: „Erfolgt eine Einstellung des Verfahrens wegen Zurücknahme des Antrags, durch welchen es bedingt war, so hat der Antragsteller die Kosten zu tragen."

1. Die Vorschrift ist bindend (RGSt 23, 197: RG Goltd 69, 404; Winkler Goltd 56, 53ff., OLG Breslau Goltd 58, 237); eine Vereinbarung der Beteiligten über die Kostentragung wirkt nur unter ihnen, aber nicht der Reichskasse gegenüber, RG JW 16, 332, RG R 25 Nr. 1101, DJZ 25, 1436; § 470 trifft nur zu, wenn die Zurücknahme des Strafantrags den unmittelbaren Grund zur Einstellung des Verfahrens bildet, RG Goltd 43, 123, gilt dagegen nicht, wenn das Verfahren zugleich wegen eines ideell konkurrierenden Delikts, wegen dessen Freisprechung erfolgt ist, eingeleitet war, RG R 5, 623; Goltd 38, 438. Auch dann, wenn der Vorgesetzte den von ihm gestellten Antrag zurückgenommen hat, ist § 470 anzuwenden; ist der Vorgesetzte Träger eines staatlichen Amtes, so sind die Kosten der Reichskasse aufzuerlegen, RG Goltd 47, 295, KG DJZ 04, 318. Ist der Antragsteller zugleich Nebenkläger, so werden ihm nach § 470 StPO die Kosten auferlegt, RGSt 49, 434.

2. Gegen die Entscheidung aus § 470 steht den durch sie Beschwerten das in der Hauptsache zulässige Rechtsmittel, und zwar der StA auch zugunsten des Antragstellers, zu, RGSt 7, 410; 10, 210; RG R 4, 322; 5, 623.

3. Der Antragsteller hat alle Kosten zu tragen, auch die dem Beschuldigten erwachsenen; *aM* KG DJZ 05, 701, OLG Hamburg DStrafZ 1914, 626; jedoch nur insoweit, als sie durch den Antrag veranlaßt und durch dessen Zurücknahme zu nutzlos aufgewendeten gemacht sind, RGSt 7, 411, Mehrere Antragsteller haften als Gesamtschuldner. Über die Festsetzung s. unten XVII.

4. Die Privatklage.

StPO § 471: „In einem Verfahren auf erhobene Privatklage hat der Verurteilte auch die dem Privatkläger erwachsenen notwendigen Auslagen zu erstatten.

Das Gericht kann, wenn den Anträgen des Privatklägers nur zum Teil entsprochen ist, die im Verfahren entstandenen Auslagen sowie die dem Privatkläger und dem Beschuldigten erwachsenen notwendigen Auslagen angemessen verteilen.

Wird der Beschuldigte außer Verfolgung gesetzt oder freigesprochen oder wird das Verfahren eingestellt, so fallen dem Privatkläger die Kosten des Verfahrens sowie die dem Beschuldigten erwachsenen notwendigen Auslagen zur Last.

Mehrere Privatkläger haften als Gesamtschulder. Das gleiche gilt hinsichtlich der Haftung mehrerer Beschuldigter für die dem Privatkläger erwachsenen notwendigen Auslagen.

Die nach den Bestimmungen dieses Paragraphen zu erstattenden Auslagen umfassen auch die Entschädigung für die durch notwendige Reisen oder durch die notwendige Wahrnehmung von Terminen entstandene Zeitversäumnis; die für die Entschädigung von Zeugen geltenden Vorschriften finden entsprechende Anwendung. Hat sich der Gegner der erstattungspflichtigen Partei eines Rechtsanwalts bedient, so sind die Gebühren und Auslagen des Anwalts insoweit inbegriffen, als solche nach der Bestimmung des § 91 der Zivilprozeßordnung die unterliegende Partei der obsiegenden zu erstatten hat."

1. § 471 StPO stellt in seinem Abs. 1 fest, daß im Privatklageverfahren die Verurteilung des Angeklagten ohne weiteres die Verpflichtung zur Erstattung der dem Privatkläger entstandenen notwendigen Auslagen zur Folge hat. Das Gericht braucht daher diese Folge nicht besonders auszusprechen, RGSt 10, 114; RG R 6, 153. Welche Kostenentscheidung in dem die Verurteilung des Angeklagten aussprechenden Urteile zu treffen ist, richtet sich nach den §§ 464ff. StPO, soweit nicht § 471 für das Privatklageverfahren Besonderes vorschreibt. Eine solche Besonderheit enthält der Abs. 2 des § 471 StPO, der eine Verteilung der Auslagen zuläßt, falls den Anträgen des Privatklägers in bezug auf eine Straftat, deretwegen der Angeklagte verurteilt ist, nur zum Teil entsprochen ist. Sind mehrere strafbare Handlungen Gegenstand der Privatklage und findet Verurteilung nur wegen einzelner von ihnen statt, greift auch hier § 465 Abs. 1 StPO Platz. Der Angeklagte ist dann zur Tragung der Kosten aus der Strafverfolgung der Straftaten, die zur Verurteilung geführt haben, zu verurteilen, und die durch die Verhandlung der übrigen Straffälle entstandenen besonderen Kosten sind dem Privatkläger aufzuerlegen; *aM* OLG Braunschweig JRdsch 35 Nr. 229, das Verteilung der Kosten nach Quoten für erforderlich hält, vgl. aber auch OLG Marienwerder Dtsch. Strafrecht 38 S. 200. Sind mehrere Angeklagte an derselben Tat beteiligt und werden einige verurteilt, andere freigesprochen, so greift hier wieder § 471 Abs. 2 StPO hinsichtlich der Auslagen für diejenigen Zeugen Platz, die für beide Entscheidungen von Bedeutung waren, OLG Hamm Goltd 70, 219. Über die Kostenentscheidung beim Zusammentreffen beider Fälle s. OLG Breslau Goltd 69, 336. Diese Kostenentscheidung bildet die Grundlage für die Erstattungsansprüche beider Parteien. Welche Auslagen die eine oder die andere Partei zu tragen hat, ist im KostenfVerf zu ermitteln (RGSt 24, 385), wo auch unklare Kostenentscheidungen aufzuklären sind.

Bei Freisprechung und Außerverfolgungsetzung des Angeklagten sind die Kosten des Verfahrens und die dem Beschuldigten erwachsenen notwendigen Auslagen nach § 471 Abs. 3 StPO dem Privatkläger zur Last zu legen, wodurch der Beschuldigte gegen den Privatkläger einen Erstattungsanspruch erlangt.

Mehrere Privatkläger haften als Gesamtschuldner, und das gleiche gilt für die sich aus § 471 Abs. 4 ergebende Haftung mehrerer Verurteilter für die dem Privatkläger erwachsenen notwendigen Auslagen, während im Verhältnisse zur Reichskasse die Haftung für Auslagen durch § 466 StPO geregelt wird (RGSt 37, 268; OLG Karlsruhe JRdsch 1 Nr. 649). Über die Kostenfestsetzung falls ein Privatkläger obsiegt, der andere unterliegt vgl. Stählin JVBl 39, 83 und unten XVI 2b).

Daß eine Partei für straffrei erklärt wird, schließt nach dem auch im Privatklageverfahren anwendbaren § 468 StPO ihre Belastung mit Kosten nicht aus (BayObLG JW 26, 2207[5]); die bloße Verurteilung in die Kosten gibt hier aber noch keinen Erstattungsanspruch; sein Bestehen ist vielmehr besonders festzustellen; RGSt 44, 334; BayObLG DRZ 28 Nr. 314; KG Goltd 37, 453.

Die Erstattungspflicht trifft in jeder Instanz den, der in die Kosten der Instanz verurteilt ist. Der in erster Instanz verurteilte Angeklagte hat also dem Privatkläger seine Auslagen zu erstatten, während dieser dem Angekl. seine Auslagen zweiter Instanz zu erstatten hat, wenn seine eine höhere Bestrafung des Angekl. bezweckende Berufung auf seine Kosten verworfen ist.

Wie die Kostenentscheidung bei erhobener Widerklage zu lauten hat, ist streitig. Die §§ 59ff. GKG lassen ohne Schwierigkeit eine Trennung der Gerichtsgebühren zu, während eine Zusammenfassung und der Sachlage entsprechende Quotenteilung der Auslagen der Reichskasse und der Auslagen der Parteien angebracht erscheint; ebenso RG JRdsch 25 Nr. 1410; BayObLG JRdsch 26 Nr. 648; JW 26, 1237[7]; DRZ 27 Nr. 256; LZ 27, 800; OLG Königsberg HRR 25, 232; Dresden HRR 30 Nr. 2048 und LZ 32, 193. Auch hier wird die Fassung der Kostenentscheidung den UrkB oft zur Auslegung des Schuldtitels nötigen.

Der Erstattungsanspruch des Privatklägers hat zur Voraussetzung, daß der Angeklagte gerade auf die Privatklage hin verurteilt ist, und zwar, weil sich seine Tat gegen den Privatkläger oder eine Person, deren Rechte er kraft eigenen Rechtes wahrnimmt, richtet, RGSt 41, 173.

2. In welchem Umfange der unterliegende Teil die Auslagen zu erstatten hat, darüber ist nach § 464 Abs. 2 StPO im Festsetzungsverfahren zu entscheiden, s. unten XVI, XVII.

3. Titel zur Festsetzung sind:

a) das rechtskräftige Urteil.

Rechtskräftig ist ein Urteil, sobald es nicht mehr durch die ordentlichen Rechtsmittel — Berufung und Revision — angefochten werden kann, StPO §§ 312, 313 (vgl. dazu Art. 2 § 1 des 1. Teils der NotVO v. 14. 6. 32 (RGBl I 285), §§ 316, 333, 334, 335, 343. Die Anfechtung ist auch lediglich des Kostenpunktes wegen statthaft, da die StPO eine Bestimmung wie die des § 99 ZPO nicht aufgenommen hat, RGSt 6, 238.

Ist das Urteil rechtskräftig, so wird durch den späteren Tod des Berechtigten oder Verpflichteten der Erstattungsanspruch nicht berührt. Stirbt der verurteilte Angeklagte vor der Rechtskraft des Urteils, so folgt aus § 465 Abs. 2 StPO, daß sein Nachlaß weder der Reichskasse noch dem Privatkläger für die Gebühren und Auslagen haftet. Dem Privatkläger fallen dann nicht nur die Gebühren, sondern auch die notwendigen Auslagen des Angekl. zur Last, OLG Königsberg, Dresden Goltd 37, 453; 46, 365; *aM* OLG Darmstadt DStrafrZ 1915, 174, Jena JW 29, 1080[30], weil ein Einstellungsbeschluß nicht zu ergehen brauche. Stirbt der Angeklagte, bevor das freisprechende Urteil rechtskräftig geworden ist, so treten dieselben Folgen zuungunsten des Privatklägers ein. Der Tod des obsiegenden oder unterliegenden Privatklägers führt nach § 393 StPO zur Einstellung des Verfahrens. § 465 Abs. 2 StPO gilt ihm gegenüber nicht.

b) Der Einstellungsbeschluß.

§ 471 Abs. 3 StPO gilt für alle Fälle der Einstellung des Privatklageverfahrens, also nicht nur, wenn die Privatklage ausdrücklich zurückgenommen wird (§ 391 Abs. 1 StPO) oder nach § 391 Abs. 2 StPO die Zurücknahme anzunehmen ist, sondern auch im Falle des § 389 StPO und beim Tode des Privatklägers, § 393 Abs. 1 StPO; *aM* LG Plauen JW 38, 314[8] = DJ 38, 1194, wonach, wenn infolge des Todes des Privatklägers das Verfahren eingestellt wird, die Kosten nach Billigkeit dem Beschuldigten entgegen § 471 StPO ganz oder teilweise auferlegt werden können.

Da die Niederschlagung des Strafverfahrens auf Grund der Amnestie zur Einstellung des Verfahrens führt (RGSt 53, 52, 125), diese Einstellung aber keine prozeßrechtliche Bedeutung hat, sondern nur bezweckt, dem äußerlich anscheinend fortlaufenden Verfahren aktenmäßig einen förmlichen Abschluß zu geben (RGSt 54, 12), findet weder § 464 Abs. 1 StPO noch § 471 StPO Anwendung. Nach § 6 Abs. 2 VO v. 30. 4. 38 (RGBl I 435) — § 4 Abs. 2 VO v. 30. 6. 39 (RGBl I 1087) — § 3 Abs. 2 Ausfbest. v. 13. 9. 39 (RGBl I 1760) — werden, wenn das Verfahren auf Privatklage eingeleitet war, die Kosten des Verfahrens niedergeschlagen. Die dem Privatkläger und dem Beschuldigten erwachsenen notwendigen Auslagen kann das Gericht angemessen verteilen oder einem von ihnen ganz auferlegen; das gilt nicht für den Nebenkläger (ferner nicht, wenn die Parteien einen Vergleich geschlossen haben, Schlottmann DR 39, 761; *aM* Betzberger DR 39, 1498). Nach § 2 Abs. 2 der 2. DurchfVO v. 1. 5. 38 (RGBl I 458) — § 5 Abs. 5 VO v. 30. 6. 39 (RGBl I 1087) — hat, wenn das auf Antrag des Beschuldigten fortgesetzte Verfahren auf Grund des Straffreiheitsges. eingestellt wird, der Angeklagte die notwendigen Auslagen der Beteiligten und die durch die Fortsetzung des Verfahrens entstandenen Kosten wie ein Verurteilter zu tragen. Keine zivilrechtlichen Kostenerstattungsansprüche, Schäfer JW 38, 1378, anders bei noch nicht eingeleiteten Privatklageverfahren, Riederer DJ 39, 382. Wenn nach Erhebung der Privatklage die Staatsanwaltschaft die Verfolgung übernommen hat, und das Verfahren infolge Niederschlagung eingestellt wird, können dem Angeklagten weder die Kosten der Privatklage noch die der Nebenklage auferlegt werden, LG Dortmund JW 38, 1815[21]. Nach § 7 Kap. I des 6. Teils der NotVO v. 6. 10. 31 (RGBl I 563) kann das Gericht das Privatklageverfahren einstellen, wenn die Schuld des Täters gering und die Folgen der Tat unbedeutend sind. Das Gericht kann hierbei die in dem Verfahren entstandenen Auslagen sowie die dem Privatkläger und dem Beschuldigten erwachsenen notwendigen Auslagen angemessen verteilen (vgl. hierzu OLG Stuttgart JW 39, 151[10]) oder dem Beschuldigten ganz auferlegen. Über zivilrechtliche Kostenerstattungsansprüche des Beleidigten im Falle eines solchen Einstellungsbeschlusses vgl. LG II Berlin KGBl 33, 34.

4. Welche Bedeutung einem in einem Privatklageverfahren über die Kosten abgeschlossenen Vergleiche beizulegen ist, darüber sind die Ansichten geteilt. Nimmt man an, daß der Vergleich der gerichtlichen Kostenentscheidung zugrunde zu legen sei (OLG Königsberg, Kassel Goltd 40, 462; 52, 265; LG Braunschweig JW 29, 1083[2]), so bildet diese Entscheidung den Titel für die Kostenfestsetzung. Hält man aber die Vorschrift des Abs. 3 § 471 StPO für bindend, sodaß eine abweichende Vereinbarung der Parteien über die Kostentragung für die Kostenentscheidung des Gerichts ohne Bedeutung ist (RGSt 23, 198; BayObLG BayJMBl 1916, 95; GKG § 79 A 4b; OLG Dresden DStrafrZ 1915, 367, Breslau Goltd 45, 22; 58, 236), so sind die Kosten des Verfahrens und die dem Beschuldigten erwachsenen notwendigen Auslagen dem Privatkläger zur Last zu legen. OLG Dresden DStrafrZ 1915, 367 hält Abs. 3 § 471 StPO nur hinsichtlich der Gerichtskosten für unabänderlich. Durch die nach § 471 Abs. 3 StPO ergangene Kostenentscheidung wird der Privatkläger, der nach § 83 GKG schon Vorschuß zu leisten hatte, nach § 79 Ziff. 1 GKG Schuldner der Gebühren und Auslagen der Reichskasse. Ist aber der Vergleich vor Gericht geschlossen oder ihm mitgeteilt, so ist auch der Beschuldigte, insoweit er die Kosten übernommen hat, neben dem Privatkläger nach § 79 Ziff 2 GKG Kostenschuldner, da auf beide Teile § 82 Abs. 1 GKG zutrifft, so daß keiner von ihnen nur subsidiär haftet. Gegen die Vollstreckung des Angeklagten auf Grund des § 464 Abs. 2 ZPO kann aber der Privatkläger aus dem Vergleich eine Einwendung erheben, OLG Jena Goltd 71, 119.

Der Privatkläger kann die Erstattung seiner Kosten und Auslagen von dem Beschuldigten in dem Umfange, in dem dieser sie im Vergleiche übernommen hat, im Wege der Kostenfestsetzung erreichen, LG Flensburg JW 37, 189[63]; LG Bautzen JW 38, 1843[56].

5. Vererblich ist die Privatklage nur in den Ausnahmefällen des § 393 Abs. 2 StPO auf Eltern und Kinder und auf den Ehegatten, sofern diese die Fortsetzung des Verfahrens binnen 2 Monaten, vom Tode des Privatklägers an gerechnet, erklären. Geschieht dies, so ist in dem aufgenommenen Verfahren auch über den Kostenpunkt mitzuentscheiden: die in einem etwa schon ergangenen Einstellungsbeschlusse getroffene Kostenentscheidung tritt ohne weiteres außer Kraft. Aus dem Nachlasse bereits gezahlte Kosten müßten im Falle einer abändernden Entscheidung zwecks Schaffung eines Vollstreckungstitels durch eine besondere Klage zurückverlangt werden.

Hat die StA nach § 377 Abs. 2 StPO die Verfolgung übernommen, was keine Einstellung des Privatklageverfahrens bedingt (RGSt 46, 119 57, 349), so fallen bei späterer Verurteilung des Angeklagten diesem auch die Kosten der Privatklage und die Auslagen des Privatklägers, der nun die Stellung eines Nebenklägers hat, zur Last, RG Goltd 48, 348. Führt das spätere Verfahren zur Einstellung, so sind dem Privatkläger die Kosten aufzuerlegen, die während der Dauer des Privatklageverfahrens entstanden sind, RGSt 46, 167.

5. Die Nebenklage, StPO §§ 395ff.

1. Der Nebenkläger hat die Rechte, nicht auch die Pflichten des Privatklägers, StPO § 397. Erst mit dem Beschlusse des Gerichts, der ihn als Nebenkläger zuläßt, erlangt der Verletzte diese Rechte, RG Goltd 53, 291; RGSt 48, 236; 51, 130.

2. Wird also der Angeklagte verurteilt, so fallen ihm außer den Kosten des gerichtlichen Verfahrens auch die dem Nebenkläger erwachsenen notwendigen Auslagen zur Last, weil der Ersatz dieser Auslagen zugunsten des Privatklägers in § 471 Abs. 1 StPO ausdrücklich vorgeschrieben ist; zu erstatten sind auch die vor der Anschließung erwachsenen notwendigen Auslagen, OLG München JW 38, 2471[9]. Eines besonderen Ausspruchs über die Erstattungspflicht bedarf es nicht, RGSt 10, 113; RG R 6, 153. Durch die Abweisung der beantragten Buße wird der Erstattungsanspruch des Nebenklägers nicht ausgeschlossen, RGSt 6, 237; 41, 352; auch nicht dadurch, daß der Angekl. aus einem anderen rechtlichen Gesichtspunkte verurteilt wird, der einen Anschluß als Nebenkläger nicht zuläßt, wenn nur zur Zeit der Zulassung diese gerechtfertigt war, RGR 4, 388; 5, 572; 9, 524. Vorausgesetzt wird dabei, daß der Angeklagte wegen einer gegen den Nebenkläger gerichteten Straftat verurteilt wird, RGSt 41, 174, und daß der Nebenkläger rechtlich imstande war, seinen Anspruch bei dem Gerichte durchzusetzen, also nicht unzulässigerweise als Minderjähriger in dem Verfahren zugelassen ist, RG Recht 13 Nr. 146. Wird aber der Angeklagte nach § 199 StGB für straffrei erklärt, so umfaßt seine Verurteilung in die Kosten noch nicht die Kosten des Nebenklägers, RGSt 44, 334.

3. Wird der Angekl. freigesprochen oder außer Verfolgung gesetzt oder wird das Verfahren eingestellt, treten die Folgen des § 471 Abs. 3 StPO zu Lasten des Nebenklägers und zu gunsten des Angeschuldigten nicht ein, da jener das Verfahren nicht selbständig betrieben, sondern sich nur einem von Amts wegen betriebenen Verfahren unterstützend angeschlossen hat, und dieser nicht günstiger zu stehen braucht als im Falle des § 467 StPO, RGSt 15, 190; 31, 230; 40, 411; 53, 304. Die Gerichtskosten sind der Reichskasse zur Last zu legen, und der Nebenkläger hat seine Auslagen selbst zu tragen, ohne daß es eines besonderen Ausspruchs hierüber bedarf, RGSt 15, 192. Dasselbe gilt, wenn in einem Einziehungsverfahren, dem sich der Verletzte als Nebenkläger angeschlossen hatte, die Kosten der Reichskasse auferlegt sind, RGSt 46, 362. Dem Nebenkläger können nur gegebenenfalls auf Grund der §§ 469, 470, 472 StPO Kosten auferlegt werden, RG 40, 411; 49, 434. Daß der Antrag auf Zuerkennung einer Buße zurückgewiesen ist, begründet noch keine Verpflichtung des Nebenklägers zur Tragung von Kosten, RGS 41, 352. Der Verletzte kann die Kosten seiner Nebenklage mit der Schadensersatzklage vom Verletzer ersetzt verlangen, wenn das Strafverfahren auf Grund einer Amnestie eingestellt worden ist, Schäfer JW 38, 1378/1379; anders wenn der Täter freigesprochen worden ist, OLG Stuttgart JW 37, 2353[4].

4. Die Entscheidung, die die Kosten dem Angekl. oder der Reichskasse mit den zu 2 und 3 dargelegten Wirkungen auferlegt, kann in erster Instanz oder auf Grund eines vom Angekl. oder von der StA oder von dem Nebenkläger eingelegten Rechtsmittels ergehen. Nur wenn der Nebenkläger nach § 401 StPO selbständig ein Rechtsmittel erfolglos einlegt oder es zurücknimmt, fallen ihm mit den Kosten des Rechtsmittels nach §§ 473, 471 Abs. 3 StPO die notwendigen Auslagen des Angekl. zur Last, RG R 6, 197; RGSt 30, 129; 46, 59; 53, 304; vgl. auch RG JW 20, 300. Ob ein Rechtsmittel vollen Erfolg hat, bemißt sich nach den in der Hauptverhandlung gestellten Anträgen, RGSt 45, 268, BayObLG BayZ 13, 261; s. XV, 7. Werden die Berufungen der Staatsanwaltschaft und des Nebenklägers zurückgenommen, so hat der Nebenkläger die Kosten seiner Berufung zu tragen; die Kostenpflicht umfaßt die Gerichtsgebühren und die Auslagen; beim Vorliegen mehrerer Rechtsmittel ist jeder Rechtsmittelführer zur Tragung der gesamten Kosten verpflichtet, KG BBl 31, 106.

Stirbt der Nebenkläger, so verliert seine Ausschlußerklärung nach § 402 StPO ihre Wirkung, und das von ihm selbständig eingelegte Rechtsmittel wird hinfällig, RGSt 42, 345. Es bleibt also auch bei der Kostenentscheidung des angefochtenen Urteils. Hat seine Berufung Erfolg gehabt und stirbt er nunmehr, nach dem der Angeklagte Revision eingelegt hatte, so nimmt das Verfahren seinen Fortgang, RG JW 30, 3423[40]. Ein zwischen dem Nebenkläger und dem Angeklagten abgeschlossener Vergleich fällt unter § 794 Ziff. 1 ZPO, KG JW 37, 2789[32], ist also ein zur Kostenfestsetzung geeigneter Titel.

5. Hat der Beschuldigte gegen einen Strafbescheid auf gerichtliche Untersuchung angetragen oder hat die Staatsanwaltschaft die Anklage erhoben, so kann sich die Verwaltungsbehörde nach § 427 StPO der Verfolgung anschließen; sie erlangt dann wie der Verletzte die Stellung eines Nebenklägers. Im Falle der Beteiligung von Reichsfinanzbehörden gilt Nr. 402a der „Richtlinien für das Strafverfahren" in der Fassung der AV v. 25. 3. 36 (DJ 502). Dort ist bestimmt:

(1) Die Festsetzung und Einziehung der Kosten des dem gerichtlichen Verfahren vorangegangenen Verwaltungsstrafverfahren (§ 457 RAbgO) ist ausschließlich Sache der Reichsfinanzbehörden. Dies gilt sowohl dann, wenn die Finanzbehörde vorher einen Strafbescheid erlassen hat, als auch

dann, wenn sie die Sache, ohne einen Strafbescheid zu erlassen, an die Staatsanwaltschaft abgegeben hat.

(2) Die nach der Stellung eines Antrags auf gerichtliche Entscheidung über einen Strafbescheid oder nach Erhebung der öffentlichen Klage den Finanzbehörden als Nebenklägern erwachsenen Auslagen, die nach § 457 RAbgO „zu den Kosten des Verfahrens" gehören, sind nicht nach § 464 Abs. 2 StPO festzusetzen, sondern als Gerichtskosten zu berechnen und einzuziehen. Die eingezogenen Beträge sind nicht an die Reichsfinanzbehörden abzuliefern; sie werden ohne Rücksicht auf ihre Höhe zusammen mit den sonstigen Kosten des Strafverfahrens bei den Haushaltsmitteln des Reichsjustizhaushalts endgültig vereinnahmt.

6. Antrag auf gerichtliche Anordnung der öffentlichen Klage, StPO §§ 172ff.

StPO § 472: „Wird in dem Falle des § 175 der Angeschuldigte außer Verfolgung gesetzt oder freigesprochen oder das Verfahren eingestellt, so finden auf den Antragsteller die Bestimmungen des § 471 Abs. 2 bis 5 entsprechende Anwendung. Das Gericht kann jedoch nach Befinden der Umstände den Antragsteller von der Tragung der Kosten ganz oder teilweise entbinden.

Vor der Entscheidung über den Kostenpunkt ist der Antragsteller zu hören, sofern er nicht als Nebenkläger aufzutreten berechtigt war."

1. Für den Fall, daß der Angeschuldigte straffrei bleibt, steht der Antragsteller dem Privatkläger gleich. Er hat also die Kosten des Verfahrens einschließlich der dem Angeschuldigten erwachsenen notwendigen Auslagen zu tragen, ohne daß es darauf ankommt, ob ihm ein Versehen bei der Stellung des Antrags zur Last fällt. Das Gericht ist aber befugt, nach freier Würdigung der Sachlage den Antragsteller von den Kosten ganz oder teilweise freizustellen. Von dieser Befugnis wird insbesondere dann Gebrauch zu machen sein, wenn der Antragsteller mutmaßlich nicht aus privaten Gründen, sondern im öffentlichen Interesse die Verfolgung betrieben hat, Prot. der 174. Sitz. S. 2, StenBer. S. 486.

2. War der Antragsteller berechtigt, als Nebenkläger aufzutreten (StPO § 395 Abs. 2), so können ihm, gleichviel ob er dieses Recht tatsächlich ausgeübt hat, ohne besonderes Gehör in dem Urteil oder in dem Einstellungsbeschluß die Kosten des Verfahrens und die dem Beschuldigten erwachsenen notwendigen Auslagen zur Last gelegt werden.

3. War der Antragsteller als Nebenkläger aufzutreten nicht berechtigt, so ist er zunächst aufzufordern, sich wegen seiner Kostenpflicht binnen bestimmter Frist zu erklären. Nach Ablauf der Frist ist dann, auch wenn keine Erklärung eingeht, über die Kostenpflicht nach Lage der Sache durch Beschluß zu entscheiden.

4. Dem zur Kostentragung verurteilten Antragsteller steht gegen die Entscheidung im Falle zu 2 das in der Hauptsache zulässige Rechtsmittel, im Falle zu 3 die einfache Beschwerde zu. Die Rechtsmittelfrist läuft für ihn in allen Fällen von der Bekanntmachung der Entscheidung ab.

7. Erfolglos eingelegtes Rechtsmittel.

StPO § 473 Abs. 1 und 2: „Die Kosten eines zurückgenommenen oder erfolglos eingelegten Rechtsmittels treffen den, der es eingelegt hat. War das Rechtsmittel von der Staatsanwaltschaft eingelegt, so können die dem Beschuldigten erwachsenen notwendigen Auslagen der Reichskasse auferlegt werden. Hatte das Rechtsmittel teilweisen Erfolg, so kann das Gericht die Gebühr ermäßigen und die entstandenen Auslagen angemessen verteilen.

Dasselbe gilt von den Kosten, welche durch einen Antrag auf Wiederaufnahme des durch ein rechtskräftiges Urteil geschlossenen Verfahrens verursacht worden sind.“

1. Satz 1 des § 473 stellt zunächst den Grundsatz auf, daß die Kosten eines zurückgenommenen oder erfolglos eingelegten Rechtsmittels denjenigen treffen, der es eingelegt hat. Satz 2 und Satz 3 schränken diesen Grundsatz ein. Hat die StA das Rechtsmittel eingelegt und es danach zurückgenommen oder ist es erfolglos geblieben, wird es dem freien Ermessen des Gerichts überlassen, ob es die dem Beschuldigten erwachsenen notwendigen Auslagen der Reichskasse auferlegen will. Der Beschuldigte erlangt durch die Entscheidung einen Erstattungsanspruch für seine Auslagen, die durch das Rechtsmittel der StA veranlaßt sind. Im Falle der Zurücknahme des Rechtsmittels, die einen Einstellungsbeschluß nicht zur notwendigen Folge hat, kann der gleichwohl erlassene Beschluß durch einen Ausspruch über die Erstattungspflicht nachträglich ergänzt werden, Dresden JW 30, 3446[23].

Ob das Rechtsmittel Erfolg hatte, ist nach dem Inhalte der in der Hauptverhandlung gestellten Anträge zu prüfen, RGSt 45, 268; 66, 220; Bay.ObLG BayZ 13, 261. Dies gilt auch, wenn das Rechtsmittel auf das Strafmaß nachträglich beschränkt wird, RGSt 63, 311, RG JW 27, 396; OLG Naumburg DR 39, 1519[30]; einschränkend Königsberg HRR 30 Nr. 1900. Dem vollen Erfolg stellt RG JW 26, 2198[8] den Erfolg in allen wesentlichen Punkten gleich. Führt das von der StA zuungunsten des Angeklagten eingelegte Rechtsmittel zu einer Änderung zugunsten des Angeklagten, so ist das Rechtsmittel der StA als erfolglos anzusehen, RGSt 60, 17. Die Zurückverweisung stellt noch keinen Erfolg dar, sondern erst die endgültige Entscheidung läßt ihn erkennen, RGSt 18, 347; 53, 304; RG HRR 2, 110. Haben sowohl der Angeklagte als auch die StA Rechtsmittel eingelegt, so treffen jeden Teil die Kosten des Rechtsmittels, das er eingelegt hat; eine Teilung nach Bruchteilen findet nicht statt, RG JW 1925, 1403, JRdsch 1 Nr. 1410. Die Kosten jeder Berufung sind vielmehr gesondert zu behandeln, RG JRdsch 1 Nr. 1314, 2 Nr. 126. Haben mehrere Angeklagte Rechtsmittel eingelegt, so hat jeder die Kosten seines erfolglosen Rechtsmittels zu tragen.

2. Hatte das Rechtsmittel teilweisen Erfolg, kann das Gericht die Gerichtsgebühr aber nur für das Rechtsmittel (RG JW 26, 823) ermäßigen, ja sogar ganz erlassen, und die entstandenen Auslagen angemessen verteilen. Dieser Fall liegt aber nur vor, wenn die Verurteilung wegen einer bestimmten Straftat angefochten wird (RG HRR 28 Nr. 695), dagegen nicht, wenn beim sachlichen Zusammentreffen mehrerer Straftaten das wegen aller eingelegte Rechtsmittel wegen einiger von ihnen Erfolg hatte, wo § 465 Abs. 1 StPO anzuwenden bleibt. Eine entsprechende Anwendung des § 473 Abs. 1 Satz 3 StPO ist bei der Anfechtung des Urteils in einem Nebenpunkte und hinsichtlich des Strafmaßes geboten, da hier der Enderfolg infolge der Beschränkung des Rechtsmittels einem Teilerfolg ähnlich, aber doch immerhin ein Erfolg ist. Hat dieses auf einen Nebenpunkt beschränkte Rechtsmittel des Angeklagten insoweit vollen Erfolg, so ist er sogar von den Kosten ganz zu entlasten, RGSt 45, 268; 63, 311. Freilich ist nicht jede Herabsetzung der Strafe unbedingt als voller Erfolg des Rechtsmittels anzusehen, KG Goltd 39, 87.

Über die Zulässigkeit, durch Beschluß zu entscheiden, wenn vor der Hauptverhandlung das Rechtsmittel zurückgenommen ist, s. KG Goltd 66, 286. Nachträgliche Beschlußfassung läßt OLG Celle HRR 28 Nr. 1681 zu; *aM* OLG Breslau JW 20, 304[4].

3. Die Grundsätze zu 1 und 2 gelten auch im Privatklageverfahren (OLG Rostock HRR 28 Nr. 195) mit der Maßgabe, daß der Satz 2 des § 473 nicht zur Anwendung kommt. Eine Belastung der Reichskasse mit irgendwelchen Kosten findet in diesem Verfahren ohnehin nicht statt, und § 471 verlangt in Abs. 1, daß der Verurteilte mit allen dem Privatkläger erwachsenen notwendigen Auslagen belastet wird, und in Abs. 3, daß bei Freisprechung oder Einstellung dem Privatkläger diese Auslagen des Beschuldigten zur Last gelegt werden (RGSt 46, 59). Der Anwendung des Satzes 3 des § 473 steht aber nichts im Wege, BayObLG Goltd 71, 352; OLG Stuttgart HRR 3, 132. Bei Beschränkung des Rechtsmittels auf das Strafmaß legt OLG Breslau JW 28, 757[55] dem Privatkläger alle Kosten des Rechtsmittels auf, wenn die Strafe ermäßigt worden ist. Einen teilweisen Erfolg des Rechtsmittels kann man hier auch darin erblicken, daß der Angeklagte zwar seine Freisprechung erreicht, aber als Widerkläger keinen Erfolg gehabt hat, BayObLG LZ 27, 259. Die Kosten erster Instanz müssen aber den verurteilten Angeklagten mit der Wirkung des § 471 Abs. 1 StPO treffen, OLG Dresden JW 30, 580[46]. Aus der Kostenentscheidung folgen außerdem die sich aus § 471 StPO ergebenden Erstattungsansprüche.

Mehrere Privatkläger und mehrere Angeklagte haften dem Gegner für den Erstattungsanspruch als Gesamtschuldner.

Wegen der Straffreierklärung s. XV zu 4 Nr. 1 Abs. 4.

Über das Festsetzungsverfahren s. unten XVII. Wegen des Nebenklägers s. XV 5.

4. Satz 1 und 2 des § 473 sind entsprechend anzuwenden bei einer Wiederaufnahme zuungunsten des Angeklagten (§ 362 StPO), die erfolglos endet. Führt die Wiederaufnahme des Verfahrens zur Freisprechung des Angeklagten, so ist er von allen Kosten des alten und neuen Verfahrens freizustellen, und nach § 467 Abs. 2 StPO können die erwachsenen notwendigen Auslagen der Reichskasse auferlegt werden. Erreicht er aber nur eine mildere Bestrafung, so ist Satz 3 des § 473 anzuwenden.

8. Ansprüche des Verletzten gegen den Verurteilten.

Ist dem Verletzten die Befugnis zugesprochen, die Verurteilung des Schuldigen öffentlich bekannt zu machen, z. B. §§ 165, 200 StGB, erlangt der Verletzte im Wege des § 464 Abs. 2 StPO den Titel, um die ihm entstandenen Kosten von dem Verurteilten nötigenfalls beitreiben zu können. Mehrere Verurteilte haften als Gesamtschuldner, RGSt 37, 268.

Da die Buße bereits im Urteil ihrem Betrage nach festgesetzt wird, kann aus diesem gemäß § 463 StPO vollstreckt werden.

9. Beschlüsse aus §§ 51, 70, 77, 145 StPO, § 56 GVG.

Zeugen, Sachverständige, Verteidiger, Schöffen, Geschworene sind in die Kosten zu verurteilen, die ihre Säumnis, Weigerung oder ihr Verschulden verursacht haben. Gemeint sind hiermit die Kosten, die infolge des Ereignisses nutzlos aufgewendet worden sind; denn eigentlich verursacht das Ereignis die Kosten, die durch die notwendige Wiederholung des betreffenden Prozeßvorgangs entstehen. Außer den Kosten der Reichskasse, z. B. an Auslagen für Zeugengebühren, kommen auch Kosten des Angekl., LG Kassel JW 31, 2394[7], des Privatklägers oder Nebenklägers in Betracht (z. B. Auslagen für Zeugen § 220 Abs. 2 StPO, § 64 RAGebO, Reisekosten des Privatklägers, Kosten für Annahme eines Vertreters), die der in die Kosten Verurteilte diesen Prozeßbeteiligten zu erstatten hat.

Auch hier kann es sich nur um notwendige Auslagen handeln, über deren Umfang im Kostenfestsetzungsverfahren zu entscheiden ist. Wer ein Interesse an der Verurteilung des Verpflichteten hat, ist auch befugt sie durch einen Antrag und Beschwerde herbeizuführen, RG Gruch 35, 1193, SeuffA 46 Nr. 144; OLG München SeuffA 71 Nr. 71; OLG Darmstadt JW 16, 1593[5]; *aM* KG Rsp 25, 107. Dieses Interesse besteht auch bei einem Sachverständigen, dessen Anhörung Kosten verursacht hat.

XVI. Umfang der Erstattungspflicht.

1. Das Recht des obsiegenden Teiles erstreckt sich in allen Fällen nur auf den Ersatz der ihm erwachsenen notwendigen Auslagen.

Ausdrücklich ist dies nur in §§ 467 Abs. 2, 471, 473 StPO gesagt und in § 472 durch Bezugnahme auf § 471 zum Ausdruck gebracht. Es muß aber auch für die andern zu XV genannten Fälle gelten, weil der entscheidende Grundgedanke, die Billigkeit walten zu lassen, gleichmäßig auf alle zutrifft. Für die Nebenklage kommt hinzu, daß die dem Nebenkläger durch die zugelassene Anschlußerklärung erwachsenen Rechte denen des Privatklägers gleichgestellt sind, StPO § 397. Der Gedanke, daß in §§ 469, 470 StPO und in den Fällen XV 9, der Erstattungspflichtige für ein Verschulden bestraft werden soll, muß zurücktreten gegenüber der Erwägung daß bei allen Erstattungsansprüchen nicht notwendige Aufwendungen den Verpflichteten nicht belasten dürfen. Zu beachten bleibt aber, daß § 471 Abs. 5 StPO dem Worte Auslagen eine erweiterte Bedeutung für die

Fälle der Privatklage, der Nebenklage und des § 472 StPO beilegt, und damit die Erstattungspflicht der aus § 91 ZPO angleicht; s. unten zu 5.

2. Wenn auch nur die Auslagen des Angeklagten genannt sind, so sind ihnen doch die solcher Personen gleichzustellen, die kraft eigenen Rechtes seine Verurteilung zu bekämpfen und für seine Freisprechung einzutreten befugt sind (§§ 298, 361 Abs. 2 StPO), RGSt 28, 149; BayObLGSt 8, 388. Hierzu gehören aber nicht die Einziehungsbeteiligten, RGSt 22, 353; 53, 124; *aM* BayObLGSt 8, 384; auch nicht dritte Personen z. B. der Verletzte, BayOLG JW 26, 2453[5].

a) Hiernach können Erstattungsberechtigte sein: der Beschuldigte, die Personen der §§ 298, 361 Abs. 2 StPO, der Privatkläger, der Nebenkläger, der Widerkläger. Sind mehrere erstattungsberechtigt, so stehen sie dem Verpflichteten als Einzelpersonen gegenüber, so daß der einzelne nur die von ihm selbst gemachten Aufwendungen erstattet verlangen kann.

b) Erstattungsverpflichtete sind die Reichskasse oder Privatpersonen. Mehrere Erstattungsverpflichtete haften im Privatklageverfahren nach § 471 Abs. 4 StPO für die Erstattungsansprüche des Beschuldigten und die des Privatklägers als Gesamtschuldner. Dasselbe gilt durch die Bezugnahme in § 472 auf § 471 StPO für den XV, 6 erörterten Fall. Ebenso stehen dem Nebenkläger, der die Rechte des Privatklägers hat, gegebenenfalls mehrere Beschuldigte als Gesamtschuldner gegenüber. Auch in den Fällen der §§ 469, 470 StPO wird man eine Gesamthaftung mehrerer Verpflichteter bejahen können; denn es erscheint nicht gerechtfertigt, daß mehrere Anzeigende oder mehrere Antragsteller etwa günstiger gestellt sein sollten als mehrere Verletzte im Falle des § 472 StPO; s. OLG Hamm Goltd 60, 154 zu § 470 StPO. Die Gesamthaftung mehrerer Säumiger (XV, 9) ließe sich aus dem Rechtsgedanken des § 840 BGB begründen; ähnlich RG 37, 268 im Falle XV, 8. Haben im Privatklageverfahren mehrere Angeklagte oder mehrere Privatkläger oder haben mehrere Nebenkläger ein Rechtsmittel erfolglos eingelegt, so bleibt doch auch dann, wenn jedem die Kosten seines Rechtsmittels auferlegt sind, für den Erstattungsanspruch des anderen Teiles die in § 471 Abs. 4 StPO ausgesprochene Gesamthaftung bestehen. Dabei ist aber zu beachten, daß das Gesamtschuldverhältnis in allen diesen Fällen nur insoweit besteht, als die mehreren Verpflichteten an dem Verfahren gemeinsam beteiligt waren. Dieser Grundsatz ist in § 466 StPO für den Kostenansatz darin ausgesprochen, daß Mitangeklagte, welche in bezug auf dieselbe Tat zu Strafe verurteilt sind, für die Auslagen der Reichskasse als Gesamtschuldner haften (RGSt 29, 146). Dies braucht im Urteile nicht besonders ausgesprochen zu werden, folgt vielmehr aus der Verurteilung der mehreren Mitangeklagten in die Kosten von selbst, RGSt 1, 93; 51, 83; BayOLG LZ 27, 916. Da § 466 StPO hinsichtlich der Auslagen der Reichskasse auch für das Privatklageverfahren gilt, legt er fest, in welchem Umfange die Gesamthaftung mehrerer Verurteilter für die Auslagen begründet ist, BayOLG HRR 2, 219, 322. Seine Anwendung für die Rechtsmittelinstanz abzulehnen, erscheint jedenfalls für die Fälle, in denen die mehreren

Angeklagten auf erfolgreiches Rechtsmittel des Privat- oder Nebenklägers erst verurteilt werden oder doch verurteilt bleiben, nicht gerechtfertigt, da sich die Kostenentscheidung hier nicht nach § 473 Abs. 1 Satz 1 StPO richtet.

Aber auch in dem Falle, daß mehrere Angeklagte ein Rechtsmittel erfolglos eingelegt haben, ist zur Bestimmung des Umfangs der Gesamthaftung auf § 466 StPO zurückzugreifen. Dementsprechend kann sich auch die gesamtschuldnerische Haftung mehrerer Privat- oder Nebenkläger nur soweit erstrecken, als sie an dem Verfahren gemeinsam beteiligt waren, BayOLG LZ 27, 916.

Erheben z. B. zwei Personen gegen einen Beschuldigten Privatklage wegen Beleidigung, die eine von ihnen auch wegen Körperverletzung, so haftet bei Freisprechung des Beschuldigten der eine Privatkläger nicht mit für die Auslagen für einen hinsichtlich der Körperverletzung des anderen Privatklägers gestellten Entlastungszeugen.

Daß die Belastung mit den Kosten für alle Erstattungspflichtigen in derselben Entscheidung erfolgt, ist nicht nötig, es muß sich aber um dieselbe Tat handeln. Die Mitangeklagten brauchen nicht Mittäter oder Teilnehmer zu sein; auch Nebentäter oder sonst an demselben strafrechtlichen Vorgang Beteiligte werden von der Gesamthaftung betroffen, RGSt 12, 226; RG R 7, 334, 624; 9, 457. Da § 466 StPO nur die durch die Strafvollstreckung, die Untersuchungshaft oder die einstweilige Unterbringung entstandenen Kosten von der Gesamthaftung ausschließt, besteht sie für alle anderen Auslagen, gleichviel ob sie nur wegen eines der Mitverurteilten notwendig waren.

Stählin JBBl 39, 83 will im Falle der Verteidigung mehrerer Beschuldigter durch einen gemeinschaftlichen Verteidiger, wenn ein Auftraggeber kostenpflichtig unterliegt, und die Kosten des anderen der Reichskasse oder dem Gegner auferlegt werden, in der Regel gegen den Verurteilten soviel Gebühren festsetzen, wie wenn er allein angeklagt und vertreten gewesen wäre; dagegen soll der Obsiegende von der Reichskasse oder dem Gegner nur die $^{5}/_{10}$ der Erhöhung aus § 72 RAGebO erstattet verlangen können; anders sei es, wenn der Unterlegene zahlungsunfähig sei. Damit wird aber, wie Stählin aaO selbst bemerkt, in das Kostenfestsetzungsverfahren der rechtspolitische Sühnegedanke getragen, dessen Anwendung nur bei der Kostenentscheidung erfolgen kann. Denn das Kostenfestsetzungsverfahren soll nur eine Entscheidung über die Höhe der Kosten treffen (vgl. oben XV), nicht aber eine Kostenverteilung (vgl. auch für das Gebiet der ZPO oben V 3 Ziff. 2c).

Ist die Privatklage von dem gesetzlichen Vertreter erhoben oder von ihm selbständig ein Rechtsmittel eingelegt (§ 374 Abs. 3, § 298 StPO), so haftet er für die Kosten und folglich auch für die zu erstattenden Auslagen nur mit dem Vermögen des Vertretenen, RGSt 46, 138; 53, 346; BayOLG HRR 29 Nr. 782; Goltd 73, 133. BayObLG DRZ 27 Nr. 972 hat die Kosten des Rechtsmittels dem RA auferlegt, der es erst nach dem Tode des Angeklagten eingelegt hat.

c) Der Tod des Gläubigers oder des Schuldners lassen den Erstattungsanspruch, wenn die ihn begründende Entscheidung rechtskräftig war, fortbestehen. Denn es handelt sich um einen vermögensrechtlichen Anspruch, dessen Vererblichkeit keinem Bedenken unterliegt. Das Erstattungsverfahren wird dann von den Erben und gegen sie betrieben. War die Entscheidung noch nicht rechtskräftig, so ist zu prüfen, ob die Entscheidung das Vorhandensein eines Beschuldigten zur Voraussetzung hat oder nicht; denn durch den Tod des Beschuldigten erlischt die Strafklage, da die StPO einen lebenden Beschuldigten voraussetzt, RGSt 18, 21. Die Entscheidungen aus §§ 467 Abs. 2, 473 Abs. 1 Satz 2 StPO werden also, obwohl der Beschuldigte als Gläubiger erscheint, bedeutungslos. Seine Erben können keine Erstattungsansprüche darauf stützen. In den Fällen der §§ 470, 472 StPO, in denen die Entscheidung über die Kosten zusammen mit der in der Hauptsache ergeht, trifft dasselbe zu. § 472 verweist zwar auf § 471 StPO; eine Erstattungspflicht des Antragstellers ähnlich der des Privatklägers gegenüber den Erben des Freigesprochenen ist aber abzulehnen, da der Antragsteller zwar das Verfahren in Gang gesetzt, aber doch nicht wie ein Privatkläger betrieben hat. Die Entscheidung aus § 469 StPO kann getrennt von der in der Hauptsache erlassen werden. Sie steht aber doch in so engem inneren Zusammenhang zu ihr, daß hier der allgemeine Grundsatz walten muß. Beim Tod des Erstattungspflichtigen, der nach §§ 469, 470, 472 StPO als Verurteilter anzusehen ist, schließt § 465 Abs. 2 StPO die Haftung seines Nachlasses aus, so daß auch in diesem Falle ein Erstattungsverfahren nicht durchzuführen ist.

Stirbt der Angeklagte oder der Widerbeklagte im Privatklageverfahren vor Rechtskraft der Entscheidung, so treten die oben XV 4 zu 3 erwähnten Folgen ein. Ebenso kann der Nebenkläger mit Rücksicht auf § 465 Abs. 2 StPO keine Ansprüche gegen die Erben des nicht rechtskräftig verurteilten Beschuldigten erheben. Dagegen hat der Tod des Privatklägers die Einstellung des Verfahrens zur Folge, so daß § 471 Abs. 3 StPO Platz greift. Der Gegner hat hiernach einen Erstattungsanspruch gegen die Erben, da § 465 Abs. 2 StPO dem Privatkläger gegenüber nicht gilt. Entsprechend kann der Angekl. gegen die Erben des Nebenklägers seinen Erstattungsanspruch verfolgen, wenn der Nebenkläger selbständig nach § 401 StPO ein Rechtsmittel eingelegt hatte.

d) Anders liegen die Fälle unter XV 9. Sie haben nicht zur Voraussetzung, daß der Beschuldigte lebt; denn sie brauchen nicht einmal in bezug auf einen bestimmten Beschuldigten (Verfahren gegen unbekannt) oder auf ein bestimmtes Strafverfahren (Säumnis eines Schöffen) zu ergehen. Die Strafe, die in dem Beschluß verhängt wird, ist eine Ordnungsstrafe und ist sofort vollstreckbar, da die dagegen eingelegte Beschwerde keine aufschiebende Wirkung hat. Ebenso ist die Kostenentscheidung sofort wirksam, so daß die Einleitung eines darauf gestützten Festsetzungsverfahrens durch den Tod des Verurteilten nicht gehindert wird. Ebensowenig steht der Tod des Berechtigten der Verfolgung seiner Ansprüche durch seine Erben im

Wege. Der Beschluß schafft dem Berechtigten und seinen Erben gegen den Verpflichteten einen vermögensrechtlichen Erstattungsanspruch.

e) Greift in das Verfahren vor Eintritt der Rechtskraft ein Gnadenerlaß ein, so bleibt auch für eine Entscheidung nach § 464 Abs. 2 StPO kein Raum mehr.

3. Zu erstatten sind die notwendigen Auslagen (z. B. Reisekosten und Zeugengebühren, Kosten der Verteidigung, auch wenn diese keine notwendige war), soweit sie in dem sich aus § 465 Abs. 1 StPO ergebenden Rahmen des Verfahrens entstanden sind, was z. B. für die Vorbereitung der Privatklage bedeutsam ist. Daher können die notwendigen Auslagen des Nebenklägers im Vorverfahren, KG Goltd 61, 363, und die Kosten des Sühneverfahrens aus § 380 StPO, LG Essen DJZ 13, 472, erstattungsfähig sein. Die Verteidigerkosten des Vorverfahrens (unter besonderen Umständen einschließlich der Reisekosten eines auswärtigen Rechtsanwalts, wenn dessen Beauftragung nach Lage der Sache geboten war, LG Altona JW 34, 2803[11]) gehören zu den notwendigen Auslagen i. S. des § 467 Abs. 2 StPO, OLG Hamm JWBl. 33, 244; OLG Kiel JW 35, 964[14]. Die Kostenentscheidung umfaßt, wenn sie keine ausdrückliche Beschränkung (z. B. auf die Rechtsmittelinstanz, RGSt 30, 129) enthält, alle bis zu ihrem Erlaß entstandenen Kosten. Der in 1. Instanz freigesprochene, aber in 2. Instanz verurteilte Angekl. muß daher dem Privatkläger auch die Auslagen 1. Instanz erstatten, und zwar selbst dann, wenn der Privatkläger diese Entscheidung 2. Instanz durch eine schuldhafte Unterlassung in 1. Instanz erforderlich gemacht hat, BayObLGSt 3, 217. Der im Wiederaufnahmeverfahren freigesprochene Angeklagte kann sogar die bezahlten Kosten des früheren Verfahrens erstattet verlangen, wie aus RGSt 27, 382 zu folgern ist. Zeitversäumnis und Erwerbsverlust gehören nicht zu den zu erstattenden Auslagen, RG DStrafrZ 22, 299; KG Goltd 60, 477; s. aber Nr. 5 mit Rücksicht auf § 471 Abs. 5 StPO. Die Verpflichtung des Kostenschuldners erstreckt sich nicht auf Kosten, die einem dritten (XV 9) auferlegt sind, falls dieser zahlungsunfähig ist; dies braucht nach RG JW 95, 97 im Urteile nicht besonders ausgesprochen zu sein, während RG DJZ 09, 148 verlangt, daß die Einschränkung der Kostenpflicht des Angeklagten aus dem entscheidenden Teile des Urteils oder doch mindestens aus den Gründen sich ergeben müsse.

4. Für die Prüfung der Notwendigkeit der Auslagen hat für den Fall, daß die Reichskasse erstattungspflichtig ist, die AVdRJM v. 17. 4. 37 DJ 609 (Nr. 228a der „Richtlinien für das Strafverfahren") folgende Richtlinien unter 3 aufgestellt:

a) Der Anspruch des Angeschuldigten erstreckt sich nur auf die notwendigen Auslagen, umfaßt hingegen nicht sonstige Nachteile; insbesondere ist auf die dem Beschuldigten zu gewährende Entschädigung die Gebührenordnung für Zeugen und Sachverständige nicht anzuwenden.

b) Ob die durch Zuziehung eines Verteidigers entstandenen Kosten dem Beschuldigten zu erstatten sind, hängt davon ab, ob die Zuziehung im

Einzelfall geboten war. Daß die Verteidigung notwendig im Sinne des Gesetzes war, wird nicht gefordert werden können. Von der Lage des Falles abhängig ist es auch, ob eine Beteiligung des Verteidigers im Vorverfahren geboten war.

c) Dem Rechtsanwalt ist für die Anbringung des Antrags auf Festsetzung der Auslagen die in der Gebührenordnung für Rechtsanwälte dafür vorgesehene Gebühr nicht streitig zu machen. Es wird auch nicht zu beanstanden sein, wenn der Verteidiger seinen Anspruch auf Gebühren unmittelbar gegen die Reichskasse geltend macht.

Ferner gibt noch die AV v. 30. 12. 18, JMBl 1919 S. 4, die durch die AV v. 28. 7. 22, JMBl 310, in Erinnerung gebracht ist, die Anweisung, daß die Notwendigkeit der Auslagen in jedem Falle nach Lage der Sache, und zwar vom Zeitpunkte ihrer Aufwendungen aus zu prüfen ist und dabei „auch vom Standpunkt des Angeschuldigten aus zu prüfen ist, inwieweit er berechtigterweise annehmen konnte, daß er des Beistandes eines Verteidigers bedürfen würde". Ist einem im Strafverfahren freigesprochenen RA Ersatz der notwendigen Auslagen gemäß § 467 Abs. 2 der StPO zugesprochen, so kann zu diesen Auslagen die Gebühr für die von ihm selbst geführte Verteidigung nicht gerechnet werden, weil sie keine „Auslage" im Sinne des § 467 Abs. 2 ist, PrJMVf v. 9. 4. 92, KGBl 93, 72. Der zum Verteidiger bestellte Referendar kann von der Reichskasse bare Auslagen erstattet verlangen, LG Lüneburg JW 32, 3662[14]; AVdRJM v. 16. 5. 35 DJ 767, v. 16. 6. 37 DJ 924 § 15 Abs. 4, RV v. 9. 4. 36 Nr. 2111 — VI c[1] 520, v. 4. 8. 36 Nr. 2111 — VI c[1] 1073. Ein Offizialverteidiger, der am Tag nach Urteilsverkündung Revision einlegt, am selben Tage eine Revisionsrechtfertigungsschrift einreicht und noch am gleichen Tag die Revision zurücknimmt, kann für die Revisionsbegründung keine Gebühr aus der Reichskasse fordern, weil in diesem Fall die Einreichung der Rechtfertigung nicht als zu einer zweckmäßigen Verteidigung erforderlich anzusehen ist, OLG Königsberg JW 32, 1783[36]. Der in einer zur Zuständigkeit des OLG gehörenden Strafsache zum Pflichtverteidiger bestellte Rechtsanwalt hat (trotz Tätigkeit im Vorverfahren) keinen Anspruch auf die Gebühr für das Vorverfahren, wenn er die Anwaltspraxis aufgibt, und an seine Stelle ein anderer Rechtsanwalt zum Pflichtverteidiger bestellt werden muß, an den die Gebühr für die Verteidigung in der Hauptverhandlung, durch welche auch die Gebühr für das Vorverfahren abgegolten ist, aus der Reichskasse gezahlt werden muß, OLG Hamm JW 38, 2041[36]. Dem im Hauptverhandlungstermin beigeordneten Verteidiger, der bereits Wahlanwalt eines Mitangeklagten ist, steht ein Anspruch auf Reisekosten gegen die Reichskasse nicht zu, OLG Kiel JVBl 36, 133. Die Vorschrift des § 44 Abs. 2 RAO ist eine Sondervorschrift für Simultananwälte, die nicht rechtsähnlich ausgelegt werden kann, OLG Breslau JW 38, 1839[46]. Der § 44 Abs. 2 RAO kommt nur zur Anwendung, wenn der Kammervorsitzende des Landgerichts oder der Amtsrichter den Verteidiger bestellt hat, nicht aber dann, wenn der Senatsvorsitzende des OLG ihn bestellt hat, OLG Jena JVBl 39, 271. Der Angeklagte und der zum Verteidiger bestellte Rechtsanwalt können für die Verteidigung in der Hauptverhandlung vor dem Rechtsmittelgericht die Bezahlung der Gebühren aus der Reichskasse nicht verlangen, KG JW 35, 3124[48], [49]; OLG Celle JVBl 35, 219; OLG Rostock MdRRAK 37, 22; *aM* OLG Karlsruhe JW 31, 1850[68]; LG Güstrow JW 34, 1686[10]; OLG Braunschweig JW 35, 963[10]. Nach KG JW 34, 2501[30] sollen Abwesenheitsgelder nur für Werktage gewährt werden. Die Gebühr für die Verteidigung in der Hauptverhandlung ist eine Pauschgebühr; sie umfaßt die Wahrnehmung eines Beweistermins vor dem beauftragten oder ersuchten Richter, OLG Breslau JVBl 39, 174. Der zum Verteidiger bestellte Rechtsanwalt darf die Verteidigung nur mit Genehmigung des Gerichts einem anderen Rechtsanwalt (oder amtlich bestellten Vertreter, OLG Hamburg JW 32, 2182[42]) übertragen; wird die Genehmigung erteilt, so sind die Gebühren dem bestellten Verteidiger, nicht dem Vertreter zu bezahlen, KG JW 33, 1087[38]. Der zum Verteidiger bestellte Rechtsanwalt, der sich durch einen Referendar vertreten läßt, hat keinen Gebührenanspruch gegen die Reichskasse, OLG Braunschweig JW 32, 2181[41], wohl aber, wenn er sich durch einen Probeassessor, KG JW 37, 1839[135] oder Anwaltsassessor, LG Gießen MdRRAK 40, 13 vertreten läßt. Zusammenstellung der Rsp über die Vergütung des vom Gericht bestellten Verteidigers v. Roller JVBl 38, 180. Ist infolge der behördlich angeordneten Räumung oder Freimachung von gefährdeten Teilen des deutschen Reichsgebiets oder infolge anderer auf den Auswirkungen des Kriegs beruhender unabwendbarer Ereignisse ein Rechtsanwalt gezwungen, seine Kanzlei zu verlegen, oder ist aus den angeführten Gründen der Sitz seines Zulassungsgerichts verlegt worden und entstehen dem Rechtsanwalt infolgedessen für die Reise zum Sitz des Gerichts höhere Reisekosten als bisher, so ist der Mehrbetrag an Reisekosten und Tagegeldern bei der Bestellung als Verteidiger aus der Reichskasse zu vergüten, § 3 VO v. 22. 1. 40 (RGBl I 223).

5. Die hier niedergelegten Grundsätze sind auch für die übrigen Erstattungsfälle anzuerkennen, § 471 Abs. 5 StPO bestimmt jedoch für die Privatklage, was auch für Nebenklage und den Fall des § 472 StPO gilt, daß die Auslagen auch die Entschädigung für die durch notwendige Reisen oder durch die notwendige Wahrnehmung von Terminen entstandene Zeitversäumnis mit umfassen. Hierdurch ist der Umfang des Erstattungsanspruchs dem des § 91 ZPO angeglichen. Daß die Reise gerade zur Wahrnehmung eines Termins ausgeführt sein mußte, wird nicht gefordert, wenn sie nur sonst notwendig war. Andrerseits ist nur die Zeitversäumnis, die durch die notwendige Wahrnehmung von Terminen entsteht, zu erstatten, dies aber auch dann, wenn es der Ausführung einer Reise nicht bedurfte. Die Zeitversäumnis wird entsprechend den für die Entschädigung von Zeugen geltenden Vorschriften, d. h. der GebO für Zeugen u. Sachv. v. 21. 12. 25, RGBl I 471, vergütet. Hiernach wird dem Zeugen außer der Entschädigung für Zeitversäumnis (§§ 2, 6) eine Entschädigung für die Reise und für den durch die Abwesenheit von dem Aufenthaltsorte verursachten Aufwand (§§ 7ff.) gewährt. Hat sich der Gegner der erstattungspflichtigen Partei eines Rechtsanwalts bedient, so sind dessen Gebühren und Auslagen insoweit zu erstatten, als sie nach § 91 ZPO die unterliegende Partei der obsiegenden zu erstatten hat. Es ist also auch der Abs. 2 des § 91 ZPO entsprechend anzuwenden. Daher sind die Gebühren und Auslagen, die durch die Zuziehung eines Rechtsanwalts entstanden sind, wenn nur die betreffende Tätigkeit des Rechtsanwalts zur zweckentsprechenden Verteidigung oder Rechtsverfolgung überhaupt notwendig war, ohne weiteres erstattungsfähig, ohne daß zu prüfen ist, ob die Zuziehung (z. B. für die Kostenfestsetzung) notwendig war. Eine Einschränkung gilt aber für die Reisekosten eines auswärtigen Rechtsanwalts; diese werden nur insoweit erstattet, als die Zuziehung zum zweckentsprechenden Betrieb der Privatklage oder zur zweckentsprechenden Verteidigung notwendig war, OLG Kiel JW 35, 313[6]. Als auswärtiger Rechtsanwalt ist, wenn man die für den Zivilprozeß in der Rechtsprechung geltenden Grundsätze (s. oben S. 98) entsprechend anwendet, der Rechtsanwalt anzusehen, der nicht am Sitz des erkennenden Gerichts seinen Wohnsitz hat. Danach wird z. B. in einem vor einem Gericht in Stettin anhängigen Privatklageverfahren der Angeklagte die Reisekosten eines als Verteidiger gewährten Rechtsanwalts aus Berlin in der Regel nicht erstattet verlangen können. Dagegen können die Reisekosten seines Stettiner Verteidigers zu einem Beweisaufnahmetermin vor dem ersuchten Richter (§ 223 StPO) erstattungsfähig sein; ebenso dürfen die Gebühren und Auslagen eines am Sitze des ersuchten Gerichts wohnhaften, also auswärtigen Rechtsanwalts insoweit in Rechnung gestellt werden, als sie die Tagegelder und Fahrkosten des Stettiner Verteidigers nicht übersteigen (vgl. RGZ 51, 11). Die Kosten mehrerer Rechtsanwälte sind nur insoweit zu erstatten, als sie die Kosten eines Rechtsanwalts nicht übersteigen, oder als in der Person des Rechtsanwalts ein Wechsel eintreten mußte. Hat z. B. der Privatkläger nach Anfertigung der Privatklage durch einen Rechtsanwalt ohne zwingenden Grund einen andern Rechtsanwalt, der noch vor Eröffnung des Hauptverfahrens tätig geworden ist, mit seiner Vertretung beauftragt, so kann er von dem Gegner die Gebühr des § 67, § 73 Abs. 2 RAGebO nur einmal erstattet verlangen.

Ob der RA selbst oder durch einen anderen RA mit Vollmacht oder ohne solche als Beistand (§ 4 RAGebO RGBl 04, 34) oder durch einen nach § 29 RAO ihm bestellten Vertreter tätig geworden ist, ist für die zu erstattenden Gebühren belanglos.

6. Als Auslagen für die Zuziehung eines Rechtsanwalts sind nur die gesetzlichen Gebühren zu erstatten, wenn auch der Angeschuldigte höhere Sätze seinem Verteidiger bewilligt hat (§ 94 RAGebO); *aM* Hellwig Goltd 60, 31. Daß jeder von mehreren Angeklagten sich eines Verteidigers bedienen kann, wird durch § 146 StPO nicht in Frage gestellt, RGSt 10, 35. Die Reisekosten eines auswärtigen Rechtsanwalts sind in der Regel dann nicht erstattungsfähig, wenn der Angeklagte sich einen am Sitze des Gerichts wohnhaften Rechtsanwalt zum Verteidiger wählen konnte, OLG Darmstadt DJZ 03, 408; sie sind aber z. B. wegen der besonderen Kenntnisse eines Rechtsanwalts auf dem betreffenden Rechtsgebiet für erstattungsfähig erachtet vom OLG Kassel JW 15, 730; AG Rantzau JW 36, 2587[83].

Nach § 379 Abs. 3 StPO gelten die Vorschriften der ZPO über die Bewilligung des Armenrechts auch für den Privatkläger und den Widerkläger, Canter JW 36, 2780, sowie für den Nebenkläger, RG Goltd 46, 25. Ein ihnen beigeordneter RA hat nach § 2 Ges. v. 20. 12. 28 (RGBl I 411) Anspruch auf Ersatz der Gebühren aus der Staatskasse nach Maßgabe der RAGebO. Da mit der Erstattung der Gebühren aus der Staatskasse auf diese der Erstattungsanspruch gegen die andere Partei übergeht, bleibt ein erstattungsfähiger Gebührenbetrag für die Partei nicht übrig. Vorher können aber sowohl die Partei als auch der RA die Erstattung der Gebühren von der anderen Partei verlangen; s. oben II, 2 zu 6, 7. Dem Angeklagten kann auf Grund des § 379 Abs. 3 StPO ein RA nicht beigeordnet werden.

7. Eine Kostenentscheidung, in der über die Auslagen des Klägers und des Widerklägers oder der beiden Parteien, die Rechtsmittel eingelegt haben, getrennt entschieden ist, nötigt zur Prüfung der Frage, ob die Auslagen und insbesondere die Kosten für die Zuziehung eines Rechtsanwalts durch den Angriff oder die Verteidigung entstanden sind. Bleiben Zweifel über die Bedeutung einer Kostenentscheidung bei Anwendung des § 465 Abs. 1 oder des § 466 StPO, so sind sie im Wege der Auslegung zu klären. Die Entscheidung, daß die Kosten des Verfahrens „den Angeklagten" auferlegt werden, wird mit RG Goltd 68, 365 im Zweifel dahin zu verstehen sein, daß jeder Angeklagte die Kosten des Verfahrens insoweit zu tragen hat, als er verurteilt ist. Da das Armenrecht nur dem Widerkläger, aber nicht dem Angeklagten bewilligt wird, ist zu prüfen, ob die Auslagen durch die Verteidigung oder den Angriff notwendig geworden sind.

8. Notwendige erstattungsfähige Auslagen können sein: die von dem Erstattungsberechtigten nach § 220 StPO hinterlegten oder gezahlten Zeugengebühren, RG R 6, 57, oder doch die Kosten der Ladung von Zeugen, RG R 9, 478, die Kosten eines Detektivs, der Abschrift des freisprechenden Urteils, OLG Hamburg Goltd 40, 361. Die Kosten der Urteilsveröffentlichung, die erst nach rechtskräftiger Beendigung des Strafverfahrens entstehen, können festgesetzt werden; die Gebühren eines RA hierfür sind, wenn man in der Veröffentlichung nur eine Privatgenugtuung erblickt (als nicht notwendig), nicht zu erstatten, weil es sich um einen Akt der Zwangsvollstreckung handelt und nach ZPO § 91 und dem (entsprechend anzuwendenden) § 788 ZPO zu prüfen ist, ob es nötig war, einen RA zuzuziehen; bei dieser Prüfung versagt die Gebühr OLG Hamburg Rsp 11, 342 (als erstattungsfähig anerkannt ist die Gebühr vom LG Landshut, Kiel JW 13, 349; 15, 606). Die Kosten der Hinterlegung einer Sicherheit oder Hypothekbestellung gehören nicht zu denen der „Verteidigung", OLG Darmstadt DJZ 10, 320; Goltd 46, 57.

Die nach § 10 Umsatzsteuerges. v. 16. 10. 34 (RGBl I 942) von dem

RA dem Auftraggeber in Rechnung gestellte Umsatzsteuer ist vom Gegner zu erstatten.

Als nicht erstattungsfähig sind anzusehen: Die Kosten für Abschriften aus den Gerichtsakten, OLG Hamm JVBl 33, 156; OLG Naumburg JVBl 37, 379.

XVII. Verfahren.

1. Die Höhe der Gebühren und Auslagen, die zu erstatten sind, wird auf Antrag eines Beteiligten in einem Verfahren festgesetzt, auf das die Vorschriften der ZPO entsprechende Anwendung finden. Die §§ 464ff. StPO enthalten erschöpfende Vorschriften (RG R 5, 527) und schließen für den Erstattungsanspruch die Zivilklage aus; *aM* OLG Darmstadt JW 38, 2205[20].

Der Antrag darf, soweit die zugrunde liegende Entscheidung überhaupt in Rechtskraft übergehen kann, nur auf Grund einer rechtskräftigen Entscheidung gestellt werden.

2. Wie im Zivilprozeß (§ 103 ZPO) ist das Gesuch um Festsetzung an den UrkB des Gerichts erster Instanz zu richten. Er hat über das Gesuch zu entscheiden. Über die Stellung des UrkB in dem Verfahren s. oben VII, 2. Der Antrag hat von dem Erstattungsberechtigten auszugehen; ein Antragsrecht des Erstattungspflichtigen ist zu verneinen. Da in einzelnen der unter XV erörterten Erstattungsfälle der Berechtigte und der Verpflichtete nicht volljährig zu sein brauchen, das Kostenfestsetzungsverfahren aber ein besonderes Verfahren bildet, auf das die Vorschriften der ZPO entsprechende Anwendung finden sollen, so muß für dieses auf Verwirklichung vermögensrechtlicher Ansprüche gerichtete Verfahren die Prozeßfähigkeit der Beteiligten verlangt werden. Dieses Erfordernis ist der StPO nicht fremd, wie § 374 Abs. 3 für die Privatklage ergibt und vom Schrifttum zu § 388 StPO auch für die Widerklage angenommen wird. Alle die Beteiligten, die sich durch Verträge nicht verpflichten können (§ 52 ZPO), müssen also in dem Verfahren durch ihre gesetzlichen Vertreter handeln; eine Frau wird dadurch, daß sie Ehefrau ist, in der Prozeßfähigkeit nicht beschränkt (§ 52 Abs. 2 ZPO) und kann daher den Antrag wirksam stellen. Wegen des Antragsrechts des Armenanwalts s. XVI 6. Für die Erben des Gläubigers oder Schuldners ist, soweit von ihnen oder gegen sie das Verfahren betrieben werden kann (XVI 2c, d), ihr Erbrecht nachzuweisen; einer besonderen Vollstreckungsklausel bedarf es nicht (s. II, 2 zu 3).

3. Für Form und Inhalt des Antrags gilt dasselbe, was die ZPO für das Gesuch um Kostenfestsetzung vorschreibt (s. II, 3). Eine entsprechende Anwendung des § 105 Abs. 2 ZPO ist in Privatklagesachen möglich. Zu beachten bleibt aber, daß es im Strafverfahren keine vorläufig vollstreckbaren Urteile gibt. Sind die Kosten zwischen dem Privatkläger und dem Angeklagten nach Bruchteilen geteilt, so ist § 106 ZPO entsprechend anzuwenden.

4. Für das Verfahren gilt das oben zu VII und zu VIII Gesagte entsprechend. Ist die Reichskasse nach §§ 467, 473 StPO zur Erstattung verpflichtet, gibt Nr. 228a der „Richtlinien für das Strafverfahren" in der Fassung der AV v. 17. 4. 37 DJ 609 nähere Anweisungen für das Verfahren. Der UrkB des Amts- oder des Landgerichts hat den Bezirksrevisor und der des Oberlandesgerichts das Rechnungsamt zu hören. Diese Stellen haben sich des Einverständnisses des Ober- bzw. des Generalstaatsanwalts mit ihrer Äußerung zu vergewissern. Der Beschluß ist der Staatsanwaltschaft und dem Antragsteller zuzustellen (§ 41 StPO). Als Rechtsmittel gegen die Entscheidung des UrkB ist die Erinnerung gegeben, die befristet oder unbefristet sein kann (vgl. oben zu XII). Die Entscheidung des Gerichts ist durch die Beschwerde anfechtbar, die ebenfalls befristet oder unbefristet sein kann. Die befristete Erinnerung und Beschwerde sind binnen einer Notfrist von zwei Wochen, die mit der Zustellung des Beschlusses beginnt, zu erheben. OLG Celle, HRR 28 Nr. 99 verlangt Einlegung der Beschwerde innerhalb einer Woche, da § 311 Abs. 2 StPO anzuwenden sei. Da aber nach § 464 Abs. 2 Satz 2 StPO die Vorschriften der ZPO auf das ganze Verfahren entsprechende Anwendung finden, muß dies auch für das Rechtsmittelverfahren gelten; OLG München JW 38, 2471[9]; s. auch KG Goltd 73, 206, 4 W 111/28. Die Beschwerde ist von der Erreichung einer Beschwerdesumme von mehr als 200 RM abhängig, § 567 Abs. 2 Satz 2 ZPO; § 8 VO v. 1. 9. 39 (RGBl I 1658), OLG Kiel JW 35, 313[6]; *aM* OLG Hamm JVBl 33, 156. Entscheidungen der Landgerichte unterliegen nicht der weiteren Beschwerde (§ 568 Abs. 3 ZPO); OLG Königsberg JW 25, 1546 = HRR 2, 23; KG DJZ 26, 177.

Als Beschwerdegericht entscheidet über den Beschluß

a) des Amtsrichters: die Strafkammer des Landgerichts in der Besetzung mit drei Richtern, GVG §§ 73, 76, 78;

b) der Strafkammer: der Strafsenat des OLG in der Besetzung mit drei Mitgliedern, GVG § 121 Ziff. 2, § 122.

Die Reichskasse wird bei der Erinnerung gegen Beschlüsse des UrkB des AG oder LG durch den Bezirksrevisor oder den dazu bestimmten Justizamtmann, gegen Beschlüsse des UrkB des OLG durch den Leiter des Rechnungsamts vertreten. Die sofortige Beschwerde gegen die Entscheidung des AG legt der Bezirksrevisor mit Zustimmung der StA, die sofortige Beschwerde gegen die Entscheidung des LG der Leiter des Rechnungsamts im Einverständnis mit dem GStA ein.

Die Frage, ob auch die Vorschriften der ZPO über den Anwaltszwang für das Festsetzungsverfahren des § 464 Abs. 2 StPO gelten, dürfte zu bejahen sein, da § 464 Abs. 2 StPO eine dem § 4 Abs. 2 GKG entsprechende Vorschrift nicht enthält und es sich um ein abgesondertes Verfahren handelt, in dem über vermögensrechtliche Ansprüche entschieden wird. Daß diese einem Strafverfahren entstammen, rechtfertigt nicht die Anwendung der Vorschriften der ZPO da zu beschränken, wo sie von denen der StPO abweichen. Die Frage könnte freilich nur bei Beschwerden gegen die Entscheidung des Landgerichts in Schwurgerichtssachen Bedeutung gewinnen, da für die meisten Straftaten die Amtsgerichte als Gerichte erster Instanz tätig werden, so daß in diesen Fällen die Beschwerde schon nach §§ 78, 569 ZPO nicht dem Anwaltszwang unterliegt. Soweit der Volksgerichtshof oder ein Oberlandesgericht als Gericht erster Instanz tätig geworden ist, kann nur eine Erinnerung stattfinden, die nach § 78 ZPO ebenfalls vom Anwaltszwange befreit ist.

Die zu zahlenden Auslagen werden von dem UrkB, der den Festsetzungsbeschluß erlassen hat oder dessen Entscheidung angefochten worden ist, angewiesen, sobald der Beschluß rechtskräftig ist oder die zuständige Stelle erklärt hat, daß ein Rechtsmittel nicht eingelegt werden solle.

5. Das Verfahren für die Erstattung der Rechtsanwaltsgebühren in Armensachen aus der Reichskasse ist in der AV v. 7. 10. 35 DJ 35, 1474 = JW 35, 3024 geregelt; s. oben XIV, 12.

Der nach § 32 VO v. 21. 2. 40 (RGBl I 405); §§ 7, 18 VO v. 13. 3. 40 (RGBl I 489) bestellte Verteidiger (auch der jüdische Konsulent, BekdRJM v. 19. 7. 39 DJ 1241 II 6 Abs. 2) erhält nach § 150 StPO seine Gebühren aus der Reichskasse bezahlt. Diese werden nicht im Justizverwaltungswege, sondern durch das Gericht festgesetzt; entsprechende Anwendung des § 4 GKG: RG JW 30, 3425[41]; OLG Dresden JW 31, 1136[84]; OLG Karlsruhe JW 31, 1850[68]; OLG Braunschweig JW 32, 2181[41]; OLG Darmstadt DR 39, 629[10]; LG Altona JW 34, 709[1]; LG Güstrow JW 34, 1686[10]; s. Vorb. 3 zu § 63 und AV v. 26. 3. 31 JMBl 116. Entscheidungen des Gerichts über die Festsetzung der Gebühren und Auslagen gerichtlich bestellter Verteidiger können mit der Beschwerde nicht angefochten werden, § 7 Abs. 1 VO v. 4. 10. 39 (RGBl I 1994). Der Anspruch des Pflichtverteidigers gegen die Reichskasse verjährt gemäß § 196 Ziff. 15 BGB in zwei Jahren, OLG Hamburg JW 38, 1201[64]; Schäfer DRpfl 38, 281. Zur Vermeidung von Härten, insbesondere bei größeren oder länger dauernden Reisen des Pflichtverteidigers ermächtigt die AVdRJM v. 8. 11. 39 DJ 1720 = DR 40, 17 die Vorstände der Gerichte, die Auszahlung von Vorschüssen auf Auslagen ausnahmsweise zu genehmigen, wenn der Rechtsanwalt dartut, daß er nicht in der Lage ist, die erforderlichen Ausgaben aus eigenen Mitteln vorzuschießen.

XVIII. Kosten und Zwangsvollstreckung.

1. In dem Kostenfestsetzungsbeschluß und den auf Erinnerung und Beschwerde ergehenden Entscheidungen ist über die Kosten des Verfahrens oder des Rechtsmittels besonders zu entscheiden; s. oben XI. Für das Kostenfestsetzungsverfahren werden freilich nach dem GKG keine Gebühren erhoben; ebenso wird über die Erinnerung gebührenfrei entschieden. Für Beschwerden, die als unzulässig verworfen oder zurückgewiesen werden, entsteht aber nach § 70 GKG die Gebühr des § 38 Abs 2 GKG, von deren Entrichtung jedoch das Reich, die Länder, die NSDAP samt ihren Gliederungen und gewisse Anstalten und Kassen nach § 90 GKG befreit sind. Für das Verfahren zur Vollstreckung einer über Erstattung von Kosten ergangenen Entscheidung werden gemäß § 70 GKG die Gebühren erhoben, die auch sonst für gerichtliche Zwangsvollstrekkungshandlungen entstehen (§§ 33 ff. GKG). Außergerichtliche Kosten (§ 75 RAGebO) sind insoweit mit festzusetzen, als sie „notwendige Auslagen" sind; s. XVI 4c).

Über die Möglichkeit, denjenigen, der einen grundlosen Festsetzungsantrag stellt, mit den Kosten zu belasten s. oben XI 4.

2. Auf die Zwangsvollstreckung finden die Vorschriften der ZPO entsprechende Anwendung. Nach § 794 ZPO bilden die Kostenfestsetzungsbeschlüsse einen Titel zur Zwangsvollstreckung. Zur Zwangsvollstreckung ist aber eine vollstreckbare Ausfertigung erforderlich. Die Gründe, aus denen bei der Vollstreckung einer Vermögensstrafe von der Zustellung einer vollstreckbaren Ausfertigung abzusehen ist, treffen bei der im Parteibetriebe erfolgenden Vollstreckung des Kostenfestsetzungsbeschlusses nicht zu. Die Vollstreckung darf nach § 798 ZPO aus einem nicht unter Anwendung des § 105 ZPO erlassenen Kostenfestsetzungsbeschlusse nur beginnen, wenn der Schuldtitel mindestens eine Woche vorher zugestellt worden ist. Zur Vollstreckung eines im Privatklageverfahren gegen eine Ehefrau ergangenen Kostenfestsetzungsbeschlusses ist die Duldungsklausel gegen den Ehemann von der die Ausfertigung erteilenden Stelle in entsprechender Anwendung der §§ 727, 730/732 ZPO auszustellen, Jonas JW 37, 769 gegen LG München, das keinen Duldungstitel für erforderlich hält. Vgl. im übrigen oben X.

III.

Gebührenordnung für Rechtsanwälte

vom 7. Juli 1879

in der Neufassung vom 5. Juli 1927 (RGBl I S. 162) und unter Berücksichtigung der Gesetze vom 24. Dezember 1929 (RGBl I S. 239) und vom 25. Juli 1930 (RGBl I S. 361).

Erster Abschnitt.

Allgemeine Bestimmungen.

§ 1. Die Vergütung für die Berufstätigkeit des Rechtsanwalts in einem Verfahren vor den ordentlichen Gerichten, auf welches die Zivilprozeßordnung, die Strafprozeßordnung, die Konkursordnung oder das Gesetz über den Vergleich zur Abwendung des Konkurses Anwendung findet, sowie für die beratende Berufstätigkeit des Rechtsanwalts, welche den Beginn oder die Fortsetzung eines solchen Verfahrens betrifft, bestimmt sich nach den Vorschriften dieses Gesetzes.

1. Die Tätigkeit des Rechtsanwalts beruht grundsätzlich auf einem privatrechtlichen Arbeitsvertrag, und zwar regelmäßig einem Dienstvertrag (§§ 611ff. BGB), gelegentlich auch einem Werkvertrag, die Vergütung ist also die privatrechtliche Gegenleistung für seine vertragsmäßige Tätigkeit. OLG Hamburg, JW 1938, 2035[30] spricht von einem Vertrage sui generis, auf den die Vorschriften über den Dienst- oder Werkvertrag nur insoweit anzuwenden seien, als sich nicht aus der besonderen Natur des Anwaltsvertrages etwas anderes ergebe; die Entsch. ist in ihren Schlußfolgerungen außerordentlich bedenklich, vgl. Bespr. v. d. Heyde aaO. Die Vergütung im Sinne der GebO umfaßt sowohl die Gebühren als auch die Auslagen des Rechtsanwalts, RG (Pl) 21, 349. „Gebühren" sind die Entlohnung für die Berufstätigkeit, „Auslagen" die Aufwendungen des RA. Diese sind vom Auftraggeber zu ersetzen, soweit sie notwendig waren. Die Erstattung der Schreibgebühren ist durch die Bestimmungen des § 76 auf Sonderfälle beschränkt, vgl. Anm. 3 § 76. Begründet ist der dem RA nach den Sätzen der RAGebO zustehende Vergütungsanspruch auf Grund des Gesetzes (§ 1), sobald seine Berufstätigkeit in Anspruch genommen wird, ohne daß es einer auf die Anwendung der GebO gerichteten Vereinbarung bedarf. Ebensowenig besteht grundsätzlich eine Pflicht des RA, auf die Höhe der entstehenden Gebühren hinzuweisen, RG 118, 367. Eine die Sätze der GebO abändernde Vereinbarung ist nur nach Maßgabe des § 93 gestattet. Die Vereinbarung geringerer Gebühren, als sie die GebO vorschreibt, ist nach den vom Präs. der RRAK erlassenen Richtlinien für die Ausübung des Anwaltsberufes unzulässig. Eine Ausnahme gilt nur für die Gebührenberechnung in sog. „Beitreibungssachen", s. MdRRAK 1936 S. 168.

Die Erstattungstätigkeit der Vergütung durch den unterlegenen Gegner richtet sich nach der ZPO, §§ 91ff., der Ersatzanspruch des Armenanwalts gegen die Staatskasse nach dem ArmAnwGes, s. o. S. 191ff.

2. Die RAGebO gilt nur für die Berufstätigkeit der Rechtsanwälte, nicht also z. B. für die Tätigkeit als Testamentsvollstrecker, LG Göttingen, JW 35, 3497[77], Konkursverwalter oder Mitglied eines Gläubigerausschusses, OLG Köln RheinArch 70 Abt. 2 S. 65; LG I Berlin KGBl 02, 62; oder für die Ausarbeitung eines Finanzierungsplanes, LG Bochum JW 26, 874[2]; s. auch § 7.

a) Die Berufstätigkeit ist nicht beschränkt auf die Fälle des Anwaltszwanges. Sie umfaßt auch die beratende Tätigkeit, wenn sie den Beginn oder die Fortsetzung des Verfahrens betrifft, auch wenn das Verfahren überhaupt nicht oder nicht von demselben RA begonnen oder fortgesetzt wird. Erforderlich ist jedoch, daß die Absicht des Auftraggebers darauf gerichtet war, die Tätigkeit des Anwalts zum Zwecke des Beginns oder der Fortsetzung eines gerichtlichen Verfahrens in Anspruch zu nehmen. Bei dieser Voraussetzung fällt unter die beratende Tätigkeit des RA, selbst wenn das ordentliche Gericht schließlich mit der Sache nicht befaßt wird, alles, was das gerichtliche Verfahren vorzubereiten bestimmt ist, also nicht nur der eigentliche Rechtsrat, sondern die ganze das gerichtliche Verfahren, besonders dessen Beginn vorbereitende Tätigkeit, z. B. Mahnschreiben, Kündigungen, Aufforderung zur Freigabe von Pfandstücken, die Anfertigung eines Schriftsatzes (§ 14), ferner auch die Beschaffung des Prozeßstoffs und der erforderlichen Beweise; s. auch §§ 14, 37 (Anm. 3), 47 und oben S. 120. Wenn sich die Tätigkeit des RA lediglich auf die Vermeidung eines Rechtsstreits erstreckt, kommt nicht die RAGebO, sondern Landesrecht zur Anwendung. Bestand jedoch neben einem Auftrag zur Vermittlung eines Vergleichs unbedingter Auftrag zur Klage, so erfolgt bei Vergleichsabschluß Vergütung nach der RAGebO, so auch Baumbach RAGebO, § 1 Anm. 4 B.

b) Rechtsanwalt im Sinne des Gesetzes ist, wer zur Zeit der zu vergütenden Tätigkeit zur Rechtsanwaltschaft, wenn auch nicht gerade bei dem zuständigen Gerichte, zugelassen ist. Der RA muß seine Dienste grundsätzlich in Person leisten. Ist er daran zeitweilig verhindert, so kann ihm gemäß § 29 RRAO ein anderer RA oder ein Assessor im Probe- oder Anwärterdienst als Vertreter bestellt werden (Generalsubstitut). In diesen Fällen ist die Tätigkeit des Vertreters ebenso zu vergüten, wie wenn sie der RA selbst ausgeübt hätte. Auch bei Wahrnehmung der Vertretung durch einen ihm zur Ausbildung überwiesenen Probe- oder Anwaltsassessor erhält der RA die vollen Gebühren der RAGebO, KG JW 37, 2247[83]; OLG Köln JW 37, 1419[15]; OLG Dresden MdRRAK 1937, 66. Streitig ist, ob dies auch bei Vertretung durch einen zur Ausbildung bei dem RA befindlichen Referendar gilt. Grundsätzlich wird hier die auch für den Anwalts- und Probeassessor geltende Erwägung Platz greifen müssen, wonach der RA die Pflicht hat, den ihm zur Ausbildung überwiesenen Referendar in allen anwaltlichen Geschäften zu unterweisen und ihm Gelegenheit zu geben, sich im freien Vortrag vor Gericht zu üben (§ 31 der JustizausbildungsO v. 22. 7. 1934). Demgemäß werden gegenüber der bisher herrschenden Rechtsprechung in neueren Entsch. auch in diesem Falle die Gebühren (nicht jedoch Tage- und Abwesenheitsgelder) zugebilligt, OLG Köln HRR 1935 Nr. 1256; OLG Dresden MdRRAK 1937, 66; LG Plauen JW 35, 2919[59]; LG Leipzig MdRRAK 1936, 154; LG Güstrow MdRRAK 1937, 65; vgl. auch Stangl JW 1935, 1676; Graf Westarp JW 1938, 1705. Die gegenteilige Meinung billigt bei Vertretung durch einen Referendar ebenso wie bei der durch einen anderen Nichtanwalt (Bürovorsteher) eine Vergütung nicht nach der RAGebO, sondern nur im angemessenen und tatsächlich aufgewendeten Betrage zu, so RG ständig, insbesondere auch (wegen der Reisekosten aus § 78) in der Pl.-Entscheidung RG 21, 349; ebenso RG 31, 425 und die dort angeführten Entscheidungen; vgl. ferner OLG Düsseldorf JW 33, 1426[19]; KG JW 34, 913[2]; OLG Braunschweig MdRRAK 1937, 13. Eine wissenschaftliche Auseinandersetzung würde über den Rahmen dieses Buches hinausgehen. Entscheidend dürfte sein, daß der RA in allen Fällen, in denen er sich bei der Erfüllung seiner Vertragspflichten einer Hilfsperson bedient, deren Handlungen durch seine Unterschrift oder seine Anwesenheit nach außen deckt und dadurch zu seiner Berufstätigkeit macht. Das ist — abgesehen von der Vertretung durch einen Stationsreferendar — nicht der Fall bei der selbständigen Terminswahrnehmung durch einen Nichtanwalt. Für die Vertretung des RA durch einen nicht bei ihm zur Ausbildung befindlichen Referendar oder einen anderen Nichtanwalt (Bürovorsteher) kann dem RA demgemäß keine Vergütung nach der RAGebO, sondern nur Ersatz der angemessenenen Aufwendungen bewilligt werden. Hat allerdings ein RA durch seine Tätigkeit eine bestimmte Gebühr bereits erwirkt, so bleibt es ohne Einfluß, wenn demnächst ein Nichtanwalt die unter dieselbe Gebühr fallende Tätigkeit fortsetzt.

c) Den von der Justizverwaltung gem. § 157 Abs. 3 ZPO oder auf Grund des Gesetzes vom 13. Dez. 1935 zur Berufsausübung zugelassenen Prozeßagenten und Rechtsbeiständen werden Vergütungssätze in Anlehnung an die RAGebO. zugebilligt. Nach der AVdRJM v. 16. 9. 1938 (DJ 1938, 1513) geht die übereinstimmende Auffassung der Justizverwaltung und der beteiligten Berufsgruppen dahin, daß als erstattungsfähig anzuerkennen ist (falls nicht eine niedrigere Vergütung vereinbart ist): bei Wertstufen bis 300 RM eine Vergütung in Höhe der dem Rechtsanwalt bei gleicher Tätigkeit zustehenden Gebühren, bei höheren Wertstufen eine Vergütung in Höhe der halbe Anwaltsgebühren (mindestens jedoch in Höhe der Anwaltsgebühren für einen Gegenstand im Werte von 300 RM). Ein Hinausgehen über diese Sätze ist auch in Ausnahmefällen nicht angängig; vgl. KG. v. 16. 9. 1939 (20 W 3783/39). Diese Handhabung ist auch für den Betrieb von eigenen Angelegenheiten zugrunde zu legen, KG JW 37, 2244[79]. Im übrigen ist nach der Rechtsprechung und der allgemeinen Entwicklung die RAGebO entsprechend auf die Berufstätigkeit der Rechtsbeistände in allen Verfahrensarten anzuwenden, in denen die Berufstätigkeit der Rechtsbeistände in Frage kommt. (Rechtsbeistände mit sog. Generalerlaubnis.)

Im Mahnverfahren, dem hauptsächlichen Tätigkeitsgebiet des nicht zur mündlichen Verhandlung zugelassenen Rechtsbeistandes, werden die Kosten des Rechtsbeistandes auch in Sachen erstattet, in welchen ein Vertreterwechsel infolge der Verweisung an das Landgericht notwendig wird, da der Gläubiger nicht ohne weiteres mit Erhebung des Widerspruchs und einem Verweisungsantrage zu rechnen braucht, AG Oldenburg i. O. v. 27. 10. 34 (IV C 259. 34); LG Düsseldorf v. 21. 5. 37 (1. O 237. 36).

Auch die Verkehrsgebühr des Rechtsbeistandes wird für erstattungsfähig erklärt, wenn die Tätigkeit zur zweckentsprechenden Rechtsverfolgung diente, OLG Köln v. 23. 2. 35 (6 W 31. 35); LG Dresden v. 22. 5. 36 (1 Hg 85. 34); LG Erfurt v. 13. 9. 37 (8 O 16. 37).

3. Die Tätigkeit des RA muß ein Verfahren betreffen, das vor die ordentlichen deutschen Gerichte gehört, GVG § 12. Auch die Arbeitsgerichte sind ordentliche Gerichte und zwar auch im Verfahren 1. Instanz, für das Rechtsanwälte nach Maßgabe des § 11 ArbGG zugelassen sind, Baumbach Anm. 3, Danielcik-von Medem Anm. 5, nicht jedoch Mieteinigungs- und Pachtschutzämter. Die Sondergerichte auf Grund der VO v. 21. 3. 1933 (RGBl I 136) (Abwehr heimtückischer Angriffe) sind in die ordentl. Gerichtsbarkeit eingebaut, also Gerichte i. S. des § 1. Neben den ordentlichen Gerichten bestehen eine Anzahl weiterer Gerichte und Behörden, vor denen Rechtsanwälte auftreten können. Sofern in diesen Fällen keine Sondervorschriften bestehen, findet entweder die RAGebO entsprechend oder das noch in Geltung befindliche Landesrecht Anwendung. Im einzelnen vgl. Anm. zu Art. 1 PrGebO und die Aufstellung bei Danielcik-von Medem § 1 Anm. 5. Durch § 91 ist die GebO. ausdrücklich auf 5 und durch Art. 2 der PrGebO auf noch 7 weitere Verfahrensarten erstreckt worden. Ob ein Verfahren bei der Staatsanwaltschaft unter § 1 GebO fällt, ist streitig; wenn auch die Staatsanwaltschaft fraglos kein „ordentliches Gericht" ist, so muß diese Frage aus dem Sinne des § 1 doch bejaht werden. Wie hier Baumbach § 1 GKG Anm. 2, vgl. auch unten Vorbem. zum 4. Abschnitt S. 367.

Im landwirtschaftlichen Entschuldungsverfahren erhält der RA kraft ausdrücklicher gesetzlicher Vorschrift in Art. 14 der 9. DurchfVO zum SchuldRegIG vom 24. 11. 1937 (RGBl S. 191, 1305ff.) in jedem Rechtszug je $^{3}/_{10}$ der Sätze des § 9 RAGebO, und zwar für das Verfahren im allgemeinen, wie auch für die Wahrnehmung der im Verfahren stattfindenden Termine; vgl. hierzu Kittel JW 38, 162 und Rozycki-v. Hoewel JW 38, 1096.

Im Vergleichsverfahren gemäß der VerglO vom 26. 2. 1935 (RGBl I 321) erhält der RA die Gebühren der RAGebO, vgl. § 61a. Treffen reichs- und landesrechtliche Gebührenvorschriften zusammen, so ist die Gebühr nach § 92 nur einmal, und zwar nach den dem RA günstigeren Vorschriften, zu berechnen. Unerheblich ist, ob die Sache, bevor sie bei den ordentlichen Gerichten anhängig gemacht worden war, bei anderen Behörden, z. B. bei dem Gemeindevorsteher, dem Seeamte, der Polizeibehörde, anhängig gewesen ist. Ist es in solchem Falle zu einem Verfahren vor den ordentlichen Gerichten nicht gekommen, so können für das Verfahren die Landesgebührensätze in Betracht kommen. Vgl. Vorb. zu § 63 Anm. 2 e, g. Die RAGebO findet für die Tätigkeit des RA auch dann Anwendung, wenn er beauftragt wird, eine Sache vor die ordentlichen Gerichte zu bringen, den Auftrag aber nicht ausführt, z. B. weil die Sache gar nicht vor die ordentlichen Gerichte gehört. Dasselbe gilt, wenn ein solcher Auftrag nur bedingungsweise erteilt oder der RA nur mit der Frage befaßt wird, ob der Rechtsweg zulässig ist und die Sache demgemäß vor die ordentlichen Gerichte gebracht werden soll, Mot. S. 24.

Zulässig ist eine Vereinbarung dahin, daß eine nach dem Gesetze nicht unter die RA.-GebO fallende Berufstätigkeit des RA nach dieser abgegolten werden soll, RG 121, 200; HRR 28, 1971.

4. Auf das vor die ordentlichen Gerichte gehörende Verfahren müssen die Reichsprozeßordnungen Anwendung finden. Hiernach greift die RAGebO nicht Platz:

A. In den Verfahren vor den ordentlichen Gerichten, auf die andere Reichsgesetze Anwendung finden; so gilt ab 1. 4. 1936 in Zwangsversteigerungs- und Zwangsverwaltungssachen, in Grundbuchsachen und in Angelegenheiten der freiw. Gerichtsb. die Reichskostenordnung vom 25. 11. 1935 (RGBl I S. 1371).

B. In den Sachen, in denen die Landesgesetze kraft reichsrechtlichen Vorbehalts ein abweichendes Verfahren vorgeschrieben haben. Hierher gehören:

a) EGZPO § 11 (Aufgebot) und § 15 (Kompetenzkonflikt, Enteignung, Zwangsvollstreckung gegen den Fiskus, Körperschaften, Stiftungen oder Anstalten des öffentlichen

Rechtes, Zwangsvollstreckung in Lehen-, Stamm-, Familienfideikommiß- oder Anerbengüter);

b) das Verfahren vor den Fideikommiß- und Auflösungsbehörden nach dem Gesetz zur Vereinheitlichung der Fideikommißauflösung vom 26. 6. 1935 (RGBl I S. 785) (hier gilt die pr. Auflösungsgebührenordnung v. 22. 12. 1930 [pr. GesS S. 299]).

c) das Verfahren in Pachtschutzsachen nach der RPachtschutzO v. 23. 7. 1925 (RGBl I 152, 1927 I 179, 1934 I 913) und preuß. PachtschutzO v. 16. 10. 1925 (GS 141), vgl. § 158 RKostO;

d) Landesrecht gilt ferner gemäß § 158 RKO noch für die Gebührenberechnung in folgenden Sachen:

1. Angelegenheiten der Mieteinigungsämter einschl. des Beschwerdeverfahrens.
2. Aufwertungssachen.
3. Verfahren zwecks anderweitiger Festsetzung von Altenteils- und ähnlichen Bezügen.
4. Verfahren zur Regelung der Fälligkeit von Forderungen und Grundschulden.
5. Hinterlegungssachen, abgesehen von den Geschäften gemäß § 148 RKO, d. i. Erhebung, Verwahrung und Auszahlung von Geld durch Notare.

5. Gebührenschuldner ist der Auftraggeber. Der Auftrag kann ausdrücklich oder durch schlüssige Handlungen, auch durch einen gesetzlichen Vertreter oder Bevollmächtigten und nicht nur von der Partei, sondern auch — und zwar für eigene Rechnung — von einem anderen, der an der Beratung oder Vertretung der Partei ein Interesse hat, erteilt werden. Wird mit der Führung eines Rechtsstreits ein RA beauftragt, der bei dem für den Rechtsstreit zuständigen Gerichte nicht zugelassen ist, und beauftragt er daher für die Instanz einen dort zugelassenen RA oder überträgt er einzelne Prozeßhandlungen einem anderen RA, so hängt es von den Umständen ab, ob dieser als von der Partei oder von dem RA beauftragt anzusehen ist. Die §§ 42, 43 setzen ein Verlangen der Partei für eine solche Übertragung voraus, KG KGBl 11, 133, das allerdings stillschweigend zum Ausdruck gebracht worden sein kann, RG Warn 13, 165. Dem Unterbevollmächtigten haftet dann die Partei für seine Gebühren. Auch ohne solches Verlangen wird von: Kiefe JW 12, 728, 730, 1094, Haaß JW 20, 722; OLG Hamburg Rsp 31, 19; LG Darmstadt JW 29, 152[8], die Partei als Gebührenschuldner angesehen. Dagegen wird bei Bestellung eines Unterbevollmächtigten durch den Prozeßbevollmächtigten der RA als Gebührenschuldner angesehen werden müssen.

In bestimmten Fällen (ZPO §§ 57, 58, 668, 679, 686, 779, 787) hat der Vorsitzende des Prozeßgerichts oder das Vollstreckungsgericht einen RA als „besonderen Vertreter" einer Partei zu bestellen. Gebührenschuldner ist in diesen Fällen der gesetzlichen Vertretung der Vertretene. In den Fällen der §§ 58, 787 ZPO wird sich der RA wegen seiner Gebühren nur an den neuen Eigentümer des Grundstücks halten können. Er kann aber die Vertretung davon abhängig machen, daß der Antragsteller die Haftung übernimmt.

Die Veräußerung der im Streite befangenen Sache oder die Abtretung des rechtshängigen Anspruchs läßt den Prozeß zwischen den bisherigen Parteien weitergehen (ZPO § 265). Der Rechtsnachfolger tritt nicht als Gebührenschuldner neben den ursprünglichen Auftraggeber. Hat der Rechtsnachfolger den Prozeß als Hauptpartei übernommen, und läßt er den Prozeß von dem bisherigen RA weiterführen, so liegt ein — stillschweigender —

Auftrag zur Prozeßführung vor. Dem RA haften daher für die bisherige Prozeßführung der ursprüngliche Auftraggeber, für die fortgesetzte Prozeßführung der Erwerber.

Wegen der Gebühren des bestellten Verteidigers: s. Vorb. 3 vor § 63.

6. Als zweiten Gebührenschuldner erhält der RA kraft Gesetzes: a) den Ehemann im gesetzlichen Güterstande (BGB §§ 1388, 1387, 1416; vgl. hierzu KG JW. 37, 2472[35]), bei der allgemeinen Gütergemeinschaft (§§ 1460 Abs. 2, 1459 Abs. 2), bei der Errungenschaftsgemeinschaft (§§ 1529 Abs. 2, 1387, 1531, 1530 Abs. 2), bei der Fahrnisgemeinschaft (§ 1549); b) den Inhaber der elterlichen Gewalt, falls ein der Nutznießung unterliegendes Vermögen vorhanden ist; RGR Anm. 4 § 1654 BGB; Baumbach Anm. 2 B § 1 RA.-GebO, und zwar den Vater gemäß §§ 1654, 1388, die Mutter gemäß § 1686; vgl. auch Staudinger Anm. 2 zu § 1412, der § 1412 Abs. 2 BGB auf die dem eigenen RA geschuldeten Kosten nicht anwenden will; s. auch § 84 Anm. 3.

7. Gerichtsstand für den Vergütungsanspruch des RA ist das Gericht des Hauptprozesses, § 34 ZPO, daneben auch, da der Gerichtsstand des § 34 kein ausschließlicher ist, der allgemeine Gerichtsstand des Schuldners.

Die Verjährung des Anspruchs auf Gebühren und Auslagen erfolgt gemäß § 196 Ziff. 15 BGB in 2 Jahren nach Entstehung des Anspruchs (§ 198 BGB).

8. Soweit die RAGebO oder eine andere reichsgesetzliche Gebührenordnung keine Anwendung findet, sind die landesgesetzlichen Bestimmungen über die Gebühren der Rechtsanwälte maßgebend, falls nicht gemäß § 612 BGB eine Vereinbarung über die Höhe der Vergütung stattgefunden hat. Maßgebend ist die am Niederlassungsorte des RA geltende GebO; KG JW 30, 1072[1]; LG Hagen JW 28, 2802[2].

§ 2. Für die Ausführung eines Auftrags, dessen gemeinschaftliche Erledigung mehreren Rechtsanwälten übertragen ist, steht jedem derselben die volle Vergütung zu.

1. Wenn jemand mehreren Rechtsanwälten die gemeinschaftliche Ausführung eines Geschäfts aufträgt, so will er, daß jeder Anwalt sich vollständig mit der ganzen Sache befaßt, schließt also mit jedem einen Arbeitsvertrag, s. § 1 Anm. 1. Ob und wie eine Teilung der Arbeit eintritt, ist den Anwälten überlassen und für deren Verhältnis zum Auftraggeber nicht von Belang. War der Auftrag an mehrere Anwälte erteilt, die sich zur gemeinsamen Ausübung der Rechtsanwaltschaft verbunden haben, und ging die Absicht des Auftraggebers nur dahin, daß der Auftrag von dem einen oder dem anderen dieser Anwälte ausgeführt werden sollte, so können die mehreren Anwälte zusammen nur die Vergütung eines Anwalts beanspruchen, Mot 25; sie haften aber für Berufsversehen eines von ihnen als Gesamtschuldner, RG 85, 306; OLG Hamburg HRR 28, 950.

§ 2 gilt nicht bei Tätigwerden eines unterbevollmächtigten RA und ebensowenig, wenn die gemeinschaftliche Ausführung eines Auftrags einem RA und einem Nichtanwalt übertragen ist.

2. Wenn mehrere Anwälte hintereinander oder in verschiedenen Abschnitten des Verfahrens tätig sind, so gelten die §§ 42ff.

§ 3. Bei Ausführung von Aufträgen mehrerer Auftraggeber durch dieselbe Tätigkeit haftet jeder Auftraggeber dem Rechtsanwalte für denjenigen Betrag an Gebühren und Auslagen, welcher bei abgesonderter Ausführung seines Auftrags erwachsen sein würde. Die Mitverhaftung der anderen Auftraggeber kann dem Rechtsanwalte gegenüber nicht geltend gemacht werden.

1. Die Anwendung des § 3 ist auf die Fälle beschränkt, in denen die Aufträge mehrerer Auftraggeber durch dieselbe Tätigkeit ausgeführt werden. Sie ist also nur möglich, wenn der RA im bürgerlichen Rechtsstreite mehrere Streitgenossen vertritt (§ 51), in Strafsachen mehrere Beschuldigte verteidigt (§ 72), oder mehrere Privatkläger oder Nebenkläger vertritt (§ 73). Keine Anwendung findet § 3 bei einer Reise im Interesse mehrerer Auftraggeber, s. Anm. 1 § 79; *aM* LG Zwickau JW 28, 2167[9]. In Konkurssachen ist für § 3 kein Raum, da nach § 62 die Gebühren für jeden Auftrag besonders berechnet werden und, wenn wegen derselben Forderung mehrere Mitberechtigte Auftrag erteilen, in Wirklichkeit nur ein Auftrag vorliegt, für den die Gebühren demgemäß auch nur einmal berechnet werden können.

2. Wie hoch im Falle des § 3 sich die Gesamtvergütung des Anwalts beläuft, bestimmen §§ 51, 62, 72, 79 Abs. 3. Der § 3 regelt, inwieweit der einzelne Auftraggeber dem Anwalte haftet:

a) Ist die Gesamtvergütung dem Betrage gleich, den jeder einzelne Auftraggeber auch allein entrichten müßte, so haftet jeder dem RA ungeteilt für die ganze Vergütung. Dies ist der Fall, wenn der RA mehrere Streitgenossen vertritt, die ein gleiches Interesse am Streitgegenstande haben und für die er die gleiche gebührenpflichtige Tätigkeit ausgeübt hat.

b) Ist die Beteiligung der einzelnen Auftraggeber verschieden, so ist die Haftung jedes Auftraggebers auf den Betrag der Vergütung beschränkt, der bei gesonderter Ausführung seines Auftrags erwachsen sein würde. „Wenn also in einem Rechtsstreit über 2000 RM der Anwalt den Bekl. und außerdem auf Grund einer gleichzeitig ausgestellten Vollmacht (§ 51) einen Nebenintervenienten vertritt, der nur in Höhe von 100 RM beteiligt ist, und die Gebühren das Doppelte des Gebührensatzes (§ 9) betragen, so haftet der Beklagte für 150 RM, der Intervenient für 12 RM", Mot 26. Führt der RA in einer Verhandlung vor dem Schöffengericht die Verteidigung mehrerer Angekl., so beträgt seine Gesamtgebühr 60 RM, jeder Angekl. haftet aber nur in Höhe von 40 RM, §§ 63, 72. Werden gemäß § 59 ZPO von verschiedenen Klägern in einem Prozesse gleichartige und auf einem im wesentlichen gleichartigen rechtlichen und tatsächlichen Grunde beruhende Ansprüche geltend gemacht, so werden gemäß § 5 ZPO die in einer Klage geltend gemachten Ansprüche zusammengerechnet. Jeder Kläger ist aber nur in Höhe des von ihm geltend gemachten Anspruchs beteiligt, haftet also auch nur insoweit für die Gebühren. Siehe im übrigen Anm. 3.

Keine Lösung hat das Gesetz für den Fall gegeben, daß die dem RA zustehende Gebühr höher ist, als die Summe der Beträge, für die die einzelnen Auftraggeber dem RA haften. Unter Zugrundelegung des Prinzips der durch den Satz 1 des § 3 lediglich modifizierten Gesamthaftung der mehreren Auftraggeber wird jeder von ihnen für den Unterschied haften müssen.

c) War die gebührenpflichtige Tätigkeit für die einzelnen Auftraggeber verschieden, so sind auch die Gebühren verschieden. Werden z. B. die Aufträge nacheinander erteilt, so haftet der spätere Auftraggeber nur für die nach der Erteilung seines Auftrags entstandenen Kosten. Der Nebenintervenient haftet nicht für die Beweis- und die erhöhte Verhandlungsgebühr, wenn er erst nach der Beweisaufnahme den Prozeßbevollmächtigten der Hauptpartei mit seiner Vertretung beauftragt hat; Meyer-Irmler § 3 Anm. 3; *aM* KGBl 92, 71, wo der Nebenintervenient für die vollen Kosten des gemeinschaftlichen Anwalts haftbar erklärt wird, weil sein Auftrag nicht ohne Benutzung des bisherigen Prozeßstoffs sich habe ausführen lassen.

3. Soweit nach § 3 eine Gesamtschuld der mehreren Auftraggeber besteht, gelten die §§ 421—425 BGB, und im Innenverhältnisse der Auftraggeber § 426 BGB, OLG Breslau JW 33, 543[32]; vgl. auch RG JW 38, 1186[42] zu der Frage, inwieweit das Innenverhältnis in der Kostenfestsetzung von Belang ist. Dem § 427 BGB geht § 3 GebO. als Sondernorm vor.

4. Wegen Erstattung vom Gegner: oben S. 132, V.

§ 4. Für die Tätigkeit als Beistand stehen dem Rechtsanwalte die gleichen Gebühren zu wie für die Vertretung.

Während der RA als Vertreter statt der Partei handelt, wird er als Beistand neben ihr tätig. Die Tätigkeit als Beistand wird hinsichtlich des Gebührenanspruchs der Vertretung gleichgestellt.

Die Vorschrift findet nur Anwendung, wenn der von der Partei bestellte „Beistand" in einem Verfahren der ZPO, StPO, KO oder VerglO tätig wird. Daher gilt § 4 nicht, wenn ein RA nach § 13 FGG als Beistand auftritt. In Betracht kommen ZPO §§ 78 Abs. 2, 90, 157, 610, StPO §§ 378, 387. In Konkurssachen und in Vergleichssachen wird die Beistandsleistung da zuzulassen sein, wo eine Vertretung zulässig ist, Baumbach RAGebO § 4 Anm.

§ 5. Für die Unterzeichnung eines Schriftsatzes erhält der Rechtsanwalt die gleichen Gebühren wie für die Anfertigung desselben.

1. Unterzeichnung von Schriftsätzen durch einen RA ist, abgesehen von dem Anwaltsprozeß (§ 130 Nr. 3 ZPO), erforderlich: bei dem Antrag auf gerichtliche Entscheidung über einen von der Staatsanwaltschaft abgelehnten Antrag auf Erhebung der öffentlichen Klage (§ 172 StPO), bei Anbringung und Begründung der Revision in Strafsachen (§§ 345, 390 StPO) und bei einem Antrag auf Wiederaufnahme eines durch rechtskräftiges Urteil geschlossenen Strafverfahrens (§§ 366, 390 StPO), Mot 27, 28. Nach § 29 FGG und § 80 GBO muß die weitere Beschwerde, wenn sie durch Einreichung einer Beschwerdefrist eingelegt wird, von einem RA unterzeichnet sein.

Die Unterzeichnung muß eigenhändig erfolgen, RG 119, 62; JW 29, 96[2], und so beschaffen sein, daß sie die Urkunde als mit dem Willen des Anwalts durch entsprechende Schriftzeichen abgeschlossen und von seiner Verantwortung getragen erscheinen läßt, RG JW 29, 52[20]; 1658[15]. Auch darf der Unterschrift ein Zusatz, der die Verantwortung des RA für den Inhalt ablehnt, nicht beigefügt sein, RG 117, 171, Baumbach RAGebO § 5 Anm.

2. Schriftsätze im Sinne dieses Gesetzes sind nicht nur die Schriften, die in der ZPO ausdrücklich als solche bezeichnet werden, sondern alle schriftlichen Anträge und Gesuche, die bei Gericht gestellt werden, Mot 28.

3. Gebühren für Anfertigung eines Schriftsatzes: §§ 46, 68, 69, 73, 74.

§ 6. Für Anfertigung und Übersendung von Rechnungen über Gebühren und Auslagen und für Zahlungsaufforderungen wegen derselben kann der Rechtsanwalt eine Gebühr nicht beanspruchen.

1. Die Vorschrift bezieht sich nicht auf Anfertigung und Übersendung von Rechnungen, die der RA im Namen seines Auftraggebers vornimmt, sondern nur auf solche, die er im eigenen Interesse bewirkt.

2. Die Frage, ob der Ausdruck „Gebühr" hier in weiterem Sinne zu verstehen ist und auch den Anspruch auf Erstattung der Auslagen umfaßt, ist streitig insofern, als es sich hier um Schreibwerk i. S. des § 76 Abs. 2 Ziff 3 handelt. Die Vorschrift ist aus § 7 Abs. 2 des PrG v. 12. 5. 51 entlehnt: „Für die Anfertigung und Zustellung der Liquidation und für Zahlungsaufforderungen, die sie wegen ihrer Gebühren und Auslagen erlassen, können sie nichts liquidieren." Daraus ist zu folgern, daß § 6 dem RA verbieten will, Gebühren und Auslagen für die hier genannte Tätigkeit zu beanspruchen. Ebenso: RG 103, 345; JW 1930, 3853; KGPräs KGBl 93, 109; Rittmann-Wenz Anm. 1 § 6 RAGebO; Baumbach Anm. § 6 RAGebO; *aM* (Erstattung von Auslagen) Meyer-Irmler § 6 Anm. 1; Danielcik-von Medem § 6 Anm. 1. Dagegen umfaßt der in § 76 angeordnete Anspruch auf Ersatz der Post-, Telegraphen- und Fernsprechgebühren auch die durch Übersendung der Rechnung entstehenden Portoauslagen.

3. Für Schreibwerk, das durch Einreichung des Gesuches auf Festsetzung der Gebühren des Armenanwalts zur Erstattung durch die Staatskasse (§ 4 ArmAnwGes) entsteht, hat der Armenanwalt keinen Vergütungsanspruch, RG 103, 340; OLG Frankfurt JW 22, 513[39]; LG Chemnitz JW 22, 522[6].

§ 7. Bei dem Betrieb eigener Angelegenheiten kann der Rechtsanwalt von dem zur Erstattung der Kosten des Verfahrens verpflichteten Gegner Gebühren und Auslagen bis zu dem Betrage fordern, in welchem er Gebühren und Auslagen eines bevollmächtigten Rechtsanwalts erstattet verlangen könnte.

1. In eigenen Angelegenheiten darf der RA von dem unterliegenden und in die Kosten des Verfahrens verurteilten Gegner dieselben Gebühren und Auslagen fordern, die er beanspruchen könnte, falls er die Angelegenheit für einen anderen betrieben hätte. Dasselbe gilt für Angelegenheiten, die er als gesetzlicher Vertreter, z. B. als Inhaber der elterlichen Gewalt, Vormund, Pfleger, Nachlaßverwalter, Konkursverwalter, Zwangsverwalter, Testamentsvollstrecker betreibt, OLG Celle Rsp 33, 191; JW 28, 2162[25]; OLG Hamm JW 28, 74[3]; OLG Kassel JW. 28, 2797[20]. Vgl. auch Bach in JW 37, 518. Deshalb kann der RA, der als Konkursverwalter zur Leistung eines ihm auferlegten Eides erscheint, die Beweisgebühr nach § 13 Nr. 4 und, wenn er zum Termine zu reisen hatte, Reisekosten beanspruchen, RG 9, 332; 10, 374. Ebenso kann der RA, der als Konkursverwalter Prozeßpartei im landgerichtlichen Prozeß, aber beim LG nicht zugelassen ist, für die Wahrnehmung von Beweisterminen beim ersuchten Amtsgericht und für Stellung von Zwangsvollstreckungsanträgen Gebühren nach der RAGebO zu Lasten des Gegners berechnen, OLG Celle JW 28, 2162[25]. Anders im arbeitsgerichtlichen Verfahren, LandarbGer Mannheim RspArbS 30, 119; ArbGer Berlin JW 30, 1119[1]. Zwei zu Testamentsvollstreckern bestellte RA bilden zusammen jedenfalls dann nur eine Partei, wenn sie nur gemeinschaftlich zu handeln berechtigt sind; in diesem Falle sind daher nur die Kosten eines RA zu erstatten, KG Rsp 23, 100. Denn hier ist die Erwägung am Platze, daß auch zwei TestV, die nicht selbst RAe sind, regelmäßig nur einen Anwalt bevollmächtigen werden, da sie — wenn auch formell Parteien und notwendige Streitgenossen — doch ein einheitliches Vermögensinteresse zusammenwirkend wahrzunehmen haben. Eine andere Beurteilung wird mit OLG Dresden JW 38, 1473[26] erfolgen müssen, wenn zwei zu Konkursverwaltern bestellte RAe in einem Rechtsstreit auf Zahlung als Gesamtschuldner aus der Konkursmasse verklagt werden und sich beide selbst vertreten. Denn beide Konkursverwalter sind gemäß ausdrücklicher Bestimmung des § 79 KO. in ihrer Geschäftsführung selbständig und hinsichtlich ihrer Verantwortlichkeit unabhängig voneinander. Vertreten sich zwei verbundene RAe jeder selbst, so kann im Falle des Obsiegens jeder die vollen Gebühren vom Prozeßgegner verlangen, KG JW 35, 2654[47]; 37, 2243[78].

Ist der Anwalt Vormund, so gehören die Dienste, die er dem Mündel kraft seines Berufs leistet, zu den ihm aus dem Mündelvermögen zu ersetzenden Aufwendungen, BGB § 1835 Abs. 2. Dies gilt auch für den Pfleger und Nachlaßverwalter. Für die Höhe der aus dem Mündelvermögen dem RA zu ersetzenden Vergütung ist § 7 nicht maßgebend. Vgl. zu dem gesamten Fragenbereich Bach in JW 37, 518 und die dort angeführten Entsch.

2. Hat der Anwalt in eigener Sache einen anderen Anwalt zum Prozeßbevollmächtigten bestellt, so ist er nicht befugt, auf Grund des § 7 die Gebühren eines Zwischenanwalts (§ 44) zu berechnen. Als rechtskundige Partei braucht er sich eines Zwischenanwalts nicht zu bedienen, KG JW 36, 1690[26]; OLG Hamburg JW 37, 834[34]. Portoauslagen kann er aber erstattet verlangen. Dasselbe gilt von dem Anwalte, der als Konkursverwalter in einem Prozesse der Konkursmasse den Prozeßbevollmächtigten informiert; diese Tätigkeit wird durch die Vergütung, die er als KVerwalter bezieht, mit abgegolten; OLG Karlsruhe, Hamburg, Kiel, München, Celle Rsp 11, 342; 15, 184; 17, 230; 32, 392; 33, 191; OLG Nürnberg JW 27, 867[33]. Aus demselben Grunde erhält der RA als Mitglied des Gläubigerausschusses keine Gebühren nach § 7, OLG Karlsruhe Rsp 11, 342, ebensowenig, wenn er als zeichnungsberechtigter Vertreter der prozessierenden Firma korrespondiert, OLG Frankfurt JW 22, 1462[5].

3. Der im Strafverfahren freigesprochene RA kann im Falle des § 467 Abs. 2 StPO eine Gebühr für die von ihm selbst geführte Verteidigung nicht zu Lasten der Staatskasse berechnen, weil diese nur die tatsächlich erwachsenen notwendigen Auslagen zu erstatten hat. Im Privatklageverfahren ist für die Erstattungspflicht der § 91 ZPO maßgebend, StPO § 471 Abs. 5. Es kann also auch der in eigener Sache tätige RA von dem unterlegenen Gegner Gebühren und Auslagen gemäß § 7 erstattet verlangen, LG Halle JW 28, 2803[6].

4. Keine Anwendung findet der § 7 im Verwaltungsstreitverfahren, PrOVG JW 27, 1334[1], im Verfahren vor dem MEA, KG Rsp 45, 256 sowie im Verfahren in Reichssteuersachen, RFH 5, 239; JW 23, 26[1]. Die in der letzterwähnten Entsch. gezogene Folgerung, daß ein RA, der gleichzeitig sich selbst und zwei Auftraggeber im Steuerprozeß vertritt, nur $^2/_3$ der Gebühren zu beanspruchen hat, kann nicht als zutreffend anerkannt werden. Grundsätzlich sind einem RA, der in einem Prozeß zugleich sich selbst und einen anderen vertritt, die Gebühren und Auslagen zu erstatten, die entstanden wären, wenn ein anderer RA beide zugleich als Prozeßbevollmächtigter vertreten hätte, KG, Gaedecke Kosten Rsp Nr. 121.

§ 8. Der niedrigste Betrag einer jeden nach den Vorschriften der Abschnitte zwei bis vier zu berechnenden Gebühr wird auf eine Reichsmark bestimmt.

Nicht durch 5 teilbare Reichspfennigbeträge sind auf den nächsthöheren durch 5 teilbaren Betrag aufzurunden.

1. Nur die Abschnitte 2—4 werden vom § 8 betroffen, nicht aber auch die Abschnitte 5 und 7, also auch nicht die §§ 87 Abs. 2, 89, 90.

2. Wenn gemäß §§ 13ff. mehrere Gebühren zusammentreffen, so kommt § 8 nicht bei deren Summe, sondern bei jeder einzelnen selbständigen Gebühr zur Anwendung. Die weitere Verhandlungsgebühr (§ 17) ist keine selbständige Gebühr, da sie nur in einer Erhöhung der Verhandlungsgebühr des § 13² besteht, RG 9, 332.

3. Die Aufrundungsbestimmung bezieht sich nicht auf die Berechnung der Auslagen und Umsatzsteuer. Sie auf diese entsprechend anzuwenden, vgl. OLG Naumburg Rsp 39, 108, erscheint bedenklich; Auslagen können in dem tatsächlich entstandenen Betrage vergütet werden; der Aufrundung der Umsatzsteuer steht § 1 Nr. 1 der AbrundungsVO in der Fassung vom 31. 10. 23 (RGBl I 1049) entgegen.

Zweiter Abschnitt.

Gebühren in bürgerlichen Rechtsstreitigkeiten.

§ 9. In bürgerlichen Rechtsstreitigkeiten werden die Gebühren nach dem Werte des Streitgegenstandes erhoben.

Der Gebührensatz beträgt bei Gegenständen im Werte:

bis 20 Reichsmark einschließlich . . . . 2 Reichsmark,
von mehr als 20—60 Reichsmark einschließlich . . . 4 Reichsmark,
von mehr als 60—100 Reichsmark einschließlich . . . 6 Reichsmark,
von mehr als 100—150 Reichsmark einschließlich . . . 8 Reichsmark,
von mehr als 150—200 Reichsmark einschließlich . . . 10 Reichsmark.

Bei Gegenständen mit höherem Streitwert beträgt die volle Gebühr von dem Werte

bis zu 500 Reichsmark einschließlich 5 vom Hundert,
von dem Mehrbetrage bis zu 1000 Reichsmark einschließlich 4 vom Hundert,
von dem Mehrbetrage bis zu 3000 Reichsmark einschließlich 3 vom Hundert,
von dem Mehrbetrage bis zu 6000 Reichsmark einschließlich 2 vom Hundert,
von dem Mehrbetrage bis zu 10000 Reichsmark einschließlich 1 vom Hundert,
von dem Mehrbetrage bis zu 100000 Reichsmark einschließlich ½ vom Hundert,
von dem Mehrbetrage bis zu 1000000 Reichsmark einschließlich ¼ vom Hundert,
von dem Mehrbetrage bis zu 5000000 Reichsmark einschließlich ⅕ vom Hundert,
von dem Mehrbetrage ⅒ vom Hundert.

Dabei ist der Wert auf die nächsthöheren 100 Reichsmark, bei Gegenständen mit einem Streitwert von mehr als 20000 Reichsmark auf die nächsthöheren 1000 Reichsmark aufzurunden.

1. Die Tätigkeit in einem bürgerlichen Rechtsstreit wird dem prozeßbevollmächtigten RA entsprechend dem System des GKG durch Pauschgebühren vergütet, §§ 9, 13, 25, 29. Der Ausdruck „bürgerliche Rechtsstreitigkeiten" umfaßt nicht nur den eigentlichen „Prozeß", sondern jedes in der ZPO behandelte Verfahren. Der § 9 setzt nur die Normalgebühr fest. Die Bestimmungen darüber, ob im Einzelfalle die volle Gebühr oder ein Bruchteil oder ein Mehrfaches der vollen Gebühr zu berechnen ist, treffen die §§ 13ff. Ein Höchstbetrag der Gebühren ist nicht festgesetzt, dagegen bestimmt § 8 einen Mindestbetrag.

2. Streitgegenstand ist das von dem Kläger geltend gemachte Recht im Umfange des Klageantrages, wobei die Begründung des Antrages gegebenenfalls zu seiner Auslegung herangezogen werden kann. Im einzelnen siehe § 10 u. Anm. dazu.

§ 10. Auf die Wertberechnung finden die Vorschriften der §§ 9—15 des Gerichtskostengesetzes Anwendung.

Die Ziffern dieses Sonderinhaltsverzeichnisses beziehen sich auf die nachfolgenden Anm. Eine alphabetische Zusammenstellung von Entscheidungen bietet Berger, Der Wert des Streitgegenstandes in bürgerlichen Rechtsstreitigkeiten, München, Berlin, Leipzig 1935, eine systematische Darstellung Hillach, Der Streitwert in bürgerlichen Rechtsstreitigkeiten, Berlin 1938.

GKG § 9. Für die Wertberechnung sind die Vorschriften der ZPO §§ 3 bis 9 und der KonkO § 148 mit den nachstehenden Bestimmungen maßgebend.

Ist der Wert des Streitgegenstandes bei dem Erlasse des Urteils oder der anderweitigen Beendigung der Instanz höher als im Zeitpunkt der Erhebung der Klage oder der Einlegung des Rechtsmittels, so ist den in der Instanz entstandenen Gebühren der höhere Wert zugrunde zu legen. In der Zwangsvollstreckung ist für die Wertberechnung der Zeitpunkt der die Zwangsvollstreckung einleitenden Prozeßhandlung entscheidend.

ZPO § 3. Der Wert des Streitgegenstandes wird von dem Gerichte nach freiem Ermessen festgesetzt; dasselbe kann eine beantragte Beweisaufnahme sowie von Amts wegen die Einnahme des Augenscheins und die Begutachtung durch Sachverständige anordnen.

1. § 10 RAGebO bestimmt, daß für die Wertberechnung, die zwecks Ermittelung der Anwaltsgebühren vorzunehmen ist, die Bestimmungen des GKG §§ 9—15 gelten sollen. Für die Wertberechnung bei den Gerichtskosten finden wiederum die §§ 3—9 ZPO und § 148 KO Anwendung. Dabei ist zu berücksichtigen, daß die Vorschriften der ZPO die Wertberechnung nur insoweit regeln, als die sachliche Zuständigkeit der Gerichte von ihr abhängt. Für die Wertberechnung im Kosteninteresse gelten sie nicht, insofern die §§ 9—15 GKG Abweichendes bestimmen; vgl. aber § 17 GKG. Ferner ist bei der Würdigung der einschlägigen Rechtsprechung zu beachten, daß die Entscheidungen des Reichsgerichts in der Regel zur Frage der Zulässigkeit der Revision ergangen sind, während die Entscheidungen der anderen Gerichte meist die Streitwertfestsetzung für die Gebührenberechnung betreffen.

Die Bezugnahme auf die Vorschriften des GKG hat zur Folge, daß § 10 auch nur auf die Gebühren anwendbar ist, die in den durch das GKG geregelten Fällen erwachsen, also nicht in den Fällen der §§ 87—89, 91 Ziff. 1 und 2 RAGebO.

Eine allgemeine Abweichung von den Bestimmungen der ZPO über die Höhe des Streitwerts enthält der durch Art. IV Ziff. 1 des Ges v. 18. 8. 23 (RGBl I 813) eingestellte Abs. 2 des § 9 GKG. Während nach § 4 ZPO. für die Zuständigkeit der Streitwert bei Beginn der Instanz maßgebend ist, ist für die in der Instanz entstandenen Gebühren der Wert des Streitgegenstandes bei Erlaß des Urteils oder der anderweitigen Beendigung der Instanz, etwa durch Erledigung der Hauptsache, OLG Stuttgart HRR 28, 475, maßgebend, wenn er höher ist als bei Beginn der Instanz. Die Bestimmung ist sinngemäß anzuwenden auf das Arrestverfahren, das Beweissicherungsverfahren und auch auf das Mahnverfahren, wenn in ihm nicht reine Geldansprüche geltend gemacht werden (vertretbare Sachen oder Wertpapiere). In diesen Fällen ist als Beginn der Instanz die Einreichung des Antrages, als Beendigung der Zeitpunkt des Erlasses der Entscheidung anzusehen. Liegen die Voraussetzungen des § 9 Abs. 2 Satz 1 vor, so muß das Gericht seine ursprüngliche Streitwertfestsetzung abändern, KG JW 24, 418[132]; ZZP 52, 362; unrichtig OLG Naumburg JW 26, 867[28]. Die Bestimmung findet aber keine Anwendung, wenn im Laufe der Instanz der Streitwert sich durch Änderung des Klageantrages erhöht; der erhöhte Streitwert gilt dann nur für die seit Änderung des Klageantrages entstehenden Gebühren.

Nach dem zweiten Satz des § 9 Abs. 2 ist für die Streitwertberechnung in der Vollstreckungsinstanz der Zeitpunkt der die Zwangsvollstreckung einleitenden Prozeßhandlung maßgebend, also nicht der nach dem Zeitpunkt der Klageerhebung oder Rechtsmitteleinlegung berechnete Streitwert.

Falls es zu einem gerichtlichen Verfahren überhaupt nicht kommt, darf mangels besonderer Umstände der RA den ihm vom Auftraggeber angegebenen Betrag als Streitwert seiner Berechnung zugrunde legen, RG JW 28, 1497[13].

2. Streitgegenstand ist das von dem Kläger geltend gemachte Recht im Umfange des Klageantrags, OLG München Rsp 27, 12[3]; KG JW 29, 134[32]; ähnlich KG JW 37, 3054[54]. Ist kein bestimmter Antrag gestellt, entscheidet nach § 3 ZPO freies Ermessen, OLG Zweibrücken JWBl 37, 31. Die Klagebegründung ist zur Auslegung des Klageantrags mit heranzuziehen, RG JW 22, 1403[22]; unrichtig OLG Naumburg BuschsZ 49, 220; bedenklich auch RG Warn 13, 150; auch die Verteidigung des Beklagten ist nicht immer außer acht zu lassen.

3. Die Festsetzung ist in der Regel entbehrlich, wenn der Streitgegenstand den Anspruch auf Zahlung einer bestimmten Geldsumme inländischer Währung bildet oder wenn Befreiung von einer Schuld in bestimmter Höhe verlangt wird; wegen abweichender Regelung bei der Klage auf Befreiung von einer Hypothekenschuld, für die Kläger persönlich haftet, s. Anm. 57. Für die Klage auf Befreiung von einer Bürgschaftsschuld hat OLG Kiel Rsp 33, 73 die anderweitige Deckung des Bürgen bei der Festsetzung des Streitwerts berücksichtigt, während OLG Danzig SeuffA 32, 85 den § 6, nicht § 3 ZPO anwendet; s. Anm. 13. Bei der Klage auf Zahlung an einen Dritten ist der Streitwert ebenfalls nach § 3 zu ermitteln, BayObLG Recht 17 Nr. 240. Im übrigen erstreckt sich die Festsetzungspflicht ausnahmslos auf alle vermögensrechtlichen Ansprüche; nichtvermögensrechtliche Ansprüche s. Anm. 29; GKG § 11. Die Auffassung, daß für eine Streitwertfestsetzung kein Raum sei, wenn der Streitwert sich aus dem Antrag bzw. dem Gesetz ohne weiteres ergebe, findet im Gesetz keine Stütze; nach § 18 Abs. 1 Satz 1 GKG ist das Gericht stets zur Streitwertfestsetzung befugt, falls es sie für angemessen erachtet, und es muß den Streitwert festsetzen, falls dies eine Partei beantragt. Den Maßstab für die Festsetzung bildet das freie, nur durch die bestimmten — unten bezeichneten — Vorschriften beschränkte Ermessen des Prozeßgerichts. Als Hilfsmittel bei der Schätzung kann das Gericht von Amts wegen die Einnahme des Augenscheins und die Begutachtung durch Sachverständige (Kosten § 19 GKG!), eine Beweisaufnahme anderer Art aber nur dann anordnen, wenn sie beantragt worden und nicht überflüssig ist, OLG Hamburg Rsp 27, 9. Beschlüsse, die den Streitwert nur teilweise festsetzen, sind unzweckmäßig, OLG Kiel HRR 38 Nr. 763. Eine besondere Streitwertfestsetzung für das Nachverfahren nach vorangegangenem Wechselprozeß entbehrt der rechtlichen Grundlage, OLG Jena SächsA 39, 180.

Jeder vermögensrechtliche Anspruch ist schätzbar. § 11 Abs. 1 GKG bezieht sich nur auf nichtvermögensrechtliche Ansprüche, RG 10, 321. Gegenstand der Schätzung ist der Anspruch des Klägers, nicht die Verpflichtung des Beklagten. Deshalb ist in I. Instanz nur das Streitinteresse des Klägers, nicht das des Beklagten für die Wertfestsetzung maßgebend, auch nicht, wenn dieses höher ist RG 24, 427; 33, 427; 47, 423. Eine Änderung des Streitwerts im Laufe des Rechtsstreits kommt, von der oben Anm. 1 und unten Anm. 31 erörterten Bestimmung des § 9 Abs. 2 GKG abgesehen, für die Gebühren erst dann in Betracht, wenn sie zu einer Änderung (Erweiterung oder Beschränkung) der Klageanträge geführt hat, und nur für die kostenpflichtigen Akte, die den geänderten Anträgen nachfolgen, LG Plauen, SächsA 99, 122; OLG Hamburg Rsp 27, 10; s. auch Anm. 30.

Über das Verfahren bei der Festsetzung s. unten § 12 RAGebO und §§ 18—19 GKG.

4. Maßgebend für die Festsetzung des Streitgegenstandswerts ist nach der herrschenden (nicht unbedenklichen) Meinung lediglich das durch den Klageantrag begrenzte unmittelbare Interesse des Klägers, RG JW 01, 395[2]; KG JW 23, 695[7]. Das mittelbare Interesse bleibt außer Betracht, gleichviel, ob es höher oder niedriger ist, RG 3, 393; 5, 410; 12, 155; OLG Breslau JW 34, 2494[10]. Es bestimmt sich also bei Ansprüchen aus gegenseitigen Verträgen der Streitgegenstand nach der geforderten Leistung ohne Abzug der Gegenleistung, RG 5, 409. Dies gilt auch, wenn eine Leistung Zug um Zug gegen eine zu gewährende Gegenleistung gefordert wird, gleichviel, ob der Anspruch auf die Gegenleistung vom Beklagten erst im Laufe des Prozesses geltend gemacht oder vom Kläger schon in der Klage zugestanden und dies im Klageantrage zum Ausdruck gebracht worden ist, RG 133, 289; 140, 359 = JW 33, 2057[12]; *aM* OLG Rostock Rsp 39, 27; 41, 241; für den Streitwert der Rev.-Inst. hat RG 112, 209 den Wert der streitigen Gegenleistung als entscheidend angesehen, wenn im Laufe der Vorinstanzen der Anspruch auf Lieferung elbst unstreitig geworden ist und der Streit nur noch die Gegenleistung betrifft; ebenso RG 133, 288; RG JW 36, 322[11].

Der Wert des Streitgegenstandes ist hiernach nicht notwendig gleich dem Interesse des Streitenden. Wenn z. B. auf Herausgabe einer Sache im Werte von 500 RM gegen Zahlung von 450 RM geklagt wird, so beträgt das Interesse des Klägers 50 RM, der Streitgegenstand aber 500 RM.

Auch dann ist der Wert des streitigen Anspruchs maßgebend, wenn gemäß § 304 ZPO über den Grund des Anspruchs vorab entschieden wird. Wenn gegen ein Zwischenurteil über eine prozeßhindernde Einrede ein Rechtsmittel eingelegt wird, ist doch der Wert des Klageanspruchs maßgebend, RG 40, 416, ebenso für einen Zwischenstreit aus § 387 ZPO und aus § 274 Ziff. 5, § 275 ZPO, OLG Düsseldorf JVBl 32, 31.

In der Berufungsinstanz gilt, wenn die Berufung ohne bestimmten Antrag eingelegt worden ist, der ganze Inhalt des Urteils, soweit es dem Berufungskläger nachteilig ist, als angefochten, RG SeuffA 36 Nr. 161; JW 36, 385[11a], 2799[12]; 37, 1064[13]; OLG Stuttgart JW 33, 1606[6]; DRpfl Rspr 38 Nr. 147; *aM* RG JW 37, 2226[46]; KG JW 38, 1611[44]; OLG Hamburg JW 36, 2145[24]; OLG Naumburg JW 38, 2367[52], wonach der später gestellte eingeschränkte Antrag auch für die Vergangenheit maßgebend sein soll. Ob sich die Gebühren bei teilweiser Rechtsmitteleinlegung nach dem Streitwert der vollen Beschwer berechnen, falls sich der Rechtsmittelkläger Erweiterung des Antrags vorbehält, ist streitig; bejahend RG JW 38, 2493[30]; *aM* Gaedeke JW 38, 2459; vgl. auch OLG Naumburg DR 39, 1187[44]. Ist ein Antrag gestellt, so ist das Interesse des Rechtsmittelklägers maßgebend, auch wenn dieser der Beklagte ist, RG 33, 427. Doch darf der Wert des Berufungsgegenstandes den Wert des Streitgegenstandes nicht überschreiten, RG 47, 421; Gruch 47, 1148. Die Ausdehnung dieses Grundsatzes auf den Fall, daß Gegenstand des Rechtsmittelverfahrens ausschließlich eine Nebenforderung bildet, die in der Vorinstanz bei Bemessung des Streitwerts unberücksichtigt bleiben mußte — so OLG Stettin, JW 28, 1528[21] — erscheint bedenklich. Bei Berechnung des Streitwerts für die Berufungsinstanz bleibt eine von der Partei vorgenommene Verbesserung der Sache unbeachtlich, OLG Königsberg JW 32, 1229[5]. Streitwert bei der Berufung gegen eine Klageabweisung, wenn der Beklagte den Kläger vor Einlegung der Berufung befriedigt hat, ist der Betrag der erstinstanzlichen Kosten des Rechtsstreits, da ein Streit in der Hauptsache nicht mehr besteht, RG SeuffA 52, 342; OLG Königsberg JW 29, 883[39]. Wird nach Zurücknahme der Berufung beantragt, den Zurücknehmenden des Rechtsmittels für verlustig zu erklären und in die Kosten zu verurteilen, so ist der Wert der Hauptsache Streitgegenstand, OLG Karlsruhe JW 34, 1591[9]; OLG Naumburg JW 37, 2785[26]; RG 155, 382 = JW 37, 3048[40]; RG JW 38, 2617[5]; OLG Düsseldorf JW 38, 1191[49]; *aM* Obergericht Danzig JW 29, 867[1]; OLG Jena JW 37, 1432[37]; Hamburg, Kiel MdRRAK 37, 41, 45; KG JW 38, 3313[26]; OLG Breslau DR 39, 333[24]. Der Streitwert für einen Antrag aus § 534 ZPO entspricht dem Streitwert des nichtangefochtenen Teiles des Urteils, OLG Hamburg HansRGZ 37 B 366. Wegen des für den Wert des Streitgegenstandes der Berufungs- und Revisionsinstanz maßgebenden Zeitpunktes s. unten Anm. 30. Hat der Beklagte auf Grund einer Aufrechnung obgesiegt, so bemißt sich der Streitwert seines — zulässigen, RG 37, 403 — Rechtsmittels nach dem Betrage seiner durch Aufrechnung erloschenen Gegenforderung, RG 78, 400; Warn 29, 62. Nicht beeinflußt wird der Wert des Streitgegenstandes der Rechtsmittelinstanzen dadurch, daß der in erster Instanz obsiegende Kläger hinterlegt und den Urteilsbetrag beitreibt, und in der Rechtsmittelinstanz der Beklagte gemäß § 717 ZPO Rückzahlung des beigetriebenen Betrages begehrt, falsch RG JW 23, 991[13]. Knüpft ein Schadensersatzanspruch aus § 717 Abs. 2 ZPO an einen Teilanspruch an, über den rechtskräftig entschieden ist, so ist er bei Bemessung des Streitwerts zu berücksichtigen, RG 145, 296 = JW 35, 190[2]. Die Sicherheitsleistung des Bekl. zur Abwendung der Zwangsvollstreckung hat keinen Einfluß auf den Streitwert der Rechtsmittelinstanz, RG ZZP 52, 328; *aM* OLG Frankfurt, JW 29, 1685[39]. Bei Errechnung der Berufungssumme ist § 367 BGB zu berücksichtigen, RG Warn 38, 344. Das Berufungsgericht entscheidet nach freiem Ermessen über den Streitwert der Berufungsinstanz; das Revisionsgericht kann nur nachprüfen, ob das Berufungsgericht von seinem freien Ermessen einen ungesetzlichen Gebrauch gemacht hat; die Schätzung selbst hat es nicht nachzuprüfen, RG JW 38, 1540[33].

In der Beschwerdeinstanz ist der Wert des dort verfolgten Anspruchs, nicht der Wert des Streitgegenstandes im Hauptprozesse, maßgebend. Der Streitwert der Beschwerde gegen die Aufhebung des Pfändungs- und Überweisungsbeschlusses ist auf den geringeren Wert der gepfändeten Forderung anzunehmen, KG DRZ Rsp 35 Nr. 396. Der Streitwert des Beweissicherungsverfahrens richtet sich regelmäßig nach dem Wert des Anspruchs, den der Antragsteller, gestützt auf das Ergebnis des Beweissicherungsverfahrens, gegen den Antragsgegner des Beweissicherungsverfahrens erheben will, LG Berlin JW 37, 2216[31]. Je nach dem Ergebnis des Sachverständigengutachtens kann der Streitwert geringer oder höher angenommen werden, als er zunächst vom Antragsteller geschätzt worden ist. Der Streitwert des Beweissicherungsverfahrens, das sich auf denselben Anspruch bezieht, der den Gegenstand des Rechtsstreits bildet, kommt dem Streitwerte des Rechtsstreits gleich, KG Rsp 19, 50. Er verringert sich nicht dadurch, daß der Kläger im Hauptprozeß seinen Anspruch ermäßigt, oder nur einen Teilanspruch einklagt. Das Interesse des Nebenintervenienten, der einer Partei beigetreten ist, steht dem der Hauptparteien gleich, KG, OLG Hamburg, Dresden Rsp 23, 65, 125; 27, 30; 35, 163; KG JVBl 35, 31; *aM* KG Rsp 25, 63; JW 29, 879[28]. RG 111, 410 unterscheidet zwischen dem Interesse des Nebenintervenienten an der Zulassung seines Beitrittes und der Beteiligung des zugelassenen Nebenintervenienten an der Durchführung des Rechtsstreits. Der Streitwert des Zwischenstreits über die Zulässigkeit der Nebenintervention braucht sich nicht mit dem des Hauptprozesses zu decken, sondern bemißt sich nach dem Interesse des Nebenintervenienten am Obsiegen der unterstützten Partei, OLG Kiel HRR 35, 204. Für die Streitwertberechnung im Verfahren über die Verleihung des Armenrechts wollen KG JW 26, 859[9]; OLG Oldenburg JW 30, 770[13], unrichtigerweise das Kosteninteresse des Beschwerdeführers maßgebend sein lassen, während nach richtiger Ansicht der Streitwert der Hauptsache zugrunde zu legen ist, **Schneider** MdRRAK 38, 105; OLG Stettin MdRRAK 40, 31[18].

Der Streitwert im Wiederaufnahmeverfahren ist nicht höher als im Hauptprozesse, RG Warn 09, 540; SeuffA 33 Nr. 13; LZ 33 Sp. 128.

5. Zugrunde zu legen ist der **Wert**, der der Sache an und für sich zukommt, der gewöhnliche Verkehrswert, sofern nicht der Klageanspruch auf den außerordentlichen Wert oder den Wert der besonderen Vorliebe gerichtet ist. Vgl. auch Anm. 31.

6. Über den **Umfang des Antrags** geht der Streitgegenstand nicht hinaus. Offenbare Schreib- oder Rechenfehler sind aber dabei richtigzustellen, OLG Darmstadt Recht 06, 380; DJZ 06, 324; OLG Frankfurt Rsp 17, 74. Dagegen bleibt ein ernstgemeinter Antrag maßgebend, auch wenn er der Prozeßlage nicht entspricht, RG SeuffA 83, 282. Die Schlüssigkeit des Antrages ist für die Streitwertermittlung ohne Bedeutung. Maßgebend ist die Antragstellung der Parteien, nicht das, was die Parteien darunter verstanden wissen wollen, KG JW 37, 3040[31]. Nach KG JW 37, 246[31] kann der Klageantrag mit Wirkung für den Streitwert berichtigt werden, wenn der geordnete Fortgang des Verfahrens und berechtigte Rechtsschutzinteressen des Gegners nicht beeinträchtigt werden. Wenn unter Verrechnung von Gegenforderungen nur der Restbetrag eingeklagt wird, so bildet dieser den Streitgegenstand. Zum Streitgegenstand gehören nicht Elemente der Entscheidung über den Klageanspruch; so beträgt der Streitwert des Anspruchs auf Zahlung von 150 RM, der die Unwirksamkeit eines Vergleichs über 1100 RM voraussetzt, nur 150 RM, OLG Kiel DRpfl Rspr 38 Nr. 843. Wird eine **Teilforderung** mit der Klage geltend gemacht, so ist nur diese, nicht der Gesamtanspruch des Klägers Streitgegenstand. Ein Teilanspruch auf Zahlung von 500 RM ist nicht höher als auf 500 RM zu bewerten, auch wenn der Klageantrag dem Grunde nach nur zu $^2/_3$ für gerechtfertigt erklärt worden ist, und der Kläger später weiterhin Zahlung von 500 RM mit der Begründung verlangt, daß es sich um einen Teilbetrag handle, der $^2/_3$ der Gesamtforderung nicht erreiche. Der Streitwert des **Offenbarungseidverfahrens** wurde früher mitunter auf den vom Gläubiger angegebenen Teilbetrag bemessen, auch wenn er vorher uneingeschränkt die Zwangsvollstreckung versucht hatte, KG JW 30, 194[57]; OLG Rostock JW 31, 1832[19]. Das Verfahren wurde dann als durch Zahlung dieses Teilbetrages beendet angesehen, OLG Hamburg JW 34, 2503[6]. Eine andere Ansicht, der beizutreten ist, läßt die volle Summe des noch bestehenden Vollstreckungsanspruchs (mindestens den Betrag, dessentwegen fruchtlos vollstreckt worden ist) maßgebend sein, OLG Königsberg JW 31, 1114[26]; HRR 35, 1714; OLG Jena JW 33, 2224[8]; JVBl 35, 85. Eine Mittelmeinung schätzt den Streitwert des Offenbarungseidverfahrens gemäß § 3 ZPO, LG Frankfurt a. M. JW 33, 1612[3]; OLG Jena JW 35, 1047[26]; KG JW 35, 1642[22] = DJ 35, 456; LG Dresden JW 36, 205[28]. Bei der Forderung eines Mindestbetrags ist nur dieser maßgebend, RG Warn 12, 251. Bei einer angekündigten Klageerweiterung tritt nach § 281 ZPO die Rechtshängigkeit mit der Zustellung eines den Erfordernissen des § 253 Abs. 2 Nr. 2 ZPO entsprechenden Schriftsatzes oder dessen Zustellung gemäß § 496 Abs. 1 und 4 ZPO ein. In diesem Falle erhöht sich also die Prozeßgebühr des Gerichts mit der Zustellung; das gilt auch für den Fall, daß das Gericht demnächst die Verhandlung über den erweiterten Antrag wegen Nichtzahlung der Prozeßgebühr gemäß § 74 Abs. 2 Satz 3 GKG ablehnt, KG JW 21, 981[10]. Wegen der Widerklage s. Anm. 51.

7. Bei **Wahlklagen** kommt nach der herrsch. M. nur ein Anspruch zum Ansatz, und zwar entweder der mindere oder der höhere, je nachdem dem Beklagten oder dem Kläger die Wahl zustehen soll, RG 55, 81; *aM* LG Berlin JW 31, 2451; JVBl 33, 229: Zusammenrechnung. Bei dem Nebeneinanderbestehen von Haupt- und Hilfsantrag ist der Anspruch maßgebend, der den höheren Wert besitzt, RG JW 37, 228[11] (ebenso die herrsch. M.). Das gleiche gilt, wenn eine einstw. Verf., hilfsweise ein Arrest, beantragt wird, KG JW 26, 722[2]. Wird nach dem geringeren Hilfsantrag, oder nach dem geringeren Hauptantrag entschieden, so sind dem Kläger die Mehrkosten aufzuerlegen, die durch den höheren Antrag entstanden sind, Müller JW 31, 2452; OLG Breslau JW 31, 3575[23]. Wenn der Kläger zwei Anträge, und zwar den zweiten mit der Bedingung stellt, daß die Vollstreckung aus dem ersten nicht zu seiner Befriedigung führen sollte, wie z. B. bei der Klage auf Herausgabe von Sachen, im Unvermögensfall auf Zahlung von Wertersatz, ist über beide Anträge zu entscheiden; der Streitwert bemißt sich dann nach der Summe der Werte beider Anträge, LG I Berlin JW 29, 1695[1]; JW 31, 2451; *aM* OLG Hamburg Rsp 39, 29, das nur den Zahlungsantrag maßgebend sein läßt. Wird aber mit dem zweiten Antrage dem Beklagten nur eine Ersatzbefugnis (facultas alternativa) eingeräumt, so bildet nur der erste Antrag den Streitgegenstand, OLG Breslau Rsp 6, 372.

8. Bei der Klage auf Rechnungslegung kann der Streitwert den Wert des Anspruchs, der durch die Rechnung begründet werden soll, nicht übersteigen. Der nach dem Interesse des Klägers an der Rechnungslegung zu bemessende Wert ist gemäß § 3 ZPO frei zu schätzen, KG JW 32, 2893[3]; maßgebend ist das Interesse, das der Kläger daran hat, daß ihm durch die Rechnungslegung die Begründung des Anspruchs erleichtert wird, RG JW 33, 2769[9]; 34, 2771[10] (und zwar will OLG Kiel HRR 32, 549 mit Unrecht den Anspruch bewerten nach den Unterlagen, die z. Z. der Klageerhebung vorhanden sind, ohne daß eine Heraufsetzung soll erfolgen können, wenn sich nachträglich herausstellt, daß es sich um einen größeren Kreis von Geschäften handelt, als ursprünglich angenommen worden war; vgl. dagegen Breuer DDJ 39, 641 II 4). Das gleiche gilt auch für die übrigen vorbereitenden Klagen, so für die Klage auf Vorlegung eines Inventars, auf Ausstellung, Anerkennung oder Herausgabe von Urkunden, Mietverträgen, Depotscheinen, Lebensversicherungspolicen, Stammanteilscheinen, RG JW 02, 358[1]; Hypothekenbriefen RG JW 02, 358[1]; OLG Stuttgart JW 28, 2800[30]; Grundschuldbriefen, OLG Rostock MecklZ 33, 344, einer Quittung über eine unstreitig geleistete Zahlung, auf Herausgabe eines Nachlaßverzeichnisses, auf Vorlegung der Geschäftsbücher, auf Auskunft über eine Erbschaft, OLG Naumburg, Hamburg Rsp 15, 52; 17, 75, wobei die Schwierigkeiten des Klägers bei der Ermittelung des Bestandes der Erbschaft als Maßstab des Interesses abzuwägen sind, RG Recht 07, 313, andrerseits aber auch der beschworene Bestand des Nachlasses, nicht sein behaupteter Bestand zu berücksichtigen ist, OLG Marienwerder Rsp 23, 68; OLG Kiel JVBl 33, 232 bringt Grundstücksbelastungen in Abzug; auf Mitteilung eines Buchauszugs zwecks Feststellung der Provisionen eines Agenten, RG Recht 07, 1538; RG JW 34, 2771[10], wo ferner ausgesprochen wird, daß für den Streitwert der RevInst., wenn der Bekl. zur Rechnungslegung verurteilt worden ist, das Interesse des Bekl. an der Nichtlegung der Rechnung maßgebend ist, ebenso RG JW 33, 2769[9] und DRpflRspr 37, 174, wo der VII. ZS. das Interesse des Beklagten nach oben begrenzt durch das Interesse des Klägers und ausspricht, daß die Höhe der hinter der Klage stehenden Hauptforderung nicht von ausschlaggebender Bedeutung ist, während der I. ZS. das Interesse des Klägers auf höchstens $^1/_{10}$ des Hauptanspruchs schätzt: SeuffA 36, 133 = HRR 36, 421; s. Anm. 54. Den Anspruch auf Herausgabe eines Sparkassenbuches bewertet

LG Berlin JVBl 37, 65 auf den vollen Betrag des Guthabens, während OLG Hamburg JVBl 37, 247 nach § 3 ZPO schätzt.

Für das Verfahren betr. Vollstreckbarkeitserklärung eines Schiedsspruches maßgebend ist der Gegenstand, wegen dessen Vollstreckung begehrt wird, KG JW 36, 3330[31]. Für die auf Aufhebung eines Schiedsspruchs abzielende Klage ist maßgebend das Interesse des Klägers an der Aufhebung, RG Warn 30, 362; OLG Stuttgart JW 33, 1542[13]. Der Wert des Anspruchs, über den das Schiedsgericht entscheiden soll, ist bei dem Streite über das Bestehen eines Schiedsvertrags oder über die Verpflichtung des Gegners zur Ernennung eines Schiedsrichters oder bei Ablehnung eines Schiedsrichters oder beim Rechtsstreit auf Unterzeichnung eines Schiedsspruchs durch einen Schiedsrichter nicht ohne weiteres maßgebend, RG 41, 362; OLG Kiel Rsp 19, 166; HRR 32, 2302; DRZ Rsp 33, 449 (bedenklich). Bei der Klage auf Feststellung, daß über einen Schadenersatzanspruch nicht ein Schiedsgericht, sondern das ordentliche Gericht zu entscheiden habe, ist nicht der Wert des künftigen Schadenersatzanspruchs, sondern das Interesse, daß jetzt das Gericht für zuständig erachtet werde, maßgebend, OLG Hamburg Rsp 15, 49. Bei der Klage auf Aufhebung eines Schiedsspruchs ist die Aussicht, später obzusiegen, für die Bewertung des Interesses maßgebend, OLG Hamburg Rsp 35, 24.

9. Der Wert bedingter Ansprüche ist nach der Wahrscheinlichkeit des Eintritts der Bedingung zu schätzen, RG JW 96, 187[1]. Bei Rentenklagen ist die Regreßforderung des Beklagten an einen Dritten nicht abzuziehen, RG JW 02, 161[1].

10. Für den Wert einer Klage auf Eintragung oder Beseitigung einer Vormerkung ist nach § 6 ZPO der volle Betrag der sicherzustellenden Forderung maßgebend, LG Berlin JVBl 38, 238 berücksichtigt gegebenenfalls auch den vollen Betrag des Kostenpauschbetrages (*aM* KG DRpflRspr 37 Nr. 175, das im Fall der Auflassungsvormerkung nach § 3 ZPO auf $^1/_3$ des Grundstückswerts schätzt; weniger noch OLG Kiel DRM 39 Nr. 144; vgl. auch Berndt DDJ 38, 720 III); der Streitwert der einstweiligen Verfügung auf Eintragung eines Widerspruchs ist dagegen gemäß § 3 ZPO geringer zu bemessen, LG Berlin JW 37, 2465[21]; vgl. auch OLG Kiel BBl 31, 270. Dagegen nimmt OLG Hamburg Rsp 17, 76 an, daß der Wert der Klage auf Löschung eines Widerspruchs gegen die Löschung einer Sicherungshypothek dem der Hypothek gleichkommt. Beim Streit über ein Verfügungsverbot (oder eine Verfügungserlaubnis) ist das volle Guthaben oder Vermögen maßgebend, LG Berlin JVBl 36, 271; *aM* OLG Kiel DRpfl Rspr 38 Nr. 119. Bei der Klage auf Löschung eines Nießbrauchsrechtes ist der Streitwert nach dem Rohertrage für die Dauer des Rechts ohne Rücksicht auf die Hypothekenzinsen festzusetzen, KG Rsp 29, 18.

11. Ergibt der Klageantrag, daß es sich nur um Art, Ort oder Zeit der Erfüllung handelt, so entscheidet richterliches Ermessen, und für dieses ist das Interesse des Klägers an der beanspruchten Erfüllungsweise maßgebend, RG 118, 324; JW 27, 2129[28]; KG KGBl 13, 20; OLG Rostock Rsp 35, 26 betr. Zahlungsfrist; vgl. aber OLG Stuttgart Rsp 2, 430. Wird darüber gestritten, ob Urkunden (Handelsbücher) an dem Orte, wo sie sich befinden, oder an einem anderen Orte einzusehen seien, so besteht der Streitgegenstand in den Transportkosten, RG 2, 403.

12. Bei Ablehnung eines Richters wird der Wert des Beschwerdegegenstandes im allgemeinen niedriger angenommen als der des Streitgegenstandes im Prozesse; dem steht aber entgegen, daß bereits die Gebühr nach § 23 Ziff. 8 RAGebO ermäßigt ist.

13. Bei der positiven Feststellungsklage ist grundsätzlich das Interesse des

Klägers an der Feststellung nach § 3 ZPO abzuschätzen, RG JW 36, 2710[9]; OLG Naumburg JW 36, 2574[58]. Ist auf Feststellung einer summenmäßig angegebenen Forderung geklagt, so deckt sich der Streitwert in der Regel mit dem Nennwerte der Forderung, OLG München JW 27, 1500[14]; KG ZZP 52, 301. In allen anderen Fällen ist der Wert des Anspruchs vom Gerichte nach freiem Ermessen festzusetzen. Dies trifft besonders zu, wenn Feststellung eines Schadenersatzanspruchs begehrt wird, ein Schaden aber zur Zeit noch nicht nachweisbar ist, RG Gruch 52, 1113. Das Interesse bei der Feststellung der Verpflichtung zum Ersatze künftigen Schadens besteht z. B. in der Abwendung der Verjährung und Erschwerung späterer Beweisführung und ist danach zu schätzen. Bezweckt die Klage die unmittelbare Realisierung der streitigen Leistung, so fällt ihr Streitwert doch nicht mit dem der entsprechenden Leistungsklage zusammen; der Wert der künftigen Leistungen bildet nur einen Faktor, der bei der Festsetzung des Wertes nach § 3 ZPO mit zu berücksichtigen ist, RG JW 36, 2710[9]; OLG Jena Rsp 37, 81. Dies gilt besonders bei dem Antrag, allen Schaden zu ersetzen, den der Kläger durch einen Unfall erlitten hat, wobei die Ersatzleistungen sich in die Zukunft erstrecken und von wechselnden Verhältnissen abhängig sein können, RG Warn 12, 46; JW 08, 13[15]; 12, 41[37]; OLG Kiel DAutoR 35, 105; OLG Naumburg JW 39, 244[36]. Das Interesse an der Feststellung der Unzulässigkeit der Kündigung einer erst später fälligen Forderung oder des früheren Bestehens einer Forderung deckt sich nicht mit der Forderung, RG JW 05, 206[11]; OLG Hamburg, München Rsp 23, 70; bei der Schätzung sind die Schwierigkeiten und Unkosten einer anderweiten Beschaffung des Kapitals zu berücksichtigen, OLG Rostock MecklZ 33, 85. Über Feststellung der Unwirksamkeit der Kündigung eines Gesellschafters, OLG München Rsp 29, 7. Besteht bei der Feststellungsklage unter den Parteien von vornherein Einverständnis, daß der Bekl. auch im Falle des Nichtbestehens des geltend gemachten Anspruchs zu Leistungen verpflichtet ist, so bestimmt sich der Streitwert nach dem Unterschied zwischen den beiden danach in Betracht kommenden Beträgen, weil die Parteien nur insoweit ein Interesse an der Feststellung haben, OLG Kassel HRR 36 Nr. 1192. Bei einer Klage auf Feststellung der Verpflichtungen zur Gewährung von Versicherungsschutz, zur Freistellung von allen Ansprüchen des Verletzten gegen den Versicherungsnehmer im Rahmen des Versicherungsvertrages und zur Gewährung von Rechtsschutz in dem Rechtsstreit des Verletzten gegen den Versicherungsnehmer ist der Streitwert nach § 3 ZPO festzusetzen, RG DRpflRspr 37 Nr. 23; vgl. auch RG 141, 313. Bei der Feststellungsklage bleibt der Streitwert regelmäßig während des Rechtszuges derselbe; eine nachträgliche Verbesserung der Erkenntnisquellen zur Ermittlung des Werts ändert nicht den Wert, der nach den Erkenntnisquellen z. Z. der Klageerhebung zu bestimmen ist, OLG Kiel HRR 33 Nr. 1526. Der Streitwert einer Feststellungsklage über das Bestehen einer am Entschuldungsverfahren beteiligten Forderung ist nach OLG Kiel Md RRAK 37, 45; DRpfl Rspr 38 Nr. 844 nicht gleich dem Betrage der Forderung, sondern geringer. Bei der Zwischenfeststellungsklage ist der Streitwert nicht begrenzt durch den Wert des ursprünglichen Streitgegenstandes, dessen Zu- oder Aberkennung von dem Bestehen oder Nichtbestehen des festzustellenden Rechtsverhältnisses abhängig ist, RG JRdsch 35, 814. Einen Sonderfall behandelt RG JW 30, 755[3]; der Streitwert für die vom RG für unzulässig gehaltene Feststellungsklage, daß Miete und nicht Pacht vorliege, ist danach zu berechnen, ob die Klärung künftiger Mietzinsansprüche davon abhängt. Der Streitwert der Klage auf Feststellung, daß ein gerichtlicher Vergleich rechtswirksam ist, ist gemäß § 3 ZPO zu schätzen nach dem Interesse, das der Kläger an dem Bestehenbleiben des Vergleichs hat, KG JW 37, 1082[36]. Der Übergang von der Feststellungs- zur Leistungsklage bewirkt in der Regel nur eine Verschiebung des Streitwerts von der einen Klageart auf die andere; eine Erhöhung des Streitwerts wird dadurch nicht notwendig begründet, OLG Düsseldorf JVBl 38, 134.

Ein Vorkaufsrecht bemißt sich nicht nach dem Sachwerte (§ 6 ZPO), sondern nach dem Interesse des Klägers, auch wenn ein Nebenantrag auf Löschung des Rechtes im Grundbuche gestellt worden ist, RG JW 00, 339[1]. Wird das Grundstück selbst beansprucht, so kommt dessen Wert in Betracht, RG JW 02, 181[3], und zwar ohne Rücksicht auf den gegen Überlassung des Grundstücks zu zahlenden Preis, RG SeuffA 42, 467. Dieselben Grundsätze gelten auch für das Wiederkaufsrecht.

Bei der Klage auf Feststellung einer Bürgschaftsverbindlichkeit kommt es wie beim § 6 ZPO darauf an, ob und in welchem Umfange der Bürge haftet, nicht darauf, wieviel er voraussichtlich einmal zu bezahlen hat, RG 25, 366; OLG Hamburg KG Rsp 13, 71; 15, 53; 25, 46; JW 33, 2402[10].

Bei einer Klage auf Feststellung der Gültigkeit eines Versicherungsvertrags wird der Streitwert weder durch die Summe der für die ganze Dauer des Versicherungsvertrags zu zahlenden Prämien, OLG Rostock MecklZ 33, 343 (bedenklich), noch durch den vollen Betrag der Versicherungssumme gebildet, sondern gemäß § 3 ZPO nach freiem Ermessen des Gerichts festgesetzt, KG ZZP 17, 387; OLG München BayZ 15, 276; SeuffA 70, 332; vgl. auch OLG Köln JW 20, 58[3], ferner Anm. 54.

14. Bei der negativen Feststellungsklage bestimmt sich der Streitgegenstand danach, welche Rechte des Beklagten der Kläger verneint wissen will oder welche Rechte der Beklagte im Gegensatz zur Klagebehauptung in Anspruch nimmt. Für die Geltendmachung eines Anspruchs und für die negative Feststellungsklage hinsichtlich dieses Anspruchs ist der gleiche Streitwert anzunehmen; das gilt auch für die Klage auf Feststellung der Nichtigkeit der die Vaterschaft und die Unterhaltspflicht des Erzeugers anerkennenden Erklärung, OLG München JW 34, 306[4]. Regelmäßig wird der Streitgegenstand erst unter Berücksichtigung der Angaben des Beklagten festgestellt werden können. Der vom Beklagten einmal angegebene höchste Wert kann nicht beibehalten werden, wenn der Beklagte später niedrigere Beträge angibt; *aM* KG JW 38, 2617[4]. Bei Klagen auf Feststellung des Nichtbestehens einer Schuldverbindlichkeit des Klägers ist der Streitwert durch den Betrag des Anspruchs gegeben, dessen sich der Beklagte berühmt hat, RG 71, 69; RG JVBl 38, 40; KG JW 25, 1144[18]; LG Berlin BBl 32, 236; *aM* OLG Kiel ebenda; OLG Naumburg JW 36, 2574[58]. Daher ist der Wert der neg. Feststellungs-Widerklage, wenn der Kläger Schadenersatz wegen Nichterfüllung beansprucht, nach dem Schadenanspruche, nicht nach dem Erfüllungsanspruche zu berechnen, OLG Kiel, Rsp 15, 254. Ist eine bestimmte Summe nicht angegeben, dann ist der Wert des Anspruchs nach freiem Ermessen zu schätzen, OLG Kiel JVBl 35, 230. Dasselbe soll gelten, wenn der Beklagte sich einer offenbar übertriebenen Forderung berühmt, OLG Rostock Rsp 37, 4; OLG Königsberg JW 31, 1831[18], oder ihre Höhe geschätzt hatte, OLG Stuttgart JW 33, 2228[19]; OLG Kiel DRpfl Rspr 38 Nr. 31. Ihre Grenze findet die Berücksichtigung des vom Bekl. behaupteten Anspruches in dem Interesse des Klägers, KG JVBl 35, 293. Der Streitwert der Klage auf Feststellung der Nichtigkeit eines Testaments richtet sich nach dem Interesse des Kl. daran, daß das angefochtene Testament nichtig ist, seine Ansprüche sich also nach dem früheren bestimmen, OLG Kiel JVBl 34, 171; RG DRpfl Rspr 36 Nr. 600. Bei der Klage auf Feststellung der Unverbindlichkeit oder Nichtigkeit eines Vertrages sind nicht die beiderseits gewährten oder zurückzugewährenden Leistungen maßgebend, sondern der Wert, den die von dem klagenden Teil begehrte Beseitigung des Vertrags für ihn hat, RG 52, 427; 66, 330; JW 37, 34[12]; OLG Naumburg JW 36, 522[27]; OLG Rostock Rsp 37, 80. Sein Interesse besteht z. B. darin, keine Leistung gegen Empfang der Gegenleistung aus dem Vertrage machen zu müssen, OLG Braunschweig Rsp 17, 75; RG 40, 407, oder in den Kosten, die die Wiederbeschaffung der schon gemachten Leistungen erfordern würde, OLG München Rsp 23, 66, oder in der Befreiung von der Verpflichtung, eine Entschädigung im Falle grundloser Nichterfüllung leisten zu müssen, OLG Rostock Rsp 27, 10. Eine Klage auf Feststellung, daß der Gegner aus einem Vertrage keine Ansprüche mehr herleiten kann, läßt sich hilfsweise als Vertragskündigung auffassen. Bei negativen Feststellungsklagen ist der Streitwert des Duldungsanspruchs gegen den Ehemann gleich dem vollen Wert des Feststellungsanspruchs, RG JW 36, 1999[79]. Siehe auch Anm. 22.

15. Bei der Klage auf Zahlung eines Schadenbetrags, dessen Festsetzung dem richterlichen Ermessen überlassen wird, ist der Streitwert nicht nach dem zugesprochenen Betrage, sondern nach freiem Ermessen festzusetzen, OLG Nürnberg BBl 31, 178. Ist aber eine bestimmte Summe verlangt und nur deren Ermäßigung dem Gericht überlassen, so ist die geforderte Summe maßgebend, OLG Darmstadt JW 28, 125[12]. Wird die Höhe des Schmerzensgeldes in das Ermessen des Gerichts gestellt, so ist die in der Klagebegründung enthaltene Angabe, daß ein Schmerzensgeld von x RM angemessen sein dürfte, nicht als Mindestbetrag des Streitwerts anzusehen, OLG Zweibrücken JW 37, 1433[38]; *aM* OLG Köln JW 38, 2286[21]. Ist der Schaden in der Klage nicht beziffert worden, so kommt es nicht darauf an, ob und in welcher Höhe ein Schaden entstanden ist, sondern darauf, in welcher Höhe der Kläger sich eines Schadensersatzanspruches berühmte, RG JW 27, 893[4]; vgl. auch RG 140, 211 = JW 33, 1725[11].

16. Bei Anfechtungsklagen außerhalb des Konkurses bestimmt sich der Streitgegenstand nach dem Interesse des Klägers an der Befriedigung aus der anfechtbar übertragenen Sache, deren Belastungen als wertmindernd abzuziehen sind; seine Forderung nebst Zinsen und sonstigen Nebenforderungen bildet den Höchstbetrag seines Interesses, RG 151, 167; JW 36, 2091[23]; LG Berlin JBBl 37, 67. Ist der Wert der Sache geringer, so kommt nur dieser in Betracht, RG Recht 20 Nr. 695; RG 151, 167. Bei Anfechtungsklage aus dem AnfG, die auf Grund eines Schuldtitels über einen gesetzlichen Unterhaltsanspruch erhoben wird, wendet RG 139, 238 = DRZ Rsp 33 Nr. 312 nicht § 10 Abs. 2 GKG, sondern §§ 3, 9 ZPO an. Bei Anfechtungsklagen des Konkursverwalters ist, weil dieser die durch das angefochtene Rechtsgeschäft veräußerten Gegenstände ganz für die Konkursmasse in Anspruch nimmt, stets der Wert maßgebend, den die zurückzugewährenden Gegenstände für die Konkursmasse haben; dieser Wert ist nach § 3 ZPO zu ermitteln; Hypotheken mindern den Wert eines zurückzugebenden Grundstücks, RG 151, 319 = JW 36, 2798[9]; DRpflRspr 37 Nr. 22. Ficht aber der Konkursverwalter eine Pfändung an, so ist wie bei einer Klage aus § 771 ZPO sein Interesse unter entsprechender Anwendung von § 6 ZPO zu bewerten, RG JW 10, 114[18]; LG Berlin JBBl 37, 66.

Bei Widersprüchen gegen den Teilungsplan ist das Interesse des Klägers maßgebend, mit seiner Forderung vor dem Beklagten in die hinterlegte Summe angewiesen zu werden. Gegenstand einer Beschwerde gegen die Entscheidung über Einwendungen aus § 766 ZPO ist das Pfandrecht an dem gepfändeten Gegenstande, *aM* (für Anwendung des § 3 ZPO) OLG München ZZP 54, 114.

17. Der Streitwert der Klage eines Miterben gemäß § 2039 BGB ist nach dem gesamten Anspruch, nicht nur nach dem Anteil des Miterben zu bemessen, RG 149, 193 = JW 36, 648[11]. Der Streitwert der Klage eines Miterben gegen einen anderen Miterben auf Auflassung an die Erbengemeinschaft richtet sich nach dem vollen Wert des Grundstücks abzüglich des Teils, der dem Erbteil des Beklagten entspricht, RG JW 37, 228[11]. Entsprechendes gilt bei einer Zahlungsklage, RG DRpfl Rspr 37 Nr. 568. Macht aber ein Gläubiger-Miterbe eine ihm gegen den Nachlaß zustehende Forderung gegen einen Miterben geltend, dann muß für die Streitwertberechnung der Anteil des klagenden Gläubiger-Miterben an der den Nachlaß belastenden Schuld außer Betracht bleiben, RG 156, 263 = JW 38, 243[16]. Auch bei der Klage eines Dritten gegen ein sich weigerndes Mitglied einer Erbengemeinschaft auf Erteilung der Löschungsbewilligung bzgl. einer für die Erbengemeinschaft eingetragenen Hypothek ist der volle Betrag der Hypothek als Streitwert festzusetzen, nicht nur der Anteil des sich weigernden Miterben an der Hypothek, OLG Naumburg JW 36, 2169[57]. Bei Mietsklage gegen einen oder mehrere Miterben ist Streitwert der volle Betrag des geltend gemachten Anspruchs, KG JWBl 35, 181 = JW 35, 1579[19]; bei Klage auf Zustimmung zur Aufhebung der Erbengemeinschaft gegen einzelne Erbbeteiligte: die ganze Erbmasse, OLG Nürnberg Bürobl. 31 S. 269. Der Streitwert einer Klage, mit der von einem Miterben die Feststellung der Richtigkeit eines Testamentes begehrt wird, richtet sich nach dem Interesse des klagenden Miterben allein an der verlangten Feststellung, RG DRpfl Rspr 36 Nr. 600. Die einstweilige Verfügung auf Bestellung eines Sequesters ist beim Streit zwischen Miterben auf $^1/_5$ des Wertes eines von den Antragstellern gegen den Antragsgegner erhobenen Anspruchs auf Auflassung an die Erbengemeinschaft zu bewerten, LG Berlin JW 38, 1843[57]. Bei der Klage eines Miteigentümers auf Feststellung seines Miteigentums kommt nur der Wert seines Anteils in Betracht, RG Warn 12, 496. Für die Berechnung des Wertes eines Erbanteils kommt nur die reine Teilungsmasse nach Abzug der Schulden in Betracht, RG 33, 427; 38, 421. Ist lediglich der Zeitpunkt, in dem die Teilung erfolgen soll, streitig, so entscheidet das Interesse des Klägers an der Zeit der Teilung, nicht die Größe der Teilungsmasse. Ist bei einer Klage auf Teilung gemeinschaftlicher Grundstücke nur streitig, ob geteilt werden soll, so bildet den Wert des Streitgegenstandes nicht der Wert des Miteigentums des Klägers, sondern sein Interesse an Aufhebung der Gemeinschaft. Entsprechendes gilt bei der Klage auf Aufhebung der Gütergemeinschaft, OLG Karlsruhe Rsp 15, 51; OLG München ZZP 52, 302, und bei der Klage auf Auflösung einer Gesellschaft m. b. H. Die Höhe der gesellschaftlichen Beteiligung des Klägers ist nicht ohne weiteres diesem Interesse gleich. Auf den vollen Betrag der Stammeinlage würde der Streitwert nur dann festzusetzen sein, wenn die Auflösung erstrebt wird, um den gänzlichen Verlust der bisher unversehrten Einlage zu verhüten, RG JW 01, 395[2]; OLG Dresden Rsp 31, 5. Für die Klage auf Ausschluß eines Gesellschafters ist von der Einlage auszugehen, die durch Verluste gemindert sein kann, OLG Hamburg Rsp 31, 4.

18. Bei Einklagung einer Forderung ist es für die Bemessung des Streitwerts gleichgültig, ob die Forderung mit Rücksicht auf die Vermögensverhältnisse des Schuldners oder sonstige Gründe einziehbar ist, RG 25, 367. Dies gilt auch, wenn im Urteile dem Erben, gegen den die ganze Forderung eingeklagt ist, die beschränkte Haftung vorbehalten wird und der Nachlaß überschuldet ist, RG 54, 412.

19. Über die Wertbemessung nach § 3 ZPO bei den Klagen auf Herausgabe von Urkunden s. unten Anm. 54.

20. Entscheidungen über die Prozeß- und Sachleitung einschließlich der Bestimmung oder Änderung von Terminen oder Fristen werden nach OLG Kassel ZZP 18, 267 nicht nach dem Werte der Hauptsache, sondern nach dem Interesse des Antragstellers an der begehrten Entscheidung, z. B. an der Verlegung des Termins, nach freiem richterlichen Ermessen bewertet; dem steht aber entgegen, daß bereits die Gebühr nach § 23 Ziff. 5 RAGebO ermäßigt ist.

21. Bei Ansprüchen auf Leistung aus gegenseitigen Verträgen bestimmt sich der Wert nach der geforderten Leistung, RG JW 31, 1047[1], ohne Abzug der Gegenleistung (s. Anm. 4).

22. Bei der Klage auf Auflösung eines gegenseitigen Vertrags ist das Interesse des Klägers nach § 3 ZPO abzuschätzen. Insbesondere ist bei einer Klage auf Rücktritt von einem Kaufvertrage nicht der Wert oder der vertragliche Preis der verkauften Sache maßgebend, sondern das Interesse ist in jedem einzelnen Falle besonders zu ermitteln und nach § 3 ZPO zu bestimmen, RG JW 00, 179[1]; 02, 248[1]. Den Streitwert einer Klage (infolge Rücktritts vom Kaufvertrag) auf Rückauflassung und Hypothekenbeseitigung bemißt KG KGBl 33, 137 (abweichend vom RG) auf den Wert der Rückauflassung. Bei der Klage auf Nichtigkeit eines Vertrags infolge Anfechtung ist das Interesse des Klägers an der Beseitigung des Vertrages zu bewerten, OLG Rostock Rsp 37, 80. Wird mit der Auflösungsklage der hingegebene Wert zurückgefordert, so ist dieser maßgebend, RG 40, 407. Verlangt Kl. zugleich den Besitz der streitigen Sache, so ist nach § 6 ZPO deren Wert maßgebend. Jedenfalls darf, wenn neben der Klage auf Aufhebung noch weitere ziffernmäßig bestimmte Ansprüche geltend gemacht werden, der festzusetzende Streitwert nicht hinter deren Betrage zurückbleiben, RG JW 04, 64[26]. Ebenso ist bei der Wandlungsklage das Interesse des Klägers an der Auflösung des Vertrags maßgebend, Hamburg Recht 07, 1261; es ist also der Vermögensunterschied vor und nach der Rückgängigmachung des Vertrags festzustellen, RG Gruch 49, 1005; OLG Königsberg Recht 06, 380; OLG München Rsp 29, 222; OLG Kiel DRZ Rsp 33 Nr. 236. Wird auf Rückzahlung der Anzahlung geklagt, so ist deren Betrag zunächst maßgebend und daneben noch zu prüfen, ob die nachteiligen Folgen des Kaufes darüber hinausgehen, OLG Braunschweig Rsp 11, 166. Der Streitwert der Wandlungsklage auf Rücknahme des Grundstücks und Rückzahlung der Anzahlung ist auf den Kaufpreis anzunehmen, OLG Kiel JVBl 35, 236. Bei der Klage auf Rückauflassung Zug um Zug gegen Rückzahlung des Kaufpreises ist der Streitwert auf den Wert des Grundstücks ohne Abzug der Lasten festzusetzen, KG JVBl 32, 29.

23. Der Streitwert der Klage eines Aktionärs auf Anfechtung eines Hauptversammlungsbeschlusses wird nach § 199 Abs. 6 AktG v. 30. 1. 37 (RGBl I 107) vom Prozeßgericht nach den gesamten im einzelnen Fall gegebenen Verhältnissen unter Berücksichtigung des Interesses der Gesellschaft an der Aufrechterhaltung des angefochtenen Beschlusses bestimmt; dasselbe gilt für die Klage auf Feststellung der Nichtigkeit eines Hauptversammlungsbeschlusses, § 201 Abs. 1 AktG; vgl. hierzu RG 157, 62 = JW 38, 1035[31] — Geltung in Österreich s. VO v. 11. 4. 38 (RGBl I 385), VO v. 2. 8. 38 (RGBl I 988), in den sudetendeutschen Gebieten s. VO v. 3. 12. 38 (RGBl I 1725). Bei Anfechtungsklagen gegen Beschlüsse von GmbH-Gesellschafterversammlungen bildet der Wert der Geschäftsanteile des Klägers die obere Grenze des Streitwerts, RG JW 34, 3129[8].

24. Bei Popularklagen auf dem Gebiete des Patent- und Gebrauchsmusterschutzes richtet sich der Wert des Streitgegenstandes nicht nach dem Interesse des Klägers, sondern nach dem Werte des Patents oder Musters, RG JW 02, 131[31], LZ 13, 219, 473

PatG § 53. (1) Macht in einer Patentstreitsache eine Partei glaubhaft, daß die Belastung mit den Prozeßkosten nach dem vollen Streitwert ihre wirtschaftliche Lage erheblich gefährden würde, so kann das Gericht auf ihren Antrag anordnen, daß die Verpflichtung dieser Partei zur Zahlung von Gerichtskosten sich nach einem ihrer Wirtschaftslage angepaßten Teil des Streitwerts bemißt. Die Anordnung hat zur Folge, daß die begünstigte Partei die Gebühren ihres Rechtsanwalts ebenfalls nur nach diesem Teil des Streitwerts zu entrichten hat. Soweit ihr Kosten des Rechtsstreits auferlegt werden oder soweit sie diese übernimmt, hat sie die von dem Gegner entrichteten Gerichtsgebühren und die Gebühren seines Rechtsanwalts nur nach dem Teil des Streitwerts zu erstatten. Soweit die außergerichtlichen Kosten dem Gegner auferlegt oder von ihm übernommen werden, kann der Rechtsanwalt der begünstigten Partei seine Gebühren von dem Gegner nach dem für diesen geltenden Streitwert beitreiben.

(2) Der Antrag nach Abs. 1 kann vor der Geschäftsstelle des Gerichts zur Niederschrift erklärt werden. Er ist vor der Verhandlung zur Hauptsache anzubringen. Danach ist er nur zulässig, wenn der angenommene oder festgesetzte Streitwert später durch das Gericht heraufgesetzt wird. Vor der Entscheidung über den Antrag ist der Gegner zu hören.

Eine Patentstreitsache im Sinne des § 53 PatG liegt auch dann vor, wenn der Anspruch vor dem 1. 10. 36 nicht im damaligen PatG geregelt war, sondern aus allgemeinen Bestimmungen des bürgerlichen Rechts abgeleitet wurde, RG GewRschutz 39, 53. Ist z. Z. der 1. mündlichen Verhandlung ein Streitwert weder angenommen noch festgesetzt, ergibt sich aus der Klage (Widerklage) auch nicht zweifelsfrei, daß die voraussichtliche Kostenlast die wirtschaftliche Lage des Antragstellers übersteigt, so sind die Voraussetzungen des § 53 Abs. 2 S. 2 PatG jedenfalls dann als gewahrt anzusehen, wenn der Antrag aus Abs. 1 vor der der Annahme oder Festsetzung des Streitwerts folgenden Sachverhandlung gestellt wird, RG GewRschutz 38, 41.

Bei der Klage auf Löschung eines Gebrauchsmusters ist das Interesse des Klägers nicht nach dem Gewinne zu bemessen, den der Beklagte aus seinem Gebrauchsmuster zieht, sondern nach der Bedeutung, die die Beseitigung der Konkurrenz für den Kläger hat.

25. Bei Klagen eines Gesellschafters gegen den anderen auf Befreiung von Gesellschaftsschulden beim Ausscheiden aus der Gesellschaft bildet der Gesamtwert der Schulden den Streitwert, RG JW 98, 2[1].

26. Anerkannt ist die Anwendbarkeit des § 3 ZPO bei der Klage des Verkäufers auf Abnahme der Ware, RG 57, 400; RG JW 31, 1047[2], da es sich hierbei nicht um die Erlangung des Besitzes handelt (§ 6), sondern um dessen Erledigung, die der Kläger begehrt. Das Interesse besteht z. B. darin, daß der Beklagte die Ware aus dem Lagerraum entfernt und dadurch dem Kläger Platz schafft, RG Gruch 51, 400; JW 06, 688[8]; LZ 15, 357, oder in Erlangung des Kaufpreises. § 3 gilt ferner bei der Klage auf Entgegennahme der Auflassung, OLG Rostock Rsp 39, 27; s. Anm. 22, 53. Wird aber Auflassung auf Grund eines Tauschvertrags begehrt, so ist der Wert dieses Anspruches dem Werte des aufzulassenden Grundstücks gleichzusetzen, OLG Karlsruhe Rsp 33, 16. Das Interesse des Klägers kann z. B. darin bestehen, der Sorge für die Verwaltung und für Aufbringung der Mittel zur Deckung der Lasten enthoben zu sein. § 3 ist ferner anzuwenden bei der Klage auf Löschungsbewilligung für eine Auflassungsvormerkung, OLG Kiel SchlHA 38, 239, beim Verbot, ein bestimmtes Haus zu betreten, RG JW 04, 237[14]; bei der Klage auf Gewährung eines hypothekarisch sicherzustellenden Darlehens, OLG Dresden SächsA 25, 367, KG Rsp 25, 43; auf Abschluß einer Lebensversicherung und Zahlung der zur Begründung des Versicherungsverhältnisses erforderlichen Beträge, KG JRfPrV 37, 93, auf Herausgabe eines Lebensversicherungsscheins, LG Berlin JVBl 38, 110; bei Streit über den Abschluß eines Vertrags über Hingabe eines Darlehns, OLG Jena Rsp 31, 9, bei der Klage auf Anerkennung des Pflichtteils, OLG Naumburg NaumbAKZ 03, 42; auf Untersagung von Zeitungsinseraten und Verurteilung zur Bekanntmachung des Urteils in Zeitungen, RG JW 05, 113[10]; auf Unterlassung einer Preisunterbietung hinsichtlich einer Markenware (maßgebend die wirtschaftlichen Folgen, die eine Fortsetzung des Unterbietens für Kl. hat), OLG Celle KGBl 32, 79; KG JW 33, 2778[2]; ferner bei der Musterschutzklage, KG JVBl 32, 30, sowie bei dem Anspruche, die Übergabe eines Grundstücks an den Zwangsverwalter zu dulden, RG JW 05, 233[13]; bei dem Streite über die Aufhebung der ehemännlichen Verwaltung, RG Recht 05, 109; Gruch 49, 655; OLG München ZZP 52, 302; OLG Jena JVBl 38, 367. Aufhebung des gesetzlichen Güterstandes, OLG Nürnberg HRR 36 Nr. 1540; bei der Klage auf Eintragung der allgemeinen Gütergemeinschaft im Grundbuch, OLG Hamm Rsp 39, 28, beim Streit über angemessene Erwärmung durch Zentralheizung.

Weiter ist § 3 anzuwenden bei der Klage auf Feststellung, daß Kläger dem Aufsichtsrate einer Aktiengesellschaft angehört, RG ZZP 54, 338; bei der Klage auf Feststellung der Unwirksamkeit der Abberufung des Vorstandsmitglieds einer Genossenschaft, RG JW 16, 267[12]; bei der Klage auf Aufhebung des Ausschlusses aus einer Genossenschaft, OLG Jena JW 28, 1525[31]; OLG Kiel JVBl 35, 240.

KO § 148. Der Wert des Streitgegenstandes eines Prozesses über die Richtigkeit oder das Vorrecht einer Forderung ist mit Rücksicht auf das Verhältnis der Teilungs- zur Schuldenmasse von dem Prozeßgericht nach freiem Ermessen festzusetzen.

27. Die Vorschrift findet nur auf — einfache oder bevorrechtete — Konkursforderungen im Sinne der §§ 61 ff. KO Anwendung, also nicht auf Masseforderungen (§§ 57 ff. KO), OLG Frankfurt Rsp 31, 6; Aussonderungsansprüche (§§ 43 ff. KO.), oder Ansprüche auf abgesonderte Befriedigung (§§ 47 ff. KO), KG JVBl 35, 239. Ferner nicht auf Ansprüche auf Feststellung einer durch Absonderungsrecht gesicherten Konkursforderung; diese ist maßgebend, wenn sie vollwertig ist, RG JW 39, 498[24].

Keine Anwendung findet § 148 KO, wenn der Rechtsstreit während des Konkurses nicht betrieben, sondern nur nach Beendigung des Konkurses gegen den Gemeinschuldner fortgesetzt wird, OLG Marienwerder Rsp 25, 79.

28. Streitgegenstand in den bezeichneten Prozessen ist nicht der Nennwert der streitigen Forderung, sondern der Betrag, den der KGläubiger aus der Teilungsmasse zu erwarten hat. Maßgebend für die Schätzung der in Aussicht stehenden Konkursdividende ist nach der Regel der §§ 3, 4 ZPO der Zeitpunkt der Klageerhebung, RG Gruch 43, 1217; *aM* OLG Karlsruhe HRR 31, 1377. Für die Rechtsmittelinstanzen entscheidet der Zeitpunkt der Einlegung des Rechtsmittels. Auch § 9 Abs. 2 Satz 1 GKG kommt zur Anwendung, wenn sich bei Beendigung der Instanz die Schätzungsgrundlagen so geändert haben, daß eine Erhöhung der Streitwertfestsetzung in Frage kommt. Wird der Feststellungsanspruch (§ 146 Abs. 2 KO) durch Aufnahme eines bereits anhängigen Rechtsstreits verfolgt (§ 146 Abs. 3 KO), so ist für das Verfahren vor der Aufnahme der bisherige Streitwert, für das spätere Verfahren der Streitwert aus § 148 KO maßgebend, RG JW 93, 126[8]; 94, 114[7];

dagegen soll nach RG 76, 292; 109, 154; OLG Stettin JW 33, 1137[5] der ursprüngliche Streitwert maßgebend bleiben. Richtet sich aber die Klage auch gegen den Gemeinschuldner, so ist der volle Wert der Forderung anzusetzen, OLG Karlsruhe Rsp 15, 50. Richtet sich die Klage nur gegen den Gemeinschuldner, ist der Streitwert gleich der Forderung abzüglich der voraussichtlichen Konkursquote, weil in dieser Höhe ein Interesse des Klägers an der Feststellung ausgeschlossen ist; er erhält die auf seine Forderung entfallende Konkursdividende auch dann, wenn er in dem nur gegen den Gemeinschuldner gerichteten Feststellungsprozesse unterliegt. Für den Streitwert ist § 148 KO auch dann maßgebend, wenn der Anspruch sich richtet gegen eine offene Handelsgesellschaft, obwohl die rechtskräftige Feststellung der Forderung Rechtskraftwirkung gegen die (nicht im Konkurs befindlichen) Gesellschafter haben kann, RG SeuffA 31 Nr. 55. Betrifft der Rechtsstreit nur das Vorrecht, so besteht der Streitwert in dem Unterschiede zwischen der Konkursdividende und dem Betrage, der bei Feststellung des Vorrechts auf die Forderung entfallen würde, RG JW 27, 848[14]. Bestrittene Forderungen, auf deren Feststellung nicht geklagt worden ist, sind mit einer der Wahrscheinlichkeit entsprechenden Teilquote in die Berechnung einzustellen. Nach Recht 12 Nr. 2064 soll auch der wahrscheinliche Ausgang des Rechtsstreits berücksichtigt werden, wenn er die Dividende erheblich beeinflußt; vgl. die Berechnung RG Rsp 27, 14 Anm. 1. Wenn für eine Konkursforderung mehrere Konkursmassen gesamtschuldnerisch haften und nach Abschlagszahlungen aus mehreren Massen in einem dieser Konkurse über die Höhe des Berücksichtigungsbetrages gestritten wird, so ist Streitgegenstand der volle streitige Teil des Berücksichtigungsbetrages, auf den § 148 KO anzuwenden ist; der Streitwert kann nicht höher sein als der Forderungsrestbetrag, den der Konkursgläubiger bei voller Befriedigung noch zu erhalten hätte. RG DR 39, 1182[35].

GKG § 11. Bei nicht vermögensrechtlichen Streitigkeiten beträgt der Wert des Streitgegenstandes regelmäßig 2000 Reichsmark. Er kann nach Lage des Falles auf einen höheren Betrag, jedoch nicht über eine Million Reichsmark, oder mit Ausnahme von Ehesachen (§ 606 der Zivilprozeßordnung), auf einen niedrigeren Betrag, jedoch nicht unter 500 Reichsmark, angenommen werden.

Ist mit einem nicht vermögensrechtlichen Anspruch ein aus ihm hergeleiteter vermögensrechtlicher verbunden, so ist nur ein Anspruch, und zwar der höhere maßgebend.

29. Vermögensrechtliche Ansprüche sind solche, die entweder aus Vermögensrecht abgeleitet werden oder zwar auf nicht vermögensrechtlicher Grundlage beruhen, aber eine vermögenswerte Leistung zum Gegenstand haben, RG 144, 159 und 154, 175. Den Gegensatz bilden die nicht in Geldansprüche aufzulösenden Ansprüche, die lediglich Rechtsverhältnisse der Person betreffen, die also ausschließlich den Personenstand oder Familienverhältnisse, Ehrenrechte und Standesverhältnisse, Ehegelöbnisse, Ehesachen, Familiensachen (z. B. Herausgabe eines Kindes), Entmündigungssachen zum Gegenstande haben.

Nicht vermögensrechtliche Ansprüche sind: der Anspruch auf eine Grabstätte „in der Reihe", RG 12, 280; aus dem Namenrechte, BGB § 12, Gruch 43, 1; wegen der Mitgliedschaft bei einem Vereine, RG HRR 29, 256, der Anspruch auf Unterlassung kreditschädigender und beleidigender Äußerungen, KG JVBl 38, 238. Dagegen sind vermögensrechtliche Ansprüche: das Verlangen, eine bestimmte, käuflich erworbene Grabstätte zur Beerdigung zu benutzen, RG RDpflRspr 34, 638; die Klage auf Aufhebung des Ausschlusses aus einer Genossenschaft, RG JW 27, 690[29]; OLG Jena JW 28, 1525[31]; die Klage auf Feststellung der Zugehörigkeit des Klägers zu einem Aufsichtsrate, RG ZZP 54, 338;

HRR 28, 1728; auch der Anspruch auf Duldung eines Neubaus *aM* KG JW 30, 194[58]; die Klage wegen unlauteren Wettbewerbes, RG 40, 412; OLG München Recht 19 Nr. 617; die Klage auf Unterlassung der unbefugten Firmenführung, RG JW 02, 652[8]; wegen Eingriffs in einen Gewerbebetrieb, RG 61, 89; Ansprüche des Schriftstellers aus dem Verlagsvertrage gegen den Verleger, RG JW 04, 391[20]; Anspruch der Frau auf Aufhebung der Verwaltung und Nutznießung, RG 144, 158 = DRpflRspr 34, 392; Anspruch auf Unterlassung von herabwürdigenden Behauptungen über die vom Kl. vertriebenen Waren, Kiel JVBl 33, 232. Über die Klage auf Feststellung der unehelichen Vaterschaft als Grundlage des Unterhaltsanspruchs s. Anm. 75.

Der Streitwert des Ehestreits ist unter Berücksichtigung der Vermögens- und Einkommensverhältnisse, der Lebensstellung der Ehegatten in der Volksgemeinschaft und der Stellung des Mannes im öffentlichen Leben zu errechnen, KG JW 37, 1446[65]; DR 39, 2182[35] (bei Beamten Streitwert das halbe Jahreseinkommen, bei Angehörigen freier Berufe etwas geringer; vgl. auch Gaedeke DR 39, 2139; Klemm DR 40, 14). Als Streitwert sind 4000 RM angemessen, wenn die Gatten zusammen ein Monatseinkommen von 680 RM beziehen, und die von begüterten Eltern stammende Frau einen Bauplatz im Wert von 13000 RM besitzt, OLG Stuttgart WürttZ 37 SprB 32. Die Feststellung der Ehenichtigkeit nach erfolgter Scheidung ist keine Ehesache; bei der Festsetzung des Streitwerts ist nicht nur das Interesse des Klägers am Fortfall der Unterhaltsrente zu berücksichtigen, KG JW 36, 2476[21].

Die herrsch. M. (vgl. die im folgenden wiedergegebene Zusammenstellung in OLG Naumburg JW 37, 1084[39] und Meyer JVBl 38, 19) läßt für die Bemessung des Streitwerts entscheiden: Die sittliche Beschaffenheit der Parteien oder die soziale Stufe, auf der sie stehen, OLG Celle JW 33, 2924[8]; OLG Darmstadt JW 35, 803[43]; OLG Rostock JW 35, 1050[31], die wirtschaftlichen und die Vermögensverhältnisse der Beteiligten im Hinblick auf die wirtschaftlichen Auswirkungen des Rechtsstreits, nicht jedoch den Stand der Parteien, KG JW 34, 1590[7]; OLG Frankfurt JW 35, 2162[83]; OLG Dresden JW 35, 2518[68]; OLG Nürnberg JW 36, 1317[53], die der Abstammung zukommende Bedeutung, unter Ablehnung des Einflusses einer geringen wirtschaftlichen Auswirkung des Rechtsstreits, KG JW 35, 2161[80]; OLG Karlsruhe JW 36, 2482[29]; Berücksichtigung von wirtschaftlichen und Vermögensverhältnissen, KG JW 35, 2757[63]; OLG Celle JW 33, 2924[8]; LG Tübingen StAZ 37, 68; das Interesse der Volksgemeinschaft an der Klarstellung der Abstammungsverhältnisse, KG JW 35, 2161[80]. OLG Köln DRpflRspr 36 Nr. 787 führt dagegen aus: Unter Streitwert i. S. des § 11 GKG ist eine Schlüsselzahl zu verstehen, welche die angemessene Entlohnung der gerichtlichen und der anwaltlichen Tätigkeit gewährleistet; als Lage des Falles gelten solche Umstände, die für die Bemessung dieser Verhältnisse von Bedeutung sind, nämlich die wirtschaftlichen Verhältnisse der Parteien und die Schwierigkeit und der Umfang der geleisteten Arbeit. Dem hat sich OLG Naumburg JW 37, 1084[39] angeschlossen; s. dagegen Jonas GKG[3] § 11 Anm. 2a S. 110.

Bei Streitigkeiten auf Herausgabe eines Kindes ist der Streitwert auf 1000 RM festzusetzen, OLG München JW 35, 2758[69]; OLG Braunschweig JW 37, 577[48]; KG JW 37, 839[46]; abweichend OLG Zweibrücken JW 37, 1086[40]; OLG Kassel JW 37, 3330[45]; Darmstadt DR 39, 886[17]; bei 2 Kindern 2000 RM usw.; *aM* OLG Breslau, Königsberg und Nürnberg JVBl 32, 260, die einen einheitlichen Anspruch annehmen.

Bei Klagen auf Anfechtung der Ehelichkeit gilt das gleiche, KG JW 35, 2757[63]; OLG Kiel DRpflRspr 37 Nr. 336; OLG Stuttgart JW 36, 3085[68]; OLG Darmstadt

JW 36, 3340[48]; OLG Kassel JW 37, 262[70]; OLG Zweibrücken JW 37, 262[71]; OLG Nürnberg JW 36, 1317[53]; OLG Karlsruhe JW 36, 2482[29]; OLG Naumburg JW 37, 1084[39]; bei Zwillingen ist der Streitwert auf 2000 RM, OLG Dresden JW 36, 2003[88], bei drei Kindern auf 3000 RM, OLG Naumburg JW 35, 2758[70] anzunehmen. OLG München JW 38, 1339[50] bemißt den Streitwert für die Feststellung des ehelichen Kindschaftsverhältnisses regelmäßig auf 2000 RM.

§ 11 GKG gilt auch für die im Eheprozesse erlassenen einstw. Anordnungen, § 627 ZPO. Die Gestattung des Getrenntlebens und die Übertragung des Personensorgerechts sind verschiedene Ansprüche, die je mindestens mit 500 RM zu bewerten und zusammenzurechnen sind, OLG Darmstadt JW 38, 1338[49]; OLG München HRR 39 Nr. 1424. Wird ferner dem einen Ehegatten das Betreten der ehelichen Wohnung verboten, so ist der Wert der Gestattung des Getrenntlebens angemessen auf 700 RM zu erhöhen, OLG Breslau DR 39, 330[17].

Nichtvermögensrechtliche Streitigkeiten sind auch im Verfahren der einstweiligen Verfügung nicht unter 500 RM zu bewerten, weil dies die in § 11 GKG bestimmte Mindestgrenze ist, OLG Kiel DRpfl Rspr 38 Nr. 643.

Der Streitwert des Entmündigungsverfahrens ist in der Regel auf $^1/_5$ des Vermögens des Antragsgegners anzunehmen, LG Berlin JW 37, 2470[33]. Der Streitwert der Klage auf Aufhebung einer Entmündigung soll auch in Armensachen nicht weniger als 1000 RM betragen, OLG Braunschweig HRR 39 Nr. 583.

§ 11 Abs. 2 gilt bei Klagen des unehelichen Kindes auf Unterhalt und Feststellung der Vaterschaft nur, wenn der zweite Antrag überhaupt eine selbständige Bedeutung hat, s. Anm. 75. Wegen der Anwendung auf den Fall der Verbindung des Streites über das Getrenntleben der Ehegatten mit dem um die Sorge für die Person des Kindes während des Ehestreites s. u. Anm. 47.

Entscheidend für die Anwendung des Abs. 2 ist nicht, ob der vermögensrechtliche Anspruch aus dem nicht vermögensrechtlichen hergeleitet werden **kann**, sondern ob er daraus hergeleitet **wird**. So wenn die Ehefrau während des Scheidungsprozesses Übertragung der Sorge für die Person des Kindes an sie **und** Zahlung einer Unterhaltsrente für das Kind fordert, RG JZP 53, 314; DR 39, 1596[24].

Keine Anwendung findet § 11 Abs. 2 auf Fälle, in denen ein nichtvermögensrechtlicher Anspruch mit einem nicht aus ihm hergeleiteten vermögensrechtlichen Anspruch verbunden worden ist oder in denen die Verbindung prozeßordnungswidrig erfolgte.

ZPO § 4. Für die Wertberechnung ist der Zeitpunkt der Erhebung der Klage, in der Berufungs- und Revisionsinstanz der Zeitpunkt der Einlegung des Rechtsmittels, entscheidend; Früchte, Nutzungen, Zinsen und Kosten bleiben unberücksichtigt, wenn sie als Nebenforderungen geltend gemacht werden.

Bei Ansprüchen aus Wechseln im Sinne des Wechselgesetzes sind Zinsen, Kosten und Provision, welche außer der Wechselsumme gefordert werden, als Nebenforderungen anzusehen.

GKG § 14. Für Akte, welche einen Teil des Streitgegenstandes betreffen, sind die Gebühren nur nach dem Werte dieses Teiles zu berechnen.

Sind von einzelnen Wertsteilen in derselben Instanz für gleiche Akte Gebühren zu berechnen, so darf nicht mehr erhoben werden, als wenn die Gebühr von dem Gesamtbetrage der Wertsteile zu berechnen wäre; treten für die Akte verschiedene Gebührensätze ein, so ist der höchste Satz maßgebend.

30. Der Satz des § 4 ZPO, daß für die Wertberechnung der Zeitpunkt der Erhebung der Klage entscheidend ist, gilt in erster Linie für die Zuständigkeit der Gerichte (ZPO § 2), und für die Zulässigkeit der Rechtsmittel, §§ 546, 4 ZPO, RG HRR 29, 1881; hinsichtlich der Beschwerde OLG Kiel HRR 28, 1644; JW 28, 1320[8]; dabei hat die Beschwerdeinstanz gegebenen Falles eine unzutreffende Wertfestsetzung der Vorinstanz von Amts wegen zu berichtigen, OLG Königsberg JW 29, 843[39]. Bei den Gebühren kann nach § 14 GKG der Streitgegenstand für jeden Prozeßabschnitt ein anderer sein.

„Akte" sind die in den §§ 20—27 GKG und in den §§ 13—17 RAGebO bezeichneten Prozeßabschnitte oder die in einem jeden dieser Abschnitte von dem Gericht und dem RA auszuübende Tätigkeit. Werden für einzelne Akte Gebühren erhoben, so kommt nur der seinem Werte nach besonders festzustellende Teil des Streitgegenstandes in Frage, den der zu besteuernde Akt betrifft. Beispiel: In einem auf Zahlung von 1000 RM gehenden Rechtsstreit ist über 800 RM streitig verhandelt und über 500 RM Beweis erhoben worden, die Prozeßgebühr daher von 1000 RM, die Verhandlungsgebühr von 800 RM, die Beweisgebühr von 500 RM zu berechnen. Das gilt nach KG JW 29, 134[32] nicht, wenn gegenüber der Klage auf Herausgabe einer Sache ein Zurückbehaltungsrecht geltend gemacht und Beweis nur über die Forderung erhoben wird, auf die sich das Zurückbehaltungsrecht stützt; vgl. aber Anm. 4.

Wenn von einzelnen Wertsteilen für gleiche Akte Gebühren zu berechnen sind, so darf die vom Gesamtbetrage der Wertsteile zu berechnende Gebühr nicht überschritten werden. Beispiel: Es ist zunächst über einen Teilbetrag von 800 RM, dann über den Rest von 200 RM streitig verhandelt worden. Die Verhandlungsgebühren würden betragen für 800 RM = 37 RM, für 200 RM = 10 RM, zusammen 47 RM. Wäre über den Gesamtbetrag von 1000 RM verhandelt worden, so würden nur 45 RM Verhandlungsgebühr entstanden sein; es dürfen also nur 45 RM berechnet werden.

Treten für die gleichen Akte verschiedene Gebührensätze ein, so soll der nicht zu überschreitende Gesamtbetrag nach dem höchsten Gebührensatze berechnet werden. Beispiel: In einem Rechtsstreit über 6000 RM ist über 5000 RM streitig, über 1000 RM nichtstreitig verhandelt worden. Die Einzelgebühren würden betragen für 5000 RM ($^{10}/_{10}$) = 145 RM, für 1000 RM ($^{5}/_{10}$) = 22,50 RM, zusammen 167,50 RM. Es können aber nur berechnet werden 165 RM als höchster Gebührensatz ($^{10}/_{10}$) vom Gesamtwerte 6000 RM.

Die Bestimmung des Abs. 2 im § 14 GKG ist besonders bei Teilurteilen anwendbar. Werden gegen diese nach und nach Rechtsmittel eingelegt und kommen sie gesondert zur Verhandlung und Entscheidung, dann sind verschiedene Instanzen vorhanden, und die Gebühren werden für jede Instanz unabhängig von der anderen berechnet. Werden aber mehrere gegen Teilurteile nach und nach eingelegte Rechtsmittel zusammen verhandelt und entschieden, so liegt nur eine Instanz vor, und es findet daher § 14 Abs. 2 Anwendung, KG ZZP 31, 339; s. auch § 25 Anm. 4. Über das Beweissicherungsverfahren s. OLG Hamburg Rsp 11, 341. Der Streitwert im Vollstreckungsverfahren braucht sich mit dem des Rechtsstreits nicht zu decken, z. B. der Schuldner kann zum Unterlassen mehrerer Handlungen verurteilt worden sein und hat nur eine von ihnen vorgenommen, OLG Celle Rsp 20, 371.

Hat der Kläger eine Summe eingeklagt und ist über den Grund des Anspruchs entschieden, in dem Streite über den Betrag aber die Forderung erhöht worden, so bleibt die für den ersten Prozeßabschnitt getroffene Wertfestsetzung bestehen, wenn auch in dem späteren ein anderer Wert anzunehmen ist. Werden nach Erledigung der Hauptsache dieselben Aktgebühren auch wegen der Kosten fällig, so bemißt sich die Höhe der Gebühren nicht nach dem zusammengerechneten Betrag von Hauptsache und Kosten, sondern nur nach dem Streitwert der Hauptsache, OLG Kiel JVBl 35, 84.

31. Bei Klagen wegen fortlaufender Beträge (Kurkosten, Unterhalt) ist der Zeitpunkt der Erhebung der Klage, nicht der Tag des Urteils maßgebend, RG 23, 363. Das muß auch gegenüber § 9 Abs. 2 GKG gelten, da eine Veränderung des Streitgegenstandes nicht eintritt, OLG Dresden JW 25, 383; OLG Kiel JW 26, 1328; entsprechendes gilt für den Feststellungsanspruch, OLG Kiel JW 33, 539[21].

Über die Berechnung des Streitwertes der Rechtsmittelinstanzen bei Klagen wegen fortlaufender Beträge vgl. auch Anm. 72.

Wertsteigerungen zwischen dem Vertragsschluß und der Klageerhebung sind zu berücksichtigen, so daß bei der Klage auf Lieferung einer Ware ihr Wert zur Zeit der Klageerhebung entscheidet, OLG Hamm JW 20, 914[17]; KG DJZ 20, 593; OLG Augsburg JW 21, 249[1]; dagegen kommen Preisschwankungen, die nach Erhebung der Klage den Wert, z. B. den Kurswert von Wertpapieren, verändern, nur in Betracht, wenn bei Erlaß des Urteils oder anderweiter Beendigung der Instanz der Wert höher als bei Beginn der Instanz war, § 9 Abs. 2 GKG.

Der Streitwert der Widerklage ist nach der Sachlage zur Zeit der Erhebung der Widerklage, gegebenenfals (§ 9 Abs. 2 GKG) nach dem Tage des Urteils oder der anderweiten Beendigung der Instanz zu berechnen.

Erledigt sich der Auftrag vor der Klageerhebung, so ist für die RAGebühren der Zeitpunkt maßgebend, in dem die Tätigkeit des Anwalts in Anspruch genommen oder der das gerichtliche Verfahren einleitende Antrag eingereicht worden ist.

32. Nur die im § 4 ZPO bezeichneten Nebenforderungen, nicht auch andere, bleiben bei der Wertberechnung unberücksichtigt und auch nur dann, wenn sie als Nebenforderungen geltend gemacht werden. Die Vorschrift gilt für alle Arten von Klageansprüchen, gleichviel ob die Leistungs- oder die Feststellungsklage angestellt, ob Erfüllung, Sicherung oder ein Vorrecht begehrt wird, RG 29, 395.

Für den Begriff der im § 4 hervorgehobenen Forderungen ist das bürgerliche Recht maßgebend. Früchte: BGB § 99. Ob die Früchte noch vorhanden oder bereits verzehrt, ob sie schon gezogen worden sind oder nicht, ist für die Anwendbarkeit des § 4 ohne Einfluß. Es genügt, daß die Früchte von der fruchttragenden Sache getrennt sind und ihre Herausgabe oder Ersatz neben dieser verlangt wird. Ungetrennte Früchte sind dagegen Substanzteile, ihr Wert erhöht den Wert der Sache. Nutzungen: BGB § 100. Zu den Zinsen gehören die vertragsmäßigen und gesetzlichen, auch wenn gemäß § 288 Abs. 1 Satz 2 oder Abs. 2 BGB höhere Zinsen als 4 vom Hundert für das Jahr gefordert werden, RG JW 27, 1308[1], 2129[28]; 39, 116[38]; OLG München JW 25, 832[61]; OLG Nürnberg JW 25, 2374[46]; OG Stettin JW 25, 2368[4]; OLG Breslau JW 26, 2113[5]; LG Stolp JW 26, 883[21]; *aM* OLG Breslau JW 25, 813[24]; OLG Nürnberg JW 25, 390[24]; 26, 2480[19]; KG JW 25, 2638[2]; OLG Kassel JW 26, 1612[7]. Die neben den Zinsen zu zahlenden Amortisationsbeiträge sind keine Nebenleistungen im Sinne der §§ 1115, 1178 BGB, KG PrJMBl 02, 216.

Unter die Kosten fallen alle — bereits gezahlten oder noch geschuldeten Beträge, die der Kläger für die Durchführung des Klageanspruchs im gegenwärtigen oder in einem früheren Rechtsstreit aufgewandt hat; vgl. auch Anm. 46. Dagegen rechnet RG HRR 31, 251 hierzu nur die prozeßrechtlichen, nach §§ 91 ff. ZPO dem unterlegenen Teil aufzuerlegenden, durch und nach Erhebung des Rechtsstreits erwachsenden Kosten. Futterkosten und **Lagergelder** (Leihgebühren, Zölle, Steuern u. dgl.) sind Schäden, die den Streitwert erhöhen. Der Streitwert ist insoweit zu bemessen für die Prozeß- und Urteilsgebühren auf die bis zum Urteil, für die Verhandlungsgebühren auf die bis zur Verhandlung und für die Beweisgebühren auf die bis zur Beweisanordnung aufgelaufenen Beträge, KG JBBl 33, 250; 35, 241; *aM* OLG Oldenburg JBBl 38, 134, das den Streitwert einheitlich festsetzt.

33. Nebenforderung ist eine Forderung gegenüber einer anderen (Haupt-) Forderung, mit der zusammen sie geltend gemacht ist, sofern sie zu ihr in einem Abhängigkeitsverhältnisse steht, d. h. wenn ihr Bestehen begriffsnotwendig durch das Bestehen jener anderen (Haupt-) Forderung bedingt ist, RG 55, 82. Darauf, ob die Geltendmachung nur bedingt oder eventuell erfolgt, kommt nichts an, RG Gruch 33, 125. Ebensowenig darauf, ob beide Forderungen auf demselben Rechtsgrunde beruhen oder nicht. Der Anspruch auf rückständige Leistungen neben dem Rechte auf die zukünftigen Leistungen ist als Nebenforderung nicht anzusehen, RG (Pl.) 19, 416.

Nebenforderungen liegen z. B. vor:

a) wenn der Kläger neben der Herausgabe eines Grundstücks Ersatz der entgangenen Früchte verlangt, auch wenn der Ersatzanspruch auf eine besondere Voraussetzung (die Unredlichkeit des Besitzers) gegründet ist, RG JW 93, 469[12];

b) wenn der Kläger einseitig die Zinsen als Hauptsumme behandelt und dann weitere Zinsen fordert oder wenn er außergerichtliche Kosten usw. mit der Hauptforderung in einer Summe zusammenfaßt, RG JW 34, 2771[11]; DJ 35, 1742 (für die Frage der Revisionsfähigkeit); OLG Kiel JBBl 34, 172; *aM* LG Berlin JBBl 36, 271 (für die Frage der Gebührenberechnung);

c) wenn gemäß § 717 Abs. 2 ZPO der Antrag auf Rückerstattung der gezahlten Beträge einschließlich Zinsen und Kosten gestellt wird, RG 9, 410; OLG Hamburg Rsp 15, 157; OLG Frankfurt JW 29, 1685[39]. Wird dagegen besondere Klage oder Widerklage erhoben, sind Zinsen und Kosten keine Nebenforderung, RG 63, 369; 124, 182 = JW 29, 2151[14]; vgl. auch RG 145, 296; dagegen ist KG JW 34, 702[4] der Meinung, daß sich der Streitwert auch im ersten Falle erhöht;

d) wenn eine veräußerte Sache dem Erwerber durch einen Dritten entwert worden ist, der von dem Erwerber gegen den Veräußerer neben dem Gewährleistungsanspruche geltend gemachte Anspruch auf Erstattung der ihm durch die Prozeßführung mit dem Dritten erwachsenen Kosten, RG 55, 80; wenn eine Vertragsstrafe neben der Hauptsache eingeklagt wird, BGB §§ 340, 341; RG 66, 310; DJZ 07, 1257; Recht 07, 1325, 1407. Ebenso sind Nebenforderungen die neben dem Anspruche selbst verlangten Kosten eines gegen den Kläger angestellten Prozesses, RG JW 05, 114[11], sowie die Kosten eines Vorprozesses gegen den Hauptschuldner bei der Klage gegen den Bürgen, RG 56, 256; s. auch RG Gruch 49, 1007.

e) wenn der Konkursverwalter Anfechtungsansprüche auch wegen Zinsen geltend macht, RG JW 29, 844[1].

f) wenn Vollstreckbarkeit eines Schiedsspruchs wegen Hauptforderung, Zinsen und Kosten begehrt wird, Berndt JBBl 37, 112[8] (Nachweis der Rspr);

g) bei Anträgen auf Aufhebung eines Schiedsspruchs aus § 1041 ZPO sind die im Schiedsspruch festgesetzten Kosten des Schiedsverfahrens dem Streitwert nicht hinzuzurechnen, OLG Hamburg JW 36, 344[38]; *aM* RG JW 34, 1852[5]; 37, 456[14];

h) Zinsen und Kosten des Zahlungsanspruchs bleiben auch bei der Bewertung des in besonderer Klage gegen den Ehemann auf Duldung der Zwangsvollstreckung in das eingebrachte Gut erhobenen Anspruchs gemäß § 4 ZPO außer Betracht, LG I Berlin JVBl 37, 127[2].

i) wenn im Arrestverfahren neben der Hauptforderung Zinsen und ein Kostenpauschbetrag geltend gemacht werden, OLG Celle JW 30, 2073[27]; OLG Marienwerder JW 31, 1115[28]; KG JW 31, 2581[4]; 35, 1580[20]; OLG Hamburg JW 36, 1305[33]; OLG München HRR 35, 423; OLG Braunschweig JVBl 37, 293; OLG Karlsruhe HRR 38 Nr. 417; OLG Nürnberg JW 38, 1414[26]; OLG Jena SächsA 38, 122; *aM* KG JW 30, 644[1]; 38, 3056[38]; JVBl 34, 182; LG I Berlin JW 29, 1695[2]; OLG Kiel JW 33, 1271[15], 2227[14]; OLG München JVBl 37, 247.

34. Keine Nebenforderungen, sondern selbständige Forderungen liegen vor:

a) wenn Nutzungen (Früchte, Zinsen) gesondert eingeklagt werden, RG 9, 414; oder den Gegenstand des Rechtsmittels bilden, RG 47, 256; OLG Kiel JVBl 33, 30; oder wenn es sich um Erstattung der von einem Dritten eingezogenen Zinsen handelt oder eine für Kapital und Zinsen zu leistende Sicherheit in Frage steht, RG 10, 345; Gruch 31, 1141. Das gilt nicht, wenn Kl. Zinsen eines Kapitals fordert, das Gegenstand der Widerklage ist, ferner wenn der Widerkläger Zinsen eines Kapitals fordert, das Gegenstand der Klage ist; *aM* KG JW 37, 2779[15], wohl aber, wenn eine Partei wegen der Zinsen, die andere wegen des Kapitals ein Rechtsmittel einlegt.

b) wenn mit der Klage auf Herausgabe einer Sache oder Zahlung einer Schuld die Klage auf Nutzungen aus einer anderen Sache oder Zinsen von einer anderen Forderung verbunden wird, RG Gruch 31, 1141; SeuffA 43, 468; bei Berechnung des Streitwerts sind aber nicht zu berücksichtigen Zinsen des ursprünglichen Gesamtkapitals, die neben dem Rest des eingeklagten, den Gegenstand eines einheitlichen Anspruchs bildenden Kapitals verlangt werden, RG HRR 32, 2195; *aM* Liermann DRpfl 36, 387. Ferner bleibt, wenn der Hauptanspruch teilweise durch Zahlung erledigt wird, der Zinsanspruch dennoch seinem ganzen Umfang nach Nebenforderung, wenn die zugrunde liegende Forderung einheitlich war, OLG Kiel HRR 39 Nr. 435 = DRM 39, 326[210].

c) wenn bei der Umwandlung (Novation) einer Forderung Zinsen zum Kapitale geschlagen wurden. Bei Klagen aus einem Kontokorrentverhältnis ist der Saldo eine einheitliche Forderung, ohne Rücksicht auf die darin enthaltenen Zinsen; nur die vom Tage des Rechnungsabschlusses laufenden Zinsen sind Nebenforderungen, RG 32, 377;

d) wenn im Anfechtungsprozesse außerhalb des Konkurses der Gläubiger auch Zinsen und Kosten geltend macht, RG 139, 238; JW 34, 899[10]; DRpflRspr. 37 Nr. 136; *aM* OLG Kiel JW 34, 1741[12]; LG Berlin JVBl 33, 309.

e) wenn neben dem Schadenersatze wegen widerrechtlichen Abdrucks eines Bildes auch noch Vernichtung der hergestellten Abdrucke verlangt wird, OLG München Rsp 21, 62.

f) wenn nach Erledigung der Hauptsache nur Zinsen als Gegenstand des Streits verbleiben, RG 118, 149; JW 27, 2129[28]; 28, 2803[6]; HRR 28, 180. Darüber, daß eine besondere Streitwertfestsetzung für die zweite Revision zu unterbleiben hat, wenn Revision zunächst gegen ein zur Hauptsache nebst Zinsen unter Vorbehalt der Kostenentscheidung ergangenes Teilurteil, demnächst auch gegen das über die Kosten entscheidende Schlußurteil eingelegt worden ist, s. RG HRR 28, 677. Vgl. auch RG HRR 29, 547.

g) wenn bei der Widerspruchsklage gegen den Teilungsplan Auszahlung des hinterlegten Erlöses einschließlich der davon aufgelaufenen Zinsen gefordert wird, RG SeuffA 31, 70 = HRR 31, 252; KG KGBl 32, 99.

h) wenn der Gläubiger auf Grund eines Pfändungs- und Überweisungsbeschlusses gegen den Drittschuldner auch die im Vollstreckungsverfahren gegen den Schuldner entstandenen Kosten einklagt.

35. Dividenden haben die rechtliche Natur der Früchte; neben dem Anspruch auf Herausgabe von Aktien gilt der Anspruch auf die dazugehörigen Dividenden als Nebenforderung, RG Gruch 52, 1095; OLG München SeuffA 72, 189. Auch das Bezugsrecht auf neue Aktien ist nicht besonders zu bewerten, *aM* OLG München a. a. O. vgl. Anm. 54.

36. Beim Streite über ein Absonderungsrecht im Konkurse sind Zinsen und Kosten Nebenforderungen, RG 7, 327.

37. Bei den Klagen aus §§ 767, 771 ZPO bilden Zinsen usw. Nebenforderungen, RG JW 34, 1174[8]; Breuer JW 37, 1038 III 1; *aM* OLG Hamm JW 35, 2911[41]; OLG Rostock JW 35, 3242[35]; LG Altona JW 33, 2230[1]; LG Essen JW 37, 3040[32].

38. Die nach Erhebung der Klage im Laufe des Rechtsstreits erwachsenen Zinsen usw. bleiben bei der Wertbemessung außer Betracht, RG 11, 387.

39. Der Anspruch auf Rechnungslegung ist bei der Wertberechnung nicht zu berücksichtigen, wenn er neben dem Kapitalanspruche lediglich zum Zwecke der Klarlegung des Zinsanspruchs erhoben wird, da ihm in diesem Falle eine selbständige Bedeutung nicht zukommt, RG 29, 395. Als Nebenforderung kann aber der Anspruch auf Rechnungslegung nicht angesehen werden, Anm. 48.

40. Streiten Gläubiger über vorzugsweise Befriedigung aus dem Erlöse gepfändeter Sachen, so ist nur der Betrag der kleineren der beiden Forderungen, aber ohne Zinsen (§ 4 ZPO) Streitgegenstand, falls nicht etwa der Erlös des Pfandstücks noch geringer ist, RG 4, 366, 6, 327, 18, 372; Breuer DDJ 39, 442 IV 2; s. Anm. 55.

41. Prozeßkosten bleiben, wie alle Nebenforderungen, die erst nach der Klageerhebung entstehen, bei der Wertberechnung außer Betracht, RG 23, 360. Die Kosten bleiben Nebenforderungen, solange noch ein Teil der Hauptforderung im Streit ist und eine Entscheidung über die gesamten Kosten aussteht, auch soweit sie Kosten des erledigten Teilanspruchs sind, OLG Hamm BBl 31, 121; KG JBBl 33, 31; JW 38, 1606[36]; LG Berlin JBBl 37, 53. Über die Prozeßkosten als Streitgegenstand s. GKG § 15, ferner Anm. 46.

42. Die eigene Provision des Verkäufers für den Selbsthilfeverkauf entspricht der dem Wechselinhaber gebührenden Provision, bleibt also unberücksichtigt, RG 33, 408.

43. Wird der zivilrechtliche Bürge in Höhe der Wechselregreßschuld in Anspruch genommen, so sind die Nebenkosten dem Hauptgelde zuzurechnen, weil § 4 Abs. 2 nur für wechselmäßige Ansprüche gilt, RG Rsp 21, 63.

GKG § 15. Für Akte, welche Früchte, Nutzungen, Zinsen oder Kosten als Nebenforderungen ohne den Hauptanspruch betreffen, ist der Wert der Nebenforderungen insoweit maßgebend, als er den Wert des Hauptanspruchs nicht übersteigt.

Für Akte der Zwangsvollstreckung wegen einer Geldforderung werden die einzuziehenden Zinsen mit berechnet.

Für Akte, welche die Kosten des Rechtsstreits ohne den Hauptanspruch betreffen, ist der Betrag der Kosten maßgebend.

44. Abs. 1 setzt voraus, daß Nebenforderungen getrennt von der Hauptsache, aber ohne ihre Eigenschaft als Nebenforderung verloren zu haben, z. B. Protestkosten, den Streitgegenstand bilden und daß in derselben Instanz nicht für einen gleichartigen, den Hauptanspruch betreffenden Akt Gebühren entstanden sind. Ist nach Fortfall des Hauptanspruchs die (bisherige) Nebenforderung selbst Hauptforderung geworden, so fällt die Beschränkung auf den Wert des (bisherigen) Hauptanspruchs fort, RG JW 03, 97[1], 174[4]. Ist zunächst über die Kapitalforderung, hierauf über die Zinsen Beweis erhoben worden, so ist nach dem Grundsatze des § 25 RAGO die Beweisgebühr nur für den Beweisbeschluß über die Kapitalforderung erwirkt. Erstreckt sich die Beweisaufnahme nur auf einen Teil der Kapitalforderung und auf die Zinsen des ganzen Kapitals, so kommt für die Beweisgebühr nur der Kapitalteil in Betracht.

45. Abs. **2.** Mit zu berechnen sind die Zinsen bis zu dem Tage, an dem die Zwangsvollstreckung ausgeführt oder der Antrag auf Zwangsvollstreckung zurückgenommen wird. Mit zu berechnen sind ferner die Kosten des Verfahrens, OLG München ZZP 53, 315; LG Dresden JW 23, 620[2]; *aM* OLG München Rsp 29, 11; JW 23, 856[40]. Handelt es sich um einen das ZwangsvollstrVerf betreffenden selbständigen Prozeß, z. B. um eine Klage aus §§ 767, 771 ZPO, so findet § 15 Abs. 2 GKG keine Anwendung. Vielmehr ist die Forderung, wegen der die Zwangsvollstreckung erfolgt, maßgebend, und deren Zinsen und Kosten sind auch hier bloße Nebenforderungen, RG 28, 429, s. Anm. 37. Bei der Streitwertfestsetzung für ein Straffestsetzungsverfahren gemäß § 890 ZPO ist das Interesse maßgebend, das der Antragsteller an der Durchführung dieser Zwangsvollstreckung hat; dieses Interesse kann sich mit dem Interesse in der Hauptsache decken, aber auch niedriger sein; die Höhe der Strafe bildet keinen Maßstab für den Streitwert, OLG Nürnberg BBl 31, 271; KG JW 34, 2493[7]; OLG Kiel JBBl 39, 298.

46. Abs. **3.** Während Abs. 1 von den „Kosten als Nebenforderungen", d. h. von den Kosten spricht, die die Partei durch Klage oder Widerklage zusammen mit dem Hauptanspruche gegen ihren Gegner geltend gemacht hat, sind unter den in Abs. 3 erwähnten „Kosten des Rechtsstreits" die zu verstehen, die erst durch den Prozeß selbst verursacht worden sind und über die von Amts wegen erkannt werden muß. Die Kosten aus Abs. 3 sind als der für die Gebührenberechnung zugrunde zu legende Wert des Streitgegenstandes dann anzusehen, wenn der Hauptanspruch selbst, einschließlich der Nebenforderungen, insbesondere auch der Kosten im Sinne des Abs. 1 erledigt ist und der Streit lediglich wegen der Prozeßkosten fortgesetzt wird, also nur noch die Kosten des Rechtsstreits (Abs. 3) den Streitgegenstand bilden, RG 118, 149; JW 27, 2803[6]; OLG Frankfurt JW 29, 1685[39]; OLG Celle JW 30, 657[19]. Dies ist der Fall, wenn beide Parteien erklären, daß der Rechtsstreit in der Hauptsache erledigt sei, RG 46, 348. Verlangt aber gegenüber dieser Erklärung des Klägers der Beklagte die Abweisung der Klage, so wird an dem Streitgegenstande nichts geändert, OLG Naumburg JBBl 39, 154; dasselbe gilt, OLG Celle JRdsch 34, 1411, wenn der Kostenbetrag höher ist als die Hauptsache. Erst wenn dann die Sache für erledigt erklärt und nur wegen der Kosten ein Rechtsmittel eingelegt wird, bilden in zweiter Instanz die Kosten den Streitgegenstand, RG JW 94, 81[7], 117[1], 366[20]. Wird außer über die Kosten des Rechtsstreits (Abs. 3) noch über einen Restteil des im übrigen erledigten Hauptanspruchs, z. B. über Zinsen gestritten, so ist lediglich der Betrag dieses Restteils, z. B. der Betrag der Zinsen für den Streitwert maßgebend, RG JW 31, 1035[12]; 34, 3276[13]; 38, 53[33], 2909[23]. Der Streitgegenstand im Fall des Abs. 3 ist die Summe der Gerichtskosten und der außergerichtlichen Kosten beider Parteien, die bis zur Erledigung des Streites über die Hauptsache entstanden sind, während die weiteren, durch den Akt selbst entstandenen Kosten sich als „Nebenforderungen" darstellen, RG 40, 368; OLG Hamburg SeuffA 43, 454; OLG Braunschweig Rsp 33, 174; OLG Dresden Rsp 43, 122 Anm. 2 b; OLG Celle JW 30, 657[19]; OLG Stettin JBBl 32, 63. Nach Erledigung der Hauptsache ohne Entscheidung ist aber hinsichtlich der Berechnung der Beschwerdesumme (§§ 99 Abs. 3, 567 Abs. 2 ZPO) eine Unterscheidung zwischen den Kosten als Hauptsache und den Kosten als Nebenforderung nicht möglich; vielmehr bilden die gesamten Kosten, die bis zur Verkündung des Urteils entstanden sind, ein geschlossenes Ganze und den Wert des Beschwerdegegenstandes, OLG Hamburg JW 35, 65[22]. Ist ein Teil der Kosten ohne Urteil bezahlt worden und dreht sich der Streit der Parteien nicht um die Kostenpflicht, sondern um die Höhe der Kosten, so bildet nur der streitige Kostenbetrag den Streitgegenstand.

ZPO § 5. Mehrere in einer Klage geltend gemachte Ansprüche werden zusammengerechnet; eine Zusammenrechnung des Gegenstandes der Klage und der Widerklage findet nicht statt.

GKG § 13. Soweit Klage und Widerklage, welche nicht in getrennten Prozessen verhandelt werden, denselben Streitgegenstand betreffen, sind die Gebühren nach dem einfachen Werte dieses Gegenstandes zu berechnen. Soweit beide Klagen nicht denselben Streitgegenstand betreffen, sind die Gegenstände zusammenzurechnen.

Das gleiche gilt für wechselseitig eingelegte Rechtsmittel, welche nicht in getrennten Prozessen verhandelt werden.

GKG § 12. Im Falle des § 254 der ZPO ist für die Wertberechnung nur einer der verbundenen Ansprüche und zwar der höhere maßgebend.

ZPO § 254. Wird mit der Klage auf Rechnungslegung oder auf Vorlegung eines Vermögensverzeichnisses oder auf Leistung des Offenbarungseides die Klage auf Herausgabe desjenigen verbunden, was der Beklagte aus dem zugrunde liegenden Rechtsverhältnisse schuldet, so kann die bestimmte Angabe der Leistungen, welche der Kläger beansprucht, vorbehalten werden, bis die Rechnung mitgeteilt, das Vermögensverzeichnis vorgelegt oder der Offenbarungseid geleistet ist.

47. § 5 ZPO regelt die Zuständigkeit und die Berechnung der Rechtsmittelsumme. Für den Ansatz der Gerichtskosten und Anwaltsgebühren gilt er nur, soweit §§ 12, 13 GKG nichts Abweichendes bestimmen, OLG Hamburg HRR 28, 476.

Die Zusammenrechnung mehrerer Ansprüche trifft die Fälle der subjektiven und objektiven Klagenhäufung, ZPO §§ 59, 60, 260. Die Ansprüche können auf demselben Grunde oder auf verschiedenen Gründen beruhen, von einem oder mehreren Klägern, gegen einen oder mehrere Beklagte geltend gemacht werden. Die Ansprüche müssen jedoch selbständige, gleichwertige sein; daher dürfen nicht zusammengerechnet werden die Klage (aus demselben Rechtsverhältnis) auf Feststellung und Leistung, OLG München Rsp 17, 306; 21, 62 oder auf Zahlung einer Rente und deren Sicherstellung, OLG Köln JW 39, 707[17], oder auf Befreiung von persönlicher und dinglicher Haftung, RG Recht 06 Nr. 1955 oder auf Unzulässigkeit der Zwangsvollstreckung (§ 767 ZPO) und Löschung der für die Forderung des Beklagten eingetragenen Hypothek, OLG Köln HRR 36 Nr. 909; OLG Zweibrücken JVBl 37, 200, ferner die Pfand- und Schuldklage, OLG Kiel JVBl 34, 185. (Wegen der Wahl- und Hilfsanträge vgl. Anm. 7). Dasselbe gilt auch bei dem Anspruche gegen Gesamtschuldner und bei der Klage gegen die Ehefrau zusammen mit der Klage gegen den Ehemann auf Duldung der Zwangsvollstreckung, OLG Stettin JW 26, 868[29]; KG JVBl 33, 31; OLG Kiel HRR 33, 1695; 36, 1145. Wird auf Feststellung der Nichtigkeit eines Vergleichs und auf Zahlung des Betrages geklagt, der sich als Folge der Nichtigkeit des Vergleichs ergibt, so sind nach KG JW 32, 3634[1] die Werte beider Anträge gesondert zu bemessen. Wird Zahlung des Restkaufpreises und Herausgabe der unter

Eigentumsvorbehalt gelieferten Sache verlangt, dann sind die Werte beider Ansprüche zusammenzurechnen; *aM* OLG Hamburg HRR 39 Nr. 582, das den höheren Anspruch maßgebend sein läßt.

Den Fall des Zusammentreffens vermögensrechtlicher und nicht vermögensrechtlicher Ansprüche regelt § 11 Abs. 2 GKG (s. Anm. 29).

Die Vorschrift des § 5 ZPO gilt auch für nicht vermögensrechtliche Ansprüche und ist entsprechend anwendbar auch auf andere Verfahrensarten als das ordentliche Prozeßverfahren. Wird mit dem Antrage auf Erlaß einer einstw. Anordnung gemäß § 627 ZPO gleichzeitig die Gestattung des Getrenntlebens der Ehegatten während des Scheidungsprozesses und Regelung der Sorge für die Person der Kinder begehrt, so liegen zwei nichtvermögensrechtliche Ansprüche vor, für deren jeden der Streitwert nach § 11 GKG festzusetzen und dann beide zusammenzurechnen sind, OLG Düsseldorf JW 39, 372[50]; ferner ist gegebenenfalls der Wert der Anordnung auf Prozeßkostenvorschuß hinzuzurechnen, KG DR 39, 1596[24].

Bei zweifacher Klagebegründung eines nicht in einer Endziffer ausgedrückten Klageantrages richtet sich der Streitwert nach der Begründung, die den höheren Wert hat; deshalb ist der Streitwert, wenn ein Rentenanspruch auf §§ 1345, 1578 BGB und auch auf §§ 823, 843 BGB gestützt wird, nicht nach § 10 Abs. 2, sondern nach § 10 Abs. 3 GKG zu bemessen, LG Berlin JVBl 37, 68.

48. Wird auf Rechnungslegung, Leistung des Offenbarungseides über die Rechnung sowie auf Zahlung des aus der Rechnungslegung folgenden Betrages geklagt, dann ist der Offenbarungseidantrag nicht besonders zu bewerten, Breuer DDJ 39, 642 IV. Der Streitwert der gemäß § 254 ZPO erhobenen Klage (sog. Stufenklage) auf Rechnungslegung und Herausgabe (auch Zahlung) ist zunächst gemäß § 3 ZPO zu schätzen. Diese Schätzung ist nur eine vorläufige. Für den Rechnungslegungsanspruch ist das Interesse des Klägers daran maßgebend, daß ihm durch die Rechnungslegung die Begründung des Zahlungsanspruchs erleichtert wird, vgl. Anm. 8. Der Streitwert wird vom LG Berlin (so v. 29. 1. 35 — 227 T 474. 35) insoweit regelmäßig auf $^1/_5$ des Werts des Zahlungsanspruchs bemessen. Daher wird in der Regel der mutmaßliche (höhere) Wert der beanspruchten Leistung (Zahlung) gemäß § 12 GKG den Streitwert bestimmen, OLG Karlsruhe Rsp 13, 67. Jedoch ist der Streitwert für die Beweiserhebung und das (stattgebende) Teilurteil über den Rechnungslegungsanspruch nur auf den geringeren Wert des Rechnungslegungsanspruchs anzunehmen. Eine sichere Bewertung beider Anträge kann erst erfolgen, wenn die Rechnung gelegt und der Zahlungsanspruch beziffert worden ist; vgl. aber Anm. 8. Verlangt der Kläger aber Rechnungslegung, Zahlung von x RM und Zahlung des Betrages, der sich aus der Rechnungslegung über x RM hinaus ergibt, dann setzt sich der Streitwert nach § 5 ZPO aus dem Betrage von x RM und dem Wert des ersten und des dritten Anspruchs zusammen, der gemäß § 12 GKG, § 3 ZPO zu ermitteln ist; KG JW 32, 2893[3]; *aM* KG JW 27, 1388[1]. Auch sonst sind die Werte eines Rechnungslegungsanspruchs und eines davon unabhängigen Leistungsanspruchs gemäß § 5 ZPO zusammenzurechnen, OLG Naumburg JVBl 39, 169. Über weitere Einzelheiten vgl. Breuer DDJ 39, 641.

49. Bei einer Verbindung getrennt anhängig gemachter Prozesse (ZPO § 147) werden vom Zeitpunkte der Verbindung (auch wenn der Beschluß nicht schriftlich festgestellt ist, OLG Celle JW 33, 550[47]) die verbundenen Sachen gerade so behandelt, als wären sie ursprünglich in der Klage verbunden gewesen. Von diesem Zeitpunkt an bildet der Gesamtbetrag der einzelnen Streitgegenstände den neuen Streitgegenstand, für die

Zeit vorher ist er für jeden Prozeß einzeln zu berechnen, RG 142, 255. Sind die Sachen vor der mündlichen Verhandlung verbunden worden, so ist nur die Prozeßgebühr von den in jedem Einzelprozesse geltend gemachten Ansprüchen zu berechnen, RG 30, 330.

Das umgekehrte gilt, wenn mehrere in einer Klage erhobene Ansprüche in getrennten Prozessen verhandelt werden, ZPO § 145. Wird die Trennung in der mündlichen Verhandlung angeordnet, so ist die Prozeßgebühr von dem Gesamtwerte der ungetrennten Prozesse zu berechnen. Die übrigen Gebühren berechnen sich von den getrennten Werten vom Zeitpunkte der ausgesprochenen Trennung ab.

Das Nachverfahren über den Aufrechnungseinwand, ZPO § 302, hat denselben Streitgegenstand wie der Hauptprozeß, RG 18, 408; 31, 1; es betrifft aber nur einen Teil des Streitwerts, wenn die Gegenforderung geringer ist als der Klageanspruch.

50. Mehrere in derselben Widerklage erhobene Ansprüche sind nach den in Anm. 47 entwickelten Grundsätzen zusammenzurechnen, RG 31, 387.

51. Werden Klage und Widerklage in demselben Prozesse verhandelt, so liegt derselbe Streitgegenstand regelmäßig nur vor, wenn der Klageantrag und der Widerklageantrag einander ausschließen, so daß die Zuerkennung des einen Anspruchs notwendig die Aberkennung des anderen zur Folge hat, RG 145, 166 = DRZ Rsp 35 Nr. 142. Dies richtet sich nicht lediglich nach der rechtlichen Natur der beiden Ansprüche, sondern ist von Fall zu Fall zu prüfen, LG Berlin JVBl 37, 69, das den Gesamtwert auf den Wert der Widerklage bemißt, wenn mit der Widerklage der Schadenersatzanspruch aus § 717 ZPO verfolgt wird; vgl. Anm. 4, 33c. Der Grundsatz des RG setzt voraus, daß es sich um verschiedene Ansprüche handelt, mögen sie auch demselben Rechtsverhältnis entstammen. Anders verhält es sich bei Teilansprüchen aus demselben Rechtsverhältnis, die Gegenstand von Klage und Widerklage sind. Verlangt z. B. beim Werkvertrage der Besteller Rückzahlung der geleisteten Anzahlung, während der beklagte Unternehmer mit der Widerklage Zahlung des Restwerklohnes beansprucht, so sind die Werte der Anzahlung und des Restwerklohnes zusammenzurechnen; denn nach diesen Anträgen bildet der gesamte Werklohn den Gegenstand des Streits. Derselbe Streitgegenstand liegt vor, wenn Kl. die Löschung der Hypothek verlangt, Bekl. widerklagend Zahlung der Hypothekenschuld oder auch nur der Zinsen begehrt. Ebenso, wenn der Kl. Leistung aus einem Vertrage, der Bekl. mit der Widerklage Feststellung des Nichtbestehens des Vertragsverhältnisses begehrt; wenn der Kläger Erfüllung und der Widerkläger Wandelung verlangt, RG Recht 06, 185; wenn der Ehemann auf Überlassung der eingebrachten Sachen klagt, die Frau Aufhebung der Nutznießung begehrt, OLG München Rsp 25, 45; wenn der Kläger Herausgabe einer Kaution verlangt, der Widerkläger aber Gegenansprüche geltend macht, für die die Kaution bestellt worden ist, RG 31, 387, wenn der Käufer eines Kraftfahrzeuges Herausgabe des Kraftfahrzeugbriefes verlangt, und der Verkäufer Widerklage auf Zahlung des Restkaufpreises erhebt, OLG Dresden DRM 39, 333[243], wenn der Mieter den streitigen Mietrückstand hinterlegt, und gegen den Vermieter Klage auf Einwilligung in die Auszahlung des hinterlegten Betrages erhebt, während der Vermieter Widerklage auf Einwilligung erhebt, daß der Betrag an ihn ausgezahlt wird, Breuer DJ 39, 442 III, wenn gegenüber der Vollstreckungsgegenklage Widerklage auf Zahlung derselben Forderung erhoben wird, deren Vollstreckung der Kläger abwehren will, *aM* RG DR 39, 1722[16]. Verlangt der Kläger Schadenersatz wegen Nichterfüllung und Widerkläger die Feststellung, daß ein Vertrag nicht bestehe, so ist der Wert der Widerklage nur gleich dem des Schadens, da Erfüllung des Vertrags nach § 326 BGB ausgeschlossen ist, OLG Kiel Rsp 15, 254. OLG Rostock Rsp 41, 242. Geht gegenüber einer Räumungsklage die Widerklage auf Feststellung, daß das Mietverhältnis sich bis zu einem bestimmten Zeitpunkt verlängert hat, so umfaßt der gemäß § 10 Abs. 1 S. 2 GKG auf die Vierteljahresmiete berechnete Wert der Klage die Widerklage, LG Berlin JVBl 38, 111. Der Streitwert der Widerklage auf Feststellung des Nichtbestehens eines Lebensversicherungsvertrages infolge Anfechtung wegen arglistiger Täuschung deckt sich mit dem Streitwert der Klage auf den ersten Jahresbeitrag, KG JRsPrV 38, 215. Die Klage auf Erteilung der Quittung über Zahlung des Kaufpreises, gegenüber welcher der Beklagte die Zurückhaltung wegen eines Kaufpreisrestes geltend macht, betrifft denselben Gegenstand wie die Widerklage, die der Beklagte auf Zahlung dieses Restes erhebt; der Streitwert bemißt sich nach der Widerklage, ObG Danzig DanzJZ 38, 88, 89.

Denselben Streitgegenstand betreffen Klage und Widerklage ferner, wenn klagend und widerklagend Scheidung der Ehe, oder von der einen Seite Scheidung der Ehe, von der anderen Herstellung der ehelichen Gemeinschaft begehrt wird.

Verschiedene Streitgegenstände liegen vor, wenn der Kläger auf Auflassung des verkauften Grundstücks klagt und der Bekl. Widerklage auf Zahlung des Kaufpreises erhebt, RG JW 97, 190[15], und wenn der Kläger Löschung einer Zwangshypothek wegen Unzulässigkeit der Zwangsvollstreckung fordert, der Widerkläger die persönliche Haftung des Klägers für die Forderung geltend macht, OLG Kiel JW 29, 2001[10]. Wenn hingegen der Beklagte gegen die Klage auf einzelne Rückstände wiederkehrender Leistungen die Widerklage auf negative Feststellung des Bezugsrechts erhebt, so ist zwar der höhere Wert dieser Widerklage auf negative Feststellung maßgebend, der Wert der Leistungsklage ist aber darin schon enthalten. Eine eventuelle Widerklage für den Fall, daß die Klage nicht abgewiesen wird, ist unzulässig, RG 40, 331. Wird dennoch eine solche Widerklage erhoben, so kann sie sowohl für die Prozeß- als auch für die Verhandlungsgebühr in Betracht kommen. Der Wert eines (im Streitwert der Widerklage enthaltenen) Hilfsantrages muß dem Streitwert der Klage hinzugerechnet werden, wenn der Hilfsantrag einen anderen Streitgegenstand hat, als der Klageantrag, KG JW 34, 2171[2].

Sind mehrere Klagen verbunden worden, so ist die Berechnung der Gebühr zugrunde zu legen, die bei gleichzeitiger Einklagung aller Ansprüche entstanden wäre, OLG Hamburg Rsp 11, 149.

52. Werden wechselseitig eingelegte Rechtsmittel nicht getrennt verhandelt, so sind die Beschwerdegegenstände bei Verschiedenheit der Gegenstände zusammenzurechnen. Ob die Rechtsmittel von beiden Teilen selbständig eingelegt worden sind oder ob der eine Teil sich nur dem vom andern Teile eingelegten Rechtsmittel angeschlossen hat, macht keinen Unterschied, RG 29, 349. Wenn der Kl. A nur gegen den Bekl. B, nicht auch gegen den Bekl. C Berufung einlegt, der Bekl. C aber gegen den Kl. A Berufung einlegt, so ist der Streitwert für jedes Rechtsmittel gesondert zu berechnen, RG 145, 164; OLG Kiel JW 32, 2910[47]. Für die Berechnung der Anwaltsgebühren gilt § 13 GKG nach § 10 RAGebO, wenn von mehreren als Gesamtschuldnern in Anspruch Genommenen durch dasselbe Urteil der eine verurteilt, die Klage gegen den anderen abgewiesen worden ist, und nun der Verurteilte gegen die Verurteilung, der Kläger wegen der Abweisung Berufung einlegt, KG JW 38, 251[25]. Die Anschlußberufung des Bekl. gegen ein dem Klageanspruch zur Hälfte stattgebendes Urteil betrifft die Hälfte des Gesamtstreitwerts; § 13 GKG ist nicht anwendbar, solange nicht feststeht, ob Berufung und Anschlußberufung getrennt oder einheitlich verhandelt werden, OLG Düsseldorf JW 32, 3641[14]. Treffen mehrere Berufungen gegen Teilurteile, die einzelne gesamtschuldnerisch in Anspruch genommene Streitgenossen betreffen, zusammen, so bedingt die Einheit des Streitgegenstandes die Einheit der Rechtsmittelinstanz, sofern es sich um zulässige Berufungen handelt; sowohl Gerichts- wie Anwaltsgebühren erwachsen dann nur einmal nach dem vollen Wert des Streitgegenstandes, RG JW 38, 397[32].

ZPO § 6. Der Wert des Streitgegenstandes wird bestimmt: durch den Wert einer Sache, wenn deren Besitz, und durch den Betrag einer Forderung, wenn deren Sicherstellung oder ein Pfandrecht Gegenstand des Streits ist. Hat der Gegenstand des Pfandrechts einen geringeren Wert, so ist dieser maßgebend.

53. Für den Begriff Besitz einer Sache ist BGB § 854 maßgebend. Nach § 90 BGB sind Sachen nur körperliche Gegenstände. Unmittelbarer und mittelbarer (BGB § 868), Eigen- und Fremdbesitz (BGB § 872) stehen kostenrechtlich gleich, RG 61, 92; *aM* OLG Karlsruhe Rsp 43, 122, das bei der Klage auf Besitzräumung wegen Formnichtigkeit des der Übergabe zugrunde liegenden Kaufvertrags §§ 8 ZPO, 10 GKG anwenden will. Streitgegenstand ist der Besitz einer Sache dann, wenn der Klageantrag auf Erlangung oder Wiedererlangung des Besitzes (BGB §§ 985, 1007) gerichtet ist. Für die Wertberechnung kommt es aber auch auf die Begründung der Klage an, OLG Kiel DRpfl Rspr 38 Nr. 362. § 6 ist nicht beschränkt auf die eigentlichen Besitzklagen, er gilt auch bei Eigentumsklagen; bei persönlichen Klagen auf Herausgabe von Sachen, z. B. auf Grund von Kauf-, Vorkauf-, Wiederkauf-, Leih-, Verwahrungs-, Miet- und Pachtverträgen, RG 61, 92; OLG Hamburg Rsp 25, 46 (dieser Rsp kann jedoch, soweit sie auch Klagen auf Übergabe von Räumen betrifft, die der Kläger als ihm vermietet oder verpachtet beansprucht, nicht zugestimmt werden; insoweit ist vielmehr gemäß § 9 GKG die Sondervorschrift des § 10 Abs. 1 S. 1 GKG anzuwenden); bei der Klage auf Erfüllung eines Milchlieferungsvertrages (Streitwert ist der Wert der zu liefernden Milch, OLG Breslau Rsp 35, 188, nicht die Höhe des Verdienstes, den der Käufer durch Weiterverkauf der Milch erzielen kann, so OLG Rostock Rsp 35, 23; anders bei der Klage auf Abnahme von Milch, RG JW 31, 1047[2]); bei Klagen aus ungerechtfertigter Bereicherung, z. B. auf Rückgewähr wegen Nichtigkeit des Vertrags, RG JW 97, 541[1]; bei Klagen des Käufers auf Auflassung des gekauften Grundstücks, selbst dann, wenn das Grundstück bereits dem Käufer übergeben worden ist, RG JW 93, 467[5]; Gruch 44, 1146, wobei dann der Wert des übergebenen Zubehörs außer Betracht bleibt, OLG Breslau Rsp 40, 343; *aM* (maßgebend ist die Höhe der streitigen Gegenleistung) OLG Rostock Rsp 39, 27; bei Klagen auf Feststellung des Nichtbestehens einer Auflassungsverpflichtung, RG JW 00, 10[2]; 02, 253[17]. Der Streitwert des gegen einzelne Gesamthänder gerichteten Auflassungsanspruchs bemißt sich nach dem Wert des ganzen Grundstücks, OLG Kiel JW 32, 3639[8]: OLG Bamberg JVBl 35, 293 läßt bei langfristigen Lieferungsverträgen nicht den Gesamtbetrag der Forderungen maßgebend sein, sondern schätzt den Streitwert nach § 3 ZPO.

§ 6 gilt nicht bei Klagen wegen Besitzstörung (§ 862 BGB), RG 3, 394; OLG Hamburg Rsp 23, 72; bei Klagen auf Vorlegung von Sachen oder Urkunden (BGB § 809) oder auf Legung einer Rechnung oder eines Inventars (s. Anm. 8, 48); bei Klagen auf Herausgabe zur vorläufigen Verwahrung, RG JW 03, 125[10], bei Klagen auf Abnahme der Kaufsache, RG 57, 400; JW 05, 24[18], und auf Entgegennahme der Auflassung, RG 05, 24[28]; Gruch 34, 1138; 46, 1044; OLG Kiel, München Rsp 19, 48; 21, 61; s. Anm. 26 und wegen der Klage auf Erteilung der Auflassung Anm. 54.

Bei Anträgen auf Erlaß einer einstweiligen Verfügung kann der Wert des Streitgegenstandes dem der Hauptsache gleichkommen, so daß dann auch § 6 anzuwenden ist, z. B.

wenn es sich um die Eintragung einer Vormerkung zur Sicherung einer Forderung oder um den dauernden Besitz der Sache handelt, RG 35, 394; Gruch 49, 956; KG JVBl 33, 230 u. 231; KGBl 34, 81; OLG Kiel JVBl 32, 40 u. 41; OLG Düsseldorf DRpflRspr 36 Sp. 172; s. auch Anm. 10. Handelt es sich aber um eine vorübergehende Regelung, dann ist der Streitwert nach dem Interesse des Antragstellers gemäß § 3 ZPO zu berechnen, OLG Hamburg JW 33, 538[18]; KG JW 31, 3565[3]; 33, 537[15]; JVBl 35, 238; OLG Kiel JW 33, 2961[6] (Sicherung eines Anfechtungsanspruchs); OLG Stettin HRR 32, 1226. Der Streitwert des Arrestes richtet sich gemäß § 6 Satz 1 ZPO nach der sicherzustellenden Forderung, OLG Kiel JW 33, 2227[14]; OLG München JVBl 37, 247; OLG Braunschweig JVBl 37, 293; OLG Nürnberg JW 38, 1414[26]; OLG Frankfurt JW 38, 2233[42] (ebenso bei Aufhebung des Arrestes OLG Königsberg JVBl 33, 282); *aM* für Anwendung des § 3 ZPO OLG Stettin HRR 35, 1240. Wie bei Arresten muß § 6 ZPO maßgebend sein, wenn die einstweilige Verfügung der Sicherstellung einer Forderung dient, OLG Köln JVBl 37, 380. Ist auf Grund gesetzlicher Bestimmung z. B. § 10 Abs. 2 GKG der Streitwert für den Hauptprozeß auf einen geringeren Betrag, als geltend gemacht wird, festzusetzen, so soll dieser geringere Betrag nach OLG München JW 25, 2154[13] auch als Streitwert des Arrestprozesses gelten; *aM* Breuer JW 37, 2436 V. Ähnlich will OLG Köln JW 39, 707[17] bei Sicherstellung eines Unterhaltsanspruchs durch Eintragung einer Hypothek § 10 Abs. 2 GKG anwenden, obwohl doch die sicherzustellende Forderung ziffernmäßig feststeht. Vgl. dagegen RG 58, 294 = JW 04, 473[15]. Bei Arrest und einstw. Verfügung ist auch nach erhobenem Widerspruch für die Wertfestsetzung das Verlangen des Antragstellers maßgebend, RG 20, 383; Gruch 28, 1174; 34, 942. Der Streitwert des Verfahrens über die Rechtmäßigkeit einer einstweiligen Verfügung (§ 942 ZPO) ist nach § 3 ZPO zu schätzen, auch wenn es sich um Sicherstellung einer Forderung handelt, KG JVBl 35, 294. Werden gleichzeitig Arrest und einstweilige Verfügung (oder persönlicher und dinglicher Arrest) beantragt, so ist jeder Antrag gesondert zu bewerten.

Über den Streitwert im Arrestverfahren wegen Unterhaltsforderungen s. unten Anm. 74.

54. Den Wert des Streitgegenstandes bestimmt der gemeine Wert der Sache, um deren Besitz gestritten wird, RG Recht 03, 44, und zwar der zur Zeit der Klageerhebung; eine spätere Wertsteigerung ist aber gemäß § 9 Abs. 2 GKG zu beachten; vgl. jedoch Anm. 4. Bei der Bewertung von Grundbesitz kommt es regelmäßig auf den letzten Einheitswert an (vgl. § 18 KostO). Der Grundstückswert ist auch dann maßgebend, wenn Herausgabe einer Siedlerstelle (eines Rentenguts) verlangt wird, LG Stolp JW 37, 580[58]; LG Berlin JW 37, 3322[30] gegen KG v. 24. 1. 36 — 21 W 157. 36 —, das § 10 Abs. 1 GKG entsprechend anwendet. Der außerordentliche Wert kann nicht berücksichtigt werden, OLG Hamburg Rsp 15, 46. Ist nur ein Teil der Sache oder der Mitbesitz streitig, so ist dessen Wert zu ermitteln, RG JW 02, 391[5]. Dabei ist regelmäßig maßgebend: bei verkauften Sachen der Kaufpreis, was die Berücksichtigung einer Wertsteigerung bis zur Klageerhebung nicht ausschließt, OLG Breslau Rsp 35, 24, bei Waren und Wertpapieren der Markt- oder Börsenpreis (Kurswert), bei Aktien der Kurswert ohne Berücksichtigung des Wertes etwa mitherausverlangter Gewinnanteilscheine, da Gewinnanteile Früchte sind; auch der Wert eines Bezugsrechtes ist nicht hinzuzurechnen, da es im Kurswert zum Ausdruck kommt, *aM* OLG München OLG 35, 22; SeuffA 72, 189. Anleiheablösungsschuld ist auf den vollen Kurswert (einschließlich Zinsen) zu bewerten, zu dem sie gehandelt wird. Streitwert bei Enteignungen ist der Verkehrswert im Zeitpunkt der Festsetzung der Höhe der Entschädigung durch die Verwaltungsbehörde, RG BayZ 34, 375. Für enteignetes Straßenland vgl. KG KGBl 31, 14/15.

Belastungen der Sache und Verwendungen, die der Kläger dem Besitzer zu vergüten hat, müssen bei Bestimmung des Wertes unberücksichtigt bleiben, RG 22, 388; OLG Naumburg JW 36, 522[28]; OLG Kiel JVBl 35, 293. Daher ist bei Klagen auf Auflassung der Wert des Grundstücks ohne Berücksichtigung der darauf ruhenden Lasten und Schulden maßgebend, OLG Naumburg JVBl 36, 271; OLG Karlsruhe DRpfl Rspr 38 Nr. 454; OLG Kassel JW 38, 1414[25]; nur Belastungen, welche die wirtschaftliche Nutzung beeinträchtigen, sind abzuziehen, KG JW 39, 498[25]; *aM* OLG Zweibrücken DR 39, 1182[34]. Eine Herausgabeklage ist, wenn der Beklagte ein Pfandrecht geltend macht, gemäß § 6 ZPO auf die Forderung des Bekl. zu bewerten, wenn sie geringer ist als der Wert der Sache, KG JW 31, 1831[16]. Verlangt der Vermieter vom Mieter Zurückhaltung oder Rückschaffung von Sachen des Mieters zwecks Ausübung des Vermieterpfandrechts, oder verlangt der Mieter vom Vermieter, daß er die Wegschaffung darum zurückgehaltener Sachen dulde, dann ist der Streitwert gemäß § 6 S. 2 ZPO auf die offene Mietzinsforderung des Vermieters anzunehmen, falls nicht die Sachen einen geringeren Wert haben, OLG Bamberg BBl 31, 269; LG Berlin (ständig, so) BBl 32, 235. § 6 ZPO ist auf den Anspruch eines nicht im Mietverhältnis zum Beklagten stehenden Klägers auf Herausgabe von Sachen, an denen der Beklagte ein Vermieterpfandrecht gemäß § 599 BGB geltend macht, entsprechend anzuwenden OLG Kiel HRR 38 Nr. 686. Wird auf Herausgabe von Sachen an den Gerichtsvollzieher gemäß § 847 ZPO geklagt, gilt ebenfalls § 6 S. 2 ZPO. Ob die Gegenforderung zu berücksichtigen ist, auf die der Beklagte ein Zurückbehaltungsrecht stützt, ist streitig; verneinend OLG Karlsruhe HRR 30, 747; OLG Dresden JW 38, 3258[40]; KG JW 38, 3258[40]; bejahend RG 133, 288; KG JVBl 36, 283. Wegen der Klage auf Entgegennahme der Auflassung vgl. Anm. 53.

Durch eine angebotene Gegenleistung wird der Streitgegenstand nicht geändert, RG JRdsch 34, 41; OLG Rostock SeuffA 71, 245.

Bei der Klage auf Herausgabe von Urkunden ist, wenn sie Wertpapiere sind und über eine Forderung lauten, der Betrag der Forderung maßgebend, bei Beweis- oder Legitimationsurkunden der Wert nach dem Interesse des Klägers an der Herausgabe zu schätzen, RG JW 94, 239[1]; 02, 358[1]; Gruch 29, 418; 30, 1105; KG Rsp 21, 59 (Quittung), JVBl 35, 293 (Grundschuldbrief), OLG Kiel JVBl 34, 82; DRpfl Rspr 38 Nr. 117 (Grundschuldbrief); ObG Danzig DanzJZ 38 Nr. 102 (Grundschuldbrief); vgl. aber Anm. 8. Das Interesse ist danach zu bewerten, was mit dem Anspruch auf Herausgabe der Urkunde bezweckt wird. Unter Umständen kann der Wert der zurückgeforderten Wechsel dem Werte der Wechselsummen, ja sogar der Wechselregreßsummen gleich erachtet werden; OLG Hamburg Rsp 33, 16. Das Interesse am Besitze kann aber auch niedriger als die Wechselsumme geschätzt werden, RG Gruch 29, 418; Recht 05, 166; ebenso bei der Klage auf Herausgabe eines Schuldscheins, RG Gruch 41, 1151. Das Interesse kann z. B. bei Wechseln oder einer Vollmacht darin bestehen, Mißbrauch mit den Urkunden zu verhindern, RG JW 05, 113[9]; OLG Naumburg Rsp 21, 59. Das Interesse an der Herausgabe eines verwahrten Hypothekenbriefs ist gleich den Kosten seiner Wiederherstellung zu schätzen, RG Gruch 30, 1106. Dieser Maßstab ist nicht bei dem Anspruch auf Herausgabe von Testamenten anwendbar. KG Rsp 15, 47. Wenn Herausgabe eines Kostenfestsetzungsbeschlusses verlangt wird, um aus dem Beschluß zu vollstrecken, ist der Streitwert auf die Höhe der festgesetzten Kosten zu bemessen. Bei der Herausgabe eines Erbvertrags zur gerichtlichen Eröffnung ist zu berücksichtigen, daß der Berechtigte sich nur so als Erbe ausweisen kann, wenn auch der Wortlaut der letztwilligen Anordnung feststeht, RG JW 11, 190[22]. Bei der Klage auf Herausgabe eines unrichtigen Erbscheines besteht das Interesse darin, daß seine Verwendung dem Kläger keine Nachteile bringt, RG JW 11, 813[22]. Bei der Klage auf Herausgabe des Hypothekenbriefs gegen den Zedenten ist das Interesse gleich dem Wert der Forderung, da erst durch die Übergabe des Briefes die Abtretung wirksam wird, OLG Braunschweig Rsp 14, 115; ebenso, wenn streitig ist, wem die Hypothek zusteht, RG HRR 33, 1694: OLG Hamm Rsp 35, 23. Wird die Herausgabe des Hypothekenbriefs zur Verwirklichung einer Pfändung verlangt, so ist das Interesse an der Pfändung unter entsprechender Anwendung von § 6 ZPO zu berechnen, RG 46, 401; Warn 10, 412. Wird dagegen nur über den Herausgabeanspruch, nicht über die Wirksamkeit eines an der Hypothek bestellten Pfandrechts gestritten, so ist der Streitwert nach § 3 ZPO frei zu schätzen, RG LZ 17, 1072. Bei der Klage auf Übergabe der Urkunden, die erforderlich sind, um den Kläger zu dem Antrag auf Löschung der auf seinem Grundstücke haftenden Posten in den Stand zu setzen, ist der Betrag der Aufwendungen entscheidend, die gemacht werden müssen, um die Löschung zu ermöglichen, RG JW 95, 181[2]. Das Interesse an der Herausgabe einer Lebensversicherungspolice ist dem Rückkaufswerte, RG 22, 414; 28, 183; JW 02, 185[19]; OLG Hamburg Rsp 6, 374; OLG Braunschweig Rsp 15, 47; OLG Nürnberg BBl 32, 238; den Kosten des Aufgebotsverfahrens, OLG Hamburg Rsp 9, 50; der Versicherungssumme, RG 37, 415; OLG München Rsp 23, 73; SeuffBl 75, 532 gleichgesetzt worden; in RG 37, 415 wird aber zugleich die Rückabtretung verlangt; vom OLG Hamburg Rsp 29, 8 wird das Interesse des Klägers an der Durchführung der Versicherung frei geschätzt. Der Streitwert des Anspruchs auf Herausgabe von Kraftfahrzeugbriefen richtet sich nach dem Interesse an der Verfügungsgewalt über die Briefe, KG DR 40, 84[20].

55. Ist die Sicherstellung einer Forderung oder ein Pfandrecht Gegenstand der Klage, so gilt § 6 ZPO, gleichviel, ob der Kläger Feststellung seiner Forderung oder Verurteilung des Bekl. verlangt, RG JW 04, 94[14]. Auf die Art der Sicherstellung kommt nichts an. Z. B. gehören hierher die Klage auf Feststellung einer Bürgschaftsverbindlichkeit, RG 25, 366; die Pfändung von Forderungen (vgl. Anm. 60 a. E.) und anderen Vermögensrechten, sowie die Klage auf Abtretung einer Forderung zum Zwecke der Sicherstellung; die Klage auf Durchführung des Pfandrechts, und auf Aufhebung eines Pfandrechts, RG Gruch 35, 1177; 36, 1195; OLG Karlsruhe Rsp 13, 70, oder auf Feststellung seiner rechtlichen Gültigkeit oder Ungültigkeit, die Klage auf Herausgabe der Pfandsache, gleichviel ob es sich um ein rechtsgeschäftliches oder gesetzliches Pfandrecht, z. B. des Vermieters (Breuer DDJ 39, 442 IV), handelt, RG Gruch 49, 1008, OLG München, Hamburg Rsp 23, 71; 37, 83, oder auf Löschung einer Hypothek, RG JW 25, 2323[2]; OLG Hamburg Rsp 23, 74; KG JW 24, 2051[13]; OLG Königsberg JW 25, 1146[23]; 26, 854[29] und KG JW 25, 1799[17]; Anträge auf Vormerkung nach §§ 648, 883 BGB, § 935 ZPO, RG 35, 394, s. Anm. 10; die Widerspruchsklage aus § 771 ZPO, RG JW 34, 1174[8]; die Klage auf Feststellung eines Absonderungsrechts, OLG Karlsruhe Rsp 35, 25; OLG Naumburg JBBl 36, 271. Auch die Klage auf Herausgabe von Sachen, die zur Sicherung einer Forderung übereignet waren, fällt unter § 6 ZPO, RG BayZ 30, 288; OLG Hamburg Rsp 37, 83; OLG Köln DJZ 13, 1083; OLG München Rsp 33, 16; OLG Karlsruhe HRR 30, 747; Mezger DRpfl 38, 48; *aM* KG JBBl 37, 158; OLG Kassel DRpflRspr 37 Nr. 422, sowie die Klage auf Herausgabe von Sachen auf Grund eines Eigentumsvorbehalts, OLG

Karlsruhe HRR 30 Nr 747; *aM* OLG Kiel BBl 29, 299; Mezger DRpfl 38, 48; vgl. Berndt JBBl 37, 157. Ferner findet § 6 Anwendung im Falle eines Antrages aus § 857 Abs. 5 ZPO, RG JW 36, 3330[32], sowie wenn sich der Konkursverwalter mit der Anfechtungsklage gegen ein Pfandrecht wendet, RG HRR 29, 843, s. Anm. 16. Entsprechende Anwendung findet § 6 bei Rangstreitigkeiten mehrerer Pfandgläubiger. Maßgebend ist der Betrag der niedrigeren Forderung, sofern der Pfandgegenstand oder der zu verteilende Erlös nicht einen geringeren Wert hat, RG 26, 412; OLG München Rsp 23, 74; OLG Breslau JW 31, 2143[12]. Dagegen ist § 3 ZPO für anwendbar erklärt worden bei einer Klage aus § 768 ZPO und § 1134 BGB, OLG München, KG Rsp 18, 409; 23, 66 und bei einer Klage auf Abtretung der dem Kläger bereits verpfändeten Hypothek, OLG Kiel Rsp 31, 5, bei einer Klage auf Genehmigung der vom Ehemann erfolgten Abtretung durch die Frau, OLG Kiel HRR 36, 376, oder auf Löschung, wenn über den Bestand der Hypothek kein Streit besteht, RG JW 00, 437[1]; *aM* RG JW 98, 348[2]; 01, 649[1]. Bei der Klage auf Feststellung, daß die Hypothek des Kl. den Vorrang vor der des Bekl. hat, richtet sich der Streitwert nach dem Betrage, in dessen Höhe die Hypothek des Kl. durch die des Bekl. gefährdet ist, OLG Kiel JW 33, 2471[7]. Für die Klage auf Abgabe der Verpfändungserklärung einer bereits verpfändeten Briefhypothek in einer der GBO entsprechenden Form ist der Streitwert nach OLG Stettin JW 32, 669[15] nicht gemäß § 6 ZPO, sondern nach § 3 ZPO festzusetzen. Andererseits bemißt OLG Kiel JW 34, 1192[26] den Streitwert der Klage auf Beglaubigung der Unterschrift einer Grundschuldabtretung auf den Wert der Grundschuld, wenn der Bekl. die Wirksamkeit der Abtretung bestreitet. Bei Klage auf Hinterlegung der Versicherungssumme zugunsten der Hypothekengläubiger auf Grund des § 101 VVG ist für den Streitwert das Interesse maßgebend, das der Kl. entsprechend dem nach seinem Hypothekenrang auf ihn entfallenden Teile an der Hinterlegung hat, RG HRR 33 Nr. 1884. Der Streitwert der Klage auf Einwilligung in die Auszahlung eines hinterlegten Betrages richtet sich nicht nach diesem Betrage, sondern nach dem Interesse des Beklagten, der der Auszahlung widerspricht, KG JRsPrV 35, 310, wenn es geringer ist. Der Streitwert des Anspruchs auf Löschung einer Grundschuld ist gleich dem Nennbetrag der Grundschuld; vorgehende Belastungen sind nicht zu berücksichtigen; § 6 greift nur ein, wenn der Wert des ganzen Grundstücks geringer ist als der Nennbetrag der Grundschuld, OLG Kiel HRR 35 Nr. 685. Wird ein Grundbuchberichtigungsanspruch auf Umschreibung einer Hypothek geltend gemacht, um dadurch ein Pfandrecht wegen einer Forderung zu erwirken, die geringer ist als der Betrag der Hypothek, so richtet sich der Streitwert nach der Forderung; *aM* RG SeuffA 93, 140, das den Betrag der Hypothek maßgebend sein läßt.

56. Den Streitwert bestimmt der Betrag der Forderung oder der Wert der Pfandsache, je nachdem der eine oder der andere geringer ist. Der Betrag der Forderung ist nach §§ 3, 4 ZPO, d. h. nach dem Zeitpunkte der Klageerhebung und unter Fortlassung der Nebenforderungen, also bei Klagen auf Löschung einer Hypothek nach dem zu löschenden Kapitalbetrage, auch wenn die Hypothek nicht mehr oder nicht mehr in voller Höhe besteht, OLG Kiel JBBl 35, 80; 36, 361; bei Sicherungshypotheken nach dem eingetragenen Höchstbetrage zu berechnen, RG Gruch 36, 1195; OLG Braunschweig Rsp 31, 7; OLG Naumburg MdRRAK 36 Nr. 91; OLG Zweibrücken JBBl 37, 200; Berndt DDJ 38, 720 I. Das gilt aber nicht, wenn ein nachstehender Hypothekengläubiger auf Feststellung der Nichtigkeit der Löschung klagt, *aM* OLG Nürnberg ZZP 55, 244.

Besteht für die zum Zwecke der Streitwertfestsetzung vorzunehmende Berechnung des

Betrages der Forderung eine gesetzliche Sonderbestimmung, z. B. § 10 GKG, so soll sie nach KG JW 27, 1169[10] auch bei der Streitwertfestsetzung für die Klage auf Sicherstellung der Forderung oder aus einem dafür bestellten Pfandrechte maßgebend sein; vgl. auch Anm. 53.

Der Wert der Pfandsache ist nach § 3 ZPO, also ohne Rücksicht auf vorgehende Belastungen, festzustellen, RG 22, 388; Recht 12 Nr 2855. Bei einer Klage auf Duldung der Zwangsvollstreckung in ein Grundstück bestimmt sich aber wie bei Anfechtungsklagen, der Wert des Streitgegenstandes nach dem Wert des Grundstücks, abzüglich der vorgehenden Hypotheken, soweit dieser Wert hinter dem Betrage der Forderung zurückbleibt, RG JW 03, 180[26]. Der Streitwert der Klage gegen den besitzenden Nichteigentümer auf Duldung der Zwangsverwaltung in ein Grundstück richtet sich gemäß § 6 ZPO nach dem Wert des Grundstücks, nicht nach dem Betrag der Forderung, wegen deren die Zwangsverwaltung betrieben wird, LG Hamburg JW 35, 878[7]. Beim Streite über das Pfandrecht an einem Hypothekenbrief ist der nach § 6 maßgebende Wert des Hypothekenbriefs nach § 3 ZPO zu bestimmen, OLG Stuttgart JW 28, 2800[30].

Bei dem Streitwert der Widerspruchsklage aus § 771 ZPO kommt es nach RG JW 34, 1174[8] nicht auf das die Veräußerung hindernde Recht des Kl., sondern nur auf die Forderung des Bekl. und den Wert des Pfandgegenstandes an; gemäß § 4 ZPO bleiben die Zinsen und die Kosten des Bekl. unberücksichtigt. Geben die Parteien die Forderung verschieden an, so ist der Betrag maßgebend, wegen dessen das Pfandrecht beansprucht wird, nicht der, den der Widerspruchskläger als richtig zugibt, oder der sich als richtig erweist, OLG Kiel JW 32, 2901[18]. Der Betrag ist nach dem Zeitpunkt der Klageerhebung zu bestimmen; nach einer teilweisen Tilgung der Forderung ist aber nur noch ihr Restbetrag einzustellen, OLG München Rsp 23, 65. Der Wert der gepfändeten Sachen ist auf den gewöhnlichen Verkaufswert, nicht den voraussichtlichen Versteigerungserlös anzunehmen, KG JW 32, 1155[3]; OLG Dresden JW 32, 2894[8]; OLG Breslau JW 33, 1781[3]. Sind verschiedene Gegenstände von mehreren Gläubigern wegen verschiedener Forderungen gepfändet, so ist der Streitwert in der Weise zu bestimmen, daß der Streitwert für das Pfandrecht eines jeden Gläubigers nach § 6 ZPO ermittelt wird, und die so gewonnenen Werte nach § 5 ZPO zusammengerechnet werden, OLG Kiel BBl 31, 173; LG Berlin JBBl 32, 261; haben mehrere Gläubiger denselben Gegenstand gepfändet, ist der Wert des Pfandgegenstandes nur einmal einzusetzen, OLG Hamm JW 33, 539[19], das aber zu Unrecht die Entscheidung der Frage, wie hoch die Werte für die Prozeßbevollmächtigten der einzelnen Gläubiger anzunehmen sind, in das Kostenfestsetzungsverfahren verweist; vgl. dagegen OLG Naumburg SeuffA 31, 82; LG Berlin JBBl 38, 110. Über Einzelheiten der Streitwertberechnung bei Widerspruchsklagen vgl. Berndt DDJ 36, 701; Breuer JW 37, 1038. Der Streitwert der Zwangsvollstreckungsgegenklage aus § 767 ZPO deckt sich mit dem Wert des zu vollstreckenden Anspruchs, § 3 ZPO, RG JW 37, 1433[39]; KG, OLG München Rsp 23, 159. Er ist auf den Wert des ganzen angefochtenen Titels anzunehmen, auch wenn der Gläubiger erklärt hat, nur wegen eines Teiles vollstrecken zu wollen; denn dadurch wird die Vollstreckbarkeit des Titels bis zu dieser Höhe nicht beseitigt, OLG Breslau MdRRAK 37, 36. Dagegen bemißt KG DR 39, 456[25] den Streitwert auf den Teilbetrag, wenn beantragt wird, die Vollstreckung wegen eines abgrenzbaren Teiles für unzulässig zu erklären. Ferner ist, wenn sich die Vollstreckungsgegenklage nur gegen einen Teil der Vollstreckung eines Unterhaltsanspruchs richtet, der Streitwert nur auf den Wert dieses Teiles der Unterhaltsforderung anzunehmen. Richtet sich die Vollstreckungsgegenklage nur gegen die

Zulässigkeit der Vollstreckung wegen eines angeblichen Restes, dann ist der Streitwert auf den Restbetrag zu bemessen, OLG Zweibrücken JVBl 37, 200. Wird mit der Vollstreckungsgegenklage der Antrag auf Einwilligung in die Löschung der auf Grund des angegriffenen Titels eingetragenen Sicherungshypothek verbunden, so handelt es sich zwar um zwei selbständige Ansprüche, die aber nicht zusammenzurechnen sind, doch ist der etwaige höhere Wert maßgebend, OLG Zweibrücken JVBl 37, 200. Wird nur geltend gemacht, daß die Forderung noch nicht fällig sei, so ist der Streitwert geringer zu schätzen, RG JW 33, 2344[4]; OLG Kiel JVBl 33, 248; 36, 208. Richtet sich die Vollstreckungsgegenklage gegen einen Titel auf Zahlung von Unterhalt, dann ist der Streitwert gemäß § 10 Abs. 2 GKG (für die Revisionsinstanz gemäß § 9 ZPO) zu bemessen, soweit die Vollstreckung für die Zukunft abgewehrt werden soll; soll auch die Vollstreckung von Rückständen abgewehrt werden, dann sind sie, soweit sie bis zur Erhebung der Vollstreckungsgegenklage aufgelaufen sind, hinzuzurechnen, RG v. 24. 2. 38 (IV. 268. 37); Breuer JW 36, 3289 II 5; OLG Kiel JW 38, 826[50]; DRpfl Rspr 38 Nr. 361; OLG Kassel HRR 38 Nr. 472. Über weitere Einzelheiten vgl. Breuer JW 36, 3289; Berndt DDJ 36, 734. Der Streitwert der Klage aus § 768 ZPO (Unzulässigkeit der Vollstreckungsklausel) ist nicht gleich der Forderung, sondern nach dem Interesse des Klägers daran festzustellen, daß die Zwangsvollstreckung zeitweilig ausgeschlossen ist, OLG Kiel JVBl 32, 29. Für das Einstellungsverfahren (§ 769 ZPO) gilt derselbe Streitwert, wie für den Prozeß, OLG Kiel HRR 30, 1753.

Bei der **Verbindung** der Pfandrechtsklage mit der **persönlichen** Klage ist nur der Betrag der Forderung maßgebend, RG 31, 387. Wird neben der Forderung, um deren Sicherstellung es sich handelt, oder neben der Bewilligung der Löschung einer Grundschuld die Herausgabe eines Grundschuld- oder Hypothekenbriefs verlangt, so bildet lediglich die Forderung, für die das Pfandrecht eingetragen ist, den Wert des Streitgegenstandes, RG JW 96, 270[2].

Wird in zweiter Instanz die ursprünglich mit der Pfandrechtsklage verbundene persönliche Klage nicht mehr verfolgt, so ist § 6 Satz 2 ZPO bei Bemessung des zweitinstanzlichen Streitwertes anzuwenden, OLG München ZZP 52, 67.

Der Betrag der geltend gemachten Forderung bestimmt den Streitwert auch, wenn Zahlung dieser Forderung begehrt wird. Er bleibt maßgebend auch dann, wenn im Laufe des Rechtsstreits Sicherheit geleistet worden ist und demgemäß der Klageantrag auf Einwilligung in die Rückgabe der Sicherheit geändert worden ist, OLG Karlsruhe HRR 30, 252. Der Streitwert eines neben dem Zahlungsanspruch gestellten Antrages auf Sicherheitsleistung ist in dem Streitwert der Forderung mitenthalten, OLG Hamburg HansRGZ 35 B 547.

57. Verlangt der Kläger **Befreiung** von einer Hypothekenschuld, für die er **persönlich** haftet, so ist der Streitwert nicht gleich der Forderung, sondern das Interesse an der Befreiung ist danach zu bemessen, ob und inwieweit das Grundstück Sicherheit für den Gläubiger bietet und mit welchem Ausfalle zu rechnen ist, RG DJZ 12, 1470; 26, 450; KG KGBl 13, 20; LG Berlin JVBl 38, 110. Wird auf Befreiung eines Grundstücks von einer vom Kläger nicht übernommenen Hypothek geklagt, so findet § 3 ZPO Anwendung.

58. Auch für **bedingte und betagte Forderungen** gilt § 6 ZPO, RG 118, 321 (mit ausführlichen Belegen aus der Rechtsprechung). Einen Sonderfall behandelt RG 22, 413.

59. Das Interesse des Klägers an der Beseitigung eines ihn an der Verfügung über einen Hypothekenbrief hindernden Beschlusses ist dem realisierbaren Werte des Briefes gleichgeachtet worden, OLG Karlsruhe Rsp 15, 48; s. Anm. 10.

60. Keine Anwendung findet § 6, Satz 2, wenn eine sachlich beschränkte Haftung in

Anspruch genommen wird, wie z. B. bei der Haftung des Reeders und bei der Klage gegen den Ehemann auf Duldung der Zwangsvollstreckung in das eingebrachte Gut; die Forderung entscheidet auch, wenn das eingebrachte Gut geringeren Wert hat oder gar nicht vorhanden ist, OLG Marienwerder Rsp 27, 165; KG JW 34, 3005[7]; LG Berlin JWBl 36, 207; *aM* OLG Stettin JW 26, 868[39]; OLG Kiel Recht 32, 805; HRR 36, 1145; KG JW 33, 2074[11]; 37, 246[32]; vgl. auch Anm. 14 a. E. Wird der Ehemann auf Duldung der Zwangsvollstreckung wegen der Urteilssumme und der Kosten des Vorprozesses gegen die Ehefrau sowie auf Zahlung dieser Kosten (als Gesamtschuldner neben seiner Ehefrau) in Anspruch genommen, so sind für die Streitwertberechnung die Kosten des Vorprozesses nur einmal anzusetzen, KG JW 34, 2494[8]; s. wegen Erbenhaftung Anm. 18.

§ 6 Satz 2 ZPO gilt auch dann, wenn die Sicherung einer Forderung durch ein erst zu bestellendes Pfandrecht den Streitgegenstand bildet. Deshalb ist auch im Zwangsvollstreckungsverfahren auf Pfändung und Überweisung einer Geldforderung deren Betrag maßgebend, wenn er niedriger ist, als der der zu vollstreckenden Forderung; OLG Hamburg JW 36, 2480[26]; KG JWBl 37, 381, das den Wert der gepfändeten Mietzinsforderung auf den einjährigen Bezug schätzt; OLG Kiel DRpfl Rspr 38 Nr. 846; *aM* KG JWBl 35, 82; OLG München JWBl 37, 247; vgl. auch Berndt JWBl 37, 196. Der Streitwert bei Vollstreckungsschutzanträgen ist nach § 3 ZPO zu schätzen, OLG Kiel DRpfl Rspr 38 Nr. 118; AG Berlin JWBl 38, 349.

ZPO § 7. Der Wert einer Grunddienstbarkeit wird durch den Wert, welchen dieselbe für das herrschende Grundstück hat, und wenn der Betrag, um welchen sich der Wert des dienenden Grundstücks durch die Dienstbarkeit mindert, größer ist, durch diesen Betrag bestimmt.

61. Der Begriff der Grunddienstbarkeit, BGB §§ 1018, 1019. Die Grunddienstbarkeit muß Klagegegenstand sein, gleichviel, ob dinglich oder persönlich, konfessorisch oder negatorisch geklagt wird, RG 3, 394; 29, 407. Ist diese Voraussetzung nicht gegeben, verbietet sich eine ausdehnende Anwendung des § 7, RG Warn 10 Nr. 293. Eine entsprechende Anwendung hat zur Voraussetzung, daß nicht nur auf der einen Seite ein dienendes, sondern auch auf der anderen Seite ein herrschendes Grundstück vorhanden ist, so daß die Wertminderung des einen mit der Werterhöhung des anderen verglichen werden kann, RG LZ 16, 610; sie ist aber zugelassen bei beschränkt persönlichen Dienstbarkeiten, Reallasten und servitutähnlichen Rechten, RG 3, 384 (Dränageröhren), RG 67, 79 (Licht), Fensterrecht aus § 907 BGB, § 142 PrALR I 8, RG 29, 407 (sogar bei einer persönlichen Baubeschränkung); s. aber RG BayZ 14, 192. § 7 ist auch dann anzuwenden, wenn zugleich auf Beseitigung der Beeinträchtigung einer Grunddienstbarkeit geklagt wird, RG 63, 100; KG Rsp 33, 73; oder deren Umfang streitig ist, RG Warn 10, 172; und bei Immissionsklagen (§ 906 BGB), RG JW 98, 153[1]. In der Regel wird aber im letzten Falle dem Streitwert nach § 3 die Wertminderung zugrunde zu legen sein, die das Grundstück des Klägers erleiden würde, wenn die Immissionen auf unbestimmte Zeit zugelassen wären, RG Recht 07, 894.

62. Die Anwendung von § 7 ist verneint worden bei dem Streite über das Bestehen einer selbständigen Fischereigerechtigkeit, ObLG München DJZ 11, 1123. Das Recht, Ton zu entnehmen oder Bausteine zu brechen, ist nach § 3 ZPO zu bewerten, OLG Oldenburg Rsp 4, 263. Soll der Beklagte als Dritter eine Grundlast beseitigen, so ist der Streitwert nach dem Betrage der zur Befreiung des Grundstücks von der Last notwendigen Ausgaben gemäß § 3 ZPO zu bemessen, RG JW 95, 181[2]; Bolze 6 Nr. 866.

63. Ist für die Berechnung des Wertes einer Grunddienstbarkeit der Betrag maßgebend, um welchen sich der Wert des dienenden Grundstücks durch die Dienstbarkeit mindert, so ist von diesem Minderwert der Betrag abzuziehen, der für den Fall der Ausübung der Grunddienstbarkeit vereinbarungsgemäß vom Eigentümer des herrschenden Grundstücks an den Eigentümer des dienenden Grundstücks zu zahlen ist, OLG Hamm JW 32, 2174[27]. Streitig ist die Anwendung des § 7 ZPO in den Rechtsmittelinstanzen, insofern RG die Beschwerdesumme auch hier nach dem Interesse des Rechtsmittelklägers bemißt ohne Rücksicht auf den nach § 7 zu berechnenden Wert der Grunddienstbarkeit, vgl. RG 16, 342; 45, 404; 63, 100; 67, 81; JW 11, 948[18].

ZPO § 8. Ist das Bestehen oder die Dauer eines Pacht- oder Mietverhältnisses streitig, so ist der Betrag des auf die gesamte streitige Zeit fallenden Zinses und, wenn der fünfundzwanzigfache Betrag des einjährigen Zinses geringer ist, dieser Betrag für die Wertberechnung entscheidend.

GKG § 10 Abs. 1. Ist das Bestehen oder die Dauer eines Miet- oder Pachtverhältnisses streitig, so ist der Betrag des auf die streitige Zeit entfallenden Zinses und, wenn der einjährige Zins geringer ist, dieser Betrag für die Wertberechnung maßgebend. Geht der Anspruch auf Räumung eines vermieteten oder verpachteten Grundstücks, Gebäudes oder Gebäudeteiles, so ist ohne Rücksicht darauf, ob über das Bestehen des Miet- oder Pachtverhältnisses Streit besteht, der vierteljährliche Zins maßgebend, sofern sich nicht nach der Vorschrift des Satzes 1 ein geringerer Streitwert ergibt.

Gesetz über Mieterschutz und Mieteinigungsämter § 13 Abs. 4. Für die Wertberechnung bei der Aufhebungsklage ist der Betrag des für die Dauer eines Vierteljahrs zu entrichtenden Mietzinses maßgebend.

64. Die Bestimmungen der § 8 ZPO, § 10 Abs. 1 GKG gelten nur für Pacht- und Mietverhältnisse, BGB §§ 535ff., 581ff.; auch bei Jagdpacht, RG JW 10, 291[27]; sind aber nicht auf Grundstücke beschränkt. Bei besonderer Räumungsfrist für Juden gilt § 10 Abs. 1 GKG entsprechend, § 9 Ges. v. 30. 4. 39 (RGBl I 864). Auf Dienstmiete und Werkvertrag (BGB §§ 611ff., 631ff.) ist § 3 ZPO anzuwenden. Dasselbe gilt im Mieteinigungsverfahren auf Ermittlung der Friedensmiete zur Feststellung, ob Mieterschutz besteht, KG JW 38, 1823[30]. Der § 8 ZPO gilt für die Zuständigkeit und die Berechnung der Rechtsmittelsumme, § 10 GKG ist für die Gerichtskosten und die Anwaltsgebühren maßgebend.

Für die in §§ 2—4 des Gesetzes über Mieterschutz und Mieteinigungsämter geregelte Aufhebungsklage und das Kündigungsverfahren gemäß § 1 MSchG (vgl. §§ 1a—1m des Ges.), trifft § 13 Abs. 4 des Gesetzes eine gesonderte Regelung des Streitwerts, die nur für die Gerichts- und Anwaltskosten Bedeutung hat. Zugrunde zu legen ist der Mietzins für das Vierteljahr, das nach dem Zeitpunkt beginnt, für den die Aufhebung gefordert wird, KG Rsp 44, 2.

Tritt im Laufe der Instanz ein anderer gesetzlicher Zuschlag zur Friedensmiete in Kraft, so ist der bei Beendigung der Instanz maßgebende Zuschlag der Berechnung zugrunde zu legen, wenn er höher ist als der bei Beginn der Instanz geltende, OLG Köln JW 26, 1041[13]; OLG Breslau JW 30, 562[4]; 3248[15]. Der Streitwert der Räumungsklage berechnet sich bei Räumen, die dem MSchG nicht unterliegen, ausnahmsweise dann nach § 13 Abs. 4 MSchG, wenn die Klage ausdrücklich als Mietaufhebungsklage erhoben ist, LG I Berlin BBl 32, 233. Neben dem Klageantrage auf Mietaufhebung, der gemäß

§ 13 Abs. 4 MSchG zu bewerten ist, haben keinen besonderen Wert: der Antrag des Klägers auf Herausgabe der Mieträume, § 5 Abs. 3 MSchG; OLG Kiel JW 32, 3017[31] und der Antrag des Beklagten, den Kläger zur Erstattung und Hinterlegung der Umzugskosten zu verurteilen, § 4 Abs. 3 und 4 MSchG; LG Berlin, JVBl 38, 262. Für andere, nicht auf die in §§ 1—31 des Mieterschutzgesetzes geregelten Mietverhältnisse sich beziehende Räumungsklagen, z. B. im Falle des § 32 a. a. O., trifft § 13 Abs. 4 nicht zu, OLG Breslau JW 29, 3257[9]. Dagegen gilt die Vorschrift auch für das Beschwerdeverfahren betr. die Umzugentschädigung und die Ersatzraumklausel, OLG Breslau JW 28, 1528[41]; LG Würzburg JW 28, 2741[8]; vgl. auch OLG Frankfurt HRR 29, 1838.

Wird mit der Mietaufhebungsklage gegen den Hauptmieter die Räumungsklage gegen den Untermieter verbunden, so bestimmt sich der Streitwert gegen beide einheitlich nach § 13 Abs. 4 MSchG, weil sie (unechte) Gesamtschuldner sind, § 556 Abs. 1 und 3 BGB, Breuer JW 38, 840 VI.

65. § 8 ZPO, § 10 Abs. 1 GKG finden nur Anwendung, wenn streitig ist, ob ein Pacht- oder Mietverhältnis für eine bestimmte Zeit besteht, aber nicht nur bei Feststellungsklagen, sondern auch bei Leistungsklagen wegen Überlassung oder Benutzung der Miet- oder Pachtsache, RG (Pl) 33, 1; OLG Kiel SchlHolstAnz 16, 127; OLG Breslau JW 30, 1086[11]. § 10 Abs. 1 Satz 2 GKG ist auf Räumungsansprüche auch dann anzuwenden, wenn die Beendigung des Pacht- oder Mietvertrages Grundlage des Anspruchs bildet (§ 556 BGB), oder Streit über die Rechtswirksamkeit des Vertrages besteht, OLG Celle HRR 33, 597; OLG Kiel JVBl 36, 144; Breuer JW 38, 840 IV. Sind die Parteien aber darüber einig, daß ein (Miet- oder) Pachtverhältnis einen bestimmten Zeitpunkt nicht überdauert hat, so hat das Klageverlangen auf Feststellung der Nichtigkeit des Pachtvertrages für die Folgezeit nicht das Bestehen oder Nichtbestehen eines Pachtverhältnisses zum Gegenstand, sondern nur die Bedeutung, Schadensfolgen abzuwehren; in einem solchen Falle ist (nicht § 8, sondern) § 3 ZPO für die Bemessung des (Revisions-) Interesses maßgebend, RG JW 32, 1058[19]. Andererseits bewertet LG Berlin (vgl. Breuer JW 38, 839 VII) den Räumungsanspruch gemäß § 6 ZPO, wenn der Vermieter den Mietvertrag wegen arglistiger Täuschung angefochten hat, und der Beklagte das tatsächliche Vorbringen der Klageschrift nicht bestreitet. Auch sonst muß bei der auf Eigentum (§ 985 BGB) gestützten Räumungsklage der § 6 ZPO (so im Falle eines Wohnrechts) angewandt werden, OLG Kiel DRM 39, 326[211]. LG Berlin BBl 32, 234 legt hierbei regelmäßig die Jahresmiete zugrunde. Macht aber der Beklagte geltend, zwischen ihm und dem Kläger bestehe ein Miet- oder Pachtverhältnis, dann gilt § 10 Abs. 1 Satz 2 GKG, weil entgegen dem Vorbringen des Klägers in Wahrheit streitig ist, ob der Räumungsanspruch ein vermietetes Grundstück (Gebäude oder Gebäudeteil) betrifft, Breuer JW 38, 840 VII; KG JVBl 39, 269; OLG Kiel DRpfl Rspr 38 Nr. 362; *aM* Jonas GKG[3] § 10 Anm. 1c S. 104 a. E. Klagt der Mieter auf Feststellung, daß das Mietverhältnis über einen bestimmten Zeitpunkt hinaus fortbesteht, so hat die Streitwertfestsetzung nach Satz 2, nicht nach Satz 1 des § 10 Abs. 1 GKG zu erfolgen, LG Berlin JVBl 38, 262; *aM* KG JW 37, 2135[38]. Auch die Klage auf Räumung einer Hauswartwohnung ist nach mietrechtlichen Grundsätzen (§ 10 Abs. 1 GKG) zu bewerten, Breuer JW 38, 839 II. Dagegen wendet KG JW 37, 2216[30], wenn die Verurteilung zum Abschluß eines Miet- oder Pachtvertrages auf Grund eines Vorvertrages begehrt wird, nicht § 10 Abs. 1 GKG, sondern § 3 ZPO an.

66. Die Worte „streitige Zeit" lassen erkennen, daß die Vorschrift des § 8 nur dann Anwendung finden kann, wenn in der Klage, RG Gruch 35, 1176, zum Ausdrucke gebracht ist, daß es sich um ein bestimmte Zeit dauerndes Miet- oder Pachtverhältnis handelt; doch wird bei einem Pacht- oder Mietverhältnisse von unbestimmter Dauer § 8 entsprechend anzuwenden sein. Dabei ist die gesetzliche Mindestdauer und die Kündigungsbefugnis in Betracht zu ziehen, RG JW 38, 1047[45]. Bei kündbaren Verträgen geht die „streitige Zeit" nur bis zu dem Zeitpunkte, zu dem der Vertrag gekündigt werden kann, RG SeuffA 42, 461. Ist mit Rücksicht auf die Mieterschutzgesetzgebung unbestimmt, ob und wann das Mietverhältnis gekündigt werden kann, so ist der Streitwert nach § 10 Abs. 1 Satz 2 GKG auf die Vierteljahresmiete anzunehmen. Mitunter wird die Ansicht vertreten (so von Jonas GKG[3] § 10 Anm. 1c S. 105 a. E.), es bedürfte jetzt, nachdem § 10 Abs. 1 GKG dem § 13 Abs. 4 MSchG angepaßt sei, keiner Prüfung mehr, ob es sich um eine Mietaufhebungs- oder um eine gewöhnliche Räumungsklage handle. Nach § 10 Abs. 1 Satz 2 GKG bildet aber die Vierteljahresmiete nicht wie bei der Mietaufhebungsklage gemäß § 13 Abs. 4 MSchG den Regelwert, sondern nur die Höchstgrenze, „sofern sich nicht nach der Vorschrift des Satzes 1 ein geringerer Streitwert ergibt". Der Streitwert einer Räumungsklage kann daher (im Gegensatz zum Streitwert der Mietaufhebungsklage, der nach § 13 Abs. 4 MSchG stets auf die Vierteljahresmiete anzunehmen ist) sehr wohl geringer angenommen werden, wenn die „streitige Zeit" (Satz 1 des § 10 Abs. 1 GKG) kürzer ist als ein Vierteljahr. Die Feststellung, welche etwaige kürzere Zeit als streitig anzusehen ist, wird im Einzelfall nicht lediglich nach dem Klagevorbringen, sondern nach der Einlassung des Beklagten und der im Mietvertrag enthaltenen Kündigungsabrede zu treffen sein, Breuer JW 38, 839 II, III. Die Feststellungsklage des Vermieters, daß die von ihm ausgesprochene Kündigung wirksam ist, kann höchstens auf die Vierteljahresmiete bewertet werden, LG Berlin JW 38, 903[61]; *aM* KG JW 39, 573[39].

67. Die Anwendung des § 8 ZPO und des § 10 Abs. 1 GKG ist nicht beschränkt auf den Streit der unmittelbaren Pacht- oder Mietbeteiligten, RG Rsp 13, 71; OLG Hamburg Rsp 15, 531; KG ZZP 49, 220; sondern anwendbar z. B. auch gegenüber dem Bürgen, OLG Königsberg JW 26, 2477[12]. Die Vorschriften sind entsprechend anzuwenden bei dem Streite, ob einem Dritten die Rechte aus dem Vertrag zustehen, RG Warn 10, 395. So bei dem Räumungsprozesse des Vermieters gegen den Untermieter, LG Berlin KGBl 31, 32; JBBl 33, 308; *aM* KG KGBl 32, 75. Der Streitwert der Räumungsklage gegen den Mieter und einen Dritten, dem der Mieter den Mietbesitz überlassen hat, ist gegenüber beiden einheitlich auf den Betrag zu bewerten, auf den der Räumungsanspruch gegen den Mieter zu bewerten ist, Breuer JW 38, 840 VI. Das RG DRpfl Rspr 38 Nr. 518 berechnet den Streitwert nach § 8 ZPO nach dem vollen Pachtzins, wenn einer von mehreren Gesamtschuldnern auf Unwirksamkeit einer nur ihm gegenüber ausgesprochenen Kündigung klagt.

68. Der Begriff des „Zinses", der für die Wertberechnung entscheidend ist, bestimmt sich nach dem bürgerlichen Rechte. Beim Pachtverhältnis ist Zins im Sinne des § 8 ZPO das laufende und bestimmte Entgelt für die Pachtüberlassung (gleichviel ob es in Geld oder Naturalien zu belegen ist); dagegen kommen für die Wertberechnung die dem Pächter zur Instandhaltung, Instandsetzung, Wirtschaftsführung auferlegten Pflichten nicht in Ansatz, ebensowenig wie sonstige Nebenleistungen, deren Festsetzung das Ziel hat, Lasten und Gefahren des Pachtlandes zwischen Eigentümer und Nutzungsberechtigten zu verteilen, RG JW 32, 1058[19]. Maßgebend ist die vom Kläger aufgestellte Behauptung über die Höhe des Zinses, KG JW 24, 416[10]; OLG Breslau JW 30, 1086[11], solange nicht festgestellt werden kann, daß der Zins unangemessen hoch ist. Ist im Vorprozeß rechtskräftig festgestellt, daß der Mieter die vereinbarte Miete mindern darf, dann kann bei der Bewertung der Räumungsklage nur die geminderte Miete zugrunde gelegt werden, LG Berlin JW 38, 1846[60]. Nach § 4 ZPO, § 9 Abs. 2 GKG kommt es auf den höchsten Mietzins an, der im Lauf der Instanz zu zahlen war; abweichend OLG Frankfurt SeuffA 71, 414. Umlagen bleiben außer Betracht; so für Sammelheizung, LG II Berlin JW 23, 26[2]; Grundvermögensteuer, LG I Berlin BBl 32, 232; schließlich auch Nebenabgaben, KG KGBl 32, 113. Bei Festmiete ist diese zugrunde zu legen. Der Zins kann auch in anderen sich wiederholenden Leistungen als in Geld bestehen, z. B. in einem Nutzungsanteil oder in Früchten, BGB §§ 535, 581; OLG Rostock Rsp 40, 442 (Lieferung von Fischen). In einem solchen Falle sind die Leistungen gemäß § 3 ZPO in Geld zu veranschlagen, schwankende Leistungen sind nach dem aus dem mutmaßlichen Durchschnittswerte zu ermittelnden Jahresbetrage zu veranschlagen.

69. Klagen wegen Zahlung von Pacht- oder Mietzinsen, sowie wegen Instandsetzung oder Instandhaltung der Pacht- oder Mietsache unterliegen dem § 8 nicht, RG JW 27, 1931[12]; OLG Stettin JW 24, 2043[23]; OLG Breslau JW 27, 858[10]; auch nicht die Feststellungsklage, daß der Mietvertrag rechtswirksam, wenn nur Höhe des Mietzinses streitig; maßgebend dann Unterschied zwischen vertragmäßigem und dem vom Bekl. gewollten Mietzins, OLG Karlsruhe HRR 31, 465. Jedoch ist beim Streit über die Höhe des Mietzinses § 10 Abs. 1 S. 1 GKG entsprechend anzuwenden, LG Berlin JW 37, 3322[29], sowie auf eine Klage auf Feststellung, daß der Beklagte aus selbstschuldnerischer Bürgschaft für eine Mietzinsschuld haftet, LG Berlin JVBl 37, 67. Der Streitwert einer Klage auf Feststellung der Zulässigkeit einer Zusatzmiete ist auf den einjährigen Betrag des Zuschlags anzunehmen, OLG Dresden JW 35, 3050[26]. Wird auf Zahlung eines bestimmten Mietrückstandes geklagt, so richtet sich der Streitwert nach diesem Betrage; werden Teilbeträge gezahlt, und der Klageantrag um weitere Mietzinsraten erhöht, so richtet sich der Streitwert nach der Summe der Mietzinsansprüche, die, wenn auch nacheinander, eingeklagt worden sind, Breuer DDJ 39, 441 I. Wegen Berechnung des Streitwertes bei Klage auf Zahlung künftiger Mietzinsbeträge aus Verträgen von unbestimmter Dauer s. Anm. 71. Wird neben der Räumungsklage zugleich auf Zahlung des Pacht- oder Mietzinses geklagt, so ist dieser Anspruch nicht Nebenforderung im Sinne des § 4, vielmehr nach § 5 dem Werte der Räumungsklage hinzuzurechnen, KG ZZP 14, 256; OLG Hamburg Rsp 19, 51. Im Verfahren vor der Preisbehörde ist der Jahreswert der beantragten oder im Falle eines von Amts wegen durchgeführten Verfahrens der festgesetzten Miet- oder Pachtzinsänderung maßgebend, § 4 VO v. 29. 12. 38 (RAnz 39 Nr. 2), im Kündigungsschutzverfahren die Vierteljahresmiete, § 21 VO v. 19. 4. 39; hierzu vgl. Wegener und Ibert DR 40, 18.

Auch die Klage des Mieters auf Feststellung seiner Berechtigung, aus dem bestehenden Mietverhältnisse auszuscheiden und einen Dritten an seine Stelle treten zu lassen, fällt nicht unter § 10 GKG, OLG Hamburg Rsp 37, 82. Wird neben der Feststellung, daß der Mietvertrag aufgehoben sei, Rückgabe der geleisteten Sicherheit und Herausgabe der eingebrachten Sachen gefordert, so erhöht das den Streitwert nicht, § 6 ZPO findet Anwendung, OLG Frankfurt SeuffA 71, 414. § 6 ZPO ist auch anzuwenden beim Streit zwischen den Mietern, wenn z. B. ein Mieter dem anderen Mitmieter verbietet, die Mieträume zu betreten, oder wenn ein Mieter gegen den Mitmieter oder Mitinhaber der Räume auf Räumung klagt, Breuer JW 38, 1789 IV. Dagegen gilt § 10 Abs. 1 S. 1 GKG für die Klage des Mieters auf Feststellung, daß ein Mietvertrag nicht oder nicht mehr besteht, a. a. O. II 4. Wird über den Anspruch auf Befreiung von einem Mietverhältnis gestritten, so wird der Wert des Streitgegenstandes durch die Höhe dieser Verpflichtung bestimmt, auch wenn sie nicht zahlenmäßig angegeben ist, sich aber errechnen läßt, OLG Stuttgart WürttZ SprB 38, 115.

70. Ist streitig, ob ein Teil der Mietsache (ein Vorgarten) mit vermietet ist, so ist der Mietwert dieses Teiles maßgebend, RG Rsp 4, 261.

ZPO § 9. Der Wert des Rechts auf wiederkehrende Nutzungen oder Leistungen wird nach dem Werte des einjährigen Bezugs berechnet, und zwar

auf den zwölfundeinhalbfachen Betrag, wenn der künftige Wegfall des Bezugsrechts gewiß, die Zeit des Wegfalls aber ungewiß ist;

auf den fünfundzwanzigfachen Betrag bei unbeschränkter oder bestimmter Dauer des Bezugsrechts. Bei bestimmter Dauer des Bezugsrechts ist der Gesamtbetrag der künftigen Bezüge maßgebend, wenn er der geringere ist.

GKG § 10 Abs. 2, 3, 4. Bei Ansprüchen auf Erfüllung einer auf gesetzlicher Vorschrift beruhenden Unterhaltungspflicht wird der Wert des Rechts auf die wiederkehrenden Leistungen, falls nicht der Gesamtbetrag der geforderten Leistungen geringer ist, auf den Betrag des einjährigen Bezuges berechnet.

Bei Ansprüchen auf Entrichtung einer Geldrente, die nach den §§ 843, 844 des BGB, den §§ 3, 3a, 7 des Gesetzes betreffend die Verbindlichkeit zum Schadensersatze für die bei dem Betriebe von Eisenbahnen, Bergwerken usw. herbeigeführten Tötungen und Körperverletzungen (RGBl 1871 S. 207, 1896 S. 616), den §§ 10, 11, 13 des Gesetzes über den Verkehr mit Kraftfahrzeugen (RGBl 1909 S. 437) oder den §§ 21, 22, 24 des Luftverkehrsgesetzes (RGBl 1936 I S. 653, 936) erhoben werden, wird der Wert des Rechtes auf die wiederkehrenden Leistungen, falls nicht der Gesamtbetrag der geforderten Leistungen geringer ist, auf den fünffachen Betrag des einjährigen Bezugs berechnet. Das gleiche gilt für die Berechnung des Wertes bei Geltendmachung der Ansprüche auf wiederkehrende Leistungen aus dem Beamten- und Arbeitsverhältnis.

Ist in einem Verfahren nach § 627 der Zivilprozeßordnung die Unterhaltspflicht der Ehegatten zu regeln, so wird der Wert des Rechts auf Unterhalt nach dem dreimonatigen Bezug berechnet. Im Verfahren nach § 627b der Zivilprozeßordnung ist der Betrag des sechsmonatigen Bezugs maßgebend.

71. § 9 ZPO gilt für die Ermittelung der Zuständigkeit und der Rechtsmittelsumme, für die Berechnung der Gerichtskosten und Anwaltsgebühren aber nur insoweit, als nicht § 10 GKG für die dort genannten Ansprüche Abweichendes bestimmt, RG JW 03, 27[26]. § 9 ZPO setzt voraus: Rechte auf wiederkehrende Nutzungen (BGB § 100) oder Leistungen, d. h. Leistungen, die sich gleichbleibend, auf einem und demselben Grunde beruhen und in einzelnen Zeitabschnitten von neuem zu leisten sind, OLG Darmstadt Recht 03, 20, wie Renten, Unterhalt, Pensionen, Gehälter, Reallasten. § 9 ist also ausgeschlossen, wenn es sich um Rechte von ununterbrochener Dauer, z. B. um einen Nießbrauch, ein Wohnungsrecht, Nutzungsrecht oder ein Jagdrecht, RG SeuffA 54, 210; OLG Celle, München, Hamm Rsp 13, 72; 33, 147; 40, 345; Berndt DDJ 38, 720 V, oder um einmalige Leistungen handelt, auch wenn sich deren Höhe (wie bei Lagergeld und Kurkosten) nach einem für bestimmte Zeitabschnitte festgesetzten Einheitssatze berechnet. Bei der Klage um die Berechtigung des Eigentümers zur Jagd auf seinem Grundstück ist der Streitwert nicht nach § 9, sondern nach § 3 ZPO zu bemessen, RG JW 02, 418[1]. Das gilt auch sonst bei der Bewertung streitiger Jagdausübungs- und Fischereirechte, RG JW 38, 1841[50]. Ebenfalls ist § 3 anzuwenden, wenn die Bezüge unregelmäßig wiederkehren, z. B. bei der Instandhaltung eines Erbbegräbnisses, deren Teilleistungen ihrem Inhalt und Umfange nach durch die jeweiligen innerhalb der einzelnen Jahre wechselnden Bedürfnisse bestimmt werden, RG HRR 28, 1035; bei Kirchenbaulasten, BayObLG SeuffA 49, 449. Werden bei Ansprüchen auf Erfüllung einer auf gesetzlicher Vorschrift beruhenden Unterhaltspflicht (§ 10 Abs. 2 GKG) oder bei Ansprüchen auf Entrichtung einer der im § 10 Abs. 3 GKG genannten Geldrenten für verschiedene Zeitabschnitte verschieden hohe Rentenbeträge gefordert, so sind der Wertberechnung die höchsten Jahresbeträge zugrunde zu legen, RG DR 39, 884[15] = DJ 39, 1254; vgl. auch § 22 Abs. 4 KostO; *aM* KG JVBl 38, 135, das den Jahresdurchschnitt zugrunde legt. Sollen die einer Person für ihre Lebenszeit zu gewährenden Leistungen erst nach einer Reihe von Jahren beginnen, so ist § 3 ZPO maßgebend, RG 26, 409; JW 08, 44[19]; OLG Breslau HRR 36, 285.

§ 9 setzt solche Rechte voraus, deren Dauer sich auf eine lange Reihe von Jahren, mindestens auf 12½ Jahre erstreckt oder zu erstrecken pflegt. Bei Rechten von nur vorübergehendem, kürzerem Bestande, findet nicht § 9, sondern § 3 Anwendung, so bei der Klage auf Erstattung von Pflegekosten für eine vorübergehende Aufnahme in einer Lungenheilstätte, OLG Hamburg JW 29, 2634[4] und bei einer einstw. Verf. auf Zahlung einer Rente für die Dauer des Schadensersatzprozesses, KG JW 30, 195[29]. Für die Gerichtskosten und Anwaltsgebühren ist Abs. 4 § 10 GKG maßgebend. Ein möglicher Wegfall der Bezüge wegen Veränderung in den Vermögens- oder Erwerbsverhältnissen der Beteiligten bleibt außer Betracht, RG 44, 372; desgl. der Tod des Bezugsberechtigten für die bis dahin entstandenen Gebühren, OLG Dresden Rsp 35, 215; *aM* KG JW 25, 2152[4]. Bei der Klage auf Abänderung des Leibgedinges eines 90jährigen Altsitzers hat LG Fürth JW 22, 1422[10] den Streitwert unter Ablehnung der Anwendbarkeit des § 9 ZPO auf den 5fachen Jahresbetrag festgesetzt. Dagegen bewertet LG Berlin JVBl 36, 209 den auf den Überlassungsvertrag gestützten Unterhaltsanspruch unter entsprechender Anwendung des § 10 Abs. 2 KGG höchstens auf den Jahresbetrag; *aM* OLG Hamm JVBl 32, 25; OLG Marienwerder HRR 36 Nr. 837; vgl. auch KG JW 34, 2346[2].

Ferner wird nicht § 9 ZPO, sondern § 10 Abs. 1 S. 1 GKG (Jahresbetrag) entsprechend anzuwenden sein, wenn auf Zahlung des Mietzinses „für die Dauer des Mietvertrages" geklagt wird, und die Dauer des Mietvertrages von künftigen, ungewissen Ereignissen abhängt, Breuer DDJ 39, 441 II 1; *aM* OLG Frankfurt HRR 29, 434. Jedenfalls bewertet LG Berlin (v. 18. 5. 37 — 227 T 4605. 37) den Streitwert der Klage auf Feststellung, daß dem Beklagten keine Ansprüche auf Mietzins zustehen, gemäß § 10 Abs. 1 S. 1 GKG auf die Jahresmiete, wenn die Ansprüche auf unbestimmte Zeit streitig gewesen sind. Wird auf Feststellung der Verpflichtung zur Zahlung künftigen Mietzinses von unbestimmter Höhe geklagt, ist § 3 ZPO anzuwenden, RG JW 27, 1931[12].

72. Der Gegenstand des Streites muß das Bezugsrecht selbst sein, also das Recht auf die gesamten, bei Erhebung der Klage noch nicht fälligen (künftigen) Bezüge. Trotz des Wortlauts „Ansprüchen auf Erfüllung" gilt § 10 Abs. 2 GKG auch für eine Klage, durch die Beseitigung der Verpflichtung zur Erfüllung einer gesetzlichen Unterhaltspflicht herbeigeführt werden soll (Zwangsvollstreckungsgegenklage aus § 767 ZPO, Änderungsklage aus § 323 ZPO), OLG Hamm HRR 29, 1623; JVBl 36, 323; Breuer JW 37, 2436 VI, VIII; OLG Kiel HRR 38 Nr. 1646; OLG Celle VBl 31, 175; OLG Kassel DRpfl.-Rspr 36 Nr. 223; LG Berlin JVBl 38, 111. Werden mit dem Rechte auf die künftigen Bezüge zugleich Rückstände geltend gemacht, so sind sie, soweit sie vor der Klageerhebung fällig geworden waren, nach § 5 ZPO hinzuzurechnen, RG JW 23, 614[3]; OLG Kiel JW 35, 1893[99]. Durch § 10 Abs. 2 GKG ist hieran nichts geändert, RG 58, 293. Die erst nach der Klagezustellung verfallenden Bezüge bleiben „künftige Bezüge" im Sinne des § 9 ZPO, § 10 Abs. 2 GKG; sind also nicht neben der nach § 9, § 10 zu berechnenden Hauptsumme selbständig zu berechnen, RG 23, 359; OLG Kiel JW 33, 539[21]; Breuer JW 37, 2435 II 4a. Daher sind bei dem Übergang von der Feststellungs- zur Leistungsklage auf Zahlung einer Rente die Rückstände der Rente bis zur Erhebung der Leistungsklage hinzuzurechnen, RG 77, 324; ähnlich OLG Augsburg JW 21, 1250[1]. Da nach § 4 ZPO in der Berufungs- und Revisionsinstanz für die Wertberechnung der Zeitpunkt der Einlegung des Rechtsmittels entscheidend ist, könnten für die Wertbemessung in den Rechtsmittelinstanzen die von der Klageerhebung bis zur Rechtsmitteleinlegung aufgelaufenen Bezüge dem nach § 10 GKG zu ermittelnden Betrage für die künftigen Leistungen hinzugerechnet werden, Breuer JW 37, 2435 II 3; anders aber die herrsch. M.: RG 114, 274; OLG Kassel JW 31, 1389[29]; OLG Frankfurt JW 32, 2909[46]; HRR 32 Nr. 2304; OLG Hamm HRR 34 Nr. 749; OLG Köln JW 34, 3149[7]. Geleistete Abschlagszahlungen sind zuerst auf die Rückstände zu verrechnen, RG ZDJ 13, 99. Werden nur einzelne Rückstände eingeklagt, ohne daß über das Recht selbst entschieden wird, so kommt § 10 überhaupt nicht zur Anwendung, vielmehr entscheidet der Wert der streitigen Leistungen.

73. Die Wertberechnung erfolgt nach dem Werte des einjährigen Bezugs:

a) zum 12½fachen Betrage, wenn der künftige Wegfall gewiß und nur die Zeit des Wegfalls ungewiß ist, wie bei den auf Lebenszeit festgesetzten Altenteilen, RG JW 94, 117[2]; vgl. dagegen für die Gebührenberechnung Anm. 71. Sind in dem Altenteil auch dauernde Leistungen, z. B. ein Wohnrecht, enthalten, so kommt daneben noch § 3 in Betracht, OLG Celle Rsp 13, 72. Der 12½fache Betrag ist einzusetzen beim Zinsgenuß einer Hypothek, da deren Erlöschen als gewiß anzunehmen ist, KG Rsp 23, 77; steht aber fest, daß der Wegfall des Rechts vor dem Ablauf von 12½ Jahren eintreten wird, so ist der Wert nach § 3 frei zu schätzen, OLG Karlsruhe Rsp 33, 17. Bei Rentenansprüchen Hochbetagter ist der Streitwert gemäß § 3 ZPO in Anlehnung an § 22 KostO zu schätzen, Breuer JW 37, 2435 III; OLG Celle JW 38, 390[24].

b) zum 25fachen Betrage, wenn die Dauer des Rechtes unbeschränkt, wie z. B. bei Reallasten oder der Rente aus § 912 BGB, OLG Hamburg Rsp 17, 77, oder der Zeit nach bestimmt ist. Ist jedoch im letzten Falle der Gesamtbetrag der künftigen Bezüge geringer, so kommt nur dieser zum Ansatz, und zwar nicht nur, wenn der geringere Gesamtbetrag der geforderten Leistungen im Antrage beziffert worden ist, sondern auch, wenn die Umstände des Falls ergeben, daß die zugesprochenen Leistungen hinter dem 25fachen Jahresbetrage zurückbleiben, OLG Hamburg Rsp 33, 75.

74. Nicht § 9 ZPO, sondern § 10 Abs. 2 GKG ist anzuwenden, wenn Aufhebung des Beschlusses des Kreisausschusses verlangt wird, durch den der Kläger für verpflichtet erklärt worden ist, dem beklagten Fürsorgeverband einen Beitrag zu den Unterstützungskosten zu zahlen, OLG Kiel JW 35, 1893[99]; Breuer JW 37, 2436 VII. Für die Bemessung des Streitwerts bei Unterhaltsklagen ist der Klageantrag maßgebend, auch wenn schon freiwillige Zahlungen geleistet werden, OLG Kiel JVBl 35, 293; OLG Jena JVBl 38, 367. § 10 Abs. 3 GKG darf nicht über seinen Wortlaut hinaus ausgelegt werden. Auf die Rente aus § 903 RVO ist also § 9 ZPO auch hinsichtlich des Streitwerts anzuwenden, RG JW 28, 2786[6]; ZZP 53, 486; *aM* OLG Breslau JW 30, 1016[02]. Der

Unterhalt des verarmten Schenkers (BGB § 528) fällt nicht unter § 10; denn sein Anspruch geht jetzt nur auf Rückgabe des Geschenkes, und die Unterhaltszahlung ist lediglich ein dem Beschenkten freistehendes Mittel, um den Anspruch abzuwenden (facultas alternativa). § 10 gilt ferner nicht für Ansprüche aus § 845 BGB, RG ZDJ 12, 162; OLG Stuttgart JW 27, 868[35], oder aus § 826 BGB, OLG Dresden Rsp 39, 31. § 9 ZPO und nicht § 10 Abs. 3 Satz 2 DGKG ist anzuwenden für Ansprüche der Vorstandsmitglieder einer AktGes oder ihrer Hinterbliebenen auf Dienstbezüge, Ruhegehalt oder HinterblVersorgung, RG ZZP 35, 400. Klagen auf Feststellung des Bestehens eines Dienstvertrages fallen nicht unter § 10 Abs. 3 GKG; ihr Wert ist nach § 3 ZPO zu schätzen, dabei kann § 10 Abs. 3 höchstens einen Anhalt geben, OLG Kiel JVBl 33, 248 = LeizZ 33, 1270.

Bei einem Leibrentenanspruch aus einem Vertrag, der die Unterhaltspflicht ein für allemal in gleichbleibender Höhe und ohne Rücksicht auf das Fortbestehen des Unterhaltsbedürfnisses festlegt, ist nach RG JW 37, 1433[39]; OLG Stuttgart WürttZ 39 SprB 6 nicht § 10 Abs. 2 oder 3 GKG, sondern § 9 ZPO anzuwenden. Dagegen berechnet OLG Hamburg JW 37, 820[15] den Streitwert eines Prozesses über die Gültigkeit eines vor der Ehescheidung abgeschlossenen Unterhaltsvertrages gemäß § 10 Abs. 2 GKG auf den Jahresbetrag; ebenso Breuer JW 37, 2435 II 7.

Wird der Anspruch auf eine Rente für einen im § 843 BGB genannten Schaden auf einen Vertrag oder doch mit auf Vertrag gestützt, ist nach der herrsch. M. § 10 GKG nicht anzuwenden, RG ZDJ 12, 77; OLG Breslau Rsp 23, 259; OLG Jena SeuffA 66 Nr. 105; OLG Karlsruhe 33, 74; OLG Darmstadt HessRechtspr 19, 27; OLG Celle JW 30, 3347[35] ebenso KG JW 27, 855[1] und JVBl 32, 30 (für den Fall der Verbindung der Ansprüche aus dem Haftpflichtgesetze und aus dem Beförderungsvertrage); OLG München JW 32, 2912[50]; HRR 36, 835; *aM* KG JRfPrV 38, 332; OLG Düsseldorf MdRRAK 36 Nr. 39; JVBl 38, 234; MdRRAK 40, 29[14]; vgl. auch RG JW 17, 231[20]. Auch der Schadensersatzanspruch wegen Entziehung des Unterhaltsanspruchs der Frau durch Erschleichung eines Scheidungsurteils ist kein auf gesetzlicher Vorschrift beruhender Unterhaltsanspruch, OLG Dresden Rsp 39, 31. § 10 Abs. 3 GKG gilt aber auch für den Anspruch auf Feststellung der Verpflichtung zur Erstattung einer Geldrente nach § 843 BGB, RG DRpflRspr 37 Nr. 335. Ferner gilt für eine Unfallrente, die auf Dienstvertrag gestützt wird, als Streitwert der fünffache Jahresbetrag, OLG Stuttgart JW 34, 2177[13]. Bei Kapitalabfindung einer Rente durch Vergleich ist der Vergleichswert auf den vollen Betrag der Abfindung (nicht auf den Wert der ursprünglich eingeklagten Rente aus § 10 Abs. 2, 3 GKG) festzusetzen, OLG Zweibrücken JW 39, 310[40]; *aM* OLG Köln JVBl 38, 134; OLG Hamm DR 39, 885[16].

§ 10 Abs. 3 GKG findet mindestens entsprechende Anwendung, wenn bei unerlaubter Handlung nicht die unmittelbar geschädigte Person, sondern ein Dritter, der gesetzlichen Anspruch auf ihre Dienste hat, Schadensersatz in Form einer Rente verlangt, OLG Celle JRdsch 34 Nr. 432. Wird ein Bürge auf Leistung der in § 10 Abs. 3 GKG bezeichneten Ansprüche verklagt, so findet die gedachte Bestimmung Anwendung, OLG Königsberg JW 26, 2477[12]; 29, 139[47]; KG JVBl 33, 170. Der Streitwert der Klage gegen einen Dritten auf Befreiung von einer gesetzlichen Unterhaltspflicht bestimmt sich nach § 10 Abs. 2 GKG; Breuer JW 37, 2435 II 5; *aM* OLG Königsberg MdRRAK 36, 178; OLG Naumburg JW 37, 1658[25], die § 9 bzw. § 3 ZPO anwenden. Bei Anfechtung einer Grundstücksabtretung auf Grund eines Titels auf Zahlung von gesetzlichem Unterhalt wendet RG LZ 33, 309 nicht § 10 Abs. 2 GKG an, sondern läßt den wirklichen Wert der Unterhaltsforderung, der in Anlehnung an § 9 ZPO geschätzt wird, zuzüglich der rückständigen Beträge maßgebend sein, sofern nicht das Grundstück weniger wert ist. Der Schadensersatzanspruch wegen schlechter Auskunftserteilung auf Fortzahlung des Gehalts bis zur Erlangung einer neuen Stellung ist gemäß § 3 ZPO zu bewerten, LArbG München JW 38, 2061[56].

Die Vorschrift des § 10 Abs. 2 GKG findet grundsätzlich auch Anwendung auf die Streitwertberechnung für einstw. Verf., die die Unterhaltspflicht regeln; *aM* KG JVBl 35, 84. Beschränkt sich die Regelung aber auf die Dauer des Hauptprozesses, so ist der Streitwert unter Berücksichtigung der mutmaßlichen Dauer des Hauptprozesses zu schätzen, OLG Hamburg SeuffA 73, 30. Über Einzelheiten vgl. die von Breuer JW 37, 2436 IV, V erörterte Rspr d. LG Berlin und KG JW 38, 1846[61]. Rückstände der Unterhaltsrente sind bei der Festsetzung aus § 10 Abs. 4 GKG nicht zu berücksichtigen, ObG Danzig DanzJZ 38, 77. Der Wert eines im Verfahren aus § 627b ZPO geschlossenen Vergleichs, der den Streit über den Unterhalt endgültig regelt, richtet sich nicht nach § 10 Abs. 4, sondern § 10 Abs. 2 GKG, also nach dem einjährigen Bezug, KG DR 39, 669[41]. Das OLG Düsseldorf HRR 38 Nr. 617 = JVBl 38, 234 wendet § 10 Abs. 3 GKG auch im Verfahren der einstw. Verf. bei Bewertung eines Rentenanspruchs aus §§ 843, 844 BGB an, wenn die Rente nicht ersichtlich für einen kurz begrenzten Zeitraum begehrt wird.

75. Klagt das uneheliche Kind gegen den Erzeuger auf Feststellung der Vaterschaft (Zahlvaterschaft) und Zahlung von Unterhalt, so ist der Feststellungsantrag in der Regel nicht besonders zu bewerten, KG JW 38, 1909[54], 3135[46]; LG Berlin JW 38, 2238[51]; Meyer JVBl 39, 179; OLG Jena JW 38, 973[36]; *aM* OLG Celle JW 37, 3330[46]; OLG Kiel JW 38, 974[37]; OLG Darmstadt DRpfl Rspr 38 Nr. 710. Der Streitwert der Klage auf Feststellung der blutmäßigen Abstammung des unehelichen Kindes ist mit dem Streitwert des Unterhaltsanspruchs zusammenzurechnen, OLG Düsseldorf JW 39, 317[52]; vgl. auch Weber HansRGZ 38 A 441. Wird mit einer Klage nur Nichtigkeit der Vaterschaftsanerkennung erstrebt, ohne daß ausdrücklich die Feststellung verlangt wird, der Kläger sei nicht der Erzeuger des Kindes, dann will der Kläger nur von der geldlichen Verpflichtung der Unterhaltszahlung loskommen; der Streitwert bestimmt sich dann nach § 10 Abs. 2 GKG, OLG Jena JVBl 38, 277.

76. Ehesachen: ZPO §§ 606, 627, 627a. Wird Unterhalt „bis zur Wiederherstellung des ehelichen Lebens", also für die Dauer einer nur tatsächlichen Trennung von unbestimmter zeitlicher Ausdehnung gefordert, so findet Abs. 2 des § 10 GKG Anwendung, RG JW 00, 180[2]; OLG Hamburg Rsp 15, 54; *aM* Breuer JW 37, 2436 IV 1. Dasselbe gilt, wenn während des Ehescheidungsprozesses auf Unterhalt ohne Beschränkung auf die Dauer des Prozesses geklagt wird, OLG Hamburg JW 22, 513[40]; Rsp 42, 54; vgl. aber auch KG JW 22, 1403[12]. Unter den Wert der halbjährigen Rente kann z. B. für die Berufung der Streitwert sinken, wenn die Rente für weniger als ein halbes Jahr streitig ist, OLG Hamm Rsp 31, 203. Die Vorschrift des § 10 Abs. 4 GKG gilt auch für den Unterhalt der Kinder, KG DR 39, 1596[24].

§ 11. Die für die Berechnung der Gerichtsgebühren maßgebende Festsetzung des Wertes ist für die Berechnung der Gebühren der Rechtsanwälte maßgebend.

§ 12. Gegen den im § 18 des Gerichtskostengesetzes bezeichneten Beschluß steht dem Rechtsanwalte die Beschwerde nach Maßgabe des § 567 Abs. 3 und der §§ 568—575 der Zivilprozeßordnung zu.

GKG § 16. Bei jedem Antrag ist der Wert des Streitgegenstandes, sofern derselbe nicht in einer bestimmten Geldsumme besteht oder aus früheren Anträgen erhellt, und auf Erfordern auch der Wert eines Teiles desselben schriftlich oder zu Protokoll der Geschäftsstelle anzugeben.

Die Angabe kann jederzeit berichtigt werden.

GKG § 17. Die zum Zwecke der Entscheidung über die Zuständigkeit des Prozeßgerichts oder die Zulässigkeit des Rechtsmittels erfolgte Festsetzung des Wertes ist, unbeschadet der Vorschriften der §§ 10, 13, für die Berechnung der Gebühren maßgebend.

GKG § 18. Soweit eine Entscheidung gemäß § 17 nicht stattfindet, setzt das Prozeßgericht den Wert durch Beschluß fest, falls dies eine Partei beantragt oder das Gericht für angemessen erachtet. Auf den Antrag findet § 4 Abs. 3 entsprechende Anwendung. Bei der Zwangsvollstreckung tritt an die Stelle des Prozeßgerichts das Vollstreckungsgericht. Die Festsetzung kann von dem Gerichte, das sie getroffen hat, sowie von dem Gerichte der höheren Instanz im Laufe des Verfahrens auch von Amts wegen geändert werden.

Gegen den Beschluß findet Beschwerde nach Maßgabe des § 567 Abs. 3 und der §§ 568 bis 576 der ZPO sowie des § 4 Abs. 3 dieses Gesetzes statt.

> **VO v. 4. 10. 39** (RGBl. I 1994) **§ 6.** Beschwerden (Rekurse), die sich gegen die nachstehend aufgeführten Entscheidungen richten, sind nur zulässig, wenn der Wert des Beschwerdegegenstandes zweihundert Reichsmark übersteigt:
>
> 1. Entscheidungen des Gerichts über den Ansatz von Gerichtskosten und die Festsetzung des zugrunde zu legenden Werts;
> 2. usw.

GKG § 19. Wird eine Abschätzung durch Sachverständige erforderlich, so ist in dem Beschlusse, durch welchen der Wert festgesetzt wird (§ 18), über die Kosten der Abschätzung zu entscheiden. Dieselben können ganz oder teilweise der Partei zur Last gelegt werden, welche durch Unterlassung der ihr obliegenden Wertangabe oder durch unrichtige Wertangabe, unbegründetes Bestreiten der Wertangabe, oder unbegründete Beschwerde die Abschätzung veranlaßt hat.

1. Zwei Arten von Wertfestsetzungen sind zu unterscheiden: a) die Streitwertfestsetzung zum Zwecke der Entscheidung über die Zuständigkeit des Prozeßgerichts (§ 2 ZPO, § 23 Ziff. 1 GVG) oder die Zulässigkeit des Rechtsmittels (§§ 511a, 546 ZPO); b) die Streitwertfestsetzung für die Berechnung der Gerichts- und Anwaltsgebühren (§ 8 GKG, § 9 RAGebO).

a) Die erste Streitwertfestsetzung (für die Zuständigkeit des Prozeßgerichts oder Zulässigkeit des Rechtsmittels) ist nach § 17 GKG, unbeschadet der Vorschriften der §§ 10, 13 GKG, auch für die Berechnung der Gebühren maßgebend. Deshalb kann regelmäßig, wenn ein Streitwertbeschluß im Sinne des § 17 GKG ergangen ist, eine zweite (anderweite) Streitwertfestsetzung für die Gebührenberechnung nicht erfolgen; ist sie vorher ergangen, wird sie mit Erlaß eines Beschlusses im Sinne des § 17 GKG gegenstandslos. Ausnahmsweise kann aber neben der in § 17 GKG gedachten Streitwertfestsetzung ein besonderer Streitwert für die Gebührenberechnung in Miet-, Unterhalts- und Rentenprozessen (§§ 17, 10 GKG, § 13 Abs. 4 MSchG), sowie dann festgesetzt werden, wenn Klage und Widerklage oder wechselseitig eingelegte Rechtsmittel in Rede stehen (§§ 17, 13 GKG);

ferner im Falle des § 254 ZPO, § 12 GKG und des § 9 Abs. 2 GKG, Jonas GKG[3] § 12 Anm. 1 Abs. 1 a. E. S. 113, § 17 Anm. 5 S. 130.

Allgemein wird ausgeführt (vgl. Canter ArchZivPr N. F. 20, 218), daß die in § 17 GKG geregelte Streitwertfestsetzung in dem Beschluß oder Urteil erfolgen müsse, die über die Zuständigkeit oder Zulässigkeit des Rechtsmittels befinden, und daß diese Streitwertfestsetzung nur zugleich mit der Hauptentscheidung angefochten werden könne; so auch KG JW 37, 577[49], das einen Streitwertbeschluß, welcher der Vorbereitung der Zuständigkeitsentscheidung dient, aufgehoben hat. Den Bedürfnissen der Praxis wird dies nicht gerecht, und deshalb hält Scholtz JW 34, 1534 es für zweckmäßig, daß das Landgericht als Berufungsgericht zunächst einen Streitwertbeschluß erläßt, wenn es die Berufung für unzulässig erachtet, weil die Berufungssumme nicht erreicht ist. Allerdings können solche Beschlüsse nicht selbständig mit einer Beschwerde angefochten werden, weil § 17 GKG im Gegensatz zu § 18 Abs. 2 GKG, § 12 RAGebO keine Bestimmung enthält, die den Beschwerdeweg gegen eine Streitwertfestsetzung im Sinne des § 17 GKG eröffnet, und auch § 567 Abs. 1 ZPO nicht anwendbar ist, OLG Celle HRR 36 Nr. 375; KG JW 35, 141[6]; OLG Hamburg HansRGZ 38 B 126; Breuer JW 36, 2121; ähnlich Canter a. a. O.; *aM* ObG Danzig JW 34, 512[1]; KG JW 37, 577[49]. Daher muß es dabei verbleiben, daß die Streitwertfestsetzung für die Zuständigkeit oder Zulässigkeit des Rechtsmittels nur mit einem Rechtsmittel gegen die Sachentscheidung (Urteil oder Beschluß) angegriffen werden kann (soweit statthaft §§ 10, 276 Abs. 2 ZPO), gleichgültig, ob sie vorher oder mit der Sachentscheidung erlassen worden ist.

Auch die Frage, ob das Amtsgericht durch Schiedsurteil (§ 20 EntlVO) erkennen darf oder durfte, kann nicht im Streitwertbeschwerdeverfahren (sondern nur im Berufungsverfahren) entschieden werden, LG Düsseldorf DRpflRspr 36, 790; Breuer JW 36, 2121; *aM* Voswinkel ZZP 59, 235.

b) Die Streitwertfestsetzung für die Berechnung der Gerichts- und Anwaltsgebühren erfolgt nach § 18 Abs. 1 GKG, § 11 RAGebO durch das Prozeßgericht, falls dies eine Partei beantragt oder das Gericht für angemessen erachtet, gleichviel, ob die Parteien über den Wert des Streitgegenstandes streiten oder nicht. Auch für das Verfahren über den Widerspruch gegen eine einstweilige Verf. muß eine besondere Streitwertfestsetzung erfolgen, OLG Nürnberg JW 22, 517[49]. Den Antrag auf Wertfestf. kann die Partei auch im Anwaltsprozesse selbst stellen, RG ZDJ 11, 148. Das Recht der Parteien, in jeder Instanz die Festsetzung des Streitgegenstandes zu verlangen, ist nicht davon abhängig, daß das Verfahren in der betreffenden Instanz bis zu einem gewissen Grade vorgeschritten ist, RG JW 02, 391[2]. Auch der Gegner der armen Partei kann Festsetzung des Streitwertes verlangen, RG JW 04, 149[22]; Gruch 48, 1163; ferner der Anwalt kraft eigenen Rechts, da ihm sonst das Beschwerderecht aus § 12 RAGebO verkümmert werden könnte; *aM* RG Warn 15, 336; und die Reichskasse, OLG Hamm JW 27, 862[24]. Vgl. auch § 10 Anm. 3.

Über den Streitwert beim Arbeitsgericht vgl. Frank DR 39, 764.

2. In der Regel wirkt die Wertfestsetzung für die gerichtlichen und außergerichtlichen Kosten, § 11, vgl. aber § 39 Abs. 2. Ist dies ausnahmsweise nicht der Fall, weil sich z. B. die für die Kostenberechnung erhebliche Tätigkeit des Gerichts und der Rechtsanwälte nicht auf denselben Gegenstand bezieht, oder weil der Streitwert für die Gerichtsgebühren nach anderen Grundsätzen als den für die Anwaltsgebühren berechnet wird, oder weil nur ein gerichtsgebührenfreies Verfahren wegen Bewilligung des Armenrechts anhängig geworden ist, OLG Breslau JW 28, 2733[9]; 29, 156[59], 879[30]; OLG Königsberg JW 31,

1831[17]; LG Berlin JVBl 32, 79; 33, 40; OLG Kiel DRZ Rsp 32 Nr. 351; OLG Frankfurt HRR 32, 885; Berndt JVBl 37, 245, so soll die Frage, von welchen Wertstufen bei der Berechnung der RAGebühren auszugehen ist, nicht in einem dem § 18 GKG entsprechenden WertfestsVerfahren, sondern nur bei der Kostenfestsetzung nach §§ 103—106 ZPO (LG Göttingen JW 35, 3497[77]) oder in einem besonderen Rechtsstreite zum Austrage gebracht werden, RG 113, 271; KG KGJ 28 B 43; 42 B 293; Rsp 19, 264; JW 26, 859[9]; 26, 2473[2]; OLG Stettin JW 26, 868[29], [30]; OLG Dresden JVBl 37, 381. Z. B. verschiedene Beteiligung mehrerer Pfändungsgläubiger bei der Klage aus § 771 ZPO, OLG Kiel Rsp 21, 159; OLG Hamm JW 33, 539[19], oder bei der Vertretung mehrerer, verschieden beteiligter Kläger oder Beklagter durch mehrere RAe OLG München Rsp 29, 11. Dagegen führt Jonas GKG[3] § 18 Anm. 4 S. 131 aus, es sei nicht anzuerkennen, daß einem Antrage auf Wertfestsetzungsbeschluß nur zu entsprechen wäre, wenn eine vom Werte abhängige Gerichtsgebühr zur Hebung kommt, und daß demnach der Antrag abzulehnen wäre, wenn die Partei Gebührenfreiheit genieße, wenn nur Anwaltsgebühren in Frage ständen. Ebenso LArbG München JW 38, 2061[56]; Friese JW 38, 2653; OLG Celle DR 39, 1722[17]; *aM* OLG Dresden MdRRAK 40, 28[12]. Und LG Berlin (vgl. Breuer JW 37, 1039 VI) setzt besondere Streitwerte für die Anwaltsgebühren fest, wenn mehrere Kläger oder Beklagte im Widerspruchsrechtsstreit aus § 771 ZPO beteiligt sind.

3. Zuständig für den Wertfestsetzungsbeschluß (GKG § 18) ist das Prozeßgericht, bei der Zwangsvollstr. das Vollstreckungsgericht, OLG Hamburg Rsp 31, 205. Prozeßgericht ist das Gericht der Instanz, für die der Wert festgesetzt werden soll. Dieses Gericht hat auch dann den Wert festzusetzen, wenn das Verfahren in der Instanz bereits abgeschlossen ist. Nach Verweisung des Rechtsstreits an das LG hat dieses den Streitwert festzusetzen, auch soweit der Anspruch beim AG in der Hauptsache erledigt ist, OLG Königsberg HRR 32, 884; DRZ Rsp 32 Nr. 269. Der für die höhere Instanz erlassene Festsetzungsbeschluß gilt nur für diese, soll aber nach OLG Darmstadt JW 37, 263[72] ohne weiteres als Änderung des Streitwertbeschlusses der unteren Instanz gemäß § 18 Abs. 1 S. 4 GKG anzusehen sein, wenn zwischenzeitlich eine ersichtliche Veränderung des Streitwerts nicht erfolgt ist, und sich aus dem Beschluß nichts Gegenteiliges ergibt. Zu einer Festsetzung des Streitwerts für die untere Instanz gemäß seinem Festsetzungsbeschlusse für die Rechtsmittelinstanz ist aber das Rechtsmittelgericht von Amts wegen nicht mehr zuständig, wenn die Sache bei ihm nicht mehr anhängig ist, RG HRR 28, 1055; RG JW 31, 1094[24]. Überhaupt kann das Rechtsmittelgericht nicht den Streitwert der unteren Instanz erstmalig festsetzen, sondern nach § 18 Abs. 1 S. 4 GKG nur den vom unteren Gericht festgesetzten Streitwert ändern, Jonas GKG[3] § 18 Anm. 5; anders allerdings häufig die Praxis. Wenn das höhere Gericht eine Änderung für erforderlich hält, so hat es sie vorzunehmen; die Ausübung der durch § 18 gewährten Befugnis liegt nicht im freien Ermessen, RG JW 37, 546[14], s. auch Anm. 5. Die untere Instanz kann ihre Wertfestf. nicht mehr ändern, wenn die höhere Instanz auf Beschwerde darüber entschieden hat, RG 37, 384; KG JW 27, 406[16].

Streitig ist die Zuständigkeit des Einzelrichters zur Streitwertfestsetzung. Verneinend OLG Königsberg JW 28, 1878[21]; OLG Kiel HRR 31, 991.

Solange nicht der Streitwert besonders festgesetzt worden ist, kann der UrkB im KostenfestsVerfahren einen Streitwert annehmen. Zu seiner Festsetzung ist er aber nicht befugt. *aM* für den Fall, daß der UrkB in der Sache selbst zu entscheiden hat, KG JW 26, 2473[2]. Die der Berechnung der Prozeßkosten von dem UrkB zugrunde gelegte

Streitwertannahme bildet keine Streitwertfestsetzung im Sinne des § 18 GKG, LG Berlin JVBl 32, 290. Die gegen einen Kostenfestsetzungsbeschluß wegen des zugrunde gelegten Streitwerts erhobene Erinnerung ist als Antrag auf Streitwertfestsetzung, oder, falls ein Streitwertbeschluß bereits ergangen ist, als Beschwerde gegen diesen Beschluß aufzufassen, LG Berlin JVBl 33, 7. Wegen Änderung des Kostenfestsetzungsbeschlusses infolge anderweiter Streitwertfestsetzung vgl. § 107 ZPO.

Klagt der RA gegen seinen Machtgeber wegen der Gebühren, so hat der erkennende Richter auch über die Höhe des Streitwerts zu entscheiden, wenn dieser noch nicht festgesetzt war, RG JW 93, 270[17]. Er ist aber nach § 11 RAGebO an eine von der zuständigen Instanz getroffene Wertfestsetzung gebunden, auch wenn er sie für unrichtig hält, KG JW 26, 2473[2]; Jonas JW 30, 3361; Breuer JW 36, 1269; *aM* Gaedeke JW 36, 1270.

4. Die in § 16 GKG den Parteien zur Pflicht gemachte Wertangabe bindet den Richter nicht, selbst wenn die Angaben der Parteien übereinstimmen, OLG Kiel HRR 31, 705. Den Richter der höheren Instanz bindet ebensowenig der von den Parteien angegebene, wie der vom Richter der unteren Instanz festgesetzte Wert; KG JW 35, 872[2] hält die Partei für gebunden an ihre Streitwertangabe bis zum Nachweis des Gegenteils. Das dürfte mit § 16 Abs. 2 GKG unvereinbar sein; denn hiernach kann die Angabe jederzeit berichtigt werden, ohne daß hierfür Beweisregeln gegeben sind. Das Gericht kann vor der Wertfestsetzung von Amts wegen Einnahme des Augenscheins und Begutachtung durch Sachverständige, auf Parteiantrag auch eine förmliche Beweisaufnahme anordnen, und entscheidet sowohl über den Beweisantrag wie über den Wert selbst nach freier Überzeugung, ZPO § 286. Die Beweiserhebung wird jedoch nur in besonderen Fällen angebracht sein, OLG Hamburg Rsp 27, 9.

5. Der WertfestsBeschluß kann von dem Gerichte, das ihn erlassen hat, zu jeder Zeit, aber nicht mehr nach Abschluß des Verfahrens in der Instanz (wozu die Kostenberechnung und Kostenfestsetzung gehören), von Amts wegen geändert werden, OLG Frankfurt JW 25, 1420[11]; OLG Celle JW 26, 859[11]; OLG Hamburg SeuffA 81, 28; HRR 28, 477; OLG Stettin HRR 28, 478; KG JW 31, 1203[2], 3572[18]; OLG Kiel JW 31, 3577[26]; OLG Zweibrücken DR 39, 1341[44]; *aM* OLG Stuttgart JW 31, 2911[1]; OLG Marienwerder HRR 38 Nr. 1131; KG JVBl 36, 211. Daß ein anderer Senat desselben Gerichts früher eine Wertfests. getroffen hatte, steht der Abänderung nicht entgegen. Auch das Gericht der höheren Instanz kann die Festsetzung der unteren Instanz von Amts wegen ändern, aber auch nur „im Laufe des Verfahrens", RG JW 27, 2627[8]; KG KGBl 34, 81. Der Sinn dieser Bestimmung ist durch die PlEntsch RG 44, 403 dahin festgestellt, daß das Gericht der höheren Instanz, auch wenn es nicht mit der Sache selbst befaßt ist, sondern nur über eine auf die Kostenfestsetzung bezügliche Beschwerde zu entscheiden hat, von Amts wegen die in der unteren Instanz getroffene Festsetzung des Streitwerts ändern kann, ebenso OLG Jena DRpflRspr 36 Nr. 788. Dasselbe gilt, wenn die höhere Instanz im Wertfestsetzungsverfahren mit der Sache befaßt wird, RG 71, 321; JW 97, 466[26]; SeuffA 81, 29; HRR 28, 1055; OLG Hamburg Rsp 19, 237; OLG Marienwerder LZ 18, 1373[16]; OLG Königsberg JW 29, 883[39]; *aM* RG JW 02, 133[45]; 87, 115[18]; OLG München JW 27, 1500[14]; OLG Kiel JW 32, 3639[2]; 34, 178[7]; OLG Jena HRR 37 Nr. 274; OLG Stettin HRR 37 Nr. 341; OLG Braunschweig JVBl 37, 294. Dagegen ist das Rechtsmittelgericht nicht in der Lage, den Streitwert für die unteren Instanzen von Amts wegen anderweit festzusetzen, wenn die Sache aus einem anderen Anlasse bei ihm anhängig war, RG SeuffA 81, 29. Das Gericht der höheren Instanz, das durch eine unzulässige Beschwerde mit der Sache befaßt ist, darf von Amts wegen die Streitwertfestsetzung nicht abändern, RG JW 07, 678[21]. Anders im Erfolge OLG Marienwerder, LZ 18, 1373[16]. Ist der Streitwert des Ehescheidungsprozesses vom LG festgesetzt worden, so muß das OLG, das auf Beschwerde über den der Ehefrau zu zahlenden Vorschuß zu entscheiden hat, den festgesetzten Wert zugrunde legen, *aM* KG JW 25, 2152[6].

Nach Ablauf der in § 5 GKG vorgesehenen Frist (nächstes Kalenderjahr nach rechtskräftiger oder endgültiger Erledigung des Verfahrens) kann weder eine Heraufsetzung des Streitwerts, RG JVBl 37, 221; OLG Kiel DRpflRspr 36 Nr. 559, noch eine Abänderung des Streitwerts zuungunsten des Anwalts erfolgen, OLG Celle ZZP 53, 173; OLG Zweibrücken DR 39, 1341[44]; Breuer JW 36, 1269; *aM* OLG Stettin HRR 32, 158; Gaedeke JW 36, 1270. Vgl. ferner OLG Naumburg DRpflRspr 36 Nr. 479 und OLG Breslau HRR 36 Nr. 491: ein längst abgeschlossenes Verfahren soll ohne zwingende Gründe nicht wieder aufgerührt werden, nachdem sich die Beteiligten darauf eingestellt haben; anders OLG Marienwerder JW 39, 573[40].

Die Wertfestsetzung oder ihre Abänderung im Laufe eines Rechtsstreits über die Anwaltsgebühren kann die Wirkung haben, daß der bei Klageerhebung begründete Gebührenanspruch hinfällig wird. Dann treffen bei sofortiger Erledigungserklärung die Kosten den Beklagten, KG JW 26, 2704[3]; OLG Naumburg JW 27, 1170[14]. Die Zustellung des Streitwertbeschlusses für die untere Instanz durch die obere Instanz von Amts wegen hat zu erfolgen an den Anwalt der höheren Instanz, KG JVBl 35, 32.

6. Das Rechtsmittel gegen den nach § 18 GKG erlassenen WertfestsBeschluß ist die Beschwerde. Sie steht neben der Reichskasse, GKG § 4, RG Gruch 28, 1178; OLG Hamm JW 27, 862[24] zu:

a) nach § 12 RAGebO dem RA, und zwar kraft eigenen Rechts, also auch seinem eigenen Machtgeber gegenüber;

b) nach § 18 Abs. 2 GKG der Partei.

Auch gegen den nach § 53 PatG (vgl. § 10 Anm. 24) erlassenen Streitwertbeschluß findet die Beschwerde statt, Armstroff JW 38, 3154; *aM* Gaedeke JW 38, 3009 II.

Die Beschwerde zu a kann nur auf eine Erhöhung des festgesetzten Streitgegenstandswerts abzielen. An einer solchen ist nur der RA, nicht die Partei interessiert. Deshalb ist dieser die Beschwerde wegen zu geringer Wertfestsetzung selbst dann versagt, wenn die Festsetzung eines revisiblen oder berufungsfähigen Streitwerts herbeigeführt werden soll, RG 22, 425; KG JW 23, 695[7]; OLG Königsberg JW 27, 1329[21]; LG I Berlin JW 30, 208[3]; Breuer JW 36, 2121. Wird die Beschwerde vom Anwalt für die Partei eingelegt, können ihm die Kosten nach § 102 ZPO auferlegt werden. Ebensowenig kann sich der Anwalt darüber beschweren, daß der Wert zu hoch festgesetzt worden ist. Das Beschwerdegericht ist an den Antrag des im eigenen Namen sich beschwerenden RA gebunden und kann den Streitwert nicht höher als beantragt festsetzen, KG JVBl 35, 237; *aM* OLG München SeuffA 72, 189; OLG Kiel JVBl 35, 234; LG Hamburg MdRRAK 37 Nr. 43. Legitimiert zur Beschwerde im Falle a ist nur der Anwalt der Instanz, für die der Streitwert festgesetzt werden soll, also nicht der Anwalt 2. Instanz wegen der Wertfestsetzung für die 1. Instanz. Dem Anwalt 1. Instanz steht gegen die Wertfestsetzung für die 2. Instanz nur dann die Beschwerde zu, wenn diese Wertfestsetzung z. B. bei gleichem Streitwert beider Instanzen auch für die 1. Instanz wirksam ist, oder wenn ein sonstiges Interesse nachgewiesen wird. Der RA braucht nicht der Prozeßbevollmächtigte zu sein, auch der nur nach § 44 tätige RA hat das Beschwerderecht. Die auf Beschwerde eines

RA nach § 12 erfolgte Erhöhung des Streitwerts ist auch für den Gegenanwalt und für die Gerichtskosten maßgebend, RG 31, 393. Bei Wechsel des Anwalts in der Instanz hat der zweite Anwalt das Beschwerderecht, auch wenn bereits auf Beschwerde des ersten Anwalts entschieden ist, OLG Kiel HRR 32, 549. Ist der RA selbst Partei, so kann er nach § 18 GKG Beschwerde auf Herabsetzung oder nach § 12 RAGebO Beschwerde auf Heraufsetzung einlegen, OLG Frankfurt JW 16, 1433[10]; *aM* KG Rsp 23, 260. Die vom Rechtsanwalt auf Erhöhung des Streitwerts eingelegte Beschwerde ist als im eigenen Namen eingelegt zu behandeln, KG JW 34, 568[3], wenn er nicht ausdrücklich die Beschwerde im Namen der Partei führt, oder sich aus den Umständen des Falles ergibt, daß die Beschwerde namens der Partei geführt wird. Deshalb bedarf es regelmäßig nicht der von OLG Darmstadt JW 35, 2908[36] für erforderlich gehaltenen Anfrage des Beschwerdegerichts an den Anwalt, in wessen Namen die Beschwerde geführt werde. Lehnt der Anwalt eine Erklärung darüber ab, in wessen Namen und mit welchem Ziele (Heraufsetzung oder Herabsetzung) er eine Streitwertbeschwerde führt, kann eine Entscheidung über die Beschwerde nicht ergehen. Daß die Streitwertbeschwerde einen zahlenmäßig bestimmten Beschwerdeantrag enthalten müßte (wie KG DR 39, 332[22] meint), ist gesetzlich nicht vorgeschrieben, aber mit Rücksicht auf die jetzt auch für Streitwertbeschwerden gesetzte Beschwerdesumme — vgl. Ziff. 7 — zu verlangen. Wird ein bestimmter Antrag abgelehnt, so ist der Beschwerdewert zu schätzen. Das Beschwerderecht aus § 12 RAGebO bleibt bestehen, wenn der RA bei Erlaß des Streitwertbeschlusses oder bei Einlegung der Beschwerde nicht mehr Rechtsanwalt ist, sofern nur der Streitwertbeschluß auf die ihm zustehenden Gebühren von Einfluß ist, KG JW 34, 3005[9]; LG Berlin JVBl 33, 247. Der Erlaß eines Vertretungsverbots unterbricht nicht das Beschwerdeverfahren gegen die Streitwertfestsetzung, KG JW 33, 1475[9].

Die Beschwerde zu b kann nur eine Herabsetzung des Streitwerts zum Gegenstande haben. Das Beschwerdegericht darf nicht unter den Antrag der beschwerdeführenden Partei gehen. Nicht zu billigen ist die Ansicht des OLG Düsseldorf JVBl 38, 319, daß, wenn der Kläger die Klage zurückgenommen hat, ohne daß der Beklagte im Rechtsstreit vertreten gewesen ist, dem Beklagten keine Streitwertbeschwerde zustehe, auch wenn er außergerichtlich die Kosten des Rechtsstreits übernommen hat.

Eine Partei, deren Anwalt nach § 12 im eigenen Namen eine Erhöhung des festgesetzten Streitwerts beantragt und erwirkt hat, ist hierdurch nicht behindert, ihr eigenes entgegengesetztes Interesse mittels eines Rechtsmittels zu verfolgen, RG 37, 384. Das Beschwerderecht gegen die Streitwertfestsetzung kann nicht abgetreten oder gepfändet werden, OLG Karlsruhe JW 31, 2043[14].

Das Beschwerdegericht darf in jedem Falle den Beschwerdeführer nicht schlechter stellen; *aM* OLG Kiel HRR 39 Nr. 454, das den richtigen Streitwert festsetzen will.

7. Voraussetzung der Beschwerde ist ein formgerechter Festsetzungsbeschluß. Jedoch kann ein Aktenvermerk oder eine Wertangabe in den Gründen des Beschlusses, der über eine Erinnerung gegen einen Kostenfestsetzungsbeschluß (oder Kostenansatz) befindet, als beschwerdefähig angesehen werden; jedenfalls entspricht dies den Bedürfnissen der Praxis. Das gleiche gilt von einer im Urteilskopf enthaltenen Wertangabe, sofern anzunehmen ist, daß sie von der unter dem Urteil befindlichen Unterschrift gedeckt wird; LG Berlin JVBl 37, 381. Der in das Urteil aufgenommene Streitwertbeschluß bedarf nach OLG Stuttgart WürttZ 36 B 119 der Zustellung. Nicht beschwerdefähig ist ein Beschluß, der eine Änderung der Streitwertfestsetzung ablehnt; die Beschwerde ist in einem solchen

Falle umzudeuten in eine solche gegen den Streitwertbeschluß, § 18 Abs. 2 GKG. Wohl aber ist nach § 18 Abs. 1 GKG, § 567 Abs. 1 ZPO die Beschwerde zulässig gegen den Beschluß, der den Erlaß eines Streitwertbeschlusses ablehnt. Die Beschwerde folgt den Vorschriften der §§ 567 ff. ZPO. Es ist also das Gericht, dessen Entscheidung angefochten wird, befugt, der Beschwerde ganz oder teilweise stattzugeben. Geschieht dies auch nur teilweise, so ist die Beschwerde verbraucht, und, gegebenenfalls eine neue Beschwerde einzulegen. Die Beschwerde ist zurückzuweisen, wenn die Akten vernichtet sind, und deshalb die Angaben des Beschwerdeführers nicht mehr nachgeprüft werden können, LG Berlin JW 36, 1325[65]. Im Falle der Anm. 6a unterliegt die Beschwerde, sofern sie gegen den Beschluß eines Kollegialgerichts gerichtet ist, auch für den Anwalt nicht dem Anwaltszwange, OLG Stuttgart JW 30, 200[75]; HRR 30, 70; OLG Stettin HRR 31, 709; Jonas GKG[3] § 18 Anm. 9d S. 137; *aM* KG JW 34, 3005[9]. Im Falle der Anm. 6b ist die Beschwerde der Partei, wie schon die Bezugnahme auf § 4 Abs. 3 GKG ergibt, vom Anwaltszwange befreit.

An eine Beschwerdesumme ist die Zulässigkeit der Beschwerde nicht gebunden*), OLG Kiel JW 33, 1270[11]; OLG Dresden DRZ Rsp 33 Nr. 327; Breuer JW 36, 2779. Die Streitwertbeschwerde ist jederzeit, also auch noch nach Beendigung des Verfahrens und nach Rechtskraft des Kostenfestsetzungsbeschlusses, zulässig, OLG Frankfurt DRpfl Rspr 38 Nr. 711; vgl. auch oben Anm. 5 Abs. 2. Sie kann jedoch bei einem abgeschlossenen Verfahren nicht auf eine nach dessen Abschluß eingetretene Änderung der Rechtsauffassung gestützt werden, OLG Frankfurt HRR 38 Nr. 1370a. Über die Beschwerde gegen die Wertfestsetzung des Amtsgerichts entscheidet das Oberlandesgericht, wenn der Rechtsstreit inzwischen an das Landgericht verwiesen ist, KG JW 31, 2378[6]; JVBl 34, 83; *aM* OLG Karlsruhe JW 34, 1192[25]. Nach OLG Stuttgart WürttZ 38 SprB 116 soll, wenn das LG als mit der Sache befaßtes Gericht des 2. Rechtszuges den Streitwert für den 1. Rechtszug von Amts wegen festgesetzt hat, die Beschwerde hiergegen nicht eine „weitere", sondern als erste Beschwerde zulässig sein. War das Gericht nicht befugt, einen Streitwertbeschluß zu erlassen, so kann das Beschwerdegericht den Beschluß aufheben, auch wenn lediglich Erhöhung des Streitwerts beantragt wird; ein Verbot der Schlechterstellung (reformatio in peius) besteht in einem solchen Falle nicht, OLG Kiel JW 32, 3639[9]. Die Festsetzung des Streitwerts durch das Berufungsgericht kann nicht mit der Beschwerde an das Reichsgericht angefochten werden, RG JW 36, 1968[28]. Eine Beschwerde ist unzulässig, wenn das LG den Wert zur Vorbereitung seiner Entscheidung über die Zulässigkeit der Berufung festgesetzt hat, OLG Zweibrücken DRZ Rsp 33, 384; KG JW 35, 141[6]; HRR 36, 145; ObG Danzig DanzJZ 35, 40. Auch sonst ist eine Beschwerde unzulässig gegen den Wertfestſ.-Beschluß des LG als Berufungsgerichts, OLG Königsberg JW 30, 1513[8]; KG JW 31, 2378[5]; MdRRAK 36, 178 Nr. 142; *aM* KG JW 37, 263[73]; OLG Naumburg JW 37, 823[18].

---

*) Nach Ziff. 1 des § 6 KriegsVO v. 4. 10. 39 (RGBl I 1994) sind aber Beschwerden gegen Entscheidungen des Gerichts über den Ansatz von Gerichtskosten und die Festsetzung des zugrunde zu legenden Werts nur zulässig, wenn der Wert des Beschwerdegegenstandes 200 RM übersteigt. Nach dem Wortlaut dieser Vorschrift könnte angenommen werden, daß die Beschwerdesumme bei einer Streitwertbeschwerde lediglich im Falle einer Festsetzung zum Zwecke des Gerichtskostenansatzes erforderlich sein soll. Die Absicht des Gesetzgebers geht aber offenbar dahin, Streitwertbeschwerden in jedem Falle nur beim Erreichen der Beschwerdesumme zuzulassen, also z. B. auch bei einer Streitwertfestsetzung aus Anlaß der Kostenfestsetzung; vgl. auch Gaedeke DR 39, 1932.

Die weitere Beschwerde gegen Entscheidungen der Landgerichte in betreff der Prozeßkosten ist ausgeschlossen, ZPO § 568 Abs. 3, sodaß, da gegen die Entscheidungen der Oberlandesgerichte eine Beschwerde, von der hier nicht in Frage kommenden Bestimmung des § 567 Abs. 3 Satz 2 ZPO abgesehen, überhaupt ausgeschlossen ist, ZPO § 567 Abs. 3, eine weitere Beschwerde in Kostensachen nicht mehr vorkommen kann, OLG Stuttgart JW 31, 1115[32]; OLG Darmstadt JW 33, 1426[14]; 35, 2908[36]; *aM* OLG Stuttgart WürttZ 39 SprB 6. Das Beschwerdegericht darf aber seinen Beschl. auf eine Vorstellung hin ändern, selbst wenn die weitere Beschwerde unzulässig ist, RG 33, 377; 37, 385; OLG Dresden JW 29, 1672[11]; vgl. aber die Bedenken des RG SeuffA 81, 29.

Im Verwaltungsstreitverfahren steht dem RA eine Beschwerde gegen die im Urteil erfolgte Festsetzung des Streitwertes nicht zu, OVG 72, 445; JW 16, 1032[1]; *aM* OVG v. 9. 11. 00 und HessVerwGerichtsH JW 16, 1290. Dagegen unterliegt der Wertfestsetzungsbeschluß der Beschwerdestelle im Verfahren vor dem Mieteinigungsamte der Beschwerde, KG JW 38, 1823[30]; *aM* OLG Breslau JW 26, 1034[7]; HRR 30, 124; KG Rsp 44, 7. Kein eigenes Streitwertbeschwerderecht des Rechtsanwalts in Pachtschutzsachen, KG JFGErg 12, 150 = JW 33, 2711[2], sowie gegen die Festsetzung des Werts der Beschwerde gegen den Zuschlagsbeschluß, KG JVBl 32, 97, wohl aber in Altenteilssachen, KG JW 34, 2346[2]; HRR 36, 121. Da die Vergütung der Prozeßagenten und zugelassenen Rechtsbeistände nach dem Streitwert zu berechnen ist, wird ihnen das Beschwerderecht entsprechend § 12 RAGebO zu gewähren sein, Jonas ZPO[16] § 3 R 42.

8. Kosten. Die Wertfestsetzung erfolgt gebührenfrei, selbst wenn sie vom Prozeßbevollmächtigten in seinem eigenen Interesse beantragt (§ 12) worden war, KG Rsp 19, 237. Die Auslagen einer etwaigen Abschätzung fallen der Staatskasse zur Last und sind nur dann der Partei aufzuerlegen, wenn diese die Abschätzung schuldhaft veranlaßt hat, GKG §§ 18, 19.

Im Beschwerdeverfahren werden Gebühren nur erhoben, soweit die Beschwerde als unzulässig verworfen oder zurückgewiesen wird, § 38 Abs. 2 GKG. Den Streitwert der von der Partei eingelegten Beschwerde bildet der Unterschied der Kosten, je nachdem diese nach dem festgesetzten oder dem von ihr beantragten Werte des Streitgegenstandes berechnet werden. Hierbei sind außer den Gerichtskosten die Anwaltsgebühren zu berücksichtigen, RG 31, 307. Bei der Beschwerde des RA kommt nur der Unterschied seiner Gebühren in Betracht, RG 45, 402; OLG Naumburg Rsp 25, 132, und zwar für die Instanz, für die er die Festsetzung begehrt, RG 46, 365. Die Beschwerdesummen werden nicht zusammengerechnet, wenn beide RAe Beschwerde einlegen, RG 51, 173. Da im Streitwertverfahren weder die Parteien noch die Reichskasse noch die Anwälte Beschwerdegegner sind, kann keine Entscheidung wegen der außergerichtlichen Kosten einer Streitwertbeschwerde ergehen, KG JW 35, 223[4]; OLG Dresden HRR 38 Nr. 107; OLG Hamburg MdRRAK 38, 163. Unterliegt der RA, so sind die Gerichtskosten ihm, nicht seiner Partei aufzuerlegen, ZPO § 97.

Hat die Beschwerde des RA über die Wertfestf. eine Abschätzung durch Sachverständige erforderlich gemacht, so findet § 19 Satz 2 GKG auch zuungunsten des beschwerdeführenden RA Anwendung.

§ 13. Die Sätze des § 9 stehen dem als Prozeßbevollmächtigten bestellten Rechtsanwalte zu.

1. für den Geschäftsbetrieb, einschließlich der Information (Prozeßgebühr);

2. für die mündliche Verhandlung (Verhandlungsgebühr);
3. für die Mitwirkung bei einem zur Beilegung des Rechtsstreits abgeschlossenen Vergleiche (Vergleichsgebühr).

Die Sätze des § 9 stehen demselben zu fünf Zehnteilen zu:

4. für die Vertretung *in dem Termine zur Leistung des durch ein Urteil auferlegten Eides sowie* in einem Beweisaufnahmeverfahren, wenn die Beweisaufnahme nicht bloß in Vorlegung der in den Händen des Beweisführers oder des Gegners befindlichen Urkunden besteht (Beweisgebühr).

Verordnung zur Entlastung der Gerichte vom 9. 9. 15 in der Fassung der Bekanntmachung vom 13. 5. 24 (RGBl I 552):

§ 7 Mit Einverständnis der Parteien kann das Gericht eine Entscheidung ohne mündliche Verhandlung treffen. Die Verkündung der Entscheidung wird durch schriftliche Mitteilung ersetzt; bei Urteilen ist die Urteilsformel durch Zustellung mitzuteilen.

§ 8 Ein gemäß § 7 ohne mündliche Verhandlung geführtes Verfahren steht hinsichtlich der Gerichtskosten und der Anwaltsgebühren einem Verfahren mit mündlicher Verhandlung gleich. Wird nach einem Beweisaufnahmeverfahren ohne mündliche Verhandlung entschieden, so steht dem Rechtsanwalt in jedem Falle die erhöhte Verhandlungsgebühr (§ 17 der Gebührenordnung für Rechtsanwälte) zu.

I. Allgemeines.

§ 13 regelt die normalen Gebühren, die dem zum Prozeßbevollmächtigten bestellten RA für seine Berufstätigkeit in bürgerlichen Rechtsstreitigkeiten zustehen. Zum Prozeßbevollmächtigten bestellt ist der RA dann, wenn er durch die gemäß §§ 81—83 ZPO erteilte Vollmacht zur Vornahme aller Handlungen ermächtigt ist, die der regelmäßige Verlauf des Prozesses mit sich bringt. Die Gebührensätze des RA, der nur mit bestimmten Einzelhandlungen beauftragt ist, bestimmen die §§ 43—49. Ein von einem Prozeßbevollmächtigten für einzelne Prozeßhandlungen oder einen Komplex von solchen bestellter Vertreter wird nicht selbst zum Prozeßbevollmächtigten, kann also nicht aus § 13 liquidieren; das gilt insbesondere für den Substituten. Der auf Grund der Ermächtigung des § 81 ZPO vom Prozeßbevollmächtigten bestellte Bevollmächtigte für die höhere Instanz wird für diese Instanz jedoch selbst Prozeßbevollmächtigter. Ausgeschlossen von der Anwendung des § 13 sind die besonderen Prozeßarten, nämlich das Güteverfahren, das Sühneverfahren, das Mahnverfahren, das Verteilungsverfahren, das Aufgebotsverfahren (ZPO §§ 495a bis 499g, 609, 610, 688—703, 858 Abs. 6, 872—877, 882, 946—956, 959—972, 977—1024). Die Gebühren in diesen Fällen regeln die §§ 37—40. Im Verfahren über Anträge auf Vollstreckbarerklärung eines Schiedsspruchs oder schiedsrichterlichen Vergleiches (ZPO §§ 1042, 1044a) findet der § 13 gemäß der Sonderbestimmung des § 40a GebO. Anwendung.

Die Normalsätze des § 13 erfahren gewisse Modifikationen durch die Bestimmungen der §§ 14—17 und 21, durch welche mit Rücksicht auf die geringere oder umfangreichere Tätigkeit des RA eine Minderung oder Erhöhung der Sätze vorgeschrieben wird. Für die Berufungs- und Revisionsinstanz vgl. § 52.

II. Prozeßgebühr.

1. „Die Prozeßgebühr umfaßt die gesamte Tätigkeit des RA außerhalb der mündlichen Verhandlung, insbesondere die Information, die Anfertigung aller vorkommenden Schriftsätze oder schriftlichen Anträge, die Wahrnehmung von Terminen, soweit solche neben der mündlichen Verhandlung etwa vorkommen, und den zur Prozeßführung erforderlichen Verkehr mit den Parteien, dem Gerichte und den Gerichtsvollziehern." Mot. 36. Die Tätigkeit muß sich im Sinne des § 1 auf den Rechtsstreit beziehen. Nicht unter die Prozeßgebühr fallen demgemäß Kündigungs- und Mahnschreiben sowie die Abfassung von Schriftstücken, die nicht unmittelbar mit der Klage in Verbindung stehen, s. Anm. 4. Vgl. jedoch § 49.

2. Erwirkt ist die Prozeßgebühr, sobald der zum Prozeßbevollmächtigten bestellte RA eine zum Geschäftsbetrieb erforderliche Tätigkeit ausgeübt hat, die weiter geht als die in §§ 14, 21 bezeichneten Handlungen. Darauf, ob die Sache rechtshängig geworden ist, kommt nichts an; es genügt die Einreichung der Klage bei Gericht. Wegen der Höhe der Prozeßgebühr im Falle der Widerklage s. Anm. 6. In welchem Abschnitte des Verfahrens der RA in die Prozeßführung eingetreten ist, ist unerheblich, sofern er nur durch irgendeinen Akt eine zum Geschäftsbetrieb erforderliche Tätigkeit ausgeübt hat, gleich, welchen Umfang diese Tätigkeit hatte. Die Prozeßgebühr erwächst auch, wenn im ArmVerf. die Beiordnung nur für Abschluß eines Vergleiches erfolgt, jedoch nur in Höhe von $^5/_{10}$ gemäß § 14 nach dem Streitwert der Hauptsache, OLG Köln JW 37, 2800[47] (unter Aufgabe seines noch in der Entsch. JW 37, 255[55] vertretenen Standpunktes, der lediglich eine $^3/_{10}$-Gebühr nach dem Werte der Kosten des beabsichtigten Rechtsstreits zuerkannte); *aM* OLG Hamburg JW 37, 1429[33], das volle Prozeßgebühr zubilligt, vgl. unten unter 6 a. E. Wenn sich die Tätigkeit auf die Urteilszustellung beschränkt, so erwächst nur eine $^5/_{10}$ Gebühr, OLG Köln JW 37, 2800[48]; s. auch § 29 Anm. II 7.

3. Abgegolten werden durch die Prozeßgebühr alle zum Geschäftsbetriebe gehörigen Einzelhandlungen, so daß für sie nicht besonders berechnet werden darf. Hierunter fallen:

a) die Information, ohne Rücksicht auf ihren Umfang und ohne Rücksicht darauf, ob sie vom Auftraggeber selbst oder von Dritten (EGH 8, 253) oder durch Einsicht von Urkunden, Akten u. dgl. eingezogen wird. Unberührt bleibt der Anspruch auf Erstattung von Reisekosten sowie sonstiger Auslagen. Vgl. OLG Naumburg JW 36, 2145[25].

b) das die Zuziehung von Hilfspersonen ersparende private Wissen bei der Prozeßführung, z. B. die Kenntnis und Anwendung einer fremden Sprache, RG JW 99, 771[12];

c) die Mitteilungen an die Partei;

d) die Anfertigung der Schriftsätze;

e) der Verkehr mit dem Gegner, dem Gerichte und dem Gerichtsvollzieher;

f) die Bestellung der prozessualen Sicherheit, RG 9, 329; 11, 364; JW 91, 485[2]; OLG Rsp 17, 237 f. Wegen des Verfahrens auf Rückgabe der bestellten Sicherheit s. Anm. 4 d;

g) der vom Anwalt des Arrestbeklagten nach § 926 Abs. 1 ZPO gestellte Antrag auf Bestimmung einer Frist für die Klageerhebung, RG JW 98, 608[35]; OLG Stuttgart JW 30, 663[30];

h) das Verfahren zur Leistung des Offenbarungseides nach § 260 BGB, sofern er vor dem Prozeßgericht freiwillig geleistet wird, OLG Hamm Rsp 35, 219;

i) der Streit über die Gültigkeit eines Vergleichs, wenn er in demselben Rechtsstreite, in dem der Vergleich geschlossen worden ist, ausgetragen wird (RG 65, 420; 78, 286); dieses Verfahren gilt als Fortsetzung des früheren Rechtsstreits, OLG Frankfurt Rsp 27, 232 Anm.; ZDJ 13, 98; OLG Köln Rsp 39, 116.

k) die Aufnahme eidesstattlicher Versicherungen der Partei oder Dritter, RG DRZ 1930 Nr. 666; KG JW 30, 192; OLG Dresden JW 33, 544[35]; OLG Düsseldorf JW 36 2156[39]; Baumbach, RAGebO § 13 Anm. 6. Bei Aufnahme eidesstattlicher Versicherungen durch das Gericht erwächst die Beweisgebühr der Ziffer 4, s. Anm. 12.

l) der Antrag und das Verfahren gemäß § 627 ZPO n. F., außer wenn es nicht zur Klageerhebung kommt, vgl. Gaedeke JW 38, 2313.

m) die Tätigkeit des Anwalts, der zunächst als Verkehrsanwalt und sodann als Prozeßbevollmächtigter tätig geworden ist. Die Verkehrsgebühr des § 44 erwächst in der Regel nicht, KG JW 39, 369[43].

4. Nicht zum Prozeßbetriebe gehören und durch die Prozeßgebühr nicht abgegolten werden:

a) die Anfertigung von Mahnbriefen, Kündigungsschreiben und ähnlichen Schriften, die nur den Zweck verfolgen, die Grundlage für ein demnächst einzuleitendes gerichtliches Verfahren zu gewinnen.

b) die zur Beitreibung der Urteilsforderung aufgewandte Tätigkeit einschließlich der die Beitreibung betreffenden Mahnschreiben; sie gehört zur Vollstreckungsinstanz, § 23 Ziff. 18.

c) die Erhebung und Ablieferung der Streitsumme, s. § 87 und oben S. 116;

d) die Rückforderung einer bestellten Sicherheit nach § 109 (Wegfall der Veranlassung). Hierfür kann der RA die $^3/_{20}$ Gebühr des § 23 stets besonders neben der Prozeßgebühr fordern, da dieses Verfahren nicht zur Instanz gehört, § 30[3]. Auch für das Rückgabeverfahren aus § 715 ZPO darf die $^2/_{10}$ Gebühr des § 24 gefordert werden, KG JW 22, 38[3]; OLG Köln JW 22, 1538[12]; LG Hannover JW 22, 1542[6]; Meyer-Irmler § 10 Anm. II 3; *aM* OLG Hamburg, Celle Rsp 17, 239; 31, 228; OLG Kassel LZ 15, 585; KG JW 23, 841[6]; OLG Breslau Rsp 42, 71 Anm. 2; Sydow-Busch Anm. 3 § 13; Baumbach Anm. 2 § 13 RAGebO; Kraemer JW 22, 1538. § 29[6] bezeichnet als zur Instanz gehörig die in § 23 Nr. 5—9, 11—17 bezeichneten Streitpunkte und Anträge, nicht auch die den Fall des § 715 betreffenden Anträge. Der § 29 gibt allerdings keine erschöpfende Aufzählung der zur Instanz gehörenden Fälle, sondern gibt nur („insbesondere") einzelne Beispiele. Die verschiedene Behandlung des Verfahrens nach § 109 und nach § 715 ZPO erscheint aber nur insoweit gerechtfertigt, als die Gebühren hier niedriger bemessen werden, als dort. Denn während der im Falle des § 109 ZPO zu führende Nachweis, daß die Veranlassung für eine Sicherheitsleistung weggefallen ist (RG 50, 376; 52, 105; 61, 300; 72, 265), schwer sein kann, genügt im Falle des § 715 ZPO, bei dem ein Schadenanspruch des Gegners nicht in Frage kommt, zur Erwirkung der Rückgabe der Sicherheit die Vorlegung eines Rechtskraftzeugnisses. Die Mehrzahl der OLG: Rsp 17, 234; 19, 260; 23, 132, 270; 31, 228; 39, 41; Recht 03, 268, 434; 05, 112; 07, 1272, 1543; DJZ 04, 1000; 13, 240 folgt der die Gebühr versagenden Ansicht: KG JW 22, 38[3] läßt nicht mit Sicherheit erkennen, ob es sich um einen Fall des § 715 ZPO handelt; dagegen wird die besondere Gebühr des § 24 neben der Prozeßgebühr von anderen OLG zugebilligt: Rsp 13, 258; Recht 04, 555; JW 05, 511; PosMSchr 03, 29;

e) die Beschaffung der Einwilligung des Gegners zur Einlegung der Sprungrevision nach § 566a ZPO; der RA erhält hierfür nach §§ 89, 46 eine $^5/_{10}$-Gebühr, die gemäß § 52 um $^3/_{10}$ zu erhöhen ist, OLG Königsberg JW 29, 3174[4]; *aM* OLG Stettin JW 30, 3869[17] (nur $^3/_{10}$-Gebühr).

f) die Einholung der Genehmigung der Devisenstelle zur Durchführung eines Rechtsstreits, OLG Karlsruhe JW 33, 1077[11]; 36, 2577[61]; OLG München JW 34, 708[14]; OLG Naumburg JW 35, 3172; LG Berlin JW 34, 996[1].

5. Die Prozeßgebühr ist, wie jede der vier Rechtsstreitgebühren des § 13, selbständig. Der RA kann sie fordern, gleichviel ob und in welcher Höhe ihm eine der übrigen Rechtsstreitgebühren, insbesondere die Verhandlungsgebühr, zusteht. Ist z. B. wegen 5000 RM. geklagt, so bemißt sich die Prozeßgebühr nach dem Betrage von 5000 RM, auch wenn nur wegen 4000 RM verhandelt, wegen 3000 RM Beweis erhoben worden ist und gemäß § 14 GKG demnach die Verhandlungs- und die Beweisgebühr von 4000 und 3000 RM berechnet werden.

6. Die Höhe der Prozeßgebühr richtet sich für die Anwälte beider Teile nach dem Gegenstand, den der Geschäftsbetrieb im allgemeinen nach dem Inhalt des erteilten Auftrags umfaßt, KG JW 33, 1078[15]. Wechselt der Streitwert während der Tätigkeit, so ist der höchste Wert entscheidend. Maßgebend ist für den einzelnen RA die Zeit nach der Erteilung des Auftrags, so daß auch die Zeit der Klagevorbereitung mit in Betracht zu ziehen ist, OLG München Rsp 31, 224; *aM* KG JW 20, 713[3]. Die Zurücknahme eines Klageantrags ist für die eigene Partei und den Gegner einflußlos, OLG München Rsp 31, 224. Für erst im Laufe des Prozesses geltend gemachte Ansprüche gilt § 281 ZPO, wonach Rechtshängigkeit mit dem Zeitpunkt der Geltendmachung in der mündlichen Verhandlung oder mit Zustellung eines den Erfordernissen des § 253 Abs. 2 Nr. 2 entsprechenden Schriftsatzes eintritt; unter diesen Voraussetzungen erwächst auch für die erweiterten Ansprüche die Prozeßgebühr. Dasselbe gilt für die Widerklage und für die Anschlußberufung, OLG Naumburg Rsp 27, 102. Beides wirkt auch für die Prozeßgebühr des Gegners, RG 34, 426, nach KG JW 28, 124[7]; ZZP 53, 318, aber nur, wenn der Kläger seinen Prozeßbevollmächtigten auch mit der Vertretung hinsichtlich der Widerklage beauftragt hat. Hierbei bleibt aber zu beachten, ob nicht nach § 14 nur die $^5/_{10}$-Gebühr entstanden ist, weil sich der Auftrag vor der mündlichen Verhandlung erledigt, ohne daß der RA nach der Klageerweiterung, Erhebung der Widerklage oder Einlegung der Anschlußberufung einen Schriftsatz hat zustellen lassen; der Anwalt erhält dann die volle Prozeßgebühr nach dem vollen Streitwert, aber nicht mehr als die $^{10}/_{10}$-Gebühr nach dem ursprünglichen und $^5/_{10}$ nach dem Betrage, um den der Streitwert sich erhöht hat, vgl. § 14 GKG und oben § 10 Anm. 3. Sind also z. B. 10000 RM eingeklagt und wird der Anspruch um 1000 RM erhöht, so erhält der Anwalt $^{10}/_{10}$ von 11000 RM = 210, nicht $^{10}/_{10}$ von 10000 RM mit 205 RM und $^5/_{10}$ von 1000 RM mit 22,50 = 227,50 RM. Sind dagegen 1000 RM eingeklagt und wird der Anspruch auf 2000 RM erweitert, so erhält der Anwalt $^{10}/_{10}$ von 1000 RM mit 45 RM und $^5/_{10}$ von 1000 RM mit 22,50, s. Kraemer JW 20, 1047. Wegen der Erstattungsfähigkeit s. S. 94.

Die Prozeßgebühr in der Berufungs- oder Revisionsinstanz wird bestimmt durch den in der Rechtsmittelschrift gestellten Antrag des Rechtsmittelklägers. Ist ein solcher Antrag nicht gestellt worden, so darf der Gegner annehmen, daß das Urteil, soweit es zum Nachteile des Rechtsmittelklägers lautet, im ganzen angefochten worden sei. Er kann danach seine Verteidigung vorbereiten und seine Prozeßgebühr berechnen, selbst wenn nachträglich der Antrag eingeschränkt wird; *aM* RG JW 92, 11[1], da bei der allgemeinen Einlegung des Rechtsmittels die Erklärung über dessen Umfang vorbehalten sei und der Streitwert erst durch den Rechtsmittelantrag bestimmt werde. Nach KG JW 33, 1078[15] bemißt sich die Prozeßgebühr des RA des BerBekl. nach dem Streitwert zur Zeit der Auftragserteilung an ihn, nicht der Berufungseinlegung. Sind zwei Urteile über denselben Anspruch gegen zwei Beklagte mit zwei Berufungen angefochten worden, so steht dem nach Einlegung der zweiten Berufung bestellten Prozeßbevollmächtigten des Berufungsbeklagten die Prozeßgebühr nur einmal zu, OLG Celle JW 28, 2162[26]. Ebenso, wenn durch Teilurteil zur Hauptsache, durch Schlußurteil über die Kosten entschieden worden ist, RG JW 30, 2808[20]. Wegen der Prozeßgebühr des RA des Berufungsklägers s. Anm. 4c § 25.

Die Verbindung mehrerer Prozesse hat wegen der schon erwirkten Gebühren keine rückwirkende Kraft; vom Augenblick der Verbindung an erwachsen Gebühren jedoch nur noch nach dem zusammengerechneten Streitwert, KG JW 37, 2004[33]; s. auch Gaedecke JW 37, 3015.

Wird der Rechtsstreit durch einen Vergleich erledigt, der auch außerhalb des Rechtsstreits liegende Ansprüche mitumfaßt, so erhöht sich auch die Prozeßgebühr um $^5/_{10}$ gemäß § 14; KG JW 36, 3583ff; 38, 901[58]; OLG Dresden JW 38, 1474[28]; 39, 309[38]; OLG. Düsseldorf JW 38, 1475[29]; Baumbach § 13 RAGebO Anm 2 B; Rittmann-Wenz, 16. Aufl. § 38a Anm. 2. Für volle Prozeßgebühr OLG Köln JW 37, 1080[34]; OLG Hamburg JW 37, 1429, mit Einschränkungen auch OLG Naumburg JW 38, 2037[33]; gegen jede Prozeßgebühr OLG Kiel DRechtspfl 36 Nr. 562; OLG Breslau MdRRAK 1937, 14. Zu dem gesamten Fragenbereich vgl. Caspari JW 37, 796ff. und 38, 1434ff. sowie OLG Naumburg JW 38, 2037[33] und die Bespr. von Bach hierzu; ferner v. d. Trenck DR 39, 754ff.

III. Verhandlungsgebühr.

7. Sie ist erwirkt, sobald im Termine, sei es vor dem Prozeßgerichte, sei es vor dem Einzelrichter (§§ 348—350 ZPO), mündlich verhandelt wird; eine mündliche Verhandlung liegt vor, wenn wenigstens von einer Seite im Verhandlungstermin Anträge gestellt worden sind, KG Gaedecke KostenRspr Nr. 54 (vgl. § 16); der Vortrag des Sachverhältnisses ist nicht erforderlich, RG JW 05, 127[10]; 98, 607[34], Warn 12, 389; KG KGBl 07, 120; JW 26, 2474[4]; *aM* OLG Königsberg Recht 04, 49 und KG Rsp 27, 223; OLG Kiel JW 34, 2638[15], wo eine materielle Erörterung des Streitstoffes gefordert wird. Die Verlesung des Antrages muß aber prozeßordnungsgemäß zulässig sein; im Falle des § 618 Abs. 2 ZPO entsteht keine Verhandlungsgebühr durch Verlesung des Antrages, OLG Naumburg JW 30, 1517[22]; OLG Kiel JW 34, 2420[3], da ein Verhandeln überhaupt nicht stattfinden kann; gegebenenfalls entsteht eine Gebühr nach § 23 Ziff. 5. Durch späteres Fallenlassen der Anträge kann die bereits erwirkte Verhandlungsgebühr nicht wieder ausgeschlossen werden, RG JW 85, 125[13]; 92, 481[13]; 95, 84[8]; 98, 418[12]. Keine Verhandlung liegt vor, es wird also auch die Verhandlungsgebühr nicht begründet, wenn ohne Verlesung der Anträge **a)** die Klage und Widerklage zurückgenommen wird, OLG Köln JW 35, 1947[17]; KG JW 37, 254[53]; anders bei Verhandeln nach Rücknahme der Klage und Widerklage in Ehesachen, KG JW 36, 2146[26]; auch dann, wenn gegen ein Scheidungsurteil Berufung nur zum Zwecke der Klagerücknahme eingelegt ist und übereinstimmende Anträge auf Aufhebung des erstinstanzlichen Scheidungsurteils gestellt werden, erwächst für beide ProzBev. die volle Verhandlungsgeb., OLG Naumburg JW 38, 2423[33]; **b)** die Parteien übereinstimmend die Erledigung des Rechtsstreits anzeigen, KG KGBl 91, 83; anders dagegen im Eheprozeß, wenn die Parteien sich ausgesöhnt haben und im zweiten Rechtszug, ohne Klage und Widerklage zurückzunehmen, den Antrag stellen, unter Aufhebung des angefochtenen Urteils den Rechtsstreit für erledigt erklären, dann liegt Verhandlung zur Hauptsache vor, die unter Berücksichtigung des § 16 Abs. 2 die volle Prozeßgebühr auslöst, OLG Düsseldorf JW 39, 370[44]; **c)** die Parteien den Rechtsstreit nur im allgemeinen erörtern, EGH 8, 254; RG 33, 406, oder lediglich über den Abschluß eines Vergleichs unterhandeln; **d)** die Sache zum Vergleichsversuche vor den beauftragten Richter verwiesen und durch Vergleich erledigt worden ist, OLG Oldenburg DJZ 03, 504; e) auf Antrag einer Partei, KG Rsp 25, 293; OLG Celle JW 26, 860[12]; OLG Düsseldorf JW 27, 2474[10] oder beider Parteien der Termin verlegt oder vertagt, RG JW 93, 564[26] oder die Sache an die Kammer für Handelssachen verwiesen wird, OLG Dresden Rsp 13, 255; f) über die Aussetzung des Verfahrens gestritten wird, OLG Braunschweig Rsp 35, 217. Als Verhandlung ist es aber angesehen worden, wenn nur über eine prozessuale Vorfrage, z. B. das Verlangen, eine beglaubigte Vollmacht vorzulegen, verhandelt worden ist, OLG Hamburg, Dresden Rsp 15, 185; 39, 112 (vgl. auch Anm. 2 § 16). Im übrigen vgl. Anm. 2 § 14. In den Fällen zu a und b kann es zu einer Verhandlung über die Kosten, zu e über die Vertagung oder Verweisung (§ 23 Anm. 7) kommen, KG JW 28, 2160[19]. Im Falle der Zurücknahme eines Rechtsmittels ist eine Verhandlung über den Antrag aus §§ 515 Abs. 3, 566 ZPO möglich.

Die Verhandlungsgebühr erwächst auch, wenn der Beklagte im Wechselprozesse sich darauf beschränkt, dem Klageanspruch zu widersprechen, OLG Stuttgart JW 30, 1091[28].

Die Entscheidung ohne mündliche Verhandlung wurde zum ersten Male durch § 23 der VO zur Entlastung der Gerichte v. 9. 9. 15 (RGBl 562) zugelassen. Beantragten die Parteien übereinstimmend schriftliche Entscheidung und erließ das Gericht eine solche, ehe eine mündliche Verhandlung stattgefunden hatte, so entfiel die Verhandlungsgebühr. Diesen Rechtszustand beseitigte Art. I der VO zur Beschleunigung des Verfahrens in bürgerlichen Rechtsstreitigkeiten v. 22. 12. 23 (RGBl I 1239) durch die oben abgedruckte Bestimmung § 23b, jetzt § 8 der VO zur Entlastung der Gerichte v. 13. 5. 24 (RGBl I 552). Danach hat es auf die Gebühren der RAe keinen Einfluß, ob die Entscheidung auf Grund mündlicher Verhandlung oder ohne solche ergeht, sobald die Voraussetzungen für die Entscheidung ohne mündliche Verhandlung vorliegen.

Die Verhandlungsgebühr ist also auch anzusetzen, wenn ohne mündliche Verhandlung entschieden wird. Das gilt aber nur, wenn die Parteien die Erklärung nach § 7 der VO abgegeben haben und das Gericht auch tatsächlich eine Entscheidung fällt, KG Gaedecke KostenRspr Nr. 55, also nicht, wenn sich die Parteien vor Mitteilung einer Entscheidung vergleichen, vgl. OLG Düsseldorf JW 27, 406[20]; LG München I, JW 28, 2803[3]; *aM* OLG Hamburg JW 29, 3177[10]; HRR. 30, 71. Bei Vergleich unter Vorbehalt des Widerrufs mit nachfolgendem Antrag auf schriftliche Entscheidung erwächst die Verhandlungsgebühr nur, wenn der Vergleich widerrufen wird, KG DR 40, 462[34]. Satz 2 des § 8 der EntlVO gilt nicht für den Fall, daß nach der Beweisaufnahme auf Grund des § 251a ZPO nach Lage der Akten entschieden wird, OLG Karlsruhe HRR 30, 662. Im übrigen vgl. wegen der Verhandlungsgebühr bei Entscheidung nach Lage der Akten Anm. 5 § 16.

Entsprechendes gilt für den Fall der Anwendung des weiteren Gesetzes zur Entlastung des RG v. 8. 2. 29 (RGBl I S. 19).

Für das nach §§ 18ff. der EntlVO eingeführte Schiedsverfahren gilt die GebO. Die Verhandlungsgebühr wird zuzubilligen sein für die Wahrnehmung eines Verhandlungstermins, auch wenn er sich nicht nach den Regeln der ZPO richtet.

8. Die Wertberechnung bestimmt sich nach dem Werte des Gegenstandes, über den verhandelt worden ist, und zwar bei mehreren Verhandlungen nach dem höchsten Gegenstand einer Verhandlung, KG Gaedecke KostenRspr Nr. 57. Wird nur über die Kosten des Rechtsstreits verhandelt, dann bilden diese, nämlich die Gerichtskosten und die ungefähr zu schätzenden außergerichtlichen Kosten beider Parteien das Objekt für die Verhandlungsgebühr, vgl. Anm. 46 zu § 10. Keine besondere Verhandlungsgebühr erwächst, wenn nach Erledigung der Widerklage über deren Kosten verhandelt wird. Diese Verhandlung ist durch die Verhandlungsgebühr für die frühere Verhandlung über die Klage abgegolten, OLG Königsberg, JW 30, 575[35]. Nicht nur über die Kosten, sondern über die Hauptsache ist verhandelt worden, wenn die Erklärung eines Teiles, daß die Hauptsache erledigt sei, vom Gegner bestritten, RG JW 94, 81[7], oder wenn im Falle der §§ 346, 515 Abs. 3, 566 ZPO der Antrag gestellt wird, den Einspruchs-, Berufungs- oder Revisionskläger des Einspruchs oder des Rechtsmittels für verlustig zu erklären; in beiden Fällen ist also der Streitwert der Hauptsache maßgebend, RG JW 94, 85[14]; *aM* OG Danzig, JW 29, 867[1].

Einschränkungen der Verhandlungsgebühr bestimmen die §§ 15, 16. Wird ein Teil der Klageforderung sofort anerkannt und über den Rest streitig verhandelt, so wird für den anerkannten Teil die halbe, für den bestrittenen Teil die ganze Gebühr angesetzt, doch darf der Gesamtbetrag der Gebühren den Betrag nicht überschreiten, der entstanden sein würde, wenn über den ungeteilten Streitgegenstand streitig verhandelt worden wäre, § 14 GKG; s. oben § 10 Anm. 30. Hat der Anwalt aus Versehen Versäumnisurteil wegen der ganzen Klageforderung erwirkt, obwohl ein Teil bereits gezahlt war, so darf er die durch den falschen Antrag entstandenen Mehrkosten seinem Auftraggeber nicht in Rechnung stellen, und diesem steht daher auch kein Erstattungsanspruch hierfür zu, RG DJZ 09, 717.

IV. Vergleichsgebühr.

9. Sie hat zur Voraussetzung, daß zur Beilegung eines anhängigen Rechtsstreites unter Mitwirkung des RA ein Vergleich geschlossen worden ist. Es ist gleichgültig, ob der Vergleich vor Gericht oder außergerichtlich, KG JW 37, 1423[24], zwischen den Parteien selbst oder zwischen einer Partei und einem Dritten, KG JW 28, 2639[5], geschlossen worden ist. Ein Vergleich ist nach dem hier maßgeblichen materiellen Recht „ein Vertrag, durch den der Streit im Wege gegenseitigen Nachgebens beseitigt wird", BGB § 779; RG JW 98, 75[31]; Jonas ZPO § 794 Anm. II; *aM* OLG Naumburg JW 35, 2519[70]; 36, 1023[14]. Erforderlich ist grundsätzlich, daß dem Gericht eine Entscheidung in der Hauptsache erspart bleibt, OLG Breslau JW 33, 538[17] oder jedenfalls nach dem Willen der Parteien erspart bleiben soll, KG JW 34, 2710[2]; ein Vergleich i. S. des § 13 Ziff. 3 ist es also nicht, wenn die zwischen den Parteien getroffene Vereinbarung sogar ausdrücklich noch eine gerichtliche Entscheidung (z. B. Anerkenntnisurteil) über die streitigen, nunmehr im Vergleich geregelten Ansprüche vorsieht, Gaedeke zu der entgegenstehenden Entsch des OLG Düsseldorf JW 38, 1609[40]. Es liegt nach dem angeführten Grundsatz auch kein Vergleich vor, wenn vor der Verhandlung der Hauptsache der Kläger die Klage zurücknimmt, RG 20, 414, oder wenn die Parteien erklären, daß der Rechtsstreit in der Hauptsache erledigt sei und daß der Beklagte (oder der Kläger) die Kosten übernehme, RG JW 95, 481[19]; 98, 75[31]. Aber auch die nach mündlicher Verhandlung unter Verzicht auf den Klageanspruch mit Zustimmung des Beklagten bewirkte Klagezurücknahme enthält keinen Vergleich. Die Rechtslage des Beklagten wird dadurch gegenüber der sonst gebotenen Klageabweisung nicht gebessert, sein Verzicht darauf enthält also kein Nachgeben, OLG Düsseldorf 8 W 41. 30 (3. 4. 30). Dagegen wird mit KG JW 34, 568[1]; 36, 618[62] ein gebührenpflichtiger Vergleich zur Hauptsache anzunehmen sein, wenn mit Zustimmung des Bekl. Klagerücknahme erfolgt und jede Partei ihre Kosten trägt, nicht jedoch, wenn der Bekl. in einem außergerichtl. Vergleich den Klageanspruch anerkennt und sich verpflichtet, Versäumnisurteil gegen sich ergehen zu lassen, KG JW 38, 901[59]; *aM* OLG Kiel JW 34, 3015[22]; 35, 67[25], das damit, wie Gaedecke in der Bespr. der erstgen. Entsch. richtig ausführt, den Begriff des Vergleiches verkennt. Bewilligung der Stundung ist als Vergleich nur dann aufzufassen, wenn gegen diese Bewilligung sachliche Einwendungen aufgegeben, Mot. 38; OLG Frankfurt Rundsch 86, 63, oder Vorteile für die Bewilligung, z. B. eine Bürgschaft oder Abtretung einer Forderung, gewährt werden. Vgl. hierzu die Anordnung des Präs. d. RRAK Nr. 19/39 betr. Vergleichsgebühr bei Vereinbarung von Ratenzahlungen, MdRRAK 1939, 121; ferner Meyer-Grieben MdRRAK 1939, 175ff. Die Vereinbarung des Verfahrens im einstw. Verfügungsverfahren bis zur Entscheidung des Hauptprozesses kann ebenfalls als gebührenpflichtiger Vergleich angesehen werden, KG JW 38, 1187[43].

In Ehesachen ist von der überwiegenden Rechtsprechung bisher ein Vergleich abgelehnt worden, vgl. insbes. RG JW 38, 1123[15]; KG JW 36, 2146[27]; 37, 834[36]; 38, 1838[45]; OLG Kassel JW 34, 1255[8]; OLG Dresden JW 36, 2148[29]; OLG Hamburg JW 37, 835[37]; *aM* OLG Köln JW 37, 836[38]; 37, 1080[33]; OLG Braunschweig JW 37, 1420[17] und in ständiger Rechtsprechung OLG Naumburg JW 35, 2519[70] u. [71]; 35, 3061[40]; 36, 1023[64]; 36, 2811[38], teilweise mit der Einschränkung, daß der Vergleich der Aufrechterhaltung der Ehe dienen muß; ferner Börge JW 34, 2085; Bach JW 35, 1397; 36, 2114; Kubisch JW 37, 793. KG DR 39, 187[33] und 1654[15] billigt eine Vergleichsgebühr unter Zuhilfenahme des § 89 RAGebO zu; *aM* OLG Düsseldorf DR 39, 1655; dagegen wiederum Bach aaO. Eine neue besondere Rechtslage ist jedoch durch das Ehegesetz v. 6. Juli 1938 und die 1. DurchfVO v. 27. Juli 1939 geschaffen worden. In materiellrechtlicher Beziehung dadurch, daß nach § 80 Ehegesetz Unterhaltsvereinbarungen für die Zeit nach der Scheidung getroffen werden können und diese, auch wenn sie der Erleichterung der Scheidung dienen, nicht schon aus diesem Grunde unwirksam sind (vgl. RG DR 39, 306). Verfahrensrechtlich dadurch, daß nunmehr eine gewisse Verbindung vermögensrechtlicher Ansprüche mit dem Eheprozeß auf dem Wege über § 627b ZPO möglich ist, KG DR 39, 669[41]; Gaedecke DR 39, 605. KG DR 1926[18] anerkennt die rechtliche Zulässigkeit vergleichsweiser Beilegung eines Eheprozesses in der Weise, daß ein Vergleich über die Unterhaltsansprüche nach der Scheidung der Ehe geschlossen wird und im Zusammenhang damit Rücknahme des Rechtsmittels vereinbart und dann auch tatsächlich herbeigeführt wird. Diese Gesamtvereinbarung stellt sich als Vergleich auch hinsichtlich des Eheprozesses dar und läßt daher die Vergleichsgebühr nach dem Streitwert beider Verfahren, d. h. für den Eherechtsstreit nach § 11 GKG und für das Unterhaltsverfahren nach § 10 Abs. 2 GKG erwachsen, vgl. auch Gaedecke DR 39, 1904; OLG Breslau DR 40, 465[36]; OLG Celle JW 38, 3239[18], das auch ohne Zuhilfenahme des § 627b ZPO einen Vergleich bejaht, ebenso für die erste Instanz OLG Dresden DR 40, 462[35] und Schmidt DR 40, 149; für den Fall des außergerichtlichen Vergleichs KG DR 40, 210[29]. Entsprechendes gilt, wenn im Vergleich selbst nur die Verpflichtung zur Zurücknahme der Berufung enthalten ist und unmittelbar anschließend im beiderseitigen Einverständnis erfüllt wird, KG DR 39, 1928[19]. Ein Vergleich kann auch dahin geschlossen werden, daß gegen Unterhaltsverzicht der einen Partei die andere Partei ihren Unterhaltsanspruch nicht mehr verfolgt, ihre Klage (Rechtsmittel) zurücknimmt und daß nur noch über die Klage (Rechtsmittel) der anderen Partei entschieden und daraufhin die Ehe geschieden wird, KG DR 40, 466[37]. Vergleichsweise Kostenregelung ist möglich, z. B. dann, wenn nur die Klage oder nur die Widerklage in die Rechtsmittelinstanz gediehen sind, OLG. Düsseldorf JW 39, 370[45], oder die Parteien sich auch über andere Streitpunkte (etwa die Namensführung) verglichen haben, OLG Düsseldorf JW 39, 370[46]; immer ist jedoch ein Nachgeben im Kostenpunkt erforderlich, andernfalls eine Vergleichsgebühr nicht entsteht, KG JW 39, 51[33]; vgl. auch OLG Düsseldorf JW 36, 2148[30].

Der Vergleich muß zur Beilegung eines Rechtsstreits geschlossen worden sein, so daß bei einem Vergleich nach rechtskräftiger Entscheidung die Gebühr aus § 13[3] nicht gefordert werden kann; KG JW 35, 1043[11]; 36, 2811[37] billigt auch dann keine Gebühr zu, wenn nach Erlaß eines Versäumnisurteils ein außergerichtlicher Vergleich geschlossen wurde; *aM* OLG Naumburg JW 36, 345[43]; OLG Düsseldorf JW 36, 1302[29] (für Vergleichsabschluß nach Zustellung, aber vor Rechtskraft des Urteils). Wegen der Begründung aus § 89 s. § 23 Anm. 17. Auch wenn man das Vollstreckungsverfahren als einen selbständigen „Rechtsstreit" ansieht (nicht als eine bloße Instanz des beendeten Prozesses), so könnte dieser „Rechtsstreit", z. B. ein Zwangsverwaltungsverfahren, ebenfalls durch einen Prozeßvergleich „beigelegt" werden; s. § 23 Anm. 17.

Wird ein Vergleich vor der Klageerhebung geschlossen, nachdem der Prozeßführungsauftrag vorlag, so entsteht neben der $^5/_{10}$-Gebühr des § 14 die volle Gebühr des § 13[3], KG JW 37, 1423[24]. Zu der hier nicht näher zu erläuternden Frage, welche Gebühren erwachsen, wenn kein Auftrag zur Klage, sondern ausdrücklich zum Vergleichsabschluß erteilt wurde, vgl. Schneider in JW 38, 651 in seiner ausführlichen Bespr. der Entsch OLG Köln JW 38, 251[26].

Der RA muß bei dem Vergleich irgendwie mitgewirkt haben, OLG Posen Rsp 27, 232; sind die Vergleichsverhandlungen ergebnislos verlaufen, so erhält der RA für seine Bemühungen, den Vergleich zustande zu bringen, keine Vergleichsgebühr, KG Rsp 27, 233; *aM* (für erfolglose Vergleichsverhandlungen vor Klageerhebung) OLG Karlsruhe JW 28, 1325[3]; ebensowenig für den Abschluß eines Abkommens zur Vorbereitung eines künftigen Vergleichs, KG Gaedecke KostenRspr Nr. 94. Für seine Mitwirkung beim Vergleiche genügt es, daß der RA in irgendeiner Weise, z. B. durch Ratschläge zur Herbeiführung des Vergleichs beigetragen hat, RG JW 28, 2781[1]; HRR 28, 2059; 29, 552; OLG Hamburg HansGZ 98 Beibl 124; OLG Posen Recht 06, 1382; KG KGBl 20, 6; JW 20, 394; OLG München JW 28, 756[50]; OLG Celle JW 29, 2540[4]; *aM* KG Rsp 31, 224 (verlangt eine auf den Vergleichsabschluß abzielende anwaltliche Tätigkeit gegenüber dem Gegner des Auftragg.), ähnlich KG JW 30, 3336[18]. KG JW 39, 438[44] verneint die ursächliche Mitwirkung, wenn die Partei abweichend von dem Rat ihres Prozeßbevollmächtigten einen anderen, für sie ungünstigeren Vergleich abschließt; der Entscheidung kann nicht zugestimmt werden, vgl. Bespr. Kubisch aaO. Die bloße Übermittelung der Vergleichsvorschläge ohne sachliche Stellungnahme genügt aber nicht, OLG Kolmar ElsLothZ 41, 321, Posen PosMSchr 13, 106; OLG Nürnberg JW 22, 1416[44]. Nicht erforderlich ist, daß der RA dem Vergleichsabschlusse selbst beiwohnt, RG JW 97, 56[27]; OLG Braunschweig JW 37, 2245[80]; Baumbach RAGebO § 13 Anm. 4c. Die Mitwirkung bei der gerichtlichen Niederschrift eines schon außergerichtlich abgeschlossenen Vergleichs muß mit Rücksicht auf die damit von dem Anwalt übernommene Verantwortung als genügend angesehen werden; *aM* OLG Hamm JW 28, 753[42]; KG (20), BerlAnwBl 30, 51[24] hält im Anwaltsprozesse die bloße Anwesenheit im Vergleichstermin für zureichend. Hat der Prozeßbevollmächtigte lediglich einen anderen RA für den Sühnetermin substituiert, so erwächst ihm die Vergleichsgebühr nicht, OLG Kiel JW 29, 3189[30].

Die Vergleichsgebühr ist nicht davon abhängig, daß der Prozeßbevollm. auch im Zeitpunkt des Vergleichsabschlusses selbst noch Prozeßbevollm. war. Es genügt, daß er als Prozeßbevollm. bei den vorhergegangenen, für den späteren Vergleichsabschluß ursächlichen

Verhandlungen mitgewirkt hat, KG Gaedecke KostenRspr Nr. 113, OLG Celle JW 38, 1474[27].

Dem nicht zum Prozeßbevollmächtigten bestellten RA, der bei dem Vergleiche mitgewirkt hat, ist nach § 89 die Gebühr aus § 13³ und daneben unter entsprechender Anwendung der §§ 43, 45 eine halbe Prozeßgebühr als Informationsgebühr zu bewilligen. Dasselbe muß gelten, wenn der Prozeßbevollmächtigte 1. Instanz bei einem in 2. Instanz abgeschlossenen Vergleiche mitgewirkt hat, KG Rsp 19, 254; BerlAnwBl 29, 249[8]; *aM* OLG Breslau HRR 30, 1667. Die Gebühr entfällt aber, wenn der RA lediglich als Verkehrsanwalt tätig gewesen ist, OLG Dresden RG 15, 189. Auch dem Anwalt, der den Antrag auf Erlaß des Zahlungsbefehls gestellt hat, kann eine Gebühr in Höhe der Vergleichsgebühr neben der Gebühr aus § 38 Abs. 1 Nr. 1 erwachsen, KG (20), BerlAnwBl 30, 53[35]. Wegen der Vergleichsgebühr des Korrespondenzanwalts s. OLG Darmstadt JW 17, 774[3], Anm. 1 Abs. 2 § 44.

Die schriftliche Abfassung der Vergleichsabrede durch den RA ist nur ein Teil der Mitwirkung beim Vergleiche, wird also durch die Vergleichsgebühr, die eine Pauschgebühr ist, mit abgegolten, so daß nicht noch eine besondere Gebühr „für einen Vertragsentwurf" zuzubilligen ist. Wohl aber kann neben der Vergleichsgebühr die Notariatsgebühr verdient sein, wenn der beim Vergleichsschlusse mitwirkende RA den Vergleich zum Zwecke der Vollstreckbarkeit notariell aufgenommen hat; vgl. KG Gaedecke KostenRspr Nr. 105.

10. Wegfall der Vergleichsgebühr. Ein nichtiger Vergleich kann die Vergleichsgebühr nicht begründen. Streitig ist, ob die Gebühr auch in Wegfall gerät bei einem Vergleich, der unter Vorbehalt des Widerrufs geschlossen worden war und dann widerrufen wird; abgelehnt wird die Gebühr von KG JW 34, 305[1]; 34, 2346[4]; 35, 223[5] (unter Aufgabe des noch in der Entsch. BerlAnwBl 1932, 283 vertretenen gegenteiligen Standpunktes); OLG Dresden JW 34, 1370[4]; OLG Hamm JW 34, 3300[8]; OLG Düsseldorf JW 35, 63[9]; OLG Celle JW 35, 226[9]; OLG Naumburg JW 35, 3321[39] (gegen JW 34, 778[5]); die Gebühr zuerkennen OLG Stuttgart JW 30, 2809; OLG Kiel JW 34, 243[6] und 34, 2174[9]. Der in den erstgenannten Entsch. vertretenen Auffassung wird jedenfalls insoweit beizutreten sein, als eine Gebühr dann nicht erwachsen kann, wenn ein Vergleich auf Widerruf sich praktisch lediglich als ein Versuch — sei es der ProzBevollm., sei es des Gerichts — zur vergleichsweisen Beilegung des Rechtsstreits darstellt. In diesem Falle fehlt es an einer ernsten Übereinstimmung der Parteien. Dagegen erwächst durch Mitwirkung an einem auflösend bedingten Vergleiche die Vergleichsgebühr und fällt auch nicht wieder fort, wenn die auflösende Bedingung eintritt, KG JW 35, 224[8]; 36, 618[61]; OLG Stuttgart JW 30, 2809[24], wobei es für die Frage, ob ein auflösend oder aufschiebend bedingter Vergleich (keine Vergleichsgebühr) abgeschlossen wurde, nicht auf seine von den Parteien gewählte Formulierung, sondern auf seinen Inhalt ankommt, KG JW 35, 3575[59]. Die für den Abschluß verdiente Gebühr fällt auch nicht wieder fort, wenn der endgültig abgeschlossene Vergleich hinterher angefochten oder aufgehoben oder nach § 779 BGB unwirksam wird, OLG München JW 28, 756[50]; insbesondere ist die materielle Wirksamkeit der Vergleichsabreden für die Entstehung der Vergleichsgebühr ohne Einfluß, KG JW 35, 224[6] u. [7].

11. Maßgebend für die Berechnung ist der durch den Vergleich erledigte Streitgegenstand, OLG Köln JW 37, 3054[53]. Wird nur ein Teil des Streitgegenstandes durch Vergleich erledigt, so ist die Gebühr nach diesem Teile zu bemessen. Der durch Teilurteil bereits erledigte Teil des Streitgegenstandes ist aber mit zu berücksichtigen, wenn der später geschlossene Vergleich diesen mit umfaßt und trotz des Urteils insoweit eine endgültige Erledigung noch nicht eingetreten ist; z. B. weil gegen dieses Urteil ein Rechtsmittel oder Rechtsbehelf (Einspruch) bereits eingelegt war oder eingelegt werden sollte. Liegt dagegen Rechtskraft vor oder sollte eine Anfechtung des Teilurteils nicht erfolgen, so hat der Rechtsstreit insoweit seine Erledigung gefunden, KG JW 38, 2771[53]. Ein Vergleich nur über die Hauptsache, während der Rechtsstreit wegen der Kosten durchgeführt werden soll, ist (Teil-) Vergleich i. S. des § 13 Ziff. 3. Bei mehreren Teilvergleichen erwachsen auch mehrere Vergleichsgebühren, OLG Köln JW 35, 3492[71], die jedoch insgesamt den Betrag einer nach dem Gesamtstreitwert berechneten Gebühr nicht übersteigen dürfen, OLG Rostock JW 37, 254[51]. Keine Vergleichsgebühr entfällt bei einem sog. „Zwischenvergleich", KG DR 39, 1193[57]. Wird durch den Vergleich die Hauptsache und die Arrestsache gleichzeitig erledigt, so steht, da nach § 28 das Verfahren über einen Arrest oder eine einstweilige Verfügung als besonderer Rechtsstreit gilt, dem RA für den zur Beilegung des Verfahrens und zugleich des Arreststreits im Hauptprozesse geschlossenen Vergleich auch eine besondere Vergleichsgebühr für den mitverglichenen Arrestprozeß zu, OLG Celle JW 28, 1522[23]; 30, 3346[33]; OLG Stuttgart 30, 663[30]; dasselbe muß gelten bei Erledigung zweier Prozesse derselben Parteien durch einen Vergleich, OLG Düsseldorf, MdRRAK 1936, 180; OLG Breslau MdRRAK 1937, 68; KG JW 35, 2296[42]; 38, 1608[39] billigt in beiden Fällen nur eine einheitliche Vergleichsgebühr nach dem zusammzurechnenden Werte beider Verfahren zu; ebenso OLG Dresden JW 1938, 2039[34]. Wenn im Vergleich über die Hauptsache eine Partei auch die Kosten der erlassenen einstw. Verf. übernommen hat, so erhöht sich der Streitwert für die Vergleichsgebühr um den Betrag der Kosten der einstw. Verf., OLG München Rsp 31, 225. Bei außergerichtl. Vergleich zweier von zwei verschiedenen Kl. gegen denselben Bekl. geführten Prozesse erwächst (auch im Armenverfahren) in jedem Falle die Vergleichsgebühr, KG JW 35, 802[35].

Die Frage, wie die Vergleichsgebühr zu berechnen ist, wenn der Vergleich über den Rahmen des Rechtsstreits hinausgeht, war lange streitig. Die eine Meinung billigte dem RA für die Einbeziehung neuer Ansprüche in den Vergleich überhaupt keine besondere Gebühr zu, sondern berechnete die Vergleichsgebühr nur nach dem Werte des Streitgegenstandes; die andere Meinung gewährte dem RA eine erhöhte Gebühr, die von den einen aus § 89, von den anderen für Preußen aus Art. 14 der PrGebO v. 6. 9. 10 begründet wurde. Die Rsp steht jetzt herrschend auf dem Standpunkt, daß durch die Einbeziehung weitergehender, nicht rechtshängig gewordener Ansprüche in einen Vergleich die Vergleichsgebühr sich nach der Gesamtheit der verglichenen, also auch der nicht rechtshängig gewordenen Ansprüche richtet, KG JW 32, 670[17]; 33, 2018[10]; OLG Naumburg JW 36, 2150[33]; OLG Hamburg JW 37, 1080[34]; OLG Dresden JW 38, 1474[28]; Voraussetzung ist, daß der RA Auftrag zur Prozeßführung hinsichtlich des Vergleichsgegenstandes hatte, OLG Hamburg JW 35, 1723[63].

Die erhöhte Vergleichsgebühr erwächst nicht im Armenverfahren, wenn nicht insoweit eine — wenn auch nur stillschweigende, OLG Zweibrücken JW 38, 473[40], OLG Jena ebenda Nr. 39 — Beiordnung erfolgt ist, KG JW 36, 2568[49]; 37, 254[54]; Gelinski-Meyer S. 199 und die dort angeführten Entsch.; *aM* OLG Naumburg JW 35, 3320[38], das in diesem Falle jedenfalls dem RA des Bekl. die Vergleichsgebühr nach dem höheren Streitwert zubilligt.

Bei Abschluß eines Vergleiches im Armenrechtsverfahren selbst erhält der beigeordnete RA die volle Vergleichsgebühr nach dem Wert der Hauptsache, OLG Köln JW 37, 255[55]; 37, 2800[47]; OLG Hamburg JW 37, 1429[33]; KG JW 35, 1700[22]. Über die Prozeßgebühr in diesem Falle s. oben Anm. II 6 a. E.

Werden mehrere in verschiedenen Instanzen anhängige Rechtsstreitigkeiten gemeinsam verglichen, so ist die Vergleichsgebühr nach den Gebührensätzen der Instanz zu berechnen, in der der Vergleich abgeschlossen wurde, OLG. Dresden JW 38, 2039[34].

Über die Erstattungsfähigkeit der durch Hineinziehung neuer Ansprüche in einen Prozeßvergleich begründeten erhöhten Vergleichsgebühr s. oben S. 99.

Über die Gebühr im Sühneverfahren s. § 37, im Güteverfahren s. § 37a, im Zwangsvergleichsverfahren s. § 56².

V. Beweisgebühr.

12. Beweisaufnahmeverfahren. Der Halbsatz 2 bezieht sich auf jede Art der Beweiserhebung. Die Beweisgebühr ist nicht nur dann verdient, wenn die Beweiserhebung durch einen förmlichen Beweisbeschluß angeordnet und der Beweis in einem besonderen, vom Verhandlungstermine getrennten Beweistermin erhoben wurde. Es genügt (objektiv) ein Beschluß, der keinen Zweifel darüber läßt, daß eine Beweisaufnahme beabsichtigt war und (subjektiv) jedes Tätigwerden des RA, das mit der Beweisaufnahme in direktem Zusammenhang steht, KG JW 28, 2160[18]; 33, 540[26]; 38, 1610[42]; OLG Darmstadt JW 33, 2661[7]; OLG Naumburg MdRRAK 1936, 66 und 89; OLG Düsseldorf JW 38, 1476[32]. Ein an den Eintritt einer Bedingung — z. B. Erfolglosigkeit einer Sühneverhandlung — geknüpfter, dann nicht ausgeführter Beweisbeschluß leitet eine Beweisaufnahme nicht ein, OLG Köln JW 29, 137[42]. Dies gilt auch für eine gemäß § 7 EntlVO. beschlossene Beweisanordnung, solange die den Parteien vorbehaltene Widerspruchsfrist nicht abgelaufen ist, KG JW 38, 3313[26].

Die Augenscheinseinnahme nach §§ 144, 371 ZPO — zum Begriff siehe OLG Dresden JW 38, 130[23] — gilt als Beweisaufnahme, RG JW 96, 151[30]; KG JW 35, 1042[8]; OLG Köln MdRRAK 1938, 212; ebenso der von einem gerichtlich bestellten Sachverständigen abgehaltene Besichtigungstermin, OLG Düsseldorf JW 35, 872[3].

Die Vernehmung der Prozeßparteien ist dann Beweisaufnahme, wenn sie in Gemäßheit der §§ 445ff. ZPO erfolgt, KG JW 34, 700[1]; OLG Hamburg JW 34, 3014[20]; OLG Breslau MdRRAK 1936, 81; OLG Köln MdRRAK 1936, 134.

Die Frage, ob die Vernehmung der Parteien im Ehestreit gemäß § 619 ZPO ein Beweisaufnahmeverfahren darstellt, ist außerordentlich streitig. Bejahend OLG Karlsruhe, JW 25, 2370; OLG Düsseldorf JW 34, 1188[19]; 35, 1047[25]; 36, 3334[36]; OLG Kassel JW 35, 3489[68]; MdRRAK 1936, 229; OLG Köln MdRRAK 1936, 134; OLG Celle, DR. 39, 2082[12]; verneinend die Mehrzahl des OLG, wenn nicht eine Beweisaufnahme im Sinne der §§ 445ff. ZPO gewollt war und die Vernehmung sich nach den ganzen Umständen und der Art ihrer Durchführung als Beweisaufnahme darstellt, insbes. KG JW 34, 700[1]; 34, 915[6]; 35, 2633[44]; 36, 955[50] u. [51]; 36 1019[57]; 36, 954[50]; OLG Frankfurt JW 35, 807[47]; OLG Breslau JW 35, 2298[46]; OLG Naumburg JW 35, 3884[71]; OLG Stettin MdRRAK 1936, 210; OLG Karlsruhe MdRRAK 1937, 43; OLG Darmstadt JW 37, 257[59]; OLG Kiel, JW 37, 258[60]. Geht man grundsätzlich davon aus, daß die Parteivernehmung gemäß § 619 ZPO über eine bloße Anhörung (§ 141 ZPO) hinausgeht, sondern vielmehr Beweisstoff schafft und berücksichtigt man außerdem, daß die Tätigkeit des RA in den unzweifelhaften Fällen einer Beweisaufnahme

21*

im allgemeinen keine andere ist, als im Falle einer Vernehmung nach § 619 ZPO, so wird man ihm auch in diesem Falle die Beweisgebühr nicht versagen können; ebenso Baumbach, RAGebO § 13 Anm. 6 B und Jonas, ZPO (15) § 619, Anm. u. Note 3.

Im Arrest- und einstweiligen Verfügungsverfahren kann nach §§ 920 Abs. 2, 936, 294 ZPO eine Beweisaufnahme erfolgen, so daß die Beweisgebühr entstehen kann, KG JW 22, 1399[1] (das diese Gebühr aber merkwürdigerweise „Glaubhaftmachungsgebühr" nennen will); OLG München, ZZP 53, 55; KG JW 30, 727[8]; vgl. aber unten S. 300, 301.

Die Gestellung von Zeugen zur Glaubhaftmachung rechtfertigt die Beweisgebühr, sofern die gestellten Zeugen vom Gericht tatsächlich vernommen werden, OLG München Rsp 15, 187; *aM* OLG Kolmar Rsp 21, 128. Daß dies eine „Beweisaufnahme" ist, stellt ZPO § 294 Abs. 2 klar; ein Beweisbeschluß ist aber nach § 358 jedenfalls entbehrlich, weil die Abhörung der gestellten Zeugen „ein besonderes Verfahren nicht erfordert". Mit Rücksicht auf § 294 Abs. 2 ZPO wird aber ein besonderer Beweisbeschluß im Arrest- oder einstweiligen Verfügungsverfahren überhaupt als unzulässig anzusehen sein, vgl. OLG München ZZP 50, 150. Dasselbe gilt für die Erhebung des Urkundenbeweises zur Glaubhaftmachung, OLG Rostock Rsp 40, 458, und für die Parteivernehmung, die regelmäßig nicht nur der Aufklärung des Sachverhalts (§ 141 ZPO) dient, OLG Düsseldorf MdRRAK 1938, 161.

Die Ermittlung ausländischen Rechts ist eine zum Ansatz der Beweisgebühr berechtigende Beweisaufnahme, RG 115, 104; KG JW 36, 1686[23]; MdRRAK 1936, 80. Als Beweisaufnahme anzusehen ist auch die Einholung einer amtlichen Auskunft, auch wenn sie sich auf von Amts wegen zu berücksichtigende Tatsachen bezieht, KG JW 30, 2808[20]; 36, 947[39] (Strafregisterauszug). Das gilt jedoch nur dann, wenn das Gericht die Verwertung der eingeholten Auskunft zu Beweiszwecken beschließt oder wenigstens die erfolgte Verwertung in den Urteilsgründen erkennbar zum Ausdruck bringt, OLG Breslau MdRRAK 1936, 81.

Der Inhalt des Beweisbeschlusses kann sich auch auf die Voraussetzungen der öffentlichen Zustellung beziehen, OLG Celle JW 30, 565[10].

Besonderer Erörterung bedarf die Frage, wann durch Anordnung der Vorlegung von Akten — die tatsächliche Beiziehung ist nicht erforderlich, OLG München JW 34, 498[7] — ein Beweisaufnahmeverfahren eingeleitet wird, vgl. hierzu Carstens JW 30, 3849. Gegenstandslos ist die Frage nach dem Gesetze in dem Falle, daß es sich um Vorlegung von Akten handelt, die sich in den Händen des Beweisführers oder des Gegners befinden. In diesem Falle erwächst nach dem Gesetze die Beweisgebühr auch dann nicht, wenn die Vorlegung der Akten als Beweisaufnahme anzusehen ist. Auch bei Vorlegung von Akten oder Urkunden durch einen Nebenintervenienten ist die Ausnahme des § 13 Ziff. 4 letzter Halbsatz gegeben, KG JW 1938, 1972[19]. Handelt es sich aber um andere, nicht von den Parteien vorgelegte Akten, so unterscheidet die Rechtsprechung, ob das Gericht ihre Vorlegung erkennbar zur Feststellung streitiger Tatsachen oder nur zu seiner oder der Parteien Information angeordnet hat, KG JW 34, 2633[7]; 36, 1313[46]; 36, 2568[50]; 37, 1420[18]; OLG München JW 28, 763[11]; OLG Bamberg JW 29, 3175[6]; OLG Düsseldorf MdRRAK 1936, 180; OLG Kassel JW 34, 1255[9]; OLG Stuttgart JW 34, 1929[19]; OLG Dresden JW 38, 1197[57], und versagt in letzterem Falle die Beweisgebühr; wobei es allerdings nicht entscheidend ist, ob der Urteilstatbestand die Feststellung enthält, daß die Akten „zwecks Information" vorgelegen haben, sondern ob ihr Inhalt in Form einer Beweisaufnahme verwertet worden ist, KG JW 37, 1420[18]. Auch irrige Feststellungen im Urteilstatbestand binden nicht, KG DR 39, 1658[21]. Die Vorlegung von Akten im (auch einseitig geführten) Eheprozeß läßt die Beweisgebühr regelmäßig entstehen, KG DR 39, 333[23]; 1658[20]. Die Beweisgebühr erwächst nicht, wenn in II. Instanz der Vorsitzende zur mündlichen Verhandlung Akten herangezogen hat, die in I. Instanz zwecks Beweises vorgelegen haben, KG MdRRAK 1937, 86; OLG Düsseldorf MdRRAK 1939, 202; DR 1940, 210[28], wohl aber, wenn die Akten in der 2. Instanz zur Klärung neuer Beweisfragen verwertet werden, KG DR 40, 210[28]; ebenso, wenn die kurzerhand herangezogenen Akten teilweise verlesen und ihr Inhalt in der Urteilsbegründung gewürdigt worden ist, OLG Augsburg JW 22, 37[1], vgl. auch die dort von Weigl zitierten Entsch. des OLG Breslau. Praktisch muß für die Regel Herbeiziehung von Akten durch das Gericht als Beweisaufnahme angesehen werden, und zwar in besonderen Fällen selbst dann, wenn sich die Entscheidung nicht auf den Inhalt dieser — tatsächlich benützten — Beiakten stützt, KG MdRRAK 1939, 114. Grundsätzlich ist es nicht Sache des Gerichts, sich durch Heranziehung von Akten zu informieren, sondern Aufgabe der Parteien, dem Gerichte die Tatsachen vorzutragen, die für die Entscheidung des Rechtsstreits erheblich sind. Kommen die Parteien dieser Prozeßpflicht nicht nach, so hat das Gericht nach § 139 ZPO zu verfahren. Führt auch das nicht zum Ziele, so ist auf Grund der von den Parteien vorgetragenen Tatsachen und angetretenen Beweise zu entscheiden, nicht aber sind von Amts wegen der Parteivortrag durch herangezogene Akten zu ergänzen und von den Parteien nicht angetretene Beweise durch Feststellungen aus solchen Akten zu ersetzen. Die Vermutung spricht dafür, daß das Gericht sich dieser Grundsätze des geltenden Zivilprozeßrechts bewußt ist, also Heranziehung von Akten nur zum Zwecke des Beweises bestrittener Parteibehauptungen anordnet, vgl. LG Hannover JW 27, 1661[3]. Im Verfahren der einstweiligen Verfügung dienen die auf Antrag des Antragstellers zum Zwecke der Glaubhaftmachung seines Vorbringens beigezogenen Akten nicht der Beweisaufnahme, sondern der Unterstützung des Antragstellers bei der ihm obliegenden Glaubhaftmachung; eine Beweisgebühr erwächst also in diesem Falle nicht; KG JW 33, 1781[7]; JW 38, 1475[30]; OLG Düsseldorf JW 36, 2156[39]; JW 39, 371[47]. Als Beweisaufnahme ist es auch nicht anzusehen, wenn beschlossen worden ist, der Partei eine Urkunde zur Erklärung, besonders über die Echtheit ihrer Unterschrift vorzulegen, OLG Kiel Rsp 37, 228[1]; OLG Breslau Rsp 42, 62; OLG Kiel JW 26, 2476[10]. Eine Spaltung des Verfahrens in einen den Parteibehauptungen und in einen der Beweisaufnahme gewidmeten Abschnitt muß deutlich hervortreten, OLG Darmstadt DJZ 04, 128. Unter dieser Voraussetzung ist die Beweisgebühr auch entstanden, wenn z. B. ein zur Stelle gebrachter Zeuge vernommen wird, die von dem Berichterstatter herangezogenen Akten zur Feststellung bestrittener Tatsachen vorgelegt werden, OLG München, Hamburg Rsp 11, 150; 15, 187; OLG Kolmar Recht 12 Nr. 1852; OLG Celle JW 18, 187[2]; KG KGBl 17, 32, oder auf Anordnung des Gerichts eine eidesstattliche Versicherung abgegeben wird, OLG Breslau JW 21, 638[8]; OLG Stuttgart JW 22, 43[17]; OLG Breslau Rsp 42, 63; LG Bonn JW 15, 1274; *aM* OLG Hamburg SeuffA 80, 61. Vgl. § 357a ZPO.

Auch die Verwertung von im Armenrechtsverfahren beigezogenen amtlichen Urkunden oder aufgenommenen Protokollen ist Beweisaufnahme, KG JW 34, 2346[3]; 36, 743[27]; 36, 1923[47]; 36, 3329[19]; OLG Jena JW 35, 66[23]; OLG Düsseldorf JW 35, 1721[60]; OLG Hamm JW 35, 2214[19]; 36, 283[73]; OLG Kiel JW 35, 2301[53]; 36, 344[40]; hinsichtlich der Verwertung von Parteiaussagen einschränkend KG JW 36, 1923[48]; *aM* OLG Hamm noch in der Entsch. JW 34, 2348[6]. Die Verwertung einer von der ersten Instanz für die

Entscheidung nicht benutzten Beweisaufnahme durch die Berufungsinstanz für die gleiche Beweisfrage ist keine (neue) Beweisaufnahme, RG JW 36, 2174, DR 39, 1656[17].

Zweifelhaft kann sein, ob die Beweisgebühr erwächst, wenn im Restitutionsverfahren Akten beigezogen werden und das Gericht aus diesen Akten feststellt, daß sie nicht beweiserheblich sind und daher kein Restitutionsgrund gegeben ist; verneinend OLG Düsseldorf JW 34, 48[3]; *aM* mit im wesentlichen zutreffender Begründung Matzke in der Bespr. der Entsch.

Erfolgt die Beweisaufnahme nicht auf Grund eines Beweisbeschlusses, sondern zur Information für den Abschluß eines Vergleichs, so ist für die Beweisgebühr kein Raum, RG JW 00, 51[15]; OLG Karlsruhe Rsp 11, 340.

Das Beweisaufnahmeverfahren beginnt mit der Verkündung des Beweisbeschlusses, sei es auch nur seinem wesentlichen Inhalt nach, KG JW 33, 540[26]; auch dann, wenn gleichzeitig angeordnet wird, daß vor Erledigung des Beweisbeschlusses ein Sühnetermin abgehalten werden soll, OLG Düsseldorf JW 35, 2758[63]. Was für den Beweisbeschluß gilt, muß auch für die Anordnungen nach § 272b ZPO gelten, da eine dem § 24 GKG entsprechende Bestimmung, daß die Beweisaufnahme stattgefunden haben müsse, für die RAGebO nicht ergangen ist. Eine dem Inhalte des § 24 GKG analoge Auslegung des § 13 Nr. 4 in bezug auf die Anordnung des § 272b ZPO ist aber nicht abgängig, weil der Paragraph durch den Inhalt des § 20² GKG geboten erschien; wie hier OLG Stuttgart JW 34, 1929[19]; OLG Düsseldorf MdRRAK 1936, 227; JW 36, 3585[49]; die Mehrzahl der OLG, so KG JW 34, 1981[2]; 35, 1042[9]; MdRRAK 1936, 177; OLG Kassel JW 36, 1141[22]; OLG Stuttgart JW 36, 2813[39]; OLG Kiel JW 37, 258[61]. OLG Dresden MdRRAK 1936, 203 und OLG Naumburg JW 38, 2303[42] lassen durch die bloße Ladung von Zeugen gemäß § 272b Ziff. 4 ZPO noch keine Beweisgebühr entstehen, sondern erklären die Anordnung der Vernehmung der geladenen Zeugen für erforderlich. Nach OLG Dresden DR 39, 1657[18] genügt es, wenn der Zeuge, sei es auch nur informatorisch, zur Sache gehört wird. Bei Einholung einer schriftlichen Auskunft eines Zeugen an Stelle seiner Vernehmung billigt auch das KG JW 36, 1310[41] die Beweisgebühr zu. Die Frage, ob im Falle des § 272b Ziff. 2 durch Einholung von Auskünften die Beweisgebühr entsteht, macht OLG Naumburg JW 35, 1726[72] davon abhängig, ob die Auskünfte nur zur Unterrichtung des Gerichts oder als vorweggenommene Maßnahme zur Klärung streitiger oder voraussichtlich streitiger Behauptungen eingeholt worden sind, KG JW 35, 2297[44] davon, ob die eingeholte Auskunft durch die Parteien im Prozeß verwertet worden ist. Zu dem Gesamtfragenbereich der gebührenrechtlichen Auswirkung der Maßnahme aus § 272b ZPO vgl. die ausführliche Entsch. des KG JW 36, 3331[34].

Wegen des Beweissicherungsverfahrens s. §§ 22, 29 Nr. 3, 30 Nr. 1. Wegen der Gebühr für den Entwurf eidesstattlicher Versicherungen s. oben S. 290.

Ausgeschlossen ist die Beweisgebühr, wenn das Beweisaufnahmeverfahren nur in Vorlegung der in den Händen des Beweisführers oder des Gegners befindlichen Urkunden besteht. Dies ist aber nicht anzunehmen, wenn die Beweisaufnahme eines anderen Prozesses vorgetragen wird, OLG Celle JW 30, 3177[9], oder wenn der RA in Gerichtsakten befindliche, aber der Verfügungsgewalt der Partei nicht unterliegende Urkunden zum Zwecke des Beweises inhaltlich vorträgt, KG JW 36, 947[39]. Anders, wenn sich eine Urkunde bei den Gerichtsakten befindet, aber von dem Beweisführer oder seinem Gegner zurückgefordert und dann neu überreicht werden kann, OLG Naumburg JW 36, 2568[51]; KG JW 37, 256[56]. Als verfehlt ist die Entsch des OLG Breslau JW 30, 572[24] zu bezeichnen, in der Akten, die dem Gerichte vorliegen, als in den Händen der Parteien befindliche Urkunden behandelt werden. Ebenso stellt OLG Hamm JW 30, 3356[57] fälschlich auf das Eigentum des Beweisführers an den Urkunden ab. Nicht unbedenklich auch OLG Düsseldorf JW 30, 574[31], wo eine Beweisaufnahme nicht angenommen wird, wenn in II. Instanz die noch bei den Akten befindlichen Beiakten nicht wieder herangezogen zu werden brauchten, aber für die Entscheidung verwertet wurden. Über die Benutzung des Ergebnisses eines Beweissicherungsverfahrens s. § 30 Anm. 1. Die Vorlegung durch den Beweisführer ist nicht Aufnahme, sondern Antretung des Beweises (§ 420 ZPO). Hiernach kann die Glaubhaftmachung (§ 294 ZPO) z. B. im Arrestprozeß, wenn sie durch eidesstattliche Versicherungen oder andere Urkunden geschieht, die Beweisgebühr niemals begründen, KG JW 33, 1781[7]; OLG Düsseldorf JW 36, 2156[39]; MdRRAK 1936, 130, s. auch oben S. 299, 300. Dieser Fall liegt auch dann vor, wenn die Urkunde auf Anordnung des Prozeßgerichts vor einem anderen Gerichte vorgelegt wird, OLG Rostock Recht 05, 47, oder wenn der Beweisführer die von ihm vorzulegenden Urkunden erst nach Erlaß des Beweisbeschlusses sich verschaffen muß, RG JW 93, 184[13]; 94, 18[41]; OLG Celle Rsp 17, 231; ebenso dann, wenn sich die Urkunde in den Händen eines Dritten befindet und der Beweisführer gemäß § 428 ZPO den Antrag stellt, zur Herbeischaffung der Urkunde eine Frist zu bestimmen, oder wenn die Partei die in ihren Händen befindliche Urkunde nicht vorlegt und deshalb das Gericht die Akten heranzieht, OLG Kolmar Rsp 11, 151. Wenn aber im Falle einer Beweisaufnahme, die im Ausland erfolgen soll, das Prozeßgericht gemäß § 364 ZPO dem Beweisführer die Beibringung einer dem fremden Rechte entsprechenden Urkunde über die Beweisaufnahme aufgibt, so ist die Beweisgebühr begründet, da es sich nicht um Vorlegung einer in den Händen des Beweisführers befindlichen Urkunde, sondern um Ausführung des Beweisbeschlusses an Stelle des Gerichts handelt. Ebenso entsteht die Beweisgebühr, wenn das Gericht durch Beschluß die Auflage macht, eine Urkunde (z. B. Arzt-Attest) erst schaffen zu lassen und diese dann vorzulegen, KG JW 38, 2771[54]. Wird dem Gegner gemäß § 426 ZPO durch Beweisbeschluß die Leistung des Editionseides auferlegt, oder wird nach Vorlegung der Urkunde über deren bestrittene Echtheit nach §§ 437 bis 444 ZPO Beweis erhoben, so ist die Beweisgebühr begründet, OLG Breslau Rsp 42, 62.

Urkunden im Sinne des § 13[4] sind auch die Handelsbücher einer Partei, OLG Darmstadt Rsp 1, 329, nicht aber Modelle und Lichtbilder, OLG Dresden JW 38, 130[23].

13. Vertretung im Beweisaufnahmeverfahren. Die Beweisgebühr wird von den Motiven als Entgelt „für den Mehraufwand an Zeit und Tätigkeit, welchen unzweifelhaft eine Beweisaufnahme bedingt", angesehen. Sie wird also verdient durch die Vertretung im Beweisaufnahmeverfahren, ohne daß es auf den Umfang der dabei entfalteten Tätigkeit ankommt, KG JW 28, 2160[18]. Eine Vertretung in diesem Sinne liegt schon vor, wenn der RA die Abschrift des verkündeten Beweisbeschlusses in Empfang nimmt, OLG Hamm JW 29, 3177[11]; OLG Breslau JW 29, 3167[7]. KG JW 1938, 1734[25] hält außerdem die Mitteilung des Beweisbeschlusses an die Partei für erforderlich und läßt die Gebühr, JW 39, 572[37], noch nicht erwachsen, wenn der Beweisbeschluß nur erst seinem wesentlichen Inhalt nach mündlich verkündet ist und der Anwalt eine entsprechende Mitteilung an die Partei macht; ebenso OLG Königsberg JW 29, 138[45]; 30, 575[33]; vgl. auch KG JW 39, 572[37] und OLG Breslau MdRRAK 1937, 35. OLG Hamm JW 29, 3184[22, 23] läßt sogar die Mitteilung des Beweistermins an die Partei nicht genügen. Keinesfalls ist es erforderlich, daß eine Beweisaufnahme stattgefunden hat. Auch eine bedingte Beweisanordnung setzt regelmäßig bereits ein Beweisaufnahmeverfahren i. S. des § 13 Ziff. 4 in Lauf, so z. B., wenn die Ausführung eines bereits angeordneten Beweises erst erfolgen soll, falls die Parteien einen vom Gericht gemachten Vergleichsvorschlag nicht annehmen, KG Gaedecke KostenRspr Nr. 75. Dagegen genügt es nicht, wenn der Beweisbeschluß und der Beweistermin in Gegenwart der Parteien verkündet, die Ausführung des Beweisbeschlusses aber wegen Nichtzahlung des Zeugengebührenvorschusses unterblieben ist. Auch die nach Anordnung einer Beweisaufnahme entwickelte Tätigkeit des RA, die der Vermeidung der Durchführung der Beweisaufnahme gilt, läßt die Beweisgebühr nicht entstehen, KG JW 36, 945[37]. Gelangt der Beweisbeschluß zur Ausführung, so ist die Wahrnehmung des Beweistermins nicht erforderlich, RG 44, 398; JW 96, 671[9]; 97, 347[21]; Gruch 27, 1137; 28, 1183; 29, 1028. Ist die Beweisaufnahme beendet, so stellen Verzicht auf Beeidigung oder Antrag auf Beeidigung vernommener Zeugen, die bei der Verhandlung über das Ergebnis der Beweisaufnahme erklärt werden, keine Tätigkeit mehr im Beweisaufnahmeverfahren dar, KG JW 35, 2296[43]. Auch sonst wird durch die dem Beweisaufnahmeverfahren vorausgehende oder nachfolgende Tätigkeit die Beweisgebühr nicht begründet. Also nicht durch die Empfangnahme des Beweisprotokolls und Mitteilung des Beweisergebnisses an die Partei, weil diese Tätigkeit erst nach dem Schlusse des Beweisaufnahmeverfahrens ausgeübt wird, KG JW 34, 372[1].

Die Beweisgebühr steht dem RA nicht zu, wenn er während des Beweisaufnahmeverfahrens nur eine Tätigkeit ausübt, die nicht zu diesem Verfahren gehört, wenn er z. B. den Wohnort eines Zeugen anzeigt, denn diese Tätigkeit gehört zum Beweisantritte, nicht zum Beweisaufnahmeverfahren und wird durch die Prozeßgebühr abgegolten, RG 44, 397; JW 99, 493[30]; Gruch 31, 1134.

14. Die Wertberechnung bestimmt sich nach dem Streitwert zur Zeit der Anordnung der Beweisaufnahme, KG JW 35, 3488[64]; 35, 2293[38] und wird durch spätere Anträge und Maßnahmen der Partei nicht berührt. Betraf die Beweisaufnahme nur einen Teil des Streitgegenstandes, so ist die Beweisgebühr nur nach dem Werte dieses Teiles zu berechnen, RG 42, 409; KG MdRRAK 1936, 202. In dem Beschluß ist aber zum Ausdruck zu bringen, daß die Beweisaufnahme nur einen Teil des Anspruchs umfassen soll, da sie sonst für den ganzen Streitgegenstand angeordnet gilt.

15. Über die Grundsätze, nach denen das Reichswirtschaftsgericht die Beweisgebühr dem RA zubilligt, vgl. JW 25, 854[1].

§ 14. Soweit der Auftrag vor Beginn des zur mündlichen Verhandlung bestimmten Termins (Zivilprozeßordnung § 220) erledigt ist, ohne daß der Rechtsanwalt die Klage eingereicht hat oder einen Schriftsatz hat zustellen lassen, steht ihm die Prozeßgebühr nur zu fünf Zehnteilen zu.

In einem Verfahren, für welches eine mündliche Verhandlung durch das Gesetz nicht vorgeschrieben ist, findet die gleiche Ermäßigung statt, soweit der Auftrag erledigt ist, bevor der Antrag an das Gericht eingereicht, der mündliche Antrag gestellt oder der Auftrag an den Gerichtsvollzieher oder die diesen Auftrag vermittelnde Geschäftsstelle erteilt ist.

1. Die Vorschrift gilt für jeden bevollmächtigten RA, also nicht nur für den RA des Kl., sondern auch für den des Bekl., eines Streitgenossen, eines Nebenintervienten usw., bezieht sich aber („Prozeßgebühr") nur auf den Fall, daß der RA zum Prozeßbevollmächtigten in einer der Angelegenheiten des § 1 bestellt ist. Geht der Auftrag nur auf Vornahme einzelner Prozeßhandlungen, so kann eine Liquidation nur nach §§ 43—48 oder nach §§ 89, 90 aufgestellt werden; *aM* Baumbach Anm. 1 § 14 RAGebO, der § 14 für entsprechend anwendbar hält. Ebenso OLG Stuttgart JW 35, 812[55].

2. Die Prozeßgebühr (§ 13 Nr. 1) ist erwirkt, sobald der prozeßbevollmächtigte RA überhaupt in der Sache irgendwie tätig gewesen ist. Sie soll aber die Vergütung für den Betrieb der ganzen Sache sein und ist deshalb durch § 14 in den Fällen auf die Hälfte ermäßigt, in denen die Tätigkeit des RA nicht nach außen hervorgetreten ist.

a) Absatz 1: Die Ermäßigung hat zur Voraussetzung, daß der Auftrag vor Beginn des zur mündlichen Verhandlung bestimmten Termins erledigt ist und daß der RA die Klage noch nicht eingereicht oder einen Schriftsatz nicht hat zustellen lassen. Über die klare Unterscheidung der Einreichung der Klage im Gegensatz zur Zustellung eines Schriftsatzes vgl. OLG Darmstadt JW 36, 2144[23] und Anm. von Gaedecke. Als „Zustellung" eines Schriftsatzes genügt das Zugehen an den Gegenanwalt, OLG Stuttgart JW 36, 2570[53]. Vor Einreichung der Klage und vor deren Zustellung kann von der Zustellung eines Schriftsatzes i. S. des § 14 begrifflich nicht gesprochen werden, KG JW 37, 1423. Mündliche Verhandlung im Sinne des § 14 ist auch die, in der nicht zur Hauptsache, sondern nur über die Kosten oder eine prozessuale Vorfrage verhandelt wird, OLG Dresden Rsp 39, 112. Entscheidender Zeitpunkt ist der Beginn des zur mündlichen Verhandlung bestimmten Termins ohne Rücksicht darauf, was in diesem Termin geschieht. Wird der Prozeßbevollmächtigte erst nach Beginn des zur mündlichen Verhandlung bestimmten Termins bestellt und erledigt sich sein Auftrag vor Beginn des nächsten Verhandlungstermins, ohne daß er einen Schriftsatz hat zustellen lassen, so trifft § 14 zu, KG Gaedecke KostenRsp Nr. 49. Das kann aber nicht gelten, wenn der RA inzwischen einen Beweistermin wahrgenommen hat. Ebenso erwächst die volle Prozeßgebühr, wenn der RA die Vertretung erst nach Einreichung der Klage übernommen und noch vor der alsdann erfolgten Klagerücknahme die Klage oder einen anderen Schriftsatz zugestellt hat, KG JW 35, 800[27].

Erledigt wird der Auftrag durch dessen Aufhebung, für den Gegenanwalt durch Zurücknahme der Klage oder des Rechtsmittels. Erforderlich und ausreichend ist, daß die sachlichen Voraussetzungen für ein weiteres Tätigwerden in Fortfall geraten, KG JW 36, 2569[52], vgl. auch JW 36, 3321[22]. Eine teilweise Erledigung bewirkt die Einschränkung des Antrags in einem zugestellten Schriftsatze. Wird die Klage erst bei der mündlichen Verhandlung, d. h. nach deren Eröffnung, wenn auch vor der Verlesung der Anträge zurückgenommen (ZPO § 271), so findet § 14 keine Anwendung mehr. Der Prozeßbevollmächtigte des Beklagten, der in dem Verhandlungstermin nicht erscheint, in dem die Klage aus § 335 ZPO abgewiesen wird, erhält doch die volle Prozeßgebühr, da sein Auftrag vor der mündlichen Verhandlung nicht erledigt war. Hat der RA die Klage eingereicht, d. h. zum Zwecke der Bestimmung des Termins zur mündlichen Verhandlung dem UrkB des Prozeßgerichts übergeben (ZPO § 261), oder hat er einen Schriftsatz zustellen lassen, d. h. das zur Zustellung Erforderliche getan, also z. B. den Schriftsatz mit der Widerklage dem Gerichtsvollzieher übergeben oder die Einspruchs-, Berufungs-, Revisionsschrift bei Gericht eingereicht, so kann er die volle Prozeßgebühr beanspruchen, *aM* Baumbach Anm. 2 § 14 RAGebO; OLG Kiel JW 35, 808[49], die erfolgte Zustellung für erforderlich halten; wie hier Danielcik-von Medem § 14 Anm. 4. Dagegen kann der Prozeßbevollmächtigte des Klägers, dem die Widerklageschrift zugestellt wird, die Prozeßgebühr nach dem erhöhten Streitwert auch nicht zu $^5/_{10}$ fordern, wenn der Kläger daraufhin nur Auftrag zur Klagezurücknahme gibt, KG JW 28, 124[7].

Der Schriftsatz muß einen materiellen Inhalt haben, die bloße Anzeige des RA, daß er den Beklagten vertritt oder seine Vertretung niederlegt oder daß die Partei oder der Gegner verstorben ist, genügt nicht, KG JW 35, 371[3]; OLG Düsseldorf JW 34, 703[6]; 35, 551[9]; MdRRAK 1936, 131; *aM* OLG Darmstadt JW 36, 2144[23]; Baumbach Anm. 2 § 14 RAGebO. Ebensowenig genügt ein dem Gericht eingereichter, aber der Gegenpartei nicht zugestellter Antrag, dem Verfahren Fortgang zu geben, OLG Hamm JW 29, 3184[22]; auch eine bloße Förderung des Rechtsstreits genügt nicht, KG JW 39, 573[38]. Dagegen ragen die Entscheidungen des OLG Hamm JW 30, 729[13] und des OLG Celle JW 30, 1094[33], nach denen die Berufungszurücknahme und die Klagezurücknahme als Schriftsatz im Sinne des § 14 nicht anzusehen sein sollen, weil sie nicht dem Verfahren Fortgang zu geben geeignet seien, einen dem Gesetz fremden Unterschied in das Gesetz hinein und verkennen überdies die Bedeutung der Prozeßgebühr. Mit der Zustellung des Zurücknahmeschriftsatzes übernimmt der RA die Verantwortung für diesen in der Regel endgültigen Schritt; er muß sich deshalb über den gesamten Prozeßstoff unterrichten. Demgemäß wird auch von der neueren Rsp überwiegend ein Schriftsatz, der einen Rechtsstreit beendet, als prozessual fördernd und von sachlicher Bedeutung bezeichnet, KG JW 33, 228[4]; OLG Köln JW 35, 1947[17]; OLG Stettin JW 36, 947[40]; OLG Naumburg JW 35, 2916[50]; 36, 2157[41]; OLG Kiel MdRRAK 1937, 44 und die volle Prozeßgebühr zugebilligt; das gleiche gilt für die Klagerücknahme im Eheprozeß (§ 614a ZPO), KG DR 39, 457[28]. Stellt dagegen der Prozeßbevollmächtigte des Klägers vor Einreichung der Klage — z. B. im Verfahren wegen Bewilligung des Armenrechts — dem Gegner einen Schriftsatz zu, so begründet das die volle Prozeßgebühr nicht, KG JW 33, 228[4]; *aM* OLG Düsseldorf JW 37, 1424[26]. Im amtsgerichtlichen Verfahren begründet die Einreichung des Antrages auf Anberaumung eines Verhandlungstermins, da sie die von Amts wegen zu bewirkende Ladung zur Folge hat, die volle Prozeßgebühr, OLG Karlsruhe JW 15, 1040. Die Anfertigung der Klage oder des Schriftsatzes hindert die Ermäßigung nicht; vielmehr ist Einreichung der Klage, Zustellung des Schriftsatzes erforderlich, RG JW 91, 200[13]; LG Liegnitz JW 22, 45[4].

b) Absatz 2: In einem Verfahren, für das eine mündliche Verhandlung nicht vorgeschrieben ist, tritt die Ermäßigung schon ein, wenn der Auftrag vor den in § 14 Abs. 2 bezeichneten Akten erledigt ist. Diese Bestimmung gilt insbesondere für das KostenfVerf (ZPO § 103), *aM* OLG Nürnberg JW 30, 1518[23]; vgl. Anm. 5 § 23, das Verfahren vor dem Vollstreckungsgerichte (ZPO § 764), das Verfahren über einen Arrestantrag oder über den Erlaß einer einstweiligen Verfügung (ZPO §§ 921, 937). Wird in einem solchen Verfahren mündliche Verhandlung angeordnet, so greift von diesem Zeitpunkte an die Regel des Abs. 1 ein.

c) Antrag i. S. des Abs. 2 ist nicht nur der erste, das Verfahren einleitende Antrag, sondern jeder im Laufe des Verfahrens gestellte Sachantrag, KG JW 34, 703[6]; 35, 371.

3. Die Ermäßigung tritt nur soweit ein, als der Auftrag erledigt ist. Bei teilweiser Erledigung findet § 14 Abs. 1 und 2 GKG Anwendung. Die vor der mündlichen Verhandlung erfolgte Zurücknahme der Klage erledigt nur die Hauptsache, nicht den Kostenpunkt. Beantragt der nach Zurücknahme der Klage im Termin erschienene RA des Beklagten, ohne daß er vor Zurücknahme der Klage einen Schriftsatz hatte zustellen lassen, dem Kläger die Kosten aufzuerlegen, so hat er $^5/_{10}$ Prozeßgebühr wegen der Hauptsache und die volle

Prozeßgebühr nach dem Betrage der Kosten erwirkt, OLG Hamburg HansGZ 98 Beibl. 117; Drucker Anm. 2; *aM* LG und OLG Dresden, Wengler 83, 241. Für die Wertberechnung ist der Zeitpunkt der Erteilung des Auftrags maßgebend.

4. Einen besonderen Fall der Erledigung eines Auftrags vor der mündlichen Verhandlung erwähnt § 47 Abs. 2. Den Fall späterer Aufhebung des Auftrags behandelt § 50. Wegen der Erstattung der Gebühr s. oben S. 99.

5. Die Bestimmung des § 14 findet auch Anwendung, wenn in einem Rechtsstreit Ansprüche mit erledigt werden, die nicht rechtshängig geworden sind, s. § 13 II 6 a. E.

§ 15. Die Verhandlungsgebühr steht dem Rechtsanwalte nicht zu, welcher zur mündlichen Verhandlung geladen hat, ohne daß dieselbe durch das Gesetz vorgeschrieben oder durch das Gericht oder den Vorsitzenden angeordnet war.

Dem Anwalte des Gegners, der zur mündl. Verhandlung geladen worden war, kann die Verhandlungsgebühr nicht versagt werden. Voraussetzung ist, daß ordnungsgemäß geladen worden ist und eine Verhandlung auch tatsächlich stattgefunden hat. Wenn der Anwalt in dem auf die Klage anberaumten Termine den Klageantrag in den Antrag auf Erlaß einer einstw. Verfügung ändert, über den ohne mündliche Verhandlung durch Beschluß hätte entschieden werden können, so liegt der Fall des § 15 nicht vor, Drucker Anm. 1; *aM* OLG Kiel SchlHolstAnz 83, 361. Eine Anordnung i. S. des § 15 liegt nicht vor, wenn das Gericht auf Grund der unnötigen Ladung Termin anberaumt, denn hierzu ist es auf Grund der Ladung verpflichtet. Im amtsgerichtlichen Verfahren ist § 15 bedeutungslos, da hier Ladung von Amts wegen erfolgt.

§ 16. Für eine nicht streitige Verhandlung steht dem Rechtsanwalte die Verhandlungsgebühr nur zu fünf Zehnteilen zu. Diese Minderung tritt nicht ein, wenn die Entscheidung nach Lage der Akten (ZPO § 331a) beantragt wird, sowie in Rechtsstreitigkeiten der im § 21 des Gerichtskostengesetzes bezeichneten Art, sofern der Kläger verhandelt. Sie tritt ferner nicht ein, wenn der Berufungskläger oder der Revisionskläger ein Versäumnisurteil beantragt.

§ 21. GKG. Die Urteilsgebühr wird auch für Urteile erhoben, die nach Lage der Akten erlassen werden (ZPO §§ 251a, 331a), sowie für Urteile, die in Ehesachen, in Rechtsstreitigkeiten, welche die Feststellung des Rechtsverhältnisses zwischen Eltern und Kindern zum Gegenstande haben, in den vor die Landgerichte gehörigen Entmündigungssachen und in dem Verfahren über die gegen eine Todeserklärung erhobene Anfechtungsklage auf Grund nicht streitiger Verhandlung ergehen, sofern der Kläger verhandelt hat.

1. Streitige Verhandlung. Wegen der Bedeutung des Begriffes „mündliche Verhandlung" vgl. Anm. 2a § 14. Außer der „Verhandlung" hat das GKG in § 21 den Begriff der „nichtstreitigen Verhandlung" aufgestellt. Zur Annahme einer Verhandlung im Sinne des § 13[2] genügt die Stellung der Anträge nach Maßgabe des § 297 ZPO, s. § 13 Anm. 7. Eine streitige Verhandlung liegt vor, wenn beide Teile ihre Anträge stellen und soweit dem Antrag einer Partei ein Antrag der Gegenpartei widerspricht, RG 33, 403; JW 98, 607[34]; auch wenn es sich nur um den Streit über eine Zuständigkeitsvereinbarung handelt, OLG Königsberg JW 28, 756[49].

Hiernach gilt als **streitige Verhandlung**:

wenn der Beklagte zwar die eingeklagte Verpflichtung anerkennt, aber gleichwohl den Antrag auf Abweisung der Klage stellt, RG JW 83, 5[12]; *aM* OLG Marienwerder, Rsp 2, 269; wenn der Beklagte das Bestehen der Schuld zugibt, ohne sie anzuerkennen, und sich der Erlassung einer ihn verurteilenden Entscheidung widersetzt, OLG Kolmar Rsp 21, 72, oder im Urkundenprozesse beantragt, ihm die Ausführung seiner Rechte vorzubehalten, OLG Stuttgart JW 30, 1091[28]; LG Saarbrücken JW 27, 538[11]; wenn der Beklagte keinen Abweisungsantrag stellt, aber seiner Verurteilung widerspricht, OLG Kolmar Recht 13 Nr. 369; s. aber RG 33, 406; wenn der Beklagte dem Klageantrage gegenüber beantragt, den Klageanspruch für erledigt zu erklären, RG JW 86, 317[17]; wenn der widersprechende Gegenantrag nur eventuell gestellt ist, RG BreslAK 95, 127[10]; wenn im Falle des § 506 ZPO der Kläger Abweisung der Widerklage beantragt, RG JW 98, 418[12].

Ob der verlesene Antrag später fallen gelassen wird, ist unerheblich, RG JW 85, 125[12]; 92, 481[13]; 95, 84[8]; 98, 418[12]. Daß die widersprechenden Anträge nur in den Schriftsätzen angekündigt worden sind, genügt nicht; sie müssen in dem Termine nach § 297 ZPO gestellt sein. Daß dies geschehen ist, kann außer durch das Protokoll auch durch den Tatbestand dargetan werden, RG 10, 366; JW 97, 86[20]; 98, 418[12].

2. Die **Verhandlung ist nichtstreitig**, wenn die Anträge der Parteien sich nicht widersprechen oder wenn nur von einer Partei ein Antrag zur Hauptsache gestellt wird und die andere Partei nicht verhandelt oder anerkennt, RG JW 36, 619[64]. Das Versäumnisverfahren ist in den Motiven nur als Beispiel angeführt; keineswegs aber ist § 16 auf das Versäumnisverfahren beschränkt, RG 33, 405.

Insbesondere liegt eine **nichtstreitige** Verhandlung vor:

im Falle des Anerkenntnisses, KG Gaedecke KostenRsp Nr. 54; soweit, als nach Verlesung der Klageantrags gezahlt und dementsprechend sodann die Klage ermäßigt wird, RG JW 95, 84[8]; soweit bei der mündl. Verhandlung der Kl. auf den Klageanspruch verzichtet und der Beklagte keinen Antrag stellt, OLG Oldenburg OldZ 97, 100, oder Klageabweisung beantragt, OLG Köln JW 39, 709[23]; wenn der Anwalt des Bekl., ohne Anträge in der Sache zu stellen oder Einwendungen zu erheben, nur nachweist, daß er einem andern den Streit verkündet habe, OLG Hamburg HansGZ 96 Beibl. 25; wenn der eine Teil ohne Widerspruch des andern Vorlegung beglaubigter Vollmacht fordert, OLG Dresden Rsp 39, 112; wenn der Fall nur zwecks Verweisung zum Sühneversuch erörtert wird, OLG Stuttgart Recht 17 Nr. 936.

Nur die halbe Verhandlungsgebühr ist auch dann erwachsen, wenn der Beklagte gegen den Klageantrag zur Hauptsache keinen Gegenantrag stellt und geltend macht, er habe dem Klageanspruche genügt, RG 33, 406. **Keine** streitige Verhandlung liegt ferner vor, wenn der Beklagte den Anspruch anerkennt, aber die Einrede aus §§ 273, 322 BGB erhebt oder nach §§ 305, 780 ZPO den Vorbehalt der beschränkten Erbenhaftung oder nach § 721 ZPO die Gewährung einer Räumungsfrist beantragt und der Kläger mit einer hiernach eingeschränkten Verurteilung zufrieden ist. Die gegenteilige Meinung muß folgerichtig dahin führen, dem Kläger, der ohne Berücksichtigung des Vorbehalts oder der Zug-um-Zugleistung klagt, in Fällen des Anerkenntnisses bei Verurteilung mit Vorbehalt die Kosten aufzuerlegen.

Die in dem Termin abgegebene Erklärung des Klägers, daß er die Klage zurücknehme, enthält ein Verhandeln zur Sache überhaupt nicht, sondern erübrigt gerade ein Verhandeln zur Sache, so daß nicht einmal eine nicht streitige Verhandlung im Sinne des § 16 angenommen werden kann, RG JW 97, 136[22]. Ebenso verhält es sich mit der von beiden Teilen im Verhandlungstermin abgegebenen Erklärung, daß die Hauptsache erledigt sei. In beiden Fällen kann aber noch eine Verhandlung über den Kostenpunkt stattfinden; s. § 13 Anm. 7.

Da im Falle des § 271 ZPO die Klagerücknahme, nachdem der Beklagte begonnen hat, zur Hauptsache zu verhandeln, nur mit Einwilligung des Beklagten zulässig ist, so ist bei deren Fehlen die Verhandlung des Beklagten über die Klageabweisung als streitige anzusehen.

3. Haben mehrere Verhandlungstermine stattgefunden, so ist die Gebühr für die streitige Verhandlung erwirkt, sobald eine Verhandlung streitig gewesen ist.

4. Wird nur über einen Teil des Streitgegenstandes streitig verhandelt, so kommt die volle Verhandlungsgebühr nur für diesen Teil zum Ansatz, auch dann, wenn über den gleichen Teil noch nichtstreitig verhandelt wird, OLG Düsseldorf JW 36, 3068[37]. Dasselbe gilt, wenn nur hinsichtlich der Prozeßkosten streitig verhandelt wird, RG 33, 405. Für den Rest ist nur die halbe oder gar keine Gebühr begründet, je nachdem ob nicht streitig oder gar nicht verhandelt worden ist, vgl. OLG Düsseldorf JW 36, 3068[37]; 37, 1079[32] (nichtstr. Verhdlg. über die Hauptsache, str. Verhdlg. über die Kosten); zu beachten bleibt in jedem Falle § 14 GKG.

5. In den Fällen der §§ 251a, 331a ZPO ist die Entscheidung nach Lage der Akten auch zugelassen, wenn keine Partei erscheint oder nur eine. Für den Fall des § 331a gewährt § 16 Satz 2 die Verhandlungsgebühr in vollem Umfang, wenn die erschienene Partei Entscheidung nach Lage der Akten beantragt, vgl. Lind AnwBl 30, 127. Diese Bestimmung kann aber nicht auf den Fall des § 251a übertragen werden, OLG Karlsruhe HRR 30, 662. Dagegen erwächst die halbe Verhandlungsgebühr, wenn auf Grund des § 7 EntlVO ohne streitige Verhandlung entschieden wird, OLG Düsseldorf JW 27, 406[20]. Der Antrag des allein erschienenen Anwalts nur einer Partei auf Entscheidung nach Lage der Akten und die Anschließungserklärung des später erschienenen Gegners können als übereinstimmender Antrag auf schriftliche Entscheidung nur in besonders gelagerten Fällen angesehen werden. Regelmäßig ist der Antrag des ersterschienenen Anwalts nach §§ 331a, 251a ZPO zu beurteilen, in welchem Falle für den Anschließenden keine Verhandlungsgebühr erwächst, KG JW 33, 2711[3]. Dasselbe gilt für die bloße Kenntnisnahme des Antrags durch den nachträglich erschienenen Gegner, JW 35, 60[5].

6. Ehesachen sind in den §§ 606—638 ZPO behandelt, Kindschaftssachen in den §§ 640—643 ZPO. Entmündigungssachen gehören vor die LG in den Fällen der §§ 664, 679, 684, 686 ZPO. Anfechtungsklage gegen eine Todeserklärung: ZPO §§ 973—976. Die volle Verhandlungsgebühr in den bezeichneten Fällen kommt nur zum Ansatze, wenn die in der Rolle der klagenden Partei sich befindende Partei, d. h. Kläger oder Widerkläger, gleichgültig in welcher Instanz, zur Sache verhandelt (auf den jeweiligen Instanzkläger, wie z. B. im Falle des § 120 ZPO, bezieht sich § 16 Satz 2 nicht), KG JW 36, 619[63]; DR 40, 210[29]. Für den Anwalt des Gegners erwächst die volle Gebühr ebenfalls, sofern er nur überhaupt, d. h. also auch, wenn er nur nichtstreitig verhandelt, KG JW 36, 619[64]; OLG Düsseldorf JW 36, 1314[48]. In der Rechtsmittelinstanz kommt in Ehesachen § 16 Satz 1 nur dann zur Anwendung, wenn der Kläger Rechtsmittelkläger ist, RG 27, 362; 28, 394; 35, 347. Güterstandprozesse oder Auseinandersetzungsstreitigkeiten sind keine

Ehesachen, OLG Köln RheinArch 71 Abt. 2 S. 61, ebenso nicht Unterhaltsansprüche eines Gatten gegen den andern.

7. Für die Berufungs- und Revisionsinstanz kommt die Herabsetzung der Verhandlungsgebühr nicht in Frage, wenn der Rechtsmittelkläger ein Versäumnisurteil beantragt. Für den Anschlußrechtsmittelkläger gilt das gleiche, insoweit sich sein Versäumnisantrag auf das Anschlußrechtsmittel bezieht. Beantragt er gleichzeitig Verwerfung des Hauptrechtsmittels durch Versäumnisurteil, so erhält er $^{10}/_{10}$ Verhandlungsgebühr aus dem Streitwert des Anschlußrechtsmittels und $^{5}/_{10}$ Verhandlungsgebühr aus dem Streitwert des Hauptrechtsmittels, jedoch nicht mehr als $^{10}/_{10}$ aus dem zusammengerechneten Streitwerte beider Rechtsmittel (§ 14 GKG, vgl. Anm. 30 § 10).

Alles das gilt aber nur für das erste Versäumnisurteil. Wird dagegen Einspruch eingelegt und der Rechtsmittelkläger beantragt nunmehr Verwerfung des Einspruchs durch Versäumnisurteil, so greift Satz 1 Platz. Auch bei in der Berufungsinstanz erlassenen einstweil. Verf. erhält der RA im Versäumnisverfahren nur die $^{5}/_{10}$ Verhandlungsgebühr, KG JW 36, 619[65]; *aM* Baumbach § 16 RAGebO. Anm. 2, der § 16 für entsprechend anwendbar hält.

§ 17. Insoweit sich in den Fällen des § 13 Nr. 4 die Vertretung auf die weitere mündliche Verhandlung erstreckt, erhöht sich die dem Rechtsanwalte zustehende Verhandlungsgebühr um fünf Zehnteile und, wenn die weitere mündliche Verhandlung eine nicht kontradiktorische ist, um die Hälfte dieses Betrags.

1. Die erhöhte Verhandlungsgebühr soll eine Vergütung für den Mehraufwand an Zeit und Mühe sein, die die Vertretung in der an ein Beweisaufnahmeverfahren sich anschließenden Verhandlung regelmäßig verursacht (Mot. 39). Die Voraussetzungen der Erhöhung sind:

a) Es muß ein „Beweisaufnahmeverfahren" im Sinne des § 13[4] stattgefunden haben; s. oben § 13 Anm. 12. Es ist also nicht erforderlich, daß der Beweis tatsächlich erhoben worden ist, OLG Düsseldorf JW 38, 1476[32]; Baumbach RAGebO. § 17 Anm. 1b. Es genügt vielmehr, daß die Beweisaufnahme eingeleitet, z. B. daß ein Beweistermin anberaumt worden ist und Ladung an die zu vernehmenden Personen ergangen ist, RG 44, 399; JW 91, 311[19]; 99, 493[30]; KG KGBl 00, 3; OLG Breslau BreslAKZ 09, 27. Besteht die Beweisaufnahme lediglich in der Vorlegung von Urkunden durch eine Prozeßpartei, so ist, wie nach § 13[4] keine Beweisgebühr entsteht, auch die Erhöhung aus § 17 nicht begründet, OLG Dresden SächsArch 96, 249. Wenn die Beweisaufnahme aus einem anderen Prozesse vorgetragen wird, dessen Akten das Gericht herangezogen hat, lehnt KG Rsp 31, 225 die Verhandlungsgebühr ab. Folgt man den Darlegungen Anm. 12 § 13 über die Beweisgebühr bei Heranziehung von Beiakten durch das Gericht, so muß man auch die erhöhte Verhandlungsgebühr zubilligen, KG JW 29, 130[21, 22]; OLG Königsberg JW 30, 730[16]; KG MdRRAK 1937, 88 (wenn die Akten „zwecks Beweises" verwertet worden sind). Die Beweisaufnahme braucht nicht als die letzte des Prozesses der weiteren mündlichen Verhandlung vorausgegangen zu sein, OLG Dresden SächsAnn 15, 333; 21, 557.

Ein gemäß § 144 ZPO angeordneter Augenschein gilt auch im Sinne des § 17 als Beweisaufnahmeverfahren, RG RheinArch 83 Abt. 2 S. 21, nicht aber eine gemäß § 272b ZPO erfolgte Beweiserhebung, KG JW 35, 1042[8]; OLG Düsseldorf JW 35, 63; Baumbach RAGebO § 17 Anm. 1; Danielcik-v. Medem Anm. 2a. Die Gegenmeinung, OLG München JW 28, 756[51]; OLG Stuttgart JW 29, 884[43]; OLG Frankfurt JW 30, 1515[15] kann nicht als zutreffend anerkannt werden; denn eine weitere mündliche Verhandlung hat sinngemäß mindestens einen sich nicht auf die Beweisaufnahme beziehenden Teil der Verhandlung zur Voraussetzung.

b) Die Vertretung muß sich auf die weitere mündliche Verhandlung erstrecken. Derselbe Anwalt muß also die Partei sowohl in einer der Beweisaufnahme vorausgehenden, als auch in einer ihr nachfolgenden Verhandlung vertreten haben, KG JW 35, 799[23]; OLG Kiel MdRRAK 1937, 44; OLG Naumburg JW 38, 1610[41]. Darauf, ob der Anwalt die Partei auch im Beweisaufnahmeverfahren selbst vertreten, also außerdem noch den Anspruch auf die Beweisgebühr des § 13[4] erworben hat, kommt nichts an; ebenso ist es unwesentlich, ob die Beweisaufnahme tatsächlich durchgeführt worden ist, erforderlich ist vielmehr nur eine Beweisanordnung und eine Tätigkeit des RA in dem angeordneten Beweisaufnahmeverfahren i. S. des § 13[4]; KG JW 36, 3073[47]; 39, 572[37]. Die erhöhte Verhandlungsgebühr ist auch erwirkt, wenn die weitere Verhandlung sich an die vor dem Prozeßgerichte stattgehabte Beweisaufnahme unmittelbar anschließt, so daß die Verhandlungs-, Beweis- und erhöhte Verhandlungsgebühr in demselben Termine verdient werden können, RG 32, 410; 36, 386; KG JW 36, 3319[17]; 37, 2004[34]; OLG Köln JW 37, 568[39]; OLG Dresden JW 38, 131[25], das die Nachverhandlungsgebühr mit durchaus vertretbarer Begründung auch dann zuerkennt, wenn eine nach § 272b ZPO zu Beweiszwecken beigezogene amtliche Auskunft in der einzigen mündlichen Verhandlung vorgetragen worden ist. Tritt der Anwalt erst nach der Beweisaufnahme ein, so erhält er nur die einfache Verhandlungsgebühr; PrOVG JW 37, 2539[34]; *aM* Biermann MdRRAK 37, 132ff.; wird aber auf diese Verhandlung nochmals Beweis erhoben und dann weiter verhandelt, so ist für diese letzte Verhandlung die Voraussetzung des § 17 erfüllt.

Welchen Inhalt die weitere mündliche Verhandlung hat, ist für die Anwendung des § 17 ohne Bedeutung. Insbesondere ist nicht erforderlich, daß die Verhandlung die Ergebnisse des Beweisaufnahmeverfahrens zum Gegenstande hat, KG Gaedecke KostenRspr Nr. 64; OLG Stuttgart JW 30, 200[74]. Selbst wenn die Verhandlung sich darauf gar nicht richten konnte, weil die angeordnete Beweisaufnahme nicht stattgefunden hat, ist § 17 anzuwenden, KG a. a. O. Ferner dann, wenn nach der Beweisaufnahme die Anwälte lediglich um Entscheidung bitten oder erklären, daß sie weiteres nicht anzuführen haben, oder daß sie mit der Entscheidung durch den Einzelrichter, OLG Hamburg JW 26, 863[20], oder nach Aktenlage (s. jedoch § 16), KG Gaedecke KostenRspr Nr. 65, einverstanden seien; oder beim Nichterscheinen des Gegners ein Antrag auf Versäumnisurteil gestellt wird, RG 23, 394; oder bei Zurücknahme der Klage ohne Einwilligung des Beklagten die Klage abgewiesen wird, OLG Königsberg Rsp 20, 856, oder die Berufung zurückgenommen wird, OLG Stuttgart HRR 29, 2050; JW 30, 2007[4]. Werden nach der Beweisaufnahme Klage und Widerklage zurückgenommen, so ist eine Weiterverhandlung über die Hauptsache i. S. des § 17 nicht mehr möglich, OLG Düsseldorf JW 36, 3069[39]. In der Erklärung, daß der RA mit einem Sühnetermin einverstanden sei, ist keine Verhandlung zu erblicken, OLG Hamburg Rsp 17, 231; ebensowenig, wenn ein RA den Antrag des Gegners, nach Aktenlage zu entscheiden, nur zur Kenntnis nimmt, KG JW 35, 60[5].

2. Ob die weitere mündliche Verhandlung als streitig anzusehen, ist nach § 16 zu beurteilen, KG JW 33, 2924[6]; OLG Kiel JW 33, 2163[12] u. 2228[21]; Bender

JW 36, 355. Danach muß die weitere Verhandlung insoweit als streitig gelten, als widersprechende Anträge neu gestellt oder die früher gestellten widersprechenden Anträge aufrechterhalten werden, KG JW 36, 947[41]. Wird zur Sache verhandelt, so gelten die früher gestellten Anträge ohne weiteres als wiederholt, OLG Düsseldorf MdAARK 1938, 162. Ist die weitere Verhandlung nichtstreitig, beträgt die Gebühr des § 17 nach § 16 $^5/_{20}$; die Ausnahmebestimmung des § 16 Satz 2 ist jedoch auch für die „weitere mündliche Verhandlung" anzuwenden, Bender a. a. O. Die Gebühr des § 17 kommt voll zum Ansatze, wenn bei mehreren Beweisaufnahmen nur nach einer von ihnen streitig verhandelt worden ist, OLG Hamburg Rsp 17, 232.

Wird nach einer Beweisaufnahme gemäß § 8 der VO v. 9. 9. 15 (RGBl 562) in der Fassung der Bekanntmachung v. 13. 2. 24 (RGBl I 552), vgl. den Text bei § 13, ohne mündliche Verhandlung entschieden, so erwächst die weitere Verhandlungsgebühr, KG Gaedecke KostenRspr Nr. 68; OLG Hamburg JW 26, 863[20]; zu weitgehend LG Köln JW 35, 3407[54]; vgl. Anm. 7 § 13. Anders, wenn nach der Beweisaufnahme Entscheidung nach Aktenlage ergeht, KG Gaedecke KostenRspr Nr. 66; OLG Karlsruhe JW 30, 1091[35]. Auch die Zubilligung einer weiteren Verhandlungsgebühr im Schiedsverfahren nach § 18 der EntlVO, wenn eine weitere Verhandlung gar nicht stattgefunden hat, so Sommer JW 28, 2775, erscheint bedenklich.

3. Bei der Frage, nach welchem Streitgegenstande die Gebühr des § 17 zu berechnen ist, stehen sich zwei Ansichten gegenüber. a) Nach der einen Meinung ist der Gegenstand der Beweisaufnahme maßgebend, so daß, wenn die Beweisaufnahme nur einen Teil des Streitgegenstandes umfaßt, nur der Wert dieses Teiles in Betracht kommt. b) Die andere Ansicht berechnet die Gebühr nach dem Werte des ganzen nach der Beweisaufnahme noch verbliebenen Streitgegenstandes, läßt also die Gebühr dadurch, daß das Beweisaufnahmeverfahren ein niedrigeres Streitobjekt als der Prozeß im übrigen hatte, nicht beeinflußt werden. Zutreffend und herrschend ist die Ansicht zu a. Denn der § 17 bewilligt die Erhöhung der Gebühr nicht, „wenn" eine weitere Verhandlung stattfindet, sondern „insoweit", d. h. „in dem Umfange", in dem sie stattfindet. Nur über den von der Beweisaufnahme betroffenen Teil des Streitgegenstandes kann eine weitere Verhandlung im Sinne des § 17 stattfinden, während die übrige Verhandlung nur eine wiederholte ist, für die die Tätigkeit des RA schon durch die volle Verhandlungsgebühr abgegolten wird. RG 42, 409; JW 99, 44; OLG Zweibrücken in BayZ. 1922, 156; KG Gaedecke KostenRspr Nr. 69. Eine nachträgliche Erhöhung des Streitwerts durch Erweiterung des Klageantrags oder durch Erhebung einer Widerklage erhöht zwar die Gebühr aus § 13 Nr. 2, aber nicht die aus § 17, OLG Kassel KG Rsp 13, 257; 21, 160. Die Ansicht zu b vertreten: OLG Dresden Sächs. Ann 8, 267; OLG Jena ThürBl 42, 243; Danielcik-von Medem Anm. 3b.

4. Auch die erhöhte Verhandlungsgebühr ist eine Pauschgebühr (§ 25). Sie kann in derselben Instanz nur einmal gefordert werden, selbst wenn nach der Beweisaufnahme noch mehrere Termine zur mündlichen Verhandlung oder auch weitere Beweisaufnahmen stattfinden sollten, RG JW 83, 207; 85, 159[10].

5. Die Gebühr des § 17, die nur in einer Erhöhung der Verhandlungsgebühr besteht, ist keine selbständige Gebühr. Daraus folgt, daß ihr Mindestbetrag unter den Satz des § 8 sinken kann, RG 9, 332.

§§ 18—20 fortgefallen.

§ 21. *Der Rechtsanwalt erhält neben den ihm sonst zustehenden Gebühren die*

Prozeßgebühr nur zu fünf Zehnteilen, wenn seine Tätigkeit ausschließlich die Erledigung eines bedingten Urteils betrifft.

Die Bestimmung ist durch den Wegfall der §§ 456 bis 477 ZPO gemäß Art. 9 Nr. 1 des Ges. zur Änderung des Verfahrens in bürgerlichen Rechtsstreitigkeiten v. 27. Okt. 1933 (RGBl I S. 780ff.) gegenstandslos geworden.

§ 22. Der Rechtsanwalt erhält die Prozeßgebühr und die Verhandlungsgebühr nur zu fünf Zehnteilen, wenn seine Tätigkeit Anträge auf Sicherung des Beweises (ZPO §§ 485—494) oder eine gerichtliche Entscheidung über die Ernennung oder Ablehnung eines Schiedsrichters, das Erlöschen eines Schiedsvertrags oder die Anordnung der von Schiedsrichtern für erforderlich erachteten richterlichen Handlungen (ZPO § 1045) betrifft. Für die Vertretung bei der Beweisaufnahme erhält der Rechtsanwalt die Beweisgebühr (§ 13 Nr. 4).

1. Das Beweissicherungsverfahren gehört, wenn die Hauptsache schon anhängig ist, zur Instanz und wird durch die Gebühren des Hauptprozesses abgegolten, § 29[3]; s. § 30 Anm. I. Die Verhandlungsgebühr kann nur entstehen, wenn ausnahmsweise (ZPO § 490) mündlich verhandelt worden ist. Werden mehrere Anträge auf Sicherung des Beweises gestellt, so entstehen für jeden Antrag besondere Gebühren, OLG Stuttgart Recht 16 Nr. 125, sofern es sich nicht um ein einziges Beweissicherungsverfahren handelt, was insbesondere der Fall ist, wenn mehrere Anträge durch einen Beschluß und eine Beweisaufnahme erledigt werden. Für die Vertretung bei der Beweisaufnahme erhält der RA die volle Gebühr des § 13[4]. Der Wert des Streitgegenstandes ist dem Streitwerte des Prozesses gleich, wenn sich das Verfahren auf den ganzen Gegenstand des Rechtsstreits bezog, KG Rsp 19, 50; sonst bestimmt er sich nach dem Werte, nach dem im Prozesse die Beweisgebühr über denselben Gegenstand zu berechnen sein würde und, falls es zum Prozesse nicht kommt, nach dem Interesse des Antragstellers an dem Ausfalle der Beweisaufnahme.

2. Schiedsrichterliches Verfahren; vgl. § 91 Anm. 1. Hier kommt das Beschlußverfahren aus § 1045 ZPO in Betracht. Der Wert des Streitgegenstandes ist bei Anträgen auf Ernennung eines Schiedsrichters sowie bei dem Verfahren über das Erlöschen des Schiedsvertrags unter Berücksichtigung des streitigen Anspruchs niedriger als dieser frei zu schätzen, RG 41, 362; OLG Kiel Rsp 19, 166, vgl. Anm. 8 § 10. Bei dem Antrag auf Vornahme richterlicher Handlungen entspricht der Streitwert dem des schiedsrichterlichen Verfahrens. Auf Rechtsstreitigkeiten über die Frage, ob an Stelle eines von der Partei ernannten, demnächst ablehnenden Schiedsrichters ein anderer zu ernennen sei, bezieht sich § 22 nicht, vielmehr stehen hier die vollen Gebühren zu. Über das Verfahren auf Erwirkung des Vollstreckungsbeschlusses (§ 1042 und § 1044a ZPO) s. § 40a.

3. Die Beweisgebühr erwächst für die Vertretung bei der Beweisaufnahme. Sie ist also erwirkt, wenn ein Beweisaufnahmeverfahren begonnen und der RA in ihm die Partei in irgendeiner Weise vertreten hat. Der Wahrnehmung des Beweistermins bedarf es ebensowenig wie im Falle des § 13[4], RG JW 87, 16[15]. Wegen der Benutzung des Ergebnisses der Beweisaufnahme im Prozesse s. § 30 Anm. I. Ob die Vertretung in einem durch die beantragte Entscheidung angeordneten oder in einem die Entscheidung vorbereitenden, ihr vorhergehenden — nach § 1045 ZPO möglichen — Beweisaufnahmeverfahren, z. B. über die Voraussetzungen des § 1033 ZPO, stattfindet, ist gleich. Auch im letzten Falle ist die Beweisgebühr zur vollen Höhe des § 13[4] ($^5/_{10}$) erwirkt.

§ 23. Fassung v. 9. 7. 27. (RGBl I 175). Drei Zehnteile der in den §§ 13—17 bestimmten Gebühren erhält der Rechtsanwalt, wenn seine Tätigkeit betrifft:

1. die Zulässigkeit einer Nebenintervention (ZPO § 71);

2. die vorläufige Einstellung, Beschränkung oder Aufhebung einer Zwangsvollstreckung (ZPO §§ 707, 719, 769, 771 Abs. 3, §§ 785, 786, 805 Abs. 4, § 810 Abs. 2);

3. die Festsetzung der vom Gegner zu erstattenden Prozeßkosten oder die Abänderung der Kostenfestsetzung (ZPO § 107);

4. die Bestimmung einer Frist zur Rückgabe und die Anordnung der Rückgabe einer Sicherheit in den Fällen des § 109 Abs. 1, 2 ZPO;

5. die Prozeß- oder Sachleitung, einschließlich der Bestimmung oder Änderung von Terminen und Fristen;

6. die Bewilligung oder Entziehung des Armenrechts, sowie die Verpflichtung zur Nachzahlung von Kosten (ZPO § 126);

7. die Zuständigkeit des obersten Landesgerichts (§ 7 EG z. ZPO) oder der Kammern für Handelssachen (GVG §§ 97—101), die Bestimmung des zuständigen Gerichts (ZPO § 36), die Übernahme eines Entmündigungsverfahrens (ZPO § 650 Abs. 3, § 651 Abs. 2), die Bestimmung eines Gerichtsvollziehers (ZPO § 827 Abs. 1, § 854 Abs. 1) oder eines Sequesters (ZPO §§ 848, 855);

8. die Ablehnung eines Richters, eines Urkundsbeamten der Geschäftsstelle oder Sachverständigen (ZPO §§ 42—49, 406);

9. die Verpflichtung eines Urkundsbeamten der Geschäftsstelle, gesetzlichen Vertreters, Rechtsanwalts oder anderen Bevollmächtigten, sowie eines Gerichtsvollziehers zur Tragung der durch ihr Verschulden veranlaßten Kosten (ZPO § 102);

10. Erinnerungen gegen den Kostenfestsetzungsbeschluß (ZPO § 104 Abs. 3);

11. die Verpflichtung eines Rechtsanwalts zur Zurückgabe einer vom Gegner ihm mitgeteilten Urkunde (ZPO § 135);

12. die Verpflichtung zur Abgabe eines Zeugnisses oder Gutachtens (ZPO §§ 386—389, 408);

13. die Zwangsmaßregeln gegen einen Zeugen oder Sachverständigen, sowie die Verurteilung derselben zu Kosten und Strafe (ZPO §§ 380, 381, 390, 409, 411);

14. die Bestellung eines Vertreters einer nicht prozeßfähigen oder unbekannten Partei, für ein von dem Eigentümer aufgegebenes Grundstück oder für einen Erben, der die Erbschaft noch nicht angenommen hat (ZPO §§ 57, 58, 494, 668, 679, 686, 779, 787);

15. die Berichtigung eines Urteils oder seines Tatbestandes (ZPO §§ 319, 320);

16. die Vollstreckbarkeit der durch Rechtsmittelanträge nicht angefochtenen Teile eines Urteils (ZPO §§ 534, 560);

17. die Zulassung einer Zustellung oder eines Aktes der Zwangs-

vollstreckung zur Nachtzeit oder an einem Sonntag oder allgemeinen Feiertage (ZPO §§ 188, 761);

18. die Zwangsvollstreckung.

1. Die Vorschrift bestimmt nur den Gebührensatz für den Fall, daß Gebühren überhaupt erfordert werden dürfen. Ob die betreffende Tätigkeit zur Instanz gehört, regeln die §§ 29ff., 75, vgl. OLG Frankfurt JW 29, 1685[39]. Ist dies der Fall, so können die Gebühren aus § 23 neben anderen Gebühren nur bei einer Änderung des Streitgegenstandes in Betracht kommen, § 25 Anm. 2. Immer erwirkt sind aber die Gebühren aus § 23, wenn die Tätigkeit des RA auf die erwähnten Angelegenheiten beschränkt ist; OLG Braunschweig Rsp 21, 160. Im Rahmen des § 48 kann der RA die Gebühr des § 23 für jede darunter fallende von ihm ausgeübte Tätigkeit beanspruchen; *aM* Baumbach Anm. 1 § 23 RAGebO.

Die besonderen Gebühren des § 23[1-17] RAGebO können neben anderweit verdienten gleichartigen Gebühren auch dann zum Ansatze gelangen, wenn § 14 Abs. 2 GKG zutrifft, und zwar bis zu dem dort vorgesehenen Betrage, vgl. § 25 Anm. 2. Bei sich gleichbleibendem Streitgegenstande sind nur die höheren Gebühren anzusetzen.

2. Zugesprochen sind dem RA $^3/_{10}$ der Gebührensätze nicht des § 9, sondern der §§ 13 bis 17. Es können also nach § 23 dem RA neben $^3/_{10}$ der Prozeßgebühr auch $^3/_{10}$ der Verhandlungs- und Beweisgebühr zustehen, falls — z. B. in der ZwangsvollstrInstanz — eine mündliche Verhandlung oder eine Beweisaufnahme stattfindet. Ferner ist die Gebühr des § 23 mit $^3/_{10}$ auch dann zu bemessen, wenn das Verfahren an sich kostenrechtlich privilegiert ist, z. B. erwächst für ein das Kostenfestsetzungsverfahren betreffendes Armenrechtsgesuch eine Gebühr von $^3/_{10}$, nicht $^9/_{100}$.

3. Zu Nr. 1. Für den Zwischenstreit aus § 71 ZPO kann der RA der Hauptpartei Gebühren überhaupt nicht, der RA des Nebenintervenienten sie nur dann fordern, wenn seine Tätigkeit auf den Zwischenstreit beschränkt ist; vgl. § 29[3] Anm. 2. Über den Streitwert § 10 Anm. 4. Erstattung der Kosten: oben S. 68, 92.

4. Zu Nr. 2. Vgl. § 29 Nr. 4, § 30 Abs. I Nr. 2 u. Abs. II. Die Gebühr für Einstellungsusw. Anträge steht dem RA nur zu, wenn sich seine Tätigkeit auf das Verfahren über die genannten Anträge beschränkt, z. B. bei Verhandlung in II. Instanz über die vorläufige Einstellung der Vollstreckung aus einem Urteil I. Instanz, oder wenn das Verfahren von dem über die Hauptsache getrennt ist; nicht dagegen dem für die Hauptsache bestellten Prozeßbevollmächtigten, OLG Breslau JW 30, 3491[7]; HRR 30, 2027; OLG Stuttgart HRR 30, 2028. Anträge auf „einstweilige Anordnungen" (ZPO §§ 572, 732, 766) sind regelmäßig Teil des die Beschwerde, Einwendung oder Erinnerung enthaltenden Antrags und daher nicht besonders zu vergüten. Auch die Anhörung des RA des Gläubigers begründet diese Gebühr nicht; diese Tätigkeit ist durch die Zwangsvollstreckungsgebühr abgegolten. Dagegen ist das Vollstreckungsschutzverfahren als ein besonderes Verfahren anzusehen und läßt daher eine besondere Gebühr erwachsen, die erstattungsfähig ist, LG Berlin in MdRRAK vom 1. 9. 1933 S. 182 und KG in JW 1935 II S. 2069, ferner OLG Düsseldorf u. LG Wuppertal in MdRRAK v. 1. 3. 1939 S. 68/69.

Diese besondere, im Vollstreckungsschutzverfahren anfallende Gebühr entsteht auch dann, wenn der RA bereits im Zwangsvollstreckungsverfahren tätig war, also neben der Gebühr aus Ziff. 18 (LG Hamburg JW 1937, 2246).

Wiederum stellt das Verfahren wegen Gewährung einer Nachfrist nach § 5 Abs. IV MSchGes. keine besondere Instanz dar, daher dafür keine Prozeß- oder Verhandlungsgebühr,

LG Frankenthal JW 32, 1173, *aM* LG Berlin JW 32, 2184, das eine erstattungsfähige 3/10-Gebühr zubilligt.

5. Zu Nr. 3. Die Gebühr im KostenfestsVerfahren ist stets besonders erwirkt, gleichviel ob ein besonderer Beschluß oder ein Beschluß nach § 105 ZPO ergangen ist, mag ein ausdrückliches Gesuch gestellt oder die Festsetzung nach § 105 Abs. 2 ZPO erfolgt sein, § 30 Abs. I Nr. 3; LG Kottbus JW 10, 596. Mißverständlich OLG Nürnberg JW 30, 1518[23], wo unter Außerachtlassung der Vorschrift des § 14 Abs. 2 die volle Kostenfestsetzungsgebühr dem RA zugebilligt wird, der nur die Unterlagen des Kostenfestsetzungsantrages für die zu erstattenden Gerichtskosten beibrachte. Das Verfahren über die Festsetzung der Kosten und die Abänderung der Kostenfestsetzung (§ 107 ZPO) bildet eine Instanz, § 30 Abs. 3. Die Gebühr steht dem Anwalte der erstattungsberechtigten Partei stets zu, dem Anwalte des Gegners nur dann, wenn er vom Gerichte zur Abgabe einer Erklärung veranlaßt worden ist. Dem RA, der die Gegenpartei zur Kostenerstattung auffordert, ohne daß es danach zur Festsetzung kommt, die Gebühr zu versagen und ihm nur Schreibgebühren nach § 76 Abs. 2 zuzubilligen, OLG München Rsp 31, 226, verträgt sich mit den Grundsätzen der Pauschgebühren, die vom Umfang der entwickelten Tätigkeit unabhängig sind, nicht. Für die bloße Entgegennahme des Festsetzungsbeschlusses, die keinerlei Tätigkeit des RA enthält, ist eine besondere Gebühr nicht begründet; *aM* LG Bremen JW 29, 1698[12]. Wohl aber kann die Festsetzungsgebühr erwachsen, wenn der RA den ihm zugestellten Festsetzungsbeschluß daraufhin prüft, ob Erinnerung zu erheben ist. Die Gebühr wird dann, wenn es nicht zur Erinnerung kommt, nach § 14 Abs. 2 3/20 betragen. Ebenso kann im Verfahren des § 106 ZPO der Gegner für die Einreichung der Gegenrechnung die Gebühr verlangen, OLG Kolmar Rsp 39, 112; *aM* OLG Hamburg JW 30, 3868[15], vgl. S. 151. Auch der Anwalt, der den Antrag aus § 106 ZPO stellt, ohne daß sich für seine Partei bei der Ausgleichung ein Erstattungsanspruch ergibt, erhält die Gebühr, KG JW 22, 501[1]. Bei der Kostenausgleichung des § 106 ZPO ist die Gebühr von dem bei der Ausgleichung ermittelten Betrage zu berechnen, den die Partei der anderen zu erstatten hat, OLG Düsseldorf JW 35, 63. Wegen der Erinnerung s. § 29 Anm. II, 6; wegen des § 107 ZPO s. § 30 Anm. V. Wegen des Wertes des Streitgegenstandes vgl. oben S. 152.

Kein KostenfestsVerf im Sinne des § 23³ ist das durch das Ges. v. 20. 12. 28 geregelte Verfahren zur Festsetzung der dem Armenanwalt aus der Staatskasse zu erstattenden Gebühren; es erfolgt nicht auf Grund der ZPO, sondern ist in § 4 dieses Ges. selbständig geregelt. Eine Gebühr nach § 23³ steht also auch dem Anwalt nicht zu, der als Bevollmächtigter des Armenanwaltes die Erstattung beantragt. Gemäß § 89 wird aber die Gebühr entsprechend der des § 23³ zu berechnen sein, falls ein anderer RA als der im Hauptverfahren beigeordnete Anwalt zur Stellung des Erstattungsantrags beigeordnet wird. Im Mahnverfahren keine Gebühr für Kostenfestsetzung. Bei verteilter Kostenlast steht für das Ausgleichsverfahren beiden Anwälten jeder Partei die Gebühr zu, die jedoch nur von der erstattungsberechtigten Partei zur Erstattung in Ansatz gebracht werden kann. Über die Kostenfestsetzungsgebühr im Aufwertungsverfahren s. AG Berlin-Schöneberg JW 28, 1419[1].

6. Zu Nr. 4. In dem Verfahren des § 109 ZPO erhält der RA die Gebühr des § 23, selbst wenn er Prozeßbevollmächtigter ist, da dieses Verfahren nach § 30 eine besondere Instanz bildet, die den Antrag auf Fristsetzung und den auf Rückgabe umfaßt. Der Streitwert richtet sich nach dem Werte der Sicherheit. Über Rückgabe einer Sicherheit nach § 715 ZPO vgl. § 24 Anm. 2, § 13 Anm. II 4 c.

7. Zu Nr. 5. Für die „Prozeß- und Sachleitung" kommt die Tätigkeit in Betracht, die nur den Gang des Verfahrens betrifft, an dem Rechtsstreite selbst aber nichts ändert. Beispiele: ZPO §§ 140, 141, 147, 150, 272b, 335. Auch steht diese Gebühr dem RA zu, der sich zu dem gerichtlichen Vorschlag, einen Sühnetermin anzuordnen, äußert, selbst dann, wenn schon eine Beweisaufnahme stattgefunden hat. Der Beschluß, durch den nach §§ 506, 697 ZPO oder nach § 276 das Gericht den Rechtsstreit an das zuständige Gericht verweist, ist keine prozeßleitende Verfügung, sondern eine sachliche Entscheidung, es kommen also die Gebührensätze des § 13 zur Anwendung, RG 30, 330. Auch der Antrag des RA auf Verweisung der Sache an den Senat fällt nicht unter die hier erwähnte Tätigkeit, OLG Kiel JW 33, 1077. Dagegen ist die Aussetzung des Verfahrens eine die Prozeßleitung betreffende Tätigkeit des Gerichts, OLG Hamm, Braunschweig Rsp 35, 217; *aM* OLG Königsberg JW 32, 2907. Für den Vertagungsantrag ist eine besondere Prozeßgebühr, außer der erwirkten vollen Prozeßgebühr, ausgeschlossen, die Verhandlungsgebühr aber ($^3/_{10}$ der vollen Gebühr) begründet, sofern über die Vertagung überhaupt streitig verhandelt wird und der RA nicht von demselben Streitgegenstande die Verhandlungsgebühr gemäß §§ 13[3], 16 erhält; OLG Celle JW 26, 860[12]; KG JW 28, 2160[19]; OLG Breslau HRR 30, 912. Auch wenn über den Vertagungsantrag nicht streitig verhandelt wird, sondern beide Anwälte übereinstimmend die Vertagung beantragen oder der eine Anwalt Vertagung beantragt und der andere nicht widerspricht, findet eine Verhandlung über den Vertagungsantrag statt, weil nach § 227 ZPO in der geltenden Fassung das Gericht nicht mehr an den übereinstimmenden Vertagungsantrag der Parteien gebunden ist; es erwächst deshalb die Gebühr für eine nichtstreitige Verhandlung, OLG Kiel JW 28, 754[44]; KG JW 31, 1116, JW 28, 2160[19]; OLG Hamm JW 28, 2796[18]; OLG Breslau HRR 30, 177; OLG Dresden JW 28, 1874[10]; OLG Düsseldorf JW 29, 1684[38]; OLG Hamburg JW 27, 727[14]; 30, 3491[11]; OLG Naumburg JW 28, 756[52]; OLG Stuttgart HRR 30, 2036; LG München I JW 30, 3368[18]; Dehnow JW 28, 1484, 1874; *aM* OLG Bamberg JW 28, 1869[1]; OLG Düsseldorf JW 27, 2474[10]; OLG Königsberg JW 30, 199[71]; LG Frankfurt a. Main JW 30, 3497; $^3/_{20}$-Gebühr erwachsen auch dem RA, der im Falle des § 618 Abs. 2 ZPO Bestimmung eines neuen Termins beantragt, LG Berlin JW 36, 2010; KG JW 34, 1180; OLG Zweibrücken JW 36, 2157; OLG Braunschweig JW 37, 1421; OLG Naumburg JW 35, 3322 und OLG Düsseldorf JW 35, 63.

8. Zu Nr. 6. Die Gebühr für den Antrag auf Bewilligung (oder Entziehung) des Armenrechts ist nach dem Werte der Hauptsache zu bestimmen; KG JW 35, 60; *aM* Baumbach Anm. 7 § 23 RAGebO; zweifelnd auch KG JW 26, 859[9]. Die Gebühr wird nicht nur im Falle der Beiordnung durch die Prozeßgebühr, sondern auch durch die Korrespondenzgebühr abgegolten, MdRRAK Nr. 4/38 (OLG Düsseldorf). Für das Verfahren zur Nachzahlung von Beträgen (ZPO §§ 125, 126) kann nur die Summe dieser Beträge als Streitwert in Betracht kommen. Die Gebühr steht dem RA der ersten Instanz zu, wenn er nach deren Beendigung für die Berufungsinstanz das Armenrecht nachsucht, da diese Tätigkeit nicht zur Instanz gehört (§ 29[6]), KG JW 29, 1681[38]. Vgl. auch OLG Stettin JW 28, 1948[7]. Bedient sich der Gegner der das Armenrecht für die Berufungsinstanz beantragenden Partei seines erstinstanzlichen Anwalts zur Vertretung im Armenrechtsverfahren der 2. Instanz, so sind im Fall des Unterliegens der letzteren Partei im Rechtsstreit die Kosten des erstinstanzlichen Anwalts für die Vertretung im Armenrechtsverfahren der Berufungsinstanz dem Gegner von der unterliegenden Partei als nicht notwendig nicht zu erstatten. Der erstinstanzliche Anwalt hat aber gegen die Reichskasse einen Anspruch auf Erstattung der Auslagen, die nach eingelegter Berufung entstanden sind, sofern er in der 1. Instanz als Armenanwalt beigeordnet war. MdRRAK Nr. 4/38 (LG Freiburg). Die Verkehrsgebühr des Instanzanwalts für Korrespondenz mit dem Anwalt der Revisionsinstanz ist nur im besonderen Fällen erstattungsfähig, OLG Kiel JW 32, 674.

Im Armenrechtsverfahren entsteht keine Beweisgebühr. Dem Verkehrsanwalt, der auch im Armenrechtsverfahren tätig geworden ist und bei den Ermittlungen einen Zeugentermin hat wahrnehmen lassen, steht nur die Verkehrsgebühr zu, OLG Kiel JW 35, 553.

Auch der Anwalt, der als Partei (Antragsgegner) zum Armenrechtsgesuch Stellung genommen hat, hat Anspruch auf die Gebühr nach Ziff. 6, KG JW 31, 1116.

Wird im Armenrechtsverfahren ein Vergleich geschlossen, so erhält der für dieses Verfahren beigeordnete Armenanwalt eine $^3/_{10}$-Prozeßgebühr gemäß Ziff. 6 nach dem Wert der Kosten des beabsichtigten Rechtsstreits und eine $^{10}/_{10}$-Vergleichsgebühr gemäß § 13 Nr. 3 nach dem Wert der Hauptsache, OLG Köln JW 37, 255 u. OLG Stettin in MdRRAK 1939 S. 91, während das OLG Hamburg $^{10}/_{10}$-Prozeßgebühr und die $^{10}/_{10}$-Vergleichsgebühr zuspricht, OLG Hamburg JW 37, 1429. In gleichem Sinne hat sich das KG für eine Zubilligung der vollen $^{10}/_{10}$-Prozeßgebühr ausgesprochen und zwar in JW 37, 254. *aM* OLG Frankfurt/Main JW 38, 1972, das nur die Vergleichsgebühr, eine Prozeßgebühr aber zu Unrecht überhaupt nicht zubilligt.

9. Zu Nr. 8. Der Streitwert des Verfahrens über die Ablehnung eines Richters usw. ist unter Berücksichtigung des Streitwerts der Hauptsache und keinenfalls höher als dieser im Schätzungswege festzustellen; *aM* Baumbach Anm. 9 § 23 RAGebO. Ablehnung eines Schiedsrichters: § 22.

10. Zu Nr. 9. Für ein Verschulden, das den gemäß § 25 RAO bestellten Vertreter eines Anwalts trifft, ist dieser selbst haftbar zu machen; jetzt auch Jonas § 102 Anm. I 2 ZPO.

Vertritt ein RA, gegen den ein Antrag gemäß § 102 ZPO gestellt worden ist, sich selbst mit Erfolg, so hat er persönlich gegen den Antragsteller den Anspruch auf die Gebühr des § 23⁹ neben dem Anspruch auf die Prozeßgebühr, der ihm gegen die von ihm vertretene Partei zusteht, OLG München ZZP 54, 79; *aM* Hagemann ZZP 54, 80.

11. Zu Nr. 10. Die Bestimmung der Ziffer 10 ist durch die Novelle von 1909 eingefügt. Diese Gebühr erhält der RA nur, wenn seine Tätigkeit im Kostenfestsetzungsverfahren ausschließlich die Erinnerung betrifft, KG JW 25, 803². Hat er bereits das Kostenfestsetzungsgesuch gestellt, so deckt die Gebühr der Ziffer 3 das ganze Festsetzungsverfahren; s. auch § 29 Anm. II 6. Keine Gebühr des Armenanwalts für Erinnerung wegen Festsetzung seiner Kosten, KG JW 34, 704.

12. Zu Nr. 11. Die Entscheidung über die Verpflichtung eines RA zur Zurückgabe einer vom Gegner ihm mitgeteilten Urkunde ergeht durch Zwischenurteil, es kann also auch eine Verhandlungsgebühr in Höhe von $^3/_{10}$ entstehen.

13. Zu Nr. 12/13. Über die Weigerung eines Zeugen oder Sachverständigen zur Abgabe eines Zeugnisses oder Gutachtens entscheidet das Prozeßgericht durch Zwischenurteil, ZPO § 387. Es kann mithin eine Verhandlungsgebühr in Höhe von $^3/_{10}$ Platz greifen. Der Streitwert ist nach dem Interesse des Beweisführers am Beweispunkt zu bemessen; Baumbach Anm. 13 § 23 RAGebO. Hiermit wird die in Auflage 11 vertretene gegenteilige Auffassung aufgegeben. Der durch das Ges. v. 28. 1. 27 beigefügte Zusatz, wonach sich die Bestimmung des § 23 Ziff. 13 auch auf den Fall des § 411 ZPO bezieht, stellt klar, daß die Gebühr auch für die Tätigkeit im Ordnungsstrafverfahren gegen einen Sachverständigen anfällt, der eine ihm gesetzte Frist versäumt.

14. Zu Nr. 14. Der RA, der das Beweissicherungsverfahren betreibt und darin das Verfahren aus § 494 ZPO Abs. 2 beantragt, erhält nur die Gebühr aus § 22. Die Gebühr aus § 23 erhält der nur mit diesem Gesuch befaßte RA. Dem Vertreter für die bloße Entgegennahme der Bestellung die Gebühr zu bewilligen, ist nicht gerechtfertigt. Für den Streitwert kommt in Betracht der Wert der Hauptsache, im Falle des § 58 ZPO das Recht am Grundstücke.

15. Zu Nr. 15. Das in Ziffer 15 nicht mit erwähnte Ergänzungsverfahren (ZPO § 321) gehört zur Instanz des Rechtsstreits und wird durch die sonstigen Gebühren des Rechtsstreits mit abgegolten. Beschränkt sich der Auftrag auf das Ergänzungsverfahren, so hat der RA die vollen Gebühren zu beanspruchen. Für den Streitwert ist der Wert des Anspruchs maßgebend, über den eine ergänzende Entscheidung verlangt wird.

16. Zu Nr. 16. Den Streitwert für den Antrag auf Vollstreckbarkeit der durch Rechtsmittelanträge nicht angefochtenen Teile eines Urteils bildet der Anspruch selbst. Ob dem Anwalt außer der Verhandlungsgebühr die Prozeßgebühr ganz oder zu einem Teil zuzubilligen ist, bestimmt sich nach allgemeinen Grundsätzen. Da der nicht angefochtene Teil des Urteils nicht Streitgegenstand in der Berufungsinstanz ist, kann der RA neben seinen sonstigen Gebühren die Gebühr aus § 23 von diesem Streitteil unter Beachtung des § 14 Abs. 1 GKG fordern, KG Rsp 27, 102, und zwar die nach § 52 erhöhte Gebühr. Das Armenrecht für die Berufungsinstanz umfaßt auch den Antrag auf Vollstreckbarkeitserklärung aus § 534 ZPO, OLG Dresden JW 36, 2157; KG JW 35, 798. — Fordert der RA vor Beantragung der ihm aufgetragenen Zwangsvollstreckung den Schuldner unter Androhung der Vollstreckung zur Zahlung auf, so erhält er, wenn sich hiernach der Auftrag durch Zahlung erledigt, die halbe Gebühr des § 23 Ziff. 16, OLG Dresden JW 33, 545.

17. Zu Nr. 17. Die Gebühr des § 23 ($^3/_{10}$) ist im Falle der Ziff. 17 erwirkt, wenn die Tätigkeit des Anwalts auf das Betreiben der Zustellung gemäß § 188 ZPO beschränkt ist. Für den die Zwangsvollstreckung vorbereitenden Antrag auf die gerichtliche Ermächtigung zu einer Zwangsvollstreckung bei Nachtzeit usw. (ZPO § 761) steht dem Anwalte die Gebühr aus § 23[17] auch dann zu, wenn er die Zwangsvollstreckung selbst betreibt, § 23[18].

18. Zu Nr. 18. Zwangsvollstreckung.

a) Jede Vollstreckungsmaßregel bildet nach Maßgabe des § 31 eine besondere Instanz; vgl. dazu §§ 32—35, 36.

Unter die nach § 23 Nr. 18 abzugeltende T ä t i g k e i t b e i d e r Z w a n g s v o l l s t r e c k u n g fallen nicht die Handlungen, die die Zwangsvollstreckung nur v o r b e r e i t e n, wie die briefliche Androhung der VollstrMaßregeln, die Erwirkung des Notfrist- oder des Rechtskraftzeugnisses oder der VollstrKlausel (§ 35), die Leistung einer Sicherheit für die vorläufige Vollstreckbarkeit eines Urteils oder für die Arrestvollziehung, s. § 13 Anm. II 3 f; die Empfangnahme des Pfändungsbeschlusses im Arrestverfahren, OLG Hamburg JW 30, 3349[41]. Diese Handlungen gehören, ebenso wie die, die erforderlich sind, um das Urteil rechtskräftig zu machen, noch zu der Instanz, in der das zu vollstreckende Urteil ergangen ist, und werden gemäß § 29 durch die im § 13 bestimmten Gebühren vergütet. Daß die Zeugnisse oder Klauseln nach § 724 Abs. 2 ZPO vom UrkB der höheren Instanz zu erteilen sind, ändert daran nichts. Über den Antrag auf weitere vollstreckbare Ausfertigung s. §§ 32, 24. Dagegen steht die Gebühr aus § 23 Nr. 18 dem RA, der die Zwangsvollstreckung betrieben hat, auch dann zu, wenn er vorher Prozeßbevollmächtigter war und für diese Tätigkeit die Prozeßgebühr erhalten hat. Der RA, der bei dem zuständigen Bezirksgericht die nach dem Deutsch-Österreichischen Rechtshilfe-Abkommen vom 21. 6. 1923 zur Vollstreckung erforderliche Exekutionsbewilligung beantragt, erhält eine volle Gebühr, KG JW 33, 1075.

Die nach § 890 Abs. 2 ZPO notwendige Strafandrohung gehört, obwohl sie schon eine Vollstreckungsmaßregel bildet, nach § 33 Abs. 3 zur Instanz der Hauptsache.

Die Einreichung eines Schuldtitels zwecks Feststellung einer Konkursforderung ist keine Vollstreckungsmaßregel. Die Zustellung einer notariellen vollstreckbaren Urkunde zum Zwecke der folgenden Zwangsvollstreckung bedingt außer der Gebühr des § 23[18] keine besondere Gebühr. Erfolgt die Zustellung ohne folgende Zwangsvollstreckung, so fällt die Tätigkeit des RA überhaupt nicht unter die RAGebO, LG III Berlin KGBl 17, 24.

b) Dagegen stehen die ZwangsvollstrGebühren des § 23 Nr. 18 neben den Gebühren für die Hauptsache dem RA zu für seine Tätigkeit in einem von der ZPO (§§ 704 bis 945) geordneten ZwangsvollstrVerfahren, also insbesondere für den Auftrag an das zuständige VollstrOrgan (Gerichtsvollzieher oder Gericht) zur Vornahme der Zwangsvollstr. Wegen der Zwangshypothek s. § 31 Anm. 2. Wird die Vollstreckung dadurch unmöglich, daß der Schuldner inzwischen in einen anderen Gerichtsvollzieherbezirk verzogen ist, so ist doch die Gebühr entstanden; wird der Auftrag an den nunmehr zuständigen GV wiederholt, so wird die Gebühr doch nur einmal verdient. Erledigt sich der Vollstreckungsauftrag vor der Abgabe an den Gerichtsvollzieher oder an das Gericht, so hat der Anwalt nach § 14 Abs. 2 nur die Hälfte der Gebühr des § 23 Nr. 18, also nur $^3/_{20}$ der Gebühr des § 13 zu beanspruchen. Ferner fällt die außergerichtliche Vorpfändung aus § 845 ZPO, da sie eine Vollstreckungshandlung ist, KG Rsp 19, 8, unter den § 23 und läßt diese Gebühr erwachsen, wenn dem RA nicht die gleiche Gebühr für den späteren Antrag auf gerichtliche Pfändung zusteht, JW 30, 192[53]. Soweit die zur Durchführung einer Forderungspfändung erforderlichen Maßregeln dieselbe Forderung, zu deren Gunsten sie erfolgt, und dieselbe Geldforderung als Pfandgegenstand betreffen, kann die Gebühr nur einmal angesetzt werden (§ 31). Dies trifft zu, wenn auf mehrere Vorpfändungen ein gemeinsamer Pfändungsbeschluß ergeht. Werden aber verschiedene Forderungen des Drittschuldners gemäß § 845 ZPO vorgepfändet, so erwächst die Gebühr für jede Pfändungsankündigung, OLG Hamburg JW 27, 1326[15]. Eine entsprechende Anwendung des § 845 ZPO auf Pfändungen anderer Art ist unstatthaft. Durch die Mitteilung des Anwalts, daß eine Pfändung bevorstehe, deren Gegenstand nicht eine Forderung bildet, wird die Gebühr des § 23 Nr. 18 nicht erwirkt.

Die Gebühr aus § 23[18] steht dem RA zu: für das Verfahren über Erinnerungen des Schuldners aus § 766 ZPO (s. § 31 Anm. 1), für den Antrag auf Pfändung oder Überweisung einer Forderung (ZPO §§ 829, 835); für die Verzichtserklärung aus § 843 ZPO (§ 35); für den Antrag auf anderweitige Verwertung eines gepfändeten Rechtes (ZPO § 844); für die Äußerung über den Antrag des Schuldners auf anderweite Verwertung der Pfandstücke, LG II Berlin, KGBl 14, 129; für den Antrag auf Pfändung anderer Vermögensrechte nach §§ 846 ff. ZPO; für die Erklärung namens des Drittschuldners nach § 840 ZPO; für den Antrag, den Gläubiger zu ermächtigen, eine Handlung auf Kosten des Schuldners durch einen Dritten vornehmen zu lassen oder selbst vorzunehmen (ZPO § 887 Abs. 1); KG (20) BerlAnwBl 30, 52[28]; für die Übersendung des Urteils aus § 771 ZPO an den Gerichtsvollzieher, um die Freigabe der Pfandsachen zu erreichen, KG KGBl 12, 118; für den Antrag auf Löschung der kraft einstw. Verfügung eingetragenen Vormerkung, wenn dieser Antrag auf Grund des die einstw. Verfügung aufhebenden

Beschlusses beim Grundbuchrichter gestellt wird, für den Antrag auf Aufhebung des durch Pfändung vollzogenen Arrestes gegen Hinterlegung des im Arrestbefehle festgesetzten Geldbetrags, OLG München Rsp 31, 230, oder für den Antrag auf Aufhebung der Arrestpfändung nach urteilsmäßiger Aufhebung des Arrestes, LG Bielefeld JW 27, 870[5]; für den Antrag, ein Urteil zu vollstrecken, nach dem der Gegner ein Vermögens- oder Nachlaßverzeichnis vorlegen und beschwören soll; für den Antrag beim Patentamt auf Löschung eines Gebrauchsmusters.

Für die Herbeiführung der im Urteile zugelassenen Veröffentlichung hat der RA unter entsprechender Anwendung des § 23[18] (Art. 14 PrLGO, § 89 RAGebO) $^3/_{10}$ der Sätze des § 9 zu beanspruchen, OLG Celle JW 28, 125[11]; LG Schweinfurt JW 29, 603[3], und zwar, wenn die Veröffentlichung in mehreren Zeitungen zugebilligt worden ist, für jede derselben, LG Bamberg JW 28, 435[4].

Bei Verurteilung des Schuldners zur Abgabe einer Willenserklärung nach § 894 ZPO wird die Verwirklichung des Urteils nicht als Zwangsvollstreckung angesehen, so daß z. B. für den Antrag auf Löschung einer Eintragung unter Vorlegung des Urteils oder Vergleiches, KG JW 29, 130[23]; OLG Nürnberg JW 29, 140[50]; OLG Stuttgart JW 30, 663[30]; Dehnow JW 29, 130, oder auf Auszahlung der hinterlegten Streitsumme, KG Rsp 39, 112, die Gebühr versagt wird; doch wird man sie nach den Grundsätzen des RG 62, 157; KGJ 26 A, 262, zubilligen müssen. Für das Verfahren nach § 715 ZPO ist eine besondere Gebühr nur zu berechnen, sofern sich die Tätigkeit des RA auf jenes Verfahren beschränkt, OLG Kiel JW 34, 1192. Der Antrag, das Grundbuchamt um die Eintragung (§ 941 ZPO) zu ersuchen, enthält keine Vollstreckungshandlung, *aM* LG I Berlin JW 29, 1696[6]. Dagegen billigen KG JW 26, 1034[5] für den an das Grundbuchamt gerichteten Antrag, auf Grund einer EinstwVerf einen Widerspruch einzutragen, die Gebühr nach § 23[18], OLG Königsberg JW 26, 2591[14] Gebühren nach PrLGO zu. Der Antrag auf Straffestsetzung gemäß § 890 ZPO fällt unter § 23[18]. Die Gebühr ist für jeden eine neue Zuwiderhandlung betreffenden Antrag zuzubilligen, auch wenn über mehrere Anträge in einem Beschlusse entschieden wird, OLG Königsberg JW 29, 1691[52]. Im Offenbarungseidverfahren wird die Gebühr durch die Einreichung des Antrags verdient. Der RA erhält für seine Tätigkeit zur Herbeiführung des durch Urteil erkannten Offenbarungseides die Zwangsvollstreckungsgebühr auch dann, wenn der Beklagte im Termin den Eid freiwillig leistet. Erstattungsfähig ist jedoch die Gebühr nicht, KG JW 32, 2167. Wegen der Verhandlungsgebühr s. § 32. Wiederholter Antrag zur Verhaftung bedingt keine neuen Gebühren: Vorladung, Antrag auf Haftbefehl und alle weiteren Anträge und Aufträge im Offenbarungseidverfahren sind eine Instanz, OLG Hamburg Rsp 31, 230. Auch die Ausführung des Haftbefehls gehört nach § 31 zur Instanz des Offenbarungseidsverfahrens. Der RA erhält daher für den Verhaftungsantrag keine besondere Gebühr, OLG Düsseldorf JW 35, 63; vgl. §§ 31 Abs. 1, 32. Dagegen ist das Vollstreckungsschutzverfahren als ein besonderes Verfahren anzusehen (s. Anm. 4 zu Nr. 2).

Gemäß § 36 kann der RA für die Vollziehung des Arrestes die Gebühr aus § 23[18] neben der aus § 28 beanspruchen, selbst wenn er die Anordnung und die Vollziehung gleichzeitig beantragt hat, OLG Karlsruhe Rsp 15, 190. Dagegen läßt die Zustellung der einstw. Verfügung, die ein Gebot oder Verbot enthält, die Vollstreckungsgebühr noch nicht entstehen, obwohl die Zustellung die Vollstreckung der Verfügung darstellt, da die Zustellung durch die Gebühr für die Anordnung abgegolten wird, OLG Hamburg

JW 23, 701[24]; KG JW 28, 2161[20]; vgl. auch OLG Königsberg JW 25, 1800[1]. Durch einen Vergleich während der Vollstreckung aus einem Urteil wird eine Gebühr aus §§ 23, 13[3] verdient, wenn das Urteil noch nicht rechtskräftig war, KG KGBl 13, 102. Ist das Urteil bereits rechtskräftig, so kommt § 13[3] unmittelbar nicht zur Anwendung, wohl aber gemäß § 89.

Die Vergütung des RA bei der Zwangsversteigerung und Zwangsverwaltung erfolgt nach Landesrecht; §§ 15, 146 ZVG. Wegen der Streitfrage über die Gebührenberechnung für Anträge aus § 867 ZPO s. Anm. 2 § 31.

c) Den Wert des Streitgegenstandes bildet bei der Zwangsvollstreckung wegen einer Geldforderung die Summe des einzuziehenden Kapitals und der miteinzuziehenden Zinsen, GKG § 15 Abs. 2, vgl. § 10 Anm. 45. Wird die Ableistung des Offenbarungseides nur wegen eines Teilbetrages gefordert, so bildet dieser den Streitgegenstand, KG Rsp 15, 20; JW 30, 194[57]; LG Nürnberg ZZP 55, 324; Fraeb ZZP 54, 163; Skopnik JW 29, 1697; Reter DJZ 29, 912; Baumbach Anm. 3 § 32 RAGebO, s. auch Anm. 2 § 32; *aM* LG II Berlin JW 29, 886[3]; Bunge ZZP 55, 369; vgl. auch Rittmann-Wenz Anm. 22 § 33 GKG. Erfordernis der Beschränkung des Vollstreckungsauftrages auf einen Teil des Anspruchs, zumal im Armenrecht siehe KG JW 34, 372. Nicht dagegen findet § 6 ZPO Anwendung, wenn eine Forderung des Schuldners gepfändet werden soll, vgl. Anm. 60 § 10; *aM* LG Ellwangen JW 29, 896[5]; Sydow-Busch Anm. 18 § 23.

Bei Zwangsvollstreckungen zur Erwirkung von Handlungen oder Unterlassungen ist die Höhe der Strafe für den Streitwert nicht maßgebend; er fällt auch nicht immer mit dem Streitwerte des Hauptanspruchs zusammen, sondern ist nach dem Werte der zu erzwingenden Handlung oder Unterlassung nach § 3 ZPO festzustellen. Im Falle des § 887 ZPO wird der Streitwert durch den Betrag der vorauszuzahlenden Kosten gebildet.

Wird eine richterliche Wertfestsetzung bei der Zwangsvollstreckung erforderlich, so hat sie durch das VollstrGericht zu erfolgen, § 18 Abs. 1 GKG; s. oben § 12.

§ 24. Zwei Zehnteile der in den §§ 13—17 bestimmten Gebühren erhält der Rechtsanwalt, wenn seine Tätigkeit Anträge oder Gesuche betrifft:

1. auf Erteilung der Vollstreckungsklausel oder auf Zurücknahme der Vollstreckungsklausel, sofern diese Anträge nicht im Wege der Klage gestellt werden (ZPO §§ 724—730, 732, 738, 742, 744, 745 Abs. 2, §§ 749, 795, 796 Abs. 1, 797 Abs. 1, Abs. 3, 797a, 929), oder auf Erteilung einer weiteren vollstreckbaren Ausfertigung (ZPO § 733).

2. auf Anordnung der Rückgabe einer Sicherheit im Falle des § 715 ZPO sowie auf Erteilung des Zeugnisses der Rechtskraft oder auf Erteilung des Zeugnisses, daß innerhalb der Notfrist ein Rechtsmittelschriftsatz nicht eingereicht sei (ZPO § 706).

1. In § 24 wird nur die Höhe der Gebühren festgesetzt. Ob der RA diese Gebühren beanspruchen kann oder ob seine Tätigkeit zur Instanz gehört und durch die Pauschgebühr für die Instanz mit abgegolten wird, bestimmen die §§ 32, 35. Über die Frage, ob für das Rückgabeverfahren aus § 715 ZPO der Prozeßbevollmächtigte neben der Prozeßgebühr die besondere Gebühr aus § 24 beanspruchen darf, vgl. § 13 Anm. II 4a. Für die Erlangung der Vollstreckungsklausel im Wege der Klage erwachsen die vollen Gebühren der §§ 13—17. Für den Fall des § 797 Abs. 2 ZPO (Erteilung der Vollstreckungsklausel durch einen Notar) gilt nicht § 24[1], sondern die RKO.

2. Der Wert des Streitgegenstandes wird bestimmt bei Urteilen durch den Wert des zuerkannten Rechtes, bei Vergleichen durch den Wert der Leistungen, bezüglich deren eine Zwangsvollstreckung in Frage kommen kann.

§ 25. Jede der im § 13 benannten Gebühren kann der Rechtsanwalt in jeder Instanz rücksichtlich eines jeden Teils des Streitgegenstandes nur einmal beanspruchen.

1. Der § 25 in Verbindung mit § 29 Abs. 1 spricht den Grundgedanken des Pauschsystems aus. Die in § 13 angegebenen Gebühren umfassen die gesamte Tätigkeit des RA vom Beginne bis zur Beendigung der Instanz. Ob diese Tätigkeit in einem oder in mehreren Terminen entwickelt worden ist, oder ob sich ihr Umfang durch die Zahl der Angriffs- und Verteidigungsmittel erhöht, bleibt außer Betracht. Jeder Anwalt kann jede Pauschgebühr in jeder Instanz und für einen jeden Teil des Streitgegenstandes nur einmal beanspruchen, gleichviel ob er infolge eines oder mehrerer Aufträge tätig wird. Dies gilt auch insbesondere für einen auswärtigen Anwalt (§ 45), der bei mehreren Beweisaufnahmen tätig ist, vgl. § 45 Anm. 3. Dagegen kann der RA die in § 13 benannten Gebühren in derselben Instanz, für denselben Streitgegenstand mehrfach beanspruchen, wenn er nach Erlöschen des Auftrags infolge eines neuen Auftrags tätig wird, OLG Stettin JW 34, 1867. Treten für dieselbe Partei in derselben Instanz mehrere Anwälte auf — z. B. bei Streitgenossen —, so hat jeder Anwalt für sich selbständig Anspruch auf die vollen Gebühren des § 13. Es können also die in § 13 angegebenen Gebühren in der nämlichen Instanz so viele Male zum Ansatz kommen, als Anwälte auf der Seite einer Partei vorhanden sind, jedoch für jeden einzelnen Anwalt nur einmal. Insbesondere kann die Gebühr nur einmal berechnet werden bei Widerspruch gegen einzelne Punkte einer einstweiligen Vfg. in verschiedenen, getrennten Verfahren, KG JW 33, 2345, und für die — wenn auch getrennte — Verhandlung gegen mehrere Streitgenossen, OLG Stuttgart JW 34, 115; für die in derselben Sache erfolgten Abschlüsse mehrerer Vergleiche mit mehreren Gegnern; im Falle der Zurücknahme der Klage gegen einen Gesamtschuldner unter Fortsetzung des Prozesses gegen den anderen OLG Dresden SächsAnn 16, 288; für die von mehreren Beklagten über denselben Streitgegenstand besonders eingelegte und in verschiedenen Protokollen verhandelte Berufung. Über Berufung gegen mehrere Teilurteile s. unten Anm. 4. Bei der Stufenklage aus § 254 ZPO handelt es sich um mehrere nebeneinander geltend gemachte Ansprüche, die nur hinsichtlich des Streitwerts besonders behandelt werden, KG JW 34, 2633.

Als Ausnahme zu beachten ist § 27 Abs. 2, vgl. OLG Naumburg JW 30, 200[73].

2. Der § 25 entspricht dem § 25 GKG. Der Anwalt kann also in keinem Falle mehr als die volle Gebühr vom ganzen Streitgegenstande beanspruchen. Derselbe Streitgegenstand liegt nicht vor, wenn über die Hauptsache durch Versäumnisurteil entschieden worden ist und über die Kosten danach streitig verhandelt wird. Daher wird auch in dem Falle, daß über die Hauptsache nicht streitig verhandelt und nach deren Erledigung über die Kosten durch Versäumnisurteil entschieden worden ist, die $^{5}/_{10}$-Verhandlungsgebühr von beiden Streitgegenständen verdient; *aM* OLG Hamburg Rsp 15, 187, weil die erste Verhandlung die Kosten mit umfaßt habe, ebenso für den Fall streitiger Verhandlung zur Hauptsache und späterer streitiger Verhandlung über die Kosten, KG BerlAnwBl 29, 249[7]. In keinem dieser Fälle kann aber die Summe der Verhandlungsgebühren höher

sein, als die streitige Verhandlungsgebühr vom Streitwert der Hauptsache, KG JW 30, 2070[22]. Wird über den gleichen Teil des Streitgegenstandes erst streitig und dann nicht streitig verhandelt, so erfällt nur die Gebühr für die streitige Verhandlung. Wird über einen Teil des Streitgegenstandes streitig und über den Rest nicht streitig verhandelt, so darf die Verhandlungsgebühr für beide Verhandlungen die nach dem Gesamtstreitwert berechnete Gebühr für streitige Verhandlung nicht übersteigen, OLG Düsseldorf JW 36, 3068.

3. In der Reichstagskommission wurde festgestellt, daß die im § 17 erwähnte erhöhte Verhandlungsgebühr unter § 13 falle, ohne daß dies besonders ausgesprochen werden müsse. Auch auf die in den §§ 14—16 vorgesehenen Änderungen der Prozeß- und Vergleichsgebühr findet § 25 Anwendung, RG 9, 333; OLG Hamburg Rsp 15, 186.

4. Die Instanz umfaßt nach der ZPO das Verfahren von der Zustellung der Klage bis zur Erledigung durch Vergleich oder Endurteil, mit Einschluß der Urteilszustellung, ZPO §§ 176, 178, 317; RG 8, 424; 9, 367; 10, 345; 16, 354; 19, 397; 39, 398; 41, 427; JW 93, 133[3]; 00, 50[14]; Gruch 31, 109. Die RAGebO und das GKG haben den Begriff der Instanz aus der ZPO entnommen, aber nur mit gewissen Einschränkungen.

a) Nach § 29 Abs. 1 RAGebO beginnt die Instanz mit dem Auftrage zur Klage oder zur Einlegung eines Rechtsmittels. Darauf, ob die Klage einen neuen oder einen bereits geltend gemachten Anspruch betrifft, kommt nichts an. Danach sondern sich für die Gebührenerhebung die Wiederaufnahme des Verfahrens von dem durch rechtskräftiges Urteil geschlossenen Rechtsstreit, das landgerichtliche und das amtsgerichtliche Verfahren in Entmündigungssachen, die Anfechtung des Ausschlußurteils und das Aufgebotsverfahren, die Einwandsklage aus § 767 ZPO und der Hauptprozeß, Mot. zu §§ 28—36 GKG a. Fl.

Mit Anträgen und Gesuchen in einem anhängigen Rechtsstreite beginnt der Regel nach keine neue Instanz (Ausnahme: §§ 27 f.). Ebenso nicht, wenn ein anhängiger Rechtsstreit an eine andere Kammer verwiesen oder wenn nach § 36 ZPO das zuständige Gericht durch das höhere Gericht bestimmt wird. Ferner beendigen nicht die Instanz: Teilurteile (anders für den Fall der Übergangsvorschrift des Art. VII Abs. 4 der VO v. 13. 12. 23 mit Art. VIII Abs. 4 des Ges v. 18. 8. 23, Urteile unter Vorbehalt der Entscheidung über die Aufrechnung. Urteile über den Grund eines Anspruchs, KG JW 35, 2655; Entscheidungen über prozeßhindernde Einreden. Wegen des Vorbehaltsurteils im Urkundenprozeß s. § 28. Die Zustellung derselben Klage gegen einen Streitgenossen nach Verurteilung der anderen auf Grund eines einheitlichen Auftrags schafft keine neue Instanz. Stirbt die arme Partei während des Rechtsstreits und wird ihr Armenanwalt ihre Erben in derselben Instanz beigeordnet, dann erwachsen dem ArmAnwalt die vor der 2. Beiordnung bereits entstandenen Gebühren nicht von Neuem, KG JW 31, 183 f.

Ist eine Widerklage mit Zustimmung des Gegners zurückgenommen worden, so eröffnet ihre neue Erhebung eine neue Instanz, da der Gegner nach § 271 ZPO in der Lage war, nach Rücknahme der ersten Widerklage ein Kostenurteil zu erwirken und bis zur Erstattung der Kosten die Verhandlung über die neue Widerklage zu verweigern. Daß dasselbe Urteil über die Kosten beider Widerklagen entscheidet, ist unerheblich, RG 28, 404.

b) Beendigt ist die Instanz mit den Prozeßhandlungen vor dem Gericht einer bestimmten Ordnung (dem Gericht I. Instanz, dem Berufungsgerichte, dem Revisionsgerichte), die den diesem Gericht unterbreiteten Streitstoff erledigen. Hierher gehören die

Zurücknahme der Klage oder der Widerklage und der Vergleich. Wenn das Gericht nach Abschluß des Vergleichs weitere Anträge der Parteien entgegennimmt oder über einen Antrag auf Fortsetzung der Verhandlung durch Urteil entscheidet, gleichviel ob die Fortsetzung des Verfahrens zulässig ist, so kann der Anwalt Gebühren für die Tätigkeit in diesem Verfahren nicht berechnen, weil es nach § 29 Abs. 1 mit zu der Instanz gehört. OLG Marienwerder, Hamburg, Frankfurt, Köln Rsp 21, 131; 23, 270; 27, 232; 39, 116 Anm. 1; ZDJ 13, 98. Bei Erweiterung der Anträge entstehen aber neue Gebühren, KG Rsp 21, 129. Die Erledigung eines in I. Instanz erlassenen bedingten Endurteils gehört als sog. Nachverfahren immer zur I. Instanz, auch wenn die Sache inzwischen in die Berufungsinstanz gebracht worden war. Wird die Revision gegen ein bedingtes Endurteil verworfen, so kann der Anwalt der Berufungsinstanz für die Vertretung bei der Eidesleistung und die Erwirkung des Läuterungsurteils keine Beweis und weitere Verhandlungsgebühr beanspruchen, wenn er sie vor der Revision schon erhalten hatte, OLG Braunschweig Rsp 31, 232.

c) Die neue Instanz beginnt erst, sobald ein Gericht höherer Ordnung mit der Sache befaßt wird; Mot. 46; RG 68, 254.

Die Einlegung eines Rechtsmittels eröffnet eine neue Instanz auch dann, wenn über denselben Streitstoff bereits früher auf Grund eines Rechtsmittels entschieden worden ist, insbesondere, wenn nach Zurückverweisung der Sache gegen das neue Urteil nochmals ein Rechtsmittel eingelegt wird. Wird bei einem nach Grund und Betrag streitigen Anspruche über den Grund vorab entschieden, so wird die I. Instanz erst mit der Zustellung des Urteils über den Betrag beendigt. Werden aber gegen die gesonderten Urteile besondere Rechtsmittel eingelegt, so wird durch jedes Rechtsmittel, da ihm nur der in der Vorinstanz entschiedene Streitstoff unterliegt, eine besondere Instanz eröffnet. Ebenso in allen Fällen, in denen Zwischenurteile hinsichtlich der Rechtsmittel den Endurteilen gleichgestellt sind (ZPO §§ 275, 302, 529). Ob die Berufung gegen das Zwischenurteil, z. B. über prozeßhindernde Einreden, noch schwebt, während die Berufung in der Hauptsache eingelegt wird, ist unerheblich. Im Falle der Zurückverweisung gilt nach § 27 Abs. 1 das Verfahren vor dem unteren Gericht außer für die Prozeßgebühr als neue Instanz. Ist über einzelne Teile des Anspruchs durch Teilurteil entschieden worden und werden hiergegen gesonderte Berufungen eingelegt, so erhält der RA des Berufungsklägers für jeden Teil die Prozeßgebühr, selbst wenn über die Berufungen gemeinsam verhandelt wird. Wegen der Prozeßgebühr des RA des Berufungsbeklagten s. Anm. 6 § 13.

Eine neue Instanz wird auch durch die Verhandlung über den Antrag des Vermieters nach § 6 Abs. 5 des Mieterschutzgesetzes (Fass. v. 13. 2. 28) eröffnet, LG Dresden JW 27, 1332[4]; LG Hamburg JW 28, 2577[9]; Sydow-Busch Anm. 1 § 25.

§ 26. Für die Bestimmung des Umfanges einer Instanz im Sinne des § 25 finden die Vorschriften des § 27 Abs. 1 des Gerichtskostengesetzes entsprechende Anwendung.

GKG § 27. Wird ein Rechtsstreit an ein anderes Gericht verwiesen, so bildet das weitere Verfahren vor dem anderen Gerichte mit dem bisherigen Verfahren im Sinne des § 25 Abs. 1 eine Instanz.

1. Verweisung des Rechtsstreits an ein anderes Gericht erfolgt nach § 276 ZPO auf Grund der Bestimmungen über die örtliche oder sachliche Zuständigkeit der Gerichte, sofern das zuständige Gericht bestimmt werden kann und der Kläger es beantragt. In diesem Falle ist § 276 Abs. 3 Satz 2 zu beachten. § 26 gilt auch für den Fall, daß die Verweisung erst durch das Berufungsgericht ausgesprochen wird.

Ein zweiter Fall der Verweisung ist der des § 697 ZPO, wenn im Mahnverfahren ein zur Zuständigkeit der Landgerichte gehöriger Anspruch erhoben worden ist und eine Partei die Verweisung an das Landgericht beantragt.

Über die Erstattungsfähigkeit der Kosten mehrerer Anwälte s. oben S. 100 ff.

§ 112 GenG Abs. 1—3. Die Klage ist ausschließlich bei dem Amtsgerichte zu erheben, welches die Berechnung für vollstreckbar erklärt hat. Die mündliche Verhandlung erfolgt nicht vor Ablauf der bezeichneten Notfrist. Mehrere Anfechtungsprozesse sind zur gleichzeitigen Verhandlung und Entscheidung zu verbinden.

Übersteigt der Streitgegenstand eines Prozesses die sonst für die sachliche Zuständigkeit der Amtsgerichte geltende Summe, so hat das Gericht, sofern eine Partei in einem solchen Prozesse vor der Verhandlung zur Hauptsache darauf anträgt, durch Beschluß die sämtlichen Streitsachen an das Landgericht, in dessen Bezirk es seinen Sitz hat, zu verweisen. Gegen diesen Beschluß findet die sofortige Beschwerde statt. Die Notfrist beginnt mit der Verkündung des Beschlusses.

Ist der Beschluß rechtskräftig, so gelten die Streitsachen als bei dem Landgerichte anhängig. Die im Verfahren vor dem Amtsgerichte erwachsenen Kosten werden als Teil der bei dem Landgerichte erwachsenen Kosten behandelt und gelten als Kosten einer Instanz.

2. § 112 des Genossenschaftsgesetzes v. 21. 12. 33 (RGBl 1089 ff.) setzt bei Klagen auf Anfechtung der im Genossenschaftskonkurs aufgestellten Vorschuß- und Nachschußberechnung den Umfang der Instanz fest. Diese Vorschrift gilt auch für den Konkurs der Versicherungsvereine auf Gegenseitigkeit nach § 52 des Ges. über die privaten Versicherungsunternehmungen v. 12. 5. 01 (RGBl 139).

§ 27. Im Falle der Zurückverweisung einer Sache an das Gericht unterer Instanz (Zivilprozeßordnung §§ 538, 539, 565, 566[4]) wird das weitere Verfahren vor diesem Gericht für die Gebühren der Rechtsanwälte, mit Ausnahme der Prozeßgebühr, als neue Instanz behandelt. Die Beschränkung hinsichtlich der Prozeßgebühr gilt jedoch nicht im Falle der Zurückverweisung an das Oberlandesgericht gemäß § 566a Abs. 5 der Zivilprozeßordnung. Die Vorschrift in Satz 1 gilt entsprechend im Falle der Zurücknahme oder Verwerfung des gegen ein Versäumnisurteil eingelegten Einspruchs für das Verfahren über den Einspruch.

Im Falle der Zulassung des Einspruchs steht dem Rechtsanwalte des Gegners der den Einspruch einlegenden Partei die Gebühr für die mündliche Verhandlung, auf welche das Versäumnisurteil erlassen ist, besonders zu.

1. Abs. 1. Der RA erhält in dem weiteren Verfahren die Gebühren — abgesehen vom Falle des § 566a Abs. 5 ZPO — mit Ausnahme der Prozeßgebühr ohne Rücksicht darauf, ob er diese Gebühren im vorangegangenen Verfahren bereits verdient hatte. Für die Prozeßgebühr wird dagegen das ganze Verfahren als eine Instanz behandelt. Wird z. B. das eine prozeßhindernde Einrede zulassende erstinstanzliche Urteil aufgehoben oder das sie verwerfende bestätigt, die Sache nach § 538² ZPO in die Instanz zurückverwiesen und alsdann zur Hauptsache weiter verhandelt, so ist für den früheren Prozeßbevollm. der Instanz eine neue Verhandlungs- usw. Gebühr anzusetzen, KG Rsp 31, 233. Für die Anwendbarkeit der Bestimmung bedarf es einer ausdrücklichen Zurückverweisung nicht, wenn sich solche als selbstverständlich nach dem Gesetz aus der prozessualen Lage des Rechtsstreits ergibt, OLG Hamburg JW 19, 690[8]; OLG Hamm JW 22, 1404[25]; OLG Düsseldorf JW 25, 1420[20]. § 27 gilt, gleichviel ob das Urteil I. Instanz aufgehoben oder, wie z. B.i m Falle des § 304 ZPO, bestätigt wird (KG Rsp 31, 2033; OLG Breslau JW 31, 1120; OLG Posen, Kiel Rsp 35, 221 A 1; OLG Frankfurt JW 26, 1475[4]; OLG Kassel JW 28, 1525[33]; Baumbach A 1 § 27 RAGebO; MdRRAK vom 1. 12. 36 S. 226; *aM* Sydow-Busch A 2), oder wenn nach einem der Klage stattgebenden Grundurteil die Berufung zurückverwiesen und in dem nunmehr fortgesetzten Verfahren I. Instanz über die Höhe verhandelt und Beweis erhoben wird, OLG Naumburg JW 32, 119. Dagegen ist die Bestimmung nicht anwendbar, wenn ein Zwischenurteil im Falle des § 304 ZPO ohne Berufung oder infolge Zurücknahme des Rechtsmittels rechtskräftig wird, OLG Düsseldorf JW 35, 551; KG Berl. AnwBl 29, 249[10], oder die Berufung als unzulässig verworfen wird, KG JW 35, 794; Kiel JW 33, 2714; OLG Hamburg JW 30, 1516[17]; *aM* OLG Naumburg JW 34, 2573. Eine Zurückverweisung nach § 565 ZPO setzt andererseits stets die Aufhebung des Urteils voraus. Wird nach Verwerfung der Revision gegen ein Eidesurteil der Eid geleistet, kommt demnach § 27 nicht zur Anwendung, OLG Braunschweig Rsp 31, 232. Die Wertfestsetzung des höheren Gerichts behält für die Prozeßgebühr in dem weiteren Verfahren ihre Wirksamkeit, sofern der Streitgegenstand sich nicht ändert. Auch das früher für die Instanz bewilligte Armenrecht gilt ebenso wie die Anwaltsbeiordnung auch nach Zurückverweisung in die Instanz weiter. Ergeht aber eine gegenteilige Entscheidung des Prozeßgerichts, so ist diese maßgebend, KG JW 35, 3485. Bei Zurückverweisung einer gegen ein Teilurteil und Zwischenurteil (§§ 301, 304 ZPO) eingelegten Berufung und Zurückverweisung des Rechtsstreits an die Vorinstanz sind die nach § 27 erfallenden weiteren Gebühren nur nach dem Wert des aus der Berufungsinstanz zurückverwiesenen Teilanspruchs zu bemessen, OLG Köln JW 33, 2294. Zweifelhaft ist die Frage der Auswirkung des § 9 Abs. 2 GKG auf die Höhe der Prozeßgebühr, wenn der Wert des Streitgegenstandes während der Anhängigkeit der Sache in der unteren Instanz schwankte und bei Erlassung des 2. Instanzurteils niedriger war, als bei Erlassung des ersten. Da das Gesetz ausdrücklich bestimmt, daß für die Prozeßgebühr das Verfahren als eine einheitliche Instanz behandelt wird, muß der höhere Streitwert bei Erlassung des ersten Instanzurteils für die Prozeßgebühr außer Betracht bleiben. Vgl. auch OLG Celle JW 29, 599[0]. Gelangt aber die Sache darauf nochmals vor das höhere Gericht, so bildet dieses Verfahren auch hinsichtlich der Prozeßgebühr eine neue Instanz, selbst wenn das erstemal z. B. nur über den Grund des Anspruchs verhandelt worden war. Ebenso eröffnet das Rechtsmittel, das gegen die zurückverweisende Entscheidung eingelegt wird, eine neue Instanz.

Auch die Gebühr des § 44 darf nach der Zurückverweisung nicht von neuem angesetzt werden, OLG Königsberg JW 30, 3350[45]. Dem Verkehrsanwalt steht für das weitere Verfahren nach der Zurückverweisung eine neue Verkehrsgebühr zu, KG JW 36, 2155; OLG Naumburg JW 35, 3173.

2. Die Neufassung des § 27 durch die auf Grund des Ges. v. 28. 1. 27 bewirkte Bek. v. 5. 7. 27 hat auch den Fall der sogenannten Sprungrevision (§ 566a ZPO) berücksichtigt.

Die Vorschrift sieht die Möglichkeit der Zurückverweisung einer nur am LG anhängig gewesenen Sache an das OLG durch das Revisionsgericht vor. In diesem Fall kann von einer Einheitlichkeit der Instanz auch für die Prozeßgebühr keine Rede sein. Satz 2 des Gesetzes stellt dies ausdrücklich klar.

3. Die Zurücknahme des Einspruchs begründet eine besondere Gebühr, wenn a) über den Verlust des Einspruchs oder b) über die Kosten des Einspruchs verhandelt wird. Im Falle a erwächst die Verhandlungsgebühr nach dem vollen Streitwert, im Falle b nach dem Betrage des Streitgegenstandes der in den bis zur Verhandlung entstandenen Kosten des Einspruchs besteht. Wird über den Verlust des Einspruchs oder über die Kosten nicht streitig verhandelt, so entsteht nur die halbe Verhandlungsgebühr. Wird der RA erst im Einspruchsverfahren bestellt, so steht ihm die Prozeßgebühr mit $^{10}/_{10}$ zu, es sei denn, daß er erst nach der Zurücknahme des Einspruches bestellt wurde und sein Auftrag sich nicht auf Erwirkung des Verlustigkeitsurteils, sondern nur auf die Kosten erstreckte.

4. **Abs. 2.** Wird der Einspruch zugelassen (ZPO § 342), so erhält der RA des Gegners der den Einspruch einlegenden Partei eine besondere Gebühr, da er eine Tätigkeit ausgeübt hat, die der Nichterschienene unterlassen und durch seinen Einspruch nutzlos gemacht hat. Ob die Zulassung des Einspruchs durch Zwischenurteil ausgesprochen wird oder durch Eintritt in die Verhandlung der Hauptsache tatsächlich erfolgt, macht keinen Unterschied. Die dem RA zustehende besondere Gebühr ist die Gebühr für die mündliche Verhandlung, auf die das Versäumnisurteil erlassen wurde, also für eine nichtstreitige Verhandlung. Sie beträgt, sofern nicht der Ausnahmefall des § 16 Abs. 2 Satz 3 vorliegt, $^{5}/_{10}$ (§ 16 Abs. 1), RG JW 34, 569; ist aber stets besonders erwirkt, unabhängig von onstigen, demselben RA zustehenden Verhandlungsgebühren, gleichviel, ob die Versäumnisverhandlung den Verhandlungen, die die sonstigen Verhandlungsgebühren begründen, nachfolgt oder vorausgeht, OLG Naumburg JW 30, 200[73]. Jedoch ist sie erst entstanden, wenn der Einspruch eingelegt und zugelassen worden ist, OLG Hamburg Rsp 25, 294. Der § 17 kommt bei der Berechnung der für die Versäumnisverhandlung vorgesehenen Gebühr nicht in Betracht. Auch dann, wenn die Versäumnisverhandlung eine weitere Verhandlung nach der Beweisaufnahme im Sinne des § 17 ist, ist die Gebühr nur nach § 16 zu berechnen, nicht aber nach § 17 noch um die Hälfte zu ermäßigen. Wohl aber kann eine Ermäßigung der Gebühr deshalb eintreten, weil die Verhandlung einen der in § 23 genannten Gegenstände betraf.

Ist in dem auf den Einspruch hin erfolgten Nachverfahren der Streitwert ein niedrigerer, als im Urkundenprozeß, so ist die Gebühr auf Grund des ursprünglichen Streitwertes zu berechnen; ist der Streitwert im Nachverfahren ein höherer, so ist die Gebühr auf Grund des neuen Streitwertes für das Nachverfahren zu berechnen. Die Ausführungen von Baumbach A 2 a. E. § 27 RAGebO müssen auf einem Mißverständnis beruhen, da er wohl den Fall der Einlegung eines Teileinspruches im Auge hat. Ist nur wegen eines Teilbetrages Versäumnisurteil ergangen, kann die Gebühr des § 27 Abs. 2 natürlich nur nach diesem Teilbetrage berechnet werden.

§ 28. Das Verfahren über einen Antrag auf Anordnung, Abänderung oder Aufhebung eines Arrestes oder einer einstweiligen Verfügung gilt, auch wenn es mit dem Verfahren über die Hauptsache verbunden ist, für die Berechnung der Gebühren des Rechtsanwalts als besonderer Rechtsstreit. Das gleiche gilt für das ordentliche Verfahren, welches nach der Abstandnahme vom Urkunden- oder Wechselprozesse sowie nach dem mit Vorbehalt in demselben erlassenen Urteil anhängig bleibt (ZPO §§ 596, 600). Der Rechtsanwalt muß sich jedoch die Prozeßgebühr des Urkunden- oder Wechselprozesses auf die gleiche Gebühr des ordentlichen Verfahrens anrechnen.

Das Verfahren über einen Antrag auf Abänderung oder Aufhebung eines Arrestes oder einer einstweiligen Verfügung bildet mit dem Verfahren über den Antrag auf Anordnung des Arrestes oder der einstweiligen Verfügung eine Instanz.

§ 28a. Die Verfahren über Anträge nach § 627, 627b ZPO gelten für die Berechnung der Gebühren des RA als besonderer Rechtsstreit. Jedoch erhält der RA für mehrere Verfahren der im § 627 ZPO bezeichneten Art die Gebühren nur einmal in jedem Rechtszug. Das gleiche gilt für Verfahren nach § 627b Abs. 1 u. 4 der ZPO.

1. In dem Verfahren über den Antrag auf Anordnung, Abänderung oder Aufhebung eines Arrestes oder einer einstweiligen Verfügung stehen dem RA die vollen Gebühren der §§ 13ff. zu, gleichviel, ob über den Antrag durch Urteil oder durch Beschluß entschieden wird, und ohne Rücksicht darauf, ob das Verfahren mit dem über die Hauptsache verbunden ist oder nicht. Deshalb kann, auch wenn Hauptsache und Arrestverfahren durch einen einheitlichen Vergleich erledigt werden, eine Zusammenrechnung der Streitwerte für die Berechnung der Vergleichsgebühr nicht stattfinden, es sind vielmehr die Vergleichsgebühren für jedes Verfahren getrennt in Ansatz zu stellen, selbst wenn der Vergleichsabschluß nach Verbindung von Haupt- und Arrestsache erfolgt, OLG Breslau JW 32, 2168; OLG Celle JW 30, 3346[33]; *aM* KG JW 27, 1497[7]; JW 31, 2178; vgl. A 11 § 13. Wegen der Beweisgebühr in diesem Verfahren vgl. A 14 § 13. Wurden im Verfahren über eine einstweilige Verfügung in der Berufungsinstanz die Hauptprozeßakten, welche schon im ersten Rechtszuge beigezogen waren, wieder herangezogen und verwendet, so entsteht hierdurch regelmäßig keine Beweisgebühr, OLG Kiel JW 32, 671.

2. Im Urkunden- und Wechselprozeß im Falle der §§ 596, 600 ZPO wird nur die Prozeßgebühr in voller Höhe angerechnet, während für die übrigen Gebühren das ordentliche Verfahren als neue Instanz gilt. Ist in beiden Verfahrensabschnitten der Streitgegenstand derselbe, so bleibt sich die Prozeßgebühr gleich; der RA erhält also für seine vermehrte Tätigkeit, soweit sie durch die Prozeßgebühr abzugelten ist, keine weitere Entschädigung. Daraus schließt LG Bielefeld, JW 30, 1112[3] zu Unrecht, daß der im Nachverfahren bestellte Armenanwalt keinen Anspruch auf Erstattung der Prozeßgebühr gegen die Staatskasse habe, auch wenn er die im Urkundenprozesse erwachsene Prozeßgebühr von der Partei nicht erhalten hat (!). Die Verhandlungsgebühr im Urkundenprozesse erwächst durch Verlesung der Anträge, A 7 § 13. Erklärt alsdann der Kläger vor der Verhandlung zur Hauptsache, daß er vom Urkundenprozeß abstehe, so erhält der Anwalt des Klägers die Verhandlungsgebühr auch für das ordentliche Verfahren, *aM* OLG Dresden Rsp 9, 169 und die frühere Aufl., auch Sydow-Busch A 4. Auf andere, z. B. das einem Vorbehaltsurteil auf Grund des früheren § 540 ZPO folgende Verfahren ist die Vorschrift nicht anzuwenden, OLG Celle JW 29, 599[9]. Dagegen findet sie Anwendung, wenn erst im Wiederaufnahmeverfahren nach Verhandlung über den Wiederaufnahmegrund in das ordentliche Verfahren übergegangen wird, OLG Köln JW 30, 2996[28].

3. Findet das ordentliche Verfahren nur über einen Teil des Streitgegenstandes statt, der im Urkundenprozeß anhängig war, so gilt die Regel, daß nur der den vollen Betrag der bereits verdienten Gebühr übersteigende Betrag der neuen Gebühr noch in Rechnung gestellt werden darf, ohne daß etwa erst eine Umrechnung der bereits verdienten Gebühr nach diesem Teile oder dem Reste des Streitgegenstandes vorzunehmen wäre, KG ZZP 14, 506; OLG Kolmar Rsp 23, 273; *aM* die 6. Aufl.; OLG Posen Rsp 7, 230. Die Gegenmeinung findet in dem Wortlaute des § 28 keine Stütze, da Satz 3 nur die Art der Gebühr, nicht den ihrer Berechnung zugrunde zu legenden Streitwert behandelt. Gegen die hier vorgetragene Meinung wendet sich OLG Königsberg Rsp 31, 237. Diese nach dem früheren Rechte ergangene Entscheidung betrifft ein Arrestverfahren, dessen Gebühren sich nach der alten Fassung des § 28 der RA zur Hälfte mit den in dem Hauptprozeß erwachsenden Gebühren anrechnen lassen mußte. Sie berechnet im Falle des Arrestes die anzurechnenden $^5/_{10}$ von dem Ergebnis der Gleichung: Gesamtobjekt verhält sich zur Gebühr hiervon wie Teilobjekt zu X. Diese Berechnungsart ist schon deshalb nicht zutreffend, weil sie nicht eine tatsächlich erwachsene Gebühr anrechnet, sondern feststellen will, was der RA durch seine Tätigkeit in dem Verfahren mit geringerem Streitgegenstand im Verhältnis zu der Gebühr verdient, die sich nach dem höheren Streitgegenstand bemißt.

Keine Anrechnung findet statt, wenn der RA eine Partei vor dem Berufungsgerichte zunächst in der Berufung gegen das im Urkundenprozeß, dann in der Berufung gegen das im Nachverfahren ergangene Urteil vertritt, KG JW 22, 444[6] (für die frühere das Arrestverfahren betreffende Anrechnungsvorschrift).

4. Stellt der Beklagte neben dem Hauptantrag auf Aufhebung des Vorbehaltsurteils noch die Nebenanträge auf Erstattung der von ihm aufgewendeten Kosten des Urkundenprozesses oder auf Erstattung des auf Grund des Vorbehaltsurteils Gezahlten, so bleiben diese Nebenbeträge für die Berechnung des Streitwerts außer Betracht (ZPO § 4).

5. Abs. 2. Das ganze Verfahren von dem Antrag auf Anordnung des Arrestes an mit dem Widerspruchs-, Bestätigungs- und Abänderungsverfahren bis zur Aufhebung des Arrestes oder der einstweiligen Verfügung bildet eine Instanz, OLG Königsberg JW 26, 865[25]; OLG Celle JW 30, 2809[22]; auch in der Berufungsinstanz, OLG Düsseldorf JW 36, 3322, und ausnahmslos, selbst bei Beendigung des Auftrags, bei mehrfach wiederholtem Aufhebungsverfahren und langen zeitlichen Zwischenräumen, KG JW 33, 2959. Dies gilt auch dann, wenn einzelne Verfahrensabschnitte vor verschiedenen Gerichten stattfinden (§§ 927 Abs. 2, 942 ZPO), aber nicht für den Fall, daß, während das Verfahren um die Rechtmäßigkeit des Arrestes vor dem Gericht der Hauptsache schwebt, unzulässigerweise Widerspruch beim Arrestgerichte erhoben wird, LG Essen JW 22, 1421[7]; LG Köln JW 26, 2121[10]. Auch wenn nach erhobenem Widerspruch gegen die vom LG durch Beschluß erlassene einstw. Verf. das LG durch Urteil über die Rechtmäßigkeit der einstw. Verf. entschieden hat und nachher, da inzwischen die Hauptsache auf Berufung bei dem OLG anhängig geworden war, hier die Aufhebung wegen veränderter Umstände beantragt und darüber durch Urteil entschieden worden ist, bildet das ganze Verfahren nur eine Instanz, OLG München Rsp 33, 193; OLG Königsberg JW 28, 1320[9]; HRR 28, 1054. Es können demnach gemäß §§ 25, 29 Abs. 1 die Gebühren nur einmal angesetzt werden. Sind im Verfahren der Anordnung, Abänderung oder Aufhebung eines Arrestes oder einer einstw. Vfg. mehrere gerichtliche Anordnungen ergangen, so ist für die Frage, ob dem Anwalt die Prozeßgebühr einmal oder mehrfach erwachsen ist, lediglich der Umstand entscheidend, ob der Antragsteller einen einheitlichen Antrag oder mehrere getrennte Anträge auf Erlaß der begehrten Maßnahmen gestellt hat, OLG Düsseldorf JW 36, 3320. Das Verfahren, das die Herbeiführung einer „Erläuterung oder Modifikation" einer einstweiligen Verfügung bezweckt, gehört zu dem Verfahren auf Erlaß einer einstweiligen Verfügung und wird durch die hierfür erwirkte Gebühr mit abgegolten. Die Gebühren des RA sind nicht erstattungsfähig, wenn die nach § 927 ZPO zu beantragende Abänderung fälschlich im Klagewege aus § 323 ZPO verlangt wurde, OLG Jena Rsp 35, 223. Unter der Aufhebung ist nur die zu verstehen, welche auf Antrag des Arrestschuldners oder der Person, gegen die sich die einstweilige Verfügung richtet, auf Grund der §§ 922, 925, 926, 927 ZPO erfolgt. Entsprechend werden für die Rechtsmittel gegen diese Entscheidungen die Gebühren nur einmal verdient. Ist eine einstweilige Verfügung nach Antrag durch Urteil erlassen, später aber gemäß § 927 ZPO durch Urteil wieder aufgehoben, so kann jede Partei unbeschadet des § 28 ihre Anwaltskosten aus dem für sie siegreichen Urteil zur Erstattung festsetzen lassen. Die eine Kostenentscheidung steht der zweiten nicht deshalb im Wege, weil der Anwalt der im Aufhebungsverfahren obsiegenden Partei die Gebühren schon im Anordnungsverfahren verdient hat, in welchem seine Partei unterlegen ist, OLG Hamm JW 35, 2912. Hat der Arrestgegner den Antrag auf Aufhebung der einstw. Verf. sowohl beim Amtsgericht als auch beim Landgericht gestellt, so stehen dem Arrestkläger Prozeßgebühren für jedes der beiden Verfahren zu, OLG Dresden Rsp 35, 224. Für eine von einem Dritten gemäß § 771 ZPO erhobene Klage oder für Anfechtungsklagen aus der KO oder dem AnfGes müssen dem RA besondere Gebühren bewilligt werden. — § 28 Abs. II ist auch auf die Fälle anwendbar, in denen der Unterhaltsberechtigte einen weiteren Betrag außer dem durch frühere einstw. Vfgen ausgesprochenen Betrage fordert, OLG Düsseldorf JW 33, 1782.

6. Die Vollziehung des Arrestes oder der einstweiligen Verfügung gehört jedoch nicht mit zur Instanz. Sie ist eine Vollstreckungsmaßregel (§ 36), so daß der RA für seine dabei aufgewendete Tätigkeit die $^3/_{10}$-Gebühr des § 23 Nr. 18 erhält. Diese steht ihm selbst dann zu, wenn der Antrag auf Vollziehung des Arrestes mit dem auf seine Anordnung verbunden war. Hat der Anwalt zunächst zur Vollziehung des Arrestes die Pfändung einer Forderung und dann nach Erlangung eines vollstreckbaren Titels die Überweisung derselben Forderung für den Gläubiger erwirkt, so kann er sowohl für die Pfändung als auch für die Überweisung die Gebühr aus § 23^{18} beanspruchen, weil jene zur Arrestvollziehungsinstanz, diese zur UrteilsvollstrInstanz gehört. Die Aufhebung des vollzogenen Arrestes (§ 934 ZPO) fällt nicht unter § 28, sondern ist nach § 23 Nr. 18 zu vergüten, wobei aber §§ 31, 35, 36 einen doppelten Ansatz der Gebühr des § 23 ausschließen.

7. Im Arrestbeschwerdeverfahren sind die Anwaltsgebühren nicht nach § 28, sondern nach § 41 zu berechnen, KG KGBl 15, 78; Rsp 33, 193 Anm. 1. § 28 gilt auch für das Verfahren im 2. Rechtszuge, KG JW 33, 541.

§ 29. Die im § 13 benannten Gebühren umfassen die gesamte Tätigkeit des Rechtsanwalts von dem Auftrage bis zur Beendigung der Instanz. Zu der Instanz gehören insbesondere:

1. das Verfahren behufs Festsetzung des Wertes des Streitgegenstandes;
2. Zwischenstreite mit Nebenintervenienten sowie mit Zeugen oder Sachverständigen;
3. das Verfahren zur Sicherung des Beweises (ZPO §§ 485—494), wenn die Hauptsache anhängig ist;

4. das Verfahren über einen Antrag auf vorläufige Einstellung, Beschränkung oder Aufhebung einer Zwangsvollstreckung (ZPO §§ 707, 719, 769, 771 Abs. 3, §§ 785, 786, 805 Abs. 4, § 810 Abs. 2), soweit das Verfahren mit dem Verfahren über die Hauptsache verbunden ist;
5. das Verfahren über einen Antrag auf Änderung einer Entscheidung des beauftragten oder ersuchten Richters oder des Urkundsbeamten der Geschäftsstelle (ZPO § 576);
6. das Verfahren über die im § 23 Nr. 5--9, 11—17 bezeichneten Streitpunkte und Anträge;
7. die Zustellung und Empfangnahme der Entscheidungen und die Mitteilung derselben an den Auftraggeber;
8. die Übersendung der Handakten an den Bevollmächtigten einer anderen Instanz.

I. Unter den „im § 13 benannten Gebühren" sind nicht nur die Normalgebühren des § 13, sondern auch deren in den §§ 14—17 enthaltene Modifikationen zu verstehen. Gemeint sind die einzelnen Gebührenarten des § 13 Nr. 1—4, so daß z. B. die Prozeßgebühr nicht eine Beweisgebühr, die bei der Tätigkeit der in Nr. 1ff. bezeichneten Art erwachsen ist, in sich aufnehmen kann; *aM* KG Rsp 15, 190. Die Fälle zu 1—8 geben nur Beispiele („insbesondere") bezüglich solcher Punkte, bei denen es zweifelhaft sein könnte, ob sie nicht eine neue Instanz würden bilden können. Es können also daneben auch noch andere Tätigkeiten zur Instanz gehören, z. B. die Tätigkeiten aus § 24 Nr. 1 und 2, die Ergänzung des Urteils gemäß §§ 321, 716 ZPO, die Bestimmung der Einspruchsfrist gemäß § 339 Abs. 2 ZPO; vgl. auch oben § 13 Anm. II 3.

II. Die einzelnen Fälle.

1. Nr. 1. Vgl. §§ 11, 12 und GKG, § 18 (S. 281f.). Die Beschwerde gegen den Wertfestsetzungsbeschluß begründet eine neue Instanz.

2. Nr. 2. a) Zwischenstreite mit Nebenintervenienten. Die hierfür im § 23 (GKG § 25 Abs. 3) bestimmte Gebühr steht dem RA nur zu, wenn sich die Vertretung auf den Zwischenstreit wegen Zulassung oder Zurückweisung eines Nebenintervenienten (ZPO § 71) beschränkt. Weder der Prozeßbevollmächtigte der Hauptpartei noch der RA des Nebenintervenienten, wenn er sich an der Verhandlung zur Hauptsache beteiligt, kann eine besondere Gebühr für den Zwischenstreit beanspruchen. Dieselben Grundsätze gelten bei der Streitverkündung, wenn der Dritte dem Streitverkünder beitritt, ZPO § 74. Die Hauptintervention ist ein selbständiges, besonders zu vergütendes Prozeßverfahren, ZPO §§ 64, 65. Streit um die Rechtsnachfolge, der sich nach Verkündung des Urteils in derselben Instanz in einem durch Tod unterbrochenen Verfahren abspielt, gehört verfahrens- und gebührenrechtlich zur Instanz, KG JW 37, 1421.

b) Zwischenstreite mit Zeugen oder Sachverständigen, ZPO §§ 387, 389, 408. Die Gebühr des § 23 ist nur erwirkt, wenn sich die Tätigkeit des RA auf den Zwischenstreit beschränkt, z. B. im Falle der Vertretung des Zeugen oder Sachverständigen.

3. Nr. 3. Vgl. § 30 Anm. I.

4. Nr. 4. Das Verfahren über Anträge aus §§ 707, 719 ZPO gehört stets zur Instanz. Keine Verbindung im Sinne des § 29[4] liegt vor, wenn die Einstellung gleichzeitig mit einem Armenrechtsgesuche beantragt und darüber vor Klageerhebung entschieden worden war, KG JW 29, 131[24]; § 30 Anm. 2. Die Verbindung erfordert keinen Gerichtsbeschluß, OLG Hamburg JW 26, 2475[7]; KG BerlAnwBl 29, 250[17].

5. Nr. 5. Eine Gebühr für den Antrag auf Einstellung der Zwangsvollstreckung nur bei Trennung dieses Verfahrens von dem Verfahren über die Hauptsache, RG JW 36, 1970. Vgl. § 41 Nr. 2 und Dehnow JW 28, 1484.

6. Eine Verweisung auf § 23 Nr. 10 ist im Hinblick auf § 30 Abs. III nicht erforderlich.

7. Nr. 7. Das Reichsgericht hat angenommen, daß der RA, der erst nach der Schlußverhandlung von einer Partei Prozeßvollmacht erhält, dessen Tätigkeit sich also auf die Urteilszustellung beschränkt, Anspruch auf die volle Prozeßgebühr hat, da für das Erwirken dieser Gebühr auf den Umfang der geübten Tätigkeit nichts ankommt. Der Ansicht des RG folgen OLG Nürnberg Rsp 35, 216 Anm.; JW 16, 615[1]; OLG Celle JW 26, 861[15]; Sydow-Busch § 29 Anm. 12.

8. Nr. 8. Vgl. § 44 Abs. 2, § 77. Über diese Tätigkeit hinaus geht es, wenn der erstinstanzliche Anwalt die Sache mit dem zweitinstanzlichen bespricht, RG 113, 264; JW 26, 2086[3]. Der vom OLG Kiel JW 30, 187[43] gemachte Unterschied der Instanzzugehörigkeit im allgemeinen und „im Sinne des Übergangsrechts" erscheint im Gesetze nicht begründet.

9. Aus § 29 Abs. 2 ist zu folgern, daß die Instanz für die Gebührenberechnung jedenfalls noch nicht mit Erlassung des Urteils beendigt ist, JW 29, 131[26]. Sie endet auch dann mit der Zustellung des Urteils, wenn es nicht mit einem Rechtsmittel angreifbar ist, KG JW 22, 502[13]; OLG Dresden JW 22, 507[26]; LG I Berlin KGBl 17, 23; Hirschberg JW 18, 743[1]; *aM* KG JW 22, 497[3], 627[2]; OLG Köln JW 30, 199[10] (mit Verkündung des Urteils, wenn kein Rechtsmittel gegeben ist); OLG Breslau JW 22, 503[17, 18]; OLG München JW 22, 516[47]; OLG Düsseldorf JW 22, 419 (mit Einlegung des Rechtsmittels oder Abbruch des Rechtsmittelangriffs).

10. Im Verhältnis zum erstattungspflichtigen Gegner ist eine Vereinbarung der erstattungsberechtigten Partei mit ihrem Prozeßbevollmächtigten, daß dieser für die Wahrnehmung auswärtiger Beweistermine die Gebühren erhalten solle, die einem für die Beweisaufnahme besonders ausgewählten Anwalt am Ort der Beweisaufnahme zustehen würden, unbeachtlich. Dem unterlegenen Gegner können nur die gesetzliche Beweisgebühr und die Reisekosten des Prozeßbevollmächtigten zum Termin zur Erstattung in Ansatz gebracht werden, OLG Naumburg JW 36, 947.

§ 30. Die Gebühren werden besonders erhoben für die Tätigkeit bei Streitigkeiten und Anträgen, welche betreffen:

1. die Sicherung des Beweises (ZPO §§ 485—494), wenn die Hauptsache noch nicht anhängig ist;
2. das Verfahren über einen Antrag auf vorläufige Einstellung, Beschränkung oder Aufhebung einer Zwangsvollstreckung (ZPO §§ 769, 771 Abs. 3, §§ 785, 786, 805 Abs. 4, § 810 Abs. 2), sofern das Verfahren von dem Verfahren über die Hauptsache getrennt ist;
3. die im § 23 Nr. 3, 4 bezeichneten Angelegenheiten.

Wird die vorläufige Einstellung, Beschränkung oder Aufhebung der Zwangsvollstreckung bei dem Vollstreckungsgericht und bei dem Prozeßgericht beantragt, so wird die Prozeßgebühr nur einmal erhoben.

Die Festsetzung der Kosten mit Einschluß der Erinnerungen gegen den Kostenfestsetzungsbeschluß und die Abänderung der Kostenfestsetzung (§ 23 Nr. 3 und 10) bilden eine Instanz. Das gleiche gilt von dem Verfahren über die im § 23 Nr. 4 bezeichneten Anträge.

1. Abs. 1 Nr. 1. Ein Beweissicherungsverfahren, das begonnen wird, nachdem die Hauptsache anhängig geworden ist, gehört zur Instanz; die Gebühren werden also durch die Gebühren des Hauptprozesses abgegolten, § 293. Anhängig bedeutet hier rechtshängig, OLG Hamburg Rsp 31, 241 (die dort allgemein aufgestellte, von Baumbach Anm. 5 § 29 RAGebO offenbar gebilligte Behauptung, daß die ZPO einen Unterschied zwischen Rechtshängigkeit und Anhängigkeit nicht kenne, ist unzutreffend, Volkmar JW 27, 1622; OLG Breslau JW 22, 503[17]). Für die vor der Anhängigkeit der Hauptsache, wenn auch erst zugleich mit der Einreichung der Klage beantragte Beweissicherung sind die Gebühren des § 22 besonders zu erheben, OLG Hamburg Rsp 4, 273. Das gilt entsprechend, wenn mit dem Antrage auf Erlaß des Zahlungsbefehls der Beweissicherungsantrag gestellt wird, OLG Breslau JW 22, 503[17], und wenn mit Einreichung einer Widerklage die Beweissicherung für den Gegenstand der Widerklage beantragt wird, OLG Karlsruhe BadRechtspr 17[8]. Auf die Gebühren des Hauptprozesses sind sie nicht anzurechnen, Mot 49. Wird das Ergebnis der vorausgegangenen Beweissicherung im Hauptprozeß verwendet, so stellt dies keine Beweisaufnahme dar; der RA kann also im Hauptprozeß eine Beweisgebühr aus § 13 Nr. 4 und folglich auch eine Gebühr aus § 17 nicht beanspruchen, KG JW 36, 2818; s. oben § 13 Anm. V, 14. Dagegen wird die Gebühr des § 13[4] bewilligt von OLG Kolmar ElsLothZ 23, 116; OLG Hamburg Rsp 13, 256; OLG Stuttgart Recht 18 Nr. 1257. Findet jedoch eine Vertretung bei der Beweisaufnahme in einem Beweissicherungsverfahren statt, das, während die Hauptsache anhängig ist, eingeleitet wird, so erhält der RA die Gebühr aus § 22 Satz 2, die eben lediglich die Beweisgebühr aus § 13 Nr. 4 darstellt. Eine weitere Verhandlung läßt dann die Gebührenerhöhung aus § 17 entstehen. Für eine Beweisaufnahme im Hauptverfahren über denselben Streitgegenstand kann der RA mit Rücksicht auf § 25 die Gebühr aus § 13 Nr. 4 dann nicht nochmals verlangen.

2. Abs. 1 Nr. 2.

Für das Verfahren über vorläufige Einstellung usw. einer Zwangsvollstreckung erhält der RA eine besondere Gebühr nur, sofern dieses Verfahren von dem über die Hauptsache getrennt ist, §§ 30[2], 29[4]. Die Gebühr beträgt nach § 23[2] $^3/_{10}$. Der Antrag aus §§ 707, 719 ZPO, der in § 30[2] nicht erwähnt ist, kann seiner Natur nach nur im Zusammenhang mit dem Verfahren über die Hauptsache gestellt werden, so daß der Fall des § 29[4] stets vorliegt; so auch OLG Breslau in JW 1930, 3491. Beschränkt sich jedoch die Tätigkeit eines RA auf das Verfahren über die vorläufige Einstellung usw. einer Zwangsvollstreckung, so hat er die Gebühr des § 23 verdient, gleichviel ob der Antrag aus §§ 707, 719 ZPO oder aus den in § 30[2] erwähnten Vorschriften gestellt worden ist, § 34[1] GKG und § 23[2]. In der Regel gehören die anderen in Nr. 2 genannten Verfahren zu dem über die Hauptsache, wenn der Antrag bei dem Prozeßgerichte gestellt wird. Die Trennung muß besonders angeordnet werden, KG NaumbAKZ 91, 14; *aM* OLG Hamburg JW 26, 2475[7], und erstreckt sich dann regelmäßig nur auf die mündl. Verhandlung. Auch für diese ist eine Gebühr nur anzusetzen, wenn eine von der Hauptsache getrennte mündliche Verhandlung stattfindet. Dagegen wird in diesem Falle eine Prozeßgebühr zu versagen sein. Sie wird, da der Antrag auf Einstellung der Zwangsvollstreckung der Anordnung auf Trennung des Verfahrens vorauszugehen hat, durch die für das Verfahren über die Hauptsache erwirkte Prozeßgebühr abgegolten. Eine Trennung besteht aber ohne weiteres, wenn der Antrag auf Einstellung an das Vollstreckungsgericht gerichtet wird, KG KGBl 08, 108, und wenn der Antrag vor Einreichung der Klage beim Prozeßgerichte gestellt wird, so anscheinend auch KG JW 29,

131[24]. Damit wird die früher noch in Auflage 11 vertretene Auffassung aufgegeben. Für die Erklärung der Freigabe der Pfandstücke oder des Verzichts auf die Rechte aus der Pfändung kann keine besondere Gebühr gefordert werden, EGH 8, 252.

3. Abs. 1 Nr. 3. Die im § 23 Nr. 3, 4 bezeichneten Angelegenheiten sind: Nr. 3: Anträge auf Festsetzung der vom Gegner zu erstattenden Prozeßkosten oder auf Abänderung der Kostenfestsetzung (ZPO § 107); Nr. 4: Anträge auf Bestimmung einer Frist zur Rückgabe und auf Anordnung der Rückgabe einer Sicherheit in den Fällen des § 109 Abs. 1, 2 ZPO. Die Höhe der Gebühren regelt § 23 Nr. 3 und 4. Die Gebühren erhält der RA, gleichviel, ob die Kosten nach § 104 oder nach § 105 ZPO festgesetzt worden sind, und ohne Rücksicht darauf, ob ein besonderes Gesuch gestellt oder ob die Kostenberechnung nach § 105 Abs. 2 ZPO eingereicht worden war. Bei mehrmaliger Festsetzung erwachsen die Gebühren von neuem. Wegen der Erstattung S. 153. Wegen der Erinnerung s. § 29 Anm. II C. Für die sofortige Beschwerde gilt § 41. Der Armenanwalt hat keinen Anspruch auf Gebührenersatz aus der Staatskasse für Erinnerungen gegen den Ansatz von Gerichtskosten, OLG Nürnberg JW 32, 123.

Der § 23 Nr. 4 betrifft nur die Anträge aus § 109 ZPO; über Rückgabeanträge aus § 715 ZPO s. § 13 Anm. II 4 lit.

4. Abs. 2. Die Vorschrift bezieht sich auf den Fall des § 769 Abs. 2 ZPO. Sie betrifft nur die Prozeßgebühr. Die Entstehung der Verhandlungsgebühr für jedes der beiden Verfahren wird dadurch nicht berührt.

5. Abs. 3. Die Neufassung der Vorschrift durch das Ges. v. 28. 1. 27 hat im Verein mit der durch das gleiche Gesetz eingeführten Änderung der Fassung des § 29 Ziff. 6 die Anm. 6 § 29 der 11. Aufl. erwähnte Streitfrage, ob das Erinnerungsverfahren zur Hauptsache erster Instanz oder zur Kostenfestsetzungsinstanz gehöre, in letzterem Sinne klargestellt. Wird der Wert des Streitgegenstandes nach der Kostenfestsetzung festgesetzt, so kann auch der rechtskräftige KostenfestsBeschluß gemäß § 107 ZPO geändert werden. Geschieht dies, so bilden die beiden Verfahren eine Instanz. Wird bei der Änderung die Herabsetzung der Kosten beantragt, so entsteht eine weitere Gebühr nicht, da der Streitwert des neuen Antrags in dem alten Antrag enthalten ist. Wird die Erhöhung der Kosten beantragt, so ist eine nach den Gesamtkosten zu berechnende Gebühr gerechtfertigt, und der Unterschied zwischen dieser und der bereits festgesetzten Gebühr nachzuzahlen, OLG Karlsruhe Rsp 17, 235. Wegen des Falles einer Änderung der Gebührengesetzgebung nach Beendigung der Instanz des Hauptprozesses, aber vor Beginn des Kostenfestsetzungsverfahrens s. OLG Nürnberg JW 22, 43[16].

Die Gebühr für das Verfahren aus § 109 ZPO (Rückgabe einer Prozeßsicherheit) deckt sowohl den Antrag auf Fristbestimmung als den Antrag auf Anordnung der Rückgabe, ist daher nur einmal zu erheben. Streitwert ist der Betrag der Sicherheit, deren Rückgabe verlangt wird. Für die sofortige Beschwerde gilt § 41.

§ 31. In der Zwangsvollstreckung bildet eine jede Vollstreckungsmaßregel zusammen mit den durch dieselbe vorbereiteten weiteren Vollstreckungshandlungen bis zu der durch die Maßregel zu erlangenden Befriedigung eines Gläubigers eine Instanz.

Die landesgesetzlichen Bestimmungen in betreff der Gebühren für eine den Vorschriften der ZPO nicht unterliegende Zwangsvollstreckung bleiben unberührt.

1. Abs. 1 betrifft nur die den Vorschriften der ZPO unterliegenden Zwangsvollstreckungen. Dazu gehört nach § 463 StPO auch die Vollstreckung von Vermögensstrafen und Bußen, nach § 62 ArbGG die Vollstreckung von Urteilen in Arbeitsgerichtssachen und nach § 97 RAO die Vollstreckung von Geldstrafen, die durch ehrengerichtliche Entscheidung oder ein Aufsichtsverfahren verhängt werden.

Die Gesamtheit der im Verhältnis von Vorbereitung und Ausführung stehenden einzelnen Vollstreckungshandlungen einer Vollstreckungsmaßregel bildet eine besondere Instanz. „Weitere Vollstreckungshandlungen" sind also nur solche, die sich als Fortsetzung der früheren Vollstreckungsmaßregel darstellen, RG JW 92, 481[15], z. B. bei der Pfändung beweglicher Sachen die Versteigerung dieser Sachen, bei der Überweisung einer Forderung die Zwangsvollstr. wegen Herausgabe der über die Forderung vorhandenen Urkunden (ZPO § 836), bei der außergerichtlichen Vorpfändung (ZPO § 845) — diese enthält eine Vollstreckungsmaßregel und zwar hinsichtlich jeder vorgepfändeten Forderung, OLG Hamburg JW 27, 1326[15]; LG Saarbrücken JW 30, 1116[11] — der spätere Antrag auf gerichtliche Pfändung derselben Forderung; bei der Hinterlegung in den Fällen der §§ 827, 853 ZPO die Herbeiführung der Auszahlung des hinterlegten Betrags, bei der Pfändung einer Hypothek deren Eintragung; bei der Vollstreckung gemäß § 887 Abs. 1 ZPO der Antrag auf Verurteilung des Schuldners zur Vorauszahlung der Kosten, KG (20), BerlAnwBl 30, 52[26]. Hierzu gehört auch die Tätigkeit des RA des betreibenden Gläubigers aus § 766 ZPO zur Abwendung von Erinnerungen und Einwendungen und die außergerichtliche Erledigung von Interventionsansprüchen und Stundungsgesuchen des Schuldners. Keine Gebühr auch des Armenanwalts für Erinnerung wegen Festsetzung seiner Kosten, KG JW 34, 704, Dagegen erhält der RA des Schuldners, der Einwendungen gemäß § 766 ZPO erhebt, die Gebühr des § 23[18] neben der ihm für den Hauptprozeß zustehenden Prozeßgebühr, ebenso der RA des Gläubigers die Gebühr des § 47 für die Beratung seiner Partei gegenüber einem gegen sie geltend gemachten Interventionsanspruche, LG Guben JW 28, 129[2]. Wird durch die erste Zwangsvollstr. eine vollständige Befriedigung des Gläubigers nicht herbeigeführt und eine neue Zwangsvollstr. notwendig, so bildet dieses neue Verfahren auch eine neue Instanz in der Zwangsvollstr., muß also besonders vergütet werden. So z. B. wenn zunächst eine Zwangsvollstr. in körperliche Sachen und dann eine Pfändung von Forderungen stattgefunden hat, oder wenn verschiedene Forderungen nacheinander, oder nach der Freigabe von Sachen andere Sachen gepfändet worden sind. Dagegen wird keine neue Gebühr für einen neuen ZwangsvollstrAuftrag verdient, wenn der frühere Auftrag wegen Wegzugs des Schuldners nicht ausführbar war. Nimmt der RA gleichzeitig mehrere Vollstreckungsmaßregeln vor, z. B. Fahrnis- und Forderungspfändung oder Pfändung mehrerer Forderungen, so vervielfacht sich seine Gebühr; *aM* Baumbach Anm. 2 zu § 31 hinsichtlich der gleichzeitigen Pfändung mehrerer Forderungen; OLG Dresden SächsOLG 36, 386; KG JW 30, 192[53]. Bei Veröffentlichungsbefugnis in mehreren Zeitungen erwächst nur eine Vollstreckungsgebühr, KG JW 36, 2813.

Besondere Instanzen der Zwangsvollstr. bilden das Verfahren zur Abnahme des Offenbarungseides (§ 32) und das Verteilungsverfahren (§ 39); s. auch sonst §§ 32—36.

2. Abs. 2. Eine Zwangsvollstreckung, die den Vorschriften der ZPO nicht unterliegt ist die Zwangsversteigerung und Zwangsverwaltung von Grundstücken, ZVG v. 20. 5. 98 (RGBl 713). Hier werden die Gebühren z. Zt. noch nach dem Landesgesetz berechnet (Preußen: Art. 4, 5 der PrGebO v. 28. 10. 22).

Ob die Vergütung des RA für die Erwirkung einer Zwangshypothek sich nach Reichsrecht oder nach Landesrecht bestimmt, kann zweifelhaft sein. Da es sich bei der Zwangshypothek um einen Akt der Zwangsvollstr. handelt und die Eintragung in der ZPO (§§ 866—868) geregelt ist, so wird die Meinung vertreten, daß der Antrag auf Eintragung der Zwangshypothek unter die RAGebO falle, JW 30, 3353; Baumbach Anm. 19 lit. A § 23 RAGebO; Sydow-Busch Anm. 4 Art. 4 PrGO; OLG Köln JW 30, 3350[44]. Dieses Gesetz bestimmt aber lediglich die Vergütung für die Berufstätigkeit des RA in einem Verfahren vor den ordentlichen Gerichten. Es erscheint die Anwendung des Reichsrechts daher um deswillen ausgeschlossen, weil unter dem „Verfahren" im Sinne des § 1 RAGebO, abgesehen von dem Straf- und Konkursverfahren, nur bürgerliche Rechtsstreitigkeiten verstanden werden können, zu denen die Eintragung einer Zwangshypothek, als Akt der freiwilligen Gerichtsbarkeit, die nicht in der ZPO ihre Normen hat, nicht gerechnet werden kann, OLG Breslau JW 30, 2459[21]; s. auch KGJ 43, 247; Anm. 1 zu Art. 8 der PrGebO.

§ 32. Das Verfahren über einen Antrag auf Erteilung einer weiteren vollstreckbaren Ausfertigung (ZPO § 733), das Verfahren zur Abnahme des Offenbarungseides (ZPO §§ 900, 901) und die Ausführung der Zwangsvollstreckung in ein gepfändetes Vermögensrecht durch Verwaltung (ZPO § 857 Abs. 4) bilden besondere Instanzen der Zwangsvollstreckung.

1. Für die einmalige Erwirkung einer vollstreckbaren Ausfertigung ist eine besondere Gebühr nicht zu beanspruchen, § 35. Die Gebühr beträgt in dem Verfahren über einen Antrag auf Erteilung einer weiteren vollstreckbaren Ausfertigung $^{2}/_{10}$ (§ 24), in den beiden andern Fällen des § 32 $^{3}/_{10}$ (§ 23[18]) der Gebühr des § 9.

2. Für das Verfahren zur Abnahme des Offenbarungseides kommen nur in Frage die Fälle der §§ 807, 883 ZPO, nicht auch der Fall des § 889 ZPO, vgl. § 34. Für die Wertberechnung ist maßgebend im Falle des § 883 der Wert der herauszugebenden Sache, im Falle des § 807 der Betrag der fruchtlos vollstreckten Forderung. Wegen des Falles, daß der Antrag nur wegen eines geringeren Teiles der Forderung gestellt wird, s. Anm. 18 lit. c § 23.

Zur Erwirkung der Verhandlungsgebühr im Verfahren auf Ableistung des Offenbarungseides gehört:

a) für den RA des Gläubigers, daß er den Termin wahrnimmt und im Termin entweder: der Schuldner erscheint, seiner Verpflichtung widerspricht und über den Widerspruch verhandelt wird (streitige Gebühr, $^{3}/_{10}$), oder: der Schuldner ausbleibt und nach Verhandlung gegen ihn Haftbefehl beantragt wird (nichtstreitige Gebühr, $^{3}/_{20}$, KG KGBl 10, 116. Der Zubilligung der Verhandlungsgebühr steht die Bestimmung des § 15 nicht entgegen, LG II Berlin KGBl 09, 60; denn zu dem Termin werden beide Parteien von Amts wegen geladen. Wegen der Frage, ob die Gebühr erstattungsfähig ist, s. S. 177f. OLG Königsberg Rsp 11, 152, versagt fälschlich die Verhandlungsgebühr, wenn lediglich Haftbefehl gegen den nicht erschienenen Schuldner beantragt worden ist, weil es hier zu keiner Verhandlung gekommen sei. Daß hier kein Seitenstück zu dem Versäumnisverfahren vorliegt, muß zwar im Hinblick auf den Gang des Offenbarungseidverfahrens anerkannt werden. § 16 bezieht sich aber nicht nur auf das Versäumnisverfahren, und eine nichtstreitige Verhandlung findet statt, wenn der Vertreter des Gläubigers einseitig Erlaß des Haftbefehls gegen den ausgebliebenen Schuldner beantragt. Wenn aber der Schuldner widerspruchslos den Eid leistet, so kommt es zwar zur Verhandlung nicht; man muß jedoch hier im Gegensatz zu der früher vertretenen Ansicht auch eine nicht kontradiktorische Verhandlungsgebühr zubilligen, wenn man die Besonderheiten des OEVerfahrens bedenkt.

b) für den RA des widersprechenden Schuldners, daß er den Termin wahrnimmt und entweder: der erschienene Gläubiger bei dem Antrage auf Leistung des Eides oder Verwerfung des Widerspruchs stehen bleibt (streitige Gebühr, $^3/_{10}$) oder der Gläubiger nicht erschienen ist (nicht streitige Gebühr, $^3/_{20}$). Kommt es zur Anordnung der Haft, so gehört die Verhaftung des Schuldners (ZPO § 909) noch mit zur Instanz dieses Verfahrens, es kann also dafür nicht noch eine besondere Gebühr erfordert werden.

Wird Beweis erhoben, z. B. darüber, ob der Schuldner zu neuem Vermögen gekommen ist, so entsteht die Beweis- und gegebenen Falles die weitere Verhandlungsgebühr, LG Nürnberg LZ 29, 684.

§ 33. Die Vollstreckung der Entscheidung, durch welche der Schuldner nach Maßgabe des § 887 Abs. 2 der ZPO zur Vorauszahlung der Kosten verurteilt wird, scheidet aus der Zwangsvollstreckung zur Erwirkung der Handlung als besonderes Verfahren aus.

Soll die Zwangsvollstreckung auf Unterlassung oder Duldung einer Handlung durch Strafen ausgeführt werden (ZPO § 890 Abs. 1), so bildet eine jede Verurteilung zu einer Strafe nach Maßgabe der Vorschriften des § 29 den Schluß der Instanz.

Die Erwirkung der einer Verurteilung vorausgehenden Strafandrohung (ZPO § 890 Abs. 2) gehört zur Instanz der Hauptsache; dem Rechtsanwalte, welcher diese Instanz nicht geführt hat, steht die im § 23 bestimmte Gebühr zu.

1. Abs. 1. Die Gebühr für die Vollstreckung der Entscheidung aus § 887 Abs. 2 ZPO ist neben der Gebühr für die VollstrMaßregeln aus § 887 Abs. 1 ZPO besonders erwirkt, KZ (20) BerlAnw 30, 52[26]. Für die Bestimmung der Instanz ist § 31 maßgebend. Danach können die VollstrMaßregeln aus § 887 Abs. 2 mehrere Instanzen bilden. Über die Vollstreckung aus § 888 PZO s. § 34.

2. Abs. 2. 3. Der neue Antrag, der nach der Verurteilung zu einer Strafe gestellt wird, eröffnet eine neue Instanz, OLG Königsberg JW 29, 1691[32]. Wird über mehrere Anträge einheitlich verhandelt und Beweis erhoben, so kann von der Zusammenfassung an nur eine Gebühr von dem Gesamtwerte des Interesses berechnet werden. Anders, wenn zwei getrennte Anträge vorliegen. Die einer solchen Verurteilung vorausgehende Strafandrohung kann mit dem die Verpflichtung des Suldners aussprechenden Urteile verbunden werden. Ist dies geschehen, so gehört der Antrag auf Strafdrohung zur Instanz der Hauptsache, begründet also keine besondere Gebühr. Wenn die Erwirkung der Strafandrohung dem Urteil in der Hauptsache nachfolgt, kommt dem RA eine Sondergebühr nach § 23 nur in dem Falle zu, daß sich seine Tätigkeit anf die Erwirkung der Strafandrohung beschränkt, Mot 52. Dies folgt daraus, daß die Strafandrohung selbst bereits eine VollstrMaßregel bildet, Sydow-Busch Anm. 3 § 33; Baumbach Anm. 2 § 33.

3. Die Verurteilung zur Sicherheitsleistung (§ 890 Abs. 3 ZPO) stellt eine besondere Instanz der Zwangsvollstr. dar und berechtigt zu besonderen Gebühren. Für die Rückgabe der Sicherheit (ZPO § 109) ist eine besondere Gebühr von $^3/_{10}$ nach § 23 zu berechnen.

4. Über die Wertberechnung s. § 23 Anm. 18, c.

§ 34. Bei Ausführung der Zwangsvollstreckung auf Vornahme einer Handlung durch Geldstrafen oder Haft (ZPO § 888) bildet das gesamte Verfahren eine Instanz.

Für die gesamte Tätigkeit des Anwalts — das dem Verfahren nach § 888 vorangegangene Verfahren, die Strafentscheidung und die VollstrTätigkeit — kann auch bei wiederholten Anträgen die Gebühr des § 23[18] nur einmal gefordert werden. Maßgebend für die Wertberechnung ist der Wert der zu erzwingenden Handlung. Auch im Falle des § 889 Abs. 2 ZPO ist § 34 anzuwenden, OLG Hamm Rsp 35, 220.

§ 35. Für die einmalige Erwirkung des Zeugnisses der Rechtskraft (ZPO § 706) oder der Vollstreckungsklausel (ZPO §§ 724—730, 738, 742, 744, 745 Abs. 2, §§ 749, 795, 796 Abs. 1, § 797 Abs. 1, 2, 797a, § 929) steht weder dem Rechtsanwalte der Instanz, in welcher dieselben zu erteilen, noch dem Rechtsanwalte, welcher mit dem Betriebe der Zwangsvollstreckung beauftragt ist, und für die Aufhebung einer Vollstreckungsmaßregel weder dem Rechtsanwalte, welcher deren Vornahme veranlaßt hat, noch dem Rechtsanwalte, welcher mit dem Betriebe der weiteren Zwangsvollstreckung beauftragt ist, eine Gebühr zu.

1. Der RA, dem bereits eine Prozeßgebühr in der Instanz oder die Zwangsvollstreckungsgebühr zusteht, erhält für die hier bezeichneten Tätigkeiten keine weitere Gebühr.

Ist der Auftrag des RA auf die im § 35 bezeichneten Handlungen beschränkt, so steht ihm die nach § 24 auf $^2/_{10}$ oder nach § 23 auf $^3/_{10}$ zu bemessende Gebühr zu (Mot 52), KG JW 29, 131[26]. Für die Erwirkung einer weiteren vollstreckbaren Ausfertigung gilt § 32. Wie aus der uneingeschränkten Bezugnahme auf § 706 ZPO hervorgeht, fällt auch der Antrag auf Erteilung eines Notfristzeugnisses unter § 35, KG JW 29, 131[26].

2. Die durch das Ges. v. 28. 1. 27 bewirkte Einschaltung des §§ 797a ZPO hat zur Folge, daß auch die Erwirkung der Vollstreckungsklausel zu einem vor einer Gütestelle abgeschlossenen Vergleiche der Vorschrift des § 35 unterworfen ist.

§ 36. Die Vorschriften der §§ 31—35 finden bei Vollziehung eines Arrestbefehls oder einer einstweiligen Verfügung (ZPO §§ 928—934, 936) entsprechende Anwendung.

Die Instanz dauert bis zur Aufhebung des Arrestes oder der einstweiligen Verfügung oder bis zum Anfange der Zwangsvollstreckung aus dem in der Hauptsache erlassenen Urteile.

Vgl. § 28 Anm. 8. Der RA erhält für die Vollziehung des Arrestes die Gebühr des § 23. Die Instanz dauert bis zur Aufhebung des Arrestes oder des Arrestvollzugs (§ 934 ZPO). Auch der Anfang der Zwangsvollstreckung aus dem in der Hauptsache ergangenen Urteile beendigt die Instanz. Die Vollstreckung aus diesem Urteile begründet den Anspruch auf die Gebühr des § 23 von neuem. Die Vollziehung einer einstweiligen Verfügung, die in einem Gebot oder Verbote besteht, beginnt schon mit der Zustellung an den Schuldner. Durch die Zustellung allein wird aber die Gebühr des § 23 noch nicht erwirkt, OLG Karlsruhe, Hamburg, KG Rsp 13, 258; 15, 195; 31, 228; 39, 45; KG JW 28, 2161[20]. Vgl. Anm. 18 Abs. 2 § 23.

§ 37. Für die Mitwirkung bei einem der Klage vorausgehenden Sühneverfahren (ZPO §§ 609, 610) erhält der Rechtsanwalt drei Zehnteile der Sätze des § 9.

1. Zur Mitwirkung im Sühneverfahren genügt jede sich auf dieses beziehende Tätigkeit des RA, insbesondere auch der Antrag auf Terminsbestimmung. Auch dann ist die Gebühr erwirkt, wenn im Termine die Gegenpartei nicht erscheint und somit das Sühneverfahren nicht stattfindet, wenn es zu einem Rechtsstreite nicht kommt oder wenn der beim Sühneverfahren mitwirkende RA nicht zum Prozeßbevollmächtigten bestellt wird. Das Sühneverfahren geht der Instanz voraus. Die Gebühr beträgt in allen Fällen $^3/_{10}$ der Normalgebühr des § 9; die Gebühren der §§ 13—17 kommen nicht in Betracht. Die Wahrnehmung eines Sühnetermins im anhängigen Rechtsstreit wird durch die Prozeßgebühr abgegolten (§ 610 ZPO i. d. Fassung d. DVO zum Ehegesetz v. 27. 7. 1938). Wegen der Erstattungsfähigkeit der Gebühr s. oben S. 98.

2. Für die Wahrnehmung eines Sühnetermins vor dem ersuchten Richter erhält der nicht zum Prozeßbevollm. bestellte RA die Prozeßgebühr (§ 89), OLG Posen Rsp 35, 299; *aM* OLG Breslau JW 25, 2363[11].

§ 38. Im Mahnverfahren erhält der Rechtsanwalt:

1. die Sätze des § 9 für die Erwirkung des Zahlungsbefehls, einschließlich der Mitteilung des Widerspruchs an den Auftraggeber;
2. zwei Zehntel der Sätze des § 9 für die Erhebung des Widerspruchs;
3. Fünf Zehntel der Sätze des § 9 für die Erwirkung des Vollstreckungsbefehls.

Die Gebühren in Nr. 1 und 2 werden sowohl auf die in einem nachfolgenden Güteverfahren zustehende Gebühr wie auf die in einem nachfolgenden Rechtsstreite zustehende Prozeßgebühr angerechnet.

Nr. 1 gewährt dem RA des Gläubigers die volle Gebühr des § 9 für die Erwirkung des Zahlungsbefehls, ohne daß es darauf ankommt, ob er auch erlassen wird. Der Gläubiger darf jeden RA seines Vertrauens mit der Erwirkung des Zahlungsbefehls beauftragen. Er braucht regelmäßig nicht mit der Erhebung von Widerspruch oder mit einem Antrag auf Verweisung an das LG von vornherein zu rechnen. Die vom OLG Hamburg JW 37, 573 vertretene Ansicht, daß der Gläubiger sich nicht darauf verlassen dürfe, daß kein Widerspruch eingelegt werde, kann nicht gebilligt werden. Der Schuldner hat deshalb auch die Mehrkosten des Anwaltswechsels zu erstatten, so auch mit richtiger Begründung LG Berlin JW 37, 1442; KG JW 37, 259; OLG Düsseldorf MdRRAK 37, 232. Der RA erhält, wenn er nicht mit der Vertretung im Mahnverfahren betraut ist, sondern sich sein Auftrag auf die Anfertigung des Gesuchs beschränkt, nach § 46 nur $^5/_{10}$ der Gebühr. Desgleichen bei Erledigung des Auftrages vor Einreichung des Antrages nach § 14 Abs. 2, OLG Stuttgart JW 30, 2076[35].

Nr. 2. Der RA des Schuldners erhält für die Erhebung des Widerspruchs $^2/_{10}$ der vollen Gebühr. Die Prozeßgebühr erwächst dadurch, daß der RA den Widerspruch bei dessen Einlegung begründet, nicht, OLG Königsberg JW 29, 2625[15].

Nr. 3. Für die Erwirkung des Vollstreckungsbefehls treten weitere $^5/_{10}$ der Sätze des § 9 hinzu. Es gilt das zu Nr. 1 Gesagte sinngemäß. Die Gebühr ist erwachsen, wenn der RA nach Ablauf der Widerspruchsfrist den Antrag auf Erlaß des Vollstreckungsbefehls gestellt hat, KG JW 34, 1181[10]; das ist auch der Fall, wenn der RA den Antrag zwar vor Ablauf der Frist abgelassen hat, er aber erst nach Ablauf der Frist bei Gericht eingegangen ist; Fürst JW 30, 169; *aM* OLG Breslau JW 30, 169[8]. Daß vor Eingang des Antrags bei Gericht noch Widerspruch eingelegt und der Vollstreckungsbefehl deshalb nicht erlassen wurde, verschlägt nichts, OLG Kiel JW 38, 826. Es ist also nicht so, daß unter dem Begriff „Erwirkung" sowohl in Ziff. 1 als in Ziff. 3 eine erfolgreiche Tätigkeit zu verstehen ist, vielmehr genügt in beiden Fällen eine nur auf den Erfolg gerichtete Tätigkeit; OLG Dresden JW 30, 2074[20]; OLG Stuttgart JW 30, 2076[35]; KG JW 34, 1181[10]; *aM* OLG Dresden JW 30, 3868[14]; OLG Kiel Recht 31 Nr. 425; OLG Braunschweig 28. 5. 1935 2 W 27/35. Wegen der Erstattung dieser Gebühr, wenn der Vollstreckungsbefehl nicht erteilt wird, s. oben S. 96.

1. Wird das Gesuch auf Erlassung des Vollstreckungsbefehls zurückgewiesen und gegen den Beschluß des Gerichts sofortige Beschwerde eingelegt (§ 699 Abs. 2 ZPO), so tritt die Gebühr des § 41 hinzu, Mot 53, während die Anrufung des Gerichts gegen die Entscheidung des UrkB durch die Gebühr des § 38 abgegolten wird. Kommt es vor oder nach Erlaß des Vollstreckungsbefehls, aber vor Einlegung des Einspruches zu einem Vergleich, so steht dem RA, der daran mitwirkt, nach §§ 89, 13[3] die Vergleichsgebühr zu, Gaedecke Die Kostenrechtsprechung des KG Nr. 117. Bei Tätigkeiten, die nicht unter Nr. 1—3 genannt sind, kann analoge Anwendung des § 38 in Ansehung des § 89 möglich sein.

2. Schließt sich an das Mahnverfahren infolge Widerspruchs oder Einspruchs (§§ 696, 700 ZPO) ein Rechtsstreit an, so werden die Gebühren in Nr. 1 und 2 in voller Höhe auf die Prozeßgebühr angerechnet, gleichviel, ob der Rechtsstreit in erster Instanz beim Amts- oder Landgerichte geführt wird (§ 26), MdRRAK 36 S. 101. Ausgeschlossen aber ist eine Anrechnung der Mahngebühr auf die Prozeßgebühr der Berufungsinstanz, KG JW 26, 2588[5]. Gehört der Anspruch zur Zuständigkeit der Amtsgerichte, oder ist Verweisung an das Landgericht nicht beantragt worden, so ist der Termin zur Güteverhandlung anzuberaumen (§ 696 Abs. 2 ZPO). Auf die im Güteverfahren erwachsende Gebühr werden die Gebühren in Nr. 1 und 2 ebenfalls angerechnet. Dagegen wird die Gebühr der Nr. 3 auf keine der nachfolgenden Gebühren angerechnet. Gaedecke JW 37, 837 und Sonnen JW 37, 1083, beide gegen die Ansicht des OLG Hamburg ebenda. Eine Überleitung in den Wechselprozeß ist unzulässig. Dafür kann nach §§ 4, 5 der EntlVO in der Fassung v. 13. 5. 24 von vornherein ein Urkunden- und Wechselmahnverfahren eingeleitet werden, vgl. Anm. 5. Der Gläubiger kann den Antrag auf Anberaumung eines Termins und den auf Verweisung der Sache an das Landgericht mit dem Gesuch um Erlassung des Zahlungsbefehls, und der Schuldner den letzten Antrag mit dem Widerspruch verbinden. Da die mit dem Gesuch verbundenen Anträge des Gläubigers nur für den Fall gestellt werden, daß der Schuldner Widerspruch erhebt, erlangen sie erst mit der Erhebung des Widerspruchs Bedeutung, und zwar eröffnen sie einerseits das ordentliche Verfahren, und andererseits lassen sie die Gebühren des Rechtsstreits mit der Wirkung des § 38 Abs. 2 entstehen. Für den RA des Schuldners, der durch Nr. 2 lediglich für die Erhebung des Widerspruchs entlohnt wird, ist durch den gleichzeitigen Verweisungsantrag demnach die Prozeßgebühr erwachsen, die damit schon die Widerspruchsgebühr in sich aufgenommen hat. Je nachdem über die Zuständigkeit und Verweisung streitig oder nicht streitig, oder im Falle des § 697 Abs. 2 ZPO gar nicht verhandelt wird, entstehen $^{10}/_{10}$ oder $^{5}/_{10}$ oder keine Verhandlungsgebühr, Danielcik-von Medem § 38 Anm. 6. Diese Prozeß- und Verhandlungsgebühren gehen bei der weiteren Verhandlung zur Sache in den dann entstehenden Gebühren nach dem Grundsatze des § 25 auf, gleichviel ob der Rechtsstreit nach Verwerfung des Verweisungsantrags beim Amtsgericht oder nach der Verweisung beim Landgericht anhängig ist (§ 26). Die Anrechnung ist ausgeschlossen, wenn infolge der Verweisung der Prozeßbevollmächtigte wechselt. Mehrkosten aus Anwaltswechsel durch grundloses Widerspruchsverf. muß immer der Schuldner zahlen, so ständig KG insbes. JW 38, 2298[34]. Über die Erstattung der Gebühren in diesem Falle s. S. 107.

3. Durch die Einlegung des Einspruchs oder durch Empfangnahme der Einspruchsschrift nebst Terminsbenachrichtigung erwirkt der RA die Rechtsstreitgebühren. Eine Entscheidung über einen etwaigen Verweisungsantrag ohne Verhandlung ist hier nicht möglich. § 27 findet hier keine Anwendung, da § 38 Abs. 2 das Verhältnis der Gebühren des Mahnverfahrens zu denen des nachfolgenden Rechtsstreits besonders regelt. Wegen der Gebühr für Erteilung der Vollstreckungsklausel (§ 796 Abs. 1 ZPO) s. §§ 24, 35.

4. Der Wert des Streitgegenstandes bemißt sich nach der Höhe des Antrags. Wird der Widerspruch in zulässiger Weise nur wegen eines Teiles erhoben, so ist dessen Wert für die Berechnung der Gebühr aus Nr. 2 maßgebend. Entsprechendes gilt für den Einspruch. Wird hiernach der Rechtsstreit nur wegen eines Teiles geführt, so erfolgt die Anrechnung, wie oben § 28 Anm. 3 dargelegt ist. Wird Widerspruch wegen des gesamten streitigen Anspruchs erhoben, so bemißt sich die Prozeßgebühr nach diesem Betrage, auch wenn der Schuldner vor Einlegung des Widerspruchs einen Teilbetrag gezahlt hat, Kraemer JW 23, 25; *aM* LG II Berlin JW 25, 25[1].

5. Nach Verweisung der Sache ist der RA, der die Gebühr des § 38 und die von dieser Gebühr aufgenommene Prozeßgebühr des § 13[1] verdient hat, oft nach §§ 44 oder 45, zuweilen nach § 43 tätig. Da hier die Gebühr aus § 38 bereits angerechnet ist, kommt eine Anrechnung dieser Gebühr nicht nochmals in Frage. Zu prüfen ist, ob neben der bereits erworbenen Prozeßgebühr die der §§ 43—45 zur Hebung kommt. Dies ist zu verneinen, vielmehr ist auch diese Gebühr unter Anwendung des § 48 anzurechnen. Der in der elften Auflage vertretene Standpunkt kann nicht aufrechterhalten werden. Denn bei einer Nichtanrechnung würde eine nicht gerechtfertigte Besserstellung des RA eintreten, als dann, wenn er im ordentlichen Verfahren Prozeßbevollmächtigter beim AG ist und nach Verweisung an das LG als Verkehrsanwalt tätig wird. Baumbach § 38 Anm. 5. Danielcik § 38 Anm. 8; OLG Kiel JW 1931, 2381[14]; OLG Kiel Recht 1931 Nr. 509; OLG Kiel 1930, 128; KG BurBl 1929, 314; OLG Naumburg JW 36, 620[67]; *aM* OLG München Rsp 40, 462. — Die Mahngebühr muß ebenfalls angerechnet werden bei Wahrnehmung eines Beweistermins nach Verweisung an das LG gemäß § 45 GebO.

Über Vergütung an Rechtsbeistände im Mahnverfahren vgl. § 1 Anm. 2 c.

§ 38a. Im Güteverfahren erhält der Rechtsanwalt die Sätze des § 9. Auf die in dem nachfolgenden Rechtsstreit zustehende Prozeßgebühr wird die Gebühr voll angerechnet.

Die gleiche Gebühr erhält der RA für die Mitwirkung bei einem im Güteverfahren abgeschlossenen Vergleiche.

1. Die Gebühr des § 38a ist, wie die Worte „die Sätze des § 9" andeuten, eine Pauschgebühr. AG Kirchhundem JW 34, 505[1]. Materiell ist die Regelung der Gebühren im Güteverfahren dahin getroffen, daß der RA ohne Rücksicht auf das Ergebnis die vollen Sätze des § 9 erhält, daß aber die Güteverfahrensgebühr auf die Prozeßgebühr des nachfolgenden Verfahrens auch dann anzurechnen ist, wenn dieses Verfahren vor einem anderen Gerichte als dem Amtsgericht stattfindet. Der RA erhält also im Güteverfahren wohl eine Gütegebühr und gegebenenfalls eine Vergleichsgebühr, nicht aber eine Verhandlungsgebühr,

LG Berlin JW 37, 3321; MdRRAK 39, 17. Sind im Güteverfahren Haupt- und Unterbevollmächtigter tätig geworden, so sind die Vorschriften der §§ 42, 43 über die Prozeßgebühr entsprechend anzuwenden, LG Berlin ebenda.

2. Im einzelnen gilt folgendes:

a) Ob es in dem nachfolgenden Verfahren zu einer streitigen oder nicht streitigen Verhandlung kommt, gilt für die Anrechnung gleich.

b) Der Anwalt erhält — von dem Falle des § 14 abgesehen, in dem sich die Gebühr auf $^5/_{10}$ ermäßigt — einmal die volle Gebühr des § 9, gleichgültig, welchen Umfang die Tätigkeit des Anwalts hatte und welchen Verlauf die Güteverhandlung nahm, ob es z. B. zu einer Beweisaufnahme kam oder nicht, LG Landsberg W. JW 25, 1427[7]; LG München I JW 25, 290[10].

Die etwa bereits entstandene Mahngebühr wird auf die des § 38a angerechnet. Diese verrechnet sich ihrerseits auf die Prozeßgebühr. Alle drei zusammen lassen nur eine volle Gebühr entstehen. War das Güteverfahren beendet und es wird dann etwa nach § 495a Z. 1 ZPO neu geklagt, so ist keine Anrechnung gegeben. Baumbach § 38a Anm. 2. Für die Anrechnung auf die Verkehrsgebühr und die Anrechnung bei verschiedenem Streitwert s. § 38 Anm. 5.

§ 38a gilt nur für die Tätigkeit des RA im amtsgerichtlichen Güteverfahren. Vertritt der RA die Partei vor einer landesrechtlichen Gütestelle, regelt Landesrecht seine Gebührenansprüche, LG I Berlin JW 28, 1530[1].

Die Tätigkeit des RA, dem außerhalb der Fälle der §§ 495a ff. ZPO die Herbeiführung eines Vergleichs in einer noch nicht anhängigen Sache im außergerichtlichen Wege aufgetragen worden ist, ist nicht nach der RAGebO, sondern nach Landesrecht zu vergüten; dasselbe gilt auch bei einem vom RA vermittelten außergerichtlichen Vergleiche zur Abwendung des Konkurses (sog. Präventivakkord), KommBer 40. Jetzt gilt die Vergleichsordnung v. 26. 2. 35 (RGBl I 321); s. unten Vorb. 3 § 53 und § 61a. Soweit der RA außerhalb dieses gesetzlich geordneten Verfahrens an einem außergerichtlichen Vergleiche mitwirkt, betrifft die Tätigkeit des RA nicht die Vorbereitung, sondern die Abwendung eines gerichtlichen Verfahrens, ist also keine reichsrechtlich geordnete Berufstätigkeit des RA im Sinne des § 1 RAGebO, RG Recht 14 Nr. 1361. Geht der Auftrag dahin, einen Vergleich zustande zu bringen und in dem Falle, daß dies nicht gelingt, zu klagen, so ist der Klageauftrag bis zur Beendigung der Vergleichsverhandlungen als aufgeschoben zu erachten. Kommt es zum Vergleiche, so ist nur für diesen nach Landesgesetz eine Gebühr zu berechnen. Scheitert der Vergleich, so ist nur für das Prozeßverfahren, nicht daneben noch für das Vergleichsverfahren die Gebühr zu berechnen, und zwar nunmehr nach der RAGebO. Hat der RA Auftrag zur Klageanstellung erhalten und vor Einreichung der Klage im Auftrag oder mit Billigung des Auftraggebers Vergleichsverhandlungen eingeleitet, die zum Abschluß eines Vergleichs führen, so beschränkt sich seine Tätigkeit auf die Vorbereitung für den Prozeß; es ist daher nach der RAGebO die Gebühr zu berechnen, und zwar $^5/_{10}$-Prozeßgebühr (§ 14) und gemäß § 89, § 13 Nr. 3 eine volle Vergleichsgebühr, Drucker § 13 A C II 1.

§ 39. Für die Vertretung im Verteilungsverfahren (ZPO § 858 Abs. 6, §§ 872—877, 882) stehen dem Rechtsanwalte fünf und, falls der Auftrag vor dem Termine zur Ausführung der Verteilung erledigt wird, drei Zehnteile der Sätze des § 9 zu.

Der Wert des Streitgegenstandes wird durch den Betrag der Forderung, und, wenn der zu verteilende Geldbetrag geringer ist, durch diesen Betrag bestimmt.

1. Die Gebühr des § 39 steht dem Anwalte zwar auch dann zu, wenn er für die Tätigkeit bei der Zwangsvollstreckung die Gebühr des § 23 Nr. 18 bezieht, aber in jedem Falle nur einmal, auch wenn gemäß §§ 880, 882 ZPO ein anderweites Verfahren angeordnet wird und die Tätigkeit des Anwalts sich auf dieses erstreckt. Das Gesetz verweist neben den §§ 872—877 auch auf den § 882 und bezeichnet hierdurch das im § 882 vorgesehene anderweite Verfahren als Teil des Verteilungsverfahrens.

Gegen eine besondere Gebühr für das anderweite Verfahren spricht auch die sachliche Erwägung, daß jede für einen Akt festgesetzte Gebühr die gesamte Tätigkeit des Anwalts bis zur Beendigung des Aktes (der „Instanz") umfaßt, und daß der Anwalt jede dieser Gebühren in jeder Instanz nur einmal beanspruchen kann, §§ 25, 29, 13, 31, 34, 36. Von diesem allgemeinen Grundsatze macht § 39 keine Ausnahme. Die dadurch bestimmte Gebühr erstreckt sich auf das ganze Verfahren bis zu dessen Beendigung. Beendigt wird das Verteilungsverfahren erst durch die völlige Ausschüttung der Masse. Das anderweite Verfahren des § 882 ZPO ist kein neues Verteilungsverfahren, keine neue Instanz, sondern nur die Fotsetzung des früheren Verfahrens. Es wird auch nicht das ganze frühere Verfahren wiederholt, insbesondere keine Aufforderung zu neuen Anmeldungen erlassen — solche sind sogar unzulässig (§ 874 Abs. 3 ZPO) —, sondern nur ein neuer Teilungsplan angefertigt und ein neuer Termin zu dessen Ausführung anberaumt. In dem neuen Termine können Widersprüche, die in dem ersten Verfahren ausgeschlossen oder durch Urteil beseitigt worden sind, nicht von neuem erhoben werden. Eine Vertretung in diesem Termine wird sich daher meist erübrigen. Jedenfalls begründet sie keine neue Gebühr aus § 39, wenn der Anwalt diese bereits für das frühere Verfahren zu fordern hat, Baumbach § 39 A 1, Jonas § 33 A 10.

2. Der „Betrag der Forderung", der für den Wert des Streitgegenstandes maßgebend ist, bestimmt sich nach der im § 873 ZPO vorgeschriebenen, von den Gläubigern einzureichenden Berechnung. Sie muß das Kapital nebst Zinsen und Kosten, diese nach Maßgabe des § 788 ZPO und einschließlich der Kosten des Verteilungsverfahrens, sowie Kosten des Anwalts nach § 39 berechnen, etwaige Zahlungen abziehen und danach den Restanspruch feststellen. Der Zinsenlauf wird durch das Verfahren nicht gehemmt. Bei der Vertretung mehrerer Gläubiger ist die Anwaltsgebühr für jeden besonders zu berechnen. Baumbach § 39 A 2.

§ 40. Im Aufgebotsverfahren (ZPO §§ 946—956, 959—972, 977 bis 1024) stehen dem Rechtsanwalt, als Vertreter des Antragstellers (ZPO § 947), drei Zehnteile der Sätze des § 9 zu:

1. für den Betrieb des Verfahrens, einschließlich der Information;
2. für den Antrag auf Erlaß des Aufgebots;
3. für den Antrag auf Anordnung der Zahlungssperre, sofern derselbe vor dem Antrag auf Erlaß des Aufgebots gestellt wird;
4. für die Wahrnehmung des Aufgebotstermins.

Als Vertreter einer anderen Person erhält der Rechtsanwalt diese Gebühr nur einmal.

1. Als Vertreter des Antragstellers hat der RA für jede der in den Nrn. 1—4 bezeichneten Tätigkeiten eine Gebühr von $^3/_{10}$, also wenn die Tätigkeiten zu 1, 2, 4 ausgeübt worden sind, $^{9}/_{10}$ der Sätze des § 9 zu beanspruchen. Die bis zum Erlasse des Ausschlußurteils ausgeübte Tätigkeit in einem jeden der bezeichneten Abschnitte ist aber einheitlich zusammengefaßt, daher kann die Gebühr in jedem Falle nur einmal beansprucht werden, auch wenn nacheinander mehrere Anträge zu stellen oder mehrere Termine wahrzunehmen sind, Mot 54. Beendet ist das Aufgebotsverfahren mit dem Erlaß des Ausschlußurteils. Alle weitere Tätigkeit des Anwalts gehört nicht mehr zu diesem Verfahren und wird durch besondere Gebühr abgegolten. Die Erhebung der Anfechtungsklage nach §§ 957 ff. ZPO z. B. berechtigt zu einer besonderen Gebühr. Bei Vertretung einer anderen Person als des Antragstellers vervielfacht sich die Gebühr nicht, Abs. 2.

2. Zahlungssperre: ZPO § 1020.

3. Streitgegenstand ist beim Aufgebot einer gefundenen Sache deren Wert, beim Aufgebot zwecks Ausschließung eines Grundeigentümers der Wert des Grundstücks, beim Aufgebot von Hypothekenposten deren Betrag; falls das belastete Grundstück einen geringeren Wert hat, als die gesicherte Forderung, ist nach § 6 ZPO jener entscheidend; beim Aufgebot von Urkunden, die Träger der Forderung sind (Inhaberpapiere, Wechsel usw.), der Betrag der Forderung, bei Todeserklärung das Vermögen des Verschollenen. In anderen Fällen ist der Wert nach freiem richterlichen Ermessen festzusetzen. So auch beim Aufgebote von Urkunden, die nicht Träger der Forderung sind, insbesondere von Hypothekbriefen. Der Annahme, der Wert sei nach den Kosten der Wiederherstellung der Urkunde zu bemessen, steht das Bedenken entgegen, daß auch diese Kosten sich nur unter Zugrundelegung eines bestimmten Objekts berechnen lassen.

4. Sind mehrere Aufgebote verbunden (ZPO § 959), so kann der Anwalt für jede Sache, in der er tätig gewesen ist, besondere Gebühren berechnen.

5. Der § 40 gilt nur für die durch die ZPO geregelten Fälle des Aufgebotsverfahrens. nicht dagegen für das außergerichtliche. Gleichgültig ist die Rechtsgrundlage des Aufgebots, Auf die landesgesetzlich geregelten Fälle des Aufgebotsverfahrens finden die Gebührenvorschriften der Landesgesetze Anwendung, sofern nicht etwa das Landesgesetz das Aufgebotsverfahren der ZPO für anwendbar erklärt hat.

§ 40a. (Fassung vom 25. 7. 30.) Im Verfahren über Anträge auf Vollstreckbarkeit eines Schiedsspruches oder eines schiedsrichterlichen Vergleiches (ZPO §§ 1042, 1044a) erhält der Rechtsanwalt die in den §§ 13—17 bestimmten Gebühren.

1. Die VO v. 13. 2. 24 hatte das Verfahren bei Vollstreckbarkeitserklärung eines Schiedsspruches abgeändert. Eine erneute Abänderung der Vorschriften der ZPO über das schiedsrichterliche Verfahren brachte das Ges v. 25. 7. 30 (RGBl I 361), auf dessen Art. III die jetzige Fassung des § 40a beruht. Sie trägt dem Umstande Rechnung, daß in dem Verfahren auf Vollstreckbarkeitserklärung von Schiedssprüchen und schiedsgerichtlichen Vergleichen über die sämtlichen für die Rechtsbeständigkeit und Vollstreckbarkeit des Schiedsspruches oder Vergleiches in Betracht kommenden Umstände einheitlich entschieden wird, andererseits aber infolge des in § 1042c ZPO nunmehr zugelassenen Widerspruches gegen den Vollstreckbarkeitsbeschluß der Schuldner in jedem Falle mündliche Verhandlung herbeiführen kann.

2. Als Gebühr entsteht für den RA des Gläubigers durch den Antrag auf Vollstreckbarkeitserklärung die Prozeßgebühr des § 13 nach dem Streitwerte des Schiedsspruchs oder Vergleichs in dem Betrage, in dem seine Vollstreckbarkeit nachgesucht wird, also einschließlich der Zinsen und Kosten, wenn solche im Schiedsspruche zugesprochen worden sind, KG nach LG I Berlin JW 29, 3191[4]. Wenn das Gericht von seiner Befugnis, mündliche Verhandlung anzuordnen, Gebrauch macht, regeln sich die Gebühren der Anwälte beider Parteien nach den Grundsätzen, die für den ordentlichen Rechtsstreit gelten, LG Frankfurt a. M. JW 25, 1424[6]. Es kann also auch eine Vergleichsgebühr bei Vergleich über die Sache selbst erwachsen. Ein Vergleich über die Vollstreckbarkeit ist allerdings unzulässig. In der Beschwerdeinstanz gilt § 41 Z. 1, Baumbach § 40 a. Der Antragsgegner erhält auch die volle Prozeßgebühr schon, sobald er zur Erklärung aufgefordert ist und auch nur seine Bestellung anzeigt. Ob das Gericht etwas veranlaßt, ist gleichgültig. § 40a setzt also keine einheitliche Gebühr fest.

Kraft der ausdrücklichen Vorschrift des § 1044 ZPO in der Fassung des Ges v. 25. 7. 30 findet das Verfahren der §§ 1042ff. auch auf ausländische Schiedssprüche Anwendung, also auch die Kostenvorschrift des § 40a.

§ 41. Drei Zehnteile der in §§ 13—17 bestimmten Gebühren erhält der Rechtsanwalt:

1. in der Beschwerdeinstanz;
2. wenn seine Tätigkeit sich auf ein Verfahren beschränkt, welches die Änderung einer Entscheidung des beauftragten oder ersuchten Richters oder des Urkundsbeamten der Geschäftsstelle (ZPO § 576) betrifft

1. Die Vorschrift bezieht sich, wie die Überschrift zum zweiten Abschnitt ergibt, nur auf bürgerliche Rechtsstreitigkeiten; s. aber § 75 Anm. 1 und Vorb. 3 § 53. Die einfache und die sofortige Beschwerde werden gebührenmäßig gleich behandelt, desgleichen die weitere Beschwerde, die aber immer eine neue Instanz eröffnet. Zu beachten ist weiter, daß Einlegung einer Beschwerde durch den ArmAnw. eine besondere Beiordnung durch das Beschwerdegericht erfordert, KG JW 35, 3315[31]. Dagegen decken Armenrechtsbewilligung und Anwaltsbeiordnung für die Zwangsvollstreckung auch ein Tätigwerden bei Beschwerden innerhalb der Zwangsvollstreckung, sofern es sich dabei um die Abwehr von Beschwerden des Schuldners handelt, KG JW 35, 2901[26].

2. Aus der Bezugnahme auf die §§ 13—17 folgt, daß, wenn eine Verhandlung oder Beweisaufnahme stattfindet, dem RA auch $^3/_{10}$ der Verhandlungs- und Beweisgebühr zustehen. Auch eine Vergleichsgebühr von $^3/_{10}$ steht dem RA zu, wenn er an einem in der Beschwerdeinstanz abgeschlossenen Vergleiche mitwirkt. In den Fällen der §§ 43—45 ist die Gebühr des Prozeßbevollmächtigten maßgebend für die Berechnung der Gebühren des andern RA; da jener eine $^3/_{10}$-Gebühr erhält, beträgt die $^5/_{10}$-Gebühr des andern RA $^3/_{20}$; s. auch § 24 A 5. Wegen der Kosten im Arrestbeschwerdeverfahren s. § 28 A 9.

3. Ist der RA nur mit Anfertigung der Beschwerdeschrift beauftragt und hat er die Beschwerdeschrift nicht eingereicht, so steht ihm die Gebühr des § 41 nur zur Hälfte (§ 14) zu, Baumbach § 41 A 1 u. a., LG Köln JW 29, 520[1]; *aM* KG BerlAnw 29, 249[9] (läßt die volle Gebühr durch Anfertigung der Beschwerdeschrift erwachsen). Hat der Anwalt des Beschwerdegegners den Beschluß der Beschwerdeinstanz nur entgegengenommen, ohne daß sich sein Auftrag auf die Vertretung in der Beschwerdeinstanz erstreckte, so erhält er keine besondere Gebühr, KG JW 30, 3562[5]; HRR 30, 2158; Sydow-Busch A 3 § 41; *aM* LG Düsseldorf JW 25, 1551[7]; KG I Berlin JW 29, 1896[3]; ebenso bei bloßer Mitteilung an die Partei, LG I Berlin JW 29, 1896[3]; *aM* OLG Hamburg JW 30, 3349[41];

Baumbach § 41 A 2 (aber Mitteilung an die Partei ist nicht nur „Botentätigkeit"). Die Gebühr des beschwerdeführenden Anwalts fällt nicht etwa weg, wenn der index a quo der Beschwerde abhilft, OLG Dresden JW 28, 1522[24]; KG BerlAnwBl 29, 249[9]; LG Köln JW 29, 520[1]; Gaedecke Kostenrechtsprechung des KG Nr. 139.

4. Anträge aus § 576 ZPO gehören zur Instanz (§ 29 Nr. 5), werden also nur vergütet, wenn die Tätigkeit des Anwalts auf ein Verfahren nach § 576 ZPO beschränkt ist. Wird auf Beschwerde gegen eine einstweilige Anordnung aus § 627 ZPO mündliche Verhandlung über die Frage der Abhilfe angeordnet, so entsteht eine $^{3}/_{10}$-Gebühr (Beschwerdeverhandlungsgebühr), da diese Verhandlung bereits in der Beschwerdeinstanz stattfindet; so KG DRW 39, 2084[14]. Diese gebührenrechtliche Behandlung erscheint trotz der gegenteiligen ausführlichen Begründung des KG unbillig, denn letztlich handelt es sich bei § 627 ZPO um eine verfahrensrechtliche Ausnahmeregelung, die auch gebührenmäßig anders vergütet werden müßte, selbst wenn formelle Gründe dagegen sprechen.

5. Für das Beschwerdeverfahren in Erbhofsachen galt früher § 41 für die Gebühr des RA, so daß diese auf $^{3}/_{10}$ der Sätze des ersten Rechtszuges zu bemessen war, es galt also nicht § 52, RErbhG JW 36, 590[32]. Dieser Standpunkt, den allgemein die Gerichte eingenommen hatten, führte anerkanntermaßen zu höchst unbilligen Ergebnissen, Vogels JW 36, 1033; Seybold JW 36, 1033; Schrodt JW 36, 1934 und war deswegen abänderungsbedürftig. Maßgebend ist daher jetzt für die RAGebühren § 116 EHVfO v. 21. 12. 36 (RGBl I 1069). Danach tritt an die Stelle der Gebühr aus § 41 im Verfahren vor dem Erbhofgericht und Reichserbhofgericht die volle Gebühr.

6. Für die Beschwerde über die Bewilligung einer Zahlungsfrist auf Grund der VO v. 7. 10. 1939 (RGBl I 2004) erwächst die volle Gebühr des § 41. Gaedecke DRW 40, 234 mit interessanten Ausführungen. Zwar fehlt es in der VO an einer anwaltlichen Gebührenregelung, aber eine entsprechende Anwendung durch § 89 RAGebO ist geboten. Der Streitwert ist für die Beschwerdeinstanz nach § 3 ZPO frei zu schätzen.

7. Der Streitwert des Beschwerdeverfahrens ist nicht ohne weiteres der des Hauptverfahrens, muß vielmehr in jedem Falle entsprechend dem durch die Beschwerde verfolgten Interesse des Beschwerdeführers nach freiem Ermessen ermittelt werden. Über Streitwert für die Gewährung oder Entziehung des Armenrechts oder die Nachzahlung von Kosten vgl. JW 35, 60[6].

§ 42. Der zum Prozeßbevollmächtigten bestellte Rechtsanwalt, welcher auf Verlangen der Partei die Vertretung in der mündlichen Verhandlung einem anderen Rechtsanwalt übertragen hat, erhält neben den ihm zustehenden Gebühren fünf Zehnteile der Verhandlungsgebühr. Diese Gebühr wird auf eine ihm zustehende Verhandlungsgebühr angerechnet.

§ 43. Dem Rechtsanwalte, welchem von der Partei oder auf deren Verlangen von dem Prozeßbevollmächtigten nur die Vertretung in der mündlichen Verhandlung oder die Ausführung der Parteirechte in derselben übertragen ist, steht neben der Verhandlungsgebühr die Prozeßgebühr zu fünf Zehnteilen zu. Letztere Gebühr steht ihm auch dann zu, wenn der Auftrag vor der mündlichen Verhandlung erledigt wird. Erstreckt sich die Vertretung auf eine mit der mündlichen Verhandlung verbundene Beweisaufnahme (§ 13 Nr. 4), so erhält der Rechtsanwalt außerdem die Beweisgebühr.

1. Die §§ 42, 43 beruhen auf den Unterscheidungen des § 33 der neuen RAO: „Insoweit eine Vertretung durch Anwälte geboten ist, kann nur ein bei dem Prozeßgerichte zugelassener Rechtsanwalt die Vertretung als Prozeßbevollmächtigter übernehmen.

In der mündlichen Verhandlung, einschließlich der vor dem Prozeßgericht erfolgenden Beweisaufnahme, kann jedoch jeder Rechtsanwalt die Ausführung der Parteirechte, und für den Fall, daß der bei dem Prozeßgerichte zum Prozeßbevollmächtigten bestellte Rechtsanwalt ihm die Vertretung überträgt, auch diese übernehmen."

§ 42 regelt die Gebühr des prozeßbevollmächtigten RA; § 43 die des Terminvertreters. Beide Paragraphen finden keine Anwendung, wenn der bevollmächtigte RA seinerseits Untervollmacht erteilt. Voraussetzung für ihre Anwendung ist daher, daß die Trennung der Tätigkeiten auf besonderem Verlangen der Partei beruht. Das Verlangen der Partei braucht aber nicht ausdrücklich, sondern kann auch stillschweigend erklärt werden, JW 27, 538[9]. Ist sie von einem Anwalt ohne ein solches Verlangen, insbesondere aus Gründen, die in der Person des Anwalts liegen, vorgenommen worden, so fehlt es in der Regel an einer Verpflichtung der Partei zur Zahlung erhöhter Gebühren. Vielmehr wird es dann Sache der Anwälte sein, sich untereinander abzufinden; vgl. § 1 A 5. Wird etwa die Bestellung eines Terminsvertreters notwendig, weil durch die Reise des Prozeßbevollmächtigten zum Verhandlungstermin höhere Kosten entstehen würden oder bei plötzlicher Erkrankung des RA eine Vertagung unmöglich ist, hat die Partei auch die Kosten des Terminsvertreters zu bezahlen, LG Hannover JW 28, 1889[13]; LG I Berlin JW 29, 151[1]; Sydow-Busch A 2 § 42; LG III Berlin JW 25, 1548[3] und Anm. dazu; OLG Breslau JW 30, 3343[29]. Es scheiden somit die Fälle aus, in denen die Vertreter lediglich die Stellung eines Erfüllungsgehilfen haben, JW 30, 2088[1].

2. Nach § 42 erhält der Prozeßbevollmächtigte außer den Gebühren, die ihm ohnehin schon zustehen, $^5/_{10}$ der Verhandlungsgebühr, die ihm im Falle seiner Teilnahme an der mündlichen Verhandlung zugestanden hätte, also $^5/_{10}$ bei streitiger und $^5/_{20}$ bei nicht streitiger Verhandlung. Hatte der Prozeßbevollmächtigte aber die Verhandlungsgebühr (§ 13[2]) verdient, so daß er nach § 25 für die Wahrnehmung des Termins nichts mehr zu beanspruchen hatte, so steht ihm auch nach § 42 Satz 2 nichts mehr zu. Betrug die verdiente Verhandlungsgebühr noch nicht $^5/_{10}$, so muß er sie sich anrechnen. Die Anrechnung hat auch auf eine nach § 8 der EntlVO erwachsene Verhandlungsgebühr zu erfolgen. Die Beweisgebühr kann der Prozeßbevollmächtigte verdient haben, obgleich er an der Beweisaufnahme nicht teilgenommen hat, wenn er nur eine Tätigkeit entwickelt hat, durch die die Gebühr des § 13[4] für ihn entstanden ist, vgl. A 13 § 13. Im Falle der weiteren mündlichen Verhandlung (§ 17) erhält aber der Prozeßbevollmächtigte, ohne daß er selbst die Beweisgebühr verdient zu haben braucht (§ 17 A 1b), nach § 42 $^5/_{20}$, die auf die frühere Verhandlungsgebühr nicht anzurechnen sind. Ist nur die Ausführung der Parteirechte übertragen, so findet § 42 im Gegensatze zu § 43 keine Anwendung. Denn in diesem Falle verbleibt die Vertretung dem Prozeßbevollmächtigten, der auch im Termine zugegen sein muß. Er erhält also die ihm nach §§ 13ff. zustehende Verhandlungsgebühr. Im übrigen ist es gleich, ob es sich um einen Prozeß vor dem AG oder LG handelt.

3. **§ 43** regelt die dem nicht als Prozeßbevollmächtigten bestellten Anwalt zustehenden Gebühren, die sich in ihrer Höhe nach der dem Prozeßbevollmächtigten des Rechtsstreits zustehenden Gebühr richten, EGH 5, 123 (vgl. z. B. §§ 41, 52).

a) Daß dem Anwalt im Falle des § 43 ein Teil der Prozeßgebühr gewährt wird, beruht auf seiner zur Vorbereitung für die mündliche Verhandlung erforderlichen Tätigkeit. Deshalb kann diese Gebühr nicht dadurch wegfallen, daß der Auftrag sich erledigt, bevor es zur mündlichen Verhandlung kommt. Immer aber wird vorausgesetzt, daß der Anwalt in irgendeiner Weise, z. B. durch Einziehung von Information, eine Tätigkeit geleistet hat, für deren Vergütung die Prozeßgebühr bestimmt ist. Trifft diese Voraussetzung nicht zu, so würde ein Anspruch auf Gebühren nicht bestehen, Mot 55, 56. § 14 gilt jedoch hier nicht. Durch die wiederholte Übertragung der Vertretung wird ein Anspruch auf wiederholte Prozeßgebühr innerhalb derselben Instanz nicht gerechtfertigt (entsprechend § 25).

b) Die Verhandlungsgebühr ist, gleichviel, ob die mündliche Verhandlung vor oder nach der Beweisaufnahme stattfindet, der Höhe nach dieselbe, die nach § 13 Nr. 2, § 16 einem zum Prozeßbevollmächtigten bestellten RA zusteht. Dies gilt auch bei der wiederholten Vertretung in der mündl. Verhandlung, § 48. Wenn aber die erste Verhandlung vor, die neue Verhandlung nach der Beweisaufnahme stattfindet, so ist für die Vertretung in der neuen Verhandlung die Erhöhung der Verhandlungsgebühr nach § 17 gerechtfertigt. Die Verhandlungsgebühr ist erwachsen, wenn der RA auftragsgemäß der Verhandlung gefolgt und bereit gewesen ist, zur Ausführung der Rechte des Beklagten das Wort zu ergreifen. Daß er tatsächlich das Wort ergreift, ist nicht nötig, KG Rsp 31, 240. Der RA, dem die Partei den Prozeß in der höheren Instanz übertragen wird und der auf Verlangen der Partei dem Termine des unteren Instanz beiwohnt und das Recht zur Ausführung von Parteirechten hat, erhält also die Gebühr des § 43, OLG 31, 241.

c) Die Beweisgebühr ist nur erwirkt, wenn die Beweisaufnahme mit der mündlichen Verhandlung verbunden ist. Der Begriff der Beweisaufnahme ist hier derselbe wie in § 13⁴. Eine Abweichung ergibt sich nur daraus, daß die Beweisaufnahme mit der mündlichen Verhandlung verbunden sein muß. Bei Beschränkung der Tätigkeit des RA auf die Vertretung bei der Beweisaufnahme gilt § 45.

d) Die Vergleichsgebühr ist unter den Voraussetzungen des § 13³ erwirkt, OLG Hamburg Rsp 35, 282; *aM* OLG Braunschweig, Posen Rsp 35, 227, 228; s. auch § 44 A 1.

e) Der § 43 bezieht sich seinem Wortlaute nach auf alle Fälle, in denen einem RA **nur** die Vertretung in der mündl. Verhandlung oder die Ausführung der Parteirechte übertragen ist, findet also nicht nur dann Anwendung, wenn ein RA zum Prozeßbevollmächtigten bestellt ist und ein zweiter RA neben jenem oder an dessen Stelle die Vertretung der Partei in der mündl. Verhandlung wahrnimmt, sondern auch dann, wenn ein Prozeßbevollmächtigter nicht bestellt, vielmehr nur ein RA mit der Vertretung in der mündl. Verhandlung beauftragt ist. Der letzte Fall kann vorliegen im Amtsgerichtsprozeß, JW 29, 2479[11]; *aM* LG Freiburg i/S., ZZP 22, 160; Sydow-Busch A 1. Ist der Prozeßbevollmächtigte nicht ein Rechtsanwalt, und überträgt er seine Vertretung einem Anwalt, so ist ebenfalls § 43 anzuwenden. Die Anrechnungspflicht des § 28 besteht auch für die Gebühren aus § 43, OLG Celle Rsp 23, 273. Bei vorangegangenem Mahnverfahren s. § 38 A 5, AG Kirchhundem JW 34, 506[1].

f) Über die Anwendung des § 43 sowie der RAGebO im allgemeinen bei der Verwaltungsgerichtsbarkeit vgl. OVG JW 32, 2929; Steinmeister JW 33, 2809; Reuß JW 35, 3337.

g) Wegen der Erstattung s. S. 100, sowie die Sonderregelung im Verfahren vor dem RArbG., ArbG Flensburg JW 39, 3264[49], das eine gebührenrechtliche Besserstellung des RA vorsieht; vgl. auch VO des RJM v. 30. 12. 1939 DJ 40 S. 27 Nr. 16 über die Reisekosten und Tagegelder eines beim LG zugelassenen RA, der nach der VfVO vor dem OLG im Berufungsverfahren auftritt.

4. Darüber, daß beim Vorliegen der Voraussetzungen der §§ 42, 43 — Übertragung durch die Partei selbst oder auf deren Verlangen — der Prozeßbevollmächtigte persönlich nicht für die dem anderen RA zustehenden Gebühren haftet, kann ein Zweifel kaum bestehen; im übrigen vgl. LG Darmstadt JW 29, 152 [8].

§ 44. Dem Rechtsanwalte, welcher lediglich den Verkehr der Partei mit dem Prozeßbevollmächtigten führt, steht eine Gebühr in Höhe der Prozeßgebühr zu.

Die mit der Übersendung der Akten an den Rechtsanwalt der höheren Instanz verbundenen gutachtlichen Äußerungen dienen nicht zur Begründung dieser Gebühr, wenn nicht zu denselben Auftrag erteilt war.

1. Abs. 1 grenzt („lediglich") die Tätigkeit, für die die Gebühr des § 44 erwirkt ist, gegen die des Prozeßbevollmächtigten ab, bestimmt aber nicht, daß diese Gebühr fortfallen soll, wenn der Anwalt außer der Tätigkeit des § 44 noch eine andere Tätigkeit nach §§ 43, 45, 46 ausgeübt hat, OLG Hamburg Rsp 40, 462. Es treten also neben die Gebühr aus § 44 die Verhandlungsgebühr des § 43 und die Beweisgebühr des § 45, OLG München, Naumburg Rsp 31, 243.

Für den Korrespondenzanwalt kann neben der Verkehrs- auch Beweis- und Vergleichsgebühr entstehen. Wenn z. B. die Tätigkeit des RA über die des § 44 beim Abschluß eines Vergleichs hinausgeht, so ist ihm die Vergleichsgebühr gemäß § 13 Z. 3 zuzubilligen; OLG Düsseldorf JW 35, 1722[61]; JW. 33, 542[29]; OLG Darmstadt DRW 39, 672; *aM* OLG Düsseldorf 34, 3011[17]. Ganz verfehlt in der Begründung LG Darmstadt JW 29, 3192[7], das die Vergleichsgebühr des Verkehrsanwalts nur deshalb ablehnt, weil eine solche dem Terminsanwalt bereits zugebilligt worden sei; vgl. insbes. MdRRAK 39, 134; OLG Dresden JW 38, 2239, wonach außer dem Prozeßbevollmächtigten auch dem Verkehrsanwalt die Vergleichsgebühr zugesprochen wird, wenn beide Anwälte durch ihre Tätigkeit bei dem Zustandekommen des Vergleichs mitgewirkt haben, OLG Dresden JW 37, 838. Für Wahrnehmung eines Sühnetermins wird neben der Gebühr aus § 44 eine weitere Gebühr versagt, weil sonst der Verkehrsanwalt mehr erhalten würde, als der Prozeßbevollmächtigte, JW 32, 2907, aber für die alleinige Wahrnehmung des Sühnetermins die Gebühr des § 44 bewilligt, OLG Posen 35, 229, vgl. § 37 A 2.

2. In Frage steht nur der im Auftrage der Partei ausgeübte, auf den Betrieb des Prozesses gerichtete Verkehr (Korrespondenzmandatar). Vgl. § 7 A 2, KG JW 36, 1690[26]. Der Auftrag braucht nicht ausdrücklich erteilt worden zu sein, ist z. B. darin zu finden, daß die Partei dem RA den auf die Gebühr des § 44 erforderten Vorschuß zahlt, KG JW 30, 193[55]. Der Verkehr kann auch mündlich betätigt werden, KG JW 37, 2006[36]. Das Übersenden der Handakten an den Anwalt der höheren Instanz gehört zur Instanz und wird nicht besonders vergütet, § 29[8]. Diese Bestimmung ist entsprechend anwendbar, wenn der Bevollmächtigte im Mahnverfahren nach Erhebung des Widerspruchs sich darauf beschränkt, die Handakten an den beim Prozeßgerichte zugelassenen Prozeßbevollmächtigten zu übersenden, OLG Zweibrücken JW 22, 1418[41]; vgl. auch A 5 § 38. Dasselbe gilt für die bloße Regelung der Gebühren des Anwalts der höheren Instanz. Der Anwalt, der Revision eingelegt und dadurch die volle Prozeßgebühr verdient hat, vgl. A 9 § 23, hat daneben nicht den Anspruch auf die Gebühr des § 44,

OLG Nürnberg JW 30, 1518[23]. Besprechung eines Urteils mit der Partei und Belehrung über die zulässigen Rechtsmittel gehören zu der beendeten Instanz und werden für den Verkehrsanwalt durch die Verkehrsgebühr abgegolten, begründen also keine Verkehrsgebühr für die höhere Instanz, OLG Dresden JW 39, 710[25]. Es entsteht auch keine Verkehrsgebühr für den RA als Testamentsvollstrecker, OLG Hamburg JW 37, 834. Neben der Verkehrsgebühr des § 44 steht dem Verkehrsanwalt nicht die Gebühr des § 23 Z. 6 für eine etwaige Tätigkeit bei der Beantragung des Armenrechts zu, Gaedecke Kostenfestsetzungsverfahren Nr. 131. Es setzt die Gebühr des § 44 voraus, daß der Korrespondenzanwalt die zur Durchführung des Rechtsstreites erforderliche Information über die tatsächlichen Verhältnisse vermittelt, OLG Rostock Rsp 31, 242. Im Arrestverfahren ist unter Umständen die Verkehrsgebühr berechtigt. Für den Antrag auf Anlegung eines Arrestes bei einem Gericht, vor dem der RA nicht zugelassen ist, erwächst aber nicht die Gebühr des § 44, sondern die des § 28, OLG Braunschweig Rsp 35, 227. Dagegen kann auch in einem kostenrechtlich eine gesonderte Instanz bildenden Verfahren, z. B. in der Zwangsvollstreckungs- oder Beschwerdeinstanz, die Verkehrsgebühr entstehen und beträgt dann so viel, als die Prozeßgebühr betragen würde, JW 30, 1438. Ist ein RA als Pfleger bestellt und hat er über das übliche Maß anwaltl. Tätigkeiten zu verrichten, so kann ihm auch u. U. die Verkehrsgebühr zustehen, JW 35, 1251. Nicht notwendig ist, daß der Wohnsitz der Partei und der des Verkehrsanwalts identisch sind, OLG Hamburg 30, 728[11]; HRR 30 Nr. 913. Desgleichen ist nicht immer erforderlich, daß der Verkehrsanwalt an verschiedenem Orte wie der Prozeßbevollmächtigte wohnt, vielmehr sind Fälle möglich, daß beide an demselben Orte, die Partei an einem anderen Orte ihren Wohnsitz haben, KG JW 37, 2006[36].

Die Hinzuziehung von mehr als zwei Anwälten (Prozeß- und Fachanwalt), besonders in Warenzeichenprozessen, wird immer als nicht notwendig angesehen, eine Berechnung der Kosten gemäß § 44 für den weiteren Anwalt ist daher nicht möglich, OLG Darmstadt JW 34, 1799[5].

3. Auch die Gebühr des § 44 ist eine Pauschgebühr. Es kann daher der Korrespondenzmandatar nicht neben ihr noch die Gebühr für die Konferenzen berechnen, durch die der Stoff für die Korrespondenz beschafft wurde, OLG Stuttgart JW 29, 884[42]; OLG Königsberg Recht 31 Nr. 336. Hat der RA einen Zahlungsbefehl erwirkt und wird er nach Verweisung an das LG weiter für den Kläger als Verkehrsanwalt tätig, so erfolgt Anrechnung der Mahngebühr auf die Verkehrsgebühr, OLG Naumburg JW 36, 620; vgl. § 38 A 5. Trotz des Charakters einer Pauschgebühr bei § 44 kann aber im Falle der Zurückverweisung in die Vorinstanz für den RA, der vor Einlegung des Rechtsmittels Verkehrsanwalt war, eine neue Verkehrsgebühr entstehen, denn nach § 27 wird im Falle der Zurückverweisung das weitere Verfahren vor dem unteren Gericht für die Gebühren des RA als neue Instanz behandelt. Ausgenommen wird nur die Prozeßgebühr. Nach § 44 aber erhält der Verkehrsanwalt nicht schlechthin eine Prozeßgebühr, sondern nur die Höhe einer Prozeßgebühr. Desgleichen steht nicht dieser Ansicht § 48 entgegen. Denn diese Gebühr ist eine Sondergebühr, die den Verkehr der Partei durch einen besonderen RA mit dem Prozeßbevollm. vergütet, so auch OLG Naumburg JW 35, 3173[22]; KG JW 36, 2155[37]; HRR 37 Nr. 1188; Bach JW 36, 621 in Anm; OLG Naumburg JW 38, 1476[33]. Die in der elften Auflage hierzu vertretene Ansicht, die sich auf OLG Königsberg JW 30, 3350[45] stützt, kann nicht aufrecht erhalten werden; *aM* HRR 31 Nr. 151; OLG Hamburg JW 37, 567[37]; hiergegen Bach in Anm. Vgl. auch § 48 A 1. Erledigt sich der

Auftrag, ehe es zu einem Verkehr mit dem Prozeßbevollm. kommt, so stehen dem RA in entsprechender Anwendung des § 14 5/10 der Gebühr zu, KG JW 29, 877[25]. Desgleichen ist Anwendung des § 14 unter Heranziehung von § 44 und § 89[1] entsprechend anzunehmen für die Gebührenrechnung für Verkehr mit dem Gegner zwischen Erhebung und Zurücknahme der Klage, vgl. JW 35, 812[55]. Der Streitwert für die Verkehrsgebühr bestimmt sich nach dem Streitwert der Prozeßgebühr. Wegen der einem ausländischen RA zustehenden Korrespondenzgebühr s. oben S. 111.

4. Abs. 2. Ein Auftrag im Sinne des Abs. 2 ist in der allgemeinen Bevollmächtigung des Anwalts, die Einlegung des Rechtsmittels und das Verfahren höherer Instanz zu veranlassen, nicht enthalten, sondern liegt nur dann vor, wenn die Partei den Anwalt besonders beauftragt hat, dem Anwalte der höheren Instanz gegenüber gutachtlich sich zu äußern. Auftrag durch Vertreter ist aber möglich. Baumbach § 44 A 2; JW 30, 193[55].

Wegen der Erstattungspflicht des in die Kosten verurteilten Gegners s. S. 110, vgl. auch Erstattungsfähigkeit der Kosten des Simultananwalts als Verkehrsanwalt S. 109; OLG Breslau JW 38, 1839[46] und Anm Westarp; RA Pöllmann MdRRAK 39 S. 113, sowie DRM 39, 399[345], wo das RG nur ausnahmsweise in der RevInst. eine Verkehrsgebühr zusprechen will.

§ 45. Der Rechtsanwalt, dessen Tätigkeit sich auf die Vertretung *in einem nur zur Leistung des durch ein Urteil auferlegten Eides* oder nur zur Beweisaufnahme bestimmten Termine beschränkt, erhält neben der dem Prozeßbevollmächtigten im gleichen Falle zustehenden Beweisgebühr eine Gebühr in Höhe von fünf Zehnteilen der Prozeßgebühr. Letztere Gebühr steht ihm auch dann zu, wenn der Auftrag vor dem Termin erledigt wird.

Die Wahrnehmung eines weiteren Termins zur Fortsetzung der Verhandlung begründet nicht eine Erhöhung der Gebühr.

1. § 45 regelt die Gebühr des nur mit der Wahrnehmung eines Beweistermins beauftragten RA. Der außerdem erwähnte Fall der Wahrnehmung eines Eidesleistungstermins ist durch die Reform der ZPO vom 27. 12. 33 gegenstandslos geworden.

Grundsätzlich ist davon auszugehen, daß der ProzBevollm. auch auswärtige Beweistermine selbst wahrzunehmen hat, auch wenn die Kosten höher sind, als die Gebühren eines auswärtigen Anwalts, es sei denn, daß der Kostenaufwand im auffälligen Mißverhältnis zur Bedeutung der Streitsache steht. OLG Dresden HRR 38 Nr. 122. Der auswärtig beauftragte RA kann auf schriftlichem Wege nie so vertraut mit der Sache gemacht werden, wie durch den unmittelbaren Verkehr mit der Partei. Außerdem vermag er das Ergebnis der BewAufnahme ohne persönlichen Eindruck bei der späteren Verhandlung nicht so zu verwerten. Danielcik-v. Medem § 78 A 3 c; OLG Dresden DJ 36, 978. Sind aber die entstehenden Reisekosten zu hoch, so wird sich der RA eines auswärtigen RA bedienen, etwas engere Auslegung KG JW 37, 2247, siehe auch OLG Celle MdRRAK 37, 36.

Die Anwendung des § 45 erfordert nicht etwa, daß der RA außer der Vertretung im Beweistermine keine weitere Tätigkeit entfaltet, sondern sie will nur sagen, daß der RA nicht selbst Prozeßbevollmächtigter sein darf, sondern von diesem oder von der Partei nur mit der Vertretung in einem dieser Termine betraut sein muß. Weiter geht der Auftrag im Falle des § 43. Der Prozeßbevollmächtigte selbst, dessen Tätigkeit auf die Vertretung in einem solchen Termine beschränkt ist, hat nicht nach § 45, sondern nach §§ 13, 50 (14, 21)

Gebühren zu berechnen, OLG Hamburg Rsp 33, 194. Zum Falle eines vorangegangenen Mahnverfahrens s. § 38 A 5.

2. Nach § 45 erhält also der RA, und zwar für alle in Abschnitt 2 behandelten Verfahrensarten und Instanzen nach den dafür geltenden Sätzen:

a) wenn er den Auftrag ausführt,

aa) die Beweisgebühr nach denselben Grundsätzen, nach denen ein als Prozeßbevollmächtigter bestellter RA sie berechnen könnte,

bb) die halbe Prozeßgebühr,

b) wenn der Auftrag sich vorher erledigt, nur die Gebühr zu bb.

Durch die halbe Prozeßgebühr soll in beiden Fällen die auf die Vorbereitung verwendete Mühe abgegolten werden, also auch die Information und der Schriftwechsel. Die Gebühr entsteht auch bei Selbstvertretung, KG JW 34, 2048. Der Prozeßbevollmächtigte verliert durch § 45 nicht seine Beweisgebühr aus § 13[4]; *aM* Hopfmann DJZ 26, 744.

Die Höhe der Prozeßgebühr richtet sich nach dem vollen Streitwert der Instanz, die der Beweisgebühr nach dem für das Beweisverfahren maßgebenden Streitwert, Sydow-Busch A 3. Eine nach Erledigung des Auftrages eingetretene Erhöhung des Streitwerts bleibt für beide Gebühren außer Betracht, JW 27, 1312[6].

3. Der RA kann bei § 45 gewöhnlich nie mehr Gebühren für die Entfaltung seiner Tätigkeit verlangen als der Prozeßbevollm. Die Beweisgebühr erhöht sich nicht, auch wenn der RA auf Grund mehrerer Beweisbeschlüsse beauftragt wird, KG JW 35, 792[4]; Gaedecke JW 35, 1471. Vertritt der RA die Partei auf Grund desselben Auftrages in mehreren Terminen, so erhöht sich die Gebühr ebenfalls nicht. Wenn aber der RA mehrere getrennte Aufträge zur Vertretung in Beweisterminen in derselben Instanz erhalten hat, so kann er auch mehrmals gemäß § 45 erheben und zwar im Rahmen des § 48, also bis zum Höchstsatz der jeweiligen Prozeßgebühr, JW 30, 194[56]; LG Stettin JW 29, 3194[11]; 34, 2084[5]; OLG Düsseldorf JW 35, 63; KG KGBl 28, 113; JW 35, 1471; vgl. auch OLG Dresden HRR 38 Nr. 121. Die in der elften Auflage vertretene Ansicht, daß eine erhöhte Berechnung in diesem Falle nicht möglich sei, kann nicht aufrecht erhalten werden, da mehrere Aufträge ganz verschiedene Beweisthemen betreffen können und z. T. völlig neues Einarbeiten notwendig ist; *aM* Baumbach A 3. Vgl. auch OLG Düsseldorf JW 35, 63[15], wonach der Substitut für Wahrnehmung mehrerer auswärtiger Beweistermine bei mehreren selbst. Aufträgen nur eine halbe Prozeßgebühr erhalten soll. Vgl. auch KG JW 35, 7924 für mehrfache Beiordnung durch ersuchtes Gericht in Armensachen, mit Recht dagegen KG JW 34, 2084[5]; Gaedecke Nr. 89.

4. Die Beweisgebühr aus § 45 kann nur gefordert werden, wenn der RA den Beweistermin wahrgenommen hat, auch wenn es, z. B. wegen Ausbleibens des Zeugen, zur Beweisaufnahme nicht kommt. Dies ergibt sich daraus, daß § 45 nur Anwendung findet, wenn der Auftrag zur Vertretung im „Beweistermin" (nicht wie im Falle des § 13 Nr. 4 im „Beweisverfahren") erteilt ist, Baumbach § 45 A 2; KG JW 38, 1610[42]. Der Grund der Auftragserledigung ist gleichgültig. Für Wahrnehmung eines Sühnetermins wird die Gebühr nicht gewährt, OLG Dresden HRR 38 Nr. 181; vgl. § 37 A 2; ebensowenig, wenn ein RA zur Wahrnehmung eines auswärtigen Termins bestellt wird, der weder Verhandlungs- noch Beweistermin ist. In beiden Fällen wird aber auf Grund des § 89 mindestens $^{5}/_{10}$-Prozeßgebühr zu gewähren sein, OLG Kiel JW 26, 2476[10]; unklar OLG Breslau JW 25, 2363[11] (scheint nur die Erstattungsfähigkeit zu verneinen). Für die Wahrnehmung eines einzelnen Termins in einer Straf- oder Privatklagesache, z. B. im Vorverfahren oder eines kommiss. Beweisaufnahmetermins, ist ebenfalls nach § 45 und sinngemäßer Anwendung von §§ 45, 13[4], 89 dann $^5/_{10}$-Gebühr zuzubilligen, wenn der Anwalt nur diesen Termin wahrnimmt; OLG Dresden HRR 38 Nr. 181; s. auch Vorb. zu §§ 63ff. Vorb. 2 b.

5. Zusammentreffen der Tätigkeiten aus § 44 und § 45: § 44 A 1. Auch hier wie bei der Gebühr aus § 44 tritt die Vergleichsgebühr hinzu, wenn nämlich im Beweistermin ein Vergleich unter Mitwirkung des RA geschlossen wird, OLG München JW 17, 870[19].

6. Bei einem im Ausland stattfindenden Beweistermin, der durch einen ausländischen RA wahrgenommen wird, ist für die zu erstattenden Gebühren die ausländische GebO maßgebend, soweit nicht bei Wahrnehmung durch einen deutschen RA die Kosten unverhältnismäßig geringer sein würden, OLG Dresden HRR 38 Nr. 1655.

7. Erstattungsfähigkeit: oben S. 107f.

§ 46. Beschränkt sich die Tätigkeit des Rechtsanwalts auf die Anfertigung eines Schriftsatzes, so erhält er eine Gebühr in Höhe von fünf Zehnteilen der Prozeßgebühr.

Die Vorschrift bezieht sich nur auf den RA, der nicht zum Prozeßbevollmächtigten bestellt ist, OLG Darmstadt JW 35, 2298[48]. Er braucht also auch beim Prozeßgerichte nicht zugelassen zu sein, LG III Berlin JW 29, 3192[6]. Schriftsatz: § 5. Die $^5/_{10}$ sind von der Prozeßgebühr zu berechnen, die für den Prozeß und die Instanz zum Ansatz zu bringen ist, für die der Schriftsatz bestimmt ist. Die Unterzeichnung ersetzt die Anfertigung.

Für die wiederholte Anfertigung von Schriftsätzen in derselben Instanz kann die Gebühr des RA den Betrag der Prozeßgebühr nicht überschreiten, § 48. Die Gebühr des § 46 vergütet zugleich die zur Anfertigung des Schriftsatzes erforderlichen Besprechungen, so daß die Gebühr des § 47 dafür nicht noch daneben gefordert werden darf, KG Rsp 17, 222. Die Gebühr aus § 46 schließt nicht notwendig die Gebühr des § 23 Z. 6 aus, denn nach § 29 umfassen nur die in § 13 aufgeführten Gebühren die gesamte Tätigkeit innerhalb der Instanz, vgl. Gaedecke JW 35, 2299. $^5/_{10}$ der Prozeßgebühr auch für Schriftsatzanfertigung in Arbeitsgerichtsprozessen.

Entsprechend anwendbar gemäß § 89 ist die Vorschrift für die Beschaffung der Einwilligung des Gegners in die Einlegung der Sprungrevision, OLG Braunschweig MdRR.-AK 38, 85; *aM* OLG Stettin JW 30, 3869[17] (will in entsprechender Anwendung des § 23[7] nur $^3/_{10}$ zubilligen, verkennt dabei aber die viel weitergehende Verantwortung, die mit der Abgabe der Einverständniserklärung verbunden ist).

§ 47. Für einen erteilten Rat erhält der nicht zum Prozeßbevollmächtigten bestellte Rechtsanwalt eine Gebühr in Höhe von drei Zehnteilen der Prozeßgebühr.

Eine Gebühr in Höhe von fünf Zehnteilen der Prozeßgebühr steht dem mit Einlegung der Berufung oder der Revision beauftragten Rechtsanwalte zu, wenn derselbe von der Einlegung abrät und der Auftraggeber seinen Auftrag zurücknimmt.

1. Rat im Sinne dieser Vorschrift ist nicht jede Besprechung über einzelne nebensächliche Punkte, sondern nur der (schriftlich oder mündlich) erteilte Rat, der die Beurteilung und Geltendmachung einer Rechtsangelegenheit betrifft, EHG 3, 9; 4, 63. Erwirkt ist die Gebühr des § 47 nur dann, wenn die Partei den Rat erbeten hat, also nicht ohne

weiteres schon dann, wenn der RA wegen Aussichtslosigkeit der Rechtsverfolgung oder Rechtsverteidigung den Auftrag ablehnt. Nach ergangener Entscheidung berechtigt die Besprechung des Urteils und die Belehrung über das gegen das Urteil zulässige Rechtsmittel nicht zur Erhebung einer neuen Gebühr, vielmehr werden diese Tätigkeiten durch die erwirkte Prozeßgebühr abgegolten, OLG Dresden JW 39, 710[25]. Erteilt ein Büroangestellter mit Wissen und Willen des RA einen Rat, so haftet zwar der RA daraus, RG JW 32, 641, die Gebühr erhält er aber nicht, anders dagegen, wenn er nur bei der Raterteilung Botentätigkeit ausübt, Baumbach § 47 1. B. Ein Gutachten mit juristischer Begründung ist nach § 88 zu beurteilen. Ob die Absicht des Auftraggebers auf ein Gutachten oder nur auf einen Rat gerichtet war, ist im Streitfalle durch Willensauslegung zu ermitteln.

§ 47 betrifft auch nur den Fall, daß die ganze Tätigkeit des RA in der Erteilung eines Rates besteht, nicht aber den Fall, in dem der RA zum Prozeßbevollmächtigten bezüglich der ganzen Rechtsangelegenheit mit der Beschränkung des Auftrags zur vorläufigen Einklagung eines Teilanspruchs unter Vorbehalt der Erweiterung des Klageantrags auf dessen Rest bestellt ist, Reuß JW 34, 1152.

2. Die RTK hat unter Zustimmung der RegVertreter folgende Erklärung zu Protokoll genommen: „Die in § 47 aufgeführte Erteilung eines Rates und die hierfür dem Sachwalter zu gewährende Gebühr bezieht sich lediglich auf die in § 1 begrenzten Angelegenheiten. Ein Rat, welcher eine andere Angelegenheit betrifft, ist nach den landesgesetzl. Taxbestimmungen zu honorieren", KommBer 40. Danach ist z. B. für die Beratung im Konkursverfahren nach § 47 zu liquidieren, RG 118, 365; JW 28, 99[2] = HRR 28, 283, in Aufwertungs-, Hypotheken-, Nachlaß-, Handelsregister- oder Grundstückszwangsversteigerungssachen dagegen nach landesrechtlichen Kostengesetzen. Es wird also immer dann die LandesGebO zur Anwendung kommen, wenn der Ratsuchende ausdrücklich auf die außerprozessuale Erledigung der Angelegenheit verwiesen hat, d. h. der RA dadurch der Überprüfung der prozessualen Konsequenzen enthoben ist; andernfalls ist die RAGebO und damit § 47 anzuwenden, Reuß JW 34, 1152. Die Frage ist überall da ohne praktische Bedeutung, wo nach den Landesgesetzen der § 47 RAGebO auch über die durch § 1 gezogenen Grenzen hinaus für anwendbar erklärt ist (für Preußen bestimmt aber Art. 11 PrGebO für einen Rat in landesgesetzl. Angelegenheiten $^5/_{10}$ der vollen Gebühr, KG Rsp 15, 180, 183; 17, 223).

3. Werden gleichzeitig verschiedene Rechtsangelegenheiten mit verschiedenen Objekten besprochen, so kann die Gebühr des § 47 für jede der verschiedenen Rechtsangelegenheiten gefordert werden. Dasselbe gilt, wenn in der gleichen Rechtssache auf Grund mehrerer Aufträge nacheinander Rat erteilt wird, während verschiedene Rechtsfragen in derselben Rechtsangelegenheit nur zu einer Gebühr berechtigen. Mehrere Konferenzen rasch aufeinander folgend in derselben Rechtsangelegenheit sind nach EGH 3, 9; 8, 247; KG Rsp 17, 222 nur einmal zu vergüten. Die Richtigkeit dieser Auffassung erscheint bedenklich, da in § 25 die Gebühr des § 47 nicht erwähnt ist, vgl. Anm. § 46. In keinem Falle darf die Gebühr den Betrag der Prozeßgebühr überschreiten, § 48; Baumbach § 42 A 2B.

4. Die Gebühr des § 47 deckt auch die zur Vorbereitung der Raterteilung von dem RA ausgeübte Tätigkeit, insbesondere die Einsicht gerichtlicher Akten, EGH 8, 253. Wird im Anschluß an die Raterteilung der RA zum Prozeßbevollmächtigten bestellt oder mit einer anderen gebührenpflichtigen Tätigkeit, z. B. der Erwirkung eines Zahlungsbefehls, der Anfertigung eines Schriftsatzes beauftragt, so ist die Einholung des Rates nur als Vorbesprechung aufzufassen, mithin die Gebühr des § 47 ausgeschlossen (§§ 48, 49). Fertigt der RA nach der Raterteilung ein Mahnschreiben, ohne daß es zu Prozeßhandlungen kommt, so ist für diese Tätigkeit, wenn es sich um eine unter § 1 fallende Angelegenheit handelt, nach §§ 89, 46, 14 eine Gebühr von $^5/_{10}$ anzusetzen. In dieser geht die Gebühr aus § 47 auf. In der Regel wird man den RA schon als Prozeßbevollmächtigten anzusehen haben, da sich seine Tätigkeit auf den Beginn des in Aussicht stehenden Rechtsstreits bezieht. Befürchtet einer, der in einer Strafsache als Zeuge vernommen werden soll, durch seine Aussage selbst in das Verfahren verwickelt zu werden, so steht dem RA für seine Ratserteilung unter entsprechender Anwendung des § 47 $^3/_{10}$ der Gebühr des § 63 zu. **KG** JW 36, 660[29]; s. auch § 63 Anm. 7. Dies ist jedoch nicht ohne weiteres der Fall bei einer Raterteilung und Anfertigung einer Privatklageschrift, bevor es zum Sühnetermin gekommen ist, vgl. Vorb. zu § 63, 2 g.

Dem RA, der in einer Rechtsangelegenheit einen Rat erteilt hat und demnächst in einer anderen eine andere gebührenpflichtige Tätigkeit ausübt, steht für diese die nach der RAGebO zu berechnende Gebühr besonders zu, auch wenn es sich um verschiedene Teilbeträge desselben Anspruchs handelt, vgl. RG JW 28, 2781[1]; JW 27, 514[4], 1459.

5. Für Konferenzen mit dritten Personen kann der Prozeßbevollmächtigte seinem Vollmachtgeber dann nur Gebühren berechnen, wenn er dessen Auftrag oder Interesse durch Bezeichnung des Gegenstandes der Besprechung nachweist. Dabei wird meist auf § 47 zurückzugehen sein.

6. Absatz 2 ist anwendbar, wenn a) der Anwalt, der den Auftrag zur Einlegung der Berufung oder Revision erhalten, von der Einlegung, nicht etwa von der Weiterverfolgung des bereits eingelegten Rechtsmittels, abgeraten und b) die Partei ihren Auftrag zurückgenommen hat. Sobald dies geschehen, ist die Gebühr des Abs. 2 erwirkt, also auch dann, wenn sich die Partei an einen anderen Anwalt wendet und infolgedessen dennoch die Einlegung des Rechtsmittels erfolgt. Verlangt die Partei trotz des RA die Einlegung des Rechtsmittels und lehnt nunmehr der RA den Auftrag ab, so steht ihm eine Gebühr nicht nach Abs. 2, wohl aber nach Abs. 1 zu; *aM* Sydow-Busch A 4 § 47. Auch dann hat er solche nicht zu beanspruchen, wenn er von vornherein die Einlegung des Rechtsmittels als aussichtslos ablehnt.

Doch gilt Abs. 2 nur für die RA, die bei dem für die Entscheidung über das Rechtsmittel zuständigen Gerichte zugelassen sind, weil nur diese mit der Einlegung des Rechtsmittels beauftragt werden können und nur für die Anwälte der Berufungs- und Revisionsinstanz, nicht etwa für die RA in der ersten oder Revisionsinstanz. Wird der Rat, ein Rechtsmittel nicht einzulegen, von einem anderen RA erteilt, so findet die Gebühr aus Abs. 1 Anwendung.

7. Die Gebühr des Abs. 1 und Abs. 2 bestimmt sich nach dem Werte des Streitgegenstandes, d. h. der Rechtsangelegenheit, auf die sich die Raterholung und Raterteilung bezieht, nicht nach den erörterten Rechtsfragen. Es ist also gleichgültig, wenn sich infolge der Raterteilung die Möglichkeit mehrerer Rechtsstreite herausstellt. Die Gebühr ist zu berechnen aus der Prozeßgebühr für den Verfahrensabschnitt (§§ 21—24, 39—40a) und die Instanz (§§ 41, 52), auf die sich die Ratserteilung bezieht.

8. Da Abs. 2 voraussetzt, daß der RA den Auftrag zur Einlegung des Rechtsmittels bereits erhalten hatte und der RA, um abraten zu können, sich mit der Sache beschäftigt haben muß, würde im Falle der Weiterführung des Rechtsstreits die Prozeßgebühr nach den Sätzen der Berufungs- oder Revisionsinstanz verdient sein, so daß auch die $^5/_{10}$ nach den erhöhten Sätzen zu berechnen sind.

§ 48. Der nicht zum Prozeßbevollmächtigten bestellte Rechtsanwalt erhält höchstens die für den Prozeßbevollmächtigten bestimmte Gebühr, falls die ihm aufgetragenen Handlungen in den Kreis derjenigen Tätigkeit fallen, für welche die dem Prozeßbevollmächtigten zustehende Gebühr bestimmt ist.

§ 49. Wird ein Rechtsanwalt, nachdem er in einer Rechtssache tätig gewesen, zum Prozeßbevollmächtigten bestellt, so erhält er für die ihm vorher aufgetragenen Handlungen, soweit für dieselben die dem Prozeßbevollmächtigten zustehende Gebühr bestimmt ist, und als Prozeßbevollmächtigter zusammen nicht mehr an Gebühren, als ihm zustehen würde, wenn er vorher zum Prozeßbevollmächtigten bestellt worden wäre.

1. Damit nicht ein RA die Prozeßvollmacht ablehnt, um durch Ausführung von Einzelaufträgen (§§ 42ff.) höhere Gebühren zu erzielen, soll sowohl der RA, der nur einzelne Handlungen, die in den Kreis der durch die Gebühr des Prozeßbevollmächtigten vergüteten Tätigkeit fallen, vornimmt (§ 48), als auch der RA, der, nachdem er bereits in einer Rechtssache tätig gewesen, später zum Prozeßbevollmächtigten bestellt wird (§ 49), im ganzen nicht mehr Gebühren erheben, als er erhalten würde, wenn er von vornherein zum Prozeßbevollmächtigten bestellt worden wäre, KG JW 34, 2084[5]; OLG Düsseldorf MdRRAK 38, 65. Beide Vorschriften beziehen sich nur auf eine und dieselbe Instanz. Erteilt also z. B. der bei einem OLG zugelassene RA in einer erstinstanzlichen Sache Rat und wird er dann in der nächsten Instanz mit der Führung des Prozesses selbst beauftragt, so ist die Gebühr nach § 47 nicht anzurechnen. Dagegen erhält der RA, der die Tätigkeit des Zwischenanwalts und des Prozeßbevollmächtigten wahrgenommen hat, neben der Prozeßgebühr nicht auch die Verkehrsgebühr des § 44. Danielcik-von Medem § 49 A 3; OLG 35, 221 (Dresden). Für das weitere Verfahren „nach der Zurückverweisung" aber steht dem Verkehrsanwalt gemäß § 44 eine neue Verkehrsgebühr zu, KG JW 36, 2155[37]. Eine entsprechende Anwendung des § 48 auf das Verhältnis der Prozeßgebühr zur Verkehrsgebühr im weiteren Verfahren nach der Zurückverweisung kann also nicht stattfinden. Bach JW 36 Anm. zu Z. 37 auf S. 2156; vgl. auch § 44 A 3. Fraglich bleibt dann noch, ob der RA, dessen Vollmacht erlischt und der danach nochmals Rat erteilt, hierfür eine neue Gebühr fordern kann. Für entsprechende Anwendung des § 49 in diesem Falle JW 26, 2588[6].

2. Für die im § 49 erwähnten Rechtssachen gilt die im § 1 festgestellte Beschränkung, von der in der Hauptsache das Gesetz beherrscht wird, KommBer 41. Deshalb findet § 49 auf andere als die im § 1 bezeichneten Rechtssachen nur insoweit Anwendung, als dies landesgesetzlich bestimmt ist.

§ 50. Wird der einem Rechtsanwalt erteilte Auftrag vor Beendigung der Instanz aufgehoben, so stehen dem Rechtsanwalte die Gebühren in gleicher Weise zu, als wenn die Instanz zur Zeit der Aufhebung des Auftrags durch Zurücknahme der gestellten Anträge erledigt wäre, unbeschadet der aus einem Verschulden sich ergebenden zivilrechtlichen Folgen.

1. Die Vorschrift regelt nur die Höhe des Gebührenanspruchs für den Fall, daß die vorzeitige Aufhebung des Auftrags (§§ 25—36) von keinem Teile verschuldet worden ist, Mot 59. Die Gebühr ist dieselbe, die dem RA nach § 13 zugestanden hätte, wenn zur Zeit der Aufhebung des Auftrags die Instanz durch Zurücknahme der gestellten Anträge erledigt worden wäre. Je nach dem Umfange der bis dahin geübten Tätigkeit hat also der RA nur die Prozeßgebühr oder auch die Verhandlungsgebühr und die Beweisgebühr erwirkt, gleichviel, ob er zum Prozeßbevollmächtigten bestellt oder nur mit der Vertretung in einem Prozeßabschnitte, z. B. in der ZwangsvollstrInstanz oder im Beweisaufnahmeverfahren beauftragt war.

Die Vorschrift beschränkt sich auf das Verfahren vor den ordentlichen Gerichten und gilt nicht für Verwaltungssachen. Hier kommt Landesrecht, in Preußen Art. 8 PrGebO zur Anwendung.

2. Die Folgen, die eine vom RA oder von der Partei durch vertragswidriges Verhalten verschuldete vorzeitige Aufhebung des Auftrags nach sich zieht, bestimmt das bürgerliche Recht, §§ 276, 275 Abs. 2, 307, 323, 325, 626, 627 Abs. 2, 628, 671 Abs. 2, 675 des BGB. Freiwillige Kündigung des Auftrags durch den Anwalt genügt danach noch nicht, um den Gebührenanspruch zu vernichten oder zu mindern. So wird z. B. dem Anwalte der Anspruch auf die vollen Gebühren des § 50 nicht versagt werden können, wenn er kündigt, weil die Partei den erforderten Vorschuß nicht bezahlt, vgl. § 84 A 2; oder sich derartig gegen ihn benommen hat, daß ihm eine weitere Tätigkeit für sie nicht zugemutet werden kann, JW 30, 3496[6], oder weil er die Überzeugung gewinnt, daß die Rechtsverfolgung seines Auftraggebers aussichtslos ist, es sei denn, daß bei Übernahme des Auftrages die Aussichtslosigkeit vom RA wegen mangelhafter Prüfung übersehen wurde. Dem RA ein Kündigungsrecht zu geben, weil die Partei während des Auftrags eine andere Sache einem anderen RA überträgt, OLG Düsseldorf JW 19, 256[6], geht nicht, an, und OLG Düsseldorf JW 19, 689[7] bei anderer Sachlage, OLG Hamburg Rsp 31, 244. Andere Kündigungsgründe: OLG Hamburg a. a. O. (beleidigende Äußerung) OLG Kiel SchlHolstAnz 15, 116 (Zumutung der Benutzung auf unsittlicher Grundlage erworbenen Prozeßstoffs), KG JW 37, 3042 (Erschütterung des Vertrauensverhältnisses zwischen Partei und ihrem RA).

Es kann nicht als Vertragswille angesehen werden, daß der RA die Vertretung unter allen Umständen bis zur Beendigung der Instanz durchführe, vielmehr nur, daß er sie für die Dauer seiner Zulassung bei dem Prozeßgerichte führen sollte. Es kann daher auch nicht als vertragswidrig angesehen werden, wenn er seine Zulassung aufgibt und die noch schwebenden Prozesse unerledigt läßt. Die gegenteilige Auffassung, daß die freiwillige Aufgabe der Zulassung eines RA und der dadurch notwendige Wechsel in der Person des Prozeßbevollmächtigten ein Verschulden i. S. des § 50 anzusehen sei, LG Leipzig JW 34, 3310[7]; KG JW 34, 2170[1]; 35, 1040[4]; 35, 1044[13]; OLG. Düsseldorf JW 36, 616[56]; KG JW 37, 3042[35] kann nicht gebilligt werden. Bach JW 36, 2158 Anm. OLG Köln JW 37, 561[30] mit richtiger, ausführlicher Begründung. Vielmehr können nur besondere Umstände ein Verschulden des RA darstellen, z. B. Verschweigen der schon bestehenden Absicht, die Zulassung aufzugeben, Bach JW 35, 1802, oder ein pflichtwidriges Verhalten, das zur Löschung kraft Urteils führt, oder Selbstmord wegen Spielschulden. Gibt der RA aus Gesundheitsrücksichten die Praxis auf, so kann ihm nicht zugemutet werden, daß er die schwebenden Prozesse zu Ende führt, selbst wenn nur noch die Zustellung des Urteils erforderlich ist, vgl. auch OLG Dresden JW 35, 141[7]; OLG Naumburg JW 36, 1314[49] und OLG Hamm JW 35, 3399[36], wo z. B. erklärt wird, daß die Einberufung in eine Beamtenstellung kein Verschulden des RA i. S. des § 50 sei. Anders kann es bei der Ernennung zum Notar, die auf Bewerbung hin erfolgt, liegen, OLG Breslau MdRRAK 38, 243. Man muß aber davon ausgehen, daß bei vernünftigen sachlichen und insbes. zwingenden wirtschaftlichen Erwägungen die Löschung eines Anwalts nicht als Verschulden i. S. des § 50 anzusehen ist, so daß er seine verdienten Gebühren erhält, auch wenn sie nochmals entstehen sollten, OLG Hamburg 38, 1470; *aM* KG JW 38, 391. Gleiches gilt für den ArmAnw. bei freiwilliger Aufgabe der Zulassung, OLG Köln JW 37, 561 oder Berufung in den Staatsdienst, OLG Darmstadt JW 37, 1424. Dagegen verliert der RA den Gebührenanspruch, wenn er im Laufe der Instanz wegen strafbarer Handlungen flüchtig wird.

Ist für einen RA, gegen den ein Vertretungsverbot besteht, ein Vertreter nach § 98 RAO bestellt worden und ist dadurch ein Anwaltswechsel notwendig geworden, daß während des Rechtsstreits und obwohl die Zulassung des RA beim Prozeßgericht noch fortbesteht, die Bestellung des Stellvertreters widerrufen worden ist, so können beide Anwälte ihre Kosten fordern; OLG Dresden JW 38, 2764[43]. Anders liegt aber der Fall, wenn schon bei Übernahme des Auftrags feststeht, daß der RA, gegen den ein Vertretungsverbot besteht, in kurzer Zeit seine Zulassung aufgeben und seine Praxis dem ihm bestellten Vertreter übergeben wird, es sei denn, daß der Auftraggeber von der beabsichtigten Aufgabe der Zulassung unterrichtet war. In der Unterlassung einer solchen Mitteilung liegt ein Verschulden nach § 50, KG JW 35, 1802; OLG Dresden JW 39, 310[39].

Bei Löschung der Zulassung eines nichtarischen Anwalts gilt nach h. M., daß dem nichtarischen RA die durch seine Tätigkeit erwachsenen Gebühren zustehen. Ob der die Sache fortführende RA die entstandenen und ihm zustehenden Gebühren erhält, oder auf die bis zum Anwaltswechsel entstandenen Gebühren zu verzichten hat, ist streitig. Teils steht man auf dem Standpunkt, daß der neue RA auf die bis zum Wechsel entstandenen Gebühren verzichten müsse, KG JW 33, 2778; 34, 1178, 1182, 1508, 1863, 2084; 35, 1251; OLG Köln HRR 34 Nr. 909; Gaedecke JW 35, 3587 u. a., teils werden die entstandenen Gebühren zugebilligt, OLG Karlsruhe JW 34, 1194; LG Leipzig JW 34, 3310; OLG Dresden JW 35, 3050; OLG Naumburg JW 35, 1801; OLG Bamberg DJZ 35, 640 u. a. Der letzteren Ansicht dürfte der Vorzug gegeben werden, da nur diese den Standesrücksichten des RA, daß ein Gebührenverzicht im voraus nicht erlaubt ist, gerecht werden, Bach JW 35, 1800, 1802. Für das Armenverfahren vgl. auch S. 199.

Trifft den RA ein Verschulden an der Aufhebung des Auftrags, gleichviel ob er selbst grundlos kündigt, oder durch sein vertragswidriges Verhalten die Kündigung des Auftraggebers veranlaßt, so steht ihm ein Anspruch auf Vergütung insoweit nicht zu, als der Auftraggeber dem neu zu bestellenden Anwalt die gleichen Gebühren noch einmal zu zahlen hat (BGB § 628), RG KG Rsp 31, 244. Entsprechendes gilt für den ArmAnw bei Ausschluß aus der Anwaltschaft wegen allgemein unehrenhaftes Verhalten oder wegen eines Verhaltens, das gerade der besonderen Anwaltstätigkeit widerspricht, OLG Düsseldorf JW 37, 828, MdRRAK 37, 39. Reicht der ArmAnw die Klage ohne Verschulden beim unzuständigen Gericht ein, so kann er Erstattung seiner Gebühren aus der Reichskasse verlangen, OLG Düsseldorf MdRRAK 37, 18; OLG Kiel MdRRAK 37, 20. Darüber hinaus kann der RA zur Erstattung weiteren Schadens verpflichtet sein; die Beweislast für das Vorliegen eines wichtigen Grundes trifft den RA.

Verlust (sog. Verwirkung) des Gebührenanspruches hat RG 113, 267; JW 26, 2086[3] auch ohne Kündigung des Auftrages von einer Seite angenommen für den Fall einer Verletzung der durch den Anwaltsvertrag bedingten Treupflicht, was sehr bedenklich ist.

3. Ausnahmen von § 50 enthalten die §§ 14, 39, 43, 45, 90. Die eigenmächtige Zurücknahme einer (unrichtig begründeten) Klage oder einer (aussichtslosen) Berufung steht der Kündigung des Auftrags nicht gleich und nimmt dem RA nicht seinen Gebührenanspruch. Wegen der Erstattung der Gebühren mehrerer Anwälte s. S. 112.

§ 51. Bei Vertretung mehrerer Streitgenossen, einschließlich der Nebenintervenienten, stehen dem Rechtsanwalte die Gebühren nur einmal zu. Bei nachträglichem Beitritte von Streitgenossen erhöht sich durch jeden Beitritt die Prozeßgebühr um zwei Zehnteile. Die Erhöhung wird nach dem Betrage berechnet, bei welchem die Vollmachtgeber gemeinschaftlich beteiligt sind, mehrere Erhöhungen dürfen den einfachen Betrag der Prozeßgebühr nicht übersteigen.

I. Vertretung mehrerer Streitgenossen. 1. Satz 1 gibt die Regel, daß bei Vertretung mehrerer Streitgenossen dem RA die Gebühren nur einmal zustehen. Satz 2 macht eine Ausnahme lediglich für den nachträglichen Beitritt von Streitgenossen. Die Haftung der einzelnen Auftraggeber für die Gesamtgebühr des RA regelt § 3. Wegen der Erstattung s. S. 132ff.

2. Streitgenossen im Sinne des § 51 sind nur die im § 59 ZPO bezeichneten. Auch dann findet § 51 Anwendung, wenn verschiedene Personen zwar aus demselben Rechtsverhältnis, aber in der Art verklagt sind, daß der Anspruch in erster Linie gegen die eine und nur eventuell gegen die andere gerichtet wird. Verschiedenheit der Rechtsgründe der gegen mehrere Beklagte geltend gemachten Ansprüche steht dem Grundsatze, daß die Gebühren nur einmal zu berechnen sind, nicht entgegen. Ist in der mündlichen Verhandlung für oder gegen einen von mehreren auf denselben Gegenstand belangten Streitgenossen nur über die Kosten, für oder gegen die anderen aber zur Hauptsache streitig verhandelt worden, so darf für die Verhandlung über die Kosten eine besondere Verhandlungsgebühr nicht angesetzt werden.

3. Der Nebenintervenient soll dem Streitgenossen gleich behandelt werden. Es ist also für die Anwendung des § 51 gleichgültig, ob der Nebenintervenient der Prozeßvollmacht der Hauptpartei oder diese der Prozeßvollmacht des Nebenintervenienten beitritt

Werden aber die Hauptpartei und der Nebenintervenient von verschiedenen Anwälten vertreten, von denen der eine in Vertretung des anderen für dessen Auftraggeber mitverhandelt hat, so verbleibt doch die Verhandlungsgebühr dem anderen Anwalte, OLG Hamburg Rsp 17, 236.

4. Wenn eine Rechtsgemeinschaft zwischen den Streitgenossen nicht vorhanden ist, vielmehr nur gleichartige und auf einem im wesentlichen gleichartigen tatsächlichen und rechtlichen Grunde beruhende Ansprüche oder Verpflichtungen den Gegenstand des Rechtsstreits bilden (ZPO § 60), so tritt eine Erhöhung der Prozeßgebühr um eine Quote nicht ein, vielmehr kommen § 5 ZPO und § 13 GKG über die Zusammenrechnung der Streitgegenstände zur Anwendung. Ebenso wenn mehrere Prozesse, in denen derselbe Anwalt tätig ist, verbunden werden (ZPO § 147); die vor der Verbindung schon erwachsenen Gebühren bleiben aber unberührt. „Werden z. B. zwei Prozesse über je 200 RM nach stattgehabter kontradiktorischer Verhandlung vor der Beweisaufnahme verbunden, so berechnet sich die Prozeß- wie die Verhandlungsgebühr für jeden Prozeß besonders nach dem Gebührensatze der 4. (jetzt 5.), die Beweisgebühr sowie die Gebühr für die nach der Beweisaufnahme stattfindende weitere Verhandlung für beide zusammen nach dem Gebührensatze der 6. Wertklasse (Mot 62); MdRRAK 36, 79.

5. Wird die Streitgenossenschaft aufgehoben (ZPO §§ 145, 150), so sind die nach dem Aufhebungsbeschluß entstehenden Gebühren jedem Auftraggeber gegenüber besonders zu berechnen. So z. B. dann, wenn gegen die einzelnen Streitgenossen durch besondere Urteile entschieden worden ist, und der Anwalt für jeden Beklagten gesondert Berufung einlegt, OLG Stuttgart JW 34, 115[7]. Sind miteinander verbundene Klagen gegen mehrere Streitgenossen getrennt und ist sowohl vor als nach der Trennung streitig verhandelt worden, so kann der RA die Prozeß- und die Verhandlungsgebühr in jeder Sache nach dem Einzelstreitwert berechnen. Hat er in den verbundenen Sachen die genannten Gebühren nach dem Gesamtstreitwert erhalten, so muß er sich die bereits erhaltenen Bezüge auf die nach dem Einzelstreitwert berechneten Gebühren anteilig anrechnen lassen. Es kann also selbstverständlich nach der Trennung eine Prozeßgebühr neu entstehen, OLG Dresden DRW 39, 1659[23].

II. Nachträglicher Beitritt zur Prozeßvollmacht. Wenn Streitgenossen oder Nebeninterveniénten nachträglich denselben RA bestellen, den andere Streitgenossen bereits bestellt hatten, so erhöht sich nach heute noch herrschender Ansicht durch jeden Beitritt die Prozeßgebühr um $^2/_{10}$ bis zum Höchstbetrag einer ganzen Prozeßgebühr. Mit Recht hebt zwar Starke MdRRAK 36, 78 unter Aufzählung verschiedener Beispiele hervor, daß diese Regelung nicht dem Leistungsprinzip und der immer zunehmenden Ausdehnung der sog. unechten Streitgenossenschaft aus § 60 ZPO entspricht, aber man wird nicht gegen den Wortlaut des § 51 zu der von Starke angeregten Auslegung kommen können. Die Erhöhung steht nur dem Anwalte zu, dessen Partei Streitgenossen hinzutreten, nicht dem Gegenanwalte, OLG Kiel D. Rechtspfleger 31, 80. Ob sich die Hauptpartei der vom Intervenienten oder dieser der von der Hauptpartei erteilten Vollmacht anschließt, ist einerlei, RG. 35, 301. Ist eine Beitrittserklärung in I. Instanz erfolgt, so bewirkt sie eine Erhöhung der Gebühr nur für den Anwalt I. Instanz, während es für den Anwalt II. Instanz bei der Regel des § 51 Satz 1 bleibt. Wird der Prozeßbevollmächtigte der Hauptpartei von einem Streitgenossen erst mit seiner Vertretung beauftragt, nachdem die Klage gegen die ursprünglich von dem Anwalt vertetene Partei abgewiesen worden ist, so liegt ein Fall des § 51 nicht vor und dem Anwalt stehen die vollen Gebühren noch einmal zu, KG JW 25, 1417[3]; Baumbach § 51 Anm. 3.

§ 51 S. 2 gilt auch für den Armenanwalt, OLG Düsseldorf JW 35, 63[16]. Es handelt sich bei mehreren Streitgenossen auch im Armenrecht gemäß § 51 nur um eine Gebühr, so daß bei Vertretung mehrerer Streitgenossen, denen das Armenrecht zu einem Bruchteil gewährt ist, der RA diese eine Gebühr zu den entsprechenden Bruchteilen berechnen kann, OLG Düsseldorf MdRRAK 36, 182. Es tritt aber keine Erhöhung der Prozeßgebühr aus § 51 für den ArmAnw. gegenüber der Reichskasse bei nachträglicher Beiordnung für mehrere Streitgenossen ein, wenn er vorher lediglich Wahlanwalt anderer Streitgenossen war, so RG JW 37, 237.

III. Berechnung der Erhöhung. Ist der nachträglich beitretende Streitgenosse am ganzen Streitgegenstande beteiligt, so erhöht sich die Prozeßgebühr des gemeinschaftlichen Anwalts um $^2/_{10}$. Mehrere Erhöhungen dürfen den Betrag der Prozeßgebühr nicht übersteigen. Für den Fall, daß die Streitgenossen am Streitgegenstand nicht gleichmäßig beteiligt sind, geben die Motive nach den damaligen Sätzen des § 9 folgendes Beispiel: „Stellt bei einem Rechtsstreit über 10000 RM zunächst der bei dem ganzen Streitgegenstande beteiligte A, dann der in Höhe von 1600 RM beteiligte B, demnächst der in Höhe von 60 RM beteiligte C Vollmacht aus, so erhöht sich die regelmäßige Prozeßgebühr von 64 RM durch den Hinzutritt des B um $^2/_{10}$ des Gebührensatzes der 10. Wertklasse, also um 6,40 RM, und durch den Hinzutritt von C um $^2/_{10}$ des Gebührensatzes der 2. Klasse, also um 60 Pfg., zusammen also um 7 RM oder auf 71 RM. Nach dem Grundsatze des § 3 haftet aber A nur in Höhe von 64 RM, B nur in Höhe von 32 RM, C nur in Höhe von 3 RM. Wenn noch weitere Genossen, einer nach dem anderen, hinzutreten, so darf die Prozeßgebühr doch das Duplum, also hier den Betrag von 128 RM nicht übersteigen" (Mot 62).

§ 52. Die Gebührensätze erhöhen sich in der Berufungsinstanz und in der Revisionsinstanz um drei Zehnteile.

1. Die Erhöhung tritt nicht nur bei den Gebühren des § 13 mit ihren Modifikationen sondern auch bei den Gebühren der Verfahren mit besonderem Inhalte (§§ 21—23) und bei den Gebühren für besondere Tätigkeiten (§§ 43—47) ein. Sie kommt also auch dem Kollegialgerichtsanwalt zugute, der gegen das Urteil eines Oberlandesgerichts Revision einlegt, OLG Augsburg JW 28, 1445[1]; OLG Nürnberg JW 29, 3178[13]; LArbG Berlin JW 34, 187[1]. Anm. 9 § 23. Es ist gleichgültig, ob der RA Prozeßbevollmächtigter, Verkehrsanwalt, Untervertreter oder Berater ist. Im übrigen ist nicht Voraussetzung, daß rechtswirksam Berufung oder Revision eingelegt ist. Es muß z. B. die Einreichung des Armenrechtsgesuches für die Berufung unter die erhöhte Gebühr des § 52 fallen, desgleichen Abraten von der Rechtsmitteleinlegung. Danielcik-von Medem § 52 Anm. 2. Es kann daher die Entscheidung des OLG München JW 29, 1692[56], die die Vergleichsgebühr, wenn der am Landgericht abgeschlossene Vergleich auch andere am Oberlandesgericht anhängige Sachen umfaßt, nach dem erstinstanzlichen Gebührensatze berechnen will, nicht anerkannt werden, abgesehen davon, daß diese Berechnung den gerichtlichen Vergleich ungünstiger entgelten will als den außergerichtlichen. Es muß vielmehr jede anwaltliche Tätigkeit, die in Beziehung auf den Auftrag zur Einlegung der Berufung oder Revision ausgeübt wird, nach § 52 abgegolten werden. Es dürfte dabei auch belanglos sein, ob der RA bei der Rechtsmittelinstanz zugelassen ist, Danielcik-von Medem a. a. O. Da das Arrestverfahren nach § 28 verselbständigt ist, findet auch hier, wenn gegen das Arresturteil Berufung eingelegt worden ist, die Gebührenerhöhung statt. Wird ein Arrest oder eine einstweilige Verfügung erst beantragt, während der Hauptprozeß schon in der Berufungsinstanz schwebt (§ 943 ZPO), so sind die Arrestgebühren ebenfalls mit der Erhöhung nach § 52 zu berechnen, da auch für das Arrestverfahren das Gericht als Berufungsgericht tätig wird, Sydow-Busch § 52 A. 3; OLG München Rsp 25, 301; OLG Celle Recht 26 Nr 2018. Ebenso gehören die Nichtigkeits- und Restitutionsklagen, die nach § 584 ZPO beim Berufungs- oder Revisionsgericht erhoben werden, zur höheren Instanz. § 52 findet auch für einstweilige Verfügungen in Ehesachen (jetzt Anordnungen in Ehesachen) Anwendung, OLG Naumburg JW 36, 2161[47]; MdRRAK 36, 135. Bei der Zustimmung zur Einlegung der Sprungrevision kann der RA der ersten Instanz, der seine Zustimmung gegeben hat, ebenfalls eine nach § 52 erhöhte Gebühr fordern, OLG Stettin JW 30, 3869[17]; OLG Braunschweig MdRRAK 38, 85; Bach in JW 38, 132 Anm; KG JW 38, 2296, auch dann, wenn die Einlegung der Sprungrevision unterbleibt, OLG Düsseldorf MdRRAK 38, 160. Zu erhöhen sind dabei sämtliche in Betracht kommenden Gebühren. Nur für die Beschwerde, für die im § 41 die Gebühren besonders festgelegt sind, gilt § 52 nicht, da in § 52 nicht von „Rechtsmittelinstanz" gesprochen wird.

2. § 52 findet nach dem Inhalte der RAGebO nur in bürgerlichen Rechtsstreitigkeiten Anwendung, auf die § 1 RAGebO zutrifft. Soweit die RAGebO. jedoch auch auf andere

Verfahren für anwendbar erklärt ist, gilt auch für diese die Gebührenerhöhung des § 52. Vgl. Patent-, Konsulargerichtsbarkeits-, Arbeitsgerichtssachen, § 91 Anm. 2, II, Art. 1 pr. GebO Anm. 1. Über Beschwerdeverfahren in Erbhofsachen vgl. § 41 A. 5.

Für die Rechtsbeschwerde des Mieterschutzgesetzes gilt § 52 entsprechend, weil dieses Rechtsmittel der Berufung ähnlich ausgestaltet ist, KG JW 27, 594[25]; LG Nürnberg JW 29, 154[14].

Streitwert bei Verlustigkeitsurteil s. S. 262.

Dritter Abschnitt.

Gebühren im Konkursverfahren und im Vergleichsverfahren zur Abwendung des Konkurses.

Vorbemerkungen.

1. Die Bestimmungen des dritten Abschnitts gelten nach § 1 nur für die Tätigkeit des RA in einem nach der Deutschen Konkursordnung und der Vergleichsordnung v. 5. 7. 27 RGBl I 139 stattfindenden Verfahren sowie für die beratende Tätigkeit über den Beginn oder die Fortsetzung eines solchen Verfahrens. Sie gelten ferner nur, wenn der RA den Gemeinschuldner oder einen Gläubiger vertritt. Baumbach vor § 53.

Der KVerwalter darf sich in seiner eigentlichen Verwaltertätigkeit nicht durch einen RA vertreten lassen. Rat und Beistand, die der KVerwalter von einem RA verlangt, sind gemäß § 89 (und unter Berücksichtigung der §§ 45—47) zu vergüten, Mot 65. Vertritt der RA den KVerwalter in Prozessen, die dieser gemäß § 10 KO aufnimmt oder für die Masse anstrengt oder die gegen ihn angestrengt werden, so sind die Gebühren nach Abschnitt 2 zu berechnen.

Wird der Rechtsanwalt selbst zum KVerwalter oder zum Mitgliede des Gläubigerausschusses bestellt, so erhält er Entschädigung nach §§ 85, 91 KO. Für Information eines Prozeßbevollmächtigten erhält er dann aber keine Verkehrsgebühr (§ 44), wohl aber die Gebühren des 2. Abschnittes, wenn er selbst den Prozeß führt; s. oben § 7, 1, 2.

2. Die Tätigkeit des RA im Konkurse hat die Auseinandersetzung zwischen dem Gemeinschuldner und seinen Gläubigern über die zwischen ihnen bestehenden Rechtsverhältnisse zum Gegenstand und ist als ein Ganzes durch eine Pauschgebühr zu vergüten (§ 55). Daneben werden für die Tätigkeit, die im Konkursverfahren hinzutreten kann, weitere Gebühren gewährt (§§ 56, 58, 60). Endlich ist die Vergütung für einzelne Akte besonders festgesetzt, weil der dem RA erteilte Auftrag sich auf solche beschränken kann (§§ 54, 57).

Im übrigen greift der Grundsatz des § 89 durch, daß die Gebühr unter entsprechender Anwendung der Bestimmungen dieses Gesetzes zu bemessen ist. Z. B. berechnet die Praxis die Gebühr für die Anfertigung des Antrags auf KEröffnung nach § 54, für die Vertretung oder Beistandsleistung in einzelnen Terminen nach § 56 Nr. 1, für die Ladung des Schuldners zur Leistung des Offenbarungseids (KO § 125, GKG § 46) nach §§ 32, 23, für Rat in einzelnen Angelegenheiten, z. B. über einen Zwangsvergleichsvorschlag oder dessen Annahme oder über die Anmeldung einer Teilforderung (RG 118, 365) nach § 47. Soweit die Gebühren unter entsprechender Anwendung des 3. Abschnitts zu bemessen sind, ist auch der Wert nach den Vorschriften dieses Abschnitts zu ermitteln; sonst gelten die allgemeinen Vorschriften des § 10. Über das Höchstmaß der Einzelgebühren s. § 61.

Neben der Pauschgebühr erhält der RA: a) bei Erhebung und Ablieferung von Geldern die Gebühr aus § 87; b) wenn er im Laufe des Konkurses einen Prozeß führt, oder doch als Anwalt in ihm tätig wird, die Gebühren für diese Tätigkeit nach Abschnitt 2, OLG Hamm JW 28, 74³. Baumbach vor § 53.

Die Gebührenforderung des RA aus Aufträgen des KVerwalters bildet eine Masseschuld, § 59 Nr. 1 KO, dagegen die aus der der KEröffnung vorausgegangenen Tätigkeit im Auftrage des Gemeinschuldners eine KForderung. Nimmt aber der KVerwalter einen Rechtsstreit auf und erteilt er dem RA die nach § 23 erloschene Vollmacht von neuem, so bildet die Gebührenforderung des RA auch für die vorangegangene Tätigkeit nunmehr eine Masseschuld nach § 59 Nr. 1 KO.

3. Für das Vergleichsverfahren ist jetzt die Vergleichsordnung vom 25. 2. 35 (RGBl I, 321) maßgebend. Damit ist das Gesetz über den Vergleich zur Abwendung des Konkurses (Vergleichsordnung v. 5. 7. 27 [RGBl I, 139]) außer Kraft getreten. Der durch letzteres Gesetz (§ 100) eingeführte § 61a der RAGebO ist aber auch nach Außerkrafttreten des alten Gesetzes gemäß § 130 der neuen VglO geblieben.

4. Die Kosten, die den einzelnen Gläubigern durch ihre Teilnahme an KVerfahren erwachsen, also auch die Gebühren und Auslagen des von ihnen bevollmächtigten RA, können im KVerfahren selbst nicht geltend gemacht werden, § 63 Nr. 2 KO. Der Gläubiger kann also, wenn er sich im Konkursverfahren durch einen RA vertreten läßt, die von dem RA nach diesem Abschnitt zu liquidierenden Gebühren aus der Konkursmasse nicht erstattet verlangen. Es sind aber Kosten, die dem Gläubiger vor der Eröffnung des Verfahrens erwachsen sind, mit der Kapitalsforderung anzusetzen (§ 62 Nr. 1 KO), z. B. Gebühren aus § 54 oder infolge der Teilnahme am Vergleichsverfahren.

§ 53. Auf die Gebühren im Konkursverfahren und im Vergleichsverfahren zur Abwendung des Konkurses finden die Vorschriften der §§ 9, 11, 12 entsprechende Anwendung.

1. Es finden also nicht nur die Gebührensätze und Wertstaffeln des § 9, sondern auch die Vorschriften über die Wirkung der gerichtlichen Wertfestsetzung und deren Anfechtung entsprechende Anwendung.

Die für die Berechnung der Gerichtsgebühren maßgebende Festsetzung des Wertes, auf die § 11 verweist, geschieht in Konkurssachen nach den §§ 40, 43 GKG:

§ 40. Auf die Gebühren im Konkursverfahren und im Vergleichsverfahren zur Abwendung des Konkurses finden die Vorschriften des § 8 über die Wertklassen und den Gebührensatz, sowie der §§ 16, 18, 19 dieses Gesetzes und des § 3 der ZPO über die Wertfestsetzung entsprechende Anwendung (oben § 10 A 1 ff.).

§ 43. Die in den §§ 41, 42 bestimmten Gebühren werden nach dem Betrage der Aktivmasse erhoben. Massekosten, mit Ausnahme der gerichtlichen Kosten des gemeinschaftlichen Verfahrens und der Gebühren des Konkursverwalters und des Gläubigerausschusses, sowie Masseschulden werden abgesetzt. Gegenstände, welche zur abgesonderten Befriedigung dienen, werden nur in Höhe des für diese nicht erforderlichen Betrags angesetzt.

Ist die Aktivmasse höher als die Schuldenmasse, so wird die Gebühr nach dem Betrage der letzteren erhoben.

Für die Berechnung der Masse ist die Zeit der Beendigung des Verfahrens maßgebend.

Ist der Antrag auf Eröffnung des Konkursverfahrens von einem Gläubiger gestellt, wird so die im § 41 bestimmte Gebühr nach dem Betrage seiner Forderung, jedoch der Betrag der Aktivmasse geringer ist, nach diesem erhoben.

Nach welchen Werten die Gebühren der §§ 54—58 zu berechnen sind, regelt § 59. Soweit er die Aktivmasse zugrunde legt, ist sie nach § 43 GKG zu ermitteln. Sie besteht aus dem von dem KVerfahren ergriffenen Vermögen des Gemeinschuldners, zu welchem die der Aussonderung unterliegenden Gegenstände (§§ 43—46 KO) nicht gehören. Die zur abgesonderten Befriedigung dienenden Gegenstände (§§ 47—52 KO) werden nur mit dem Wertteil angesetzt, der zur Erfüllung dieses Zweckes nicht benötigt wird. Da in § 40 GKG nur der § 3 ZPO für entsprechend anwendbar erklärt wird, sind die in § 4 ZPO genannten Nebenforderungen den Hauptforderungen hinzuzurechnen. Früchte und Zinsen werden neben dem Hauptrecht mitberechnet. Der Wert ist nach § 3 ZPO nach freiem Ermessen festzusetzen. Abzuziehen sind:

a) aus den Massekosten (§ 58 KO) die Ausgaben für die Verwaltung, Verwertung und Verteilung der Masse, mit Ausnahme der Gebühren (nicht der Auslagen) des KVerwalters und des Gläubigerausschusses,

und die dem Gemeinschuldner und dessen Familie bewilligte Unterstützung; nicht dagegen die gerichtlichen Kosten für das gemeinschaftliche Verfahren;

b) die Masseschulden (§ 59, § 224 KO).

Abs. 2 des § 43 GKG kommt bei der Berechnung der Rechtsanwaltsgebühren nicht zur Anwendung; *aM* Sydow-B.-Kr. § 59 A 1. Für die Berechnung der Masse ist die Zeit der Beendigung des Verfahrens maßgebend. Beendigt ist das Verfahren an dem Tage, an dem der Einstellungs- bzw. Aufhebungsbeschluß wirksam geworden ist.

2. Hinsichtlich des Vergleichsverfahrens vgl. Vorb. 3, s. auch § 61a. Es gelten aber für den RA im Vergleichsverfahren die gleichen Bestimmungen wie oben. Ist der RA Vergleichsverwalter, so wird seine Liquidation nach § 43 VglO durch das Vergleichsgericht festgesetzt.

§ 54. Im Verfahren über einen Antrag auf Eröffnung des Konkursverfahrens (Konkursordnung §§ 104—106) erhält der Rechtsanwalt zwei Zehnteile oder, wenn er einen Gläubiger vertritt, fünf Zehnteile der Sätze des § 9.

1. Die Gebühr ist eine Pauschgebühr. Der RA verdient sie, gleichviel ob der Antrag zur Eröffnung des KVerfahrens führt oder nicht. Das Beschwerdeverfahren wird gemäß § 58 Z. 1 RAGebO besonders in Rechnung gesetzt. Die $^2/_{10}$-Gebühr, berechnet von dem Betrag der Aktivmasse, erhält er für die Vertretung des Gemeinschuldners und die $^5/_{10}$-Gebühr, berechnet vom Nennwert der Forderung nach § 59 Abs. 2 für die Vertretung eines Gläubigers, mag der Gemeinschuldner oder der Gläubiger den Antrag gestellt haben.

2. Die Motive machen zweifelsfrei erkennbar, daß die Gebühr aus § 54 von der der §§ 55, 56 unabhängig ist. Sie ist also neben den Gebühren der §§ 55, 56 zu gewähren und steht dem RA auch dann zu, wenn er seinen Auftraggeber in dem eingeleiteten KVerfahren weiter vertritt, Mot 64.

Bei Beschränkung des Auftrags auf Anfertigung des Antrags findet § 54 nach § 89 entsprechende Anwendung, Vorb. A 2.

3. § 54 bezieht sich auch auf die besonderen Konkursfälle der §§ 207—210, 213, 214ff., 236 KO. Die $^2/_{10}$-Gebühr erhält hier der RA, wenn er die in §§ 208, 210, 217 KO genannten Personen vertritt. Übernimmt der RA im Konkurs von Gesellschaftern die Vertretung eines Vorstandsmitgliedes, das gleichzeitig Gläubiger ist, so ist die Gebühr nach dem erhöhten Streitwert zu berechnen. Danielcik-von Medem § 54 A 5.

4. Wird das Vergleichsverfahren nach § 102 VerglO in das KVerfahren übergeleitet, so findet eine Anrechnung der bereits verdienten Gebühren nicht statt; für die Entstehung der Gebühr aus § 54 ist aber neben der Gebühr aus § 61a kein Raum. Andrerseits geht dem RA eines Gläubigers, wenn die Entscheidung über den Antrag auf Eröffnung des KVerfahrens ausgesetzt wird, die Gebühr des § 54 nicht verloren. Es ist hier also nicht so, wie nach § 48a GKG, wo die Gerichtsgebühr angerechnet wird; s. auch § 61a A 3.

§ 55. Für die Vertretung im Konkursverfahren erhält der Rechtsanwalt sechs Zehnteile, wenn jedoch die Vertretung vor dem allgemeinen Prüfungstermine (Konkursordnung § 138) sich erledigt oder erst nach demselben beginnt, vier Zehnteile der Sätze des § 9.

§ 56. Der Rechtsanwalt erhält die Sätze des § 9 besonders:

1. für die Tätigkeit bei Prüfung der Forderungen;
2. für die Tätigkeit in dem Zwangsvergleichsverfahren;
3. für die Tätigkeit in dem Verteilungsverfahren.

Für die Vertretung im allgemeinen, sei es des Gemeinschuldners, sei es eines KGläubigers, insbesondere auch für die Information und für den ganzen Betrieb der Sache einschließlich der Anmeldung der KForderung gibt § 55 die Pauschgebühr. Für Massegläubiger, Aussonderungs- und Absonderungsberechtigte gilt § 55 nicht, sofern nicht letztere wegen Verzichts auf ihr Recht oder infolge Ausfalls als KGläubiger an dem Verfahren teilnehmen, Sydow-B.-Kr. A 1. Die Gebühr des § 55 ist fällig z. B. für Mitteilungen an die Partei, Besprechungen mit dem Gericht und für Tätigkeiten, die nicht zu denen des § 56 gehören, setzt aber dabei voraus die KEröffnung als solche. Sofern der RA während der Vertretung eine der im § 56 bezeichneten Handlungen vornimmt, erhält er für jede dieser Handlungen noch besonders die im § 56 dafür festgesetzte Gebühr. Bei Vertretung eines Gläubigers wird die Gebühr aus § 55 nach dem Nennwert der angemeldeten Forderung, die Gebühr aus § 56 nach der entfallenden Dividende berechnet (§ 59). Bei Vertretung des Gemeinschuldners ist in beiden Fällen der Betrag der Aktivmasse der Berechnung zugrunde zu legen. Auch § 56 gewährt Pauschgebühren, so daß es auf den Umfang der Tätigkeit nicht ankommt. Die Gebühr des § 56 Nr. 1 umfaßt mit die Tätigkeit des RA für die Prüfung der Forderungen anderer Gläubiger. Ist der Vergleichstermin nach § 180 KO mit dem Prüfungstermin verbunden und erledigt sich die Vertretung vor dem Termine, so ermäßigt sich die Gebühr des § 55, während die des § 56² dem RA voll verbleibt, sofern er nur irgendwie auf das Zwangsvergleichsverfahren gerichtete Tätigkeit ausgeübt hat. Allgemein ist es möglich, daß die Gebühren aus § 55 und § 56 nebeneinander geltend gemacht werden können. Liefert der RA die im Verteilungsverfahren eingezogenen Gelder ab, so erhält er neben der Gebühr des § 56 Z. 3 die des § 87.

§ 57. Beschränkt sich die Tätigkeit des Rechtsanwalts auf die Anmeldung einer Konkursforderung, so erhält derselbe zwei Zehnteile der Sätze des § 9.

Der § 57 findet nur Anwendung, wenn Auftrag und Tätigkeit des Rechtsanwalts auf die Anwendung einer KForderung beschränkt sind, dem RA also nicht die allgemeine Vertretung übertragen ist. Die Gebühr wird nach dem Nennwerte der Forderung berechnet, § 59 Abs. 2. Für den Fall einer nachträglichen Ausdehnung des Auftrags gilt die Beschränkung des § 61 Abs. 2.

§ 58. Für die Vertretung:

1. in der Beschwerdeinstanz,
2. in dem Verfahren über Anträge auf Anordnung von Sicherheitsmaßregeln im Falle des § 197 Abs. 2 der Konkursordnung

erhält der Rechtsanwalt besonders die im zweiten Abschnitte (§§ 23, 41) bestimmten Gebühren.

Beide Gebühren (zu 1 nach § 41, zu 2 nach § 23 $^3/_{10}$ der in den §§ 13—17 bestimmten Sätze) hat der Anwalt zu beanspruchen, gleichviel ob seine Tätigkeit sich auf die fraglichen Handlungen beschränkt oder ob ihm noch außerdem Gebühren zustehen. Ob der Auftraggeber die Beschwerde eingelegt hat oder als Gegner des Beschwerdeführers gehört ist (§ 573 ZPO), ob es sich um einfache oder sofortige Beschwerde handelt, hat auf den Anspruch auf die Gebühr zu 1 keinen Einfluß. Findet in der Beschwerdeinstanz eine mündliche Verhandlung oder eine Beweisaufnahme statt, so kann auch die Verhandlungs- und die Beweisgebühr gefordert werden. Bei mehreren Anträgen gilt eine einmalige Pauschgebühr, anders bei mehreren selbständigen Beschwerden, hier ist eine besondere Gebühr aus § 58 für jede Beschwerde gegeben. Der Gegenstandswert wird im Falle der Nr. 1 nach § 59 berechnet, also jeweils nach der Person des Auftraggebers verschieden. Bei sonstigen Beschwerden ist das Interesse des Beschwerdeführers nach § 3 ZPO frei zu schätzen JW 31, 2413. Im Falle der Nr. 2 ist nach §§ 53, 11 die Bestimmung des § 48 Abs. 2 GKG maßgebend: „Wird vor der Wiederaufnahme die Anordnung von Sicherheitsmaßregeln beantragt (KO § 197 Abs. 2), so wird die Gebühr . . . nach dem Werte des Gegenstandes, durch welchen die Sicherung erfolgen soll, besonders erhoben."

§ 59. Die Gebühren der §§ 54—56 sowie des § 58 im Falle der Beschwerde gegen den Beschluß über Eröffnung des Konkursverfahrens (Konkursordnung § 109) oder den Beschluß über Bestätigung eines Zwangsvergleichs (Konkursordnung §§ 189, 230 Abs. 2, § 236) werden, wenn der Auftrag von dem Gemeinschuldner erteilt ist, nach dem Betrage der Aktivmasse (Gerichtskostengesetz § 43) berechnet.

Ist der Auftrag von einem Konkursgläubiger erteilt, so werden die Gebühren der §§ 54, 55, 57 und die Gebühr im Falle der Beschwerde gegen den Beschluß über Eröffnung des Konkursverfahrens nach dem Nennwerte der Forderung, die Gebühren des § 56 und die Gebühr im Falle der Beschwerde gegen den Beschluß über die Bestätigung eines Zwangsvergleichs nach dem Werte der Forderung des Gläubigers unter entsprechender Anwendung des § 148 der Konkursordnung berechnet.

§ 148 KO ist abgedruckt oben S.

Der Betrag der Aktivmasse (Abs. 1) ist deren gemäß § 43 GKG vom Gerichte festgesetzter Wert, s. dazu § 53 Anm.

Der Nennwert der Forderung (Abs. 2) kommt nach § 109 KO nur für einen den Antrag eines Konkursgläubigers abweisenden Beschluß in Betracht. Der Wert einer Forderung unter Abwendung des § 148 KO entspricht der auf sie voraussichtlich entfallenden Dividende, bei einem Zwangsvergleiche der Akkordrate. Der Wert wird nach Schätzung gemäß § 3 ZPO bestimmt, JW 31, 2413. Als Grundlage der Schätzung wird regelmäßig die Erklärung des KVerwalters in Betracht kommen; nachträgliche Berichtigung nach dem Ergebnisse des Verfahrens ist zulässig. Bezieht sich die Tätigkeit des RA nur auf einen Teilbetrag der Forderung des Gläubigers, so ist der Nennwert dieses Teilbetrags der Gebührenberechnung zugrunde zu legen. Wegen des Restes kann eine Gebühr aus § 47 erwachsen, RG 118, 368. Im übrigen ist der Nennwert der gesamten Forderungen des Gläubigers maßgebend, auch wenn der Konkursantrag nur auf einen Teilbetrag gestützt war. Zinsen und Kosten sind der Forderung zuzurechnen, LG Berlin JW 35, 230[4].

Bei Forderungen absonderungsberechtigter Gläubiger gilt besonders:

Meldet der Absonderungsberechtigte zunächst den Gesamtbetrag seiner Forderung als Ausfallsforderung an, so ist der Gesamtbetrag auch den Gebühren zugrunde zu legen. Das gleiche gilt, wenn die absonderungsberechtigte Forderung gleichzeitig KForderung ist, OLG 15, 242. Macht der Absonderungsberechtigte nur die Ausfallsforderung geltend, so ist die Gebühr nur in Höhe des Nennwerts der angemeldeten Forderung zu berechnen. Der Betrag, hinsichtlich dessen abgesondert wird, ist außer acht zu lassen. Wird zunächst die ganze Forderung angemeldet und erweist sich im Laufe des Verfahrens der Ausfall in einer geringeren Höhe, so gelten bis zu diesem Zeitpunkt die Gebühren in Höhe des Nennwerts der ganzen Forderung, von der Ermittlung des Ausfalls an dagegen die Gebühren in Höhe des Ausfallswertes (gleichfalls in Höhe des Teilnennwerts), Danielcik-von Medem § 59 A 5.

§ 60. In einem wieder aufgenommenen Konkursverfahren erhält der Rechtsanwalt die Gebühren nach den Bestimmungen der §§ 55 bis 59 besonders.

Die Wiederaufnahme des durch Zwangsvergleich abgeschlossenen KVerfahrens (§ 198 KO) soll sowohl für die Gerichtskosten (§ 48 GKG) als auch für die Anwaltsgebühren auch bei gleichem RA als ein neues Verfahren angesehen werden. Der § 54 ist nicht erwähnt; daher erhält der RA keine wiederholte Gebühr für den Antrag auf Wiederaufnahme, sondern nur die des § 55, Baumbach § 60 A 1.

Eine Anrechnung der Gebühr des § 58 Nr. 2 findet nicht statt; s. dagegen § 48 Abs. 3 GKG. Die Gebührenerhebung gemäß § 56 Nr. 2 ist unmöglich (§ 175 Nr. 3 KO).

§ 61. Insoweit dem Rechtsanwalte Gebühren für die Vornahme einzelner Handlungen im Konkursverfahren zustehen, darf der Gesamtbetrag derselben die im § 55 bestimmte Gebühr nicht übersteigen.

Wird der Rechtsanwalt, nachdem er einzelne Handlungen im Konkursverfahren vorgenommen hat, mit der Vertretung im Konkursverfahren beauftragt, so erhält er zusammen nicht mehr an Gebühren, als ihm zustehen würde, wenn er vorher mit der Vertretung im Konkursverfahren beauftragt worden wäre.

Es entspricht Abs. 1 dem § 48, Abs. 2 dem § 49. „Einzelne Handlungen" im Sinne dieser Vorschrift sind nur die, die unter die nach § 55 abzugeltende Tätigkeit fallen; die Tätigkeiten aus §§ 56, 58 fallen nicht hierunter. Auch gilt für mehrere Gebühren aus § 56 die Begrenzung nicht, Baumbach § 61 A 1.

§ 61a. Der Rechtsanwalt erhält für die Tätigkeit im Vergleichsverfahren zur Abwendung des Konkurses die Sätze des § 9. Die Gebühr verringert sich um die Hälfte, wenn sich die Vertretung vor dem Vergleichstermin erledigt.

Für die Vertretung in der Beschwerdeinstanz erhält der Rechtsanwalt den Satz des § 41 Nr. 1.

Die Gebühren werden bei der Vertretung des Schuldners nach dem Betrage der Aktiven (§ 48b des Gerichtskostengesetzes) und bei der Vertretung des Gläubigers nach dem Werte der Forderung unter entsprechender Anwendung des § 148 der Konkursordnung berechnet.

1. Dieser Paragraph ist durch das Gesetz über den Vergleich zur Abwendung des Konkurses (Vergleichsordnung) v. 5. 7. 27, RGBl I 139) § 100 eingefügt worden und auch nach Außerkrafttreten der alten VerglO durch § 130 der neuen VerglO vom 26. 2. 35 (RGBl I, 321) in Kraft geblieben. Er regelt die Vergütung des RA für die Vertretung des Schuldners und für die eines Gläubigers in dem eröffneten Vergleichsverfahren. Es werden also nicht davon betroffen die Vertretung anderer Personen und die Tätigkeit des RA vor der Eröffnung (§§ 11—24 VerglO), d. h. vor Erlaß des Eröffnungsbeschlusses (§§ 20, 22), und nach Beendigung des Vergleichsverfahrens, das mit der Bestätigung des Vergleichs aufzuheben (§ 78) oder durch rechtskräftige Verwerfung des Vergleichs (§ 80) endigt. Daher fällt insbesondere die Vollstreckung aus dem Vergleich nicht mehr hierunter, Baumbach § 61a A 1 und ebenso nicht die Tätigkeiten nach § 16 Abs. 1 Nr. 4 u. 5 VglO. Die Gebühr ist eine Pauschgebühr und gilt die gesamte Tätigkeit des RA in dem Vergleichsverfahren ab, der mit der Vertretung in dem Verfahren, nicht bloß mit einer Einzeltätigkeit beauftragt ist, vgl. auch JW 28 S. 2137[23].

Nur für die Vertretung in dem Beschwerdeverfahren erhält der RA daneben noch eine $^{3}/_{10}$-Gebühr des § 41. Für jede selbständige Beschwerde wird eine besondere Gebühr fällig (Abs. 2), Baumbach § 61a A 2, nicht dagegen bei mehrfachen Anträgen im Hinblick auf eine Beschwerde. Nach § 121 VerglO gibt es nur in den besonders bestimmten Fällen die sofortige Beschwerde, eine weitere Beschwerde findet nicht statt. Erledigt sich die Vertretung vor dem Vergleichstermin, erhält der RA nur eine $^{5}/_{10}$-Gebühr. Eine weitere Verringerung der Gebühr nach § 14 auf $^{5}/_{20}$ eintreten zu lassen, wenn sich der Auftrag vor Einreichung eines Schriftstücks erledigt, erscheint nicht angängig, da § 14 nicht der bloßen Einreichung eines Schriftsatzes maßgebende Bedeutung beilegt und § 53 im übrigen den § 14 nicht erwähnt; *aM* Sydow-B.-Kr. A 3. Vertretung in einem Verfahren zur außergerichtlichen Schuldenregelung wird nicht nach § 61a, sondern nach Landesrecht vergütet. Baumbach § 61a A 1; *aM* JW 33, 2846.

2. Der Wert für die Berechnung der Gebühren des Abs. 1 und 2 ist bei der Vertretung des Schuldners dem Betrage der Aktiven zu entnehmen, und bei der Vertretung eines Gläubigers bestimmt sich die Gebühr nach dem Werte der Forderung, der nach dem Verhältnis der Aktiven zu den Passiven zu errechnen ist (§ 148 KO). Der § 48b GKG, auf den Abs. 3 Bezug nimmt, und die Streitwertberechnung bestimmt, lautet:

Die . . . Gebühren werden nach dem Werte der Aktiven (§ 5 der Vergleichsordnung) zur Zeit der Stellung des Antrags auf Eröffnung des Vergleichsverfahrens erhoben . . . Übersteigt der Wert der Aktiven den Gesamtbetrag der Forderungen der am Verfahren beteiligten Gläubiger, so ist der Gesamtbetrag der Forderungen maßgebend.

Der § 5 VerglO gibt Anordnungen für die Aufstellung der Übersicht des Vermögensstandes des Schuldners.

Der Hinweis auf § 48b GKG, wo der Wert der Aktiven zur Zeit der Stellung des Antrags für die Berechnung der in diesem Zeitpunkt fälligen Gerichtskosten als maßgebend hingestellt wird, hindert nicht, eine später eintretende Werterhöhung zugunsten der Berechnung der Rechtsanwaltgebühren zu berücksichtigen. Mit Rücksicht auf § 40 GKG sind bei

Berechnung des Wertes der Aktiven die Nebenforderungen den Hauptforderungen hinzuzurechnen und zweifelhafte Forderungen nur mit ihrem mutmaßlichen Wert anzusetzen. § 48b Satz 2 GKG kommt nicht zur Anwendung.

3. Für die Tätigkeit vor Erlaß des Eröffnungsbeschlusses ist dem RA nach § 89 die Gebühr aus § 54 bei Vertretung des Schuldners nach dem Betrage der Aktiven und bei Vertretung eines Gläubigers nach dem Nennwert der Forderung (§§ 89, 59) zuzubilligen. Eine Anrechnung dieser Gebühr auf die Gebühr aus § 61a erscheint nicht gerechtfertigt, da ja gerade für eine Tätigkeit, die nicht unter § 61a fällt, eine Vergütung gewährt wird. Einzeltätigkeiten eines RA sind unter Anwendung des § 89 zu vergüten.

Bei Überleitung des Vergleichsverfahrens in das KVerfahren (§ 102 VerglO) findet eine Anrechnung der bereits verdienten Gebühren nicht statt. Die Zwangsvollstreckung aus dem Vergleich oder ein Verfahren aus § 88 Abs. 2 VerglO auf Sicherungsmaßnahmen bei wirkungslos gewordenem Vergleich gehören nicht zum Vergleichsverfahren. Baumbach § 61a A.

4. Der Vergleichsverwalter kann nach § 43 VerglO von dem Schuldner die Erstattung angemessener barer Auslagen und eine angemessene Vergütung für ihre Geschäftsführung verlangen. Die Höhe der Auslagen und der Vergütung setzt das Vergleichsgericht fest, das bei eingelegter sofortiger Beschwerde dieser abhelfen kann. Wird der Vergleichsverwalter durch einen RA vertreten, so ist die Gebühr für diese Beschwerde sowie die nach § 41 VerglO nach §§ 89, 41 Nr. 1 zu bemessen, wobei der Wert nach § 3 ZPO festzustellen ist. Danielcik-von Medem § 61a A 6 lassen die mit Strafe geltend gemachte Differenz zwischen festgesetzter und beanspruchter Vergütung bzw. in § 41 VerglO die Höhe der Ordnungsstrafe Streitwert sein.

§ 62. Die Gebühren werden für jeden Auftrag gesondert, ohne Rücksicht auf andere Aufträge, berechnet.

Die Bestimmung betrifft nur den Fall, wenn von mehreren Machtgebern verschiedene Forderungen geltend gemacht werden, nicht aber den Fall, wenn die mehreren Machtgeber Mitberechtigte an einer gemeinschaftlichen Forderung (z. B. Erben) sind, denn alsdann liegt sachlich nur ein Antrag vor, auch wenn die mehreren Einzelaufträge besonders — vielleicht zu verschiedenen Zeiten — erteilt sein sollten. Dem Anwalte gegenüber haftet jeder Auftraggeber für seine Gebühren allein, für die für alle Aufträge untrennbar entstandenen Auslagen nach § 3, Baumbach § 62 A 1. Nach dem Grundsatz des § 62 werden die Gebühren ebenfalls mehrfach fällig, wenn sich ein Gläubiger wegen derselben Forderung in mehreren Konkursen, z. B. in dem der offenen Handelsgesellschaft und in dem eines Gesellschafters, durch denselben RA vertreten läßt.

Vierter Abschnitt.

Gebühren in Strafsachen.

Vorbemerkungen.

1. „Der Schwerpunkt der Tätigkeit eines RA in Strafsachen, falls er nicht etwa ausschließlich im Vorverfahren seinem Klienten Beistand geleistet hat, fällt in die Hauptverhandlung. Die Mühe, welche der RA vor der Hauptverhandlung auf die Einziehung der Information und auf das Studium der rechtlichen Seite der Sache zu verwenden hat, gelangt erst in der Hauptverhandlung zur Verwertung. Erwägt man noch, daß die Anfertigung von Schriftsätzen im Strafverfahren fast gänzlich in den Hintergrund tritt, so ergibt sich von selbst, daß nach der StPO für ein System von Einzelgebühren kein Raum vorhanden ist. Die Tätigkeit, welche der RA, abgesehen von einer Verteidigung im Vorverfahren, auf die Verteidigung bzw. Vertretung eines Angeklagten verwendet, läßt sich in einzelne Teile nicht auflösen und kann deshalb nur mit Pauschsätzen vergütet werden", Mot 69.

2. Außer den Pauschsätzen für die Verteidigung in der Hauptverhandlung (§ 63) und im Vorverfahren (§ 67) sind für bestimmte Einzelhandlungen (§§ 68, 69, 73 Abs. 2, 74, 75) noch besondere Gebühren festgesetzt. Wo diese Bestimmungen nicht ausreichen, tritt ergänzend der allgemeine Grundsatz des § 89 ein:

a) Für die Vorbereitung, Information aus den Akten, Studium der Rechtslage erhält der RA im Hauptverfahren, sofern er nicht auch die Verteidigung in der Hauptverhandlung führt, gemäß §§ 48, 49, 14 Abs. 1, 90, 67: $^5/_{10}$ der Gebühr des § 63, z. B. bei Erledigung einer Privatklage durch Vergleich nach Eröffnung des Hauptverfahrens vor der Hauptverhandlung oder einer Berufung ohne Hauptverhandlung; Stuttgart WürttJ 27, 252; LG Altona JW 29, 290[1]; und zwar auch dann, wenn die Berufung von der StA eingelegt war, OLG Karlsruhe HRR 30 Nr. 2127. OLG München JW 30, 3327[2] = DRZ 30 Nr. 434, gewährt bei Beendigung der Tätigkeit nach Erlaß des Eröffnungsbeschlusses, aber vor der Hauptverhandlung, neben der Gebühr des § 67 eine $^5/_{10}$-Gebühr des § 63, sofern der RA ein nach außen erkennbares Tun ausgeübt hat; dagegen wird mit Recht betont, daß die Zeitdauer der aufgewendeten Tätigkeit keine entscheidende Bedeutung hat. Immer ist aber eine Verteidigungstätigkeit des RA erforderlich, die nachzuweisen bleibt, wenn sie nach außen erkennbar ist. Die bloße Empfangnahme der Ladung und die Disponierung über Termine erklärt die Entscheidung mit Recht für nicht ausreichend.

b) Für die Beistandleistung in einem einzelnen Termin im Vorverfahren oder vor einem ersuchten oder beauftragten Richter (§§ 193, 223—225 StPO) erhält er gemäß §§ 45, 64, 67: $^5/_{10}$ der Sätze des § 63; s. auch § 45 Anm. 4.

c) Für einen Rat sind gemäß § 47 Abs. 1 und 2: $^3/_{10}$ und $^5/_{10}$ der Gebühr des § 63 zu berechnen. EGH 7, 55 erklärt nur eine angemessene Gebühr für statthaft.

d) Für die bloße Anschlußerklärung des Nebenklägers oder den bloßen Antrag auf Zuerkennung einer Buße erhält der RA, sofern er weder als Vertreter noch als Beistand seines Auftraggebers in der Hauptverhandlung auftritt, gemäß § 69 2 RM; *aM* Baumbach § 63 A 1.

e) Für die Vertretung in einem bei der StA anhängigen Vorverfahren und für den Antrag auf Einleitung eines solchen Vorverfahrens sind gemäß Art. 14 PrGebO die §§ 67ff. entsprechend anzuwenden, wenn man nicht hierin schon eine auf den Beginn eines unter § 1 fallenden Verfahrens gerichtete Tätigkeit erblicken und §§ 67ff. unmittelbar anwenden will. Beschränkt sich die Tätigkeit auf einen Antrag oder eine Beschwerde, so bemißt sich die Gebühr nach § 69; s. § 69 A 2c. Auch § 70 ist anzuwenden, so daß die Gebühr des § 69 in der aus § 67 aufgehe. Diese bildet dann aber die Vergütung auch für die Tätigkeit bis zum Eröffnungsbeschluß.

f) Die Gebührenstufe richtet sich in den Fällen zu a—e, wenn das Hauptverfahren nicht eröffnet ist, danach, welches Gericht erster Instanz für die Aburteilung der den Gegenstand des Verfahrens bildenden Tat zuständig sein würde.

g) Für die Beistandleistung im Sühneverfahren einer Privatklagesache (§ 380 StPO, pr. Schiedsmannsordnung v. 3. 12. 24) ist mit Rücksicht auf § 1 entsprechende Anwendung der GebO möglich, wenn nicht in den entsprechenden LGebO einschlägige Vergütungen vorgesehen sind. Es kann daher im Privatklageverfahren, wenn sich die Parteien im Sühnetermin vergleichen, eine Vergleichsgebühr aus § 63, 67, 89 in Höhe von RM 20 in Ansatz gebracht werden, MdRRAK 37, 36; JW 32, 1174[11]; AG Neustadt MdRRAK 37, 36; JW 38, 1734[26] und ausführliche Anm. von Bach; wenn aber seine Tätigkeit auf den Antrag auf Sühnetermin beschränkt ist (§ 69): 2 RM. Diese Gebühren gehen in denen der §§ 67, 73 Abs. 2 nicht auf, da diese Tätigkeit nicht zu der des Vorverfahrens gehört und mit der Anfertigung der Privatklage nichts zu tun hat. Grundsätzlich ist aber davon auszugehen, daß für eine Privatklageschrift, die vor dem Sühnetermin angefertigt ist, eine Gebühr nach § 73 Abs. 2 nicht berechnet werden kann, wenn sich die Parteien vor dem Schiedsmann einigen, vielmehr entsteht gewöhnlich nur eine Gebühr nach §§ 89, 47, AG Genthin MdRRAK 38, 116, vgl. § 70 A 3. Wegen der Erstattung s. XVII, 3.

3. Dem zum Verteidiger bestellten RA sind für die Verteidigung, gleichviel ob sie notwendig war oder nicht, die Gebühren aus der Staatskasse nach Maßgabe der GebO zu bezahlen (§ 150 StPO in Verbindung mit Art. 8 Nr. 6 des Gesetzes vom 28. 6. 1935 (RGBl I S. 844)); dabei ist aber zu beachten, daß durch § 20 VereinfachungsVO vom 1. 9. 1939 (RGBl I S. 1658) mit § 3 DurchfVO hierzu die Fälle der notwendigen Verteidigung wesentlich eingeschränkt sind, so insbesondere durch Beseitigung des Schwurgerichts und Übergang seiner Zuständigkeit auf die Strafkammer. Nach richtiger Ansicht kann der als Pflichtanwalt bei der StrK bestellte RA die für das SchwG geltenden erhöhten Gebühren beanspruchen, wenn die Strafsache früher im ordentlichen Verfahren vor das SchwG gehört hätte, DJ 1939, 1512; MdRRAK 39, 228. Bei der Pflichtverteidigung vor dem Sondergericht gelten auch die höheren Sätze, wenn die Strafsache, die jetzt vor dem Sondergericht verhandelt wird, an sich zur Zuständigkeit des SchwG gehört hätte. Die Bestellung des Verteidigers geschieht für das ganze Verfahren, bis ein rechtskräftiges Urteil ergangen ist, selbst dann, wenn der Verteidiger nur für die Hauptverhandlung bestellt war, da eine Bestellung für einzelne Prozeßabschnitte der StPO fremd ist, RG JW 26, 1215[4]; Bescheid des KGPräs. 7. 1. 25, JW 25, 499; JW 31, 1850[68]. Sie erstreckt sich sogar auf das Wiederaufnahmeverfahren bis zu dem nach § 370 StPO zu fassenden Beschluß. Dies gilt auch für den nach § 81 StPO bestellten Verteidiger. Es hat das RG JW 28, 1306[28] und RGSt 62, 22 für den nicht notwendigen Verteidiger des § 141 StPO die Beschränkung der Bestellung auf die 1. Instanz für zulässig erklärt, s. auch OLG Braunschweig Rsp 27, 234; JugGG § 28 Abs. 4; JW 28, 1944 HRR 30, 2127. Aus der Fortwirkung der nicht beschränkten Bestellung für das ganze Verfahren folgt für den Gebührenanspruch des RA, „daß in der geführten Verteidigung alle Bemühungen zur Verteidigung von der Bestellung an bis zur Rechtskraft des letzten Erkenntnisses inbegriffen sind, daß insbesondere auch die Kosten des eingelegten Rechtsmittels, dessen Rechtfertigung usw. mit in der Verteidigung inbegriffen sind", nicht dagegen die Kosten für die Verhandlung vor dem RevG, OLG Rostock MdRRAK 37, 22. Demgemäß nimmt die Praxis an, daß der Anspruch an die Staatskasse die Gebühren für die Verteidigung in der Hauptverhandlung, für die Tätigkeit im Vorverfahren und für Einlegung und Rechtfertigung von Rechtsmitteln umfaßt. BayObLG JW 28, 1944[1] versagte die Gebühr für die mündliche Verhandlung vor dem Revisionsgericht. Da die Bestellung bis zum Erlaß des Beschlusses aus § 370 StPO wirkt, erwächst dem Verteidiger für die Stellung des Antrags auf Wiederaufnahme des Verfahrens die Gebühr aus § 67, s. § 63 A 5. Wegen der Gebühr aus § 67 s. § 67 A 5.

Daneben etwa entstandene, zur zweckentsprechenden Verteidigung notwendige Auslagen, zu denen auch die Reisekosten zählen, sind dem RA aus der Staatskasse zu bezahlen. Auch die Umsatzsteuer ist zu erstatten, LG Koblenz JW 30, 3450[3]. Die Reisekosten (§ 78) für Wahrnehmung eines Termins zur Vernehmung eines Zeugen vor dem ersuchten Richter hat die Staatskasse dann zu zahlen, wenn die Partei in dem Falle ihren Wahlverteidiger entsandt haben würde, OLG Braunschweig Rsp 31, 246. Ausgeschlossen vom Ersatze sind nach § 6 Schreibgebühren und Portoauslagen für den Antrag auf Zahlungsanweisung und für die Kostenrechnung. Der nach § 144 StPO zum Verteidiger bestellte RA, der nicht am Sitze des Gerichts wohnt, bei dem er zugelassen ist, hat keinen Anspruch auf Reisekosten und Tagegelder für Reisen nach dem Sitze des Gerichts, § 44 RAO.

Auftraggeber des von Amts wegen bestellten Verteidigers ist der Staat. Hierauf gründete sich die für Preußen ergangene Bestimmung, daß die Gebühren des zum Verteidiger bestellten RA nicht durch richterliche Entscheidung, gegen die Beschwerde nach Maßgabe der StPO stattfindet, sondern unter Vorbehalt des ordentlichen Rechtswegs lediglich im Justizverwaltungswege festzusetzen und etwaige Beschwerden gemäß § 85 AG.GVG im Aufsichtswege zu erledigen sind, JMBf v. 3. 7./1. 10. 84, 15. 3. 92 (JMBl S. 109) und v. 15. 11. 92; LGPr Duisburg JW 28, 2168[10]. Zutreffend nehmen aber RG JW 30, 3425[41]; JW 28, 1944[1]; HRR 30 Nr. 2127; OLG Dresden JW 28, 431[22]; OLG Stettin JW 28, 1884[31]; Celle JW 29, 2769[22]; Frankfurt JW 30, 1525[37]; RG JW 30, 3425; Jonas § 72 A 16; Baumbach Vorb. § 63 A 1 die Zuständigkeit des UrkB und Anfechtung nach § 4 GKG an. Dieser Ansicht hat sich jetzt auch die Pr. Justizverwaltung in der AV v. 26. 3. 31 JMBl 116 angeschlossen. Hiernach werden die zu zahlenden Gebühren und Auslagen von dem UrkB festgesetzt und auf Kap. 76 Tit. 52 des Staatshaushalts angewiesen. Diesem UrkB soll aber nicht auch die Zahlung obliegen. Über Erinnerungen, denen der UrkB nicht mit Zustimmung des Bezirksrevisors bzw. des Rechnungsamts abhilft, entscheidet das Gericht. Zuviel gezahlte Beträge können nicht im Verwaltungszwangsverfahren beigetrieben werden. Im einzelnen s. die AV v. 26. 3. 31.

4. Der Anspruch steht dem zum Verteidiger bestellten RA zu, wenn er selbst oder ein ihm nach § 29 RAO bestellter Vertreter die Verteidigung geführt hat. Durch Bevollmächtigung eines anderen RA oder Referendars wird die Gebühr nicht verdient, RGZ 21, 349, wohl aber entstehen dieselben Gebühren wie bei eigenem Auftreten des RA, wenn ein mit Untervollmacht versehener Probeassessor für den Pflichtverteidiger auftritt. KG JW 37, 1839. Daß der RA bei dem Prozeßgericht zugelassen ist, ist nicht erforderlich, RGZ 26, 418. Dem gewählten Verteidiger steht ein Gebührenanspruch gegen die Staatskasse nicht zu, auch nicht, wenn die Verteidigung nach § 140 StPO notwendig war.

Um ganz andere Ansprüche handelt es sich, wenn der im Privatklageverfahren dem Kläger oder Widerkläger beigeordnete Armenanwalt auf Grund des Ges. v. 20. 12. 28, RGBl I 411 und weiteres Ges. v. 13. 12. 35 (RGBl I 1469) Ersatz seiner Gebühren und Auslagen oder wenn der freigesprochene oder außer Verfolgung gesetzte Angekl. Erstattung der ihm erwachsenen notwendigen Auslagen, die nach § 467 Abs. 2 StPO der Staatskasse auferlegt sind, verlangt, s. XIV und XVI, 1. Über Gebührenvorschuß bei Privat- und Nebenklagen s. NotVO vom 14. 6. 32 Kap. I Art. 10 des 1. T. (RGBl I 287).

5. Zur Legitimation des gewählten Verteidigers genügt die Anzeige des Angeklagten, daß er den Verteidiger gewählt habe. Die schriftliche Vollmacht ist von der UrkSteuer befreit, § 27 zu Z. 5.

6. Entsprechende Anwendung findet Abschnitt 4 in den Fällen des § 91 Nr. 3—5, Art. 2 Nr. 1, 2, 6, 7 PrGebO.

Für das Verfahren bei den Jugendgerichten (Ges. v. 16. 2. 23, RGBl I 135 u. Kap. I Art. 9 d. 1. T. der NotVO v. 14. 6. 34, RGBl I 287) gelten das GVG und die StPO mit nur geringen Abweichungen (§§ 17, 18 a. a. O.), so daß man sie wohl als Teil des ordentlichen Gerichts ansehen kann. Daher trifft § 1 RAGebO zu.

Der Volksgerichtshof ist nach dem Gesetz zur Änderung von Vorschriften des Strafrechts und des Strafverfahrens v. 24. 4. 34 (RGBl I 341) zur Aburteilung von Hochverrats- und Landesverratssachen gebildet worden. Er ist jetzt nach dem Ges. v. 18. 4. 1936 (RGBl I 369) ordentliches Gericht. Nach dem Ges. v. 28. 6. 1935 (RGBl I 844) Art. 8 Abschn. 6 gelten die §§ 63f RAGebO., s. § 63 A 1.

In dem Verfahren vor den Sondergerichten, die keine ordentliche Gerichte sind, müßte an sich die Vergütung des RA nach Landesrecht bestimmt werden. Es findet aber die RAGebO Anwendung, denn § 6 VO über die Bildung der Sondergerichte v. 21. 3. 33 (RGBl I 136) läßt die Vorschriften der StPO entsprechende Anwendung finden, vgl. § 1 RAGebO; Sondergericht Nürnberg MdRRAK 39 S. 90. Auf jeden Fall ergibt sich aber die entsprechende Anwendung aus § 89, OLG Hamm JW 33, 1671[15]; OLG Darmstadt JW 34, 51[10]; s. auch § 63 Anm. 1.

Ferner finden die Vorschriften der §§ 63f. entsprechende Anwendung auf die Disziplinarverfahren nach dem Reichsbeamtengesetz, auf die Ehrengerichtsverfahren gegen RA, Anwaltsassessoren (§§ 64ff RAO), Ärzte (RÄrzteO v. 13. 12. 35 RGBl I 1433). Patentanwälte, Schriftleiter (VerfO zum SchriftleiterG v. 18. 1. 34 RGBl I 40), Tierärzte (RTierärzteO v. 3. 4. 36 RGBl I 347), Jäger (§ 57 AusfVO zum RJagdG v. 25. 3. 35 RGBl I 431), Handwerker (VO v. 15. 6. 34 RGBl I 493 über den vorläufigen Aufbau des deutschen Handwerks), die Verfahren vor dem Seeamt, Ges. v. 28. 9. 35 (RGBl. I 1183) sowie vor den Militärgerichten, MilStGerO v. 29. 9. 36 (RGBl I 751), wonach gemäß § 291 ein Anwalt als Verteidiger gewählt werden kann, auch für die 2. Instanz (§ 348).

§ 63. In Strafsachen erhält der Rechtsanwalt als Verteidiger in der Hauptverhandlung erster Instanz vor *dem Reichsgerichte, dem Oberlandesgericht oder* dem Schwurgericht 80 Reichsmark, im übrigen 40 Reichsmark.

1. Im Hinblick auf die Gebühren und Auslagen für den zum Verteidiger bestellten RA gilt nach Art. 8 Nr. 6 des Ges zur Änderung von Vorschriften des Strafverfahrens und des GVG v. 28. 6. 35 (RGBl I 844) folgendes:

In den im ersten Rechtszug zur Zuständigkeit des Oberlandesgerichts gehörigen Strafsachen werden dem zum Verteidiger bestellten Rechtsanwalt die Gebühren und Auslagen nach Maßgabe der Gebührenordnung für Rechtsanwälte mit folgenden Beschränkungen bezahlt:

Für die Verteidigung eines Angeklagten in der Hauptverhandlung erhält der Rechtsanwalt 80 Reichsmark und, falls sich die Verhandlung auf mehrere Tage erstreckt, für jeden weiteren Tag der Verteidigung 50 Reichsmark.

Erhält der Rechtsanwalt die Gebühr für die Verteidigung in der Hauptverhandlung, so entfällt die Gebühr für die Verteidigung im Vorverfahren.

In denjenigen Strafsachen, in denen die Hauptverhandlung vor dem Inkrafttreten dieses Gesetzes geschlossen ist, richten sich die Gebühren des Rechtsanwalts nach den bisherigen Vorschriften. Vgl. auch § 64 Anm.

Verhandlungen vor dem RG in 1. Instanz finden nicht mehr statt. An Stelle des RG ist durch Ges v. 24. 4. 34 der Volksgerichtshof getreten, s. Vorb. 6. Die Höhe der Vergütung ist dadurch nicht berührt, Baumbach § 63 B.

Die VO des Ministerrats für die Reichsverteidigung über Maßnahmen auf dem Gebiete der Gerichtsverfassung und der Rechtspflege v. 1. 9. 39 (RGBl I 1658), DurchfVO des RJM v. 8. 9. 39 (RGBl I 1703) hat bedeutsame Vereinfachungen des Verfahrens gebracht. Die Zuständigkeit des SchöffenG ist danach auf den Amtsrichter, die des SchwurG auf die Strafkammer übergegangen (§ 13). An die Stelle der kleinen und der großen Strafkammer ist die Strafkammer des LG getreten. Der Amtsrichter entscheidet also über alle in § 24 GVG genannten Strafsachen mit Ausnahme der Fälle, die durch die NotVO v. 14. 6. 32 der großen StrafK zugeteilt worden sind. Die Zuständigkeit des Jugendgerichts ist gemäß § 13 auf den Jugendrichter, die des großen Jugendgerichts auf die Strafkammer übergegangen (§ 1 Abs. 2 DurchfVO). Zu den vor die Sondergerichte gehörenden Strafsachen sind noch hinzugekommen: Plünderung im freigemachten Gebiet (§ 1 Abs. 2 der VO gegen Volksschädlinge v. 5. 9. 39 RGBl I 1679); Abhören ausländischer Sender (§ 4 der VO v. 1. 9. 39 RGBl I 1683) und die Wahlzuständigkeit nach § 19 VfVO).

Über die Höhe der Gebühr für die Verteidigung vor dem Sondergericht wurden verschiedene Meinungen vertreten. In der VO über die Bildung von Sondergerichten v. 21. 3. 33 (RGBl I 136) war keine Regelung getroffen. Ein Teil der Gerichte billigte als Vergütung für das Verfahren vor dem Sondergericht 40 RM, so Sondergericht Altona JW 33, 568[18]; OLG Hamm JW 33, 1671[15]; OLG Hamburg JW 33, 2781; OLG Darmstadt JW 34, 51[10]; was aber unbillig und sachlich nicht begründet ist. Für eine Gebühr von 80 RM haben sich ausgesprochen: KG JW 33, 559[6]; Sondergericht Darmstadt JW 33, 2781; Gaedecke JW 33, 1671 A. und 34, 730 u. a. Eine Mittelstellung nahmen ein OLG Kiel und OLG Naumburg MdRRAK 36, 85. Das OLG Kiel JW 35, 2916[53] billigt für die Sachen, die früher vor die StrK, das Schöffengericht oder das AG gehörten, 40 RM, in Schwurgerichtssachen 80 RM. Es führt an, daß bei Sondergerichtssachen mit Rücksicht darauf, daß keine Rechtsmittel gegeben sind, eine besonders hohe Verantwortung gegeben sei. Danach hätte sich also die Gebühr für die Verteidigung vor dem Sondergericht nach der Zuständigkeit zu richten, die bei Fortfall des Sondergerichtes begründet sein würde. Desgleichen jetzt auch OLG Darmstadt DRM 39 Nr. 160; DRW 39/629, das nur dann dem Anwalt als Pflichtverteidiger 80 RM zubilligt, wenn das Sondergericht an die Stelle des Schwurgerichts tritt; vgl. auch Vorb 3. Nach richtiger Ansicht ist gerade mit Rücksicht auf die Tatsache, daß keine Rechtsmittel gegeben sind (§ 16 DVO), und wegen der Bedeutung der Sondergerichtssachen, die Gebühr auf 80 RM zu berechnen, OLG Breslau HRR 34, 755; KG MdRRAK 37, 140. Dies muß auch gelten für Verhandlungen vor dem Sondergericht bei Verbindung einer Sache mit an sich anderer Zuständigkeit, Sondergericht Breslau DJZ 34, 1061; Grebe JW 34, 730. Gelangt also eine zur Zuständigkeit des AG gehörende Sache infolge tatsächlichen Zusammenhangs (§ 3 StPO) mit einer vom Sondergericht anzuurteilenden, sonst vor das Schwurgericht gehörende Strafsache ebenfalls zur Verhandlung vor dem Sondergericht, so stehen dem RA in dieser Sache die höheren Gebühren des § 63 zu, KG JW 37, 1839[134]; MdRRAK 37, 140. Diese Ansicht wird nunmehr auch in DJ 39 S. 1512 gebilligt. Wegen Sondergerichte s. auch Vorb. 3 u. 6.

Die Gebühr des § 63 ist eine Pauschgebühr und bildet die Vergütung für die gesamte Tätigkeit des RA in der **Hauptverhandlung** und in dem **nach dem Eröffnungs-**

beschlusse (StPO § 203) beginnenden Hauptverfahren und auch noch für die Einlegung des Rechtsmittels (§ 70), KG JW 34, 2501[30]. Die Mot 77 sagen hierzu: „Die im § 63 für das Hauptverfahren in der 1. Instanz festgesetzten Gebühren sollen nicht bloß eine Vergütung für die Verteidigung in der Hauptverhandlung, sondern auch für die übrige Tätigkeit des RA in der Instanz gewähren". Daher wird insbesondere auch die Tätigkeit des RA in dem Abschnitt „Vorbereitung der Hauptverhandlung" §§ 213—225 StPO durch die Gebühr des § 63 abgegolten. Sie steht dem RA zu:

a) sowohl für die Verteidigung als auch — in den zulässigen Fällen: §§ 232—234, 277, 280, 378, 387, 411, 417, 424, 427, 431 StPO — für die Vertretung,

b) mag die Tätigkeit für den Angeklagten oder den Privat- oder Nebenkläger oder im Falle des § 424 StPO für eine Verwaltungsbehörde (§ 73) oder in dem Verfahren bei Einziehungen und Vermögensbeschlagnahmen für dritte Personen, die einen rechtlichen Anspruch auf den Gegenstand der Einziehung, Vernichtung oder Unbrauchbarmachung haben (§ 431 StPO), ausgeübt werden,

c) ohne Rücksicht darauf, ob die Sache in der Hauptverhandlung durch Urteil erledigt wird oder nicht, s. Vorb. 2a. Durch die Vertagung der Hauptverhandlung wird die Instanz nicht beendet und der wiederholte Ansatz der Gebühr des § 63 nicht gerechtfertigt (s. aber § 64). Dadurch, daß nach erfolgter Vertagung der RA die Verteidigung in der neuen Hauptverhandlung nicht führt, geht sein Anspruch auf die Gebühr des § 63 nicht verloren. Hat das Gericht es zu einer Hauptverhandlung aus Zeitmangel nicht kommen lassen, so erhält der Verteidiger nach einem Beschl. des KG JW 36, 2254[68] für die gescheiterte Hauptverhandlung weder die Verhandlungs- noch neben ihr die Ersatzgebühr. Es ist aber unverkennbar, daß dieser Gebührenausfall eine unbillige Härte bedeutet, so mit Recht OLG Zweibrücken JW 39, 710[26].

d) im Sicherungsverfahren (§ 429a—e eingefügt durch Ges v. 24. 11. 33), da sinngemäß die Vorschriften über das Strafverfahren gelten.

2. Wenn nach § 270 StPO die Sache wegen Unzuständigkeit des Gerichts an das zuständige Gericht verwiesen oder wenn in der höheren Instanz das Urteil vernichtet und die Sache in die untere Instanz zurückverwiesen wird (§§ 328, 354 StPO), beginnt eine neue Verhandlung, auf die § 63 wieder anzuwenden ist. Das gleiche gilt bei der Verweisung an ein Gericht höherer Ordnung bei Strafschärfung für gefährliche Gewohnheitsverbrecher, Sicherungsverwahrung, Entmannung usw. (§ 270 StPO Abs. 1 S. 2 eingeführt durch Ges v. 24. 11. 33). Der RA, der die Verteidigung auch in der ferneren Verhandlung führt, hat daher nochmals die volle Gebühr des § 63 — nicht nur die Zusatzgebühr des § 64 — zu beanspruchen. Die zweite Verhandlung ist nicht die Fortsetzung der früheren. Die abweichenden Bestimmungen für Zivilsachen (§§ 26, 27 RAGebO, § 27 Abs. 2 GKG) sind für Strafsachen nicht anwendbar. Wenn nach der Zurückverweisung in dem neuen Hauptverfahren eine Gebühr aus § 63 nicht begründet ist, weil der RA nicht die Verteidigung in der Hauptverhandlung führt, so ist die Gebühr für seine sonstige Tätigkeit nach §§ 89 und 90 auf $^5/_{10}$ der Gebühr des § 63 zu bemessen. Desgleichen steht dem nach Eröffnung des Hauptverfahrens zum Pflichtverteidiger bestellten RA, wenn er die Verteidigung des Angekl. zwar vorbereitet hat, aber schuldlos vor der Hauptverhandlung abberufen ist, an Stelle der infolgedessen nicht verdienten vollen Gebühr des § 63 die halbe nach §§ 67, 89 zu, GK JW 37, 1422; vgl. im übrigen § 67 Anm 5 u. Vorb 3.

3. Für die Abstufung der Gebühren kommt es lediglich darauf an, vor welchem Gerichte die Hauptverhandlung 1. Instanz tatsächlich stattgefunden hat. Die Zahl und die Schwere der Straftaten ist für die Gebührenstufe belanglos. Wird über die mehreren Straffälle eines Täters in einem Verfahren verhandelt, so entsteht die Gebühr des § 63 nur einmal; erstreckt sich die Verhandlung auf mehrere Tage, so tritt die Erhöhung aus § 64 ein, mag die Verhandlung innerhalb der für eine Unterbrechung zulässigen Zeitgrenze fortgeführt oder nach deren Überschreitung neu begonnen werden (§ 229 StPO). Wird das Verfahren nur wegen eines Teiles der Straftaten zu Ende geführt und wegen der anderen vertagt, so gilt das weitere Verfahren wegen der letzteren doch auch nur als Fortsetzung des bereits begonnenen Verfahrens. Nach der Verbindung mehrerer gegen denselben Beschuldigten schwebenden Verfahren entsteht nur eine Gebühr, aber eine bereits verdiente Gebühr wird durch die Verbindung nicht hinfällig. Wird bei einem Verfahren gegen mehrere Täter, wo nach § 72 die Erhöhung der Gebühr um $^5/_{10}$ eintritt, das Verfahren gegen einen Teil von ihnen beendet und gegen den anderen Teil fortgesetzt oder werden die Verfahren nach Aufhebung der Verbindung getrennt weitergeführt, so ist die Vergütung für die weitere Tätigkeit für jedes Verfahren nach § 63 zu bemessen; s. § 72 A 2.

4. Die volle Gebühr des § 63 ist erwirkt, sobald in Anwesenheit des RA die Hauptverhandlung begonnen hat, gleichviel ob der RA darin tätig gewesen ist oder nicht, d. h. in I. und II. Instanz mit dem Aufrufe der Zeugen und Sachverständigen oder, wenn solche nicht geladen sind, mit der Vernehmung des Angekl. über seine persönlichen Verhältnisse (StPO § 243) und in der Berufungsinstanz oder in der Revisionsinstanz in jedem Falle mit dem Vortrage des Berichterstatters (StPO §§ 324, 351). Die erwähnten Vorschriften der StPO enthalten nicht eine bloße Anweisung an den Vorsitzenden, sondern legen den Zeitpunkt des Beginns der Hauptverhandlung fest, wie der Entstehung der Vorschrift zu entnehmen sein dürfte. Wird also die Sache nach Feststellung des Ausbleibens eines Zeugen vertagt, so ist die Gebühr aus § 63 erwachsen, OLG Zweibrücken JW 39, 710[26]; dagegen ist dies nicht der Fall, wenn z. B. wegen Ausbleibens des Angekl. die Sache ohne Verhandlung (§ 230 StPO) vertagt wird. In der Berufungsinstanz des Privatklageverfahrens hat der Anwalt die Gebühr aus § 63 auch dann erwirkt, wenn er nach Zurücknahme der Berufung des Gegners in der Hauptverhandlung lediglich ein Urteil über die Kosten herbeiführt, nicht dagegen die Gebühren eines Vergleichs aus § 13[3] bei Verhandlungen über einen Vergleich in Privatklagesachen, JW 28, 764[15]; *aM* KGBl 30, 84; s. auch § 70 A 3.

Ist es zur Hauptverhandlung nicht gekommen oder der Auftrag vorher erledigt, so tritt eine nach § 89 zu bemessende Entschädigung ein; s. Vorb. 2a.

5. Die Gebühr umfaßt nach § 70 die Anfertigung der zu der Instanz gehörigen Anträge, Gesuche und Erklärungen und erstreckt sich auch noch auf die Einlegung des Rechtsmittels, während seine Begründung nicht mehr hierunter fällt. Diese wird aber von der Gebühr für die höhere Instanz mit erfaßt (§ 69 A 1). Auch alle Besprechungen und etwaige Beschwerden und die Wahrnehmung auswärtiger Beweistermine werden durch die Gebühr abgegolten; diese lassen auch nicht die Erhöhung aus § 64 eintreten, KG JW 34, 2501[30]. Im Wiederaufnahmeverfahren werden die Gebühren aus §§ 63ff. von neuem fällig. Der Beschluß aus § 370 StPO eröffnet hier das neue Hauptverfahren, während der Antrag auf Wiederaufnahme ein Vorverfahren in Gang setzt. Im Falle des § 371 StPO entsteht daher nicht die Gebühr des § 63, sondern nur die des § 67.

6. Wegen Vertretung des Privatklägers und des Widerklägers s. §§ 67, 72, 73.

7. Die Gebühr für eine Beratung in Straf- und Privatklagesachen beträgt $^3/_{10}$ der Gebühr § 63, s. auch § 47 Anm. 4.

8. Über Vergütung von Sachbericht und Gutachten nach Einsichtnahme der Strafakten vgl. Bach JW 39, 7.

§ 64. Erstreckt sich die Verhandlung auf mehrere Tage, so erhöhen sich die im § 63 bestimmten Gebühren für jeden weiteren Tag der Verteidigung um den vollen Betrag.

Im Verfahren auf erhobene Privatklage findet diese Bestimmung nicht Anwendung.

Eine Ausnahme in der Höhe der Zusatzgebühr macht der Art. 8 Nr. 6 des Ges. v. 28. 6. 35, abgedruckt bei § 63. Die Novelle bringt für § 64 insofern eine Gebührensenkung, als bei Strafsachen, für die im ersten Rechtszug der Zuständigkeit des OLG gegeben ist, für jeden weiteren Verhandlungstag die Gebühr von 80 RM auf 50 RM je Tag herabgesetzt wird und die Vorverfahrensgebühr des § 67 zu streichen ist, sofern der Pflichtverteidiger die Hauptverhandlungsgebühr erhält. Diese Regelung gilt jedoch nur für den bestellten Verteidiger, nicht für den Wahlverteidiger. Wird also bei einer Wahlverteidigung nichts über die Gebühren vereinbart, so gelten für jeden weiteren Verhandlungstag z. B. 80 RM als Vergütung, Danielcik-v. Medem § 64 A 5, EG 17, 168. Mit Rücksicht auf die geringe Zahl der erstinstanzlichen OLG Sachen hat die Novelle für den RA keine große Bedeutung, JW 35, 2334.

§ 64 setzt voraus, daß die Gebühr des § 63 bereits verdient ist. Eine Verhandlung liegt unter den zu § 63 A 4 erörternden Voraussetzungen vor. Unter „Tag" ist der Kalendertag zu verstehen, PrJMBf v. 30. 12. 84. Es macht keinen Unterschied, ob die Verhandlung ohne Unterbrechung bis über 12 Uhr nachts ausgedehnt, ob sie unterbrochen und an einem anderen Tage fortgesetzt oder ob die Sache vertagt und in einem neuen Termine von neuem verhandelt wird, § 229 StPO, auch auf den Umfang der Tätigkeit des Gerichts oder des RA in dem neuen Termin kommt es nicht an. Es genügt, daß das Urteil oder doch die Gründe in einem besonderen Termine verkündet werden (StPO §§ 268, 332, 356). Im übrigen bezieht sich die Erhöhung nur auf die gesetzlichen Gebühren, nicht ohne weiteres auch entsprechende Anwendung auf Honorarvereinbarungen, wenn nicht ausdrücklich oder stillschweigend Erhöhung vereinbart ist, Danielcik-v. Medem § 64 A 3. Neue Verhandlung nach Zurückverweisung s. § 63 A 2.

§ 65. Findet in den auf Privatklage verhandelten Sachen eine Beweisaufnahme statt, so erhöht sich die im § 63 bestimmte Gebühr um ein Viertel.

1. Privatklagesachen werden vor dem Amtsrichter verhandelt, GVG § 25 Nr. 2a. Die Gebühr beträgt also im Falle einer Beweisaufnahme $^5/_4 \times 40 = 50$ RM und, wenn der RA mehrere Angeklagte oder Privatkläger vertritt, nach § 72: $^5/_4 \times 40 + {}^5/_8 \times 40 = {}^{15}/_8 \times 40 = 75$ RM oder $^3/_2 \times 40 + {}^1/_4 \times {}^3/_2 \times 40 = 75$ RM. Die Erhöhung aus § 64 ist ausgeschlossen. Die Erhöhung aus § 65 tritt immer ein, wenn es überhaupt zu einer Beweisaufnahme kommt, gleichviel, ob sie vor dem erkennenden Gerichte oder vor einem ersuchten oder beauftragten Richter (StPO § 223) stattgefunden hat. Durch die Erhöhung soll die größere Arbeit abgegolten werden, die dem Rechtsanwalte dadurch erwächst, daß er bei der Verteidigung das Ergebnis der Beweisaufnahme zu berücksichtigen hat, Mot 76. Der § 65 findet daher auch dann Anwendung, wenn der RA der auswärtigen

Beweisaufnahme nicht beigewohnt hat. Darauf, von welcher Partei die Beweisaufnahme veranlaßt ist, kommt nichts an, doch erhöht sich die Gebühr stets nur einmal um das eine Viertel, auch wenn eine mehrfache Beweisaufnahme stattgefunden hat. § 65 gilt nicht nur für den Verteidiger des Angeklagten, sondern nach § 73 auch für den Vertreter des Privatklägers, nicht dagegen für den Vertreter des Nebenklägers, Bach JW 38, 2040[35]; a. A. AG Jena ebenda. Die Vorschrift bezieht sich nur auf eine Beweisaufnahme im Hauptverfahren. Eine Beauftragung nach der Beweisaufnahme gewährt trotzdem die erhöhte Gebühr. Die Mühewaltung in einer Beweisaufnahme des Vorverfahrens ist nach § 67 zu vergüten.

2. Eine Beweisaufnahme im Sinne des § 65 erfordert, daß tatsächliche Ermittelungen über die unter Anklage gestellte Handlung stattfinden. Es muß sich also um eine Beweisaufnahme zur Entscheidung über die Schuld- und Straffrage handeln, für die die Rechtsgarantien der §§ 244 ff. StPO gelten, nicht aber um die Feststellung von Prozeßvoraussetzungen, z. B. des Strafantrags oder von Tatsachen, die ohne förmliche Beweisaufnahme verwertbar sind, z. B. der Glaubwürdigkeit eines Zeugen; *aM* Baumbach § 65 A 2. Je nachdem im Einzelfalle bestimmte Tatsachen einer Beweiserhebung nach §§ 244 StPO bedürfen oder nicht, ist zu prüfen, ob ein zum Gegenstande der Anklage gemachtes Schriftstück oder die Aussagen der in 1. Instanz vernommenen Zeugen zum Zwecke der Beweisaufnahme oder der Berichterstattung verlesen sind; über Bedeutung und Grenzen der Berichterstattung s. RGSt 61, 287, Recht 30 Nr. 2145; JW 30, 155[36]. Der Zeitpunkt der Verlesung wird meist einen Anhalt für die Beurteilung geben; vgl. OLG Jena ThürBl 38, 275.

§ 66. In der Berufungsinstanz sowie in der Revisionsinstanz stehen dem Rechtsanwalte die in den §§ 63 bis 65 bestimmten Sätze zu. Die Stufe bestimmt sich nach der Ordnung des Gerichts, welches in erster Instanz erkannt hat.

In den höheren Instanzen sind dieselben Gebühren aus §§ 63—65 zu berechnen, wie für die Sache in 1. Instanz, Baumbach § 66 A 1. Dabei ist zu beachten, daß durch die VfVO v. 1. 9. 39 und DurchfVO v. 8. 9. 39 (vgl. § 63 A 1) die Rechtsmittel sehr eingeschränkt sind. Gegen Urteile des Amtsrichters und des bisherigen SchöffG gibt es nur noch Berufung; gegen Berufungsurteile der StrafK ist kein Rechtsmittel mehr zulässig (§ 16). Wahlrevision gemäß NotVO v. 14. 6. 32, Sprungrevision gemäß § 335 StPO sowie Ersatzrevision nach §§ 313, 334 StPO sind beseitigt. Gegen freisprechende und Geldstrafenurteile des Amtsrichters bei Übertretungen ist nur die Berufung vorgesehen. OLG ist nur noch Revisionsgericht, wenn die Revision gegen ein Urteil der StrafK (oder des bisherigen SchwG) ausschließlich auf die Verletzung von Landesrecht gestützt wird.

Eine Gebühr aus § 67 kommt nicht in Frage. Auch hier gelten die § 63 A 1 zu a, b, c und d aufgestellten Grundsätze. Die Gebühr für Einlegung des Rechtsmittels von 2 RM (§ 69) wird nach § 71 auf die $^5/_{10}$ Gebühr des § 68 für seine Begründung angerechnet; diese kann aber nur zum Ansatz kommen, wenn der RA mit der Verteidigung in der durch das Rechtsmittel eröffneten Instanz nicht betraut ist. Hat er aber die Gebühr aus §§ 66, 63 verdient, so wird durch sie auch die Einlegung des Rechtsmitstel abgegolten. Wegen Erledigung der Sache ohne Hauptverhandlung s. Vorb. 2a.

§ 67. Für die Verteidigung im Vorverfahren erhält der Rechtsanwalt in den zur Zuständigkeit *des Reichsgerichts*, des Oberlandesgerichts oder des Schwurgerichts gehörigen Sachen 40 Reichsmark, im übrigen 20 Reichsmark.

Absatz 2 ist gegenstandslos geworden s. A 12.

1. Zum Vorverfahren gehört alles, was vor dem Eröffnungsbeschlusse liegt. Aus der Gegenüberstellung von § 67 und § 63 folgt nicht, daß unter dem Vorverfahren das ganze der Hauptverhandlung vorausgehende Verfahren zu verstehen und die Gebühr des § 67 für jede vor der Hauptverhandlung stattfindende Tätigkeit des Verteidigers anzusetzen ist. Das Vorverfahren bildet vielmehr im Sinne der RAGebO und entsprechend dem Sprachgebrauche der StPO den Gegensatz zum Hauptverfahren, nicht zur Hauptverhandlung.

2. Die Gebühren des § 67 betreffen demnach die Verteidigung vor Eröffnung des Hauptverfahrens. Im Wiederaufnahmeverfahren trennt der Beschluß aus § 370 StPO das Vor- und Hauptverfahren (§ 63 A 5). In den besonderen Verfahrensarten haben der Erlaß des amtsrichterlichen Strafbefehls (§ 407 StPO) oder die Terminsanberaumung (§ 408 Abs. 2 StPO), die polizeiliche Strafverfügung und der Strafbescheid der Verwaltungsbehörde für die Gebühren des RA die Wirkung des Eröffnungsbeschlusses. Der Einspruch und der Antrag auf gerichtliche Entscheidung gehören daher nicht zum Vorverfahren. Wegen der Einzelvergütung hierfür s. § 69 A 2.

3. Zum Vorverfahren ist deshalb nicht nur die „Vorbereitung der öffentlichen Klage" (sog. Ermittelungsverfahren, §§ 158—177 StPO) und die Voruntersuchung (§§ 178—197 StPO), sondern auch der Prozeßabschnitt zu rechnen, der zwischen der Erhebung der öffentlichen Klage und der Eröffnung des Hauptverfahrens liegt und die in den §§ 198—212 StPO unter dem Abschnitt „Entscheidung über die Eröffnung des Hauptverfahrens" angeordneten Maßnahmen umfaßt: Mitteilung der Anklage an den Angeschuldigten und dessen Erklärung darauf (§ 201), die Anordnung auf Ergänzung der Voruntersuchung oder Eröffnung einer solchen oder auf Vornahme einzelner Beweiserhebungen (§ 202), sowie endlich der Beschluß, das Hauptverfahren nicht zu eröffnen (§ 204). Diese Maßnahmen gehören nicht zum Hauptverfahren, denn dieses beginnt erst mit dem Eröffnungsbeschluß. Sie sind also in das Vorverfahren zu verweisen. Dies entspricht auch den Bestimmungen der StPO, die von dem Vorverfahren handeln, §§ 59, 66, 67, 82, 142, 149, 233, 251.

Die hier vertretene Ansicht ist herrschend: JW 29, 1693[61]; 29, 2778[2]; 30, 3326[1]; Baumbach § 67 A 1; Danielcik-v. Medem § 67 A 2.

Ein Vorverfahren beim RG gibt es nicht mehr; beim Volksgerichtshof ist als Vorverfahren das Verfahren, das zwischen Einreichung der Anklageschrift und Terminsanberaumung liegt, also was vor der Anordnung der Hauptverhandlung durch den Senatsvorsitzenden liegt. Auch Art. IV § 5 Abs. 4 des Ges. v. 24. 4. 34 besagt nicht, daß der RA, der vor Anordnung der Hauptverhandlung tätig war, nicht die Gebühr des § 67 verdient hat. Denn diese Bestimmung, die erklärt, daß die in der StPO an die Eröffnung des Hauptverfahrens geknüpften Wirkungen mit der Einreichung der Anklageschrift eintreten, hat nur die §§ 156, 157, 168 StPO, dagegen nicht § 67 RAGebO im Auge. VolksGH JW 35, 2065[35], ebenso Danielcik-v. Medem § 67 A 2; s. auch Vorb. 6.

4. Die Gebühr des § 67 ist eine Pauschgebühr (§ 70) und umfaßt die gesamte Tätigkeit des RA in den zu 3 genannten Verfahrensabschnitten, im Ermittelungsverfahren, in der Voruntersuchung und in dem Verfahren zwischen Erhebung der Anklage und Eröffnung des Hauptverfahrens, wobei es auf den Umfang der entwickelten Tätigkeit nicht

ankommt, sofern sie nur zur „Verteidigung im Vorverfahren“ entwickelt ist. Dieser Verfahrensabschnitt bildet für die Rechtsanwaltsgebühren eine besondere Instanz, was bei einer Änderung der Gebühren bedeutsam sein kann, BayObLG JW 28, 119[1]. Über Einzelhandlungen s. § 69.

5. Da die Gebühr des § 67 die Vergütung für die Verteidigung bis zum Erlaß des Eröffnungsbeschlusses bildet, die Gebühr des § 63 aber auch die Tätigkeit zur Vorbereitung der Hauptverhandlung abgelten soll und diese vielfach schon in der Zeit vor Erlaß des Eröffnungsbeschlusses ausgeübt wird, so bestehen zwei Gebühren für zeitlich zusammenfallende Leistungen nebeneinander. Daß der RA, wenn es nicht zur Eröffnung des Hauptverfahrens kommt, nur die Gebühr des § 67 auch dann erhält, wenn er sich auch zur Vorbereitung der Hauptverhandlung betätigt hat, ist mit dem OLG München JW 30, 3326[1] unbedenklich anzunehmen. Streitig ist aber, ob der RA, der die Gebühr des § 63 erhält, wegen seiner vor Erlaß des Eröffnungsbeschlusses liegenden Tätigkeit auch die Gebühr des § 67 beanspruchen kann. Die eine Meinung gewährt in diesen Fällen die Gebühr des § 67 neben der des § 63 ohne weiteres, da auch die Vorbereitung der Hauptverhandlung zur Verteidigung des Angeklagten geschehe und sie in dem Zeitabschnitt des Vorverfahrens ausgeführt werde. Die andere Ansicht prüft noch den Zweck der Tätigkeit des RA und gewährt die Gebühr des § 67 nur dann, wenn der RA eine über die Vorbereitung der Hauptverhandlung hinausgehende Tätigkeit entwickelt hat. Besondere Bedeutung gewinnt diese Frage, wenn ein RA gemäß §§ 140 Abs. 4, 142 StPO schon im Vorverfahren als Verteidiger bestellt worden ist. Die erste Meinung vertreten AG Dortmund JW 19, 520 (vergeblicher Versuch der Akteneinsicht); OLG Celle JW 29, 1693[61]; JW 29, 2769[22]; Frankfurt JW 30, 1525[37]; KG JW 30, 3425[41]; Baumbach A 1B. Für die zweite Meinung sprechen sich aus: LGPräs Duisburg (JW 28, 2168[10]); LGPräs Lüneburg (JW 29, 1704[22]); Sydow-B.-Kr. A 3; NaumbAKZ 31, 59. Den Inhalt der Tätigkeit prüft auch KG JW 30, 3425[41]. Sollte die Tätigkeit des RA, insbesondere des bestellten Verteidigers vor Eröffnung des Hauptverfahrens endigen, so geht er nicht, wie OLG Frankfurt JW 30, 1525[37] annimmt, leer aus, sondern erhält eine $^5/_{10}$-Gebühr des § 63; s. Vorb. 2a zu § 63. Die AV v. 26. 3. 31 JMBl 116 gewährt in II, 2 die Gebühr des § 67, wenn der RA nur die Akten eingesehen, sich mit dem Angeklagten besprochen oder angezeigt hat, daß gegen die Eröffnung des Hauptverfahrens Einwendungen nicht erhoben werden. Dasselbe muß gelten bei Aufsuchen des Angeklagten im Untersuchungsgefängnis oder Akteneinsicht, um nach Kenntnis der Sachlage Anträge vor Eröffnung des Hauptverfahrens anzubringen, KG JW 37, 838, 1422. Es wird also angenommen, daß er die erwähnten Handlungen vor der Eröffnung des Hauptverfahrens in der Absicht vorgenommen hat, zu prüfen, ob sich Einwendungen gegen die Eröffnung des Hauptverfahrens erheben ließen, LG München DJZ 13, 167; Celle JW 29, 2769[22]; *aM* OLG Darmstadt Rsp 1, 333; LG I Berlin KGBl 93, 9; 94, 30. Hat aber der RA eine Tätigkeit entwickelt, die über die Vorbereitung der Hauptverhandlung erkennbar hinausging, so hat er neben der Gebühr aus § 63 auch die Gebühr aus § 67 erwirkt, ohne daß es auf den Umfang seiner Tätigkeit ankommt. Z. B. genügt die Anfertigung einer einzelnen bei Gericht überreichten sachlichen Eingabe oder eine Äußerung auf einen Antrag aus § 81 StPO. Auf die Gebühr aus § 69 darf der RA nur dann verwiesen werden, wenn er lediglich mit der Anfertigung des Schriftsatzes, nicht mit der Verteidigung im ganzen beauftragt ist. Für eine Beweisaufnahme im Vorverfahren kann eine Gebühr neben der des § 67 nicht beansprucht werden.

Die Anzeige der strafbaren Handlung und der Strafverfolgungsantrag sind als ein Teil des Vorverfahrens anzusehen, da der von diesen Anzeigen und Anträgen handelnde § 158 StPO im Gesetze selbst zum Vorverfahren gerechnet wird, LG Halberstadt JW 34, 2648[13]; vgl. auch Gaedecke JW 35, 2303[58] Anm.; KG JW 36, 660[20]. Ist die Tätigkeit des Anwalts auf die Strafanzeige oder den Strafverfolgungsantrag beschränkt, so erhält er die Gebühr des § 69; s. § 69 A 2c.

Entsprechende Anwendung des § 67 nach § 89 s. Vorb. 2.

6. Für die Gebührenstufe kommt es darauf an, welches Gericht nach dem Gegenstande des Vorverfahrens für die Verhandlung in erster Instanz zuständig sein würde, nicht vor welchem — wie im Falle des § 63 — in erster Instanz die Hauptverhandlung tatsächlich stattfindet, weil es sonst an einem Maßstab für diejenigen Sachen fehlen würde, in denen es zu einem Hauptverfahren nicht kommt, Mot 76. Es ist also gleichgültig, wenn eine Sache später infolge Verbindung mit einer anderen vor ein anderes Gericht kommt. Richtet sich das Verfahren gegen mehrere Beschuldigte, so ist die Gebühr nach § 72 zu erhöhen.

7. Für die Verteidigung in Privatklagesachen ist die Gebühr des § 67 ebenso wie im ordentlichen Prozesse begründet, wenn der Verteidiger in dem Prozeßabschnitte, der der Eröffnung eines Privatklageverfahrens vorangeht, also zwischen Klageerhebung und dem Eröffnungsbeschlusse, tätig wird. Dieser Prozeßabschnitt ist in Privatklagesachen als Vorverfahren anzusehen. Die StPO gebraucht zwar den Ausdruck in dem Abschnitt über die Privatklage (§§ 374—394) nicht, sie enthält aber in den §§ 382, 383 Vorschriften, die ein Vorverfahren ähnlich dem der öffentlichen Klage regeln. Auf die Mitteilung der vorschriftsmäßig erhobenen Klage kann der Beschuldigte Einwendungen gegen die Eröffnung des Hauptverfahrens geltend machen und Widerklage erheben, das Gericht kann einzelne Beweise erheben und aus formellen oder sachlichen Gründen die Eröffnung des Hauptverfahrens ablehnen, oder das Verfahren durch Beschluß einstellen, Kap. I § 7 des 6. T. der NotVO v. 6. 10. 31. Gegen den abweisenden Beschluß steht dem Privatkläger die sofortige Beschwerde zu (§§ 383, 210), und das Beschwerdegericht kann zum Zwecke der Entscheidung neue Ermittelungen anstellen. Diese Maßnahmen sind, da die Klage nicht im Sinne der §§ 158 ff. StPO vorbereitet wird, für das Privatklageverfahren wichtiger als für den ordentlichen Prozeß (vgl. Mot zu § 423 a. F. StPO). Zu dem mit dem Eröffnungsbeschlusse beginnenden Hauptverfahren können sie aber keinesfalls gerechnet werden. Ein Unterschied zwischen dem Privatklageverfahren und dem öffentlichen Anklageprozeß ist vom Gesetz überhaupt nur insoweit beabsichtigt, als an die Stelle des Staatsanwalts der Privatkläger tritt. Im übrigen ist das Verfahren in Privatklagesachen fast dasselbe wie bei der öffentlichen Klage (§§ 383, 384 StPO), daher kann man unbedenklich den dem Eröffnungsbeschlusse vorausgehenden Prozeßabschnitt als Vorverfahren bezeichnen.

8. Für die Verteidigung in diesem als Vorverfahren des Privatklageverfahrens zu bezeichnenden Prozeßabschnitte erhält der RA die Gebühr des § 67. Eine Beschränkung des § 67 auf den ordentlichen Prozeß ist nicht aus dem Gesetze selbst zu entnehmen. Der Wortlaut dieses Paragraphen ist ebenso allgemein wie der des § 63, dessen Anwendbarkeit auf das Privatklageverfahren nicht bezweifelt wird. Die RAGebO stellt überhaupt, soweit es sich um die Verteidigung des Angekl. handelt, für das Privatklageverfahren, abgesehen von den Bestimmungen der §§ 64 Abs. 2, 65, keine besonderen Grundsätze auf. Es muß daher der § 67 auf die Verteidigung des Angeklagten im Privatklageverfahren nach denselben Grundsätzen angewandt werden, wie in dem Verfahren auf öffentliche Klage.

Da nach § 73 Abs. 1 die Gebühren für die Vertretung eines Privatklägers entsprechend denen für die Verteidigung entstehen sollen, ist § 67 auch auf die Vertretung des Privatklägers in dem Prozeßabschnitte zwischen Erhebung der Privatklage und dem Eröffnungsbeschluß anzuwenden, AG Neumarkt JW 38, 1734[26] und Anm. von Bach. Ein Unterschied würde um so weniger gerechtfertigt erscheinen, als das Gesetz den Privatkläger und Angeklagten auch anderweit gleichstellt (StPO §§ 378, 387).

9. Daß § 73 Abs. 2 für die Anfertigung der Privatklage dem RA die im § 67 bestimmte Gebühr gibt, spricht nicht gegen die Anwendbarkeit des § 67 auf das Privatklagevorverfahren. Nach den Motiven (79) trifft § 73 Abs. 2 den Fall, „daß dem RA lediglich die Anfertigung der Privatklage übertragen ist". Hiermit wollen die Motive keineswegs die Fertigung der Privatklage in Gegensatz zur Verteidigung in der Hauptverhandlung bringen, sondern sagen, daß die Gebühr des § 67 dem Anwalte schon dann zusteht, wenn er die Privatklage fertigt und sonst weder im Vor- noch im Hauptverfahren tätig ist. Ist die Gebühr des § 67 schon für die bloße Anfertigung der Privatklage zu gewähren, dann muß auch um so mehr diese Gebühr für die gesamte Verteidigung oder Vertretung im Vorverfahren zugebilligt werden. Die Gebühr kann nur einmal zum Ansatze kommen. Neben der Gebühr für die Fertigung der Klage darf also nicht noch eine besondere Gebühr für die weitere Vertretung im Vorverfahren berechnet werden. Die Auffassung, daß auch in Privatklagesachen ein Vorverfahren im Sinne der RAGebO anzunehmen sei, ist herrschend, Sydow-B.-Kr. A 2, Baumbach A 1, Danielcik-v. Medem § 67 A 2.

10. Die Gebühr des § 67 ist nur dann begründet, wenn der Anwalt die gesamte Vertretung des Privatklägers oder Verteidigung des Beschuldigten bereits im Vorverfahren übernimmt, also Vollmacht überreicht und Zustellungen entgegennimmt, etwaige Termine wahrnimmt und Erklärungen abgibt, ohne daß der Inhalt des Auftrags gerade in dieser Form sich zu äußern braucht.

Hat er die Privatklage gefertigt, so steht ihm die Gebühr jedenfalls zu, auch neben der des § 63. Dasselbe muß von dem Rechtsanwalte gelten, der im Vorverfahren nur mit Erhebung der Widerklage beauftragt war. Beschränkt sich die Tätigkeit des RA im Vorverfahren auf die Fertigung einzelner Anträge und Gesuche, so steht ihm nur die Gebühr des § 69 zu.

Führt der RA die Vertretung des Privatklägers oder die Verteidigung des Angeklagten im Vorverfahren und im Hauptverfahren, so erhält er ebenso wie im ordentlichen Verfahren die Gebühren der §§ 63, 67 nebeneinander. Erledigt sich sein Auftrag oder das Verfahren vor Eröffnung des Hauptverfahrens, so steht ihm nur die Gebühr des § 67 zu. Wegen Erledigung nach Eröffnung des Hauptverfahrens aber vor der Hauptverhandlung s. Vorb. 2a. Beim Wechsel des RA erhält auch der Nachfolger die seiner Tätigkeit entsprechenden Gebühren. Wegen der Erstattung s. XVII, 5.

Über die Widerklage s. § 73 A 2.

Wegen des Sühneverfahrens s. Vorb. 2g.

11. Für die Vertretung des Privatklägers und ebenso für die Verteidigung des Angeklagten im Privatklageverfahren können folgende Gebühren entstehen: a) 40 RM aus §§ 63, 73 Abs. 1, b) 10 RM aus § 65, c) 20 RM aus § 67 und § 73 Abs. 2. Diese Gebühren erhöhen sich nach § 72 um $^5/_{10}$, wenn der Rechtsanwalt mehrere Beschuldigte verteidigt oder mehrere Privatkläger vertritt. Besteht eine Mehrheit von Personen auch auf der Gegenseite, so tritt nicht etwa eine mehrfache Erhöhung ein, da § 72 und § 73 nur eine Mehrheit der Auftraggeber im Auge haben. Durch Erhebung der Widerklage tritt auf keiner Seite eine Erhöhung ein. Vgl. § 72 A 4.

12. Wird in einer Privatklagesache ein Prozeßagent im Hinblick auf § 138 Abs. 2 StPO vom Gericht als Wahlverteidiger und auch als Vertreter in Privatklagesachen zugelassen, so kann der Rechtsbeistand im Vorverfahren und Hauptverfahren in entsprechender Anwendung der §§ 63, 67 die Anwaltsgebühren in voller Höhe beanspruchen. Dabei mag die Frage der Zulässigkeit des Auftretens von Prozeßagenten in Privatklage- oder Nebenklagesachen dahingestellt bleiben. Ist aber der Rechtsbeistand vom Gericht zugelassen, was nunmehr bei den meisten Gerichten geschieht, so muß ihm auch für seine Tätigkeit eine entsprechende Vergütung zugestanden werden. Es entspricht nicht der Billigkeit, einen Prozeßagenten auftreten und ihn arbeiten zu lassen, um ihm dann die für seine aufgewendete Tätigkeit verdienten Gebühren vorzuenthalten. Dies gilt um so mehr, als die Rechtsbeistände durch die erfolgte Vereinigung innerhalb ihrer Gruppe als Rechtswahrer anerkannt sind. Als entsprechende Vergütung müssen in derartigen Fällen die vollen Anwaltsgebühren angesehen werden und zwar wegen der an sich schon geringen Vergütung in Strafsachen. Eine entsprechende Anwendung der AV v. 16. 9. 38 (DJ 38, 1513) mit den darin bei Streitwerten über 300 RM vorgesehenen halben Anwaltsgebühren für Rechtsbeistände entfällt schon deswegen, weil die AV nur für Zivilsachen gilt. Bei Vertretung des Nebenklägers müssen dieselben Grundsätze mit den in § 73 vorgesehenen Änderungen gelten. Außerhalb der Hauptverhandlung, also im schriftlichen Verfahren, wo die Tätigkeit des Rechtsbeistandes an keine besondere Genehmigung gebunden ist, gelten vorstehende Grundsätze sinngemäß.

13. Durch Art. 5 des Ges. vom 24. 4. 34 (RGBl I 341) ist § 114d StPO gestrichen und § 115a StPO geändert worden. Es gibt keine mündliche Verhandlung über den Haftbefehl mehr. Die Bestimmung des § 67 Abs. 2 ist allerdings nicht ausdrücklich beseitigt, aber als gegenstandslos geworden anzusehen. Stellt der RA nun einen Haftentlassungsantrag, so kann er die Gebühr nach § 69 verlangen, soweit nicht die Gebühr nach § 67 Abs. 1 und nach Eröffnung des Hauptverfahrens nach § 63 abgegolten ist. § 89 ist nicht anwendbar, OLG Dresden JW 37, 574[44], ebenso Noack in Anm. ebenda, vgl. auch Anm. 5.

§ 68. Fünf Zehnteile der im § 63 bestimmten Sätze stehen dem Rechtsanwalte zu für Anfertigung:
1. einer Schrift zur Rechtfertigung einer Berufung;
2. einer Schrift zur Begründung einer Revision;
3. eines Antrags auf Wiederaufnahme des Verfahrens;
4. eines Gnadengesuchs.

Die Stufe bestimmt sich nach der Ordnung des Gerichts, welches in erster Instanz erkannt hat.

§ 69. Für Einlegung eines Rechtsmittels sowie für Anfertigung anderer als der im § 68 bezeichneten Anträge, Gesuche und Erklärungen erhält der Rechtsanwalt je 2 Reichsmark.

1. Die in den §§ 68, 69 aufgeführten Gebühren sind Einzelgebühren, die aber einem Rechtsanwalte, der die Gebühr aus § 63, § 67 oder § 66 verdient hat, nicht zustehen, wenn die in den §§ 68, 69 bezeichnete Tätigkeit zu dem Verfahren gehört, für das die Gebühr aus § 63 oder § 67 erworben wird, OLG Braunschweig JW 35, 963[10]. In diesem

Sinne ist die Bemerkung der Motive S. 77, daß die Gebühren der §§ 68, 69 für die Anfertigung der bezeichneten Schriftstücke bestimmt sind, wenn dem Rechtsanwalt diese allein und losgelöst von der Verteidigung in der Hauptverhandlung übertragen ist, zu verstehen; s. § 70 A 1. Aus § 70 ergibt sich, daß die Einlegung eines Rechtsmittels stets und die Anfertigung der andern in § 69 bezeichneten Schriftstücke unter den Voraussetzungen des § 70 durch die Gebühr des § 63 und des § 67 abgegolten wird. Dagegen kann der Rechtsanwalt, der die Gebühr des § 63 für die Verteidigung in der Hauptverhandlung verdient hat, die zu dem durch Berufung oder Revision angefochtenen Urteil geführt hat, die Gebühr für Anfertigung der Schrift zur Rechtfertigung der Berufung oder zur Begründung der Revision beanspruchen, da diese Tätigkeit nicht mehr zu dem Verfahrensabschnitt gehört, für den er die Gebühr des § 63 erhalten hat, AG Zeitz MdRRAK 38, 116; LG Güstrow JW 34, 1686[10]; Gaedecke JW 35, 2303[58]; Baumbach § 68 A 2; Danielcik-von Medem § 68 A 2; Lindemann JW 36, 2116; teils unter entsprechender Anwendung des § 89, teils unter direkter Anwendung des § 68, da die Revisionsbeantwortung dem Gegenstück, nämlich der Revisionsbegründung gleichzustellen ist, OLG Celle JW 39, 52[35], für eine Gegenerklärung auf die Revisionsschrift des StA erhält also der RA eine Gebühr von $^5/_{10}$ und zwar auch als Pflichtverteidiger; *aM* aber abwegig KG JW 32, 1166; OLG Celle JW 35, 2303[58]; OLG Hamm JW 36, 2160[45]. Andrerseits steht dem Rechtsanwalt, der mit der Verteidigung in der Berufungs- oder Revisionsinstanz betraut ist und dafür die Gebühr aus §§ 66, 63 erhält, nicht die Gebühr des § 68 Nr. 1 u. 2 zu, LG III Berlin JW 27, 538[12]. Da für die Gebühren mit dem Antrag auf Wiederaufnahme ein neues Vorverfahren beginnt (§ 63 A 5), das bis zum Erlaß des Beschlusses aus § 370 StPO dauert, erhält der Rechtsanwalt, der den Angeklagten in dem früheren Verfahren verteidigt hat, für den bloßen Antrag neben den früher erworbenen Gebühren die Gebühr aus § 68 Nr. 3, JW 35, 2393[6]. Wird ihm die Vertretung im Wiederaufnahmeverfahren allgemein übertragen, so erwächst ihm die Gebühr des § 67 und damit wird die Entstehung der Gebühr des § 68 ausgeschlossen. Ebenso kann ein neu erwählter Verteidiger die Gebühr des § 68 Nr. 3 nur beanspruchen, wenn ihm nicht die Vertretung im Wiederaufnahmeverfahren übertragen ist. Gnadengesuche gehören niemals zur Hauptverhandlung bzw. zur Pflichtverteidigung und sind daher stets nach § 68 besonders zu vergüten, wenn hierzu ein Schriftstück angefertigt wird. Gleichgültig ist also, an wen das Gesuch gerichtet wird, ob der RA schon vorher tätig war. Als Gnadengesuch gilt auch ein Gesuch um Bewilligung von Bewährungsfrist, bedingten Strafaufschub oder um Anrechnung der verbüßten und im Urteil nicht angerechneten Untersuchungshaft. Danielcik-v. Medem § 68 A 5; Baumbach § 68 A 1; Rittmann-Wenz § 68 A 1; KG JW 32, 2906; Noack JW 37, 574 A Z. 44; OLG Naumburg JW 38, 2492[29], vgl. insbesondere hierzu die interessanten Ausführungen von Bach in der Anm. hierzu. Der in der mündlichen Verhandlung gestellte Antrag, die Strafvollstreckung auszusetzen (§ 8 AB v. 19. 10. 20, JMBl 564, § 10 JugGerGes v. 16. 2. 23, RGBl 135), läßt keine besondere Gebühr entstehen. Auf Gnadengesuche für in Schutzhaft Befindliche ist keine entsprechende Anwendung möglich. Für die Anfertigung einer Strafanzeige nebst Einreichung bei der StA. stehen dem RA in entsprechender Anwendung des Befindliche ist keine entsprechende Anwendung möglich. Für die Anfertigung einer Strafanzeige nebst Einreichung bei der StA. stehen dem RA in entsprechender Anwendung des § 68 Z. 1 u. 2 $^5/_{10}$ der Gebühr des § 65 zu, es gilt also nicht § 69, da es sich hier nur um ganz kurze, nicht begründete Anträge handelt, OLG Halberstadt JW 34, 2648[13]; Gaedecke JW 35, 2303[58] Anm.; KG JW 36, 660[29]. Zu den in § 69 bezeichneten Schriftstücken gehören insbesondere auch die Beschwerde und die weitere Beschwerde, für die der Rechtsanwalt neben der Gebühr aus § 63 oder aus § 67 die des § 69 nicht beanspruchen darf (§ 70).

Die Gebühr für Einlegung eines Rechtsmittels (§ 69) wird nach § 71 auf die Gebühren des § 68 Nr. 1 und 2 angerechnet. Dies kann nur vorkommen, wenn ein Rechtsanwalt nur die Gebühren aus § 68 Nr. 1 und 2 und aus § 69 verdient hat; s. §§ 66, 71.

§ 69 stellt die Einlegung eines Rechtsmittels (Beschwerde, Berufung, Revision) in Gegensatz zu der Rechtfertigung der Berufung, zu der Begründung einer Revision und zum Antrag auf Wiederaufnahmn. § 69 hat nur ganz kurze und nicht irgendwie näher begründete Erklärungen im Auge, bei sachlich umfangreicherem Inhalt, entweder §§ 67, 68 oder 74 entspr. anwendbar, vgl. Gaedecke JW 34, 2648[13] und 35, 2303[58] Anm. § 69 stellt aber andererseits die Gegenerklärungen des Gegners auf die Schriftstücke des § 68 Nr. 1—3 auf gleiche Stufe mit der bloßen Einlegung der Berufung oder Revision. § 68 gibt die $^5/_{10}$-Gebühr des § 63 nur für die Anfertigung der in Nr. 1—4 genannten Schriftstücke, so daß sich die erwähnten Gegenerklärungen mit der Gebühr von 2 RM begnügen müssen. Gegenüber dem Wortlaut der §§ 68, 69 und den Motiven, die „für alle übrigen einzelnen Tätigkeiten", darunter auch für Beschwerdeschriften, die feste Gebühr von 2 RM bestimmen, können Gründe der Billigkeit, die für Gewährung der Gebühr des § 68 sprechen könnten, nicht ausschlaggebend in Betracht kommen. Diese 2 RM werden aber auch dann fällig, wenn die Gegenerklärung mit einer eigenen Berufungseinlegung oder -rechtfertigung verbunden war.

Die Höhe der Gebühren des § 68 bestimmt sich nach Abs. 2 nach der Ordnung des Gerichts, das in erster Instanz erkannt hat. Dies gilt auch für den Antrag auf Wiederaufnahme, über den unter Umständen nach § 367 StPO ein Gericht höherer Instanz zu entscheiden hat. Die Gebühren des § 68 bestehen aus der Hälfte der Sätze des § 63; die in den §§ 64, 65 vorgesehenen Erhöhungen bleiben außer Betracht. Aus dem Wort „einer" Berufung bzw. Revision ist nicht zu folgern, daß sich die Gebühr erhöht oder verdoppelt, wenn der Angeklagte und Widerkläger getrennte Berufungen zu seinen Gunsten und zuungunsten des Privatklägers betreibt; wohl aber erhöhen sich die Gebühren der §§ 68, 69 nach § 72 um $^5/_{10}$, wenn die Schriftstücke für mehrere Beschuldigte oder mehrere Privatkläger angefertigt werden; vgl. § 72 A 4. Die Gebühren der §§ 68, 69 sind durch die Anfertigung, der nach § 5 die Unterzeichnung gleichsteht, erwirkt, ohne daß es, abgesehen von der Einlegung eines Rechtsmittels, der Einreichung bei Gericht bedarf.

2. Als Beispiele zu § 69 führen die Motive auf: Beschwerdeschriften (StPO §§ 306 ff.), Anträge auf Entlassung aus der Haft, auf Ladung von Zeugen, Mot 77. Die Praxis rechnet hierher weiter den Einspruch gegen einen amtsrichterlichen Strafbefehl (§ 409 StPO), den Antrag auf gerichtliche Entscheidung gegen eine polizeiliche Strafverfügung (§ 414 StPO) oder gegen den Strafbescheid der Verwaltungsbehörde (§ 419 StPO) und des Finanzamts (§ 412 RAbgO v. 13. 12. 19, RGBl 1993); vgl. § 67 A 3. Ferner werden mit Rücksicht auf die allgemeine Fassung des § 69 und die Ausführung der Mot S. 77, wonach die Gebühr des § 69 bestimmt ist, „für alle übrigen einzelnen Tätigkeiten, welche dem RA als Verteidiger in Strafsachen übertragen werden können", hierher zu zählen sein:

a) Der Antrag auf Zuerkennung einer Buße; was allerdings unbillig ist.

b) Die Tätigkeit bei der öffentlichen Bekanntmachung der Verurteilung des Angeklagten. Die Ausübung der z. B. nach § 200 StGB dem Beleidigten zuerkannten Befugnis hierzu ist nicht als ein Akt der Zwangsvollstreckung, sondern als Privatgenugtuung des Privatklägers aufzufassen, Olshausen StGB § 200 A 4, die gleichzeitig eine

Strafe des Verurteilten enthält. Dagegen bewilligen in Anlehnung an § 23 Nr. 18 und § 75 Nr. 2 eine $^3/_{10}$-Gebühr des § 63: Baumbach § 75 A 2, Sydow-B.-Kr. § 75 A 3; OLG Breslau Recht 12 Nr. 1089; LG Schweinfurt, München JW 29, 603[3], 3195[13]. Dieselben Grundsätze gelten in anderen Fällen der Publikationsbefugnis; s. XVI 8. Wegen der Erstattung s. XVII 8.

c) Anträge und Beschwerden an die Staatsanwaltschaft, insbesondere auch der Strafverfolgungsantrag und die Beschwerde im Falle des § 172 StPO. Über Anwendbarkeit der RAGebO s. Vorb. 2e.

d) Die Anschlußerklärung des Nebenklägers; s. Vorb. 2 d.

Über die Beistandleistuug im Sühneverfahren s. Vorb. 2g.

3. Von der Anwendbarkeit des § 69 ausgeschlossen sind außer den in § 68 erwähnten die in § 73 Abs. 2 und § 74 genannten Schriften.

4. Die Gebühr des § 69 wird zwar durch die Pauschgebühren der §§ 63, 66, sofern diese dem RA zustehen, ausgeschlossen, ist aber selber keine Pauschgebühr, kann deshalb in derselben Instanz mehrfach berechnet werden; nur wird man verlangen müssen, daß sich die Summe innerhalb des Rahmens der für den Verfahrensabschnitt bestimmten Pauschgebühr hält.

§ 70. Die in den §§ 63—66 sowie die im § 67 bestimmten Gebühren umfassen die Anfertigung der zu derselben Instanz oder zu dem Vorverfahren gehörigen Anträge, Gesuche und Erklärungen sowie die Einlegung von Rechtsmitteln gegen Entscheidungen oder Verfügungen derselben Instanz oder des Vorverfahrens.

1. „In dem § 70 ist ausgesprochen, für welchen Umfang des Verfahrens die festgesetzte Pauschgebühr Platz greift.

Was das Vorverfahren anbelangt, so soll die im § 67 bestimmte Pauschgebühr das ganze Vorverfahren umfassen, so daß alle Erklärungen, Gesuche, Beschwerden im Lauf desselben durch diese Gebühr gedeckt und neben derselben keine besonderen Einzelgebühren gewährt werden.

Desgleichen sollen die im § 63 für das Hauptverfahren in der ersten Instanz und im § 66 für das Hauptverfahren in den höheren Instanzen festgesetzten Gebühren nicht bloß eine Vergütung für die Verteidigung in der Hauptverhandlung, sondern auch für die übrige Tätigkeit des RA in der betreffenden Instanz gewähren. Die Information, welcher der RA zur Führung der Verteidigung überhaupt bedarf, reicht auch für die Anfertigung von schriftlichen Anträgen in der Instanz völlig aus, und diese selbst können nach der Natur des ganzen Verfahrens der Regel nach nicht so schwierig sein, um eine besondere Gebühr zu rechtfertigen.

Unter den Begriff der „Einlegung von Rechtsmitteln" fallen nicht die Rechtfertigung einer Berufung oder die Stellung von Revisionsanträgen und deren Begründung (§§ 314, 317, 341, 345 StPO). Dem RA, der die Verteidigung in der Vorinstanz geführt hat, steht sonach für die Anfertigung der (in § 68 Nr. 1 u. 2 genannten) Berufungs- bzw. Revisionsschriften die Gebühr des § 68 besonders zu, vorausgesetzt, daß er nicht auch die Verteidigung in der betreffenden höheren Instanz führt; denn letzterenfalls umfaßt die ihm für die höhere Instanz zukommende Pauschgebühr (§ 66) zufolge der Vorschrift des § 70 auch die Anfertigung dieser Schriften", Mot 77, 78; JW 27, 338. Es ist also nicht so, wie das AG Leipzig JW 35, 818[2] erklärt, daß die Worte „Einlegung von Rechtsmitteln" im weitesten Sinne auszulegen sind, so daß auch die Berufungsrechtfertigung darunter fällt, OLG Königsberg JW 32, 1783[36]; JW 35, 818 Anm. v. Langenhausen.

Der § 70 unterscheidet ebenso wie die §§ 63, 67 das Vorverfahren, das bis zum Eröffnungsbeschluß (§ 67 A 1 ff.) und bei der Wiederaufnahme bis zu dem Beschlusse aus § 370 StPO (§ 69 A 1) dauert, und die Instanz. Diese beginnt mit den genannten Beschlüssen und endigt mit dem Erlaß der Entscheidung, durch die die Tätigkeit des mit der Sache befaßten Gerichts abgeschlossen wird (§ 63 A 2). Darüber hinaus wird aber nach § 70 noch die Einlegung des Rechtsmittels durch die Gebühr der Instanz mit abgegolten. Keine neue Instanz wird durch die Anträge aus § 319 Abs. 2, § 346 Abs. 2 StPO eröffnet. Der Antrag auf Wiederaufnahme steht der Einlegung eines Rechtsmittels nicht gleich, sondern wird in § 68 Nr. 3 den Rechtfertigungs- und Begründungsschriften gleichgesetzt.

2. Durch die verdienten Gebühren wird der RA für seine ganze Tätigkeit in bezug auf das Geschäft, die vorbereitende, beratende und ausführende Tätigkeit abgefunden; s. § 63 A 5, § 67 A 3, 4.

Die Pauschgebühren nehmen auch die unter Anwendung des § 89 zuzubilligenden Gebühren (Vorb. 2) in sich auf. Solche Gebühren und etwaige Auslagenentschädigungen können daneben nur dann bestehen, wenn es sich um eine Tätigkeit handelt, die außerhalb des durch die Pauschgebühren umgrenzten Arbeitsgebiets liegt; vgl. Vorb. 2 g. Der Grundsatz des § 70 gilt nicht nur, wenn die Pauschgebühr verdient war und im Laufe der durch sie abgegoltenen Tätigkeit die erwähnten Arbeiten ausgeführt werden, sondern auch dann, wenn die Pauschgebühr nachträglich verdient wird. Sie nimmt dann die Einzelgebühr in sich auf; für das Verhältnis der Einzelgebühren zueinander s. § 71.

3. Auch die Gebühren in Privatklagesachen sind Pauschgebühren, durch welche die gesamte Tätigkeit des RA in dem gerichtlichen Verfahren abgegolten wird. Wird in der Privatklagesache ein Vergleich geschlossen, so kann dafür der Anwalt die regelmäßigen Gebühren (§§ 63, 65, 67), nicht aber die Vergleichsgebühr aus § 13³ beanspruchen, JW 28, 764[15]; AG Neumarkt MdRRAK 37, 36; *aM* LG Köln DRW 39, 211[31], s. auch § 63 A 4. Wenn vor Eintritt in die mündliche Verhandlung der Rechtsstreit durch Vergleich erledigt wird, kann dem im Termin erschienenen RA nur unter Anwendung der §§ 89, 90, 14 Abs. 1 ein Betrag von $^5/_{10}$ der Gebühr des § 63 bewilligt werden, LG Altona JW 29, 290[1]; Wegener DRW 39, 211 (noch weitergehend); *aM* LG Köln daselbst, s. auch Vorb. 2g. Die Anfrage eines Parteivertreters im Privatklageverfahren, ob das Urteil rechtskräftig geworden sei, gehört zur Instanz. Der Verteidiger im Privatklageverfahren darf für Anfertigung der Erklärung auf die Privatklage zwar aus § 67, nicht aber außerdem noch für einzelne Schriftsätze aus § 69 Gebühren fordern. Die Anfertigung der Anschlußerklärung für den Nebenkläger und die Stellung eines Strafantrags fallen, wenn sie im Vorverfahren stattfinden, in die durch § 67 abgegoltene Tätigkeit, OLG Rostock MecklZ 1, 39.

§ 71. Auf die Gebühr für Rechtfertigung der Berufung (§ 68 Nr. 1 und auf die Gebühr für Begründung der Revision (§ 68 Nr. 2) wird die Gebühr für Einlegung des Rechtsmittels (§ 69) angerechnet.

Da der Rechtsanwalt, der mit der Verteidigung in der Vorinstanz betraut war, nur die Gebühr des § 68 Nr. 1 oder 2, nicht aber die für Einlegung des Rechtsmittels erhalten kann und der Rechtsanwalt, dem die Verteidigung in der Rechtsmittelinstanz übertragen ist, keine dieser Gebühren neben der aus § 66 erwirbt, kann § 71 nur Bedeutung gewinnen, wenn einem Anwalt nur die Gebühren der §§ 68, 69 zustehen; § 69 A 1. Die Anrechnung ist nicht auf andere Schriftstücke auszudehnen, z. B. nicht auf die Gegenerklärung auf die Berufung des Gegners, selbst wenn diese mit der eigenen Berufungsrechtfertigung verbunden war.

§ 72. Im Falle der Verteidigung mehrerer Beschuldigter durch einen gemeinschaftlichen Verteidiger erhöhen sich die Gebühren um fünf Zehnteile.

1. Hat ein Beschuldigter mehrere RA mit seiner Verteidigung beauftragt, so erhält jeder die vollen durch seine Tätigkeit erwachsenen Gebühren. Wird jeder von mehreren Beschuldigten durch einen RA verteidigt, so verdient jeder RA die durch die Verteidigung seines Auftraggebers entstehenden Gebühren. Bei Verfahren wegen mehrerer Straftaten gegen denselben Beschuldigten findet § 72 keine Anwendung, s. § 63 A 3.

2. § 72 setzt voraus, daß in demselben Verfahren mehrere Beschuldigte beteiligt sind und die gebührenpflichtige Verteidigungshandlung von einem RA für sie gemeinschaftlich vorgenommen wird. Es erwachsen also für jeden Beschuldigten die vollen Gebühren, solange die Verfahren gegen jeden von ihnen noch getrennt sind oder sobald sie getrennt werden. Es gilt also hinsichtlich des abgetrennten Verfahrens nicht § 72, sondern es entstehen insoweit die Gebühren nach §§ 63, 65, Danielcik-von Medem § 72 A 4. Die bis zur Verbindung verdienten vollen Gebühren verliert der RA nicht durch die Verbindung, während an die Stelle der nach § 72 bemessenen Gebühr infolge der Trennung die entsprechende volle Gebühr so oft tritt, als der RA für einen einzelnen Beschuldigten tätig wird.

Was § 72 für die Verteidigung vorschreibt, trifft nach § 73 auch für die Vertretung mehrerer Privatkläger und Nebenkläger zu, LG Frankfurt MdRRAK 38, 187.

§ 72 gilt nicht nur für die Gebühren der §§ 63, 66 mit ihren Ableitungen in §§ 64, 65 und für die des § 67, sondern auch für die Einzelgebühren der §§ 68, 69, 73 Abs. 2, 74, 75. Aus dem Wesen der Pauschgebühren folgt, daß die einzelne Handlung, die im Rahmen der durch die Pauschgebühr abgegoltenen Tätigkeit vorgenommen wird und nur den einzelnen von mehreren Beteiligten betrifft, die nach § 72 bemessene Gebühr nicht noch erhöht. Bei den Einzelgebühren der §§ 68, 69, 73 Abs. 2, 74 tritt die Erhöhung des § 72 und keine Vervielfältigung der Gebühr ein, wenn ein Schriftstück für alle Beteiligten angefertigt wird, mögen die Aufträge auch getrennt erteilt sein. Die Anfertigung eines besonderen Schriftstücks für jeden der Auftraggeber läßt die Einzelgebühr für jeden entstehen. Entwickelt der RA für nur einen von mehreren Beteiligten eine Tätigkeit, durch die eine neue Gebühr fällig wird, so erwächst ihm die Gebühr nur für diesen einen Auftraggeber.

Die Erhöhung der Gebühr aus § 72 um $^{5}/_{10}$ tritt nur einmal ein, gleichviel ob zwei oder mehr Beteiligte vorhanden sind.

3. Voraussetzung für die Anwendung des § 72 ist eine Mehrheit von Personen, von denen eine jede selbständig als Auftraggeber des RA an dem Verfahren beteiligt ist, LG Frankfurt MdRRAK 38, 187. Dies trifft nach § 374 Abs. 2 StPO zu bei den in §§ 195, 196, 232 Abs. 3 StGB Genannten (Mot zu § 73 GKG) und im Falle des § 298 StPO. Dagegen liegt eine solche Beteiligung mehrerer nicht vor, wenn eine Gesamtpersönlichkeit Auftraggeber ist oder eine zweite Person nur als Beistand des Privatklägers oder des Beschuldigten auftritt. Die Erhebung einer Widerklage im Privatklageverfahren (§ 388 StPO) oder die Einlegung eines Rechtsmittels, nachdem dieses schon von dem Gegner eingelegt war, hat die Gebührenerhöhung des § 72 für keine der Parteien zur Folge, da die Mehrheit der Parteirollen, welche eine Person in sich vereinigt, ebenso bedeutungslos ist, wie die Vereinigung mehrerer Anklagepunkte gegen einen Beschuldigten, Baumbach A 1. Ebenso erhält der Verteidiger des Angeklagten, der zugleich Nebenkläger gegen den Mitangekl. ist, die Gebühren nur einmal, OLG Kolmar DStrafrZ 1914, 626. § 72 gilt auch nicht für den RA, der im Privatklageverfahren oder als Nebenkläger einen einzelnen vertritt, während der Gegner aus mehreren Personen besteht.

4. Wegen der Haftung der einzelnen Beteiligten: s. § 3.

§ 73. In Ansehung der Gebühren für Vertretung eines Privatklägers, eines Nebenklägers oder einer Verwaltungsbehörde (Strafprozeßordnung § 424) kommen die Bestimmungen über die Gebühren für die Verteidigung zur entsprechenden Anwendung.

Die Anfertigung einer Privatklage begründet für den Rechtsanwalt die im § 67 bestimmte Gebühr.

1. Abs. 1. Die Vertretung des Privatklägers ist gebührenrechtlich der Verteidigung des Angekl. gleichgestellt, so daß auch bei ihr die Erhöhungen aus den §§ 65 und 72, aber nicht die des § 64 eintreten. Über die Gebührenbeträge s. § 67 A 11. Bei der Vertretung des Nebenklägers sind nur die Erhöhungen aus §§ 64 und 72, nicht aber die aus § 65 zulässig, da im § 65 nur von den auf Privatklage verhandelten Sachen die Rede und überdies das Verfahren bei der Nebenklage anders gestaltet ist als das bei der Privatklage, ebenso KG JW 29, 2627[18]; LG Nürnberg LZ 30, 475; LG Frankfurt a. M. MdRRAK 38, 187. Auch die Gebühren der §§ 68, 69 sind nicht daran gebunden, daß der RA für den Angekl. tätig wird. Die Tätigkeit als Beistand (§§ 378, 397 StPO) steht der Vertretung gleich, § 4.

Dieselben Gebühren erhält der RA, der nach § 379 Abs. 3 StPO dem Privatkläger oder nach § 397 StPO dem Nebenkläger als Armenanwalt beigeordnet worden ist, nach § 2 Ges. v. 20. 12. 28 (RGBl I 411) und Ges v. 13. 12. 35 (RGBl I 1469) aus der Staatskasse ersetzt.

2. Abs. 2. Steht dem RA für die Vertretung in dem dem Eröffnungsbeschlusse voraufgehenden Verfahren die Gebühr aus § 67 zu, so erhält er nicht nochmals die Gebühr des § 67 aus § 73 Abs. 2 für die Anfertigung der Privatklage. Aus den § 69 A 1 angeführten Gründen ist § 73 Abs. 2 auf die Stellung eines Strafantrags, die Anschlußerklärung des Nebenklägers, die Gegenerklärung auf eine Privatklage (§§ 382, 383 StPO) nicht ausdehnend anzuwenden. Da aber die Widerklage nur eine besondere Form der Privatklage ist, steht hier einer entsprechenden Anwendung nichts im Wege. Die Erhöhung nach § 72 ist auch im Falle des § 73 Abs. 2 nicht ausgeschlossen. Auch kann die Gebühr neben der aus § 63 entstehen.

Über Beistandleistung im Sühneverfahren einer Privatklagesache s. Vorb. 2 g.

Über Vergütung von Prozeßagenten, die vom Gericht als Wahlverteidiger und als Vertreter in Privatklagesachen zugelassen sind, s. § 67 A 12.

§ 74. Für Anfertigung eines Antrags auf gerichtliche Entscheidung im Falle des § 172 der Strafprozeßordnung erhält der Rechtsanwalt die im § 67 bestimmten Sätze.

1. Der Anfertigung des Antrags steht dessen Unterzeichnung gleich, § 5. Die Gebührenstufe ist nach § 67 A 6 zu berechnen. Wird der Antrag für mehrere Verletzte gestellt, so tritt die Erhöhung aus § 72 ein. § 73 führt allerdings andere Vertretungsverhältnisse an und § 72 bezieht sich nur auf die Verteidigung, während § 74 die Tätigkeit des RA bei der Verfolgung zum Gegenstande hat. Indessen trifft der gesetzliche Grund des § 72, die Mehrarbeit, welche dem RA aus der Beteiligung mehrerer Auftraggeber er-

wächst, abzugelten, den Fall des § 74 nicht minder wie den des § 72, da das Maß der Arbeit des RA in beiden Fällen das gleiche ist, Sydow-B.-Kr. A 3; *aM* Drucker A 1.

2. Für die Beschwerde über die Ablehnung des in § 74 bezeichneten Antrags auf Erhebung der öffentlichen Klage (§ 172 StPO) ist die Gebühr nach § 69 zu berechnen.

3. Die Frage, ob die Gebühr des § 74 neben der des § 67 erworben werden kann oder ob sie nur dann entstehen kann, wenn dem Rechtsanwalt die Gebühr des § 67 nicht zusteht, gewinnt besonders dann an Bedeutung, wenn man dem mit der vollen Vertretung in dem Verfahren betrauten Rechtsanwalt bereits für die Strafanzeige oder für den Antrag auf Strafverfolgung (s. § 69 A 2c) oder für die in A 2 bezeichnete Beschwerde die Gebühr des § 67 zubilligt. Durch die Motive, die von einer Gleichstellung der Gebühr des § 74 mit der des § 67 sprechen, wird nur die Höhe der Gebühr gerechtfertigt, nichts aber über ihren Ansatz gesagt. Da es sich bei dem Antrag auf gerichtliche Entscheidung nach § 172 StPO um ein gerichtliches Verfahren handelt, das losgetrennt von dem späteren gerichtlichen Verfahren nach Ablehnung eines Einschreitens der Staatsanwaltschaft vor deren Tätigwerden liegt, also auch dem Vorverfahren noch vorausgeht, erscheint es in Anbetracht der für den Antrag nicht geringen Arbeitsleistung gerechtfertigt, dem Rechtsanwalt die Gebühr des § 74 auch neben der Gebühr des § 67 zuzusprechen. Hat z. B. der von dem Rechtsanwalt unterzeichnete Antrag aus § 172 StPO keinen Erfolg gehabt und schließt sich daran wegen derselben Straftat die Erhebung einer Privatklage, so stehen dem Rechtsanwalt die Gebühr aus § 74 und die aus § 73 Abs. 2 zu.

§ 75. Nach Maßgabe der Vorschriften des zweiten Abschnitts (§ 23) stehen dem Rechtsanwalte Gebühren besonders zu für die Vertretung:

1. in dem Verfahren behufs Festsetzung der zu erstattenden Kosten (Strafprozeßordnung § 464 Abs. 2);
2. in der Zwangsvollstreckung aus Entscheidungen, welche über eine Buße oder über Erstattung von Kosten ergangen sind (Strafprozeßordnung §§ 463, 464).

1. Die Gebühren stehen dem RA neben den übrigen Gebühren des 4. Abschnitts zu. Sie betragen in jedem der beiden bezeichneten Fälle $^3/_{10}$ der in den §§ 13—17 bestimmten Gebühren unter Zugrundelegung des geforderten Betrags der zu erstattenden Kosten oder der beizutreibenden Buße. Treffen beide Fälle zusammen, so werden die Gebühren für jeden Fall besonders erhoben. Die Gebühren sind für die in Nr. 1 und 2 bezeichneten Verfahren Pauschgebühren. Die Verweisung auf die Vorschriften des 2. Abschnitts rechtfertigt für eine Beschwerde oder Einlegung von Erinnerungen in diesen Verfahren den Ansatz der Gebühr des § 41 und der in § 23 Z. 10.

2. Nr. 1 bezieht sich sowohl auf die Erstattung zwischen dem Beschuldigten und dritten Personen (Privatkläger, Nebenkläger, Verletzten, Anzeiger, Zeugen usw.), als auf das Verfahren, betreffend die Erstattung der dem Angeschuldigten erwachsenen Kosten aus der Staatskasse (StPO §§ 467, 473), PrAVf v. 25. 2. 28, JMBl 119. Dagegen bezieht sich die Vorschrift nicht auf die Einforderung der dem bestellten Verteidiger nach § 150 StPO aus der Staatskasse zu zahlenden Verteidigungskosten, weil es sich bei diesen um keine Erstattung handelt. Die Gebühr für die Beschwerde des bestellten Verteidigers gegen Abstriche beträgt nach § 69: 2 RM. Ebensowenig kann der Rechtsanwalt, der als Armenanwalt beigeordnet ist, für seinen Antrag an die Staatskasse die Gebühr des § 75 Nr. 1 in Ansatz bringen (vgl. RGZ 103, 344). Über das Kostenfestsetzungsverfahren in Strafsachen s. oben XVIII.

4a. Abschnitt.

Gebühren für Beistandsleistung im zwischenstaatlichen Rechtshilfeverkehr.

§ 75a. Der Rechtsanwalt erhält für die Beistandsleistung nach §§ 32, 33 oder 38 Abs. 2 des Deutschen Auslieferungsgesetzes 40 Mark.

Für die Beistandsleistung bei einer mündlichen Verhandlung erhält er 80 Mark. Erstreckt sich die Verhandlung auf mehrere Tage, so erhöht sich die Gebühr für jeden weiteren Tag um fünf Zehnteile.

§ 75b. Die im § 75a festgesetzten Gebühren umfassen die Anfertigung der Anträge, Gesuche und Erklärungen an alle beteiligten Behörden.

§ 75c. Ist ein Rechtsanwalt gemeinschaftlicher Rechtsbeistand für mehrere Verfolgte, so erhöhen sich die Gebühren um fünf Zehnteile.

1. a) Dieser Abschnitt 4a ist durch das Deutsche Auslieferungsgesetz v. 23. 12. 29 RGBl I 239 § 51 eingefügt worden. Die Gebühren ähneln ihrer Art und Höhe nach wesentlich den Gebühren in Strafsachen.

b) Das Deutsche Auslieferungsgesetz behandelt in § 32 die Beistandsleistung bei der Auslieferung und in § 33 die bei der Durchlieferung. Nach § 1 kann ein Ausländer, der von der Behörde eines ausländischen Staates wegen einer strafbaren Handlung verfolgt wird oder verurteilt worden ist, der Regierung dieses Staates auf Ersuchen einer zuständigen Behörde zur Strafverfolgung oder Strafvollstreckung unter gewissen in dem Gesetze geregelten Voraussetzungen ausgeliefert und nach § 33 unter denselben Voraussetzungen durch das Gebiet des Deutschen Reiches durchgeliefert werden. Der Verfolgte kann sich in jeder Lage des Verfahrens des Beistandes eines RA oder eines Rechtslehrers an einer deutschen Hochschule bedienen. Die Entscheidung über die Aus- und Durchlieferung bereitet der StA bei dem OLG vor; er führt sie auch aus. Die örtliche Zuständigkeit regelt die VO v. 6. 3. 30, RGBl I 33. Für die Entscheidung ist das OLG zuständig (§ 8), das auch im Falle der Auslieferung über die Auslieferungshaft und die vorläufige Auslieferungshaft zu beschließen hat (§§ 11, 16), sofern nicht die Gesetzgebung eines Landes, in dem mehrere OLG bestehen, die Entscheidung einem von ihnen oder dem Obersten Landesgerichte übertragen hat (§ 49). Hat sich der Verfolgte nicht zu Protokoll eines Richters mit der Auslieferung einverstanden erklärt, so beantragt der StA, der diesen Antrag auch trotz der Einwilligung des Verfolgten stellen kann, die Entscheidung des OLG. Dieses kann bei der Aus- und bei der Durchlieferung den Verfolgten vernehmen, Beweise erheben und mündliche Verhandlung anordnen (§§ 25. 26) und nach § 27 sogar die Entscheidung des RG über eine Rechtsfrage herbeiführen, § 29 läßt eine neue Entscheidung auf Grund veränderter Umstände zu. § 31 regelt den Fall, daß die Aus- oder Durchlieferung durchgeführt ist und die ausländische Regierung um die Zustimmung zur Strafverfolgung, Strafvollstreckung oder Weiterlieferung wegen einer Tat ersucht, für die die durchgeführten Maßnahmen nicht bewilligt waren.

2. Die gesamte Tätigkeit des Rechtsbeistandes in diesen verschiedenen Verfahrensabschnitten wird durch die Gebühr des § 75a Abs. 1 von 40 RM abgegolten. Diese Gebühr ist eine Pauschgebühr und wird als eine Verfahrensgebühr für die Beistandsleistung in dem Verfahren überhaupt, gleichviel welche Tätigkeit der RA im einzelnen entwickelt, gewährt. Als solche Tätigkeiten erwähnt § 32 Abs. 3 die Einsichtnahme in die

Akten, den schriftlichen und mündlichen Verkehr mit dem verhafteten Verfolgten, und § 75b bestimmt, daß auch die Anträge, Gesuche und Erklärungen an alle beteiligten Behörden, also auch die Einwendungen gegen den Haftbefehl (§ 16), durch die Gebühr abgegolten werden. Nur für die Beistandsleistung bei einer mündlichen Verhandlung wird in § 75a Abs. 2 eine besondere Gebühr von 80 RM bewilligt, die zu der Verfahrensgebühr des Abs. 1 hinzutritt, so daß der RA dann 120 RM erhält. Da § 26 Abs. 1 Satz 2 (s. auch §§ 29 Abs. 3, 31 Abs. 3, 33 Abs. 2 Ziff. 1, 38 Abs. 2) die besondere Anordnung einer mündlichen Verhandlung vorschreibt, von der der StA, der Verfolgte und der Rechtsbeistand zu benachrichtigen sind, wird die Gebühr des Abs. 2 noch nicht fällig, wenn der Verfolgte ohne eine solche Anordnung von dem OLG vorgenommen wird und Beweise erhoben worden sind. In welchem Umfange der RA in der angeordneten mündlichen Verhandlung tätig wird, ist wie im Falle des § 63 RAGebO belanglos. Wird der RA nur mit der Beistandsleistung in der mündlichen Verhandlung beauftragt, so erhält er doch die beiden Gebühren des § 75a, da die des Abs. 1 eine Verfahrensgebühr bildet, ohne die die Gebühr des Abs. 2 nicht zur Entstehung gelangt. Die Gebühren sind eben nicht, wie in den §§ 63 und 67, für zeitlich hintereinanderliegende Verfahrensabschnitte festgesetzt worden, sondern die Gebühr des Abs. 1 bildet die Vergütung für die Beistandsleistung in dem ganzen Verfahren, also auch für die Vorbereitung der mündlichen Verhandlung, während die Mehrarbeit bei der mündlichen Verhandlung durch die Gebühr des Abs. 2 besonders vergütet wird.

Für die Erhöhung der Gebühr aus Abs. 2 um 40 RM für jeden weiteren Verhandlungstag gelten dieselben Grundsätze wie zu § 64. Die Erhöhung tritt also ein, wenn die Verhandlung sich über den Kalendertag ihres Beginns hinaus erstreckt, wenn sie nach Unterbrechung fortgesetzt, die Entscheidung verkündet oder die Verhandlung neu begonnen wird.

3. § 75c entspricht dem § 72. Es muß sich also um mehrere Verfolgte in demselben Verfahren handeln, wenn die Erhöhung der Gebühren um $^5/_{10}$ eintreten soll. Vertritt der RA den einen Ausländer im Auslieferungs- und den anderen im Durchlieferungsverfahren oder leistet er demselben Ausländer in einem Auslieferungs- und in einem Durchlieferungsverfahren Beistand, so erhält er jedesmal die vollen Gebühren. Findet die mündliche Verhandlung nur wegen eines von mehreren Verfolgten statt, weil z. B. die anderen sich mit der Auslieferung einverstanden erklärt haben, so tritt die Erhöhung bei der Gebühr aus § 75a Abs. 2 nicht ein. Die Haftung jedes der mehreren Verfolgten richtet sich nach § 3 RAGebO. Erstreckt sich die Verhandlung gegen mehrere Verfolgte über mehrere Tage, so ist die Summe der Verhandlungsgebühren (§ 75a Abs. 2 Satz 2) um ihre Hälfte nach § 75c zu erhöhen.

4. Zweifel können bestehen, ob der in den Fällen der §§ 29 und 31 AuslG weiter tätig werdende RA die Gebühren von neuem verdient oder ob es sich hier um eine Fortsetzung des Verfahrens handelt, so daß die Gebühren der §§ 75a—c auch diese weitere Tätigkeit des RA mit abgelten. Da im Falle des § 29 die Auslieferung oder Durchlieferung noch nicht stattgefunden, das Verfahren also noch nicht seinen Abschluß gefunden hat, es sich vielmehr noch um dasselbe Auslieferungsverfahren (Begründung zu §§ 24—29) handelt, entsteht die Verfahrensgebühr nicht von neuem; *aM* JW 30, 2495. Wird aber eine neue Verhandlung nach §§ 29 Abs. 3, 26 angeordnet, so wird eine neue volle Gebühr aus § 75a Abs. 2 fällig, die sich wieder nach Satz 2 erhöhen kann; denn diese auf neuer Anordnung beruhende Verhandlung bildet nicht die Fortsetzung der früheren Verhandlung.

Im Falle des § 31 ist dagegen das Verfahren abgeschlossen, und daher kann der RA für die weitere Beistandsleistung in diesem Verfahren alle Gebühren wie in jedem neuen Verfahren beanspruchen.

5. Hat das OLG im Falle der Auslieferung eine mündliche Verhandlung angeordnet, so hat der Vorsitzende des Gerichts gleichzeitig dem Verfolgten, der noch keinen Rechtsbeistand gewählt hat, für die Verhandlung einen RA als Rechtsbeistand beizuordnen. In andern Fällen besonderen Bedürfnisses kann die Beiordnung stattfinden (Bericht des 13. Aussch. zu B II 8). Der beigeordnete RA ist im Falle der Auslieferung verpflichtet, die Beistandsleistung zu übernehmen (§ 32 Abs. 2, 4). Auch dieser RA hat Anspruch auf die Verfahrens- und auf die Verhandlungsgebühr (s. oben zu 2). Das Gesetz sagt nichts darüber, wer diese Gebühren zu bezahlen hat. § 47 bestimmt nur, daß für das Verfahren die Vorschriften des GVG und der StPO gelten.

Nach der Begründung zu § 32 des Entwurfs erhält der RA die Gebühren aus der Staatskasse. Die Gebühren sind daher unter entsprechender Anwendung des § 150 StPO dem als Rechtsbeistand beigeordneten RA durch den UrkB und das Gericht, wenn man aber in Preußen den in Vorb. 3 zu § 63 angeführten AV folgt, im Justizverwaltungswege festzusetzen und aus der Staatskasse anzuweisen.

6. § 38 Abs. 2 AuslG bezieht sich auf die Beistandsleistung in dem Verfahren zur Herausgabe von Gegenständen an die Regierung eines ausländischen Staates (§ 34). Hier ist der Beistand einem Beteiligten zu leisten. Beteiligter ist jeder, der an dem Gegenstand ein Recht geltend macht (§ 36). Das OLG wird auf Antrag des StA oder eines Beteiligten tätig. Auch hier kann eine mündliche Verhandlung angeordnet werden, und gerade hier wird der RA öfter von mehreren Beteiligten beauftragt werden, so daß § 75c zur Anwendung kommt. Daß § 75c nur von Verfolgten spricht, bedeutet nicht, daß im Verfahren auf Herausgabe von Gegenständen die Gebührenerhöhung des § 75c nicht eintreten solle; denn § 38 Abs. 2 Halbsatz 2 setzt die Beteiligten den Verfolgten gleich. Eine Beiordnung findet hier nicht statt.

7. Die sonstige Rechtshilfe in Strafsachen, die § 41 AuslG erwähnt, kann insbesondere dadurch gewährt werden, daß

a) behördliche Auskunft, namentlich Auskunft aus dem Strafregister, erteilt wird,

b) die ein Strafverfahren betreffenden Schriftstücke zugestellt und Ladungen bewirkt werden,

c) Untersuchungshandlungen vorgenommen werden, namentlich die Vernehmung von Beschuldigten, Zeugen und Sachverständigen, die Beschlagnahme und Durchsuchung und die Einnahmen des richterlichen Augenscheins,

d) verhaftete Personen ausländischen Behörden zugeführt werden, damit sie als Zeugen vernommen oder andern Personen gegenübergestellt werden.

Die Tätigkeit des RA in diesen Fällen wird nach der LandesGebO vergütet, da er seine Tätigkeit nicht in einem Verfahren vor den ordentlichen Gerichten, auf welches die StPO Anwendung findet, entfaltet, wenn auch für die einzelne Handlung die StPO maßgebend sein mag. Da die PreußGebO die Gebühren nur nach dem Werte bemißt, enthält sie keinen für Strafsachen geeigneten Maßstab. Deshalb muß man nach Art. 14 die Gebühr aus der RAGebO entsprechend bemessen, die auch ihrerseits nur eine entsprechende Anwendung einzelner Vorschriften ermöglicht.

Fünfter Abschnitt.

Auslagen.

Vorbemerkungen.

Der Grundsatz, daß dem RA notwendige und nützliche Auslagen, die er zum Zwecke der Ausführung des ihm erteilten Auftrags gemacht hat, zu erstatten sind, ergibt sich aus der Natur des Auftragsverhältnisses (BGB § 670). Besondere Bestimmungen sind nur für zwei Arten von Auslagen für erforderlich erachtet, nämlich für Schreib- und Postgebühren sowie für Geschäftsreisen, weil bei diesen die Ermittelung des für das einzelne Geschäft wirklich aufgewendeten Betrags auf Schwierigkeiten stößt, so daß es richtiger erscheint, ein für allemal Vergütungssätze zu bestimmen, Mot 79, 80. Über die Einforderung s. § 86 Abs. 1 Satz 2.

Hat der RA Auslagen gemacht, die in dem 5. Abschnitt nicht behandelt sind, kann er sie also seinem Auftraggeber nach den Bestimmungen des bürgerlichen Rechts (§ 670 BGB) in Rechnung stellen. Von der Erstattung durch den Gegner sind sie nicht ausgeschlossen, OLG Kiel JW 32, 1165. Wegen des Armenanwalts s. § 76 A 6.

§ 76. Der Rechtsanwalt hat Anspruch auf Erstattung der bei Ausführung des Auftrags entstandenen Post-, Telegraphen- und Fernsprechgebühren.

Schreibgebühren stehen dem Rechtsanwalte nur zu:

1. für die auf besonderes Verlangen gefertigten Abschriften;
2. für eine von ihm gefertigte beglaubigte Abschrift der Klageschrift, falls diese zur Herstellung einer Ausfertigung des Urteils (§ 317 Abs. 4 der Zivilprozeßordnung) benutzt wird;
3. für ein Schreibwerk, soweit es außerhalb des Rahmens einer gebührenpflichtigen Tätigkeit entsteht.

Soweit dem Rechtsanwalte Schreibgebühren zustehen, bemißt sich ihre Höhe nach dem für die gerichtlichen Schreibgebühren geltenden Satze.

1. Auf welche Art und Weise die Vergütung für Schreibwerk und Auslagen bei Benutzung der Posteinrichtungen dem Rechtsanwalt zuteil werden soll, hat der Gesetzgeber im Laufe der Zeit verschieden geregelt. Ursprünglich erhielt der Rechtsanwalt Schreibgebühren, deren Höhe sich nach der im GKG festgesetzten richtete. Nach diesem Satze wurden ihm alle Schriftstücke mit Ausnahme derjenigen, deren Anfertigung zu seiner persönlichen Berufstätigkeit gehört, vergütet (vgl. 6. Aufl. § 76 A 1). Seine Postauslagen erhielt er in Höhe der tatsächlichen Aufwendungen erstattet. Diese Regelung machte eine Zählung der einzelnen Schriftstücke und der Postauslagen erforderlich, um ihre Bezahlung und Erstattung zu erlangen. Dieser unfruchtbaren Arbeit suchte das Ges v. 1. 6. 09, RGBl 475 abzuhelfen, das dem Rechtsanwalt in Art. IV für die Herstellung des Schreibwerks sowie zum Ersatze der Postgebühren seiner Sendungen Pauschsätze zur Abgeltung seiner Auslagen gewährte (vgl. 9. Aufl. Vorb. zu § 76). Sie bestanden in einem bestimmten Hundertsatze der Gebühren, der im Laufe der Jahre gewechselt hat. Diese Regelung galt aber nur, soweit Schreibwerk und Postsendung innerhalb des Rahmens einer gebührenpflichtigen Tätigkeit vorkommen. Daneben standen dem Rechtsanwalt besondere Schreibgebühren für das in dem jetzigen Abs. 2 aufgeführte

Schreibwerk zu; ihre Höhe richtete sich nach der im GKG festgesetzten. Außerdem konnte er Telegraphengebühren und die im Fernverkehre zu entrichtenden Fernsprechgebühren erstattet verlangen.

Die jetzige Fassung des § 76 beruht in der Hauptsache auf dem Ges v. 18. 8. 23, RGBl I 813. Dieses schaffte die Pauschsätze wieder ab. Das Schreibwerk wird jetzt in der Gebühr mit abgegolten, soweit es sich nicht um Schreibwerk der in Abs. 2 aufgeführten Art handelt. Die Höhe der Schreibgebühren für dieses bemißt sich nach dem für die gerichtlichen Schreibgebühren geltenden Satze, sie beträgt jetzt 0.25 RM für die Seite von 28 Zeilen zu je durchschnittlich 15 Silben.

2. Nach Abs. 1 hat der Rechtsanwalt Anspruch auf Erstattung der bei Ausführung des Auftrags entstandenen Post-, Telegraphen- und Fernsprechgebühren.

Während durch die im Jahre 1909 eingeführten Pauschsätze nur die Postgebühren für die eigenen Sendungen des Rechtsanwalts, soweit sie innerhalb des Rahmens einer gebührenpflichtigen Tätigkeit vorkommen, abgegolten wurden, gibt der jetzige Abs. 1 des § 76 dem Rechtsanwalt das Recht, für alle bei Ausführung des Auftrags entstandenen Postgebühren Erstattung zu verlangen. Dasselbe gilt für Telegraphengebühren. Fernsprechgebühren kann er, nachdem die VO v. 13. 12. 23, RGBl I 1188, auch die im Ortsverkehr erwachsenen Fernsprechgebühren für erstattungsfähig erklärt hat, seinem Auftraggeber sowohl für den Orts- als auch für den Fernverkehr in Rechnung stellen.

Für die Erstattung der Auslagen an Post-, Telegraphen- und Fernsprechgebühren genügt die Versicherung des RA, daß diese Auslagen entstanden sind (§ 104 Abs. 2 Satz 2 ZPO); s. oben S. 131.

3. Abs. 2 gewährt dem Rechtsanwalt Schreibgebühren, richtiger eine pauschalierte Entschädigung für seine Auslagen, nur in den unter Nr. 1—3 aufgeführten Fällen, die dieselben sind, in denen der Rechtsanwalt früher neben den Pauschsätzen Schreibgebühren verlangen konnte.

Zu Nr. 1. Hier handelt es sich lediglich um Abschriften, so daß alle die Schriftstücke ausscheiden, die nicht Abschriften sind. Diese Abschriften müssen auf besonderes Verlangen hergestellt sein. Dies bedeutet einerseits, daß das Verlangen tatsächlich gestellt sein muß, so daß die Schreibgebühr für Anfertigung einer Abschrift nicht verlangt werden kann, wenn der Rechtsanwalt sie ohne ein Verlangen seines Auftraggebers hat anfertigen lassen, obwohl er dazu, um seinen Auftrag ordnungsmäßig zu erledigen, nicht verpflichtet war. Andrerseits wird die Gebühr nicht dadurch verdient, daß der Rechtsanwalt die Anfertigung einer zum ordnungsmäßigen Geschäftsbetriebe gehörenden Abschrift unterläßt und sie erst auf Verlangen des Auftraggebers herstellt. Nach diesen Gesichtspunkten ist zu prüfen, ob im Einzelfall die Schreibgebühr für

a) eigene Schriftstücke des Rechtsanwalts,
b) Schriftstücke anderer Beteiligter,
c) Gerichtsbeschlüsse und Protokolle,
d) Urteile,

erhoben werden darf. Hierbei wird man zu berücksichtigen haben: ob es sich um tatsächlich verwickelte oder rechtlich schwierige Streitpunkte handelt, so daß ohne den Besitz von Abschriften des Schreibwerks zu a—d eine zweckdienliche Information des Rechtsanwalts nicht stattfinden kann, — ob die Partei nach ihrer Eigenart überhaupt fähig oder gewillt ist, durch Kenntnisnahme von Abschriften das Verfahren zu fördern, oder ob sie nach ihren Einrichtungen (Behörde, Geschäftsunternehmen) nur durch den Besitz von Abschriften in die Lage versetzt wird, den Rechtsstreit sachgemäß zu betreiben, — ob die Entfernung zwischen dem Wohnsitz und dem der Partei ein Versenden der Urschriften als unzweckmäßig erscheinen läßt. Von diesen Gesichtspunkten aus wird man dem Rechtsanwalt Schreibgebühren für Abschriften seiner eigenen Schriftsätze nicht zubilligen können, wenn ohne deren Kenntnis die Erwiderungen des Gegners vom Auftraggeber nicht zu verstehen sind und ein Fortführen der eigenen Gedanken diesem nicht möglich ist. Dies wird in der Regel der Fall sein; ebenso KG (20) JW 28, 2161[22]; KG JW 35, 800; Baumbach A 3. Der Zweck dieser Abschriften, dem Auftraggeber die alsbaldige Nachprüfung zu ermöglichen, ob die Information richtig erfaßt ist, wird erst in zweiter Reihe in Betracht kommen. Über diese Fragen s. auch Striemer JW 10, 220 und die Beschl. der RA beim KG JW 10, 275; s. auch oben S. 129ff.

Schreibgebühren für Abschriften, die von dem Gegner seinen Schriftsätzen beigefügt und der Partei auf Verlangen übersandt sind, versagt OLG Hamm JW 25, 1800[6] und JW 30, 568 zu Nr. 14; *aM* OLG Düsseldorf JW 30, 568[14], weil die Auslagen des RA in der Lieferung von Abschriften seiner Schriftsätze an den Gegner bestehen. Keine Schreibgebühr auch für Abschriftanfertigung von Partei- oder Anwaltszuschriften und Vernehmungsprotokollen durch den Verkehrsanwalt, OLG Naumburg JW 36, 620.

Zu Nr. 2. Nach § 313 Abs. 3 ZPO kann ein Versäumnisurteil oder ein Anerkenntnisurteil in abgekürzter Form ergehen. Nach § 317 Abs. 4 ZPO kann die Ausfertigung eines solchen Urteils unter Benutzung einer beglaubigten Abschrift der Klageschrift hergestellt werden. Wird hierbei eine von dem Rechtsanwalt gefertigte beglaubigte Abschrift benutzt, so können die Schreibgebühren in Ansatz gebracht werden. Die beglaubigte Abschrift muß von dem Gerichtsschreiber tatsächlich zur Herstellung der Urteilsausfertigung benutzt sein. Auf Ausfertigungen anderer Urteile, die ohne Tatbestand und Gründe erteilt werden (§ 317 Abs. 2 ZPO), findet Nr. 2 keine Anwendung. Die Klagerechnung und sonstige Urkunden, die zur erschöpfenden Bestimmung des Klageanspruchs wesentlich sind, sind als Bestandteil der Klage anzusehen. Das Wort „eine" in Nr. 2 bedeutet nicht das Zahlwort, so daß Schreibgebühren auch für mehrere Ausfertigungen dieser Form angesetzt werden können, z. B. wenn eine einfache und eine vollstreckbare Ausfertigung erteilt wird. Man wird aber, da der Rechtsanwalt seinem Auftraggeber nur Aufwendungen, die er den Umständen nach für erforderlich halten darf, in Rechnung stellen soll, weiter verlangen müssen, daß die Erteilung der Ausfertigung in der Form des § 317 Abs. 4 ZPO für zweckentsprechend von dem Rechtsanwalt angesehen werden konnte. Daher wird man in einem Falle, in dem eine beglaubigte Urteilsabschrift genügte, für die gleichwohl in der Form der Nr. 2 erteilte Ausfertigung die Schreibgebühr nicht zubilligen können. Aus demselben Grunde darf der RA die Kosten einer vom Gericht hergestellten Abschrift oder Ausfertigung des Urteils, die er an Stelle einer in seinem Bureau herzustellenden Abschrift sich erteilen läßt, nicht besonders in Rechnung stellen. Im allgemeinen genügt eine Urteilsausfertigung; zur Zustellung ist eine beglaubigte Abschrift zu verwenden, die nicht unter Nr. 2 fällt. Daß ihre Herstellung bei Gericht Kosten verursacht hätte, berechtigt nicht den RA zur Ansetzung einer Schreibgebühr.

Neben der einfachen Ausfertigung ist noch eine vollstreckbare Ausfertigung für notwendig anzusehen, OLG München Rsp 22, 288; JW 10, 694, 734, 777, 925; 11, 163; Sydow-Busch A 14; s. auch oben S. 121, insbesondere wegen der Erstattungsfähigkeit.

Zu Nr. 3. Außerhalb des Rahmens einer gebührenpflichtigen Tätigkeit kommt Schreibwerk nur selten vor, da §§ 89, 90 dem Rechtsanwalt über die in der RAGebO im einzelnen geregelten Fälle hinaus Gebühren gewähren, die dann auch das Schreibwerk mit abgelten. Nach der Entstehung der Vorschrift muß man annehmen, daß gemeint ist: Schreibwerk außerhalb des üblichen Umfangs im Rahmen einer gebührenpflichtigen Tätigkeit und Schreibwerk außerhalb einer gebührenpflichtigen Tätigkeit. Solches entsteht z. B. dann, wenn sich Dritte nach dem Stande des Rechtsstreits erkundigen oder der Schuldner Stundung erbittet (Reigers JW 14, 781; AG Halle JW 14, 55; LG Kiel JW 15, 605; *aM* JW 13, 396; 14, 781), wenn nach Erledigung des Prozesses der RA erneute Anfragen der Partei zu beantworten hat, KommBer 84, oder wenn sich ein nicht am Prozeß beteiligter RA eine Abschrift des Urteils erteilen läßt. Der Armenanwalt des 1. Rechtszuges, der in dem vom Gegner betriebenen Armenrechtsverfahren der Berufungsinstanz die ihm vom Gericht zugestellten Schriftstücke an seine Partei weitergeleitet hat, kann für die hierdurch entstandenen Auslagen Ersatz aus der Staatskasse beanspruchen, OLG Düsseldorf JW 36, 617. Für Schreibwerke und besondere Arbeiten bei der neunmaligen Stundung und Aufhebung des Versteigerungstermins ist ein angemessener Kostenbeitrag der Antragstellerin zuzubilligen, AG Berlin JW 33, 569; ähnlich LG Duisburg JW 32, 3660, das für diese Mehrkorrespondenz nach § 76 besondere Schreibgebühren zubilligt, die vom Schuldner zu erstatten sind und vom Gerichtsvollzieher als Zwangsvollstreckungskosten ohne besondere Festsetzung nach § 788 ZPO mit einzuziehen sind. Nicht besonders zu vergüten ist: Das Schreibwerk zur Herbeiführung eines schließlich nicht zustande gekommenen Vergleichs (*aM* Striemer JW 10, 220), für Mitteilung von der Einlegung der Berufung, bei Übersendung der Handakten an den RA zweiter Instanz, bei Übersendung der Kostenrechnung an die Partei oder an die Staatskasse (Ges v. 20. 12. 28), RG 103, 345 (*aM* Breslau Rsp 41, 263), bei Übersendung der Kostenrechnung des RA der obsiegenden Partei an den Gegner, für Schreiben an den Gerichtsvollzieher um Aufhebung oder Verlegung des Versteigerungstermins, für den Schlußbericht.

Entwickelt der Rechtsanwalt eine Tätigkeit, die unter die Nr. 3 fällt, wird man ihm unter Anwendung der Grundsätze, die sich während der Geltung der vor 1909 gültigen Fassung des § 76 herausgebildet hatten (vgl. 6. Aufl. § 76 A 1), für alle diejenigen Schriftstücke, deren Anfertigung zu seiner persönlichen Berufstätigkeit gehört, gleichviel ob er sie selbst anfertigt oder sich dazu eines Gehilfen bedient hat, keine Schreibgebühren gewähren können, während ihm für Reinschriften und Abschriften Schreibgebühren zustehen, auch wenn sie ausnahmsweise von ihm selbst hergestellt, oder wenn sie auf mechanischem Wege (z. B. durch Umdruck) gefertigt sind.

4. Die Höhe der Schreibgebühren bemißt sich gemäß Abs. 3, dessen Fassung auf der VO v. 27. 6. 24, RGBl I 662, beruht, nach dem für die gerichtlichen Schreibgebühren geltenden Satze. Dieser beträgt nach § 71 Abs. 4 GKG 0.25 RM für die Seite, welche 28 Zeilen von durchschnittlich 15 Silben enthält, auch wenn die Herstellung auf mechanischem Wege stattgefunden hat. Jede angefangene Seite wird als voll berechnet. Für Schriftstücke, die in fremden Sprachen abgefaßt sind, für Schriftstücke in tabellarischer Form sowie für Verzeichnisse, Listen, Rechnungen, Handzeichnungen und dergleichen kann die Höhe der Schreibgebühr von der Justizverwaltung anderweit bestimmt werden.

Vorgeschrieben ist nur ein Mindestmaß, kein Normalmaß des Inhalts. Enthält also eine Seite mehr als das im § 71 Abs. 4 GKG aufgestellte Mindestmaß ($28 \times 15 = 480$ Silben), so kann doch nur der Betrag von 0,25 RM für die Seite berechnet werden,

Enthält aber die Seite weniger, so muß eine verhältnismäßige Herabsetzung der für jede volle Seite berechneten Gebühr eintreten, OLG Jena ThürBl 8, 258. Bei mehrstelligen Zahlen werden nach dem Vorbilde des Telegrammgebührentarifs je 2 oder 3 Ziffern als eine Silbe gelten können.

Für Schreibmaterialien ist ein besonderer Ansatz unstatthaft, Mot 80. Wegen der Anschrift zu einem Schriftstück vgl. § 77 A 1.

5. Wegen der Erstattung der Schreibgebühren und Postgebühren könnte man dem § 91 Abs. 2 ZPO, da es sich um Gebühren oder richtiger Auslagen des RA handelt, zunächst entnehmen, daß sie ohne weiteres zu erstatten sind. Aber diese Vorschrift bedeutet nur, daß die Frage, ob die Zuziehung eines Rechtsanwalts notwendig war, der Prüfung des Gerichts entzogen ist; dagegen ist wohl zu prüfen, ob die Maßnahmen, die das gebührenpflichtige Schreibwerk und Postgebühren entstehen ließen, zur zweckentsprechenden Rechtsverfolgung notwendig waren; vgl. oben S. 129, 131 f. Bei dieser Prüfung wird in der Regel die Erstattungsfähigkeit der besonderen Schreibgebühren aus Abs. 2 Nr. 1 und 3 zu verneinen sein; s. oben S. 129. Schreibgebühren in Höhe von 0.25 RM für die Seite für Abschriften, die bei der Urkundenklage gemäß § 593 ZPO der Klageschrift beigefügt werden müssen, sind erstattungsfähig, soweit die Herstellung der Abschriften zur zweckentsprechenden Rechtsverfolgung erforderlich ist, AG Frankfurt a/M. JW 33, 1091.

Die Gebühr aus Abs. 2 Nr. 2 ist erstattungsfähig, wenn die Herstellung der Urteilsausfertigung in dieser Form zur zweckentsprechenden Rechtsverfolgung notwendig war; s. oben S. 130 f. § 104 Abs. 2 Satz 2 ZPO gilt nicht für die Schreibgebühren.

5a. Wie früher von den Pauschsätzen nach § 12 UmsStG Umsatzsteuer zu berechnen war (RFH JW 20, 1047[2]; RG 101, 212; 103, 346; KG KGBl 20, 59; OLG Breslau Rsp 40, 464), so muß dies auch von den jetzt in § 76 festgesetzten Vergütungen des Rechtsanwalts gelten, da sie das gesetzlich bemessene Entgelt für die Leistungen des Rechtsanwalts (Lieferung und Herstellung des Schreibwerks und Verauslagung von Postgebühren) bilden, RG 101, 212; OLG Düsseldorf JW 24, 1187[20]; s. Scholz UmsStG § 8 A 6e, § 12 A 7; Popitz UmsStG § 8 A II 7. Die Umsatzsteuerbeträge sind auch vom Gegner zu erstatten; s. oben S. 91.

6. Der einer armen Partei beigeordnete RA kann auf Grund des Ges v. 20. 12. 28 (RGBl I 411) nach Maßgabe des § 76 seine Auslagen an Post- usw. Gebühren und seine nach Abs. 2 verdienten Schreibgebühren einschließlich der Umsatzsteuer, RG 103, 346, aus der Staatskasse ersetzt verlangen. Der RA kann daher in demselben Maße, in dem er von seinem Auftraggeber Schreibwerk und Postauslagen vergütet verlangen könnte, Zahlung aus der Staatskasse beanspruchen. Es gelten also die in A 3 zu Nr. 1—3 entwickelten Grundsätze auch hier. Es sind demnach mit Recht die im Ortsverkehr entstandenen Fernsprechgebühren (Breslau JW 28, 2164[24]) und die Schreibgebühren nur unter den Voraussetzungen des § 76 Abs. 2 für erstattungsfähig angesehen worden (KG JW 28, 2161[22], Düsseldorf JW 30, 568[14], 3355[56], wo bei Nr. III und der Entsch. v. 31. 10. 29 die Abschriften schon durch die Prozeßgebühr abgegolten sein dürften, weil ihre Erteilung zum ordnungsmäßigen Geschäftsbetriebe des Prozeßbevollmächtigten gehörte, OLG Stettin JW 31, 1135[79], und bei der letzteren Entsch. sie gar nicht von dem RA hergestellt waren). Der Armenanwalt erhält Auslagen aus der Staatskasse nur bei Aufwendungen, die gerade ihm selbst obliegen, erstattet. Beschaffung von Material für den Prozeß ist Sache der Partei. Das gilt auch für Schreibgebühren, KG JW 34, 913. Dabei bleibt aber, besonders zu Nr. 3, zu beachten, daß der AA immer nur für eine Instanz beigeordnet wird, also nur Auslagen aus der Staatskasse ersetzt erhalten kann, die im Rahmen seiner für diese Instanz entwickelten Tätigkeit entstanden sind. Gleichwohl sind die Kosten der in 2. Instanz erforderlichen Zustellungen an den AA 1. Instanz bei fehlender Vertretung in 2. Instanz zu erstatten (Celle JW 30, 3354[54]). Ist die Erteilung der Abschriften nicht durch die ordnungsmäßige Erledigung des Auftrags geboten, sondern durch Verlangen der Partei veranlaßt, so ist die Erstattung der Schreibgebühr aus der Staatskasse gleichwohl abzulehnen, weil das ArmAnwGes nicht auch der Befriedigung von Sonderwünschen der Partei dient, **Düsseldorf** JW 30, 3355[56 II]; **Köln** DRZ 31 Nr. 28. Für das Erstattungsgesuch sind keine Schreibgebühren zu ersetzen, RG 103, 345; RG JW 30, 3853[3]; Warn 30 Nr. 228. Für selbstgefertigte Abschriften aus den Gerichtsakten sind keine Schreibgebühren zu erstatten; Celle JW 28, 51[36]; *aM* OLG Naumburg MdRRAK v. 1. 6. 36 S. 86 und OLG Düsseldorf MdRRAK v. 1. 2. 37 S. 40, falls die Abschrift aus besonders rechtfertigenden Gründen erforderlich sind (OLG Naumburg JW 36, 2160).

Aus der Fassung des ArmAnwGebG, daß die Auslagen nach Maßgabe der RAGebO ersetzt werden, ist gefolgert worden, daß der RA die Auslagen, auf deren Erstattung er gegen die Partei einen Anspruch lediglich aus § 670 BGB hat, aus der Staatskasse nicht ersetzt verlangen könne; KG JW 24, 1256[6] (dagegen Oeyſing a. a. O.; Kaufmann JW 26, 2422; Baumbach IV § 1 A 4); 26, 858[7]; Jonas § 1 A 4b. Diese Meinung ist aber abzulehnen, wenn man annimmt, daß auf den öffentlich-rechtlichen Anspruch des AA gegen die Staatskasse der Rechtsgedanke des § 670 BGB anzuwenden ist. Für diese Annahme glaubte man in der alten Fassung des ArmAnwGebG „nach Maßgabe der RAGebO und der sie ergänzenden Vorschriften" die Rechtsgrundlage zu finden. An ihr würde es nach der neuen Fassung fehlen, wenn man nicht entweder dieser Änderung keine sachliche Bedeutung beizumessen hätte (JW 29, 83; KG [20] JW 30, 3352[50]) oder feststellen müßte daß auch nach der alten Fassung unter den die RAGebO ergänzenden Vorschriften nicht das BGB gemeint war. Denn die das Rechtsverhältnis zwischen Auftraggeber und RA beherrschenden Vorschriften des BGB werden wohl von der RAGebO ergänzt, aber nicht diese durch das BGB. Vielmehr ist davon auszugehen, daß das ArmAnwGebG sowohl nach seiner alten wie nach seiner neuen Fassung wohl die Gebühren ihrer Höhe nach beschränken, aber im übrigen — abgesehen von den Reisekosten — dem AA die Ansprüche gegen die Staatskasse geben wollte, die dem Wahlanwalt gegen den Auftraggeber zustehen. Allerdings gilt dann die sich aus § 670 BGB ergebende Einschränkung, daß nur Aufwendungen, die der AA den Umständen nach für erforderlich halten durfte, zu ersetzen sind, z. B. Dolmetscherkosten ObG Danzig HRR 30 Nr. 1285. Hiernach ist die dem § 91 ZPO entnommene Prüfung, ob objektiv die Kosten zur zweckentsprechenden Rechtsverfolgung notwendig waren, abzulehnen. Die Anwendung dieser Grundsätze darf freilich nicht dazu führen, daß Beträge, die der RA an Stelle der armen Partei für die ihr obliegenden Aufgaben verauslagt hat, z. B. für Auskünfte des Einwohnermeldeamts, der Polizei u. dgl. aus der Staatskasse ersetzt werden; KG (20) JW 30, 3352[50]; ebenso ObG Danzig HRR 30 Nr. 1284; Köln DRZ 31 Nr. 182, da diese Aufwendung bei Beantragung einer unentgeltlichen Auskunft nicht nötig gewesen wäre. Wegen der Reisekosten s. § 78 A 12.

7. Wegen der Berechnung der vor dem 1. 1. 24 gemachten Auslagen s. die 10. Aufl.

Auslagen in ausländischer Währung sind, gleichviel wofür sie entstanden sind, in Reichswährung nach dem Kurse des Tages der Verauslagung in Ansatz zu bringen.

§ 77. Für Verpackung von Briefen und Akten dürfen Auslagen nicht berechnet werden.

1. Zur Verpackung gehören auch die Hülle und die Aufschrift. Deshalb dürfen auch für die auf den Briefumschlag, die Postkarte, das Paket, die Paketbegleitadresse und die Postanweisung gesetzte Anschrift keine Schreibgebühren berechnet werden, selbst wenn für das abgesandte Schreiben selbst Schreibgebühren nach § 76 Abs. 2 zu berechnen sind; s. auch § 6. Sendungen anderen Inhalts, z. B. Modelle, sind ebenso zu behandeln, Baumbach A 1; *aM* Sydow-B.-Kr. A 1.

2. Die Besorgung von Briefen am Orte oder zur Post gehört zum allgemeinen Geschäftsbetrieb und wird durch die Gebühren abgegolten. Wenn in einem einzelnen Falle die Annahme eines besonderen Boten notwendig war, kann dessen Lohn berechnet werden, Mot 79.

§ 78. Bei Geschäftsreisen erhält der Rechtsanwalt Tage- und Übernachtungsgelder sowie Fahrkosten nach den für die Reichsbeamten der Stufe II (§ 6 Abs. 1 d. Ges. über Reisekosten der Beamten vom 15. Dezember 1933, RGBl S. 1067) geltenden Sätzen sowie Abwesenheitsgelder in Höhe von zehn Reichsmark für den Tag.

Beansprucht die Geschäftsreise nicht mehr als vier Stunden, so ermäßigen sich das Tagegeld und das Abwesenheitsgeld je um die Hälfte. Nebenkosten, insbesondere beim Zu- und Abgang zur Eisenbahn, sind in angemessenen Grenzen zu erstatten.

1. Tabelle für Reisekosten der Rechtsanwälte (§ 78 RAGebO).

Maßgebend ist das Gesetz über Reisekostenvergütung der Beamten vom 15. 12. 33 (RGBl I 1067) in Verbindung mit den AV des RJM v. 3. 3., 5. 3. und v. 2. 6. 34 (Dtsch. Justiz S. 392 ff. und 724, sowie die AV d. RJM v. 15. 12. 36, Deutsche Justiz S. 1912).

Danach beträgt das Abwesenheitsgeld je Tag	RM 10.—
bei Reisen bis zu vier Stunden Dauer	RM 5.—
das Tagegeld	RM 9.—
bei Reisen bis zu vier Stunden Dauer	RM 4.50,
das Übernachtungsgeld	RM 6.—.

Andere notwendige Aufwendungen sind in der nachgewiesenen Höhe zu erstatten[1]).

2. Geschäftsreisen sind solche, die der RA in Ausführung eines ihm als Anwalt übertragenen Auftrags unternimmt, also nicht Reisen des RA als Zeugen (RG JW 92, 422[5] (so auch OLG Naumburg in MdRRAK v. 1. 9. 33 S. 189), als Mitglied des Gläubigerausschusses oder als Konkursverwalter (OLG München, Rsp 32, 392). Wenn der RA außerhalb seines Wohnorts regelmäßige Sprechstunden abhält, so stehen ihm Reisekosten für die Reise zu dieser Sprechstunde nicht zu, ebensowenig für die Reise zur Abhaltung eines Termins an demselben Tage, an dem er Sprechstunde hält. Die Partei darf annehmen, daß der RA, weil er zur Zeit des Termins am Gerichtsort ohnehin anwesend ist, eine Reise nicht zu unternehmen brauche. Reist er aber an den Ort der Sprechstunden zu einem Termin an einem Tage, an dem er dort nicht Sprechstunde hält, so erhält er Reisekosten. Wenn ein

[1]) Zur Frage, welche Reisekosten ein RA bei Benutzung seines eigenen Kraftwagens beanspruchen kann, s. Entsch. d. LG Koblenz vom 4. 10. 35 (JW 35 S. 3174), s. auch Anm. 6a.

RA neben seinem dienstlichen Wohnsitz am Gerichtsort noch einen 2. Wohnsitz an einem anderen Ort hat, so trifft für jeden dieser beiden Orte der § 80 zu, nach welchem dem RA für Geschäfte an seinem Wohnsitz weder Tagegelder noch Fahrtkosten zustehen, OLG Köln JW 35, 808. S. auch § 80 A 1.

Die Vergütung des Rechtsanwalts für seine Geschäftsreisen setzt sich zusammen aus:

a) Tage- und Übernachtungsgeldern,

b) Fahrkosten,

c) Abwesenheitsgeldern.

Da Abs. 1 des § 78 allgemein auf die Sätze der Reichsbeamten der Stufe II verweist finden auch die sonstigen Vorschriften der Reisekostenverordnung entsprechende Anwendung, und zu ihrer Erläuterung sind die Ausführungsbestimmungen vom 2. 6. 34 heranzuziehen, soweit nicht die Eigenart der Stellung des Rechtsanwalts als Beauftragten seiner Partei und besondere Vorschriften der RAGebO eine Abweichung hiervon gebieten.

Die Vorschrift der ReisekostenVO gehört zu denen, die eine entsprechende Anwendung zulassen. Erfordert also eine einzelne Geschäftsreise einen Aufwand, der durch die Tage- und Übernachtungsgelder nicht gedeckt werden kann, oder einen sonstigen außergewöhnlichen Aufwand, so kann der Rechtsanwalt einen Zuschuß in angemessenen Grenzen verlangen. § 78 Abs. 2 schreibt im übrigen eine besondere Ermäßigung des Tagegeldes und des Abwesenheitsgeldes bei kürzerer Dauer der Geschäftsreise vor.

3. Als Reisetag gilt der Kalendertag, der von Mitternacht bis Mitternacht währt. Bei Bemessung der Gesamtdauer einer Reise, die mit der Eisenbahn, dem Schiffe oder mit sonstigen öffentlichen regelmäßgen Verkehrsmitteln angetreten oder beendet wird, gilt als Zeitpunkt des Antritts und der Beendigung der Zeitpunkt, an dem das Verkehrsmittel fahrplanmäßig die Station oder den Anlegeplatz des Wohnorts verläßt oder erreicht. An Orten mit mehreren Haltestellen gelten die Abfahrt- und Ankunftzeiten der Hauptbahnhöfe. In Berlin gelten als solche die Kopfbahnhöfe und der Bahnhof Friedrichstraße (vgl. MdRRAK 39, 87/88.) Verspätungen kommen nur in Betracht, wenn sie mehr als eine Stunde betragen.

Bei anderen Reisen ist für den Antritt und die Beendigung der Reise der Zeitpunkt maßgebend, an dem der Rechtsanwalt die Wohnung verläßt oder wieder betritt. Das gleiche gilt bei den vorher genannten Reisen, wenn die Eisenbahnstation oder der Anlegeplatz 2 km oder mehr von der Grenze des Wohnortes entfernt liegt. Hat der RA einen auf Montag angesetzten auswärtigen Beweistermin wahrzunehmen, zu dem er durch Abreise am gleichen Morgen nicht rechtzeitig eintreffen kann, so ist er, ebenso wie der Richter, im Allgemeininteresse verpflichtet, den Sonntag als Reisetag zu wählen. Auch für den Sonntag steht ihm alsdann das Abwesenheitsgeld zu, OLG Naumburg JW 37, 829.

Dienstreisen sind in den Monaten April bis September von 6 Uhr und in den Monaten Oktober bis März von 7 Uhr morgens ab anzutreten. Die Weiter- oder Rückreise hat nach Erledigung des Geschäfts noch an demselben Tage zu erfolgen, falls dies mit den bestehenden regelmäßigen Verbindungen möglich ist. Hat das Geschäft oder die Hinreise zusammen mit diesem 8 Stunden oder mehr in Anspruch genommen, so darf die Weiter- oder Rückreise an demselben Tage unterbleiben, wenn noch ein Reiseweg von mehr als 2 Stunden zurückzulegen ist.

4. Aus der Fassung des § 80, die bei der Neufassung des § 78 unverändert geblieben ist, ist zu folgern, daß Tagegelder und Fahrkosten nur zu gewähren sind, wenn das Geschäft an einer Stelle vorzunehmen ist, die 2 km oder weiter von dem Wohnorte des Rechtsanwalts, und zwar von der Weichbildgrenze des Wohnortes entfernt liegt (OLG München Rsp 31, 249; KGJ 21 B, 38). Auch sind Reisekosten zu zahlen, falls ein Anwalt zu einer Zweigstelle eines Gerichts, an dessen Sitz er wohnt, reisen muß (so auch MdRRAK v. 1. 6. 36 S. 90). Bei Reisen nach mehreren Geschäftsorten enthält § 79 Abs. 2 eine Bestimmung, da der von Ort zu Ort zurückgelegte Weg ungeteilt, d. h. die Rundreise als eine einheitliche Reise der Berechnung der Fahrkosten zugrunde gelegt werden soll. Für die Berechnung der Entfernung ist die kürzeste fahrbare und in Ermangelung einer fahrbaren die kürzeste benutzbare Landwegstrecke und, soweit eine Landwegverbindung nicht vorhanden ist, die Luftlinie maßgebend. Daß die Entfernung bei der Benutzung der Eisenbahn, Kleinbahn oder des Schiffes weniger als 2 km beträgt, steht dem Anspruch auf Tagegelder und Fahrkosten nicht entgegen.

5. Das Übernachtungsgeld wird in Höhe von 6 RM gewährt:

Der RA erhält die gesetzlichen Gebühren auch dann, wenn er einen Termin durch einen ihm überwiesenen Probe-Assessor wahrnehmen läßt, dagegen stehen ihm in diesem Falle bei auswärtigen Terminen keine Tage- und Abwesenheitsgelder zu, OLG Köln JW 37, 1419.

6. Fahrkosten: **a)** Für Wegestrecken, die auf Eisenbahnen, Schiffen oder sonstigen öffentlichen regelmäßigen Verkehrsmitteln zurückgelegt werden, sind die wirklich erwachsenen Auslagen einschließlich der Kosten für Beförderung und Versicherung des Gepäcks zu erstatten (§ 4 ReisekostenVO). Der Rechtsanwalt ist berechtigt, die 1. Schiffs- und die 2. Wagenklasse zu benutzen. Als solche zu benutzende Verkehrsmittel sind auch Kleinbahnen anzusehen, zu denen nebenbahnähnliche Kleinbahnen und Straßenbahnen zu rechnen sind (Nr. 7 Ausfbest.). Vorausgesetzt wird, daß es sich um Verkehrsmittel handelt, die jedermann zu im voraus bestimmten Zeiten befördern, neben Eisenbahnen und Schiffen, z. B. elektrische Straßenbahnen, Postfuhrwerke, Kraftwagen und Luftfahrzeuge. Dies trifft z. B. nicht zu bei einer Bahn, die nur für Angehörige eines Werks bestimmt ist, oder einer Motorbootlinie, die zur Beförderung der Angestellten eines Unternehmers an eine Außendienststelle dient, oder einer Dampferlinie, die nur nach Bedarf fährt.

Die Fahrkosten sind für den tatsächlich eingeschlagenen Reiseweg zu erstatten, der so zu wählen ist, daß er unter Berücksichtigung der Tagegelder die geringsten Kosten verursacht, mit den bestehenden Verbindungen nach dem Zwecke der Reise und den Umständen des Falles benutzt werden konnte und somit auch der Verkehrssitte entspricht.

Benutzt der Rechtsanwalt eine niedrigere Wagen- oder Schiffsklasse, so kann er auch nur die tatsächlich entstandenen Kosten in Rechnung stellen. Benutzt er statt der Eisenbahn usw. ein anderes Verkehrsmittel, so sind ihm die Auslagen zu erstatten. Dies gilt auch für die Fahrkosten der Eisenbahn usw. übersteigenden Auslagen, wenn nach dem Zwecke der Reise und den Umständen des Falles die Benutzung der Eisenbahn usw. der Verkehrssitte nicht entsprochen hätte, insbesondere wenn die Benutzung der Eisenbahn usw. im Interesse einer angemessenen Erledigung der Reise ungeeignet gewesen wäre, die Benutzung des anderen Verkehrsmittels z. B. eine Zeitersparnis oder eine zweckmäßigere Zeiteinteilung herbeigeführt hat (so auch Naumburg MdRRAK 1. 12. 36 S. 232, so auch Celle MdRRAK v. 1. 1. 37 S. 16). Aus diesem Gesichtspunkte ist die Benutzung von Schnellzügen und öffentlichen regelmäßigen Kraftwagenverbindungen in der Regel zu rechtfertigen für Entfernungen unter 100 km; Düsseldorf JW 30, 3348[40]. Unter Umständen können bei besonderer Begründung aus diesen Gründen auch die Auslagen für private Beförderungsmittel in Rechnung gestellt werden. Ist z. B. bei Abgang des letzten Zuges der Termin noch nicht beendet oder versäumt der RA durch die Benutzung eines zu früh abgehenden Zuges mehrere Stunden, so kann er ein anderes Beförderungsmittel wählen, München Rsp 15, 197. Dies wird man ihm auch dann zugestehen müssen, wenn selbst eine Übernachtung geringere Kosten verursacht hätte; denn die einzelne Geschäftsreise ist immer nur im Rahmen der vielfachen Berufsaufgaben des RA zu betrachten. Bei Benutzung eines eigenen Kraftwagens stehen dem Anwalt ohne Rücksicht auf Größe und Antriebsstärke des Wagens, 0,13 RM pro Kilometer zu (s. Richtlinien d. RF u. RPMinisters v. 16. 12. 33, RBesBl 200).

Die Frage, ob die zur Abkürzung einer Reise aufgewendeten Mehrkosten vom Gegner zu erstatten sind, wenn die Reise auch bei Benutzung eines langsameren Beförderungsmittels noch an demselben Tage beendet worden wäre und das Tage geld dasselbe geblieben wäre, ist von OLG Celle Rsp 11, 52 mit Recht verneint worden, da im Verhältnis zum Gegner entscheidend ist, ob die Maßnahme zur zweckentsprechenden Rechtsverfolgung des einzelnen Rechtsstreits notwendig war. Sind aber durch die aufgewendeten Mehrkosten höhere Kosten, z. B. Übernachtungsgeld, erspart worden, so erscheint es gerechtfertigt, die Mehrkosten für erstattungsfähig zu erklären. Zu weit geht daher LG Glatz JW 26, 452[3]. Führt der RA eine Dienstreise in einem statt in 2 Tagen aus, ohne hierzu verpflichtet zu sein, so erhält er die Reiseentschädigung nur für 1 Tag, OLG Kiel JW 34, 178.

b) Für Wegestrecken, die **nicht** auf Eisenbahnen, Schiffen oder sonstigen öffentlichen regelmäßigen Verkehrsmitteln zurückgelegt werden können, wird für jedes angefangene Kilometer des Hin- und Rückwegs ein Betrag von 0,13 RM gewährt. Auf welche Weise der Rechtsanwalt den Weg zurücklegt, ist belanglos. Ein Abnutzungsgeld für ein benutztes Fahrrad gibt es nicht. War der Rechtsanwalt durch besondere Umstände, z. B. Länge des Weges und Fehlen öffentlicher regelmäßiger Verkehrsmittel oder durch körperliche Gebrechen, Wahrnehmung noch anderer Termine, genötigt, sich eines Fuhrwerkes zu bedienen, so werden ihm die Unkosten in angemessenen Grenzen ersetzt, unter denen im allgemeinen die ortsüblichen Kosten verstanden werden sollen. Dies muß auch dann gelten, wenn der Rechtsanwalt sein eigenes Fuhrwerk, Kraftrad, Kraftwagen benutzt hat. Trinkgelder für unentgeltlich benutzte Verkehrsmittel sind in angemessenen Grenzen zu erstatten. Neben diesen Vergütungen gibt es nicht noch das Kilometergeld.

Für die Berechnung der Landwegstrecken ist die Entfernung von Ortsmitte zu Ortsmitte maßgebend. An deren Stelle tritt, wenn der Anfangs- oder Endpunkt der Landwegstrecke außerhalb eines Ortes liegt, dieser Anfangs- oder Endpunkt. Wird die Reise teils mit öffentlichen Verkehrsmitteln, teils ohne diese zurückgelegt, so beginnt die Landwegstrecke am Endpunkt des Verkehrsmittels. Ist sie kürzer als 2 km, wird sie als Zu- und Abgang behandelt; *aM* Sydow-B.-Kr. A 7.

7. Unter Zu- und Abgang wird die Zurücklegung des Weges zu und von der Eisenbahnstation, der Haltestelle der Kleinbahn oder dem Anlege- oder Liegeplatze des Schiffes am Wohnorte, den Geschäftsorten und dem Übernachtungsorte verstanden. Die Zurücklegung dieses Weges gilt nicht als Zugang oder Abgang, wenn die Eisenbahnstation, die Haltestelle der Kleinbahn oder der Anlege- oder Liegeplatz des Schiffes 2 km oder mehr von der Ortsgrenze entfernt liegen. Die Nebenkosten, z. B. für einen Gepäckträger, sind nicht nur, wenn sie bei dem Zugang oder bei dem Abgang entstehen, zu ersetzen, sondern so oft sie aufgewendet werden, also z. B. auch beim Übergang von der Eisenbahn auf das Schiff. Wenn regelmäßige öffentliche Verkehrsmittel, z. B. elektrische Bahnen, aus besonderen Gründen nicht benutzt werden konnten, sind auch die Kosten für Droschken oder Kraftwagen zu erstatten. Unter die Nebenkosten fallen auch Ausgaben für Beförderung von

Akten, Karten, Geräten, für Post-, Telegramm- und Fernsprechgebühren, Paßgebühren, dagegen nicht Nebenausgaben für Verpflegung und Unterkunft, Trinkgelder, Fremdensteuer, Wohnungssteuer und dergleichen sowie besondere Anschaffungen für die Reise. Alle Nebenkosten sind in angemessenen Grenzen zu erstatten.

8. Nach § 79 sind die Fahrkosten für die Hin- und für die Rückreise besonders zu berechnen. Jedes angefangene Kilometer ist als voll zu berechnen (§ 81). Dies hat, da im übrigen nur die tatsächlich entstandenen Fahrkosten berechnet werden, nur noch für Landwegstrecken Bedeutung. Bei einer sog. Rundreise, bei der mehrere Geschäftsorte nacheinander berührt werden, ist aber nach § 79 Abs. 2 die ganze Reise als eine Einheit zu betrachten, und hierbei sind auch Wegstrecken von weniger als 2 km mit einzurechnen.

9. Ob der RA berechtigt ist, die Kosten einer Reise seinem Auftraggeber in Rechnung zu stellen, bestimmt sich nach der Sachlage und den Grundsätzen des bürgerlichen Rechtes. Im allgemeinen ist dieser Ersatzanspruch abhängig von einem ausdrücklich oder stillschweigend erteilten Auftrage. Ein solcher Auftrag wird für die Reisen an den Sitz des Landgerichts zu vermuten sein, wenn im Anwaltsprozesse dem beim Landgerichte zugelassenen, aber nicht an dessen Sitze wohnhaften RA Prozeßvollmacht erteilt wird. Andererseits kann in der Prozeßvollmacht ein Auftrag zur persönlichen Wahrnehmung aller in der Sache abzuhaltenden auswärtigen Termine nicht ohne weiteres gefunden werden. In Anlehnung an § 670 BGB wird man daher die Kosten einer ohne besonderen Auftrag ausgeführten Reise dem RA dann zuzubilligen haben, wenn er die Reise den Umständen nach für erforderlich halten durfte. Das ist grundsätzlich anzunehmen, da die Wahrnehmung auswärtiger Beweistermine Sache des Prozeßbevollmächtigten ist. Dies gilt sogar auch dann, wenn diese Reisekosten höher sind als die Kosten eines Unterbevollmächtigten, KG JW 37, 2247; *aM* aber ständig LG Berlin.

10. Die Sätze des § 78 stehen nur dem RA selbst oder dem ihm nach § 25 Abs. 2 RAO bestellten Vertreter zu. Für jeden anderen Vertreter darf der RA nur den Betrag in Rechnung stellen, der den tatsächlich entstandenen oder angemessenen Aufwendungen entspricht, RG (VZS) 21, 349. Siehe auch unter Ziff. 11, die Regelung beim Armenanwalt. OLG Jena JW 30, 2075[32] lehnt jede auch nur entsprechende Anwendung des § 78 für Reisen eines Hilfsarbeiters ab. Vgl. § 1 A 2b. Nach § 93 steht es aber dem RA frei, mit seinem Auftraggeber zu vereinbaren, daß er bei Reisen eines Vertreters dieselben Reisekosten berechnen dürfe, wie wenn er selbst die Reise gemacht hätte. Dem erstattungspflichtigen Gegner gegenüber kommt indessen eine solche Abrede nicht in Betracht, RG (VZS) 21, 356.

11. Dem Armenanwalt werden die Reisekosten nach § 1 Ges v. 20. 12. 28, RGBl I 411 aus der Staatskasse nur dann vergütet, wenn die Reise erforderlich war. Ihre Notwendigkeit ist hier also wie bei der Erstattung der Reisekosten durch den Gegner vom objektiven Standpunkte aus zu prüfen. Da aber beim Wahlanwalt von seinem subjektiven Standpunkte aus zu prüfen ist, ob er bei vernünftiger und sorgfältiger Überlegung die Reise für erforderlich halten dürfte (§ 670 BGB), kann im Einzelfalle die Entscheidung bei ihm anders als beim AA ausfallen, wenn man auch im allgemeinen davon ausgehen muß, daß das Recht und die Pflicht zu Geschäftsreisen bei beiden sich aus der sachgemäßen Erledigung des Auftrags ergibt. Mit Recht weist Jonas § 1 Anm. 4, b auf die negative Fassung des ArmAnw.-GebG hin, so daß bei Versagung der Reisekosten die Nichtnotwendigkeit der Reise darzutun ist; ebenso Baumbach IV § 1 A 6. Die Wahrnehmung eines auswärtigen Beweistermins wird nach den Ausführungen in RG 51, 13 immer erforderlich sein. Die Reisekosten werden aus teilweise anderen Erwägungen bewilligt von Dresden JW 25, 2367[23], Braunschweig

JW 25, 1418[7], versagt von Augsburg JW 25, 2359[1], Nürnberg JW 26, 2480[18], s. auch oben XIV, 6. Auslagen des Armenanwalts für Terminswahrnehmung durch Dritte hat die Staatskasse nur ausnahmsweise zu erstatten, KG JW 34, 913. War der Partei ein nicht am Sitze des Gerichts wohnender RA beigeordnet, so erhält er die durch die Reisen zum Gericht entstandenen Mehrkosten ersetzt, obwohl die Staatskasse nach § 42 RRAO vom Gegner keine Erstattung erlangt, OLG Jena Rsp 40, 364. Dagegen kann er für die Wahrnehmung von Beweisterminen an seinem Wohnsitze nicht die Kosten in Rechnung stellen, die bei Beste lung eines am Sitze des Gerichts wohnenden RA entstanden wären, OLG Celle JW 26, 1611[4].

12. In Strafsachen haben die nicht am Sitze, wohl aber im Bezirke des sie bestellenden Gerichts wohnhaften, nach § 144 StPO zu Verteidigern bestellten Rechtsanwälte auf Reisekosten und Tagegelder für die Reise nach dem Sitze des Gerichts keinen Anspruch, RRAO § 44 Abs. 2. Diese Vorschrift findet aber keine Anwendung, wenn der Anwalt von dem seinen Wohnort bildenden Sitze des Landgerichts, bei dem er zugelassen ist, zu dem auswärtigen Orte reist, an dem das Schwurgericht für diesen Landgerichtsbezirk zusammentritt. Es bleibt auch der Anspruch auf Reisekosten für Reisen nach anderen Orten z. B. zu einer Beweisaufnahme, s. auch OLG Breslau in JW 38, 1839.

13. Nach § 18 Abs. 6 RRAO sind die Mehrkosten, die bei der Vertretung einer Partei vor einem Kollegialgericht durch einen bei diesem zugelassenen Rechtsanwalt dadurch entstehen, daß er seinen Wohnsitz nicht am Orte des Gerichts hat, nicht zu erstatten. Wird der armen Partei ein am Sitze des Gerichts nicht wohnender Rechtsanwalt beigeordnet, so gilt dasselbe, und zwar auch dann, wenn es sich nicht um ein Kollegialgericht handelt (§ 42 RRAO). Der Begriff „Mehrkosten" hat inzwischen eine für den RA günstige Wandlung erfahren. Es sind den durch die Inanspruchnahme bzw. die Bestellung eines Simultananwaltes entstandenen Kosten die Kosten vergleichsweise gegenüberzustellen, die durch Inanspruchnahme bzw. Bestellung eines am Sitz des LG wohnhaften RAs entstanden wären. In Höhe der letzteren sind auch die Kosten des Simultananwalts erstattungspflichtig und zwar auch aus der Staatskasse, OLG Köln JW 37, 3052; OLG Dresden JW 38, 1268; KG JW 38, 60; OLG Naumburg JW 38, 2768 u. MdRRAK v. 1. 3. 39 S. 69, 70. Diese Vorschrift bezieht sich auf Zivil- und Strafsachen. Gleichwohl beschränkte Erstattungspflicht des Gegners. OLG Darmstadt JW 26, 861[16]; oben S. 105f., 211.

14. Daß Reisekosten und Abwesenheitsgelder der Umsatzsteuer unterliegen, wurde früher nicht allgemein angenommen. Wird sie aber erhoben, ist sie dem Auftraggeber zu berechnen, da diese Vergütungen gesetzlich bemessen sind und zum Entgelt für die Leistungen des Rechtsanwalts gehören (Scholz, UmsStG § 12 A 7, § 8 A 6e). Sie ist auch vom Gegner und von der Staatskasse an den RA zu erstatten. Diese letztere Ansicht ist jetzt allgemein herrschend.

§ 79. Die Fahrkosten werden für die Hin- und Rückreise besonders berechnet.

Hat ein Rechtsanwalt Geschäfte an verschiedenen Orten unmittelbar nacheinander ausgerichtet, so ist der von Ort zu Ort zurückgelegte Weg ungeteilt der Berechnung der Fahrkosten zugrunde zu legen.

Ist eine Reise zur Ausführung mehrerer Geschäfte unternommen, so ist die dadurch erzielte Ersparnis an Reisekosten und Abwesenheitsgeldern gleichmäßig nach der Zahl der Geschäfte auf diese zu verteilen.

1. Durch das Ges v. 18. 8. 23 hat der Abs. 3 seine jetzige Fassung erhalten. Während bis dahin § 3 entsprechende Anwendung finden sollte, wenn die Reise zur Ausführung der Aufträge mehrerer Auftraggeber stattfand, also jeder Auftraggeber für denjenigen Betrag haftete, der bei abgesonderter Ausführung seines Auftrags erwachsen sein würde, wird jetzt die durch die gemeinschaftliche Ausführung mehrerer Geschäfte erzielte Ersparnis an Reisekosten und Abwesenheitsgeldern gleichmäßig auf die Zahl der Geschäfte verteilt und eine gesamtschuldnerische Haftung kommt nicht mehr in Frage; ebenso Geiershöfer JW 28, 2167 zu Nr. 9.

2. Zu Abs. 1 und Abs. 2 vgl. § 78 A 8.

3. Die Anwendung des Abs. 3 macht eine mehrfache Reisekostenberechnung erforderlich. Die eine Berechnung hat die Kosten der durch die mehreren Geschäfte veranlaßten Reise, wie wenn nur ein Geschäft zu erledigen gewesen wäre, zusammenzustellen und dabei, wenn mehrere Geschäftsorte zu berühren waren, den Abs. 2 zu berücksichtigen. Außerdem sind soviel Berechnungen aufzustellen, als Geschäfte erledigt sind, und zwar so, wie wenn jedes Geschäft allein ausgeführt worden wäre. Darauf sind die Kosten der Reisen für Erledigung der einzelnen Geschäfte zusammenzurechnen. Der Unterschied der Summe dieser Einzelkostenrechnungen und der Sammelreisekostenrechnung ist als die Ersparnis durch die Zahl der ausgeführten Geschäfte zu teilen. Das Teilungsergebnis ist der Betrag, der von jeder Einzelkostenrechnung abzusetzen ist. Zu beachten ist hierbei, daß das Wort „Geschäfte" an die Stelle des Wortes „Auftraggeber" gesetzt worden ist. Es soll also nicht die Zahl der Auftraggeber entscheidend sein, sondern die Zahl der Geschäfte soll, auch wenn sie für denselben Auftraggeber ausgeführt sind, maßgebend sein.

a) Hat ein Rechtsanwalt für den Auftraggeber A einen Augenscheinstermin in M. und einen Termin zur Vernehmung von Zeugen in N. wahrgenommen, so sind das zwei Geschäfte. Einer Feststellung der Ersparnis von Reisekosten und Abwesenheitsgeldern bedarf es in diesem Falle nicht, wenn der Rechtsanwalt hierbei für den einen Auftraggeber A in derselben Rechtssache tätig geworden ist und außerdem keine weiteren Geschäfte auf der Reise erledigt hat; denn der Rechtsanwalt stellt seine Rechnung für den einen Auftraggeber auf, es kommt nur eine Partei als erstattungspflichtig in Betracht und eine Ersparnis durch gleichzeitige Erledigung noch anderer Geschäfte hat nicht stattgefunden.

b) Führt der Rechtsanwalt für den Auftraggeber A dieselben Geschäfte in M. und N. in verschiedenen Rechtssachen aus, so ist nach Abs. 3 die Berechnung für die Orte M. und N. neben der Gesamtreisekostenberechnung aufzustellen. Der Rechtsanwalt kann also dem Auftraggeber in jeder der beiden Rechtssachen nur die um die Ersparnis ermäßigten Reisekosten in Rechnung stellen. Dasselbe gilt dann, wenn die Geschäfte in beiden Sachen in M. vorgenommen sind und infolge der Erledigung der beiden Geschäfte keine höheren Reisekosten und Tagegelder anzusetzen sind, als wenn nur das eine Geschäft auszuführen gewesen wäre; in diesem Falle entfällt auf jedes der beiden Gechäfte die Hälfte des Kostenbetrags.

c) Ebenso liegt die Sache, wenn der Rechtsanwalt dieselben Geschäfte in M. oder in M. und N. für verschiedene Auftraggeber A und B ausgeführt hat.

d) Tritt in den Fällen a, b und c die Erledigung eines weiteren Geschäfts hinzu, so ist neben den Kostenberechnungen zu b und c eine weitere Kostenberechnung für das hinzukommende Geschäft aufzustellen und im Falle a sind nunmehr für jedes Geschäft getrennte Kostenberechnungen aufzustellen, es sei denn, daß alle Geschäfte für einen Auftraggeber in einer Rechtssache zu erledigen waren und weitere Geschäfte auf der Reise nicht ausgeführt sind.

Angenommen, die Kosten für eine zweitägige Reise nach M. und N. im Auftrage des A und B zur Vernehmung der Zeugen X, Y und Z, von denen X und Y in derselben Rechtssache des A, und zwar X in M. und Y und Z in N. zu vernehmen waren, betrugen:

Die Tagegelder 2 × 9	= 18 RM
Das Übernachtungsgeld	= 6 "
Die Abwesenheitsgelder 2 × 10	= 20 "
Die Fahrkosten nach M.	= 12 "
Die Fahrkosten von M. nach N.	= 4 "
Für die Rückreise von N.	= 14 "
	74 RM.

Obwohl nur zwei Auftraggeber vorhanden sind und nur zwei Rechtssachen vorliegen, sind doch die Kosten für die drei Geschäfte, Vermehrung von X, Y und Z, zu berechnen.

Die Vernehmung des X hätte Kosten verursacht:

Das Tagegeld	9 RM
Das Abwesenheitsgeld	10 "
Die Fahrkosten nach M. und zurück	24 "
	43 RM.

Die Vernehmung des Y hätte Kosten verursacht:

Das Tagegeld	9 RM
Das Abwesenheitsgeld	10 "
Die Fahrkosten nach N. und zurück	28 "
	47 RM.

Die Vernehmung des Z hätte dieselben Kosten verursacht.

Die Summe der Einzelkostenberechnungen von	137 RM
ist im Vergleich zur Sammelkostenberechnung von	74 RM
um	63 "

größer. Die Ersparnis in jeder der 3 Sachen beträgt demnach 21 RM.

Für die Vernehmung des X sind also	25 "
für die Vernehmung des Y	29 "
zusammen	54 RM

dem A in Rechnung zu stellen. Während B für die Vernehmung des Z auch 29 RM zu bezahlen hat.

§ 80. Für Geschäfte am Wohnorte stehen dem Rechtsanwalte weder Tagegelder noch Fahrkosten zu; dasselbe gilt von Geschäften außerhalb des Wohnortes in geringerer Entfernung als zwei Kilometer von demselben.

War der Rechtsanwalt durch außergewöhnliche Umstände genötigt, sich eines Fuhrwerks zu bedienen, oder waren sonstige notwendige Unkosten, wie Brücken- oder Fährgeld, aufzuwenden, so sind die Auslagen zu erstatten.

Für einzelne Ortschaften kann durch den Reichsminister der Justiz bestimmt werden, daß den Rechtsanwälten bei den nicht an der Gerichtsstelle vorzunehmenden Geschäften die verauslagten Fahrkosten zu erstatten sind.

1. Nach § 18 RRAO muß der RA an dem Orte des Gerichts, bei dem er zugelassen ist, seinen Wohnsitz nehmen. Dort hat er dann auch seinen Wohnort, indem er hier seine Wohnung nehmen muß. Für Geschäfte an diesem Wohnorte gilt § 80. Der RA kann aber ein

Zweigbüro an einem anderen Orte unterhalten und auch einen zweiten Wohnort haben. Nimmt er an diesen Orten Geschäfte wahr, ohne daß er zu diesem Zwecke sich dorthin begeben hat, so gilt ebenfalls § 80. Sydow-B.-Kr. A 1 nimmt in diesem Falle einen stillschweigenden Verzicht auf Reisekosten an. Führt er aber die Reise dorthin zwecks Ausführung des Geschäfts aus, so stehen ihm Reisekosten zu. Baumbach A 1; auch § 78 A 2. Dagegen sind Reisekosten ausgeschlossen, wenn benachbarte Orte gemäß § 18 Abs. 2 RRAO als ein Ort anzusehen sind. Wenn ein RA neben seinem dienstlichen Wohnsitz am Gerichtsort noch einen 2. Wohnsitz an einem anderen Ort hat, so trifft für jeden dieser beiden Orte der § 80 zu, nach welchem Tagegelder und Fahrkosten dem RA nicht zustehen, OLG Köln JW 35, 808.

2. Zu Abs. 1 Halbsatz 2 s. § 78 A 4.

3. Außergewöhnliche Umstände im Sinne des Abs. 2 sind z. B. Witterungsunbilden (Glatteis, Schneefall), körperliche Gebrechen des Anwalts, besonders gebotene Eile (Kraftwagen benutzt, da Termin während der Sprechstundenzeit lag, Breslau JW 29, 3181[18]), weite Entlegenheit des Ortes der Tätigkeit ohne öffentliche Fahrgelegenheit, ObG Danzig DNotV 29, 374; *aM* für den AA bei Fahrten innerhalb Großberlins KG (20) VBl 30, 178, KG JW 35, 802.

§ 81. Bei Berechnung der Entfernungen wird jedes angefangene Kilometer für ein volles Kilometer gerechnet.

Die Aufrundung ist im Hinblick auf § 79 Abs. 1 sowohl bei der Hin- wie bei der Rückreise gesondert vorzunehmen; bei einer Rundreise vgl. § 78 A 8.

§ 82. Der Rechtsanwalt, welcher seinen Wohnsitz verlegt, kann bei Fortführung eines ihm vorher erteilten Auftrags Reisekosten und Abwesenheitsgelder nur insoweit verlangen, als sie ihm auch bei Beibehaltung seines Wohnsitzes zugestanden haben würden.

Gemeint sind die Fälle der §§ 20, 22 der RRAO. — Die Reisevergütung kann im Wege des Vertrags, wie sonst auch hier, anderweitig geregelt werden, Mot 83. Aus welchem Grunde der Wohnsitz verlegt wird, ist gleichgültig. Unter die Reisekosten fallen Tage- und Übernachtungsgelder und Fahrkosten.

§ 83. Hat ein Rechtsanwalt seinen Wohnsitz an einem Orte, an welchem sich kein Gericht befindet, so kann der Reichsminister der Justiz bestimmen, daß ihm Reisekosten und Abwesenheitsgelder nur insoweit zustehen, als er solche auch verlangen könnte, wenn er seinen Wohnsitz an dem Orte des Amtsgerichts, in dessen Bezirk er wohnt, genommen hätte.

Die Vorschrift bezieht sich auf die Fälle der §§ 20 und 111 RRAO, Mot 84.

Sechster Abschnitt.

Einforderung von Gebühren und Auslagen.

§ 84. Der Rechtsanwalt kann von seinem Auftraggeber angemessenen Vorschuß fordern.

1. Der Anspruch steht sowohl dem Prozeßbevollmächtigten als auch dem mit einer Einzelhandlung beauftragten RA zu, gleichviel ob die Vergütung in gesetzlichen oder vereinbarten Gebühren besteht, OLG Hamburg Rsp 25, 303. Die Angemessenheit des Vorschusses bestimmt sich nach dem Betrage der künftigen Gebühren und Auslagen. Der

Vorschuß darf in der Regel nur einem Teile der ganzen Forderung, aus besonderen Gründen, z. B. bei drohendem Konkurs, ihrem vollen Betrage entsprechen. Der RA kann auch, wenn der erste Vorschuß verbraucht ist, einen neuen Vorschuß verlangen. Zulässig erscheint es auch, daß der RA bei dem Beginn eines Rechtsstreits die Prozeßgebühr und die Verhandlungsgebühr, diese zur Hälfte, wenn Versäumnisurteil zu vermuten ist, als Vorschuß beansprucht, Mot 85. Auch für Auslagen kann der RA Vorschuß verlangen. Ein Verzicht des Anwalts auf Vorschuß wird mit einer erheblichen Verschlechterung der Vermögenslage der Partei hinfällig, OLG Celle JW 35, 306.

2. Einklagen des Vorschusses verstößt nach Annahme des Ehrengerichtshofs gegen die Standespflicht. Die Einklagung des Vorschusses durch einen nach § 686 ZPO bestellten RA ist indes für zulässig erklärt worden, OLG Frankfurt Rsp 19, 146. Der RA kann aber, wenn der Vorschuß nicht geleistet wird, den Auftrag ablehnen oder kündigen, EGH 8, 140; RG LZ 27, 387 = Warn 26 Nr. 165. Dies gilt auch, wenn er auf Grund des § 33 RRAO der Partei beigeordnet ist, § 38 RRAO. Wegen des Anspruchs auf verdiente Gebühren bei Kündigung des Vertrags s. § 50 A 2.

3. Ob der RA den Vorschuß nur von dem Auftraggeber oder auch von den neben diesem haftenden Gebührenschuldnern (§§ 1387, 1388, 1459 Abs. 2, 1460 Abs. 2, 1529 Abs. 2, 1530 Abs. 2, 1531, 1532, 1549, 1654, 1686 BGB) fordern kann, hat insofern keine große Bedeutung, als er von der Einklagung aus Standesrücksichten absehen wird und er bei Zahlungsweigerung des Mithaftenden den Auftraggeber zum Vorgehen mittels einstw. Verfügung veranlassen wird.

Die herrschende Meinung geht dahin, daß der RA nur von seinem Auftraggeber, dagegen nicht von den Personen, die neben ihm für die Erfüllung seiner Zahlungspflicht mithaften, Vorschuß fordern könne. Diese Meinung stützt sich auf den Wortlaut des § 84 und beruft sich auf die Entscheidungen RG 37, 371 und Gruch 40, 656. Diese beiden Entscheidungen verneinen für das preußische Recht die Haftung des Mannes für die Vorschußpflicht der Frau; sie sind aber zu einer Zeit ergangen, in der nach §§ 320, 329 II, 1 ALR der Mann für Schuldverbindlichkeiten seiner Frau nur haftete, wenn er in die Eingehung eingewilligt hatte. Sie beweisen daher für den jetzigen Rechtszustand nichts, da sie von einer solchen Einwilligung nichts erkennen lassen.

Soweit der RA eine Vergütung außerhalb der GebO nach bürgerlichem Rechte beanspruchen kann (s. Vorb. zum 5. Abschn.), hat ihm der Auftraggeber auf Verlangen nach § 669 BGB Vorschuß zu leisten. Mag man nun den Anspruch auf diesen Vorschuß für klagbar oder nicht klagbar halten, er begründet doch jedenfalls eine Verbindlichkeit, für die mangels einschränkender Bestimmungen die Vorschriften über Mithaft gelten. Daß hiernach in diesen Fällen der RA von dem Mithaftenden den Vorschuß verlangen kann, dürfte nicht zweifelhaft sein. Für den Vorschuß aus § 84 könnte man aber nur dann etwas anderes annehmen, wenn man feststellen könnte, daß der Gesetzgeber für das Sondergesetz eine Einschränkung anordnen wollte. Diese kann man aber aus dem Wortlaut nicht herauslesen. Auch die herrschende Meinung trägt kein Bedenken, die Fälligkeit der Gebühren nicht nur dem in § 85 genannten „Auftraggeber", sondern auch den mithaftenden Personen gegenüber eintreten zu lassen.

In Betracht kommen hiernach folgende Fälle:

I. Beim gesetzlichen Güterstande haftet nach § 1388 BGB der Mann neben der Frau als Gesamtschuldner für die Kosten:

a) eines Rechtsstreits, den die Frau führt, sofern nicht die Kosten dem Vorbehaltsgute zur Last fallen (§ 1387 BGB),

b) der Verteidigung der Frau in einem gegen sie gerichteten Strafverfahren, sofern die Aufwendung der Kosten den Umständen nach geboten ist oder mit Zustimmung des Mannes erfolgt.

Die Voraussetzung zu a ist gegeben:

aa) für die Kosten eines Rechtsstreits zwischen der Frau und einem Dritten,

α) wenn das Urteil dem Manne gegenüber in Ansehung des eingebrachten Gutes wirksam ist (§§ 1400, 1401, 1405, 1407 BGB);

β) über eine persönliche Angelegenheit der Frau, wenn die Aufwendung der Kosten den Umständen nach geboten ist (§ 1416 Abs. 2 Satz 2 BGB);

γ) über eine nicht unter die Vorschriften des § 1415 Nr. 1, 2 BGB fallende Verbindlichkeit, für die das eingebrachte Gut haftet, wenn die Aufwendung der Kosten den Umständen nach geboten ist (§ 1416 Abs. 2 Satz 2 BGB);

bb) für die Kosten eines zwischen den Ehegatten geführten Rechtsstreits, soweit sie der Mann zu tragen hat (§ 1416 Abs. 1 BGB).

Bis zur endgültigen Entscheidung über die Verpflichtung zur Kostentragung ist die Mithaft des Mannes in diesem Falle nur eine vorläufige (RGKom § 1387 A 6a). Die Entscheidung fällt in der Regel mit der Rechtskraft des Urteils. Belastet dieses die Frau mit den Kosten oder fallen sie ihr aus einem andern Grunde endgültig zur Last, so erlischt die Mithaft des Mannes. Hat der RA bis dahin den Vorschuß und ebenso die Gebühren von dem Manne nicht erhalten, so sind seine Rechte aus § 1388 BGB gegen den Mann erloschen, da die Kostenentscheidung die Wirkung einer auflösenden Bedingung hat, indem sie die Voraussetzung, unter der die Mithaft des Mannes besteht, beseitigt und im übrigen der RAGebO eine dem § 86 GKG entsprechende Bestimmung fehlt.

Glaubt man die Vorschußpflicht des Mannes verneinen zu müssen, so bleibt der RA, der auch, wie oben erwähnt, bei der hier vertretenen Meinung nicht selbst gegen den Mann klagend vorgehen wird, auf das Vorschußrecht der Frau gegenüber dem Mann angewiesen. Sie kann nämlich in der Regel beanspruchen, daß ihr vom Ehemann diejenigen Geldmittel gewährt werden, die zum sachdienlichen Betriebe ihrer Prozesse, zur Verfolgung oder zur Verteidigung ihres Rechtes notwendig sind. Sie kann selbst für die Vergütung, die sie ihrem RA über die gesetzlichen Gebühren hinaus bewilligt hat, Vorschuß von ihrem Ehemann begehren, wenn sie sich hierbei in angemessenen Grenzen gehalten hat, RGKom § 1387 A 6a; hierzu KG Rsp 41, 52; OLG Breslau JW 25, 812[21]. Der Versuch des OLG Dresden Rsp 41, 53, diese erweiterte Vorschußpflicht des Mannes damit abzulehnen, daß auch beim Obsiegen der Frau diese Vergütung von dem Manne nicht zu erstatten sei und daß daher auch eine vorläufige Mithaft des Mannes für diese Vergütung nicht bestehe, ist nicht zu billigen, da die Erstattungspflicht eine ganz andere Rechtsgrundlage als die Mithaft hat.

Das Recht der Frau, von ihrem Manne die Zahlung eines Vorschusses zu verlangen, fällt aber weg, wenn der Frau das Armenrecht bewilligt ist. Dagegen bleibt es bestehen, wenn dem Manne das Armenrecht bewilligt worden ist, OLG Hamm, HRR 29 Nr. 606 (bei allg. GG). Das Vorschußrecht der Frau auch dann zu versagen, wenn sie das Armenrecht erlangen könnte (OLG Naumburg JW 30, 730[17]), kann nur in Ausnahmefällen angebracht sein.

II. Bei der allgemeinen Gütergemeinschaft haftet der Mann für die Kosten jedes Rechtsstreits der Frau und für die Verbindlichkeiten aus einem Strafverfahren gegen sie auch persönlich als Gesamtschuldner, §§ 1459 Abs. 2, 1460 BGB; durch die Kostenentscheidung wird seine Mithaft nicht berührt. Sie erlischt nach § 1459 Abs. 2 BGB mit der Beendigung der Gütergemeinschaft, wenn die Verpflichtung zur Kostentragung im Verhältnisse der Ehegatten zueinander dem Vorbehaltsgute der Frau zur Last fällt (§§ 1463, 1464 BGB). Da in dem Falle, daß die Kosten eines zwischen den Ehegatten geführten Rechtsstreits in ihrem Verhältnisse zueinander der Frau zur Last fallen, soweit diese zur Kostentragung rechtskräftig verurteilt ist, und mit der Rechtskraft des Scheidungsurteils die Gütergemeinschaft endigt, erlischt gleichzeitig die Mithaft des Mannes für die Verpflichtung zur Zahlung von Gebühren und Vorschüssen. Ein Vorschußrecht der Frau gegen den Mann besteht auch hier.

Bei der Errungenschaftsgemeinschaft haftet der Mann auch persönlich als Gesamtschuldner für die Kosten eines Rechtsstreits, den die Frau nach dem Eintritte der Errungenschaftsgemeinschaft führt, wenn die Führung des Rechtsstreits mit Zustimmung des Mannes erfolgt oder ohne seine Zustimmung für das Gesamtgut wirksam ist (§§ 1530 Abs. 2, 1532 BGB). Letzteres ergibt sich aus § 1519 Abs. 2, 1449, 1450, 1452 BGB. Die Haftung des Mannes erlischt mit der Beendigung der Errungenschaftsgemeinschaft, wenn die Verpflichtung zur Kostentragung im Verhältnisse der Ehegatten zueinander der Frau zur Last fällt (§§ 1530 Abs. 2, 1535, 1537 BGB).

Bei der Fahrnisgemeinschaft gelten nach § 1549 BGB die Vorschriften über die allgemeine Gütergemeinschaft.

Soweit und solange die gesamtschuldnerische Verpflichtung des Mannes in diesen Fällen besteht, haftet er auch dem RA für die Gebühren und den Vorschuß.

III. Der Inhaber der elterlichen Gewalt (§§ 1654, 1686 BGB) haftet für die Kosten eines Rechtsstreits, der für das Kind geführt wird, sofern sie nicht dem freien Vermögen zur Last fallen und für die Kosten der Verteidigung des Kindes in einem gegen das Kind gerichteten Strafverfahren. Nach §§ 1660, 1415 Nr. 3, 1416 Abs. 1 BGB fallen dem freien Vermögen zur Last die Kosten eines Rechtsstreits, der für das Kind über die Verbindlichkeiten aus einer unerlaubten Handlung oder aus einem sich auf das freie Vermögen beziehenden Rechtsverhältnis geführt wird, und die Kosten eines Rechtsstreits zwischen Gewalthaber und Kind, soweit sie nicht der Gewalthaber zu tragen hat. In allen anderen Fällen besteht also die Mithaft des Gewalthabers. Eine Besonderheit ist aber insofern zu beachten, als die Haftung des Gewalthabers zu verneinen ist, wenn ein der elterlichen Nutznießung unterworfenes Kindesvermögen nicht vorhanden ist, da die Haftung des Gewalthabers als die Folge seiner Nutznießung an dem Kindesvermögen anzusehen ist.

4. Der Vorschuß geht in das Vermögen des Anwalts über. Er bezweckt eine Sicherstellung des RA wegen seiner Forderungen gegen den Auftraggeber für die entstehenden Gebühren und Auslagen und enthält eine Vorauszahlung auf eine noch nicht entstandene oder noch nicht fällige Schuld, RG 126, 301. Er haftet ungeteilt für jede dieser Forderungen, solange nicht eine Verrechnung zwischen RA und Auftraggeber stattgefunden hat. Diese pflegt erst nach Beendigung des Auftrags stattzufinden. Daher ist auch dann erst ein Anspruch auf Rückerstattung des nicht verbrauchten Vorschusses gegeben. Er verjährt in zwei Jahren, BGB § 196 Nr. 16; die Verjährung beginnt mit dem Schlusse des Jahres, in welchem der Auftrag erledigt ist, BGB §§ 198, 201.

5. Der RA, der gemäß § 140 StPO dem Angeschuldigten als Verteidiger bestellt oder gemäß § 39 RAO, § 115 ZPO, § 379 StPO, § 14 FGG einer armen Partei zur vorläufig unentgeltlichen Wahrnehmung ihrer Rechte **beigeordnet** ist, hat einen Anspruch auf Vorschuß überhaupt nicht, auch nicht auf einen Auslagenvorschuß. Auch das Ges v. 20. 12. 28 begründet keine Vorschußpflicht der Staatskasse. Ist aber das Armenrecht nach § 115 Abs. 2 ZPO nur zu einem Teile bewilligt worden, bleibt dem RA das Recht, Vorschuß, wenn auch in entsprechend geringerer Höhe, zu verlangen. Die Nichtzahlung dieses Vorschusses berechtigt zur Ablehnung oder Kündigung des Auftrags.

Nach § 3 des Ges v. 20. 12. 28 sind Vorschüsse und Zahlungen, die der als Armenanwalt beigeordnete RA von seinem Auftraggeber oder Dritten vor oder nach der Beiordnung erhalten hat, zunächst auf diejenigen Vergütungen anzurechenen, für die ein Ersatzanspruch nicht besteht. Es ist also gleich, ob der RA den Vorschuß von dem Auftraggeber selbst oder einem Dritten erhalten hat, und ohne Bedeutung, ob die Ersatzpflicht der Staatskasse deshalb nicht besteht, weil der Gebührentarif des Gesetzes hinter dem des § 9 RAGebO zurückbleibt oder weil die Beschränkung auf die Gebührenvorschriften der RAGebO einen Anspruch versagt. Ist aber der Vorschuß auf eine bestimmte Gebühr verrechnet worden, so ist der Anspruch auf diese Gebühr gegenüber der Staatskasse erloschen. Der RA kann den Vorschuß aber nur auf eine Gebühr verrechnen, die er seinem Auftraggeber in Rechnung stellen kann. Diese Voraussetzung entfällt, wenn dem Auftraggeber das Armenrecht bewilligt wird (JW 30, 1093 A 31), so daß der nicht verbrauchte Vorschuß zurückzuzahlen ist; s. XIV, 8. Dagegen hält RG JW 30, 131[4] und erst recht RG 126, 300 den RA für befugt, den Vorschuß auf die Gebühren zu verrechnen, die er verlangen könnte, wenn das Armenrecht nicht bewilligt wäre. Der Hinweis auf die ständige Rechtsprechung über die Behandlung der Vorschüsse für gerichtliche Gebühren und Auslagen greift nicht durch, da für diese ganz andere Gesichtspunkte als für das privatrechtliche Vertragsverhältnis zwischen RA und Auftraggeber maßgebend sind; s. auch JW 30, 1488 zu Nr. 3; JW 30, 1518 zu Nr. 25. Die Annahme des OLG Breslau JW 30, 1093[31], daß die Zahlung des Vorschusses nach Treu und Glauben mit Rücksicht auf die Verkehrssitte als ein Verzicht auf Rückzahlung auszulegen sei, muß bei einer armen Partei, die doch sicher dem RA nicht mehr zahlen will, als sie gesetzlich verpflichtet ist, erheblichen Bedenken unterliegen. Anders liegt der Fall des OLG Celle JW 28, 751[37], da eine Befreiung der Partei von der Zahlung der Gebühren wegen verspäteter Bewilligung des Armenrechts gar nicht **eingetreten** war.

6. Wegen der Umrechnung der vor dem 1. 1. 24 erhaltenen Vorschüsse s. die 10. Aufl.

§ 85. Dem Auftraggeber gegenüber werden die Gebühren des Rechtsanwalts fällig, sobald über die Verpflichtung, dieselben zu tragen, eine Entscheidung ergangen ist, sowie bei Beendigung der Instanz oder bei Erledigung des Auftrags.

1. § 85 legt den Zeitpunkt der Fälligkeit der Gebühren an das Ende der Tätigkeit des RA. Daher ist der § 84 erforderlich, der dem RA das Recht gibt, einen Vorschuß zu fordern. Das GKG, das früher eine ähnliche Regelung enthielt, läßt jetzt dagegen in bürgerlichen Rechtsstreitigkeiten und im Konkursverfahren die Gebühren mit Stellung des Antrags fällig werden (§ 74 GKG). Als **Fälligkeitspunkte** gibt § 85 an: a) den Erlaß einer Entscheidung über die Verpflichtung, die Gebühren zu tragen, b) die Beendigung der Instanz, c) die Erledigung des Auftrags. Diese Gründe wirken außer gegen den Auftraggeber auch gegen den mithaftenden Gebührenschuldner (§ 84 A 3); sie machen aber bei mehreren Auftraggebern die Gebühren nur gegenüber demjenigen von ihnen fällig, hinsichtlich dessen einer der Fälligkeitsgründe vorliegt. Fällig werden können natürlich nur die bis dahin verdienten Gebühren.

Nach § 1 Abs. 4 des Ges v. 20. 12. 28 findet § 85 entsprechende Anwendung für den Ersatzanspruch des RA gegen die Staatskasse.

a) Der Erlaß der Entscheidung ist der maßgebende Zeitpunkt; sie braucht noch nicht rechtskräftig zu sein, auch eine bedingte Entscheidung, OLG Köln JW 26, 2477[11], oder ein Versäumnisurteil genügt, KG JW 25, 805[1]. Ein Teilurteil, das auch über einen Teil der Kosten entscheidet, muß genügen, so auch Baumbach A 3; *aM* OLG Stettin 5 W 12/30 v. 10. 4. 30. Aus § 91 ZPO ergibt sich, daß die Entscheidung, die die Kosten der unterliegenden Partei auferlegt, gleichzeitig über die außergerichtlichen Kosten beider Parteien entscheidet. Eine besondere Entscheidung über die außergerichtlichen Kosten wird sich z. B. bei Beteiligung mehrerer, von denen einer obsiegt, der andere unterliegt, empfehlen.

Da die Fälligkeit keine rechtskräftige Entscheidung verlangt, andrerseits aber erst eine rechtskräftige Entscheidung nach § 1416 Abs. 1 BGB endgültig darüber entscheidet, ob die Kosten eines zwischen den Ehegatten geführten Rechtsstreits in ihrem Verhältnisse zueinander dem Vorbehaltsgute zur Last fallen oder vom Manne zu tragen sind, hat der RA in diesem Falle nach § 1388 BGB vorläufig einen fälligen Anspruch auch gegen den als Gesamtschuldner mithaftenden Mann. Der Anspruch wird nach § 1416 Abs. 1 BGB mit der Rechtskraft des Urteils zu einem endgültigen, wenn die Kosten dem Manne auferlegt sind; er erlischt, wenn das Urteil die Kosten der Frau zur Last gelegt hat. Ist ein Urteil mit diesem Inhalte bei seinem Erlaß rechtskräftig, kommt ein fälliger Gebührenzahlungsanspruch gegen den Ehemann gar nicht zur Entstehung, OLG Stettin 2 U 1 25 v. 16. 2. 25.

b) Über die Beendigung der Instanz bestimmt Art. VIII Abs. 4 des Ges v. 18. 8. 23, RGBl I 813, um für die in diesem Gesetz getroffene Neuregelung von Gerichts- und Anwaltsgebühren eine Zeitgrenze festzusetzen, daß die Instanz, sofern sie mit einem Urteil abschließt, mit dessen Zustellung und, wenn ein Rechtsmittel gegen das Urteil nicht stattfindet, mit der Urteilsverkündung ihr Ende erreicht. Dadurch, daß andere Gesetze und Verordnungen auf diese Gesetzesvorschrift verwiesen haben, hat sie eine weitergehende Bedeutung erlangt. Sie gibt auch für die Beurteilung der Beendigung der Instanz im Sinne des § 85 einen gewissen Anhalt, indem man aus ihr für ein Verfahren dieser Art dessen Fortdauer bis zu den genannten Zeitpunkten entnehmen kann. Andrerseits aber verlangt § 85, daß die Tätigkeit des Gerichts, das mit der Sache befaßt ist, zum Abschluß gelangt ist und daß auch die Tätigkeit des RA ein Ende erreicht hat. Ob dies der Fall ist, läßt sich den Vorschriften der §§ 25ff. nicht entnehmen; denn sie sprechen sich wohl darüber aus, was als besondere Instanz anzusehen ist (z. B. § 27), treffen aber nicht über die Beendigung der Instanz Bestimmung. Die in § 26 durch die Bezugnahme auf § 27 Abs. 1 GKG erwähnte Verweisung des Rechtsstreits an ein anderes Gericht beendigt die Instanz nicht. Erreicht mit ihr die Tätigkeit des RA ihr Ende, so ist deshalb hiermit noch nichts aus dem Grunde zu b die Fälligkeit seiner Gebühren eingetreten, sofern nicht Fall c vorliegt. Ein eine prozeßhindernde Einrede verwerfendes Urteil, ein Urteil über den Grund, überhaupt ein Zwischenurteil (§§ 274, 275 Abs. 2, 303, 304 ZPO) und ebenso ein Urteil unter Vorbehalt der Aufrechnung (§ 302 ZPO) oder im Urkundenprozeß (§ 599 ZPO) beendigen die Instanz nicht, mag nun die Sache trotz Einlegung der Berufung in der Instanz weiterverhandelt oder infolge ihrer Einlegung an die höhere Instanz abgegeben werden. Denn auch im letzteren Falle ist die Tätigkeit des Gerichts und des RA nur vorläufig und zwar unter der aufschiebenden Bedingung beendigt, daß die Sache nicht wieder an das Gericht der 1. Instanz zurückgelangt, OLG Breslau JW 31, 1120, JW 31, 1128; OLG Düsseldorf JW 24, 425[23]; Hamm JW 24, 1624[19]; KG JW 25, 1896[5]; *aM* bezüglich Grundurteil KG JW 35, 802; Nürnberg JW 28, 1321[11]; Darmstadt JW 29, 3182[19]. Das entscheidet sich aber erst durch das Urteil der 2. Instanz. Weist dieses rechtskräftig die Berufung zurück, so nimmt das Verfahren der 1. Instanz seinen Fortgang, während der Erlaß eines die Sache erledigenden Urteils das Verfahren auch für die 1. Instanz beendigt. Eine Folge dieses Standpunktes ist, daß z. B. der Armenanwalt an einer Gebührenerhöhung teilnimmt, die nach Erlaß des Urteils über den Grund und vor Erlaß des Urteils 2. Instanz eintritt, da die Instanz für seine Tätigkeit noch nicht beendet war; OLG Celle LZ 30, 66. Das Urteil der 2. Instanz beendigt diese immer, es sei denn, daß erst die 2. Instanz ein Urteil der genannten Art erläßt, wo dann für die 2. und 3. Instanz dasselbe gilt, was vorstehend für die 1. und 2. Instanz gesagt ist.

Das Verfahren über den Erlaß eines Arrestes oder einer einstweiligen Verfügung ist von dem Verfahren über die Hauptsache unabhängig, so daß auch seine Beendigung, wenn ein Beschluß ohne Kostenentscheidung ergeht, selbständig zu beurteilen ist. Da die Einlegung des Widerspruchs an keine Frist gebunden ist, würde die Beendigung der Instanz auf unbestimmte Zeit hinausgeschoben sein, wenn man nicht den tatsächlichen Abschluß der Tätigkeit des RA in diesem Verfahren entscheidend sein läßt, OLG Hamburg JW 24, 106[8]. Ebenso liegt die Sache bei der Zurücknahme der Klage oder des Rechtsmittels, der noch ein Urteil aus §§ 271, 515 Abs. 3, 566 ZPO folgen kann, aber nicht zu folgen braucht. Der gerichtliche Vergleich wirkt endigend. Auch ein gerichtlicher Vergleich, in dem das Ruhen des Widerspruchsverfahrens bis zur rechtskräftigen Entscheidung des Hauptprozesses vereinbart wird, beendigt die Instanz und macht damit die Armenrechtsgebühren fällig; OLG Kiel JW 36, 617. Für das Kostenfestsetzungs- und das Zwangsvollstreckungsverfahren geben §§ 30 Abs. 3, 31 einen geeigneten Anhalt für die Beurteilung der Beendigung der Instanz.

In Strafsachen beendet der Erlaß des Urteils oder des die Instanz abschließenden Beschlusses auch die Tätigkeit des RA.

c) Die Erledigung des Auftrags macht die Gebühren fällig, gleichviel aus welchem Grunde und wann sie eintritt. Wegen der dem RA zustehenden Gebühren s. § 50.

2. Der Ersatzanspruch des Armenanwalts gegen die Staatskasse wird nach § 1 Abs. 4 Satz 2 Ges v. 20. 12. 28 auch noch dann fällig, wenn das Verfahren länger als drei Monate ruht. Nach §§ 251, 251a ZPO tritt das Ruhen ein, wenn es das Gericht anordnet. Das Ges v. 20. 12. 28 versteht aber unter „ruhen" auch die Fälle, in denen das Verfahren zum Stillstand gekommen ist; denn schon das Ges v. 6. 2. 23 ließ den Ersatzanspruch mit dem Ruhens des Verfahrens fällig werden, als das Ruhen auch ohne gerichtliche Anordnung eintrat; RG (20) JW 28, 1871[3]. Dem Ruhen ist daher eine Unterbrechung oder Aussetzung des Verfahrens auf länger als 3 Monate gleichzuachten. Wird das Verfahren länger als 3 Monate nicht betrieben, so kann auch in den Fällen zu 1b, wo eine Beendigung der Instanz nicht eintritt, der Erstattungsanspruch fällig werden, Breslau JW 27, 1655[4]; Kassel JW 29, 3188[29]; Königsberg JW 29, 3189[31]; 30, 188[46]; *aM* Darmstadt, JW 29, 3182[19]. Vgl. S. 196, 197. Dagegen ist dem Ruhen nicht gleichzusetzen, wenn der Verhandlungstermin z. B. infolge einer Beweisaufnahme oder nach der Geschäftslage erst nach mehr als 3 Monaten stattfindet.

Die Voraussetzungen, unter denen die arme Partei zur Nachzahlung der Beträge, von deren Berichtigung sie einstweilen befreit war, verpflichtet ist, regelt § 125 ZPO. Sie sind durch einen Gerichtsbeschluß festzustellen.

3. Die Verjährung der Ansprüche der RA wegen ihrer Gebühren und Auslagen beginnt mit dem Schlusse des Kalenderjahres, in dem der Anspruch gemäß § 85 fällig geworden ist. Daher können z. B. die Gebühren der Zwangsvollstreckung zu anderer Zeit verjähren als die vor Erlaß des Urteils erwachsenen. Daß dem § 86 noch nicht genügt ist, steht dem Lauf der Verjährungsfrist nicht entgegen. Der Gebührenschuldner kann sich auf den ihm günstigsten Zeitpunkt berufen; die bei Erlaß des Urteils bereits entstandenen Gebühren sind in diesem Zeitpunkte fällig, Verjährungsfrist: zwei Jahre, BGB §§ 196 Nr. 15, 198, 201, 202.

Die Verjährung des Anspruchs auf Aufwertung einer Papiermarkgebührenforderung galt als gehemmt, solange die Rechtsprechung diesen Anspruch nicht anerkannt hatte, RG Warn 1929 Nr. 130 erklärt den Anspruch für im Sommer 1926 verjährt.

4. Auf die Fälligkeit der Auslagen bezieht sich § 85 nicht. Die Motive bemerken, daß der RA die Auslagen „sofort erstattet verlangen kann, soweit er sie nicht vorschußweise erhalten hat", Mot 85; Baumbach A 1; OLG Celle JW 31, 1839.

5. Die Vorschrift des § 788 ZPO, daß die Kosten der Zwangsvollstreckung, also auch die Anwaltsgebühren, zugleich mit dem zur Zwangsvollstreckung stehenden Anspruche beizutreiben sind, wird durch § 85 nicht berührt. Unzulässig ist die Einbehaltung der Gebühren von einer vom Gegner erhaltenen Summe, EGH 13, 62; 15, 206; 16, 337. Wegen der Fälligkeit und Einziehung der Gebühr für Erhebung und Ablieferung von Geldern: § 87 Abs. 3.

§ 86. Die Einforderung der Gebühren und Auslagen ist nur zulässig, wenn vorher oder gleichzeitig eine von dem Rechtsanwalt unterschriebene Berechnung derselben mit Angabe des Wertes des Streitgegenstandes, sofern der Wert maßgebend, und unter Bezeichnung der zur Anwendung kommenden Bestimmungen dieses Gesetzes mitgeteilt wird. Die Auslagen des Anwalts sind nur auf Verlangen im einzelnen aufzustellen und zu belegen.

Die Mitteilung dieser Berechnung kann auch nach erfolgter Zahlung verlangt werden, solange nicht die Handakten zurückgenommen sind oder die Verpflichtung des Rechtsanwalts zur Aufbewahrung derselben erloschen ist (Reichsrechtsanwaltsordnung § 36, Abs. 2).

1. Die Einforderung bedeutet nicht nur die gerichtliche Einziehung, sondern schon die Zahlungsaufforderung. Auch das Zurückbehalten eines Betrags mit der Erklärung, daß er das Honorar bilde, ist als Einforderung im Sinne des § 86 angesehen worden.

Die Berechnung muß den Erfordernissen des Satz 1 des § 86 genügen. Satz 2, der durch das Ges v. 18. 8. 23, RGBl I 813, hinzugefügt worden ist, läßt eine Erleichterung für alle Auslagen des Abschnitts 5 zu. Das Belegen bedeutet nicht etwa ein Beibringen von Beweisstücken über die tatsächliche Verauslagung der Beträge (*aM* Sydow-B.-Kr. A 6), sondern eine Erläuterung der Aufstellung nach Maßgabe des Satzes 1 und eine Darlegung der Vorgänge, die die Auslagen, z. B. Reisekosten, erforderlich gemacht haben.

Durch Aufstellung einer unrichtigen Gebührenberechnung kann sich der RA, wenn er sie schuldhaft vornimmt, schadensersatzpflichtig machen, RG 130, 101; JW 30, 3854[4].

Die Verpflichtung des RA zur Aufstellung einer — gebührenfreien (§ 6) — ordnungsmäßigen Berechnung kann durch Beschwerde bei der zuständigen Aufsichtsbehörde (Präsident der Anwaltskammer) erzwungen werden. Die Nichtbeachtung dieser Verpflichtung enthält einen Verstoß gegen § 31 RRAO. Jedenfalls ist die Partei nicht verpflichtet, vor Mitteilung einer dem Abs. 1 entsprechenden Berechnung zu zahlen. Sie kann aber auf eine solche verzichten. Ein stillschweigender Verzicht liegt vor, wenn nach einer Besprechung sogleich gezahlt wird, wobei aber Abs. 2 zu beachten bleibt. § 86 will nicht die Fälligkeit der Forderung hinausschieben, sondern eine Nebenbestimmung treffen, die sich auf die Art und Weise der Geltendmachung des Anspruchs bezieht, RG 110, 145; OLG Braunschweig JW 1916, 63. Hat der Auftraggeber, ohne eine ordnungsmäßige Berechnung erhalten zu haben, gezahlt, so kann er das Gezahlte nicht wegen Fehlens der Berechnung als ungerechtfertigte Bereicherung zurückverlangen, da der RA durch eine vor der Einforderung erfolgte Leistung nicht etwas „ohne rechtlichen Grund" erlangt (BGB § 812) und auch durch die Annahme nicht gegen ein gesetzliches Verbot verstoßen (BGB § 817) hat. § 86 macht nur die Einforderung, nicht auch die Annahme der Gebühren von der vorgängigen Mitteilung der Kostenrechnung abhängig. Eine Strafbestimmung enthält StGB § 352.

§ 86 ist im Falle des § 4 Ges v. 20. 12. 28 entsprechend anzuwenden. Dort wird aber auch § 104 Abs. 2 ZPO für entsprechend anwendbar erklärt, wonach die Versicherung des RA genügt, daß die Post-, Telegraphen- und Fernsprechgebühren entstanden sind. § 86 gilt aber nicht, wenn die Vergütung nach § 93 durch Vertrag geregelt ist.

2. Klagt der RA auf Zahlung der Gebühren, so ist auf Rüge des Beklagten, daß die zur Anwendung kommenden Bestimmungen der RAGebO ihm nicht mitgeteilt seien, die Klage abzuweisen, wenn nicht der RA im Prozesse die Bezeichnung der zur Anwendung kommenden Bestimmungen der RAGebO nachholt; erkennt nunmehr der Beklagte den Anspruch an, so werden dem Kläger nach § 93 ZPO die Kosten des Rechtsstreits aufzuerlegen sein. Andrerseits bedarf es zum Erlaß eines Versäumnisurteils nicht der Mitteilung der Berechnung in der Klage, wenn in ihr behauptet wird, daß der Beklagte eine solche Mitteilung erhalten habe, Königsberg JW 29, 3178[12]. OLG Hamburg Rsp 31, 19 läßt bei nicht bestrittener Höhe der Gebühren und unterlassener Rüge des Mangels die Klage zu, ebenso RG RAnz Nr. 154 v. 2. 7. 89 den Arrestbefehl; abw. für das frühere Recht RG Gruch 26, 425. KG JZP 55, 272, 447 versagt dem Zahlungsbefehl und der Klage ohne Mitteilung der Kostenberechnung die Wirkung der Unterbrechung der Verjährung; dagegen mit Recht Kraemer a. a. O. unter Hinweis auf RG 84, 311.

Der § 86 betrifft nur das Verhältnis des RA zu der von ihm vertretenen Partei, bestimmt aber nichts für die nach § 103 ZPO einzureichende Kostenberechnung, KG KGBl 08, 5.

3. Zu Abs. 2 hat die Reichstagskommission festgestellt, daß diese Bestimmung nur gilt, wenn der Auftraggeber nicht bereits eine Berechnung erhalten hat. — Die Pflicht zur Aufbewahrung der Handakten erlischt mit Ablauf von 5 Jahren nach Beendigung des Auftrags und schon früher, wenn der Auftraggeber sie nicht binnen 6 Monaten nach erhaltener Aufforderung in Empfang genommen hat, § 36 Abs. 2 RRAO.

4. Die Einklagung der Gebühren unter Beibehaltung der Vertretung des Auftraggebers in derselben Rechtsangelegenheit hält EGH 13, 66 für standeswidrig.

Siebenter Abschnitt.

Schlußbestimmungen.

§ 87. Für Erhebung und Ablieferung von Geldern erhält der Rechtsanwalt von der auf volle 10 Reichsmark aufgerundeten Summe:

bis zu 1000 Reichsmark einschließlich . . . . . 1 vom Hundert,
von dem Mehrbetrage bis zu 10000 Reichsmark einschließlich . . . . $\frac{1}{2}$ „ „ ,
von dem Mehrbetrage . . . . $\frac{1}{4}$ „ „ .

Für Erhebung und Ablieferung von Wertpapieren erhält der Rechtsanwalt nach Maßgabe des Wertes die gleichen Gebühren.

Die Gebühr für Erhebung und Ablieferung von Geldern kann von diesen bei der Ablieferung entnommen werden.

1. Die Fassung des Abs. 1 beruht auf den VO v. 13. 12. 23, RGBl I 1188 und 12. 12. 24 RGBl I 775. Das Ges v. 18. 8. 23, RGBl I 813, hat die Gebühr des Abs. 2 der des Abs. 1 gleichgestellt. Die Gebühr wird berechnet von dem auf volle 10 RM aufgerundeten Betrage. Sie beträgt bis zu 1000 RM 1%, so daß

von 10 RM 0,10 RM,
von 1000 „ 10,00 „

zu entrichten sind. Von den nächsten je 10 RM tritt eine Gebühr von $\frac{1}{2}$% hinzu, und dies geht so fort bis zu 10000 RM. Die Gebühr beträgt daher z. B.

von 1100 RM 10 + ½% von 100 oder 10 + 0,50 = 5 + 5,50 RM,
„ 10000 „ 10 + ½% „ 9000 „ 10 + 45 = 5 + 50 „ .

Von den nächsten je 10 RM tritt eine Gebühr von ¼% hinzu, und dies geht so ohne Höchstgrenze fort. Die Gebühr beträgt daher z. B.

von 10100 RM 55 + ¼% von 100 oder 55 + 0,25 = 30 + 25,25 RM,
„ 1000000 „ 55 + ¼% „ 990000 „ 55 + 2475 = 30 + 2500 „ .

Hieraus ergibt sich, wenn man den auf 10 volle RM aufgerundeten Wert = W setzt, die Formel für die Berechnung der Gebühr (G)

bei Werten bis 1000 RM: $G = \frac{W}{100}$, d. h. 1% von W,

bei Werten über 1000 bis 10000 RM: $G = 5 + \frac{W}{200}$, d. h. 5 + ½% von W,

bei Werten über 10000 RM: $G = 30 + \frac{W}{400}$, d. h. 30 + ¼% von W.

Der Mindestsatz des § 8 gilt hier nicht. Eine Aufrundung der nicht durch 5 teilbaren Pfennigbeträge auf den nächsthöheren durch 5 teilbaren Betrag ist in Art. V VO v. 13. 12. 23 RGBl I 1188 vorgesehen.

Über die Berechnung der Gebühren für die Zeit vor dem 1. 1. 24 s. die 10. Aufl.

a) Das Reichsgericht hat den Grundsatz aufgestellt, daß § 87 nur den Fall betrifft, in dem der Anwalt Gelder oder Wertpapiere, die seinem Auftraggeber geschuldet werden, für diesen erhebt und an ihn abliefert und eine Tätigkeit in Frage steht, die zum eigentlichen Prozeßbetriebe nicht gehört. Deshalb wird die Gebühr aus § 87 versagt, wenn der mit Prozeßvollmacht versehene Anwalt Geld oder Wertpapiere des Auftraggebers an den Gläubiger oder einen Dritten abliefert oder sie für seinen Auftraggeber zu prozessualen Zwecken, z. B. zur Sicherheitsleistung wegen der Prozeßkosten (ZPO § 110) oder zur Herbeiführung der vorläufigen Vollstreckbarkeit eines Urteils (ZPO §§ 710, 713) hinterlegt oder das Hinterlegte zurückerhält. Das RG nimmt an, daß diese Akte, als zum Prozeßbetriebe gehörig, durch die Prozeßgebühr mit abgegolten werden.

b) Die Einschränkung des § 87 ist jedoch nicht unbedenklich. Sein Wortlaut und die systematische Stellung unter den „Schlußbestimmungen" lassen die Anwendung im Prozeß (in bürgerlichen Rechtsstreitigkeiten, im Konkursverfahren und in Strafsachen) ebenso wie außerhalb eines Prozesses zu. Nach den Motiven zu § 87 (S. 90) ist „von den Unterscheidungen Abstand genommen, die in den älteren Gebührenordnungen mit Rücksicht auf die Erhebung im Prozesse und außerhalb desselben gemacht werden". Es konnte, wie die Motive (S. 90) hinzufügen, „keine innere Berechtigung für diese Unterscheidung gefunden werden, da in allen vorliegenden Fällen die Tätigkeit des RA dieselbe bleibt". Damit geben die Motive ausdrücklich zu erkennen, daß es für die Anwendung des § 87 ohne Belang ist, ob die Tätigkeit des RA im Prozeß oder außerhalb des Prozesses stattfindet und ob der Zweck der Erhebung und Ablieferung des Geldes ein prozessualer oder ein anderer ist. Es erscheint hiernach die Annahme gerechtfertigt, daß die Erhebung und Ablieferung der Streitsumme im bürgerlichen Rechtsstreite, der erstatteten Kosten, des Erlöses einer Zwangsvollstreckung, einer Anteilzahlung im Konkurs, einer freigewordenen Kaution im Strafverfahren und ähnliche Akte unter den § 87 fallen, wiewohl sie mit dem Prozeßbetrieb oder mit dem betreffenden Verfahren im Zusammenhange stehen. Ebenso ist es für das Erwirken der Gebühr aus § 87 einerlei, ob der RA die Gelder oder Wertpapiere von anderen für den Auftraggeber erhebt und an diesen abliefert oder ob er sie vom Auftraggeber erhebt und an dritte Personen abliefert. In allen diesen Fällen ist sowohl die Tätigkeit des RA als die von ihm übernommene Verantwortlichkeit dieselbe. Der RA kann daher entgegen den Entscheidungen des RG die Gebühr des § 87 in allen diesen Fällen beanspruchen, gleichviel, welche anderen Gebühren ihm außerdem zustehen. Es muß jedoch eine Tätigkeit des RA vorliegen, welche sich auf eines der im § 1 RAGebO bezeichneten Verfahren bezieht und durch ein solches Verfahren veranlaßt ist. Anderenfalls findet nicht § 87, sondern die landesgesetzliche Gebührenvorschrift (Art. 13 PrGebO) Anwendung. Vgl. Sydow-B.-Kr. A 3, 5; Baumbach A 2, 3. Ein zum Vormund bestellter RA hat für Erhebung und Ablieferung von Geldern besondere Gebühren nicht zu beanspruchen. Die Hebegebühr ist regelmäßig nicht Teil der Rechtsstreitkosten, wohl aber der Zwangsvollstreckungskosten und deshalb nach § 788 ZPO zu beurteilen, KG JW 33, 542.

c) Der Ansicht des RG haben sich die meisten OLG angeschlossen und die Gebühr für die Erhebung und Ablieferung einer prozessualen Sicherheit versagt: KGBl 11, 83; Rsp 19, 259; 23, 269; LZ 15, 586; JW 23, 701[25], 841[6], 847[18]; KG (20), JW 29, 2621[8]. Dagegen wird sie zugebilligt für die zur Urteilsvollstreckung vom Mandanten gezahlte und vom RA hinterlegte Sicherheit von OLG Dresden; Wengler 84, 563; SächsArch 96, 806; JW 05, 768; OLG Frankfurt, Rundschau 83, 35; OLG Bamberg Recht 10 Nr. 994a; LG Hamburg JW 35, 3243; für die bei Gericht erhobene und an die Partei abgelieferte Vollstreckungskaution von OLG Jena ThürBl 45, 272; OLG Köln RheinArch 76 Abt. 1 S. 51; OLG Dresden Rsp 13, 266; s. auch KG JW 23, 695[5]; für die Hinterlegung der Sicherheit zur Abwendung der Vollstreckung, OLG Hamm JW 30, 574[32]; für den von der Partei dem RA überwiesenen und von ihm an das Gericht abgelieferten Gerichtskostenvorschuß OLG Dresden SächsAnn 2, 249; *aM* OLG Jena ThürBl 28, 103; für die Tätigkeit des RA, der zur Befriedigung des Gläubigers ein Guthaben des Mandanten von der Bank abhob und dem Gläubiger ablieferte, KG Rsp 17, 239. Wenn der RA im Auftrage seiner Partei gemäß §§ 108 Abs. 2 ZPO, 235 BGB den Umtausch einer geleisteten Sicherheit vornimmt, so kann er sowohl für den an die Hinterlegungsstelle zu richtenden Antrag die Gebühr des § 23 Ziff. 18 als auch für die Erhebung der in Frage kommenden Werte von der Hinterlegungsstelle und ihre Ablieferung an den Auftraggeber die Gebühr des § 87 berechnen, bei Ablehnung des reichsgerichtlichen Standpunktes auch die Gebühr für Erhebung und Ablieferung der neu zu leistenden Sicherheit.

d) Übereinstimmung herrscht insofern, als für die Erhebung und Ablieferung der vom Gegner geschuldeten Streit- oder Vergleichssumme der RA die Gebühr des § 87 stets verdient. Desgleichen erwächst die Gebühr von dem von der unterliegenden Partei an den RA des Gegners gezahlten und an dessen Auftraggeber abgelieferten Betrage der zu erstattenden Kosten, OLG Dresden Wengler 28, 39.

2. Nur die Erhebung und die Ablieferung zusammen begründen die Gebühr, und zwar auch dann, wenn sie im Wege des Banküberweisungs-, des Giro- oder Postscheckverkehrs vor sich gehen (s. die ausdrückliche Bestimmung in § 14 Abs. 2 NotGebO). Hat der RA eine Summe in verschiedenen Teilen, z. B. von verschiedenen Personen, erhoben, aber zusammen abgeliefert oder einen gleichzeitig erhobenen Gesamtbetrag in verschiedenen Teilen, z. B. an verschiedene Personen, abgeliefert, so kann er die Gebühr für jeden Teil besonders berechnen, Mot 90. Auf die bloße Erhebung oder bloße Ablieferung findet § 87 keine entsprechende Anwendung (§ 89). Die Gebühr des § 87 ist daher nicht begründet, wenn der RA Geld für eigene Rechnung erhebt, z. B. wenn er seine Gebühren vom Auftraggeber oder von dem erstattungspflichtigen Gegner einzieht oder wenn er von seinem Auftraggeber einen Vorschuß in Empfang nimmt; Baumbach A 2. Die Folge davon, daß erst Erhebung und Ablieferung die Gebühr entstehen lassen, ist, daß bei einer Änderung der Gebühren die neuen Gebührenvorschriften anzuwenden sind, wenn nur die Ablieferung unter ihrer Geltung stattfand. Da die Gebühr außerhalb der Instanz erwächst, kommt es auf deren Beendigung nicht an.

3. Voraussetzung der Gebühr ist ein Auftrag der Partei. Kein Anspruch des ArmAnw an die Staatskasse auf die Gelderhebungsgebühr, KG JW 35, 798. Die Prozeßvollmacht ermächtigt an sich nicht zur Empfangnahme des Streitgegenstandes, § 81 ZPO; Die hierauf erweiterte Vollmacht unterliegt im Gegensatz zum früheren Recht jetzt nicht mehr der Urkundensteuer, s. Westarp A 1 zu § 27 UrkSteuerGes. Der Auftrag der Partei kann auch stillschweigend erteilt und durch die spätere Billigung ersetzt werden. Ist eine abweichende Bestimmung nicht getroffen, so wird anzunehmen sein, daß der Parteiwille dahin gehe, es solle der RA die vollständige Erledigung der ganzen Angelegenheit für die Partei besorgen. Wenn der RA die Streitsumme von dem Gegner erhebt und an den Auftraggeber abliefert, so entspricht er dem zu unterstellenden stillschweigenden Auftrage der Partei; einschränkend Baumbach A 3. Damit wird diese, nicht die Gegenpartei dem RA gebührenpflichtig; s. auch oben S. 125.

Die Prozeßvollmacht ermächtigt zur Empfangnahme der vom Gegner zu erstattenden Kosten, § 81 ZPO.

4. Gelder im Sinne des § 87 sind nicht nur die Geldmünzen deutscher und fremder

Währung, sondern alle Wertzeichen, die im Verkehre dem Gelde gleich behandelt werden, wie Banknoten und Kassenscheine. **Wertpapiere** sind nur solche Urkunden, die Träger der Forderung selbst sind und als solche einen bestimmten Wert haben (KG DDNotV 28, 633), z. B. Wechsel, Aktien, Kuxe, Konnossemente, Schecks, und zwar auch Bankschecks mit Verrechnungsvermerk, aber nicht der rote Reichsbankverrechnungsscheck, JFG Erg 5, 107 = DNotV 28, 216. Dagegen gehören nicht hierher Schuldurkunden und Legitimationspapiere, wie z. B. Bürgschaftsurkunden, OLG Braunschweig JW 29, 149[58]; OLG München ZZP 55, 308; *aM* OLG Hamburg JW 28, 753[41], oder Hypothekenbriefe, Sparkassenbücher (KG DNotV 28, 633). Bei der Umrechnung ausländischer Geldsorten wird man der VO des RFinM v. 19. 11. 30, JMBl 344, über die Umrechnung fremder Währungen bei der Berechnung der Wechselsteuer folgen können. Bei Wertpapieren ist nicht der Nennbetrag, sondern der wirkliche Wert, also bei Wertpapieren, die einen Kurs haben, dieser maßgebend, Mot 90.

5. Die Befugnis aus § 87 Abs. 3 gilt nur für die Hebegebühr und bezieht sich nur auf Geld; eine entsprechende Anwendung auf Wertpapiere ist ausgeschlossen.

6. Dem RA steht gegenüber seinem Auftraggeber ein **Zurückbehaltungsrecht** nach den Regeln des BGB §§ 273, 320 zu, und zwar nicht nur an erhobenen Geldern, sondern auch an Wertpapieren, KommBer S. 41. Unzulässig ist aber, gegen den Willen des Auftraggebers die Gebühren von einer zu anderen Zwecken anvertrauten Summe einzubehalten, EGH 15, 206; 18, 209. Die Möglichkeit der **Aufrechnung** ist nach § 387 BGB zu beurteilen.

7. Wegen der **Erstattungsfähigkeit** der Gebühr s. oben S. 125 u. MdRRAK v. 30. 4. 36 S. 59.

§ 88. Für die Ausarbeitung eines Gutachtens mit juristischer Begründung hat der Rechtsanwalt angemessene Vergütung zu beanspruchen. Über die Höhe der Vergütung wird im Prozeßwege, nach eingeholtem Gutachten des Vorstandes der Anwaltskammer, entschieden.

1. Die Erstattung des Gutachtens muß eine Tätigkeit im Rahmen des § 1 darstellen, das Gutachten muß mit juristischer Begründung versehen sein, andernfalls sind die LandesGebO, in Preußen Art. 9, 11 PrGebO, anzuwenden. Auch der Prozeßbevollmächtigte, der im Prozeß auf Verlangen seines Vollmachtgebers ein Gutachten ausarbeitet, kann die besondere Gebühr aus § 88 fordern, Mot 90. Das **Gutachten** unterscheidet sich von dem **erteilten Rat** (§ 47) dadurch, daß der Rat nach Prüfung der Tatsachen und Rechtsfragen im Interesse des Ratsuchenden nach einer bestimmten Richtung hin erteilt wird, das Gutachten aber nach Vornahme derselben Prüfung die zur Begutachtung gestellte Frage von verschiedenen Seiten beleuchtet und die Entscheidung über das Für oder das Wider dem Auftraggeber überläßt. Dem Gutachten ist eine juristische Begründung beizufügen, und eine schriftliche Ausarbeitung ist erforderlich. Der Rat kann auch mündlich erteilt werden und braucht nur das Ergebnis der vorausgegangenen Erwägungen wiederzugeben. Fügt ein RA einem schriftlichen Rate eine Begründung bei, bei der er seine juristischen Kenntnisse verwertet, so ist darin noch nicht ein Gutachten mit juristischer Begründung zu erblicken, RG Recht 07, 710. Gebühr für einen **schriftlichen Rat**: § 47.

2. Für die Beurteilung der **Angemessenheit** der Vergütung kommen in Betracht der Wert des Streitgegenstandes, die Schwierigkeit der Frage, die aufgewendete Mühe und sonstige Umstände. Nicht gerechtfertigt ist es, in erster Reihe den Streitwert zu berücksichtigen; man wird freilich auch ihn und die Gebühren des Abschnitts 2 bei der Bemessung der Gebühr mit in Betracht ziehen müssen. Der Prozeßrichter muß vor seiner Entscheidung ein Gutachten des Präsidenten der Anwaltskammer einholen, ist aber an das Gutachten nicht gebunden. Zuständig ist der Präsident der Anwaltskammer, welcher der RA angehört.

3. Erstattungsfähig ist diese Gebühr der Regel nach nicht, oben S. 120 zu Nr. 8.

§ 89. Ist für das dem Rechtsanwalt übertragene Geschäft der Betrag der Gebühr in diesem Gesetze nicht bestimmt, so erhält er eine unter entsprechender Anwendung der Bestimmungen dieses Gesetzes zu bemessende Gebühr.

1. Der § 89 enthält nur eine Generalklausel für die Geschäfte, die nach § 1 unter die RAGebO fallen und für welche in diesem Gesetz eine Gebühr dennoch nicht bestimmt ist. Ist eine entsprechend anwendbare Bestimmung dieses Gesetzes nicht vorhanden, so ist die aufgewendete Bemühung angemessen zu vergüten. Über deren Höhe ist im Streitfalle im Prozeßwege zu entscheiden. Die Bestimmungen der RAGebO finden auch auf das Verfahren vor den Sondergerichten entsprechende Anwendung, OLG Hamm JW 33, 2828.

2. Die Reichstagskommission hat folgende Anwendungsfälle des § 89 zusammengestellt: a) Fertigung eines Antrags auf Konkurseröffnung; b) Beistandsleistung in einem einzelnen Konkurstermine, wenn nur hierzu Vollmacht erteilt ist; c) Rat bei einem einzelnen Akte im Konkursverfahren, z. B. bei Abfassung der Akkordbedingungen; d) dem Konkursverwalter geleisteter Beistand; e) Vertretung von Aktionären bei einem Konkurse über eine Aktiengesellschaft, oder bei einem Versuche solcher Aktionäre, auf das Verfahren Einwirkung zu erlangen, oder Beistand hierbei; f) Beistand im Sühnetermin bei Privatklagesachen, aber nicht für den Korrespondenzanwalt, OLG Kiel JW 32, 2907; g) Information zur Verteidigung in einer Strafsache, wenn es nicht zur Hauptverhandlung und auch nicht zu einem Vorverfahren kommt, für eine gescheiterte Hauptverhandlung erhält der Verteidiger weder die Verhandlungs- noch neben ihr die Ersatzgebühr, KG JW 36, 2254; h) Vertretung in einem Beweistermin in einer Straf- bzw. Privatklagesache, falls die Vollmacht hierauf sich beschränkt; i) unter derselben Voraussetzung Rat in einer Strafsache; k) Vertretung eines Nebenklägers, wenn es nicht zur Hauptverhandlung kommt; l) Auftrag zur Ermittlung tatsächlicher Verhältnisse zum Zwecke irgendeines Verfahrens; m) Annahme oder Besorgung einer Zustellung.

Die Zusammenstellung ist nicht erschöpfend, z. B. bestimmt sich ebenso die Gebühr des RA für die Vertretung des Vergleichsschuldners bis zur Eröffnung des Vergleichsverfahrens lediglich nach § 89. § 54 ist nicht anwendbar. Wird der RA, der den Schuldner bis zur Eröffnung des Vergleichsverfahrens vertreten hat, später als Vertrauensperson tätig, so ist bei Bemessung der Vergütungen der sachliche Zusammenhang der beiden Tätigkeiten und die damit für den RA verbundene Arbeitserleichterung zu berücksichtigen, LG Offenburg JW 32, 1173. Ferner erstattungsfähige Vergleichsgebühr für den Verkehrsanwalt, OLG Kiel JW 32, 2907. Dagegen steht dem Anwalt auch nach § 89 keine Vergleichsgebühr zu, wenn ein Zwischenvergleich im Prozeß nur zur Vorbereitung eines später nicht zustande gekommenen endgültigen Vergleichs geschlossen wird, KG JW 31, 1117.

Beim Termin zur persönlichen Abhörung einer Partei im Eheprozeß ist die Zuziehung des Beistandes eines Dritten nach § 90 ZPO zur Rechtsverfolgung oder Rechtsverteidigung der anzuhörenden Partei nur unter ganz besonderen Umständen notwendig, OLG Kiel JW 31, 1122.

Eine entsprechende Anwendung des § 14 RAGebO auf Grund des § 89 ist nicht zulässig, wenn nach Einklagung eines Teilbetrages über die Gesamtforderung ein Vergleich geschlossen wird. Hier kann also neben den durch die Einklagung des Teilanspruchs erwachsenen Gebühren nur die Vergleichsgebühr für den Vergleich über die Gesamtforderung verlangt werden, MdRRAK vom 1. 1. und 1. 4. 37 S. 14 bzw. S. 90.

Weitere Anwendungsfälle s. z. B. § 53 Vorb. 2, § 63 Vorb. 2; RG 121, 200 für die Vermittlung eines Darlehns; OLG Düsseldorf in JW 36, 2156 erklärt dagegen für die Aufnahme von eidesstattlichen Versicherungen durch den RA die Tätigkeit durch die Prozeßgebühr für abgegolten, gleichgültig, ob die Partei selbst oder ein Dritter die Versicherung abgibt.

Der Anwalt, der eine Vergleichsgebühr beansprucht, muß durch seine Tätigkeit zum Zustandekommen des Vergleichs mindestens wesentlich mitgewirkt haben, KG JW 37, 834.

In Familienstandssachen, insbesondere im Rechtsstreit betreffend die Anfechtung der Ehelichkeit eines Kindes, ist ein Vergleich im Sinne des § 13 Ziff. 13 RAGebO nicht möglich. Auch auf dem Wege über § 89 kann dem RA eine Vergleichsgebühr nicht erwachsen, KG JW 37, 834.

3. Der § 8 ist nur insoweit anwendbar, als die entsprechende Gebühr den Abschnitten 2—4 entnommen wird.

§ 90. Insofern in diesem Gesetze für die begonnene oder vorbereitete Ausführung eines vor der vollständigen Ausführung erledigten Auftrags eine Gebühr nicht vorgesehen ist, erhält der Rechtsanwalt eine nach Maßgabe des § 89 zu bemessende Gebühr.

Die Vorschrift enthält eine Anwendung des § 89 für die Fälle, in welchen ein Auftrag im Rahmen des § 1 erteilt, die Ausführung auch schon begonnen, aber nicht beendigt ist, weil sich der Auftrag selbst aus irgendwelchen Gründen erledigt hat; z. B. § 63 Vorb. 2a. Ein besonderer Fall ist im § 14 geregelt. Die nach § 89 zu berechnende Gebühr darf nicht den Gebührenbetrag überschreiten, der dem RA zugestanden haben würde, wenn er den Auftrag vollständig erledigt hätte, Mot 91. Für die Bemessung der Gebühr können die §§ 14, 39, 48, 50 und 61 einen Anhalt gewähren.

§ 91. Die Vorschriften dieses Gesetzes finden entsprechende Anwendung:

1. im schiedsrichterlichen Verfahren;
2. im Verfahren wegen Nichtigkeitserklärung oder Zurücknahme eines Patents;
3. im Disziplinarverfahren nach Maßgabe des Reichsbeamtengesetzes vom 18. Mai 1907 (Reichsgesetzbl S. 245), jetzt Dienststrafordnung vom 26. Januar 1937;
4. im ehrengerichtlichen Verfahren gegen Rechtsanwälte;
5. bei der Untersuchung von Seeunfällen.

Für die Berechnung der Gebühren des im schiedsrichterlichen Verfahren als Prozeßbevollmächtigten bestellten Rechtsanwalts gilt das gerichtliche Verfahren im Falle des § 1036 der Zivilprozeßordnung als zum schiedsrichterlichen Verfahren gehörig.

Das Verfahren vor der *Disziplinarkammer*, vor dem *Ehrengericht* und vor dem Seeamt steht im Sinne des § 63 dem Verfahren vor dem Schöffengerichte gleich.

1. Zu Nr. 1 und Abs. 2. Gemeint ist das schiedsrichterliche Verfahren der

ZPO §§ 1025—1084, das wie ein bürgerlicher Rechtsstreit behandelt wird. Der RA hat deshalb Gebühren nach §§ 13 ff. zu berechnen; falls zwei Instanzen bestimmt sind, für jede Instanz besonders (vgl. § 52). Jede der Gebühren des § 13 ist erwirkt, wenn irgendeine Tätigkeit ausgeübt ist, die in den durch diese Gebühr abgegoltenen Tätigkeitskreis fällt. Ein Versäumnisverfahren findet nicht statt, und eine nicht streitige Verhandlung dürfte nicht vorkommen, so daß § 16 Satz 1 nicht zur Anwendung kommt. Als Verhandlung ist jeder mündliche Vortrag der Streitsache und als Beweisaufnahme jede Feststellung streitiger Tatsachen auf Grund der gesetzlichen Beweismittel anzusehen. Keine besondere Gebühr erhält der RA nach Abs. 2 für seine Tätigkeit in einem gerichtlichen Verfahren des § 1036 ZPO, d. h. wenn eine von den Schiedsrichtern für erforderlich erachtete richterliche Handlung, zu deren Vornahme sie nicht befugt sind, auf Antrag einer Partei von dem Gericht vorzunehmen ist. Ist aber der RA nur bei diesem gerichtlichen Verfahren tätig, so steht ihm die $^{5}/_{10}$-Gebühr des § 22 zu. Andere gerichtliche Verfahren anläßlich des Schiedsvertrags, insbesondere die Verfahren nach §§ 1029, 1031—1033 ZPO, gehören nicht zum „schiedsrichterlichen Verfahren" im Sinne des § 91 und machen daher außerdem die Gebühren des § 22 fällig; s. auch § 40a wegen der Gebühren in den Verfahren aus §§ 1042, 1044a ZPO; Kostenfestsetzung: s. oben S. 74.

In dem Verfahren auf Erlaß eines Schiedsurteils nach § 18 und § 20 der Bek. zur Entlastung der Gerichte v. 9. 9. 15 in der Fass. v. 13. 5. 24 RGBl I 552 bestimmen sich die Anwaltsgebühren nach den für das ordentliche Verfahren geltenden Vorschriften, sofern sich nicht aus der Eigenart des Schiedsverfahrens, z. B. hinsichtlich der Beweiserhebung und des Versäumnisverfahrens, Abweichungen ergeben; s. oben § 17 Anm. 2. Zu beachten ist aber, daß abweichend von dem Verfahren vor einem Gericht oder einer Behörde die für ein schiedsrichterliches Verfahren ausgestellte Vollmacht der Urkundensteuer unterliegt, für die der RA, der die Vollmacht hat, haftet (§ 5 Abs. 3 UrkStGes i. Verbindung mit § 27 Abs. 5; vgl. auch Deutsche Notarzeitschrift 1939 Nr. 3 S. 215).

2. Zu Nr. 2. In Betracht kommen das Patentgesetz v. 5. 5. 36, RGBl II 117 ff., und die Verordnung über das Berufungsverfahren beim Reichsgericht in Patentsachen v. 30. 9. 36, RGBl II 316. An Stelle der Disziplinarkammer ist jetzt das Ehrengericht und an Stelle des Ehrengerichts der Ehrengerichtshof getreten.

Für die Gebührenberechnung gelten folgende Grundsätze:

A. Im Verfahren vor dem Patentamte stehen dem RA, wenn er für das ganze Verfahren bevollmächtigt ist, zu: a) Die volle Prozeßgebühr, auch wenn er den schriftlichen Antrag auf Nichtigkeitserklärung oder Zurücknahme des Patents nicht gestellt oder die schriftliche Erklärung des Patentinhabers auf diesen Antrag nicht abgegeben hat. b) Die volle Verhandlungsgebühr für die mündliche Verhandlung, auch wenn der Gegner nicht verhandelt, da in diesem Falle unter Ausschluß des Versäumnisverfahrens vom Patentamte nach Lage der Akten zu entscheiden ist, Entsch. des Patentamts im Patentbl. 81, 227, und ein Anerkenntnisurteil im Nichtigkeitsverfahren nicht ergehen kann. Wird nach einer Beweisaufnahme mündlich verhandelt, so erhöht sich die Verhandlungsgebühr um $^{5}/_{10}$. c) Die Beweisgebühr für Vertretung im Beweisaufnahmeverfahren, auch wenn die Erhebung des Beweises vor der mündlichen Verhandlung angeordnet und erfolgt ist. d) Die Berufung geht an das Reichsgericht, ist aber bei dem Patentamte schriftlich anzumelden und zu begründen. Diese Berufungsschriften eröffnen schon die neue Instanz. Der Anwalt erhält daher für die Anmeldung der Berufung und den Schriftwechsel von neuem eine Prozeßgebühr.

Sind dem Anwalte nur Einzelhandlungen übertragen, so erhält er: e) Im Falle des Antrags auf Nichtigkeitserklärung oder Zurücknahme des Patents oder der Anfertigung der Berufungsschrift oder einer Erklärung für jeden Schriftsatz 5/10 der Prozeßgebühr (§ 46), aber für mehrere Schriftsätze in derselben Instanz niemals mehr als die volle Prozeßgebühr (§ 48). f) Für die Vertretung oder die Ausführung der Parteirechte in der mündlichen Verhandlung die volle Verhandlungsgebühr und 5/10 der Prozeßgebühr (§ 43). Für die Wahrnehmung eines Beweistermins die Beweisgebühr und 5/10 der Prozeßgebühr (§ 45). g) Zu den Kosten gehören auch die den Beteiligten erwachsenen Kosten, die nach freiem Ermessen des Patentamts zur zweckentsprechenden Wahrung der Ansprüche und Rechte notwendig waren.

B. Im Berufungsverfahren vor dem Reichsgerichte gilt folgendes:

Zur Anmeldung der Berufung bei dem Patentamt und ihrer Begründung ist sowohl ein Reichsgerichtsanwalt als auch jeder andere RA befugt. Zur Vertretung in der mündlichen Verhandlung sind aber nur die Reichsgerichtsanwälte zuständig, RG Patentbl 1890 S. 388, 389. Daneben kann jedoch jeder RA als Beistand auftreten, auch die Ausführung der Parteirechte übernehmen. Eine Übertragung der Vertretung auf einen bei dem Reichsgericht nicht zugelassenen RA findet nicht statt. Ist der Reichsgerichtsanwalt zur Vertretung im ganzen Verfahren bevollmächtigt, so erhält er, auch wenn er Schriftsätze nicht angefertigt hat, die volle Prozeßgebühr und die volle Verhandlungsgebühr. Ist er nur mit der Vertretung in der mündlichen Verhandlung betraut, so steht ihm neben der Verhandlungsgebühr die halbe Prozeßgebühr zu (§ 43). Der als Beistand auftretende RA hat die Verhandlungsgebühr und 5/10 der Prozeßgebühr zu beanspruchen, § 43. Die letzte Gebühr fällt fort, wenn der RA bereits die volle Prozeßgebühr für die Schriftsätze der Berufung erwirkt hat. Der Gebührensatz des § 9 ist in der Berufungsinstanz entsprechend dem § 52 um 3/10 erhöht.

C. Kostenfestsetzungsverfahren: oben S. 75. Nach §§ 31, 33 Abs. 2 PatGes hat das Patentamt und das Reichsgericht nach freiem Ermessen zu bestimmen, zu welchem Anteile die Kosten den Beteiligten zur Last fallen; vgl. dazu JW 23, 94. Die Höhe des Streitwerts bestimmt das Patentamt nach freiem Ermessen unter Zugrundelegung des Interesses, welches der Inhaber an der Aufrechterhaltung des Patentes hat. Der Wert wird nur festgesetzt, wenn der Antrag auf Erlaß eines KostenfestsBeschlusses gestellt wird, da für die Berechnung der Gerichtsgebühr auf den Streitwert nichts ankommt. Die Gebühren des Patentanwalts für Anfertigung von Schriftsätzen für das Berufungsverfahren vor dem RG hat dieses für nicht erstattungsfähig erklärt; weitere Rechtsprechung s. S. 75.

Vgl. §§ 22, 30, 31 Ges v. 27. 7. 77 RGBl 553, § 7 GeschO für das Ober-Seeamt v. 3. 5. 78 (RZentralbl 276), Nachtrag zur GeschO für das Ober-Seeamt v. 10. 5. 79 (RZentralbl 371). Die Anordnung des Vorsitzenden, daß eine Hauptverhandlung stattfinden solle, eröffnet das Hauptverfahren (§ 16).

3. Zu Abs. 3. Das Verfahren in den Fällen der Nr. 3, 4 und 5 ist dem für Strafsachen vorgeschriebenen ähnlich; die Bestimmungen des Abschnitts 4 sowie die allgemeinen Vorschriften der Abschnitte 1, 5, 6 und 7 finden darauf in der Art Anwendung, daß die Berechnung der Gebühren so erfolgen soll, als ob die Sache vor das Schöffengericht gehörte.

Über weitere Fälle reichsgesetzlicher Regelung der RAGebühren s. Art. 1 PrGebO A 1.

§ 92. Fällt eine dem Rechtsanwalt aufgetragene Tätigkeit, für welche ihm nach Vorschrift dieses Gesetzes eine Vergütung zusteht, zugleich in den Kreis derjenigen Angelegenheiten, in welchen die den Rechtsanwälten zustehende Vergütung durch landesgesetzliche Vorschrift geregelt ist, so kommt, soweit die Anwendung beider Vorschriften zu einer zweifachen Vergütung derselben Tätigkeit führen würde, nur eine derselben, und zwar die dem Rechtsanwalt günstigere, zur Anwendung.

1. „Der § 92 schließt eine doppelte Vergütung derselben Tätigkeit aus. Dabei ist es eine Frage tatsächlicher Natur, ob bei Anwendung beider Vorschriften dieselbe Tätigkeit zweifach vergütet erscheinen würde. Insofern diese Frage im einzelnen Falle zu verneinen ist, steht der Anwendung beider Vorschriften nichts im Wege. Denn in einem solchen Falle liegt nur scheinbar *eine* Tätigkeit vor, die Leistung des Anwalts sondert sich vielmehr nach Ziel und Gegenstand in zwei Leistungen. Das tritt klar hervor, wenn der Anwalt denselben Anspruch im reichsgesetzlichen und im landesgesetzlichen Verfahren geltend macht. Offenbar ist hier das Honorar für jedes Verfahren besonders zu berechnen; der zufällige Umstand, daß die Information für das eine Verfahren auch im anderen dem Anwalt zugute kommt, ist ebenfalls einflußlos, wie wenn der Anwalt eine für einen Auftraggeber eingezogene Information in einem anderen Rechtsstreit desselben oder in dem Rechtsstreit eines anderen Auftraggebers verwerten kann. Ganz gleich liegt der Fall, wenn der Anwalt vorbereitende Schritte für das eine wie für das andere Verfahren getan hat. Auch bei Erteilung eines *Rats* oder *Gutachtens* wird zu unterscheiden sein, ob dem Gegenstande nach, nicht bloß in der äußeren Erscheinung, zwei Leistungen oder nur *eine* vorliegen. Die Frage z. B., ob in einem gegebenen Falle der Weg der Klage im Zivilprozeß einzuschlagen sei, kann von der Frage, ob im Verwaltungsstreitverfahren vorzugehen sei, in der Prüfung und Erörterung je nach den verschiedenen in Betracht kommenden Gesichtspunkten vollständig getrennt gehalten werden, so daß in einem solchen Falle bei Bestimmung des Honorars die Anwendung der reichsrechtlichen und landesrechtlichen Vorschriften nach Maßgabe der bezeichneten Trennung keinem begründeten Bedenken unterliegen wird, wobei auf den rein äußerlichen Umstand, ob die Ergebnisse der Erörterungen in *einem* Gutachten zusammengefaßt werden, ein entscheidendes Gewicht nicht gelegt werden darf.

Das vorbezeichnete Verhältnis zeigt sich am klarsten, wenn das Gutachten des Rechtsanwalts sich darüber verbreitet, daß weder der Weg des Zivilprozesses, noch der des Verwaltungsstreitverfahrens einzuschlagen sei.

Anders liegt die Sache, wenn der Rat des Anwalts nur darüber verlangt würde, welcher von zwei an sich offenstehenden Wegen vorzuziehen sei. Die Tätigkeit des Anwalts betrifft dann nur eine ihm vorgelegte Frage, und eine Sonderung der Tätigkeit, je nachdem Reichsrecht oder Landesrecht in Betracht kommt, ist unausführbar", Mot 92, 93. Die Gebühren des RA, welche durch seine Tätigkeit bei der Devisenstelle entstanden und nach der Landesgebührenordnung zu berechnen sind, sind neben den eigentlichen Prozeßkosten in voller Höhe erstattungsfähig, OLG München JW 34, 708; OLG Darmstadt JW 33, 2828, OLG Karlsruhe JW 33, 1077; *aM* LG Berlin JW 33, 1672.

2. Wenn das Landesgesetz eine Gebühr für das Geschäft nicht bestimmt, sondern anordnet, daß der RA eine angemessene Vergütung fordern oder die Gebühr selbst festsetzen dürfe, ist nach § 612 BGB die übliche Vergütung als vereinbart anzusehen. In diesem Falle findet gleichfalls § 92 Anwendung.

§ 93. Sofern der Rechtsanwalt nicht einer Partei zur Wahrnehmung ihrer Rechte beigeordnet oder als Verteidiger bestellt ist, kann der Betrag der Vergütung durch Vertrag abweichend von den Vorschriften dieses Gesetzes festgesetzt werden. Die Festsetzung durch Bezugnahme auf das Ermessen eines Dritten ist ausgeschlossen.

Ist die vereinbarte Vergütung unter Berücksichtigung aller Umstände übermäßig hoch, so kann sie im Rechtsstreit nach eingeholtem Gutachten des Vorstandes der Anwaltskammer bis auf den in diesem Gesetze bestimmten Betrag herabgesetzt werden.

1. Das Ges v. 18. 8. 23 RGBl I 813 hat den Abs. 2 an die Stelle der früheren Absätze 2—4 gesetzt und damit auch das Formerfordernis der Schriftlichkeit für das Honorarversprechen des Auftraggebers beseitigt. Der Rechtsanwalt kann jetzt also in den Schranken des § 93 eine Vergütung mit seinem Auftraggeber formlos und daher auch stillschweigend vereinbaren. Als noch bestehende Schranken kommen in Betracht:

a) Eine vertragsmäßige Festsetzung der Vergütung des RA ist ausgeschlossen, wenn er zur Annahme des Auftrags verpflichtet ist, also dann, wenn ihn das Gericht einer Partei in bürgerlichen Rechtsstreitigkeiten beiordnet oder in Strafsachen als Verteidiger bestellt oder nach § 32 AuslG als Rechtsbeistand beiordnet. Die Annahme einer freiwillig gewährten Vergütung ist aber auch in diesen Fällen nicht unzulässig, EGH 8, 151; 13, 67; Voraussetzung ist aber, daß die Partei über die den RA aus der Beiordnung treffenden Pflichten aufgeklärt und zur Zahlung der bewilligten Vergütung bereit und in der Lage ist, EGH 18, 129.

Für die Beantwortung der Frage, ob der beigeordnete RA ein Honorar vereinbaren darf, ist der Grund seiner Beiordnung von Bedeutung. Einem nach § 38 RRAO beigeordneten RA oder dem Verteidiger eines Angeklagten, der nicht aus Armut die Bestellung eines Wahlverteidigers unterlassen hat, kann die Vereinbarung eines Honorars nicht verwehrt werden. Ist aber die, im Falle des § 115 Nr. 3 ZPO sogar besonders nachzuweisende, Armut der Grund dafür, daß ein RA beigeordnet werden mußte, so ist die Vereinbarung eines Honorars unzulässig, EGH 21, 117, 127. Der Meinung, daß die Vereinbarung eines Honorars dann zulässig sei, wenn von ihr die Übernahme oder Fortsetzung der Tätigkeit als Pflichtanwalt nicht abhängig gemacht werde, kann nicht gefolgt werden. Vielmehr wird man jede Honorarvereinbarung des wegen Armut seines Schutzbefohlenen beigeordneten Pflichtanwalts, selbst wenn das Versprechen aus freien Stücken ohne Verlangen des RA abgegeben ist (OLG Düsseldorf Rsp 43, 135; KG JW 30, 1803[30]), nach § 134 BGB für nichtig erklären müssen (Jonas § 115 A V 3), so daß auch die Zusage einer Vergütung für den Fall wesentlicher Verbesserung der Verhältnisse des Schutzbefohlenen hierunter fällt. Nachträgliche Armenrechtsbewilligung macht jedoch gegenüber der Staatskasse die vorangegangene Honorarvereinbarung des RA nicht unwirksam, OLG Kiel JW 31, 2383. Die Zusage einer Vergütung für den Fall, daß ein Beschluß aus § 125 ZPO ergeht, die OLG Düsseldorf Rsp 43, 135 = JW 22, 1341[13] für zulässig hält, stellt nur die Rechtswirkung dieses Beschlusses fest.

Der EGH (3, 146; 4, 163; 17, 147, 158; 18, 180) betrachtet eine Honorarvereinbarung des zum Armenanwalt bestellten RA als einen Verstoß gegen die Pflichten des § 31 RRAO. Die Annahme, daß die Voraussetzungen für die Bewilligung des Armenrechts nicht gegeben seien, rechtfertigt nicht das Verlangen eines Sonderhonorars, EGH 18, 133. Als besonders verwerflich wird es angesehen, wenn der Armenanwalt seine Tätigkeit von der Gebührenzusage abhängig macht (EGH 9, 172; 12, 59; 17, 147). Unzulässig ist es, wenn der RA vor seiner Beiordnung als Armenanwalt sich das Honorar gerade für den Fall, daß er als

Pflichtanwalt bestellt wird, versprechen läßt (EGH 9, 172, ähnlich 12, 59). Der EGH beurteilt, ob das Verhalten des RA dem § 31 RRAO entspricht. Seine Stellungnahme gibt aber doch auch einen Anhalt für die zivilrechtliche Beurteilung der Vereinbarung, und diese muß der Vereinbarung, durch die der RA vor seiner Beiordnung sein Tätigwerden als Armenanwalt von der Zusage einer Vergütung abhängig macht, obwohl er weiß, daß um seine Beiordnung als Armenanwalt gebeten werden soll, die Wirksamkeit versagen, OLG Düsseldorf Rsp 43, 135, Stettin JW 28, 1948[7]; KG JW 29, 135[36]; s. auch OLG Breslau JW 30, 1093[31], wo sogar § 138 Abs. 2 BGB angewendet wird; ebenso OLG Breslau JW 32, 2906.

b) Der Betrag der Vergütung muß sich aus dem Vertrag ergeben. Indessen ist es nicht notwendig, daß der Betrag im Vertrage selbst ziffermäßig zum Ausdruck gebracht wird; er kann beispielsweise auch auf einen Prozentsatz oder auf eine bestimmte Summe über den Betrag der gesetzlichen Gebühren festgesetzt werden. Es kann auch die Berechnung nach einem bestimmten Streitwert vereinbart werden. „Dagegen kann die Festsetzung der Vergütung dem Ermessen eines Dritten, z. B. des Präsidenten der Anwaltskammer nicht überlassen werden. Eine derartige Vereinbarung würde nicht ausschließen, daß die im Gesetze bestimmten Beträge maßgebend bleiben", Mot 93. Erst recht ist unzulässig, die Höhe der Vergütung von dem Ermessen eines Vertragschließenden abhängig zu machen, OLG Frankfurt Rsp 27, 238 A, oder die Vereinbarung eines angemessenen Streitwerts oder einer angemessenen Vergütung, da auch hier ein Dritter, nämlich der Richter, das Honorar bestimmen müßte, RG Warn 28 Nr. 134 = JW 28, 2781[1], HRR 30 Nr. 1211 und RG JW 15, 928[17], wo freilich eine landesrechtliche Bestimmung dieses Inhalts zugelassen ist; oder die Zusage einer angemessenen Vergütung für Korrespondenz und außergewöhnliche Bemühungen; *aM* OLG Hamburg JW 25, 1662[6].

2. Hiervon abgesehen, kann also der RA den Betrag der Vergütung, und zwar sowohl für die Gebühren als auch für die Auslagen frei vereinbaren. Der Vertrag unterliegt den Vorschriften des bürgerlichen Rechts. Der Vertragsschluß kann nicht nur bei Annahme des Mandats, sondern auch jederzeit nachher erfolgen, Mot 93, 94. Bei Honorarvereinbarung ist wegen der infolge grundloser Mandatskündigung vor Instanzbeendigung geleisteten Anwaltstätigkeit die entsprechende Verrechnung auf das bereits voll gezahlte Honorar nach den Grundsätzen der Gebührenfälligkeit (Prozeßgebühr, Verhandlungsgebühr, Beweisgebühr usw.) angemessen, KG JW 33, 543. Die vertragliche Vergütung kann an Stelle der gesetzlichen oder neben dieser bedungen sein. Die Beifügung einer Bedingung ist zulässig. Bei deren Ausfall läßt OLG Stettin, Rsp 22, 289 die gesetzliche, nicht eine angemessene Vergütung eintreten. Die Vereinbarung kann den Zeitpunkt der Fälligkeit verlegen, so daß z. B. alle regelmäßig entstehenden Gebühren als Vorschuß zu zahlen sind, Ob sich die Vereinbarung mit auf die Auslagen bezieht oder ob diese daneben berechnet werden sollen, ist zweckmäßig zu verabreden. Klarzustellen ist, ob sich die Vereinbarung nur auf die Hauptsache oder auch auf die einstw. Verfügung beziehen soll. Die Vereinbarung wird durch das Inkrafttreten einer günstigeren Gebührenordnung nicht unwirksam, RG 114, 336; Warn 27 Nr. 27.

Vertragsmäßig kann sowohl eine Erhöhung als eine Herabsetzung der gesetzlichen Gebühren bedungen werden. Daß auch ein Abkommen unter der Taxe, soweit es nicht die Standesehre verletzt, zulässig sei, ist bei der Beratung des Gesetzes ausdrücklich anerkannt, StenBer 2, 1586. Vgl. A 6.

3. Die Prüfung, ob die vereinbarte Vergütung übermäßig hoch ist, geschieht im Rechtsstreite auf Klage oder Einwendung. Während nach dem früheren Abs. 4 die Frage, ob die Grenze der Mäßigung überschritten sei, nach der Sachlage, wie sie zur Zeit des Vertragsschlusses bekannt war, zu beurteilen war und später eingetretene oder bekannt gewordene Umstände außer Betracht blieben (Mot 94, 95; OLG Frankfurt JW 20, 508[8], RG JW 27, 846[11]; EGH 16, 79), ist nach der jetzigen Fassung des Abs. 2 unter Berücksichtigung aller Umstände zu prüfen, ob die vereinbarte Vergütung übermäßig hoch ist. Es ist demnach nicht nur die Sachlage, wie sie sich bei Erteilung des Auftrags darstellte, sondern die ganze Abwicklung des Auftrags in Betracht zu ziehen. Solche zu berücksichtigende Umstände sind z. B. verwickelter Tatbestand, schwierige und zweifelhafte Rechtsfragen, Sonderrechtsgebiete, Umfang und Beschaffung der Beweismittel, Verantwortung des RA, besondere Fähigkeiten des RA, z. B. als Verteidiger, als Kenner des gewerblichen Rechtsschutzes, des Familiengüterrechts, Ausgang des Rechtsstreits oder Strafverfahrens, Erwerbsverlust durch Wahrnehmung auswärtiger Termine usw.

Dadurch, daß sich die Vergütung nicht im Rahmen der gesetzlichen Gebühren hält, wird sie noch nicht übermäßig hoch. Ist sie aber unter Berücksichtigung aller Umstände nicht mehr angemessen, sondern „übermäßig hoch", so kann der Auftraggeber im Rechtsstreit eine Herabsetzung bis auf den gesetzlichen Betrag verlangen. Das Gericht darf also nicht unter den gesetzlichen Betrag heruntergehen und braucht auch nicht bis auf diesen herabzugehen, wenn es annimmt, daß für die entwickelte Tätigkeit unter Berücksichtigung aller Umstände eine höhere Vergütung angemessen sei.

4. Das Prozeßgericht ist nur dann verpflichtet, ein Gutachten des Präsidenten der Anwaltskammer einzuholen, wenn es die verlangte Herabsetzung nicht ohne weiteres abweist. An das Gutachten ist das Gericht nicht gebunden; der Vorschlag des Entwurfs, daß ein dem Anwalte günstiges Gutachten das Gericht binden solle (Mot 93), ist abgelehnt worden. Der Richter entscheidet also nach freiem Ermessen und ist nur gebunden an die durch den gesetzlichen Gebührenbetrag bestimmte Grenze. Die zuständige Anwaltskammer ist die, der der Anwalt angehört, auch wenn das Prozeßgericht seinen Sitz in dem Bezirk einer anderen Anwaltskammer hat.

5. Die Frage, ob die Anfechtbarkeit des Vertrags (§ 93 Abs. 2) durch Genehmigung, Anerkenntnis, Verzicht auf die Einwendungen oder auf andere Weise, insbesondere durch Zahlung aufgehoben werden kann, ist nach bürgerlichem Rechte zu beantworten. In der RTK bestand Einverständnis darüber, daß nach Zahlung eines die gesetzliche Gebühr überschreitenden Betrags eine Herabminderung im Prozeßwege nur dann stattfinde, wenn nach bürgerlichem Rechte eine Rückforderungsklage begründet sei, KommBer S. 41. Da das Urteil aus § 93 Abs. 2 konstitutive Kraft hat, gibt es dem Anspruch aus § 812 BGB die Grundlage; KG Rsp 27, 238 wendet § 813 BGB an. Ist aber der Vertrag nach § 134 oder § 138 BGB nichtig, kann die ganze Leistung zurückverlangt werden.

6. Die Vereinbarung einer übermäßig hohen Vergütung kann nicht nur die Herabsetzung des Leistungsanspruchs zur Folge haben, sondern auch eine Verletzung der dem RA nach § 31 RRAO obliegenden Pflichten enthalten und deswegen eine ehrengerichtliche Bestrafung nach sich ziehen. Der RA kann sich nämlich ehrengerichtlich strafbar gemacht haben, ohne daß der Vertrag mit Grund anfechtbar ist. Z. B. wenn der RA von der Vereinbarung einen so häufigen Gebrauch machte, daß darin (nicht in der Höhe der vereinbarten Vergütung) der Verstoß gegen § 31 RRAO gefunden werden könnte. Dies wird man jedoch nur in Ausnahmefällen annehmen können, wenn standeswidrige Übertreibungen in der Höhe (EGH 15, 210; 16, 330, 332; 18, 195), der Art der Vereinbarungen u. dgl. vorliegen. Was als ein Verstoß gegen die Standespflichten anzusehen ist, kann zu verschiedenen Zeiten verschieden beurteilt werden. Nicht ausgeschlossen ist, daß der RA durch das Vereinbaren einer geringeren Vergütung die Standespflichten verletzt, z. B. Zusage eines Gebührennachlasses an Vereinsmitglieder, EGH 13, 72; 16, 358; 20, 108; 21, 164. Im einzelnen Falle kann freilich der Anwalt unbedenklich einmal auch seine Gebühren vertragsmäßig herabsetzen, z. B. um eine grundsätzliche zweifelhafte Rechtsfrage ohne zu große Gefahr für die Partei zur gerichtlichen Entscheidung zu bringen, StenBer 2 S. 1586. Weder in einer ursprünglichen Honorar-Vereinbarung noch in einer nachträglichen vergleichsweisen Ermäßigung einer anfänglich noch höher festgesetzten Vergütung liegt ein rechtsgültiger Verzicht auf die Herabsetzungsmöglichkeit nach § 93 Abs. II, OLG Kiel JW 35, 123.

In der Rechtsprechung des Ehrengerichtshofes sind folgende Anschauungen vertreten worden: Beim Abschlusse des Vertrags muß der Auftraggeber darauf hingewiesen werden, daß das Honorar von der gesetzlichen Vergütung abweicht, EGH 7, 10; 9, 96; Merzbacher DJZ 12, 90. Der Regel nach ist die Abrede standeswidrig, daß der Anwalt bei günstigem Ausgang eine Sondervergütung (Erfolgshonorar, palmarium) und diese gar in einem Bruchteil des Streitgegenstandes (pactum de quota litis) erhalten solle, EGH 15, 208; 16, 296; 22, 151. Ebenso die Abrede, daß der Auftraggeber an den Honorarvertrag auch im Falle der Kündigung oder dann gebunden sein solle, wenn sich die Sache vor oder gleich bei Beginn des Rechtsstreits durch Vergleich erledigen würde, EGH 7, 122; 9, 96, 149; 13, 65; KGBl 98, 44. Dagegen ist es nicht unstatthaft, das Honorar nach dem Erfolg abzustufen oder bei einer Tätigkeit außerhalb eines Prozesses das Honorar nach Prozenten des Gegenstandes festzusetzen, sofern dies nur in angemessener und würdiger Weise geschieht, EGH 5, 133, 138, 140; 22, 111; JW 28, 1867[1]. Auf keinen Fall darf der Eindruck erweckt werden, daß erst durch die Zusage dieser Art Vergütung der RA die nötige Gewissenhaftigkeit in der Behandlung der Sache entfalten werde, EGH 17, 193; 22, 113.

Bei der Beurteilung nach bürgerlichem Recht ist zu entscheiden, ob Verträge mit solchem Inhalte gegen § 138 BGB verstoßen und daher nichtig sind. Die Verletzung der Standesehre genügt nicht, den Vertrag zu einem unsittlichen zu machen; die Vereinbarung muß vielmehr nach ihrem Gesamtcharakter mit dem Anstandsgefühl aller billig und gerecht Denkenden im Widerspruch stehen ... Bei RA ist ein schärferer Maßstab anzulegen. Daher das Versprechen eines übermäßig hohen Honorars unter Ausnutzung der Sach- und Rechtslage nichtig; neben den gesetzlichen Gebühren ein Bruchteil der Klagesumme (*aM* LG Breslau JW 30, 206[1]); RG 115, 141: ein nach dem Erfolg steigendes Honorar (JW 27, 497; KG JW 30, 1803[0]); KG JW 28, 750[33]: Erfolgshonorar in der Inflationszeit; *aM* KG JW 28, 1146[2]; Köln JW 28, 1515[3], wo ein Sonderhonorar nur für den Fall des Obsiegens vereinbart war. Hingegen erachtet OLG Düsseldorf JW 26, 862[19] die Zusicherung der Verhandlungsgebühr auch bei unterbliebener Verhandlung für zulässig.

Bei vorzeitiger Aufhebung des Vertrags wenden OLG Hamburg Rsp 25, 303; KG JW 31, 72[1] unter Ablehnung des § 50 RAGebO den § 628 BGB an.

7. In Art. IV des Ges v. 8. 7. 21 RGBl 910 waren Übereinkünfte von Rechtsanwälten untereinander, durch die sie einander zur Pflicht machen oder empfehlen, regelmäßig höhere als die gesetzlichen Gebühren zu vereinbaren, für unzulässig erklärt worden. Dieses Ges ist durch Art. VIII des Ges v. 18. 8. 23 RGBl I 813 aufgehoben worden, so daß jetzt derartige Vereinbarungen der Rechtsanwälte untereinander zulässig sind und eine danach mit dem Auftraggeber getroffene Vereinbarung diesen bindet. Daher war in manchen Anwaltskammerbezirken es üblich, zu vereinbaren, daß der Mandant die Gewerbesteuer tragen müsse. Eine Vereinbarung dieser Art kann sogar unter Umständen auch gegenüber einer armen Partei wirksam sein, OLG Köln JW 33, 2164.

8. Beansprucht der RA nachträglich ein nicht vertragsmäßig festgesetztes Extrahonorar, so ist dies nichts weiter, als die Aufforderung an den Mandanten, nachträglich einen Vertrag über Erhöhung des Honorars abzuschließen. Zur Vermeidung eines Verstoßes gegen § 352 StGB hat der RA in seiner Kostenberechnung erkennbar zu machen, daß das Mehr nicht als ein Recht in Anspruch genommen werde, StenBer 1879 S. 1580, 1582, 1683, 1684. Die Partei kann den Vertragsantrag des Anwalts ablehnen oder annehmen. Sofortige Zahlung ist als eine — wenngleich formlose — Annahme des Antrags anzusehen.

§ 94. Für das Verhältnis des Auftraggebers oder des Rechtsanwalts zu dem Erstattungspflichtigen kommt die vertragsmäßige Festsetzung der Vergütung (§ 93) nicht in Betracht.

1. „Der erstattungspflichtige Gegner darf nicht von dem Belieben des anderen Teiles abhängen, sondern muß gegen die Folgen der vertragsmäßigen Festsetzung höherer Gebühren, als sie in diesem Gesetze bestimmt sind, gesichert werden. Dasselbe gilt in Strafsachen rücksichtlich der Staatskasse, sofern es sich um den Ersatz der Kosten für notwendige Verteidigung eines freigesprochenen oder außer Verfolgung gesetzten Angeschuldigten handelt (StPO § 467)", Mot 94.

2. § 91 Abs. 2 ZPO schreibt die Erstattung der Gebühren und Auslagen des RA in allen Prozessen vor. Diese Vorschrift wird durch den § 94 GebO insofern ergänzt, als die vertragsmäßige Festsetzung der Vergütung hierbei außer Betracht zu bleiben hat. Dies gilt auch, wenn alle RA einen Gebührenzuschlag vereinbaren, und seine Erstattungsfähigkeit kann nicht durch ein Zurückgreifen auf Abs. 1 § 91 ZPO begründet werden, Volkmar DJZ 20, 839; 21, OLG Karlsruhe Rsp 39, 264; Dresden JW 20, 60; KG JW 21, 637; KGBl 20, 31; Hamburg HansGZ 20 Teil 207; *aM* KG KGBl 20, 43; OLG Frankfurt JW 20, 717; vgl. auch die Zusammenstellung in der DJZ 21, 192. Diese Grundsätze gelten, wie JW 20, 1025 mit Recht hervorhebt, für das Kostenfestsetzungsverfahren. Sonderhonorare sind ausnahmslos nicht erstattungsfähig, auch nicht, wenn sie sich noch unter den Substitutsgebühren für einen auswärtigen Beweistermin halten. Auch keine Berücksichtigung fingierter Kosten, KG JW, 36, 3071. Ein auf Verzug oder Verschulden sich gründender, durch Klage verfolgbarer Anspruch auf Erstattung der vertraglichen Mehraufwendungen wird dadurch nicht ausgeschlossen, LG Bielefeld JW 21, 913; Kraemer a. a. O.; *aM* OLG Hamburg Rsp 43, 96, weil §§ 91 ff. ZPO die Erstattungsfähigkeit und das Verfahren erschöpfend regeln. Die Vorschußpflicht des Mannes aus § 1387 BGB erstreckt sich auf diese Mehraufwendungen, KG Rsp 41, 52; *aM* OLG Dresden, Breslau Rsp 41, 43, 54. Hat sich der Gegner vergleichsweise zur Erstattung der Mehrkosten verpflichtet, so steht nichts entgegen, das vereinbarte Honorar zur Erstattung festzusetzen.

3. Der erstattungspflichtige Gegner hat auch dann die gesetzlichen Gebühren im Falle seiner Verurteilung zu tragen, wenn der RA seiner Partei gegenüber auf Zahlung der Gebühren verzichtet hatte (OLG Königsberg JW 34, 2499 und KG Berlin JW 36, 2170.

§ 95. Dieses Gesetz tritt im ganzen Umfange des Reichs gleichzeitig mit dem Gerichtsverfassungsgesetz in Kraft.

Seit dem 1. April 1891 gilt die RAGebO auch für die Insel Helgoland, Art. I Nr. VIII, 8 der Verordn., betr. die Einführung von Reichsgesetzen in Helgoland, v. 22. März 1891 (RGBl 21).

IV.

Preußische Gebührenordnung

Landesgebührenordnung für Rechtsanwälte und Gerichtsvollzieher

v. 28. 10. 22 (GS 410) mit d. Änderungen d. VO v. 18. 12. 23 (GS 556) u. 2. 7. 26 (GS 192).

Vorbemerkungen.

Nur die Berufstätigkeit des RA fällt unter die LandesGebO, so daß andere Leistungen des RA nach anderen Grundsätzen zu vergüten sind, z. B. ein Finanzierungsplan für eine Bank, LG Bochum JW 26, 874², oder die Tätigkeit als Vormund, Pfleger, Zwangsverwalter usw.

Soweit die Berufstätigkeit der RA nach der PrGebO zu entlohnen ist, bemißt sich ihre Vergütung, sofern sie nicht reichsgesetzlich geregelt ist (Art. 1):

1. nach den Bestimmungen der RAGebO, wenn die Berufstätigkeit des RA die im Art. 2 bezeichneten Geschäfte betrifft;
2. nach dem besonderen Maßstabe des Art. 3 bei allen anderen Geschäften, die nicht nach Art. 17 zu vergüten sind.

In den Art. 4—7 sind Pauschgebühren, in den Art. 8—12 Einzelgebühren vorgesehen, für die die Art. 10 und 12 eine Grenze festlegen. Art. 16 regelt die entsprechende Anwendung von Vorschriften der RAGebO auf die Fälle der Art. 4—14 einerseits und der Art. 4—7 andererseits. Schreib- und Postgebühren behandelt Art. 15. Art. 14 enthält eine Ergänzungsvorschrift (Generalklausel).

In allen den Fällen, in denen hiernach die Berufstätigkeit des RA nach der Landesgebührenordnung abzugelten ist, findet die PrGebO für den RA Anwendung, der in Preußen seine Niederlassung hat, gleichviel in welchem Lande er beruflich tätig wird; es kommt also nicht auf den Ort der Handlung oder den Sitz der Behörde an, bei der er Anträge stellt; s. auch unten S. 446). Ob die hiernach zu berechnenden Gebühren in einem Verfahren vor Behörden eines anderen Landes erstattungsfähig sind, hängt davon ab, ob die Zuziehung eines dort nicht ansässigen RA zweckentsprechend war.

Bei Streitigkeiten über die Vergütung des RA findet kein Festsetzungsverfahren, sondern der Prozeßweg statt.

Erster Abschnitt.

Gebühren der Rechtsanwälte.

Art. 1. Die Vergütung für die Berufstätigkeit der Rechtsanwälte bestimmt sich, soweit sie nicht reichsgesetzlich geregelt ist, ausschließlich nach den nachstehenden Vorschriften.

1. Die Fälle, in denen die Vergütung für die Berufstätigkeit der RA reichsgesetzlich

geregelt ist, ergeben sich aus §§ 1, 91 der RAGebO, aus den in § 91 A 3 genannten Vorschriften, aus § 12 des EG MilStGB v. 29. 9. 1936 (RGBl I S. 751) und den §§ 19, 76 des RGes über die Konsulargerichtsbarkeit v. 7. 4. 1900 (RGBl 213), wonach aber in erster Reihe der Ortsgebrauch maßgebend ist.

a) Die Reichsversicherungsordnung v. 15. 12. 24 (RGBl I 779) in der Fassung v. 9. 1. 26 (RGBl I 9) bestimmt in:

§ 1804 Abs. 1: Die Vergütung für die Berufstätigkeit der RA im Verfahren vor den Versicherungsbehörden bestimmt sich nach einer Gebührenordnung.

§ 1805: Eine Vereinbarung über höhere Beträge, als die Gebührenordnung vorsieht, ist nichtig.

Hierzu gilt die VO betr. die Gebühren der RA im Verfahren vor den Versicherungsbehörden v. 24. 12. 11 (RGBl 1094), in der Fassung der VO v. 14. 12. 23 (RGBl I 1198), deren einschlägige Bestimmungen lauten:

§ 1 Abs. 3: Die Vergütung für die Berufstätigkeit eines Rechtsanwalts beträgt im Verfahren vor

einem Versicherungsamt 1—30 Reichsmark,
einem Oberversicherungsamt 2—50 Reichsmark,
dem Reichsversicherungsamt 3—100 Reichsmark.

Werden mehrere Streitfälle zu gemeinsamer Verhandlung und Entscheidung verbunden, so wird die Vergütung für die Instanz nur einmal gewährt.

§ 2. Für die Teilnahme an Beweisverhandlungen außerhalb des Sitzes der Versicherungsbehörden kann, wenn die Anwesenheit des Rechtsanwalts geboten war, außer der im § 1 bezeichneten Vergütung eine angemessene Entschädigung zugebilligt werden.

Die Kosten für Reisen zur mündlichen Verhandlung oder zu anderen Zwecken sowie sonstige Auslagen werden neben der im § 1 bezeichneten Vergütung nicht erstattet. Jedoch ist bei der Festsetzung dieser Vergütung innerhalb der dafür gezogenen Grenzen auch auf Schreibgebühren, Postgeld oder sonstige Auslagen Rücksicht zu nehmen.

Die Gebühr ist eine Pauschgebühr, die die gesamte Tätigkeit des RA vor der in § 1 bezeichneten Versicherungsbehörde abgilt. Das Verfahren vor dem Versicherungsamt wird durch die Vorentscheidung des Vorsitzenden (§ 1657) nur dann abgeschlossen, wenn mündliche Verhandlung nicht beantragt worden ist (§ 1659 Abs. 2). Durch die Stellung dieses Antrags (§ 1658) wird also das Verfahren vor dem Versicherungsamt nur fortgesetzt. Da das Reichsversicherungsamt (Landesversicherungsamt) in den Fällen des § 1693 und des § 1799 an Stelle des Oberversicherungsamts entscheidet, kommt nur eine Gebühr, und zwar die des Reichsversicherungsamts für den Rechtsanwalt zur Entstehung. Bei Zurückverweisung einer Sache in die Vorinstanz (§§ 1690, 1715, 1796, 1797 RVersO) erwachsen die Gebühren von neuem. Die Tätigkeit vor dem Versicherungsträger wird nach der LandesgebO abgegolten.

Wo Landesversicherungsämter (§§ 105, 723, 986, 1382, 1800 RVersO) bestehen wie in Bayern, Sachsen und Baden, treten sie an die Stelle des Reichsversicherungsamtes; über die Gebühren s. unten VI, VII, IX. Über die Kostenerstattung treffen §§ 1670, 1679, 1698, 1701, 1771 RVersO und § 40 bzw. §§ 44, 45 bzw. § 35 der VO über Geschäftsgang und Verfahren des Reichs- bzw. der Oberversicherungs- bzw. Versicherungsämter v. 24. 12.

11 (RGBl 1083, 1095, 1107) in der Fass. der VO v. 14. 12. 23 (RGBl I 1199) und v. 15. 3. 24 (RGBl I 280) Bestimmung. Hiernach ist auch die Erstattung außergerichtlicher Kosten zulässig, RVA JW 19, 123, 200; vgl. Berger JW 15, 1467.

Da nach dem Angestelltenversicherungsges in der Fassung der VO v. 17. 5. 34 (RGBl I S. 419) § 131 Spruchbehörden Versicherungsämter, Oberversicherungsämter und das Reichsversicherungsamt sind, findet die GebO v. 24. 12. 11/14. 12. 28 auch hier Anwendung.

Das Verfahren vor dem Aufsichtsamt für Privatversicherung (Ges v. 12. 5. 01 RGBl 139; VO v. 23. 12. 01 RGBl 498; VO v. 17. 9. 31 RGBl I S. 517) ist Streitverfahren; gemäß Art. 2 LGebO findet daher die RAGebO Anwendung.

b) Die Versorgungsansprüche der früheren Angehörigen der deutschen Wehrmacht und ihrer Hinterbliebenen wegen der gesundheitlichen und wirtschaftlichen Folgen einer Dienstbeschädigung sind in dem Reichsversorgungsgesetz v. 22. 12. 27 (RGBl 515) geregelt, das durch das Altrentnergesetz v. 22. 12. 27 (RGBl 531) und das Kriegspersonenschädengesetz v. 22. 12. 27 (RGBl 533) mit späteren Änderungen ergänzt wird. Diese Gesetze werden nach dem Gesetz über das Verfahren in Versorgungssachen v. 20. 3. 28 (RGBl I 71) in der nach mehrfachen Änderungen geltenden Neufassung vom 2. 11. 1934 (RGBl I S. 1113) im Verwaltungsverfahren von den Versorgungsämtern und den Hauptversorgungsämtern (Verwaltungsbehörden der Reichsversorgung), im Spruchverfahren von den Versorgungsgerichten als 1. Instanz und dem Reichsversorgungsgerichte als 2. Instanz (Spruchbehörden der Reichsversorgung) durchgeführt (§ 1). Die VersGerichte sind bei den Oberversicherungsämtern, das ReichsversGericht bei dem Reichsversicherungsamt errichtet. Gegen die Entscheidungen der Versorgungsbehörden findet in den besonders bestimmten Fällen die Beschwerde statt (§ 61). Über die Zuständigkeit zu ihrer Entscheidung trifft § 64 Bestimmung. Gegen die Bescheide der Verwaltungsbehörden ist für den Kläger die Berufung an das Versorgungsgericht gegeben, gegen dessen Urteile beiden Parteien der Rekurs an das Reichsversorgungsgericht zusteht (§ 90). Vor der Kammer des Vers.-Gerichts und dem Senat des Reichs- (Landes-) VersGerichts wird mündlich verhandelt. Die Berechtigten sowie die gesetzlichen und besonderen Vertreter können sich durch Bevollmächtigte vertreten lassen (§ 48); zugelassen sind außer Rechtsanwälten und nächsten Angehörigen nur Mitglieder der NSKriegsopferversorgung und des Reichstreubundes ehemaliger Berufssoldaten, soweit sie von ihren Verbänden allgemein mit der Übernahme solcher Vertretungen beauftragt sind sowie die Verwaltungsrechtsräte. Die Wiederaufnahme des Verfahrens und die Zurückverweisung (§§ 66, 126) eröffnen eine neue Instanz.

§ 143. Abs. 1. Bei der Verhandlung wird von Amts wegen geprüft, ob und in welchem Betrage die unterlegene Partei dem Gegner die Kosten der Rechtsverfolgung im Spruchverfahren zu erstatten hat.

Abs. 4. Die Höhe der zu erstattenden Kosten wird in der Entscheidung festgesetzt. Wird die Sache ohne Entscheidung zur Hauptsache erledigt, so wird auf Antrag über die Erstattung durch Urteil entschieden.

Über die Entschädigung des Klägers bei seinem Erscheinen in der mündlichen Verhandlung oder zu einer Beweisaufnahme trifft § 144 Bestimmung (Ersatz barer Auslagen und entgangenen Verdienstes).

§ 145. Die Vergütung für die Berufstätigkeit eines Rechtsanwalts im Verfahren vor den Spruchbehörden beträgt für jede Instanz eine bis einhundert Reichsmark.

Für die Teilnahme an Beweisverhandlungen außerhalb des Sitzes der Spruchbehörde kann der Rechtsanwalt, wenn seine Anwesenheit notwendig war, außer der Vergütung eine angemessene Entschädigung beanspruchen.

Werden mehrere Streitfälle zwischen denselben Parteien zu gemeinsamer Verhandlung und Entscheidung verbunden, so werden die Vergütung und die Entschädigung für die Instanz nur einmal gewährt.

Auslagen, wie Schreib- und Postgebühren und Reisekosten, werden nicht besonders erstattet, sind jedoch bei der Bemessung der Vergütung und der Entschädigung zu berücksichtigen.

Eine Vereinbarung, nach der Vergütung, Entschädigung oder Auslagen über diese Vorschriften hinaus zu zahlen sind, ist nichtig.

Für das Verfahren vor den Verwaltungsbehörden der Reichsversorgung gilt die Landesgebührenordnung. Auf das Verwaltungsstreitverfahren (z. B. vor dem OVG) ist gemäß Art. 2 LGebO jedoch die RAGebO anzuwenden.

c) Nach § 56 des Ges. über das Reichswirtschaftsgericht v. 25. Febr. 1938 (RGBl. 216) richtet sich die Vergütung für die Tätigkeit des Rechtsanwalts in dem Verfahren sowie für die beratende Tätigkeit nach der RAGebO. Wird das RWiG gegen die Entscheidung eines Gerichts oder einer Behörde angerufen, so finden die Gebührenvorschriften für die Berufungsinstanz auch dann Anwendung, wenn das Rechtsmittel nicht als Berufung bezeichnet ist (§ 57).

Die Kosten sind auf Antrag festzusetzen. Der Festsetzungsbeschluß bildet einen Vollstreckungstitel.

Die sinngemäße Anwendung der für die bürgerlichen Rechtsstreitigkeiten geltenden Vorschriften gilt sowohl für den Prozeßbevollmächtigten als auch für den nicht als solchen tätigen RA, für das Streitverfahren wie für die Zwangsvollstreckung. Hervorgehoben sei noch: Die Verhandlungsgebühr ist bei sinngemäßer Anwendung der §§ 7, 8 EntlVO v. 13. 5. 24 RGBl I 552 dem RA auch dann zuzubilligen, wenn im Einverständnis der Parteien ohne mündliche Verhandlung entschieden worden ist. Da in der Sache verhandelt und entschieden werden kann, wenn die Beteiligten in dem Verhandlungstermin trotz ordnungsmäßiger Benachrichtigung oder Ladung nicht gehörig vertreten sind, erscheint eine sinngemäße Anwendung von § 16 Satz 2 RAGebO gerechtfertigt.

Das Entstehen einer Beweisgebühr hat das RWG, 12. 2. 21, JW 21, 1267 mit Rücksicht darauf, daß der Sachverhalt von Amts wegen aufgeklärt wird, abgelehnt; dagegen mit Recht Irmler JW 21, 1267. In der Entscheidung v. 11. 1. 22 RWEG 1, 317 = JW 25, 854 wird aber die frühere erheblich eingeschränkt.

Nach dem Besatzungsleistungsgesetz v. 5. 4. 27 RGBl I 83 ist das Reichswirtschaftsgericht zur Entscheidung über die Beschwerde der Feststellungsbehörde zuständig. Auf das Verfahren vor dem RWG findet die VO v. 13. 2. 24 Anwendung. Die außergerichtlichen Kosten werden den Antragstellern insoweit erstattet, als sie durch unbegründete oder unzulässige Anträge oder Beschwerden des Vertreters des Reichs erwachsen sind und zur zweckentsprechenden Rechtsverfolgung notwendig waren. Die dem Antragsteller auf Grund des § 58 Abs. 1 Satz 2 (Unterzeichnung der Rechtsbeschwerde durch einen RA) erwachsenen Kosten werden insoweit erstattet, als der Rechtsbeschwerde des Antragstellers stattgegeben wird.

d) Nach der VO gegen Mißbrauch wirtschaftlicher Machtstellungen v. 2. 11. 23 RGBl I 1067 § 11 wird das Kartellgericht beim Reichswirtschaftsgerichte gebildet. Die VO über das Verfahren vor dem Kartellgericht v. 2. 11. 23 RGBl I 1071 erklärt die Vorschriften über das Verfahren vor dem Reichswirtschaftsgericht für entsprechend anwendbar. Das Kartellgericht ist stets nur Gericht erster Instanz.

e) Über die Gebühren des RA im Verfahren nach der Reichsabgabenordnung s. Art. 2 A 5b und c.

f) Im landwirtschaftlichen Entschuldungsverfahren erhält der RA. gemäß Art. 14 der 9. DurchfVO. zum SchuldRegGes. v. 24. 11. 1937 (RGBl. S. 191, 1305 ff.) in jedem Rechtszuge $^{3}/_{10}$ der Sätze des § 9 RAGebO, und zwar für das Verfahren im allgemeinen, wie auch für die Wahrnehmung der im Verfahren stattfindenden Termine; vgl. hierzu Rittel, JW 38, 162 und Rozycki - v. Hoewel, JW 38, 1096.

g) Im Spruchverfahren nach der Reichsumlegungsordnung v. 16. Juni 1937 (RGBl. 629) kann sich der Beteiligte nach § 114 durch einen Rechtsanwalt vertreten lassen. Die RAGebO findet Anwendung, da es sich im Sinne des Art. 2 LGebO um ein Verwaltungsstreitverfahren handelt.

h) Im Verfahren nach dem Gesetz über die Bereinigung alter Schulden v. 17. Aug. 1938 (RGBl. 1033) bestimmen sich die Rechtsanwaltsgebühren nach den Landesgebührenordnungen mit einem Höchstbetrag von 100 RM. Honorarvereinbarungen sind zulässig, bedürfen jedoch der Schriftform (§ 13).

i) Im Vertragshilfeverfahren nach der VO über die Vertragshilfe des Richters aus Anlaß des Krieges v. 30. Nov. 1939 (RGBl. 2329) finden für die Rechtsanwaltsgebühren gemäß § 22 die Vorschriften der Landesgebührenordnungen Anwendung.

2. Soweit eine reichsgesetzliche Regelung nicht besteht, sind ausschließlich die Vorschriften der Landes-Gebührenordnungen anzuwenden. Beim Zusammentreffen von Reichsrecht und Landesrecht ist § 92 der RAGebO zu beachten.

3. Keine Anwendung finden diese Vorschriften in den Fällen, in denen der RA eine Tätigkeit wahrnimmt, die die Zulassung der Rechtsanwaltschaft nicht voraussetzt, Art. 17.

Art. 2. (1) Die Deutsche Gebührenordnung für Rechtsanwälte findet entsprechende Anwendung auf die Berufstätigkeit des Rechtsanwalts:

1. in den vor besondere Gerichte gehörigen Rechtssachen, auf welche die Zivilprozeßordnung oder die Strafprozeßordnung Anwendung findet;
2. in den nach dem Gesetze, betreffend den Forstdiebstahl, v. 15. 4. 78 (GS S. 222) in der Fassung des Ges. v. 14. 12. 20 (GS 1921 S. 103) zu behandelnden Strafsachen;
3. im Verwaltungsstreitverfahren;
4. im Verfahren vor dem Bundesamte für das Heimatwesen;
5. in dem Rechtsmittelverfahren, betreffend die Veranlagung von Staatssteuern;
6. im Verwaltungsstrafverfahren;
7. *im Disziplinarverfahren.*

(2) Im Sinne der Gebührenordnung steht das Verwaltungsstrafverfahren dem Vorverfahren, *das Verfahren vor der entscheidenden Disziplinarbehörde dem Verfahren vor der Strafkammer* gleich.

1.A. Art. 2 erklärt als Landesgesetz die ReichsgebO ihrem ganzen Bestande nach in den Fällen der Nr. 1—7 für entsprechend anwendbar. Danach ist die ReichsGebO in ihrer jeweiligen Fassung anzuwenden.

Nr. 1 erfordert besondere Gerichte und Verfahren, in denen die ZPO oder die StPO Anwendung findet. Hierher gehören:

a) Das Verfahren in Binnenschiffahrtssachen, für das im ersten Rechtszuge ohne Rücksicht auf den Wert des Streitgegenstandes die Amtsgerichte zuständig sind, Ges v. 30. 1. 37 (RGBl I 97). In Schiffahrtssachen am Rhein sind im ersten Rechtszuge die Amtsgerichte Duisburg-Ruhrort, St. Goar, Mainz, Ludwigshafen, Mannheim und Kehl, in Berufungs- und Beschwerdesachen die Oberlandesgerichte Köln und Karlsruhe zuständig, VO v. 30. 1. 37 (RGBl I 101).

b) Das Verfahren vor den Arbeitsgerichtsbehörden. Nach dem Arbeitsgerichtsges v. 23. 12. 26 (RGBl I 507) in der Fassung vom 10. 4. 34 (RGBl I 319) und des Abänderungsgesetzes vom 20. 3. 35 (RGBl I 386) müssen sich die Parteien vor den Landesarbeitsgerichten und vor dem Reichsarbeitsgericht durch Rechtsanwälte als Prozeßbevollmächtigte vertreten lassen, und zwar ist jeder bei einem deutschen Gericht zugelassene RA zur Vertretung berechtigt. Auf das arbeitsgerichtliche Verfahren findet die ZPO grundsätzlich entsprechende Anwendung (§§ 46, 64 Abs. 2, 72 Abs. 2, 78). Daher ist die Vergütung der RA insoweit nach der RAGebO zu bemessen, und zwar unmittelbar nach § 1 RAGebO, da diese Gerichte zu den ordentlichen Gerichten gehören (zweifelnd Walder JW 28, 269); dasselbe gilt auch für die Tätigkeit in dem Verfahren vor den Arbeitsgerichten, vor denen die RA unter bestimmten Voraussetzungen (§ 11 AGG) zugelassen sind. Vgl. § 1 Anm. 3 RAGebO. Die Gebühren des RA 1. Instanz sind jedoch nicht erstattungsfähig. Ohne weiteres gilt die RAGebO auch für die Tätigkeit vor dem ersuchten Richter (§ 58 Abs. 1) und vor dem Vollstreckungsgericht (§ 62 Abs. 2); Walder JW 28, 269.

Der Wert des Streitgegenstandes ist von dem Arbeitsgericht im Urteil festzusetzen (§ 61 Abs. 2 AGG). Ist das unterblieben, so kann die Festsetzung nicht durch einen Beschluß des Vorsitzenden nachgeholt werden, wohl aber ist eine Ergänzung des Urteils nach § 319 ZPO zulässig (RAG 1, 5). Die Wertfestsetzung ist nicht, auch nicht mit der Sachentscheidung, anfechtbar (RAG 1, 261). Eine vom LAG vorgenommene Neufestsetzung zwecks Berichtigung der Wertfestsetzung des Arbeitsgerichts ist nicht zu beachten (RAG 4, 46). Das LAG kann seine Wertfestsetzung, abgesehen von den Fällen der §§ 319—321 ZPO, nicht ändern (RAG, HRR 29, 402). Dagegen hat nach § 69 Abs. 2 das Landesarbeitsgericht den Streitwert im Urteil neu festzusetzen, wenn er sich nach der Verkündung des Urteils des Arbeitsgerichts geändert hat (RAG DJZ 29, 245), z. B. weil die Berufung nur wegen eines Teilbetrags eingelegt worden ist. Nicht unbestritten ist aber, ob eine solche Änderung schon durch Erlaß eines Teilurteils herbeigeführt wird. Der Wert wird im Urteil zur Feststellung der Zulässigkeit des Rechtsmittels festgesetzt. Diese Wertfestsetzung wirkt aber nach § 12 Abs. 6 AGG, § 17 GKG, § 11 RAGebO auch für die Berechnung der Gebühren, sofern nicht das GKG wie in den §§ 10, 13 besondere Vorschriften für die Wertberechnung enthält. Der im Urteil festgesetzte Wert gilt natürlich nur für die Gebühren, die nach dem zur Zeit der Urteilsfällung vorhandenen Werte zu berechnen sind. Ist z. B. wegen 1000 RM Klage erhoben und nach Erledigung von 500 RM nur über die im Streite verbliebenen 500 RM Beweis erhoben und durch Urteil entschieden worden, das daher den Wert auf 500 RM festsetzt, so bemißt sich zwar die Beweisgebühr und weitere Verhandlungsgebühr nach diesem Werte, die Prozeßgebühr jedoch nach der ursprünglichen Klagesumme von 1000 RM. Soweit hiernach also der Urteilswert für eine Gebühr nicht maßgebend ist, kann der Wert nach § 18 GKG besonders festgesetzt werden, LAG Berlin JW 30, 585³. Diese Wertfestsetzung kann nach § 12 RAGebO auch der RA anfechten; der Beschluß des LAG unterliegt aber nach § 70 AGG keinem weiteren Rechtsmittel.

Im Verfahren vor den Arbeitsgerichten ist der Betrag der Kosten, soweit er sofort ermittelt werden kann, im Urteil festzustellen; die Entscheidung ist endgültig, soweit nicht die ihr zugrunde liegende Entscheidung über die Kosten des Rechtsstreits abgeändert wird (§ 61 Abs. 1 Satz 1 AGG). Sind die Kosten nicht sofort feststellbar, findet ein Kostenfestsetzungsverfahren, das sich nach §§ 103ff. ZPO richtet, statt. Ein Anspruch der obsiegenden Partei auf Entschädigung wegen Zeitversäumnis und auf Erstattung der Kosten für die Zuziehung eines Prozeßbevollmächtigten oder Beistandes besteht in 1. Instanz nicht (§ 61 Abs. 1 Satz 2). Nimmt der Prozeßbevollmächtigte an Stelle der Partei einen Termin wahr, so sind die baren Auslagen (Fahrt- und Aufwandskosten) insoweit erstattungsfähig, als sie auch bei persönlicher Wahrnehmung des Termins durch die Partei entstanden wären; LAG Görlitz DRZ 29 Nr. 783.

Diese Einschränkungen gelten nicht für das Verfahren vor den Landesarbeitsgerichten und dem Reichsarbeitsgerichte, vielmehr ist § 91 ZPO entsprechend anzuwenden. Daher sind die Reisekosten eines auswärtigen RA aber nur zu erstatten, wenn seine Zuziehung zur zweckentsprechenden Rechtsverfolgung notwendig war; s. auch Bindels JW 28, 2898. So wird z. B. die Erstattungsfähigkeit der Kosten einer Reise des RA zum RAG von dem LAG Hagen DRZ 28 Nr. 815 mit Recht abgelehnt, da die Vertretung durch einen beim RG zugelassenen RA angemessen gewesen wäre. Daß die Partei neben ihrem RA erscheint, ist zur zweckentsprechenden Rechtsverfolgung nicht notwendig, LAG Altona DRZ 29 Nr. 854. Über die Frage, ob der siegreiche Berufungskläger für die dem gegnerischen Armenanwalt aus der Staatskasse gezahlten Gebühren haftet, s. LAG Altona JW 30, 584¹.

Der Antrag auf Festsetzung der zu erstattenden Kosten ist bei der Geschäftsstelle 1. Instanz zu stellen. Gegen deren Entscheidung ist die Erinnerung und die sofortige Beschwerde gegeben (Dersch-Volkmar § 61 A 2, LAG Krefeld DRZ 29 Nr. 56), über die der Vorsitzende des Arbeitsgerichts (§ 53 Abs. 1) und des Landesarbeitsgerichts (§ 64 Abs. 3) zu entscheiden haben. Der Antrag ist entweder von der Partei oder ihrem Prozeßbevollmächtigten zu stellen.

Ist der RA selbst Partei, kann er die Kostenfestsetzung für sich betreiben (Karger, Bendix JW 29, 822, 823); allein für seine Tätigkeit im Verfahren 1. Instanz kann er mit Rücksicht auf § 61 Abs. 1 Satz 2 nicht die Gebühren in Rechnung stellen, die ihm § 7 RAGebO im ordentlichen Verfahren und in den Rechtsmittelinstanzen der Arbeitsgerichte gewährt, LAG Berlin RechtsprArbS 30, 119; *aM* Bendix JW 29, 823. Dasselbe gilt, wenn der RA gesetzlicher Vertreter der Partei ist, LAG Altona JW 30, 585².

c) Der Volksgerichtshof, der durch das Ges. zur Änderung von Vorschriften des Strafrechts und des Strafverfahrens vom 24. 4. 34 (RGBl I 341) zur Aburteilung von Hoch- verrats- und Landesverratssachen gebildet worden ist. Da für das Verfahren die Vorschriften der StPO gelten (§ 5 d. Ges.), findet auch die RAGebO Anwendung. Vgl. § 63 Vorb. 6 RAGebO.

B. Nicht zu den besonderen Gerichten im Sinne des Art. 2 Nr. 1 gehören die Prisengerichte, deren Verfahren durch die Prisengerichtsordn. v. 15. 4. 11 (RGBl 14 S. 301) geordnet ist, sowie die Gerichte für linksrheinische Gemeinheitsteilungs- und Ablösungssachen nach § 12 AG.ZPO v. 24. 3. 79, GS 281 in der Fass. der Bek

v. 6. 10. 99, GS 388, wonach die Vorschriften des Ges v. 19. 5. 51, GS 383 aufrechterhalten sind; vgl. hierzu Veranlagungsgesetz v. 26. 6. 1936 (RGBl I S. 518), wonach demnächst mit einer reichseinheitlichen Regelung des Grundstücksumlegungsrechts zu rechnen ist.

Weitere Fälle der Anwendung der LandesGebO s. unten A 9.

2. Zu Nr. 2. Vgl. §§ 19ff. Forstdiebstahlsges. v. 15. 4. 78 (GS 222), das außer am 14. 12. 20 noch am 1. 7. 23 (GS 291) und am 12. 3. 24 (GS 127) geändert ist. Das Verfahren nach §§ 49ff. des Feld- und Forstpolizeigesetzes v. 21. 1. 26 (GS 83) mit Änderung durch Ges v. 29. 6. 33 (GS 251) folgt den Vorschriften der Strafprozeßordnung. Es findet also schon nach Nr. 1 die RAGebO darauf Anwendung.

3. Zu Nr. 3. Das Verwaltungsstreitverfahren richtet sich gemäß der 1 DurchfVO zur deutschen Gemeindeordnung v. 22. 3. 35 (RGBl I 3937) § 8 bis zum Erlaß eines Reichsverwaltungsgesetzes nach Landesrecht. Vgl. für Preußen Ges über die allgemeine Landesverwaltung v. 30. 7. 83 (GS 195); ZuständigkeitsGes v. 1. 8. 83 (GS 237), mit zahlreichen, die Zulässigkeit des Verwaltungsstreitverfahrens vielfach einschränkenden Änderungen; Ges v. 27. 4. 85 (GS 127), betr. Zuweisung von Streitigkeiten, die nach reichsgesetzlicher Vorschrift im Verwaltungsstreitverfahren zu entscheiden sind, an die Verwaltungsgerichte. Durch das Ges. über die Anpassung der Landesverwaltung an die Grundsätze des nat.soz. Staates v. 15. 12. 33 (GS 479) sind die Bezirksausschüsse, Kreisausschüsse, Stadtausschüsse, Magistrate usw. als Beschlußbehörden beseitigt. Die Bezirks-, Kreis- und Stadtausschüsse haben in ihrer Eigenschaft als Verwaltungsgerichte die Bezeichnung „Bezirks-, Kreis- und Stadtverwaltungsgericht" erhalten.

a) Gebührenanspruch gegen den Auftraggeber. Das Ges über die Vertretung vor den Verwaltungsgerichten v. 25. 5. 26, GS 163, mit Ergänzungen und Änderungen durch die Ges v. 12. 6. 33 (GS 209) und 4. 10. 33 (GS 367) hat zur berufsmäßigen Rechtsvertretung vor den Verwaltungsgerichten die Verwaltungsrechtsräte zugelassen. Ihre Gebühren bestimmen sich wie die der Rechtsanwälte, deren Befugnis zum Auftreten vor den Verwaltungsgerichten durch das genannte Gesetz nicht berührt worden ist, nach den für die RA bei den ordentlichen Gerichten geltenden Vorschriften (§ 103 Abs. 3 LVG in der Fass. des Ges v. 25. 5. 26). Bei Anwendung der RAGebO auf das ganz anders aufgebaute Verwaltungsstreitverfahren ist zu beachten, daß dieses kein Versäumnisverfahren kennt und daß auch Anerkenntnis (OVG 52, 233; 69, 447), Vergleich (54, 87) und Verzicht das Verfahren nicht beenden, sondern nur als Grundlage für eine vom Verwaltungsrichter noch zu erlassende formale Entscheidung dienen.

Bei Zurückverweisung in die Vorinstanz gilt nach § 27 RAGebO das weitere Verfahren als neue Instanz, jedoch mit Ausnahme der Prozeßgebühr.

b) Erstattungsanspruch. Nach § 103 Satz 1 LVG sind dem unterliegenden Teile die Kosten und die baren Auslagen des Verfahrens sowie die erforderlichen baren Auslagen des obsiegenden Teiles zur Last zu legen. Die Gebühren eines RA oder eines Verwaltungsrechtsrats des obsiegenden Teiles hat der unterliegende Teil nach Satz 2 a. a. O. nur insoweit zu erstatten, als sie für Wahrnehmung der mündl. Verhandlung vor dem Bezirksverwaltungsgericht und dem OVG zu zahlen sind, also nur Verhandlungsgebühren und diese nicht für Verhandlungen vor anderen als den genannten beiden Gerichten. Diese Bestimmung ist durch die PrGebO v. 27. 9. 99 nicht geändert (OVG 39, 458) und in ständiger Rechtsprechung des OVG dahin aufgefaßt daß diejenigen Anwaltsgebühren zu erstatten sind, die ein RA, der **lediglich** mit der Wahrnehmung der mündl. Verhandlung beauftragt ist, von seinem Auftraggeber zu fordern hätte. Daß dieser eine Behörde ist, steht der Erstattungsfähigkeit der Gebühren nicht entgegen, OVG DIZ 28, 323. Es sind also die Rechtsanwaltsgebühren im Verfahren vor den Kreis- und Stadtverwaltungsgerichten gar nicht, sonst nur in den Grenzen der §§ 43, 13 und 17 der RAGebO erstattungsfähig. Nach § 43 RAGebO hat der RA neben der Verhandlungsgebühr die Prozeßgebühr zu $^{5}/_{10}$ zu beanspruchen, OVG 8, 428; 18, 447; 39, 460; 40, 447; 84, 462; JW 21, 494; 28, 771[1]; 29, 2479[11]; Friedrichs Verwaltungsarchiv 6, 453; Brauchitsch LVG § 104 A 5a.

Die **Beweisgebühr** ist nur zu erstatten, wenn die Beweiserhebung **in der mündl.** Verhandlung selbst in Gegenwart des RA stattgefunden hat, **nicht** aber, wenn der Beweis vor einem beauftragten oder ersuchten Richter erhoben ist, OVG JW 21, 494. In letzterem Falle sind aber die Gebühren in Höhe der Auslagen erstattungsfähig, die die Terminswahrnehmung durch die Partei verursacht hätte, da sie im Termin anwesend sein darf; OVG PrVBl 49, 394. Zu den Reisekosten s. Brauchitsch LVG § 104 A 5b. Eine **Vergleichsgebühr** wird hiernach ebenfalls nur erstattungsfähig sein, wenn der Vergleich **in der mündl.** Verhandlung vor dem BezVerwGer. oder OVG geschlossen ist und durch den Vergleich ausnahmsweise eine Entscheidung entbehrlich geworden ist. Die Kostenfestsetzungsgebühr ist nicht erstattungsfähig, OVG 39, 460; 84, 461.

Auslagen sind immer zu erstatten, soweit sie **erforderlich** waren. An baren Auslagen für die **persönliche** Wahrnehmung der mündlichen Verhandlung vor dem Bezirksverwaltungsgericht und dem OVG kann die obsiegende Partei nicht mehr in Anspruch nehmen, als die gesetzlichen Gebühren eines sie vertretenden **am Orte des Gerichts wohnenden** RA oder VerwRR betragen haben würden, es sei denn, daß ihr persönliches Erscheinen vor dem Gerichte angeordnet war (§ 103 Satz 3 LVG; OVG 40, 447; 84, 462). Die Reisekosten eines auswärtigen RA sind nicht zu erstatten, OVG 71, 444; 84, 461, es sei denn, daß es sich nicht um eine Reise zur mündlichen Verhandlung handelt, OVG 84, 462; JW 28, 771[1]. Der RA, der selbst Partei ist, kann nur Erstattung seiner baren Auslagen verlangen; § 7 RAGebO findet keine Anwendung, OVG JW 27, 1334[1]; OVG 84, 462. Dies drückt OVG 51, 452 dahin aus, daß er die Gebühr für Wahrnehmung der mündlichen Verhandlung nur dann beanspruchen kann, wenn sie seine baren Auslagen für die persönliche Wahrnehmung des Termins nicht übersteigt.

Das OVG hat in fester Praxis, die nach einer Ansicht sogar schon ein Gewohnheitsrecht begründet hat, die **Schreibgebühren nicht als Auslagen, sondern als nicht erstattungsfähige Gebühren** angesehen, weil sie nicht genau in dem angesetzten Betrage bar entstanden seien (OVG 39, 458; 40, 447; 59, 471; PrVerwBl 42, 260; Friedrichs PrVerwBl 26, 935). Porto ist zu erstatten; Einzelfälle s. Brauchitsch LVG § 104 A 5b. Die der Partei durch ihren RA von den erstattungsfähigen Gebühren in Rechnung gestellte **Umsatzsteuer** stellt eine notwendige Auslage dar und ist daher zu erstatten, OVG 76, 514; PrVerwBl 42, 260. Für den sich selbst vertretenden RA entsteht keine Umsatzsteuer und daher findet auch keine Erstattung statt, OVG 84, 463.

Die Vorschrift des § 103 LVG gilt, da der Wortlaut nicht unterscheidet, für das gesamte Verfahren und beschränkt sich nicht auf den mit dem Urteile des Verwaltungsrichters abschließenden Verfahrensabschnitt. Sie gilt also auch im Beitreibungs- und Zwangsvollstreckungsverfahren, das nach § 60 LVG noch mit zum Verwaltungsstreitverfahren zu rechnen ist. Im verwaltungsrechtlichen Zwangsvollstreckungsverfahren sind mithin Anwaltsgebühren nur in dem Ausnahmefalle zu erstatten, wenn eine mündliche Verhandlung vor dem Bezirksausschuß oder dem OVG noch in diesem Verfahrensabschnitte stattgefunden hat.

c) Die zu erstattenden Kosten werden von dem Vorsitzenden des Gerichts 1. Instanz festgesetzt. Gegen den Festsetzungsbeschluß des Vorsitzenden des Kreisverwaltungsgerichts ist Beschwerde an das BezirksverwGer, gegen den des Vorsitzenden des BezirksverwGer Beschwerde an das OVG gegeben. Die Beschwerdefrist beträgt 2 Wochen (§ 108 LVG). Allein in diesem Verfahren ist über die Höhe der zu erstattenden Kosten zu entscheiden, OVG 68, 462. An ein Anerkenntnis in diesem Verfahren ist der Verwaltungsrichter nicht gebunden, OVG 69, 447. Der Festsetzungsbeschluß stellt nicht eine Entscheidung zwischen den Parteien, sondern einen Verwaltungsakt dar, OVG 74, 469.

d) Der Wert des Streitgegenstandes wird nach § 103 LVG im Endurteil oder, wenn ein solches nicht ergeht, in dem Festsetzungsbeschluß (§ 108 LVG), erforderlichenfalls durch besonderen Beschluß, von dem Verwaltungsgerichte, das in der Sache selbst zu entscheiden hat, festgesetzt. Eine Nachprüfung des im Urteil festgesetzten Streitwertes ist nur durch Einlegung des gegen das Urteil zulässigen Rechtsmittels zu erreichen, OVG 72, 445. Die verabsäumte (§ 103 Abs. 2 LVG) Festsetzung des Streitwertes durch besonderen Beschluß zur Berechnung der Gebühren nachzuholen, die der RA seiner Partei in Rechnung stellen will, hat das OVG abgelehnt (dagegen Haußmann JW 15, 744) und die Anwendbarkeit des § 12 RAGebO für das Verwaltungsstreitverfahren verneint, OVG JW 16, 1032, und zwar auch für den Fall, daß der Wert in einem besonderen Beschlusse festgesetzt worden ist, OVG JW 29, 892[1].

4. Zu Nr. 4. Diese Vorschrift betrifft nur Streitigkeiten preußischer Fürsorgeverbände, die nach § 39 des Ges über die Zuständigkeit der Verwaltungs- und Verwaltungsgerichtsbehörden v. 1. 8. 83 (GS 237) in der Fass. der AusfVO v. 17. 4. 24 (GS 210) im Verwaltungsstreitverfahren entschieden werden. Die Berufung geht an das Bundesamt für Heimatwesen. Nach § 33 der genannten AusfVO zur VO über die Fürsorgepflicht v. 13. 2. 24 (RGBl I 100) mit späteren Änderungen finden §§ 57, 58 des Ges betr. die Ausf. des Bundesges. über den Unterstützungswohnsitz v. 8. 3. 71 (GS 130) entsprechende Anwendung. Nach § 58 a. a. O. ist in allen Streitsachen zwischen preußischen Fürsorgeverbänden die unterlegene Partei verpflichtet, der Gegenpartei die ihr in der Berufungsinstanz entstandenen baren Auslagen, sowie die Gebühren eines sie in der öffentlichen Sitzung des Bundesamtes vertretenden Rechtsverständigen zu erstatten.

5. Zu Nr. 5. a) Nur für das Rechtsmittelverfahren in Staatssteuersachen wird die RAGebO für anwendbar erklärt. Für das Veranlagungsverfahren in diesen Sachen und für alle anderen Staatssteuer- und die Kommunalsteuersachen wird dagegen die Tätigkeit des RA nach der LandesGebO vergütet, sofern nicht Nr. 3 zutrifft.

An die Stelle der Staatssteuern sind jetzt überwiegend die Reichssteuern getreten. Das Finanzausgleichgesetz v. 27. 4. 26 (RGBl I 203) mit seinen zahlreichen späteren Abänderungen erklärt in § 1 die Länder nur noch für berechtigt, Steuern nach Landesrecht zu erheben, soweit nicht die Reichsverfassung und die gemäß der Reichsverfassung erlassenen reichsrechtlichen Vorschriften entgegenstehen. Nach § 2 schließt die Inanspruchnahme von Steuern für das Reich die Erhebung gleichartiger Steuern durch die Länder aus, wenn nicht reichsgesetzlich ein anderes vorgeschrieben ist. Als Landessteuern kommen noch besonders in Betracht z. B. Gewerbesteuer, Grundsteuer, Wegunterhaltungssteuer, Vergnügungssteuern, Getränkesteuer.

b) Die **Reichsabgabenordnung** in der Fassung v. 22. 5. 31 mit späteren Änderungen (insbes. durch das Steueranpassungs-Ges. v. 16. 10. 34) gilt für die Steuern, die ganz oder zum Teil zugunsten des Reichs erhoben werden, soweit nicht in den einzelnen Steuergesetzen Abweichendes vorgeschrieben ist. Finanzbehörden sind der Reichsminister der Finanzen, dem die oberste Leitung zusteht, die Oberfinanzpräsidenten als Oberbehörden und unter diesen die Finanzämter mit ihren Hilfsstellen. Bei den Oberfinanzpräsidenten bestehen Finanzgerichte. Oberste Spruchbehörde in Reichssteuersachen ist der Reichsfinanzhof in München, der auch als Beschlußbehörde tätig wird. Der 2. Teil 3. Abschnitt RAO (§§ 228ff.) handelt von den Rechtsmitteln. Gegen Steuerbescheide (§§ 211, 212), Feststellungsbescheide (§§ 214, 215) und Veranlagungsbescheide (§ 210 Abs. 1 Satz 2) ist das Rechtsmittelverfahren gegeben. Dieses ist, soweit es sich nicht um Zölle und Verbrauchsabgaben handelt, das Berufungsverfahren, soweit es sich um solche handelt, das Anfechtungsverfahren. Im Berufungsverfahren entscheidet über den Einspruch gegen die Entscheidung des Finanzamts oder seiner Hilfsstelle, sofern diese ihm nicht abhilft, das Finanzamt, über die Berufung gegen die Einspruchsentscheidung das Finanzgericht, über die Rechtsbeschwerde gegen die Berufungsentscheidung der Reichsfinanzhof. Im Anfechtungsverfahren entscheidet über die Anfechtung gegen die Entscheidung des Finanzamts oder seiner Hilfsstelle der Oberfinanzpräsident, über die Rechtsbeschwerde gegen die Anfechtungsentscheidung der Reichsfinanzhof. Andere Verfügungen von Finanzbehörden unterliegen der Beschwerde, die die §§ 285ff. a. a. O. regeln.

c) Der 7. Titel des 3. Abschnitts des 2. Teils der RAO regelt die Kosten des Rechtsmittelverfahrens. Über sie ist nach §§ 307—317 a. a. O. zu entscheiden. Der Steuerpflichtige hat die Kosten sämtlicher Rechtsstufen zu tragen, wenn er im endgültigen Ergebnis unterliegt. Ihn treffen auch die Kosten eines zurückgenommenen Rechtsmittels. Ihm können auch die Kosten eines infolge neuen Vorbringens erfolgreichen Rechtsmittels und die unbegründeter Anträge und Einwendungen auferlegt werden. Mehrere Steuerpflichtige, die zur Tragung der Kosten verpflichtet sind, haften nach Kopfteilen; bei erheblicher Verschiedenheit ihrer Beteiligung können die Kosten nach dem Maße ihrer Beteiligung verteilt werden (§ 307).

Die Rechtsmittelgebühr wird nach dem Wert des Streitgegenstandes berechnet. Sie beträgt für das Verfahren über einen Einspruch, eine Beschwerde oder Anfechtung das Einfache der Gebühr des § 8 GKG. In der Berufung erhöht sich die Gebühr auf das Doppelte, im Verfahren über eine Rechtsbeschwerde auf das Dreifache, bei Zurücknahme eines Rechtsmittels ermäßigt sie sich auf die Hälfte (§ 311). Die Erhebung von Auslagen erfolgt nach Maßgabe des § 312.

Für die Fortsetzung des Streitwerts gilt der § 320 Abs. 4 RAO. Danach gilt für die Entscheidung darüber, wie hoch der Wert des Streitgegenstandes festzustellen ist, freies Ermessen. Das gilt nicht nur für die FinGer., sondern auch für die Berechnung der Rechtanwaltsgebühren (vgl. Kloß: JW. 1921, 65). Für die Wertermittlung ist ein auf Ersuchen des RFinM. erstattetes Gutachten des RFH v. 15. Juli 1937 (RStBl 1937, 907) von Interesse. Danach kann der Streitwert im Einzelfall höher festgesetzt werden als der Betrag, der gerade zur Entscheidung steht, z. B. wenn im Einzelfall von der Entscheidung auch noch die Entscheidung über andere Steuern abhängt oder für einen längeren Steuerabschnitt die maßgebende Klarstellung getroffen wird.

Hinsichtlich der Kostenerstattung bestimmt der § 316 folgendes:

„Soweit dem Steuerpflichtigen keine Kosten auferlegt werden, sind ihm notwendige

Auslagen zu erstatten. Er hat jedoch keinen Anspruch auf Entschädigung für Zeitversäumnis Auch auf Erstattung von Kosten, die durch Zuziehung eines Bevollmächtigten oder Beistandes entstanden sind, hat er keinen Anspruch."

Die Vorschrift des Satz 3 war zunächst bis zum 31. 3. 37 befristet worden, gilt jedoch nunmehr gemäß Ziffer 68 des EinfGes zu den Realsteuergesetzen vom 1. 12. 36 (RGBl I S. 961) endgültig. Demgemäß sind die Gebühren des RA im Steuerverfahren grundsätzlich nicht erstattungsfähig. Der RFH (Großer Senat) hat jedoch in einem Gutachten v. 9. 7. 32 (StW 1932, 1565) zum Ausdruck gebracht, daß solche Ausgaben, die der Steuerpflichtige persönlich gemacht hätte, wenn er nicht durch einen Bevollmächtigten vertreten gewesen wäre, trotz der Bestimmung des § 316 Satz 3 erstattungsfähig seien.

Da die Erstattungspflicht grundsätzlich beseitigt ist, fehlt eine Bestimmung darüber, nach welchen Vorschriften sich der Gebührenanspruch des RA gegen den Auftraggeber richten soll. Die alte Fassung des § 288 der RAO v. 13. 12. 19, wonach sich die Höhe der für Zuziehung eines RA zu erstattenden Gebühren nach der RAGebO richtete, gibt aber einen Anhalt dafür, daß der Gesetzgeber bei Erlaß der RAO die Anwendung der deutschen GebO für geboten hielt, so daß eine ausdehnende Auslegung des Wortes „Staatssteuern" in Art. 2 Nr. 5 der PrGebO auf die der RAO unterstehenden Reichssteuern zulässig erscheint. Vgl. hierzu die Ausführungen von Wilke in JW 34, 3186.

Es können die Prozeß-, Verhandlungs-, Beweis- und weitere Verhandlungsgebühr wie im ordentlichen Gerichtsverfahren und die Vergleichsgebühr in Ausnahmefällen entstehen. In den verschiedenen Rechtsmittelzügen erhöhen sich die Gebühren nach § 52, und zwar ist das Berufungsverfahren dem der ZPO, das Verfahren auf Rechtsbeschwerde dem auf Revision gleichzustellen. Das Anfechtungsverfahren in Verbrauchssteuer- und Zollsachen ist, da die Anfechtung an den Oberfinanzpräsidenten (früher LFinA) als nächsthöhere Instanz geht, analog dem Berufungsverfahren zu behandeln, sodaß eine $^3/_{10}$ Gebühr in Ansatz kommt. Die Gebühren entstehen für jede Instanz besonders und in ihr nur einmal. Durch die Anrufung des Kollegiums gegen die Entscheidung des Vorsitzenden (§ 257 Abs. 2 RAO) wird keine neue Instanz eröffnet; dasselbe gilt im Falle der §§ 267 Abs. 2, 294 Abs. 2 RAO. Bei der Zurückverweisung (§§ 284 Abs. 1, 296 Abs. 3 RAO) ist § 27 RAGebO entsprechend anzuwenden. Auch die Gebühren der §§ 42ff. können fällig werden. Da es ein Versäumnisverfahren nicht gibt und nach § 243 RAO die Rechtsmittelbehörden den Sachverhalt von Amts wegen zu ermitteln haben und an Anträge nicht gebunden sind, kommt § 16 Satz 1 RAGebO nicht zur Anwendung. Das Verfahren zur Anordnung eines Arrestes (§ 368 RAO) bildet nach § 28 RAGebO für die Gebühren ein besonderes Verfahren, in welchem auf die Berufung und auf die Rechtsbeschwerde § 52 RAGebO anzuwenden ist. Auch die KostenfestsGeb (§ 23 Nr. 3) kann entstehen; sie ist auch einem Verwaltungsrechtsrat zugebilligt worden, dem aber die Umsatzsteuer nicht als erstattungsfähig anerkannt werden konnte, da er keine gesetzlich bemessenen Gebühren bezieht, RFH 26, 234; JW 30, 2097[3]. Da die Gebühren eines RA nicht erstattungsfähig sind, kann der RA auch in eigenen Angelegenheiten keine Gebühren, sondern nur seine tatsächlichen notwendigen Ausgaben erstattet verlangen; für das alte Recht: RFH 5, 239. Für einen Berater ohne Rechtsanwaltseigenschaft bilden die Sätze der GebO den Höchstbetrag, RFH JW 30[4], 2098[4]. Einem Prozeßagenten sind die halben Gebühren eines RA zugebilligt worden, RFH 6, 5.

d) Da die unter b und c behandelten, die Reichssteuern betreffenden Vorschriften sich nur auf die Rechtsmittelverfahren beziehen, ist im Steuerermittlungs- und Festsetzungs- sowie im Beitreibungsverfahren die LandesgebO anzuwenden, soweit es sich nicht um Rechtsmittel handelt. Die Vollstreckung geschieht nach Maßgabe der am Orte der Zwangsvollstreckung für die Beitreibung öffentlich-rechtlicher Forderungen geltenden Vorschriften; vgl. Lang JW 19, 154; Kloß JW 21, 65. Soweit hierbei die ordentlichen Gerichte beteiligt sind, gilt die RAGebO.

6. Zu Nr. 6. Ein Verwaltungsstrafverfahren gibt es:

nach Reichsrecht für Poststrafsachen (Postges v. 28. 10. 71, RGBl 347 §§ 34 ff.), für gewisse Zuwiderhandlungen gegen die Vorschriften über die Kanalgebühren für die Benutzung des Kaiser-Wilhelm-Kanals v. 20. 6. 99 (RGBl 317 § 10), der SeemannsO v. 2. 6. 02 (RGBl 175 § 122), Ges. v. 2. 6. 02 (RGBl 212 § 8), der RVersO v. 15. 12. 24 (RGBl I 779) §§ 530, 908ff., 1495, 1500 und in der RAbgO v. 22. 5. 31 §§ 421ff. (RGBl I S. 161),

nach Landesrecht im Rahmen des § 6 Abs. 2 Nr. 3 EG StPO; vgl. Ges. betr. den Erlaß polizeilicher Strafverfügungen wegen Übertretungen v. 23. 4. 83 (GS 65) in der Fass. v. 31. 5. 23 (GS 271). Zuwiderhandlungen gegen die Vorschriften über die Erhebung öffentlicher Abgaben und Gefälle unterstehen aber der Landesgesetzgebung mit Rücksicht auf § 1 Abs. 2 RAbgO nur noch insoweit, als diese ausschließlich zugunsten der Länder oder Kommunalverbände erhoben werden; in diesen Fällen gelten auch noch §§ 419—429 StPO. Näher geregelt wird das Verfahren durch das Gesetz, betr. das Verwaltungsstrafverfahren bei Zuwiderhandlungen gegen die Zollgesetze und die sonstigen Vorschriften über indirekte Reichs- und Landesabgaben sowie die Bestimmungen über die Schlacht- und Wildbretsteuer v. 26. 7. 97 (GS 237).

Für das Anwendungsgebiet der RAbgO (§ 1 Abs. 2 dieses Ges) ist das Verwaltungsstrafverfahren in den §§ 421ff. der Reichsabgabenordnung v. 22. 5. 31 (RGBl I 161) mit späteren Änderungen (insbes. StAnpGes. v. 16. 10. 34) neu geordnet. § 445 RAO setzt die §§ 420—429 StPO insoweit außer Kraft, als die Vorschriften der RAO über das gerichtliche Verfahren in Steuerstrafsachen Anwendung finden, und den § 419 StPO insoweit, als § 421 Abs. 2, § 447 Abs. 2 und § 419 Abs. 2 RAO Anwendung finden. Von den Vorschriften der RAO kommen weiter in Betracht:

§ 455. „Die Kostenvorschriften der StPO gelten sinngemäß auch für das Verwaltungsstrafverfahren. Über Höhe und Notwendigkeit von Auslagen entscheidet das Finanzamt endgültig.

Wer nur bei der Einziehung beteiligt ist, hat außer bei Zurückweisung unbegründeter Beschwerden keine Kosten zu tragen.

Sind durch das Verfahren gegen den, der für Geldstrafe und Kosten haftet, besondere Kosten entstanden, so sind ihm die Kosten bei Festsetzung seiner Haftpflicht aufzuerlegen.

§ 444. Der Beschuldigte und die Nebenbeteiligten können sich durch einen mit schriftlicher Vollmacht versehenen Beauftragten vertreten lassen. Geschäftsmäßige Vertreter können zurückgewiesen werden. Dies gilt nicht für die im § 107 Abs. 3 genannten Personen.

§ 421. Abs. 3: Nebenbeteiligter ist,

1. wem ein Recht an Gegenständen zusteht, die der Einziehung unterliegen, oder wem ein Anspruch auf solche Gegenstände zusteht,
2. wer für die Geldstrafe und die Kosten haftet, die dem Träger oder einem Teilnehmer auferlegt werden.

Die Mithaftenden werden in § 416 bestimmt. Das Finanzamt, das dem Beschuldigten Gelegenheit zur Äußerung zu geben hat und ihn zu dem Zwecke zur Vernehmung laden, bei Nichterscheinen auch durch das Amtsgericht vernehmen lassen kann, entscheidet, wenn sich der Beschuldigte nicht sofort der festzusetzenden Strafe unterwirft (§ 445), durch Einstellung des Verfahrens oder durch Antrag bei der Staatsanwaltschaft auf Erhebung der öffentlichen Klage (§ 146), oder es erläßt einen Strafbescheid (§ 447). Gegen diesen haben der Beschuldigte und die Nebenbeteiligten die Beschwerde, über die der Oberfinanzpräsident entscheidet, oder den Antrag auf gerichtliche Entscheidung (§§ 450, 452), die einander ausschließen. Bei mehreren Beteiligten kann ein Teil die Beschwerde, ein anderer die gerichtliche Entscheidung wählen, wobei dann in der Regel über die Beschwerde erst nach rechtskräftiger Erledigung des gerichtlichen Verfahrens zu befinden ist. Gegen andere Verfügungen der Finanzämter und Oberfinanzpräsidenten ist die Beschwerde an die nächstobere Behörde gegeben, die endgültig entscheidet (§ 453).

Die Gebühren der RA sind also gemäß Art. 2 Nr. 6 nach der RAGebO zu berechnen. Da eine Hauptverhandlung nicht stattfindet, berechnen sich die Gebühren des RA nach den Bestimmungen über das Vorverfahren. Sie betragen nach § 67 RAGebO 20 Reichsmark. Der Antrag auf gerichtliche Entscheidung fällt unter § 69 RAGebO, wird aber nach § 70 durch die Gebühr aus § 67 mitabgegolten, da er unter dem Gesichtspunkt eines Rechtsmittels zu beurteilen ist, RGSt 17, 252. Dasselbe gilt für Beschwerden aus §§ 450 und 453 RAbgO. Auf diese, wenn sich die Tätigkeit des RA auf ihre Anfertigung beschränkt, § 68 anzuwenden, geht nicht an, da hier nur ganz bestimmte Schriftstücke genannt sind. Nach dem Grundsatz des § 70 umfaßt die Pauschgebühr aus § 67 die gesamte Tätigkeit des RA vor der Finanzbehörde und in dem weiteren Vorverfahren vor dem Gericht, wenn jene nach § 446 RAbgO den Antrag auf Erhebung der öffentlichen Klage stellt.

7. Nr. 7 ist, da eine landesrechtliche Regelung von Disziplinarverfahren nach Erlaß der Reichsdienststrafordnung (RDStO) v. 26. 1. 37 (RGBl I 71) nicht mehr besteht, im Hinblick auf § 91 Nr. 3 und 4 der RAGebO gegenstandslos geworden. Im Dienststrafverfahren gegen Notare finden gemäß § 69 der RNO v. 13. 2. 37 (RGBl I 191) die für richterliche Beamte geltenden Vorschriften der RDStO Anwendung, so daß auch hier § 91 Nr. 3 der RAGebO zur Geltung kommt. Im übrigen vgl. § 91 RAGebO.

8. Durch Landesrecht sind die Gebühren der Rechtsanwälte unter Bezugnahme auf die Reichsgebührenordnung noch in einzelnen Fällen besonders geregelt:

a) In der preuß. Pachtschutzordnung v. 19. 9. 27 (GS 177), die durch die VO zur Vereinheitlichung der Zuständigkeit in Pachtschutzsachen v. 22. 10. 36 (RGBl I 906) Bestandteil des Reichsrechts geworden ist (Ges über Pächterschutz v. 22. 4. 33 mit späteren Änderungen), ist für die in Pachtschutzsachen entstehenden Kosten eine besondere Regelung getroffen. Diese Regelung gilt nunmehr für Verfahren vor allen nach der AV d. RJM v. 27. 10. 36 (Deutsche Justiz S. 1637) errichteten „gemeinschaftlichen Pachteinigungsämtern" im Reichsgebiet.

§ 52 bestimmt für das Verfahren erster Instanz vor dem Pachteinigungsamt:

Die Erstattung der einer Partei entstandenen notwendigen Auslagen, insbesondere von Vertretungskosten, kann vom Gegner nur gefordert werden, insoweit das Pachteinigungsamt bei der Entscheidung die Erstattung ausdrücklich angeordnet hat; das Pachteinigungsamt soll die Erstattung nur anordnen, insoweit der Gegner mutwillig das Verfahren oder eine Erhöhung der Kosten veranlaßt hat.

Der zur Vertretung einer Partei zugezogene Rechtsanwalt erhält für seine Tätigkeit in der Instanz die einmalige volle Gebühr nach § 9 der GebO f. RA. Die §§ 8, 11, 76—86, 93 und 94 a. a. O. sind sinngemäß anzuwenden.

Hiernach findet in dem Verfahren vor dem PEA eine Kostenerstattung in der Regel nicht statt, sondern nur dann, wenn die Erstattungspflicht bei der Entscheidung ausdrücklich angeordnet ist, und nur für die Auslagen, auf die sich die Anordnung erstreckt. Abs. 1 Halbs. 2 schränkt die Gelegenheit für solche Anordnungen des PEA auf die Fälle ein, in denen der Gegner mutwillig das Verfahren oder eine Erhöhung der Kosten veranlaßt hat. Nach Zurücknahme des Antrags kann über die Erstattung der Auslagen nicht mehr entschieden werden, JFGErg 8, 195; JW 29, 3313[6]. Die Nachholung einer unterlassenen Anordnung kann nur auf Grund des § 28 in Verb. mit § 321 ZPO und nicht durch Rechtsmittel betrieben werden. Bei dem Erlaß einer einstweiligen Anordnung nach § 23 a. a. O. ist in der Endentscheidung darüber zu bestimmen, ob und inwieweit der Antragsgegner die Kosten zu erstatten hat (§ 51 Abs. 3 Halbs. 2). Die rechtskräftige Entscheidung über die Kostenerstattung ist vollstreckbar (§ 57 Abs. 2).

In der Rechtsbeschwerde- und Berufungsinstanz gilt die Einschränkung des § 52 Abs. 1 Halbs. 2 über die Kostenerstattungspflicht nicht; vielmehr findet § 91 Abs. 2 ZPO entsprechende Anwendung (§ 53 Abs. 1 Satz 3).

Nach § 54 finden auf die Berechnung, Festsetzung und Einziehung der Kosten die für das Verfahren in bürgerlichen Rechtsstreitigkeiten geltenden Vorschriften entsprechende Anwendung. Die Kostenfestsetzung geschieht also durch den UrkB; über die Erinnerung entscheidet der Vorsitzende des PEA. Gegen seine Entscheidung ist die Beschwerde an das Landgericht zulässig, wenn der Beschwerdegegenstand 50 Reichsmark übersteigt. Eine weitere Beschwerde findet nicht statt. Die Beschwerde muß auch gegen die Wertfestsetzung zugelassen werden, da die Berechnung und Festsetzung der Kosten von der Wertfestsetzung sich sachlich nicht trennen läßt und § 54 sich auf den ganzen in den §§ 49ff. behandelten Stoff bezieht; *aM* Wagemann preuß. PSchO § 54 A 4.

Den Wert des Streitgegenstandes bestimmt (§ 49) im Falle eines Antrags auf Verlängerung oder Aufhebung eines Vertrags der Pachtzins, im Falle eines Antrags auf Abänderung der Leistungen der Unterschied zwischen dem bisherigen und dem neu beantragten Pachtzinse, beide Male berechnet auf die Zeit, für welche die anderweite Regelung oder die Aufhebung beantragt wird, jedoch höchstens auf zwei Jahre. Der Pachtzins ist unter Einschluß des Wertes von Naturalleistungen zu berechnen; Pfennigbeträge sind auf ganze Mark nach unten abzurunden. Bei Beteiligung mehrerer Streitgenossen werden die einzelnen Streitwerte bei Berechnung der Gerichtsgebühren zu einem Gesamtstreitwerte zusammengerechnet. In der Rechtsbeschwerde- und Berufungsinstanz (§ 53) ist der Wert des Streitgegenstandes, wenn aber der Wert des Beschwerdegegenstandes geringer ist, dieser für die Gebührenberechnung maßgebend.

Für die Berechnung der Gebühren der RA ist, da nach § 52 Abs. 2 der § 11 RAGebO sinngemäß anzuwenden ist, die für die Berechnung der Gerichtsgebühren getroffene Festsetzung des Wertes maßgebend. § 3 RAGebO bleibt aber zu beachten. Die gesamte Tätigkeit des RA in erster Instanz wird durch eine volle Gebühr nach § 9 RAGebO abgegolten, auch wenn eine Beweisaufnahme stattgefunden hat oder ein Vergleich geschlossen worden ist. Sie schließt auch das KostenfestsVerfahren ein. Für die Erwirkung einer einstweiligen Anordnung nach § 23 eine besondere Gebühr zu bewilligen, erscheint nicht gerechtfertigt. Da die PSchO für den Fall der Zurückverweisung (§§ 39, 46 Abs. 2) nicht wie § 27 GKG und § 27 RAGebO eine besondere Anordnung trifft, gilt der allgemeine Instanzbegriff. Wird die Sache nach einer den Anspruch erledigenden und damit die Instanz beendigenden Entscheidung zurückverwiesen, so entsteht eine neue Gebühr, wie auch bei erneutem Aufstieg der Sache in die Rechtsmittelinstanz die Gebühr für diese sich erneuert. Wollte man der Fassung des § 53 Abs. 1 Satz 2 entscheidende Bedeutung beilegen, müßte man auch im letzteren Falle nur eine einmalige Gebühr aus § 53 zulassen. In der Rechtsbeschwerde- und Berufungsinstanz erhält der RA die anderthalbfache Gebühr, wird aber das Rechtsmittel als unzulässig verworfen oder zurückgenommen, so ermäßigt sich seine Gebühr auf die Hälfte (§ 53).

Für die Zwangsvollstreckung, auf die die ZPO anzuwenden ist (§ 57 Abs. 3), gilt die RAGebO.

b) Die VO über die Kosten in Angelegenheiten der Familiengüter und der Hausvermögen (Auflösungsgebührenordnung) v. 22. 12. 30, GS 299, erklärt je nach der Verfahrensart der vor den Auflösungsbehörden anhängigen Verfahren die ReichsGebO oder die LandesGebO für sinngemäß anwendbar; s. unten Abschnitt V, B.

9. Für alle übrigen Angelegenheiten, die weder unter Art. 2 fallen noch nach besonderer Vorschrift zu entschädigen sind, berechnen sich die Gebühren der RA nach Art. 8 ff. der LandesgebO. Die hierbei nach der LandesgebO verdiente Gebühr ist bei weiterer Tätigkeit des RA, die nach der RAGebO zu entlohnen ist, auf die später entstehende Gebühr nur dann anzurechnen, wenn diese die gesamte, also auch die vorausgegangene Tätigkeit abgilt. Dies ist nicht der Fall, wenn es sich um verschiedene Instanzen oder um getrennte Verfahrensabschnitte, z. B. bei dem Verwaltungsstrafverfahren, handelt. Beim Zusammentreffen einer Vergütung nach Reichs- und Landesrecht gilt § 92 RAGebO.

Als Fälle der Anwendung der LandesgebO seien genannt:

a) Das Verfahren vor dem Mieteinigungsamt (§§ 37 ff. Mieterschutzges v. 17. 2. 28 [RGBl I 25]) mit späteren Änderungen). Dieses ist abweichend von der ZPO durch die Anordnung für das Verfahren vor dem MEA und der Beschwerdestelle v. 19. 9. 23 (RGBl I 889) und 27. 3. 32 (RGBl I 170) geregelt. Die ZPO findet nicht einmal zur Ergänzung Anwendung, sondern nur Grundsätze von allgemeiner Rechtsgeltung werden aus ihr herübergenommen (JW 25, 2268, 2880; RG 107, 286). Daher ist die Anwendung der LandesGebO gerechtfertigt. Dagegen erklärt der RE des KG (JFGErg 4, 204; JW 26, 997[1]) die RAGebO für anwendbar, da doch immerhin die Vorschriften der ZPO ergänzend heranzuziehen seien. Für Bayern schließt sich dem KG an: LG Nürnberg JW 29, 154[14]. Von seinem Standpunkte aus gewährt das KG (JFGErg 6, 133; JW 27, 594[25]) dem RA für die Vertretung im Rechtsbeschwerdeverfahren die Gebühren aus § 52 RAGebO. In dem Verfahren vor dem MEA zur Prüfung, ob es der Rechtsbeschwerde abhelfen will (§ 42 Abs. 1 MSchG), stehen dem RA die Gebühren für die Berufungsinstanz zu und zwar auch dann, wenn ihm für die Vertretung beim MEA ein Gebührenanspruch schon erwachsen ist; über die Erstattungspflicht entscheidet die Beschwerdestelle, wenn die Sache zu ihrer Entscheidung gelangt, KG JW 30, 3559[2]. Kommt es aber infolge Zurücknahme der Beschwerde zu keiner Entscheidung über sie, so hat doch die Beschwerdestelle über die Kosten der Beschwerde und über die Erstattungspflicht zu entscheiden, KG JW 30, 2969[1]. Für das Verfahren nach § 6 Abs. 5 MSchG gewährt LG Hamburg

(JW 28, 2577 [9]) eine besondere Verhandlungs- und Beweisgebühr, während die Prozeßgebühr auf die bereits verdiente Prozeßgebühr angerechnet wird.

α) Der in dem Verfahren unterliegende Teil hat, soweit nicht das MEA die Kosten anders verteilt, die Kosten zu tragen, die aus Gebühren und baren Auslagen bestehen (§ 46 Abs. 1, 2, 3 MSchG). Körperschaften des öffentlichen Rechts sowie gemeinnützige Anstalten und Stiftungen sind aber von der Erstattung der Auslagen der Staatskasse gegenüber (KG JW 25, 1770 [4]) befreit (Abs. 5 a. a. O.). Die Entscheidung erfolgt durch Beschluß. Da aber § 91 ZPO nicht gilt, bildet dieser Beschluß noch keinen Titel für den Anspruch auf Erstattung der Kosten durch den Gegner. Er wird es erst dann, wenn in ihm nach § 15 der Anordnung für das Verfahren vor dem MEA und der Beschwerdestelle v. 19. 9. 23 (RGBl I 889) bestimmt worden ist, daß und in welchem Betrag ein Beteiligter anderen Beteiligten Ersatz der baren Auslagen sowie Entschädigung für die durch notwendige Reisen oder durch die notwendige Wahrnehmung von Terminen entstandene Zeitversäumnis zu gewähren hat. Diese Erstattungspflicht muß nach § 40 Abs. 2 Satz 2 MSchG gegen den säumigen Teil, wenn er trotz ordnungsmäßiger Ladung nicht erschienen und die Verhandlung vertagt ist, hinsichtlich der dem anderen Beteiligten durch das Ausbleiben verursachten notwendigen Kosten ausgesprochen werden; im übrigen enthält § 15 der Anordnung v. 19. 9. 23 eine Kann-Vorschrift, die aber die Anordnung der Erstattung zugunsten einer Partei nicht hindert, wenn auch der anderen Kosten entstanden sind, KG JW 30, 1076 [2].

β) Da die Höhe der zu ersetzenden baren Auslagen in dem Beschlusse anzugeben ist, findet ein besonderes Festsetzungsverfahren vor dem MEA nicht statt. Die baren Auslagen, deren Erstattung einem Beteiligten auferlegt wird, brauchen jedoch in dem die Erstattung anordnenden Beschlusse nicht sogleich ziffermäßig angegeben zu werden. Die Bestimmung der Höhe kann durch einen späteren Beschluß nachgeholt werden; KG JFGErg 6, 123; JW 27, 594 [25]. Über den Antrag auf Kostenerstattung kann in einem Ergänzungsbeschluß auch dann entschieden werden, wenn der Antrag erst nach der Sachentscheidung des MEA oder der Beschwerdestelle gestellt worden ist; KG JFGErg 5, 76. Der Antrag muß jedoch binnen einer Woche seit Bekanntgabe der Sachentscheidung des MEA oder der Beschwerdestelle gestellt werden, KG JFGErg 5, 78, und zwar muß er innerhalb der Frist bei der Stelle, die über ihn zu entscheiden hat, eingegangen sein, KG JFGErg 7, 120. Ist aber der Antrag vor Zustellung der Entscheidung des MEA oder der Beschwerdestelle, also vor ihrem Wirksamwerden, gestellt worden, so ist über ihn zu entscheiden, ohne daß es eines weiteren Antrags bedarf; KG JW 30, 3861 [1]. Gegen den die Erstattung ablehnenden Ergänzungsbeschluß der Beschwerdestelle gibt es keine Beschwerde, KG JW 26, 2585. Über die Anfechtbarkeit des erlassenen Beschlusses s. zu γ. Zu den baren Auslagen, die erstattungsfähig sind, können auch die gesetzlichen Gebühren eines RA gehören, JFGErg 3, 176; JW 25, 1770 [4]. Die Gebühren eines RA in eigener Sache sind jedoch nicht als bare Auslagen im Sinne des § 15 der Anordnung anzusehen, KG JFGErg 5, 76. Unterläßt das MEA eine Anordnung aus § 15 VerfAO, so kann Ersatz der Auslagen nicht im ordentlichen Rechtsstreit begehrt werden, RG JW 30, 135 [8].

Die **Vollstreckung** richtet sich wegen der einem Beteiligten zu ersetzenden Kosten nach den Vorschriften der ZPO (§ 18 Abs. 2 der Anordnung).

γ) Die Entscheidung des MEA über die Kosten und die Kostenerstattung **kann nur zugleich mit der Entscheidung in der Hauptsache angefochten werden** (§ 15 Satz 2 der Anordnung v. 19. 9. 23, § 41 Abs. 2 Satz 5 MSchG), und zwar auch dann, wenn der Erstattungsbeschluß nachträglich erlassen ist, JFGErg 3, 170, 179; 4, 203; 6, 132; 8, 181. Selbst die Weigerung, eine Ausfertigung der Entscheidung über die zu erstattenden Kosten zu erteilen, ist der Anfechtung durch die Rechtsbeschwerde entzogen, JFGErg 9, 197. Die Anfechtung der Kostenentscheidung wird nicht dadurch zulässig, daß die mit den Kosten belastete Partei die Rechtsbeschwerde auch in der Hauptsache, in der sie obgesiegt hat, einlegt, KG JW 29, 118²; JFGErg 8, 178. Die Rechtsbeschwerde bleibt freilich, wenn sich nach ihrer Einlegung die Hauptsache erledigt, wegen der Kostenentscheidung des MEA zulässig, KG JFGErg 8, 180. Über die Erwägungen, die das MEA oder die BeschwSt bei der Festsetzung der zu erstattenden Auslagen anstellen sollen, s. KG JW 30, 1067². Die Beschwerdestelle kann die Kostenentscheidung des MEA auch dann ändern, wenn die Beschwerde in der Hauptsache unbegründet ist; JFGErg 5, 80; JW 26, 2458⁶.

Die Entscheidung der Beschwerdestelle über die Kostenerstattung unterliegt als Sachentscheidung keiner Anfechtung, KG JW 28, 123; JFGErg 6, 181, und zwar auch dann, wenn die Erstattungspflicht in einem besonderen Beschlusse ausgesprochen worden ist, KG JW 26, 2585¹; ebenso Breslau JW 26, 1034⁷.

δ) Der Streitwert darf nach § 46 Abs. 1 MSchG nicht höher als der Jahresbetrag der gesetzlichen Miete sein, und dieser ist auf Grund des Monatsbetrags der gesetzlichen Miete zu ermitteln, der für den der Entscheidung vorhergehenden Monat Geltung hatte, § 7 Abs. 3 Satz 3 der Preuß. AusfVO v. 24. 4. 36 (GS S. 102). Hierbei hat die Beschwerdestelle die Vorschriften des GKG zu beachten. Die Streitwertfestsetzung des MEA kann, da sie ein Teil der Kostenentscheidung ist und diese nach § 41 Abs. 2 Satz 5 MSchG nur zugleich mit der Entscheidung in der Hauptsache angefochten werden kann, nicht selbständig angefochten werden, JFGErg 3, 179; 4, 203. Dagegen unterliegt die Wertfestsetzung der Beschwerdestelle der Anfechtung durch Beschwerde, KG JFGErg 3, 170; 4, 203; 6, 132; JW 28, 123⁶. Dagegen versagen die Anfechtung auch im letzteren Falle, Breslau JW 26, 1034⁷; 29, 3176⁸; Hamburg Rsp 45, 263; Königsberg JW 27, 2475¹⁴. Dieses aus § 18 GKG hergeleitete Beschwerderecht steht auch dem RA nach § 12 RAGebO zu, JFGErg 2, 147.

ε) In dem durch das Ges v. 23. 2. 28, RGBl I 17, eingeführten Kündigungsverfahren erhält der RA nach § 1 o Abs. 2 MSchG die Sätze des § 9 der RAGebO. Diese Gebühr ist eine Pauschgebühr und umfaßt die gesamte Tätigkeit des RA in diesem Verfahren. Es entsteht also auch nicht eine besondere Verhandlungsgebühr oder sonst eine der in § 13 RAGebO genannten Gebühren. Für die Wertberechnung gilt auch hier § 13 Abs. 4 MSchG. In dem Verfahren kann der Mieter gegen die Kündigung Widerspruch erheben (§ 1d), worauf der Vermieter die Anberaumung eines Termins zur Güteverhandlung beantragen kann, und gegen den Räumungsbefehl Einspruch einlegen (§ 1g), wodurch das Verfahren zu einem solchen über Aufhebung eines Mietverhältnisses wird. Die bereits verdienten Gebühren werden auf die im Aufhebungsstreit entstehenden Gebühren angerechnet. In dem Räumungsbefehl, der auf die unwidersprochen gebliebene Kündigung zu erlassen ist, sind die Kosten des Verfahrens dem Mieter aufzuerlegen. Der Vermieter kann aber auf Grund dieses Titels nach § 1 o Abs. 5 nur die Erstattung der Gerichtskosten verlangen.

b) Das Verfahren vor den Erbgesundheitsbehörden; da sich das Verfahren nicht nach der ZPO richtet und weder die Erbgesundheitsgesetzgebung noch die RKO v. 25. 11. 35 (RGBl I 1371) besondere Vorschriften über RAGebühren enthält, bestimmen sich die Gebühren nach der LGebO, ErbgesObGer. Kiel JW 36, 1015.

c) Das Verfahren auf Grund des Ges über die anderweitige Festsetzung von Geldbezügen aus Altenteilsverträgen v. 18. 8. 23 (RGBl I 815) und der PreußVO v. 8. 9. 23 (GS 433). Die Festsetzung geschieht in einem Einigungsverfahren, und zwar bei Altenteilsansprüchen vor dem Amtsgericht mit Rechtsbeschwerde an das Landgericht unter entsprechender Anwendung gewisser Bestimmungen der Pachtschutzordnung, bei Versorgungsansprüchen aus Stammgütern und Familienfideikommissen vor den Auflösungsbehörden nach den für diese Behörden maßgebenden Vorschriften. Über die Kosten des Verfahrens ist nach billigem Ermessen zu entscheiden. Die Vorschriften der ZPO und des GKG über Kosten und Armenrecht gelten entsprechend. Der Wert des Streitgegenstandes ist nach § 10 Abs. 2 GKG auf den Betrag des einjährigen Bezugs zu berechnen, der nach Art. 16 auch für die nach der LandesgebO zu berechnenden Gebühren des RA maßgebend ist.

d) Die Tätigkeit des RA auf Herbeiführung der Devisengenehmigung wird weder durch die Prozeß- noch durch die Vergleichsgebühr abgegolten, ist vielmehr nach der LGebO zu vergüten. Die entstehenden Gebühren sind in vollem Umfange erstattungsfähig, OLG Naumburg JW 35, 3172; OLG Darmstadt JW 35, 3316; OLG Karlsruhe JW 36, 2577; Bach JW 36, 2515ff. Nach KG JW 36, 2576 müssen die Gebühren des RA als Nebenkosten in der Klage geltend gemacht werden.

e) Weitere Anwendungsfälle der LandesgebO ergeben sich bei den oben zu Art. 1 A 1b, c, Art. 2 A 1B, 5d erwähnten Fällen und:

im Enteignungsverfahren auf Grund der Ges v. 11. 6. 74 (GS 221) und v. 2. 7. 75 (GS 561) nebst Ges v. 26. 7. 22 (GS 211) (RG Recht 14 Nr. 1360). Die in dem Enteignungsverfahren aufgewendeten Anwaltskosten kann der von der Enteignung Betroffene nach § 43 EnteigG nicht erstattet verlangen, RG 58, 422, und zwar selbst dann nicht, wenn der Antrag zurückgenommen ist, RG 126, 216;

in den Verfahren

vor dem Schiedsmann nach der Schiedsmannsordnung v. 3. 12. 24 (GS 751);

vor den Seemannsämtern (§§ 5, 122ff. Seemannsord. v. 2. 6. 02 (RGBl 175);

vor dem Reichsbahngericht, das nach § 44 des Ges über die Deutsche Reichsbahngesellschaft (jetzt „Deutsche Reichsbahn" [Ges v. 10. 2. 37, RGBl I 47]) v. 30. 8. 24, RGBl II 272, in der Fassung des Ges v. 13. 3. 30, RGBl II 359, beim Reichsverwaltungsgericht gebildet wird und bis zu dessen Errichtung beim Reichsgericht seinen Sitz hat. Das Verfahren ist durch die Geschäftsordnung v. 24. 11. 30, die am 19. 12. 30, RGBl II 1280, bekannt gemacht worden ist, geregelt;

im Verwaltungsbeschlußverfahren, in welchem die Beteiligten nach § 124 Abs. 1 LVG keinen Anspruch auf Ersatz ihrer baren Auslagen haben, im Verwaltungszwangsverfahren, bei Landessteuern in erster Instanz, bei Kommunalsteuern.

Vgl. auch Vorb. zu Art. 8—12.

10. In diesem Zusammenhang ist auch die Vergütung der RA für ihre Tätigkeit in Verfahren, die im Auslande schweben, zu erwähnen. Als Grundsatz gilt, daß die Vergütung des RA für seine Berufstätigkeit nach dem Rechte des Ortes seiner Niederlassung zu beurteilen ist, RG JW 36, 2141; RGZ 149, 121; angewandt vom ObGH Wien JW 29, 160[2]; KG JW 28, 121[3]; 30, 1072[1]; LG Hagen JW 28, 2802[2]. Da § 1 RAGebO voraussetzt, daß der RA in einem Verfahren vor den ordentlichen Gerichten, auf das die deutschen Prozeßordnungen Anwendung finden, tätig wird und mit den ordentlichen Gerichten nur deutsche ordentliche Gerichte gemeint sein können, ist die RAGebO nicht anzuwenden. Seine Tätigkeit ist vielmehr nach der LandesgebO zu vergüten, RG JW 36, 571. Dies gilt z. B. auch für eine Vertretung vor den polnischen Gerichten in dem einst deutschen Gebiet.

Besonders zu erwähnen ist der Fall einer Tätigkeit eines RA im Inland in einem Verfahren, das im Ausland schwebt, in dessen Verlauf jedoch Beweise im Inland erhoben werden sollen. Da die Tätigkeit des RA sich hier nicht auf einen Prozeßbetrieb bezieht, sondern sich in einer Einzeltätigkeit erschöpft, liegt kein Anlaß vor, in diesem Falle von der Anwendung der LandesgebO abzusehen und etwa § 45 RAGebO anzuwenden. Die Rechtshilfe ist in diesen Fällen als eine Verwaltungsangelegenheit anzusehen (Jonas ZPO Vorb. zu § 1, VII C, 4 und D, v. Normann Intern. ZivProzR 1ff.). Nach Art. 34 PrFGG ist, wenn zur Wahrnehmung von Rechten im Auslande die Leistung eines Eides oder einer Versicherung an Eides Statt erforderlich ist, zur Abnahme des Eides oder der Versicherung an Eides Statt sowohl das Amtsgericht als auch der Notar befugt. Über die Aufnahme solcher eidlichen Erklärungen zum Gebrauch in England, sog. Affidavits, enthält die AV v. 19. 9. 07 (JMBl 513) Anweisungen.

Da sich die Gebühren, mögen sie nach der ReichsGebO oder nach der LandesGebO zu bemessen sein, nach dem Werte berechnen und mit Rücksicht auf § 11 RAGebO und Art. 16 PrGebO die für die Berechnung der Gerichtsgebühren maßgebende Festsetzung des Wertes auch für die Gebühren des RA maßgebend ist, sind die Gebühren nach dem Werte, der von dem ausländischen Gerichte für das Verfahren angenommen ist, zu berechnen. Unrichtig wäre es, den Wert zugrunde zu legen, der festzusetzen sein würde, wenn das Verfahren vor einem inländischen Gericht anhängig wäre. Kennt das ausländische Gericht nicht eine der unsrigen ähnliche Wertabstufung, so ist doch zur Errechnung der Gebühr der Wert unter Berücksichtigung der von dem ausländischen Gericht dem Verfahren beigelegten Bedeutung zu ermitteln, wobei die Gebührenforderung des ausländischen RA einen Anhalt bieten dürfte. Ist z. B. eine nach deutschem Recht nicht vor die Gerichte gehörende Frage vor dem ausländischen Gericht anhängig und wird sie dort als eine nicht vermögensrechtliche Angelegenheit behandelt und bewertet, so ist die Gebühr des inländischen RA nicht nach dem Vermögenswert des Interesses des Klägers am Obsiegen zu berechnen.

Wird der RA in einem vor einem deutschen ordentlichen Gericht anhängigen Verfahren vor einem ausländischen Gericht tätig, so folgt aus § 1 RAGebO, daß seine Tätigkeit nach der LandesgebO zu vergüten ist.

Die entsprechende Anwendung, die Art. 16 a. a. O. auch für den § 93 RAGebO vorschreibt, rechtfertigt daher die Anwendung des Abs. 2 § 93 auch bei Streitigkeiten über die Höhe der Gebühren, die für die Tätigkeit im Ausland entstanden sind, JW 23, 821.

Die Gebühren eines ausländischen Verkehrsanwalts richten sich nach ausländischem Recht, München DRZ 27 Nr. 414 = ZZP 52, 308.

Art. 3. (Fass. v. 18. 12. 23; 2. 7. 26.) Volle Gebühr im Sinne dieses Gesetzes ist die im § 32 des Preußischen Gerichtskostengesetzes (jetzt § 26 RKO bestimmte Gebühr. Der Mindestbetrag einer Gebühr beträgt 2 Reichsmark. Pfennigbeträge, welche nicht ohne Bruch durch zehn teilbar sind, sind auf volle 10 Reichspfennige aufzurunden.

In Satz 3 ist der Halbsatz durch § 26 RKO gegenstandslos geworden.

Art. 4. (1) Für die Vertretung eines Beteiligten im Verfahren der Zwangsversteigerung erhält der Rechtsanwalt die volle Gebühr:

1. für die Vertretung bis zur Einleitung des Verteilungsverfahrens;
2. für die Vertretung im Verteilungsverfahren.

(2) Die gleiche Gebühr erhält er außerdem für die Wahrnehmung der Versteigerungstermine.

(3) Die Gebühr für die Vertretung im Verteilungsverfahren steht dem Rechtsanwalt auch dann zu, wenn unter seiner Mitwirkung eine außergerichtliche Verteilung stattfindet.

(4) Die Gebühren für die Vertretung des Gläubigers oder eines anderen Berechtigten (§ 9 Nr. 1, 2 des Gesetzes über die Zwangsversteigerung und die Zwangsverwaltung) bestimmen sich nach dem Werte des Rechtes, wenn jedoch der Wert des Gegenstandes der Zwangsversteigerung oder des Verteilungsverfahrens geringer ist, nach diesem. Im Falle der Vertretung eines anderen Beteiligten bestimmen sich die Gebühren nach dem Werte des Gegenstandes der Zwangsversteigerung oder des Verteilungsverfahrens oder des Anteils des Vertretenen an diesem Gegenstande. Auf die Berechnung des Wertes des Gegenstandes der Zwangsversteigerung oder des Verteilungsverfahrens finden die in Ansehung der Gerichtskosten geltenden Vorschriften Anwendung.

(5) Beschränkt sich die Tätigkeit des Rechtsanwalts auf die Vertretung des Gläubigers in dem Verfahren bis zum Versteigerungstermine, so ist für die Gebührenberechnung an Stelle des Wertes des Rechtes der Wert des Anspruchs, wegen dessen die Zwangsversteigerung beantragt ist, maßgebend, sofern nicht die Wahrnehmung eines anderen Termins stattgefunden hat.

1. Die Zwangsversteigerung ist geregelt in dem Ges v. 24. 3. 97 in der Fassung v. 20. 5. 98 (RGBl 713) und 8. 6. 15 (RGBl 327). Sie findet statt im Wege der Zwangsvollstreckung und in den besonderen Fällen auf Antrag des Konkursverwalters, auf Antrag eines Erben und der anderen in § 175 ZVG genannten Personen, zum Zwecke der Aufhebung einer Gemeinschaft und aus gewissen landesrechtlichen Gründen. Gegenstand der Versteigerung können sein: Grundstücke, ins Schiffsregister eingetragene Schiffe, Erbbaurecht, Hochseekabel nach dem Kabelpfandges v. 31. 3. 25 (RGB I 37) § 24, die in Art. 63, 67, 68 EG BGB bezeichneten Rechte, Berechtigungen, die die Landesgesetzgebung auf dem ihr vorbehaltenen Gebiet den für Grundstücke geltenden Bestimmungen unterworfen hat, Art. 15 prAG ZVG v. 23. 9. 99 (GS 291), Grundstücke im Falle des Art. 28 a. a. O. Wegen der Bahneinheit s. Art. 7.

2. Die Vorschriften des Art. 4 beziehen sich nur auf die Fälle, in denen der RA nach Art eines Prozeßbevollmächtigten mit der Vertretung eines Beteiligten beauftragt wird. Wird ihm nur ein einzelnes Geschäft, z. B. die Wahrnehmung des Versteigerungstermins übertragen, so finden die Art. 8ff. Anwendung; es dürfen jedoch nach dem im Art. 16 Abs. 2 für anwendbar erklärten § 48 der RAGebO die im Art. 4 bestimmten Sätze nicht überschritten werden, Mot 13. Der Vertretung ist die Tätigkeit als Beistand gleichgestellt (Art. 16 und § 4). Die Vergütung des RA, der als Zustellungsvertreter oder als Vertreter unbekannter Beteiligter bestellt ist (§§ 6, 135 ZVG), ist nach freiem Ermessen festzusetzen (§ 7 ZVG).

Art. 4 ist nach Art. 14 im Falle einer freiwilligen Versteigerung entsprechend anzuwenden.

3. a) Als **Beteiligte** bezeichnet § 9 ZVG außer dem Gläubiger und dem Schuldner:

in Nr. 1 diejenigen, für die zur Zeit der Eintragung des Vollstreckungsvermerkes ein Recht im Grundbuch eingetragen oder durch Eintragung gesichert ist;

in Nr. 2 diejenigen, die ein der Zwangsvollstreckung entgegenstehendes Recht, ein Recht an dem Grundstück oder an einem das Grundstück belastenden Rechte, einen Anspruch mit dem Rechte auf Befriedigung aus dem Grundstück oder ein Miet- oder Pachtrecht, auf Grund dessen ihnen das Grundstück überlassen ist, bei dem Vollstreckungsgericht anmelden und auf Verlangen des Gerichts oder eines Beteiligten glaubhaft machen.

Als Beteiligter im Sinne des § 9 ZVG gilt nach § 24 Verord. über das Erbbaurecht v. 15. 1. 19 (RGBl 72) auch der Grundstückseigentümer.

b) **Beteiligte** sind ferner: der Konkursverwalter, der Gläubiger und Schuldner in einer Person ist; die nach § 175 ZVG Antragsberechtigten; die Teilhaber der Gemeinschaft; der Eigenbesitzer des Schiffes (§ 164 ZVG); der Schiffer (§ 761 Abs. 2 HGB, § 97 Abs. 2 BSchG); der dritte Besitzer des Schiffes (§ 755 Abs. 2 HGB, § 103 Abs. 2 BSchG); der Ausrüster (§ 510 HGB, § 2 BSchG); die Schiffsgläubiger; die in § 163 Abs. 3 ZVG bezeichneten Versicherungsträger und die Pfandgläubiger; der Repräsentant oder Grubenvorstand; die Ortspolizeibehörde (Art. 16, 29 prAG ZVG); die deutsche Rentenbank (§ 42 VO v. 14. 11. 23, RGBl I 1092); die Bank für deutsche Industrieobligationen (§ 4 VO v. 20. 7. 28, RGBl II 533).

4. Der RA, der einen **Beteiligten** während des ganzen Verfahrens vertreten hat, erhält nach Abs. 1 zwei volle Gebühren. Wenn der Beteiligte Gläubiger und zugleich Berechtigter aus § 9 ZVG ist, so erhält der RA diese Gebühren doch nur einmal von dem Werte der Summe der dem Vertretenen zustehenden Rechte bzw. von dem Werte des Gegenstandes. Dazu kommt nach Abs. 2 noch eine volle Gebühr für die Wahrnehmung der Versteigerungstermine, die verdient ist, sobald der Termin in Gegenwart der RA begonnen hat. Beschränkt sich seine Tätigkeit auf die Wahrnehmung des Termins, ist die Gebühr nach Art. 10 zu berechnen; s. A 2. Der RA, der im Versteigerungstermin einen nicht zu den Beteiligten gehörenden Bieter vertritt, erhält nicht nach Art. 4, sondern nach Art. 10 seine Gebühr, Mot 13. Dem Anwalt, der den Gläubiger im Zwangsversteigerungsverfahren vertritt, steht für vorherige Kündigungsschreiben eine besondere Gebühr nicht zu, LG Berlin JW 33, 2720.

Abs. 3 stellt die **außergerichtliche** Verteilung (§§ 143—145 ZVG) der gerichtlichen gleich.

Die Gebühren des Art 4 sind **Pauschgebühren** und gelten daher die gesamte Tätigkeit des RA in den Verfahrensabschnitten ab. Über das Zusammentreffen einer Zwangsversteigerung mit der Eintragung einer Zwangshypothek s. Art. 16 Abs. 2 Satz 2 und A 3 dazu. Für ein **Beschwerdeverfahren** steht aber dem RA eine besondere Gebühr zu, Sydow-B.-Kr. A 6, Bartscher Drinnenberg-Wenz A 2. Sie ist eine $^{3}/_{10}$-Gebühr, die nach § 41 RAGebO zu bemessen ist, da sich das Beschwerdeverfahren nach der ZPO richtet; inwieweit die Festsetzung des Wertes der Beschwerde für die Gerichtsgebühren, bei der die §§ 128—137 RKO zu beachten sind, auch für die Gebühr des RA maßgebend ist, vgl. Art. 16 Anm. 2. Das **Verteilungsverfahren** beginnt mit der Bestimmung des Termins zur Verteilung des Versteigerungserlöses (§ 105 ZVG). Die **Wiederversteigerung** gilt als neues Verfahren; das **Aufgebotsverfahren** (§§ 138, 140 ZVG) läßt nach Art. 16, § 40 RAGebO eine neue Gebühr entstehen, und die Tätigkeit in einem **Widerspruchsprozesse** wird nicht durch Art. 4 abgegolten.

Für den Empfang, die Verwahrung und die Auszahlung von Geldern steht dem RA eine besondere Gebühr zu, da diese Tätigkeit nicht zur Vertretung in dem Verfahren gehört und von der für das Verfahren erteilten Vollmacht nicht mitumfaßt wird. Die Gebühr nach § 87 RAGebO zu bemessen, geht nicht an, da § 87 nur für die in § 1 genannten Verfahrensarten, aber nicht für ein dem ZVG unterstehendes Verfahren gilt. § 31 Abs. 2 RAGebO läßt für ein solches Verfahren die LandesgebO unberührt. Art. 13 trifft aber nur für Angelegenheiten, die nicht zur streitigen Rechtspflege gehören, Bestimmung, so daß es an einer unmittelbaren Bestimmung für die Gebührenbemessung im vorliegenden Falle fehlt, da die Zwangsversteigerung zur streitigen Rechtspflege gehört. Art. 16 verweist nicht auf § 87. Es bleibt daher nur Art. 14 übrig, nach dem ein Zurückgreifen auf Art. 13 gerechtfertigt erscheint; OLG Celle Rsp 25, 304.

5. Als Wert ist der Gebührenberechnung zugrunde zu legen:

a) für die Vertretung des Gläubigers oder eines anderen Berechtigten (§ 9 Nr. 1 und 2 ZVG s. oben 3a): der Wert des ganzen ihm zustehenden Rechtes, mit Zinsen, Kosten und Nebenleistungen, wenn auch das Verfahren nur wegen einer Teilforderung betrieben wird;

b) für die Vertretung eines anderen Beteiligten: der Wert des Gegenstandes der Zwangsversteigerung oder des Verteilungsverfahrens oder des Anteils des Vertretenen an diesem Gegenstande;

c) für die Vertretung des Gläubigers, wenn sie nur bis zum Versteigerungstermin (d. h. vor diesem endigend) währte und kein anderer Termin (z. B. § 62 ZVG) wahrgenommen wurde: der Wert des Anspruchs, wegen dessen die Zwangsversteigerung beantragt ist, also mit den hierin enthaltenen Nebenforderungen.

Im Falle a und c ist aber der Wert des Gegenstandes der Zwangsversteigerung oder des Verteilungsverfahrens einzusetzen, wenn dieser geringer ist als der zu a und c genannte Wert.

Zu a: Gläubiger kann der beantragende oder beigetretene Gläubiger sein:

Zu b: Die anderen Beteiligten sind der Schuldner, der Grundstückseigentümer im Falle des Erbbaurechts und die anderen zu A 3b genannten Beteiligten, sofern sie nicht als Gläubiger auftreten.

Zu c: Diese Bestimmung kommt insbesondere dann zur Anwendung, wenn das Verfahren vor dem Versteigerungstermin aufgehoben oder eingestellt wird, ZVG §§ 29ff. Ein „anderer Termin" ist z. B. der vor dem Versteigerungstermin abgehaltene Termin zu Erörterungen der Beteiligten über das geringste Gebot und die Versteigerungsbedingungen (ZVG § 62).

Zu a und c: Der Wert des Rechtes bzw. Anspruchs ist, da Art. 4 Abs. 4 Satz 3 diesen nicht behandelt und Art. 13 nicht zutrifft, unter Anwendung des Art. 16 nach § 10 RAGebO und den dort in Bezug genommenen Vorschriften zu berechnen; s. oben S. 240ff.

6. Der Wert des Gegenstandes der Zwangsversteigerung oder des Verteilungsverfahrens ist nach den für die Gerichtskosten geltenden Vorschriften zu berechnen.

a) Im Versteigerungsverfahren, in dem die Gebühren aus Abs. 1 Nr. 1 und aus Abs. 2 entstehen können, ist Gegenstand der Versteigerung das Grundstück, der Anteil, das Schiff usw. Es handelt sich also darum, dessen Wert zu ermitteln. Maßgebend ist der nach §§ 18, 128, 129 und 130 RKO zu ermittelnde Wert.

Eine Sonderregelung ist durch § 128 RKO hinsichtlich der Entscheidung über Antrag und Beitritt für den Fall getroffen, daß der Antrag auf Anordnung der Zwangsversteigerung oder Zwangsverwaltung von einem Gläubiger gestellt wird. Hier soll der Gesamtbetrag der Forderungen des Gläubigers nebst Zinsen und Kosten für die Gebührenberechnung maßgebend sein. Diese Gebühr aus § 128 RKO wird neben den Gebühren aus § 129 RKO gesondert erhoben.

Betrifft das Verfahren der Zwangsversteigerung mehrere Gegenstände, so sind ihre Werte zusammenzurechnen (§ 129 RKO).

b) Der Wert des Verteilungsverfahrens bemißt sich gemäß § 123 Abs. 1 PrGKG nach dem Meistgebot. Sind nach § 65 ZVG Gegenstände besonders versteigert oder anderweit verwertet worden, so tritt für die Berechnung der Gebühren für das Verteilungsverfahren ihr Erlös dem Gebote hinzu (§ 107 ZVG).

7. Die Gebühren und Auslagen des RA kommen gemäß § 10 Abs. 2, § 12 ZVG zusammen mit dem Hauptanspruche des Vertretenen zur Befriedigung, soweit sie zur zweckentsprechenden Rechtsverfolgung notwendig waren, worüber das freie Ermessen des Gerichts entscheidet. Zu den Kosten der die Befriedigung aus dem Grundstück bezweckenden Rechtsverfolgung gehört die Anwaltsgebühr für den Antrag auf Genehmigung der Leistung des Schuldners durch die Devisenstelle, nicht aber Kosten des Mitbietens (Beschaffung der Bietungssicherheit, Bietungsvollmacht, behördliche Genehmigung für Erwerb des Grundstücks durch eine juristische Person) und Kosten des Erwerbes des Grundstücks durch den Hypothekengläubiger, KG JW 34, 777.

8. Wegen der Gebühren des RA für Mitwirkung bei der Eintragung einer Zwangshypothek, s. § 31 A 2, und Art. 8 A 1; wegen Anrechnung dieser Gebühren auf die des Art. 4 Abs. 1 Nr. 1 s. Art. 16 A 3. Kürzung der nach der LGebO. zu berechnenden Armenanwaltsgebühren entsprechend den Vorschriften der NotVO vom 1. 12. 30 und 6. 10. 31.

Art. 5. (1) Für die Vertretung des Gläubigers, des Schuldners oder des Konkursverwalters im Verfahren der Zwangsverwaltung, einschließlich des Verteilungsverfahrens, erhält der Rechtsanwalt jährlich acht Zehnteile der vollen Gebühr nach dem Werte der jährlichen Einkünfte. Auf die Berechnung dieser Gebühr finden die in Ansehung der Gerichtskosten geltenden Vorschriften entsprechende Anwendung.

(2) Der Vertreter des Antragstellers erhält außerdem die volle Gebühr nach dem Werte der jährlichen Einkünfte; ist ein Gläubiger der Antragsteller und ist der Betrag der beizutreibenden Forderung und der miteinzuziehenden Zinsen geringer als der Wert der jährlichen Einkünfte, so ist dieser Betrag für die Gebührenberechnung maßgebend.

(3) Beschränkt sich die Tätigkeit des Rechtsanwalts auf die Vertretung in dem Verfahren wegen Anordnung der Zwangsverwaltung, so erhält er nur die im Abs. 2 bestimmte Gebühr.

1. Abs. 1 regelt die Gebühren für die Vertretung des Gläubigers, des Schuldners (§ 147 ZVG) oder des Konkursverwalters im Verfahren der Zwangsverwaltung einschließlich des Verteilungsverfahrens. Für die Vertretung eines anderen Beteiligten im Verteilungsverfahren trifft Art. 6 Satz 2 Bestimmung. Nur soweit der RA für den Vertretenen als Gläubiger tätig wird, trifft Art. 5 zu; soweit der Vertretene z. B. wegen einer Restforderung oder wegen einer anderen Eintragung Beteiligter ist, kommt daneben Art. 6 Satz 2 zur Anwendung; *aM* Bartscher-Drinnenberg-Wenz A 3. Über die Vertretung vgl. Art. 4 A 2. Die Zwangsverw. findet statt nach §§ 146—161 ZVG in Grundstücke und die diesen gleichgestellten Rechte (s. Art. 4 A 1), nach §§ 172—174 ZVG auf Antrag des Konkursverwalters, nach dem Kabelpfandges v. 31. 3. 25 (RGBl I 37) § 24, nach Maßgabe der Art. 57—60, 167 EG BGB, § 2 EGZVG und auf Grund des Ges v. 3. 8. 97 aus Forderungen landwirtschaftlicher Kreditanstalten. Eine Zwangsverw. in Schiffe gibt es nicht (§ 870 Abs. 2 ZPO).

Die $^{8}/_{10}$-Gebühr erhält der RA jährlich, solange die Zwangsverwaltung einschließlich des Verteilungsverfahrens dauert. Sie ist nach dem Betrage der Einkünfte zu berechnen. Durch sie wird die gesamte Tätigkeit des RA, insbesondere seine Mitwirkung im Verteilungsverfahren und in den Terminen zur Leistung von Zahlungen (ZVG §§ 156, 158) abgegolten, Mot 13. Die Erhebung und Ablieferung von Geldern ist besonders zu vergüten (s. Art. 4 A 4). Wegen des Beschwerdeverfahrens gilt das zu Art. 4 A 4 Gesagte.

Auf die Berechnung der Gebühr sind die Vorschriften über die Gerichtskosten entsprechend anzuwenden. Aus § 134 RKO folgt, daß der Tag der Beschlagnahme (§§ 22, 151 ZVG) als der erste Tag eines jeden Verwaltungsjahres gilt. Ein angefangenes Jahr wird als voll gerechnet. Weiter bestimmt § 34 Abs. 2:

> Maßgebend ist der Gesamtwert der Einkünfte, abzüglich der laufenden Beträge der öffentlichen Lasten und der dem Zwangsverwalter (der Aufsichtsperson) zustehenden Vergütung. Die Mindestgebühr beträgt 10 Reichsmark.

Der Wert, der der Gebührenberechnung zugrunde zu legen ist, kann demnach in den einzelnen Jahren verschieden hoch sein.

2. Die $^{10}/_{10}$-Gebühr des Abs. 2 für Vertretung (vgl. Art. 4 A 2) des Antragstellers, die zu der Gebühr des Abs. 1 hinzutritt, kann nur einmal beansprucht werden (Mot 13). Sie ist nach dem für den Zeitpunkt der Antragstellung anzunehmenden Jahreswerte der Einkünfte zu berechnen.

Wegen der Anrechnung der Gebühr für den Antrag auf Eintragung einer Zwangshypothek s. Art. 16 A 3.

3. Im Falle der beschränkten Tätigkeit des Abs. 3 erhält der RA nur die einmalige $^{10}/_{10}$-Gebühr des Abs. 2, und zwar als Vertreter des Gläubigers nach Halbsatz 2, als Vertreter des Schuldners oder Konkursverwalters nach Halbsatz 1.

4. Die Gebühren des RA für Vertretung des Gläubigers sind nach §§ 10 Abs. 2, 12 ZVG zusammen mit dem Recht in den Teilungsplan aufzunehmen, für dessen Wahrnehmung sie entstanden sind, wobei § 10 Nr. 1—5 und § 155 ZVG zu beachten sind.

5. Die gerichtliche Verwaltung nach § 94 ZVG und eine nach § 938 ZPO durch einstweilige Verfügung angeordnete Sequestration fallen nicht unter Art. 5, es sei denn, daß die einstweilige Verfügung gerade eine Zwangsverwaltung anordnet (RG 52, 139; 92, 19), Sydow-B.-Kr. A 4.

Art. **6.** Auf die Vergütung der Berufstätigkeit eines Rechtsanwalts in einem Verteilungsverfahren außerhalb der Fälle der Zwangsversteigerung oder der Zwangsverwaltung finden die Vorschriften des Art. 4 entsprechende Anwendung. Das gleiche gilt für ein Verteilungsverfahren im Falle der Zwangsverwaltung, wenn der Rechtsanwalt einen anderen Beteiligten als den Gläubiger, den Schuldner oder den Konkursverwalter vertritt; für die Berechnung des Wertes wiederkehrender Leistungen ist der Wert der Leistungen eines Jahres, für die Berechnung des Wertes des Gegenstandes des Verteilungsverfahrens ist der Wert der Einkünfte eines Jahres maßgebend.

1. Art. 6 behandelt die Vergütung des RA in einem Verteilungsverfahren, und zwar in Satz 1 bei der Vertretung jedes Beliebigen außerhalb der Fälle der Zwangsversteigerung und Zwangsverwaltung. Satz 1 bildet demnach die Ergänzung zu Art. 4, 5 und 6 Satz 2.

Nach den Art. 52, 53, 109, 67 des EG BGB und Art. 35 des AG ZVG kommt ein Verteilungsverfahren nach den Vorschriften des ZVG auch außerhalb der Zwangsversteigerung vor, z. B. beim Widerspruch eines Berechtigten gegen die Auszahlung der Entschädigung in den Fällen des Rayongesetzes v. 21. 12. 71 (RGBl 459), des § 51 der RGewO, des RGes. über die Naturalleistungen für die bewaffnete Macht im Frieden v. 6. 4. 25 (RGBl I 44), der §§ 6, 7, 137, 138, 139 des AllgBerggesetzes v. 24. 6. 65 (GS 705) des Enteignungsgesetzes vom 11. 6. 74 (GS 221) des Fluchtliniengesetzes vom 2. 7. 75 (GS 561). Es finden in diesen Fällen dieselben Vorschriften wie bei der Zwangsversteigerung Anwendung, Mot 14.

2. Satz 2 ergänzt Art. 5 hinsichtlich der Vergütung des RA für die Vertretung eines „anderen Beteiligten" (s. Art. 4 A 3, Art. 5 A 1) im Verteilungsverfahren im Falle der Zwangsverwaltung.

3. a) Die Gebühr des Satz 1 ist nach Art. 4 Abs. 1 Nr. 2 die volle Gebühr, die sich nach dem Werte des Anteils des Vertretenen an der zu verteilenden Summe bemißt.

b) Im Falle des Satz 2, wo sich die Zwangsverwaltung mehrere Jahre hinziehen kann, ist als Wert des Verteilungsverfahrens der Wert der Einkünfte eines Jahres gemäß § 134 Abs. 2 RKO und als Wert wiederkehrender Leistungen ihr nach freiem Ermessen (§ 22 RKO) festzustellender Jahreswert maßgebend. Obwohl sich die Tätigkeit über mehrere Jahre erstrecken kann, erhält der RA doch nur einmal die volle Gebühr; ihrer Berechnung ist nach dem Grundsatze § 134 RKO das Jahr zugrunde zu legen, in welchem die Tätigkeit des RA beginnt. Die Gebühr bemißt sich nach dem so ermittelten Werte des Anteils des Vertretenen an dem Werte des Jahreseinkünfte. Erreicht dieser den Wert des Anspruchs des Beteiligten nicht, so ist nach diesem geringeren Wert die Gebühr zu berechnen. Dies ergibt sich aus Art. 4 Abs. 1 Nr. 2, Abs. 4 Satz 2 und 3.

Die Gebühren zu a und b sind Pauschgebühren und umfassen die Wahrnehmung von Geldzahlungsterminen (§§ 156, 158 ZVG). Sie stehen aber dem RA nur einmal zu, auch wenn mehrere Termine, insbesondere mehrere Zahlungstermine, wahrzunehmen sind, Mot 13.

Wegen Beschwerden und Gelderhebung s. Art. 4 A 4.

Art. 7. (1) Für die Vertretung eines Beteiligten im Verfahren der Zwangsliquidation einer Bahneinheit erhält der Rechtsanwalt die volle Gebühr. Der Vertreter des Antragstellers erhält außerdem die volle Gebühr für die Vertretung in der Versammlung der Bahnpfandgläubiger.

(2) Auf die Wertberechnung finden die Vorschriften des Art. 4 Abs. 4 entsprechende Anwendung.

1. In Betracht kommen §§ 40ff. des Ges über die Bahneinheiten in der Fassung v. 8. 7. 02 (GS 237). Dazu die AVf v. 19. 9. 95 (JMBl 286) und v. 11. 11. 02 über die Bahn-

grundbücher (JMBl 275). Die Zwangsliquidation einer Bahneinheit ist wie die Zwangsversteigerung eine Maßregel der Zwangsvollstreckung. Bei ihr findet aber ein gerichtliches Verteilungsverfahren nicht statt. Im Falle der Vertretung des Antragstellers erhält der RA eine zweifache Gebühr, im Falle der Vertretung eines anderen Beteiligten nur eine einfache Gebühr. Mot 14. Beteiligte sind die Bahnpfandgläubiger, der Bahneigentümer, der Konkursverwalter, von denen ein jeder Antragsteller sein kann. Über Vertretung s. Art. 4 A 2. Die Gebühren sind Pauschgebühren. Wegen der Anrechnung nach Art. 16 Abs. 2 Satz 2 s. dort A 3.

2. Die Gebühr für die Vertretung des Gläubigers ist nach dem Werte des Rechtes, d. h. der Bahnpfandforderung, mit Zinsen, Kosten und Nebenleistungen gemäß §§ 128, 137 RKO anzusetzen.

Vorbemerkungen zu Art. 8 bis 12.

1. Außer den in den Art. 2, 4—7 bezeichneten Geschäften unterliegt noch ein weites Gebiet der Berufstätigkeit des RA der Anwendung der LandesgebO. Zu der Aufzählung in Art. 2 A 9 treten noch vor allem hinzu die Tätigkeit des RA auf dem Gebiete der freiwilligen Gerichtsbarkeit sowie die beratende Berufstätigkeit, die nicht auf Beginn oder Fortsetzung eines im § 1 RAGebO genannten Verfahrens abzielt, KG Rsp 17, 227. Art und Umfang der Tätigkeit des RA in diesen Fällen sind so mannigfaltig, daß davon abgesehen ist, Pauschgebühren dafür einzuführen. Es sind daher in den Art. 8—12 Einzelgebühren bestimmt. Die Art. 10 und 12 setzen aber einen Höchstbetrag fest, den die Einzelgebühren in derselben Angelegenheit in einer Instanz nicht überschreiten dürfen, Mot 14. Wird der RA in mehreren Instanzen tätig, so wiederholen sich die Gebühren; abweichend von der deutschen RAGebO tritt aber in den höheren Instanzen keine Erhöhung der Gebühren ein. Was als Instanz anzusehen ist, richtet sich nach dem betreffenden Verfahren. Da es sich um Einzelgebühren handelt, ist bei jedem Akt zu prüfen, welches der Wert des Gegenstandes ist. Ist dieser bei allen Akten derselbe, so kann der RA in dem ihm günstigsten Falle sechs volle Gebühren in einer Instanz verdienen.

2. Die Berufstätigkeit des RA erschöpft sich in der Hauptsache in drei Gattungen von Geschäften: Anfertigung von Schriftsätzen, Wahrnehmung von Terminen, Raterteilung und Besprechung. Diese Tätigkeiten behandeln die Gebührenvorschriften der Art. 8—11. Dabei ist zwischen Schreiben an Behörden und Privatpersonen unterschieden, Mot 14.

Die Eigenschaft der Gebühren als Einzelgebühren schließt aber nicht aus, daß jede dieser Gebühren die mit der Erledigung des Geschäfts verbundenen Nebengeschäfte mit umfaßt, so daß für diese besondere Gebühren nicht gefordert werden können. Insbesondere ist für die zur Vorbereitung eines Schreibens vorgenommene Akteneinsicht und sonstige zur Information aufgewendete Tätigkeit ein besonderer Gebührenansatz nicht gerechtfertigt, Mot 15.

So kann grundsätzlich auch z. B. der Testamentsvollstrecker, wenn der Erblasser für ihn eine Vergütung bestimmt hat, nur diese verlangen. Neben der Vergütung kann aber der Testamentsvollstrecker, soweit eine testamentarische Bestimmung nicht entgegensteht, Ersatz seiner Auslagen beanspruchen. Dazu gehören auch die Gebühren, die ein Testamentsvollstrecker als Rechtsanwalt für die von ihm auf Grund seines Berufes geleisteten Dienste nach den gesetzlichen Bestimmungen erwachsen sind. Hat der Rechtsanwalt als Testamentsvollstrecker die Freigabe von nach Kriegsausbruch in Amerika beschlagnahmten Vermögenswerten betrieben, so ist diese Tätigkeit zwar nicht durch seine allgemeine Vergütung als Testamentsvollstrecker abgegolten, da sie aus dem gewöhnlichen Rahmen der Tätigkeit eines zum Testamentsvollstrecker ernannten Rechtsanwalts herausfällt. Für diese Tätigkeit sind aber in Preußen nur die Gebührensätze der PrLGebO maßgebend, da es sich um eine anwaltliche Tätigkeit handelt, deren Vergütung reichsrechtlich nicht geregelt ist. Jeder Rechtsanwalt kann entsprechend den Grundsätzen des internationalen Rechts bei der Verfolgung von Rechtsangelegenheiten im Ausland nur diejenigen Gebühren beanspruchen, die in seiner Heimat und an seinem gesetzlichen Wohnsitz gelten, RG JW 36, 571.

3. Der Wert des Gegenstandes ist gemäß Art. 16 Abs. 1 unter entsprechender Anwendung der §§ 10—12 RAGebO zu ermitteln. Diese erklären die Vorschriften des Gerichtskostengesetzes, die jetzt durch die §§ 17—25 RKO ersetzt sind, für maßgebend, die wieder durch §§ 3—9 ZPO ergänzt werden. Wird nun der Wert für die Gerichtsgebühren nach anderen Vorschriften, z. B. nach der RKO berechnet, so muß der RA den für seine Gebühren maßgebenden Wert selbst feststellen. Infolgedessen fällt das selbständige Beschwerderecht des RA aus § 12 RAGebO in diesen Fällen weg; s. auch Art. 16 Anm. 2.

Art. 8. (1) Für Anträge, Erklärungen und Beschwerden bei Behörden erhält der Rechtsanwalt acht Zehnteile der vollen Gebühr. Für bloße Benachrichtigungen, Beschleunigungsgesuche, kurze Anzeigen und Schreiben ähnlicher Art kann diese Gebühr nur gefordert werden, falls nicht dem Rechtsanwalt in der gleichen Angelegenheit eine andere Gebühr zusteht.

(2) Hat der Rechtsanwalt die einem Antrag oder einer Erklärung zugrunde liegende Urkunde entworfen, so steht ihm für den Antrag oder die Erklärung die Gebühr des Abs. 1 nicht zu; er erhält die in § 146 Abs. 2 RKO für Notare bestimmte Gebühr, wenn ein das Sach- und Rechtsverhältnis entwickelnder Vortrag erforderlich ist und dessen Einreichung von der Partei verlangt wird.

1. Art. 8 behandelt nur solche Schriftstücke, die bei Behörden, d. h. bei Reichs-, Staats- und Kommunalbehörden oder selbständigen öffentlichen Beamten (VerStS, RGSt 18, 246) im Auftrage eines anderen angebracht werden, z. B. Anträge beim Vormundschaftsgericht auf Erteilung einer Genehmigung oder beim Grundbuchamt auf Eintragung einer Zwangshypothek (dazu oben A 2 zu § 31 RAGebO). Gegensatz: Schreiben an Privatpersonen, Art. 9. Ob die von dem RA gefertigten Schreiben von diesem selbst oder von der Partei unterschrieben sind, ist für den Gebührenbezug unerheblich. Den Schreiben sind Telegramme gleichzustellen. Der Inhalt der Schreiben des Satz 1 ergibt sich aus dem Gegensatz zu der Aufzählung des Satz 2, die sich wieder aus Satz 2 des Art. 9 erläutern läßt. Satz 2 bezieht sich also nur auf Schreiben, die weder rechtliche Ausführungen noch sachliche Auseinandersetzungen enthalten, findet aber auch dann Anwendung, wenn dem Schreiben der erwähnten Art eine gebührenpflichtige Tätigkeit nachfolgt (KommBer des AH S. 8). Erhält der RA nachträglich noch einen weitergehenden Auftrag in derselben Angelegenheit, so muß er sich die bereits empfangenen Gebühren anrechnen, KommBer HH S. 4. Die Gebühren für rechtsgeschäftliche Erklärungen enthält Art. 13. Der Armenanwalt hat auch in Angelegenheiten der Freiwilligen Gerichtsbarkeit einen Erstattungsanspruch gegen die Staatskasse nach Maßgabe der entsprechend anwendbaren LGebO. Die nach Einlegung der Beschwerde erfolgte Beiordnung für die Beschwerde-Instanz begründet jedoch keinen Anspruch auf Erstattung der Gebühr für die Einlegung der Beschwerde, KG JW 33, 1262.

Die Gebühr für die Beschaffung der Genehmigung der Devisenstelle wird weder durch die Prozeßgebühr noch die Vergleichsgebühr mit abgegolten. Neben diesen Gebühren kann die Gebühr aus Art. 8 vom Auftraggeber und, als Prozeßkosten, vom unterlegenen Gegner gefordert werden. Der Armenanwalt kann für eine im Rahmen seines Auftrages ausgeübte Tätigkeit Erstattung aus der Staatskasse grundsätzlich auch dann verlangen, wenn sich seine Gebühr nicht nach der RAGebO, sondern nach einer LGebO berechnet. Jedoch liegt die Tätigkeit des Armenanwalts vor der Devisenstelle außerhalb des ihm erteilten staatlichen Auftrags. Eine Erstattung aus der Staatskasse erfolgt daher nicht (OLG Naumburg JW 35, 3172).

2. Abs. 2 betrifft den Fall, daß der RA außerdem eine Urkunde entworfen hat, die dem Antrag an die Behörde oder der Erklärung vor ihr zugrunde gelegt wird. Seine Vergütung für den Entwurf der Urkunde ergibt sich aus Art. 13, sofern dessen Voraussetzungen erfüllt sind. Der Abs. 2 Art. 8 setzt weiter die Vergütung fest, die durch Stellung des Antrags bei der Behörde unter Überreichung der entworfenen Urkunde entstehen kann. Enthält nämlich der Antrag einen das Sach- und Rechtsverhältnis entwickelnden Vortrag und ist dieser erforderlich und wird seine Einreichung von der Partei verlangt, so erhält der RA nach Halbsatz 2 neben der Entwurfsgebühr die $^{5}/_{10}$-Gebühr aus § 146 Abs. 2 RKO; denn durch die RKO ist die NotGebO zur Aufhebung gelangt. Fehlt eine dieser drei Voraussetzungen, so fällt nicht nur diese $^{5}/_{10}$-Gebühr weg, sondern Halbsatz 1 versagt dem RA auch die $^{3}/_{10}$-Gebühr des Abs. 1. Der RA muß sich also in diesem Falle mit der Entwurfsgebühr begnügen, so daß der Antrag als ein gebührenfreies Nebengeschäft anzusehen ist. Da aber Art. 13 nur auf die Anfertigung des Entwurfs eines Rechtsgeschäfts die Vorschriften der RKO für entsprechend anwendbar erklärt, so wäre die Folge, daß der RA, wenn er eine Urkunde anderen Inhalts entworfen hat und diese dem Antrag zugrunde liegt, beim Fehlen einer der drei erwähnten Voraussetzungen für die Entstehung der Gebühr des Halbsatz 2 gar keine Gebühr erhalten würde. Dies kann aber nicht beabsichtigt sein, und daher ist als Sinn des Abs. 2 Halbsatz 1 anzunehmen, daß die Gebühr des Abs. 1 nur dann dem RA versagt wird, wenn er die Entwurfsgebühr verdient hat. Ist letzteres nicht der Fall, so bildet eben die Urkunde mit dem Antrage, auch wenn er gesondert gestellt wird, den Antrag im Sinne des Abs. 1 Satz 1.

„Die bloße Herzählung und Erläuterung der in dem überreichten Dokumente instrumentierten einzelnen Tatsachen und Geschäfte kann als ein solcher notwendiger Vortrag (des Sach- und Rechtsverhältnisses) nicht angesehen, daher auch nicht taxiert werden" (JMBl 1851, 152).

3. Art. 12 begrenzt die Summe der in einer Angelegenheit entstehenden Gebühren auf das Dreifache der vollen Gebühr.

4. Gebühren des ArmAnwalts im Erbgesundheitsverfahren regeln sich, da die RAGebO die Anwaltsvergütung nur für ein Verfahren vor den ordentlichen Gerichten und nur insoweit regelt, als auf das Verfahren die ZPO, StPO oder KO angewendet ist, da ferner die Erbgesundheitsgesetzgebung und die Kostenordnung vom 25. 11. 35 (RGBl I 1371) besondere Anwaltskostenvorschriften nicht enthalten, nach Landesgesetzgebung, also in Preußen nach LGebO. Die Gebühr für Schriftsätze entsteht neben den Gebühren für Terminswahrnehmungen, ErbgesObGer Kiel JW 36, 1015.

Art. **9.** (1) Für Schreiben an Privatpersonen erhält der Rechtsanwalt fünf Zehnteile der vollen Gebühr. Für Schreiben, die rechtliche Ausführungen oder sachliche Auseinandersetzungen nicht enthalten, kann diese

Gebühr nur gefordert werden, falls nicht dem Rechtsanwalt in der gleichen Angelegenheit eine andere Gebühr zusteht. Für die der Einleitung eines Prozesses vorausgehenden Mahnungen, Kündigungen oder Schreiben ähnlicher Art kann eine Gebühr nicht gefordert werden, wenn dem Rechtsanwalte die Prozeßgebühr zusteht. Stellt sich indessen die Prozeßgebühr niedriger als die vorstehend bestimmte Gebühr, so erhält der Rechtsanwalt außerdem den Betrag, um welchen diese Gebühr die Prozeßgebühr übersteigt.

(2) Auf Schreiben an den Auftraggeber, die eine Raterteilung oder ein Gutachten enthalten, finden die für diese Geschäfte in den Art. 11, 16 gegebenen Gebührenvorschriften Anwendung. Für andere Schreiben an den Auftraggeber kann eine Gebühr auch dann nicht gefordert werden, wenn sie rechtliche Ausführungen oder sachliche Auseinandersetzungen enthalten; steht jedoch dem Rechtsanwalt in der gleichen Angelegenheit eine andere Gebühr nicht zu, so ist die im Abs. 1 Satz 1 bestimmte Gebühr zu erheben.

1. Art. 9 handelt auch vom Schriftverkehr des RA. Privatpersonen im Gegensatz zu „Behörden" (Art. 8) sind sowohl natürliche als juristische Personen. Der Inhalt der Schreiben des Satz 1 ergibt sich aus Satz 2; es sind Schreiben mit rechtlichen Ausführungen oder sachlichen Auseinandersetzungen. Für sie erhält der RA stets eine $^5/_{10}$-Gebühr. Nach Satz 2 entsteht sie für Schreiben ohne diesen Inhalt nur, wenn dem RA in der gleichen Angelegenheit keine andere Gebühr zusteht. Für die Schreiben des Satz 3 läßt das Entstehen der Prozeßgebühr die $^5/_{10}$-Gebühr, und zwar nach Satz 4 nur in Höhe der Prozeßgebühr wegfallen. Unter „Prozeßgebühr" ist auch z. B. eine solche der §§ 14, 38^1, 41, 44 RAGebO zu verstehen. Satz 4 gewährleistet also dem RA, daß er doch immer eine Gebühr in Höhe der $^5/_{10}$-Gebühr des Satzes 1 erhält. Dies ist z. B. von Bedeutung, wenn sich die Mahnschreiben auf die ganze Forderung beziehen, im Rechtsstreite aber nur eine Teilforderung eingeklagt wird. Die Gebühr kann für mehrere Schreiben mehrmals gefordert werden, jedoch unter Beschränkung des Gesamtbetrags auf drei volle Gebühren in einer Angelegenheit (Art. 12), vorausgesetzt, daß es sich nicht um eine einheitliche Raterteilung in mehreren Schreiben handelt, KG Rsp 17, 227.

2. Schreiben an den Auftraggeber sind grundsätzlich gebührenfrei. Ausgenommen sind:

a) Schreiben, die eine Raterteilung oder ein Gutachten enthalten. Sie lassen die Gebühren aus Art. 11 und 16, § 88 RAGebO entstehen, jedoch nicht schon dann, wenn der RA an eine Mitteilung ein Gutachten oder einen Rat anschließt, sondern erst dann, wenn das Gutachten oder der Rat von dem Auftraggeber erbeten ist; Komm.-Ber des HH S. 4, 5. Beispiel: Der von dem Auftraggeber erbetene Entwurf eines Reorganisationsplanes einer Bank oder einer Zeitungsveröffentlichung über die Sanierungsfrage, KG Rsp 17, 225 f., oder der Entwurf eines Generalversammlungsbeschlusses, den der RA hinterher als Notar beurkundet s. KGJ 43, 362;

b) Schreiben, gleichviel ob sie rechtliche Ausführungen oder sachliche Auseinandersetzungen enthalten oder nicht; (*aM* Sydow-B.-Kr A 8), in dem Falle, daß dem RA in der gleichen Angelegenheit eine andere Gebühr nicht zusteht. Hier erhält der RA wie im Falle des Abs. 1 Satz 2 die $^5/_{10}$-Gebühr.

Art. 10. Für die Wahrnehmung eines Termins erhält der Rechtsanwalt die volle Gebühr. Werden in derselben Angelegenheit mehrere Termine wahrgenommen, so beträgt die Gebühr für den zweiten und für jeden weiteren Termin acht Zehnteile der vollen Gebühr. Der Gesamtbetrag der Gebühren in derselben Angelegenheit darf in einer Instanz das Dreifache der vollen Gebühr nicht übersteigen.

1. Art. 10 behandelt die Terminsgebühr. Die erhöhte Gebühr für den ersten Termin ist gewährt ohne Rücksicht darauf, ob eine Verhandlung stattgefunden hat oder nicht, also auch dann, wenn sogleich vertagt wird, KommBer des AH S. 10; *aM* EGH 9, 149. Die Terminsgebühr deckt auch die auf die Vorbereitung zum Termin aufgewendete Tätigkeit, z. B. durch Entwurf von Anträgen oder durch Besprechungen, und auch einen in ihm geschlossenen Vergleich. Daß die Termine vor einer Behörde oder einem Beamten oder doch einem Sachverständigen als Gehilfen der Behörde stattfinden, wird man verlangen müssen; KG Rsp 15, 183; 39, 119; *aM* KG Rsp 17, 223. Daneben stehen dem RA gegebenenfalls Reisekosten nach Art. 16, §§ 78ff. RAGebO zu. § 14 RAGebO findet entsprechende Anwendung, wenn der Termin vor seiner Abhaltung aufgehoben ist.

2. Da Art. 16 die den Instanzbegriff bestimmenden Vorschriften der RAGebO nicht für entsprechend anwendbar erklärt, ist der Begriff dem Verfahren zu entnehmen, in dem der RA tätig wird. Ist der Wert für die einzelnen Termine verschieden anzusetzen, so ist der Höchstsatz der dreifachen Gebühr nach dem höchsten vorkommenden Werte zu berechnen (Art. 16 und § 10 RAGebO).

Art. 11. Fünf Zehnteile der vollen Gebühr erhält der Rechtsanwalt, falls nicht eine der in den Art. 8—10 bestimmten Gebühren anzusetzen ist, für die Erteilung eines Rates sowie für eine Besprechung.

1. Der Art. 11 gewährt dem RA für zwei Tätigkeiten, nämlich die Erteilung eines Rates und für eine Besprechung eine $^5/_{10}$-Gebühr, „falls nicht eine der in den Art. 8—10 bestimmten Gebühren anzusetzen ist"; denn diese Worte beziehen sich sowohl auf Raterteilungen als auch auf Besprechungen, KommBer des AH S. 10, 11.

2. Über den Begriff des Rates s. oben § 47 A 1. Die Besprechung dient der mündlichen Behandlung der Angelegenheit mit den in Art. 10 A 1 genannten Stellen außerhalb eines Termins und mit anderen Personen. Wollte man den ersteren Fall ausscheiden, so würde er durch Art. 8—11 nicht gedeckt. Die Gebühr für den Rat oder die Besprechung kommt nur dann zur Anwendung, wenn nicht für die gleiche Tätigkeit eine der Gebühren der Art. 8—10 anzusetzen ist, da sie andernfalls als gebührenfreie Nebenleistungen anzusehen sind. Wenn z. B. eine Besprechung zu dem Ergebnisse führt, daß der RA auf Grund der Besprechung ein Schreiben der im Art. 8 oder im Art. 9 bezeichneten Art fertigt, so kommt nur die Gebühr für das Schreiben zum Ansatz. Dies trifft auch zu, wenn mehrere Besprechungen dem Schreiben vorausgegangen sind, sofern diese als fortgesetzte Konferenz anzusehen sind. Für die bloße Besprechung ist ein besonderer Gebührensatz nur dann zu berechnen, wenn ein Rat nicht erfolgt. Werden in derselben Konferenz verschiedene Angelegenheiten besprochen, so ist für jede Angelegenheit besonders zu rechnen. Ebenso für jede zeitlich getrennte Besprechung in derselben Angelegenheit. In den durch Art. 2 der RAGebO unterstellten Angelegenheiten und in denen des § 1 RAGebO ist die Gebühr für die Raterteilung nicht nach Art. 11, sondern nach § 47 RAGebO zu bestimmen. Neben den Gebühren der Art. 2—6 ist für einen Rat eine besondere Gebühr nicht zu erheben; KommBer des AH S. 11.

Art. 12. Der Gesamtbetrag der in einer Angelegenheit nach den Art. 8, 9, 11 anzusetzenden Gebühren darf in einer Instanz das Dreifache der vollen Gebühr nicht übersteigen.

Für die Wahrnehmung von Terminen ist die besondere Begrenzung des Art. 10 Satz 2 vorgeschrieben, KommBer des AH S. 12. Es können also die Gebühren aus Art. 8—11 insgesamt den sechsfachen Betrag der vollen Gebühr (Art. 3) erreichen, aber nicht übersteigen. Sind in einer Angelegenheit die nach Art. 8, 9, 11 anzusetzenden Gebühren nach verschiedenen Werten zu berechnen, so ist der höchste dieser Werte maßgebend, KommBer des AH S. 12. Vgl. hierzu und über den Umfang der Instanz Art. 10 A 2.

Vorbemerkung zu Art. 13: Abs. 2 und 3 sind durch § 158 RKO außer Kraft gesetzt.

Art. 13. (1) Auf die Anfertigung des Entwurfs eines Rechtsgeschäfts und die Vermittlung einer Auseinandersetzung sowie auf den Empfang, die Verwahrung und die Auszahlung von Geldern und Wertpapieren in Angelegenheiten, die nicht zur streitigen Rechtspflege gehören, finden die für die Gebühren der Notare geltenden Vorschriften entsprechende Anwendung. Die Herstellung des Schreibwerkes und die Auslagen an Postgebühren werden nach den für die Notare geltenden Vorschriften vergütet.

(2) *Der Betrag der Vergütung für die Anfertigung eines Entwurfs kann nur insoweit abweichend durch Vertrag bestimmt werden, als dies nach § 26 der Gebührenordnung für Notare zulässig ist.*

(3) *Die §§ 21—26 der Gebührenordnung für Notare finden auf Rechtsanwälte keine Anwendung.*

1. Da es sich im Art. 13 um Leistungen handelt, die zur Berufstätigkeit des Notars gehören, werden Gebühren und Auslagen nach den für die Notare geltenden Vorschriften, nämlich der RKO bemessen:

2. Der Art. 13 zählt die in Betracht kommenden Geschäfte auf:

a) Die Anfertigung des Entwurfs eines Rechtsgeschäfts, richtiger des Entwurfs der über das Rechtsgeschäft aufzunehmenden Urkunde. Für die Notare bestimmt § 145 RVO, daß die für die Beurkundung bestimmte Gebühr auch dann erhoben wird, wenn der Notar auf Erfordern nur den Entwurf einer Urkunde fertigt (s. unten S. 460). Also erhält auch der RA für den Entwurf die Beurkundungsgebühr des Notars. Diese bemißt sich wieder gemäß § 144 RKO nach den Vorschriften des Ersten Teils der RKO und den Vorschriften des § 145—157 RKO. Rechtsgeschäfte sind Willenserklärungen, die auf die Hervorbringung eines rechtlichen Erfolges — Entstehung, Endigung oder Änderung eines Rechtsverhältnisses — gerichtet sind. Wegen der Gebühr für Einreichung der Urkunde mit einem Antrag oder einer Erklärung bei einer Behörde oder ohne solche Beifügung s. Art. 8 Abs. 2 und A 2 dazu.

b) die Vermittlung der Auseinandersetzung. Die Gebühren hierfür sind in § 147 RKO geregelt (s. unten S. 460). Die Auseinandersetzung setzt eine Gemeinschaft voraus, zu deren Lösung der RA eine auf Herbeiführung der bis dahin noch nicht bestehenden Einigung der Beteiligten gerichtete Tätigkeit über die Art der Teilung zu entfalten hat.

c) den Empfang, die Verwahrung und die Auszahlung von Geldern und Wertpapieren in Angelegenheiten, die nicht zur streitigen Rechtspflege gehören. Die Gebührensätze ergeben sich aus § 148 RKO (s. unten S. 461). Obwohl das Zwangsversteigerungsverfahren zur streitigen Rechtspflege gehört, gilt Art. 13 auch für die

Erhebung und Ablieferung von Geldern im Kaufgelderverteilungstermin, OLG Celle Rsp 25, 304; s. Art. 4 A 4. Für die Ermittelung einer Erbschaftsmasse ist Art. 14 maßgebend, der dann eine entsprechende Anwendung der RKO zuläßt, KG Rsp 17, 228.

Hinsichtlich der Reisekosten verbleibt es auch nach der Geltung der RKO bei der Anwendbarkeit der §§ 78—83 RAGebO.

Kosten der Notare.

(II. Teil der Reichskostenordnung vom 25. November 1935, RGBl I 1935, S. 1371—1406).

§ 143

Verbot der Gebührenvereinbarung

Die Kosten der Notare bestimmen sich, soweit nicht reichsrechtlich ein anderes vorgeschrieben ist, ausschließlich nach dieser Verordnung; Vereinbarungen über die Höhe der Kosten sind unwirksam.

§ 144

Anwendung des Ersten Teils

(1) Für die Kosten der Notare gelten die Bestimmungen des Ersten Teils dieser Verordnung entsprechend, soweit nicht in den nachstehenden Vorschriften ein anderes bestimmt ist.

(2) Fließen die Gebühren für die Tätigkeit des Notars (in Württemberg oder Baden) der Reichskasse zu, so entscheidet in den Fällen des § 13 Abs. 2 und des § 25 (Erinnerungen gegen den Kostenansatz, Festsetzung des Geschäftswerts) das Amtsgericht, in dessen Bezirk der Notar seinen Amtssitz hat.

(3) Fließen die Gebühren für die Tätigkeit des Notars diesem selbst zu, so finden die folgenden Bestimmungen des Ersten Teils keine Anwendung:

§ 13 (Kostenansatz, Erinnerung, Beschwerde),
§ 14 (Nachforderung),
§ 15 (Nichterhebung von Kosten),
§ 16 (Verjährung),
§ 25 (Festsetzung des Geschäftswerts),
§ 28 (Einziehung der Kosten),
§ 139 Abs. 1 Nr. 7, § 142 (Rechnungsgebühren),
§ 139 Abs. 2 (Wiedereinziehung überzahlter Auslagen);

die reichs- und landesrechtlichen Gebührenbefreiungsvorschriften (§ 10) finden nur insoweit Anwendung, als sie auch bisher die Tätigkeit der Notare umfaßten.

§ 145

Entwürfe

Siehe jetzt Fassung vom 17. 6. 1940 (RGBl. I, 882).

§ 146

Anträge und Beschwerden

(1) Ein Notar, der ein Rechtsgeschäft oder eine sonstige Erklärung beurkundet hat, erhält für Anträge, die er auf Grund der Urkunde in Grundbuch-, Register- und ähnlichen Angelegenheiten stellt, keine weitere Gebühr; das gleiche gilt für Anträge auf behörd-

liche Genehmigung der in der Urkunde enthaltenen Erklärungen. Der Notar erhält ferner keine weitere Gebühr für die Erwirkung der Legalisation der eigenen Unterschrift sowie für die Erledigung von Beanstandungen, einschließlich des Beschwerdeverfahrens.

(2) Für Anträge und Beschwerden in anderen Fällen erhält der Notar die Hälfte der vollen Gebühr; das gleiche gilt in den Fällen des Absatzes 1, wenn es notwendig ist, den Antrag oder die Beschwerde tatsächlich oder rechtlich näher zu begründen und die Partei dies verlangt.

§ 147

Auseinandersetzungen

(1) Für die Vermittlung einer Auseinandersetzung durch den Notar gelten die Vorschriften des § 108 mit den aus Abs. 2 ersichtlichen Maßgaben.

(2) Ist die Ermittlung dem Notar von dem Gericht übertragen, so erhält er das Dreieinhalbfache und, wenn die Bestätigung der Auseinandersetzung dem Gericht zusteht, das Dreifache der vollen Gebühr. Die Gebühr ermäßigt sich

1. auf das Doppelte der vollen Gebühr, wenn das Verfahren ohne Bestätigung der Auseinandersetzung abgeschlossen wird,
2. auf die Hälfte der vollen Gebühr, wenn sich das Verfahren vor Eintritt in die Verhandlung durch Zurücknahme oder auf andere Weise erledigt.

§ 148

Erhebung, Verwahrung und Ablieferung von Geld, Wertpapieren und Kostbarkeiten

(1) Für die Erhebung, Verwahrung und Auszahlung von Geld erhält der Notar, soweit er im Auftrag eines Beteiligten tätig wird,

bis zu 1000 Reichsmark einschließlich	1 vom Hundert,
von dem Mehrbetrag bis zu 10000 Reichsmark einschließlich .	½ „ „
von dem Mehrbetrag	½ „ „

(2) Der Notar erhält die Gebühr auch dann, wenn er das Geld zur Auszahlung an einen Dritten empfangen hat, die Auszahlung aber aus einem nicht in der Person des Notars liegenden Grund unterbleibt.

(3) Die Gebühr wird auch erhoben, wenn der Empfang oder die Auszahlung nicht durch Barzahlung erfolgt.

(4) Ist Geld in mehreren Beträgen gesondert erhoben oder ausgezahlt, so werden die Gebühren von jedem Betrag besonders erhoben.

(5) Die Mindestgebühr beträgt 50 Reichspfennig.

(6) Die Gebühr wird im Fall des § 45 Abs. 3 auf die Protestgebühr, nicht jedoch auf die Wegegebühr, angerechnet.

(7) Für die Erhebung, Verwahrung und Ablieferung von Wertpapieren und Kostbarkeiten erhält der Notar die im Abs. 1 bestimmte Gebühr nach Maßgabe des Wertes.

§ 149

Bürgschaftsübernahme für Kauf- und Pachtgelder

(1) Soweit der Notar zur Zeit noch auf Grund landesgesetzlicher Vorschrift befugt ist, die persönliche Haftung für von ihm zu erhebende Kauf- und Pachtgelder zu übernehmen, erhält er:

1. bei Versteigerungen beweglicher Gegenstände 5 vom Hundert des Erlöses;
2. bei Versteigerungen unbeweglicher Gegenstände 1 vom Hundert des Erlöses;
3. bei Verpachtungen im Wege der Versteigerung 2 vom Hundert der erhobenen Pachtgelder.

(2) Diese Gebühren umfassen die Vergütung für die gesamte Tätigkeit des Notars bei der Versteigerung. Die Vereinbarung einer geringeren Vergütung ist zulässig.

§ 150
Sonstige Geschäfte, Nebentätigkeit

(1) Soweit für eine im Auftrag eines Beteiligten ausgeübte Tätigkeit des Notars eine Gebühr nicht bestimmt ist, erhält der Notar die Hälfte der vollen Gebühr.

(2) Für die ein Geschäft vorbereitende oder fördernde Tätigkeit (z. B. Raterteilung, Einsicht des Grundbuchs, öffentlicher Register oder von Akten) erhält der Notar die Gebühr nach Abs. 1 nur, wenn diese Tätigkeit nicht schon als Nebengeschäft (§ 27) durch eine dem Notar für das Hauptgeschäft oder für erfolglose Verhandlungen (§ 51) zustehende Gebühr abgegolten wird.

(3) Für das Aufsuchen von Urkunden, die von dem Notar aufgenommen sind oder von ihm verwahrt werden, erhält er in keinem Fall eine Gebühr.

§ 151
Zuziehung eines zweiten Notars

(1) Der zweite Notar, der auf Verlangen eines Beteiligten anstatt der Zeugen zu einer Beurkundung zugezogen wird, erhält die Hälfte der dem beurkundenden Notar zustehenden Gebühr und im Falle des § 52 daneben die dort bestimmte Zusatzgebühr.

(2) Ist der zweite Notar ohne Verlangen eines Beteiligten anstatt der Zeugen zugezogen, so darf der mit der Beurkundung beauftragte Notar dafür an Gebühren nicht mehr als 2 Reichsmark für jede angefangene Stunde in Rechnung stellen.

§ 152
Schreib- und Postgebühren

Der Notar, dem die Gebühren für seine Tätigkeit selbst zufließen, erhält Schreib- und Postgebühren auch für die ihm auf Grund besonderer Vorschriften obliegenden Mitteilungen an die Finanzbehörden.

§ 153
Reisekosten

(1) Für Geschäftsreisen, die der Notar im Auftrag eines Beteiligten vornimmt, stehen ihm Reisekostenvergütung der Stufe II und Auslagenersatz nach dem Gesetz über Reisekostenvergütung der Beamten vom 15. Dezember 1933 (Reichsgesetzbl. I S. 1067) zu.

(2) Fließen die Gebühren für die Tätigkeit des Notars diesem selbst zu, so erhält er außerdem ein Abwesenheitsgeld von 10 Reichsmark für den Tag und, wenn die Reise weniger als vier Stunden beansprucht hat, ein solches von 5 Reichsmark. Steht dem Notar die Zusatzgebühr nach § 52 zu, so ist das Abwesenheitsgeld auf diese anzurechnen.

(3) Die Vorschrift des § 141 gilt auch für das Abwesenheitsgeld entsprechend. Sie findet auch insoweit Anwendung, als auf derselben Reise Notargeschäfte und Rechtsanwaltsgeschäfte erledigt werden.

§ 154
Einforderung der Kosten

(1) Fließen die Kosten dem Notar selbst zu, so dürfen sie nur auf Grund einer dem Zahlungspflichtigen mitgeteilten, von dem Notar unterschriebenen Berechnung der Gebühren und Auslagen eingefordert werden.

(2) In der Berechnung sind der Geschäftswert, die Gebührenvorschriften, die Beträge der angesetzten Gebühren und Auslagen sowie etwa verauslagte Gerichtskosten und Stempel und empfangene Vorschüsse anzugeben.

(3) Der Notar hat die Berechnung in Abschrift zu seinen Akten zu bringen. Er hat sie ferner unter jeder von ihm erteilten Ausfertigung sowie unter jedem Beglaubigungsvermerk aufzustellen. Hat der Notar eine Urkunde entworfen und demnächst beglaubigt, so sind auch die Kosten des Entwurfs unter der Beglaubigung zu vermerken.

§ 155
Beitreibung der Kosten

Die Kosten werden auf Grund einer mit der Vollstreckungsklausel des Notars versehenen Ausfertigung der Kostenberechnung (§ 154) nach den Vorschriften der Zivilprozeßordnung beigetrieben; § 798 der Zivilprozeßordnung gilt entsprechend. Die Vollstreckungsklausel, die zum Zwecke der Zwangsvollstreckung gegen einen zur Duldung der Zwangsvollstreckung Verpflichteten erteilt wird, hat den Ausspruch der Duldungspflicht zu enthalten.

§ 156
Einwendungen gegen die Kostenberechnung

(1) Einwendungen gegen die Kostenberechnung (§ 154), einschließlich solcher gegen die Zahlungspflicht und gegen die Erteilung der Vollstreckungsklausel, sind bei dem Landgericht, in dessen Bezirk der Notar den Amtssitz hat, im Wege der Beschwerde nach den Vorschriften der Zivilprozeßordnung geltend zu machen. Das Gericht soll vor der Entscheidung die Beteiligten und die vorgesetzte Dienstbehörde des Notars hören. Beanstandet der Zahlungspflichtige dem Notar gegenüber die Kostenberechnung, so kann der Notar die Entscheidung des Landgerichts beantragen.

(2) Gegen die Entscheidung des Landgerichts findet binnen der Notfrist von einem Monat seit der Zustellung die weitere Beschwerde statt. Sie ist nur zulässig, wenn der Beschwerdegegenstand 50 Reichsmark übersteigt und das Beschwerdegericht sie wegen der grundsätzlichen Bedeutung der zur Entscheidung stehenden Frage zuläßt. Die Vorschriften des § 568 Abs. 2 und 3 der Zivilprozeßordnung finden keine Anwendung. Die weitere Beschwerde kann nur darauf gestützt werden, daß die Entscheidung auf einer Verletzung des Gesetzes beruht; die Vorschriften der §§ 550 und 551 der Zivilprozeßordnung gelten entsprechend.

(3) Nach Ablauf des Kalenderjahrs, das auf das Jahr folgt, in dem die vollstreckbare Ausfertigung der Kostenberechnung zugestellt ist, können neue Beschwerden (Abs. 1) nicht mehr erhoben werden. Soweit die Einwendungen gegen den Kostenanspruch auf Gründen beruhen, die nach der Zustellung der vollstreckbaren Ausfertigung entstanden sind, können sie auch nach Ablauf dieser Frist geltend gemacht werden.

(4) Die Beschwerden können in allen Fällen zur Niederschrift der Geschäftsstelle oder schriftlich ohne Mitwirkung eines Anwalts eingelegt werden. Das Verfahren vor dem Landgericht ist gebührenfrei. Die Kosten für die weitere Beschwerde bestimmen sich nach den §§ 123, 138 bis 142. Die gerichtlichen Auslagen einer für begründet befundenen Beschwerde können ganz oder teilweise dem Gegner des Beschwerdeführers auferlegt werden.

(5) Die dem Notar vorgesetzte Dienstbehörde kann den Notar in jedem Fall anweisen, die Entscheidung des Landgerichts herbeizuführen (Abs. 1) und gegen die Entscheidung des Landgerichts die weitere Beschwerde zu erheben (Abs. 2). Die hierauf ergehende gerichtliche Entscheidung kann auch auf eine Erhöhung der Kostenberechnung lauten. Gebühren und Auslagen werden in diesem Verfahren von dem Notar nicht erhoben.

(6) Für Einwendungen gegen den Stempelansatz gelten ausschließlich die stempelrechtlichen Vorschriften.

§ 157
Zurückzahlung, Schadensersatz

(1) Wird die Kostenberechnung abgeändert oder ist der endgültige Kostenbetrag geringer als der erhobene Vorschuß, so hat der Notar die zuviel empfangenen Beträge zu erstatten. Hatte der Kostenschuldner seine Einwendungen gegen die Kostenberechnung innerhalb eines Monats seit der Zustellung der vollstreckbaren Ausfertigung im Wege der Beschwerde (§ 156 Abs. 1 Satz 1) erhoben, so hat der Notar darüber hinaus den Schaden zu ersetzen, der dem Kostenschuldner durch die Vollstreckung oder durch eine zur Abwendung der Vollstreckung gemachte Leistung entstanden ist.

(2) Über die Verpflichtungen gemäß Abs. 1 wird auf Antrag des Kostenschuldners in dem Verfahren nach § 156 entschieden. Die Entscheidung ist nach den Vorschriften der Zivilprozeßordnung vollstreckbar.

Art. 14. Ist für das dem Rechtsanwalt übertragene Geschäft eine Gebühr nicht bestimmt, so erhält er eine unter entsprechender Anwendung der Vorschriften der Deutschen Gebührenordnung und dieses Gesetzes zu bemessende Gebühr. Das gleiche gilt, soweit für die begonnene oder vorbereitete Ausführung eines vor der vollständigen Ausführung erledigten Auftrags eine Gebühr nicht vorgesehen ist.

Art. 14 bezieht sich nur auf solche Geschäfte, die in Art. 1 umschrieben sind. Es muß sich also um die Berufstätigkeit des RA handeln, und zwar eine solche, für die reichsrechtlich die Vergütung nicht geregelt ist. Voraussetzung für die Anwendung des Art. 14 ist, daß weder die LandGebO selbst noch die in Art. 16 für entsprechend anwendbar erklärten Vorschriften der RAGebO die Vergütung regeln. Dadurch, daß Art. 13 für die dort bezeichneten Tätigkeiten die entsprechende Anwendung der für die Gebühren der Notare geltenden Vorschriften anordnet, gilt auch der § 150 RKO für die Tätigkeiten dieser Art. Es bleibt demnach die Berufstätigkeit des RA übrig, die nicht unter Art. 13 fällt und für die in den übrigen Artikeln der LandGebO und auch in den in Art. 16 aufgeführten Vorschriften der RAGebO eine Gebühr nicht bestimmt ist. Art. 16 führt nicht mit auf die §§ 89, 90 RAGebO. Deshalb stellt Art. 14 die Generalklausel auf, die im Satz 1 dem § 89 und in Satz 2 dem § 90 RAGebO entspricht. Sie geht aber in Satz 1 weiter als § 89 RAGebO, da sie für die Bemessung der Gebühr die entsprechende Anwendung sowohl der RAGebO als auch der LandesGebO zuläßt. Ob erstere oder letztere den Maßstab zu bilden hat, hängt davon ab, ob der RA eine Tätigkeit entwickelt, die derjenigen mehr ähnelt, für die die RAGebO, oder derjenigen, für die die LandGebO die Vergütung festsetzt. Beide Gebührenordnungen gewähren Pauschgebühren für Vertretungen in einem Verfahren als Verfahrensgebühren und Einzelgebühren als Vergütung für Erledigung einzelner Aufträge. Da aber die RAGebO nur in Verfahren zur Anwendung kommt, für die die ZPO, StPO, KO und VerglO anzuwenden sind, wird die Gebühr unter entsprechender Anwendung der RAGebO nur dann zu bemessen sein, wenn die Tätigkeit derjenigen ähnlich ist, die der RA in einem Verfahren nach den genannten Gesetzen auszuüben pflegt. Dagegen wird in allen anderen Fällen die Gebühr unter entsprechender Anwendung der LandGebO zu finden sein.

Entsprechende Anwendung der RAGebO z. B. auf das Verfahren vor den Gemischten Schiedsgerichtshöfen (s. oben Art. 2 A 10), vor dem Mieteinigungsamt (nach der Rechtsprechung des KG s. oben Art. 2 A 9a), vor der StA (s. oben Vorb. 1e zu § 63 RAGebO), bei Vermittlung eines Darlehns, RG 121, 200 (nicht unbedenklich); bei Rechtshilfe in Auslandsstrafsachen (s. § 75c A 7). Ein Beispiel für die entsprechende Anwendung der LandesGebO enthält KG Rsp 17, 228 (Beratung, ob eine Erbschaft anzunehmen sei und deshalb Ermittlung der Nachlaßmasse); s. auch Art. 4 A 2 freiwillige Versteigerung.

Art. 15. (1) Dem Rechtsanwalte stehen Schreibgebühren zu:

1. für die auf besonderes Verlangen gefertigten Abschriften;
2. für Schreibwerk, das außerhalb des Rahmens einer gebührenpflichtigen Tätigkeit entsteht.

(2) Für die Höhe der Schreibgebühren sowie für die Erstattung der Postgebühren ist § 20 der Gebührenordnung für Notare (jetzt §§ 138, 139 und 152 RKO.) maßgebend. Soweit die Vorschriften der Deutschen Gebührenordnung maßgebend sind, erhält der Rechtsanwalt neben den Gebühren die dort vorgesehenen Pauschsätze.

1. Art. 15 regelt das Schreibwerk und die Erstattung der Postgebühren nur für die Fälle, in denen es sich nicht um eine der in Art. 13 aufgeführten Tätigkeiten handelt, da für diese die §§ 138, 139, 152 RKO gelten. Aber für die Bestimmung der Höhe der Schreibgebühren und der Fälle der Postgebührenerstattung sollen auch im Falle des Art. 15 die Bestimmungen der RKO maßgebend sein. Grundsätzlich kann also der RA Schreibgebühren nicht in Rechnung stellen, ausgenommen sind die in Ziff. 1 und 2 aufgeführten Fälle, die denen der Ziff. 1 und 3 des § 76 RAGebO entsprechen; s. A 3 Nr. 1 u. 3 zu § 76 RAGebO. Freilich wird man beachten müssen, daß die ordnungsmäßige Erledigung des Auftrags in einem streitigen Verfahren andere Anforderungen in bezug auf gebührenfreies Schreibwerk stellt, als in einem Verfahren der nichtstreitigen Gerichtsbarkeit.

2. Postgebühren des RA sind diejenigen, die bei seinen Sendungen entstehen: daher kann er z. B. Nachnahmegebühren als Auslagen in Rechnung stellen (§ 670 BGB). Nach §§ 139, 152 RKO kann der RA berechnen Telegraphengebühren, die im Fernverkehr zu entrichtenden Fernsprechgebühren, die im Verkehr mit dem Ausland entstehenden Gebühren und die Übersendungsgebühren für Ausfertigungen, Abschriften und vorgeschriebene Mitteilungen, die für Finanzbehörden bestimmt sind. Die Verweisung auf die Pauschsätze der RAGebO hat ihren Inhalt verloren, da es keine Pauschsätze mehr gibt.

Art. 16. (1) Die Vorschriften der §§ 2—6, 10—12, 77—86, 88, 93, 94 der Deutschen Gebührenordnung finden, soweit nicht ein anderes bestimmt ist, in den Fällen der Art. 4—14 entsprechende Anwendung.

(2) In den Fällen der Art. 4—7 finden auch die Vorschriften der §§ 7, 25, 26, 29—32, 35, 36, 48—51 der Deutschen Gebührenordnung entsprechende Anwendung. Steht dem Rechtsanwalt in derselben Instanz eine Gebühr für den Antrag auf Eintragung einer Sicherungshypothek zu, so wird diese auf die im Art. 4 Abs. 1 Nr. 1, im Art. 5 Abs. 2 und im Art. 7 Abs. 1 Satz 1 bestimmten Gebühren angerechnet.

1. Entsprechend anzuwenden sind die angeführten Paragraphen der RAGebO in der jeweils geltenden Fassung. §§ 76, 89, 90 RAGebO sind nicht mitangezogen, weil sie durch die Art. 14, 15 ersetzt worden sind.

2. a) Die in Abs. 1 aufgeführten Paragraphen der RAGebO sind in den Fällen der Art. 4—14, also sowohl für Verfahrensgebühren als auch für Einzelgebühren, entsprechend anzuwenden.

b) Die in Abs. 2 aufgeführten Paragraphen sollen außerdem noch bei den Verfahrensgebühren der Art. 4—7 angewandt werden.

c) „Ein anderes bestimmt" ist in Art. 13 für die dort bezeichneten Geschäfte hinsichtlich der Wertberechnung und der Zulässigkeit einer Vereinbarung über die Höhe der Gebühr. Andere Bestimmungen §§ 4, 5, 94 haben im Falle des Art. 13 keine Bedeutung.

Die Beschwerde gegen die gerichtliche Wertfestsetzung steht also, da § 12 RAGebO entsprechend anzuwenden ist, auch in den Fällen der Art. 4—12, 14 der LandesgebO dem RA zu. Sie ist aber versagt, wenn sich der Wert des Gegenstandes für die Berechnung der Anwaltsgebühren nach anderen Grundsätzen bestimmt als für die Berechnung der Gerichtsgebühren, KG KGJ 28 B, 43, oder wenn die Wertfestsetzung nicht nach § 11 RAGebO für den RA bindend ist, KGJ 42, 292; JW 26, 1589[5]. Bei begründeten Beschwerden wird nach § 135 RKO keine Gerichtsgebühr erhoben, daher ist eine Wertfestsetzung unzulässig. Sie kann deshalb auch nicht im Wege der Beschwerde wegen außergerichtlicher Kosten verfolgt werden, KG Rsp 19, 264; s. auch Art. 13 A 4.

3. Die im Abs. 2 angeordnete Anrechnung der Gebühr für den Antrag auf Eintragung einer Sicherungshypothek (s. oben A 2 zu § 31 RAGebO) findet nur dann statt, wenn dieses Verfahren mit dem Zwangsversteigerungs- oder dem Zwangsverwaltungsverfahren eine Instanz bildet. Eine Instanz liegt aber nach dem im Satze 1 in bezug genommenen § 31 der RAGebO nur vor, wenn die Zwangseintragung sich als eine Vorbereitung weiterer Maßregeln der Zwangsvollstreckung darstellt. Dies ist nicht der Fall, wenn die Zwangsversteigerung oder Zwangsverwaltung sich nicht unmittelbar an die Zwangseintragung anschließt, sondern nach längerer Zeit auf Grund eines neuen Auftrags beantragt wird, KommBer des AH S. 14.

Art. 17. Allgemeine Vorschriften über die Vergütung für eine Tätigkeit, welche die Zulassung zur Rechtsanwaltschaft nicht voraussetzt, sind auch für die Rechtsanwälte maßgebend.

In Frage kommen die Tätigkeiten als Vormund (BGB § 1836), Pfleger (BGB § 1915), Nachlaßverwalter (BGB § 1987), Konkursverwalter (KO § 85), Mitglied des Gläubigerausschusses (KO § 91), Zustellungsvertreter (ZVG § 7 Abs. 2, § 135), als Zwangsverwalter (ZVG § 153, AVf v. 10. 7. 29, JMBl 255 § 16) und als Vertrauensperson (§§ 40, 46 VerglO). Die Beteiligung eines RA an dem Streit um seine Entlassung aus dem Amt als Testamentsvollstrecker ist Wahrnehmung einer eigenen Angelegenheit für Gebühren. Anspruch steht ihm nach der für dieses Verfahren maßgeblichen LGebO nicht zu, LG Göttingen JW 35, 3497.

Zweiter Abschnitt.

(Enthält in den Art. 19—27 Vorschriften über die Gebühren der Gerichtsvollzieher.)

Dritter Abschnitt. **Schlußbestimmungen.**

(Heute ohne Bedeutung.)

V.

Verordnung
über die Kosten in Angelegenheiten der Familiengüter und der Hausvermögen (Auflösungsgebührenordnung) vom 22. 12. 1930 (GS 299)*)

Teil A.

Kosten der Auflösungsbehörden.

I. Abschnitt.

Einteilung.

§ 1. (1) Die Erhebung der Kosten (Gebühren und Auslagen) in den Angelegenheiten der Auflösungsbehörden (Auflösungsämter für Familiengüter, Landesamt für Familiengüter) richtet sich:

1. in den Angelegenheiten der freiwilligen Gerichtsbarkeit nach den Vorschriften des II. Abschnitts (§§ 2—54),
2. im Verfahren über streitige Ansprüche und im Fideikommißkonkursverfahren nach den Vorschriften des III. Abschnitts (§§ 55—57) dieser Verordnung.

(2) Als Angelegenheiten der freiwilligen Gerichtsbarkeit im Sinne dieser Bestimmungen gelten alle Angelegenheiten der Auflösungsbehörden mit Ausnahme des Verfahrens über streitige Ansprüche und des Fideikommißkonkursverfahrens. Verfahren über streitige Ansprüche sind bürgerliche Rechtsstreitigkeiten, die der ordentlichen streitigen Gerichtsbarkeit entzogen und den Auflösungsbehörden zugewiesen sind.

II. Abschnitt.

Kosten in Angelegenheiten der freiwilligen Gerichtsbarkeit.

1. Allgemeine Bestimmungen.

§ 2. (1) Schuldner der Kosten ist der Besitzer, soweit nichts anderes bestimmt ist.

(2) Bei Geschäften, die nur auf Antrag vorgenommen werden, ist der Antragsteller Kostenschuldner.

---

*) Anm.: Durch die neue Kostenordnung vom 25. 11. 35 ist ein Teil der folgenden Bestimmungen hinfällig geworden bezw. umgeändert. Nach der DurchfVO. vom 24. 8. 35 (RGBl I 1103) sind aber die Kosten entsprechend der VO vom 22. 12. 30 zu erheben. Das gleiche gilt für die Gebühren der zugezogenen Anwälte. Vgl. auch das Ges vom 6. 7. 38 (RGBl I 825) über das Erlöschen der Familienfideikommisse und sonstiger Vermögen. Mit Rücksicht darauf, daß die VO und die weiteren Gesetze nicht ausdrücklich in diesen Punkten aufgehoben worden sind, ist eine Veränderung im Wortlaut nicht vorgenommen.

(3) Soweit eine Entscheidung der Auflösungsbehörden einem Beteiligten die Kosten auferlegt, trifft auch ihn die Zahlungspflicht.

(4) Im übrigen gelten die §§ 2—5 des PrGKG sinngemäß.

§ 3. Die Gebühren werden, soweit nichts anderes bestimmt ist, nach dem Werte des Gegenstandes, auf den sich das Geschäft bezieht, berechnet. Betrifft das Geschäft ein Recht an einer Sache, so ist der Wert dieses Rechtes maßgebend. Bei Nachlaßsachen gilt § 88 des PrGKG sinngemäß.

§ 4. Für die Wertberechnung gelten, soweit nichts anderes bestimmt ist, § 18 Abs. 2, §§ 19, 20, 22 des PrGKG.

§ 5. (1) Soweit die Gebühren nach dem Werte eines Vermögens zu berechnen sind, sind der Berechnung des Wertes des Vermögens die Einheitswerte nach dem Reichsbewertungsgesetze vom 10. 8. 25 (RGBl I S. 214) für das landwirtschaftliche, forstwirtschaftliche und gärtnerische Vermögen, das Betriebsvermögen und das Grundvermögen zugrunde zu legen. Maßgebend sind die Einheitswerte, die für den Zeitpunkt, welcher für die Wertberechnung entscheidend ist, gelten. Der Wert des sonstigen Vermögens ist nach freiem Ermessen festzusetzen. Gemeinnützige Einrichtungen bleiben bei der Berechnung des Wertes außer Betracht. Das gleiche gilt von Versorgungsmassen, soweit ihre Erträge nicht dauernd dem Besitzer zukommen. Einrichtungsgegenstände von Gebäuden und Gegenstände von künstlerischem, wissenschaftlichem oder geschichtlichen Werte kommen nur zum Ertragswert in Ansatz, soweit sie nicht in den Einheitswerten einbegriffen sind.

(2) Ein Schuldenabzug ist nur in den in dieser VO vorgesehenen Fällen zulässig.

(3) Ist der nach Abs. 1 für die Berechnung des Wertes des Vermögens maßgebende Einheitswert noch nicht festgestellt, so gilt der für den zuletzt abgelaufenen Feststellungszeitraum festgestellte Einheitswert, sofern sich nicht der Bestand des Vermögens inzwischen erheblich geändert hat. Im letzteren Falle ist der Ertragswert von der Auflösungsbehörde nach freiem Ermessen zu ermitteln und der Berechnung des Wertes des Vermögens zugrunde zu legen. Das gleiche gilt, wenn der Zahlungspflichtige nachweist, daß der Einheitswert den nach dem Durchschnitte der Wirtschaftsergebnisse der letzten drei Jahre ermittelten Ertragswert erheblich übersteigt.

(4) Die Bestimmungen der vorstehenden Absätze gelten nicht, soweit es sich um Veräußerungen gegen Entgelt handelt.

§ 6. Bei Versorgungsansprüchen ist der Wert des Rechtes auf die wiederkehrenden Leistungen auf den Betrag des einjährigen Bezugs zu berechnen, falls nicht der Gesamtbetrag der geforderten Leistungen geringer ist.

§ 7. Die Festsetzung des Wertes erfolgt gebührenfrei durch den Schriftführer der Auflösungsbehörde. Die Auflösungsbehörde kann den Wert festsetzen, wenn sie dies für angemessen erachtet; § 23 Abs. 2 des PrGKG gilt sinngemäß.

§ 8. Die Berechnung der Kosten erfolgt durch den Schriftführer der Auflösungsbehörde.

§ 9. Wertfestsetzung und Kostenansatz können durch den Vorsitzenden der Auflösungsbehörde im Aufsichtswege geändert werden, soweit nicht darüber bereits die Auflösungsbehörde entschieden hat. § 25 des PrGKG gilt sinngemäß.

§ 10. Über Erinnerungen des Zahlungspflichtigen oder der Staatskasse gegen Wertfestsetzung und Kostenansatz entscheidet die Auflösungsbehörde, sofern nicht der Schriftführer die Erinnerung für begründet erachtet und selbst Abhilfe schafft, gebührenfrei.

§ 11. Gegen die Wertfestsetzung des Auflösungsamts und gegen dessen Entscheidung über Erinnerungen nach § 10 steht dem Zahlungspflichtigen und der Staatskasse die sofortige Beschwerde an das Landesamt für Familiengüter zu. Die Entscheidung des Landesamts ist endgültig.

§ 12. Die Rechte der Staatskasse nimmt der Leiter des Rechnungsamts des Oberlandesgerichts, an dessen Sitze das Auflösungsamt sich befindet, wahr. Die mit der sofortigen Beschwerde anfechtbaren Beschlüsse des Auflösungsamts sind ihm vom Schriftführer zuzustellen. Zustellungen an den Leiter des Rechnungsamts erfolgen durch Vorlegung der Urschrift des zuzustellenden Schriftstücks. Wenn mit der Zustellung der Lauf einer Frist beginnt, so ist der Tag der Vorlegung von dem Leiter des Rechnungsamts auf der Urschrift zu vermerken.

§ 13. Für die Gebührenfreiheit, die Niederschlagung, die Fälligkeit, die Nachforderung, den Ansatz, die Verjährung und die Einziehung von Kosten und die Wiedereinziehung überhobener Beträge gelten die §§ 7—17, § 136 des PrGKG sinngemäß.

§ 14. (1) Bei Geschäften, die nur auf Antrag vorzunehmen sind, kann vom Antragsteller ein zur Deckung der Kosten hinreichender Vorschuß erhoben werden, soweit nicht im § 36 eine andere Regelung getroffen ist.

(2) Die Auflösungsbehörde kann die Vornahme der Handlung von der Zahlung des für die baren Auslagen geforderten Vorschusses abhängig machen, sofern nicht die Verzögerung dem Antragsteller einen unersetzlichen Nachteil bringen würde.

§ 15. Ein Vorschuß wird nur insoweit zurückbezahlt, als er den bei Beendigung des Geschäfts in Ansatz kommenden Betrag an Gebühren und Auslagen übersteigt.

§ 16. Die Aushändigung von Ausfertigungen und von Abschriften sowie die Rückgabe vorgelegter Urkunden können von der vorherigen Zahlung der Kosten und Stempelabgaben abhängig gemacht werden.

§ 17. Über Erinnerungen gegen Anordnungen nach § 14 Abs. 2 und § 16 wird im Aufsichtswege entschieden.

§ 18. Volle Gebühr im Sinne dieses Abschnitts ist die im § 32 des PrGKG bestimmte Gebühr.

§ 19. (1) Der Mindestbetrag einer Gebühr ist zwei Reichsmark.

(2) Pfennigbeträge, welche ohne Bruch nicht durch zehn teilbar sind, sind auf volle zehn Reichspfennige aufzurunden.

§ 20. Für die Erhebung von Auslagen gelten die §§ 109—112, § 114 des PrGKG sinngemäß. Für Tagegelder und Fahrkosten gelten die Bestimmungen über Reisekosten in Staatsdienstangelegenheiten. Die Mitglieder der Auflösungsämter beziehen die Sätze der Besoldungsgruppe A 2 b und die des Landesamts die Sätze der Besoldungsgruppe A 1 a des Preußischen Besoldungsgesetzes, soweit sie nicht einer höheren Besoldungsgruppe angehören oder angehört haben.

§ 21. (1) Eine Erhebung von Stempeln und anderen Abgaben neben den Gebühren findet nicht statt. § 2 Abs. 2 und 3 des DGKG gilt entsprechend.

(2) Die zur Erhebung kommenden Stempel werden nach den für Gerichtskostenstempel geltenden Vorschriften behandelt. Die §§ 29 und 30 des PrGKG finden mit der Maßgabe entsprechende Anwendung, daß über Einwendungen

und Beschwerden, welche die Festsetzung des für die Stempelberechnung maßgebenden Wertes oder den Ansatz von Stempelbeträgen betreffen, nach den §§ 7—12 dieser VO entschieden wird.

2. Die einzelnen Gebühren.

a) Allgemeine Verfahrensgebühren.

§ 22. Als allgemeine Verfahrensgebühren werden erhoben:
1. Die Aufsichtsgebühr;
2. die Auflösungsgebühr;
3. die Beschwerdegebühr.

Die Aufsichtsgebühr.

§ 23. (1) Die Aufsichtsgebühr umfaßt die gesamte Tätigkeit der Auflösungsbehörde bis zur Beendigung des Auflösungsverfahrens, soweit nicht für einzelne Geschäfte besondere Gebühren vorgesehen sind.

(2) Als beendigt gilt das Auflösungsverfahren in dem Zeitpunkt, in welchem die Familienguts- oder Hausgutseigenschaft in den Grundbüchern oder anderen öffentlichen Büchern und Registern gelöscht wird oder, falls es einer solchen Löschung nicht bedarf, in dem Zeitpunkt, in welchem das Verfahren völlig durchgeführt ist.

§ 24. Die Aufsichtsgebühr wird bei jedem Familiengut oder Hausvermögen am Schluß eines jeden Kalenderjahrs erhoben. Das angefangene Kalendervierteljahr wird sowohl am Anfang als auch am Ende der Beaufsichtigung voll gerechnet.

§ 25. (1) Die Aufsichtsgebühr beträgt drei Zehnteile der vollen Gebühr, berechnet nach dem Werte des Vermögens unter Abzug der im Grundbuch eingetragenen, auf dem Stamme des Vermögens ruhenden Schulden und Lasten.

(2) Bei Familiengütern oder Hausvermögen, bei denen am 1. Januar 1934 ein Verfahren auf freiwillige Auflösung nicht schwebt, erhöht sich von dem genannten Tage an die Aufsichtsgebühr auf den Betrag der vollen Gebühr. Wenn bei einem Familiengut oder Hausvermögen nach dem 1. Januar 1934 ein Verfahren auf freiwillige Auflösung beendet wird, ohne daß das Vermögen frei wird, so tritt die gleiche Erhöhung der Aufsichtsgebühr ein, und zwar vom Beginn des der Beendigung des Verfahrens auf freiwillige Auflösung folgenden Kalenderjahrs.

§ 26. Vom Beginn des der Auflösung (§§ 12, 40, 43 des Familiengütergesetzes — FamGGG — §§ 28, 29 Abs. 3, §§ 40, 42 Abs. 5, §§ 49, 56, 64, 247, 250, 262, 265 des Zwangsauflösungsgesetzes — ZwAG —) folgenden Kalenderjahrs bis zum Schluß des Kalendervierteljahrs, in welchem das Auflösungsverfahren als beendigt gilt (§ 23 Abs. 2), wird die Aufsichtsgebühr (§ 25 Abs. 1 oder § 25 Abs. 2) nur zur Hälfte erhoben.

§ 27. Bei Geldfideikommissen darf die Aufsichtsgebühr 10 vom Hundert der Einkünfte, die nach Berichtigung der Verwaltungskosten verbleiben, nicht übersteigen.

Die Auflösungsgebühr.

§ 28. (1) Die Auflösungsgebühr umfaßt die gesamte Auflösungstätigkeit der Auflösungsbehörde, soweit nicht für einzelne Geschäfte besondere Gebühren vorgesehen sind.

(2) Zur Auflösungstätigkeit gehören auch die Sicherungsmaßnahmen der Auflösungsbehörden aus Anlaß der Auflösung.

§ 29. (1) Bei Familiengütern und Hausvermögen, die freiwillig aufgelöst, beträgt die Auflösungsgebühr dreißig Zehnteile der vollen Gebühr. Wenn der Antrag auf freiwillige Auflösung in der den Erfordernissen des § 4 Abs. 2 FamGG entsprechenden Weise vor dem 1. Oktober 1932 gestellt wird, so ermäßigt sich die Auflösungsgebühr auf fünfzehn Zehnteile der vollen Gebühr. Die Ermäßigung auf zwanzig Zehnteile der vollen Gebühr tritt ein, wenn der Antrag in gleicher Weise vor dem 1. Januar 1934 gestellt wird.

(2) Bei Samtfideikommissen, die nach den §§ 42 oder 45 des ZwAG aufgehoben werden, beträgt die Auflösungsgebühr fünfzehn Zehnteile der vollen Gebühr. Bei Samtfideikommissen, die nach §§ 44, 45 ZwAG in eine Stiftung umgewandelt werden, wird neben der im Satz 1 bestimmten Gebühr die Gebühr des § 48 erhoben.

§ 30. (1) Bei Familiengütern und Hausvermögen, die nicht freiwillig aufgelöst werden, beträgt die Auflösungsgebühr vierzig Zehnteile der vollen Gebühr und, wenn der Zeitpunkt der Auflösung (§§ 28, 247 ZwAG) erst nach dem 1. Januar 1936 eintritt, fünfzig Zehnteile der vollen Gebühr.

(2) Wird ein Familiengut oder Hausvermögen infolge Verzichts des Besitzers vor dem 1. Januar 1933 freies Vermögen, so ermäßigt sich die Auflösungsgebühr auf zwanzig Zehnteile der vollen Gebühr. Eine Ermäßigung der Auflösungsgebühr auf fünfzehn Zehnteile der vollen Gebühr tritt ein, wenn bei einem Familiengut oder Hausvermögen, das nach den §§ 8, 247, 250 ZwAG erloschen ist, infolge vertragsmäßiger Regelung der Rechte der Anwärter oder Anfallberechtigten (§§ 10ff., 247, 250 ZwAG) die Beschränkung des letzten Besitzers nach Art eines Vorerben nicht eintritt.

§ 31. Bei Zwerggrundfideikommissen und Anteilen an Samtfideikommissen, die wie Zwerggrundfideikommisse aufzuheben sind, beträgt die Auflösungsgebühr bei freiwilliger Auflösung zehn Zehnteile, andernfalls fünfzehn Zehnteile der vollen Gebühr.

§ 32. Bei Familiengütern und Hausvermögen, bei denen die freiwillige allmähliche Auflösung rechtskräftig beschlossen und, soweit erforderlich, genehmigt worden ist, wird eine Auflösungsgebühr weder im Falle des Freiwerdens nach den Vorschriften der §§ 260ff. des ZwAG noch bei nachträglicher freiwilliger sofortiger Auflösung erhoben.

§ 33. Die Auflösungsgebühr wird nach dem Werte des Vermögens berechnet Bei freiwilliger Auflösung und in den Fällen der § 29 Abs. 1, §§ 42, 44, 45, 247 ZwAG ist der Wert des Vermögens im Zeitpunkt der Einleitung des Verfahrens auf freiwillige Auflösung oder Aufhebung maßgebend. Im übrigen ist der Wert des Vermögens im Zeitpunkt der Auflösung (§§ 28, 247, 250 ZwAG) der Berechnung der Auflösungsgebühr zugrunde zu legen.

§ 34. Die Auflösungsgebühr wird fällig in dem Zeitpunkt, in welchem der Fideikommißauflösungsschein und, wenn ein Fideikommißauflösungsschein nicht erteilt wird, in dem Zeitpunkt, in dem die das Auflösungsverfahren abschließende Entscheidung der Auflösungsbehörde rechtswirksam wird.

§ 35. Bei Samtfideikommissen, Geldfideikommissen und Vermögen, die wie Geldfideikommisse aufgelöst werden (§ 50, § 54 Abs. 2, §§ 247, 251 ZwAG), wird die Auflösungsgebühr nach dem Werte des jeweils frei werdenden Teiles im Zeitpunkt seines Freiwerdens oder, wenn das Freiwerden nicht kraft Gesetzes eintritt, im Zeitpunkt der Einleitung des Aufhebungsverfahrens erhoben. Die Gebühr wird fällig in dem Zeitpunkte des Freiwerdens der einzelnen Teile.

§ 36. Bei Beginn der Sperrfrist (§ 129 Abs. 1 ZwAG) ist als Gebührenvorschuß die Hälfte der zur Erhebung gelangenden Auflösungsgebühr zu erheben. Wenn eine Sperrfrist nicht eintritt, ist der gleiche Gebührenvorschuß bei der Einleitung des Verfahrens auf freiwillige Auflösung oder Aufhebung zu erheben.

Die Beschwerdegebühr.

§ 37. Für die Entscheidung einschließlich des vorangegangenen Verfahrens in der Beschwerdeinstanz werden als Beschwerdegebühr fünf Zehnteile der vollen Gebühr erhoben, soweit die Beschwerde als unzulässig verworfen oder zurückgewiesen wird oder die Kosten des Verfahrens einem Gegner zur Last fallen. Soweit dies nicht der Fall ist, werden keine Gebühren erhoben.

§ 38. Als Beschwerdegebühr werden nur zwei Zehnteile der vollen Gebühr erhoben, wenn die Beschwerde, bevor über sie eine Entscheidung getroffen worden ist, zurückgenommen wird oder sich auf sonstige Weise erledigt. Betrifft die Zurücknahme oder Erledigung nur einen Teil des Beschwerdegegenstandes, während über einen anderen Teil entschieden wird, so ist die Gebühr des Satzes 1 nur insoweit zu erheben, als die Beschwerdegebühr sich erhöht haben würde, wenn die Entscheidung sich auch auf den zurückgenommenen oder erledigten Teil erstreckt hätte.

§ 39. Das Landesamt kann die Gebühren nach §§ 37, 38 aus Billigkeitsgründen ermäßigen oder anordnen, daß von ihrer Erhebung abzusehen ist.

§ 40. Verweist das Landesamt eine Sache zur anderweitigen Verhandlung an das Auflösungsamt zurück, so gilt die Fortsetzung des Verfahrens vor dem Auflösungsamte für die Gebührenerhebung nicht als neues Verfahren.

§ 41. (1) Für das Verfahren über den sofortigen Einspruch gegen eine Entscheidung des Vorsitzenden des Auflösungsamts (§ 239 ZwAG) wird ein Zehnteil der vollen Gebühr erhoben, wenn der Einspruch als unzulässig verworfen oder zurückgewiesen wird oder die Kosten des Verfahrens einem Gegner zur Last fallen.

(2) Das Auflösungsamt kann aus Billigkeitsgründen die Gebühr ermäßigen oder anordnen, daß von ihrer Erhebung Abstand genommen wird.

b) Beurkundungsgebühren.

§ 42. (1) Für die Aufnahme von Familienschlüssen wird die volle Gebühr erhoben.

(2) Wird ein Familienschluß vor seiner Bestätigung oder Genehmigung abgeändert oder ergänzt, so wird hierfür eine Gebühr nicht erhoben, wenn der Gegenstand, auf den sich der Familienschluß bezieht, nicht erweitert wird. Bei Erweiterung des Gegenstandes erhöht sich die Gebühr für die Aufnahme des ursprünglichen Familienschlusses entsprechend dem Werte der Erweiterung.

§ 43. (1) Die Aufnahme von Familienschlüssen zur freiwilligen Auflösung und die Aufnahme von Beschlüssen nach §§ 42, 44 ZwAG ist gebührenfrei. Enthält der Familienschluß oder der Beschluß nach §§ 42, 44 ZwAG Bestimmungen, die mit der freiwilligen Auflösung des Familienguts oder Hausvermögens nicht in Zusammenhang stehen, so ist insoweit die Gebühr des § 42 zu erheben.

(2) Gebührenfrei ist auch die Aufnahme von Familienschlüssen, die erforderlich sind, um einen früheren Familienschluß, der die Fortgeltung der bisherigen Auflösungsbestimmungen zur Voraussetzung hat, mit den Bestimmungen des Gesetzes über Änderungen der zur Auflösung der Familiengüter und der Hausvermögen ergangenen Gesetze und Verordnungen vom 22. April 1930 in Einklang zu bringen.

§ 44. Für die Aufnahme eines Vertrags zur Regelung der Rechte der Anwärter oder Anfallberechtigten (§§ 10ff. ZwAG) werden zwanzig Zehnteile der vollen Gebühr erhoben. § 42 Abs. 2 gilt sinngemäß.

§ 45. Im übrigen gelten für die Kosten der beurkundenden Tätigkeit der Auflösungsbehörden die §§ 33—41 Abs. 1, § 47 Ziff. 1 und 2, §§ 48, 50, 51, 52, 53 des PrGKG sinngemäß. Als Bescheinigungen im Sinne des § 47 Ziff. 1 des PrGKG gelten nicht Folgezeugnisse sowie Bescheinigungen, die in einem gebührenpflichtigen Verfahren erteilt werden. Für die im Verfahren über die Erteilung von Folgezeugnissen eingereichten eidesstattlichen Versicherungen wird die Gebühr des § 47 Ziff. 2 des PrGKG nicht erhoben. Für die Aufnahme von Vergleichen im Verfahren vor den Auflösungsbehörden wird eine Beurkundungsgebühr nicht erhoben, soweit der Inhalt des Vergleichs nicht über den Gegenstand des Verfahrens hinausgeht.

c) Sonstige Gebühren.

§ 46. Für Pflegschaften, mit Ausnahme der im § 50 Abs. 2 Ziff. 1 und 2 bezeichneten, wird die volle Gebühr erhoben. Ist die Einleitung der Pflegschaft zur Herbeiführung der freiwilligen Auflösung des Familienguts oder Hausvermögens erforderlich, so ermäßigt sich die Gebühr auf zwei Zehnteile der vollen Gebühr, sofern die freiwillige Auflösung vor dem 1. Oktober 1932 in der den Erfordernissen des § 4 Abs. 2 FamGG. entsprechenden Weise beantragt ist. Eine Ermäßigung auf fünf Zehnteile der vollen Gebühr tritt ein, sofern die freiwillige Auflösung in gleicher Weise vor dem 1. Januar 1934 beantragt ist.

§ 47. Für die Bestellung von Vertretern bei einem Samtfideikommisse durch die Auflösungsbehörde (§ 34 Abs. 1, §§ 35, 38 ZwAG) wird eine Gebühr von zwei Zehnteilen der vollen Gebühr erhoben.

§ 48. (1) Für die Errichtung von Stiftungen in den Fällen der §§ 44, 45, 99 Abs. 1 ZwAG und die Änderung der Stiftungssatzung im Falle des § 97 Satz 2 ZwAG wird die volle Gebühr erhoben. Wird im Falle des § 99 Abs. 1 ZwAG die

Stiftung auf Grund eines Familienschlusses errichtet, so wird die Errichtungsgebühr nicht erhoben.

(2) Im übrigen gelten hinsichtlich aller der Aufsicht der Auflösungsbehörden unterstehenden Stiftungen die Vorschriften der §§ 94, 95 des PrGKG sinngemäß.

§ 49. (1) Im Verfahren der Familiengutsverwaltung (§ 14 Abs. 2, §§ 16ff. FamGG, § 129 Abs. 2, § 149 ZwAG) und im Verfahren der Sequestration (§ 229 ZwAG) werden neben der Aufsichtsgebühr (§§ 23ff.) für jedes Verwaltungsjahr fünf Zehnteile der vollen Gebühr erhoben. Die Gebühr ist in derselben Weise wie die Aufsichtsgebühr zu berechnen. Der Tag der Anordnung der Familiengutsverwaltung gilt als erster Tag eines jeden Verwaltungsjahrs. Die Gebühr ist bis zum Ende des Verwaltungsvierteljahrs zu erheben, in welchem die Familiengutsverwaltung oder die Sequestration aufgehoben wird. Ist mit der Familiengutsverwaltung ein Schuldentilgungsverfahren verbunden, so erhöht sich für die nach Satz 3 und 4 zu berechnende Dauer des Schuldentilgungsverfahrens die Gebühr um fünf Zehnteile der vollen Gebühr.

(2) Liegt der Auflösungsbehörde, ohne daß eine Familiengutsverwaltung angeordnet ist, die Aufsicht über die Verwaltung eines Grundstücks ob, so werden hierfür neben der Aufsichtsgebühr (§§ 23ff.) jährlich zwei Zehnteile der vollen Gebühr, berechnet nach dem Werte des Grundstücks nach Abzug der im Grundbuch eingetragenen Schulden und Lasten, erhoben. Das angefangene Kalendervierteljahr wird sowohl am Anfang wie am Ende der Beaufsichtigung voll gerechnet.

§ 50. (1) Für die Verrichtungen, die nach der Erteilung des Fideikommißauflösungsscheins den Auflösungsbehörden an Stelle des Nachlaß- oder des Vormundschaftsgerichts obliegen (§§ 27, 247, 262 Abs. 4 ZwAG), werden Gebühren nach den sinngemäß geltenden Vorschriften des 5. und 6. Abschnitts des PrGKG erhoben, soweit sich aus dem nachstehenden Absatze nichts anderes ergibt.

(2) Es werden erhoben:

1. für Pflegschaften zur Wahrnehmung der Rechte des Nacherben (§ 17 Abs. 2 ZwAG) fünf Zehnteile der vollen Gebühr, berechnet nach dem Werte des Vermögens unter Abzug der im Grundbuch eingetragenen auf dem Stamme des Vermögens ruhenden Schulden und Lasten. Erstreckt sich die Pflegschaft über mehrere Jahre, so wird die Gebühr für jedes Jahr erhoben. Für die Berechnung der jährlichen Gebühr gelten die Vorschriften des § 49 Abs. 1 Satz 2 und 3 dieser Verordnung.
2. für Pflegschaften nach § 17 Abs. 4 ZwAG die volle Gebühr. Die Wertberechnung erfolgt nach § 22 Abs. 1 des PrGKG. Die Vorschriften des Abs. 2 Ziff. 1 Satz 2 und 3 gelten entsprechend;
3. für die Erteilung, Einziehung oder Kraftloserklärung eines Zeugnisses über das Recht des Nacherben (§ 17 Abs. 3 ZwAG) die Hälfte der Gebühren, die nach § 78 des PrGKG für die entsprechenden Geschäfte beim Erbschein zu erheben sind;
4. für die Ersetzung der Einwilligung des Nacherben zur Vornahme eines Rechtsgeschäfts die volle Gebühr.

§ 51. Im Verfahren über die Abfindung oder eine Versorgung nach der Erteilung des Fideikommißauflösungsscheins oder der diesem gleichstehenden Entscheidung der Auflösungsbehörde (§ 65 Abs. 2, §§ 87, 88, 247, 250, 260, 264 ZwAG) werden fünf Zehnteile der vollen Gebühr erhoben, soweit es sich nicht um Verfahren über streitige Ansprüche handelt. Die Gebühr ist nach dem Werte der beanspruchten Abfindung oder Versorgung zu berechnen.

§ 52. (1) Im Verfahren über Anträge nach den §§ 167—169 ZwAG werden fünf Zehnteile der vollen Gebühr erhoben. Das Verfahren ist gebührenfrei, soweit es auf Antrag der Forstaufsichtsbehörde eingeleitet worden ist.

(2) Die Vorschriften gelten entsprechend, wenn sich das Verfahren auf ein Wein-, Deich- oder Landgut bezieht (§ 174 Abs. 3, § 175 ZwAG).

§ 53. (1) Die Aufnahme und die Annahme von Gesuchen, Anträgen oder Beschwerden erfolgen gebührenfrei.

(2) Soweit nicht besondere Vorschriften getroffen sind, werden im Falle der Zurücknahme eines Antrags, bevor auf ihn eine Entscheidung ergangen ist oder die beantragte Verhandlung stattgefunden hat, zwei Zehnteile der vollen Gebühr, höchstens jedoch zwanzig Reichsmark, für die Zurückweisung eines unbegründeten oder unzulässigen Antrags fünf Zehnteile der vollen Gebühr, höchstens jedoch fünfzig Reichsmark, erhoben.

(3) Wird ein Familienschluß über die freiwillige Auflösung nicht bestätigt oder nicht genehmigt, oder wird der Antrag auf Aufnahme eines solchen Familienschlusses zurückgewiesen, so werden fünf Zehnteile der vollen Gebühr, berechnet nach dem Werte des Vermögens, erhoben.

(4) Die Auflösungsbehörde kann die Gebühren der Abs. 2 und 3 aus Billigkeitsgründen ermäßigen oder anordnen, daß von ihrer Erhebung abzusehen ist.

§ 54. Es kommen ferner zur entsprechenden Anwendung:

1. die Vorschriften der §§ 84—86 des PrGKG für das Auseinandersetzungsverfahren über die Anteile eines Samtfideikommisses nach § 41 ZwAG;
2. die Vorschriften des § 101 PrGKG im Verfahren zur Verhängung von Ordnungsstrafen;
3. die Vorschriften des § 106 Abs. 1 und des § 107 des PrGKG hinsichtlich der Erteilung beglaubigter Abschriften aus den Akten der Auflösungsbehörde und der Vereitlung von Terminen;
4. die Vorschriften des § 33 Ziff. 6 des DGKG im Aufgebotsverfahren nach § 147 ZwAG. In den Fällen der §§ 43, 64 Abs. 3, §§ 142, 247, 251 ZwAG ist nur die Hälfte der Sätze des § 33 Ziff. 6 des DGKG zu erheben;
5. die Vorschriften des DGKG im Vollstreckungsverfahren, soweit in dieser VO keine besondere Gebühr angeordnet ist (§ 49 Abs. 1). Für die Entscheidung über die Erteilung einer vollstreckbaren Ausfertigung, von Zeugnissen über die Rechtskraft und über Festsetzung der einen Beteiligten zu erstattenden Kosten wird eine Gebühr nicht erhoben.

III. Abschnitt.

Kosten im Verfahren über streitige Ansprüche und im Fideikommißkonkursverfahren.

§ 55. (1) In dem Verfahren über streitige Ansprüche (§ 1 Abs. 2 Satz 2) und im Fideikommißkonkursverfahren werden Kosten nach Maßgabe der sinngemäß anzuwendenden Vorschriften des § 115 des PrGKG und des DGKG über Kosten in bürgerlichen Rechtsstreitigkeiten und im Konkursverfahren erhoben.

(2) An die Stelle der §§ 4, 18 und 19 des DGKG treten die Vorschriften der §§ 7—12 dieser VO. Bei der Berechnung des Wertes des Streitgegenstandes finden die §§ 5 und 6 dieser VO entsprechende Anwendung. Die Vorschriften des § 20 Satz 2 und 3 und des § 21 Abs. 2 dieser VO gelten sinngemäß.

§ 56. Beschlüsse der Auflösungsbehörden oder ihrer Vorsitzenden, die eine Entscheidung enthalten, welche im ordentlichen Rechtsstreite nur in Form eines Urteils ergehen könnte, stehen kostenrechtlich den Urteilen gleich. Die Urteilsgebühr wird jedoch nur zur Hälfte erhoben, wenn vor der Entscheidung eine mündliche Verhandlung nicht angeordnet war. Das Verfahren über den sofortigen Einspruch (§ 239 ZwAG) bildet mit dem voraufgegangenen Verfahren eine Instanz. Das Verfahren über einstweilige Anordnungen steht hinsichtlich der Kosten dem Verfahren über einstweilige Verfügungen gleich.

§ 57. Die sofortige Beschwerde an das Landesamt gilt kostenrechtlich als Berufung, sofern die Beschwerde sich gegen eine Entscheidung des Auflösungsamts richtet, die im ordentlichen Rechtsstreite nur in Form eines Urteils ergehen könnte. Das Verfahren vor dem Landesamt über eine solche Beschwerde gilt als Verfahren in der Berufungsinstanz. In allen anderen Fällen werden im Beschwerdeverfahren vor dem Landesamte dieselben Kosten erhoben wie im Beschwerdeverfahren in bürgerlichen Rechtsstreitigkeiten und im Konkursverfahren. § 39 findet Anwendung.

Teil B.

Die Kosten anderer Behörden.

§ 58. Die Vorschriften dieser VO sind auch dann anwendbar, wenn in den durch die VO betroffenen Angelegenheiten an Stelle der Auflösungsbehörden ein Gericht tätig wird.

§ 59. (1) Für Verrichtungen, die die Auflösungsgesetze Gerichten übertragen, werden Kosten nach Maßgabe der für Verrichtungen gleicher Art geltenden Gerichtskostengesetze erhoben. Die Gebührensätze des § 50 Abs. 2 dieser VO. gelten auch für die Gerichte.

(2) Für die Kosten im Verfahren über die Erteilung eines Gutsfolgezeugnisses (§ 165 Abs. 3 Satz 4, § 174 Abs. 3, § 175 Abs. 1 ZwAG) gelten die Vorschriften des PrGKG hinsichtlich der Kosten im Verfahren über die Erteilung eines Erbscheins sinngemäß.

(3) Gebührenfrei sind:

1. die Löschung der Familienguts- oder Hausgutseigenschaft in den Grundbüchern und anderen öffentlichen Büchern und Registern;
2. die Eintragung eines Schutzforstes, eines Wald-, Wein- oder Deichguts und die Eintragung von Vermerken im Sinne des § 162 Abs. 2 Satz 3 und § 163 Abs. 1 Satz 2 ZwAG);
3. die Löschung der unter Ziff. 2 bezeichneten Eintragungen und die Löschung des Landgutsvermerks.

§ 60. Für Verrichtungen, die die Auflösungsgesetzgebung anderen Verwaltungsbehörden als den Auflösungsbehörden überträgt, werden Kosten nach Maßgabe der Kostenvorschriften erhoben, die für diese Behörden bei Geschäften gleicher Art gelten. Das Gesetz über staatliche Verwaltungsgebühren vom 20. 9. 23

(GS 455) in Verbindung mit der VerwGebO v. 30. 12. 26 (GS 327) gilt mit den sich aus § 61 ergebenden Ergänzungen.

§ 61. (1) Für die Kosten der staatlichen Forstaufsicht ist § 159 ZwAG maßgebend.

(2) Für die Genehmigungen der Forstaufsichtsbehörde werden nachstehende Gebühren erhoben:

1. für die Genehmigung zur Veräußerung eines Schutzforstes oder eines Waldguts im ganzen oder in Teilen $^1/_{20}$ vom Hundert des Kaufpreises einschließlich des Wertes der ausbedungenen Leistungen und vorbehaltenen Nutzungen oder des Grundstückswerts, falls ein Kaufpreis nicht in Frage kommt oder der Kaufpreis geringer ist als der Grundstückswert;
2. für die Genehmigung zur Teilung des zu einem Schutzforst oder einem Waldgute gehörenden Grundbesitzes die Hälfte der Gebühr nach Ziff. 1;
3. für die Genehmigung zur Zuschlagung von Grundbesitz zu einem Schutzforst oder Waldgut $^1/_{10}$ vom Hundert des Wertes des zuzuschlagenden Grundbesitzes. Werden einem Schutzforst oder einem Waldgute Waldgrundstücke, oder Grundstücke, die unmittelbar den Zwecken der Forstwirtschaft dienen (z. B. Grundstück mit Försterwohnung, Försterdienstland), zugeschlagen, so wird die Gebühr nicht erhoben.

(3) Bei der Berechnung des Wertes findet § 5 dieser VO. Anwendung.

(4) Die vorstehenden Vorschriften gelten sinngemäß bei Wein-, Deich- oder Landgütern.

§ 62. Soweit Verwaltungsbehörden nach den Bestimmungen der Auflösungsgesetze vor einer Entscheidung der Auflösungsbehörden zu hören sind oder gehört werden können, werden bei den Verwaltungsbehörden besondere Gebühren nicht erhoben. Ihre Auslagen sind den Auflösungsbehörden zwecks Einziehung mitzuteilen.

Teil C.

Gebühren und Auslagen der Rechtsanwälte im Verfahren vor den Auflösungsbehörden.

§ 63. Die Vergütung des RA für seine Berufstätigkeit im Verfahren vor den Auflösungsbehörden richtet sich, soweit nichts anderes bestimmt ist,

1. in Angelegenheiten der freiwilligen Gerichtsbarkeit (§ 1 Abs. 2 Satz 1) nach den Vorschriften der Landesgebührenordnung für Rechtsanwälte und Gerichtsvollzieher,
2. im Verfahren über streitige Ansprüche (§ 1 Abs. 2 Satz 2) und im Fideikommißkonkursverfahren nach den sinngemäß anzuwendenden Vorschriften der Deutschen Gebührenordnung für Rechtsanwälte über die Vergütung des RA in bürgerlichen Rechtsstreitigkeiten und im Konkursverfahren.

§ 64. (1) Für die Berechnung des Wertes des Gegenstandes, nach dem die Gebühren zu berechnen sind, gelten die bei der Berechnung der Kosten der Auflösungsbehörden maßgebenden Vorschriften.

(2) Der für die Berechnung der Gebühren der Auflösungsbehörden festgesetzte Wert ist auch für die Berechnung der Gebühren der Rechtsanwälte maßgebend. Gegen die Wertfestsetzung steht dem RA selbständig die Erinnerung und die sofortige Beschwerde zu.

§ 65. (1) Für die Vertretung im Auflösungsverfahren erhält der RA als Vertreter des Besitzers fünfzehn Zehnteile, des nächsten Folgeberechtigten zehn Zehnteile und eines anderen Beteiligten acht Zehnteile der vollen Gebühr des Artikels 3 der Landesgebührenordnung für Rechtsanwälte und Gerichtsvollzieher.

(2) In besonders schwierigen Fällen oder bei besonderer Mühewaltung des RA kann die Gebühr um fünf Zehnteile erhöht werden.

§ 66. (1) Fünf Zehnteile der vollen Gebühr des Artikels 3 der Landesgebührenordnung für Rechtsanwälte und Gerichtsvollzieher erhält der RA für die Vertretung des Besitzers oder eines anderen Beteiligten:

1. im Verfahren zur Bildung eines Schutzforstes, eines Wald-, Wein- oder Deichguts;
2. im Verfahren zur Bildung einer Stiftung;
3. im Verfahren zur Sicherung von Gegenständen von besonderem geschichtlichen, wissenschaftlichen oder künstlerischen Werte, von Sammlungen und Archiven;
4. im Verfahren zur Erhaltung gemeinnütziger Anstalten und Einrichtungen;
5. im Verfahren zur Regelung der Abfindung oder Versorgung, soweit die Ansprüche nicht streitig sind;
6. im Verfahren zur Sicherung der Ansprüche der Gläubiger, soweit es sich nicht um streitige Ansprüche handelt;
7. im Verfahren zur Regelung der Rechte der Anwärter oder Anfallberechtigten (§§ 10ff. ZwAG);
8. im Verfahren der Familiengutsverwaltung.

(2) In besonders schwierigen Fällen oder bei besonderer Mühewaltung des RA kann die Vergütung auf den Betrag der vollen Gebühr erhöht werden.

(3) Erstreckt sich die Vertretung auf mehrere der im Abs. 1 genannten Verfahren, die ganz oder teilweise zu gleicher Zeit schweben, so darf die Gesamtvergütung des RA den Betrag einer vollen Gebühr des Artikels 3 der Landesgebührenordnung für Rechtsanwälte und Gerichtsvollzieher, berechnet nach dem Werte des Familienguts oder Hausvermögens, nicht übersteigen.

(4) Vertritt der RA den Besitzer oder einen anderen Beteiligten außer in den im Abs. 1 bezeichneten Verfahren auch im Auflösungsverfahren und schweben die Verfahren ganz oder teilweise zu gleicher Zeit, so kann der RA die Gebühren der Abs. 1—3 nicht verlangen, wenn die ihm nach § 65 zustehende Gebühr den Betrag einer vollen Gebühr des Artikels 3 der Landesgebührenordnung für Rechtsanwälte und Gerichtsvollzieher, berechnet nach dem Werte des Familienguts oder Hausvermögens, erreicht. Bei Entscheidungen über Anträge nach § 65 Abs. 2 auf Erhöhung der Gebühr des § 65 Abs. 1 ist jedoch die Tätigkeit des RA bei den Verfahren des Abs. 1 angemessen zu berücksichtigen, soweit er hierfür eine besondere Gebühr nicht erhält.

§ 67. (1) Neben den Gebühren der §§ 65 und 66 erhält der RA nur die Sondergebühren des Artikels 10 und des Artikels 13 der Landesgebührenordnung für Rechtsanwälte und Gerichtsvollzieher. Für den Entwurf eines Familienschlusses oder eines Vertrags zur Regelung der Rechte der Anwärter oder Anfallberechtigten steht dem RA jedoch eine besondere Gebühr nicht zu.

(2) Für den Gesamtbetrag der Gebühren eines RA, der nicht allgemein zum

Vertreter im Auflösungsverfahren oder in einem Verfahren des § 66 Abs. 1 bestellt ist, sondern dem nur einzelne Handlungen aufgetragen sind, gilt § 48 der DGebO sinngemäß.

§ 68. Über Anträge auf Erhöhung der Gebühren nach § 65 Abs. 2 und § 66 Abs. 2 entscheiden die Auflösungsbehörden. Gegen die Entscheidung des Auflösungsamts steht dem RA, seinem Auftraggeber und dem erstattungspflichtigen Gegner die sofortige Beschwerde an das Landesamt zu.

§ 69. Verfahren über einstweilige Anordnungen stehen im Sinne der Vorschriften der Deutschen Gebührenordnung für Rechtsanwälte den Verfahren über einstweilige Verfügungen gleich.

§ 70. Das Verfahren über den sofortigen Einspruch gegen eine Entscheidung des Vorsitzenden des Auflösungsamts (§ 239 ZwAuflG) steht im Sinne der Bestimmungen der Deutschen Gebührenordnung für Rechtsanwälte dem Verfahren über einen Antrag auf Änderung einer Entscheidung eines beauftragten oder ersuchten Richters gleich. In Angelegenheiten der freiwilligen Gerichtsbarkeit (§ 1 Abs. 2 Satz 1) erhält der RA im Verfahren über den sofortigen Einspruch zwei Zehnteile der vollen Gebühr des Artikels 3 der Landesgebührenordnung für Rechtsanwälte und Gerichtsvollzieher.

§ 71. Im Beschwerdeverfahren vor dem Landesamt erhält der RA:

1. bei Angelegenheiten der freiwilligen Gerichtsbarkeit (§ 2 Abs. 2 Satz 1) fünf Zehnteile der vollen Gebühr des Artikels 3 der Landesgebührenordnung für Rechtsanwälte und Gerichtsvollzieher;
2. im Verfahren über streitige Ansprüche (§ 1 Abs. 2 Satz 2) und im Fideikommißkonkursverfahren dieselbe Vergütung, die er nach der Deutschen Gebührenordnung für Rechtsanwälte im Beschwerdeverfahren bei bürgerlichen Rechtsstreitigkeiten und im Konkursverfahren erhalten würde. Wenn sich jedoch die Beschwerde gegen eine Entscheidung richtet, die im ordentlichen Rechtsstreite nur in Form eines Urteils ergehen könnte, so erhält der RA dieselbe Vergütung, die er nach der Deutschen Gebührenordnung für Rechtsanwälte in bürgerlichen Rechtsstreitigkeiten im Berufungsverfahren erhalten würde.

§ 72. In den Fällen der §§ 88, 89, § 93 Abs. 2 der Deutschen Gebührenordnung für Rechtsanwälte entscheiden die Auflösungsbehörden endgültig.

Teil D.

Gebühren und Auslagen der Gerichtsvollzieher und der Zeugen und Sachverständigen.

§ 73. Für die Gebühren und Auslagen der Gerichtsvollzieher im Verfahren vor den Auflösungsbehörden gelten bei Angelegenheiten der freiwilligen Gerichtsbarkeit (§ 1 Abs. 2 Satz 1) die Vorschriften der Landesgebührenordnung für Rechtsanwälte und Gerichtsvollzieher und im Verfahren über streitige Ansprüche (§ 1 Abs. 2 Satz 2) und im Fideikommißkonkursverfahren die Vorschriften der Deutschen Gebührenordnung für Gerichtsvollzieher sinngemäß. Bei der Wertberechnung finden die Vorschriften der §§ 5 und 6 dieser Verordnung Anwendung.

§ 74. Für die Gebühren und Auslagen der Zeugen und Sachverständigen im Verfahren vor den Auflösungsbehörden gelten die Bestimmungen der Gebührenordnung für Zeugen und Sachverständige sinngemäß.

Teil E.
Schlußbestimmungen.

§ 75. Soweit für die Berechnung und Einziehung der Gebühren, Auslagen und Stempel im Verfahren vor den Auflösungsbehörden keine besonderen Bestimmungen getroffen sind, gelten die Vorschriften für die Berechnung und Einziehung der Gerichtskosten.

§ 76. Die Verpflichtung des Besitzers zur Zahlung von Kosten begründet eine Stammschuld. Für die Aufsichtsgebühr (§§ 23ff.) und die Gebühren nach § 49 Abs. 2 haftet der Besitzer, während dessen Besitzzeit die Gebühren fällig geworden sind, auch persönlich.

§ 77. Soweit in den Vorschriften der Gesetze und Verordnungen, welche in den Teilen A, C und D dieser Verordnung für anwendbar erklärt worden sind, Verrichtungen dem Urkundsbeamten der Geschäftsstelle eines Gerichts zugewiesen sind, tritt an dessen Stelle der Schriftführer der Auflösungsbehörde. Soweit gegen eine Entscheidung die Erinnerung an ein Gericht zulässig ist, findet die Erinnerung an die Auflösungsbehörde statt. An die Stelle der Beschwerde oder sofortigen Beschwerde an ein übergeordnetes Gericht tritt die sofortige Beschwerde an das Landesamt.

§ 78. Gegen eine Entscheidung des Vorsitzenden des Auflösungsamts findet in allen Fällen zunächst der sofortige Einspruch an das Auflösungsamt (§ 239 ZwAuflG) und gegen eine Entscheidung eines beauftragten Mitglieds der Auflösungsbehörde oder eines ersuchten Richters der Antrag auf Entscheidung der Auflösungsbehörde (§ 240 ZwAuflG) statt.

§ 79. Die Einlegung von Erinnerungen kann schriftlich bei der Auflösungsbehörde oder mündlich zur Niederschrift des Schriftführers der Auflösungsbehörde erfolgen.

§ 80. Für die sofortige Beschwerde, den sofortigen Einspruch und den Antrag auf Entscheidung der Auflösungsbehörde gelten die Vorschriften des Zwangsauflösungsgesetzes über diese Rechtsbehelfe (§§ 232—241 ZwAuflG). Die Vorschriften des § 9 Satz 2 und des § 55 Abs. 2 Satz 1 in Verbindung mit § 9 Satz 2 dieser Verordnung bleiben unberührt.

§ 81. Soweit nach dieser Verordnung und nach den in den Teilen A, C und D für anwendbar erklärten Vorschriften Anordnungen oder Entscheidungen im Verwaltungs- oder Aufsichtswege zu treffen sind, sind diese von den Aufsichtsinstanzen der Auflösungsbehörden (Präsident der Auflösungsbehörde, Justizminister) zu treffen.

§ 82. Bei den von den Aufsichtsinstanzen der Auflösungsbehörden zu erledigenden Angelegenheiten werden Kosten nach Maßgabe des Gesetzes über staatliche Verwaltungsgebühren vom 29. 9. 23 (GS 455) in Verbindung mit der Verwaltungsgebührenordnung v. 30. 12. 26 (GS 327) erhoben.

§ 83. Soweit in dieser Verordnung auf andere Gesetze und Verordnungen verwiesen ist, sind diese in ihrer jeweils geltenden Fassung maßgebend.

§ 84. Diese Verordnung tritt mit ihrer Verkündung in Kraft. Sie findet auf alle vor dem 1. 10. 30 noch nicht fällig gewordenen Kosten und noch nicht beendeten Geschäfte Anwendung, soweit sich aus den §§ 85—88 nichts anderes ergibt.

§ 85. (1) Soweit Gebühren jährlich zu erheben sind, richtet sich die Gebühr für das am 1. 10. 30 laufende Jahr nach den bisherigen Bestimmungen.

(2) Bei einem am 1. 10. 30 schwebenden Schuldentilgungs- oder Schuldenpflegschaftsverfahren oder einer Zwangsverwaltung im Sinne des § 11 der Verordnung über Familiengüter in ihrer bis zum 1. 10. 30 geltenden Fassung werden, falls diese Verfahren nicht in eine Familiengutsverwaltung übergeleitet werden, vom Ablauf des am 1. 10. 1930 laufenden Jahres die Gebühren erhoben, die nach § 49 Abs. 1 dieser Verordnung für das Verfahren der Familiengutsverwaltung zu erheben sind. Beim Schuldentilgungsverfahren wird von dem genannten Zeitpunkt an dieselbe Gebühr erhoben wie bei einer Familiengutsverwaltung, mit der ein Schuldentilgungsverfahren verbunden ist.

§ 86. Bei Familiengütern und Hausvermögen, bei denen bei Inkrafttreten dieser Verordnung ein Familienschluß über die freiwillige Auflösung bereits verlautbart ist, wird die Auflösungsgebühr (§§ 29, 31) nicht erhoben.

§ 87. (1) Wird einem rechtzeitig aufgenommenen Familienschlusse die Bestätigung nur aus dem Grunde versagt, weil er die freiwillige allmähliche Auflösung anordnet (§ 44 FamGG), oder wird ein solcher Familienschluß nicht wirksam, weil die ministerielle Genehmigung zur allmählichen Auflösung nicht erteilt wird, so sind die Gebühren für die Aufnahme des Familienschlusses niederzuschlagen. Bereits erhobene Gebühren sind auf die später entstehende Auflösungsgebühr anzurechnen.

(2) Ist bei einem Familiengut oder Hausvermögen, bei dem die freiwillige allmähliche Auflösung beschlossen ist, bereits vor Inkrafttreten dieser Verordnung ein Familienschluß zur Herbeiführung der freiwilligen sofortigen Auflösung verlautbart worden, so ist die Gebühr für die Aufnahme des letzteren Familienschlusses niederzuschlagen, sofern der Übergang von der allmählichen zur sofortigen Auflösung nach dem 1. Juli 1929 aus Anlaß der Änderung der Auflösungsgesetzgebung erfolgt ist.

§ 88. Hat ein RA für eine vor dem Inkrafttreten dieser Verordnung begonnene Tätigkeit nach den bisherigen Vorschriften eine höhere Vergütung verdient, als ihm nach den Bestimmungen dieser Verordnung zusteht, so verbleibt ihm die höhere Vergütung.

VI.

Bayern

1. Verordnung, die Gebühren der Rechtsanwälte in den Angelegenheiten der Rechtspflege betr., v. 26. 3. 1902 (GVBl 133) in der Fassung der Verordnung v. 28. 3. 1919 (GVBl 128). [BayRpflVO.]

Art. 1. Die ReichsGO f. RA findet entsprechende Anwendung auf die Berufstätigkeit des RA

1. in den vor die ordentlichen Gerichte gehörenden bürgerl. Rechtsstreitigkeiten mit Ausnahme der in den Art. 17 bis 23 aufgeführten Angelegenheiten, auch soweit das Verfahren den Vorschriften der ZPO oder KO nicht unterliegt,
2. in den vor besondere Gerichte gehörenden bürgerl. Rechtsstreitigkeiten, auf welche die ZPO Anwendung findet,
3. in den vor die ordentlichen Gerichte gehörenden Strafsachen, auch soweit das Verfahren landesgesetzlich geregelt ist,
4. in den vor besondere Gerichte gehörenden Rechtssachen, auf welche die StPO Anwendung findet.

Das Verfahren in Forstrügesachen vor dem Amtsgerichte steht dem Verfahren vor dem Schöffengerichte gleich.

Art. 2. Die ReichsGO f. RA findet entsprechende Anwendung auf die Berufstätigkeit des RA im Dienststrafverfahren vor Justizbehörden.

Das Dienststrafverfahren, in dem eine Hauptverhandlung nicht stattfindet, steht dem Vorverfahren, das Dienststrafverfahren erster Instanz dem Verfahren vor der Strafkammer gleich.

In der Beschwerde- (Rekurs-) Instanz im Dienststrafverfahren, in dem eine Hauptverhandlung in erster Instanz nicht stattfindet, kommen insbesondere die § 63 Nr. 2, § 68 Nr. 2 der ReichsGO f. RA zur entsprechenden Anwendung.

Art. 3. Der RA erhält in dem Verfahren vor dem Gerichtshofe für Kompetenzkonflikte (Ges. v. 18. 8. 1879, die Entsch. der Kompetenzkonfl. zw. den Gerichten und den Verwaltungsbehörden oder dem Verwaltungsgerichtshofe betr.)

a) für den Geschäftsbetrieb einschließlich der Information,
b) für die Erörterung der Sache in der öffentlichen Sitzung

je fünf Zehnteile der Sätze des § 9 der ReichsGO f. RA.

Die Gebühr für die Erörterung der Sache in der öffentlichen Sitzung beträgt mindestens zehn Mark.

Ist der Auftrag zur Vertretung erledigt, bevor der RA eine Denkschrift abgefaßt oder die Sache in der öffentlichen Sitzung erörtert hat, so erhält er nur die Hälfte der im Abs. 1 lit. a bestimmten Gebühr.

Im übrigen finden die für bürgerl. Rechtsstreitigkeiten geltenden Bestimmungen der ReichsGO f. RA entsprechende Anwendung.

Art. 4. In allen anderen Angelegenheiten, für welche die Vergütung der Berufstätigkeit des RA landesrechtlich zu regeln ist, sind ausschließlich die folgenden Vorschriften maßgebend.

Diese Vorschriften finden jedoch keine Anwendung auf die Berufstätigkeit des RA in den Angelegenheiten der Verwaltung und der Verwaltungsrechtspflegen, ferner auf die Berufstätigkeit, die ein RA als Mitglied eines Gläubigerausschusses, als Konkursverwalter, Zwangsverwalter, Nachlaßverwalter, Zustellungsvertreter oder Vertreter eines im Verteilungsverfahren nicht ermittelten Berechtigten, als Vormund, Pfleger, Testamentsvollstrecker oder in einer ähnlichen Stellung ausübt.

Art. 5. Volle Gebühr im Sinne der folgenden Vorschriften ist die im § 9 der ReichsGO f. RA bestimmte Gebühr.

Art. 6. Der RA erhält für die Tätigkeit, die er zu seiner Information entwickelt, einschließlich der zu diesem Zwecke vorgenommenen Besprechungen und der Einsicht von Akten zwei Zehnteile der vollen Gebühr, jedoch mindestens zwei Mark. Ist die Tätigkeit des RA besonders weitläufig oder schwierig, so kann die Gebühr bis auf fünf Zehnteile der vollen Gebühr erhöht werden (Informationsgebühr).

Die Gebühr kann in einer Instanz nur einmal beansprucht werden.

Vertritt der RA den Auftraggeber in mehreren Instanzen, so erhält er die Gebühr in der höheren Instanz nur dann, wenn er in dieser zu seiner Information eine weitere Tätigkeit entwickelt hat.

Die Gebühr beträgt nur ein Zehntel der vollen Gebühr, wenn die Tätigkeit des RA die Zwangsvollstr. betrifft.

Die Gebühr kann nicht gefordert werden, wenn die Tätigkeit des RA der Einleitung eines Prozesses vorausgeht und dem RA die Prozeßgebühr oder eine Gebühr nach § 44 der ReichsGO f. RA zusteht, ferner wenn die Tätigkeit des RA Mahnungen, Kündigungen oder Schreiben ähnlicher Art betrifft, die der Einleitung einer Zwangsvollstr. vorausgehen, und dem RA eine Gebühr für den Antrag auf Einleitung der Zwangsvollstr. zusteht.

Art. 7. Der RA erhält für die Erteilung eines Rates ein Zehntel der vollen Gebühr.

Hat der RA im Anschluß an die Erteilung des Rates eines der in den Art. 8 bis 12 bezeichneten Geschäfte vorzunehmen, für das nach diesen Artikeln oder nach Art. 13 eine besondere Gebühr anzusetzen ist, so kann die Gebühr für das Geschäft nur gefordert werden, soweit sie die Gebühr für den Rat übersteigt.

Art. 8. Der RA erhält zwei Zehnteile der vollen Gebühr, jedoch mindestens zwei Mark, für Anträge, Erklärungen und Beschwerden bei Behörden. Die Gebühr kann bis auf vier Zehnteile der vollen Gebühr erhöht werden, wenn die Tätigkeit des RA besonders weitläufig oder schwierig ist.

Hat der RA die einem Antrag oder einer Erklärung zugrunde liegende Urkunde entworfen oder erhält er hiefür eine Gebühr nach Art. 12, so steht ihm für den Antrag oder für die Erklärung die Gebühr aus Abs. 1 nur dann zu, wenn der Antrag oder die Erklärung eine das Sach- und Rechtsverhältnis entwickelnde Darstellung enthält und deren Einreichung vom Auftraggeber verlangt wird.

Für bloße Benachrichtigungen, Beschleunigungsgesuche, kurze Anzeigen, Gesuche um Abschriften oder Ausfertigungen und für ähnliche Schreiben erhält der RA nur Schreibgebühren.

Art. 9. Der RA erhält ein Zehntel der vollen Gebühr für Abfassung eines Schreibens an eine andere Privatperson als den Auftraggeber, wenn es rechtliche Ausführungen oder sachliche Auseinandersetzungen enthält.

Für die in der Einleitung eines Prozesses oder einer Zwangsvollstr. vorausgehenden Mahnungen, Kündigungen oder Schreiben ähnlicher Art kann diese Gebühr nicht gefordert werden, wenn dem RA die Prozeßgebühr, eine Gebühr nach § 44 der ReichsGO f. RA oder eine Gebühr für den Antrag auf Einleitung der Zwangsvollstr. zusteht.

Auf ein Schreiben an den Auftraggeber, das einen von diesem erbetenen Rat enthält, findet die Bestimmung des Art. 7 Abs. 1, auf ein Gutachten mit juristischer Begründung die Bestimmung des § 88 der ReichsGO f. RA Anwendung.

Für andere Schreiben erhält der RA nur Schreibgebühren.

Art. 10. Für die Wahrnehmung eines Termins vor einer Behörde erhält der RA drei Zehnteile der vollen Gebühr, jedoch mindestens drei Mark; werden in derselben Instanz mehrere Termine wahrgenommen, so beträgt die Gebühr für den zweiten und für jeden weiteren Termin zwei Zehnteile der vollen Gebühr, jedoch mindestens zwei Mark (Terminsgebühr).

Für die Wahrnehmung eines Termins, der nur zur Übernahme oder zur Ablieferung von Geldern oder Wertpapieren bestimmt ist, erhält der RA eine Terminsgebühr nur dann, wenn die Übernahme oder die Ablieferung in dem Termine nicht stattfindet. Die

Gebühr beträgt in diesem Falle ein Zehntel der vollen Gebühr, jedoch nicht mehr als die Gebühr für die Übernahme oder die Ablieferung betragen hätte.

Art. 11. Für die Mitwirkung beim Abschluß eines Vergleichs erhält der RA die volle Gebühr.

Art. 12. Für das Entwerfen der Urkunde über ein Rechtsgeschäft erhält der RA zwei bis fünf Zehnteile der vollen Gebühr. Wenn die Tätigkeit des RA besonders weitläufig oder schwierig ist, kann die Gebühr bis auf den Betrag der vollen Gebühr erhöht werden.

Art. 13. Hat der RA eines der in den Art. 7 bis 12 genannten Geschäfte vorbereitet oder begonnen, erledigt sich aber der Auftrag vor der vollständigen Ausführung, so erhält der RA eine unter entsprechender Anwendung der Bestimmungen dieser Artikel zu bemessende Gebühr.

Art. 14. Dem RA steht in derselben Instanz an Gebühren für die in den Art. 6 bis 9 genannten Geschäfte aus diesen Artikeln oder aus dem Art. 13 nicht mehr als eine volle Gebühr zu, jedoch nicht weniger als die Summe der Mindestgebühren für je eines der in Betracht kommenden Geschäfte beträgt.

An Terminsgebühren steht dem RA in derselben Instanz nicht mehr als eine volle Gebühr zu; wenn er einen unter Art. 10 Abs. 1 fallenden Termin wahrgenommen hat, erhält er mindestens drei Mark.

Dem RA stehen für die Mitwirkung beim Abschluß eines Vergleichs und an Terminsgebühren in der Instanz, in welcher der Vergleich abgeschlossen worden ist, nicht mehr als fünfzehn Zehnteile der vollen Gebühr zu, wenn der Vergleich vor der Behörde, bei der die Sache anhängig ist, oder vor einer ersuchten Behörde abgeschlossen worden ist.

Art. 15. Die Gebühren werden nach dem Werte des Gegenstandes erhoben.

Auf die Wertsberechnung finden die Vorschriften der §§ 9, 10, 12—14 des GKG Anwendung.

Ist der Gegenstand einer Schätzung nach Geld nicht fähig, so ist ein Wert von 200 bis 50000 Mark, wenn aber das Geschäft für den Auftraggeber ausnahmsweise von besonders hoher Bedeutung ist, ein Wert bis zu 100000 Mark anzunehmen. Ist mit einem nicht vermögensrechtlichen Anspruch ein aus ihm hergeleiteter vermögensrechtlicher verbunden, so ist nur ein einziger Anspruch und zwar der höhere maßgebend.

Art. 16. Eine Gebühr kann nicht beansprucht werden für die mit der Erledigung eines Geschäfts verbundenen Nebengeschäfte und für die zur Vorbereitung eines Geschäfts erforderliche Tätigkeit, soweit nicht eine Gebühr hierfür besonders bestimmt ist. Insbesondere kann hiernach eine Gebühr nicht beansprucht werden für das Entwerfen einer dem RA oder von dem RA zu erteilenden Vollmacht, für das Entgegennehmen von Zustellungen sowie für Vermerke zu den Handakten des RA, wenn sie nur den Zweck haben, Aufschluß über seine Tätigkeit und über den Stand der Sache zu geben.

Art. 17. Für die Vertretung eines Beteiligten im Verfahren der Zwangsversteig. erhält der RA drei Zehnteile der vollen Gebühr

1. für die Vertretung bis zur Einleitung des Verteilungsverfahrens,
2. für die Vertretung im Verteilungsverfahren.

Für die Vertretung des Antragstellers bis zur Einleitung des Verteilungsverfahrens erhält der RA statt der im Abs. 1 Nr. 1 bestimmten Gebühr vier Zehnteile der vollen Gebühr, wenn er einen Antrag auf Zwangsversteig. gestellt oder einen Versteigerungstermin wahrgenommen hat; hat er einen solchen Antrag gestellt und einen Versteigerungstermin wahrgenommen, so erhält er sechs Zehnteile der vollen Gebühr.

Für die Vertretung eines anderen Beteiligten bis zur Einleitung des Verteilungsverfahrens erhält der RA statt der im Abs. 1 Nr. 1 bestimmten Gebühr, wenn er einen Versteigerungstermin wahrgenommen hat, vier Zehnteile der vollen Gebühr.

Drei Zehnteile der vollen Gebühr erhält der RA auch dann, wenn unter seiner Mitwirkung eine außergerichtliche Verteilung stattfindet; auf diese Gebühr wird die Gebühr für die Vertretung im Verteilungsverfahren angerechnet.

Art. 18. Für die Berechnung der im Art. 17 bestimmten Gebühren ist im Falle der Vertretung des Gläubigers oder eines anderen Berechtigten (§ 9 Nr. 1, 2 des Ges. über die Zwangsversteig. und die Zwangsverw. v. 24. 3. 1897) der Wert des Rechtes maßgebend, wobei die neben einem Hauptanspruche bestehenden Ansprüche wegen der Kosten und Nebenleistungen unberücksichtigt bleiben. Im Falle der Vertretung des Gläubigers ist der nach § 14 des GKG sich berechnende Wert des Anspruchs, wegen dessen die Zwangsversteig. beantragt ist, maßgebend, wenn er größer ist als der Wert des Rechtes ohne Kosten und Nebenleistungen. Ist im Falle der Erteilung des Zuschlags das Meistgebot, in den Fällen, in denen das Verfahren vor der Erteilung des Zuschlags erledigt wird, der Wert des Gegenstandes der Zwangsversteig. geringer als der nach Satz 1 oder Satz 2 maßgebende Betrag, so ist das Meistgebot oder der Wert des Gegenstandes der Zwangsversteig. maßgebend.

Bei der Vertretung eines anderen Beteiligten bestimmen sich die Gebühren im Falle der Erteilung des Zuschlags nach dem Meistgebot oder nach dem Anteile des Vertretenen an dem Meistgebot, in den Fällen, in denen das Verfahren vor der Erteilung des Zuschlags erledigt wird, nach dem Werte des Gegenstandes der Zwangsversteig. oder nach dem Anteile des Vertretenen an diesem Werte.

Der Wert mehrerer Rechte oder Ansprüche, ebenso mehrere Meistgebote oder Werte von Gegenständen der Zwangsversteig., auf die sich das Recht des Auftraggebers erstreckt, sind zusammenzurechnen.

Beschränkt sich die Tätigkeit des RA auf die Vertretung in dem Verfahren bis zum Versteigerungstermin und hat die Wahrnehmung eines anderen Termins nicht stattgefunden, so ist für die Berechnung der Gebühr des Vertreters des Gläubigers der Wert des Anspruchs des Gläubigers, wegen dessen die Zwangsversteig. beantragt ist, maßgebend. Für die Berechnung der Gebühr des Vertreters eines anderen Beteiligten als des Antragstellers ist der Betrag maßgebend, der in demselben Falle der Berechnung der Gebühr des Vertreters des Antragstellers zugrunde zu legen wäre. Sind in dem Falle des Satzes 2 mehrere Antragsteller vorhanden, so ist unter den der Berechnung der Gebühren ihrer Vertreter in demselben Falle zugrunde zu legenden Beträgen der größte maßgebend. Der nach Abs. 1 bis 3 zugrunde zu legende Betrag ist maßgebend, wenn er geringer ist.

Art. 19. Für die Vertretung des Gläubigers, des Schuldners oder des Konkursverwalters im Verfahren der Zwangsverw., einschließlich des Verteilungsverfahrens, erhält der RA jährlich zwei Zehnteile der vollen Gebühr aus dem Betrage, der in jedem Verwaltungsjahre zur Verteilung an die Gläubiger gelangt (Wert der Einkünfte des Jahres), jedoch mindestens jährlich zehn Mark. Die Vorschrift des Art. 17 Abs. 4 ist entsprechend anzuwenden.

Der RA erhält außerdem für den Antrag auf Anordnung der Zwangsverw. oder auf Zulassung des Beitritts, wenn er einen Gläubiger vertritt, einmal drei Zehnteile der vollen Gebühr aus dem sich nach § 14 des GKG berechnenden Werte des Anspruchs oder der Ansprüche, wegen deren die Zwangsverw. von ihm beantragt ist, wenn er den Konkursverwalter vertritt, einmal drei Zehnteile der vollen Gebühr aus dem Werte der Einkünfte des Verwaltungsjahres, in dem der Antrag gestellt ist, in jedem der beiden Fälle jedoch mindestens zehn Mark.

Beschränkt sich die Tätigkeit des RA auf die Vertretung in dem Verfahren wegen Anordnung der Zwangsverw. oder wegen Zulassung des Beitritts, so erhält er, wenn er einen Antrag auf Zwangsverw. gestellt hat, nur die ihm nach Abs. 2 zukommende Gebühr. Hat er einen solchen Antrag nicht gestellt, so erhält er als Vertreter eines Gläubigers einmal zwei Zehnteile der vollen Gebühr aus dem Werte des Anspruchs oder der Ansprüche des Gläubigers, wegen deren die Zwangsverw. beantragt ist, als Vertreter des Konkursverwalters einmal zwei Zehnteile der vollen Gebühr aus dem Werte der Einkünfte des Verwaltungsjahres, in dem der Antrag gestellt ist, auf den sich die Tätigkeit des RA bezieht, und wenn sie sich auf mehrere in verschiedenen Jahren gestellte Anträge bezieht, aus dem größten Jahresbetrage der Einkünfte; die Gebühr beträgt mindestens fünf Mark. Für den Vertreter des Schuldners gilt das im Satze 2 für den Vertreter des Konkursverwalters bestimmte.

Art. 20. Vertritt der RA im Verfahren der Zwangsverw. einen anderen Berechtigten als den Gläubiger, so erhält er für die Vertretung in dem Verfahren wegen Anordnung der Zwangsverw. oder wegen Zulassung des Beitritts einmal zwei Zehnteile, für die Vertretung in dem weiteren Verfahren einmal drei Zehnteile der vollen Gebühr aus dem Werte der wiederkehrenden Leistungen; für die Berechnung dieses Wertes ist der Wert der Leistungen eines Jahres maßgebend. Der Wert der Einkünfte des Verwaltungsjahres, in dem der RA zuerst eine Tätigkeit für den Berechtigten entwickelt hat, ist statt des Wertes der Leistungen eines Jahres maßgebend, wenn er geringer ist als dieser Wert. Die Gebühr für die Vertretung in dem Verfahren wegen Anordnung der Zwangsverw. oder wegen Zulassung des Beitritts beträgt mindestens fünf Mark, die Gebühr für die Vertretung in dem weiteren Verfahren mindestens zehn Mark. Die Vorschrift des Art. 17 Abs. 4 ist entsprechend anzuwenden.

Art. **21.** Ist in den Fällen der Art. 10, 20 die Gebühr aus dem Werte der Einkünfte zu berechnen, so ist der volle Wert der Einkünfte des Verwaltungsjahrs auch dann maßgebend, wenn der dem RA erteilte Auftrag vor der Beendigung des Verwaltungsjahrs aufgehoben wird.

An die Stelle der in den Art. 19, 20 bestimmten geringsten Beträge der Gebühren tritt die Hälfte dieser Beträge, wenn der RA denselben Beteiligten gleichzeitig im Verfahren der Zwangsverst. bezüglich derselben Gegenstände vertritt.

Art. **22.** Die für das Verfahren der Zwangsverst. geltenden Vorschriften sind auch bei der gerichtlichen Versteigerung eines Bergwerks oder einer Anlage, auf welche die Vorschrift des Art. 258 des Bergges. Anwendung findet, und bei der im Art. 267 Abs. 2 des Bergges. vorgeschriebenen Zwangsversteig. eines unbeweglichen Kuxes anzuwenden.

Art. **23.** Auf die Berufstätigkeit des RA in einem Verteilungsverfahren außerhalb der Fälle der Zwangsverst. und der Zwangsverw., das nach den für die Verteilung des Erlöses im Falle der Zwangsverst. geltenden Vorschriften zu erledigen ist, finden die Vorschriften der Art. 17, 18 entsprechende Anwendung.

Art. **24.** Im Verfahren zur Vermittlung der Auseinandersetzung in Ansehung eines Nachlasses oder des Gesamtguts einer ehelichen oder fortgesetzten Gütergemeinschaft erhält der RA je die volle Gebühr

1. für den Geschäftsbetrieb einschließlich der Information,
2. für die Wahrnehmung der Termine vor dem Amtsgericht oder dem Notar einschließlich der Mitwirkung bei einer Vereinbarung über vorbereitende Maßregeln und über den Auseinandersetzungsplan.

Hat der RA den Antrag auf Vermittlung der Auseinandersetzung gestellt, so stehen ihm weitere fünf Zehnteile der vollen Gebühr zu.

Die Berechnung der Gebühr erfolgt aus dem Werte des Anteils des Auftraggebers an dem Nachlaß oder dem Gesamtgut; ein Abzug der Schulden findet nicht statt.

Art. **25.** Die Vorschriften der Art. 6 bis 16 finden auf die in den Art. 17 bis 24 aufgeführten Angelegenheiten nur dann Anwendung, wenn sich der Auftrag auf eine einzelne Tätigkeit oder auf mehrere einzelne Tätigkeiten im Verfahren beschränkt.

Art. **26.** Ist für das dem RA übertragene Geschäft eine Gebühr nicht bestimmt, so erhält er eine unter entsprechender Anwendung der Vorschriften der ReichsGO f. RA und dieser Verordnung zu bemessende Gebühr.

Art. **27.** Die Vorschriften der §§ 2 bis 8, 11, 12, 26, § 29 Abs. 2, § 30, § 31 Abs. 1, §§ 32 bis 36, 76 bis 87, 93, 94 der ReichsGO f. RA finden, soweit nicht ein anderes bestimmt ist, in den Fällen der Art. 4 bis 26 entsprechende Anwendung.

In den Fällen der Art. 17 bis 23 finden auch die Vorschriften der §§ 10, 25, § 29 Abs. 1, §§ 41, 48 bis 51, 90 der ReichsGO f. RA, in den Fällen des Art. 24 dieselben Bestimmungen mit Ausnahme des § 41 entsprechende Anwendung.

Sind der Auftrag zu einem Antrag auf Eintragung einer Sicherungshypothek und der Auftrag zur Einleitung des Verfahrens der Zwangsversteig. oder des Verfahrens der Zwangsverw. bezüglich desselben Anspruchs auf Grund desselben Schuldtitels gleichzeitig erteilt worden, so wird, wenn beide Aufträge ausgeführt werden, die Gebühr für den Antrag auf Eintragung der Sicherungshypothek auf die im Art. 17 Abs. 2 oder im Art. 19 Abs. 2 bestimmte Gebühr angerechnet.

Art. **28.** Diese Verordnung tritt am 1. April 1902 in Kraft.

Die Vergütung für die Berufstätigkeit des RA zur Erledigung von Aufträgen, die vor diesem Zeitpunkt erteilt sind, bestimmt sich nach den bisherigen Vorschriften.

Für den erbschaftlichen Liquidationsprozeß (Art. 150 bis 157 des Ges. z. Ausf. der ReichsZPO und KO v. 23. 2. 1879) sowie für das Hypothekenreinigungsverfahren bleiben die bisherigen Vorschriften in Geltung.

Das gleiche gilt für die Verfahren der Zwangsversteig., der Zwangsverw. und der gerichtlichen Versteigerung, auf welche die Vorschriften des Ges. v. 23. 2. 1879, die Zwangsvollstr. i. d. unbew. Verm. wegen Geldforderungen betr., und des Ges. v. 29. 5. 1886, Änderungen der Bestimmungen über die Zwangsvollstr. i. d. unbew. Verm. betr., anzuwenden sind. Für das Verfahren der Zwangsversteig. eines gemeinschaftlichen Grundstücks zum Zwecke der Aufhebung der Gemeinschaft gelten dagegen die Bestimmungen dieser Verordnung schon vor dem Zeitpunkt, in welchem das Grundbuch als angelegt anzusehen ist; in diesem Verfahren erhält der RA für den Antrag auf Wiederversteig. (Art. 87 des Ges. v. 23. 2. 1879, Art. 28 des Ges. v. 29. 5. 1886) einschließlich der weiteren Tätigkeit bis zur Einleitung des Verteilungsverfahrens neben den im Art. 17 bestimmten Gebühren weitere drei Zehnteile der vollen Gebühr.

Die Bestimmung des Art. 27 Abs. 3 ist auch auf die Vormerkung einer Hypothek nach Art. 40 des Ges. v. 29. 5. 1886, Änderungen der Bestimmungen über die Zwangsvollstr. i. d. unbew. Verm. betr., entsprechend anzuwenden.

Art. **29.** Das Staatsministerium der Justiz ist beauftragt, die erforderlichen Ausführungsbestimmungen zu erlassen und nach Ablauf von drei Jahren über die Wirkungen dieser Verordnung und darüber zu berichten, ob nach den gemachten Erfahrungen eine Änderung dieser Verordnung angezeigt erscheint. Bis zu dieser Zeit ist das Staatsministerium der Justiz ermächtigt, im Falle des Bedürfnisses einzelne Änderungen und Ergänzungen vorzunehmen.

2. **Verordnung, die Gebühren der Rechtsanwälte in den Angelegenheiten der Verwaltung und der Verwaltungsrechtspflege betr.,** v. 26. 3. 1902 (GVBl 144).

[BayVerwGebO.] (Fassung vom 29. 12. 23.)

Art. **1.** Der RA erhält für die Tätigkeit, die er zu seiner Information entwickelt, einschließlich der zu diesem Zwecke vorgenommenen Besprechungen und der Einsicht von Akten eine Gebühr von zwei bis vierzig Mark (Informationsgebühr).

Die Gebühr kann in einer Instanz nur einmal beansprucht werden.

Vertritt der RA den Auftraggeber in mehreren Instanzen, so erhält er die Gebühr in der höheren Instanz nur dann, wenn er in dieser zu seiner Information eine weitere Tätigkeit entwickelt hat.

Die Gebühr kann nicht gefordert werden, wenn die Tätigkeit des RA der Einleitung eines Prozesses vorausgeht und dem RA die Prozeßgebühr oder eine Gebühr nach § 44 der ReichsGO f. RA zusteht.

Art. **2.** Der RA erhält für die Erteilung eines Rats eine Gebühr von einer Mark bis zwanzig Mark.

Hat der RA im Anschluß an die Erteilung des Rats eines der in den Art. 3 bis 7 bezeichneten Geschäfte vorzunehmen, für das nach diesen Artikeln oder nach Art. 8 eine besondere Gebühr anzusetzen ist, so erhält er für den Rat und für das Geschäft nur eine einzige Gebühr, die innerhalb des weitesten in Betracht kommenden Spielraums zu bemessen ist.

Art. **3.** Der RA erhält für Anträge, Erklärungen und Beschwerden bei Behörden eine Gebühr von drei Mark bis vierzig Mark.

Für bloße Benachrichtigungen, Beschleunigungsgesuche, kurze Anzeigen, Gesuche um Abschriften oder Ausfertigungen und für ähnliche Schreiben erhält er nur Schreibgebühren.

Art. **4.** Der RA erhält für Abfassung eines Schreibens an eine andere Privatperson als den Auftraggeber eine Gebühr von zwei Mark bis zwanzig Mark, wenn es rechtliche Ausführungen oder sachliche Auseinandersetzungen enthält.

Auf ein Schreiben an den Auftraggeber, das einen von diesem erbetenen Rat enthält, findet die Bestimmung des Art. 2 Abs. 1 Anwendung.

Für die Ausarbeitung eines Gutachtens mit juristischer Begründung erhält der RA eine angemessene Vergütung.

Für andere Schreiben erhält der RA nur Schreibgebühren.

Art. **5.** Für die Wahrnehmung eines Termins vor einer Behörde erhält der RA eine Gebühr von fünf Mark bis fünfzig Mark (Terminsgebühr).

Die Gebühr für die mündliche Verhandlung vor dem Verwaltungsgerichtshofe beträgt mindestens zehn Mark.

Für die Wahrnehmung eines Termins, der nur zur Übernahme oder zur Ablieferung von Geldern oder Wertpapieren bestimmt ist, erhält der RA eine Terminsgebühr nur dann, wenn die Übernahme oder die Ablieferung in dem Termine nicht stattfindet.

Art. 6. Für die Mitwirkung beim Abschluß eines Vergleichs erhält der RA eine Gebühr von fünf Mark bis fünfzig Mark.

Wird der Vergleich vor einer Behörde abgeschlossen, so erhält der RA für die Wahrnehmung des Termins und für die Mitwirkung beim Abschlusse des Vergleichs nur eine einzige Gebühr, die zwischen fünf Mark und fünfzig Mark zu bemessen ist.

Art. 7. Für das Entwerfen der Urkunde über ein Rechtsgeschäft erhält der RA eine Gebühr von fünf Mark bis fünfzig Mark.

Art. 8. Hat der RA eines der in den Art. 2 bis 7 genannten Geschäfte vorbereitet oder begonnen, erledigt sich aber der Auftrag vor der vollständigen Ausführung, so erhält der RA eine unter entsprechender Anwendung der Bestimmungen dieser Artikel zu bemessende Gebühr.

Art. 9. Eine Gebühr kann nicht beansprucht werden für die mit der Erledigung eines Geschäfts verbundenen Nebengeschäfte und für die zur Vorbereitung eines Geschäfts erforderliche Tätigkeit, soweit nicht eine Gebühr hiefür besonders bestimmt ist. Insbesondere kann hienach eine Gebühr nicht beansprucht werden für das Entwerfen einer dem RA oder von dem RA zu erteilenden Vollmacht, für das Entgegennehmen von Zustellungen sowie für Vermerke zu den Handakten des RA, wenn sie nur den Zweck haben, Aufschluß über seine Tätigkeit und über den Stand der Sache zu geben.

Art. 10. Soweit diese Verordnung einen Spielraum gewährt, sind bei der Ausmessung der Gebühr die besonderen Umstände des einzelnen Falles, insbesondere der Umfang und die Schwierigkeit der Sache, die von dem RA entwickelte Tätigkeit, die Bedeutung der Sache für den Auftraggeber und die Leistungsfähigkeit des Pflichtigen zu berücksichtigen.

Art. 11. In Sachen von besonderer Wichtigkeit oder Schwierigkeit kann eine das höchste Maß überschreitende Gebühr bewilligt werden.

Art. 12. Aufgehoben durch Art. 3 Satz 2 der BayVO v. 12. 10. 21 (GVBl 521).

Art. 13. Im übrigen finden die Vorschriften der §§ 2 bis 8, 76, 77, 84 bis 87, 93, 94 der ReichsGebO f. RA, soweit nicht ein anderes bestimmt ist, entsprechende Anwendung.

Art. 14. In den anhängigen oder anhängig gewesenen Angelegenheiten, in denen eine Distriktsverwaltungsbehörde, eine der Distriktsverwaltungsbehörde gleich zu achtende oder eine ihr untergeordnete Behörde, eine Kreisregierung oder eine ihr gleich zu achtende Stelle, eine Militärbehörde, die Flurbereinigungskommission, die Oberberufungskommission in Steuersachen, der Verwaltungsgerichtshof oder ein Ministerium zur Entscheidung zuständig ist und der RA bei einer Behörde tätig gewesen ist, können der RA und der Auftraggeber die Festsetzung des Betrags der Gebühren und Auslagen verlangen, die der RA von seinem Auftraggeber für die Tätigkeit in der Instanz zu beanspruchen hat, in der er bei einer Behörde tätig gewesen ist.

Art. 15. Die Festsetzung erfolgt in jeder Instanz durch die in der Angelegenheit selbst zuständige Behörde nach den für das Verfahren in der Angelegenheit selbst maßgebenden Vorschriften; die Festsetzung der bei dem Kompetenzsenate des Verwaltungsgerichtshofs erwachsenen Gebühren und Auslagen erfolgt durch den Verwaltungsgerichtshof. Die Entscheidung ist dem RA und dem Auftraggeber von Amts wegen zuzustellen.

Die Festsetzung kann, wenn der Antrag nur von dem RA oder nur von dem Auftraggeber gestellt ist, zunächst unter ausdrücklichem Vorbehalte des Erinnerungsrechts der Beteiligten erfolgen. Diese vorläufige Feststellung kann auch dann, wenn in streitigen Fällen öffentliche mündliche Verhandlung geboten ist, in geheimer Sitzung stattfinden.

Art. 16. Erinnerungen gegen die vorläufige Festsetzung sind binnen einer Frist von zwei Wochen geltend zu machen; die Frist beginnt mit dem Zeitpunkt, in dem die Entscheidung dem Beteiligten zugestellt worden ist.

Gegen die über die Erinnerungen ergehende Entscheidung und gegen die ohne Vorbehalt des Erinnerungsrechts erfolgende Festsetzung steht dem RA und dem Auftraggeber das gleiche Rechtsmittel zu, das in der Angelegenheit selbst einem Beteiligten zusteht;

in Rayon-Angelegenheiten ist gegen die Entscheidung oder Festsetzung der Festungskommandantur Rekurs an das vorgesetzte Generalkommando zulässig. Ist das Rechtsmittel gegen eine Entscheidung in der Angelegenheit selbst an eine Frist nicht gebunden, so ist es in dem Verfahren der Festsetzung binnen einer Frist von zwei Wochen einzulegen; die Frist beginnt mit dem Zeitpunkt, in dem die Entscheidung der Partei, die das Rechtsmittel einlegt, zugestellt worden ist. Eine Anfechtung der über das Rechtsmittel ergehenden Entscheidung findet nicht statt.

Die Geltendmachung der Erinnerungen und die Einlegung der Rechtsmittel muß schriftlich oder zu Protokoll erfolgen.

Art. **17.** Die Festsetzung erfolgt in erster Instanz gebührenfrei. Der RA kann für den Antrag auf Festsetzung eine Gebühr nicht beanspruchen.

Art. **18.** Ist die Festsetzung nach den Art. 14 bis 16 erfolgt, so kann der RA Gebühren oder Auslagen von seinem Auftraggeber nur nach Maßgabe dieser Festsetzung beanspruchen, es sei denn, daß der Betrag der Vergütung durch Vertrag bestimmt ist. Der Umstand, daß die Festsetzung durch eine unzuständige Behörde erfolgt ist, ist ohne Einfluß auf ihre Gültigkeit.

Art. **19.** Der RA darf den Anspruch auf Gebühren und Auslagen gegen den Auftraggeber, wenn eine Festsetzung nach den Art. 14 bis 16 zulässig ist, erst nach der Festsetzung bei Gericht geltend machen, es sei denn, daß der Betrag der Vergütung durch Vertrag bestimmt ist.

Art. **20.** An Stelle der Vorschriften der Art. 1 bis 11 dieser Verordnung findet die ReichsGO f. RA entspr. Anwendung auf die Berufstätigkeit des RA

1. im Strafverfahren im Verwaltungsweg und
2. im Dienststrafverfahren.

Das Strafverfahren im Verwaltungswege steht dem Vorverfahren in den zur Zuständigkeit des Schöffengerichts gehörenden Sachen gleich, wenn die Sache, falls sie bei Gericht anhängig wäre, zur Zuständigkeit des Schöffengerichts gehören würde, dem Vorverfahren in den zur Zuständigkeit der Strafkammer gehörenden Sachen, wenn die Sache, falls sie bei Gericht anhängig wäre, zur Zuständigkeit der Strafkammer gehören würde.

Das Dienststrafverfahren, in dem eine Hauptverhandlung nicht stattfindet, steht dem Vorverfahren gleich. Das Dienststrafverfahren erster Instanz steht, wenn die Entscheidung von einer Behörde oder einem Beamten erlassen wird, die einer Distriktsverwaltungsbehörde untergeordnet sind, dem Verfahren vor dem Schöffengericht, in allen übrigen Fällen dem Verfahren vor der Strafkammer gleich.

In der Beschwerde- (Rekurs-, Reklamations-) Instanz im Strafverfahren im Verwaltungsweg und in der Beschwerde- (Rekurs-) Instanz im Dienststrafverfahren, in dem eine Hauptverhandlung in erster Instanz nicht stattfindet, kommen, wenn das Verf. in erster Instanz dem Verf. vor dem Schöffenger. gleichsteht, insbes. die § 63 Nr. 1, § 68 Nr. 1 der ReichsGO f. RA und, wenn das Verf. in erster Instanz dem Verf. vor der Strafkammer gleichsteht, insbes. die § 63 Nr. 2, § 68 Nr. 2 dieser GO zur Anwendung.

Art. **21.** Die Art. 14 bis 19 finden auf die im Art. 20 genannten Angelegenheiten keine Anwendung.

Art. **22.** Ist für das dem RA übertragene Geschäft eine Gebühr nicht bestimmt, so erhält er eine unter entsprechender Anwendung der Vorschriften dieser Verordnung zu bemessende Gebühr.

Art. **23.** Die Berufstätigkeit des RA, die sich auf ein Gesuch um Abhilfe nach Art. 2 des Gesetzes zur Ausführung der ReichsZPO und KO bezieht, wird nach den Bestimmungen dieser Verordnung vergütet.

Art. **24.** Diese Verordnung tritt am 1. April 1902 in Kraft.

Die Vergütung für die Berufstätigkeit des RA zur Erledigung von Aufträgen, die vor diesem Zeitpunkt erteilt sind, bestimmt sich nach den bisherigen Vorschriften.

Art. **25.** Die Ministerien sind beauftragt, die erforderlichen Ausführungsbestimmungen zu erlassen und nach Ablauf von drei Jahren über die Wirkung dieser Verordnung und darüber zu berichten, ob nach den gemachten Erfahrungen eine Änderung dieser Verordnung angezeigt erscheint. Bis zu dieser Zeit sind die Ministerien ermächtigt, im Falle des Bedürfnisses einzelne Änderungen und Ergänzungen vorzunehmen.

3. Verordnung über die Gebühren der Rechtsanwälte

nach den Verordnungen v. 26. 3. 1902 (GVBl S. 133 und 144), 28. 3. 1919 (GVBl S. 128) und 17. 8. 1923 (GVBl S. 313). Vom 29. 12. 1923 (GVBl S. 415).

Art. 1. Die dem Rechtsanwalt zustehenden Gebühren, Auslagen und Vorschüsse werden in Gold berechnet.

Für die Umrechnung einer in Reichswährung geleisteten Zahlung ist der vom Reichsminister der Finanzen bekanntgegebene Goldumrechnungssatz (§ 2 der Durchführungsverordnung zur Aufwertungsverordnung vom 13. Oktober 1923 (RGBl I S. 951) im Zeitpunkt des Eingangs der Zahlung maßgebend.

Soweit auf die Reichsgebührenordnung für Rechtsanwälte (RAGebO) verwiesen ist, versteht sich dieselbe in ihrer jeweiligen Fassung und mit ihren Ergänzungen.

Art. 2. Die festen Gebühren der Verordnungen vom 26. März 1902 (GVBl S. 133, 144) gelten als Goldmarksätze; soweit für die Berechnung der Gebühren der Gegenstandswert maßgebend ist, ist derselbe in Gold zu bestimmen. Die in Art. 15 Abs. 3 der Verordnung vom 26. März 1902 (GVBl S. 133) aufgeführten Wertziffern (200 M bis 50000 M bzw. 100000 M) sind Goldbeträge.

Art. 3. Die Bestimmungen in Art. III Abs. 2, IV und V der 13. Verordnung über die Gebühren der Rechtsanwälte vom 13. Dezember 1923 (RGBl I S. 1188) finden sinngemäße Anwendung.

Art. 4. Der RA kann, wenn seine Tätigkeit von besonderer Wichtigkeit oder Schwierigkeit war, oder wenn sonst die Umstände des Falles eine solche Erhöhung angezeigt erscheinen lassen, eine den Höchstsatz der gesetzlichen Vergütung überschreitende Gebühr verlangen. Dies gilt nicht im Verhältnis zu einem erstattungspflichtigen Gegner oder dem Staate bei Pflichtaufträgen.

Art. 5. In den Angelegenheiten der Verwaltung und der Verwaltungsrechtspflege gelten die §§ 78 bis 83 der ReichsGebO f. RA, Art. 12 der Verordnung vom 26. März 1902 (GVBl S. 144) bleibt aufgehoben.

Art. 6. Diese Verordnung tritt mit Wirkung vom 1. Januar 1924 an die Stelle der Verordnung vom 17. August 1923 (GVBl S. 313).

Art. VII Abs. 2—4 der 13. Verordnung über die Gebühren der Rechtsanwälte vom 13. Dezember 1923 (RGBl I S. 1188) findet sinngemäße Anwendung.

4. Verordnung über die Gebühren der Rechtsanwälte im Verfahren vor dem Landesversicherungsamt v. 7. 4. 1912 (GVBl 363).

(Fassung der VO vom 30. Oktober 1923, GVBl 363.)

§ 1. Die Vergütung für die Berufstätigkeit eines RA im Verfahren vor dem Landesversicherungsamte bemißt sich nach den jeweils für das Verfahren vor dem Reichsversicherungsamt festgesetzten Sätzen.

Werden mehrere Streitfälle zu gemeinsamer Verhandlung und Entscheidung verbunden, so wird die Vergütung für die Instanz nur einmal gewährt.

§ 2. Für die Teilnahme an Beweisverhandlungen außerhalb des Sitzes des Landesversicherungsamtes kann außer der im § 1 bezeichneten Vergütung eine angemessene Entschädigung zugebilligt werden, wenn die Anwesenheit des RA geboten war.

Die Kosten für Reisen zur mündlichen Verhandlung oder zu anderen Zwecken sowie sonstige Auslagen werden neben der im § 1 bezeichneten Vergütung nicht erstattet. Jedoch ist bei Festsetzung der Vergütung innerhalb der dafür gezogenen Grenzen auch auf Reisekosten, Schreibgebühren, Postgeld oder sonstige Auslagen Rücksicht zu nehmen.

§ 3. Diese Verordnung tritt für die Invaliden- und Hinterbliebenenversicherung sofort, für die anderen Zweige der Reichsversicherung an den Tagen in Kraft, an denen für diese die Vorschriften der Reichsversicherung über das Verfahren wirksam werden.

Sie tritt an Stelle der Kgl. VO vom 4. April 1902 über die Gebühren der RA vor dem K. Landesversicherungsamte (GVBl S. 155).

VII.

Sachsen

1. Kostenordnung für Rechtsanwälte und Notare, v. 1. 2. 1926 (Sächs. GBl S. 17) mit der Änderung der VO 20. 4. 27 (Sächs. GBl S. 83).

Kosten der Rechtsanwälte.

a) Zwangsversteigerung, Zwangsverwaltung, Verteilungsverfahren.

§ 1*. Für die Gebühren und Auslagen der Rechtsanwälte bei der Zwangsversteigerung und der Zwangsverwaltung von Grundstücken gelten die Vorschriften der §§ 2—7, 9—12, des § 31 Abs. 1, des § 39, des § 41 Abs. 1 Nr. 1, des § 76 Abs. 1, 2, Abs. 6 Ziff. 1, 3, Abs. 8, der §§ 77—87, 93, 94 der GebO f. RA sowie der §§ 2—5, 7 dieses Gesetzes.

Soweit eine Schreibgebühr zu erheben ist, beträgt sie für die Seite, welche mindestens 32 Zeilen von durchschnittlich 15 Silben enthält, dreißig Reichspfennig. Jede angefangene Seite wird voll gerechnet.

§ 2. Der Rechtsanwalt erhält:

1. drei Zehnteile der Gebühr für den Antrag auf Anordnung der Zwangsversteigerung oder der Zwangsverwaltung oder auf Zulassung eines Beitritts;
2. ein Zehntel der Gebühr für einen Antrag auf Bestimmung eines neuen Versteigerungstermins in den Fällen der §§ 43, 85 des RGes. über die Zwangsverst. und die Zwangsverw. oder für einen Antrag auf Fortsetzung des eingestellten Verfahrens;
3. zwei Zehnteile der Gebühr für die Anmeldung eines Rechtes, das der Anmeldung bedarf;
4. ein Zehntel der Gebühr für die Glaubhaftmachung eines Rechtes, wenn es deren bedarf;
5. ein Zehnteil der Gebühr für die Vertretung eines Gläubigers oder sonstigen Berechtigten in einem zu Erörterungen über das geringste Gebot und die Versteigerungsbedingungen bestimmten besonderen Termine;
6. drei Zehnteile der Gebühr für die Vertretung eines Gläubigers oder sonstigen Berechtigten im Versteigerungstermine;
7. fünf Zehnteile der Gebühr für die Vertretung des Schuldners im Zwangsversteigerungsverfahren vor dem Vollstreckungsgerichte.

§ 3. Der Mindestbetrag jeder der im § 2 unter Nr. 1—6 bestimmten Gebühren ist zwei Reichsmark, der Mindestbetrag der daselbst unter Nr. 7 geordneten Gebühren sechs Reichsmark.

§ 4. Gebühren, deren Erhebung nicht nach den §§ 1, 2 zulässig ist, stehen dem RA weder im Zwangsversteigerungsverfahren noch im Zwangsverwaltungsverfahren zu.

Bleibt ein begonnenes Geschäft aus einem Grunde unvollendet, der nicht in der Person des RA eintritt, so kann dieser einen Teil der Gebühr erheben. Der Teil ist nach dem Verhältnis zu bestimmen, in welchem die schon erfolgte Tätigkeit zu der unterbliebenen steht.

§ 5. Die Vorschriften der §§ 1—4 sind auch anzuwenden, wenn der Gegenstand des Verfahrens ein Bergbaurecht ist oder eine sonstige Berechtigung, für welche die sich auf

---

* Zu § 1. a) An die Stelle des § 76 Abs. 1, 2, Abs. 6 Ziff. 1, 3, Abs. 8 ist § 76 Abs. 1, Abs. 2 Ziff. 1, 3 (RGBl 1923 I S. 814), verb. mit Art. II Ziff. 4 der VO vom 13. 12. 23 (RGBl I S. 1188), getreten.

b) Art. III des Gesetzes vom 18. 3. 10. (GVBl S. 38) bestimmt:

Bestimmt die Landesjustizverwaltung die Höhe der Schreibgebühr für Schriftstücke, die in fremder Sprache abgefaßt sind, für Schriftstücke in tabellarischer Form sowie für Verzeichnisse, Listen, Rechnungen, Handzeichnungen und dergleichen auf Grund von § 80 des Reichs-Gerichtskostengesetzes (RGBl 1909 S. 494)** anderweit, so ist die Bestimmung auch für den Geltungsbereich des Gesetzes über die Gerichtskosten sowie der Kostenordnung für Rechtsanwälte und Notare maßgebend.

** Jetzt § 71 Abs. 4 des Reichs-Gerichtskostengesetzes (RGBl 1923 I S. 19).

Grundstücke beziehenden Vorschriften gelten, oder ein im Schiffsregister eingetragenes Schiff oder ein ausländisches Schiff, das, wenn es ein deutsches Schiff wäre, in das Schiffsregister eingetragen werden müßte.

Ist die Schätzung eines Bergbaurechts auf Grund der Vorschrift im § 29 Abs. 2 des Ges., die Zwangsvollstr. in das unbewegl. Vermögen betr., v. 18. 5. 1900 (GVBl S. 317 f.) unterblieben, so findet § 9 Abs. 2 Satz 1 der Kostenordnung entsprechende Anwendung.

§ 6. Soweit außerhalb der Zwangsvollstreckung in das unbewegliche Vermögen ein Verteilungsverfahren nach den für die Verteilung des Erlöses im Falle der Zwangsversteigerung geltenden Grundsätzen eröffnet wird, ist die Vorschrift im § 39 der GebO f. RA anzuwenden.

§ 7. (Übergangsvorschrift, GVBl 1900 S. 366.)

b) Sonstige Angelegenheiten.

§ 8. In anderen als den in den §§ 1, 5 und 6 bezeichneten Angelegenheiten sind die Kosten der RA, soweit sie nicht reichsgesetzlich geregelt sind, ausschließlich nach den Vorschriften der §§ 9—20 zu erheben.

Die Vorschriften der §§ 9—20 sind nicht anzuwenden auf die Tätigkeit, die ein RA kraft Bestellung oder Wahl zum Mitgliede eines Gläubigerausschusses oder kraft Ernennung zum Konkursverwalter, zum Zwangsverwalter oder in einer ähnlichen Stellung ausübt.

§ 9. Volle Gebühr im Sinne der §§ 10—20 ist die im § 9 der GebO f. RA bestimmte Gebühr.

Bei nichtvermögensrechtlichen Gegenständen finden die Vorschriften des RGKG über Annahme des Wertes des Streitgegenstandes bei nichtvermögensrechtlichen Ansprüchen Anwendung. Einem nichtvermögensrechtlichen Gegenstande steht ein vermögensrechtlicher Gegenstand gleich, dessen Wert nicht in Geld geschätzt werden kann.

§ 10. In Angelegenheiten, die vor deutschen Behörden wahrzunehmen sind, darf der Gesamtbetrag der Terminsgebühren (§ 12) in derselben Instanz nicht höher sein als die volle Gebühr. Dasselbe gilt in solchen Angelegenheiten von dem in derselben Instanz erwachsenden Gesamtbetrage der in den §§ 11, 13, 13a, 14 geordneten Gebühren.

§ 11. Zwei Zehnteile der vollen Gebühr erhält der RA für an Behörden oder Beamte gerichtete Gesuche, Anträge, Erklärungen oder Beschwerden. Die Gebühr kann bis auf vier Zehnteile der vollen Gebühr erhöht werden, wenn die Tätigkeit des RA besonders schwierig oder zeitraubend ist.

Diese Gebühr kann, falls der RA die einem Antrag oder einer Erklärung zugrunde liegende Urkunde entworfen hat und die Urkunde zu den im § 15 bezeichneten gehört, nur dann erhoben werden, wenn ein das Sach- und Rechtsverhältnis entwickelnder Vortrag erforderlich ist und dessen Einreichung von der Partei verlangt wird.

Für kurze Anzeigen, Beschleunigungsgesuche, Gesuche um Abschriften oder Ausfertigungen und für ähnliche Schreiben beträgt die Gebühr eine Reichsmark.

§ 12. Für die Abwartung des in einer Angelegenheit stattfindenden ersten Termins erhält der RA drei Zehnteile, für die Abwartung der weiteren Termine je zwei Zehnteile der vollen Gebühr (Terminsgebühr).

Die Terminsgebühr kann erhoben werden, wenn der RA vor einer Behörde auf deren Erfordern zu erscheinen hat.

Bei Terminen, die nur zur Empfangnahme oder Ablieferung von Geldern oder Wertpapieren bestimmt sind, beträgt die Terminsgebühr ein Zehnteil der vollen Gebühr.

Die Terminsgebühr beträgt, außer im Falle des dritten Absatzes, mindestens zwei Reichsmark.

§ 13. Ein Zehnteil der vollen Gebühr, mindestens aber zwei Reichsmark, erhält der RA für Abfassung eines Schreibens an eine Privatperson, wenn dieses rechtliche Ausführungen oder sachliche Auseinandersetzungen enthält.

In anderen Fällen beträgt die Gebühr für die Abfassung eines Schreibens an eine Privatperson eine bis fünf Reichsmark. Für Mahnbriefe können keine Gebühren gefordert werden, wenn dem Rechtsanwalt die Prozeßgebühr ganz oder teilweise zusteht.

§ 13a. Für die Prüfung eines Vertrags, eines Testaments, eines Stiftungsgeschäfts oder einer Vereinssatzung, für die Durchsicht eines Schriftwechsels oder für die Durchsicht von Akten kann der Rechtsanwalt ein bis drei Zehnteile der vollen Gebühr erheben. Die Gebühr kann bis auf fünf Zehnteile der vollen Gebühr erhöht werden, wenn die Tätigkeit des RA besonders schwierig oder zeitraubend ist.

§ 14. Ein Zehnteil der vollen Gebühr, mindestens aber zwei Reichsmark, erhält der RA für einen Rat oder eine Besprechung, wenn er nicht daraufhin eines der im § 11 Abs. 1, § 12 bezeichneten Geschäfte vorzunehmen hat.

§ 15. Zwei bis fünf Zehnteile der vollen Gebühr erhält der RA für Entwerfung eines Vertrags, eines Testaments, eines Stiftungsgeschäfts oder einer Vereinssatzung. Wenn die Tätigkeit des Anwalts besonders schwierig oder zeitraubend ist, kann diese Gebühr bis auf den Betrag der vollen Gebühr erhöht werden.

Für die vorbereitende Tätigkeit erhält der RA die in den §§ 13, 13a, 14 geordneten Gebühren, jedoch insgesamt nicht mehr als fünf Zehnteile der vollen Gebühr, wenn aber die Tätigkeit des RA besonders schwierig oder zeitraubend ist, insgesamt nicht mehr als die volle Gebühr.

§ 16. Gebührenfrei sind die mit Erledigung eines Geschäfts verbundenen Nebengeschäfte und die zur Vorbereitung eines Geschäfts erforderliche Tätigkeit, soweit nicht eine Gebühr dafür besonders bestimmt ist; insbesondere sind hiernach gebührenfrei die Entwerfung einer dem RA selbst zu erteilenden Vollmacht oder einer von ihm zu erteilenden Nachvollmacht sowie Vermerke zu den Handakten des RA, wenn sie nur den Zweck haben, Aufschluß über dessen Tätigkeit und über den Stand der Sache zu geben.

§ 16a. Die Mindestgebühr beträgt, soweit in den §§ 8—20 nichts anderes bestimmt ist, eine Reichsmark.

§ 17. Im übrigen finden die Vorschriften der §§ 2—7, 10—12, des § 76 Abs. 1, 2, Abs. 6 Ziff. 1, 3, Abs. 8*, der §§ 77—85, des § 86 Abs. 1, der §§ 87—90, 83, 94 der GebO. f. RA entsprechende Anwendung. Soweit eine Schreibgebühr zu erheben ist, gilt § 1 Abs. 2 dieser Kostenordnung. Die Mitteilung der in § 86 bezeichneten Berechnung kann auch nach erfolgter Zahlung verlangt werden, solange nicht die Handakten zurückgenommen sind oder die Verpflichtung des RA zur Aufbewahrung derselben erloschen ist. Bei Vereinbarung einer Vergütung nach § 93 ist der Auftraggeber auch dann an den Vertrag gebunden, wenn er ihn nicht schriftlich geschlossen hat.

§ 18. In einem Verfahren, auf das die ZOP oder die StPO nach landesgesetzlichen Vorschriften anzuwenden ist, im Verfahren vor den Verwaltungsgerichten sowie in denjenigen Angelegenheiten, in welchen eine mündliche Verhandlung vor einer Verwaltungsbehörde in Frage kommen kann, werden, soweit nicht besondere Vorschriften bestehen, die Kosten nach der GebO f. RA erhoben.

Als nichtkontradiktorisch im Sinne von § 16 der GebO f. RA gilt die Verhandlung nur dann, wenn das Nichtverhandeln der Gegenpartei die den §§ 330, 331 der ZPO entsprechenden Rechtsfolgen hat.

§§ 19, 20 enthalten Übergangsvorschriften, §§ 21—35 regeln die Kosten der Notare.

2. **Verordnung, betr. die Gebühren der Rechtsanwälte im Verfahren vor dem Landesversicherungsamt,** vom 24. 12. 1911 (GBl 262) in der Fassung der VO vom 8. 1. 1924 (GBl 109).

§ 1. Die Vergütung für die Berufstätigkeit eines RA beträgt im Verfahren vor dem Landesversicherungsamte 3—100 Goldmark. Für die Umrechnung einer in Reichswährung geleisteten Zahlung in Goldmark ist der letzte vor dem Eingang der Zahlung vom Reichsminister der Finanzen bekanntgegebene Goldumrechnungssatz (§ 2 der Durchführungsbestimmungen zur Aufwertungsverordnung vom 13. 10. 1923 — RGl I 751 —) maßgebend.

Werden mehrere Streitfälle zu gemeinsamer Verhandlung und Entscheidung verbunden, so wird die Vergütung für die Instanz nur einmal gewährt.

§ 2. Für die Teilnahme an Beweisverhandlungen außerhalb des Sitzes des Landesversicherungsamts kann, wenn die Anwesenheit des RA geboten war, außer der im § 1 bezeichneten eine angemessene Entschädigung zugebilligt werden.

Die Kosten für Reisen zur mündlichen Verhandlung oder zu anderen Zwecken, sowie

---

* Vgl. Anm. zu § 1.

sonstige Auslagen werden neben der im § 1 bezeichneten Vergütung nicht erstattet. Jedoch ist bei der Festsetzung dieser Vergütung innerhalb der dafür gezogenen Grenzen auch auf Schreibgebühren, Postgeld- oder sonstige Auslagen Rücksicht zu nehmen.

§ 3. Diese V. tritt für die Invaliden- und Hinterbliebenenversicherung am 1. 1. 12, für die anderen Zweige der Reichsversicherung an den Tagen in Kraft, von denen an für diese die Vorschriften der RVersO. über das Verfahren in Kraft gesetzt werden.

Mit denselben Tagen tritt für die einzelnen Zweige der RVersO die V., die Gebühren der RA im Verfahren vor dem LandesVA betr. v. 27. 2. 02 (GVBl 98) außer Kraft.

3. Notverordnung über das Kosten- und Stempelwesen in Aufwertungssachen, vom 26. 10. 1925 (GBl S. 275) mit der Änderung des Ges. vom 24. 5. 27 (GBl S. 96).

Das Gesamtministerium hat auf Grund von Artikel 40 der Verfassung des Freistaats Sachsen, zugleich infolge der Ermächtigung von § 7 Abs. 2 der Verordnung über die Einrichtung und das Verfahren der Aufwertungsstellen vom 21. 7. 25 (RGBl I S. 154), folgende Notverordnung beschlossen:

1. Abschnitt.

Verfahren vor der Aufwertungsstelle.

a) Gerichtskosten.

§ 1. (1) Für das Verfahren vor der Aufwertungsstelle einschließlich der Anordnung und Vornahme von Beweisverhandlungen sowie der Beurkundung eines Vergleichs wird ein Zehntel der im deutschen GKG jeweils bestimmten vollen Gebühr erhoben.

(2) Wird eine das Verfahren abschließende Sachentscheidung der Aufwertungsstelle getroffen, so wird ein weiteres Zehntel der vollen Gebühr erhoben, gleichviel ob eine mündliche Verhandlung vorhergegangen ist oder nicht.

(3) Im übrigen sind für die Gebühren und Auslagen die jeweiligen Vorschriften des deutschen GKG maßgebend.

§ 2. Gebühren und Auslagen werden nicht erhoben:

1. für die Entgegennahme der Anmeldung des Aufwertungsanspruchs in den Fällen der §§ 16, 17, 78 des Aufwertungsgesetzes und für die sich anschließenden Handlungen der Aufwertungsstelle;
2. für die Behandlung von Anträgen und Anmeldungen, für welche die Aufwertungsstellen nicht zuständig sind, wenn die Tätigkeit der Aufwertungsstelle sich auf die Mitteilung beschränkt, daß ihre Zuständigkeit nicht gegeben ist;
3. wenn der Antrag vor Bestimmung eines Verhandlungstermins oder ohne solche vor der Anordnung von Beweisverhandlungen zurückgenommen wird.

§ 3. (1) Im Beschwerdeverfahren erhöhen sich die im Abs. 1 und 2 bestimmten Gebühren um die Hälfte.

(2) Wird die Beschwerde zurückgenommen, bevor eine Entscheidung ergangen ist, so wird ein Zehntel der vollen Gebühr des deutschen GKG erhoben.

§ 4. Für das Beschwerdeverfahren wird der Wert des Streitgegenstandes vom Beschwerdegericht unter Berücksichtigung der gestellten Anträge nach freiem Ermessen festgesetzt.

§ 5. Das Aufwertungsverfahren vor mehreren Dienststellen des Amtsgerichts (Grundbuchamt als Aufwertungsstelle, ordentliche Aufwertungsstelle) gilt für die Kostenerhebung als einheitliches Verfahren.

§ 6. Das Verfahren ist stempelfrei. Urkunden, von denen im Verfahren Gebrauch gemacht wird, sind nur insoweit stempelpflichtig, als sie auch über das Aufwertungsverfahren hinausgehende Angelegenheiten betreffen.

§ 7. (1) Die Aufwertungsstelle kann eine Bescheinigung darüber, ob bei ihr bis zum 1. 1. 26 ein Anspruch auf Aufwertung auf Grund des Vorbehalts der Rechte, kraft Rückwirkung oder im Falle der Annahme der Leistung nach dem 13. 2. 24 oder ein Anspruch auf Aufwertung zugunsten des früheren Gläubigers angemeldet (§§ 16, 17, 78 des Aufwertungsgesetzes) oder bis zum 1. 4. 26 ein Antrag auf Herabsetzung des Aufwertungsbetrags (§§ 8, 34, 52 des Aufwertungsgesetzes) oder auf eine vom normalen Höchstsatz abweichende Aufwertung der durch Hypothek gesicherten persönlichen Forderung (§§ 12, 32 des Aufwertungsgesetzes) eingegangen ist, auch ohne Darlegung eines berechtigten Interesses erteilen.

(2) In diesem Falle ist für die Bescheinigung hinsichtlich des einzelnen, im Abs. 1 gekennzeichneten Antrags eine Gebühr von 1 bis 5 Reichsmark zu erheben.

b) Anwaltskosten.

§ 8. (1) Für das Verfahren vor der Aufwertungsstelle, einschließlich der Anordnung und Vornahme von Beweisverhandlungen erhält der RA insgesamt fünf Zehntel der in der deutschen GebO f. RA jeweils bestimmten vollen Gebühr.

(2) Die Vergütung ermäßigt sich auf drei Zehntel der erwähnten vollen Gebühr, wenn sich die Tätigkeit des RA auf die Anmeldung des Aufwertungsanspruchs in den Fällen der §§ 16, 17, 78 des Aufwertungsgesetzes, auf die Erhebung des Einspruchs, auf die Mitteilung des Einspruchs an den Auftraggeber und den Antrag auf Erteilung der im § 8 der Verordnung über die Einrichtung und das Verfahren der Aufwertungsstellen vom 21. 7. 25 (RGBl I S. 155) sowie der oben im § 7 vorgesehenen Bescheinigung beschränkt oder, wenn der Antrag zurückgenommen wird, bevor eine Verhandlung oder die Vornahme von Beweiserhebungen vor der Aufwertungsstelle stattgefunden hat. Die Vergütung ermäßigt sich auf zwei Zehntel der erwähnten vollen Gebühr, wenn sich der Auftrag erledigt, ohne daß die Aufwertungsstelle mit der Sache befaßt worden ist.

(3) Weitere drei Zehntel der erwähnten vollen Gebühr erhält der RA für die Mitwirkung beim Abschluß eines die Sache endgültig erledigenden Vergleichs.

(4) § 5 gilt für die Erhebung der Kosten der RA entsprechend.

(5) Im übrigen sind für die Gebühren und Auslagen der RA im Verfahren vor den Aufwertungsstellen die jeweiligen Vorschriften der deutschen RAGebO maßgebend.

2. Abschnitt.

Gebühren in Grundbuchangelegenheiten.

§ 9. (1) Eintragungen in das Grundbuch oder in das Schiffsregister sind kostenfrei, wenn sie betreffen

a) die Eintragung des gesetzlichen Aufwertungsbetrags von Hypotheken, Grundschulden Rentenschulden, Reallasten und Schiffspfandrechten;

b) die Wiedereintragung gelöschter Hypotheken, Grundschulden, Rentenschulden, Reallasten und Schiffspfandrechte bis zur Höhe des gesetzlichen Aufwertungsbetrags;

c) die Eintragung der Befugnis des Eigentümers, an der vorbehaltenen Stelle eine Hypothek oder Grundschuld eintragen zu lassen, und die Eintragung des Verzichts auf diese Befugnis (§ 7 Abs. 3 und 5 des Aufwertungsgesetzes).

(2) Eintragungsbewilligungen, die sich auf die im Abs. 1 aufgeführten Eintragungen beziehen, sind stempelfrei.

§ 10. Soll für einen den normalen Höchstsatz (§ 4 des Aufwertungsgesetzes) übersteigenden Betrag eine Hypothek, Grundschuld oder Rentenschuld in das Grundbuch oder ein Schiffspfandrecht in das Schiffsregister eingetragen werden, so ist insoweit nur die Hälfte der Gebühr nach Tarifstelle 46 des GKG zu erheben, wenn die Eintragung gleichzeitig mit der Eintragung der Aufwertung in Höhe des normalen Höchstsatzes erfolgt.

§ 11. Betrifft eine Beurkundung oder eine Beglaubigung nur eine Eintragung in das Grundbuch oder in das Schiffsregister auf Grund des Aufwertungsgesetzes oder nach § 10 dieser Verordnung, so ist die Hälfte der ordentlichen Gebühren (Tarif Nr. 14, 15 des GKG, Tarif Nr. 1, 6 der Kostenordnung für Rechtsanwälte und Notare) zu erheben.

§ 12. Soll für einen den normalen Höchstsatz (§ 4 des Aufwertungsgesetzes) übersteigenden Betrag eine Hypothek, Grundschuld, Rentenschuld oder Reallast in das Grundbuch oder ein Schiffspfandrecht in das Schiffsregister eingetragen werden (§ 10 dieser Verordnung), so ist zu der Eintragungsbewilligung insoweit nur die Hälfte des Stempels der Tarifstelle 15 oder 21 des Stempelsteuergesetzes zu erheben, wenn die Eintragung gleichzeitig mit der Eintragung der Aufwertung in Höhe des normalen Höchstsatzes bewilligt wird.

3. Abschnitt.
Übergangsbestimmungen.

§ 13. (1) Die Vorschriften der §§ 1 bis 7 treten mit dem 15. 7. 25 in Kraft. An diesem Tage hat nach Artikel III Abs. 1 Satz 2 des Gesetzes über die Verlängerung der Fristen der Dritten Steuernotverordnung vom 27. 3. 25 (RGBl I S. 29) in der Fassung von Artikel I des Gesetzes vom 28. 6. 1925 (RGBl I S. 92) die Verordnung über die Aufwertungsstellen vom 28. 6. 24 (GBl S. 406) ihre Wirksamkeit verloren.

(2) Die Vorschriften der §§ 8 bis 12 treten mit der im Abs. 3 vorgesehenen Ausnahme mit dem Tage ihrer Verkündung in Kraft. Sie gelten auch in allen anhängigen Sachen für die Gebühren, die nach dem Inkrafttreten der Verordnung fällig geworden sind.

(3) Die im § 9 vorgesehene Kosten- und Stempelfreiheit gilt auch für die in der Zeit vom 15. 7. 25 bis zum Tage der Verkündung dieser Verordnung erklärten Eintragungsbewilligungen und die in dieser Zeit bewirkten Eintragungen. Bereits entrichtete Kosten- und Stempelbeträge sind auf Antrag zu erstatten.

4. Zweite Verordnung über das Kosten- und Stempelwesen in Aufwertungssachen
vom 30. 9. 1930 (Sächs. GesBl S. 129).

Auf Grund von § 26 des Reichsgesetzes über die Fälligkeit und Verzinsung der Aufwertungshypotheken vom 18. 7. 1930 (Reichsgesetzbl I S. 300) und auf Grund des Abschnittes B des Sächs. Gesetzes zur Änderung der Kostenordnung für Rechtsanwälte und Notare vom 22. 5. 1918 (GVBl S. 67) wird mit Zustimmung des Finanzministeriums folgendes bestimmt:

1. Abschnitt.
Gerichtskosten.

§ 1. (1) Für das Verfahren vor der Aufwertungsstelle über den Antrag auf Bewillirgung einer Zahlungsfrist einschließlich der Anordnung und Vornahme von Beweisverhandlungen werden drei Zehntel der im Deutschen GKG jeweils bestimmten vollen Gebüherhoben. Die Gebühr ermäßigt sich auf zwei Zehntel, wenn das Verfahren durch Vergleich oder durch Rücknahme des Antrages erledigt wird.

(2) Für eine das Verfahren abschließende Sachentscheidung der Aufwertungsstelle werden weiter zwei Zehntel der vollen Gebühr erhoben, gleichviel ob eine mündliche Verhandlung vorhergegangen ist oder nicht.

(3) Das Verfahren auf Erlassung einer Anordnung nach § 11 des Reichsgesetzes über die Fälligkeit und Verzinsung der Aufwertungshypotheken vom 18. 7. 1930 einschließlich der Entscheidung unterliegt als Bestandteil des Verfahrens zur Bewilligung einer Zahlungsfrist keiner gesonderten Gebühr.

(4) Im übrigen, insbesondere auch für die Erhebung von Vorschüssen und Auslagen sind die jeweiligen Vorschriften des Deutschen GKG mit Ausnahme von § 74, Abs. 2, § 74a maßgebend.

§ 2. (1) Im Beschwerdeverfahren erhöhen sich die im § 1, Abs. 1 und 2 bestimmten Gebühren um die Hälfte.

(2) Wird die Beschwerde zurückgenommen, bevor eine Entscheidung ergangen ist, so werden zwei Zehntel der vollen Gebühr des Deutschen GKG erhoben.

§ 3. Für die Gebührenberechnung ist der Wert des Streitgegenstandes maßgebend. Als Wert des Streitgegenstandes gilt der Betrag des dinglichen Rechtes oder der persönlichen Forderung, wegen deren der Antrag auf Bewilligung einer Zahlungsfrist gestellt ist.

§ 4. Das Verfahren ist stempelfrei. Urkunden, von denen im Verfahren Gebrauch gemacht wird, sind nur insoweit stempelpflichtig, als sie auch über das Verfahren hinausgehende Angelegenheiten betreffen.

§ 5. Wird vom Beschwerdegericht eine Sache zur anderweitigen Verhandlung an die Vorinstanz zurückverwiesen, so gilt die Fortsetzung des Verfahrens in dieser Instanz hinsichtlich der Gebührenerhebung nicht als ein neues Verfahren.

2. Abschnitt.
Rechtsanwaltskosten.

§ 6. (1) Für das Verfahren vor der Aufwertungsstelle über den Antrag auf Bewilligung einer Zahlungsfrist einschließlich der Anordnung und Vornahme von Beweisverhandlungen erhält der Rechtsanwalt insgesamt drei Zehntel der in der Deutschen Gebührenordnung für Rechtsanwälte jeweils bestimmten vollen Gebühr. Die Gebühr umfaßt zugleich die beratende Berufstätigkeit des Rechtsanwalts, welche den Beginn oder die Fortsetzung eines solchen Verfahrens betrifft.

(2) Die Vergütung ermäßigt sich auf zwei Zehntel der erwähnten vollen Gebühr, wenn der Antrag zurückgenommen wird, bevor eine Verhandlung oder die Vornahme von Beweiserhebungen vor der Aufwertungsstelle stattgefunden hat, oder wenn sich der Auftrag erledigt, ohne daß die Aufwertungsstelle mit der Sache befaßt worden ist.

(3) Weitere zwei Zehntel der erwähnten vollen Gebühr erhält der Rechtsanwalt für die Mitwirkung beim Abschluß eines die Sache endgültig erledigenden Vergleichs.

§ 7. (1) § 1, Abs. 3 und § 5 gelten für die Erhebung der Kosten der Rechtsanwälte entsprechend.

(2) Im übrigen sind für die Gebühren und Auslagen der Rechtsanwälte im Verfahren vor den Aufwertungsstellen und im Beschwerdeverfahren die jeweiligen Vorschriften der Deutschen Gebührenordnung für Rechtsanwälte maßgebend.

VIII.

Württemberg*)

1. Württ. Gebührenordnung für Rechtsanwälte vom 15. 2. 27 (RegBl S. 76) mit Änderungen gemäß Art. 266 des Beamtengesetzes vom 21. 1. 29 (RegBl S. 7).

Artikel 1.

Anwendungsgebiet des Gesetzes.

(1) Die Vergütung für die Berufstätigkeit der Rechtsanwälte wird, soweit sie nicht reichsgesetzlich geregelt ist, ausschließlich durch dieses Gesetz bestimmt.

(2) Die Vergütung für eine Tätigkeit, die nicht zu den Berufsgeschäften des RA gerechnet wird und daher auch anderen Personen übertragen zu werden pflegt, z. B. für die Tätigkeit als Mitglied eines Gläubigerausschusses, als Zwangsverwalter, Konkursverwalter, Nachlaßverwalter, Vormund oder Pfleger, Testamentsvollstrecker oder Vermögensverwalter, wird durch die hierfür geltenden Vorschriften oder durch die allgemeinen Grundsätze des bürgerlichen Rechts bestimmt.

1. Abschnitt.

Geschlossene Verfahren.

Artikel 2.

(1) Die Deutsche Gebührenordnung für Rechtsanwälte (DRAGO) ist sinngemäß anzuwenden auf die Berufstätigkeit des RA

1. im Verfahren vor den ordentlichen Gerichten in bürgerlichen Rechtsstreitigkeiten einschließlich der Aufgebotsachen und in Strafsachen, auch wenn es von den Vorschriften der Zivilprozeßordnung oder der Strafprozeßordnung abweicht;
2. in jedem geschlossenen Verfahren, auf das die Zivilprozeßordnung oder die Strafprozeßordnung, wenn auch nur ergänzend oder mit Beschränkungen anzuwenden ist, z. B. im Verfahren vor den Gemeindegerichten, vor dem Kompetenzgerichtshof, vor dem Verwaltungsgerichtshof und im Schuldklag- und Zwangsvollstreckungsverfahren wegen öffentlich-rechtlicher Ansprüche;
3. im Verfahren vor den Finanzgerichten, soweit nicht § 288 Abs. 2 Reichsabgabenordnung (AO) anzuwenden ist;
4. im Dienststrafverfahren;
5. im Verwaltungsstrafverfahren;
6. im Ordnungsstrafverfahren;
7. in jedem anderen geschlossenen Verfahren vor den Verwaltungsbehörden des Reichs oder des Landes.

(2) In dem Verfahren vor den Verwaltungsbehörden, vor dem Verwaltungsgerichtshof, vor dem Kompetenzgerichtshof und vor den Finanzgerichten findet § 16 Abs. 1 Satz 1 DRAGO keine Anwendung.

(3) Das Verfahren vor der Dienststrafkammer sowie vor dem Dienststrafhof für Polizeibeamte (Art. 192 des Beamtengesetzes) steht dem Verfahren vor dem Schöffengericht (§ 63 DRAGO) gleich.

---

*) Vgl. den amtlichen Kommentar im Amtsblatt des JM. 1922, 97 und Bucher-Eichhorn, Gerichts- und Notariatskostenordnung 1927 (enthält auch die WürttLGebO).

2. Abschnitt.

Einzelaufträge.

Artikel 3.

Allgemeine Bestimmung. Vorbereitungsgebühr.

(1) Für die Ausführung der in den Art. 4—13 genannten Aufträge erhält der RA die dort bestimmten Gebühren. Volle Gebühr ist die Gebühr des § 9 DRAGO.

(2) Ist der RA außer zur Ausführung des Auftrags auch zu seiner Vorbereitung tätig gewesen, so erhält er hierfür eine Gebühr, die der Gebühr für die Ausführung des Auftrags gleichkommt (Vorbereitungsgebühr). Beim Zusammentreffen mehrerer gebührenpflichtiger Geschäfte (Art. 12) darf auch die Vorbereitungsgebühr die volle Gebühr nicht übersteigen. Vertritt der RA den Auftraggeber in mehreren Instanzen, so erhält er die Vorbereitungsgebühr in der höheren Instanz nur dann, wenn er in dieser Instanz zu seiner Vorbereitung noch weiter tätig gewesen ist.

Artikel 4.

Zwangsversteigerung.

(1) Im Zwangsversteigerungsverfahren erhält der RA je drei Zehntel der vollen Gebühr für die Vertretung eines Beteiligten

1. bis zur Einleitung des Verteilungsverfahrens;
2. im Verteilungsverfahren.

(2) Die Gebühr nach Abs. 1 Nr. 1 erhöht sich auf vier Zehntel, wenn der RA einen Versteigerungstermin oder einen vorbereitenden Termin nach § 62 des Gesetzes über die Zwangsversteigerung und die Zwangsverwaltung wahrgenommen hat.

(3) Für die Vertretung des Antragstellers bis zur Einleitung des Verteilungsverfahrens erhält der RA, wenn er einen Antrag auf Zwangsversteigerung gestellt hat, an Stelle der Gebühr nach Abs. 1 Nr. 1 vier Zehntel, an Stelle der Gebühr nach Abs. 2 sechs Zehntel der vollen Gebühr.

(4) Drei Zehntel der vollen Gebühr erhält der RA auch dann, wenn unter seiner Mitwirkung eine außergerichtliche Verteilung stattfindet. Auf diese Gebühr wird die Gebühr für die Vertretung im Verteilungsverfahren angerechnet.

(5) Die Gebühren für die Vertretung des Gläubigers oder eines anderen Berechtigten (§ 9 Nr. 1 und 2 des Gesetzes über die Zwangsversteigerung und die Zwangsverwaltung) bestimmen sich nach dem Wert des wahrzunehmenden Rechts, wenn jedoch der Wert des Gegenstands der Zwangsversteigerung oder des Verteilungsverfahrens geringer ist, nach diesem. Die neben einem Hauptanspruch bestehenden Ansprüche wegen der Kosten und anderer Nebenleistungen mit Ausnahme der miteinzuziehenden Zinsen bleiben unberücksichtigt. Im Fall der Vertretung eines sonstigen Beteiligten bestimmen sich die Gebühren nach dem Wert des Gegenstands der Zwangsversteigerung oder des Verteilungsverfahrens oder des Anteils des Vertretenen an diesem Gegenstand. Als Wert des Gegenstands der Zwangsversteigerung gilt die Schätzungssumme. Betrifft das Verfahren mehrere Gegenstände, so sind die Werte der einzelnen Gegenstände zusammenzurechnen.

(6) Beschränkt sich die Tätigkeit des RA auf die Vertretung des Gläubigers in dem Verfahren bis zum Versteigerungstermin, so ist für die Gebührenberechnung an Stelle des Werts des wahrzunehmenden Rechts der Wert des Anspruchs maßgebend, wegen dessen die Zwangsversteigerung beantragt ist, sofern nicht ein Termin wahrgenommen wurde.

(7) Für die Vertretung eines Beteiligten in der Beschwerdeinstanz erhält der RA drei Zehntel der vollen Gebühr aus dem nach Abs. 5 festzusetzenden Wert. Richtet sich die Beschwerde gegen einen Beschluß, der die Anordnung der Zwangsversteigerung ablehnt, so ist für die Wertberechnung Abs. 6 maßgebend. Dieselbe Gebühr erhält der RA auch für die Vertretung eines Beteiligten bei Anrufung der Entscheidung des Vollstreckungsgerichts im Fall des § 13 Abs. 2 des Einführungsgesetzes zum Zwangsversteigerungsgesetz.

Artikel 5.
Zwangsverwaltung.

(1) Für die Vertretung des Gläubigers, des Schuldners oder des Konkursverwalters im Verfahren der Zwangsverwaltung einschließlich des Verteilungsverfahrens erhält der RA für jedes angefangene Jahr der Verwaltung zwei Zehntel der vollen Gebühr aus dem Wert der jährlichen Einkünfte abzüglich der Kosten der Verwaltung, jedoch mindestens fünf Reichsmark im Jahr. Im übrigen gelten für die Berechnung dieser Gebühr und für deren Fälligkeit die Vorschriften des Art. 90 GKO sinngemäß.

(2) Der RA erhält außerdem für den Antrag auf Anordnung der Zwangsverwaltung oder auf Zulassung des Beitritts eine einmalige Gebühr von drei Zehnteln der vollen Gebühr. Ist ein Gläubiger der Antragsteller, so ist für die Berechnung dieser Gebühr der Betrag der einzuziehenden Forderung nebst den miteinzuziehenden Zinsen und sonstigen Nebenleistungen sowie den Kosten maßgebend. Ist der Antrag von dem Konkursverwalter gestellt, so ist die Gebühr aus der Hälfte des Werts des Gegenstands der Zwangsverwaltung zu berechnen.

(3) Beschränkt sich die Tätigkeit des RA auf die Vertretung in dem Verfahren zur Anordnung der Zwangsverwaltung oder zur Zulassung des Beitritts, so erhält er, wenn er einen Antrag auf Zwangsverwaltung gestellt hat, nur die Gebühr nach Abs. 2. Hat er einen solchen Antrag nicht gestellt, so erhält er als einmalige Gebühr zwei Zehntel der vollen Gebühr aus dem in Abs. 2 bezeichneten Wert und bei der Vertretung des Schuldners aus dem zusammengerechneten Wert der einzuziehenden Forderungen nebst Zinsen.

(4) Vertritt der RA im Verteilungsverfahren einen anderen Beteiligten als den Gläubiger, Schuldner oder Konkursverwalter, so gelten die Vorschriften des Art. 4 sinngemäß. Für die Berechnung des Werts wiederkehrender Leistungen ist der Wert der Leistungen eines Jahres, für die Berechnung des Werts des Gegenstands des Verteilungsverfahrens der Betrag der Einkünfte eines Jahres abzüglich der Kosten der Verwaltung maßgebend.

(5) Für die Vertretung eines Beteiligten in der Beschwerdeinstanz erhält der RA drei Zehntel der vollen Gebühr aus dem nach Abs. 3 oder 4 zu berechnenden Wert.

Artikel 6.
Gerichtliches Verteilungsverfahren.

Für die Vergütung der Berufstätigkeit des RA in einem anderen gerichtlichen Verteilungsverfahren gelten die Vorschriften des Art. 4 sinngemäß.

Artikel 7.
Zwangsliquidation einer Bahneinheit.

(1) Für die Vertretung eines Beteiligten im Verfahren der Zwangsliquidation einer Bahneinheit erhält der RA drei Zehntel der vollen Gebühr. Diese Gebühr erhöht sich, wenn er den Antrag auf Eröffnung der Zwangsliquidation gestellt oder einen Beteiligten in der Versammlung der Bahnpfandgläubiger vertreten hat, auf vier Zehntel und, wenn er beide Verrichtungen versehen hat, auf sechs Zehntel der vollen Gebühr.

(2) Für die Vertretung eines Beteiligten in der Beschwerdeinstanz erhält der RA drei Zehntel der vollen Gebühr.

(3) Für die Wertberechnung gelten Art. 4 Abs. 5 und Abs. 7 Satz 2 sinngemäß.

Artikel 8.
Anträge an Behörden.

(1) Für Anträge, Gesuche, Erklärungen und Beschwerden, die an Behörden oder Beamte gerichtet werden, erhält der RA zwei Zehntel der vollen Gebühr, jedoch mindestens zwei Reichsmark. Wenn der RA die einem Antrag oder einer Erklärung zugrunde liegende

Urkunde entworfen und hierfür die Gebühr des Art. 13 verdient hat, kann die Gebühr des Satzes 1 nicht erhoben werden.

(2) Für kurze Anzeigen und einfache Benachrichtigungen, die keine rechtlichen Ausführungen oder sachlichen Auseinandersetzungen enthalten, für Beschleunigungsgesuche, Gesuche um Erteilung von Ausfertigungen oder Abschriften sowie überhaupt für Schreiben, die nur den äußeren Betrieb einer Sache betreffen, erhält der RA eine Gebühr von zwei bis fünf Reichsmark. Diese Gebühr kann jedoch nur erhoben werden, wenn dem RA in der gleichen Angelegenheit keine andere Gebühr zusteht.

Artikel 9.

Schreiben an Privatpersonen.

(1) Für Schreiben an andere Privatpersonen als den Auftraggeber, die rechtliche Ausführungen oder sachliche Auseinandersetzungen enthalten, erhält der RA ein Zehntel der vollen Gebühr.

(2) Eine Gebühr von zwei bis fünf Reichsmark steht dem RA zu:

1. für Schreiben an den Auftraggeber, soweit nicht Art. 11 in Betracht kommt;
2. für Schreiben an andere Privatpersonen, soweit nicht Abs. 1 Platz greift.

Jedoch darf er diese Gebühr nur erheben, wenn er in der gleichen Angelegenheit auf keine andere Gebühr Anspruch hat.

(3) Für die der Einleitung eines Rechtsstreits vorausgehenden Mahnungen, Kündigungen oder Schreiben ähnlicher Art kann eine Gebühr nicht gefordert werden, wenn dem RA die Prozeßgebühr ganz oder teilweise oder wenn ihm die Gebühr des § 44 DRAGO zusteht.

Artikel 10.

Wahrnehmungen von Terminen.

(1) Für die Wahrnehmung eines Termins oder für die mündliche Verhandlung mit einer anderen Person als dem Auftraggeber, in der eine rechtliche oder sachliche Erörterung stattfindet, erhält der RA drei Zehntel der vollen Gebühr. Werden in derselben Angelegenheit mehrere Termine wahrgenommen oder mehrere Verhandlungen geführt, so beträgt die Gebühr für den zweiten oder jeden weiteren Termin sowie für die zweite oder jede weitere Verhandlung zwei Zehntel.

(2) Bei Wahrnehmung eines Termins vor einer Behörde beträgt die Gebühr mindestens zwei Reichsmark, sofern nicht der Termin nur zur Empfangnahme oder Ablieferung von Geldern oder Wertpapieren bestimmt ist. Der Gesamtbetrag der in einer Angelegenheit nach Abs. 1 anzusetzenden Gebühren darf in einer Instanz die volle Gebühr nicht übersteigen.

Artikel 11.

Rat und Gutachten.

(1) Für einen Rat oder eine Besprechung mit der Partei erhält der RA ein bis drei Zehntel der vollen Gebühr.

(2) Für ein schriftliches Gutachten hat er die volle Gebühr zu beanspruchen. Ist die Gebühr für das Gutachten einschließlich der Vorbereitungsgebühr (Art. 3 Abs. 2) im Hinblick auf die besondere Wichtigkeit, Weitläufigkeit oder Schwierigkeit des Gutachtens zu nieder, so kann der RA eine angemessene Erhöhung der Gebühr verlangen.

Artikel 12.

Gemeinsame Bestimmungen zu Art. 8—11.

(1) Der Gesamtbetrag der in einer Angelegenheit nach den Art. 8, 9 und 11 anzusetzenden Gebühren darf in einer Instanz die volle Gebühr nicht übersteigen.

(2) Die Gebühren der Art. 8—11 bleiben in allen Instanzen gleich hoch.

Artikel 13.

Entwurf von Urkunden. Auseinandersetzungen.

Für den Entwurf einer Urkunde und für die Vermittlung der Auseinandersetzung eines Nachlasses oder des Gesamtguts einer Gütergemeinschaft erhält der RA die Gebühren nach der Reichskostenordnung*). Bei Vermittlung einer Auseinandersetzung ermäßigt sich die Gebühr um den Betrag des Staatsanteils. Ist die Gebühr für den Entwurf einer Urkunde einschließlich der Vorbereitungsgebühr (Art. 3 Abs. 2) im Hinblick auf die besondere Wichtigkeit, Weitläufigkeit oder Schwierigkeit des Entwurfs zu nieder, so kann der RA eine angemessene Erhöhung der Gebühr beanspruchen.

Artikel 14.

Geldeinziehung.

(1) Für die Einnahme und Auszahlung von Geldern in Angelegenheiten, auf die die DRAGO nicht im ganzen Umfang anzuwenden ist, erhält der RA

1. wenn er Geld zur Auszahlung empfängt bis zu 500 Reichsmark 0,6 vom Hundert,
   vom Betrag über 500 bis zu 3000 Reichsmark . . . . 0,3 vom Hundert,
   vom Betrag über 3000 bis zu 10000 Reichsmark . . . . 0,2 vom Hundert,
   vom Betrag über 10000 Reichsmark . . . . 0,1 vom Hundert;
2. wenn er Geld für den Auftraggeber erhebt, das Zweifache dieser Sätze.

Mit dieser Gebühr ist die Verwahrung des Geldes von der Einnahme bis zur Auszahlung und die Auszahlung abgegolten. Ist Geld in mehreren Beträgen gesondert auszuzahlen oder in mehreren Terminen gesondert zu erheben, so werden die Gebühren von jeder Summe besonders berechnet.

(2) Wenn der RA Wertpapiere zur Ablieferung in Empfang nimmt, so hat er Anspruch auf die halbe und, wenn er Wertpapiere zur Ablieferung für den Auftraggeber erhebt auf die ganze Gebühr des Abs. 1 Nr. 1.

Artikel 15.

Anwendung einzelner Vorschriften der Deutschen Gebührenordnung für Rechtsanwälte.

(1) Die §§ 2—6, 8, 10—12, 76 Abs. 1, 77, 86, 93 und 94 der DRAGO gelten bei den Geschäften dieses Abschnitts sinngemäß.

(2) In den Fällen der Art. 4—7 gelten auch die Vorschriften der §§ 7, 25, 26, 29—32, 35, 36, 48—51 der DRAGO sinngemäß. Steht dem RA in derselben Instanz eine Gebühr für den Antrag auf Eintragung einer Sicherungshypothek zu, so wird sie auf die Gebühren nach Art. 4 Abs. 1 Nr. 1 oder Abs. 2, Art. 5 Abs. 2 und Art. 7 Abs. 1 Satz 1 angerechnet.

(3) Schreibgebühren erhält der RA in den Fällen des zweiten Abschnitts nach der Notariatskostenordnung.

3. Abschnitt.

Schlußbestimmungen.

Artikel 16.

Allgemeine Gebühr.

Ist für das dem RA übertragene Geschäft eine Gebühr nicht vorgesehen, so wird sie durch sinngemäße Anwendung der Vorschriften der DRAGO und dieses Gesetzes bestimmt. Das gleiche gilt, soweit für die begonnene Ausführung eines Auftrags, der vor der vollständigen Ausführung erledigt wurde, keine Gebühr vorgesehen ist.

Artikel 17.

Verordnungsrecht.

Das Staatsministerium wird ermächtigt, innerhalb der landesgesetzlichen Zuständig-

*) Neue Fassung vom 20. Dez. 1926, RegBl 302 ff, sowie geändert gemäß § 159 der Kostenordnung vom 25. 11. 35 (RGBl I 1371).

keit für bestimmt abzugrenzende Einzelgebiete der Anwaltstätigkeit eine Sonderregelung zu treffen, die unter den Sätzen dieses Gesetzes bleibt.

Artikel 18.

Inkrafttreten und Vollziehung.

(1) Das Gesetz ist dringlich. Es tritt am 1. März 1927 in Kraft; es ist auf alle zur Zeit des Inkrafttretens noch nicht fälligen Gebühren anzuwenden.

(2) Mit dem gleichen Zeitpunkt treten das Gesetz, betreffend die landesrechtlichen Vorschriften über die Gebühren der Rechtsanwälte (Württ. GebO f. RA), vom 1. 12. 1906 (RegBl 811) und die Gesetze, betreffend Änderung der Württ. GebO f. RA, vom 18. 7. 1921 (RegBl 347) und vom 28. 7. 1925 (RegBl 143) außer Kraft.

(3) Das Justizministerium vollzieht das Gesetz.

2. VO des Staatsministeriums über die Gebühren der Rechtsanwälte in Aufwertungssachen vom 30. 7. 25 (RegBl S. 143).

Auf Grund des Gesetzes über die Änderungen der Württ. GebO f. RA vom 28. 7. 1925 (RegBl 143) wird verordnet:

Für die Berufstätigkeit des RA im Aufwertungsverfahren richtet sich die Vergütung nach der entsprechend anzuwendenden Deutschen Gebührenordnung für Rechtsanwälte mit der Maßgabe, daß für jede Instanz betragen:

a) die Prozeßgebühr nach § 13 Nr. 1 der DRAGO sechs Zehnteile,

b) die Verhandlungsgebühr einschließlich einer etwaigen Beweisgebühr nach § 13 Nr. 2 und 4 a. a. O. sechs Zehnteile,

c) die Vergleichsgebühr nach § 13 Nr. 3 a. a. O. drei Zehnteile der nach § 9 dieser Gebührenordnung zu erhebenden einfachen Gebühr.

Die Gebühren zu a—c betragen mindestens zwei Reichsmark.

Diese Verordnung tritt mit dem Tage ihrer Verkündigung*) in Kraft, sie gilt auch bei allen anhängigen Aufwertungsverfahren für die Gebühren, die nach dem Inkrafttreten der Verordnung fällig geworden sind.

3. VO des Staatsministeriums über die Gebühren der Rechtsanwälte im Verfahren zur Bewilligung von Zahlungsfristen bei Aufwertungshypotheken vom 4. 10. 30. (RegBl S. 303).

Die Vergütung für die Berufstätigkeit des Rechtsanwalts richtet sich nach der Deutschen Gebührenordnung für Rechtsanwälte mit der Maßgabe, daß die Prozeßgebühr $^5/_{10}$, die Verhandlungsgebühr einschließlich einer etwaigen Beweis- oder Weiterverhandlungsgebühr $^2/_{10}$, die Vergleichsgebühr $^2/_{10}$ beträgt, die Gebühren mindestens aber je 2 Mark.

*) Verkündet am 3. Aug. 1925.

IX.

Baden

1. Badische Landesgebührenordnung vom 19. März 1925.
(GVBl S. 43.)

A. Allgemeine Bestimmungen.

§ 1. Die Vergütung für die Berufstätigkeit der Rechtsanwälte bestimmt sich, soweit sie nicht reichsrechtlich oder für besondere Fälle landesrechtlich geregelt ist, nach den nachstehenden Vorschriften.

§ 2. 1. Die Reichsgebührenordnung für Rechtsanwälte und die sie ergänzenden und abändernden Vorschriften finden entsprechende Anwendung, soweit nicht in den nachstehenden Bestimmungen Abweichendes angeordnet ist.

2. Volle Gebühr im Sinne der nachstehenden Vorschriften ist die in § 9 der Reichsgebührenordnung für Rechtsanwälte bestimmte Gebühr.

§ 3. Die Gebühren werden für jede Instanz besonders berechnet.

B. Zwangsvollstreckung in das unbewegliche Vermögen und Verteilungsverfahren.

§ 4. 1. Für die Vertretung eines Beteiligten im Verfahren der Zwangsversteigerung erhält der Rechtsanwalt fünf Zehnteile der vollen Gebühr.

a) für die Vertretung bis zur Einleitung des Verteilungsverfahrens (Beitreibungsgebühr),

b) für die Vertretung im Verteilungsverfahren (Verteilungsgebühr).

2. Eine einmalige volle Gebühr erhält der Rechtsanwalt für die Wahrnehmung von Terminen (Terminsgebühr).

3. Die Verteilungsgebühr steht dem Rechtsanwalte auch dann zu, wenn unter seiner Mitwirkung eine außergerichtliche Verteilung stattfindet.

4. Im Falle der Vertretung des Gläubigers oder eines anderen Berechtigten (Gesetz über die Zwangsversteigerung und die Zwangsverwaltung § 9 Nr. 1 und 2) bestimmt sich die Beitreibungsgebühr und die Terminsgebühr nach dem Wert des wahrzunehmenden Rechtes, wenn jedoch der Wert des Gegenstandes der Zwangsversteigerung geringer ist, nach diesem; die Verteilungsgebühr bemißt sich nach dem im Verteilungsverfahren auf den Vertretenen entfallenden Betrag. Im Falle der Vertretung eines anderen Beteiligten bestimmen sich die Gebühren nach dem Werte des Gegenstandes der Zwangsversteigerung oder des Verteilungsverfahrens oder des Anteils des Vertretenen an diesem Gegenstande. Auf die Berechnung des Wertes des Gegenstandes der Zwangsversteigerung oder des Verteilungsverfahrens finden die Vorschriften des badischen Kostengesetzes entsprechende Anwendung.

5. Beschränkt sich die Tätigkeit des Rechtsanwalts auf die Vertretung des Gläubigers in dem Verfahren bis zum Versteigerungstermin, so ist für die Gebührenberechnung an Stelle des Wertes des Rechtes der Wert des Anspruchs, wegen dessen die Zwangsversteigerung beantragt ist, maßgebend, sofern nicht die Wahrnehmung eines anderen Termins stattgefunden hat.

§ 5. 1. Für die Vertretung des Gläubigers, des Schuldners oder des Konkursverwalters im Verfahren der Zwangsverwaltung einschließlich des Verteilungsverfahrens erhält der Rechtsanwalt für jedes angefangene Jahr die volle Gebühr, berechnet aus dem Werte des auf den Vertretenen entfallenden Anteils an den jährlichen Einkünften.

2. Der Vertreter des Antragstellers erhält außerdem eine einmalige Gebühr von fünf Zehnteilen der vollen Gebühr nach dem Werte des wahrzunehmenden Rechtes, wenn jedoch der Wert der jährlichen Einkünfte geringer ist, nach diesem; ist ein Gläubiger der Antragsteller, so tritt an die Stelle des Wertes des Rechtes der Wert des Anspruchs, wegen dessen die Zwangsverwaltung beantragt ist.

3. Beschränkt sich die Tätigkeit des Rechtsanwalts auf die Vertretung in dem Verfahren wegen Anordnung der Zwangsverwaltung, so erhält der Rechtsanwalt nur die im Absatz 2 bestimmte Gebühr.

4. Vertritt der Rechtsanwalt in dem Verteilungsverfahren einen anderen Beteiligten als den Gläubiger, Schuldner oder Konkursverwalter, so erhält er die volle Gebühr (Verteilungsgebühr); die Bestimmungen über die Verteilungsgebühr im Versteigerungsverfahren finden entsprechende Anwendung. Für die Berechnung des Wertes wiederkehrender Leistungen ist der Wert der Leistungen eines Jahres, für die Berechnung des Wertes des Gegenstandes des Verteilungsverfahrens ist der auf den Vertretenen entfallende Anteil an den Einkünften eines Jahres maßgebend.

5. Auf die Wertsberechnung finden die Vorschriften des bad. Kostengesetzes entsprechende Anwendung.

§ 6. 1. Für die Wahrnehmung eines Termins bei der Zwangsvollstreckung in das unbewegliche Vermögen erhält der Rechtsanwalt, sofern er im übrigen nicht mit der Vertretung eines Beteiligten beauftragt ist, fünf Zehnteile der vollen Gebühr.

2. Dieselbe Gebühr erhält der Rechtsanwalt, dessen Tätigkeit sich auf die Anfertigung eines bei dem Vollstreckungsgericht einzureichenden Schriftsatzes beschränkt.

3. Auf die Wertberechnung finden die Vorschriften des § 4 und § 5 Absatz 2 entsprechende Anwendung.

§ 7. 1. Für die Anrufung des Vollstreckungsgerichts erhält der Rechtsanwalt drei Zehnteile der vollen Gebühr; beschränkt sich die Tätigkeit des Rechtsanwalts auf diese Anrufung, so erhält er fünf Zehnteile der vollen Gebühr.

2. Auf die Wertsberechnung finden die Vorschriften des § 4 und § 5 Absatz 2 entsprechende Anwendung.

§ 8. Für den Antrag auf Eintragung einer Sicherungshypothek nach §§ 886 und 932 der Zivilprozeßordnung erhält der Rechtsanwalt drei Zehnteile der vollen Gebühr.

§ 9. Auf die Vergütung der Berufstätigkeit eines Rechtsanwalts in einem Verteilungsverfahren außerhalb der Fälle der Zwangsversteigerung oder der Zwangsverwaltung finden die Vorschriften des § 4 entsprechende Anwendung.

C. Verwaltungs- und verwaltungsgerichtliche Verfahren.

§ 10. Die Gebühren im Verwaltungsverfahren vor den Behörden der inneren Verwaltung und im verwaltungsgerichtlichen Verfahren bleiben bis auf weiteres durch Verordnung geregelt.

D. Dienststrafverfahren und ehrengerichtliches Verfahren.

§ 11. In einem Dienststrafverfahren oder in einem gesetzlich geordneten ehrengerichtlichen Verfahren stehen dem Rechtsanwalt die Gebühren wie für die Verteidigung in Schwurgerichtsachen zu.

E. Tätigkeit vor Behörden außerhalb eines Rechtsstreits.

§ 12. 1. Bei der Wahrnehmung von Parteiinteressen in Angelegenheiten, die außerhalb eines Rechtsstreits vor Behörden zu vertreten sind, erhält der Rechtsanwalt eine nach den Umständen des einzelnen Falles zu bemessende Vergütung in Höhe von drei Zehnteilen bis zu zehn Zehnteilen der vollen Gebühr

a) für den Geschäftsbetrieb, einschließlich der Information und der Einreichung von Schriftsätzen (Geschäftsgebühr),

b) für die Mitwirkung bei mündlichen Verhandlungen vor Behörden (Verhandlungsgebühr),
c) für die Beischaffung von Beweismitteln oder die Mitwirkung bei Beweisaufnahmen (Beweisgebühr),
d) für die Mitwirkung bei Abschluß eines Vergleichs (Vergleichsgebühr).

2. Der Gesamtbetrag der in derselben Angelegenheit erwachsenden Gebühren darf das Dreifache der vollen Gebühr nicht übersteigen.

F. Sonstige Tätigkeit des Rechtsanwalts.

§ 13. 1. Auf die sonstige Tätigkeit des Rechtsanwalts außerhalb des Verfahrens vor Gerichten und Behörden finden die Bestimmungen des § 12 entsprechende Anwendung.

2. Für die der Einleitung eines Rechtsstreits oder einem gerichtlichen Mahnverfahren vorausgehenden Mahnungen, Kündigungen oder Schreiben ähnlicher Art kann eine Gebühr nicht gefordert werden, soweit dem Rechtsanwalt die Prozeßgebühr oder die Gebühr nach § 38 Absatz 1 Ziffer 1 der Gebührenordnung für Rechtsanwälte zusteht.

§ 14. Beschränkt sich die Tätigkeit des Rechtsanwalts auf den Entwurf oder die Prüfung von Urkunden über ein Rechtsgeschäft, so erhält er eine nach den Umständen des Einzelfalles zu bemessende Gebühr von drei Zehnteilen bis fünfzehn Zehnteilen (Urkundengebühr).

§ 15. Für einen Rat oder für eine Besprechung erhält der Rechtsanwalt, soweit nicht eine andere Gebühr erwächst, drei Zehnteile der vollen Gebühr.

§ 16. Ist für das dem Rechtsanwalt übertragene Geschäft eine Gebühr nicht bestimmt, so erhält er eine unter Anwendung der Bestimmungen der Reichsgebührenordnung für Rechtsanwälte und des gegenwärtigen Gesetzes zu bemessende Gebühr. Das gleiche gilt, soweit für die begonnene oder vorbereitete Ausführung eines vor der vollständigen Ausführung erledigten Auftrags eine Gebühr nicht vorgesehen ist.

G. Schluß- und Übergangsbestimmungen.

§ 17. Allgemeine gesetzliche Vorschriften über die von Behörden festzusetzende Vergütung für eine Tätigkeit, welche die Zulassung zur Rechtsanwaltschaft nicht voraussetzt, sind auch für die Rechtsanwälte maßgebend.

§ 18. Die Vorschriften dieses Gesetzes finden auf die vor seinem Inkrafttreten noch nicht erledigten Aufträge Anwendung, soweit nicht die Instanz vor diesem Zeitpunkt beendet war.

§ 19. 1. Dieses Gesetz tritt am 1. April 1925 in Kraft.

2. Auf den gleichen Zeitpunkt wird die Verordnung vom 16. September 1879 über die Gebühren der Rechtsanwälte (Gesetz- und Verordnungsblatt S. 687) und § 12 Absatz 5 des Verwaltungsrechtspflegegesetzes aufgehoben.

2. Verordnung vom 30. Mai 1924.

betr. die Gebühren der Rechtsanwälte in Verwaltungsrechtsstreitigkeiten, Verwaltungs- und Polizeisachen.
(GVBl 143.)
in der Fassung der VO vom 4. Mai 1925, GVBl S. 101.

Mit Ermächtigung des Staatsministeriums wird unter Aufhebung der Verordnung vom 8. Oktober 1884 über die Gebühren der Rechtsanwälte in Verwaltungsrechtsstreitigkeiten, Verwaltungs- und Polizeisachen in der Fassung der Verordnung vom 12. April 1922 (Gesetz- und Verordnungsblatt S. 377), verordnet, was folgt:

A. Verwaltungsrechtsstreitigkeiten.

§ 1. Auf die Berufstätigkeit der Rechtsanwälte in den Verfahren vor den badischen Verwaltungsgerichten findet die Reichsgebührenordnung für Rechtsanwälte in ihrer jeweilig geltenden Fassung entsprechende Anwendung, soweit nicht nachstehend etwas anderes bestimmt wird.

§ 2. Volle Gebühr im Sinne dieser Verordnung ist die in § 9 der Reichsgebührenordnung bestimmte Gebühr.

§ 3. Die Verhandlungsgebühr steht dem Rechtsanwalt, welcher nicht mündlich verhandelt hat, in Höhe von vier Zehnteilen der vollen Gebühr zu, wenn von einem der Streitteile oder dem Ministerialbevollmächtigten Entscheidung nach Lage der Akten, im Berufungsverfahren Entscheidung auf Grund des Tatbestandes des bezirksrätlichen Urteils beantragt und die Sache im ersten Termin zur Entscheidung reif ist.

§ 4. Die Beweisgebühr steht dem Rechtsanwalt nur für die Teilnahme an einem Termin zur Beweisaufnahme vor dem Prozeßgericht, dem beauftragten oder ersuchten Richter oder vor einem Bezirksamt zu.

§ 5. Vertritt der als Vertreter einer Partei bestellte Rechtsanwalt auch einen zum Rechtsstreit Beigeladenen (§ 21 des Verwaltungsrechtspflegegesetzes), so gilt § 51 der Reichsgebührenordnung entsprechend.

§ 6. Auf Antrag der Partei oder des Rechtsanwalts hat der Vorsitzende des Bezirksrates, im Berufungsverfahren sowie in Streitigkeiten, in welchen der Verwaltungsgerichtshof in erster Instanz entscheidet (§§ 3 und 4 des Gesetzes vom 14. Juni 1884 über die Verwaltungsrechtspflege), der Verwaltungsgerichtshof den Betrag der dem Rechtsanwalt nach Maßgabe der Bestimmungen dieser Verordnung zustehenden Gebühren festzusetzen.

B. Verwaltungs- und Polizeisachen.

§ 7. Auf die Wahrnehmung von Parteiinteressen vor den Behörden der inneren Verwaltung findet § 12 der Badischen Landesgebührenordnung für Rechtsanwälte (Gesetz- und Verordnungsblatt 1925 S. 43) entsprechend Anwendung.

Im Sinne des § 67 der Reichsgebührenordnung steht das Verwaltungsstrafverfahren dem Vorverfahren gleich.

§ 8. Die Festsetzung des zu erstattenden Betrages erfolgt für alle Instanzen durch die in erster Instanz in der Angelegenheit zuständige Behörde. Soweit eine Behörde in der Sache selbst endgültig entscheidet, findet gegen deren Festsetzung kein Rechtsmittel statt.

C. Schluß- und Übergangsbestimmungen.

§ 9. Diese Verordnung tritt mit dem Tage ihrer Verkündung in Kraft; sie findet auf die vor ihrem Inkrafttreten anhängig gewordenen Rechtsstreite Anwendung, soweit nicht die Instanz vor diesem Zeitpunkt beendet war. Als Ende der Instanz im Sinne des vorhergehenden Satzes gilt, sofern die Instanz mit einem Urteil abschließt, der Zeitpunkt der Zustellung des Urteils an die Prozeßbevollmächtigten; findet die Instanz ihren Abschluß durch Zurücknahme der Klage oder Berufung oder durch Beruhen des Verfahrens, so gilt als Ende der Instanz im ersten Fall der Tag, an dem die Zurücknahme-Erklärung beim Gericht einkommt, im zweiten Fall der Tag des Gerichtsbeschlusses über das Beruhen.

§ 10. In denjenigen Rechtsstreiten, in denen die Instanz in der Zeit vom 15. September 1923 bis zum Tage vor dem Inkrafttreten dieser Verordnung beendet wurde (§ 9) und die Rechtsanwaltskosten an dem letztgenannten Tage noch nicht vollständig bezahlt sind, treten an die Stelle der im Abschnitt II der Verordnung vom $\frac{\text{8. Oktober 1884}}{\text{12. April 1922}}$, die Gebühren der Rechtsanwälte in Verwaltungsstreitigkeiten, Verwaltungs- und Polizeisachen bestimmten Gebührenbeträge die in der Verordnung vom 8. Oktober 1884 bestimmten Beträge in Goldmark. Für die Berechnung der Gebühren ist der Streitwert (§ 8 Absatz 1 Ziffern II und III der genannten Verordnung) nach dem vom Reichsminister der Finanzen bekanntgegebenen Goldumrechnungssatz (§ 2 der Durchführungsbestimmungen zur Aufwertungsverordnung vom 13. Oktober 1923, Reichsgesetzblatt Teil I S. 591) auf den Zeitpunkt des Inkrafttretens dieser Verordnung in Goldmark umzurechnen. Artikel I Absatz 2, IV, V und VII Ansatz 2 der 13. Verordnung über die Gebühren der Rechtsanwälte vom 13. Dezember 1923 (Reichsgesetzblatt I S. 1188) gelten entsprechend.

3. Verordnung, die Gebühren der Rechtsanwälte im Verfahren vor dem Landesversicherungsamte betr., v. 18. 1. 1912 (GVBl 34).

§ 1. Die Vergütung für die Berufstätigkeit eines RA beträgt im Verfahren vor dem Landesversicherungsamt 5 bis 100 M.

Werden mehrere Streitfälle zu gemeinsamer Verhandlung und Entscheidung verbunden, so wird die Vergütung für die Instanz nur einmal gewährt.

§ 2. Für die Teilnahme an Beweisverhandlungen außerhalb des Sitzes des LandesVA kann, wenn die Anwesenheit des RA geboten war, außer der im § 1 bezeichneten eine angemessene Entschädigung zugebilligt werden.

Die Kosten für Reisen zur mündlichen Verhandlung oder zu anderen Zwecken sowie sonstige Auslagen werden neben der im § 1 bezeichneten Vergütung nicht erstattet. Jedoch ist bei der Festsetzung dieser Vergütung innerhalb der dafür gezogenen Grenzen auf Schreibgebühren, Postgeld oder sonstige Auslagen Rücksicht zu nehmen.

§ 3. Diese Verordnung tritt auch für die Invaliden- und Hinterbliebenenversicherung mit dem 1. Januar 1912, für die übrigen Zweige der Reichsversicherung an den Tagen in Kraft, von denen an für diese die Vorschriften der RVersO über das Verfahren in Kraft gesetzt werden. Mit dem Tage des Inkrafttretens der Vorschriften des 3. Buches der RVersf tritt die VO obigen Betreffs v. 14. 1. 1902 (GVBl S. 40) außer Kraft.

X.

Hessen

Landesgebührenordnung für die Rechtsanwälte in Hessen

vom 24. 7. 23 (Hess. RegBl S. 229).

A. Allgemeine Bestimmungen.

Art. 1. Die Vergütung für die Berufstätigkeit der Rechtsanwälte bestimmt sich, soweit sie nicht reichsgesetzlich geregelt ist, nach den nachstehenden Vorschriften.

Art. 2. Die Deutsche Gebührenordnung für Rechtsanwälte und die sie ergänzenden und abändernden Reichsvorschriften finden entsprechende Anwendung auf die Berufstätigkeit der Rechtsanwälte in Sachen, die nach diesem Gesetz vergütet werden, soweit nicht nachfolgend etwas Besonderes bestimmt ist.

Volle Gebühr im Sinne der nachstehenden Vorschriften ist die in § 9 der DGebO f. RA bestimmte Gebühr.

Die Gebühr kann durch Vertrag formlos höher festgesetzt werden. Der § 93 Abs. 3 der DGebO f. RA findet keine Anwendung.

Steht die Vergütung offenbar nicht in entsprechendem Verhältnis zur Leistung des Anwalts, so kann von diesem auch ohne besondere Vereinbarung ein Zuschlag zu den Gebühren hinzugesetzt werden.

Post- und Fernsprechgebühren kann der RA gesondert in Rechnung stellen.

Bei Unterhaltsansprüchen im Sinne des § 10 des DGKG ist für die grundsätzliche Regelung der Unterhaltspflicht der fünfjährige Rentenbezug maßgebend, falls die Summe der geforderten Rentenbezüge geringer ist, die letztere.

B. Streitige bürgerliche Gerichtsbarkeit.

Art. 3. Für die Vertretung eines Beteiligten im Verfahren der Zwangsversteigerung erhält der RA $^3/_{10}$ der vollen Gebühr:

1. für die Vertretung bis zur Einleitung des Verteilungsverfahrens;
2. für die Vertretung im Verteilungsverfahren.

Der Vertreter des Antragstellers oder eines Beteiligten erhält außerdem $^3/_{10}$ der vollen Gebühr für die Wahrnehmung der Versteigerungstermine.

Die Gebühr für die Vertretung im Verteilungsverfahren steht dem RA auch dann zu, wenn unter seiner Mitwirkung eine außergerichtliche Verteilung stattfindet.

Die Gebühren für die Vertretung des Gläubigers oder eines anderen Berechtigten (§ 9 Nr. 1, 2 des Ges. über die Zwangsverst. und die Zwangsverw.) bestimmen sich nach dem Werte des wahrzunehmenden Rechtes, wenn jedoch der Wert des Gegenstandes der Zwangsversteigerung oder des Verteilungsverfahrens geringer ist, nach diesem. Im Falle der Vertretung eines anderen Beteiligten bestimmen sich die Gebühren nach dem Werte des Gegenstandes der Zwangsversteigerung oder des Verteilungsverfahrens oder des Anteils des Vertretenen an diesem Gegenstande. Auf die Berechnung des Wertes des Gegenstandes der Zwangsversteigerung oder des Verteilungsverfahrens finden die für die Gerichtskosten geltenden Vorschriften Anwendung. Betrifft das Verfahren mehrere Gegenstände, so sind für die Gebührenberechnung die für die einzelnen Gegenstände maßgebenden Beträge zusammenzurechnen.

Beschränkt sich die Tätigkeit des RA auf die Vertretung des Gläubigers in dem Verfahren bis zum Versteigerungstermin, so ist für die Gebührenberechnung an die Stelle des

Wertes des Rechtes der Wert des Anspruchs, wegen dessen die Zwangsversteigerung beantragt ist, maßgebend, sofern nicht die Wahrnehmung eines anderen Termins stattgefunden hat.

Art. 4. Für die Vertretung des Gläubigers, des Schuldners oder des Konkursverwalters im Verfahren der Zwangsverwaltung, einschließlich des Verteilungsverfahrens, erhält der RA für jedes angefangene Jahr $^3/_{10}$ der vollen Gebühr nach dem Werte der jährlichen Einkünfte. Auf die Berechnung dieser Gebühr finden die für die Gerichtskosten geltenden Vorschriften entsprechende Anwendung.

Der Vertreter des Antragstellers erhält außerdem $^3/_{10}$ der vollen Gebühr nach dem Werte des wahrzunehmenden Rechtes, wenn jedoch der Wert des Gegenstandes der Zwangsverwaltung geringer ist, nach diesem; ist ein Gläubiger der Antragsteller, so tritt an die Stelle des Wertes des Rechtes der Wert des Anspruchs, wegen dessen die Zwangsverwaltung beantragt ist. Auf die Berechnung des Wertes des Gegenstandes der Zwangsverwaltung finden die Bestimmungen im Art. 3 Abs. 4 Satz 3, 4 Anwendung.

Beschränkt sich die Tätigkeit des RA auf die Vertretung in dem Verfahren wegen Anordnung der Zwangsverwaltung, so erhält der RA nur die im Abs. 2 bestimmte Gebühr.

Vertritt der RA einen anderen Beteiligten als den Gläubiger, Schuldner oder Konkursverwalter, so finden die Vorschriften des Art. 3 entsprechende Anwendung; für die Berechnung des Wertes wiederkehrender Leistungen ist der Wert der Leistungen eines Jahres, für die Berechnung des Wertes des Gegenstandes des Verteilungsverfahrens ist der Betrag der Einkünfte eines Jahres, abzüglich der Ausgaben der Verwaltung, maßgebend.

Art. 5. Für die Wahrnehmung eines Termins erhält der RA, sofern er im übrigen nicht mit der Vertretung eines Beteiligten beauftragt ist, drei Zehnteile der vollen Gebühr.

Dieselbe Gebühr erhält der RA, dessen Tätigkeit sich auf die Anfertigung eines bei dem Vollstreckungsgericht einzureichenden Schriftsatzes oder auf die Erteilung eines Rates beschränkt.

Auf die Wertsberechnung finden die Vorschriften des Art. 3 Abs. 4, 5 und des Art. 4 entsprechende Anwendung.

Art. 6. Auf die Vergütung der Berufstätigkeit eines RA in einem Verteilungsverfahren außerhalb der Fälle der Zwangsversteigerung oder der Zwangsverwaltung finden die Vorschriften des Art. 3 entsprechende Anwendung.

C. Disziplinarstraf- und ehrengerichtliches Verfahren.

Art. 7. Die Bestimmungen in Art. 2 finden auch Anwendung auf die Berufstätigkeit des RA:

1. im Disziplinarstrafverfahren;
2. in einem gesetzlich geordneten ehrengerichtlichen Verfahren.

Das Verfahren vor der Disziplinarbehörde oder dem Ehrengerichte steht im Sinne des § 63 der DGebO f. RA dem Verfahren vor der Strafkammer gleich.

D. Tätigkeit vor Behörden außerhalb eines bürgerlichen Rechtsstreits.

Art. 8. Auf die Wahrnehmung von Parteiinteressen in Angelegenheiten, die außerhalb eines Rechtsstreits vor Behörden zu vertreten sind, findet Art. 2 gleichfalls Anwendung mit der Maßgabe, daß, wenn ein rechtliche Ausführungen oder sachliche Auseinandersetzungen enthaltender Schriftsatz eingereicht wird, außer der Gebühr des § 13 Ziff. 1 der DGebO f. RA auch die Gebühr des § 13 Ziff. 2 dem RA zusteht. Kommt es in der Sache zu einem Vergleiche, so steht dem RA auch die Gebühr des § 13 Ziff. 3 zu. Hat er eingehende Vergleichsverhandlungen geführt, ohne daß es zu einem Vergleiche unter seiner Mitwirkung gekommen ist, so steht ihm außer den vorgenannten Gebühren noch eine Zuschlaggebühr von fünf Zehnteilen zu.

Für einfache Eingaben, Gesuche und Anträge erhält der RA nur fünf Zehnteile der Gebühr, für kurze Anzeigen, Benachrichtigungen und Ausfertigungsgesuche nur zwei Zehnteile der Gebühr.

Vertritt der Anwalt Parteiinteressen in einem Auseinandersetzungsverfahren, so steht ihm die Gebühr des § 9 der DGebO f. RA dreimal zu.

E. Sonstige Tätigkeit außerhalb eines bürgerlichen Rechtsstreits.

Art. 9. Für einen Rat erhält der Anwalt fünf Zehnteile der Gebühr des § 9 der DGebO f. RA. In besonders einfachen Fällen und bei Gesetzesauskunft ermäßigt sich die Gebühr bis auf drei Zehnteile; bei schwierigen Rechtsfragen, die besondere rechtliche oder tatsächliche Nachprüfung erfordern, erhöht sich die Gebühr bis auf zehn Zehnteile.

Für eine Aufforderung zur Leistung erhält der Anwalt fünf Zehnteile der Gebühr. In einfachen Fällen kann auf drei Zehnteile herabgegangen werden.

War der Anwalt von einer oder mehreren Seiten mit der Aufklärung oder Erledigung einer Sache beauftragt, so erhält er für seine gesamte Tätigkeit einschließlich Information und Verhandlung mit den Parteien eine volle Gebühr. Für eine Mitwirkung an einem Ausgleich in solcher Sache steht dem Anwalt die volle Vergleichsgebühr zu. Art. 8 Abs. 1 Satz 3 findet Anwendung.

Art. 10. Für den Entwurf einer Urkunde erhält der RA eine angemessene Gebühr unter Berücksichtigung der für Notare geltenden Vorschriften.

Art. 11. Ist für das dem RA übertragene Geschäft eine Gebühr nicht bestimmt, so erhält er eine unter entsprechender Anwendung der Bestimmungen der DGebO f. RA und des gegenwärtigen Gesetzes zu bemessende Gebühr. Das gleiche gilt, soweit für die begonnene oder vorbereitete Ausführung eines vor der vollständigen Ausführung erledigten Auftrags eine Gebühr nicht vorgesehen ist.

F. Verwaltungs- und verwaltungsgerichtliche Angelegenheiten.

Art. 12. Die DGebO f. RA findet entsprechende Anwendung auf die Berufstätigkeit des Rechtsanwaltes:

1. in dem Verfahren vor den Verwaltungsgerichten, den Kreis- und Provinzialausschüssen als höheren Verwaltungsbehörden, vor Einigungsämtern und ähnlichen Spruchbehörden;
2. in dem Verfahren, betreffend die Veranlagung von Staats- oder Gemeindesteuern einschließlich Rechtsmittelverfahren;
3. im Verwaltungsstrafverfahren.

Die Verteidigung im Verwaltungsstrafverfahren steht bezüglich der Gebühren der Verteidigung im Vorverfahren (§ 67 der DGebO) gleich.

Art. 8 dieses Gesetzes findet auch in den Fällen der Ziff. 1, 2 Anwendung.

Art. 13. Der Wert des Streitgegenstandes wird auf Antrag eines Beteiligten von der Verwaltungsbehörde oder dem Verwaltungsgericht nach Maßgabe der hierüber im Verwaltungsrechtspflegegesetz und der dazu erlassenen Verordnungen, die Gebühren im Verwaltungsstreitverfahren betreffend, §§ 9—19 des DGKG und der §§ 11, 12 der DGebO f. RA gebührenfrei festgesetzt. Gegen den Festsetzungsbeschluß steht den Beteiligten sowie dem RA die Beschwerde an die der Verwaltungsbehörde vorgesetzten Behörden oder an die dem Verwaltungsgericht im Instanzenzuge übergeordneten Verwaltungsgerichte zu. Der § 568 Abs. 1, 2 und die §§ 569—575 der DZPO finden entsprechende Anwendung. Soweit eine Verwaltungsbehörde oder ein Verwaltungsgericht in der Sache in letzter Instanz entscheidet, findet auch gegen deren Festsetzungsbeschluß kein Rechtsmittel statt. An eine Reichsbehörde kann die Beschwerde nicht gerichtet werden.

Art. 14. Die Beweisgebühr kommt in den Fällen des Art. 12 auch dann in Ansatz, wenn ein Beweisaufnahmeverfahren ohne besonderen Beweisbeschluß stattfindet. Als eine Beweisaufnahme ist es auch anzusehen, wenn der Augenschein an Ort und Stelle vor der erkennenden Behörde oder dem erkennenden Gericht stattfindet.

Art. 15. In Enteignungsangelegenheiten gelten das Verfahren vor der Lokalkommission und das Verfahren vor dem Provinzialausschuß für die Berechnung der Gebühren des RA als zwei Instanzen.

Werden mehrere Beteiligte (Eigentümer, Nebenberechtigte usw.) in einem Enteignungsverfahren durch denselben RA vertreten, so gelten dieselben für die Gebührenberechnung als Streitgenossen im Sinne des § 51 der DGebO f. RA.

Art. 16. Auf die Berufstätigkeit des RA in nichtstreitigen Verwaltungssachen finden die gleichen Vorschriften Anwendung, die für die Berufstätigkeit in nichtstreitigen bürgerlichen Angelegenheiten gelten.

G. Sonstige Angelegenheiten.

Art. **17.** Auf die Berufstätigkeit des RA in anderen als den in den Abschnitten B—C aufgeführten Angelegenheiten finden die Art. 8—11 entsprechende Anwendung.

H. Schluß- und Übergangsbestimmungen.

Art. **18.** Gegenwärtiges Gesetz tritt mit seinem Erscheinen im Regierungsblatt in Wirksamkeit. Gleichzeitig treten die Verordnung, die Gebühren der Rechtsanwälte betreffend, v. 25. 1. 02 und die sie abändernden oder ergänzenden landesrechtlichen Vorschriften außer Kraft.

Art. **19.** Die Vorschriften dieses Gesetzes finden auf die vor dem Inkrafttreten desselben noch nicht erledigten Aufträge Anwendung.

Findet wegen eines Anspruchs eine Zwangsversteigerung oder Zwangsverwaltung in Grundstücken statt, für die teils das Grundbuch angelegt, teils noch nicht angelegt ist, so kann der RA für seine Tätigkeit nicht mehr beanspruchen, als er zu beanspruchen hätte, wenn das Verfahren entweder ganz nach dem neuen oder ganz nach dem alten Rechte erfolgt wäre.

Art. **20.** Vorschriften über die Vergütung für eine Tätigkeit, welche die Zulassung zur Rechtsanwaltschaft nicht voraussetzt, sind auch für die RA maßgebend.

Art. **21.** Entsteht über einen Gebührenanspruch eines RA ein Rechtsstreit, so soll das angegangene Gericht erst erkennen, wenn über den geltend gemachten Anspruch ein Gutachten des Vorstandes der Anwaltskammer oder eines von diesem im voraus bestimmten Ausschusses von RA der Anwaltskammer eingeholt worden ist.

Sachregister

Die Zahlen ohne Zusatz weisen auf die Seiten des Buches, die §§ auf die RAGebO. und die Art. auf die PrGebOfRA und die Zusätze zu den §§ und Art. auf die beigefügten Anmerkungen („A.") im Erläuterungsteil hin.

Ein Sonderregister zu § 10 RAGebO findet sich vorn auf S. 259.

B.

D.

F.

L.

M.

S.

T.

U.

V.

W.

Z.

FSC
www.fsc.org
MIX
Papier | Fördert
gute Waldnutzung
FSC® C083411

Kolibri 360 GmbH
Ferdinand-Jühlke-Straße 7
99095 Erfurt, Deutschland
produktsicherheit@kolibri360.de